मध्य प्रदेश कर्मचारी चयन मण्डल

मध्य प्रदेश

शासन, स्कूल शिक्षा विभाग के अन्तर्गत

उच्च माध्यमिक शिक्षक

पात्रता परीक्षा (ऑनलाइन)

भूगोल

लेखक
डॉ. प्रताप सिंह

arihant
SUCCESS AND NOTHING LESS

अरिहन्त पब्लिकेशन्स (इण्डिया) लिमिटेड

卐 **रजि. कार्यालय**

'रामछाया' 4577/15, अग्रवाल रोड, दरिया गंज, नई दिल्ली- 110002
फोन: 011-47630600, 43518550

卐 **मुख्य कार्यालय**

कालिन्दी, टी.पी. नगर, मेरठ (यूपी)– 250002
फोन: 0121-7156203, 7156204

卐 **शाखा कार्यालय**

आगरा, अहमदाबाद, बरेली, बेंगलुरु, चेन्नई, दिल्ली, गुवाहाटी, हैदराबाद, जयपुर, झाँसी, कोलकाता, लखनऊ, नागपुर तथा पुणे

卐 **मूल्य** ₹ 310.00

PO No : TXT-59-T067402-09-25

PUBLISHED BY ARIHANT PUBLICATIONS (INDIA) LTD.

'अरिहन्त' की पुस्तकों के बारे में अधिक जानकारी के लिए हमारी वेबसाइट **www.arihantbooks.com** पर लॉग इन करें या **info@arihantbooks.com** पर सम्पर्क करें।

विषय–सूची

परीक्षा का प्रारूप व पाठ्यक्रम (भाग 'ब')

परीक्षा का प्रारूप

भाग 'ब' 120 अंकों का होगा एवं इस प्रश्न–पत्र में 120 बहुविकल्पीय प्रश्न पूछे जाएँगे। इसकी विषय–वस्तु का स्तर स्नातक स्तर के समकक्ष होगा। इस प्रश्न–पत्र में प्रश्न मध्य प्रदेश राज्य के कक्षा 9 व 10 के प्रचलित पाठ्यक्रम/पाठ्य–पुस्तकों की विषय–वस्तु पर आधारित होंगे, लेकिन इनका कठिनाई स्तर एवं सम्बद्धता स्नातक स्तर तक की हो सकती है। प्रश्न–पत्र की अवधारणा, समस्या समाधान और पेडागाजी की समझ पर आधारित होगी।

परीक्षा का पाठ्यक्रम

भौतिक भूगोल अर्थ, प्रकृति एवं अध्ययन क्षेत्र, महत्त्व, पृथ्वी की उत्पत्ति एवं विकास सम्बन्धी सिद्धान्त। वेगनर का महाद्वीपीय विस्थापन सिद्धान्त, प्लेट विवर्तनिकी, पृथ्वी का आन्तरिक एवं बाह्य स्वरूप, भूकम्प एवं ज्वालामुखी, सुनामी, चक्रवात आदि।

स्थलमण्डल चट्टानों के प्रकार और संगठन अपक्षय, उच्चावच, भौगोलिक कारक एवं प्रक्रिया, अपरदन, परिवहन और निक्षेपण। नदियाँ, भूमिगत जल, हिमानी, सागरीय जल एवं पवन के कार्य तथा इनसे बने भू–रूप।

वायुमण्डल वायुमण्डल का संगठन एवं परतें (स्तरीकरण), मौसम एवं जलवायु एवं उसके तत्त्व, वायु मण्डलीय तापमान, सूर्याताप–वितरण, प्रभावित करने वाले कारक, ताप कटिबन्ध। वायुदाब एवं पवनें, वायुदाब की पेटियाँ, पवनें–स्थायी व स्थानीय। वायुमण्डलीय आर्द्रता–जलवाष्प, आर्द्रता, संघनन, कुहरा, पाला, ओस, बादल वर्षा के प्रकार, तडित झंझा। जलचक्र चक्रवात एवं प्रति चक्रवात। विश्व के जलवायु प्रदेश, विश्वताप वर्धन एवं जलवायवीय परिवर्तन, ग्रीन हाउस प्रभाव।

जलमण्डल महासागरीय नितल के उच्चावच, महाद्वीपीय निमग्न तट, महाद्वीपीय ढाल, महासागरीय मैदान एवं महासागरीय गर्त। हिन्द महासागर एवं प्रशान्त महासागर, अटलाण्टिक महासागर के नितल। महासागरीय जल का क्षैतिज एवं लम्बवत तापमान एवं लवणता वितरण। लहरें, ज्वारभाटा, महासागरीय धाराएँ एवं प्रवाल भित्तियाँ। महासागरीय जीव जन्तु, वनस्पति महासागरों का मानव जीवन पर प्रभाव।

जैवमण्डल पारिस्थितिकी एवं पारिस्थितिकी तन्त्र, मानव व उसका पर्यावरण– सम्बन्ध, प्रभाव, संरक्षण परिस्थितिकी तन्त्र का अर्थ, ऊर्जा प्रभाव, मानवीय क्रियाकलापों पर पारिस्थितिकी तन्त्र का प्रभाव। (प्रदूषण, ओजोनछिद्र, वन अपरोपण, नगरीयकरण, औद्योगीकरण आदि), संरक्षण–चिपको आन्दोलन, साइलेण्ट वेली, सी. एन. जी., जल संरक्षण के प्रयास आदि।

आर्थिक भूगोल आर्थिक भूगोल की परिभाषा, क्षेत्र और विषय–वस्तु। (विश्व के सन्दर्भ में) कृषि– गेहूँ, चावल, गन्ना, चाय, कहवा, कपास, जूट, ऊन, रबर एवं मत्स्योत्पादन का विश्व वितरण। अर्थव्यवस्था का भूमण्डलीकरण।

खनिज खनिजों के उत्खनन को प्रभावित करने वाले कारक, लौह अयस्क, मैगजीन, टंगस्टन, क्रोमाइट, टिन, जिंक, ताँबा, बाक्साइट का विश्व उत्पादन, वितरण एवं संचित भण्डार।

ईंधन तथा शक्ति के संसाधन कोयला, पेट्रोलियम तथा प्राकृतिक गैस। जल विद्युत तथा गैर–परम्परागत स्रोत।

विनिर्माण उद्योग लोहा इस्पात उद्योग, सूतीवस्त्र उद्योग, पेट्रो रसायन उद्योग, उर्वरक उद्योगों का उत्पादन, वितरण एवं स्थानीयकरण को प्रभावित करने वाले कारक तथा विश्व व्यापार।

परिवहन परिवहन के विभिन्न साधनों का सापेक्षिक महत्त्व, विश्व के प्रमुख परिवहन मार्ग (जल–थल–वायु परिवहन)।

मानव भूगोल मानव भूगोल का अर्थ, प्रकृति, क्षेत्र और विषय–वस्तु। मानव भूगोल की शाखाएँ।

- मानव एवं वातावरण के मध्य सम्बन्ध, मानव प्रजाति समूह और उनकी विशेषताएँ।
- मानव का वातावरण के साथ अनुकूलन– ठण्डे, गर्म एवं पठारी प्रदेशों के निवासी।
- विश्व जनसंख्या– वितरण एवं वितरण प्रतिरूप, जनसंख्या वृद्धि, जनसंख्या परिवर्तन, जनंसख्या परिवर्तन के घटक, लिंग अनुपात, ग्रामीण और नगरीय जनसंख्या की संरचना।
- मानव विकास– अवधारणा, अन्तराष्ट्रीय तुलना। मानव विकास के प्रमुख संकेतक।
- अधिवास : ग्रामीण एवं नगरीय अधिवास; प्रतिरूप एवं विश्व वितरण।

भारत का भूगोल भौतिक स्वरूप एवं धरातलीय बनावट, अपवाह तन्त्र, जलवायु, मानसून की उत्पत्ति, प्रादेशिक एवं मौसमी विभिन्नताएँ। वायु दाब, हवाएँ, वर्षा, जलवायु को प्रभावित करने वाले तत्त्व, मानव जीवन पर जलवायु का प्रभाव।

प्राकृतिक संसाधन मिट्टियाँ –प्रकार, मिट्टी का अर्थ, संरचना, मिट्टी का महत्त्व, वितरण और विशेषताएँ।

- भू–संसाधन–कृषि भूमि उपयोग, प्रमुख फसलें, कृषि विकास एवं समस्याएँ, मृदा, वन मत्स्य, पशु संसाधन।
- जल संसाधन– जल संसाधन की उपलब्धता, उपयोगिता , सिंचाई, घरेलू एवं औद्योगिक उपयोग, जल संरक्षण की विधियाँ, वर्षा जल संचयन एवं प्रबन्धन, उर्वरकता ह्रास के कारण, संरक्षण एवं प्रबन्धन वन– प्रकार, वितरण और आर्थिक महत्त्व। वन संरक्षण के उपाय राष्ट्रीय अभयारण्य/उद्यान, जैव संरक्षण। खनिज एवं शक्ति के संसाधन– प्रमुख खनिज एवं शक्ति के साधन (वितरण और उत्पादन)। गैर–परम्परागत ऊर्जा के स्रोत (विकास, वितरण और उत्पादन)। जल संसाधन– उपलब्धता, उपयोगिता एवं संरक्षण की विधियाँ, वर्षा जल संग्रहण (हारवेस्टिंग) और जल विभाजक (वाटरशेड प्रबन्धन)।

मानवीय क्रियाकलाप

- प्राथमिक क्रियाकलाप– अवधारणा, संग्रहण, पशुपालन, खनन, कृषि के प्रकार।
- द्वितीयक क्रियाकलाप– अवधारणा, वर्गीकरण, विनिर्माण, वन, कृषि।
- तृतीयक क्रियाकलाप– अवधारणा, व्यापार, यातायात, संचार सेवाएँ, शिक्षा एवं स्वास्थ्य।
- चतुर्थक क्रियाकलाप– अवधारणा, विशिष्ट ज्ञान पर आधारित उद्योग, सुक्ष्म इलेक्ट्रॉनिक क्रियाकलाप, उपग्रह संचार।

औद्योगिक विकास उद्योगों के प्रकार, कुटीर एवं वृहत उद्योग। लौह इस्पात, सूतीवस्त्र एवं शक्कर उद्योगों का स्थानीकरण तथा वितरण। औद्योगिक समस्याएँ एवं समाधान।

जनसंख्या (भारत के सन्दर्भ में) वितरण, घनत्व वृद्धि व नियन्त्रण के उपाय जनसंख्या संरचना क्षेत्रीय विभिन्नताएँ। ग्रामीण व नगरीय बस्तियाँ।

कृषि प्रमुख फसलें, भारतीय कृषि का प्रादेशीकरण।

मध्य प्रदेश का भूगोल भौतिक स्वरूप, जलवायु, अपवाह तन्त्र, वर्षा का वितरण, वन, कृषि, खनिज, शक्ति के संसाधन, जनसंख्या एवं जनजातीय समुदाय।

प्राकृतिक आपदा एवं विपत्तियाँ आपदा के कारण, परिणाम एवं प्रबन्धन, आपदा के प्रकार– मानवकृत आपदा, प्राकृतिक आपदा– बाढ़, सूखा, भूकम्प, सूनामी, चक्रवात, भूस्खलन।

परिवहन संचार एवं व्यापार, (विश्व के सन्दर्भ में) जल, स्थल एवं वायु परिवहन, तेल–गैस पाइप–लाइन परिवहन, संचार के साधन, अन्तर्राष्ट्रीय व्यापार।

प्रायोगिक भूगोल

- मानचित्रकला– मापक के प्रकार व प्रदर्शन की विधियाँ; रूढ़चिह्न व रंगों का मानचित्र में उपयोग, उच्चावच का प्रदर्शन। मानचित्रण तकनीक व विभिन्न मानचित्रों का पठन व अंकन (वितरण मानचित्र, मौसम मानचित्र, स्थलाकृतिक मानचित्र आदि), माननीय प्रक्षेप (शंक्वकार, ध्रुवीय समदूरी प्रक्षेप, मरकेटर प्रक्षेप)।
- सर्वेक्षण– प्रकार, महत्त्व, उपकरण, सर्वेक्षण विधियाँ।
- एरियल फोटो सैटेलाइट इमेजेस, भौतिक व सांस्कृतिक आकृतियों की आकाशीय छायाचित्रों एवं उपग्रहीय आकृतियों से व्याख्या।
- आधारभूत सांख्यिकी विधियाँ– माध्य, माध्यिका एवं बहुलक, भौगोलिक विश्लेषण और उपयोग।
- समुच्च रेखाएँ।

सॉल्वड पेपर
परीक्षा तिथि 01 फरवरी, 2019

मध्य प्रदेश उच्च माध्यमिक शिक्षक पात्रता परीक्षा

भूगोल

1. भारतीय जनगणना द्वारा वर्ग-III शहर को परिभाषित करने के लिए निम्नलिखित में से किस रेंज के जनसंख्या आकार का उपयोग किया जाता है?
(a) 20,000 से 49,999
(b) 30,000 से 59,999
(c) 24,000 से 54,999
(d) 50,000 से 99,999

2. कोयले और तेल का उत्पादन करने वाली कार्बनयुक्त चट्टानें, ······· नामक चट्टानों की श्रेणी से सम्बन्धित हैं।
(a) रूपान्तरित
(b) अवसादी
(c) अजैविक
(d) आग्नेय

3. रुर-परिसर निम्न का एक प्रमुख औद्योगिक केन्द्र है
(a) उत्तरी अमेरिका
(b) रूस
(c) जर्मनी
(d) यूरोप

4. शब्द 'रेगुर' ··············· से सम्बन्धित है।
(a) डेल्टा जलोढ़ मिट्टी
(b) लेटेराइट मिट्टी
(c) लाल और पीली मिट्टी
(d) काली कपास मिट्टी

5. दिए गए कथन को पढ़ें और उत्तर दें कि निम्न में से कौन-सा/से विकल्प सही हैं?
1. जितना दाब कम होगा, वायुमण्डलीय बाधाएँ उतनी अधिक होंगी।
2. वायु उच्च से निम्न दाब की ओर गति करती है।
(a) दोनों कथन 1 और 2 सही हैं
(b) दोनों कथन 1 और 2 गलत हैं
(c) कथन 1 गलत है और केवल कथन 2 सही है
(d) कथन 1 सही है और कथन 2 गलत है

6. जनगणना 2011 के अनुसार, निम्नलिखित राज्यों की साक्षरता दर अवरोही क्रम में व्यवस्थित करें।
1. केरल
2. पंजाब
3. तमिलनाडु
4. उत्तर प्रदेश
(a) 4, 1, 2 और 3
(b) 4, 1, 3 और 2
(c) 1, 4, 2 और 3
(d) 1, 4, 3 और 2

7. कार्ल पियर्सन का सहसम्बन्ध गुणांक है
(a) समान्तर माध्य
(b) गुणोत्तर माध्य
(c) इनमें से कोई नहीं
(d) हरात्मक माध्य

8. "प्रत्येक दिन समान से अधिक या कम होता है, समुद्र की हवा के साथ स्पष्ट और उज्जवल सुबह होती है; जैसे सूर्य आकाश में ऊँचा चढ़ता है, गर्मी बढ़ जाती है, काले बादल बनते हैं, फिर बिजली के साथ बारिश आती है। लेकिन बारिश जल्दी खत्म हो जाती है।" उपरोक्त पाठ्य में निम्नलिखित में से किन क्षेत्रों का वर्णन किया गया है?
(a) भूमध्यरेखीय
(b) सवाना
(c) आभ्यान्तरिक (भूमध्यसागरीय)
(d) मानसून

9. पृथ्वी के भूगर्भीय इतिहास के किस युग में, डायनासोर अपने सबसे बड़े आकार तक पहुँचे?
(a) ट्रायेसिक
(b) जुरासिक
(c) क्रीटेशस
(d) पर्मियन

10. निम्नलिखित में से किन परिस्थितियों में ज्वार-भाटा आता है?
(a) जब सूर्य, चन्द्रमा और पृथ्वी एक सीधी रेखा में होते हैं
(b) जब चन्द्रमा और पृथ्वी एक-दूसरे के दाहिने कोण में होते हैं
(c) जब पृथ्वी और चन्द्रमा सूर्य के दाहिने कोण में होते हैं
(d) जब सूर्य और चन्द्रमा एक-दूसरे के दाहिने कोण में होते हैं

11. एक पर्यवेक्षक को पृथ्वी की सतह से हमेशा चाँद का एक ही फलक दिखाई देता है, क्योंकि
(a) इसका पृथ्वी के चारों ओर परिक्रमण का मार्ग सूर्य के चारों ओर पृथ्वी के समान ही है
(b) इसकी पृथ्वी के चारों ओर परिक्रमण की अवधि उसकी अपनी धुरी के चारों ओर घूर्णन की अवधि के समान है
(c) इसकी घूर्णन की अवधि पृथ्वी के समान है
(d) घूर्णन की दिशा पृथ्वी के समान ही है

12. पवन अपघर्षण द्वारा पॉलिश, रेत-विस्फोटित और साँचे में ढला कंकड़ ······· के रूप में जाना जाता है।
(a) त्रिकोणक (b) त्रिकोनिका
(c) इन्सेलबर्ग (d) टीबा

13. खगोलीय इकाई ··········· के बीच की औसत दूरी है।
(a) पृथ्वी और मंगल (b) पृथ्वी और बुध
(c) पृथ्वी और चन्द्रमा (d) पृथ्वी और सूर्य

14. शीत मौसम के दौरान, उत्तरी मैदानी इलाकों में ··········· दिशाओं से चक्रवात सम्बन्धी गड़बड़ी का अन्तर्वाह होगा।
(a) पूर्व और उत्तर-पश्चिम
(b) पूर्व और पूर्वोत्तर
(c) पश्चिम और पूर्व
(d) पश्चिम और उत्तर-पश्चिम

15. भूकम्प के दौरान, लहरों के ऊपरी भाग का वेग, घनत्व में वृद्धि के साथ-साथ ·········, जो इससे गुजरने वाली वस्तु को आगे बढाएगी।
(a) नहीं बदलेगा
(b) शुरुआत में बढ़ेगा और फिर घटेगा
(c) बढ़ेगा
(d) घटेगा

16. निम्नलिखित में से किस राज्य में धूमिल तेन्दुआ राष्ट्रीय उद्यान (क्लाउडेड लेपर्ड नेशनल पार्क) स्थित है?
(a) त्रिपुरा (b) उत्तर प्रदेश
(c) असम (d) मिजोरम

17. आमतौर पर जल सतहों की तुलना में भूमि सतह अधिक तेजी से गर्म होती है, क्योंकि ······· है।
(a) पानी की विशिष्ट ऊष्मा, भूमि से अधिक
(b) पानी की विशिष्ट ऊष्मा, भूमि से कम होती
(c) पानी की अन्तर्निहित ऊष्मा भूमि से अधिक
(d) भूमि पानी की तुलना में अधिक ऊष्मा के विकिरण को परावर्तित करती

18. सबसे लम्बी समुद्रतटीय रेखा निम्न राज्य के साथ है
(a) महाराष्ट्र (b) उड़ीसा
(c) केरल (d) गुजरात

19. जब पृथ्वी सूर्य से सबसे दूर होती है, तो उस स्थिति को निम्न नाम से जाना जाता है
(a) उपसौर (b) बसन्त विषुव
(c) अपसौर (d) शरत्काल विषुव

20. हवाओं का मौसमी परिवर्तन ··········· की सामान्य विशेषता है।
(a) केवल भूमध्यसागरीय जलवायु (b) केवल भूमध्यरेखीय जलवायु
(c) केवल मानसून जलवायु (d) उपरोक्त सभी मौसम

21. ··········· चट्टानों में खनिज, तल या परतों में होते हैं।
(a) कायान्तरित (b) आग्नेय और कायान्तरित
(c) आग्नेय (d) अवसादी

22. कपास की खेती के लिए काली मिट्टी आदर्श है, क्योंकि
(a) यह काली होती है
(b) यह पठार क्षेत्रों में पाई जाती है
(c) यह लावा से बनी होती है
(d) यह नमी को बरकरार रख सकती है

23. देश का राष्ट्रीय सर्वेक्षण और मानचित्रण संगठन ············· विभाग के अन्तर्गत कार्य करता है।
(a) अन्तरिक्ष (b) विज्ञान और तकनीक
(c) संस्कृति (d) पर्यटन

24. पाक जलडमरूमध्य, भारत से ··········· को अलग करता है।
(a) पाकिस्तान (b) अण्डमान द्वीप
(c) चीन (d) श्रीलंका

25. निम्नलिखित में से कौन-सा राज्य, भारत में बॉक्साइट का प्रमुख उत्पादक है?
(a) मध्य प्रदेश (b) राजस्थान
(c) गोवा (d) उड़ीसा

26. निम्नलिखित में से कौन-सा राज्य छत्तीसगढ़ के साथ सीमा साझा नहीं करता है?
(a) तेलंगाना (b) उत्तर प्रदेश
(c) बिहार (d) आन्ध्र प्रदेश

27. अक्षाँश के समानान्तरों के सम्बन्ध में निम्नलिखित में से कौन-सा कथन गलत है?
(a) समान अक्षांश के स्थानों को जोड़ने वाली रेखा को विशालतम के समानान्तर के रूप में जाना जाता है
(b) वे भूमध्य रेखा से प्रारम्भ होते हैं और इसके समानान्तर चलते हैं
(c) सभी समान्तर लम्बाई में समान हैं
(d) ग्लोब पर सभी समानान्तर वृत्तों के रूप में खींचे जाते हैं

28. निम्नलिखित में से किस भारतीय राज्य को 'लाल नदी और नीली पहाड़ियों की भूमि' के नाम से जाना जाता है?
(a) उत्तराखण्ड (b) असम
(c) मेघालय (d) अरुणाचल प्रदेश

29. निपटान के स्थानिक विश्लेषण में, $R_n = 2.15$ यह इंगित करता है कि किस प्रकार की निपटान व्यवस्था है?
(a) यूनिफॉर्म (b) सेमी-क्लस्टर
(c) क्लस्टर (d) रेण्डम

30. 'येलो पीपल' के रूप में कौन जाना जाता है?
(a) मंगोलॉइड (b) नीग्रोइड्स
(c) ऑस्ट्रेलॉइड्स (d) कॉकसोइड्स

31. भारत के स्थलाकृतिक मानचित्र को कौन प्रकाशित करता है?
(a) भारत का भौगोलिक सर्वेक्षण (b) भारत सरकार
(c) भारत के भूगर्भीय सर्वेक्षण (d) भारत का सर्वेक्षण

32. निम्नलिखित में से किसने भूगोल को 'मनुष्य का पारिस्थितिकी' कहा है?
(a) अल्फ्रेड हेटनर (b) वाइडल-डि लॉ ब्लॉश
(c) ओटो श्ल्यूटर (d) हरलेन बैरो

33. निम्नलिखित में से किसे भूगोल में मानवतावादी दृष्टिकोण का संस्थापक माना जाता है?
(a) विलियम बुंग (b) यी-फु-त्यान
(c) ब्रेन जेएल बेरी (d) रिचर्ड पीट

34. लॉरेन्ज वक्र किसने तैयार किया?
(a) गेडेस (b) ग्रिफिथ टेलर
(c) मैक्स यू लॉरेन्ज (d) इनमें से कोई नहीं

35. खाड़ी की धाराएँ निम्नलिखित महासागरों में से किसकी धाराएँ हैं?
(a) उत्तरी अटलाण्टिक महासागर
(b) उत्तरी प्रशान्त महासागर
(c) अरब सागर
(d) दक्षिण प्रशान्त महासागर

36. शिला पदार्थ (रॉक सामग्री) का टूटना, मिटना और हटना आमतौर पर ………… के रूप में सन्दर्भित किया जाता है।
(a) विध्वंसकारक (b) अनाच्छादन
(c) भ्रंश (d) वियोजन

37. मौसम से मौसम परिवर्तन पर, दिन के समय और रात के समय की अवधि में भिन्नताएँ निम्न कारण से होती हैं
(a) पृथ्वी का दीर्घवृत्ताकार तरीके से सूर्य के चारों ओर घूर्णन
(b) पृथ्वी का इसकी धुरी पर घूर्णन
(c) नत अक्ष पर पृथ्वी का घूर्णन
(d) स्थान की अक्षांश स्थिति

38. उत्तर से दक्षिण तक पर्वत श्रृंखलाओं के सही अनुक्रम को इंगित करें।
(a) महान हिमालय, मध्य हिमालय, बाह्य हिमालय, परा हिमालय
(b) मध्य हिमालय, महान हिमालय, परा हिमालय, बाह्य हिमालय
(c) बाह्य हिमालय, मध्य हिमालय, महान हिमालय, परा हिमालय
(d) परा हिमालय, महान हिमालय, मध्य हिमालय, बाह्य हिमालय

39. सूर्य का प्रभामण्डल ………… में प्रकाश के अपवर्तन द्वारा उत्पन्न होता है।
(a) पक्षाभ-कपास मेघों के बर्फ क्रिस्टल
(b) पक्षाभमेघों के बर्फ क्रिस्टल
(c) स्तरी मेघों के धूल कण
(d) स्तरी मेघों के जलवाष्प

40. दिए गए कथनों को पढ़ें और उत्तर दें कि निम्न में से कौन-सा/से विकल्प सही हैं?
1. वायुमण्डल से अनावृत शैल में उपस्थित खनिज, परिवर्तन के अधीन नहीं होता है।
2. ऑक्सीकरण रासायनिक अपक्षय की प्रक्रियाओं में से एक है।
(a) दोनों कथन गलत हैं
(b) दोनों कथन सही हैं
(c) पहला कथन गलत है और दूसरा कथन सही है
(d) पहला कथन सही है और दूसरा कथन गलत है

41. दिए गए कथन को पढ़ें और उत्तर दें कि निम्न में से कौन-सा/से विकल्प सही हैं?
1. सूर्य की छोटी तरंगें पृथ्वी में आंशिक रूप से प्रवेश करती हैं और वायुमण्डल को ऊष्मित करती हैं।
2. सूर्य से ऊष्मित पृथ्वी की सतह विस्तारित तरंगें उत्पन्न करती है जो परस्पर प्रभाव डालती हैं और वायुमण्डल को ऊष्मित करती हैं।
(a) दोनों कथन 1 और 2 सही हैं
(b) दोनों कथन 1 और 2 गलत हैं
(c) कथन 1 गलत है और केवल कथन 2 सही है
(d) केवल कथन 1 सही है

42. दिए गए कथनों को पढ़ें और उत्तर दें कि निम्न में से कौन-सा/से विकल्प सही हैं?
1. शैल जो ऊष्मा और दाब के कारण परिवर्तित हो जाते हैं उन्हें कायान्तरित शैलों के रूप में जाना जाता है।
2. स्लेट एक तरह का कायान्तरित शैल है।
(a) दोनों कथन गलत हैं
(b) दोनों कथन सही हैं
(c) पहला कथन गलत है और दूसरा कथन सही है
(d) पहला कथन सही है और दूसरा कथन गलत है

43. दिए गए कथनों को पढ़ें और उत्तर दें कि निम्न में से कौन-सा/से विकल्प सही हैं?
1. उत्तरी गोलार्द्ध में उच्च तापमान विसंगति पाई जाती है।
2. उत्तरी गोलार्द्ध में अन्तर ऊष्मन अनुपस्थित होती है।
(a) दोनों कथन 1 और 2 सही हैं
(b) दोनों कथन 1 और 2 गलत हैं
(c) कथन 1 गलत है और कथन 2 सही है
(d) कथन 1 सही है और कथन 2 गलत है

44. दिए गए कथनों को पढ़ें और उत्तर दें कि निम्न में से कौन-सा/से विकल्प सही हैं?
1. वितलीय शैल अन्तर्वेधी प्रकार के आग्नेय शैल हैं।
2. यह बहुत धीरे-धीरे ठण्डा होता है, क्योंकि आस-पास के शैल मैग्मा के अन्तर्वेधन के चारों ओर रोधन के रूप में कार्य करते हैं।
(a) दोनों कथन गलत हैं
(b) दोनों कथन सही हैं
(c) पहला कथन गलत है और दूसरा कथन सही है
(d) पहला कथन सही है और दूसरा कथन गलत है

45. ज्वालामुखी से निकलने वाली धूल और राख सामग्री को ………… के रूप में कहा जाता है।
(a) पाइरोक्लास्टिक (b) हाइपरक्लास्टिक
(c) हेपिरोक्लास्टिक (d) सिरोक्लास्टिक

46. कम ज्वार और उच्च ज्वार के बीच ऊँचाई में लम्बवत् अन्तर ………… से सन्दर्भित होता है।
(a) ज्वारीय ढलान (b) ज्वारीय उन्नयन
(c) ज्वारीय परास (d) ज्वारीय ऊँचाई

47. निम्नलिखित क्षेत्रों में से अधिकतम जैव विविधता किसमें पाई जाती है?
(a) अमेजन बेसिन (b) ईस्ट इण्डीज
(c) कांगो बेसिन (d) वेस्ट इण्डीज

48. चावल की फसल की खेती ………… का उत्पादन करती है।
(a) SO_2 (b) CH_4
(c) CFCs (d) CO_2

49. केन्द्र में उच्च दबाव वाली दबाव प्रणाली को ………… कहा जाता है।
(a) अग्र (b) अवनमन
(c) चक्रवात (d) प्रतिचक्रवात

50. हिमालयी क्षेत्र खनिज संसाधनों में समृद्ध नहीं है, क्योंकि
(a) शैलीय परत के विस्थापन ने चट्टानों की व्यवस्था को अव्यवस्थित कर दिया है और इसे जटिल बना दिया है
(b) जलवायु की स्थिति खनिजों के दोहन के लिए उपयुक्त नहीं है
(c) भू-भाग परिवहन की कठिनाइयों के कारण खनिजों का दोहन मुश्किल और बहुत महंगा बना देता है
(d) यह क्रिस्टलीय चट्टानों से बना है

51. वह प्रक्रिया जिसके माध्यम से वनस्पति द्वारा वातावरण में नमी मिलाई जाती है, ………… के रूप में जानी जाती है।
(a) संघनन (b) वाष्पन-उत्सर्जन
(c) विकिरण (d) वर्षण

52. वह प्रक्रिया जिसमें प्रत्यक्ष सम्पर्क द्वारा स्थलीय ऊष्मा वायु में स्थानान्तरित हो जाती है, ………… के रूप में जानी जाती है।
(a) चालन (b) संवहन
(c) आतपन (d) विकिरण

53. मैंग्रोव के अन्तर्गत निम्नलिखित राज्यों/संघ शासित प्रदेशों में से सबसे बड़ा क्षेत्र कौन-सा है?
(a) अण्डमान और निकोबार (b) आन्ध्र प्रदेश
(c) पश्चिम बंगाल (d) गुजरात

54. भूकम्प में देशान्तर अनुप्रस्थ और सतह तरंगें यहाँ उत्पन्न होती हैं
(a) पृथ्वी के सतह पर केन्द्र-बिन्दु में
(b) पृथ्वी के भीतर केन्द्र-बिन्दु में
(c) पृथ्वी के भीतर उपरिकेन्द्र में
(d) पृथ्वी के सतह पर उपरिकेन्द्र में

55. गुरुत्वाकर्षण के कारण पदार्थ की अनुढाल गति को ………… कहा जाता है।
(a) पदार्थ संचलन (b) निक्षेप
(c) क्षरण (d) ज्वालामुखीय संचलन

56. शिमला में अमृतसर से अधिक ठण्ड है, हालाँकि दोनों समान अक्षाँश पर हैं। ऐसा है, क्योंकि
(a) अमृतसर की तुलना में शिमला समुद्र तल से अधिक ऊँचाई पर है
(b) शिमला उत्तर की ओर है
(c) शिमला भूमध्य रेखा से आगे है
(d) उनकी देशान्तर रेखाएँ भिन्न हैं

57. 'शहरीकरण का टेम्पो' निम्नलिखित में से कौन-सा उपाय है?
(a) शहरीकरण की गति
(b) शहरीकरण की असमानता
(c) शहरीकरण का वर्तमान स्तर
(d) उपरोक्त में से कोई नहीं

58. निम्नलिखित विकल्पों में से, गलत कथन का चयन करें
(a) भूमध्य रेखा में स्पष्ट भूभाग तेजी से ठीक हो जाते हैं
(b) स्थिर समुदायों में एक रेडवुड वन, उच्च ऊँचाई पर एक देवदार वन शामिल है
(c) कोई भी पारिस्थितिकी तन्त्र जीवित रहने के लिए अधिकतम जैवसंहति और स्थिरता की तरफ अग्रसर होता है
(d) भूमध्य रेखा के पास उष्णकटिबन्धीय वर्षा वन स्थिर पारिस्थितिक तन्त्र है

59. मौसमी विषमता अधिकतम है
(a) मध्य अक्षांश में (b) निम्न अक्षांश में
(c) उच्च अक्षांश में (d) उपोष्णकटिबन्धीय क्षेत्र में

60. भारत में, निम्नलिखित में से किस प्रकार के वन सबसे बड़ा क्षेत्रफल आच्छादित करते हैं?
(a) उप उष्णकटिबन्धीय शुष्क सदाबहार वन
(b) पर्वतीय आर्द्र शीतोष्ण वन
(c) उष्णकटिबन्धीय आर्द्र पर्णपाती वन
(d) उष्णकटिबन्धीय आर्द्र सदाबहार वन

61. 2011 की जनगणना के अनुसार, भारत में 'जुवेनाइल पॉपुलेशन यानी किशोर जनसंख्या' (0-14 वर्ष) का अनुपात क्या है?
(a) कुल जनसंख्या का 30.76% (b) कुल जनसंख्या का 27.64%
(c) कुल जनसंख्या का 29.33% (d) कुल जनसंख्या का 33.54%

62. बेलफास्ट किसके लिए मशहूर है?
(a) कपास वस्त्र उद्योग के क्षेत्र (b) जहाज निर्माण उद्योग
(c) कृषि उपकरण (d) वायुयान निर्माण

63. उष्णकटिबन्धीय मानसून भूमि में सबसे महत्त्वपूर्ण व्यवसाय क्या है?
(a) खनन (b) मवेशी पालन
(c) कृषि (d) नोमाडिक जड़ी-बूटियाँ

64. अरब सागर में स्थित द्वीपों (भारतीय) की सबसे महत्त्वपूर्ण विशेषता क्या है?
(a) सभी कोरल मूल के हैं
(b) ये सभी आकार में बहुत छोटे हैं
(c) इनकी जलवायु बहुत शुष्क है
(d) वे महाद्वीप के विस्तारित हिस्से हैं

65. डेक्कन की बेसाल्ट परतें क्या इंगित करती हैं?
(a) मौसम का प्रभाव
(b) दूरस्थ अतीत में विशाल ज्वालामुखीय विस्फोट
(c) नदियों की विशाल क्षरण गतिविधि
(d) उपरोक्त सभी

66. पृथ्वी ग्रह की संरचना में मेण्टल के नीचे, कोर मुख्य रूप से ………… से निर्मित होती है।
(a) एल्युमीनियम (b) सिलिकॉन
(c) क्रोमियम (d) लोहा

67. प्रमुख मध्य-महासागर चोटियों में से एक ………… में पाया जाता है।
(a) मध्य प्रशान्त महासागर
(b) मध्य अटलाण्टिक महासागर
(c) मध्य भारतीय महासागर
(d) मध्य आर्कटिक महासागर

68. मैग्मा जो पृथ्वी की सतह तक पहुँचती है और फिर ठोस हो जाती है, …… कहलाती है।
(a) क्वार्ट्ज (b) लावा
(c) ग्रेनाइट (d) सिलिकेट

69. समताप रेखाएँ, समान ………… की रेखाएँ होती हैं।
(a) दाब (b) तापमान
(c) वर्षा (d) ऊँचाई

70. पश्चिमी घाटों में उत्तर से दक्षिण तक दर्रे के सही अनुक्रम को चिह्नित करें।
(a) थलगघाट, पालघाट, भोरघाट
(b) थलघाट, भोरघाट, पालघाट
(c) भोरघाट, थलघाट, पालघाट
(d) पालघाट, भोरघाट, थलघाट

71. निम्नलिखित में से किसका प्रभाव भारत की जलवायु पर नहीं पड़ता है?
(a) सागर की लहरें
(b) भूमध्य रेखा से निकटता
(c) मानसून
(d) भारतीय महासागर की उपस्थिति

72. निम्नलिखित में से किस प्रकार के मेघों में लम्बवत्, लम्बी, संकीर्ण और स्थूलता जैसी विशेषताएँ हैं?
(a) तूफानी मेघ (b) मेघ पुँज
(c) पक्षाभ कपासी मेघ (d) वर्षास्तरी मेघ

73. निम्नलिखित से कौन-सा कथन अशोधित जन्म दर के बारे में सही नहीं है?
(a) इसका उपयोग विभिन्न जनसंख्या विशेषताओं वाले दो देशों के बीच प्रजनन स्तर की तुलना के लिए नहीं किया जा सकता है
(b) यह प्रजनन क्षमता का मानकीकृत उपाय है
(c) यह आबादी की आयु-लिंग संरचना से प्रभावित होता है
(d) यह किसी दी गई भौगोलिक इकाई में प्रति 1000 जनसंख्या पर व्यक्त किया जाता है

74. भारत में निम्नलिखित में से किस राज्य में वर्ष 2001 से 2011 की जनगणना के दौरान नकारात्मक गिरावट दर हुई?
(a) त्रिपुरा (b) नागालैण्ड
(c) हरियाणा (d) ओडिसा

75. निम्नलिखित में से कौन-सी विशेषता प्रायद्वीपीय नदियों में नहीं होती है?
(a) उथले घाटियों के माध्यम से प्रवाह
(b) मौसमी प्रवाह
(c) थोड़ी कटावदार गतिविधि
(d) घुमावदार प्रवृत्ति, अक्सर अपने तटों को स्थानान्तरित करना

76. वायुमण्डल में निम्नलिखित में से कौन-सी गैस सूर्य के विकिरण और पृथ्वी की सतह से ऊष्मा को अवशोषित करती है?
(a) नियॉन (b) कार्बन डाइऑक्साइड
(c) ऑर्गन (d) नाइट्रोजन

77. निम्नलिखित में से किस प्रकार का व्यवस्थापन पैटर्न नदियों के संगम पर पाया जाता है?
(a) त्रिकोणीय पैटर्न (b) परिपत्र या अर्ध-परिपत्र पैटर्न
(c) नेबुलर पैटर्न (d) स्टार-आकार का पैटर्न

78. यूनेस्को द्वारा शुरू की गई संरक्षित जैवमण्डल परियोजनाओं का उद्देश्य इनमें से कौन-सा नहीं था?
(a) शिक्षण और अनुसन्धान को बढ़ावा देना
(b) कृषि को दीर्घकालिक बनाना
(c) पारिस्थितिक तन्त्र को संरक्षित करना
(d) लम्बे समय तक अनुवांशिक विविधता को संरक्षित करना

79. पृथ्वी सतह का कौन-सा क्षेत्र तापावरोधन की उच्चतम मात्रा प्राप्त करता है?
(a) स्थलखण्ड (b) सवाना क्षेत्र
(c) जल निकाय (d) उष्णकटिबन्धीय रेगिस्तान

80. निम्नलिखित में से कौन-सा जैव विविधता का मुख्य जगह नहीं है?
(a) पूर्वी हिमालय (b) पूर्वी घाट
(c) भारत-म्यांमार (d) पश्चिमी घाट

81. यूनेस्को मैन और बायोस्फीयर कार्यक्रम के आधार पर निम्नलिखित में से कौन बायोस्फीयर रिजर्व के विश्व नेटवर्क का हिस्सा नहीं है?
(a) मन्नार की खाड़ी (b) शेषाचलम्
(c) सुन्दरबन (d) नीलगिरि

82. निम्नलिखित में से कौन "मरुस्थलीय वनस्पति" का एक उदाहरण है?
(a) दलदल और शैवाल (b) समशीतोष्ण घास के मैदान
(c) शंकुधारी वन (d) एकासिया और कैक्टस

83. निम्नलिखित में से कौन-सा सूर्य की रोशनी को अधिक परावर्तित करता है?
(a) धान फसल भूमि (b) ताजा बर्फ से आच्छादित भूमि
(c) रेतीली रेगिस्तान (d) प्रेयरी भूमि

84. वायुमण्डल की कौन-सी परत पृथ्वी के महासागरों की सतह के सम्पर्क में है?
(a) समतापमण्डल (b) मध्यमण्डल
(c) जलमण्डल (d) क्षोभमण्डल

85. भूमध्य सागर निम्नलिखित देशों में से किसकी सीमा है?
(a) इराक (b) लेबनान
(c) जॉर्डन (d) इनमें से कोई नहीं

86. बेंगुएला महासागर धाराएँ किस तट के साथ पाई जाती हैं?
(a) दक्षिण अमेरिका के पूर्वी तट
(b) अफ्रीका के पूर्वी तट
(c) दक्षिण अमेरिका के पश्चिमी तट
(d) अफ्रीका के पश्चिमी तट

87. तनाव के कारण, नीचे फेंके हुए खण्ड के सापेक्ष, भूमि का एक खण्ड एक ओर से ऊपर धकेला जाता है या ऊपर की ओर फेंका जाता है, यह ………… के रूप में सन्दर्भित है।
(a) क्षेप भ्रंश (b) सामान्य भ्रंश
(c) व्युत्क्रम भ्रंश (d) नतिलम्ब सर्पण भ्रंश

88. अन्तर-उष्णकटिबन्धीय डोलड्रम्स …… का एक क्षेत्र है।
(a) फ्रण्टोलायसिस
(b) अभिसरण
(c) अन्तर-उष्णकटिबन्धीय विचलन क्षेत्र
(d) स्थानीय वायु

89. हॉर्स अक्षांश भूमध्य रेखा के उत्तर और दक्षिण में लगभग ……… पर स्थित क्षेत्र हैं।
(a) 30-60° अक्षांश (b) 0-5° अक्षांश
(c) 30° अक्षांश (d) 60-90° अक्षांश

90. आमतौर पर पृथ्वी के किस भाग पर वाष्पीकरण अधिक होता है?
(a) भूमध्यवर्ती समुद्रीय (b) भूमध्यवर्ती महाद्वीपीय
(c) ध्रुवीय समुद्रीय (d) ध्रुवीय महाद्वीपीय

91. उत्तर पश्चिमी भारत में गर्मी के दौरान बहुत अधिक तापमान होने के कारण दक्षिण में किस प्रकार की जलवायु स्थिति उत्पन्न करता है?
(a) अरब सागर पर अवनमन (b) मानसून विफलता
(c) मानसून सफलता (d) चक्रवात

92. तड़ित और गर्जन परिणामी प्रभाव हैं, जब
(a) दो बड़े बादल एक-दूसरे से शक्तिशाली ढंग से टकराते हैं, पहले आकाशीय विद्युत उत्पन्न होता है और बाद में ध्वनि उत्पन्न होती है
(b) दो बड़े बादल शक्तिशाली पवन संघट्ट के सम्पर्क में आते हैं, इसके परिणामस्वरूप पहले ध्वनि और फिर आकाशीय विद्युत् उत्पन्न होता है
(c) एक उच्च घनत्व बादल में धनात्मक और ऋणात्मक आवेशित विद्युत् आयन होते हैं और जब यह परस्पर प्रभाव डालते हैं, तो प्रकाश और ध्वनि एकसाथ उत्पादित होती हैं
(d) उपरोक्त में से कोई नहीं

93. दून घाटी, चावल उगाने में सक्षम है, क्योंकि
(a) वहाँ अन्य फसलों को उगाया नहीं जा सकता है
(b) घाटी में लोग चावल खाने वाले हैं
(c) वहाँ चावल की भारी निर्यात माँग है
(d) वहाँ गर्मियाँ गर्म होती हैं और सिंचाई के लिए बर्फ का पिघला हुआ पानी होता है

94. भूगर्भीय समय पैमाने पर, मध्यजीवी युग में निम्न कालों में से कौन नहीं है?
(a) ट्राइऐसिक (b) जुरैसिक
(c) चाकमय (d) कार्बनी

95. सुमेलित करें।

सूची I (आदिवासी समूह)		सूची II (क्षेत्र/प्रदेश)	
P.	बुशमैन	1.	भारत
Q.	पिग्मी	2.	अलास्का, ग्रीनलैण्ड
R.	एस्किमो	3.	जैरे
S.	गोण्ड	4.	नामिबिया

	P	Q	R	S
(a)	3	1	4	2
(b)	3	4	2	1
(c)	3	4	1	2
(d)	4	3	2	1

96. सुमेलित करें।

सूची I (विशेषताएँ)		सूची II (अवधारणाएँ)	
P.	समान समय	1.	सममेघ रेखा
Q.	समान सूर्य प्रकाश	2.	समवर्षा रेखा
R.	समान बादल	3.	समकालान्तर
S.	समान वर्षण	4.	सम सूर्य प्रकाश रेखा

	P	Q	R	S
(a)	3	1	4	2
(b)	3	4	1	2
(c)	3	2	4	1
(d)	2	1	4	3

97. सुमेलित करें।

सूची I (वृक्ष के प्रकार)		सूची II (एरियल क्षेत्र)	
P.	सागौन	1.	कर्नाटक
Q.	चन्दन	2.	उष्णकटिबन्धीय भूमि
R.	देवदार	3.	मानसूनी वन
S.	महोगनी	4.	जम्मू और कश्मीर

	P	Q	R	S
(a)	3	1	4	2
(b)	2	3	4	1
(c)	2	1	3	4
(d)	4	2	1	3

98. सुमेलित करें।

सूची I		सूची II	
P.	समलवण रेखा	1.	वर्षा
Q.	समताप रेखा	2.	लवणता
R.	सम वर्षा रेखा	3.	तापमान
S.	समदाब रेखा	4.	दाब

	P	Q	R	S
(a)	3	2	4	1
(b)	1	2	3	4
(c)	2	3	1	4
(d)	4	3	2	1

99. ''मानव भूगोल, व्याकुल आदमी और अस्थिर पृथ्वी के बीच सम्बन्ध परिवर्तन का अध्ययन है'' ...... द्वारा परिभाषित किया गया था।
(a) जे ब्रंचेस (b) ई.सी. सेम्पल
(c) एच जे मैकिंदर (d) पी.वी. ब्लेचे

100. अवसादी चट्टानें अन्ततः ...... से प्राप्त की जाती हैं।
(a) पृथ्वी की गतिविधियों (b) समुद्री निक्षेप
(c) रूपान्तरित चट्टानों के अपक्षय (d) आग्नेय चट्टानों के अपक्षय

उत्तरमाला

1.	(a)	2.	(b)	3.	(c)	4.	(d)	5.	(a)	6.	(*)	7.	(b)	8.	(a)	9.	(b)	10.	(a)
11.	(b)	12.	(a)	13.	(d)	14.	(d)	15.	(c)	16.	(a)	17.	(a)	18.	(d)	19.	(c)	20.	(c)
21.	(d)	22.	(d)	23.	(b)	24.	(d)	25.	(d)	16.	(c)	27.	(c)	28.	(b)	29.	(a)	30.	(a)
31.	(d)	32.	(d)	33.	(b)	34.	(c)	35.	(a)	26.	(b)	37.	(c)	38.	(d)	39.	(b)	40.	(c)
41.	(a)	42.	(b)	43.	(d)	44.	(b)	45.	(a)	46.	(c)	47.	(a)	48.	(b)	49.	(d)	50.	(a)
51.	(b)	52.	(a)	53.	(c)	54.	(b)	55.	(a)	46.	(a)	57.	(a)	58.	(a)	59.	(a)	60.	(c)
61.	(a)	62.	(b)	63.	(c)	64.	(a)	65.	(b)	56.	(d)	67.	(b)	68.	(b)	69.	(b)	70.	(b)
71.	(a)	72.	(b)	73.	(b)	74.	(b)	75.	(d)	66.	(b)	77.	(a)	78.	(b)	79.	(d)	80.	(b)
81.	(b)	82.	(d)	83.	(b)	84.	(d)	85.	(b)	76.	(d)	87.	(b)	88.	(b)	89.	(c)	90.	(a)
91.	(c)	92.	(c)	93.	(d)	94.	(d)	95.	(d)	96.	(b)	97.	(a)	98.	(c)	99.	(b)	100.	(d)

संकेत एवं हल

1. (a) भारतीय जनगणना द्वारा वर्ग III शहर को परिभाषित करने के लिए 20,000 से 49,999 आकार का उपयोग किया जाता है।
जनसंख्या आकार के आधार पर भारत को 6 भागों में विभाजित किया जाता है–
वर्ग I शहर → 1,00,000 से अधिक
वर्ग II शहर → 50,000-99,999
वर्ग III शहर → 20,000-49,999
वर्ग IV शहर → 10,000-19,999
वर्ग V शहर → 5000-9999
वर्ग VI शहर → 500 से कम

2. (b) कोयले और तेल का उत्पादन करने वाली कार्बन चट्टानें अवसादी नामक चट्टानों की श्रेणी से सम्बन्धित हैं। अवसादी चट्टानों का निर्माण, विखण्डित अवसादों के जमाव से या 'आग्नेय अथवा कायान्तरिक शैलों के विखण्डन/विघटन के उपरान्त, उनके कणों के निक्षेपित होने से होता है। इसमें जीवाश्म की मात्रा अधिक पाई जाती है। मुख्य रूप से नवीनतम अवसादी शैलों में जीवाश्म की मात्रा अधिक पाई जाती है। चूना-पत्थर, बलुआ-पत्थर, कांग्लोमरेट, डोलोमाइट शैल, ये सभी अवसादी चट्टानें हैं।

3. (c) रूर-परिसर औद्योगिक केन्द्र जर्मनी में स्थित है। पश्चिमी जर्मन के रूर नदी के किनारे एक प्रमुख औद्योगिक क्षेत्र है। रूर औद्योगिक क्षेत्र को विश्व का एक प्रमुख औद्योगिक इकाई माना जाता है।
रूर-परिसर औद्योगिक केन्द्र के अन्तर्गत बॉन, कोलोन डुसेलडोर्फ डोटोमुण्ड और एसेन जैसे औद्योगिक शहर आते हैं। औद्योगिक रूप से अधिक विकसित होने के कारण इस क्षेत्र में जनसंख्या घनत्व अधिक पाया जाता है।

4. (d) काली-कपास मृदा को रेगुर मृदा भी कहा जाता है। ज्वालामुखी उद्गार के दौरान मैग्मा के बाहर निकलने से काली मृदा का निर्माण होता है। काली मृदा में नाइट्रोजन, फॉस्फोरस एवं जीवाश्म की मात्रा नहीं पाई जाती है, जबकि लौह ऑक्साइड एवं सिलिकेट की मात्रा अधिक पाई जाती है।
कपास, गन्ना एवं बाजरा के उत्पादन के लिए यह मृदा (रेंगुर) अति महत्त्वपूर्ण मानी जाती है। उच्च स्थानों पर पाई जाने वाली काली मृदा में नमी की मात्रा कम पाई जाती है।

5. (a) प्रश्न में दिए गए दोनों कथन सही हैं। अतः विकल्प 1 और 2 दोनों सही हैं।
वायुदाब जितना कम होगा वायुमण्डलीय बाधाएँ उतनी ही अधिक होती हैं। उच्च वायुदाब में वायुमण्डलीय बाधाएँ कम होती हैं, क्योंकि उच्च दाब के कारण हवाओं का संचालन स्थिर होता है। अक्सर वायु उच्च दाब से निम्न दाब की ओर प्रवाहित होती है। प्रचलित या ग्रहीय पवन हो या स्थानीय पवन, सभी पवनें उच्च दाब से निम्न दाब की ओर प्रवाहित होती हैं।

6. (*) जनगणना 2011 के अनुसार, प्रश्न में दिए गए राज्यों की साक्षरता दर का अवरोही क्रम है

केरल – 94%
तमिलनाडु – 80%
पंजाब – 75%
उत्तर प्रदेश – 67%

प्रश्न में दिए गए सभी विकल्प गलत हैं।

7. (b) कार्ल पियर्सन का सहसम्बन्ध गुणांक-गुणोत्तर माध्य सांख्यिकी माध्य से है।
कार्ल पियर्सन के सहसम्बन्ध गुणांक का उपयोग आँकड़ों में दो डेटा नमूनों के बीच रैखिक सम्बन्ध की ताकत को संक्षेप में प्रस्तुत करने के लिए किया जाता है, यह आमतौर पर रैखिक प्रतिगमन में उपयोग के लिए किया जाता है।
कार्ल पियर्सन का यह गुणांक एक गणितीय विधि है, जिसमें रैखिक रूप से सम्बन्धित चर के बीच सम्बन्ध के स्तर को मापने के लिए संख्यात्मक प्रतिनिधित्व लागू किया जाता है। सहसम्बन्ध का गुणांक (r) द्वारा व्यक्त किया जाता है।

8. (a) ग्लोब पर भूमध्यरेखीय क्षेत्र का विस्तार दोनों गोलार्द्धों में 0°-5° अक्षांशों के मध्य पाया जाता है। इस क्षेत्र में प्रत्येक दिन समान से अधिक या कम होता है, समुद्र की हवाओं के साथ स्पष्ट और उज्ज्वल सुबह होती है, जैसे-जैसे सूर्य आकाश में ऊँचा चढ़ता है गर्मी की तीव्रता बढ़ती जाती है, साथ ही वायुमण्डल में आद्रता तेजी से बढ़ती है, घने काले बादलों का निर्माण होने लगता है, फिर तीव्र बिजली गर्जन के साथ मूसलाधार बारिश होती है। वर्षा कम क्षेत्रों, परन्तु अधिक मात्रा में, कम समय के लिए होती है। अधिक वर्षा एवं तापमान के कारण इस क्षेत्र में जैव-विविधता अधिक पाई जाती है।

9. (b) पृथ्वी के भूगर्भिक इतिहास के जुरासिक युग में डायनासोर अपने सबसे बड़े आकार तक पहुँचे। जुरासिक युग, मेसोजोइक महाकल्प का युग माना जाता है। उस समय महाद्वीपीय भू-भाग पर डायनासोर सबसे विशालकाय जीव माने जाते थें। विश्व के कई क्षेत्रों में इसके अवशेष आज भी पाए जाते हैं। ऐसा माना जाता है, क्रिटशियस युग में ज्वालामुखीय उद्गार एवं पृथ्वी से एक विशाल उल्कापिण्ड टकराने के कारण डायनासोर का अन्त हो गया।

10. (a) जब सूर्य, चन्द्रमा और पृथ्वी तीनों एक रेखा पर आते हैं, तो ज्वार-भाटा आता है। जब सूर्य, चन्द्रमा और पृथ्वी एक तल पर होते हैं, तो उच्च ज्वार एवं भाटा आने की स्थिति होती है, क्योंकि इस स्थिति में, सूर्य और चन्द्रमा दोनों की आकर्षण शक्ति मिलकर काम करती है। हालाँकि चन्द्रमा पृथ्वी के समीप स्थित है। इसलिए इसका आकर्षण प्रभाव अधिक होता है। चन्द्रमा का अपने स्थान पर चक्कर लगाने के साथ पृथ्वी के चारों ओर घूमने के कारण, स्थितियों में कई बदलाव आते हैं। जब तीनों एक तल पर स्थित होते हैं, तो सामान्य ज्वार से 20% अधिक ज्वार आते हैं, इसके विपरित जब तीनों समकोणिक स्थिति में होते हैं, तो दोनों के आकर्षण बल एक-दूसरे से विपरीत कार्य करते हैं, इस स्थिति में निम्न ज्वार, सामान्य से 20% कम आते हैं।

11. (b) एक पर्यवेक्षक को पृथ्वी की सतह से हमेशा चाँद का एक ही फलक दिखाई देता है, क्योंकि चन्द्रमा पृथ्वी के चारों ओर परिक्रमण की अवधि उसकी अपनी धुरी के चारों ओर घूर्णन की अवधि के समान है। पृथ्वी लगभग 24 घण्टे में, अपनी घूर्णन गति के कारण

एक चक्कर पूरा कर लेती है, पृथ्वी के साथ-साथ चन्द्रमा भी अपनी धुरी पर घूमते हुए पृथ्वी की परिक्रमा करता है। पृथ्वी 365 दिनों मे सूर्य का एक चक्कर लगा लेती है, वहीं चन्द्रमा केवल $27\frac{1}{2}$ दिनों में पृथ्वी की परिक्रमा पूर्ण कर लेता है, यही कारण है, कि पृथ्वी की सतह से चन्द्रमा का सिर्फ एक ही फलक दिखाई देता है।

12. (a) पवन अपघर्षण द्वारा पॉलिस, रेत- विस्फोटित और साँचे में ढला कंकड़ त्रिकोणक (ड्राइकाण्टर) के रूप में जाना जाता है।
उष्णकटिबन्धीय मरुस्थलीय क्षेत्र, जहाँ तीव्र गति से हवाएँ प्रवाहित होती हैं, ऐसे स्थलाकृतियों को ड्राइकाण्टर या त्रिकोणक कहते हैं। इसकी आकृति त्रिकोणाकार होती है। बालू युक्त तीव्र पवनों के प्रवाहित होने से जब मुलायम शैलों का अपरदन हो जाता है और कठोर शैल लम्बवत् खड़े होते हैं, तो इस लम्बवत् त्रिकोणनुमा स्थलाकृति को ड्राइकाण्टर कहते हैं।

13. (d) पृथ्वी और सूर्य के मध्य की दूरी को आमतौर पर खगोलीय इकाई के नाम से जाना जाता है। खगोलीय इकाई करीब 15 करोड़ (14.98 करोड़) है। इसे ही खगोलीय इकाई कहा जाता है।
पृथ्वी एक ऐसा ग्रह है, जहाँ जीवन सम्भव है। न ही यह सूर्य के काफी समीप और न ही दूर, इसलिए यहाँ गर्मी सामान्य पड़ती है।

14. (d) शीत मौसम के दौरान, उत्तरी-मैदानी इलाकों में पश्चिम एवं उत्तर-पश्चिम दिशाओं से चक्रवात सम्बन्धित गड़बड़ी का अन्तर्वाह होता है। इसे पश्चिमी विक्षोभ भी कहते हैं।
चूँकि ये पवनें भूमध्य सागरीय क्षेत्र के ऊपर से आती है, इसलिए इसमें आर्द्रता की मात्रा विद्यमान रहती है। भारत तक पहुँचने पर इसमें आर्द्रता की मात्रा कम हो जाती है, इसलिए इससे कम मात्रा में वर्षा होती है। (भारत में कुल वर्षा की मात्रा का 3%) परन्तु रबी की फसल को इससे लाभ मिलता है।

15. (c) भूकम्प के दौरान, लहरों के ऊपरी भाग का वेग, घनत्व में वृद्धि के साथ-साथ बढ़ता है, जो इससे गुजरने वाली वस्तु को आगे बढ़ाएगा। कम घनत्व वाली शैलों में इनकी गति कम होती है, परन्तु गहराई के साथ-साथ, घनत्व बढ़ने पर उसकी गति भी बढ़ती है। अलग-अलग वेगों के आधार पर भूकम्पीय लहरों को तीन भागों में विभाजित किया जाता है।
(i) प्राथमिक तरंगें (P)
(ii) द्वितीय तरंगें (S)
(iii) धरातलीय तरंगें (C)

16. (a) धूमिल तेन्दुआ राष्ट्रीय उद्यान (क्लाउडेड लेपर्ड नेशनल पार्क) त्रिपुरा में स्थित है। यह सेपाहीजाला वन्यजीव अभ्यारण्य के समीप स्थित है। त्रिपुरा की राजधानी अगरतला से 28 किमी दूर स्थित है। यह पार्क 5.08 वर्ग किमी भू-भाग पर विस्तृत है। इसकी स्थापना वर्ष 2007 में की गई थी।

17. (a) आमतौर पर जल सतहों की तुलना में भूमि सतह अधिक तेजी से गर्म होती है, क्योंकि पानी की विशिष्ट ऊष्मा भूमि से अधिक होती है। किसी पदार्थ की इकाई मात्रा का ताप 1°C बढ़ाने के लिए आवश्यक ऊष्मा की मात्रा को उस पदार्थ की विशिष्ट ऊष्मा का जाता है अर्थात् जिस पदार्थ की विशिष्ट ऊष्मा अधिक होगी उसे गर्म करने के लिए अधिक ऊष्मा की आवश्यकता होती है।

18. (d) गुजरात राज्य की समुद्रतटीय रेखा सबसे है। इसकी समुद्रतटीय रेखा की लम्बाई 1600 किमी है।
गुजरात के इस 1600 किमी तटीय भाग पर कुल 41 बन्दरगाह है। इसमें 1 बन्दरगाह वृहद् स्तरीय बन्दरगाह है और 40 मध्यम एवं छोटे स्तर के बन्दरगाह है जो राज्य सरकार द्वारा संचालित होते हैं।

19. (c) जब पृथ्वी सूर्य से सबसे दूर होती है, तो उस स्थिति को अपसौर अर्थात् अपसौर के नाम से जाना जाता है। चूँकि पृथ्वी सूर्य के चारों ओर अण्डाकार वृत्त के सहारे घूमती है। इसलिए एक समय पृथ्वी सूर्य से अधिक दूर हो जाती है, तो इसे अपसौर (एपीहिलियन) कहा जाता है, यह घटना प्रत्येक वर्ष 4 जुलाई को घटित होती है, इसी क्रम में जब पृथ्वी, सूर्य के निकट आ जाती है, तो इस घटना को उपसौर (पेरिहिलियन) कहा जाता है। यह घटना 3 जनवरी को परिघटित होती है।

20. (c) हवाओं का मौसमी परिवर्तन केवल मानसून जलवायु की सामान्य विशेषताएँ हैं। मानसून एक अरबी शब्द है, जिसका तात्पर्य है, मौसमी परिवर्तन। इस शब्द का प्रयोग सर्वप्रथम अलबरूनी ने किया था। दक्षिणी-पश्चिमी भूमध्य रेखा पार करते ही इनकी दिशा बदल जाती है। गर्मी और जाड़े के मौसम में परिवर्तन के साथ हवाओं में भी परिवर्तन होते हैं। ये हवाएँ अपने साथ वर्षा करवाती हैं।

21. (d) अवसादी प्रकार के शैलों/चट्टानों में खनिज, तल या परत होते हैं। इनका निर्माण अवसादों के जमाव से, विभिन्न कणों के निक्षेपित होने से होता है। बलुआ पत्थर, शैल, (Shale) चूना-पत्थर, कांग्लोमरेट, ये सभी अवसादी चट्टानें हैं। कोयला और खनिज तेल का उत्पादन अवसादी शैलों से होता है।

22. (d) कपास की खेती के लिए काली मृदा अधिक उपयुक्त और आदर्श है, क्योंकि इसमें नमी धारण करने की क्षमता अधिक होती है। इसे रेगुर मृदा भी कहते हैं। इसमें नाइट्रोजन, फॉस्फोरस और जीवांश का अभाव पाया जाता है।

23. (b) देश का राष्ट्रीय सर्वेक्षण और मानचित्रण संगठन विज्ञान और तकनीक विभाग के अन्तर्गत कार्य करता है। इसका मुख्यालय देहरादून में स्थित है। इसकी स्थापना 1767 ई. में की गई थी। यह सभी मामलों पर भारत सरकार के सभी सर्वेक्षण मामलों पर सलाह के रूप में कार्य करता है।

24. (d) पाक जलडमरुमध्य भारत से श्रीलंका को अलग करता है। इसकी चौड़ाई 82 किमी तक है। मद्रास प्रेसीडेंसी के गवर्नर जनरल राबर्ट पाक के नाम पर इस जलडमरुमध्य का नाम पॉक जलडमरुमध्य रखा गया। ये 1755 से 1763 ई. तक मद्रास प्रेसीडेंसी के गवर्नर जनरल थे।

25. (d) ओडिशा भारत में बॉक्साइट उत्पादन करने वाला प्रमुख राज्य है। कोरापुट, रामगढ़ा, कालाहांडी, वोलनगिर जिले में बॉक्साइट का उत्पादन व्यापक पैमाने पर किया जाता है।
ओडिशा कुल बॉक्साइट उत्पादन का अकेले 51% उत्पादन करता है। ओडिशा के अलावा आन्ध्र प्रदेश, (16%) मध्य प्रदेश एवं छत्तीसगढ़ (4%) भी बॉक्साइट का उत्पादन करता है।

26. (c) बिहार (दिए गए विकल्पों के अनुसार) राज्य, छत्तीसगढ़ राज्य के साथ सीमा साझा नहीं करता है। छत्तीसगढ़ राज्य की सीमा मध्य प्रदेश, महाराष्ट्र, तेलंगाना, आन्ध्र प्रदेश, ओडिशा, झारखण्ड एवं उत्तर प्रदेश के साथ सीमा साझा करता है।

27. (c) अक्षांश के समानान्तरों के सम्बन्ध में कथन 3 सही नहीं है। सभी अक्षांश समान्तर लम्बाई में समान नहीं होते हैं, बल्कि भूमध्य रेखा से उत्तर या दक्षिण की ओर जाने पर इनकी लम्बाई भूमध्यरेखीय समानान्तर रेखा की अपेक्षा कम होती जाती है।

28. (b) भारत के पूर्वोत्तर भारत में स्थित असम राज्य को लाल नदी और नीली पहाड़ियों की भूमि के नाम से जाना जाता है। असम का अधिकतर क्षेत्र ब्रह्मपुत्र नदी घाटी क्षेत्र के अन्तर्गत आता है। ब्रह्मपुत्र को असम में लाऊहितीया यानि लाल नदी के नाम से जाना जाता है एवं छोटी-छोटी पहाड़ियाँ नीले आकाश के नीचे नीले पहाड़ के रूप में नजर आते हैं, इसलिए असम को लाल नदी एवं ब्लू हिल के नाम से जाना जाता है।

29. (a) निपटान के स्थानिक विश्लेषण में, $R_n = 2.15$ यह इंगित करता है, कि यूनिफॉर्म निपटान की एक मूल व्यवस्था है। इसके माध्यम से, एकसमान वस्तु स्थिति को समझकर उनका विशिष्ट निदान करना उपयुक्त होता है।

30. (a) येलो पीपल के रूप में मंगोलॉइड को जाना जाता है। इनकी त्वचा का रंग पीला होता है, इसलिए इन्हें येलो पीपल कहा जाता है। इनकी आँखे छोटी, नाक चपटे, छोटे बाल होते हैं। इनके शरीर पर बाल का अभाव पाया जाता है। टुण्ड्रा प्रदेशों में, चीन, जापान, कोरिया सहित पूर्वोत्तर भारत में निवास करने वाली सभी जनजातियाँ मंगोलॉयड से सम्बन्धी है।

31. (d) भारत के स्थलाकृतिक मानचित्रण को भारत का सर्वेक्षण विभाग प्रकाशित करता है। यह विज्ञान और प्रौद्योगिकी मन्त्रालय के अन्तर्गत कार्य करता है। इसका मुख्यालय देहरादून में स्थित है। भारत का पहला तकनीकी सर्वे डब्ल्यू मार्थर द्वारा किया गया है। जॉन रेनेल को सर्वेक्षण का जनक कहा जाता है।

32. (d) भूगोलवेत्ता हरलेन बैरो ने भूगोल को मनुष्य का पारिस्थितिकी कहा है। पारिस्थितिकी शब्द का प्रयोग सर्वप्रथम जर्मन वैज्ञानिक हैकल ने किया था। जैविक एवं अजैविक क्रियाशीलता से पारिस्थितिकी का विकास होता है। मानव एवं पर्यावरण के मध्य परस्पर एक सम्बन्ध होता है, इसी पारस्परिक क्रिया को मनुष्य का पारिस्थितिकी कहा जाता है।

33. (b) भूगोलवेत्ता यी-फु-त्यान ने भूगोल में मानवतावादी दृष्टिकोण को अपनाया। त्यान ने वर्ष 1976 में, मनुष्य के अनुभव पर विशेष जोर देते हुए, बताया कि कैसे ये सम्बन्धों को आपस में जोड़ते हैं। ऐसे व्यवहार, भौगोलिक पर्यावरण एवं लोगों के स्थानों से जोड़ने से सम्बन्धित है। इसमें मानवीय व्यवहारों का अध्ययन होता है। इसे एक सोचने का तरीका माना जाता है।

34. (c) लॉरेंज वक्र मैक्स यू लॉरेंज ने तैयार किया था। इसे पूर्ण समत्ता रेखा या निरपेक्ष समता रेखा भी कहते हैं। इस वक्र के अनुसार लॉरेंज वक्र जितना ही निरपेक्ष क्षमता के समीप होगा, आय की विषमता उतनी ही कम होगी। इस वक्र को 1905 में मैक्स ओ लॉरेंस द्वारा विकसित किया गया था। ये धन वितरण की असमानता को दर्शाता है।

35. (a) गल्फ स्ट्रीम/खाड़ी की धाराएँ उत्तरी अटलाण्टिक महासागर के दक्षिण-पश्चिमी भाग में प्रवाहित होने वाली गर्म जलधारा है। यह मैक्सिको की खाड़ी न्यूफाउण्डलैण्ड तल के मध्य प्रवाहित होती है। अमेरिका के उत्तरी.पूर्वी भाग में यह लैब्रोडोर ठण्डी जलधारा से मिलकर इस क्षेत्र में मत्स्यन उद्योग को विकसित करती है। पछुआ हवा के प्रभाव में यह पूर्व की ओर मुड़ जाती है, और उत्तर-पश्चिम उत्तरी भाग को प्रभावित करती है। इसे यूरोप का कम्बल भी कहा जाता है।

36. (b) शिला पदार्थ (रॉक सामग्री) का टूटना, मिटना और हटना आमतौर पर अनाच्छादन के रूप में सन्दर्भित किया जाता है। अनाच्छादन में अपरदन (अपघर्षण, सन्निघर्षण) अपक्षयन एवं निक्षेपण सभी को शामिल किया है। इसके अन्तर्गत शैलों का विघटन, विखण्डन और वियोजन होता है।

37. (c) मौसम से मौसम परिवर्तन, दिन के समय और रात के समय की अवधि में भिन्नताएँ पृथ्वी के नत अक्ष पर झुकना एवं पृथ्वी का घूर्णन गति (अपनी ही धूरी पर घूमना) इसके लिए मुख्य रूप से जिम्मेदार माना जाता है।

38. (d) उत्तर से दक्षिण तक पर्वत शृंखलाओं के सही अनुक्रम हैं परा/ट्रांस हिमालय, महान हिमालय, मध्य हिमालय एवं बाह्य हिमालय। ट्रांस हिमालय के अन्तर्गत काराकोरम, जैस्कर, लद्दाख एवं कैलाश श्रेणियों को शामिल किया जाता है। इसे हिमालय का सबसे प्राचीन भाग माना जाता है। महान हिमालय पूर्व से पश्चिम 2500 किमी. लम्बी है। इसकी औसत ऊँचाई 6100 मी है। विश्व की अधिकांश ऊँची चोटियाँ इसी पर्वत श्रेणी में स्थित है। महान हिमालय के दक्षिण भाग में मध्यम हिमालय श्रेणी स्थित है। इसकी औसत ऊँचाई 3000 से 4500 मी है परिपंजाल, धौलाधर मसूरी नाग टिब्बा श्रेणी इसी भाग में स्थित है। महान एवं मध्य हिमालय के मध्य विशाल सीमान्त दरार स्थित है। बाह्य हिमालय को शिवालिक या दक्षिणी हिमालय भी कहा जाता है। यह पश्चिम में पोतवार बेसिन से पूर्व में कोसी नदी घाटी तक (37° पूर्वी देशान्तर) के मध्य स्थित है।

39. (b) सूर्य का प्रभामण्डल पक्षाभमेघों के बर्फ क्रिस्टल में प्रकाश के अपवर्तन द्वारा उत्पन्न होता है। पक्षाभ स्तरी बादल को आकाश में एक विशेष प्रकार की पतली चादर के सदृश्य, बिखरे और जुड़े हुए दोनों रूपों में स्पष्ट रूप से देखा जा सकता है। पक्षाभ स्तरी बादल अधिक ऊँचाई वाले बादल हैं, जो 10 किमी ऊँचाई तक पाए जाते हैं।

40. (c) प्रश्न में दिए गए दोनों कथनों में से कथन I गलत है, और कथन II सही है।

शैलों में उपस्थित खनिज वायुमण्डल में विभिन्न प्रतिरूपों द्वारा परिवर्तन के अधीन होता है। चट्टानों में विद्यमान खनिज आर्द्रता, तापमान इत्यादि द्वारा परिवर्तित हो जाते हैं। बॉक्साइट का आर्द्र युक्त क्षेत्रों में पाया जाना यह साबित करता है कि वायुमण्डल से अनावृत शैलों में उपस्थित खनिज, परिवर्तन के अधीन होता है। ऑक्सीकरण रासायनिक अपक्षय की प्रक्रियाओं में से एक है। यह क्रिया आर्द्रयुक्त क्षेत्रों में होती है। इससे शैलों का वियोजन होता है।

41. (a) प्रश्न में दिए गए दोनों कथन सही हैं। सूर्य की छोटी तरंगें पृथ्वी में आंशिक रूप से प्रवेश करती है और विकिरण के माध्यम से वायुमण्डल को ऊष्मित या गर्म करती है।

सूर्य से ऊष्मित पृथ्वी की सतह विस्तारित तरंगें उत्पन्न करती है, जो परस्पर प्रभाव डालती हैं और वायुमण्डल को ऊष्मित करती है। इसी ऊष्मा को (दीर्घ तरंगों को) CO_2, NO_2 मीथेन, जलवाष्प द्वारा अवशोषित कर लिया जाता है जिससे वैश्विक तापन की समस्या उत्पन्न हो जाती है।

42. (b) प्रश्न में दिए गए दोनों कथन सही हैं शैल जो ऊष्मा और दाब के कारण परिवर्तित हो जाते हैं, उन्हें कायान्तरिक/रूपान्तरित शैलों के रूप में जाना जाता है। स्लेट, एक तरह का कायान्तरिक शैल है। जब शैल (Shale) चीका पर ऊष्मा और दाब का प्रभाव पड़ता है, तो उसका रूपान्तरण स्लेट में हो जाता है।

43. (d) प्रश्न में दिए गए दोनों कथनों में कथन I सही है, परन्तु कथन II गलत है। उत्तरी गोलार्द्ध में महाद्वीपीय विस्तार अधिक पाए जाने के कारण उत्तरी गोलार्द्ध में उच्च तापमान विसंगति अधिक पाई जाती है। स्थलीय विस्तार के कारण उत्तरी गोलार्द्ध में अन्तर ऊष्मन व्यापक स्तर पर देखने को मिलती है।

44. (b) वितलीय शैल का निर्माण पृथ्वी के आन्तरिक भाग में मैग्मा के शीतलन के परिणामस्वरूप होता है। इसे अन्तवैधी आग्नेय शैल भी कहते हैं। पृथ्वी के आन्तरिक भाग में यह धीरे-धीरे ठण्डा होता है, क्योंकि इसके आस-पास के शैल मैग्मा के अन्तर्वेधन के चारों ओर रोधन के रूप में कार्य करते हैं।

45. (a) ज्वालामुखी से निकलने वाली धूल और राख सामग्री को पाइरोक्लास्टिक कहा जाता है। जिन क्षेत्रों में ऐसे ज्वालामुखी का उद्गार होता है, उन क्षेत्रों में वायु प्रदूषण की समस्या उत्पन्न हो जाती है। ऐसे ज्वालामुखी मुख्य रूप से महाद्वीप के मध्य क्षेत्रों में पाए जाते हैं।

पाइरोक्लास्टिक के कण अत्यन्त छोटे-छोटे होते हैं। ये कण लम्बे समय तक वायुमण्डल में लटके होते हैं, जिससे प्रदूषण की समस्या बनी रहती है। बड़े कण का फैलाव सीमित क्षेत्रों तक ही होता है।

46. (c) कम ज्वार और उच्च ज्वार के बीच ऊँचाई में लम्बवत् अन्तर को, ज्वारीय परास से सन्दर्भित करते हैं। जब सूर्य, पृथ्वी एवं चन्द्रमा तीनों एक तल पर होते हैं। (अमावस्या एवं पूर्णिमा को) उच्च ज्वार की अनुभूति होती है। (सामान्य से 20% अधिक) इसके विपरीत जब सूर्य, पृथ्वी व चन्द्रमा तीनों समकोणिक स्थिति में होते हैं (कृष्ण पक्ष एवं शुक्ल पक्ष) तो ज्वार सामान्य ज्वार से 20% कम ऊँचे होते हैं। इसी अन्तर को ज्वारीय परास कहते हैं।

47. (a) अमेजन बेसिन क्षेत्र में अधिक तापमान, अधिक आर्द्रता एवं अधिक वर्षा के कारण घने वन अधिक मिलते हैं, ऐसे ही भौगोलिक क्षेत्रों में सबसे अधिक जैव विविधता पाई जाती है। जैव विविधता का तात्पर्य ऐसे क्षेत्रों से होता है, जहाँ वन्य जीवों एवं वनस्पतियों के विस्तार में अधिक विविधता पाई जाती है।

48. (b) चावल की फसल की खेती मीथेन गैस उत्पादन करती है। चावल का उत्पादन अधिक वर्षा वाले क्षेत्रों में किया जाता है। फसलों की कटाई के बाद पराली के रूप में उनके अवशेषों के सड़ने, गलने से मीथेन गैस की उत्पत्ति होती है, जो वैश्विक तापन के लिए भी जिम्मेदार है। दक्षिण-पूर्व एशियाई देशों में जहाँ चावल का सबसे अधिक उत्पादन होता है, मीथेन गैस उत्पादन का सबसे बड़ा क्षेत्र है।

49. (d) केन्द्र में उच्च दबाव वाली दबावी प्रणाली को प्रतिचक्रवात कहा जाता है। इसमें हवाएँ ऊपर से नीचे उतरती हैं, और हवाएँ केन्द्रीय भाग से परिधि की ओर प्रवाहित होती है। प्रतिचक्रवात साफ मौसम को दर्शाता है तथा वर्षा की सम्भावना नहीं होती है। हवाएँ मध्यम गति से प्रवाहित होती है। दो गोलार्द्धों में से उपोष्ण उच्च वायुदाब व ध्रुवीय प्रदेश प्रतिचक्रवातीय स्थिति को दर्शाती है।

50. (a) हिमालय क्षेत्र खनिज संसाधनों में समृद्ध नहीं है, क्योंकि इस क्षेत्र में शैलीय परत के विस्थापन ने चट्टानों की व्यवस्था को इतना अधिक अव्यवस्थित कर दिया है, कि यह और अधिक जटिल होता है। यह एक अस्थिर क्षेत्र है। भारतीय प्लेट के नीचे जाने के कारण इस क्षेत्र में अक्सर भूकम्प आने की सम्भावना बनी रही। मध्यपिण्ड (तिब्बत पठार) की मोटाई इतनी अधिक है कि यहाँ खनन कार्य करना असम्भव है।

51. (b) वह प्रक्रिया जिसके माध्यम से वनस्पति द्वारा वातावरण में नमी मिलायी जाती है, वाष्पन-उत्सर्जन कहलाता है। वाष्प उत्सर्जन वह प्रक्रिया है, जिसके अन्तर्गत, जल गैसीय रूप में परिवर्तित होकर वायुमण्डल में मिल जाते हैं। वर्षण के लिए इसे आवश्यक माना जाता है। अतः जिन क्षेत्रों में वनस्पतियों का अभाव पाया जाता है (या जलस्रोतों का) उन क्षेत्रों के वायुमण्डल में नमी की मात्रा कम पाई जाती है और वर्षा भी नहीं होती है।

52. (a) वह प्रक्रिया जिसमें प्रत्यक्ष सम्पर्क द्वारा स्थलीय ऊष्मा वायु में स्थानान्तरित हो जाती है, चालन के रूप में जानी जाती है। चालन के अन्तर्गत ऊष्मा का संचार गर्म भागों से ठण्डे भागों की ओर होता है। इसमें ऊष्मा, एक कण से प्रत्येक समवर्ती कणों के माध्यम से गन्तव्य तक पहुँचती है।

53. (c) मैंग्रोव के अन्तर्गत पश्चिम बंगाल राज्य में सबसे बड़ा वन क्षेत्र पाया जाता है। इसे अनूप या ज्वारीय वन भी कहते हैं। सुन्दरी वृक्ष अधिक पाए जाने के कारण इसे सुन्दरी वन भी कहते हैं। पश्चिम बंगाल में इसे सुन्दर वन क्षेत्र कहा जाता है। सुन्दरवन एक बाघ संरक्षण केन्द्र भी है।

पूर्वी तट के सहारे पाए जाने वाले सभी वन्य क्षेत्रों में (डेल्टाई क्षेत्रों) सुन्दर वन या मैंग्रोव के वन पाए जाते हैं। भारत विश्व का सबसे बड़ा देश है, जहाँ मैंग्रोव के वन पाए जाते हैं। ओडिशा, गुजरात, आन्ध्र प्रदेश, तमिलनाडु, अण्डमान निकोबार द्वीप समूह क्षेत्रों में मैंग्रोव के वन पाए जाते हैं।

54. (b) भूकम्प में देशान्तर अनुप्रस्थ और सतही तरंगें पृथ्वी के केन्द्र बिन्दु पर उत्पन्न होती है। पृथ्वी के आन्तरिक भाग उच्च घनत्व वाले शैलों से निर्मित होते हैं। अतः इसी भाग में देशान्तर अनुप्रस्थ और सतही तरंगें उत्पन्न होती हैं। देशान्तर अनुप्रस्थ तरंगों की गति 6.5 से 7 किमी/सेकण्ड होती है, जबकि सतही तरंगों की गति 3 किमी/सेकण्ड होती है। सतही तरंगें अधिक खतरनाक होती हैं।

55. (a) गुरुत्वाकर्षण के कारण पदार्थ की अनुढाल गति को पदार्थ संचलन कहा जाता है। पर्वतीय क्षेत्रों में भू-स्खलन जैसी भौगोलिक घटनाओं का घटित होना इसी गति को माना जाता है। गुरुत्वाकर्षण बल के कारण जब असंगठित शैल अनुढ़ाल से तेज गति से नीचे की ओर गिरने लगे, तो इसे पदार्थ संचलन कहते हैं।

56. (a) शिमला में अमृतसर की अपेक्षा अधिक ठण्ड लगती है, जबकि दोनों एक ही अक्षांश पर स्थित हैं, इसका मुख्य कारण है, कि शिमला 2276 मी सागरीय तल से अधिक ऊँचाई पर और अमृतसर मैदानी भाग में स्थित है। यह सागरीय तल से केवल 218 मी ऊँचा है।

57. (a) **शहरीकरण का टेम्पो** का तात्पर्य शहरीकरण की गति से है। जब किसी देश में तीव्र गति से शहरीकरण का विस्तार होता है, तो इसे शहरीकरण का टेम्पो कहते हैं। विकासशील देशों में आजकल यह प्रवृत्ति अधिक देखने को मिल रही है। तीव्र जनसंख्या वृद्धि, ग्रामीण क्षेत्रों से प्रवास, रोजगार के अवसर तलाशने, गाँवों में बुनियादी सुविधाओं का अभाव **शहरीकरण का टेम्पो** के लिए मुख्य जिम्मेदार पहलू है।

58. (a) दिए गए कथनों में से कथन 1 गलत है। भूमध्य रेखा में स्पष्ट भू-भाग तेजी से ठीक नहीं होते हैं, बल्कि तीव्र और जटिल प्रदेश होने के कारण यहाँ समस्याएँ आती रहती हैं। उच्चवर्ती क्षेत्रों देवदार एवं रेजवुड वन स्थिर समुदाय में पाए जाते हैं।

किसी भी पारितन्त्र (पारिस्थितिकी तन्त्र) में जीवित रहने हेतु अधिकतम बायोमास और स्थिरता की ओर अग्रसर होना आवश्यक है। भूमध्य रेखा के समीप उष्णकटिबन्धीय वर्षा वन तक स्थिर पारिस्थितिकी तन्त्र है।

59. (a) मौसमी विषमता सबसे अधिक मध्य अक्षांशों में देखने को मिलती है। इस अक्षांशीय क्षेत्र में तापमान, वर्षा की मात्रा अधिक पाई जाती है। अधिकतम तापमान उत्तर व दक्षिणी गोलार्द्ध के 37° अक्षांश पर पायी जाती है। विश्व के अधिकतर मरूस्थलीय भाग, मध्य अक्षांश क्षेत्रों में ही पाया जाता है।

60. (c) भारत में सबसे बड़े भू-भाग पर उष्णकटिबन्धीय आर्द्र पर्णपाती वन पाए जाते हैं। यह भारत के 37% भू-भाग पर पाए जाते हैं। इस प्रकार के वन 100 से 200 सेमी वर्षा वाले क्षेत्रों में पाए जाते हैं। उष्णकटिबन्धीय आर्द्र पर्णपाती वन मध्य प्रदेश, झारखण्ड, ओडिशा, आन्ध्र प्रदेश, छत्तीसगढ़, तेलंगाना, महाराष्ट्र, दक्षिणी बिहार, हिमालय के दक्षिणी भागों एवं पूर्वोत्तर राज्यों में पाए जाते हैं।

61. (a) वर्ष 2011 की जनगणना के अनुसार भारत में जुवेनाइल पॉपुलेशन यानि किशोर जनसंख्या (0-14) का अनुपात 30.76% है। वहीं वृद्धों का अनुपात लगभग 8% तथा युवाओं की जनसंख्या का अनुपात 27.5% है।

62. (b) उत्तरी आयरलैण्ड की राजधानी (यूनाईटेड किंगडम) बेंलाफास्ट जहाज निर्माण उद्योग के लिए प्रसिद्ध है। यह लागन नदी के पूर्वी तट पर स्थित है। यह यूनाइटेड किंगडम का 12वाँ सबसे बड़ा शहर है। (सबसे बड़ा लन्दन) 19 वीं सदी में यह एक महत्त्वपूर्ण बन्दरगाह के रूप में प्रचलित था। औद्योगिक क्रान्ति के समय यह शहर तेजी से विकसित हुआ।

63. (c) उष्णकटिबन्धीय मानसून भूमि में सबसे महत्त्वपूर्ण व्यवसाय कृषि है। भारत समेत सभी दक्षिण-पूर्व एशियाई देशों में जहाँ मानसूनी जलवायु पायी जाती है, कृषि को मुख्य आर्थिक क्रिया (व्यवसाय) के रूप में स्वीकार किया गया है। ऐसे क्षेत्रों में खाद्य एवं नकदी दोनों प्रकार की फसलों के उत्पादन पर विशेष जोर दिया जाता है। यहाँ खरीफ, रबी एवं अगहनी तीन प्रकार की फसलों का उत्पादन किया जाता है। वर्षा की विभिन्नता के अनुरूप फसलों की बुआई की जाती है।

64. (a) अरब सागर में स्थित द्वीपों (भारतीय द्वीपों) की सबसे महत्त्वपूर्ण विशेषता यह है, कि ये सभी कोरल (प्रवाल) मूल के द्वीप है। लक्षद्वीप में कुल 36 द्वीप स्थित हैं। जबकि बंगाल की खाड़ी में स्थित अण्डमान निकोबार के 207 द्वीप पर्वतीय द्वीप (हिमालय का अंश) है। बंगाल की खाड़ी में प्रवाल द्वीप नहीं पाए जाते हैं।

65. (b) डेक्कन की बेसाल्ट परतें यह करती है, कि ये दूरस्थ अतीत में विशाल ज्वालामुखीय विस्फोट से बनी है। क्रिटैशियस युग में दरारी उद्भेदन के कारण मैग्मा के बाहर आने, एवं परत दर परत लावा के निक्षेपण से डेक्कन टेप का निर्माण हो गया। विभिन्न क्रमों में लावा के निकलने के कारण इसका स्वरूप सीढ़ीनुमा हो गया, इसलिए इसे डेक्कन ट्रैप के नाम से जाना जाता है।

66. (d) पृथ्वी ग्रह की संरचना में मेटल के नीचे, कोर मुख्य रूप से लोहा एवं निकेल से निर्मित है। एडवर्ड स्वेस ने रासायनिक संरचना के आधार पर पृथ्वी के आन्तरिक भाग को तीन भागों सियाल, सीमा निफे में विभाजित किया। निफे के सन्दर्भ में उन्होंने बताया कि पृथ्वी का आन्तरिक भाग कोर निफे (निकेल) एवं फेरस (लोहा) से निर्मित है, जिसका घनत्व क्रस्ट एवं मेंटल (सियाल एवं सीमा) से अधिकार है। पृथ्वी के आन्तरिक भाग का घनत्व 11-13 तक है।

67. (b) प्रमुख मध्य महासागर चोटियों में से एक मध्य अटलाण्टिक महासागर में स्थित है। मध्य अटलाण्टिक महासागर में स्थित महासागरीय कटक की कुल लम्बाई लगभग 4000 मीटर है। यह खिंचाव एवं भ्रंशन क्रिया से बना है। मध्य अटलाण्टिक महासागर के उत्तरी भाग को डॉल्फिन श्रेणी और दक्षिण भाग को चैलेन्जर श्रेणी के नाम से जाना जाता है।

68. (b) मैग्मा जो पृथ्वी की सतह तक पहुँचती है और ठोस हो जाती है, लावा कहलाती है। मैग्मा, जब आन्तरिक भाग में ही रह जाए एवं धीरे-धीरे शीतल हो जाए, तो इससे बैथोलिथ, कैथोलिथ, फैकोलिथ एवं लोपोलिथ तथा सिल शीट डाइक का निर्माण होता है, जब मैंग्मा बाहर आ जाए तो लावा का निर्माण होता है, इससें लावा मृदा मैदान व लावा के पठार का निर्माण होता है।

69. (b) समताप रेखाएँ समान तापमान की रेखाएँ होती हैं। ये अक्षांश रेखाओं के समानान्तर खींची होती हैं। महासागरों के ऊपर ये बिल्कुल समीप-समीप खींची होती है, क्योंकि इसके ऊपरी तापान्तर कम होते हैं, जबकि महाद्वीपीय भाग में इसमें काफी अन्तर पाया जाता है।

70. (b) पश्चिमी घाटों में उत्तर से दक्षिण तक दर्रे का सही अनुक्रम है– सबसे उत्तर में थाल-इसकी ऊँचाई 583 मी. है। यह मुम्बई-नासिक को जोड़ता है।

मध्य भाग में भोर-मुम्बई-पुणे को जोड़ता है।
दक्षिणी भाग में पाल-मुम्बई-कोयम्बटूर को जोड़ता है 350 मी ऊँची है। यह नीलगिरि की पहाड़ियों में स्थित है।

71. (a) भारतीय जलवायु पर सागरीय लहरों का प्रभाव नहीं पड़ता है, क्योंकि पश्चिमी एवं पूर्वी तट के सहारे कोई सागरीय लहरें प्रवाहित नहीं होती हैं। मानसूनी आगमन के द्वारा वायुदाब में अन्तर के कारण दक्षिण-पूर्वी एवं उत्तर-पूर्वी मानसूनी हवाओं की उत्पत्ति होती है, परन्तु यह अस्थायी होती है। अतः मानसून भारतीय जलवायु को प्रभावित करती है। भूमध्य रेखा से निकटता (उष्ण प्रदेश का प्रभाव) मॉनसूनी हवाओं को तीव्रता प्रदान करती है। भारतीय महासागर की उपस्थिति जो मानसूनी प्रक्रिया में महत्त्वपूर्ण भूमिका निभाती है।

72. (b) मेघ पुँज प्रकार के मेघों में लम्बवत्, लम्बी संकीर्ण और स्थूलता जैसी विशेषताएँ पाई जाती हैं। यह मेघ 1000 से 3000 मीटर की ऊँचाई तक पाए जाते हैं। इसके आगमन से मौसम साफ रहता है, कभी-कभी गर्जन वाले बादल भी बन जाते हैं।

73. (b) दिए गए कथनों में से कथन 2 सही नहीं है। अशोधित जन्मदर प्रजनन क्षमता का मानकीकृत उपाय नहीं है। इसका उपयोग जनसंख्या विशेषताओं वाले दो देशों के मध्य प्रजनन स्तर की तुलना के लिए नहीं किया जा सकता है। यह आबादी की आयु लिंग संरचना से प्रभावित है। अशोधित जन्म दर के तहत् किसी दी गई भौगोलिक इकाई के प्रति 1000 जनसंख्या पर अभिव्यक्त किया जाता है।

74. (b) भारत के पूर्वोत्तर राज्य नागालैण्ड में वर्ष 2001 से 2011 की जनगणना के दौरान नकारात्मक गिरावट दर्ज की गई है। इन दशकों के बीच नागालैण्ड एकमात्र ऐसा राज्य था, जिसकी जनसंख्या वृद्धि दर ऋणात्मक रही। यह ऋणात्मक दर – 0.58% था। जबकि समग्र देश की जनसंख्या में 17.89% वृद्धि दर्ज की गई थी।

75. (d) प्रायद्वीपीय नदियों में घुमावदार प्रवृत्ति, अक्सर अपने तटों को स्थानान्तरित (तटीय अपरदन द्वारा) करने की प्रवृत्ति नहीं पाई जाती है, क्योंकि ये नदियाँ उथले घाटियों के माध्यम से प्रवाह करती है। ये नदियाँ मौसमी होती हैं। पथरीली घाटियों के कारण इनमें थोड़ी कटावदार गतिविधि होती है।

76. (b) वायुमण्डल में उपस्थित कार्बन डाईऑक्साइड (0.03%) सूर्य के विकिरण और पृथ्वी की सतह से ऊष्मा को व्यापक पैमाने पर अवशोषित करती है। CO_2 एक अस्थायी प्राकृतिक गैस है, जो ऊष्मा को अवशोषित कर, वैश्विक तापमान के लिए जिम्मेदार मानी जाती है। इसे ग्रीन हाऊस इफैक्ट गैस भी कहा जाता है।

77. (a) त्रिकोणीय पैटर्न नदियों के संगम क्षेत्र में पाया जाता है। जब दो अलग-अलग स्थानों से निकल कर दोआब क्षेत्र का निर्माण करती हुई एक स्थान पर मिल जाती है, तो इसे त्रिकोणीय पैटर्न कहा जाता है। ऐसे पैटर्न में दोआब का क्षेत्र अधिक उपजाऊ होता है। सिंचाई साधनों की पर्याप्तता होती है।

78. (b) यूनेस्को द्वारा शुरू की गई संरक्षित जैवमण्डल परियोजनाओं का उद्देश्य कृषि सम्बन्धित कार्य योजनाओं, विकास को दीर्घकालिक बनाने से सम्बन्धित नहीं था। इसका मुख्य उद्देश्य शिक्षण और अनुसन्धान को बढ़ावा देना, पारिस्थितिकी तन्त्र को संरक्षित करना एवं लम्बे समय तक आनुवांशिक विविधता को संरक्षित करना है।

79. (d) पृथ्वी सतह का उष्ण मरुस्थलीय क्षेत्र तापावरोधन की उच्चतम मात्रा प्राप्त करता है। जलवाष्प, धूलकण एवं वनस्पतियों के अभाव में मरुस्थलीय क्षेत्रों में विस्तृत बालू कण सौर्भिक विकिरण को तीव्र गति से अवशोषित कर तापमान बढ़ा देते हैं। दिन के समय ऐसे क्षेत्रों में तापमान 45° से 48°C तक पहुँच जाता है। इसके विपरित रात में दीर्घ तरंगों के अवाध्य विकिरण के कारण तापमान में भारी गिरावट दर्ज की जाती है।

80. (b) दिए गए प्रश्न में, पूर्वी घाट जैव विविधता के लिए उपयुक्त नहीं है। भारत में पूर्वी हिमालय, पश्चिमी घाट एवं भारत-म्यांमार (पूर्वी हिमालयी भाग का विस्तृत भाग) ऐसे हॉट-स्पॉट है, जहाँ जैव विविधता अधिक पाई जाती है। विश्व में सर्वाधिक जैव विविधता उन क्षेत्रों में पाई जाती है जहाँ अधिक वर्षा एवं घने वनों के विस्तार पाए जाते हैं। किसी विशेष क्षेत्र में समस्त जीव-जातियों और पारितन्त्रों के संग्रह से है अर्थात् किसी क्षेत्र में उपस्थित जीवों की विभिन्न प्रजातियों की संख्या उस क्षेत्र की जैव विविधता कहलाती है। भारत का पूर्वी हिमालय जैव विविधता क्षेत्र, क्षेत्रफल की दृष्टि से सबसे बड़ा है (75 हजार वर्ग किमी)

81. (b) यूनेस्को मैन और बायोस्फीयर कार्यक्रम के आधार पर आन्ध्र प्रदेश राज्य में स्थित शेषाचलम् बायोस्फीयर रिजर्व के विश्व नेटवर्क का हिस्सा है, शेष अन्य मन्नार की खाड़ी, सुन्दरवन एवं नीलगिरि जैवमण्डल (बायोस्फीयर) ये सभी यूनेस्को मैन और बायोस्फीयर कार्यक्रम के अन्तर्गत इसकी सूची में शामिल है। मन्नार की खाड़ी को 2001 में, सुन्दरवन क्षेत्र को 2001 में एवं नीलगिरि जैवमण्डल को वर्ष 2000 में, यूनेस्को द्वारा मान्यता प्रदान की गई थी।

82. (d) एकासिया और कैक्टस मरुस्थलीय वनस्पति के उदाहरण है। मरुस्थलीय वन उन वर्षा क्षेत्रों में पाए जाते हैं, जहाँ वार्षिक वर्षा 50 सेमी से कम होती है। भारत के सन्दर्भ में इस प्रकार के वन मुख्य रूप से पश्चिमी राजस्थान में पाए जाते हैं। ऐसे क्षेत्रों में पाए जाने वाले वनों के वृक्षों की ऊँचाई कम होती है। तना मोटे या मोम के समान मुलायम होते हैं (नागफनी का पौधा) ताकि इन पौधों से अधिक मात्रा में वाष्पीकरण नहीं हो सके। पेड़ की जड़ों की गहराई भी बहुत कम होती है।

83. (b) दिए गए विकल्पों में से विकल्प 2 सही है। सूर्य की रोशनी सबसे अधिक ताजा बर्फ से आच्छादित भूमि द्वारा परावर्तित होती है। सूर्य की रोशनी (सूर्यातप) का वह हिस्सा है जो वातावरण को गर्म किए बिना अन्तरिक्ष में हो जाते हैं, उसे एल्बिडो कहा जाता है। ताजा बर्फ से आच्छादित भूमि को एल्बिडो 40-70% है। धन फसल भूमि का 15-25%, रेतीले रेगिस्तान का 30-45% एवं प्रेयरी भूमि का 10-20% है। अतः विकल्प 2 सही है।

84. (d) वायुमण्डल का क्षोभमण्डल (ट्रोपोस्फेयर), ऐसी परत है, जो पृथ्वी के महासागर की सतह के सम्पर्क में रहता है। इसे परिवर्तन मण्डल भी कहते हैं, क्योंकि जलवायु सम्बन्धित सभी प्रकार के परिवर्तन इसी मण्डल में होते हैं। विषुवतीय रेखा के ऊपर इसकी ऊँचाई 18 किमी तक, जबकि ध्रुवीय क्षेत्र में यह 8 किमी पाई जाती है। मौसम सम्बन्धित सभी परिवर्तन क्षोभमण्डल के ऊपरी भाग में होते हैं। इसमें ऊँचाई के साथ 6.5° प्रति किमी की दर से कमी दर्ज की जाती है, जो सामान्य ताप पतन दर कहलाती है। सभी प्रकार के बादलों का निर्माण इसी मण्डल में होता है।

85. (b) निम्न विकल्पों में से लेबनान की पश्चिमी सीमा भूमध्यसागर से जुड़ी हुई है। सीरिया, इजरायल की सीमा भी भूमध्यसागर से मिलती है। जार्डन का दक्षिणी भाग अकाबा की खाड़ी से जुड़ा हुआ है। इराक का दक्षिणी भाग फारस की खाडी से जुड़ा है, जिसके माध्यम से वह खनिज तेल का व्यापार करता है।

86. (d) बेंगुएला जलधारा एक ठण्डी जलधारा है, जो अफ्रीका के पश्चिमी तट के सहारे दक्षिण ध्रुवी क्षेत्र से भूमध्य रेखा की ओर प्रवाहित होती है। बेंगुएला जलधारा अंगोला एवं नामीबिया तट के समानान्तर प्रवाहित होती है। इसी जलधारा के प्रभाव के कारण इस भाग में वर्षा नहीं होती है। अतः नाभिक और कालाहारी मरुस्थलों के निर्माण में इसकी भूमिका महत्त्वपूर्ण है।

87. (b) तनाव के कारण नीचे फेंके हुए खण्ड के सापेक्ष, भूमि का एक खण्ड एक ओर से ऊपर धकेला जाता है या ऊपर की ओर फेंका जाता है, तो इस प्रकार से निर्मित भ्रंश को सामान्य भ्रंश कहते हैं। यह क्रिया अचानक नहीं होती है, बल्कि धीरे-धीरे घटित होती है। जब बीच का भाग नीचे की ओर धँस जाता है, तो इससे निर्मित स्थलाकृति को भ्रंश घाटी तथा किनारे के सहारे ऊपर उठे भाग को भ्रंशोत्भ पर्वत कहा जाता है। राइन नदी इसी प्रकार से निर्मित घाटी है।

88. (b) अन्तर-उष्णकटिबन्धीय डोलड्रम्स अभिसरण का एक क्षेत्र है। डोलड्रम्स का विस्तार 0°-5° दोनों गोलार्द्धों में विस्तृत है। सूर्य के उत्तरायण एवं दक्षिणायन के समय अभिसरण क्षेत्र में परिवर्तन होते रहते हैं। जब सूर्य उत्तरायण होता है, तो डोलड्रम्स का विस्तार 0°-10° तक हो जाता है। इस क्षेत्र में वाणिज्य दक्षिणी-पूर्वी पवन, भूमध्य रेखा पार करते ही फेरेल के नियमानुसार दक्षिण-पश्चिम की ओर प्रवाहित होने लगती है। इससे मानसूनी वर्षा प्रारम्भ हो जाती है। जिस स्थान पर उत्तर-पूर्वी वाणिज्य पवन और दक्षिण-पूर्वी वाणिज्य डोलड्रम्स क्षेत्र से मिलती है इसे ही अन्तर उष्णकटिबन्धीय डोलड्रम क्षेत्र कहते हैं। उत्तरी गोलार्द्ध में इसे उत्तर-पूर्व वाणिज्य पवन क्षेत्र (NITC) उत्तर अन्तर उष्णकटिबन्धीय डोलड्रम क्षेत्र कहते हैं तथा जब दक्षिण भाग से दक्षिण-पूर्व वाणिज्य पवन इस क्षेत्र से मिलती है, तो इसे (SITC) दक्षिण अन्तर-उष्ण डोलड्रम क्षेत्र कहते हैं। इस क्षेत्र में वाताग्र वाली स्थिति उत्पन्न होती है, परन्तु तापन में अधिक अन्तर नहीं होने के कारण वाताग्र की अनुभूति नहीं होती है।

89. (c) अश्व अक्षांश भूमध्य रेखा के उत्तर और दक्षिण में लगभग 30° अक्षांश पर स्थित क्षेत्र है। इस क्षेत्र को उपोष्ण कटिबन्धीय उच्च वायुदाब पेटी क्षेत्र कहते हैं। इस क्षेत्र में डोलड्रम क्षेत्र से उठी हवाएँ नीचे की ओर उतरती हैं, अतः यह उच्च वायुदाब पेटी कहलाता है। मध्य काल में घोड़ों का व्यापार अधिक किया जाता था, परन्तु जब व्यापारी इस क्षेत्र में प्रवेश करते थे, तो ऐसी स्थिति में जहाज आगे नहीं बढ़ते थे, क्योंकि घोड़े से लदे जहाज भारी हो जाते थे। अतः जहाज को हल्का करने के लिए कुछ घोड़ों को समुद्र में फेंक दिया जाता था, तत्पश्चात् जहाज आगे बढ़ पाते थे। इसलिए इस पेट्टी को अश्व अक्षांश पेटी भी कहते थे।

90. (a) आमतौर पर पृथ्वी के भूमध्यवर्ती समुद्रीय भाग में वाष्पीकरण अधिक होता है। इस भाग में सूर्य की किरणें, लम्बवत् पड़ती हैं, इस कारण वाष्पीकरण की मात्रा भी सबसे अधिक यहीं होती है, परन्तु नियमित एवं भारी बारिश के कारण लवणता कम पाई जाती है।

91. (c) उत्तर-पश्चिम भारत में गर्मी के दौरान बहुत अधिक तापमान होने के कारण दक्षिण में मानसून सफलता अर्थात् बेहतर जलवायु को दर्शाता है। प्रचण्ड गर्मी पड़ने से उत्तर-पश्चिम भाग में निम्न वायुदाब स्थापित हो जाता है, जो मानसून उत्पत्ति के लिए उपयुक्त है, लगातार निम्न दाब बने रहने के बाद, उच्च दाब वाले क्षेत्र यानि महासागरी भाग से तीव्र हवाएँ प्रवाहित होने लगती हैं।

आर्द्रयुक्त पवन से महाद्वीपीय भाग में भारी बारिश होती है। अनुकूल मानसून के लिए यह आवश्यक है, कि सूर्य के उत्तरायण के दौरान तीव्र सूर्यातप से महाद्वीपीय भाग गर्म होकर निम्न दाब का क्षेत्र बन जाए, ताकि महाद्वीपीय भू-भाग में मानसूनी आगमन के बाद तीव्र वर्षा हो। कृषि उत्पाद के साथ-साथ देश की आर्थिक नीतियाँ भी इससे प्रभावित होती हैं।

92. (c) एक उच्च घनत्व बादल में धनात्मक और ऋणात्मक आवेशित विद्युत आयन होते हैं और जब यह परस्पर प्रभाव डालते हैं, तो प्रकाश और ध्वनि एकसाथ उत्पादित होती हैं, तब तडित और गर्जन (झंझा) परिणामी प्रभाव माना जाता है।

तडित और गर्जन में तीव्र गति की हवाओं के साथ, मूसलाधार बारिश होती है। ग्रामीण क्षेत्रों में इस दौरान बिजली गिरने की सम्भावना अधिक होती है। आमतौर पर भारी वर्षा के साथ तडित झंझा मुख्यतः प्री-मानसून बारिश के समय (अप्रैल-मई) होता है।

93. (d) उत्तराखण्ड राज्य के दून घाटी, बासमती चावल उत्पादन के लिए उपयुक्त माना जाता है। यहाँ बासमती चावल हेतु समग्र भौगोलिक परिस्थितियाँ विद्यमान हैं।

इन क्षेत्र में, ग्रीष्मकालीन मौसम अधिक गर्म होती है। जिसके प्रभाव में पर्वतीय क्षेत्र के बर्फ धीरे-धीरे पिघलने लगते हैं, जो नियमित रूप से सिंचाई के तौर पर इस्तेमाल किया जाता है। यहाँ उत्पादित चावल को भारत, पूरी तरह से निर्यात कर देता है। इसकी गुणवत्ता काफी उच्च होती है।

94. (d) भू-गर्भिक समय पैमाने पर यह मध्यजीवी युग में यानि मेसोइक युग में कार्बनीफेरस काल में कार्बनिफेरस को शामिल नहीं किया गया था। मध्यजीवी के अन्तर्गत

ट्रियाशिक काल रेंगने वाले जीवों की उत्पत्ति, मुलायम वृक्षों का अस्तित्व

जुरेसिक काल डायनासोर की उत्पत्ति

क्रिटेशियस काल ज्वालामुखी उद्गार, लावा के प्रभाव के कारण जुरेसिक काल के सभी डायनासोर का अन्त।

95. (d) प्रश्न में दिए गए सुमेलित/मिलान सम्बन्धित प्रश्न का सही उत्तर का विकल्प है। P-4, Q-3, R-2, S-1।

बुशमैन दक्षिण अफ्रीकी देश नामिबिया में निवास करते हैं। कालाहारी मरुस्थलीय क्षेत्र इनका मूल स्थान है।

पिग्मी जनजाति के लोग काँगो (जैरे बेसिन) में निवास करते हैं। इनका कद विश्व में सबसे छोटा है। **एस्किमो** मंगोलॉयड प्रजाति के समूह में अलास्का और ग्रीनलैण्ड में मूल रूप से निवास करते हैं।

गोण्ड भारत का दूसरा सबसे बड़ा जनजातीय समूह है। (भील सबसे बड़ा जनजातीय समूह)

96. (b) समान समय को दर्शाने वाली रेखा-आइसोक्रोन समकालान्तर रेखा है। समान सूर्य प्रकाश को दर्शाने वाली रेखा-आइसो हेल सम सूर्य प्रकाश रेखा है।

समान बादल को दर्शाने वाली रेखा को आइस नेक्स (सममेघ रेखा) कहते हैं। समान वर्षा वाली रेखाओं को आइसोहाइट (समवर्षा) रेखा कहा जाता है।

97. (a) दिए गए मिलान का सही उत्तर है P-3, Q-1, R-4, S-2।

वृक्ष के प्रकार	पाए जाने वाले क्षेत्र
सागौन के वृक्ष	मानसूनी वन क्षेत्रों में
चन्दन के वृक्ष	कर्नाटक के जंगलों में
देवदार	देवदार के वृक्ष पर्वतीय क्षेत्रों में (जम्मू-कश्मीर केन्द्रशासित प्रान्त)
महोगनी	उष्णकटिबन्धीय भूमि क्षेत्र में जहाँ वर्षा 100-200 सेमी के मध्य होती है।

98. (c) मिलान का सही उत्तर P-2, Q-3, R-1, S-4।

P	समलवण रेखा द्वारा	लवणता को दर्शाया जाया जाता है। आइसोहेलाइन भी कहते हैं।
Q	समताप रेखा द्वारा	तापमान को दर्शाया जाता है।
R	समवर्षा रेखा द्वारा	एकसमान वर्षा क्षेत्र को दर्शाया जाता है।
S	समदाब रेखा द्वारा	एकसमान वायुदाब को दर्शाने वाली रेखा

ये सभी काल्पनिक रेखा हैं, जो मौसमी मानचित्र पर रेखांकित होती हैं।

99. (b) मानव भूगोल व्याकुल आदमी और अस्थिर पृथ्वी के मध्य सम्बन्धित परिवर्तन का अध्ययन है। मानव भूगोल के सम्बन्ध में यह परिभाषा अमेरिकी भूगोलवेत्ता ई.सी. सेम्पल ने दी थी। वह निश्चयवादी भूगोलवेत्ता थी। सेम्पल का मानना था कि मानव प्रकृति का गुलाम है, उसका हाड़ मांस ही नहीं मनुष्य की कोशिका भी प्रकृति की गुलाम है।

100. (d) अवसादी चट्टानें अन्ततः आग्नेय चट्टानों के अपक्षय से प्राप्त की जाती है।

पृथ्वी तल पर आग्नेय एवं रूपान्तरित चट्टानों के अपरदन व अपक्षयन के बाद विखण्डित कणों के निक्षेपीकरण से अवसादी चट्टान का निर्माण होता है। इसके निर्माण में भौतिक, रासायनिक कारकों के अलावा, पवन, हिमानी जल की भी भूमिका महत्त्वपूर्ण होती है। इसे प्रस्तरित या परतदार शैल भी कहा जाता है।

अध्याय 01

भौतिक भूगोल

भौतिक भूगोल का अर्थ एवं प्रकृति

- भूगोल ग्रीक भाषा के दो मूल शब्दों ज्यो Geo (पृथ्वी) तथा ग्राफ्स Graphos (वर्णन) से बना है, जिसका अर्थ पृथ्वी का वर्णन है। यह भौतिक भूगोल की एक शाखा है।
- भौतिक भूगोल पृथ्वी के भौतिक पर्यावरण का क्रमबद्ध अध्ययन करने वाला विज्ञान है जिसके अन्तर्गत स्थलमण्डल, जलमण्डल, वायुमण्डल तथा जीवमण्डल का अध्ययन किया जाता है।
- भौतिक भूगोल का भू-आकृति विज्ञान, जलवायु विज्ञान, समुद्र विज्ञान एवं मृदा एवं वनस्पति भूगोल जैसे प्राकृतिक विज्ञान से निकटतम सम्बन्ध होता है, क्योंकि ये अपनी सूचनाएँ इन्हीं विज्ञानों से प्राप्त करते हैं।

भौतिक भूगोल के अध्ययन क्षेत्र

- **भू-आकृति विज्ञान** (Geomorphology) यह भू-आकृतियों, उनके क्रम विकास एवं सम्बन्धित प्रक्रियाओं का अध्ययन करता है।
- **जलवायु विज्ञान** (Climatology) इसके अन्तर्गत वायुमण्डल की संरचना, मौसम तथा जलवायु के तत्त्व, जलवायु के प्रकार तथा जलवायु प्रदेश का अध्ययन किया जाता है।
- **जल विज्ञान** (Hydrology) इसके अन्तर्गत धरातल का जल परिमण्डल जिसमें समुद्र, नदी, झील तथा अन्य जलाशय सम्मिलित हैं तथा उसका मानव सहित विभिन्न प्रकार के जीवों एवं उनके कार्यों पर प्रभाव का अध्ययन है।
- **मृदा भूगोल** (Soil Geography) यह मिट्टी निर्माण की प्रक्रियाओं, उत्पादकता, वितरण एवं उपयोग आदि के अध्ययन से सम्बन्धित है।

भौतिक भूगोल एवं इसका महत्त्व

भौतिक भूगोल के अन्तर्गत भूमण्डल (भू-आकृतियाँ, प्रवाह, उच्चावच), वायुमण्डल (इसकी बनावट, संरचना, तत्त्व एवं मौसम तथा जलवायु प्रक्रम, वायुदाब, वायु, वर्षा, जलवायु के प्रकार इत्यादि), जलमण्डल (समुद्र, सागर, झीलें तथा जल परिमण्डल से सम्बन्धित तत्त्व), जैवमण्डल (जीव के स्वरूप-मानव तथा वृहद् जीव एवं उनके पोषक प्रक्रम; जैसे—खाद्य श्रृंखला, पारिस्थितिक प्राचल (Ecological Parameters) एवं पारिस्थितिक सन्तुलन का अध्ययन किया जाता है। यह पर्यावरण से हमारे सम्बन्धों की जटिलता को स्पष्ट करता है। भौतिक भूगोल से सम्बन्धित तत्त्वों के महत्त्व का वर्णन इस प्रकार है

मृदा का महत्त्व

- मृदा की निर्माण प्रक्रिया मूल चट्टान, जलवायु, जैविक प्रक्रिया एवं कालावधि पर निर्भर करती है। मृदा की परिपक्वता एवं सम्पूर्ण के विकास में कालावधि महत्त्वपूर्ण भूमिका निभाती है।
- मृदा एक नवीनीकरणीय संसाधन है, जो अनेक आर्थिक क्रियाओं; जैसे—कृषि, पशुपालन, वनीकरण आदि को प्रभावित करता है। मृदा का उपजाऊपन प्रकृति एवं संस्कृति से निर्धारित होता है। मृदा ही जीवमण्डल के लिए आधार प्रदान करता है। जिस पर पौधों, पशुओं एवं सूक्ष्म जीवाणुओं के लिए आधार प्रदान करते हैं।

स्थलाकृतियों का महत्त्व

- स्थलाकृति मानवीय क्रियाओं को सम्पन्न करने के लिए आधार प्रदान करती है। *धरातल पर तीन प्रकार की स्थलाकृतियाँ पाई जाती हैं, जो निम्न है*
  - (i) **पर्वत** यह हमारे लिए वन सम्पदा का भण्डार, चरागाहों एवं पर्यटक स्थलों के आधार तथा मैदानों के लिए जल प्रदान करने वाली नदियों के स्रोत हैं।
  - (ii) **पठार** यह वनों के साथ-साथ हमारे लिए बहुमूल्य खनिजों के स्रोत हैं।
  - (iii) **मैदान** इनका प्रयोग कृषि कार्य के लिए किया जाता है। कृषि उत्पाद हमारे लिए प्रत्यक्ष और पशुओं के लिए अप्रत्यक्ष रूप से भोजन के स्रोत हैं।

जलवायु का महत्त्व

- स्थानीय भिन्नता के साथ जलवायु में भी भिन्नता पाई जाती है।
- जलवायु का वनस्पति, पशुपालन एवं उद्योगों आदि पर गहरा प्रभाव पड़ता है, किन्तु आज मानव ने तकनीकी विकास द्वारा सीमित क्षेत्र में जलवायु को अपरिवर्तित करके दिखाया है; जैसे-वातानुकूलक, वायुशीतक आदि द्वारा।

वर्षा का महत्त्व

- वर्षा तथा तापमान वनों के घनत्व एवं घास प्रदेशों की गुणवत्ता सुनिश्चित करते हैं।
- भारत में मानसूनी वर्षा कृषि आवर्तन प्रणाली को गति प्रदान करती है। वर्षा भूमिगत **जल धारक प्रस्तर** (Aquifer) को **पुनरावेशित** (Recharge) कर हमारी घरेलू जरूरतों को तो पूरा करता ही है, साथ ही कृषि के लिए जल की जरूरत और भूमिगत जल की आपूर्ति भी करता है।

समुद्र का महत्त्व

समुद्र का भी हमारे लिए बहुत महत्त्व है। समुद्र संसाधनों का भण्डार है, इसलिए भी यह अध्ययन का विषय है।

इसके निम्नलिखित महत्त्व हैं

- समुद्र मछली एवं अन्य समुद्री भोजनों के अतिरिक्त खनिजों की दृष्टि से भी सम्पन्न है।
- भारत समुद्र से खनिज सम्पदा की प्राप्ति कर रहा है, जिसके अन्तर्गत उसने समुद्र से खनिज तेल और मैंगनीज पिण्ड एकत्रित करने की तकनीक को विकसित कर लिया है।
- समुद्र के तटीय क्षेत्र ऊर्जा उत्पत्ति के दृष्टिकोण से भी महत्त्व रखते हैं। यहाँ ज्वारीय ऊर्जा भी उत्पन्न की जाती हैं।

इस प्रकार भौतिक भूगोल का विकास प्राकृतिक संसाधनों के मूल्यांकन एवं प्रबन्धन से सम्बन्धित है। भौतिक पर्यावरण द्वारा मानव संसाधनों की प्राप्ति करता है और इन संसाधनों का उपयोग करते हुए अपना आर्थिक एवं सांस्कृतिक विकास सुनिश्चित करता है। भौतिक पर्यावरण एवं मानव के मध्य सम्बन्धों को समझना आवश्यक है, क्योंकि तकनीकी के विकास से संसाधनों के बढ़ते उपयोग ने विश्व में पारिस्थितिक असन्तुलन उत्पन्न कर दिया है। अत: सतत् विकास (Sustainable Development) के लिए भौतिक वातावरण का ज्ञान नितांत आवश्यक है, क्योंकि यह ज्ञान भौतिक भूगोल के महत्त्व को बताता है।

पृथ्वी की उत्पत्ति एवं विकास सम्बन्धी सिद्धान्त

- पृथ्वी की उत्पत्ति एवं आयु के समाधान के लिए वैज्ञानिकों ने समय-समय पर विभिन्न मतों का प्रतिपादन किया है। भारतीय मनीषियों ने पृथ्वी की आयु 1,97,29,49,032 वर्ष निर्धारित की थी।
- इनमें से सबसे प्रमुख फ्रांस के खगोलशास्त्री कास्ते द वफन ने 1749 ई. में पुच्छल तारा परिकल्पना (Comet hypothesis) का प्रतिपादन किया था।
- ग्रहों की उत्पत्ति में भाग लेने वाले तारों की संख्या के आधार पर इसे दो *भागों में वर्गीकृत किया गया है*
  1. अद्वैतवादी परिकल्पना
  2. द्वैतवादी परिकल्पना

1. अद्वैतवादी परिकल्पना

- इस परिकल्पना के अन्तर्गत एक ही तारे से सम्पूर्ण ग्रहों की उत्पत्ति को स्वीकार किया गया है। इसको पैतृक संकल्पना के नाम से भी जानते हैं।
- *इस मान्यता वाली कुछ संकल्पनाएँ, उनके प्रतिपादक व प्रतिपादन वर्ष निम्नलिखित हैं*
- वायव्यराशि परिकल्पना, (Gaseous Hypothesis) इमैनुएल काण्ट 1755ई.
- निहारिका परिकल्पना, (Nebular Hypothesis) लाप्लास 1796 ई.
- उल्कापिण्ड परिकल्पना, (Meteoric Hypothesis) लॉकियर 1979 ई.

2. द्वैतवादी परिकल्पना

- इस परिकल्पना में यह माना गया है कि सौरमण्डल की उत्पत्ति में कम-से-कम दो तारों का योगदान अवश्य था और यह एक ही आकस्मिक घटना का परिणाम थी।

द्वैतवादी परिकल्पना सम्बन्धी सिद्धान्त

परिकल्पना	सृजक
ग्रहाणु परिकल्पना (Planetesimal Hypothesis)	टीसी चैम्बरलिन (वर्ष 1905)
ज्वारीय परिकल्पना (Tidal Hypothesis)	जेम्स जींस (वर्ष 1919)
द्वैतारक परिकल्पना (Binary Star Hypothesis)	एचएन रसेल
विद्युतचुम्बकीय परिकल्पना (Electromagnetic Hypothesis)	डॉ. आल्फ वेन
विखण्डन का सिद्धान्त (The Fission Theory)	रॉसजन
निहारिका मेघ सिद्धान्त (The Nebular Cloud Theory)	डॉ. वॉन वीज सैकर (वर्ष 1944)
नवतारा परिकल्पना (Supernova Hypothesis)	प्रो. फ्रेड होयल तथा लिटिलटन (वर्ष 1939)
अन्तरतारक धूल परिकल्पना (Intersteller Dust Hypothesis)	आटो श्मिड (वर्ष 1943)
सीफीड सिद्धान्त (Cepheid Theory)	एनसी बनर्जी (वर्ष 1942)
घूर्णन एवं ज्वारीय परिकल्पना (Rotational and Tidal Hypothesis)	रॉसजन
बृहस्पति-सूर्य द्वैतारक परिकल्पना (Jupiter-Sun Binary System Hypothesis)	ईएम ड्रोवोशेवस्की (वर्ष 1947)

पृथ्वी की आन्तरिक संरचना

- पृथ्वी की संरचना एवं उसका संघटन भू-गर्भ वैज्ञानिकों एवं भू-भौतिक वैज्ञानिकों के बीच हमेशा विवाद का विषय रहा है। इसकी वास्तविक स्थिति तथा बनावट के विषय में सही अनुमान लगाना बहुत ही कठिन कार्य है, क्योंकि पृथ्वी का आन्तरिक भाग मनुष्य के लिए दृश्य (Visible) नहीं है।

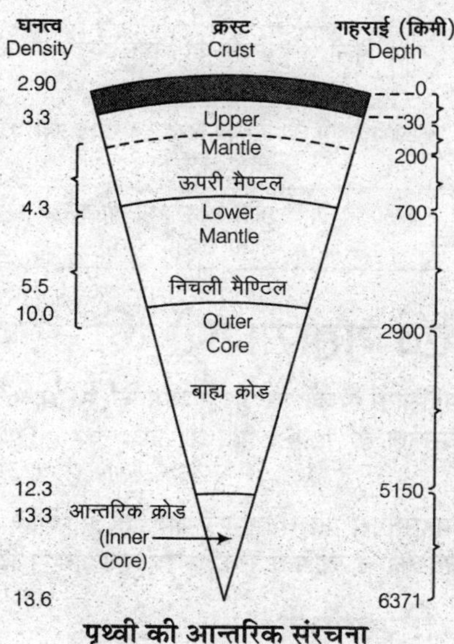

पृथ्वी की आन्तरिक संरचना

पृथ्वी की आन्तरिक संरचना को जानने के स्रोत

- पृथ्वी की आन्तरिक संरचना की जानकारी देने वाले स्रोतों को दो वर्गों में बाँटा जा सकता है
  1. अप्राकृतिक 2. प्राकृतिक स्रोत

1. अप्राकृतिक स्रोत/स्त्रोत

- *पृथ्वी की संरचना के विषय में जानकारी के अप्राकृतिक स्रोत निम्न हैं*

घनत्व

- पृथ्वी के भूपटल का अधिकांश भाग अवसादी चट्टानों का बना है, जिनका घनत्व लगभग 2.7 gcm^{-3} है। इसके नीचे आग्नेय चट्टानें हैं, जिनका घनत्व 3 gcm^{-3} से 3.5 gcm^{-3} के लगभग है। गुरुत्वाकर्षण के सिद्धान्त के अनुसार, सम्पूर्ण पृथ्वी का घनत्व 5.5 gcm^{-3} है। घनत्व के अधिक होने का सम्भावित कारण पृथ्वी के आन्तरिक भाग को भारी पदार्थों; जैसे—**लोहा** एवं **निकल** का बना हुआ माना गया है।

दबाव

- पृथ्वी के अन्तरतम के अधिक घनत्व के लिए, अन्दर की ओर जाने पर बढ़ते हुए दबाव को उत्तरदायी माना जाता है, लेकिन आधुनिक प्रयोगों से यह स्पष्ट है कि प्रत्येक चट्टान की एक सीमा होती है, जिससे अधिक उसका घनत्व नहीं हो सकता चाहे दबाव कितना भी अधिक क्यों न कर दिया जाए।
- अतः स्पष्ट है कि अन्तरतम का अधिक घनत्व दबाव के कारण नहीं है अपितु वह अधिक घनत्व वाले धातुओं से निर्मित है। इसके ऊपरी भाग कम घनत्व वाले रवेदार चट्टानों से बने हैं। पृथ्वी की सतह से 50 किमी की गहराई तक दबाव स्थल की अपेक्षा 13000 गुना अधिक होता है।

तापमान

- पृथ्वी की बाह्य सतह से नीचे गहराई में जाने पर तापमान में औसतन 32 मी की गहराई पर 1°C की वृद्धि होती है, लेकिन गहराई के साथ तापमान में वृद्धि की दर धीमी हो जाती है। इसका कारण रेडियो सक्रिय पदार्थों का केवल पृथ्वी की ऊपरी परतों में संकेन्द्रण है।
- यह उल्लेखनीय है कि अत्यधिक ताप के बावजूद पृथ्वी का क्रोड पूर्णतया पिघली अवस्था में नहीं है, बल्कि ऊपरी परतों के दबाव के कारण ठोस या अर्द्धतरल अवस्था में है।

2. प्राकृतिक स्रोत

- इसके अन्तर्गत ज्वालामुखी उद्गार एवं भूकम्प विज्ञान के साक्ष्यों का प्रयोग पृथ्वी की संरचना को समझने के लिए किया जाता है।

ज्वालामुखी उद्गार

- ज्वालामुखी उद्भेदन के समय बड़ी मात्रा में लावा पृथ्वी के आन्तरिक भागों से निकलता है। अधिकांश ज्वालामुखियों का स्रोत 40 से 50 किमी की गहराई पर है। अतः ज्वालामुखी उद्गार से निकले मैग्मा से पृथ्वी की आन्तरिक संरचना का पता लगता है।

भूकम्पीय तरंगें

- भूकम्पीय तरंगें मुख्यतः दो प्रकार की होती हैं—भू-गर्भिक तरंगें (P व S तरंगें) तथा धरातलीय तरंगें (L तरंग) भू-गर्भिक तरंगें (Body Waves) भूकम्प के उद्गम केन्द्र से ऊर्जा मुक्त होने के दौरान उत्पन्न होती है एवं पृथ्वी के आन्तरिक भागों से सभी दिशाओं में प्रसारित होती हैं। इन भू-गर्भिक तरंगों एवं धरातलीय शैलों के मध्य अन्योन्य क्रिया के कारण नवीन तरंगें उत्पन्न होती हैं, जो धरातलीय तरंगें (Surface Waves) कही जाती हैं। इन तरंगों का वेग अलग-अलग घनत्व वाले पदार्थों से गुजरने पर परिवर्तित हो जाता है।

पृथ्वी का रासायनिक संगठन एवं विभिन्न परतें

- पृथ्वी की आन्तरिक संरचना को **एडवर्ड स्वेस** ने रासायनिक संगठन के आधार पर *निम्नलिखित प्रकार से वर्गीकृत किया है*

सियाल

- अवसादी चट्टानों के नीचे सियाल परत पाई जाती है। इसकी रचना सिलिका (Si) तथा एल्युमीनियम (Al) से हुई है, जिसके कारण इसे सियाल (Si+Al) कहा जाता है। इसकी औसत गहराई 50 से 300 किमी व घनत्व 2.75 से 2.90 gcm^{-3} होता है। यह अम्लीय प्रकृति की होती है। यह ग्रेनाइट शैलों से बनी है। महाद्वीपों का निर्माण सियाल से ही हुआ है।

सीमा

- सियाल के नीचे सीमा परत होती है, जो सिलिका (Si) व मैग्नीशियम (Mg) से बनी होती है। यह 1000 से 2900 किमी की गहराई तक पाई जाती है। इसका घनत्व 2.90 से 4.75 gcm^{-3} है। यह परत बेसाल्ट शैलों की है, जिसमें क्षारीय अंश की प्रधानता है। यहाँ मैग्नीशियम, कैल्सियम एवं लोहे के सिलिकेट मिलते हैं।

निफे

- सीमा परत के नीचे पृथ्वी की तीसरी तथा अन्तिम परत निफे पाई जाती है, जिसमें निकिल (Ni) तथा लोहे (Fe) की प्रधानता है, यह 2900 किमी की गहराई से पृथ्वी के केन्द्र तक विस्तृत है। इसका घनत्व 11 से 12 gcm^{-3} तक है। पृथ्वी के आन्तरिक भाग में लोहे की उपस्थिति पृथ्वी की चुम्बकीय शक्ति को प्रमाणित करती है।

भौतिक दशा के आधार पर पृथ्वी की विभिन्न परतें

- भौतिक दशा के आधार पर पृथ्वी की आन्तरिक संरचना को *मुख्यत: तीन भागों में बाँटा जा सकता है*

1. भू-पर्पटी

- भू-पर्पटी (Crust) की गहराई 0 से 30 किमी तक है, परन्तु महाद्वीपीय भागों के नीचे यह अधिक गहराई तक पाई जाती है। महाद्वीपीय क्रस्ट का घनत्व 2.67 है, जो मुख्यत: ग्रेनाइट एवं एण्डेसाइट चट्टानों का बना है। महासागरीय क्रस्ट का औसत घनत्व 3 gcm^{-3} है, जो बेसाल्ट एवं गेब्रो का बना है। भू-पर्पटी का मुख्य खनिज फेल्सपार तथा प्रमुख तत्त्वों में ऑक्सीजन, सिलिका, एल्युमीनियम एवं लोहा है।

2. मैण्टल

- भू-पर्पटी के नीचे मैण्टल (Mantle) पाया जाता है, जिसकी गहराई 30 किमी से 2900 किमी तक मानी जाती है। ऊपरी मैण्टल 30 से 700 किमी तक पाई जाती है, जिसका घनत्व 4.5gcm^{-3}, तापमान लगभग 1900°C, है यह पेरिडोडाइट चट्टान का बना है।
- निचली मैण्टल मुख्य रूप से ओलिवाइन चट्टानों का बना है। इसकी गहराई 700 किमी से 2900 किमी तक है। इसका औसत घनत्व 5.5 gcm^{-3} एवं तापमान लगभग 3300°C पाया जाता है। पृथ्वी के आयतन का 83% तथा द्रव्यमान का 67% भाग इसमें व्याप्त है।

3. क्रोड

- क्रोड पृथ्वी का अन्तरतम भाग है। इसके दो भाग है—बाह्य एवं आन्तरिक है।
- बाह्य क्रोड 2900 से 5150 किमी तक फैला है। इसका घनत्व 10 gcm^{-3} तथा तापमान 4300°C तक होता है। यह अर्द्ध तरल अवस्था में पाया जाता है। इसका 17% भाग सिलिका एवं शेष निफे से बना होता है। यह पृथ्वी के चुम्बकीय क्षेत्र का उत्पादक है।
- आन्तरिक क्रोड 5150 किमी से 6371 किमी तक पाया जाता है। यह ठोस अवस्था में है। इसका 99% भाग निफे का बना है। इसका घनत्व लगभग 31.6 gcm^{-3} एवं तापमान 6000°C के लगभग होता है। इसे **बेरीस्फीयर** (Barysphere) भी कहा जाता है।
- असम्बद्धता रेखा (Discontinuity lines) भूकम्पीय तरंग विभिन्न घनत्व वाले चट्टानों एवं परिवर्तित भौतिक अवस्था के आधार पर अपनी दिशा एवं तीव्रता में परिवर्तन दर्शाती है, जिस संक्रमण क्षेत्र में यह अचानक परिवर्तन दृष्टिगोचर होता है, उसे असम्बद्धता रेखा कहते हैं।

प्रमुख असम्बद्धताएँ निम्न हैं

असम्बद्धता का नाम	गहराई	विशेष
कोनार्ड असम्बद्धता	5 से 10 किमी	ऊपरी क्रस्ट एवं निचले क्रस्ट के बीच का सीमा क्षेत्र
महोरोवीसिस असम्बद्धता	30 किमी	क्रस्ट एवं मैण्टल के बीच का सीमा क्षेत्र
रेपिटी असम्बद्धता	700 किमी	ऊपरी एवं निचले मैण्टल के बीच का सीमा क्षेत्र
गुटेनबर्ग विशार्ट असम्बद्धता	2900 किमी	निचला मैण्टल तथा ऊपरी क्रोड के बीच का सीमा क्षेत्र
लेहमैन असम्बद्धता	5150 किमी	बाह्य क्रोड तथा आन्तरिक क्रोड के बीच का सीमा क्षेत्र

महाद्वीप एवं महासागरों की उत्पत्ति

- महाद्वीप एवं महासागर पृथ्वी पर प्रथम क्रम के भू-आकृतिक लक्षण है। पृथ्वी के धरातल के 70.8% भाग पर जल तथा 29.2% भाग पर स्थल है।
- महाद्वीपों एवं महासागरों की वर्तमान स्थिति परिवर्तनशील रही है। इस सम्बन्ध में वैज्ञानिकों ने विभिन्न संकल्पनाएँ एवं प्रमाण दिए हैं।

महाद्वीपीय विस्थापन

- सर्वप्रथम महाद्वीपों के प्रवाह की बात वर्ष 1908 में **एफ बी टेलर** ने की थी, परन्तु इसे सिद्धान्त रूप देने का श्रेय **प्रो. अल्फ्रेड वेगनर** (वर्ष 1912) को जाता है। इन्होंने महाद्वीपों व महासागरों की स्थिरता सम्बन्धी परिकल्पना को गलत सिद्ध करते हुए प्रवाह के सम्बन्ध में प्रमाण दिया।
- वेगनर ने विश्व के विभिन्न भागों में हुए जलवायु परिवर्तन को महाद्वीपीय विस्थापन द्वारा स्पष्ट करने का प्रयास किया।
- महाद्वीपीय विस्थापन एवं जलवायु परिवर्तन ने जीवों के विकास में महत्त्वपूर्ण भूमिका निभाई है। जलवायु परिवर्तन के कारण हिमानी का विस्तार एवं निवर्तन की अवस्थाएँ क्रम से होती हैं, जो एक चक्र की भाँति होती हैं।
- कार्बोनिफेरस युग में संसार के सभी महादेश आपस में जुड़े हुए थे एवं एक महान् स्थलखण्ड **पैंजिया** (Pangea) के रूप में विद्यमान था। पैंजिया के चारों ओर एक विशाल सागर था, जिसे वेगनर ने **पैंथालासा** (Panthalasa) कहा। ऑस्ट्रेलिया, अण्टार्कटिका, प्रायद्वीपीय भारत, अफ्रीका एवं दक्षिण अमेरिका मिलकर इस स्थलखण्ड के **दक्षिणी भाग** (Southern block) थे, जिसे **गोण्डवानालैण्ड** (Gondwanaland) कहा जाता है।
- उत्तरी अमेरिका, यूरोप एवं एशिया इस स्थलखण्ड के ऊपरी भाग थे; जिसे **अंगारालैण्ड** (Angaraland) या लॉरेशिया (Laurasia) कहा जाता है। इन दोनों खण्डों के बीच टेथिस सागर (Tethys sea) स्थित था। वेगनर ने यह भी माना कि उस समय दक्षिणी ध्रुव दक्षिणी अफ्रीका में डरबन के पास एवं उत्तरी ध्रुव प्रशान्त महासागर में स्थित था।

- कार्बोनिफेरस युग से पैंजिया का विखण्डन हुआ एवं वर्तमान में महाद्वीपों का यह स्वरूप इसी विखण्डन का परिणाम है।
- वेगनर के अनुसार, सीमा के ऊपर तैरते हुए पैंजिया का विखण्डन एवं प्रवाह मुख्य रूप से गुरुत्वाकर्षण शक्तियों की असमानता का परिणाम था। उनके अनुसार महाद्वीपों का प्रवाह दो दिशाओं में हुआ है—एक भूमध्य रेखा की ओर, जो उस समय वर्तमान अल्पाइन पर्वतों के क्षेत्र से होकर गुजरती थी एवं दूसरा, पश्चिम की ओर। विषुवत् रेखा की ओर प्रवाह का कारण विषुवत् रेखीय भाग में उभार (Bulge) से उत्पन्न गुरुत्वाकर्षण बल माना गया। महाद्वीपों के पश्चिम की ओर प्रवाह का कारण सूर्य एवं चन्द्रमा के ज्वारीय बल को माना गया।
- यूरेशिया, अफ्रीका एवं प्रायद्वीपीय भारत के भूमध्य रेखा की ओर प्रवाहित होने एवं एक-दूसरे के समीप होने से अल्पाइन एवं हिमालय पर्वत श्रेणियों का निर्माण हुआ। इसी प्रकार एण्डीज एवं रॉकी पर्वत श्रृंखलाओं का निर्माण पश्चिम की ओर प्रवाहित होते हुए उत्तरी एवं दक्षिणी अमेरिका के पश्चिमी किनारों के समुद्र तट की चट्टानों की रुकावट के कारण मुड़ जाने से हुआ।

प्रवाह सम्बन्धी बल

- वेगनर के अनुसार, पैंजिया में विभाजन के बाद *दो दिशाओं में स्थल भागों का प्रवाह हुआ है*
  1. गुरुत्व बल तथा प्लवनशीलता के (Floatation) के कारण भूमध्य रेखा की ओर प्रवाह
  2. सूर्य एवं चन्द्रमा के ज्वारीय बल (Tidal force) के कारण पश्चिम की ओर प्रवाह

महाद्वीप विस्थापन के प्रमाण

- ऐसे अनेक प्रमाण हैं, जो पैंजिया के अस्तित्व का संकेत देते हैं। *इसके कुछ प्रमाण निम्नलिखित हैं*

महाद्वीपों में साम्य

- वेगनर ने विश्व के मानचित्र के द्वारा सभी महाद्वीपों को एक-दूसरे से समायोजित दर्शाया। अटलाण्टिक सागर के तटों की पूरकता इसका प्रमाण है।
- अटलाण्टिक महासागर के दोनों तटों (अर्थात् अफ्रीका का पश्चिमी तट एवं दक्षिणी अमेरिका का पूर्वी तट तथा उत्तरी अमेरिका का पूर्वी तट तथा यूरोप के पश्चिमी तट) को ठीक उसी प्रकार मिलाया जा सकता है, जिस प्रकार एक वस्तु के दो टुकड़े करके उन्हें पुन: मिलाया जा सकता है। इस संयोजन को जिग-सा-फिट (Jig-saw-fit) कहा जाता है।

भू-वैज्ञानिक अनुरूपता

- अफ्रीका के घाना तट पर नदी जलोढ़ में स्वर्ण निक्षेपों का पाया जाना तथा उसी क्षेत्र में इन निक्षेपों के उद्गम शैलों की अनुपस्थिति एक महत्त्वपूर्ण तथ्य है। 5,000 किमी चौड़े महासागर के पार, दक्षिणी अमेरिका में ब्राजील के बेलेन साओ में स्वर्ण-युक्त शिराओं वाले शैल मिलते हैं, लेकिन निकटवर्ती तटीय पट्टी के जलोढ़ में सोने के निक्षेप नहीं हैं।
- अफ्रीका तथा दक्षिणी अमेरिका को एक साथ मिलाने से विलक्षण प्रभावशाली हल उभरकर सामने आता है। ब्राजील में सोनायुक्त अवसाद ढाल के नीचे परिवाहित करके लाया गया और एक पट्टी में जमा किया गया। यही पट्टी आज घाना तट है।

पुराजलवायवीय एकरूपता

- कार्बोनिफेरस काल के मोटे हिमानी निक्षेप उरुग्वे, ब्राजील (दक्षिण अमेरिका) अफ्रीका, दक्षिण भारत, दक्षिणी ऑस्ट्रेलिया तथा तस्मानिया में अनावृत्त (धरातल पर दिखाई देना) हैं। इन अवसादों की प्रकृति में एकरूपता यह सिद्ध करती है कि भू-वैज्ञानिक अतीत में ये समस्त महाद्वीप एक-दूसरे से जुड़े थे।

जीवाश्म अवशेष

- कुछ जीवाश्म भी यह बताते हैं कि समस्त महाद्वीप कभी परस्पर जुड़े हुए थे। उदाहरण के लिए *ग्लोसोप्टैरिस* नामक पौधे तथा *मैसोसौरस* एवं *लिस्ट्रोसौरस* नामक जन्तुओं के जीवाश्म गोण्डवानालैण्ड के सभी महाद्वीपों में मिलते हैं, जबकि आज ये महाद्वीप एक-दूसरे से काफी दूर हैं।
- इसी प्रकार प्रवाल 30° उत्तर और 30° दक्षिण अक्षांशों के मध्य कोष्ण जल में पनपता है। इस क्षेत्र से बाहर के महाद्वीपों पर प्रवालों का पाया जाना। इस बात का प्रबल प्रमाण है कि प्राचीन भू-वैज्ञानिक काल में ये महाद्वीप विषुवत् रेखा के निकट थे।

सागरीय नितल प्रसरण

चट्टानों के चुम्बकीय गुणों के विश्लेषण के आधार पर **हैरी-हैस** ने वर्ष 1961 में इस सागरीय नितल प्रसरण (Sea floor spreading) की संकल्पना को प्रस्तुत किया। इनके अनुसार महासागरीय कटकों के शीर्ष पर लगातार ज्वालामुखी उद्भेदन से महासागरीय पर्पटी में विभेदन होता है एवं नया लावा इस दरार को भरकर महासागरीय पर्पटी के दोनों ओर धकेलता रहता है। इस प्रकार सागरीय नितल का विस्तार होता रहता है। यदि ज्वालामुखीय उद्गार से नवीन महासागरीय पर्पटी का निर्माण हो रहा है, तो महासागरीय गर्तों में इसका विनाश भी हो रहा है।

प्लेट विवर्तनिकी

- सागरीय तल विस्तार की अवधारणा के पश्चात् महाद्वीपों एवं महासागरों के वितरण के अध्ययन में फिर रुचि प्रारम्भ हुई। प्लेट विवर्तनिकी सिद्धान्त (Plate Tectonic Theory) का प्रतिपादन **मैकेन्जी, पारकर** तथा मॉर्गन द्वारा वर्ष 1967 में किया गया।
- प्लेट, ठोस चट्टान का विशाल व अनियमित आकार का एक खण्ड है, जो महाद्वीपीय व महासागरीय स्थलमण्डलों से मिलकर बना है। यह प्लेट एस्थेनोस्फीयर की सतह पर गतिशील रहती है। **एस्थेनोस्फीयर** अर्द्ध-पिघली (Semi-Molten) अवस्था वाली परत है।
- प्लेटों के सापेक्ष संचलन के आधार पर *तीन विभिन्न प्रकार की प्लेटें-सीमाएँ या सीमान्त क्षेत्रों की रचना होती है*
  (i) **अपसारी सीमा** (Divergent Boundary) में दो प्लेटें एक-दूसरे से विपरीत दिशा में अलग हटती हैं। मध्य अटलाण्टिक कटक जहाँ अमेरिकी प्लेटें (उत्तर अमेरिकी व दक्षिण अमेरिकी प्लेटें) तथा यूरेशियन व अफ्रीकी प्लेटें अलग हो रही हैं, अपसारी सीमा का प्रमुख उदाहरण है।

(ii) **अभिसरण सीमा** (Convergent boundary) इसमें दो प्लेटें एक-दूसरे की ओर अभिसरित होकर नीचे धँसती हैं, जिससे अधिक घनत्व की प्लेटें कम घनत्व की प्लेटों के नीचे धँस जाती हैं। अभिसरण प्लेट के किनारे भूकम्प, ज्वालामुखी की प्रक्रिया महाद्वीप एवं महासागरीय क्षेत्रों में होती है।

(iii) **रूपान्तर सीमा** (Transform boundary) जहाँ न तो नई पर्पटी का निर्माण होता है और न ही पर्पटी का विनाश होता है, उन्हें रूपान्तर सीमा कहते हैं। इसका कारण प्लेटों का एक दूसरे के साथ-साथ क्षैतिज स्थानान्तरण है।

प्रमुख प्लेटें

प्रमुख प्लेटें निम्न प्रकार हैं

- प्रशान्त महासागरीय प्लेट
- यूरेशियाई प्लेट (पूर्वी अटलाण्टिक महासागरीय तल सहित)
- अफ्रीकी प्लेट (पूर्वी अटलाण्टिक महासागरीय तल सहित)
- इण्डो ऑस्ट्रेलियन (न्यूजीलैण्ड प्लेट)
- अण्टार्कटिका प्लेट (अण्टार्कटिका से घिरा महासागर सहित)
- उत्तरी अमेरिकी प्लेट (पश्चिमी अटलाण्टिक महासागरीय तल सहित)
- दक्षिणी अमेरिकी प्लेट (पश्चिमी अटलाण्टिक महासागरीय प्लेट सहित)

लघु प्लेटें

प्रमुख महत्त्वपूर्ण लघु प्लेटें निम्नलिखित हैं

- अरेबियन प्लेट अरेबियन प्रायद्वीप का अधिकतम भाग
- नाजका प्लेट दक्षिणी अमेरिका व प्रशान्त के मध्य
- कोकोस प्लेट दक्षिणी अमेरिका व प्रशान्त के मध्य
- कैरोलिन प्लेट फिलिपियन व इण्डियन प्लेट के बीच
- फिजी प्लेट ऑस्ट्रेलिया के उत्तर-पूर्व में

प्लेट संचलन के कारण एवं प्रभाव

- आर्थर होम्स ने वर्ष 1928 में यह बताया कि धरातल नीचे चलने वाली संवहन धाराएँ तापीय संवहन की क्रियाविधि आरम्भ करती हैं, जो प्लेटों के संचलन के लिए प्रेरक बल के रूप में काम करती है। जब संवहन धाराएँ ऊपर उठती हैं एवं भू-पृष्ठ पर पहुँचती हैं, तो वे ठण्डी हो जाती हैं और नीचे की ओर चलने लगती हैं।
- इस प्रकार यह संवहनी संचलन भू-पर्पटी प्लेटों को गतिशील कर देता है। संचलन के कारण स्थलमण्डल की प्लेटें, जो नीचे के अधिक गतिशील एस्थेनोस्फेयर पर तैर रही हैं, निरन्तर गति करती रहती हैं। प्रत्येक विवर्तनिकप्लेट दृढ़ है और एक इकाई के रूप में संचलन करती है।
- लगभग सभी विवर्तनिक क्रियाएँ प्लेट सीमाओं पर घटित होती हैं। प्लेट में गति के कारण ही ज्वालामुखी, भूकम्प, समुद्र नितल प्रसरण, द्वीप-चापों का निर्माण, पर्वतोत्पत्ति तथा ध्रुवीय परिभ्रमण जैसी घटनाएँ होती हैं। यही इस बात के साक्ष्य हैं कि प्लेटें गतिशील होती हैं।

पृथ्वी का बाह्य स्वरूप

पृथ्वी के बाह्य स्वरूप में पर्वत, पठार, मैदान, झील, द्वीप, रेगिस्तान आदि आते हैं। इनका विवरण निम्न है

पर्वत

- पर्वत पृथ्वी की सतह पर स्थित ऐसे उच्चावच हैं, जिनका ढाल तीव्र व शिखर-क्षेत्र संकुचित होता है। ये अपने आस-पास के क्षेत्र से इतने ऊँचे होते हैं कि वे दूर से ही स्पष्ट रूप से नजर आते हैं। किसी भी पर्वत की चोटी को पर्वत का शिखर (Peak) कहते हैं। एक ही कालक्रम के एवं संकरी पेटी में विस्तृत पर्वत एवं पहाड़ियों का क्रम पर्वत श्रेणी (Mountain chain) कहलाता है, जबकि कई युगों में निर्मित पर्वत व पहाड़ियाँ पर्वत समूह (Mountain group) बनाती हैं।

पर्वत निर्माण की प्रक्रिया के आधार पर वर्गीकरण

- पर्वतों के निर्माण तथा विकास में सम्पीडन (Compression) की शक्ति, तनाव (Tension) की शक्ति, ज्वालामुखी क्रिया, अपरदन एवं अपक्षय क्रियाओं का प्रभाव रहता है। इनको मुख्यत: मौलिक या विवर्तनिक पर्वत (Tectonic mountains) में विभाजित किया जाता है।

प्रमुख मौलिक पर्वतों का वर्णन इस प्रकार है

वलित पर्वत

- जब चट्टानों में पृथ्वी की आन्तरिक शक्तियों द्वारा **मोड़** या **वलन** पड़ जाते हैं, तो उसे 'मोड़दार या वलित पर्वत' (Folded mountains) कहा जाता है। वलित पर्वत विश्व के सबसे ऊँचे तथा सर्वाधिक विस्तृत पर्वत हैं;
जैसे-हिमालय, रॉकी।

अवरोधी या ब्लॉक पर्वत

- धरातलीय भागों में दरार या भ्रंश उत्पन्न होने पर धरातल का कुछ भाग ऊपर उठ जाता है या नीचे धँस जाता है। ऊँचे उठे भाग ब्लॉक पर्वत (Block mountains) कहलाते हैं; जैसे-सतपुड़ा, ब्लैक फॉरेस्ट।

गुम्बदाकार पर्वत

- ज्वालामुखी क्रिया तथा स्थल में उभार के कारण इनकी उत्पत्ति होती है। **गुम्बदाकार पर्वतों** (Dome-shaped mountains) का निर्माण उठते हुए तप्त, पिघले मैग्मा के द्वारा ऊपरी **अवसादी चट्टानों** को गुम्बद रूप में उठाने से होता है; जैसे-सिनसिनाती उभार (USA)।

संगृहीत पर्वत

- संगृहीत पर्वत (Mountains of accumulation) का निर्माण धरातल के ऊपर मिट्टी, मलवा, लावा इत्यादि के निरन्तर जमा होते रहने से होता है। चूँकि इनका निर्माण ज्वालामुखी उद्गार से निस्तृत लावा, विखण्डित पदार्थ आदि के क्रमबद्ध संग्रह के फलस्वरूप होता है। अत: इन्हें 'ज्वालामुखी पर्वत' भी कहा जाता है; जैसे-रेनियार, हुड शास्ता यू एस ए।

पर्वत निर्माणकारी घटनाओं/काल के आधार पर पर्वतों का वर्गीकरण

पर्वत युग	प्रमुख पर्वत समूह
प्री-कैम्ब्रियन	लारेशियन पर्वत, अलगोमन पर्वत व किलार्नियन पर्वत, फेनो-स्केण्डियन पर्वत, उत्तर पश्चिमी उच्चभूमि
कैलिडोनियन	अप्लेशियन, स्काटिश उच्चभूमि, अरावली, महादेव, सतपुड़ा, स्कैण्डिनेवियन एवं ब्राजीलाइड्स पर्वत
हर्सीनियन	स्पेनिश मेसेटा, आइबेरियन पर्वत, ब्लैक फॉरेस्ट वासजेस, मेंडिप्स, ब्रिटनी पर्वत आदि
अल्पाइन	रॉकीज, एण्डीज, आल्पस, कार्पेथियन, पिरेनीज, बालकन, काकेशस, एपीनाइन, हिमालय, पूर्वी द्वीपसमूह आदि

पठार

- धरातल पर ऐसी उच्चभूमि जिसका शीर्ष सपाट हो तथा ढाल तीव्र हो, पठार (Plateau) कहलाते हैं, यह सामान्यत: पर्वतों से नीचे तथा मैदान से ऊँचे होते हैं।

उत्पत्ति व स्थिति के आधार पर पठारों का वर्गीकरण

उत्पत्ति एवं स्थिति के आधार पर पठार का वर्गीकरण निम्नलिखित प्रकार से किया गया है

अन्तर्पर्वतीय पठार

- अन्तर्पर्वतीय पठार (Intermontane plateau) चारों ओर से पर्वतों से घिरे होते हैं; जैसे—तिब्बत का पठार, एशिया माइनर का पठार, कोलम्बिया का पठार, मैक्सिको का पठार, बोलीविया व पेरू का पठार आदि।

गिरिपद पठार

- गिरिपद पठार (Piedmont plateau) पर्वतों के आधार पर स्थित होते हैं। ये एक ओर उच्च पर्वतों एवं दूसरी ओर सागर या मैदान से घिरे होते हैं; जैसे—USA के पीडमाण्ट पठार व दक्षिण अमेरिका के पैण्टागोनिया पठार इसी श्रेणी के हैं।

गुम्बदाकार पठार

- स्थलखण्ड में वलन प्रक्रिया से जब मध्य का भाग ऊँचा हो जाता है और किनारे वाले भाग गोलाकार होते हैं, तो उसे गुम्बदाकार पठार (Dome-shaped plateau) कहते हैं। USA का ओजार्क पठार, भारत में छोटानागपुर पठार, रामगढ़ पठार इसी प्रकार के हैं।

महाद्वीपीय पठार

- महाद्वीपीय पठार (Continental plateau) सागर तट या मैदान के अकस्मात् तीव्र ढाल के साथ खड़े होते हैं। भारत में दक्कन का पठार, स्पेन व दक्षिणी अफ्रीका का पठार इसके प्रमुख उदाहरण हैं।

ज्वालामुखी पठार

- ज्वालामुखी के निस्सृत लावा के जमाव के कारण बने सपाट विस्तृत भू-भाग को ज्वालामुखी पठार (Volcanic plateau) कहते हैं; जैसे—USA में कोलम्बिया-स्नैक पठार एवं भारत में दक्कन लावा पठार।

अपरदन चक्र के आधार पर वर्गीकरण

अपरदन चक्र के आधार पर पठार के प्रकार निम्नलिखित हैं

- **तरुण पठार** (Young plateau) पर अपरदन की प्रक्रिया सक्रिय होती है; जैसे—कोलोरेडो पठार, इदाहो पठार आदि।
- **प्रौढ़ पठार** (Mature plateau) प्राचीन पठार हैं; जैसे—अप्लेशियन पठार।
- **जीर्ण पठार** (Old plateau) पर अपरदन की अधिक क्रियाशीलता के कारण उच्चावच घिसकर पेनीप्लेन के रूप में परिवर्तित हो जाते हैं; जैसे—राँची का पठार।
- **पुनर्युवित पठार** (Restored plateau) जीर्णावस्था के पश्चात् पुनर्युवन (Rejuvenate) होता है; जैसे—अमेरिका का मिसौरी पठार एवं राँची का पाटलैण्ड क्षेत्र।

विश्व के प्रमुख पठार एवं उनकी विशेषताएँ

पठार का नाम	स्थिति	विशेषताएँ
तिब्बत का पठार	मध्य एशिया	विश्व का सबसे ऊँचा (5000 मी) पठार हिमालय एवं कुनलुन पर्वतों के बीच स्थित है, अन्तः पर्वतीय पठार, मध्य पिण्ड का उदाहरण। अनेक झीलों की उपस्थिति। सिन्धु, सतलज, ब्रह्मपुत्र, यांग-टिसी-क्यांग, मेकांग आदि नदियों का उद्गम स्थल।
ईरान का पठार	ईरान	एल्बुर्ज व जैग्रोस पर्वतों के बीच स्थित अन्तः पर्वतीय पठार।
प्रायद्वीपीय पठार	भारत	अत्यन्त प्राचीन चट्टानों से निर्मित गोण्डवानालैण्ड का एक भाग। लावा के उद्गार के प्रभाव। अनेक पर्वतों एवं नदियों की उपस्थिति के कारण छोटे-छोटे पठारों में विभाजित। खनिज पदार्थों का भण्डार।
अनातोलिया का पठार	तुर्की	पॉण्टिक एवं टॉरस पर्वत श्रेणियों के बीच स्थित। खारे एवं मीठे पानी की झीलों की उपस्थिति। खनिज पदार्थों की दृष्टि से धनी।
यूनान एवं शान का पठार	चीन एवं म्यांमार (क्रमशः)	प्राचीन कठोर चट्टानों से निर्मित। मध्य भाग में चूना-पत्थर की एवं शान का पठार उपस्थित। सालविन, मेनाम, मेकांग, सीक्यांग आदि नदियों की गहरी एवं संकीर्ण घाटियों से युक्त।
मालागासी का पठार	मेडागास्कर	ज्वालामुखी शैलों द्वारा निर्मित, औसत ऊँचाई 1000-1500 मी के बीच।
मेसेटा का पठार	स्पेन	उत्तर में कैण्टाब्रियन एवं दक्षिण में सिस्टेमा आइब्रिका तथा सिएरा मेरोना पर्वतों के बीच स्थित अन्तःपर्वतीय पठार।
बोलीविया का पठार	बोलीविया	एक अन्तःपर्वतीय पठार औसत ऊँचाई 3100 मी। खनिज संसाधन की दृष्टि से धनी।
मैक्सिको का पठार	मैक्सिको	पश्चिमी सिएरा माद्रे एवं पूर्वी सिएरा माद्रे के बीच स्थित लावा निर्मित पठार।
यूकोन का पठार	अलास्का	ढाल पश्चिम की ओर अत्यन्त ठण्डी जलवायु।
कोलम्बिया का पठार	अमेरिका	एक अन्तःपर्वतीय पठार औसत ऊँचाई 1800 मी, ज्वालामुखी लावा द्वारा निर्मित।
कोलेरेडो का पठार	अमेरिका	ऊँचाई 1500-3000 मी के बीच कोलेरेडो द्वारा गहरे कैनियन का निर्माण अन्तः पर्वतीय पठार।

मैदान

- समतल एवं अपेक्षाकृत निम्न भूमि को, जिसका स्थानीय ढाल अत्यन्त कम मैदान (Plains) कहा जाता है। यह द्वितीय श्रेणी के सभी उच्चावचों में यह सर्वाधिक सरल एवं स्पष्ट होते हैं। निर्माण, विकास एवं संरचना के आधार पर मैदानों का वर्गीकरण किया गया है, *जिनका विवरण इस प्रकार है*

भू-संचलन से बने मैदान

- भू-संचलन के फलस्वरूप जब किसी स्थलमण्डल का सागर से निर्गमन (Emergence) होता है, तो संरचनात्मक मैदान (Structural plain) का निर्माण होता है; जैसे—यू एस ए का विशाल मैदान एवं रूस का रूसी प्लेटफार्म। भारत का कोरोमण्डल तट और उत्तरी सरकार तटीय मैदान अवतलन एवं निक्षेपण का उत्पाद है।

अपरदनात्मक मैदान

- अपरदनात्मक (Erosional) शक्तियाँ पृथ्वी सतह के उच्चावचों को समतल बनाने का कार्य करती हैं। फलस्वरूप समतल मैदान का निर्माण करती हैं, यह मैदान कार्य करने वाली अपरदन की शक्तियों के प्रकार पर निर्भर करता है। ऐसे मैदानों में **सम्प्राय मैदान** (Peneplain) नदियों के अपरदन से निर्मित होते हैं। इस मैदानी क्षेत्र में यत्र-तत्र प्रतिरोधी चट्टानें मिलती हैं, जिनको मोनोडनॉक कहते हैं।
- **हिम अपरदन** से भी मैदान का निर्माण होता है; जैसे—भारत में लद्दाख मैदान (श्याक नदी के पूर्व एवं चांग चेन्मो नदी के ऊपर) हिमानी घर्षित ही हैं।
- शुष्क एवं आर्द्र शुष्क प्रदेशों में पवन के अपरदन क्रिया के फलस्वरूप निर्मित मैदान को **पेडीप्लेन** (Pediplain) कहा जाता है। इस मैदान में यत्र-तत्र प्रतिरोधी चट्टानों के अवशेष टीले के रूप में विद्यमान रहते हैं, जिसे **इन्सेलबर्ग** (Inselberg) कहा जाता है।

निक्षेपात्मक मैदान

- अपरदन के कारकों द्वारा अपरदित पदार्थों को परिवाहित करके निक्षेपण से इस प्रकार के मैदान का निर्माण होता है। नदी द्वारा निक्षेप के फलस्वरूप जलोढ़ मैदान का निर्माण होता है; जैसे—गंगा-ब्रह्मपुत्र का मैदान, नील नदी का मैदान आदि।
- हिमानी द्वारा हिमोढ़ मैदान का निर्माण होता है। झीलीय प्रदेशों में सरोवरीय निक्षेपों से उपजाऊ मैदानों का निर्माण होता है। इन निक्षेपों को भारत में 'करेवा' निक्षेप कहते हैं।
- पवन द्वारा निक्षेपण क्रिया के फलस्वरूप निर्मित मैदान में लोयस मैदान महत्त्वपूर्ण हैं। चीन में लोयस का मैदान इसी का उदाहरण है। जर्मनी में इनको लिमोन और USA में एडोब मैदान कहते हैं।
- ज्वालामुखी उद्गार से निकले लावा के निक्षेपण के फलस्वरूप लावा मैदान का निर्माण होता है। फ्रांस, न्यूजीलैण्ड, आइसलैण्ड, संयुक्त राज्य अमेरिका, अर्जेन्टीना आदि में लावा निर्मित मैदानों के उदाहरण मिलते हैं।

कार्स्ट मैदान

- चूना-पत्थर क्षेत्रों में वर्षा जल या भूमिगत जल की विलयन क्रिया के फलस्वरूप निर्मित मैदान को कार्स्ट मैदान (Karst plain) कहा जाता है। इन मैदानों में यत्र-तत्र स्थित अवशिष्ट टीलों को ह्यूम्स (Humus) कहा जाता है। यूगोस्लाविया के कार्स्ट प्रदेश प्रमुख हैं।

झील

- सामान्यत: झील (Lakes) भूतल पर स्थित विस्तृत गड्ढे हैं, जो जल से भरे होते हैं तथा स्थल के आन्तरिक भागों में स्थित होते हैं।

झीलों का वर्गीकरण

झीलों को उनकी स्थिति, जल के स्वभाव एवं उनकी उत्पत्ति आदि के आधार पर विभिन्न प्रकारों में विभक्त किया जा सकता है

उत्पत्ति के आधार पर

- झीलों की उत्पत्ति मानवीय या प्राकृतिक क्रियाओं के कारण होती है। *उत्पत्ति के आधार पर झीलों को निम्नलिखित भागों में विभाजित किया गया है*
  - **कृत्रिम झील** यह मानव निर्मित झीलें हैं, जैसे— गोविन्द सागर, जयसमन्द (भारत), नासिर (मिस्र), ओनकाल (युगाण्डा) आदि।
  - **प्राकृतिक झील** यह प्राकृतिक क्रियाओं से निर्मित होती हैं; जैसे—सुपीरियर झील, बैकाल झील, डल झील आदि।

भू-संचलन के आधार पर

- अन्तर्जात एवं बहिजाति बलों की परस्पर अन्तर्क्रिया के द्वारा बहुत सी झीलों का निर्माण होता है, *जिनको निम्न प्रकारों में बाँटा जा सकता है*
  - **अभिनतीय झील** यह धरातल में वलन (Folding) के कारण उत्पन्न होती है; जैसे—जिनेवा झील।
  - **दरार/भ्रंश झील** इस झील का निर्माण धरातल में तनाव से निर्मित दरार घाटी में जल भराव से होता है; जैसे—टेंगानिका झील (कीनिया-युगाण्डा सीमा पर), मृत सागर (इजरायल-जॉर्डन), बैकाल (रूस) आदि।

ज्वालामुखी क्रिया द्वारा निर्मित झील

- ये ज्वालामुखी क्रिया से निर्मित होती हैं, जिनमें लावा बाँध झील; जैसे–टाना झील (ब्लू नील इथोपिया), निकारागुआ झील (मध्य अमेरिका) एवं क्रेटर में पानी भरने से बनने वाली झीलें क्रेटर झील (USA), टिटिकाका झील (बोलीविया), एवरनन झील (इटली), लोनार झील (महाराष्ट्र) आदि हैं।

हिमानीकृत झील

- ये हिमानी के अपरदनात्मक कार्यों से निर्मित होती हैं, जिसमें हिमताल या टार्न झील (Tarn lake) और हिमसोपान या पेटरनास्टर झील (Paternoster lake) प्रमुख हैं।

नदीकृत झील

- यह नदियों द्वारा निर्मित होती है। इनमें प्रपाती झील, गोखुर झील (Ox-bow lake) व डेल्टाई झील आदि हैं।

विश्व की प्रमुख झीलें

नाम	स्थिति/देश	क्षेत्रफल (वर्ग किमी)	अधिकतम गहराई (मी)
कैस्पियन सागर	पूर्व सोवियत संघ तथा ईरान	3,71,000	980
सुपीरियर झील	कनाडा तथा संयुक्त राज्य अमेरिका	82,414	406
विक्टोरिया झील	युगाण्डा, तंजानिया तथा केन्या	69,485	80
ह्यूरन झील	कनाडा तथा संयुक्त राज्य अमेरिका	59,596	228
मिशिगन झील	संयुक्त राज्य अमेरिका	58,016	281
टेंगानिका झील	कांगो, तंजानिया, जाम्बिया तथा बुरुण्डी	32,892	1,435
बैकाल झील	रूस	31,502	1,940
ग्रेट बियर झील	कनाडा	31,080	82
अरल सागर	रूस	30,700	678
ग्रेट स्लेव झील	कनाडा	28,438	163
ईरी झील	कनाडा तथा संयुक्त राज्य अमेरिका	25,700	64

द्वीप

- द्वीप (Islands) स्थलखण्ड के ऐसे भाग होते हैं, जिनके चारों ओर जल का विस्तार पाया जाता है। *उत्पत्ति के आधार पर द्वीपों को निम्नलिखित भागों में विभक्त किया जा सकता है*

विवर्तनिक द्वीप

- विवर्तनिक (Tectonic islands) द्वीपों की उत्पत्ति भूगर्भिक हलचलों द्वारा भूमि के नीचे धँसने, समुद्री भागों में भूमि के ऊपर उठने, दरार/भ्रंश घाटियों का निर्माण होने अथवा महाद्वीपीय भू-भागों के अलग हो जाने से होता है। *ऐसे द्वीप निम्नलिखित प्रकार से निर्मित हो जाते हैं*
  - **स्थल भाग के धँसने से बने द्वीप;** जैसे—ब्रिटिश द्वीप समूह।
  - **समुद्री नितल के ऊपर उठने से बने द्वीप;** जैसे—अटलाण्टिक महासागर में स्थित पश्चिमी द्वीप समूह के अनेक द्वीप।
  - **भू-भ्रंशन द्वारा निर्मित द्वीप;** जैसे—मेडागास्कर द्वीप।
  - **महाद्वीपीय प्रवाह से निर्मित द्वीप;** जैसे—आइसलैण्ड, पूर्वी द्वीप समूह एवं ग्रीनलैण्ड के पश्चिम में स्थित अनेक द्वीप।

निक्षेपजनित द्वीप

- धरातल पर प्रवाहित होने वाली नदियों, हिमानियों या ग्लेशियर तथा सागरीय लहरों के द्वारा अपने साथ परिवहन किए गए पदार्थों के निक्षेपण से निक्षेपजनित द्वीप (Deposited island) की उत्पत्ति होती है; जैसे—माजुली द्वीप (ब्रह्मपुत्र नदी), गंगा सागर (हुगली नदी के मुहाने पर) ए न्यूमूरे द्वीप (बंगाल की खाड़ी में गंगा के मुहाने पर), नर्मदा तथा ताप्ती के मुहाने पर खदियावेट एवं अलियावेट आदि।

अपरदनजनित द्वीप

- अपरदन की क्रिया से बचे कठोर चट्टानों के चारों ओर जल भर जाने से अपरदनजनित द्वीप (Eroded island) निर्मित होते हैं; जैसे—ग्रीनलैण्ड हिमानियों के अपरदन से बने बैफिन द्वीप आदि।

ज्वालामुखी द्वीप

- महासागरीय कटकों के सहारे निकलने वाले लावा का विशाल निक्षेप, जो समुद्री जल सतह से ऊपर आ जाता है, ज्वालामुखी (Volcanic island) द्वीप संज्ञा से अभिहित किया जाता है; जैसे—बैरन द्वीप एवं नारकोंडम द्वीप (बंगाल की खाड़ी), लिपारी आदि।

विश्व के प्रमुख द्वीप

देश	द्वीप समूह
डेनमार्क	ग्रीनलैण्ड, बोर्नहोम, फायरो द्वीप
एस्टोनिया	हिउमा, सारेमा
फिनलैण्ड	एलैण्ड द्वीप समूह
फ्रांस	कार्सिका, मार्टिनिक, रीयूनियन, करगुएलेन
जर्मनी	हेलगोलैण्ड
ग्रीस	क्रीट
इटली	सार्डिनिया, सिसली
नॉर्वे	स्वालबार्ड
पुर्तगाल	अजोर्स, मदिरा
स्पेन	बोलिएरिक, कनारी
स्वीडन	गोटलैण्ड
यूनाइटेड किंगडम	शेटलैण्ड द्वीप समूह, पश्चिम द्वीप समूह, आर्कनेय द्वीप समूह, फॉकलैण्ड, सैण्डविच द्वीप।

रेगिस्तान

- रेगिस्तान (Deserts) स्थलखण्ड के शुष्क व अर्द्धशुष्क भाग हैं। इनकी स्थिति मुख्यत: उष्ण निम्न दाब तथा उपोष्ण उच्च दाब वाले क्षेत्रों में होती है।
- महाद्वीपीय अवस्थिति या तट से दूर जाने पर भी वर्षा की मात्रा में कमी आने से मरुस्थलीय प्रदेशों की उत्पत्ति होती है।

विश्व के प्रमुख मरुस्थल 5 प्रदेशों में अवस्थित हैं

(i) **सहारा-मध्य एशिया प्रदेश** (सहारा रेगिस्तान, अरेबियन रेगिस्तान, भारत का थार मरुस्थल, कराकुम तथा किजिलकुम मरुस्थल, तकला मकान एवं गोबी मरुस्थल)

(ii) **दक्षिणी अफ्रीकी प्रदेश** (कालाहारी, नमीब, कारू मरुस्थल)

(iii) **दक्षिणी अमेरिका प्रदेश** (अटाकामा-चिली तथा पेरूतट के सहारे पेण्टागोनिया मरुस्थल)

(vi) **उत्तरी अमेरिकी प्रदेश** (कैलिफोर्निया तथा एरिजोना के मोजावे मरुस्थल एवं मेक्सिको का सोनोरा मरुस्थल)

(v) **ऑस्ट्रेलिया मरुस्थल प्रदेश।**

मरुस्थल चट्टानी, पथरीला या रेतीला तीनों प्रकार के हो सकते हैं। सहारा का हमद मरुस्थल, अल्जीरिया के रेग एवं लीबिया व मिस्र के सेरिर मरुस्थल तथा सहारा क्षेत्र के एर्ग मरुस्थल क्रमश: चट्टानी, पथरीले या रेतीले मरुस्थल के उदाहरण हैं।

विश्व के प्रमुख मरुस्थल

मरुस्थल	स्थिति
सहारा	उत्तरी अफ्रीका
गोबी	मंगोलिया/उत्तर-पूर्व चीन
पेण्टागोनिया	अर्जेण्टीना
रब अल खली	दक्षिणी अरब प्रायद्वीप
ग्रेट सैण्डी	उत्तर-पश्चिमी ऑस्ट्रेलिया
ग्रेट विक्टोरिया	दक्षिण-पश्चिमी ऑस्ट्रेलिया
सोनोरन	मैक्सिको/दक्षिणी-पश्चिमी अमेरिका
कालाहारी	दक्षिण-पश्चिमी अफ्रीका (बोत्सवाना)
थार	भारत/पाकिस्तान (सबसे अधिक जनसंख्या घनत्व वाला मरुस्थल)
सिम्पसन	ऑस्ट्रेलिया
मोजेब, सियरा नेवादा	संयुक्त राज्य अमेरिका
नाफुदा, हमद	अरब प्रायद्वीप
दस्त-ए-लुत	पूर्वी ईरान
दस्त-ए-कबीर	दक्षिणी ईरान
तकला मकान	सीक्यांग प्रान्त (चीन)

ज्वालामुखी

- ज्वालामुखी (Volcano) उद्गार के परिणामस्वरूप निकलने वाले पदार्थ ठोस, द्रव एवं गैस तीनों ही रूपों में होते हैं। गैसें तीव्र विस्फोट के साथ धरातल को तोड़कर बाहर निकलती हैं।
- इन गैसों में 80 से 90% भाग वाष्प हाइड्रोजन एवं ऑक्सीजन के रूप में रहता है। *अन्य गैसें हैं*—कार्बन डाइ-ऑक्साइड, सल्फर डाइ-ऑक्साइड आदि।
- ज्वालामुखी के छिद्र के ऊपर जो गर्त दिखाई देता है, उसे **क्रेटर** कहते हैं।

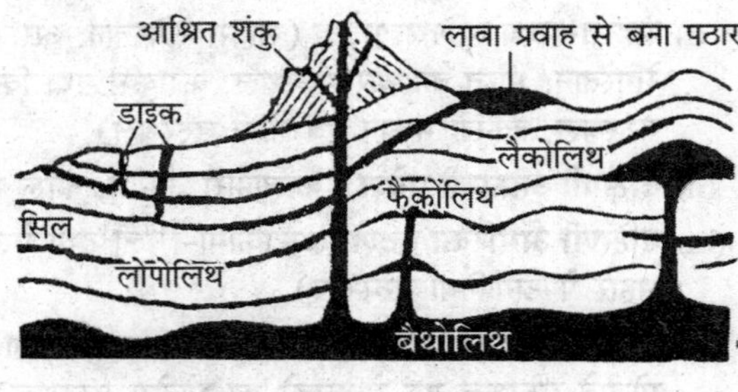

ज्वालामुखी

ज्वालामुखी के प्रकार

ज्वालामुखी मुख्यत: तीन प्रकार के होते हैं। *जिनका विवरण इस प्रकार है*

(i) **सक्रिय ज्वालामुखी** वर्तमान समय में विश्व में जाग्रत ज्वालामुखियों की संख्या लगभग 500 से अधिक है। *उदाहरण* इटली का एटना, स्ट्राम्बोली, हवाई द्वीप का मोनालोआ आदि।
विश्व का सबसे ऊँचा सक्रिय ज्वालामुखी कोटोपैक्सी है (ऊँचाई 5,879 मी)। यह दक्षिणी अमेरिका में स्थित है।

(ii) **प्रसुप्त ज्वालामुखी** वैसे ज्वालामुखी जो उद्गार के बाद प्रायः शान्त पड़ जाते हैं, परन्तु इनमें कभी भी अचानक उद्गार हो जाता है। *उदाहरण* इटली का विसुवियस, इण्डोनेशिया का क्राकातोआ, जापान का फ्यूजीयामा आदि।

(iii) **मृत ज्वालामुखी** वैसे ज्वालामुखी, जिनमें भूगर्भिक इतिहास के अनुसार बहुत ही लम्बे समय से पुन: उद्गार नहीं हुआ है, इन्हें मृत ज्वालामुखी कहा जाता है। *उदाहरण* ईरान का कोह सुल्तान, म्यांमार (बर्मा) का माउण्ट पोपा, अफ्रीका का किलिमंजारो एवं देमवन्द आदि।

ज्वालामुखी का विश्व वितरण

- विश्व में ज्वालामुखी का वितरण एक निश्चित क्रम में पाया गया है। अधिकतर ज्वालामुखी (मुख्यत: सक्रिय ज्वालामुखी) सुनिश्चित पेटियों में पाए जाते हैं।
- विश्व के लगभग दो-तिहाई ज्वालामुखी प्रशान्त महासागर को घेरे हुए हैं एवं शेष नवीन मोड़दार पर्वतों के क्षेत्र में (हिमालय को छोड़कर), गहरे सागरों एवं भ्रंश घाटियों में मुख्य रूप से स्थित हैं।

ज्वालामुखी पेटियाँ

पेटियाँ	क्षेत्र
भूमध्य सागरीय पेटी	भूमध्य सागर के तटीय क्षेत्र
हिन्द महासागरीय पेटी	जावा, सुमात्रा, बाली द्वीप
परिप्रशान्त पेटी	प्रशान्त महासागर के चतुर्दिक विस्तृत
अरब-अफ्रीका पेटी	अरब, मालागासी, अफ्रीका की भ्रंश घाटियाँ
अन्य द्वीप समूह	अण्टार्कटिका महाद्वीप, जर्मनी का एफिल द्वीप तथा फेरो द्वीप।

संसार के सक्रिय ज्वालामुखी

नाम	देश	ऊँचाई (मीटर में)
माउण्ट सेण्ट हेलेन्स	सं. रा. अमेरिका	8,360
सेमेरु	जावा, इण्डोनेशिया	12,060
फ्यूगो	ग्वाटेमाला	12,582
रैगल	अलास्का	14,006
माउण्ट एटना	सिसली, इटली	11,057
कोटोपैक्सी	एण्डीन, इक्वेडोर	19,347
पोपोकैटेपेटी	मैक्सिको	17,837

भूकम्प

- जब किसी बाह्य या अन्तर्जात कारणों से पृथ्वी के भू-पटल में कम्पन उत्पन्न होता है, तो उसे भूकम्प (Earthquake) कहा जाता है। भूकम्प का अध्ययन 'भूकम्प विज्ञान' (Seismology) कहलाता है। भूकम्पीय तरंगों का अंकन करने वाला यन्त्र सीस्मोग्राफ (Seismograph) कहलाता है।

- मरकेली मापक (Mercalli Scale) भूकम्प की तीव्रता मापने वाला एक यन्त्र है। यह मापक परिमाणात्मक नहीं, बल्कि गुणात्मक है। यह मापक इन्द्रियों द्वारा प्राप्त अनुभव, विनाशकारी प्रभाव आदि के आधार पर विकसित किया गया है।

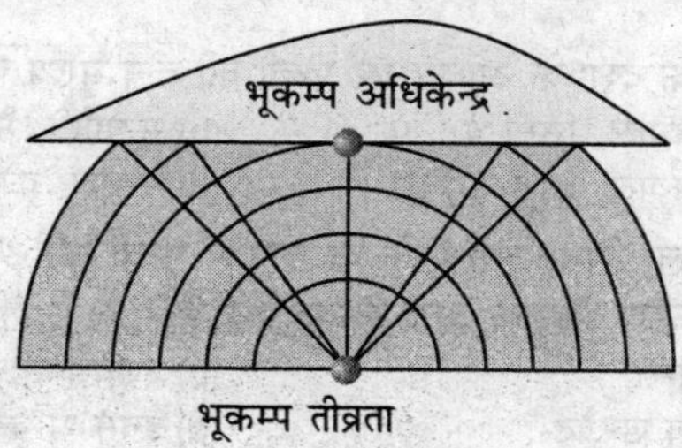

- आज के समय में भूकम्प के मापन हेतु रिक्टर स्केल (Richter Scale) का प्रयोग अधिक किया जाता है। यह एक लॉगरिथ्मिक स्केल होता है, जिसमें 1 से 9 तक की संख्याएँ होती हैं। इसके अन्दर प्रत्येक आगे की संख्या अपनी पीछे वाली संख्या के 10 गुने अधिक परिमाण को बताती है। यह स्केल भूकम्प की ऊर्जा पर आधारित है।

भूकम्पों के वर्गीकरण, अन्तराल और प्रभाव

रिक्टर स्केल दूरी	1 वर्ष में भूकम्प	प्रभावित (किमी)	प्रभाव
3 तक (हल्का)	50,000	2,000	मकान के अन्दर महसूस कर सकते हैं, सड़क पर दौड़ते ट्रक से हुए कम्पन जैसा अनुभव।
4.9 तक (सामान्य)	6,200	7,800	लगभग सभी के द्वारा अनुभव करने लायक; खिड़कियों के काँच टूट सकते हैं, प्लास्टर चटक जाता है।
5.0-6.9 (मध्यम)	120	1,30,000	लोग घबराकर घर से बाहर भागते हैं, फर्नीचर सरककर गिर सकता है, मकान-जमीन में दरारें पड़ सकती हैं।
7.0-7.9 (तीव्र)	18	5,20,000	सभी लोग मकान से बाहर निकल जाते हैं, सामान्य मकान धराशायी भी हो सकते हैं, सड़क पर चलते वाहन उलट सकते हैं।
8.0-9.5 (भीषण)	01	21,00,000	ज्यादातर भवन धराशायी हो जाते हैं, रेल की पटरियाँ मुड़ जाती हैं, पुल ध्वस्त हो जाते हैं, व्यापक भू-स्खलन व बाढ़।

- भूकम्प का सर्वप्रथम जहाँ पर आविर्भाव होता है, उसे 'भूकम्प मूल' (Focus) कहते हैं तथा जहाँ पर सर्वप्रथम लट्टों का अनुभव होता है, उसे 'भूकम्प केन्द्र' (Epicentre) कहते हैं।

भूकम्प का विश्व वितरण

भूकम्प का विश्व वितरण निम्न पेटियों के अन्तर्गत किया जाता है

- **परिप्रशान्त पेटी** यह विश्व की सबसे फैली हुई भूकम्प पेटी है तथा समस्त विश्व का दो-तिहाई भूकम्प क्षेत्र इसी पेटी के अन्तर्गत आता है।
- **मध्य महाद्वीपीय पेटी** यह पेटी भूमध्य सागर से लेकर पूर्वी द्वीप समूह तक विस्तृत है। भारत का भूकम्प क्षेत्र भी इसी पेटी में सम्मिलित है।
- **मध्य अटलाण्टिक पेटी** भूकम्प की यह पेटी मध्य अटलाण्टिक कटक के सहारे उत्तर में आइसलैण्ड से लेकर दक्षिण में बोवेट द्वीप तक विस्तृत है।

सुनामी

- सुनामी (स्यू-ना-मी) जापानी भाषा का एक शब्द है, जिसका अर्थ है 'तट पर आती समुद्री लहरें'। ये विशिष्ट प्रकार की समुद्री लहरें सागरी नितल में आए भूकम्प, भूस्खलन, उल्कापात तथा ज्वालामुखी विस्फोटों से उत्पन्न भू-विवर्तनिक शक्तियों की देन है।
- वैज्ञानिक शाखा में सुनामी को अत्यधिक लम्बे तरंगदैर्ध्य वाली सागरीय लहरों की श्रृंखला के रूप में परिभाषित किया जाता है।
- इनका निर्माण भूकम्पों, विशेषकर 7.5 या अधिक तीव्रता वाले, भू-स्खलन तथा अन्त:समुद्रीय हलचल के चलते जल में अचानक हुए विस्थापन से होता है।
- अपने उत्पत्ति के स्थल पर सुनामी लहरें 1 मी ऊँची होती हैं और उनकी गति 960 किमी प्रतिघण्टा होती है, परन्तु तटवर्ती क्षेत्रों तक आते-आते इनकी ऊँचाई 20 मी तक हो जाती है तथा गति कम होकर 100 किमी प्रतिघण्टा तक हो जाती है।

अभ्यास प्रश्न

1. भूगोल निम्न में से किस भाषा का शब्द है?
(a) ग्रीक (b) लैटिन
(c) फ्रैंच (d) इनमें से कोई नहीं

2. निम्न में से कौन भौतिक भूगोल के अध्ययन क्षेत्र हैं?
(a) जलवायु विज्ञान (b) जल विज्ञान
(c) मृदा भूगोल (d) ये सभी

3. धरातल पर मुख्यत: कितने प्रकार की स्थलाकृतियाँ पाई जाती हैं?
(a) आठ (b) सात
(c) तीन (d) ये सभी

4. पुच्छल तारा परिकल्पना के सिद्धान्त का प्रतिपादन 1749 ई. में निम्न में किसने प्रतिपादित किया था?
(a) कास्ते द वफन (b) लाप्लास
(c) लॉकियर (d) इमैनुएल काण्ट

5. निम्न में से किस परिकल्पना के अन्तर्गत तारे से सम्पूर्ण ग्रहों की उत्पत्ति को स्वीकार किया गया है?
(a) अद्वैतवादी परिकल्पना (b) द्वैतवादी परिकल्पना
(c) 'a' व 'b' दोनों में (d) केवल 'b' में

6. निहारिका परिकल्पना सिद्धान्त लाप्लास द्वारा किस वर्ष प्रतिपादित किया गया था?
(a) 1796 ई. (b) 1755 ई.
(c) 1780 ई. (d) 1769 ई.

7. द्वैतवादी परिकल्पना के 'विखण्डन का सिद्धान्त' के सृजक निम्न में से कौन है?
(a) रॉसजन (b) एन सी बनर्जी
(c) लाप्लास (d) इनमें से कोई नहीं

8. पृथ्वी की आन्तरिक संरचना के सम्बन्ध में सर्वाधिक महत्त्वपूर्ण जानकारी के स्रोत निम्न में से कौन हैं?
(a) अप्राकृतिक स्रोत (b) प्राकृतिक स्रोत
(c) 'a' व 'b' दोनों (d) ज्वालामुखी क्रिया

9. घनत्व, दवाब व तापमान पृथ्वी की जानकारी से सम्बन्धित किस प्रकार के स्रोत हैं?
(a) अप्राकृतिक स्रोत (b) प्राकृतिक स्रोत
(c) 'a' व 'b' दोनों (d) इनमें से कोई नहीं

10. भू-गर्भिक तरंगे तथा धरातलीय तरंगें किस प्रकार की तरंगे हैं?
(a) ज्वालामुखी से उत्पन्न होने वाली तरंगें
(b) भू-कम्पीय तरंगें
(c) धरातलीय तरंगें
(d) उपरोक्त से कोई नहीं

11. पृथ्वी की सियाल परत की रचना निम्न में से किन तत्त्वों से हुई है?
(a) सिलिका तथा एल्युमिनियम (b) एल्युमिनियम तथा जस्ता
(c) सिलिका तथा मैग्नीशियम (d) निकिल तथा लोहा

12. सियाल परत के नीचे निम्न में से कौन-सी परत स्थित है?
(a) सिमा (b) निफे
(c) मैण्टल (d) इनमें से कोई नही

13. भौतिक दशा के आधार पर पृथ्वी की तीन मुख्य परतें कौन-सी हैं?
(a) सियाल, सिमा व निफे (b) भू-पर्पटी, मैण्टल व क्रोड
(c) सियाल, क्रोड व निफे (d) मैण्टल, कोड व सिमा

14. सियाल, सिमा तथा निफे के रूप में पृथ्वी की आन्तरिक संरचना का वर्गीकरण किसके द्वारा किया गया है?
(a) होम्स (b) एडवर्ड स्वेस
(c) वैन डरग्रैट (d) इनमें से कोई नहीं

15. निम्न में से किसे बेरोस्फीयर भी कहा जाता है?
(a) आन्तरिक कोड (b) बाह्य क्रोड
(c) निफे (d) सीमा

16. महाद्वीपीय प्रवाह सम्बन्धी सिद्धान्त किसने प्रतिपादित किया?
(a) अल्फ्रेड वैगनर (b) एडवर्ड वेगनर
(c) होम्स (d) इनमें से कोई नहीं

17. पैंजिया के चारों ओर स्थित एक विशाल सागर को वेगनर ने निम्न में से कौन-सा नाम दिया है?
(a) गोण्डवानालैण्ड (b) पैंथालासा
(c) दक्षिण भाग (d) अंगारालैण्ड

18. सागरीय नितल प्रसरण की परिकल्पना को वर्ष 1961 में किसके द्वारा प्रस्तुत किया गया?
(a) हैरी-हैस (b) एडवर्ड वेगनर
(c) लाप्लास (d) लॉकियर

19. प्लेट विवर्तनिका के सिद्धान्त का प्रतिपादन मैकेन्जी, पारकर व मॉर्गन द्वारा किस वर्ष प्रतिपादित किया गया था?
(a) 1975 (b) 1967
(c) 1996 (d) 1972

20. सुमेलित किजिए

	सूची I		सूची II
A.	अपसारी सीमा	1.	दो प्लेटें एक-दूसरे की ओर अभिसरित होकर नीचे धसती हैं।
B.	अभिसरण सीमा	2.	प्लेटों का एक-दूसरे का साथ क्षैतिज स्थानान्तरण।
C.	रूपान्तर सीमा	3.	दो प्लेटें एक-दूसरे से विपरीत दिशा में हटती है।

कूट

	A	B	C		A	B	C
(a)	1	2	3	(b)	2	3	1
(c)	3	1	2	(d)	1	3	2

21. जब चट्टानों में पृथ्वी की आन्तरिक शक्तियों द्वारा मोड या वलन पड़ जाते है, उन्हें कहते हैं
(a) वलित पर्वत (b) अवरोधी पर्वत
(c) गुम्बदाकार पर्वत (d) संग्रहीत पर्वत

22. रेनियार पर्वत (यू एस ए) किस प्रकार के पर्वत का उदाहरण है?
(a) अवरोधी पर्वत (b) संग्रहीत पर्वत
(c) गुम्बदाकार पर्वत (d) इनमें से कोई नहीं

23. धरातल की ऐसी उच्च भूमि जिसका शीर्ष स्पाट तथा ढाल तीव्र होता है, क्या कहलाती है?
(a) पर्वत (b) द्वीप
(c) पठार (d) इनमें से कोई नहीं

24. सुमेलित किजिए

	सूची I (पठार)		सूची II (उदाहरण)
A.	गुम्बदाकार पठार	1.	छोटानागपुर का पठार
B.	ज्वालामुखी पठार	2.	ढक्कन लावा पठार
C.	तरूण पठार	3.	कोलोरेडो पठार
D.	गिरिपद पठार	4.	पैण्टागोनिया पठार

	A	B	C	D		A	B	C	D
(a)	4	3	2	1	(b)	1	2	3	4
(c)	1	4	3	2	(d)	3	4	2	1

25. शुष्क एवं आर्द्रशुष्क प्रदेशो मे पवन के अपरदन क्रिया के फलस्वरूप निर्मित मैदान क्या कहलाते हैं?
(a) पेडीप्लान (b) कार्स्ट मैदान
(c) सम्प्राय मैदान (d) इन्सेलबर्ग मैदान

26. सुपीरियर झील, डल झील व बैकाल किस प्रकार की झीलों के उदाहरण हैं?
(a) मानव निर्मित (b) प्राकृतिक
(c) कृत्रिम (d) 'a' व 'b' दोनों

27. सुमेलित कीजिए

	सूची I (झील)		सूची II (अवस्थिति)
A.	कैस्पियन सागर	1.	रूस
B.	अरब सागर	2.	कनाडा
C.	ग्रेट बियर झील	3.	ईरान

कूट

	A	B	C		A	B	C
(a)	1	2	3	(b)	3	1	2
(c)	2	3	1	(d)	3	2	1

28. माजुली द्वीप किस प्रकार के द्वीप का उदाहरण है?
(a) निक्षेपजनित द्वीप (b) अपरदनजनित द्वीप
(c) ज्वालामुखी द्वीप (d) इनमें से कोई नहीं

29. स्थलखण्ड के ऐसे भाग जिनके चारों और जल पाया जाता है, क्या कहलाते हैं?
(a) द्वीप (b) पठार
(c) झील (d) इनमें से कोई नहीं

30. कालाहारी रेगिस्तान कहाँ स्थित है?
(a) मध्य एशिया (b) दक्षिण अमेरिका
(c) दक्षिण अफ्रीका (d) उत्तरी अमेरिका

31. विश्व का सबसे ऊँचा सक्रीय ज्वालामुखी निम्न में से कौन-सा है?
(a) कोटोपैक्सी (b) फ्यूजीयामा
(c) एटना (d) किलिमंजारा

32. भूकम्पीय तरंगों का अंकन करने वाला यन्त्र कहलाता है?
(a) मरकेली (b) सीस्मोग्राफ
(c) रिक्टर स्केल (d) 'b' व 'c' दोनों

33. निम्न तत्त्वों में से कौन-से भू-पर्पटी में क्रमश: अधिकतम और निम्नतम मात्रा में पाए जाते हैं?
(a) ऑक्सीजन और सिलिकॉन (b) कैल्सियम और सोडियम
(c) सोडियम और मैग्नीशियम (d) ऑक्सीजन और मैग्नीशियम

34. पृथ्वी की आन्तरिक संरचना की स्पष्ट जानकारी मिलती है।
(a) ज्वालामुखी घटना (b) भूकम्पीय तरंगों से
(c) तापमान के अध्ययन से (d) आन्तरिक घनत्व के अध्ययन से

35. प्लेट विवर्तनिकी अध्ययन से सम्बन्धित सत्य कथन को पहचानिए
(a) पृथ्वी पर 6 बड़ी तथा 60 छोटी प्लेटें ज्ञात हैं।
(b) कटकों का निर्माण अपसारी क्रिया से नहीं संरक्षी क्रिया से होती है।
(c) हिमालय की उत्पत्ति महाद्वीपीय महासागरीय प्लेटों के अभिसरण से हुई है।
(d) प्लेट विवर्तनिकी के वैज्ञानिक व्याख्या का श्रेय मॉर्गन को है।

36. भू-वैज्ञानिकों के अनुसार, पृथ्वी का आकार
(a) वर्तुल है (b) गोलाकार है
(c) गोलाकार के निकट है (d) एक लघ्वक्ष दीर्घवृत्तज है

37. मैण्टल में संवहन धारा प्रवाहित होती है तो
(a) मैण्टल में मैग्मा के उठने के कारण पदार्थ मध्य कटक के अन्दर चला जाता है और नई भू-पट्टी का निर्माण करता है
(b) समुद्र तल प्रसार
(c) हवाई द्वीप में ज्वालामुखियों का समूह
(d) उपरोक्त सभी

38. निम्नलिखित कथनों पर विचार कीजिए
1. रासायनिक संगठन के आधार पर पृथ्वी के आन्तरिक भाग को तीन भागों में विभाजित किया गया है।
2. यह विभाजन एडवर्ड स्वेस के द्वारा किया गया है।
3. इनमें सियाल मध्यवर्ती परत है।

उपरोक्त कथनों में से कौन-सा/से कथन सही है/हैं?
(a) केवल 1 (b) केवल 2
(c) 1 और 2 (d) केवल 3

39. सुनामी किस भाषा का शब्द है?
(a) जापानी (b) फ्रेंच
(c) ग्रीक (d) लैटिन

40. सर्वप्रथम जहाँ भूकम्प का आविर्भाव होता है, वह स्थल कहलाता है
(a) भूकम्प मूल (b) भूकम्प केन्द्र
(c) भूकम्प स्थल (d) इनमें से कोई नही

उत्तरमाला

1.	(a)	2.	(d)	3.	(c)	4.	(a)	5.	(a)	6.	(a)	7.	(a)	8.	(c)	9.	(a)	10.	(b)
11.	(a)	12.	(a)	13.	(b)	14.	(b)	15.	(a)	16.	(a)	17.	(b)	18.	(a)	19.	(b)	20.	(c)
21.	(a)	22.	(b)	23.	(c)	24.	(b)	25.	(a)	26.	(b)	27.	(b)	28.	(a)	29.	(a)	30.	(c)
31.	(a)	32.	(b)	33.	(b)	34.	(b)	35.	(d)	36.	(d)	37.	(a)	38.	(c)	39.	(a)	40.	(a)

अध्याय 02

स्थलमण्डल

स्थलमण्डल के अन्तर्गत पृथ्वी के धरातल पर स्थित विभिन्न स्थलाकृतियाँ आती हैं। चट्टानों का स्थलमण्डल के निर्माण में विशेष योगदान है।

चट्टान

- भू-पर्पटी पर पाए जाने वाले मुलायम एवं कठोर पदार्थों को चट्टान की संज्ञा दी जाती है। इनकी रचना खनिज पदार्थों के मिलने से होती है। प्रत्येक चट्टान में एक से अधिक खनिजों का मिश्रण होता है। चट्टानों के निर्माण में 6 खनिजों की भूमिका अधिक है, ये खनिज फेल्सपार, क्वार्ट्ज या स्फटिक, पायरॉक्सीन, एम्फीबोल्स, माइका तथा ऑलिवीन हैं।

चट्टानों का वर्गीकरण

- *चट्टानों के तीन प्रमुख समूह हैं*

  1. आग्नेय 2. अवसादी 3. कायान्तरित या रूपान्तरित चट्टानें

1. आग्नेय चट्टान

- इसका निर्माण क्रस्ट के नीचे उपस्थित तप्त एवं तरल मैग्मा के ठण्डा होने से होता है। आग्नेय चट्टान रवेदार (Crystalline) होती हैं। इसे प्राथमिक चट्टान भी कहते हैं, क्योंकि पृथ्वी की उत्पत्ति के पश्चात् सर्वप्रथम इनका ही निर्माण हुआ था।

उत्पत्ति के आधार पर आग्नेय चट्टानों का वर्गीकरण

- ज्वालामुखी उद्गार के समय मैग्मा ऊपर की ओर अग्रसर होकर धरातल के ऊपर तथा धरातल के नीचे जमता है। इसके आधार पर दो प्रकार की आग्नेय चट्टानें होती हैं।

(i) आन्तरिक अथवा अन्तर्वेधी आग्नेय चट्टानें

जब मैग्मा सतह से नीचे ही ठण्डा होकर ठोस रूप धारण कर ले, तो आन्तरिक आग्नेय चट्टान का निर्माण होता है।

इसके दो उपवर्ग हैं

(क) **पातालीय चट्टान** (Plutonic rock) इसका निर्माण पृथ्वी के अन्दर काफी अधिक गहराई पर होता है। अत्यधिक धीमी गति से ठण्डा होने के कारण इसके रवे बड़े-बड़े होते हैं। ग्रेनाइट चट्टान इसी का उदाहरण है।

(ख) **मध्यवर्ती चट्टान** (Hypabyssal rock) ज्वालामुखी उद्गार के समय धरातलीय अवरोध के कारण मैग्मा, दरारों, छिद्रों एवं नली में ही जमकर ठोस रूप धारण कर लेता है। डोलेराइट और मैग्नेटाइट इन चट्टानों के महत्त्वपूर्ण उदाहरण हैं। *इसके मुख्य रूप निम्न प्रकार हैं*

- **बैथोलिथ** (Batholith) ये प्राय: गुम्बद के आकार के होते हैं, जिनके किनारे तीव्र ढाल वाले एवं आधार तल अधिक गहराई में होता है। इनका ऊपरी भाग अत्यधिक असमान (Irregular) एवं ऊबड़-खाबड़ होता है। बैथोलिथ ग्रेनाइट चट्टानों के रूप में विश्व के अधिकांश पर्वतों के कोर (Core) मौजूद हैं।
- **लैकोलिथ** (Lacolith) पृथ्वी की धरातल के निकट परतदार चट्टानों के बीच गुम्बदाकार संरचना में मैग्मा के जमने के कारण इसका निर्माण होता है।
- **फैकोलिथ** (Phacolith) जब मैग्मा का निक्षेप तरंगों के रूप में होता है, तो इसे फैकोलिथ कहा जाता है। मोड़ों की अपनति (Anticline) एवं अभिनति (Syncline) में लावा के जमाव के फलस्वरूप इस संरचना का विकास होता है।
- **लोपोलिथ** (Lopolith) जब लावका का जमाव धरातल के नीचे अवतल आकार वाली छिछली बेसिन में होता है, तो एक तश्तरीनुमा संरचना का निर्माण होता है, जिसे लोपोलिथ कहा जाता है।
- **सिल** (Sill) जब लावा का जमाव चट्टानों की दो परतों के बीच होता है, तब सिल का निर्माण होता है।
- **डाइक** (Dyke) सिल के विपरीत डाइक में मैग्मा का जमाव परतों के लम्बवत् होता है।

(ii) बाह्य आग्नेय चट्टानें

- जब तरल एवं तप्त मैग्मा धरातल के ऊपर आकर जमकर ठोस होकर चट्टान का रूप धारण करता है, तो इस प्रकार निर्मित चट्टान को 'बाह्य आग्नेय चट्टान' कहते हैं।
- लावा के सतह पर प्रकट होने के रूप के अनुसार इस चट्टान को भी *पुन: दो भागों में बाँटा जाता है*

  (क) विस्फोटक उद्गार से निर्मित; जैसे—बम, लैविती, टफ, ब्रेसिया।

  (ख) शान्त उद्गार से निर्मित; जैसे—लावा मैदान, लावा पठार।

रासायनिक संरचना के आधार पर आग्नेय चट्टानों का वर्गीकरण

सिलिका की मात्रा के आधार पर आग्नेय चट्टानों को चार वर्गों में विभाजित किया जाता है

(i) अम्लीय चट्टानें

- इनमें सिलिका की मात्रा अधिक होती है। इनका रंग हल्का होता है; जैसे—ग्रेनाइट।

(ii) क्षारीय चट्टानें

- इनमें सिलिका की मात्रा कम होती है। इनमें फैरो-मैग्नीशियम की प्रधानता होती है। लोहे की अधिकता के कारण इन चट्टानों का रंग गहरा होता है। इनका घनत्व भी अधिक होता है; जैसे—गैब्रो, बेसाल्ट आदि।

(iii) मध्यवर्ती चट्टानें

- इसमें सिलिका की मात्रा एसिड तथा बेसिक चट्टानों की मध्यवर्ती होती है। इनके प्रमुख उदाहरण डायोराइट तथा एण्डेसाइट हैं।

(iv) अल्ट्रा बेसिक चट्टानें

- जब आग्नेय चट्टान में सिलिका की मात्रा 45% से कम होती है, तो उसे 'अल्ट्रा बेसिक' चट्टान कहते हैं। पेरिडोटाइट इसका प्रमुख उदाहरण है।

अग्नेय चट्टानों का आर्थिक महत्त्व

- विश्व के अधिकांश खनिज इन्हीं चट्टानों में मिलते हैं। इनमें चुम्बकीय लोहा, निकिल, ताँबा, सीसा, जस्ता, क्रोमाइट, मैंगनीज, टिन, क्वार्ट्ज, कैल्साइट, अभ्रक, मैग्नीशियम युक्त सिलिकेट तथा कुछ दुर्लभ खनिज; जैसे—सोना, हीरा, प्लेटिनम आदि सम्मिलित हैं।

2. अवसादी चट्टान

- पृथ्वी तल पर आग्नेय व रूपान्तरित चट्टानों के अपरदन व निक्षेपण के फलस्वरूप निर्मित चट्टानों को अवसादी चट्टान (Sedimentary rock) कहते हैं। इन पुनर्निर्मित चट्टानों में परतों का विकास होने के कारण इन्हें **प्रस्तरित** या **परतदार** चट्टान भी कहा जाता है। इन चट्टानों में जीव-जन्तुओं तथा वनस्पति के जीवाश्म मिलते हैं।

इनके निर्माण में भाग लेने वाले अवसादों के आधार पर अवसादी चट्टानों को तीन वर्गों में बाँटा जा सकता है

(i) यान्त्रिक क्रियाओं द्वारा निर्मित अवसादी चट्टानें

- पवन द्वारा निर्मित; जैसे—लोएस।
- हिमानी द्वारा निर्मित; जैसे—बोल्डर क्ले।
- जल द्वारा निर्मित; जैसे—बलुआ पत्थर (Sandstone), गोलाश्म। (Conglomerate), चीका मिट्टी (Clay), शैल (Shale) आदि।
- सिल्ट एवं क्ले के संगठित होने से शैल का निर्माण होता है।

(ii) जैविक तत्त्वों द्वारा निर्मित अवसादी चट्टानें

- जीव-जन्तुओं द्वारा निर्मित; जैसे—चूना-पत्थर (Limestone), खड़िया (Chalk)।
- पेड़-पौधों द्वारा निर्मित; जैसे—पीट (Peat), कोयला, लिग्नाइट।

(iii) रासायनिक तत्त्वों द्वारा निर्मित अवसादी चट्टानें

- जैसे—डोलोमाइट (Dolomite), सेन्धा नमक (Rock salt), जिप्सम, चूना-पत्थर (Limestone) आदि।

अवसादी चट्टानों का आर्थिक महत्त्व

- आग्नेय चट्टान की अपेक्षा अवसादी चट्टान आर्थिक रूप से कम महत्त्वपूर्ण हैं, लेकिन लौह-अयस्क, खनिज, तेल, इमारती पत्थर, कोयला तथा सीमेण्ट बनाने वाले पदार्थों के स्रोत अवसादी चट्टानें हैं।

3. रूपान्तरित चट्टान

- आग्नेय तथा अवसादी चट्टान के रूप में परिवर्तन के फलस्वरूप रूपान्तरित चट्टान (Metamorphic rock) का निर्माण होता है।
- पृथ्वी के आन्तरिक भागों में पाए जाने वाले ताप एवं दबाव या दोनों घटकों के संयुक्त प्रभाव के कारण आग्नेय या अवसादी चट्टानों के रंग-रूप, संरचना एवं स्वभाव में परिवर्तन आ जाते हैं। इसी प्रक्रिया के द्वारा निर्मित चट्टानें कायान्तरित चट्टानें कहलाती हैं।
- रूपान्तर के कारकों में उष्मा (Heat), दबाव या सम्पीड़न (Compression), घोल (Solution) आदि सम्मिलित हैं।

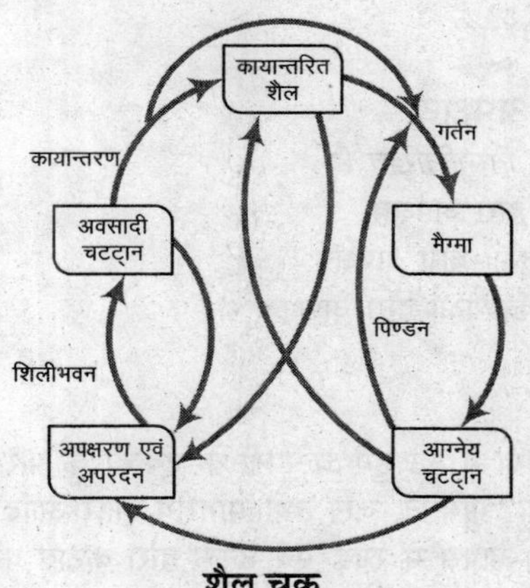

शैल चक्र

चट्टानों के परिवर्तित रूप

आग्नेय चट्टान	रूपान्तरित रूप
ग्रेनाइट	नीस
बेसाल्ट	एम्फीबोलाइट
गैब्रो	सर्पेण्टाइन
अवसादी/परतदार चट्टान	**रूपान्तरित रूप**
बालू-पत्थर	क्वार्ट्जाइट
चूना-पत्थर	संगमरमर
शैल	स्लेट
कोयला	ग्रेफाइट, हीरा
रूपान्तरित चट्टान	**पुनः रूपान्तरित चट्टान**
स्लेट	शिस्ट
शिष्ट	फायलाइट

अपक्षय

- चट्टानों के अपने ही स्थान पर कमजोर होकर टूटने तथा विखण्डित होने को अपक्षय कहते हैं। जैसे ही चट्टान धरातल पर अनावृत्त होकर मौसमी प्रभावों से प्रभावित होती है वैसे ही प्रक्रिया शुरू हो जाती है। अपक्षय अपरदन के लिए सामग्री प्रदान करता है। *अपक्षय के कारकों के आधार पर अपक्षय को तीन प्रकारों में बाँटा जाता है*

(i) भौतिक या यान्त्रिक अपक्षय

भौतिक या यान्त्रिक अपक्षय निम्नलिखित हैं

- ताप के कारण छोटे-बड़े टुकडों में विघटन
- घर्षण द्वारा अपक्षय
- तुषार-विघटन अर्थात् चट्टानों में जल-प्रवेश
- दबाव द्वारा अपक्षय

(ii) रासायनिक अपक्षय

रासायनिक अपक्षय निम्नलिखित हैं

- ऑक्सीकरण
- कार्बो निफिकेशन
- जलयोजन

(iii) जैविक अपक्षय

जैविक अपक्षय निम्नलिखित हैं

- वनस्पति द्वारा अपक्षय
- जीव जन्तुओं द्वारा अपक्षय
- मानवीय क्रियाओं द्वारा अपक्षय

अपरदन

- अपरदन क्रिया में टूटे हुए चट्टानों के टुकड़ों के परिवहन (नदी, हिमानी, वायु, भूमिगत, जल तथा सागरीय लहर आदि द्वारा) तथा टुकड़ों द्वारा आपस में रगड़ एवं उनके द्वारा कटाव की क्रिया को सम्मिलित किया जाता है।
- अपरदन के प्रमुख कारकों में नदी, भूमिगत जल, सागरीय जल, हिमानी, परिहिमानी, पवन आदि शामिल हैं। प्रत्येक कारक द्वारा अपरदनात्मक व निक्षेपात्मक स्थलाकृतियों का निर्माण होता है।

परिवहन

- अपरदन द्वारा प्राप्त मलवे का एक स्थान से दूसरे स्थान तक स्थानान्तरण को परिवहन कहते हैं। इस कार्य को अपरदन के कारक नदी, वायु, हिमनद, भूमिगत एवं सागरीय जल द्वारा सम्पन्न किया जाता है।

निक्षेपण

- अपरदन के कारकों द्वारा प्राप्त मलवे का परिवहन कर किसी स्थान विशेष में एकत्र होने की प्रक्रिया को निक्षेपण कहते हैं। निक्षेपण का कार्य रचनात्मक होता है। इस कार्य में तरह-तरह के मलवे को विभिन्न रूपों में जमा करके विशेष स्थलरूपों की रचना करती है। निक्षेपण कार्य का सबसे सुन्दर उदाहरण डेल्टा है।

नदी निर्मित स्थलाकृतियाँ

नदी के द्वारा किए जाने वाले अपरदनात्मक एवं निक्षेपात्मक कार्यों से विभिन्न स्थलाकृतियों का निर्माण होता है।

नदी द्वारा उत्पन्न अपरदनात्मक स्थलाकृतियाँ

अपरदन के फलस्वरूप नदियों द्वारा निम्न प्रकार की स्थलाकृतियाँ निर्मित होती हैं

- **'V' आकार की घाटी** नदी द्वारा अपनी घाटी में की गई ऊर्ध्वाकार काट के कारण घाटी पतली गहरी और 'V' आकार की हो जाती है। भारत में सिन्धु, सतलज तथा ब्रह्मपुत्र निर्मित क्रमश: सिन्धु गार्ज, शिपकीला गार्ज तथा दिहाँग गार्ज प्रसिद्ध 'V' आकार की घाटी हैं।
- **'U' आकार की घाटी या कैनियन** शुष्क प्रदेशों से होकर बहने वाली नदियों की घाटी की चौड़ाई वर्षा के अभाव के कारण नहीं बढ़ती, इसलिए यहाँ घाटी इस आकार में परिवर्तित हो जाती है। वहाँ नदी केवल अपने तल को काटकर गहरा बनाती है।
- **नदी वेदिका** नदी की घाटी के दोनों ओर सोपानाकार वेदिकाएँ मिलती हैं, जो नदी के प्रारम्भिक बाढ़ मैदान के अवशिष्ट चिह्न होती हैं, जोकि नदी में नवोन्मेष के कारण बनती हैं।
- **नदी विसर्प अथवा 'S' आकार की घाटी** नदी विसर्प मैदानी क्षेत्रों में नदी की धारा दाएँ-बाएँ बलखाती चाल से प्रवाहित होती है और विसर्प बनाती है। ये विसर्प 'एस' (S) आकार की होती हैं। नदियों का ऐसा घूमना अधिक अवसादी बोझ के कारण होता है।

नदी द्वारा उत्पन्न निक्षेपात्मक स्थलरूप

- **जलोढ़ शंकु** जब नदियाँ पर्वतीय भाग से निकलकर समतल प्रदेश में प्रवेश करती हैं, तो चट्टानों के बड़े-बड़े अवसाद पीछे छूट जाते हैं तथा उनसे बनी आकृति जलोढ़ शंकु कहलाती है।
- **जलोढ़ पंख** पर्वतीय भाग से निकलने के क्रम में नदियों के अवसाद दूर-दूर तक फैल जाते हैं। अत: इनसे पंखनुमा मैदान का निर्माण होता है, जिसे जलोढ़ पंख कहते हैं। अनेक जलोढ़ पंखों के मिलने से गिरिपद मैदान या भाबर प्रदेश का निर्माण होता है।
- **डेल्टा** नदी जब सागर या झील में गिरती है, तो उसके प्रवाह में अवरोध के कारण वह अपने अपरदित मलबे का निक्षेप करने लग जाती है, जिससे एक विशेष प्रकार के स्थलरूप का निर्माण होता है, जो डेल्टा कहलाता है। डेल्टा का वर्गीकरण उसकी आकृति एवं वृद्धि की सीमाओं के आधार पर किया जा सकता है। आकृति के आधार पर इसको चापाकार, ज्वारनदमुख, पंजाकार एवं रूण्डित डेल्टा में विभक्त किया जा सकता है।
- **प्राकृतिक तटबन्ध** नदी के दोनों किनारों पर मिट्टियों के जमाव द्वारा बने लम्बे-लम्बे बाँधों को जोकि कम ऊँचाई वाले कटक के समान होते हैं, तटबन्ध कहलाते हैं। ये तटबन्ध प्रकृति निर्मित होते हैं।

कार्स्ट अथवा भूमिगत जल द्वारा निर्मित स्थलाकृति

- चूना पत्थर वाली चट्टानों के क्षेत्र में भूमिगत जल के द्वारा अपरदनात्मक एवं निक्षेपण क्रिया के द्वारा बने स्थलाकृति को कार्स्ट स्थलाकृति कहते हैं। इसका नाम पूर्वी यूगोस्लाविया (वर्तमान क्रोएशिया) के पूर्वी एड्रियाटिक सागर स्थित **कार्स्ट क्षेत्र** के नाम पर पड़ा, जहाँ ऐसी स्थलाकृति या विकसित अवस्था में पाई जाती है।

अपरदनात्मक कार्स्ट स्थलाकृति

अपरदनात्मक कार्स्ट स्थलाकृति निम्नलिखित हैं

- **घोल रन्ध्र** वर्षा का जल चूना-पत्थर के क्षेत्र में प्रवाहित होता है, तो विशेष प्रकार की आकृति घोल तथा रन्ध्र का निर्माण होता है। सर्वप्रथम ऐसे क्षेत्रों में छोटे-छोटे छिद्रों का निर्माण होता है, जो बाद में चलकर बड़े हो जाते हैं।
- **विलयन रन्ध्र** यह घोल रन्ध्र का विस्तृत रूप होता है। जब कभी वर्षा जल चूना-पत्थर के क्षेत्र में बार-बार और तेजी से अपनी क्रिया करता है, तो एक विशिष्ट प्रकार की आकृति विलय रन्ध्र के रूप में बन जाती है। यह इतनी बड़ी हो जाती है कि चूना-पत्थर के क्षेत्र में बहने वाली नदियों का सम्पूर्ण जल इसमें समाहित हो जाता है।
- **डोलाइन** यह बड़े आकार की रन्ध्र बेलनाकार अथवा कीप आकार में पाई जाती है।
- **युवाला** यह स्थलाकृति भी चूना-पत्थर के क्षेत्र में कई डोलाइन ध्वस्त होकर एक साथ मिल जाते हैं, तो बहुत बड़े आकार के एक विस्तृत गड्ढे का निर्माण हो जाता है, जिसे युवाला के नाम से जाना जाता है।
- **पोल्जे** यह राजकुण्ड के नाम से भी जाना जाता है, यह युवालाज से भी अधिक विस्तृत गर्त होता है। इसकी तली समतल होती है तथा दीवारें खड़ी होती हैं।
- **लैपिज** चूना-पत्थर के क्षेत्र में खासकर जहाँ ऊपरी सतह पर चूना-पत्थर के आवरण का विस्तार होता है, वहाँ विभिन्न रन्ध्रों के विकास से अत्यधिक ऊबड़-खाबड़ तथा असमान क्षेत्र बन जाता है। इनको लैपिज कहते हैं।
- **अन्धी घाटी** चूना-पत्थर के क्षेत्र में धरातल पर बहने वाली नदियाँ रन्ध्रों में प्रवेश कर जाती हैं, तो आगे वाली शेष नदियों का भाग शुष्क रहता है, इन घाटियों में वर्षा का जल कभी-कभी भर जाता है, इसलिए इस घाटी को अन्धी घाटी कहते हैं।

निक्षेपात्मक कार्स्ट स्थलाकृतियाँ

चूना क्षेत्रों में निम्न प्रकार की निक्षेपात्मक स्थलाकृतियाँ निर्मित होती है

- **स्टेलेक्टाइट** कभी-कभी कन्दरा का विकास इतना अधिक हो जाता है कि इसका जल भूमिगत जल से मिल जाता है। इसके विपरीत कभी-कभी बूँद के रूप में जल नीचे गिरता है। जल में घुले हुए पदार्थों की इतनी मात्रा रहती है कि वह गाढ़ा हो जाता है तथा रह-रह कर बूँद के रूप में चूना लगता है और कन्दरा के ऊपरी छत पर लटकता हुआ दिखाई पड़ता है। लटकते हुए इस भाग को स्टेलेक्टाइट कहते हैं।
- **स्टेलेग्माइट** यह स्टेलेक्टाइट का उल्टा रूप होता है। जब चूनायुक्त जल गुफाओं की छत से टपक-टपक कर गिरता है, तो गुफा की धरती पर इस चूनायुक्त जल से सम्पूर्ण नमी का वाष्पीकरण हो जाता है और स्तम्भ की आकृति में दिखने लगता है, जिसे स्टेलेग्माइट कहते हैं।
- **कन्दरा स्तम्भ** स्टेलेक्टाइट तथा स्टेलेग्माइट के मिलने के फलस्वरूप इसका निर्माण होता है। कभी-कभी स्टेलेक्टाइट का इतना अधिक विकास हो जाता है कि कन्दरा के फर्श तक पहुँच जाता है, जिससे कन्दरा स्तम्भ का निर्माण हो जाता है।

वायु द्वारा निर्मित स्थलाकृतियाँ

- वायु के द्वारा किए जाने वाले अपरदनात्मक एवं निक्षेपात्मक कार्यों से विभिन्न स्थलाकृतियों का निर्माण होता है।

अपरदनात्मक पवन स्थलाकृतियाँ

वायु द्वारा किए जाने वाले अपरदनात्मक कार्यों से निम्नलिखित स्थलाकृतियों का निर्माण होता है

- **जालीदार शिला** इस प्रकार की स्थलाकृति मरुस्थलीय प्रदेशों में खड़े हुए चट्टानीय स्तूपों में पाई जाती है, इस प्रकार के चट्टानों की संरचना में काफी विषमता पाई जाती है और इनमें हवा द्वारा अपरदन भी भिन्न अनुपात में होता है। अत: चट्टानों में धीरे-धीरे छिद्र निकल आते हैं, जो जालीयुक्त दिखाई पड़ते हैं।
- **इन्सेलबर्ग** इस शब्द का तात्पर्य पर्वतीय टीले से होता है। वस्तुत: मरुस्थलीय भाग में कठोर चट्टान के सामान्य सतह से ऊँचे उठे टीले समतल मरुस्थल में द्वीप जैसे दिखते हैं। मरुस्थलों में कोमल चट्टानें आसानी से कट जाती हैं तथा कठोर चट्टानों के अवशेष भाग ऊँचे-ऊँचे टीलों के रूप में बच जाते हैं।
- **ज्यूजेन** मरुस्थलीय भागों में जब कभी कठोर तथा मुलायम चट्टानों की परत एक-दूसरे के समानान्तर होती हैं, तो अपक्षय एवं अपरदन के कारण विचित्र प्रकार के स्थलरूपों का निर्माण हो जाता है, जो ढक्कनदार दवात के समान होते हैं। इस स्थलरूप में ऊपरी भाग कम चौड़ा होता है, साथ-साथ ऊपरी भाग पर कठोर चट्टान का आवरण होता है और समतल होता है। इस तरह की आकृतियाँ कोलोरेडो पठार, पैण्टागोनिया पठार तथा कालाहारी के क्षेत्र में पाई जाती हैं।
- **यारडांग** इसका निर्माण ज्यूजेन के विपरीत होता है। जब कोमल तथा कठोर चट्टानों के स्तर लम्बवत् दिशा में मिलते हैं, जो हवा कठोर शैलों की अपेक्षा मुलायम चट्टानों को शीघ्र अपरदित करके उड़ा ले जाती है।
- **ड्राइकाण्टर** पथरीले मरुस्थलों में सतह पर पड़े शिलाखण्डों पर पवन के अपरदन द्वारा खरोंच पड़ जाते हैं और शिलाखण्ड के टुकडों पर तरह-तरह की नक्काशी हो जाती है। जब पवन कई दिशाओं से होकर चलती है, तो इन शिलाखण्डों की आकृति चतुष्फलक जैसी हो जाती है।
- **वात गर्त** धरातल पर कोमल तथा असंगठित चट्टानों से निर्मित क्षेत्र के कणों को हवाएँ अपने-अपने वेग के साथ उड़ा ले जाती हैं। इस तरह बार-बार हवा के प्रहार से पहले छोटे-छोटे तथा बाद में बड़े एवं गहरे गर्तों का निर्माण हो जाता है।

निक्षेपात्मक पवन स्थलाकृतियाँ

- अपरदित पदार्थों के विक्षेपण से बनी स्थलाकृतियों को निक्षेपात्मक स्थलाकृतियाँ कहते हैं। इसके अन्तर्गत विभिन्न स्थलाकृतियों का निर्माण होता है। *जिनका विवरण निम्न प्रकार है*

बालूका स्तूप

- विभिन्न मरुस्थलीय भागों से वायु द्वारा परिवहित रेत के कण एवं उनका किसी अन्य स्थान पर निक्षेपण होने से निर्मित स्थलाकृति को बालूका स्तूप कहते हैं।
- बालूका स्तूप बड़े एवं छोटे दो रूपों में पाए जाते हैं। बालूका स्तूप के आकार को वायु की गति एवं अवरोध की प्रकृति दोनों प्रभावित करते हैं। तीव्र वेग से चलने वाली हवाएँ बड़े बालूका स्तूप तथा कम वेग से चलने वाली हवाएँ छोटे बालूका स्तूप का निर्माण करती हैं।

लोयस

- वायु द्वारा सुदूर देशों से उड़ाकर लाई गई बारीक मृदा के निक्षेप को लोयस कहते हैं लोयस की विशेषता यह होती है कि इसमें परतों का अभाव पाया जाता है और यही तथ्य यह प्रमाणित करता है कि लोयस का निर्माण निक्षेपण से होता है। *लोयस दो प्रकार के होते हैं*
    1. **मरुस्थलीय लोयस** इसका विस्तार चीन में देखने को मिलता है।
    2. **हिमनदीय लोयस** इसका विस्तार जर्मनी व फ्रांस में मिलता है।
- लोयस का सबसे बड़ा विस्तार उत्तरी पश्चिमी चीन में पाया जाता है, यहाँ के लोयस का निर्माण मध्य एशिया के रेगिस्तानों से उड़ाकर लाई गई धूल के जमा होने से हुआ है।

पवन जल से निर्मित स्थलाकृतियाँ

- **बालसन तथा प्लाया** रेगिस्तानी भागों में पर्वतों से घिरे बेसिन को बालसन कहते हैं। वर्षा के कारण बालसन में तीव्र गति से जल के जमा होने के कारण अल्पकालिक झीलों का निर्माण हो जाता है, ऐसी झीलों को प्लाया झील कहते हैं। सहारा मरुस्थल में इन्हें 'सेब्खा' तथा अरब के रेगिस्तान में खबारी तथा ममलाहा कहते हैं। अधिक लवणीय प्लाया सैलीनाज कहलाती है।
- **बजादा** प्लाया तथा पर्वतीय अग्रभागों के मध्य जलोढ़ पंखों के मिलने से जिस संरचना का निर्माण होता है, उसे बजादा कहते हैं।
- **पेडीमेण्ट** पर्वतीय अग्रभाग तथा बजादा के मध्य अपरदित शैल सतह वाले सामान्य ढाल वाले भाग को पेडीमेण्ट कहते हैं। पेडीमेण्ट का निर्माण अपरदन के कारण होता है, जबकि बजादा एक निक्षेपित संरचना है।

सागरीय स्थलाकृतियाँ

- सागरीय क्षेत्रों में सागरीय जल के द्वारा अपरदनात्मक एवं निक्षेपात्मक कार्यों के परिणामस्वरूप निर्मित स्थलाकृतियों को सागरीय स्थलाकृतियाँ कहते हैं।
- सागरीय अपरदन के अन्तर्गत जलगति क्रिया, अपघर्षण, सन्निघर्षण, घुलन, जल दाब आदि क्रियाएँ सम्पन्न होती रहती हैं और सम्पन्न होने के क्रम में विभिन्न स्थलाकृतियों को जन्म देती हैं।
- सागरीय स्थलाकृतियों में भी अपरदन एवं निक्षेपण के परिणामस्वरूप अनेक स्थलाकृतियों का जन्म होता है।

अपरदन से निर्मित सागरीय स्थलाकृतियाँ

सागरीय भागों में अपरदन से निम्नलिखित स्थलाकृतियों का जन्म होता है

- **प्राकृतिक मेहराब** जब सागर तट से जल की ओर निकले हुए शीर्ष स्थल (Headland) के दोनों पार्श्वों पर कन्दरा का निर्माण होता है, तो दोनों कन्दराएँ विस्तृत होकर एक-दूसरे से मिल जाती हैं तथा उनके आर-पार जल बहने लगता है। इस तरह की संरचना या स्थलाकृति को प्राकृतिक मेहराब कहते हैं।
- **निवेशिका** सागरीय तटीय चट्टानों में निर्मित कन्दरा की छत जब बड़े पैमाने पर ध्वस्त होकर गिरती है, तो संकरी एवं छोटी-छोटी खाड़ियों का निर्माण करती है। इस तरह की निर्मित स्थलाकृति को निवेशिका कहते हैं। उल्लेखनीय है कि निवेशिका को स्कॉटलैण्ड में ज्यो (Geo) कहते हैं।
- **तटीय क्लिफ** सागरीय भागों में अपरदन के परिणामस्वरूप उत्पन्न या निर्मित स्थलाकृतियों में तटीय क्लिफ अत्यन्त महत्त्वपूर्ण स्थलाकृति है। तटीय क्लिफ का निर्माण चूँकि तरंगों द्वारा अपरदन के कारण तट रेखा के सहारे होता है। अतः इसका निर्माण चट्टान के प्रकार, संरचना तथा स्वभाव और सागरीय अपरदन तथा भू-पृष्ठीय अनाच्छादन के सापेक्षिक रूप पर आधारित होता है।
- **स्टैक** सागरीय कन्दरा देखने में अत्यन्त मजबूत किस्म की स्थलाकृति होती है, लेकिन जैसे ही अपरदन की क्रिया तेज होने के कारण इसका तटीय भाग ध्वस्त होता है, उस परिस्थिति में कन्दरा का सागरीय भाग खम्भे की तरह दृष्टिगोचर होता है। इस संरचना को स्टैक कहते हैं। स्टैक को सागरीय स्तम्भ भी कहते हैं।
- **प्राकृतिक चिमनी** प्राकृतिक चिमनी को वात छिद्र भी कहते हैं। प्राकृतिक चिमनी का निर्माण सागरीय तटीय क्षेत्रों में मौजूद चट्टानों में सागरीय जल के प्रवेशोपरान्त होता है। सागरीय जल के द्वारा कमजोर चट्टानों के अपरदन के पश्चात् सागरीय प्राकृतिक चिमनी का निर्माण होता है। चट्टानों में इस तरह से छिद्र का निर्माण होता है कि इन छिद्रों से हवा सीटी की आवाज करते हुए निकलती है।

निक्षेप से निर्मित सागरीय स्थलाकृतियाँ

सागरीय तरंगों द्वारा अपरदित पदार्थों के निक्षेपण के परिणामस्वरूप निर्मित स्थलाकृतियों को निक्षेपजन्य स्थलाकृतियाँ कहते हैं। निक्षेपजन्य स्थलाकृतियों में अपतट रोधिका, स्पिट, संयोजक रोधिका, पुलिन आदि प्रमुख हैं। *इनका विवरण इस प्रकार हैं*

- **अपतट रोधिका** सागरीय तट के समानान्तर निर्मित रोधिकाओं को अपतट रोधिका कहते हैं। वे तट के समानान्तर इस तरह से लगी रहती हैं कि तट से पूरी तरह से सम्बद्ध नहीं होती हैं।

- **स्पिट** सागरीय निक्षेप का वह रूप, जो रोधिका के रूप में जल की ओर निकला होता है, उसे स्पिट कहते हैं। इसका एक भाग तट के शीर्षस्थल में संलग्न होता है तथा दूसरा सिरा सागर की ओर निकला तथा खुला होता है। उड़ीसा में चिल्का झील में स्पिट देखने को मिलता है।
- **संयोजक रोधिका** तटीय रोधिका का वह विस्तार, जो किसी द्वीप के तट से जोड़ने में सहायक होता है, संयोजक रोधिका कहलाता है। संयोजक रोधिका के विभिन्न रूपों को अलग-अलग शब्दावलियों से सम्बोधित किया जाता है; जैसे—दो शीर्ष स्थलों को मिलाने वाली रोधिका को संयोजक रोधिका कहते हैं, परन्तु तट से किसी द्वीप या शीर्षस्थल से किसी द्वीप को मिलाने वाली रोधिका को टोम्बलों कहते हैं।
- **पुलिन** पुलिन का निर्माण सागरीय तट के सहारे होता है। सागरीय तट पर निक्षेप के परिणामस्वरूप पुलिन का निर्माण होता है। इसका निर्माण उच्च ज्वार तल तथा निम्न ज्वार तल के बीच वाले स्थानों में होता है।

हिमानी निर्मित स्थलाकृतियाँ

- पर्वतीय तथा ध्रुवीय क्षेत्रों की वह रेखा जिसके ऊपर वर्षभर हिम का आवरण रहता है तथा बर्फ पूर्णतया कभी नहीं पिघलती, हिमरेखा कहलाती है।
- हिमरेखा में परिवर्तन होता है, जिसका कारण ऋतु-परिवर्तन है। भूमध्यरेखा से ध्रुवों की ओर जाने पर हिमरेखा की ऊँचाई क्रमश: घटती जाती है और ध्रुवीय क्षेत्रों में यह प्राय: समुद्रतल के बराबर ही पाई जाती है। भूमध्यरेखा पर हिमरेखा की ऊँचाई 6000 मी है, जबकि हिमालय पर यह 5500 मी है।
- हिमानी या हिमनद धीमी गति से बहने वाली हिम या बर्फ की नदी है। ऊँचे पर्वतों में बनने वाली हिमानियाँ लम्बी तथा तंग होती हैं, क्योंकि वे किसी पूर्ववर्ती नदी की घाटी में बनती हैं। इन्हें घाटी हिमानी (Valley glacier) कहते हैं।

अपरदनात्मक हिमानी स्थलाकृतियाँ

इससे बनने वाली स्थलाकृतियाँ निम्नलिखित हैं

- **'U' आकर की घाटी** हिमनद ऐसी घाटियों से होकर प्रवाहित होते हैं, जिनके किनारे खड़े ढाल वाले होते हैं तथा तली सपाट व चौरस होती है। इन्हें 'U' आकार की घाटी कहते हैं।
- **सर्क या हिमगह्वर** पर्वतीय क्षेत्रों में घाटी हिमनद द्वारा उत्पन्न स्थल रूप में सर्क सर्वाधिक महत्त्वपूर्ण है। यह हिमनद की घाटी के शीर्ष भाग पर एक अर्द्धवृत्ताकार या कटोरे के आकार का विशाल गहरा गर्त होता है, जिसका पार्श्व या किनारा खड़े ढाल वाला होता है। देखने पर यह अर्द्धगोल रंगमंच के समान लगते हैं। इसका आकार गहरी सीट वाली आरामकुर्सी के समान होता है।
- **हॉर्न या गिरिश्रृंग** जब किसी पहाड़ी के पार्श्वों पर कई सर्क बन जाते हैं तथा निरन्तर अपघर्षण द्वारा ये पीछे हटते जाते हैं, तो उनके मिल जाने पर एक पिरामिड के आकार की चोटी का निर्माण हो जाता है। इस तरह की नुकीली चोटी को हॉर्न या गिरिश्रृंग कहा जाता है। आल्पस पर्वत पर स्थित मैटर हॉर्न इसका प्रमुख उदाहरण है।
- **भेड़ शिला** हिमानी के मार्ग में जब कोई बड़ी ऊँची चट्टानी आकृति अवरोधक के रूप में आती है, तो हिमानी उसके ऊपर से बहने लगती है और चढ़ते समय अपघर्षण के कारण इसे मन्द व चिकना कर देती है, किन्तु विपरीत दिशा की ढाल, जिस पर हिमानी उतरती है, को तोड़-फोड़ कर अधिक तीव्र, ऊबड़-खाबड़ ढाल बना देती है। ऐसे चट्टानी टीले दूर से देखने पर भेड़ की पीठ के समान दिखते हैं। अत: इन्हें भेड़ शिला कहते हैं।
- **एरीट** किसी पर्वत के दोनों ओर सर्क के विकसित होने से मध्य भाग अपरदित होकर नुकीला हो जाता है, जिसे एरीट कहते हैं।

निक्षेपात्मक हिमानी स्थलाकृतियाँ

निक्षेपात्मक हिमानी स्थलाकृतियाँ निम्न हैं

- **हिमोढ़** हिमानियों द्वारा अपरदित व परिवहित पदार्थों का निक्षेप हिमोढ़ कहलाता है। यह प्राय: उन्हीं स्थानों पर होता है, जहाँ हिमानियाँ पिघलकर जल में परिवर्तित होने लगती हैं।
- **टिल मैदान** इस स्थलाकृति का निर्माण हिमानी निक्षेपण से होता है। उत्तरी अमेरिका में अवस्थित प्रेयरी का मैदान टिल मैदान का ही उदाहरण है।
- **एस्कर** हिमानी जलोढ़ निक्षेप के द्वारा एक वक्राकार कटक का निर्माण होता है, जिसे एस्कर कहते हैं।
- **ड्रमलिन** जब हिमानियों के तलस्थ हिमोढ़ का थोड़े-थोड़े समय पर गुम्बदाकार टीलों के रूप में जमाव होता है, तो उससे बने स्थल को ड्रमलिन कहा जाता है। इसका आकार उल्टी हुई नौका के समान होता है।

अभ्यास प्रश्न

1. निम्नलिखित में से कौन बाह्य आग्नेय चट्टान नहीं है?
(a) क्षारिय चट्टानें (b) अल्ट्रा बेसिक चट्टानें
(c) अम्लीय चट्टानें (d) पातालीय चट्टानें

2. निम्न में से कौन-सी अवसादी चट्टान जैविक तत्त्वों द्वारा निर्मित है?
(a) खड़िया (b) शैल (c) डोलोमाइट (d) जिप्सम

3. लावा के ठोस होने व पृथ्वी के अन्दर निर्मित चट्टान कहलाती है
(a) बाल्केनिक चट्टान (b) प्लूटोनिक चट्टान
(c) पर्तदार चट्टान (d) रूपान्तरित चट्टान

4. निम्न में कौन सा कथन असत्य है?
(a) अपक्षय एक स्थैतिक क्रिया है।
(b) अपरदन गत्यात्मक क्रिया है।
(c) अनाच्छादन में स्थैतिक एवं गत्यात्मक दोनों क्रिया शामिल होती हैं।
(d) उपरोक्त में से कोई नहीं।

5. अवसादी चट्टान का निर्माण होता है
(a) सघनता के द्वारा ये संचित पदार्थ शैलों में परिणत हो गए हैं
(b) समेकित शैलों में पुनः क्रिस्टलीकरण के द्वारा
(c) प्रादेशिक कायान्तरण में उच्च तापमान अथवा दबाव द्वारा
(d) पिघले हुए लावा के धीरे-धीरे शीतल होने के कारण

6. रूपान्तरित चट्टानों की उत्पत्ति किन चट्टानों से होती है?
(a) आग्नेय (b) तलछटी
(c) आग्नेय तथा तलछटी दोनों (d) उपरोक्त में से कोई नहीं

7. वह रचना जहाँ पदार्थ का उत्खनन होता है उस क्षेत्र में जलधारा काफी तेजी से निकट जलधारा से जल ग्रहण करती है एवं कुछ समय बाद अलग भूदृश्य बनाती है
(a) पोखर (b) गोखुर झील
(c) 'a' और 'b' दोनों (d) इनमें से कोई नहीं

8. संगमरमर निम्न में से किसका रूपान्तरित रूप है?
(a) शैल (b) स्लेट (c) चूना-पत्थर (d) कोयला

9. चट्टानों के बारी-बारी से सूखने एवं गीली होने की प्रक्रिया जानी जाती है
(a) चट्टानों की ढीली होने की प्रक्रिया
(b) अपक्षरण का एक प्रमुख घटक
(c) चट्टानी सतह के बीच जल के अणु का क्रमिक जमाव
(d) उपरोक्त सभी

10. खनिजों का सबसे बड़ा समूह है। रासायनिक तौर पर इसमें सिलिकॉन एवं ऑक्सीजन की भिन्न मात्रा पाई जाती है। इसमें समूह को अन्य खनिज समूह से विभेद करना आसान है परन्तु इस समूह के किसी एक खनिज की पहचान करना कठिन है। कोई भी खनिज पूर्णतः अपारदर्शक नहीं है। अधिकांश का भार हल्का है। उपरोक्त कथन किस खनिज के लिए है?
(a) सल्फेट (b) फॉस्फेट (c) सिलिकेट (d) ऑर्गेनिक

11. अवसादी चट्टानों के सम्बन्ध में निम्नलिखित में से कौन-सा कथन सत्य है?
(a) इनमें परतें होती हैं जिनमें जीवाश्म मिलते हैं
(b) ये मूल चट्टानें हैं जिनसे अन्य चट्टानों का निर्माण हुआ है
(c) इनमें रवे होते हैं
(d) इनमें बहुमूल्य खनिजों के भण्डार मिलते हैं

12. निम्न में से कौन-सा रूपान्तरित चट्टानों का उदाहरण नहीं है?
(a) संगमरमर (b) क्वार्ट्जाइट (c) स्लेट (d) ग्रेनाइट

13. अवसादी चट्टानों के सम्बन्ध में निम्नलिखित में से कौन-सा कथन असत्य है?
(a) इनमें परतें होती हैं
(b) परतों के बीच जीवाश्म पाए जाते हैं
(c) इनमें मौलिक गुण बने रहते हैं
(d) इनमें बहुमूल्य खनिजों के भण्डार मिलते हैं

14. निम्न में से कौन-सी नदी द्वारा उत्पन्न अपदनात्मक स्थलाकृति है?
(a) डेल्टा (b) जलोढ (c) नदी विसर्प (d) जलोढ शंकु

15. निम्न में से कौन-सी वायु द्वारा निर्मित निक्षेपात्मक पवन स्थलाकृति है?
(a) लोयस (b) वात गर्त (c) जालीदार शिला
(d) इन्सेलबर्ग

16. निम्न में से कौन-सी सागरीय स्थलाकृति है?
(a) स्टैक (b) निवेशिका (c) पुलिन (d) ये सभी

17. निम्न में से कौन-सी निक्षेपात्मक हिमानी स्थलाकृति है?
(a) भेड़ शिला (b) हिलोढ (c) एस्कर (d) ड्रमलिन

18. जलोढ़ शंकु व जलोढ़ पंख निम्न में से किसके द्वारा उत्पन्न आकृतियाँ हैं?
(a) नदियों के निक्षेपात्मक स्थलरूप
(b) नदियों के अपरदान्तमक स्थलरूप
(c) वायु द्वारा
(d) हिमानियों द्वारा

19. निम्न में से कौन अपरदानात्मक कार्स्ट स्थलाकृतियाँ हैं?
(a) घोल रन्ध्र (b) युवाला (c) लैपिज (d) उपर्युक्त सभी

20. जालीदार शिला, ज्यूजेन व वात गर्त किसके द्वारा निर्मित आकृतियाँ हैं?
(a) अपरदनात्मक पवन स्थलाकृतियाँ
(b) अपरदानात्मक कार्स्ट
(c) निक्षेपात्मक कार्स्ट स्थलाकृतियाँ
(d) इनमें से कोई नहीं

21. रेगिस्तानी भागों में पर्वतों से घिरे बेसिन कहलाते हैं?
(a) बालसन (b) बजादा (c) पेडीमेण्ट (d) प्लाजा

उत्तरमाला

1.	(d)	2.	(a)	3.	(b)	4.	(d)	5.	(a)	6.	(a)	7.	(c)	8.	(c)	9.	(d)	10.	(c)
11.	(a)	12.	(d)	13.	(d)	14.	(c)	15.	(a)	16.	(d)	17.	(a)	18.	(a)	19.	(d)	20.	(a)
21.	(a)																		

अध्याय 03

वायुमण्डल

- वायु का वह आवरण, जो पृथ्वी के चारों ओर व्याप्त है, वायुमण्डल कहलाता है, यह पृथ्वी की आकर्षण शक्ति के कारण इसके चारों ओर टिका हुआ है। वायुमण्डल के कुल द्रव्यमान का 99% भाग पृथ्वी की सतह से 32 किलोमीटर की ऊँचाई तक फैला हुआ है। वायुमण्डल की उपस्थिति के कारण ही पृथ्वी को जीवित ग्रह की संज्ञा दी जाती है।
- वस्तुत: वातावरण पृथ्वी के लिए एक काँच के घर की तरह काम करता है और सौर विकिरण की लघु तरंगों को पृथ्वी के वायुमण्डल में आने देता है, लेकिन पृथ्वी द्वारा विकरित दीर्घ तरंगों को बाहर जाने से रोकता है। इसी कारण से पृथ्वी के धरातल का औसत तापमान लगभग 10°C तक बना रहता है अन्यथा यहाँ भी चन्द्रमा की तरह दिन में 100°C तापमान और रात्रि में -100°C तापमान होता।

वायुमण्डल का संघटन

- वायुमण्डल में न केवल गैसें मौजूद रहती हैं, बल्कि जलवाष्प और धूल कण (Dust particle) भी मौजूद रहते हैं, जिसमें पर्याप्त विभिन्नता पाई जाती है, जिसका *वर्णन निम्नलिखित है*

गैस

- गैसों (Gases) के अन्तर्गत नाइट्रोजन और ऑक्सीजन का प्रतिशत कुल वायुमण्डलीय गैस का 99.75% होता है। शेष गैसों के अन्तर्गत ऑर्गन, कार्बन डाइ-ऑक्साइड, निऑन, हीलियम, क्रिप्टॉन, जेनान और हाइड्रोजन गैसें हैं।
- उल्लेखनीय है कि वायुमण्डल के निचले भाग में गैसों का अनुपात लगभग एक समान होता है, किन्तु ऊपरी परतों में इनका अनुपात बदलता रहता है; जैसे— 120 किमी की ऊँचाई पर ऑक्सीजन एवं नाइट्रोजन की मात्रा नगण्य हो जाती है तथा कार्बन डाइ-ऑक्साइड पृथ्वी की सतह से 90 किमी की ऊँचाई तक ही पाई जाती है।

वायुमण्डल में गैसों की मात्रा

घटक	सूत्र	द्रव्यमान %
नाइट्रोजन	N_2	78.8
ऑक्सीजन	O_2	20.95
ऑर्गन	Ar	0.93
कार्बन डाइ-ऑक्साइड	CO_2	0.036
निऑन	Ne	0.002
हीलियम	He	0.0005
क्रिप्टॉन	Kr	0.001
जेनान	Xe	0.00009
हाइड्रोजन	H_2	0.00005

जलवाष्प

- प्रतिशत के हिसाब से वायुमण्डल में जलवाष्प (Water vapour) की मात्रा 1% से भी कम है, किन्तु धरातल के निकट इसकी मात्रा 1 से 4% के बीच पाई जाती है। भू-तल से 5 किमी तक ऊँचाई वाले वायुमण्डलीय भाग में समस्त वाष्प का 90% भाग समाहित रहता है।

धूलकण

- ये वायुमण्डल की निचली परतों में रहते हैं। ये ठोस पदार्थ होते हैं। धूलकणों (Dust particle) का जलवाष्प की दृष्टि से बहुत महत्त्व होता है और ये विकिरण के कुछ भाग को सोखते हैं तथा उनका परावर्तन (Reflection) और प्रकीर्णन (Scattering) भी करते हैं। इनके द्वारा प्रकीर्णन से आकाश नीला तथा सूर्योदय एवं सूर्यास्त के समय लाल दिखता है। धूलकण जलवाष्प के लिए जलग्राही नाभिकों (Hygroscopic nuclei) की तरह कार्य करते हैं, जिससे बादल बनते हैं और वर्षा होती है।

वायुमण्डल की संरचना

- वायुमण्डल अलग-अलग घनत्व और तापमान वाली विभिन्न परतों का बना होता है। पृथ्वी की सतह के पास घनत्व अधिक होता है, जबकि ऊँचाई बढ़ने के साथ-साथ यह घटता जाता है, तापमान की स्थिति के अनुसार, वायुमण्डल को पाँच विभिन्न संस्तरों में बाँटा गया है।

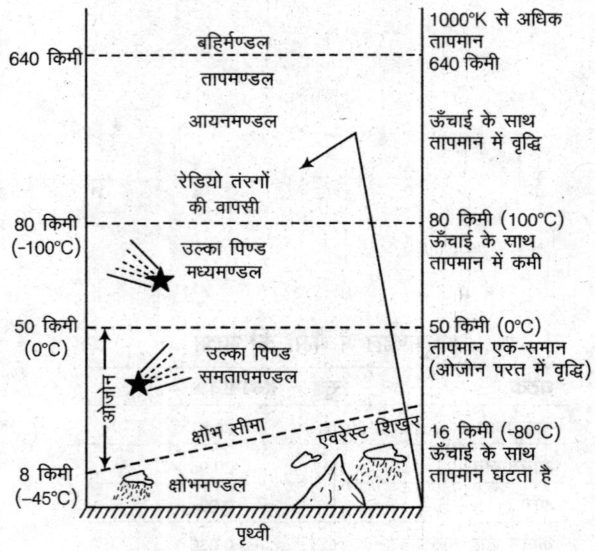

वायुमण्डल की संरचना

- वायुमण्डल की विभिन्न परतें भू-तल से ऊँचाई के आधार पर विभाजित की गई हैं। *इनका वर्णन निम्नवत् है*

क्षोभमण्डल

- यह वायुमण्डल की सबसे निचली परत है; जो पृथ्वी के सर्वाधिक निकट है, समस्त मौसमी घटनाएँ क्षोभमण्डल (Troposphere) में ही घटित होती हैं, इसलिए इसे परिवर्तन मण्डल भी कहते हैं। ध्रुवों पर इसकी मोटाई 8 किमी तथा विषुवत् वृत्त पर 18 किमी तक होती है। विषुवत् वृत्त पर इस परत की मोटाई अधिक होने का कारण शक्तिशाली संवहन तरंगों द्वारा ऊष्मा का अधिक ऊँचाई स्थानान्तरित किया जाना है।
- क्षोभमण्डल की ऊँचाई में ऋतुवत् परिवर्तन हुआ करता है। जाड़े की अपेक्षा गर्मी में इसकी सीमा ऊँची हो जाती है। वायुमण्डल में उपस्थित गैसों का 95% क्षोभमण्डल में पाया जाता है।
- क्षोभमण्डल की ऊँचाई बढ़ने के साथ औसतन 6.5°C प्रति किमी की दर से तापमान घटता जाता है। इसे सामान्य ताप ह्रास दर (Normal lapse rate) कहते हैं, लेकिन इसका अपवाद ध्रुवीय क्षेत्रों में शीतकाल में मिल सकता है। क्षोभमण्डल में विक्षोभ एवं चक्रवात व्यापक रूप से मिलते हैं। अत: इसे संवहन परत भी कहते हैं।
- क्षोभमण्डल तथा समतापमण्डल के बीच डेढ़ किमी मोटी परत को क्षोभसीमा (Tropopause) कहते हैं। इसमें सभी प्रकार के परिवर्तन स्थगित हो जाते हैं। विषुवत् रेखा पर क्षोभसीमा की ऊँचाई अधिकतम (17 किमी) तथा ध्रुवों पर न्यूनतम (9 से 10 किमी तक) होती है।

समतापमण्डल

- समतापमण्डल (Stratosphere) की ऊँचाई सागर तल से 50 किमी तक है। इसकी खोज जरेन्स डी बोर्ट ने की थी। समतापमण्डल में संवहन ही क्रिया घटित नहीं होती है, क्योंकि सघन, शीतल वायु के ऊपर कम सघन, अपेक्षाकृत गर्म वायु स्थित होती है।
- इस परत में सामान्यतया बादलों का अभाव, धूलकण एवं जलवाष्प की नाममात्र उपस्थिति एवं वायु की क्षैतिज गति पाई जाती है, अपवादस्वरूप इस परत में कुछ विरल बादल दिखाई पड़ जाते हैं, जिन्हें 'मदर ऑफ पर्ल्स' या मृकाभ बादल कहते हैं। मौसम सम्बन्धी परिवर्तनों के न होने के कारण यह वायुयानों की उड़ानों के लिए आदर्श माना जाता है।
- इस मण्डल में निचले भाग में अर्थात् 20 किमी की ऊँचाई तक तापमान लगभग स्थिर रहता है, लेकिन 50 किमी की ऊँचाई तक तापमान क्रमश: बढ़ने लगता है, क्योंकि यहाँ ओजोन परत पाई जाती है, जो पृथ्वी की ओर आने वाली पराबैंगनी किरणों को सोख लेती है।
- समतापमण्डल के ऊपर समतापसीमा (Stratopause) पाई जाती है। यही सीमा इसे मध्यमण्डल से अलग करती है।

मध्यमण्डल

- समतापमण्डल के ऊपर मध्यमण्डल (Mesosphere) है, जिसका विस्तार 80 किमी तक है। इस परत में ऊँचाई के साथ तापमान पुन: घटने लगता है और 80 किमी की ऊँचाई पर तापमान-100°C रहता है। उच्च अक्षांशों में ग्रीष्म ऋतु में मध्य सीमा में निशा दीप्ति मेघों (Noctilucent clouds) का निर्माण होता है। इस मण्डल में उल्काओं से प्राप्त धूलकणों के ऊपर हिम के घनी भवन से इन बादलों का निर्माण होता है।
- इस मण्डल में ऊँचाई के साथ ही वायुदाब में कमी आती है। यहाँ 50 किमी की ऊँचाई पर एक मिलीबार वायुदाब तथा 90 किमी की ऊँचाई पर 0.01 मिलीबार दाब पाया जाता है।

तापमण्डल

- तापमण्डल (Thermosphere) मध्य सीमा के ऊपर 80 किमी से लेकर 640 किमी तक पाया जाता है। इसके ऊपर तापमान बढ़ता जाता है तथा अन्तिम सीमा पर 1700° K तक हो जाता है। इसके निचले हिस्से में नाइट्रोजन (N_2) और ऑक्सीजन (O_2) के आण्विक एवं परमाण्विक रूपों में पाया जाता है। *तापमण्डल को दो भागों में विभाजित किया जाता है*

आयनमण्डल

- तापमण्डल के निचले भाग को आयनमण्डल (Ionosphere) कहते हैं। इसमें विद्युतीय एवं चुम्बकीय घटनाएँ घटती हैं, जिससे ब्रह्माण्ड किरणों का प्रदर्शन होता है। तापमान की अधिकता के कारण गैसें आयनीकृत हो जाती हैं। इसी आधार पर इसे तीन उपमण्डल D-सतह, E- सतह एवं F- सतह में विभाजित किया जाता है।
- आयनमण्डल के सबसे निचले भाग को D- सतह कहते हैं, जिसकी ऊँचाई 80 से 96 किमी तक है। इसके ऊपर E- सतह पाई जाती है, जिसका विस्तार 96 से 144 किमी ऊँचाई तक है। E-सतह से ही रेडियो की मध्यम तरंगें परावर्वित होती हैं। आयनमण्डल के सबसे ऊपरी भाग को F- सतह कहते हैं, जिसका विस्तार 144 से 360 किमी की ऊँचाई तक है। इससे रेडियो की लघु तरंगें परावर्तित होती हैं।
- आयनमण्डल में उत्तरी ध्रुवीय प्रकाश (Aurora borealis) तथा दक्षिणी ध्रुवीय प्रकाश (Aurora australis) दिखाई देते हैं।

बहिर्मण्डल

- यह वायुमण्डल की सबसे ऊपरी परत है। बहिर्मण्डल (Exosphere) की बाह्य सीमा अनिश्चित है। इसे अन्तरिक्ष व पृथ्वी के वायुमण्डल की सीमा माना जा सकता है। इसके बाद अन्तरिक्ष का विस्तार है, इसमें हाइड्रोजन व हीलियम गैसों की प्रधानता है।
- ऊँचाई के साथ आयनीकृत अणुओं में वृद्धि होती जाती है, इसकी ऊपरी सतह में अत्यधिक आयनीकृत अणुओं की दो परतें पाई जाती हैं, जो 'वॉन ऐलेन की विकिरण परत' कहलाती हैं।

सूर्यातप

- सूर्य पृथ्वी पर ऊर्जा का मुख्य स्रोत है। सूर्य की सतह पर लगभग 6000°C तापमान पाया जाता है। इसके आन्तरिक भाग का तापमान लगभग 15000000°C होता है, सूर्य का मध्य भाग एक आण्विक भट्टी (Reactor) की तरह है, जहाँ पर हाइड्रोजन गैस हीलियम में परिवर्तित होती रहती है, पृथ्वी पर आने वाली लघु तरंगीय सौर्यिक विकिरण को ही सूर्यातप (Insolation) कहते हैं। पृथ्वी के छोटे आकार तथा सूर्य से इसकी दूरी के कारण, सूर्य द्वारा विकिरित कुल ताप का एक बहुत ही छोटा हिस्सा 2 अरबवाँ भाग ही पृथ्वी तक आ पाता है।
- सूर्यातप के सन्दर्भ में एक विशेषता यह भी है कि पृथ्वी सतह पर कोई भी स्थान सौर ताप की समान मात्रा ग्रहण नहीं करता है। भूमध्यरेखीय क्षेत्रों में तापमान अधिक होने और ध्रुवों की ओर इसके क्रमशः घटने का मुख्य कारण विभिन्न अक्षांशों पर सूर्यातप की मात्रा में अन्तर का होना है।

सूर्यातप को प्रभावित करने वाले कारक

सूर्यातप को प्रभावित करने वाले अनेक कारक हैं

सौर विकिरण की अवधि अथवा दिन की अवधि

- दिन की लम्बाई में ऋतु और अक्षांश के अनुसार, परिवर्तन होता रहता है, जो भूतल द्वारा ऊष्मा ग्रहण की मात्रा को निर्धारित करता है। वास्तव में किरणों के झुकाव का कोण (आपतन कोण) और दिन की लम्बाई दोनों मिलकर पृथ्वी के धरातल पर सूर्यातप के वितरण को नियन्त्रित करते हैं।

पृथ्वी से सूर्य की दूरी

- पृथ्वी अण्डाकार कक्ष के सहारे सूर्य की परिक्रमा करती है, जिस कारण उसकी सूर्य से दूरी में परिवर्तन होता रहता है। औसत रूप में पृथ्वी सूर्य से 9,30,00,000 मील दूर है, परन्तु निकटतम दूरी 9,15,00,000 मील है, इस स्थिति को उपसौर (Perihelion) कहते हैं। यह स्थिति 3 जनवरी को होती है। इसके विपरीत 4 जुलाई को अपसौर (Aphelion) की स्थिति होती है, जब पृथ्वी सूर्य से 9,45,00,000 मील (152 मिलियन किमी) दूर होती है।

सूर्य की किरणों का तिरछापन

- सूर्य की किरणों के झुकाव में परिवर्तन धरातल पर पहुँचने वाली ऊर्जा की मात्रा को दो प्रकार से प्रभावित करता है। प्रथम जब सूर्य लगभग मध्याह्न में होता है, तो इसकी किरणें धरातल पर लम्बवत् पड़ती हैं और इसलिए अधिक संकेन्द्रित होती हैं। अतः सूर्यातप की तीव्रता भी अधिक होती है। जब ये किरणें धरातल पर तिरछी पड़ती हैं, तो अधिक क्षेत्र में फैल जाती हैं और सूर्यातप की तीव्रता कम हो जाती है।

वायुमण्डल का प्रभाव

- सूर्यातप पर वायुमण्डल की स्वच्छता अथवा अस्वच्छता का भी काफी प्रभाव पड़ता है। वायुमण्डल को पार करते समय विकिरण का कुछ अंश जलवाष्प अथवा गैसों के द्वारा सोख लिया जाता है।
- वायुमण्डल की निम्न परतों में आर्द्रता की मात्रा जितनी ही अधिक होती है, विकिरण का उतना ही अधिक अवशोषण होता है। अतः आर्द्र प्रदेशों की अपेक्षा शुष्क प्रदेशों को अधिक सूर्यातप की प्राप्ति होती है।

सौर कलंक

- सूर्य-तल पर भी चन्द्रमा के समान कलंक या धब्बे मिलते हैं। यह स्थायी रूप में नहीं पाए जाते, इनकी संख्या घटती-बढ़ती रहती है। यह अन्तर चक्रीय रूप में सम्पन्न होता है।
- औसत रूप में एक चक्र **11 वर्ष** में पूरा होता है, जब सौर कलंकों (Sunspots) की संख्या अधिक हो जाती है, तो सूर्यातप की मात्रा भी अधिक हो जाती है, परन्तु इनकी मात्रा में कमी हो जाने के कारण प्राप्त होने वाला सूर्यातप कम हो जाता है। उल्लेखनीय है कि इसे निश्चितता के साथ स्वीकार नहीं किया जा सका है।

सौर विकिरण का वायुमण्डलीय अपक्षय

- सौर विकिरण को धरातल पर पहुँचने के क्रम में वायुमण्डल का मोटा और घना आवरण पार करना पड़ता है। अतः ऐसे में सूर्य किरणों के पथ की लम्बाई जितनी अधिक होगी, सूर्यातप उतना ही कम प्राप्त होगा। सूर्यातप में इसी कमी या कटौती को सौर विकिरण का वायुमण्डलीय अपक्षय (Atmospheric erosion) कहते हैं।
- अपक्षय की यह क्रिया वायुमण्डल के विभिन्न तत्त्वों द्वारा नकारात्मक रूप से प्रभावित होती है। *सौर विकिरण के अपक्षय को बढ़ावा देने वाले निम्नलिखित तत्त्व हैं*

परावर्तन

- प्रकाश की किरणों के कुछ भाग का धरातल से परावर्तन (Reflection) हो जाता है। परावर्तन की मात्रा धरातल के चिकनेपन पर निर्भर करती है। परावर्तन को सबसे अधिक बादलों की मात्रा प्रभावित करती है। पूर्ण मेघाच्छादित धरातल पर सूर्य के प्रकाश में कमी का मूल कारण परावर्तन होता है, न कि अवशोषण।

अवशोषण

- केवल ऑक्सीजन (0.26 माइक्रॉन की लघु तरंग), कार्बन (15 माइक्रॉन की लघु तरंग) तथा ओजोन गैस पराबैंगनी लघु तरंगों का अवशोषण (Absorption) करती हैं। गैसों के स्थान पर जलवाष्प सूर्यातप का सबसे बड़ा भाग अवशोषित करता है। यह लघु तरंगों के लिए पारदर्शक तथा दीर्घ तरंगों के लिए अपारदर्शक होता है। अतः लघु तरंगें पृथ्वी तक पहुँच जाती हैं, परन्तु दीर्घ तरंगों का यह अवशोषण कर लेता है।

- जलवाष्प पृथ्वी द्वारा विकरित दीर्घ तरंगों को वापस नहीं जाने देता। इसी प्रक्रिया को **हरित ग्रह प्रभाव** (Greenhouse effect) कहते हैं। वस्तुत: जलवाष्प काँच की छत जैसा कार्य करता है। अत: यह ताप अवशोषण के साथ-साथ ताप नियन्त्रक भी है।

प्रकीर्णन

- आकाश का नीला रंग और लाल रंग प्रकीर्णन (Scattering) के कारण दिखता है। विभिन्न तरंग-दैर्ध्य (Wave length) की सौर किरणें धूल कणों और जल कणों से जब गुजरती हैं, तब अगर इन कणों का व्यास किरणों के तरंग-दैर्ध्य से छोटा होता है, तो लघु तरंगों (आसमानी, बैंगनी रंग) का प्रकीर्णन हो जाता है, जबकि दीर्घ लाल तरंग आगे बढ़ जाती है, फलत: आकाश नीला दिखता है।
- सूर्योदय और सूर्यास्त के समय जब सौर किरणों को अधिक दूरी तय करनी पड़ती है, तब यही प्रक्रिया विपरीत तरह से होती है और आकाश लाल दिखता है।

विसरण

- जब आपतित किरणों के मार्ग में ऐसे अणु या कण पड़ जाते हैं, जिनका व्यास प्रकाश की किरणों के तरंग-दैर्ध्य से बड़ा होता है, तब उनसे सभी तरंगें (छोटी या बड़ी) इधर-उधर परावर्तित हो जाती हैं, इस प्रक्रिया को प्रकाश का विसरण (Diffusion) कहते हैं। यह प्रक्रिया अवर्णात्मक (Non-selective) होती है, इसलिए प्रकाश के विविध अवयव रंग अलग-अलग नहीं हो पाते। इसमें वायुमण्डल में उपस्थित असंख्य धूलकणों के कारण सूर्य के छिपने या निकलने से पहले कुछ देर तक विसरित प्रकाश चारों ओर फैला रहता है। सांध्य-प्रकाश एवं खगोलीय सांध्य-प्रकाश (Astronomical twilight) विसरण की देन है।

पृथ्वी का ऊष्मा बजट

- सूर्यातप का कुछ ही भाग पृथ्वी को प्राप्त होता है, क्योंकि इसका बहुत-सा भाग वायुमण्डल द्वारा प्रकीर्णन, परावर्तन, अवशोषण एवं विसरण के द्वारा लौटा दिया जाता है।
- सौर विकिरण की 100 इकाई में से 6 इकाइयाँ वायुमण्डल के प्रकीर्णन द्वारा, 27 इकाइयाँ बादलों द्वारा तथा 2 इकाइयाँ पृथ्वी के हिमाच्छादित क्षेत्रों द्वारा परावर्तित होकर शून्य में लौट जाती हैं। इसे ही एल्बिडो (Albedo) कहते हैं। बाकी 65 इकाइयों में से 14 इकाइयाँ वायुमण्डल द्वारा अवशोषित करली जाती हैं तथा शेष 51 इकाइयाँ ही पृथ्वी के धरातल को प्राप्त होती हैं।
- पृथ्वी द्वारा अवशोषित 51 इकाइयों को पार्थिव विकिरण के रूप में शून्य को लौटा दिया जाता है। इसमें से 34 इकाइयों को वायुमण्डल अवशोषित कर लेता है, जबकि 17 इकाइयाँ सीधे अन्तरिक्ष में चली जाती हैं, इसी को पृथ्वी का ऊष्मा बजट (Heat budget) या ऊष्मा सन्तुलन कहते हैं।

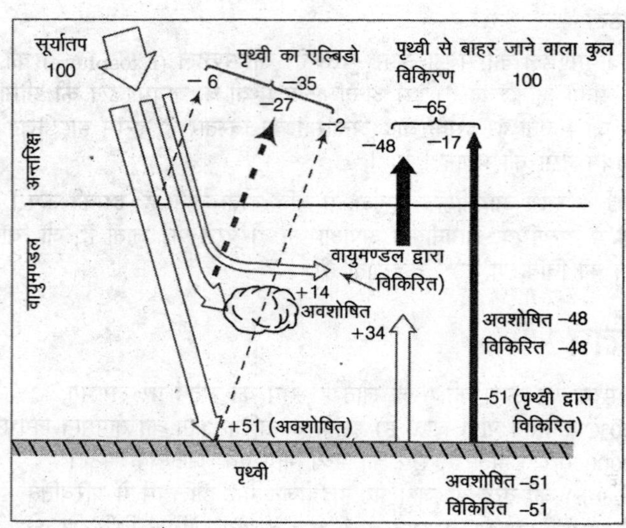

ऊष्मा बजट

एल्बिडो

- सौर विकिरण की वह मात्रा या प्रतिशत, जो पृथ्वी पर आने से पूर्व ही अन्तरिक्ष में परावर्तित हो जाती है, 'पृथ्वी का एल्बिडो' कहलाता है। *प्रमुख तत्त्वों का एल्बिडो निम्नवत् है*

नाम	एल्बिडो (% में)
ताजा बर्फ	40-70
शुष्क बालू	35-45
पक्की सड़क	5-10
चरागाह (घास स्थल)	10-20
शंकुधारी वन (टैगा)	5-15
पर्णपाती वन	10-20
फसल	15-25

वायुमण्डल का तापमान

- सूर्य से आने वाली किरणों के कारण वायुमण्डल के तापमान में वृद्धि होती है। इसके अतिरिक्त वायुमण्डल के तापक्रम में वृद्धि के अन्य कारण भी महत्त्वपूर्ण हैं, *जो निम्नलिखित हैं*

विकिरण

- विकिरण (Radiation) में ऊष्मा गर्म वस्तु से ठण्डी वस्तु की ओर बिना किसी माध्यम के तथा बिना माध्यम को गर्म किए संचरित हो जाती है; जैसे— सूर्य और पृथ्वी के बीच निर्वात है फिर भी सूर्य किरणें पृथ्वी तक पहुँचती हैं, यह प्रक्रिया विकिरण कहलाती है।

चालन

- चालन (Conduction) ऊष्मा संचार की वह विधि है, जिसमें माध्यम के गरम भागों से ठण्डे भागों की ओर ऊष्मा का संचार होता है। इसमें ऊष्मा एक कण से प्रत्येक समीपवर्ती कणों के माध्यम से गन्तव्य तक पहुँचती हैं। इसमें वस्तु के कणों का विस्थापन नहीं होता है, केवल ऊष्मा का स्थानान्तरण होता है।

संवहन

- जब धरातल से प्राप्त ऊर्जा का स्थानान्तरण, एक-स्थान से इसके स्थान पर ऊर्ध्वाधर (Vertical) गति से होता है, तो इसे संवहन कहते है। इसमें गर्म वायु ऊपर उठ जाती है तथा ठण्डी वायु नीचे आ जाती है।

अभिवहन

- ऊष्मा के क्षैतिज स्थानान्तरण की प्रक्रिया को अभिवहन कहते हैं। यह ऊर्जा स्थानान्तरण की सबसे प्रभावशाली विधि है। मध्य अक्षांशीय प्रदेशों में मौसम के महत्त्वपूर्ण दैनिक परिवर्तनों का मूल कारण विभिन्न प्रकार की अभिवहन (Advection) धाराएँ ही हैं।

तापमान के वितरण को प्रभावित करने वाले कारक

तापमान के वितरण को निम्नलिखित कारक प्रभावित करते हैं

अक्षांश

- तापक्रम सूर्यातप (Insolation) पर आधारित होता है। भूमध्य-रेखा पर सूर्य की किरणों के ठीक लम्बवत् पड़ने के कारण तथा रात-दिन की समान अवधि के कारण यहाँ सर्वाधिक सूर्यातप प्राप्त होता है, जिस कारण तापक्रम भी अधिक हो जाता है।
- भूमध्य-रेखा से ध्रुवों की ओर चलने पर बढ़ते अक्षांशों (Latitudes) के साथ दिन की अवधि अधिक होने पर भी सूर्य की किरणों के अधिक तिरछेपन के कारण सूर्यातप घटता जाता है। इस प्रकार भूमध्य-रेखा से ऊँचे अक्षांशों का औसत तापक्रम कम हो जाता है, परन्तु अधिकतम सूर्यातप प्राप्त करने वाली भूमध्य-रेखा पर अधिकतम तापक्रम न होकर जुलाई में 20° उत्तरी अक्षांश पर होता है, इसे तापीय विषुवत् रेखा कहते हैं।

ऊँचाई

- वायुमण्डल विशेष रूप में नीचे से ऊपर की ओर गर्म होता है, इसलिए हवा की सबसे निचली परत, जो धरातल के सम्पर्क में रहती है, सबसे अधिक गर्म होती है। जैसे-जैसे ऊपर जाते हैं तापमान क्रमशः घटता जाता है और हवा ठण्डी होती जाती है।
- तापमान की यह सामान्य ह्रास दर सामान्यत: प्रति 165 मी की ऊँचाई पर लगभग 1°C होती है। इस दर में दिन के समय, मौसम तथा स्थान की विभिन्न स्थितियों के अनुसार भी परिवर्तन होते हैं।

जल एवं स्थल वितरण

- सूर्यातप को जल एवं स्थलीय भागों का वितरण भी प्रभावित करता है। उल्लेखनीय है कि स्थलीय भाग जलीय भागों की तुलना में अधिक एवं तीव्र गति से गर्म होते हैं, लेकिन विकिरण की प्रक्रिया से शीघ्र ही शीतल भी हो जाते हैं। अत: जल व थल भागों का वितरण सूर्यातप की मात्रा को प्रभावित करते हैं।

समुद्री धाराएँ

- समुद्री धाराएँ गर्म तथा ठण्डी दो प्रकार की होती हैं। गर्म धाराएँ जिन तटों के साथ से होकर बहती हैं वे उनको गर्म कर देती हैं, जबकि ठण्डी धाराएँ अपने निकटवर्ती तटों को और अधिक ठण्डा बना देती हैं।

वनस्पति का आवरण

- वनस्पति का आवरण सूर्य की गर्मी की बहुत अधिक मात्रा को अवशोषित कर लेता है। साथ-ही-साथ वह तेजी से होने वाले पार्थिव विकिरण के रास्ते में भी बाधक होता है।
- इसके विपरीत वनस्पतिविहीन मिट्टी सूर्यातप को अत्यधिक तीव्रता से सोख लेती है और अत्यधिक तीव्रता से ही गर्मी को परावर्तित कर देती है।

समुद्र से दूरी

- ग्रीष्म ऋतु में एक ही अक्षांश पर स्थित महाद्वीप महासागर की अपेक्षा अधिक गर्म हो जाते हैं तथा शीत ऋतु में अधिक ठण्डे। भू-खण्ड का आकार जितना बड़ा होता है यह विषमता उतनी ही अधिक होती है। अत: महाद्वीपीयता के कारण चरम तापमान तथा उच्च ऋतुवार तापान्तर पाया जाता है। वहीं दूसरी ओर महासागरों के पास स्थित क्षेत्रों में तापमान समान रहता है। मौसमी तापान्तर भी कम रहता है।

सूर्य की किरणों का तिरछापन

- सूर्य की किरणों के तिरछेपन का प्रभाव भी तापमान के वितरण को प्रभावित करता है। *सूर्य की किरणों के तिरछेपन का प्रभाव दो रूप में होता है*
  1. लम्बवत् किरणें धरातल के कम क्षेत्र पर पड़ती हैं, जिस कारण उस स्थान का ताप अधिक हो जाता है, जबकि तिरछी किरणों की उतनी ही मात्रा अपेक्षाकृत धरातल के अधिक क्षेत्र पर पड़ती है। परिणामस्वरूप ऊष्मा कम हो जाती है।
  2. सीधी किरणों को वायुमण्डल की अपेक्षाकृत पतली परत को पार करना होता है, जिस कारण सूर्यातप की कम मात्रा ही वायुमण्डल में नष्ट हो पाती है। इसके विपरीत तिरछी किरणों को वायुमण्डल की मोटी परत को पार करते समय अधिक दूरी तय करनी पड़ती है, जिसकी वजह से ताप की अधिकांश मात्रा वायुमण्डल में नष्ट हो जाती है।

प्रचलित पवन एवं वायुराशियाँ

- पवनाभिमुख समुद्रतटों पर महासागरों का बहुत अधिक प्रभाव पड़ता है। अत: यहाँ गर्मी का मौसम अपेक्षाकृत अधिक ठण्डा और जाड़े का मौसम साधारण ठण्ड वाला होता है।
- इसके विपरीत उसी अक्षांश पर महाद्वीप के आन्तरिक भागों और पवनाभिमुख समुद्र तटों पर स्थित स्थानों पर ग्रीष्म तथा शीत ऋतुओं के तापमान में अधिक अन्तर होता है, क्योंकि पवन के माध्यम से वहाँ अल्प महासागरीय प्रभाव ही पड़ता है।

पर्वतीय अवरोध

- तापीय वितरण को पर्वतीय अवरोध भी प्रभावित करते हैं। किसी विशेष स्थल की उष्णता एवं शीतलता पर्वतीय अवरोध से प्रभावित होती रहती है; जैसे-हिमालय पर्वत की उपस्थिति भारतीय मौसम या भूमि को साइबेरियाई शीतलता से बचाए रखती है। इसके अतिरिक्त यूरोप में ध्रुवीय वायुराशियों को आल्पस की पर्वतमालाएँ रोक लेती हैं और दक्षिणी राज्यों जैसे उत्तरी इटली की मध्य यूरोप की शीत से रक्षा करती है।

तापमान का प्रादेशिक वितरण

- पृथ्वी का ग्लोबीय विस्तार एवं अक्षांशीय विविधता के अन्तर्गत तापमान में भी विविधता पाई जाती है।

तापमान का प्रादेशिक वितरण निम्न है

- **उष्ण कटिबन्ध** (Tropical Zone) यह विषुवत रेखा के दोनों ओर कर्क व मकर रेखा के बीच विस्तृत है। इसके सूर्य की किरणें वर्षभर सीधी पड़ती हैं, जिससे वर्षपर्यन्त ताप अधिक रहता है।
- **शीतोष्ण कटिबन्ध** (Temperate Zone) यह दोनों गोलार्द्धों में $23\frac{1^\circ}{2}$ से लेकर $66\frac{1^\circ}{2}$ अक्षांश तक फैला हुआ है। सूर्य के उत्तरायण तथा दक्षिणायन के कारण ग्रीष्म व शीत ऋतुओं के तापमान में अत्यधिक अन्तर होता है।
- **शीत कटिबन्ध** (Frigid Zone) यह दोनों गोलार्द्धों में $66\frac{1^\circ}{2}$ आक्षांशों से ध्रुवों तक फैले हुए हैं। इस भाग में दिन की अवधि 24 घण्टे से अधिक होती है। ध्रुवों पर छः महीने का दिन व छः महीने की रात होती है।

सामान्य ताप पतन दर

- सामान्य नियम के अनुसार, ऊँचाई बढ़ने के साथ तापमान में कमी होती जाती है। यह कमी प्रति 1000 मी की ऊँचाई पर 6.5°C होती है। इसको **सामान्य ह्रास दर** (Normal lapse rate) कहते हैं। *इसके निम्नलिखित कारण हैं*

तापमान का प्रतिलोमन

- ऊँचाई के साथ तापमान ह्रास के सामान्य नियम के विरुद्ध जब वायुमण्डल की कुछ परतों में ऊँचाई बढ़ने के साथ तापमान में भी वृद्धि होने लगती है, तो इसे तापमान का प्रतिलोमन या व्युत्क्रमणता कहा जाता है। यह परिघटना तापमान के लम्बवत् प्रवणता (Vertical temperature gradient) के उल्टी होती है। इसमें ठण्डी हवा पृथ्वी के धरातल के निकट तथा गर्म हवा उससे ऊपर पाई जाती है।
- *उल्लेखनीय है कि तापमान के व्युत्क्रमण के लिए कुछ आदर्श दशाओं का होना अनिवार्य होता है; जैसे–*
  - शीतकालीन लम्बी रातें
  - मेघरहित आकाश या उच्च स्तरीय मेघ
  - शुष्क वायु
  - शान्त वायुमण्डल
  - हिमाच्छादित धरातल
- उपरोक्त के अतिरिक्त पहाड़ी क्षेत्रों की शीतऋतु तापमान की व्युत्क्रमणता के लिए अनुकूल दशा उत्पन्न करती है।
- शीत ऋतु की लम्बी रातों में पर्वतों के ढाल विकिरण के कारण बहुत अधिक ठण्डे हो जाते हैं, फलतः उनसे सटी वायु परत भी ठण्डी हो जाती है। उसी ऊँचाई पर ढालों से दूर की हवा अपेक्षाकृत गर्म होती है, इसी भौगोलिक कारण से पर्वतीय शहर अक्सर घाटियों में नहीं वरन् ढालों पर बसे होते हैं। साथ ही पाले से रक्षा हेतु पर्वतीय कृषि भी ऊँचाई वाले ढालों पर ही की जाती है।

वायुदाब

- वायुमण्डल में उपस्थित गैसों के भार से पृथ्वी पर पड़ने वाले दबाव को वायुमण्डलीय दाब (Atmospheric pressure) कहते हैं। इसे प्रति इकाई क्षेत्रफल पर पड़ने वाले बल के रूप में व्यक्त करते हैं, जिसे बैरोमीटर (Barometer) द्वारा मापा जाता है। जलवायु वैज्ञानिकों ने इसके लिए मिलीबार को इकाई माना है। एक मिलीबार एक वर्ग सेमी पर एक ग्राम भार का बल है।
- वायुमण्डलीय दाब के वितरण को समदाब रेखाओं (Isobar) के द्वारा दर्शाया जाता है। यह वह कल्पित रेखा है, जो समान वायुदाब वाले स्थानों को मिलाती है। वायुमण्डलीय दाब को मौसम के पूर्वानुमान का एक महत्त्वपूर्ण सूचक माना जाता है।

वायुदाब पेटी का वितरण

- **वायुदाब पेटियाँ** (Air pressure belts) *पृथ्वी के धरातल पर वायुदाब को वायुदाब पेटियों के आधार पर कई भागों में विभाजित किया गया है*

विषुवत्‌रेखीय निम्न वायुदाब पेटी

- विषुवत् रेखा के दोनों ओर 5° उत्तर और दक्षिण के बीच भूमध्यरेखीय न्यून वायुदाब पेटी पाई जाती है। पेटी पर वर्ष भर सूर्य की सीधी किरणें पड़ने के कारण तापमान ऊँचा रहता है। अतः वायुदाब निम्न पाया जाता है।
- इस पेटी में दोनों गोलार्द्धों से चलने वाली व्यापारिक हवाओं का अभिसरण कर ऊपर उठती है तथा धरातल पर वायु शान्त अथवा हल्की तथा निश्चित दिशा से चलती है। इसी कारण इस पेटी को डोलड्रम्स (Doldrums) की संज्ञा दी गई है।
- सूर्य के उत्तरायण अथवा दक्षिणायण होने के साथ ही यह पेटी क्रमशः उत्तर अथवा दक्षिण की ओर विस्थापित हो जाती है।

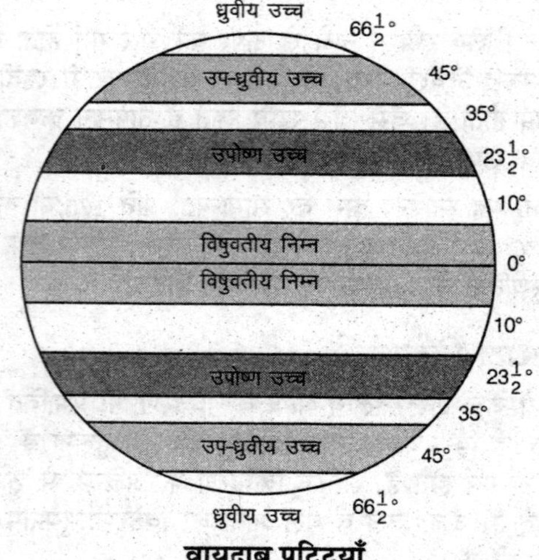

वायुदाब पट्टियाँ

उपोष्ण उच्च वायुदाब पेटी

- दोनों गोलार्द्धों के 30°-35° अक्षांशों के मध्य विकसित होती है यह पेटी, इस पेटी के क्षेत्र में शीतकाल के दो माह को छोड़कर वर्ष भर ऊँचा तापमान रहता है, उसके बावजूद यहाँ उच्च वायुदाब पेटी का निर्माण होता है, जबकि नियमतः यहाँ निम्न वायुदाब होना चाहिए।

- इस पेटी का सम्बन्ध तापमान से न होकर पृथ्वी की दैनिक गति तथा वायु के अवतलन से सम्बन्धित है। भूमध्य रेखा से उठी वायु तथा उपध्रुवीय निम्न वायुदाब की वायु इन अक्षांशों में नीचे उतर कर बैठती है, जिस कारण वायुदाब अधिक हो जाता है, इसलिए इस पेटी को उच्च वायुदाब गतिजन्य (Dynamically induced) कहते हैं, इस पेटी को अश्व अक्षांश (Horse latitude) भी कहते हैं।
- प्राचीन काल में घोड़ों से भरी नाव को वायुदाब उच्च होने के कारण घोड़ों को सागर में फेंकने और नाव को हल्का करने के कारण ही उसे अश्व अक्षांश कहा जाता था।

उपध्रुवीय निम्न वायुदाब पेटी

- इस पेटी का विकास दोनों गोलार्द्धों के 60°-65° के अक्षांशों के मध्य होता है। वर्षभर तापमान कम होने के बावजूद यहाँ निम्न वायुदाब पेटी का निर्माण होता है। अत: स्पष्ट है कि इस पेटी का सम्बन्ध तापमान से नहीं है।
- इस पेटी में पृथ्वी की घूर्णन गति के कारण इन अक्षांशों से वायु फैलकर स्थानान्तरित हो जाती है, जिससे गतिजन्य कम वायुदाब का आविर्भाव होता है, यद्यपि इस प्रक्रिया का प्रभाव सबसे अधिक विषुवत् रेखा पर होना चाहिए, परन्तु वहाँ पर तापमान इतना अधिक हो जाता है कि पृथ्वी के घूर्णन के कारण वायु के फैलने का कारक कमजोर पड़ जाता है तथा वहाँ निम्न वायुदाब पेटी का विकास हो जाता है।

ध्रुवीय उच्च वायुदाब पेटी

- ध्रुव वृत्तों से ध्रुवों की ओर जाने पर वायुदाब बढ़ता जाता है। ध्रुवों के निकट तो उच्च वायुदाब का एक विशेष क्षेत्र बन जाता है, इसी प्रकार विषुवत् रेखा के निकट तापमान की अधिकता के कारण निम्न वायुदाब की अधिकता है, उसी प्रकार ध्रुवों के समीप निम्न तापमान के कारण उच्च वायुदाब की अधिकता होती है।

पवन

- पृथ्वी की सतह पर चलती हुई वायु को पवन (Wind) कहते हैं। यह हमेशा उच्च दाब से निम्न दाब की ओर चलती है। यह वायुदाब के क्षैतिज वितरण में अन्तर अथवा वायु में घनत्व की भिन्नता होने पर चलती है।
- यह वायुदाब की विषमताओं को सन्तुलित करने की दिशा में प्रकृति का प्रयास है, जोकि स्थान विशेष की विशेषता के आधार पर नामांकित किया जाता है।

पवन के प्रकार

- अक्षांशीय, भौगोलिक एवं प्रकृति के आधार पर पवनें कई प्रकार की होती हैं; जैसे— जिस दिशा में हवाएँ वर्ष भर चला करती हैं, उन्हें प्रचलित पवन या स्थायी पवन कहते हैं। इन पवनों को निश्चित पवन और ग्रहीय पवन के नाम से भी जाना जाता है। इसके विपरीत जिन हवाओं की दिशा में मौसम की वजह से परिवर्तन होता रहता है, उन्हें मौसमी या मानसूनी पवन कहते हैं, इसके अतिरिक्त स्थान विशेष में चलने वाली हवाओं को स्थानीय पवन कहते हैं। इन पवनों से अलग कुछ पवन सागर से स्थल और स्थल से सागर की ओर चलती रहती हैं, जिन्हें क्रमश: स्थलीय पवन या समीर तथा सागरीय पवन या समीर कहते हैं।

इन पवनों का वर्गीकरण निम्नवत् है

स्थायी पवन

- इस पवन को सनातनी या ग्रहीय हवाएँ (Prevailing or Planetary winds) भी कहते हैं। वर्षभर इनकी दिशा में समानता रहने के कारण स्थिरता तो रहती है, लेकिन मौसमी स्थानान्तरण भी होता रहता है। इस कारण इसे स्थायी या सनातनी पवन कहते हैं। उल्लेखनीय है कि पूरे ग्लोब पर विस्तार होने के कारण इन्हें ग्रहीय पवन भी कहते हैं। इनमें व्यापारिक हवाएँ, पछुआ हवाएँ एवं ध्रुवीय हवाएँ सम्मिलित की जाती हैं।

कोशिकीय वायुमण्डलीय संचरण

भूमध्यरेखीय निम्न वायुदाब से ऊपर उठने वाली संवहनीय वायु ठण्डी गोलार्द्धों में उपोष्ण उच्च वायुदाब पर नीचे उतरती है एवं फिर यहाँ से भूमध्यरेखीय निम्नदाब क्षेत्र की ओर व्यापारिक पवनों के रूप में चलने लगती हैं। दोनों व्यापारिक पवनों का भूमध्य रेखीय निम्नदाब पर अभिसरण होता है और वे फिर ऊपर उठ जाती है। इस प्रकार इस चक्रीय प्रवाह से एक सम्पूर्ण कोशिका (Cell) का निर्माण हो जाता है। इस कोशिका को **हैडली कोशिका** कहते हैं।

उपोष्ण उच्चदाब से शीतोष्ण निम्नदाब (60 – 65°) की ओर पछुवा पवनें चलती हैं। 60 – 65° अक्षांशों के पास से हवाएँ पृथ्वी के घूर्णन के कारण धरातल से उठकर दो दिशाओं में मुड़ जाती हैं और उपोष्ण उच्चदाब के पास नीचे उतरकर धरातलीय पवनों के रूप में चलने लगती हैं, जिससे **फैरेल कोशिका** का निर्माण होता है। जब ध्रुवीय उच्चदाब से ध्रुवीय पवनें उपध्रुवीय निम्न दाब की ओर चलती हैं तो वे पृथ्वी के घूर्णन के कारण उप ध्रुवीय निम्न दाब से ऊपर उठकर दो दिशाओं में फैल जाती है और ध्रुवों के पास उतरकर धरातलीय पवनों के रूप में चलने लगती है, जिससे 'ध्रुवीय कोशिका' का निर्माण होता हैं

व्यापारिक पवन

- व्यापारिक पवन (Trade wind) अयनवर्तीय (30° उत्तरी अक्षांश से 30° दक्षिणी अक्षांश) प्रदेश की प्रमुख हवा है। यह पवन अयनवर्तीय उच्च वायुदाब से भूमध्यरेखीय निम्न वायुदाब की ओर चला करती है। उत्तरी गोलार्द्ध में इसकी दिशा उत्तरी-पूर्वी से दक्षिणी-पश्चिमी तथा दक्षिणी गोलार्द्ध में दक्षिणी-पूर्वी से उत्तरी-पश्चिमी होता है। नियमित दिशा के कारण प्राचीनकाल में व्यापारियों को मालयुक्त जलयानों के संचालन में पर्याप्त सुविधा होने के कारण से इन्हें व्यापारिक पवनों का नाम दिया गया।

पछुआ पवन

- उपोष्ण उच्च वायुदाब (30°-35°) से उपध्रुवीय निम्न वायुदाब (60°-65°) के बीच दोनों गोलार्द्धों में चलने वाली हवा को पछुआ पवन (Westerly winds) कहते हैं।
- उत्तरी गोलार्द्ध में इसकी दिशा दक्षिण-पश्चिम से उत्तर-पूर्व की ओर तथा दक्षिणी गोलार्द्ध में उत्तर-पूर्व से दक्षिण-पूर्व की ओर होती है। उल्लेखनीय है कि उत्तरी गोलार्द्ध में स्थल की अधिकता के कारण इसकी तीव्रता अधिक होती है।
- पछुवा पवनें दक्षिणी गोलार्द्ध में मध्य अक्षांशों के बीच महासागरों पर प्रचण्ड वेग धारण कर लेती है, इसीलिए विभिन्न आक्षांशों पर अलग-अलग नामों से जानते हैं, उदाहरणस्वरूप 40° अक्षांश पर

गरजता चालीसा (Roaring forties) 50 अक्षांश पर प्रचण्ड पचासा (Furious fifties) तथा 60° अक्षांश पर चीखता साठा (Shrieking sixties)।

ध्रुवीय पवन

- ध्रुवीय पवनें (Polar winds) ध्रुवीय उच्च दाब से उपध्रुवीय निम्न दाब की ओर चलती हैं। इनकी दिशा उत्तरी गोलार्द्ध में उत्तर-पूर्व से दक्षिण-पश्चिम की ओर तथा दक्षिणी गोलार्द्ध में दक्षिण-पूर्व से उत्तर-पश्चिम की ओर होता है। इनका विस्तार दोनों गोलार्द्धों में 60°-65° अक्षांश के मध्य होता है।

स्थानीय पवन

- मौसम और समय परिवर्तन के साथ जिन पवनों की दिशा में परिवर्तन हो जाता है, उन्हें सामयिक पवन (Local winds) कहते हैं।
- स्थानीय तापमान और वायुदाब में अन्तर के कारण स्थानीय पवनों का आविर्भाव होता है। इनका प्रभाव क्षेत्र सीमित होता है।
- मानसून, समुद्र समीर, स्थल समीर, घाटी समीर, पर्वत समीर इत्यादि स्थानीय पवन के ही उदाहरण हैं।

समुद्र समीर

- दिन में जल की अपेक्षा स्थल जल्दी गर्म हो जाता है। अत: वहाँ निम्न दाब विकसित हो जाता है। समुद्र अपेक्षाकृत कम गर्म रहता है। अत: वहाँ उच्चदाब रहता है, फलत: समुद्री उच्चदाब से स्थलीय निम्नदाब की ओर हवा प्रवाहित होने लगती है। यह हवा समुद्रतटीय क्षेत्रों के तापमान और आर्द्रता को प्रभावित करती है। समुद्र समीर (Sea breeze) दिन में ही प्रवाहित होती है।

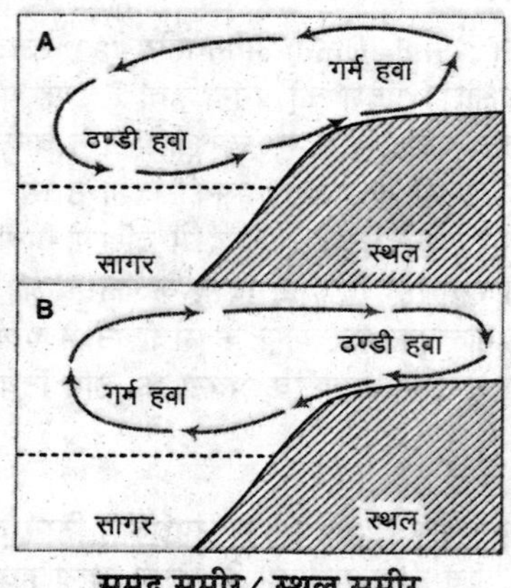

समुद्र समीर/ स्थल समीर

स्थलीय समीर

- स्थलीय समीर (Land breeze) रात को बहती है। रात में सूर्य की अनुपस्थिति में धरातल का तापमान विकिरण के कारण जल्दी घटने लगता है, जबकि समुद्र धरातल की तुलना में अपेक्षाकृत गर्म रहता है। अत: समुद्र पर निम्नदाब तथा धरातल पर उच्चदाब बन जाता है और रात में स्थलीय उच्चदाब से समुद्री निम्न दाब की ओर हवा प्रवाहित होने लगती है।

कोरिऑलिस बल

पृथ्वी के घूर्णन द्वारा लगने वाले बल को कोरिऑलिस बल कहते हैं। 1844 ई. में फ्रांसीसी वैज्ञानिक **कोरिऑलिस** ने इसके विषय में विवरण प्रस्तुत किया, इन्हीं के नाम पर इस बल को कोरिऑलिस बल कहा जाता है। इस प्रभाव से पवनें उत्तरी गोलार्द्ध में अपनी मूल दिशा में 'दाहिने' ओर व दक्षिण गोलार्द्ध में अपने 'बाईं' ओर विक्षेपित (Deflect) हो जाती हैं। जब पवनों का वेग अधिक होता है, तब इसका विक्षेपण भी अधिक होता है। कोरिऑलिस बल ध्रुवों पर सर्वाधिक और विषुवत् वृत्त पर अनुपस्थित होता है।

फेरल का नियम

'फेरल' नामक भूगोलवेत्ता ने इसे इस प्रकार स्पष्ट किया है-''जिस दिशा में पवन प्रवाहित हो रही हो, यदि उस दिशा में मुख करके (अथवा जिस दिशा से पवन आ रही हो, उस दिशा की ओर पीठ करके) खड़े हो जाएँ, तो हवाएँ शरीर से टकराकर उत्तरी गोलार्द्ध में बाईं ओर तथा दक्षिणी गोलार्द्ध में दाईं ओर मुड़ जाती हैं।''

बॉयज बैलट का नियम

इनके अनुसार, जिस दिशा में हवा चल रही है, यदि उस दिशा में मुँह करके खड़ा हुआ जाए, तो उत्तरी गोलार्द्ध में न्यून वायुदाब बाईं ओर तथा दक्षिणी गोलार्द्ध में दाईं ओर होगा।

पर्वत समीर/घाटी समीर

- पर्वत तथा घाटी समीर (Valley breeze) भी सामयिक हवाएँ होती हैं, इन्हें दैनिक समीर भी कहा जाता है, क्योंकि इनकी दिशा में 24 घण्टे में दो बार परिवर्तन पूर्णरूप से होता है।
- दिन के समय पर्वतीय घाटियों के निचले भाग में अधिक तापमान के कारण हवाएँ गर्म होकर पर्वतीय ढालों के सहारे ऊपर उठती हैं, इन्हें घाटी समीर कहते हैं। ये हवाएँ पर्वत की घाटी तक पहुँच जाती हैं तथा वहाँ पर वर्षा प्रदान करती हैं।
- रात्रि के समय पर्वतीय ढालों तथा ऊपरी भागों पर विकिरण द्वारा ताप ह्रास अधिक होता है, जिस कारण हवाएँ ठण्डी हो जाती हैं। ये ठण्डी तथा भारी हवाएँ ढालों के सहारे घाटियों में नीचे उतरती हैं। इन्हें, 'पर्वतीय समीर' कहते हैं।

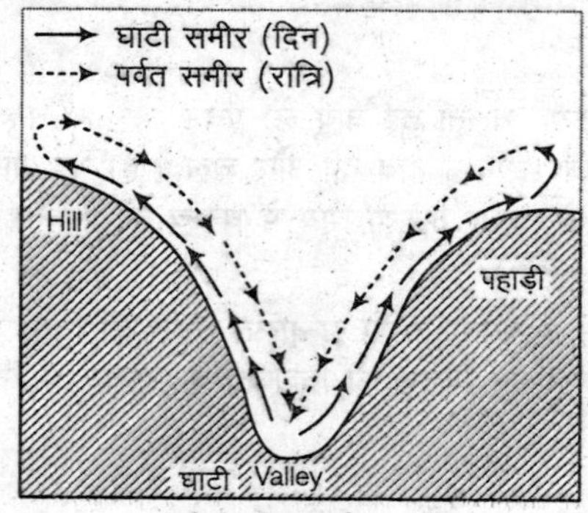

घाटी समीर/पर्वत समीर

जेटस्ट्रीम

- जेट धाराएँ (Jet streams) ऊपरी क्षोभमण्डल और निचले समतापमण्डल में सामान्यत: पश्चिम से पूर्व की ओर चलने वाली अति तीव्र सर्पिल वायुधारा है, जो ऊर्ध्वाधर या अर्द्ध-ऊर्ध्वाधर अक्ष के रूप में विद्यमान रहती है, जिसकी अधिकतम गति सीमा परिवर्तनशील होती है और जिससे ऊर्ध्वाधर और क्षैतिज वायु कर्त्तन सम्बन्धित होता है।
- जेट धाराएँ कभी भी सीधी रेखा के रूप में नहीं चलतीं। यह विसर्पण करती हुई चलती हैं, जिन्हें रॉस्बी धारा कहते हैं।

- इनकी लम्बाई हजारों किमी, चौड़ाई सैकड़ों एवं गहराई कुछ किमी ही होती है।
- इनका संचरण दोनों गोलार्द्धों में 20° अक्षांश से ध्रुवों के मध्य होता है। जेट स्ट्रीम का लम्बवत् पवन अपलवण 5 से 10 किमी/से. होता है। इनका न्यूनतम वेग 30 मी/से. होता है।

जेट धाराओं के प्रकार

स्थिति के अनुसार, वायुमण्डल में चार जेट धाराएँ प्रवाहित होती हैं

1. **ध्रुवीय रात्रि जेट** यह धारा समतापमण्डल की निचली परतों में ध्रुवीय में प्रवाहित होती है।
2. **ध्रुवीय सीमाग्र जेट** मध्य अक्षांशों में बहने वाली यह जेट 3,000 मी से अधिक ऊँचाई पर पश्चिम-पूर्व दिशा में प्रवाहित होती है।
3. **उपोष्णकटिबन्धीय पश्चिमी जेट** इस जेट का 20° से 35° अक्षांशों के मध्य मुख्यत: परिध्रुवीय क्षेत्र में प्रवाह पश्चिम-पूर्व दिशा में होता है।
4. **उष्णकटिबन्धीय पूर्वी जेट** तिब्बत पठार के गर्म होने के कारण 8° से 35° अक्षांशों के मध्य निर्मित पूर्व-पश्चिम दिशा में प्रवाहित होने वाली यह मौसमी जेट पवनें है।

आर्द्रता

- आर्द्रता (Humidity) वायुमण्डल में उपस्थित जलवाष्प की मात्रा को कहते हैं। वायुमण्डल में जलवाष्प की मात्रा मात्र 2% होती है। यह बादल के रूप में सूर्यातप को परावर्तित एवं अवशोषित कर पृथ्वी के ताप को नियन्त्रित करती है। आर्द्रता तथा उसमें निहित विभव ऊर्जा में सीधा सम्बन्ध होता है।
- आर्द्रता जितनी अधिक होगी वायुमण्डल में अस्थिरता तथा झंझावत उत्पन्न करने हेतु ऊर्जा उतनी ही अधिक होगी। जलवाष्प की मात्रा वर्षा को निर्धारित करती है।

आर्द्रता के प्रकार

आर्द्रता के निम्नलिखित प्रमुख प्रकार हैं

निरपेक्ष आर्द्रता

- किसी निश्चित तापमान एवं स्थान पर वायु में जितनी आर्द्रता विद्यमान रहती है, उसे निरपेक्ष या वास्तविक आर्द्रता (Absolute humidity) कहते हैं। इसकी गणना प्रति घनमीटर ग्राम में अथवा घन फुट औंस में की जाती है।

सापेक्ष आर्द्रता

- किसी तापमान पर वायु में उपस्थित जलवाष्प तथा उसी तापमान पर वायु की जलवाष्प धारण करने की क्षमता के अनुपात को सापेक्ष (Relative humidity) आर्द्रता कहते हैं। इसे प्रतिशत मात्रा में व्यक्त किया जाता है।

आर्द्रता सामर्थ्य

- किसी भी तापमान पर वायु द्वारा अधिकतम नमी ग्रहण करने की क्षमता ही आर्द्रता सामर्थ्य (Humidity capacity) कहलाती है।
- सापेक्षिक आर्द्रता $= \frac{\text{निरपेक्ष आर्द्रता}}{\text{आर्द्रता सामर्थ्य}}$
- माना किसी निश्चित आयतन वाली वायु में आर्द्रता की मात्रा 3.0 ग्रेन प्रति घन फुट है, जबकि वह वायु अधिकतम 6.0 ग्रेन प्रति घन फुट आर्द्रता ग्रहण कर सकती है। अत: इस वायु की सापेक्षित आर्द्रता होगी।
- सापेक्षिक आर्द्रता $= \frac{3.0}{6.0} \times 100 = 50\%$

विशिष्ट आर्द्रता

- जलवाष्प सहित कुल वायु की मात्रा एवं उसमें उपस्थित जलवाष्प को मात्रा के अनुपात को विशिष्ट आर्द्रता (Specific humidity) कहते हैं, इसे आर्द्रता मिश्रण अनुपात भी कहते हैं। निरपेक्ष तथा विशिष्ट आर्द्रता दोनों ही व्यावहारिक रूप में समान होती हैं।

संघनन

- जब किसी निश्चित तापमान पर वायु की आर्द्रता धारण करने के बराबर आर्द्रता हो जाती है, तो उसे संतृप्त वायु कहते हैं तथा उस बिन्दु को ओसांक बिन्दु (Dew point) कहते हैं। ओसांक बिन्दु पर जलवाष्प का तरल एवं ठोस में परिवर्तन को संघनन (Condensation) कहते हैं।

संघनन के रूप

संघनन तापमान एवं स्थिति के अनुसार विभिन्न रूप में होता है

- **ओस** जब जलवाष्प का संघनन वनस्पति तथा अन्य वस्तुओं के ऊपर जलकण बूँद के रूप में संग्रहित होता है, तो उसे ओस (Dew) कहते हैं। रात में पार्थिव विकिरण के कारण तापमान में नमी आती है, जिससे वायुमण्डल की निचली परतों का तापमान ओसांक बिन्दु से नीचे चला जाता है, जिससे संघनन की प्रक्रिया शुरू हो जाती है।
- **तुषार** जब संघनन हिमांक बिन्दु के नीचे होता है, तब तुषार (Frost) का निर्माण होता है। जब शीतलीकरण मध्य गति से होता है, तब धरातल तथा उसके सम्पर्क में आई वायु का तापमान 0°C से नीचे चला जाता है एवं धरातलीय तुषार का उद्भव होता है, लेकिन जब धरातल के ऊपर स्थित सम्पूर्ण वायु परत का तापमान 0°C से नीचे चला जाता है, तो इसे वायु तुषार कहते हैं।
- **तूहिन** जब आर्द्रता का संघनन, धरातल के पवनामुखी भाग में जलकण जमने से अपारदर्शी सफेद खों में हो जाता है, तो उसे तूहिन (Rime) कहते हैं।
- **कुहासा** जब आर्द्रता का सघन आर्द्र सतह, झील तथा नदियों के ऊपर होता है, तो कुहासा (Mist) का निर्माण होता है। उच्च आर्द्रता वाले क्षेत्र में, शाम के समय संघनन की प्रक्रिया के कारण आस-पास के खेतों तथा जलपिण्डों के ऊपर शरण स्थलों पर कुहासा पाया जाता है।
- **कोहरा** यह कुहासा का एक रूप है, जिसमें दृश्यता (Visibility) एक किमी तक ही रह जाती है, कोहरे का निर्माण शीतलीकरण एवं वाष्पीकरण दोनों ही प्रक्रिया द्वारा होता है।
- **धुआँसा** स्मॉग या धुएँ एवं कोहरा के मिश्रण को कहा जाता है। यह ज्वालामुखी उद्गार के बाद वहाँ के वातावरण में या जिन नगरों में बहुत अधिक औद्योगिक कारखाने स्थित हों, वहाँ छाया रहता है। धुएँ के कण वायुमण्डल को भारी मात्रा में केन्द्रक प्रदान करते हैं, जो आर्द्रताग्राही कणों की भूमिका निभाते हैं, जिनसे संघनन सम्भव हो पाता है। इन केन्द्रकों के इर्द-गिर्द संघनन तभी शुरू हो जाता है। जब वायु संतृप्त

भी न हुई हो। उल्लेखनीय है कि कोहरे के बाद धुआँसा निर्मित होता है तथा उससे अधिक घना और उससे लम्बी अवधि का होता है। धुएँ के कारण कोहरे में अम्लीयता का भी समावेश हो जाता है।

- **धुन्ध** वायुमण्डल में आर्द्रताग्राही केन्द्रकों पर जलकणों की उपस्थिति के कारण धुन्ध (Haze) का निर्माण होता है। इसके साथ ही धुएँ के कण, धूल कण, लवण कण इत्यादि जब वायु में उपस्थित हों, तब भी धुन्ध का निर्माण होता है। धुन्ध उन सभी परिघटनाओं के लिए प्रयुक्त किया जाता है, जिनसे दृश्यता प्रभावित होती है।
- **हिमपात** वर्षण के फलस्वरूप हिमकणों की वर्षा तब होती है, जब संघनन जमाव बिन्दु से नीचे होता है, जिसके कारण वाष्प से हिम (snow) के छोटे-छोटे कण बन जाते हैं। सामान्यत: ये छोटे कण आपस में मिल जाते हैं व विभिन्न आकारों में गिरते हैं।
- **ओलावृष्टि** यदि वर्षण के फलस्वरूप हिम के गोले बन जाते हैं, तो उन्हें ओले तथा भू-पृष्ठ पर इनके गिरने को ओलावृष्टि (Hailstorm) कहते हैं। सामान्यत: ये कपासी वर्षा मेघों में बनते हैं।

बादल

- वायुमण्डल में ऊँचाई पर जलवाष्प के संघनन के फलस्वरूप निर्मित जलकणों या हिमकणों के झुण्ड को बादल (Clouds) कहते हैं। ये वायु के रुद्धोष्म प्रक्रिया द्वारा ठण्डे होने पर उसके तापमान के ओसांक से नीचे गिरने से बनते हैं।

बादलों का वर्गीकरण

- *बादलों को उनकी आकृति, संरचना, विस्तार, ऊँचाई एवं सघनता के आधार पर कई भागों में वर्गीकृत किया गया है*

ऊँचे बादल

निम्नलिखित बादलों को ऊँचे बादलों की संज्ञा दी गई है

- **पक्षाभ बादल** इसकी ऊँचाई 10-15 किमी तक होती है तथा पक्षाभ बादल (Cirrus cloud) सफेद रेशम की तरह कोमल दिखाई देते हैं। सामान्य तौर पर चक्रवातों के आगमन के पहले आकाश में पक्षाभ मेघ दिखाई देते हैं।
- **पक्षाभ स्तरी बादल** पक्षाभ स्तरी बादलों (Cirro-stratus cloud) को आकाश में एक विशेष प्रकार की पतली सफेद चादर के सदृश्य, बिखरे और जुड़े हुए दोनों रूपों में देखा जा सकता है। इनके आगमन से सूर्य और चन्द्रमा के चारों ओर प्रभा मण्डल (Halo) बन जाता है।
- **पक्षाभ कपासी बादल** पक्षाभ कपासी बादल (Cirro-cumulus cloud) सफेद एवं गोलाकार आकृति के होते हैं एवं कभी-कभी लहरदार आकृति भी बनाते हैं और प्राय: छायाहीन होते हैं।

मध्य बादल

निम्नलिखित बादलों को मध्य बादलों की संज्ञा दी गई है

- **उच्च स्तरीय बादल** आकाश में लगातार रूप में फैले नीले या भूरे रंग की पतली चादर वाले बादल को **उच्च स्तरीय बादल** (Alto-stratus cloud) कहते हैं। इनके सघन होने पर, सूर्य और चन्द्रमा साफ-साफ दिखाई नहीं देते हैं तथा इनसे विस्तृत और लगातार वर्षा की सम्भावना रहती है।
- **उच्च कपासी बादल** उच्च कपासी बादल (Alto-cumulus cloud) इन्द्रधनुष की आकृति बनती है, इनका आकार पतले गोलाकार धब्बे के समान होता है। ये आकाश में विस्तृत रूप में फैले रहते हैं और इनके अनेक रूप होते हैं।

निचले बादल

निम्नलिखित बादलों को निचले बादलों की संज्ञा दी गई है

- **स्तरी कपासी बादल** स्तरी कपासी बादल का रंग हल्का भूरा से काला भी हो सकता है और ये बड़े-बड़े गोलाकार छल्लों में बिखरे होते हैं।
- **स्तरी बादल** स्तरी बादल (Stratus cloud) दो विपरीत स्वभाव वाली हवाओं के एक-दूसरे से मिलने के परिणामस्वरूप बनते हैं। इनका निर्माण शीतोष्ण कटिबन्धों में शीत ऋतु के दौरान होता है तथा ये बादल कुहरे के समान दिखते हैं।
- **वर्षा स्तरी बादल** धरातल के समीप पाए जाने वाले काले रंग के घने बादल को **वर्षा स्तरी बादल** (Nimbo-Stratus cloud) कहते हैं, जो किसी भी आकार में हो सकते हैं। इनकी सघनता के कारण सम्पूर्ण क्षेत्र में अन्धकार छा जाता है तथा वर्षा वृहद् रूप में होती है।
- **कपासी बादल** कपासी मेघ (Cumulus cloud) की आकृति गुम्बदाकार होती है तथा 1,000 से 3,000 मी की ऊँचाई तक पाए जाते हैं, जिसमें कुछ का रूप छोटा, श्वेत और रूई के सदृश्य होता है, जबकि कुछ गहरे और घने प्रकार के तथा रंग काला रहता है। इनके आगमन से मौसम साफ और स्वच्छ हो जाता है और कभी-कभी गर्जन वाले बादल भी बन जाते हैं।
- **कपासी वर्षा बादल** कपासी वर्षा बादल (Cumulo-Nimbus cloud) काफी विस्तृत और गहरे होते हैं एवं इनका विस्तार ऊँचाई में अधिक पाया जाता है। इनके आगमन से भारी गर्जन के साथ ही भारी वर्षा, ओला और तड़ित झंझाओं की एक प्रकार की झड़ी-सी लग जाती है।

वर्षा

- जलवाष्प युक्त वायु के ऊपर उठने से तापमान में कमी आती है, जिसके कारण उसका संघनन होने लगता है तथा मेघों का निर्माण होता है। मेघों में जलवाष्प की मात्रा बढ़ने से वायुमण्डल उसके भार को रोकने में असमर्थ हो जाता है, जिसके फलस्वरूप यह वर्षा (Rain) के विभिन्न रूपों का कारण बन जाता है।
- फुहार (Drizzle) में बूँदों का आकार अत्यन्त छोटा होता है, परन्तु वर्षा सघन होती है। मुख्यत: फुहार, स्तरी व कपास स्तरी मेघ द्वारा ही होती है।
- जल बूँदों के साथ-साथ अर्द्ध-हिमित या हिमित कणों का भी वर्षण हो, तो उसे सहिम वर्षा (Sleet) कहते हैं।

वर्षा के प्रकार

वर्षा के प्रमुख तीन प्रकार निम्न हैं

1. संवहनीय वर्षा

- भूतल का बहुत अधिक गर्म होने तथा उसके सम्पर्क में आने वाली पवनें गर्म होकर ऊपर उठती हैं, तो संवहनीय धाराओं का निर्माण होता है।

- ऊपर उठने पर ऐसी संवहनीय धाराएँ पूर्णत: संतृप्त हो जाती हैं, जिसके परिणामस्वरूप संघनन से काले कपासी वर्षा मेघ का निर्माण होता है तथा घनघोर वर्षा होती है इस प्रकार की वर्षा को ही **संवहनीय वर्षा** (Convectional rain) कहते हैं। 'विषुवतीय प्रदेश' अथवा शान्त पेटी (डोलड्रम) में यही वर्षा होती है।

2. पर्वतीय जल वर्षा

- जब आर्द्र एवं गर्म वायु को किसी पर्वत या पठार की ढलान के साथ ऊपर चढ़ना होता है, तो यह वायु रुद्धोष्म प्रक्रिया से ठण्डी होने लगती है एवं धीरे-धीरे संतृप्त हो जाती है, जिसके परिणामस्वरूप संघनन की प्रक्रिया प्रारम्भ हो जाती है तथा वर्षा होती है। इस प्रकार की वर्षा को **पर्वतीय वर्षा** (Orographic rain) कहते हैं।

3. चक्रवातीय वर्षा

- 'चक्रवाती वर्षा' (Cyclonic rain) विशेषकर शीतोष्ण कटिबन्धीय क्षेत्रों में होती है, जहाँ गर्म एवं शीतल वायुराशियों के अभिसरण के कारण भीषण तूफानी दशाएँ उत्पन्न हो जाती हैं और गर्म वायुराशि के शीतल वायुराशि के ऊपर चढ़ जाने की प्रक्रिया में संघनित होकर वर्षा कराती हैं।

एडियावेटिक ताप परिवर्तन

इसे रुद्धोष्म ताप परिवर्तन भी कहते हैं, इस प्रक्रिया में जब हवा ऊपर उठती है, तो इसमें फैलाव होने से इसके आयतन में वृद्धि होती है, इससे प्रति इकाई आयतन में उपलब्ध ऊष्मा घटती है और इसलिए तापमान में भी ह्रास होता है। इस प्रकार का ताप परिवर्तन जिसका सम्बन्ध हवा के फैलाव व ऊपर उठने से है, रुद्धोष्म ताप परिवर्तन कहलाता है। हवा का ऊर्ध्वाधर विस्थापन ही रुद्धोष्म तथा अवरोही ताप परिवर्तन का प्रमुख कारण है। असंतृप्त हवा में चढ़ाई के कारण तापमान में होने वाली गिरावट की दर को शुष्क रुद्धोष्म ह्रास दर कहते हैं, जबकि संतृप्त वायु में होने वाली कमी की इस दर को आर्द्र रुद्धोष्म ह्रास दर कहते हैं। शुष्क रुद्धोष्म ह्रास दर 1000 मी पर 10°C कम होता है।

वायुराशियाँ

- वायुराशि (Airmasses) वायुमण्डल का एक बहुत बड़ा वायु पुंज है, जिसमें तापमान और आर्द्रता की दशाएँ लगभग एक-समान होती हैं। उच्च दाब क्षेत्र साधारणत: पूर्णरूप से या तो थल पर या महासागरों पर विस्तृत रहते हैं।
- इनमें अवतलन प्रवाह के कारण, वायु स्वत: जल या थल के सम सतह पर फैलती जाती है तथा धीरे-धीरे सतह के भौतिक गुण प्राप्त कर वायुराशि का रूप धारण कर लेती है। इसके विपरीत निम्न दाब क्षेत्र में, जहाँ अभिसरण और आरोही वायु-धाराएँ प्रमुख होती हैं, ऊपर उठती वायु सदा नवीन वायु द्वारा विस्थापित होती रहती हैं।

वायुराशियों के प्रकार

वायुराशियों के निम्नलिखित प्रकार हैं

ध्रुवीय वायुराशि

- ध्रुवीय वायुराशि, (Polar airmasses) को निम्न दो भागों में बाँटकर देखा जा सकता है
  1. महाद्वीपीय ध्रुवीय वायुराशि
  2. महासागरीय ध्रुवीय वायुराशि

- **महाद्वीपीय ध्रुवीय वायुराशि** उत्पत्ति क्षेत्र पर अत्यधिक ठण्डी, शुष्क व स्थिर होती है। ये अपने मार्ग के तापमान को हिमांक से भी नीचे ला देती है और गर्म सागरीय भागों से गुजरने पर आर्द्रता ग्रहण कर ये ध्रुवीय महासागरीय वायुराशि में परिवर्तित हो जाती है।
- महाद्वीपीय ध्रुवीय वायुराशि की तुलना में महासागरीय ध्रुवीय वायुराशि अपेक्षाकृत थोड़ी अधिक गर्म व आर्द्र होती है। CP व MP वायुराशियों के मिलने से आर्कटिक वाताग्रों का निर्माण हो जाता है तथा उसके सहारे उत्पन्न होने वाले शीतोष्ण चक्रवात से वर्षा व हिमपात होते हैं।

उष्णकटिबन्धीय वायुराशि

- उष्णकटिबन्धीय वायुराशि को भी हम दो भागों में बाँटते हैं- महाद्वीपीय उष्णकटिबन्धीय वायुराशि तथा महासागरीय उष्णकटिबन्धीय वायुराशि।
- महाद्वीपीय उष्णकटिबन्धीय वायुराशि अपने उत्पत्ति क्षेत्र में अत्यधिक गर्म, शुष्क व अस्थिर होती है, परन्तु आर्द्रता के अभाव के कारण इनसे वर्षा नहीं हो पाती, यह गर्म महाद्वीपीय वायुराशि जब सागरीय भागों से होकर गुजरती है, तो उनका रूपान्तरण महासागरीय गर्म वायुराशि में हो जाता है।
- महाद्वीपीय ध्रुवीय वायुराशि एवं महासागरीय ध्रुवीय वायुराशियों के सम्मिश्रण से ही पर्वतीय क्षेत्रों में पर्वतीय वर्षा एवं धरातलीय क्षेत्रों में संवहनीय वर्षा कराती है, जबकि CP वायुराशि के मिलने से यह ध्रुवीय वाताग्रों का निर्माण करती है, जिनके सहारे शीतोष्ण चक्रवातों से वर्षा व हिमपात होता है।

वाताग्र

- जब दो विपरीत भौतिक गुणों वाली वायुराशियाँ विपरीत दिशा में आकर मिलती हैं, तो उनके बीच विस्तृत संक्रमणीय प्रदेश का निर्माण हो जाता है, उसे ही वाताग्र (Front) कहते हैं। यह प्रदेश धरातल के न समानान्तर होता है न ही लम्बवत्, बल्कि यह त्रिविमीय (Three dimensional) ढलुआ क्षेत्र होता है।

वाताग्र जनन

- जब दो विपरीत तापमान, घनत्व, दिशा एवं आर्द्रता वाली वायुराशियाँ मिलती हैं, तो वाताग्र का निर्माण होता है, जिसे वाताग्र जनन (Frontogenesis) कहते हैं, लेकिन जब विपरीत वायुराशियों की हवाएँ समानान्तर हो जाती हैं, तो स्थायी वाताग्र का निर्माण होता है।
- स्थायी वाताग्र में वाताग्र के सहारे हवाएँ ऊपर नहीं उठती, जिसके कारण बादल का निर्माण नहीं होता, इसलिए इस प्रकार के वाताग्र का कोई महत्त्व नहीं होता। जब वाताग्र का निर्माण ढलुआ सतह के रूप में हो जाता है, तब हल्की, गर्म एवं आर्द्र वायु को भारी, ठण्डी एवं शुष्क वायु ऊपर उठा देती है। इनके बीच का वाताग्र एक रेखा न होकर एक क्षेत्र होता है, जिसकी चौड़ाई 5 से 80 किमी तक हो सकती है।

वाताग्र का वर्गीकरण

वाताग्रों की प्रकृति एवं स्थिरता के आधार पर चार वर्गों में विभाजित करते हैं

1. **स्थायी वाताग्र** (Stationary front) जब दो विपरीत भौतिक गुणों वाली वायुराशियाँ एक वाताग्र से अलग होती हैं, लेकिन एक-दूसरे के समानान्तर हो जाती हैं, तो उसे स्थायी वाताग्र कहते हैं, क्योंकि वह ऊपर नहीं उठ सकती हैं।
2. **उष्ण वाताग्र** (Warm front) जब गर्म, हल्की एवं आर्द्र वायु आक्रामक होकर वाताग्र के सहारे ठण्डी एवं भारी वायु के ऊपर चढ़ती है, तो उसे उष्ण वाताग्र कहते हैं। इसका ढाल मध्य अक्षांशों में 1: 100 से 1: 400 तक होता है।
3. **शीत वाताग्र** (Cold front) जब ठण्डी एवं भारी वायुराशि आक्रामक होकर हल्की एवं गर्म आर्द्र वायुराशि को ऊपर उठा देती है, तो शीत वाताग्र का निर्माण होता है। इसका ढाल 1: 25 से 1: 100 तक होता है।
4. **अधिविष्ट वाताग्र** (Occluded front) शीत वाताग्र उष्ण वाताग्र से तीव्र गति से गमन कर उष्ण वाताग्र से मिल जाता है, तो इसे अधिविष्ट वाताग्र कहते हैं। इसमें गर्म वायु का धरातल से सम्पर्क टूट जाता है।

चक्रवात

- पवनों का ऐसा चक्र जिसमें अन्दर की ओर वायुदाब कम और बाहर की ओर अधिक होता है, उसे चक्रवात (Cyclone) कहते हैं, जो वृत्ताकार या अण्डाकार होता है, जिसके केन्द्र से बाहर की ओर वायुदाब क्रमशः बढ़ता जाता है।
- इसकी समभार रेखाएँ संकेन्द्रीय होती हैं। उत्तरी गोलार्द्ध में चक्रवात में वायु की दिशा घड़ी की सुईं की विपरीत दिशा (Anti-clockwise) तथा दक्षिणी गोलार्द्ध में घड़ी की सुईं की दिशा (Clockwise) में घूमती हुई निम्न दाब वाले केन्द्र की ओर गोलाकार आकृति में घूमती हुई पहुँचती है।

चक्रवात के प्रकार

अक्षांशीय विस्तार के आधार पर चक्रवात को दो वर्गों में वर्गीकृत किया गया है

1. शीतोष्ण कटिबन्धीय चक्रवात
2. उष्णकटिबन्धीय चक्रवात

1. शीतोष्ण कटिबन्धीय चक्रवात

- मध्य अक्षांशों में निर्मित चक्रवातों को शीतोष्ण कटिबन्धीय चक्रवात (Temperate cyclone) कहते हैं। इनके केन्द्र में कम दाब तथा बाहर की ओर अधिक दाब होता है।

शीतोष्ण चक्रवात की संरचना

- इनका निर्माण दो विपरीत स्वभाव वाली ठण्डी तथा गर्म हवाओं के मिलने के कारण होता है। शीतोष्ण कटिबन्धीय चक्रवात का अक्षांशीय विस्तार 35°-65° अक्षांश के बीच दोनों गोलार्द्धों में है। इनकी दिशा पछुआ हवाओं के प्रभाव के कारण पश्चिम से पूर्व की ओर होती है।
- इनका आकार गोलाकार, अण्डाकार एवं कभी-कभी v के आकार का होता है। एक आदर्श शीतोष्ण चक्रवात का दीर्घ व्यास 1920 किमी तथा लघु व्यास 1040 किमी के आस-पास होता है। गर्मियों में इन चक्रवातों की औसत गति 32 किमी/घण्टा तथा सर्दियों में 48 किमी/घण्टा होती है।
- शीतोष्ण कटिबन्धीय चक्रवात के दक्षिणी भाग में गर्म हवाएँ होती हैं। अतः वहाँ का तापमान अधिक होता है। इसमें विपरीत उत्तरी-पूर्वी तथा उत्तरी-पश्चिमी भाग में ठण्डी हवाओं के कारण तापमान नीचा होता है।
- शीतोष्ण कटिबन्धीय चक्रवातों का कोई निश्चित मार्ग नहीं होता है, इसी कारण इसके मार्ग को मेखलाओं में प्रदर्शित किया जाता है। उल्लेखनीय है कि इनके चलने वाले मार्ग को झंझा पथ (Storm track) कहते हैं।

इस चक्रवात के उत्तरी गोलार्द्ध में उत्पत्ति के दो केन्द्र हैं

(i) उत्तरी अमेरिका का उत्तरी पूर्वीय तटीय भाग तथा

(ii) एशिया का उत्तरी पूर्वीय तटीय भाग।

शीतोष्ण कटिबन्धीय चक्रवात की उत्पत्ति एवं जीवन चक्र

- इनकी उत्पत्ति दो वायुराशियों के अभिसरण से होती है, जिसमें एक ठण्डी व शुष्क, जोकि पश्चिम से आती है और दूसरी उष्ण व आर्द्र हवा, जोकि पूर्व से आती है, इसकी उत्पत्ति के सम्बन्ध में बर्कनीज (Berknes) का ध्रुवीय वाताग्र सिद्धान्त सर्वाधिक मान्य है, *जिन्होंने इसके जीवन चक्र की छः क्रमिक अवस्थाएं बताई हैं शीतोष्ण कटिबन्धीय चक्रवात के जीवन चक्र की अवस्था*
  - **प्रथम अवस्था** जब दो विपरीत गुणों वाली वायुराशियाँ एक-दूसरे से समानान्तर चलती हैं, जिससे स्थायी वाताग्र का निर्माण होता है।
  - **दूसरी अवस्था** जब एक वायुराशि दूसरी वायुराशि के प्रदेश में प्रविष्ट करने प्रयास करती हैं, जिससे लहरनुमा वाताग्र का निर्माण होता है।
  - **तीसरी अवस्था** जब उष्ण और शीत वाताग्रों का पूर्ण विकास हो जाता है, तो इसमें चक्रवात का पूर्णरूप प्राप्त हो जाता है।
  - **चौथी अवस्था** इसमें शीत वाताग्र के तेजी से आगे बढ़ने के कारण उष्णवृत्त संकुचित होने लगता है।
  - **पाँचवीं अवस्था** इसमें चक्रवात का अवसान होना प्रारम्भ हो जाता है।
  - **छठी या अन्तिम अवस्था** में चक्रवात का अन्त (अवसान) हो जाता है।

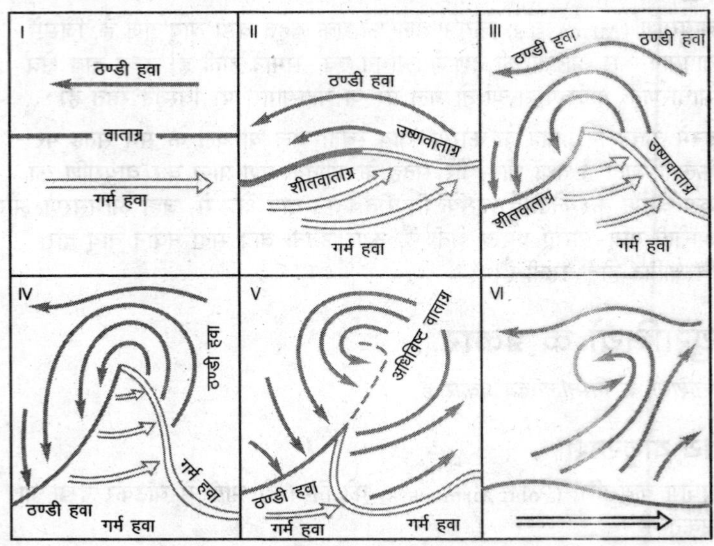

शीतोष्ण कटिबन्धीय चक्रवात का जीवन चक्र

2. उष्णकटिबन्धीय चक्रवात

- उष्णकटिबन्धीय क्षेत्र में उत्पन्न होने वाले चक्रवातों को **उष्णकटिबन्धीय चक्रवात** (Tropical cyclone) कहा जाता है। निम्न अक्षांशों के मौसम खासकर वर्षा पर इन चक्रवातों का पर्याप्त प्रभाव होता है। उष्णकटिबन्धीय चक्रवातों की ऊर्जा का मुख्य स्रोत संघनन की गुप्त ऊष्मा होती है।

उष्णकटिबन्धीय चक्रवात की संरचना

- इनकी आकृति सामान्यत: वृत्ताकार या अण्डाकार होती है, परन्तु इनमें समदाब रेखाओं की संख्या बहुत कम होती है। उष्णकटिबन्धीय चक्रवातों की गति 32 किमी प्रति घण्टा से 120 किमी प्रति घण्टा से भी अधिक होती है।
- उष्णकटिबन्धीय चक्रवात सदैव गतिशील नहीं होते कभी-कभी एक ही स्थान पर कई दिनों तक वर्षा करते हैं। इसकी दिशा व्यापारिक हवाओं के साथ पूर्व से पश्चिम की ओर होती है। सागरों के ऊपर इन चक्रवातों की गति तीव्र होती है, परन्तु स्थल तक पहुँचते ही ये क्षीण होने लगती हैं तथा केवल तटीय क्षेत्रों को प्रभावित कर पाती हैं।

उष्णकटिबन्धीय चक्रवात के उत्पत्ति क्षेत्र

- ये चक्रवात मुख्य रूप से 5° से 10° अक्षांशों के मध्य ही दोनों गोलार्द्धों में सागरों के ऊपर पाए जाते हैं। इनकी विशेषता यह होगी है कि सागरीय भागों में उत्पन्न होकर तटीय भागों तक जाते-जाते समाप्त हो जाते हैं।
- उष्णकटिबन्धीय चक्रवातों में ही हरिकेन, दक्षिणी, अटलाण्टिक महासागर दक्षिणी-पूर्वी प्रशान्त महासागर तथा भूमध्य रेखा के दोनों ओर 5° अक्षांशों के मध्य विलुप्त दृष्टिगत नहीं होते।

विश्व के भूगोल पर इनके वितरण के छ: प्रमुख क्षेत्र हैं

(i) उत्तरी प्रशान्त महासागर

- मैक्सिको के पश्चिमी तट के सहारे उत्पन्न होकर ये चक्रवात उत्तर-पश्चिम दिशा में चलकर कैलिफोर्निया के तट को प्रभावित करते हैं तथा कभी-कभी हवाई द्वीप तक भी पहुँच जाते हैं।
- जून से नवम्बर तक प्रतिवर्ष ये चक्रवात 5-6 की संख्या में आते हैं, जिनमें लगभग 2 हरिकेन का रूप धारण कर लेते हैं।

(ii) दक्षिणी प्रशान्त महासागर

- ऑस्ट्रेलिया के पूर्व में 140° पश्चिम देशान्तर के पास सोसायटी द्वीप के पूर्व में उत्पन्न होकर ये चक्रवात ऑस्ट्रेलिया के उत्तरी-पूर्वी तट को प्रभावित करते हैं। इनका समय दिसम्बर से अप्रैल तक होता है।

(iii) दक्षिणी-पश्चिमी उत्तरी प्रशान्त महासागर

- खासकर चीन सागर, फिलीपाइन द्वीप तथा दक्षिणी जापान के पास चक्रवात उत्पन्न होकर मई से दिसम्बर तक उक्त भागों को प्रभावित करते हैं। चीन के पूर्वी तट पर इनका विनाशकारी प्रभाव होता है। इस भाग में इन चक्रवातों को टाइफून कहते हैं। वर्ष में लगभग 21 टाइफून आते हैं।

(iv) उत्तरी अटलाण्टिक महासागर

- उत्तरी अटलाण्टिक महासागर के दक्षिणी तथा दक्षिण-पश्चिम भाग में 30° उत्तरी अक्षांश तक प्रतिवर्ष 7 चक्रवात आते हैं, जिनमें आधे हरिकेन का रूप धारण कर लेते हैं। इनमें से
  - केप वर्डे द्वीप क्षेत्र में अगस्त तथा सितम्बर में,
  - पश्चिम द्वीप समूह के उत्तर तथा पूर्व में फ्लोरिडा तथा संयुक्त राज्य अमेरिका के अटलाण्टिक तट के दक्षिणी भागों में जून से अक्टूबर तक
  - उत्तरी कैरीबियन सागर में मई से नवम्बर तक
  - दक्षिण कैरीबियन सागर में जून से अक्टूबर तक, तथा
  - मैक्सिको की खाड़ी में जून से अक्टूबर तक हरिकेन आते हैं।

(v) उत्तरी हिन्द महासागर

- बंगाल की खाड़ी तथा अरब सागर से उत्पन्न होकर ये चक्रवात भारत को बड़े पैमाने पर प्रभावित करते हैं। बंगाल की खाड़ी में अप्रैल से दिसम्बर तक तथा अरब सागर में अप्रैल से जून एवं सितम्बर से दिसम्बर तक आते हैं। इन्हें चक्रवात या अवदाब (Depressions) कहते हैं।

(vi) दक्षिणी हिन्द महासागर

- मेडागास्कर, रीयूनियन तथा मॉरीशस द्वीपों के पास चक्रवात आते हैं, इनका समय नवम्बर से अप्रैल है।

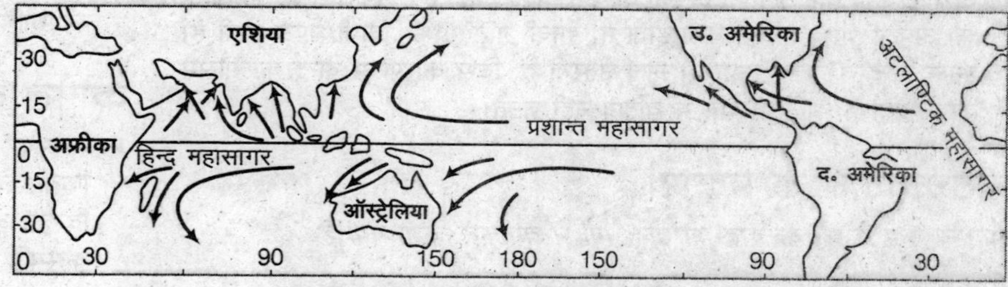

उष्णकटिबन्धीय चक्रवात का क्षेत्र

उष्णकटिबन्धीय चक्रवात के प्रकार

- **टॉरनेडो** टॉरनेडो (Tornado) चक्रवात का एक प्रकार है। आकार की दृष्टि से तो यह लघु रूप में होता है, लेकिन प्रभाव की दृष्टि से सर्वाधिक प्रलयकारी एवं प्रचण्ड होता है। इसकी प्रमुख विशेषता यह है कि यह मुख्य रूप से संयुक्त राज्य अमेरिका तथा गौण रूप से ऑस्ट्रेलिया में उत्पन्न होता है, इसका आकार एक कीप या छलनी के समान होता है, जिसका पतला भाग धरातल से और ऊपरी चौड़ा भाग कपास वर्षी मेघ से जुड़ा होता है। टॉरनेडो में हवाओं की गति 800 किमी/घण्टे तक होती है।
- **हरिकेन** हरिकेन (Hurricane) शब्द स्पेनी भाषा से लिया गया है। यह भी चक्रवात का एक प्रकार है, जिसका सम्बन्ध मुख्य रूप से कैरीबियन सागर और मैक्सिको की खाड़ी के परिक्रमी उष्णकटिबन्धीय तूफानों से है। यह अक्सर अगस्त से लेकर अक्टूबर के महीनों में आता है। इसका उत्पत्ति क्षेत्र मैक्सिको, ग्वाटेमाला, होण्डुरास, निकारागुआ, कोस्टारिका और पनामा जैसे देशों का तटवर्ती क्षेत्र है। इसकी गति 160 किमी/घण्टे तक होती है।
- **टाइफून** पश्चिमी प्रशान्त महासागर और चीन सागर में उष्णकटिबन्धीय चक्रवातों को टाइफून (Typhoon) कहा जाता है। इसकी उत्पत्ति जून से दिसम्बर के मध्य होती है। ये प्रशान्त महासागर के विशाल क्षेत्र में आते हैं। यहाँ पर उष्णकटिबन्धीय चक्रवातों की वार्षिक बारम्बारता अधिक है। यह निम्न भार का गहरा तन्त्र होता है, जिसमें तेज हवाएँ एवं भारी वर्षा होती है।

तड़ित झंझा

तूफान का वह रूप जिसमें गर्जन, तड़ित भारी वर्षा एवं ओला की प्रकृति पाई जाती है, तड़ित झंझा (Thunderstorm) कहलाता है। प्रायः यह शीत वाताग्र के गुजरने के बाद प्रतिस्थापित होता है। विषुवत्‌रेखीय प्रदेशों और अन्तर उष्णकटिबन्धीय अभिसरण मण्डल में अनेक तड़ित झंझा का अनुभव किया जाता है।

चक्रवातों के विभिन्न नाम

विभिन्न नाम	सम्बन्धित क्षेत्र
चक्रवात (Cyclone)	हिन्द महासागर
हरिकेन (Hurricane)	कैरीबियन द्वीप समूह
टायफून (Typhoon)	दक्षिणी चीन सागर
विली-विलीज (Willy-Willies)	ऑस्ट्रेलिया
टॉरनेडो (Tornadoes)	तटीय अमेरिका
ट्विस्टर (Twister)	स्थलीय अमेरिका

प्रतिचक्रवात

- चक्रवात का विपरीत रूप ही प्रतिचक्रवात (Anticyclone) होता है। यह वृत्ताकार समदाब रेखाओं द्वारा घिरा हुआ वायु का एक ऐसा क्रम होता है, जिसके केन्द्र में वायुदाब उच्चतम और बाहर की ओर क्रमशः निम्नतम होता जाता है। इसी कारण से हवाएँ केन्द्र से परिधि की ओर चलती हैं।
- आकार में ये चक्रवातों की अपेक्षा अधिक विस्तृत होते हैं, इनका व्यास, चक्रवातों की अपेक्षा 75% अधिक बड़ा होता है। इनकी गति 30-50 किमी/घण्टा होती है। इनके केन्द्र में हवाएँ ऊपर से नीचे उतरती हैं, जिस कारण से केन्द्र का मौसम साफ होता है। प्रतिचक्रवात में वाताग्र नहीं बनते।

प्रतिचक्रवात के प्रकार

सामान्य रूप में प्रतिचक्रवात को तीन वर्गों में वर्गीकृत किया गया है

1. शीतल प्रतिचक्रवात

- इनका उत्पत्ति केन्द्र आर्कटिक क्षेत्र होता है। आकार में ये गर्म प्रतिचक्रवातों से छोटे होते हैं, लेकिन अपेक्षाकृत तेजी से आगे बढ़ते हैं। इनकी गहराई कम होती है। इन्हें दो उप-प्रकारों में विभाजित किया गया है।
- प्रथम क्षणिक प्रतिचक्रवात और द्वितीय अर्द्ध स्थायी प्रतिचक्रवात। इन चक्रवातों के दो मार्ग होते हैं। पहले, कनाडा के उत्तर में उत्पन्न प्रतिचक्रवात कनाडा तथा संयुक्त राज्य अमेरिका को प्रभावित करते हैं। इनकी दिशा पूर्वी तथा दक्षिण-पूर्वी होती है। दूसरे, साइबेरिया के उत्तर में उत्पन्न प्रतिचक्रवात चीन, जापान तथा अलास्का की ओर चलते हैं।

2. गर्म प्रतिचक्रवात

- आकार में ये विशालकाय होते हैं। ये कम सक्रिय होते हैं तथा अपने उत्पत्ति स्थाल से बाहर निकलने का प्रयास करते हैं। इनकी आगे बढ़ने की गति इतनी मन्द होती है कि कभी-कभी हफ्ते तक एक स्थान पर स्थिर रहते हैं। इनमें हवा मन्द होती है, आकाश मेघरहित होते हैं तथा मौसम साफ रहता है। ये प्रतिचक्रवात दक्षिणी-पूर्वी संयुक्त राज्य तथा पश्चिमी यूरोप को अधिक प्रभावित करते हैं।

3. अवरोधी प्रतिचक्रवात

- इनका आविर्भाव परिवर्तन मण्डल के ऊपरी भाग में वायुसंचार में रुकावट या अवरोध के कारण होता है। इसी कारण से इन्हें 'अवरोधी प्रतिचक्रवात' कहते हैं।
- वायु प्रणाली, वायुदाब तथा मौसम सम्बन्धी विशेषताओं में ये गर्म प्रतिचक्रवातों से मिलते जुलते हैं, परन्तु आकार में छोटे होते हैं तथा मन्द गति से चलते हैं। इनके उत्पत्ति क्षेत्र उत्तर-पश्चिम यूरोप तथा अटलाण्टिक महासागर का भाग (जोकि 0° से 30° पश्चिम देशान्तर के बीच है) तथा 140°-170° पश्चिम देशान्तर के मध्य उत्तरी प्रशान्त महासागरों के पश्चिमी भाग हैं।

जलवायु वर्गीकरण

- सर्वप्रथम जलवायु वर्गीकरण यूनानियों द्वारा प्रस्तुत किया गया, उन्होंने वर्गीकरण का आधार तापमान को माना तथा समस्त विश्व को तीन कटिबन्धों में विभाजित किया—उष्णकटिबन्ध, शीतोष्ण कटिबन्ध तथा शीत कटिबन्ध।
- ब्लादिमीर कोपेन, सी डब्ल्यू थार्नथ्वेट एवं जी टी द्रिवार्था आदि ने विश्व की जलवायु का वर्गीकरण करने का प्रयास किया है। आनुभविक आधार के अन्तर्गत वेधशालाओं, वायुयानों, उपग्रहों, गुब्बारों आदि से प्राप्त आँकड़ों को शामिल करते हैं, जबकि जननिक आधार के अन्तर्गत जलवायु की घटनाएँ एवं विभिन्नता को शामिल किया जाता है।

कोपेन का वर्गीकरण

- सर्वप्रथम वर्ष 1918 में कोपेन ने अपने वर्गीकरण को प्रस्तुत किया, लेकिन उसमें कई संशोधन के बाद वर्ष 1936 में उन्होंने विस्तृत वर्गीकरण प्रस्तुत किया। कोपेन ने तापमान, वर्षा एवं वनस्पति को आधार मानकर वर्गीकरण किया था।
- *कोपेन ने कैण्डोल के विश्व के 5 वनस्पति मण्डलों को आधार मानकर विश्व की जलवायु को निम्न समूहों में विभाजित किया*

A- शीत ऋतु रहित उष्णकटिबन्धीय आर्द्र जलवायु

- इसमें निम्नतम तापमान 18° से. से अधिक होता है। सर्वत्र एकरूपता का अभाव पाया जाता है। वर्षा की अवधि के आधार पर इसे तीन वर्गों में विभाजित करते हैं।

Af- उष्णकटिबन्धीय आर्द्र जलवायु

- इसमें किसी भी महीने में 6 सेमी से अधिक वर्षा होती है। वर्षा का मौसमी वितरण समान तथा वार्षिक तथा दैनिक तापान्तर निम्नतम होता है।

Am- मानसूनी जलवायु

- इसमें शुष्क मौसम पाया जाता है। पर्याप्त वर्षा होती है, जिससे सघन वनस्पति का विकास हो जाता है।

Aw- उष्णकटिबन्धीय आर्द्र एवं शुष्क जलवायु

- पवनों का मौसमी उत्क्रमण इसकी प्रमुख विशेषता है।
- इसमें शीत ऋतु शुष्क होती है, जिसमें वर्षा 6 सेमी से कम होती है। वर्षभर उच्च तापमान पाया जाता है।

B- शुष्क जलवायु

- वाष्पीकरण वर्षा से अधिक होता है। वर्षा की कमी के कारण इसमें स्थायी भौम जलस्तर नहीं पाया जाता है। *तापमान एवं वर्षा के आधार पर इस जलवायु को दो वर्गों में विभाजित किया जाता है*

1. BW- शुष्क मरुस्थलीय जलवायु
2. BS अर्द्धशुष्क या स्टेपी जलवायु

D- शीतार्द्र जलवायु

- सबसे उष्णतम महीने का तापमान 10° से. से अधिक तथा ठण्डे महीने का औसत तापमान – 3° सेन्टिग्रेड से कम होता है। इसमें धरातल को हिमाच्छादित महीनों के आधार पर दो वर्गों में विभाजित करते हैं।

E- ध्रुवीय जलवायु

- इसमें सबसे गर्म महीने का तापमान 10° सेन्टिग्रेड से कम होता है। *तापमान के आधार पर इसे दो वर्गों में विभाजित करते हैं*

1. **ET- टुण्ड्रा जलवायु** इसमें सबसे गर्म महीने का तापमान 10° सेन्टिग्रेड से कम, लेकिन 0°C से अधिक पाया जाता है।
2. **EF सतत् हिमाच्छादित जलवायु** इसमें सभी महीनों का तापमान 0°C सेन्टिग्रेड से कम होता है।

जलवायु परिवर्तन

जल वायविक तत्त्वों के दीर्घकालिक औसत में होने वाले परिवर्तन को जलवायु परिवर्तन कहा जाता है। वर्तमान में यह वैश्विक तापन एवं ओजोन क्षरण के रूप में व्यक्त हो रहा है।

वैश्विक तापन

- मानव की बढ़ती जनसंख्या तथा उसके क्रियाकलापों के कारण पिछली शताब्दी से पृथ्वी का पर्यावरण तेजी से बदल रहा है, विशेषकर औद्योगिक क्रान्ति के पश्चात्। भूमण्डलीय बदलाव के प्रमुख कारण मानव द्वारा संसाधनों का दुरुपयोग, अतिचराई, वन भूमि का विनाश जैव ईंधन के कारण प्रदूषण हरितगृह गैसों के बड़े पैमाने पर उत्सर्जन तथा बड़े पैमाने पर भू-उपयोग, भू-आवरण में परिवर्तन है। उक्त कारणों से पृथ्वी के तापमान में क्रमिक वृद्धि हो रही है तथा तापमान वृद्धि की गति गत कुछ दशकों से तीव्रतर होती जा रही है।
- वैश्विक तापन (Global Warming) ग्रीन हाउस प्रभाव (Green House Effect) प्राकृतिक रूप से होने वाली परिघटना है, जिससे पृथ्वी की सतह और वायुमण्डल गर्म हो जाता है। वायुमण्डल में कार्बन डाइ-ऑक्साइड (CO_2) की मात्रा में वृद्धि होने से वायुमण्डल की पार्थिव विकिरणों का अवशोषण करने की क्षमता में वृद्धि हो जाती है, फलत: वायुमण्डल का तापमान बढ़ता है।

ग्रीन हाउस गैसें

- प्रमुख हरित गृह गैसें कार्बन डाइ-ऑक्साइड, नाइट्रोजन ऑक्साइड, मीथेन, ओजोन, जलवाष्प तथा क्लोरो-फ्लोरो कार्बन प्रमुख ग्रीन हाउस गैसें हैं।

कार्बन डाइ-ऑक्साइड

- वायुमण्डल में नाइट्रोजन और ऑक्सीजन की तुलना में कार्बन डाइ-ऑक्साइड (CO_2) बहुत अल्प मात्रा में पाई जाती है, परन्तु पृथ्वी पर तापमान अनुरक्षण में इसकी महत्त्वपूर्ण भूमिका है। वैश्विक ऊष्मन के लिए उत्तरदायी कारकों में कार्बन डाइ-ऑक्साइड का योगदान लगभग 60% होता है।

मीथेन

- भूमण्डलीय जलवायु को प्रभावित करने वाली दूसरी प्रमुख ग्रीन हाउस गैस मीथेन (CH_4) है। यद्यपि वायु में (CO_2) की तुलना में काफी निम्न स्तर पर पाई जाती है, परन्तु यह एक अधिक शक्तिशाली हरित गृह गैस है, जिसमें 25 गुना अधिक ऊष्मा धारण करने की क्षमता है।
- आर्द्रभूमि से मीथेन का उत्सर्जन होता है। इसका कारण कार्बनिक पदार्थों का ऑक्सीजन के अभाव में अपघटन है। इसके अतिरिक्त बाढ़ग्रस्त धान के खेतों में तथा दलदली क्षेत्रों में मीथेनोजेन की अनॉक्सी क्रिया द्वारा मीथेन का निष्कासन होता है।

क्लोरो-फ्लोरो कार्बन

- क्लोरो-फ्लोरो कार्बन (CFCs) अज्वलनशील, अविषाक्त और अत्यधिक स्थायी है तथा कृत्रिम गैसों के अवयवों; जैसे—कार्बन तथा हैलोजेन से बना है।
- इसमें पृथ्वी के स्थायित्व को सबसे अधिक खतरा है। क्लोरो-फ्लोरो कार्बन के प्रमुख स्रोतों में रिसावयुक्त वातानुकूलन संयन्त्र, फ्रिज तथा औद्योगिक विलायकों का वाष्पीकरण, प्लास्टिक फोम का उत्पादन, एरोसोल स्प्रे, डिब्बे के नोदक इत्यादि हैं। CFC का वायुमण्डल में लम्बी अवधि तक अस्तित्व रहता है, जोकि 45 से 260 वर्ष तक हो सकता है।

नाइट्रस ऑक्साइड

- वायुमण्डल में नाइट्रस ऑक्साइड (N_2O) की मात्रा बढ़ रही है, जिससे 6% तक मानवकृत ग्रीन हाउस प्रभाव पड़ रहा है। N_2O की वार्षिक वृद्धि दर 0.2 से 0.3% प्रतिवर्ष है। N_2O का मुख्य स्रोत कृषि, जैव भार (Biomass) का जलना तथा औद्योगिक क्रियाएँ हैं। N_2O का उत्पादन नायलॉन (Nylon) निर्माण से, नाइट्रोजनयुक्त ईंधन से, मवेशियों के उत्सर्ग तथा भूमि नाइट्रोजन संयन्त्र उर्वरकों के नियोजन से तथा नाइट्रेट संक्रमित सतही जल से होता है।

ग्रीन हाउस गैसों का प्रभाव

ग्रीन हाउस गैसों के प्रभाव निम्नलिखित हैं

वनस्पति पर प्रभाव

- पौधों पर CO_2 उर्वरण प्रभाव वायुमण्डल में CO_2 की सान्द्रता बढ़ने से अधिकतर पौधों में कुछ वर्षों के लिए वृद्धि की दर करीब 30% तक बढ़ जाएगी। बढ़ी हुई CO_2 की सान्द्रता के प्रति पौधों की अनुक्रिया कार्बन डाइ-ऑक्साइड उर्वरण प्रभाव कहलाता है। बढ़ी हुई CO_2 सान्द्रता से प्रकाश संश्लेषण की दर में वृद्धि होगी।

- इस प्रकार वाष्पोत्सर्जन की दर भी घट जाएगी तथा जल उपयोग कार्यक्षमता बढ़ जाएगी। इसकी वजह से पौधों की कई जातियाँ कम पानी वाले स्थानों में आसानी से उगाई जा सकती हैं। इस तरह वायुमण्डल में उच्च CO_2 सान्द्रता होने से अधिक भोज्य पदार्थ बनेगा एवं जड़ों में भी पहुँचेगा।
- अधिक भोज्य पदार्थ होने से अधिक जड़ें होंगी, माइक्रोराइजल तन्तुओं का अधिक विकास एवं जड़ ग्रन्थियों में अधिक N_2 स्थिरीकरण होगा। इस प्रकार पौधे कम पोषक तत्त्वों वाली भूमि में भी आसानी से उगाए जा सकते हैं।

वायुमण्डल पर प्रभाव

- भूमण्डलीय तापन के कारण वायुमण्डल (Atmosphere) में अधिक ऊर्जा का समावेश हो सकता है, इसके कारण वायुमण्डल में जलवाष्प की मात्रा में वृद्धि हो जाएगी और जलवाष्प व तापमान के संसर्ग से बहुत सही जलवायविक परिघटनाओं का जन्म होगा, *जैसे*
  - वाष्पीकरण की मात्रा में वृद्धि
  - वर्षा की मात्रा में सम्भावित वृद्धि
  - उष्णकटिबन्धीय चक्रवातों की बारम्बारता में वृद्धि
  - वायुगति एवं उनकी विध्वंसक क्षमता में वृद्धि
  - जैव चक्र में व्यवधान
  - **एल-निनो** की बारम्बारता एवं तीक्ष्णता में वृद्धि। एल-निनो, जिसकी बारम्बारता 7 वर्ष है, वह भूमण्डलीय तापन के कारण घटकर 5 वर्ष हो सकती है।
  - उत्तरी एवं पूर्वी गोलार्द्ध के ग्रीष्म की तीक्ष्णता में वृद्धि, जो वर्ष 1990 से देखी जा रही है।

स्थलमण्डल पर प्रभाव

- हिमनदों का पश्चगमन (Retreat), जिसके कारण सदानीरा नदियाँ भी शुष्क हो जाएँगी।
- स्थलीय भागों की शुष्कता में वृद्धि।
- सागर तल में उमज्जन के कारण भूमिगत जल पर लवणीय जल का अन्तर्भेदन।
- स्थलीय जीवमण्डल एक नेट कार्बन स्रोत की ओर प्रवृत्त होगा।

जलमण्डल पर प्रभाव

- एक अनुमान के मुताबिक विश्व की लगभग 40% जनसंख्या तटीय भागों में 60 किमी के दायरे में रहती है। ऐसी दशा में बढ़ता समुद्र तल तटीय मानव बस्तियों को जलमग्न कर सकता है। बढ़ते समुद्र तल से उठती तेज लहरें मानव बस्तियों एवं तटीय पारिस्थितिक तन्त्र को खतरे में डाल सकती हैं।
- बढ़ते खारे पानी की मात्रा के कारण, स्वच्छ जल की मात्रा प्रभावित हो सकती है, जिससे जल संकट की भयावहता बढ़ जाएगी। बढ़ते समुद्र तल ने सागरीय द्वीपों-मॉरिशस, मालदीव, सेशल्स द्वीप, केनरी आदि द्वीपों के जलमग्न होने की सम्भावना को बल दिया है। यदि भविष्य में समुद्र तल प्रसार में वृद्धि होती रही, तब सम्बन्धित राष्ट्रों के लुप्त होने का खतरा बढ़ जाएगा।
- तटीय पर्यटन केन्द्रों पर भी समुद्री तल के बढ़ने से कुप्रभाव पड़ेंगे। सम्बन्धित स्थलों के नष्ट होने के साथ-साथ विश्व में एक बड़ी जनसंख्या अपने रोजगार को गँवा सकती है।
- सागरीय पारिस्थितिकी से जीवन-यापन करने वाले व्यक्तियों यथा मत्स्य उद्योग में संलग्न व्यक्तियों के व्यवसाय पर बुरा प्रभाव पड़ेगा, जिससे विश्व में आहार तन्त्र अव्यवस्थित हो जाएगा। उपरोक्त दुष्प्रभावों के साथ-साथ कृषि प्रणालियों, आर्द्रभूमियों के भी नष्ट होने की सम्भावना व्यक्त की जा रही है।
- प्रवाल विरंजन की दर में वृद्धि होगी।

प्रजातियों के वितरण परिसर पर प्रभाव

- उल्लेखनीय है कि प्रत्येक प्रजाति एक विशेष तापक्रम परिसर में पाई जाती है। अनुमानित भूमण्डलीय तापन से जीवों का भौगोलिक वितरण प्रभावित हो सकता है। यह प्रत्याशा व्यक्त की जाती है कि कई प्रजातियाँ धीरे-धीरे ध्रुवीय दिशा या उच्च पर्वतों की ओर विस्थापित हो जाएँगी।
- अगर जलवायु 2°C से 5°C तक गर्म होगी, तो वानस्पतिक प्रजातियों का वितरण 250 से 600 किमी तक स्थानान्तरित हो जाएगा। प्रजातियों के वितरण में इन परिवर्तनों का जाति विविधता तथा पारिस्थितिकी अभिक्रियाओं पर महत्त्वपूर्ण प्रभाव पड़ेगा।

खाद्य उत्पादन पर प्रभाव

- तापक्रम में वृद्धि से पौधों में कई रोग एवं पीड़क जन्तु, खरपतवार एवं श्वसन क्रिया की दर में वृद्धि हो जाती है। इन सभी कारकों के कारण फसल उत्पादन कम हो जाता है। तापक्रम में कम वृद्धि शीतोष्ण जलवायु में फसल की उत्पादकता बढ़ा सकती है, परन्तु अधिक वृद्धि से उत्पादकता घट जाती है।
- सभी उष्णकटिबन्धीय समशीतोष्ण कटिबन्धीय क्षेत्रों में तापक्रम में थोड़ी-सी वृद्धि से भी फसल उत्पादकता पर हानिकारक प्रभाव पड़ता है। लगभग 1°C तापक्रम बढ़ने से केवल दक्षिण-पूर्व एशिया में चावल उत्पादन लगभग 5% गिर जाता है। कार्बन डाइ-ऑक्साइड उर्वरण लाभकारी प्रभाव के बावजूद भूमण्डलीय तापन (Global Warming) से खाद्य उत्पादन गिर जाएगा एवं पूरे विश्व में खाद्य समस्या उत्पन्न हो जाएगी।

ग्रीन हाउस गैसों के स्रोत एवं प्रभाव

गैस	स्रोत	प्रभाव
कार्बन डाइ-ऑक्साइड (CO_2)	ऊर्जा उत्पादन के लिए ईंधन का दहन (पेट्रोल, कोयला, लकड़ी)	पृथ्वी के ताप में वृद्धि
मीथेन (CH_4)	प्राकृतिक गैस एवं अवशिष्ट पदार्थ	पृथ्वी के तापमान में वृद्धि
नाइट्रोजन ऑक्साइड	भट्टियों में ईंधन का जलना	ताप वृद्धि और श्वास रोग
ओजोन	हाइड्रोकार्बन और नाइट्रोजन के ऑक्साइड	ताप वृद्धि और फेफड़ों में क्षति
क्लोरो-फ्लोरो कार्बन	औद्योगिक उत्सर्जन	ओजोन क्षरण, ताप वृद्धि
अन्य हाइड्रोकार्बन	औद्योगिक क्रियाओं के दौरान	ताप वृद्धि, आँखों में जलन

वैश्विक ऊष्मन को कम करने की रणनीतियाँ

ग्रीन हाउस गैसों से उत्पन्न वैश्विक ऊष्मन को कम करने के लिए निम्न विधियाँ साकार सिद्ध हो सकती हैं

- ग्रीन हाउस गैसों का स्राव, जीवाश्म ईंधन का कम उपयोग करके तथा ऊर्जा के अन्य स्रोतों—पवन ऊर्जा, सौर ऊर्जा आदि का उपयोग करके किया जा सकता है।
- पृथ्वी पर वानस्पतिक क्षेत्र खासकर वनों को बढ़ाएँ, जिसमें CO_2 का उपयोग प्रकाश संश्लेषण में हो जाएगा।
- खेती में नाइट्रोजन खादों का उपयोग कम करें, जिससे NO_2 का उत्सर्जन कम होगा।
- क्लोरो-फ्लोरो कार्बन के प्रतिस्थापित पदार्थों का विकास करना।
- उपरोक्त न्यूनीकरण विधियों के अतिरिक्त स्थानीय जलवायु परिवर्तन के साथ सामंजस्य होना आवश्यक है।

कुछ महत्त्वपूर्ण स्थानीय पवनें

स्थानीय पवन	प्रकृति	क्षेत्र	स्थानीय पवन	प्रकृति	क्षेत्र
लू	गर्म व शुष्क	उत्तरी भारत-पाकिस्तान	खमसिन	गर्म व शुष्क	मिस्र
हबूब	गर्म	सूडान	सोलानो	गर्म व आर्द्रतायुक्त	सहारा
चिनूक	गर्म व शुष्क	रॉकी पर्वत	पुनाज	ठण्डी व शुष्क	एण्डीज पर्वत
फोन	गर्म व शुष्क	आल्पस पर्वत	पुर्गा	ठण्डी	साइबेरिया
मिस्ट्रल	ठण्डी	स्पेन-फ्रांस	नॉर्वेस्टर	गर्म	न्यूजीलैण्ड
हरमट्टन (पवन भी कहते हैं)	गर्म व शुष्क	पश्चिम अफ्रीका	सांता अना	गर्म व शुष्क	कैलिफोर्निया
सिरोको	गर्म व शुष्क	सहारा मरुस्थल	शामल	गर्म व शुष्क	इराक, ईरान
सिमून	गर्म व शुष्क	अरब मरुस्थल	जोण्डा	गर्म व शुष्क	अर्जेण्टीना
बोरा	ठण्डी व शुष्क	इटली, हंगरी	पैम्पेरो	ठण्डी	पम्पास मैदान
ब्लिजर्ड	ठण्डी	टुण्ड्रा प्रदेश	चिली	गर्म व शुष्क	ट्यूनीशिया
लेवेण्टर	ठण्डी	स्पेन	लेवेच	गर्म व शुष्क	स्पेन
ब्रिक फील्डर	गर्म व शुष्क	ऑस्ट्रेलिया	लेस्ट	गर्म व शुष्क	मेडिरा व केनारी
फ्राइजेम	ठण्डी	ब्राजील	गिबली	गर्म व शुष्क	लीबिया
पापागयो	ठण्डी व शुष्क	मैक्सिको	योमा	गर्म, शुष्क व रेतीली	जापान

अभ्यास प्रश्न

1. निम्नलिखित गैसों में से वह कौन-सी गैस है, जो पृथ्वी की सतह के निकट वायु में उपस्थित है तथा जिसकी अधिकतम सान्द्रता होती है?
(a) ऑक्सीजन (O_2) (b) हाइड्रोजन (H_2)
(c) नाइट्रोजन (N_2) (d) मीथेन (CH_4)

2. वायुमण्डल के सन्दर्भ में निम्नलिखित कथनों में से कौन-सा एक सही है?
(a) वायुमण्डल की निश्चित ऊपरी सीमाएँ होती हैं परन्तु यह धीरे-धीरे विरल होता जाता है जब तक कि यह अनवगम्य (इम्पर्सेप्टिबल) न हो जाए
(b) वायुमण्डल की कोई निश्चित ऊपरी सीमाएँ नहीं होतीं, परन्तु यह धीरे-धीरे विरल होता जाता है जब तक कि यह अनवगम्य न हो जाए।
(c) वायुमण्डल की निश्चित ऊपरी सीमाएँ होती हैं, परन्तु यह धीरे-धीरे घना होता जाता है जब तक कि यह अनवगम्य न हो जाए
(d) वायुमण्डल की कोई निश्चित ऊपरी सीमाएँ नहीं होतीं, परन्तु यह धीरे-धीरे घना होता जाता है जब तक कि यह अनवगम्य न हो जाए

3. सूची I को सूची II से सुमेलित कीजिए

सूची I (वायुमण्डल की परत)	सूची II (परतों की अवस्थिति)
A. समतापमण्डल	1. 20-30 किमी
B. मध्यमण्डल	2. 50-80 किमी
C. आयनमण्डल	3. 80-640 किमी
D. बहिर्मण्डल	4. 640 किमी से ऊपर

कूट

	A	B	C	D		A	B	C	D
(a)	4	3	2	1	(b)	3	4	2	1
(c)	1	2	3	4	(d)	1	2	4	3

4. वायुमण्डल की चार परतें हैं
1. आयनमण्डल 2. मध्यमण्डल
3. समतापमण्डल 4. क्षोभमण्डल

ऊँचाई के अनुसार इनका सही क्रम है
(a) 4,3,2 और 1 (b) 4,2,3 और 1
(c) 4,1,2 और 3 (d) 4,1,3 और 2

5. वायुमण्डल में कौन-सी गैस की मात्रा सबसे अधिक है?
(a) ऑक्सीजन (b) निऑन
(c) नाइट्रोजन (d) जैनान

6. निम्नलिखित में से कौन-सा एक, दक्षिणी गोलार्द्ध में पवन का अपनी बाईं और विक्षेपित होने का कारण है?
(a) उत्तरी ओर दक्षिणी गोलार्द्ध की जल मात्राओं मे भिन्नता
(b) ताप और दाब विभिन्नताएँ
(c) पृथ्वी का आनत अक्ष
(d) पृथ्वी का घूर्णन

7. किसी चक्रवात-अक्षि पर क्या होता है?
(a) अप्रसामान्य उच्च ताप और निम्नतम दाब
(b) अप्रसामान्य निम्न ताप और दाब
(c) निर्मल आकाश और न्यूनतम ताप
(d) घना मेघ-आच्छादन और निम्न दाब

8. तड़ित-झंझा के दौरान, आकाश में तड़ित किसके/किनके द्वारा उत्पन्न होती है/हैं?
1. आकाश में कपासी-वर्षी मेघों के मिलने से।
2. तड़ित से, जो वर्षा मेघों को पृथक् करती है।
3. हवा और जल कणों के ऊपर की ओर तीव्र चलन से।

कूट
(a) केवल 1 (b) 2 और 3
(c) 1 और 3 (d) इनमें से कोई नहीं

9. विशिष्ट वायु संहतियों के गुणधर्मों के निम्न युग्मों में से कौन-सा सही है?

वायु संहति – स्रोत क्षेत्र
(a) समुद्री विषुवतीय–विषुवतीय जोन में कोष्ण महासागर
(b) समुद्री ध्रुवीय–उष्णकटिबन्धीय जोन में कोष्ण महासागर
(c) महाद्वीपीय उष्णकटिबन्धीय–उष्णकटिबन्धीय जोन में न्यून कोष्ण महासागर
(d) महाद्वीपीय ध्रुवीय–ध्रुवीय जोन में नम महासागर

10. संचार उपग्रह वायुमण्डल के किस स्तर में अवस्थित किए जाते हैं?
(a) समतापमण्डल में (b) क्षोभमण्डल में
(c) बहिर्मण्डल में (d) आयनमण्डल में

11. वैश्विक तापन के लिए उत्तरदायी गैसें हैं
(a) कार्बन डाइ-ऑक्साइड तथा मीथेन
(b) अमोनिया तथा ब्यूटेन
(c) रेडान तथा नाइट्रोजन
(d) ओजोन तथा हाइड्रोजन क्लोराइड

12. कॉस्मिक प्रकाश का कितना प्रतिशत भाग प्रोटॉन है?
(a) 50% (b) 40%
(c) 87% (d) 70%

13. निम्न में से कौन-सी गैस की मात्रा वायुमण्डल में सबसे कम है?
(a) हाइड्रोजन (b) ऑर्गन
(c) कार्बन डाइ-ऑक्साइड (d) क्रिप्टॉन

14. वायुमण्डलीय संस्तरों में ओजोन परत कौन-से संस्तर में पायी जाती है?
(a) आयनमण्डल (b) मध्यमण्डल
(c) समतापमण्डल (d) ये सभी

15. कौन से मण्डल में ध्रुवीय प्रकाश दिखाई देता है?
(a) मध्यमण्डल (b) आयनमण्डल
(c) तापमण्डल (d) समतापमण्डल

16. निम्न में से अपसौर की तिथि क्या है?
(a) 3 जनवरी (b) 4 जनवरी
(c) 3 जुलाई (d) 4 जुलाई

17. अलग-अलग ऋतुओं में दिन-समय और रात्रि समय के विस्तार में विभिन्नता किस कारण से होती है?
(a) पृथ्वी का अपने अक्ष पर घूर्णन
(b) पृथ्वी का, सूर्य के चारों ओर दीर्घवृत्तीय रीति से परिक्रमण
(c) स्थान की अक्षांशीय स्थिति
(d) पृथ्वी का नत अक्ष पर परिक्रमण

18. वायुमण्डल की सबसे ऊपरी परत कौन-सी है?
(a) बहिर्मण्डल (b) समतापमण्डल
(c) आयनमण्डल (d) मध्यमण्डल

19. आकाश का नीला रंग निम्न में से कौन-से प्रभाव के कारण होता है?
(a) अवशोषण (b) प्रक्रिरण
(c) विसरण (d) परावर्तन

20. निम्नलिखित में से कौन-से वायुमण्डल के स्तरों एवं उनके अभिलक्षणों के सुमेलन सही हैं?
1. क्षोभमण्डल — मौसम सम्बन्धी घटनाएँ
2. समतापमण्डल — ओजोन परत
3. आयनमण्डल — पृथ्वी की सतह की ओर परावर्तित रेडियो तरंगें
4. मध्यमण्डल — ध्रुवज्योति,

कूट
(a) 1, 2 और 3 (b) 2, 3 और 4
(c) 3 और 4 (d) 1, 2 और 4

21. ग्लोबल वार्मिंग की स्थिति वातावरण में किस गैस की गहनता से पैदा होती है?
(a) ऑक्सीजन (b) कार्बन डाइऑक्साइड
(c) हाइड्रोजन (d) नाइट्रोजन

22. सुमेलित करें

सूची I (घटक)	सूची II (अल्बिडो)
A. शुष्क बालू	1. 10-20%
B. चौड़ी पत्ती वाले पतझड़ वन	2. 35-45%
C. शंकुधारी वन	3. 15-25%
D. घास स्थल	4. 5-10%

कूट

	A	B	C	D
(a)	4	2	1	3
(b)	4	2	3	1
(c)	2	4	3	1
(d)	2	4	1	3

23. वायुमण्डल से गुजरने वाले सूर्यातप का कितना प्रतिशत पृथ्वी की सतह पर प्राप्त होता है?
(a) 51% (b) 49%
(c) 61% (d) 100%

24. आकार की दृष्टि से ये छोटे किन्तु प्रभाव के दृष्टिकोण से प्रलयंकारी एवं प्रचण्ड होते हैं। इनका आकार कीप या छलनी के समान होता है, जिसका पतला भाग धरातल से सम्बन्धित रहता है।
उपरोक्त कथन कहा गया है
(a) शीतोष्ण चक्रवात (b) टारनेडो
(c) विली विली (d) टाइफून

25. सुमेलित कीजिए

सूची I (देश)	सूची II (तूफान का स्थानीय नाम)
A. ऑस्ट्रेलिया	1. हरीकेन
B. चीन	2. विली-विली
C. भारत	3. टाइफून
D. संयुक्त राज्य अमेरिका	4. चक्रवात

कूट

	A	B	C	D
(a)	2	3	4	1
(b)	2	3	1	4
(c)	3	2	4	1
(d)	3	2	1	4

26. सांध्य-प्रकाश निम्न में से किस प्रभाव के कारण होता है?
(a) विकिरण (b) चालन
(c) विसरण (d) प्रकीर्णन

27. उष्णकटिबन्धीय (ट्रॉपिकल) अक्षांशों में दक्षिणी अटलाण्टिक और दक्षिण-पूर्वी प्रशान्त क्षेत्रों में चक्रवात उत्पन्न नहीं होता। इसका क्या कारण है?
(a) समुद्री पृष्ठों के ताप निम्न होते हैं
(b) अन्त: उष्णकटिबन्धीय अभिसारी क्षेत्र (इण्टरट्रॉपिकल कन्वर्जेंस जोन) बिरले ही होता है
(c) कोरिऑलिस बल अत्यन्त दुर्बल होता है
(d) उन क्षेत्रों में भूमि मौजूद नहीं होती

28. निम्नलिखित में से कौन-सी, विषुवतीय वनों की अद्वितीय विशेषता है/विशेषताएँ हैं?
1. ऊँचे, घने वृक्षों की विद्यमानता जिनके किरीट निरन्तर वितान बनाते हों।
2. बहुत-सी जातियों का सह-अस्तित्व हो।
3. अधिपादपों की असंख्य किस्मों की विद्यमानता हो

कूट
(a) केवल 1 (b) 2 और 3
(c) 1 और 3 (d) 1, 2 और 3

29. उपोष्ण कटिबन्धीय क्षेत्र में मरुस्थल पाए जाने का कारण है
1. ठण्डी होने के बाद ये वायु पुन: उपोष्ण कटिबन्ध क्षेत्र में 25° से 40° अक्षांशों के बीच नीचे लौट जाती है।
2. ठण्डी नीचे उतरने वाली वायु वायुमण्डल को सन्तुलित करती है तथा अत्यधिक बादलों के निर्माण एवं वर्षा को बाधित करती है।

कूट
(a) केवल 1 (b) 1 और 2 दोनों
(c) केवल 2 (d) न तो 1 और न ही 2

30. महाद्वीपों के अन्त:स्थों का वार्षिक ताप-परिसर तटीय क्षेत्रों की अपेक्षा अधिक होता है। इसका/इसके क्या कारण है/हैं?
1. भूमि और जल के बीच तापीय अन्तर।
2. महाद्वीपों और महासागरों के बीच तुंगता में अन्तर।
3. अन्त:स्थों में तेज पवनों की विद्यमानता।
4. तटों की अपेक्षा अन्त:स्थों में होने वाली भारी वर्षा।

कूट
(a) केवल 1 (b) 1 और 2
(c) 2 और 3 (d) 1, 2, 3 और 4

31. निम्नलिखित कथनों पर विचार कीजिए
1. सागरों के ऊपर लगभग 30° से 35° उत्तर-दक्षिण अक्षांश पर विद्यमान दो कटिबन्धों में से प्रत्येक हार्स अक्षांश कहलाता है।
2. हॉर्स अक्षांश निम्न दाब कटिबन्ध हैं।

उपरोक्त कथनों में असत्य की पहचान कीजिए
(a) केवल 1 (b) 1 और 2 दोनों
(c) केवल 2 (d) इनमें से कोई नहीं

32. ताजा बर्फ का एल्बिडो कितना होता है?
(a) 10-20 (b) 35-45
(c) 15-25 (d) 40-70

33. बहिर्मण्डल में, निम्न गैसों में से कौन-सी अधिकतम मात्रा में पाई जाती है?
(a) हाइड्रोजन (b) हीलियन
(c) नाइट्रोजन (d) ऑक्सीजन

34. वायुमण्डल में जलवाष्प की मात्रा कितनी होती है?
(a) 10% (b) 2%
(c) 5% (d) 0.5%

35. निम्न में से कौन-से ऊँचे बादल होते है?
(a) पक्षाभ बादल (b) कपासी वर्षा बादल
(c) उच्च कपासी बादल (d) स्तरी बादल

36. जायरे से नीदरलैण्ड जाते समय निम्नलिखित में से जलवायु प्रदेशों का कौन-सा सही क्रम है?
1. भूमध्यरेखीय जलवायु 2. भूमध्यसागरीय जलवायु
3. उष्णमरुस्थलीय जलवायु 4. पश्चिमी यूरोपीय जलवायु

कूट
(a) 1,3,2,4 (b) 1,4,2,3
(c) 2,3,4,1 (d) 3,2,1,4

37. समतापमण्डल के निचले भाग में जेट विमान बहुत आसानी और निर्विघ्नता के साथ उड़ सकते हैं। इसका उपयुक्त स्पष्टीकरण क्या है?
1. समतापमण्डल के निचले भाग में बादल या जलवाष्प नहीं होते।
2. समतापमण्डल के निचले भाग में उर्ध्वाधर पवनें नहीं चलती।

उपरोक्त कथनों में से कौन-सा/से कथन सही है?
(a) केवल 1 (b) केवल 2
(c) 1 और 2 (d) न तो 1 और न ही 2

38. ऑस्ट्रेलिया में चक्रवातों को किस नाम से जाना जाता है?
(a) हरिकेन (b) ट्विस्टर
(c) विली-विलीज (d) टायफून

39. उत्तरी गोलार्द्ध की तुलना में दक्षिणी गोलार्द्ध में पश्चिमी पछुआ पवन अधिक सशक्त तथा स्थायी होती है
1. उत्तरी गोलार्द्ध की तुलना में दक्षिणी गोलार्द्ध में भूखण्ड कम है।
2. उत्तरी गोलार्द्ध की तुलना में दक्षिणी गोलार्द्ध में कोरिऑलिस बल अधिक होता है।

उपरोक्त कथनों में से कौन-से कथन सही है?
(a) केवल 1 (b) केवल 2
(c) 1 और 2 (d) न तो 1 और न ही 2

40. स्पेन एवं फ्रांस की ठण्डी स्थानीय पवन होती है
(a) मिस्ट्रल (b) चिनूक
(c) पुर्गा (d) पैम्पेरो

41. किसी एक भौगोलिक क्षेत्र की सुस्पष्ट विशेषताएँ निम्नलिखित हैं?
1. कोष्ण और शुष्क जलवायु
2. सुहावना और आर्द्र शीतकाल
3. सदाबहार ओक वृक्ष

कूट
(a) भूमध्यसागरीय क्षेत्र
(b) पूर्वी चीन
(c) मध्य एशिया
(d) उत्तरी अमेरिका का अटलाण्टिक तट

42. निम्नलिखित कथनों पर विचार कीजिए
1. किसी पिण्ड का एल्बिडो, परावर्तित प्रकाश में देखने पर उसकी चाक्षुष द्युति निर्धारित करता है।
2. बुध का एल्बिडो, पृथ्वी के एल्बिडो से बहुत अधिक है।

उपरोक्त कथनों में से कौन-सा/से कथन सही हैं/हैं?
(a) केवल 1 (b) केवल 2
(c) 1 और 2 (d) न तो 1 और न ही 2

43. अम्ल वर्षा किनके द्वारा होने वाले पर्यावरण प्रदूषक के कारण होती है?
(a) कार्बन डाइ-ऑक्साइड और नाइट्रोजन
(b) ओजोन और कार्बन डाइ-ऑक्साइड
(c) कार्बन मोनो-ऑक्साइड और कार्बन डाइ ऑक्साइड
(d) नाइट्रस ऑक्साइड और सल्फर डाइ-ऑक्साइड

44. निम्नलिखित पर विचार कीजिए
1. कार्बन डाइ-ऑक्साइड
2. नाइट्रोजन ऑक्साइड
3. सल्फर डाइ-ऑक्साइड

उपरोक्त में से कौन-सा उत्सर्जन उष्मीय शक्ति संयन्त्रों में कोयला दहन से उत्सर्जित होता है/हैं?
(a) केवल 1 (b) 2 और 3
(c) 1 और 3 (d) ये सभी

45. यूनाइटेड नेशन्स प्रेमवर्क कन्वेन्सन ऑन क्लाइमेट चेंज एक अन्तर्राष्ट्रीय सन्धि है, जिसका गठन
(a) स्टॉकहोम में वर्ष 1972 में संयुक्त राष्ट्र मानव पर्यावरण सम्मेलन के दौरान किया गया
(b) रियो-डि जेनेरियो में वर्ष 1972 में संयुक्त राष्ट्र संघ के पर्यावरण और विकास सम्मेलन में किया गया
(c) जोहान्सबर्ग में वर्ष 2002 में धारणीय विकास पर विश्व शिखर सम्मेलन किया गया
(d) संयुक्त राष्ट्र जलवायु परिवर्तन सम्मेलन कोपेनहेगन 2009 में किया गया

46. अण्टार्कटिक क्षेत्र में ओजोन छिद्र का बनना चिंता का विषय है। इस छिद्र के बनने का सम्भावित कारण क्या है?
(a) विशिष्ट क्षोभमण्डलीय विक्षोभ की उपस्थिति तथा क्लोरो-फ्लोरो कार्बन का अन्तर्वाह
(b) विशिष्ट ध्रुवीय वाताग्र तथा समतापमण्डलीय बादलों की उपस्थिति तथा क्लोरो-फ्लोरो का अन्तर्वाह
(c) ध्रुवीय वाताग्र तथा समतापमण्डलीय बादलों की अनुपस्थिति तथा मीथेन और क्लोरो-फ्लोरो कार्बन का अन्तर्वाह
(d) वैश्विक तापन से ध्रुवीय प्रदेश में हुई तापमान वृद्धि

47. आल्पस पर्वत की गर्म व शुष्क स्थानीय पवन का क्या नाम है?
(a) नॉर्वेस्टर
(b) फोन
(c) जोण्डा
(d) गिबली

48. निम्नलिखित पर विचार कीजिए

1. धान के खेत
2. कोयले का खनन
3. पालतू पशु
4. आदभूमि

उपरोक्त में से कौन-से प्रमुख ग्रीन हाउस गैस, मीथेन के स्रोत हैं?

(a) 1 और 4
(b) 2 और 3
(c) 1, 2 और 3
(d) ये सभी

49. भूमण्डलीय पर्यावरण सुविधा के सन्दर्भ में निम्नलिखित में से कौन-सा/से कथन सही है/हैं?

(a) यह जैव-विविधता पर अभिसमय एवं जलवायु परिवर्तन पर संयुक्त राष्ट्र ढाँचा अभिसमय के लिए वित्तीय क्रियाविधि के रूप में काम करता है

(b) यह भूमण्डलीय स्तर पर पर्यावरण के मुद्दों पर वैज्ञानिक अनुसन्धान करता है

(c) यह OECD के अधीन एक अभिकरण है, जो अल्प विकसित देशों को उनके पर्यावरण की सुरक्षा के विशिष्ट उद्देश्य से प्रौद्योगिकी और निधियों का अन्तरण सुकर बनाता है

(d) a और b दोनों

50. ब्लिजर्ड निम्न में से कौन-से क्षेत्र की स्थानीय पवन है?

(a) पम्पास मैदान
(b) एण्डीज पर्वत
(c) उत्तरी भारत-पाकिस्तान
(d) टुण्ड्रा मैदान

उत्तरमाला

1.	*(c)*	2.	*(b)*	3.	*(c)*	4.	*(a)*	5.	*(c)*	6.	*(d)*	7.	*(c)*	8.	*(c)*	9.	*(c)*	10.	*(c)*
11.	*(a)*	12.	*(c)*	13.	*(a)*	14.	*(c)*	15.	*(b)*	16.	*(d)*	17.	*(d)*	18.	*(a)*	19.	*(b)*	20.	*(a)*
21.	*(b)*	22.	*(d)*	23.	*(a)*	24.	*(b)*	25.	*(a)*	26.	*(c)*	27.	*(b)*	28.	*(d)*	29.	*(a)*	30.	*(a)*
31.	*(a)*	32.	*(d)*	33.	*(a)*	34.	*(b)*	35.	*(a)*	36.	*(a)*	37.	*(a)*	38.	*(c)*	39.	*(a)*	40.	*(a)*
41.	*(a)*	42.	*(c)*	43.	*(d)*	44.	*(d)*	45.	*(b)*	46.	*(b)*	47.	*(b)*	48.	*(d)*	49.	*(d)*	50.	*(d)*

अध्याय 04

जलमण्डल

- ग्लोब के लगभग 3/4 भाग पर जलमण्डल का विस्तार पाया जाता है अर्थात् इसके कुल भाग के 70.8% भाग पर जल तथा 29.2% भाग पर स्थल का विस्तार पाया जाता है। आँकड़ों के अनुसार, पृथ्वी पर महासागरों का कुल आयतन लगभग 137 करोड़ घन किमी है, जोकि पृथ्वी पर मौजूद कुल जलराशि का लगभग 97% है।
- पृथ्वी की भौगोलिक दशा के सन्दर्भ में उत्तरी गोलार्द्ध में स्थल तथा दक्षिणी गोलार्द्ध में जल का विस्तार पाया जाता है अर्थात् उत्तरी गोलार्द्ध के कुल क्षेत्रफल के 60.7% भाग पर जल का विस्तार है, जबकि दक्षिणी गोलार्द्ध के 80.9% भाग पर जल का विस्तार है।

पृथ्वी पर विद्यमान जल-भण्डार

भण्डार	मात्रा (घन किमी × 1,00,00,000)	कुल जल का प्रतिशत
महासागर	1,370	97.25
हिम चोटियाँ और हिमनद	29	2.05
भूमिगत जल	9.5	0.68
झीलें	0.125	0.01
मृदा नमी	0.065	0.005
वायुमण्डल में विद्यमान	0.013	0.001
सरिताएँ और नदियाँ	0.0017	0.0001
जैवमण्डल	0.0006	0.00004

महासागरों का क्षेत्रफल तथा आयतन

महासागर का नाम	क्षेत्रफल (वर्ग किमी)	प्रतिशत	आयतन (घन किमी)	प्रतिशत
प्रशान्त	16,52,46,200	45.77	70,75,55,000	51.63
अटलाण्टिक	8,24,41,500	22.83	32,36,13,300	23.61
हिन्द	7,34,42,700	20.34	29,10,30,000	21.23
आर्कटिक	1,40,90,100	3.91	1,69,80,000	1.23

- स्थल के समान ही सागरीय क्षेत्र में भी उच्चावच (Relief) मिलते हैं। महासागरीय तली (Basin) की संरचना महाद्वीपीय किनारे से लेकर अत्यधिक गहराई तक भिन्न होती है। स्थल की ऊँचाई तथा महासागरों की गहराई को उच्चामितीय वक्र (Hypsometric curve) से मापा जाता है। इसी आधार पर महासागरीय नितल के उच्चावच को विभाजित किया जाता है।

महासागरीय नितल

महासागरीय नितक के उच्चावच निम्न प्रकार के होते हैं

महाद्वीपीय मग्नतट

- समुद्र में महाद्वीप के डूबे हुए भाग को ही महाद्वीपीय मग्नतट (Continental shelf) कहते हैं। इसकी अधिकतम गहराई सामान्यत: 100 फैदम होती है। एक फैदम = 1.8 मी या 6 फीट, 1 महाद्वीपीय मग्नतटों की औसत ढाल 17 फीट होती है। इसकी चौड़ाई इसके ढाल पर निर्भर करती है।
- अधिकांश यह देखा गया है कि जहाँ तटीय क्षेत्रों में मैदान होते हैं, वहाँ पर मग्नतट चौड़े होते हैं; जैसे—आर्कटिक सागर में साइबेरियन मग्नतट। यह विश्व का सबसे चौड़ा मग्नतट है। इसी तरह जिन महाद्वीपों के किनारों पर पर्वत होते हैं, वहाँ महाद्वीपीय मग्नतट अत्यन्त संकीर्ण होते हैं; जैसे-चिली के तट पर के मग्नतट, सुमात्रा के पश्चिमी तट के मग्नतट आदि।
- महाद्वीपीय मग्नतटों की औसत चौड़ाई 80 किमी एवं गहराई 20 मी से लेकर 200 मी के बीच होती है। इसकी सबसे बड़ी विशेषता यह है कि इसके उथले सागरीय भाग मत्स्य ग्रहण के प्रमुख क्षेत्र हैं; जैसे—ग्रैण्ड बैंक, डॉगर बैंक, जॉर्जेज बैंक आदि। भारत में महाद्वीपीय मग्नतटों की अवस्थिति पश्चिमी तट पर पूर्वी तट की तुलना में अधिक पाई जाती है अर्थात् पश्चिमी तट पर जहाँ यह 150 किमी के दायरे में है, वहीं पूर्वी तट पर यह 50 किमी क्षेत्र में फैला है। यहाँ मुख्य रूप से खाद्य-संसाधन पाये जाते हैं।

महाद्वीपीय मग्न ढाल

- महाद्वीपीय ढाल (Continental slope) वास्तव में महाद्वीपों की जलमग्न क्षेत्रीयता की अन्तिम सीमा में पाए जाते हैं। ये महासागरीय

बेसिनों और महाद्वीपीय शेल्फ को जोड़ते हैं। इन्हीं प्रदेशों में कैनियन और गॉर्ज दृष्टिगोचर होते हैं। समस्त सागरीय क्षेत्र के 8.5% भाग पर महाद्वीपीय ढाल का विस्तार होता है।

- अटलाण्टिक महासागर में 12.4%, प्रशान्त महासागर में 7% तथा हिन्द महासागर में 6.5% भाग पर मग्न ढाल का विस्तार पाया जाता है। मग्न ढालों पर सागरीय निक्षेप का अभाव रहता है, क्योंकि खड़े ढाल के कारण उन पर मलवा टिक नहीं पाता है, परन्तु उनके ऊपर हल्के पदार्थों का आवरण अवश्य देखने को मिलता है।

महाद्वीपीय उत्थान

- जहाँ महाद्वीपीय ढाल का अन्त होता है, वहीं मन्द ढाल वाले महाद्वीपीय उत्थान (Continental uplift) की शुरुआत होती है। गहराई बढ़ने के साथ यह लगभग समतल होकर महासागरीय नितल मैदान में विलीन हो जाते हैं।

गहरे सागरीय मैदान

- महासागरीय नितल का सबसे विस्तृत भाग गहरा महासागरीय मैदान होता है। इसकी गहराई 3000 मी से 6000 मी तक होती है। प्रतिशत के सन्दर्भ में यह कुल महासागरीय भाग के 75.9% भाग पर फैला होता है, अलग-अलग महासागरों में इसका विस्तार अलग-अलग होता है; जैसे—प्रशान्त महासागर में 80.3%, हिन्द महासागर में 80.1%, अटलाण्टिक महासागर में 54.9% है।

महासागरीय गर्त तथा खाइयाँ

- महासागरीय गहरे भागों को महासागरीय गर्त (Ocean trench) के नाम से जाना जाता है। यह महासागरीय नितल के 7% भाग पर फैला हुआ है, इनकी विशेषता यह है कि इनके ढाल खड़े होते हैं, आकार की दृष्टि से इन्हें दो भागों में विभाजित किया गया है-प्रथम कम क्षेत्रफल वाले किन्तु अधिक गहरे खड्डे को गर्त कहते हैं तथा दूसरा लम्बे खड्डे को खाई कहते हैं।

महासागरीय गर्त

महासागर	गर्त
प्रशान्त महासागर	मेरियाना (11,022 मी), टोंगा (10,880 मी), क्यूराइल (10,498 मी), फिलीपाइन (10,475 मी), करमाडेक (10,047 मी), पेरू-चिली (7,635 मी), एल्यूशियन (7,600 मी)
अटलाण्टिक महासागर	प्यूर्टोरिको गर्त (8,605 मी), उत्तरी अमेरिकी बेसिन (2,200 मी), उत्तरी अटलाण्टिक कटक (3,000 मी), केपवर्ड गर्त बेसिन (5,000 मी), ब्यूनर्स आयर्स, रोमांश गर्त (7,760 मी)
हिन्द महासागर	सुण्डा गर्त (7,725 मी)

मध्य महासागरीय कटक

- 20वीं शताब्दी के मध्य में हुई महासागरीय खोजों के दौरान लगभग 64,000 किमी की कुल लम्बाई वाले महान् अन्त: समुद्री पर्वत शृंखला की खोज एक अत्यधिक महत्त्वपूर्ण उपलब्धि थी। इसे मध्य-महासागरीय कटक (Mid-ocean ridge) कहा जाता है।
- यह कटक उत्तरी एवं दक्षिणी अटलाण्टिक महासागरीय द्रोणियों के मध्य से गुजरता हुआ हिन्द महासागरीय द्रोणी और फिर ऑस्ट्रेलिया तथा अण्टार्कटिका के बीच से दक्षिणी प्रशान्त द्रोणी में प्रवेश करता है। यह कटक एक पट्टी की भाँति फैला हुआ है। इसकी चौड़ाई 2,000 से 2,400 किमी है।
- वस्तुत: कटक का निर्माण पृथ्वी की गर्त से उठने वाली गर्म संवाहनिक धाराओं के साथ लाए तरल पदार्थों से हुआ है। 'प्लेट विवर्तनिकी सिद्धान्त' के अनुसार, इन कटकों का निर्माण प्लेटों के सीमान्त क्षेत्र में, दो प्लेटों के एक-दूसरे से दूर खिसकने के फलस्वरूप ज्वालामुखी क्रिया के कारण हुआ है।
- इन कटकों के शिखर समुद्री जल स्तर से ऊपर उठकर कहीं-कहीं द्वीप बनाते हैं; जैसे—अजोर्स द्वीप (अटलाण्टिक में)। कटक के ऊपर कई स्थानों पर ज्वालामुखी भी पाए जाते हैं।
- उत्तरी अटलाण्टिक महासागर में डॉल्फिन पहाड़ी, दक्षिणी अटलाण्टिक महासागर में चैलेन्जर पहाड़ी तथा हिन्द महासागर में मरे कूट, कार्ल्सबर्ग कूट एवं कार्पेण्टर कूट प्रमुख कटक हैं।

नितल पहाड़ियाँ

- महासागरीय नितल पर हजारों की संख्या में ऐसी पहाड़ियाँ पाई जाती हैं, जो समुद्र के जल में डूबी हुई हैं, जिनका शिखर नितल से 1,000 मी से अधिक ऊपर उठा हो, उन्हें समुद्री पर्वत कहते हैं। सपाट शीर्ष वाले पर्वतों को गाइऑट (Gayots) कहते हैं। इन सभी आकृतियों का निर्माण ज्वालामुखी प्रक्रिया द्वारा हुआ है। सबसे अधिक नितल पहाड़ियाँ प्रशान्त महासागर में हैं।

अन्त: सागरीय कन्दरा

- महासागरीय नितल पर जलमग्न तीव्र ढालों वाली गहरी तथा संकरी घाटियों अथवा गहरे गॉर्जों को **कैनियन** कहते हैं। ये महाद्वीपीय मग्न ढाल तथा गहन सागरीय मैदान पर अधिक पाए जाते हैं। एक अनुमान के अनुसार, विश्व में 102 कैनियन हैं। सबसे अधिक कैनियन प्रशान्त महासागर में पाए जाते हैं।
- संसार के सबसे लम्बे, जलमग्न कैनियन बेरिंग सागर में पाए जाते हैं। इनके नाम **बेरिंग प्रिबिलॉफ** तथा **जेमचुंग** कैनियन है। विश्व का सबसे प्रसिद्ध कैनियन हडसन कैनियन है, जो हडसन नदी के मुहाने से शुरू होकर अटलाण्टिक महासागर तक चला गया है। कुडालोर कैनियन, पुदुचेरी कैनियन, पुलिकट कैनियन, अरमा गाव कैनियन, पेनर कैनियन, गंगा कैनियन भारत की एक प्रमुख अन्त: सागरीय कन्दरा हैं।

विभिन्न महासागरों के नितल उच्चावच

- पृथ्वी पर चार प्रमुख महासागर प्रशान्त महासागर, अटलाण्टिक महासागर, हिन्द महासागर और आर्कटिक महासागर पाए जाते हैं, किन्तु नितल उच्चावच की दृष्टि से आर्कटिक महासागर की गणना अलग है।

इन तीन महासागरों के नितल उच्चावच से सम्बन्धित सूचनाएँ निम्नवत् हैं

1. प्रशान्त महासागर

- यह **विश्व का सबसे बड़ा महासागर** है। तटवर्ती सागरों को मिलाकर यह विश्व का लगभग एक-तिहाई भाग घेरे हुए है, इस महासागर की औसत गहराई 4572 मी है तथा अधिकतम गहराई मेरियाना खाई में चैलेन्जर 11022 मी है।

- प्रशान्त महासागर (Pacific ocean) में एशिया के पूर्वी तट तथा ऑस्ट्रेलिया के पूर्वी तट के सहारे मग्नतटों का विस्तार अधिक है। यहाँ मग्नतटों की चौड़ाई 160 से 1600 किमी तक है, किन्तु पश्चिम के तटीय भागों में चौड़ाई केवल 80 किमी है।
- पश्चिमी तट के कम चौड़े होने के कारण इस क्षेत्र में पाई जाने वाली पर्वतीय मेखला है। प्रशान्त महासागर में मध्यवर्ती कटक नहीं पाए जाते। पूर्वी भाग में कुछ बिखरे कटक मिलते हैं। इनमें सबसे महत्त्वपूर्ण पूर्व प्रशान्त सागरीय कटक है, जिसे एल्बेट्रोस पठार भी कहते हैं, इस महासागर में कटकों की तरह द्रोणियों की कमी पाई जाती है।
- **प्रमुख सागर** उत्तर में बेरिंग सागर, ओखोटस्क सागर, जापान सागर, पीला सागर, पूर्वी सागर, पूर्वी चीन सागर, दक्षिणी चीन सागर, ऑस्ट्रेलिया के उत्तर तथा पूरब में सेलीवीज न्यूजीलैण्ड तक विस्तृत है। इसके अतिरिक्त कार्पेण्टरिया की खाड़ी अराफुरा सागर तथा बास जलडमरूमध्य आदि महाद्वीपीय मग्नतट पर स्थित हैं।
- **प्रमुख द्रोणियाँ** प्रशान्त महासागर की प्रमुख द्रोणियाँ पूर्वी ऑस्ट्रेलियन द्रोणी, दक्षिणी ऑस्ट्रेलियन द्रोणी, फिजी द्रोणी, फिलीपाइन्स द्रोणी, पेरू-चिली द्रोणी, आदि हैं, इनके अतिरिक्त, कैरोलिना द्रोणी, सोलोमन द्रोणी, ग्वाटेमाला द्रोणी आदि हैं।
- **प्रमुख द्वीप** प्रशान्त महासागर द्वीपों के सन्दर्भ में भी धनी है, यहाँ करीब 20 हजार द्वीप (Island) हैं, जिन्हें पूर्वी एवं पश्चिम द्वीप समूहों में विभाजित किया गया है। पश्चिम की ओर के द्वीप समूह महाद्वीपीय द्वीप कहलाते हैं, जबकि पूरब की ओर के द्वीप महासागरीय द्वीप कहलाते हैं।
- महासागर के दक्षिण-पश्चिम में अत्यन्त लघु एवं बिखरे हुए द्वीप पाए जाते हैं, जिन्हें चार समूहों—माइक्रोनेशिया, मैलेनेशिया, पोलिनेशिया तथा इण्डोनेशिया आदि में बाँटा जाता है।
- प्रशान्त महासागर में पाए जाने वाले सभी प्रकार के द्वीप—ज्वालामुखी द्वीप, प्रवाल द्वीप तथा साधारण द्वीप हैं। प्रशान्त महासागर में तटवर्ती सागरों की अधिकता केवल पश्चिमी तट पर पाई जाती है।

2. अटलाण्टिक महासागर

- अटलाण्टिक महासागर (Atlantic ocean) की आकृति अंग्रेजी अक्षर के 'S' जैसी है। इसका विस्तार उत्तरी ध्रुव महासागर से दक्षिणी महासागर तक है। इसका क्षेत्रफल विश्व के कुल क्षेत्रफल का लगभग 16.5% है, जो प्रशान्त महासागर का लगभग आधा है।
- यह महासागर उत्तर तथा दक्षिणी में तो चौड़ा है, किन्तु विषुवत् रेखा के समीप संकरा हो गया है, यह विश्व का दूसरा सबसे बड़ा महासागर है। इसका क्षेत्रफल सम्पूर्ण पृथ्वी के क्षेत्रफल का 1/6 एवं प्रशान्त महासागर के क्षेत्रफल का 1/2 है। इसकी सबसे अधिक चौड़ाई 35° उत्तरी अक्षांश के निकट लगभग 6,000 किमी है।
- अटलाण्टिक महासागर के बेसिन की प्रमुख स्थलाकृति लक्षण मध्य अटलाण्टिक कटक है। यह लगभग 14,400 किमी लम्बा एवं लगभग 4,000 मी ऊँचा है। यह खिंचाव एवं भ्रंशन से बना है। इस कटक का उत्तरी भाग डॉल्फिन श्रेणी और दक्षिणी भाग चैलेन्जर श्रेणी के नाम से प्रसिद्ध है।
- एजोर्स द्वीप समूह का पीको द्वीप मध्य अटलाण्टिक कटक का सर्वोच्च भाग है। प्यूर्टोरिको और दक्षिणी सैण्डविच अथवा रॉस अटलाण्टिक महासागर के प्रमुख गर्त हैं। इस महासागर में अधिक चौड़ाई वाले महाद्वीपीय मग्न तटों की अधिकता है, जिससे यहाँ मछलियाँ पकड़ने के अच्छे क्षेत्र हैं।
- अटलाण्टिक महासागर में बरमुडा प्रमुख प्रवाल द्वीप है, जबकि सेण्ट हेलेना, त्रिस्ता डी कून्हा, गुआ, असेन्सन आदि प्रमुख ज्वालामुखी द्वीप हैं। इस महासागर में विद्यमान प्रमुख सागर कैरीबियन, आइरिश, उत्तरी सागर, सारगैसो सागर, वैडेल सागर हैं।
- **प्रमुख सागर** अटलाण्टिक महासागर के सीमान्त सागरों में रूम सागर, कैरीबियन सागर, मैक्सिको की खाड़ी, बाल्टिक सागर, उत्तरी, बैफिन की खाड़ी, हडसन की खाड़ी आदि प्रमुख हैं।
- **प्रमुख द्रोणियाँ** अटलाण्टिक आन्ध्र महासागर की प्रमुख द्रोणियाँ लेब्राडोर द्रोणी, उत्तरी अमेरिकी द्रोणी, ब्राजील द्रोणी, स्पेनिश द्रोणी, केपवर्डे द्रोणी, गायना द्रोणी, अंगुलहास द्रोणी इत्यादि हैं।
- **द्वीप** अटलाण्टिक महासागर के प्रमुख द्वीप—ब्रिटिश द्वीप समूह, न्यूफाउण्डलैण्ड, पश्चिमी द्वीप समूह, चाप, आइसलैण्ड, बरमुडा, सेण्ट हेलेना, ट्रिनीडाड, फॉकलैण्ड, शटलैण्ड, जॉर्जिया, सैण्डविच, कनारी, केपवर्डे इत्यादि हैं।

3. हिन्द महासागर

- क्षेत्रफल और विस्तार की दृष्टि से यह पृथ्वी पर तीसरा सबसे बड़ा. महासागर है, इसकी औसत गहराई 3,950 मी है। उत्तर की ओर यह महासागर एशिया महाद्वीप द्वारा घिरा हुआ है। हिन्द महासागर (Indian ocean) के नितल पर अनेक चौड़े जलमग्न कटक हैं।
- एक प्रमुख जलमग्न कटक उत्तर में कन्याकुमारी से लेकर दक्षिण में अण्टार्कटिका महाद्वीप तक फैला हुआ है। इसे उत्तर में लक्षद्वीप-चागोस कटक, मध्य में सेण्टपाल कटक तथा दक्षिण में एम्सटर्डम सेण्टपाल पठार के नाम से जाना जाता है। इस मुख्य कटक के अतिरिक्त हिन्द महासागर में विद्यमान अन्य कटक सोकोत्रा-चागोस, सेशल्स, दक्षिणी मेडागास्कर, प्रिन्स एडवर्ड क्रीजेट आदि हैं।
- **प्रमुख सागर** हिन्द महासागर में सागर अन्य दो महासागरों की अपेक्षा कम पाए जाते हैं। प्रमुख सीमान्त सागरों में मोजाम्बिक चैनेल, अण्डमान सागर, लाल सागर, फारस की खाड़ी आदि।
- **प्रमुख द्रोणियाँ** हिन्द महासागर की प्रमुख द्रोणियों में ओमान द्रोणी, अरेबियन द्रोणी, सोमाली द्रोणी, मॉरीशस द्रोणी, नेटाल द्रोणी, अण्डमान द्रोणी आदि प्रमुख हैं।
- **प्रमुख द्वीप** हिन्द महासागर के प्रमुख द्वीप—मालागासी, श्रीलंका (बड़े द्वीप), सुमात्रा, जंजीबार, कोमोरो, अण्डमान-निकोबार आदि हैं।

महासागरीय जल का तापमान

- धरातल की भाँति महासागरीय क्षेत्र में भी जलीय जीवों का वास होता है। अत: उनके लिए भी स्थलीय जीवों की भाँति तापमान की आवश्यकता होती है। महासागरीय जल भी भूमि की तरह सौर ऊर्जा से गर्म होता है, किन्तु स्थल की तुलना में जल के तापन और शीतलन की प्रक्रिया मन्द है।

महासागरीय जल के तापमान को प्रभावित करने वाले कारक

महासागरीय तापमान में विविधता का पाया जाना निम्नलिखित कारकों पर निर्भर करता है

अक्षांश

विषुवत् रेखा से ध्रुवों तक प्रवेशी सौर्य विकिरण की मात्रा घटती जाती है। परिणामस्वरूप महासागरों में सतही जल का तापमान विषुवत् वृत्त से ध्रुवों की ओर घटता चला जाता है।

महासागरीय धाराएँ

जिन इलाकों में गर्म धाराएँ चलती हैं, वहाँ का तापमान अधिक तथा जिन इलाकों में ठण्डी धाराएँ चलती हैं, वहाँ का तापमान कम होता है।

उत्तरी अटलाण्टिक महासागर के पश्चिमी तट पर लैब्राडोर की ठण्डी धारा बहती है, इस कारण यहाँ पर 50° उत्तरी अक्षांश पर ही शीत ऋतु में समुद्री जल जम जाता है। इसके विपरीत, यूरोपीय तट के साथ गल्फ स्ट्रीम (गर्म धारा) बहती है और यहाँ पर समुद्री जल के तापमान को ऊँचा बनाए रखती है। अत: नॉर्वे के तट पर 60° उत्तरी अक्षांश पर भी समुद्री जल नहीं जमता।

स्थल एवं जल का असमान वितरण

उत्तरी गोलार्द्ध के महासागर दक्षिणी गोलार्द्ध के महासागरों की अपेक्षा स्थल के बहुत बड़े भाग से जुड़े होने के कारण अधिक मात्रा में ऊष्मा प्राप्त करते हैं। इसके परिणामस्वरूप उत्तरी गोलार्द्ध में दक्षिणी गोलार्द्ध की तुलना में तापमान का वार्षिक परिसर अधिक होता है।

सनातन पवनें

हवाओं की दिशा का सागरीय तापक्रम पर प्रभाव पड़ता है। जब स्थल से सागर की ओर हवाएँ चलती हैं, तो ये हवाएँ तट से सागर की ओर अपने गर्म जल को बहा ले जाती हैं। इसकी प्रतिपूर्ति के लिए नीचे से ठण्डा जल ऊपर आ जाता है, जिस कारण वहाँ का तापमान कम हो जाता है।

इसके विपरीत जहाँ पर हवाएँ तट की ओर चलती हैं। अत: वहाँ **तटीय** क्षेत्रों में गर्म जलराशि एकत्रित हो जाती है; जैसे—व्यापारिक हवाओं की पेटी में महासागरों के पश्चिमी भाग में अधिक तापक्रम अंकित किया जाता है।

लवणता

समुद्री जल के तापमान पर लवणता (Salinity) का भी प्रभाव पड़ता है। अधिक लवणता वाला जल अधिक ऊष्मा को ग्रहण कर सकता है। अत: उसका तापमान भी अधिक होता है। इसके विपरीत, कम लवणता वाले क्षेत्रों में जल का तापमान कम होता है।

प्लावी हिमखण्ड तथा प्लावी हिमशैल

प्लावी हिमखण्ड तथा प्लावी हिमशैल बर्फ के बने हुए होते हैं। अत: इनके प्रभाव से तापमान में कमी आती है। ध्रुवीय क्षेत्रों में इनका प्रभाव विशेष रूप से देखने में आता है।

महासागरीय जलीय तापमान का वितरण

- महासागरीय जल का तापमान ऊर्ध्वाधर तथा क्षैतिज, दोनों ही दिशाओं में परिवर्तित होता रहता है। सामान्यतया यह अक्षांश तथा गहराई में वृद्धि होने से घटता है।

महासागरीय जलीय तापमान का ऊर्ध्वाधर वितरण

- महासागरीय जल की तापीय-गहराई के अध्ययन से ज्ञात होता है कि समुद्र की गहराई में वृद्धि के साथ तापमान में कमी आती है।
- सतही जल एवं गहरी परतों के बीच एक सीमा रहित क्षेत्र होता है, जो 100 से 400 मी की गहराई पर आरम्भ होता है। इसे ताप प्रवणता (Thermocline) कहते हैं। इसके नीचे ताप तेजी से कम होता है। समुद्री जल के कुल आयतन का लगभग 90% भाग इस सीमा के नीचे पाया जाता है। अधिक गहराई पर तापमान में काफी कमी आ जाती है, परन्तु यह कभी भी हिमांक से नीचे नहीं जाता।
- महासागरीय जल का स्तरण मध्य एवं निम्न अक्षांशों में महासागरों के तापमान की संरचना को सतह से तली की ओर तीन परतों में बाँटा जा सकता है। गर्म महासागरीय जल की सबसे ऊपरी परत 500 मी मोटी होती है तथा इसका तापमान 20°C–25°C के बीच होता है। दूसरी परत जिसे ताप प्रवणता परत कहा जाता है। इसकी मोटाई 500-1000 तक होती है। इसमें गहराई बढ़ने के साथ तापमान में गिरावट आती है। तीसरी परत बहुत ठण्डी होती है तथा गम्भीर महासागरीय तलों तक विस्तृत है।

महासागरीय जलीय तापमान का क्षैतिज वितरण

- उष्णकटिबन्ध के अधिकांश- भागों में महासागरीय जल का तापमान लगभग 27°C से अधिक है। विषुवत् रेखा से दूर जाने से तापमान में कमी होती है और ध्रुवों पर सामान्यत: तापमान शून्य होता है। बढ़ते हुए अक्षांशों के साथ तापमान के घटने की दर सामान्यत: 0.5°C प्रति अक्षांश होती है। औसत तापमान 20° अक्षांश पर लगभग 20°C, 40°C अक्षांश पर 14°C तथा ध्रुवों के निकट 0°C होता है।
- **उत्तरी गोलार्द्ध** के महासागरों का तापमान **दक्षिणी गोलार्द्ध** के महासागरों की अपेक्षा अधिक होता है। इसका मुख्य कारण यह है कि उत्तरी गोलार्द्ध की अपेक्षा दक्षिणी गोलार्द्ध में महासागरों का विस्तार अधिक है।
- उच्चतम तापमान भूमध्य रेखा पर नहीं, बल्कि इसके कुछ उत्तर में अभिलेखित (Record) किए जाते हैं। सभी महासागरों का औसत वार्षिक तापमान 17.2°C है। उत्तरी गोलार्द्ध में यह औसत 19.4°C तथा दक्षिणी गोलार्द्ध में 16.1°C है।

महासागरीय लवणता

- 'लवणता' शब्दावली का प्रयोग समुद्री जल में घुले हुए नमक की मात्रा को परिभाषित करने के लिए किया जाता है। अनुमान है कि एक घन किलोमीटर समुद्री जल में लगभग 4.10 करोड़ टन नमक होता है। इस हिसाब से यदि सम्पूर्ण जलमण्डल के नमक को पृथ्वी पर समान रूप से बिछाया जाए, तो सम्पूर्ण पृथ्वी पर 150 मी मोटी नमक की परत बिछ जाएगी।
- इसका परिकलन 1,000 ग्राम (एक किग्रा) समुद्री जल में घुले हुए नमक (ग्राम में) की मात्रा के द्वारा किया जाता है। समुद्री जल की लवणता लगभग 35 प्रति हजार है अर्थात् समुद्र के एक हजार ग्राम (एक किलोग्राम) जल में लगभग 35 ग्राम लवण होता है।

महासागरीय लवणता के स्रोत

- महासागरीय जल की लवणता के स्रोत **महाद्वीपीय शैल** हैं। कुछ विद्वानों का विचार है कि पृथ्वी के जन्म के बाद जब महासागरों का निर्माण हुआ उसी समय अधिकांश लवण उसमें घुले हुए थे। उसके बाद समुद्र में गिरने वाली नदियों ने स्थलीय भागों से नमक को घोलकर समुद्र में लाना शुरू किया।
- अनुमान है कि नदियाँ प्रति वर्ष लगभग 21 करोड़ मीट्रिक टन लवण स्थलीय भागों से महासागरों में बहाकर ले जाती हैं। कुछ लवण जल में रहने वाले जीवों के अवशेषाश से भी प्राप्त होते हैं। ज्वालामुखी की राख, शैल और अन्य गैसों द्वारा भी विविध प्रकार के लवण समुद्र में पहुँचते हैं।

लवणता को प्रभावित करने वाले कारक

लवणता को प्रभावित करने वाले अनेक कारक हैं, *जिनका उल्लेख निम्नलिखित हैं*

- **स्वच्छ जल की पूर्ति** बर्फ के पिघलने से स्वच्छ जल लगातार प्राप्त होता है, जिससे लवणता की मात्रा पर काफी प्रभाव पड़ता है, जिस समुद्र में स्वच्छ जल की लगातार पूर्ति होती रहेगी, वहाँ पर लवणता की मात्रा कम होगी। यही कारण है कि नदियों के मुहानों पर लवणता की मात्रा कम पाई जाती है।
- **वाष्पीकरण की मात्रा** लवणता का वाष्पीकरण की क्रिया से सीधा सम्बन्ध है। वाष्पीकरण की क्रिया तापमान, वायु की शुष्कता और बादलों पर निर्भर करती है, जहाँ पर वाष्पीकरण की मात्रा अधिक होगी, वहाँ पर लवणता की मात्रा में वृद्धि होगी। यही कारण है कि उष्ण मरुस्थलों के समीप समुद्री जल में लवणता अधिक है।
- **सागरीय धाराएँ** सागरीय धाराएँ भी लवणता को प्रभावित करती हैं। **भूमध्य रेखा** से ध्रुवों की ओर चलने वाली धाराएँ अधिक लवणता वाला जल ले जाती हैं और ध्रुवों से भूमध्य रेखा की ओर चलने वाली धाराएँ अपने साथ कम लवणता वाला जल ले जाती हैं।

लवणता का वितरण

सागरीय लवणता दो रूपों में पाई जाती हैं

1. खुले सागर की लवणता

- कर्क तथा मकर रेखा पर लवणता की मात्रा सबसे अधिक है। इसका कारण यह है कि यहाँ पर वर्षा की कमी के कारण नदियों की संख्या कम है, जो कम मात्रा में **मीठा पानी** समुद्र में गिराती हैं। इससे भी बड़ा कारण यह है कि यहाँ पर आकाश साफ रहता है और वायु शुष्क होने के फलस्वरूप सागरीय जल का वाष्पीकरण अधिक मात्रा में होता है। वाष्पीकरण अधिक होने से लवणता बढ़ती है। इन क्षेत्रों में लवणता 37 प्रति हजार के लगभग है।
- भूमध्य रेखा के निकट लवणता की मात्रा कम होती है, क्योंकि यहाँ पर भारी वर्षा के कारण **अमेजन** तथा **जायरे** जैसी विशाल नदियाँ बड़ी मात्रा में स्वच्छ जल समुद्र में गिराती हैं। दूसरा, यहाँ पर वायु में आर्द्रता अधिक होने के कारण वाष्पीकरण भी कम होता है। अत: यहाँ पर लवण की मात्रा केवल 35 प्रति हजार है।
- ध्रुवों के समीप लवणता की मात्रा कम होती है। यहाँ पर 20 से 30 प्रति हजार लवणता होती है, क्योंकि यहाँ पर तापमान की कमी के कारण वाष्पीकरण कम होता है। इसके अतिरिक्त हिम के पिघलने से ताजा पानी समुद्रों को मिलता रहता है।

2. आंशिक रूप से घिरे सागर की लवणता

- आंशिक रूप से घिरे हुए एवं बन्द सागरों में लवणता के वितरण पर अक्षांश का प्रभाव नहीं पड़ता है। पृथ्वी पर सर्वाधिक लवणता सागरों एवं झीलों में पाई जाती है।
- आंशिक रूप से घिरे सागरों की लवणता अधिक, मध्यम एवं न्यून रूपों में पाई जाती है। अधिक लवणता के अन्तर्गत 35 से 37° प्रति हजार मध्यम लवणता में 20 से 35° प्रति हजार एवं न्यून लवणता के अन्तर्गत 3 से 20 प्रति हजार लवणता वाले जलीय क्षेत्रों को शामिल किया जाता है। अधिक लवणता वाले सागरीय क्षेत्र में लाल सागर, भूमध्यसागर, फारस की खाड़ी, कैरीबियन सागर एवं कैलिफोर्निया की खाड़ी प्रमुख हैं। इसी तरह मध्यम लवणता में आर्कटिक सागर, वेरिंग सागर, ओरवेटस्क सागर, जापान सागर, चीन सागर, अण्डमान सागर एवं उत्तरी सागर है। न्यून लवणता वाले सागरीय क्षेत्रों में बाल्टिक सागर, हडसन की खाड़ी और काला सागर आदि प्रमुख हैं।

लवणता का क्षैतिज वितरण

- लवणता के वितरण में क्षैतिज वितरण विभिन्न अक्षांशीय क्षेत्रों में विविध रूप में पाया जाता है; *जैसे*

अक्षांश	लवणता %
70°-50° उत्तरी	30 - 31
50°-40° उत्तरी	33 - 34
40°-15° उत्तरी	35 - 36
15° उत्तरी - 10° दक्षिणी	34.5 - 35
10°-30° दक्षिणी	35 - 36
30°-50° दक्षिणी	34 - 35
50°-70° दक्षिणी	33 - 34

लवणता का लम्बवत् वितरण

- महासागरों में लवणता के लम्बवत् वितरण में काफी अनियमितता पाई जाती है। कहीं पर लवणता गहराई के साथ घटती जाती है, तो कहीं बढ़ जाती है। फिर भी सामान्यत: अधिकांश क्षेत्रों में गहराई बढ़ने पर लवणता की मात्रा बढ़ती है।
- उच्च अक्षांशों में गहराई पर लवणता बढ़ती है। मध्य अक्षांशों में लवणता 200 फैदम की गहराई तक बढ़ती है। इसके बाद गहराई के साथ घटने लगती है। विषुवतीय क्षेत्र में वर्षा के कारण सतह के जल की लवणता कम होती है। सतह के ठीक नीचे लवणता अधिकतम होती है एवं उसके पश्चात् गहराई के साथ लवणता घटती जाती है, जिसका कारण है, ध्रुवीय प्रदेश के जल का विषुवतीय क्षेत्र की ओर अध: प्रवाह।
- सागरों का अक्षांशीय विस्तार निम्न अक्षांशों में स्थित महासागरों को अधिक सूर्यातप प्राप्त होता है, साथ ही उसका अवशोषण भी अधिक होता है, परन्तु उच्च अक्षांशों में सूर्यातप कम प्राप्त होता है तथा उसका अवशोषण भी कम होता है।

ज्वार-भाटा

- महासागरीय गतिविधियों के अन्तर्गत ज्वार-भाटा का महत्त्व सर्वाधिक होता है, क्योंकि इसके कारण सागर का जल गहराई तक प्रभावित होता है। ज्वार-भाटा के कारण उत्पन्न तरंगों को ज्वारीय तरंगें कहते हैं।
- वस्तुतः यह देखा गया है कि समुद्र का जल-स्तर नियमित रूप से दिन में दो बार ऊपर उठता है तथा नीचे उतरता है। समुद्री जल-स्तर के ऊपर उठने को **ज्वार** तथा नीचे उतरने को **भाटा** कहते हैं।
- ज्वार-भाटा की उत्पत्ति का कारण चन्द्रमा, सूर्य तथा पृथ्वी की पारस्परिक गुरुत्वाकर्षण शक्ति है। गुरुत्वाकर्षण द्वारा सम्पूर्ण पृथ्वी, सूर्य तथा चन्द्रमा की ओर खिंचती है, परन्तु इसका प्रभाव स्थल की अपेक्षा जल पर अधिक पड़ता है। चन्द्रमा, सूर्य से बहुत छोटा है, परन्तु यह सूर्य की अपेक्षा पृथ्वी के अधिक निकट है, जिस कारण चन्द्रमा का ज्वार उत्पन्न करने वाला बल सूर्य के बल से 2.17 गुना अधिक है।
- पृथ्वी के घूर्णन के कारण उत्पन्न होने वाला **अपकेन्द्रीय बल** (Centrifugal force), ज्वार-भाटा का एक अन्य कारण है।
- गुरुत्वाकर्षण बल तथा अपकेन्द्रीय बल दोनों मिलकर पृथ्वी पर दो महत्त्वपूर्ण ज्वार-भाटाओं को उत्पन्न करने के लिए उत्तरदायी हैं।
- चन्द्रमा की ओर वाले पृथ्वी के भाग पर, एक ज्वार-भाटा उत्पन्न होता है। जब विपरीत भाग पर चन्द्रमा का गुरुत्वीय आकर्षण बल उसकी दूरी के कारण कम होता है, तब अपकेन्द्रीय बल दूसरी ओर ज्वार उत्पन्न करता है। ज्वार उत्पन्न करने वाले बल, इन दो बलों के बीच के अन्तर हैं अर्थात् चन्द्रमा का गुरुत्वीय आकर्षण तथा अपकेन्द्रीय बल।
- पृथ्वी के सन्दर्भ में चन्द्रमा की स्थिति पृथ्वी के सन्दर्भ में सूर्य और चन्द्रमा की स्थितियों में अन्तर पृथ्वी पर जल के असमान वितरण तथा महासागरों की आकृति और विस्तार में विषमताओं के कारण ज्वार-भाटे की **ऊँचाई** एवं **गहराई में** एक-स्थान से दूसरे स्थान पर अन्तर पाया जाता है।

ज्वार-भाटा के प्रकार

ज्वार-भाटा को अनेक *प्रकारों में विभाजित किया गया है, जिनका विवरण निम्न हैं*

- **अर्द्ध-दैनिक ज्वार** यह सबसे सामान्य ज्वारीय प्रक्रिया है, जिसके अन्तर्गत प्रत्येक दिन दो उच्च एवं दो निम्न ज्वार आते हैं। ये ज्वार लगातार उच्च एवं निम्न ज्वार लगभग समान ऊँचाई के होते हैं। यह प्रति 12 घण्टे 26 मिनट पश्चात् आता है।
- **दैनिक ज्वार** इसमें प्रतिदिन केवल एक उच्च एवं एक निम्न ज्वार होता है। उच्च एवं निम्न ज्वारों की ऊँचाई समान होती है। यह 24 घण्टे 52 मिनट के अन्तर पर आता है।
- **मिश्रित ज्वार** ऐसे ज्वार-भाटा जिनकी ऊँचाई में भिन्नता होती है, उसे मिश्रित ज्वार-भाटा कहा जाता है। ये ज्वार-भाटा सामान्यतः उत्तरी अमेरिका के पश्चिमी तट एवं प्रशान्त महासागर के बहुत-से द्वीप समूहों पर उत्पन्न होते हैं।
- **उच्च ज्वार** पूर्णिमा तथा अमावस्या के दिन सूर्य, पृथ्वी तथा चन्द्रमा एक सीध में आ जाते हैं। ऐसी स्थिति में पृथ्वी पर चन्द्रमा तथा सूर्य के सम्मिलित गुरुत्वाकर्षण का प्रभाव पड़ता है। फलस्वरूप इन दोनों दिनों में उच्चतम ज्वार का निर्माण होता है, जिसे उच्च ज्वार कहते हैं।
- **निम्न ज्वार** शुक्ल तथा कृष्ण पक्ष की सप्तमी या अष्टमी के दिन सूर्य तथा चन्द्रमा पृथ्वी के केन्द्र पर समकोण बनाने वाली दिशाओं में स्थित होते हैं। सूर्य तथा चन्द्रमा में गुरुत्वाकर्षण एक-दूसरे के विरुद्ध काम करते हैं। फलस्वरूप एक कम ऊँचाई वाले ज्वार का निर्माण होता है, जिसे निम्न ज्वार कहते हैं।
- **अयनवृत्तीय ज्वार** सूर्य के समान चन्द्रमा की भूमध्य रेखा के सन्दर्भ में उत्तरायण तथा दक्षिणायन की स्थितियाँ होती हैं। जब चन्द्रमा का उत्तर की ओर अधिकतम झुकाव होता है, तो चन्द्रमा की किरणें ज्वार केन्द्र पर पड़ती हैं, जिस कारण उच्च ज्वार आता है, जोकि कर्क रेखा के सहारे पश्चिम दिशा की ओर अग्रसर होता है। कर्क रेखा के ज्वार केन्द्र के विपरीत स्थित मकर रेखा के सहारे भी उच्च ज्वार आता है। इन स्थितियों में कर्क तथा मकर रेखाओं के पास आने वाले ज्वार को अयनवृत्तीय ज्वार कहते हैं।
- **उपभू ज्वार** परिक्रमा के समय जैसे ही चन्द्रमा पृथ्वी के अति निकट पहुँचता है, तो इस स्थिति को उपभू (Apogee) स्थिति कहते हैं। ऐसी स्थिति के परिणामस्वरूप उत्पन्न ज्वार को उपभू ज्वार कहते हैं।
- **अपभू ज्वार** उपभू के विपरीत स्थिति में चन्द्रमा और पृथ्वी के मध्य दूरी बढ़ जाती है और अपभू की परिस्थिति पैदा होती है और इससे उत्पन्न ज्वार को अपभू (Perigee) ज्वार कहते हैं।
- **भूमध्यरेखीय ज्वार** परिक्रमा के दौरान प्रत्येक माह चन्द्रमा पृथ्वी के भूमध्य रेखा पर लम्बवत् होता है। इसकी वजह से दैनिक असमानता लुप्त हो जाती है, क्योंकि इस परिस्थिति में दो उच्च ज्वारों की ऊँचाई तथा दो निम्न ज्वारों की ऊँचाई समान होती है। इस ज्वार को भूमध्य रेखीय ज्वार कहते हैं।

ज्वार-भाटा का महत्त्व

ज्वार-भाटा के महत्त्व को हम निम्न रूप में समझ सकते हैं

- नदमुखों पर स्थित बन्दरगाहों तक साधारणतः जहाज नहीं पहुँच सकते, किन्तु ज्वार के आने से जल की मात्रा इतनी अधिक हो जाती है कि जहाज बन्दरगाह तक सुगमता से पहुँच जाते हैं और माल उतारने व चढ़ाने के बाद भाटे के साथ गहरे सागर में वापस आ जाते हैं। इस प्रकार ज्वार-भाटे के कारण ही हुगली तथा टेम्स नदियों पर क्रमशः कोलकाता एवं लन्दन महत्त्वपूर्ण बन्दरगाह बन पाए हैं।
- मछली पकड़ने वाले नाविक ज्वार के साथ खुले समुद्र में मछली पकड़ने जाते हैं और भाटे के साथ सुरक्षित तट पर लौट आते हैं।
- ज्वार-भाटे की वापसी लहर समुद्री तट पर बसे नगरों की सारी गन्दगी तथा प्रदूषित जल को समुद्र में बहाकर ले जाती है।
- ज्वार-भाटे की लहर वापस जाते समय कई समुद्री वस्तुएँ; जैसे—शंख, घोंघे आदि किनारे पर छोड़ देती है।
- ज्वार-भाटे के कारण समुद्री जल गतिशील रहता है, जिससे वह जल साफ रहता है और जमता नहीं। इंग्लैण्ड के बन्दरगाहों के शीत ऋतु में न जमने का एक महत्त्वपूर्ण कारण ज्वार-भाटा भी है।
- ज्वार के समय ऊपर चढ़े हुए जल को बाँध बनाकर भाटे के साथ ऊँचाई से गिराकर विद्युत उत्पन्न की जा सकती है। फ्रांस, रूस, चीन, कनाडा तथा जापान में ज्वारीय विद्युत का प्रयोग किया जाता है।

- भारत में भी ज्वारीय विद्युत पैदा करने की विशाल सम्भावनाएँ हैं। सबसे अधिक अनुकूल परिस्थितियाँ खम्भात की खाड़ी तथा कच्छ की खाड़ी में हैं। इसके अतिरिक्त, गंगा डेल्टा के सुन्दरवन क्षेत्र में भी ज्वारीय ऊर्जा प्राप्त की जा सकती है। एक 3 मेगावाट शक्ति का विद्युत संयन्त्र पश्चिम बंगाल में सुन्दरवन के दुर्गादुवानी में लगाया जा रहा है।

महासागरीय धाराएँ

- सागरीय भागों में जल की एक निश्चित दिशा में प्रवाहित होने की गति को 'धाराएँ' (Current) कहते हैं। धाराएँ अकसर धरातलीय भागों पर बहने वाली नदियों के समान ही होती हैं। सागरीय गतियों में धाराएँ सर्वाधिक शक्तिशाली होती हैं, क्योंकि इनके द्वारा सागरीय जल हजारों किलोमीटर तक बहा लिया जाता है।
- महासागरीय धाराओं के अनेक आर्थिक लाभ होते हैं। इनके सहारे महासागरीय परिवहन मार्ग निश्चित किए जाते हैं। उत्तम बन्दरगाहों की स्थितियाँ निर्धारित होती हैं। इनके अतिरिक्त ये धाराएँ पृथ्वी पर तापमान के सन्तुलन में पर्याप्त सहयोग प्रदान करती हैं। धाराओं की गति, आकार तथा दिशा में पर्याप्त अन्तर होता है। *इस आधार पर धाराओं के कई उप प्रकार किए जाते हैं*
  - **प्रवाह** पवन से प्रभावित होकर बहने वाली जलीय धारा को प्रवाह कहते हैं। प्रवाह की गति धारा से कम होती है।
  - **विशाल धारा** अधिक मात्रा में जल की मात्रा को एक विशाल रूप में किसी निश्चित दिशा की ओर प्रवाह को विशाल धारा कहते हैं।

धाराओं की उत्पत्ति के कारक

धाराओं की उत्पत्ति के अनेक कारण हैं

लवणता में अन्तर

- अधिक लवणता वाला जल भारी होता है, इसलिए नीचे बैठ जाता है। उसका स्थान लेने के लिए कम लवणता एवं घनत्व वाला जल आता है, जिससे एक धारा का निर्माण होता है।
- भूमध्य सागर के जल की लवणता अटलाण्टिक महासागर के जल की लवणता से अधिक है, इसलिए अटलाण्टिक महासागर में भूमध्य सागर की ओर समुद्री तल के साथ-साथ एक जलधारा बहती है। इसका सन्तुलन बनाए रखने के लिए अधिक लवणता वाला जल समुद्र के तल के नीचे कम लवणता वाले क्षेत्र की ओर अर्थात् भूमध्य सागर से अटलाण्टिक महासागर की ओर बहता है।

प्रचलित पवनें

- धाराओं के उत्पन्न होने का सबसे बड़ा कारण प्रचलित पवनें हैं। प्रचलित पवनें सदैव एक ही दिशा में चलती हैं। ये सागर के ऊपरी तल पर गुजरते समय जल को अपनी घर्षण शक्ति से सदैव आगे ढकेलती रहती हैं और धाराओं को जन्म देती हैं। संसार की मुख्य धाराएँ स्थायी पवनों के अनुसार ही चलती हैं। उष्णकटिबन्ध में कर्क तथा मकर रेखा के बीच सन्मार्गी पवनें (Trade winds) चलती हैं।
- इनकी दिशा पूर्वी होती है, इसलिए भूमध्य रेखा के उत्तर व दक्षिण की ओर धाराएँ पूर्व से पश्चिम की ओर चलती हैं।
- शीतोष्ण कटिबन्ध में पछुआ पवनें पश्चिमी दिशा से चलती हैं। अतः इस कटिबन्ध में धाराएँ पश्चिम से पूर्व की ओर चलती हैं। उत्तरी हिन्द महासागर में मौसम के अनुसार, मानसून पवनों की दिशा में परिवर्तन आने के कारण धाराओं की दिशा में भी परिवर्तन आ जाता है।

वाष्पीकरण

- जिन स्थानों पर वाष्पीकरण अधिक होता है, वहाँ पर जल का तल नीचे हो जाता है और सन्तुलन बनाए रखने के लिए वहाँ अन्य क्षेत्रों से जल एकत्रित होना शुरू हो जाता है। इस प्रकार एक धारा उत्पन्न होती है।

तापीय भिन्नता

- गर्म जल हल्का होकर फैलता है, इसलिए उसका तल ऊँचा हो जाता है। ठण्डा जल भारी होता है, इसलिए नीचे बैठ जाता है। इस प्रकार तापमान में भिन्नता के कारण सागरीय जल के तल में अन्तर आ जाता है और महासागरीय धाराओं का जन्म होता है। उदाहरणता, **भूमध्यरेखीय क्षेत्र** तथा **ध्रुवीय क्षेत्रों** के महासागरीय जल के तापमान में अन्तर होने के कारण उत्तर-दक्षिण दिशा में धाराएँ चलती रहती हैं।
- तापमान में भिन्नता के कारण धरातल में भिन्नता आ जाती है। जल के धरातल की भिन्नता के कारण धाराएँ गतिमान होती हैं। इन्हें ताप प्रवणता (Thermocline) धाराएँ कहते हैं।

तलीय आकृतियाँ

- महासागरीय धाराओं की उत्पत्ति में तलीय आकृतियाँ भी महत्त्वपूर्ण भूमिका निभाती है; जैसे— गल्फ स्ट्रीम स्कॉटलैण्ड के पास जब विविलटामसन **कटक** को पार करती है, तो वह दाहिनी ओर मुड़ जाती है। इसी तरह उत्तरीय विषुवत् रेखीय धारा मध्य अटलाण्टिक कटक को पार करते समय दाहिनी ओर मुड़ जाती है।

मौसम परिवर्तन

- कई स्थानों पर बदलते मौसम के साथ धाराओं की दिशा में भी परिवर्तन हो जाता है। मानसूनी हवाओं का मौसमी दिक् परिवर्तन हिन्द महासागर की धाराओं में दिशा परिवर्तन करता है। **शरदकालीन उत्तरी-पूर्वी मानसून** के समय मानसूनी धाराओं के तट के सहारे दिशा पूर्व से पश्चिम होती है, जबकि ग्रीष्मकालीन दक्षिणी-पूर्वी मानसून के समय धाराओं की दिशा बदलकर उत्तर-पूर्वी हो जाती है।

पृथ्वी की परिभ्रमणकारी शक्तियाँ

- पृथ्वी के पश्चिम से पूर्व दिशा में घूर्णन के कारण धाराओं का मार्ग प्रायः गोलाकार हो जाता है और इसी के कारण धाराएँ उत्तरी गोलार्द्ध में अपने दाईं ओर तथा दक्षिणी गोलार्द्ध में बाईं ओर मुड़ जाती हैं।

ऋतु परिवर्तन

- उत्तरी हिन्द महासागर में समुद्री धाराओं की दिशा ऋतु-परिवर्तन के साथ बदल जाती है। शीत ऋतु में **मानसून ड्रिफ्ट** की दिशा पूर्व से पश्चिम तथा ग्रीष्म ऋतु में पश्चिम से पूर्व की ओर होती है।
- हिन्द महासागर में भूमध्यरेखीय विपरीत धारा केवल शीत ऋतु में ही होती है और भूमध्यरेखीय धारा केवल ग्रीष्म ऋतु में बहती है।

महासागरीय धाराओं के प्रकार

तापीय विविधता के आधार पर महासागरीय धाराओं को *दो वर्गों में विभाजित किया गया है*

1. गर्म धाराएँ

- जो धाराएँ गर्म क्षेत्रों से ठण्डे क्षेत्रों की ओर चलती हैं, उन्हें गर्म धाराएँ (Warm Currents) कहते हैं। ये प्राय: भूमध्य रेखा से ध्रुवों की ओर चलती हैं। इनके जल का तापमान मार्ग में आने वाले जल के तापमान से अधिक होता है। अत: ये धाराएँ जिन क्षेत्रों में चलती हैं, वहाँ का तापमान बढ़ा देती हैं।

2. ठण्डी धाराएँ

- जो धाराएँ ठण्डे क्षेत्रों से गर्म क्षेत्रों की ओर चलती हैं, उन्हें ठण्डी धाराएँ (Cold Currents) कहते हैं। ये प्राय: ध्रुवों से भूमध्य रेखा की ओर चलती हैं। इनके जल का तापमान रास्ते में आने वाले जल के तापमान से कम होता है। अत: ये धाराएँ जिन क्षेत्रों में चलती हैं, वहाँ का तापमान घटा देती हैं।

प्रशान्त महासागर की धाराएँ

प्रशान्त महासागर की विशाल धाराओं को उत्तरी एवं दक्षिणी प्रशान्त महासागरीय धाराओं में विभाजित कर देता है

1. उत्तरी प्रशान्त महासागर की धाराएँ

उत्तरी प्रशान्त महासागर की प्रमुख धाराएँ निम्न प्रकार हैं

- **उत्तरी विषुवतीय धारा** यह धारा मध्य अमेरिका के पश्चिमी तट से आरम्भ होकर पूर्व से पश्चिम की ओर बहती हुई फिलीपाइन्स द्वीप समूह तक पहुँचती है।
- **क्यूरोशियो की गर्म धारा** उत्तरी विषुवतीय धारा फिलीपाइन द्वीप तक पहुँचने के बाद ताइवान तथा जापान के तट के साथ उत्तरी दिशा में बहने लगती है और क्यूरोशिया की गर्म धारा के नाम से जानी जाती है।
- **उत्तरी प्रशान्त गर्म धारा** जापान के दक्षिण-पूर्वी तट पर पहुँचने के बाद क्यूरोशियो धारा प्रचलित पछुआ पवनों के प्रभाव से महासागर के पश्चिम से पूर्व की ओर बहने लगती है। यहाँ यह उत्तर की प्रशान्त धारा के नाम से जानी जाती है।
- **कैलिफोर्निया की ठण्डी धारा** उत्तरी प्रशान्त धारा उत्तरी अमेरिका के पश्चिमी तट पर पहुँचकर दो भागों में बँट जाती हैं। एक शाखा उत्तर को जाती है, जबकि दूसरी शाखा दक्षिण की ओर मुड़ जाती है।
- **दक्षिण की ओर मुड़ने वाली** धारा कैलिफोर्निया के तट के साथ-साथ बहती है, इसलिए इसे कैलिफोर्निया की धारा कहते हैं, क्योंकि यह ठण्डे क्षेत्र से गर्म क्षेत्र की ओर बहती है, इसलिए इसे कैलिफोर्निया की ठण्डी धारा कहा जाता है।
- **ब्रिटिश कोलम्बिया अर्थात् अलास्का धारा** उत्तरी अमेरिका के पश्चिमी तट पर उत्तरी प्रशान्त महासागर की दूसरी धारा घड़ियों की सुईयों की विपरीत दिशा में उत्तर की ओर मुड़ जाती है। यहाँ पर ब्रिटिश कोलम्बिया तथा अलास्का के तट के साथ बहती है, इसलिए इसे ब्रिटिश कोलम्बिया अथवा अलास्का धारा कहा जाता है।
- **ओयाशिवो ठण्डी धारा** यह बेरिंग जलडमरूमध्य से शुरू होकर कमचटका प्रायद्वीप के पूर्वी तट के समीप उत्तर से दक्षिण की ओर बहने वाली ठण्डे जल की धारा है। अन्त में क्यूरोशियो से मिलकर उसके गर्म जल के नीचे डूब जाती है। जापान के निकट क्यूरोशिवो की गर्म धारा तथा ओयाशिवो की ठण्डी धारा के जल के मिलने से वहाँ पर घना कुहासा छाया रहता है।

2. दक्षिणी प्रशान्त महासागर की धाराएँ

दक्षिणी प्रशान्त महासागर की प्रमुख धाराएँ इस प्रकार हैं

- **पूर्वी ऑस्ट्रेलिया गर्म धारा** पृथ्वी के घूर्णन के कारण कोरिऑलिस बल के प्रभावाधीन दक्षिणी विषुवतीय धारा न्यूगिनी द्वीप के समीप दक्षिण की ओर मुड़ जाती है और ऑस्ट्रेलिया के पूर्वी तट के साथ-साथ बहने लगती है।
- **दक्षिणी विषुवतीय गर्म धाराएँ** यह गर्म जल की धारा है, जो पूर्व में मध्य अमेरिका के तट से पश्चिम में ऑस्ट्रेलिया के पूर्वी तट तक जाती है। इस धारा के उद्भव व दिशा निर्धारण में दक्षिणी-पूर्वी व्यापारिक पवनों का योगदान है।
- **पेरू/हम्बोलट ठण्डी धारा** दक्षिणी अमेरिका के दक्षिण पश्चिमी तट पर पहुँचकर दक्षिणी प्रशान्त धारा उत्तर की ओर मुड़ जाती है और पेरू के तट के साथ-साथ बहने लगती है।
- **दक्षिणी प्रशान्त धारा** तस्मानिया के निकट पूर्वी ऑस्ट्रेलिया धारा पछुआ पवनों के प्रभाव में आ जाती है और पश्चिम से पूर्व की ओर बहने लगती है।

> **एल-निनो व ला-लीनो**
>
> एल-निनो (El-Nino) को **विपरीत धारा** के नाम से भी जाना जाता है। यह धारा दक्षिणी अमेरिका के पेरू तट के पश्चिम तट से 180 किमी की दूरी पर उत्तर से दक्षिण दिशा में प्रवाहित होती है। यह पेरू तट के पास पेरू की ठण्डी जलधारा दक्षिण से उत्तर दिशा में चलती उल्लेखनीय है कि शरदकाल में विषुवतरेखीय धारा विपरीत धारा के रूप में दक्षिण की ओर खिसक जाती है और एल-निनो को जन्म देती है। एल-निनो एक गर्म जलधारा है, जिसके आगमन पर सागरीय जल का तापमान सामान्य से 3-4°C बढ़ जाता है।
>
> ला-निनो (La-Nina) एक प्रतिसागरीय धारा है। इसकी उत्पत्ति पश्चिमी प्रशान्त महासागर में उस समय होती है। जब पूर्वी प्रशान्त महासागर में एल-निनो का प्रभाव समाप्त हो जाता है।

अटलाण्टिक महासागर की धाराएँ

आन्ध्र महासागर को अटलाण्टिक महासागर भी कहा जाता है। प्रशान्त महासागर की तरह विशालता और 'S' आकार की विशेषता के कारण अटलाण्टिक महासागर की धाराएँ भी *दो वर्गों में विभाजित होती हैं*

1. उत्तरी अटलाण्टिक महासागर की धाराएँ

उत्तरी अटलाण्टिक महासागर की प्रमुख धाराएँ निम्न हैं

- **गल्फ स्ट्रीम गर्म धारा हैटरस अन्तरीप** से ग्रैण्ड बैंक तक इस धारा को गल्फ स्ट्रीम कहते हैं। गल्फ स्ट्रीम धारा को मैक्सिको की खाड़ी में पर्याप्त मात्रा में उष्ण जल प्राप्त होता है, जिसे यह ठण्डे इलाकों में पहुँचा देती है। आरम्भ में यह धारा उत्तरी अमेरिका के तट के साथ-साथ दक्षिण-पश्चिम दिशा से उत्तर-पूर्व दिशा में बहती है। **हेलिफैक्स** के दक्षिण में यह पछुआ पवनों के प्रभाव में आकर पूर्व की ओर मुड़कर सेण्ट लॉरेन्स नदी के मुहाने की ओर चली जाती है।

- **फ्लोरिडा गर्म धारा** यह उत्तरी अटलाण्टिक विषुवतीय धारा का अग्रभाग है, जो यूकाटन चैनल से होती हुई मैक्सिको की खाड़ी में प्रवेश करती है, यह एक गर्म जल धारा है।
- **नॉर्वे गर्म धारा** अटलाण्टिक महासागर के पूर्वी भाग में पहुँचकर उत्तरी अटलाण्टिक अपवाह धारा दो भागों में विभक्त हो जाती है। इसकी मुख्य धारा ब्रिटिश द्वीप समूह से होती हुई नॉर्वे के तट तक पहुँच जाती है, यहाँ इसे नॉर्वे धारा कहते हैं। इससे आगे यह आर्कटिक महासागर में प्रवेश करती है।
- **उत्तरी अटलाण्टिक भूमध्यरेखीय धारा** व्यापारिक हवाओं के करण इस धारा की प्रवाह की दिशा पूर्व से पश्चिम की ओर होती है। मध्य अटलाण्टिक कटक पार करने के बाद इस धारा की दिशा परिवर्तित हो जाती है और यह उत्तर-पश्चिम की ओर मुड़कर दो धाराओं में विभाजित हो जाती है।
- **एण्टीलीन गर्म धारा** ब्राजील के साओ रॉक अन्तरीप के निकट दक्षिणी विषुवतीय धारा दो शाखाओं में बँट जाती है। इसकी उत्तरी शाखा उत्तरी विषुवतीय धारा में मिलकर कैरीबियन सागर तथा मैक्सिको की खाड़ी में प्रवेश करती है। इसका शेष भाग पश्चिमी द्वीप समूह के पूर्वी किनारे पर एण्टलीस धारा के नाम से बहती है।
- **कैनेरी ठण्डी धारा** उत्तरी अटलाण्टिक महासागरीय प्रवाह की दूसरी शाखा दक्षिण की ओर मुड़कर कैनेरी द्वीप तक पहुँचती है। यह अपेक्षाकृत ठण्डे क्षेत्र से गर्म क्षेत्र की ओर जाती है, इसलिए इसे कैनेरी ठण्डी धारा कहा जाता है। यह धारा अन्त में उत्तरी भूमध्यरेखीय धारा में विलीन होकर उत्तरी अटलाण्टिक महासागरीय धाराओं का चक्र पूरा करती है। उपरोक्त धाराओं द्वारा उत्तरी अटलाण्टिक महासागर का बहुत-सा जल आर्कटिक महासागर में चला जाता है। सन्तुलन बनाए रखने के लिए दो धाराएँ आर्कटिक महासागर से दक्षिण की ओर चलने लगती हैं। ध्रुवीय क्षेत्र में आने के कारण ये ठण्डी धाराएँ हैं।
- **लैब्राडोर ठण्डी धारा** बेसिन यह धारा की खाड़ी तथा डेविस जलडमरूमध्य से लैब्राडोर के पूर्वी तट के साथ उत्तर से दक्षिण की ओर बहती है। ग्रीनलैण्ड के दक्षिणी किनारे पर पूर्वी ग्रीनलैण्ड धारा भी इससे आ मिलती है। यह संयुक्त धारा आगे दक्षिण में चलकर गल्फ स्ट्रीम से मिलती है। गर्म तथा ठण्डे जल के मिलने से न्यूफाउण्डलैण्ड के आस-पास घना कुहासा छाया रहता है। लैब्राडोर धारा बेसिन की खाड़ी से अपने साथ बड़ी मात्रा में हिम-शिलाएँ भी बहाकर ले आती हैं।

सारगैसो सागर

उत्तरी अटलाण्टिक महासागर के मध्यवर्ती भाग में उत्तरी भूमध्यरेखीय धारा, गल्फ स्ट्रीम तथा कनारी की ठण्डी धारा के द्वारा एक विशाल अण्डाकार क्षेत्र निर्मित हो जाता है। इस शान्त समुद्र की सतह पर सारगैस, नामक विशेष प्रजाति की समुद्री जड़विहीन घास (Sea Weed) प्रचुर मात्रा में पाई जाती है, जिसके कारण वृत्ताकार क्षेत्र का नाम सारगैसो सागर रखा गया।

2. दक्षिणी अटलाण्टिक महासागर की धाराएँ

दक्षिणी अटलाण्टिक महासागर की प्रमुख धाराएँ निम्न हैं

- **दक्षिणी विषुवतीय गर्म धारा** यह धारा विषुवत् रेखा के दक्षिण में उसके समानान्तर पूर्व से पश्चिम की ओर बहती है।
- **ब्राजील गर्म धारा** दक्षिणी विषुवतीय धारा पश्चिम में पहुँचकर ब्राजील के तट के साथ बहने लगती है और ब्राजील धारा कहलाती है।
- **फॉकलैण्ड ठण्डी धारा** ठण्डे जल की यह धारा दक्षिणी अमेरिका के दक्षिण-पूर्वी तट के साथ दक्षिण से उत्तर की ओर बहती है। यह अपने साथ अण्टार्कटिक प्रदेश से हिम शिलाएँ बहाकर लाती है। गर्म तथा ठण्डे जल के मिलने से यहाँ पर भी कुहासा छाया रहता है।
- **दक्षिणी अटलाण्टिक सागरीय ड्रिफ्ट** तीव्रगामी पछुआ पवनों के प्रभाव से ब्राजील धारा तथा फॉकलैण्ड धारा का संयुक्त जल पश्चिम से पूर्व की ओर ड्रिफ्ट के रूप में बहने लगता है, इसे दक्षिणी अटलाण्टिक महासागरीय ड्रिफ्ट कहते हैं।
- **वेनेजुएला ठण्डी धारा** अफ्रीका के आशा अन्तरीप के निकट दक्षिणी अटलाण्टिक महासागरीय ड्रिफ्ट दो शाखाओं में बँट जाती है। एक शाखा अफ्रीका के दक्षिण में बह जाती है और दूसरी शाखा पश्चिमी तट के साथ दक्षिण से उत्तर की ओर बहती है। यह ठण्डे क्षेत्र से गर्म क्षेत्र में जाती है, इसलिए वेनेजुएला ठण्डी धारा कहलाती है। उत्तर की ओर बहती हुई यह धारा अन्त में विषुवतीय धारा से मिलकर दक्षिणी अटलाण्टिक महासागर का चक्र पूरा करती है।

हिन्द महासागर की धाराएँ

हिन्द महासागर अन्य महासागरों की अपेक्षा न केवल होता है, बल्कि इसकी सीमा भी सीमित है और पूरी तरह दक्षिणी गोलार्द्ध में अवस्थित है।

इसकी धाराओं को भी उत्तरी एवं दक्षिणी धाराओं में विभाजित किया गया है

1. उत्तरी हिन्द महासागर की धाराएँ

- शीत ऋतु में **उत्तरी विषुवतीय धारा** उत्तर-पूर्वी मानसून पवनों के घर्षण द्वारा पूर्व से पश्चिम की ओर प्रवाहित होने लगती हैं। इस प्रवाह को उत्तर-पूर्वी मानसून ड्रिफ्ट अथवा उत्तर-पूर्वी मानसून अपवाह कहते हैं। यह मलक्का जलडमरूमध्य से आरम्भ होकर बंगाल की खाड़ी के तट के साथ-साथ बहती हुई अरब सागर में प्रविष्ट होती है। अदन की खाड़ी के निकट यह दक्षिण की ओर मुड़कर पश्चिम से पूर्व की ओर बहने लगती है और विपरीत विषुवतीय धारा से मिलकर चक्र पूरा कर देती है।
- **प्रति विषुवतीय धारा** यह पश्चिम में जंजीबार द्वीप के निकट से आरम्भ होकर पूर्व की ओर प्रवाहित होती है। दक्षिण-पश्चिमी मानसून के प्रभाव से जल का प्रवाह पश्चिम से पूर्व की ओर होने लगता है और दक्षिण-पश्चिमी मानूसन ड्रिफ्ट अर्थात् दक्षिण-पश्चिमी मानसून अपवाह नामक धारा का जन्म होता है। यह धारा अफ्रीका के पूर्वी भाग में उत्पन्न होकर पूर्व दिशा की ओर बहती हुई अरब सागर की परिक्रमा करती है। इस ऋतु में उत्तरी भूमध्यरेखीय धारा तथा विपरीत भूमध्यरेखीय धारा दोनों ही पूर्णतः लुप्त हो जाती हैं।

2. दक्षिणी हिन्द महासागर की धाराएँ

दक्षिणी हिन्द महासागर की धाराएँ निम्न हैं

- **दक्षिणी भूमध्यरेखीय धारा** अन्य महासागरों की भाँति हिन्द महासागर में भी दक्षिणी भूमध्यरेखीय धारा भूमध्य रेखा के समीप दक्षिण में पूर्व से पश्चिम की ओर बहती है।
- **मोजाम्बिक गर्म धारा** मेडागास्कर द्वीप के निकट पहुँचने पर दक्षिण भूमध्यरेखीय धारा दो शाखाओं में बँट जाती है। एक शाखा मेडागास्कर द्वीप के परे दक्षिण की ओर बह जाती है और दूसरी मोजाम्बिक चैनल में प्रविष्ट हो जाती है।

- **मेडागास्कर गर्म धारा** दक्षिणी भूमध्यरेखीय धारा की मेडागास्कर द्वीप के पूर्वी तट पर बहने वाली शाखा मेडागास्कर धारा कहलाती है।
- **अगुल्हास गर्म धारा** मेडागास्कर द्वीप के दक्षिण में मोजाम्बिक धारा व मेडागास्कर धारा मिलकर एक हो जाती है। यह संयुक्त धारा अगुल्हास धारा है। पछुआ पवन ड्रिफ्ट में समा जाने से पूर्व तक यह गर्म जल की ही धारा रहती है।
- **पछुआ पवन ड्रिफ्ट अथवा पश्चिमी अपवाह** यह धारा हिन्द महासागर के दक्षिण में पश्चिम से पूर्व की ओर बहती हुई ऑस्ट्रेलिया के पश्चिमी तट के दक्षिणी सिरे के निकट तक पहुँच जाती है।
- **पश्चिमी ऑस्ट्रेलियाई ठण्डी धारा** अण्टार्कटिक ड्रिफ्ट की एक शाखा ऑस्ट्रेलिया के दक्षिण में बहती हुई निकल जाती है और दूसरी शाखा ऑस्ट्रेलिया के पश्चिमी तट से उत्तर की ओर मुड़ जाती है। इस दूसरी शाखा को पश्चिमी ऑस्ट्रेलियाई ठण्डी धारा कहते हैं। यह धारा अन्त में दक्षिणी भूमध्यरेखीय धारा में मिल जाती है और दक्षिणी हिन्द महासागर की धाराओं के चक्र को पूर्ण कर देती है।

महासागरीय धाराओं का प्रभाव

महासागरीय धाराओं के प्रभाव को निम्नलिखित रूपों में देखा जाता है

व्यापार पर प्रभाव

- महासागरीय धाराएँ जलमार्गों को निश्चित करती हैं, जिसके सहारे व्यापारिक जलयानों का परिवहन किया जाता है। ठण्डी धाराओं द्वारा बड़ी-बड़ी हिम शिलाएँ निम्न अक्षांशों की ओर लाई जाती हैं, जिनके टकराने के कारण जलयान क्षतिग्रस्त हो जाते हैं। गर्म धाराओं के कारण ठण्डे स्थानों के बन्दरगाह सालभर खुले रहते हैं।

मछली उद्योग पर प्रभाव

- धाराएँ मछलियों के जीवित रहने के लिए आवश्यक तत्त्व, ऑक्सीजन तथा भोजन को वितरित करने का कार्य करती हैं। धाराओं द्वारा प्लैंकटन नामक घास का लाया जाना मछलियों के लिए आदर्श स्थिति पैदा करता है। इसी तरह शीत क्षेत्रों में पैदा होने वाली खाद्य मछलियाँ ठण्डी धाराओं के साथ गर्म प्रदेशों में आ जाती हैं। गर्म और ठण्डी धाराएँ भी मिलकर विभिन्न प्रकार की मछलियों को जन्म देती हैं।

महासागरीय तरंग

- तरंग (Wave) महासागरीय सतह की दोलायमान गति है। इसका महासागरीय जल-स्तर नीचा या ऊँचा होता है, परन्तु अपने स्थान से बहकर अन्य स्थान पर नहीं जाता तरंगें मुख्यत: पवन के दबाव तथा घर्षण के कारण बनती हैं। प्रत्येक तरंग के दो भाग होते हैं।
- एक भाग ऊपर उठा हुआ है, जिसे तरंग शृंग (Crest) कहते हैं। दूसरा भाग नीचे धँसा हुआ होता है, जिसे तरंग गर्त (Trough) कहते हैं। दो तरंग शृंगों या तरंग गर्तों के बीच की दूरी को तरंग दैर्ध्य कहा जाता है। किसी निश्चित स्थान पर दो तरंगों के गुजरने की अवधि को तरंग का आवर्त काल कहते हैं।

प्रवाल एवं प्रवाल भित्ति

- प्रवाल का निर्माण सागरीय जीव मूँगे या कोरल पालिप (Coral polyps) के अस्थिपंजरों के समेकन तथा संयोजन द्वारा होता है। एक-स्थान पर असंख्य मूँगे एक साथ समूह में रहते हैं तथा अपने चारों ओर चूने का खोल बनाते हैं। मूँगे के मृत होने पर उसके खोल पर दूसरा मूँगा अपना खोल बनाने लग जाता है। इस क्रिया के बार-बार होने के कारण एक विस्तृत भित्ति (Reef) का निर्माण होता है, जिसे प्रवाल भित्ति (Coral reef) कहते हैं।
- उल्लेखनीय है कि प्रवाल में उष्णकटिबन्धीय सदाबहार वर्षा वनों की तुलना में अधिक विविधता पाई जाती है, क्योंकि प्रवालों की 1,000,000 प्रजातियाँ हैं, जिनमें से केवल 10% प्रजातियों का ही अध्ययन किया जा सका है। प्रवालों को सामुद्रिक वर्षावन (Rainforest of the Oceans) कहा जाता है।

प्रवाल के विकास की दशाएँ

- प्रवाल भित्ति का निर्माण 25° उत्तर से 25° दक्षिण अक्षांशों के मध्य किसी द्वीप तट के सहारे सागरीय चबूतरों पर होता है। प्रवाल में उष्णकटिबन्धीय सदाबहार वर्षा वनों की तुलना में अधिक विविधता पाई जाती है। प्रवाल अकसर कम गहराई तक पाए जाते हैं। 200 से 250 फीट (60-77 मी) से अधिक गहराई पर प्रवाल मर जाते हैं।
- प्रवाल के विकास के लिए स्वच्छ जल का होना आवश्यक है। अकसर अवसाद के कारण प्रवाल का मुख बन्द हो जाता है।
- अत्यधिक लवणता में प्रवाल विकसित नहीं होते हैं। उल्लेखनीय है कि पूर्ण स्वच्छ जल भी प्रवाल के विकास के लिए हानिकारक है, इसलिए नदियों के मुहाने पर प्रवाल विकसित नहीं होते हैं।
- सागरीय तरंगें तथा धाराएँ प्रवालों के लिए लाभदायक होती हैं, क्योंकि लहरों तथा धाराओं द्वारा इनके लिए भोजन लाया जाता है। यही कारण है कि प्रवाल बन्द सागर में विकसित नहीं होते। लैगूनों में यह मृत रूप में होते हैं।
- प्रवालों के लिए उच्च तापक्रम (23-25°C) आवश्यक होता है, लेकिन यह अति उष्ण जल और न ही अति ठण्डे जल में पनप पाते हैं। भूमण्डलीय तापमान का इन पर प्रतिकूल प्रभाव पड़ता है।

प्रवाल भित्ति के प्रकार

प्रवाल भित्ति के निम्न प्रकार हैं

तटीय प्रवाल भित्ति

- महाद्वीपीय किनारे या द्वीप के किनारे निर्मित होने वाली प्रवाल भित्ति को तटीय प्रवाल भित्ति (Fringe coral Reef) कहते हैं। इसका सागरवर्ती भाग खड़ा एवं तीव्र ढाल वाला होता है, जबकि स्थलोन्मुख भाग मन्द ढाल का होता है। इस तरह की भित्तियाँ मकाऊ द्वीप, फ्लोरिडा, मलेशिया द्वीप, लक्षद्वीप, अण्डमान एवं मन्नार की खाड़ी में रामेश्वरम के समीप में पाई जाती हैं।

एटॉल प्रवाल भित्ति

- घोड़े की नाल या मुद्रिका के आकार वाली प्रवाल भित्ति को एटॉल (Atoll) कहा जाता है। इसकी स्थिति प्राय: द्वीप के चारों ओर या जलमग्न पठार के ऊपर अण्डाकार रूप में पाई जाती है, जिन प्रवालों के मध्य द्वीप होता है, उसे एटॉल द्वीप कहा जाता है। फुनाफुटी एटॉल एक प्रसिद्ध एटॉल है।

अवरोधक प्रवाल भित्ति

- सागर तट से कुछ दूर, किन्तु उसके समानान्तर स्थित वृहदाकार प्रवाल भित्ति को अवरोधक प्रवाल भित्ति (Barrier coral reef) कहा जाता है।
- तट तथा इनके बीच विस्तृत, किन्तु छिछली लैगून का आविर्भाव होता है। ये भित्तियाँ कहीं-कहीं टूटी होती हैं, जिस कारण लैगून का सम्बन्ध खुले सागर से बना रहता है।
- इन अन्तरालों को ज्वारीय प्रवेश मार्ग (Tidal inlet) कहते हैं। विश्व की प्रसिद्ध अवरोधक ग्रेट बेरियर रीफ है, जिसकी लम्बाई 1920 किमी एवं चौड़ाई 160 किमी है।

प्रवाल विरंजन

- प्रवाल विरंजन (Coral Bleaching) का सीधा अर्थ प्रवाल की मृत अवस्था से है। प्रवाल विरंजन की अवस्था में शैवालों का रंग श्वेत रंग में परिवर्तित हो जाता है, जिसके परिणामस्वरूप उनमें प्रकाश संश्लेषण की प्रक्रिया अवरुद्ध हो जाती है। इसका प्रत्यक्ष प्रभाव प्रवाल पर पड़ता है अन्ततः प्रवाल भी शैवालों के अभाव में समाप्त हो जाते हैं।

प्रवाल विरंजन के प्रकार

प्रवाल विरंजन के विनाश होने की प्रतिशतता के आधार पर *क्लाइव विलकिंसन ने इसको निम्न स्तरों पर वर्गीकरण किया है*

- **केटा स्ट्राफिक विरंजन** प्रवालों का समूह जब-जब 70% तक नकारात्मक रूप में प्रभावित हो जाता है, तो उस परिस्थिति को केटा स्ट्राफिक विरंजन कहते हैं। केटास्ट्राफिक विरंजन का प्रमुख उदाहरण सिंगापुर तथा तंजानिया में देखा गया था।
- **प्रचण्ड विरंजन** प्रवाल विरंजन की अवस्था जब 50 से 70% के बीच प्रभावित होती है या दूसरे शब्दों में, प्रवाल जब 50 से 70% के बीच नकारात्मक रूप से प्रभावित होते हैं, तो उस परिस्थिति को प्रचण्ड विरंजन कहते हैं। इसका उदाहरण थाइलैण्ड तथा वियतनाम में वर्ष 1997-98 में देखा गया था।
- **सामान्य विरंजन** प्रवाल विरंजन जब 20 से 50% के अन्तर्गत नकारात्मक रूप से प्रभावित होता है, तो उस परिस्थिति को सामान्य विरंजन कहते हैं। उल्लेखनीय है कि सामान्य विरंजन की अवस्था में प्रवालों का शीघ्र ही पुनर्जीवन हो जाता है।

प्रवाल विरंजन के कारण

प्रवाल विरंजन के अनेक कारण बताए जाते हैं

- प्रवाल विरंजन के लिए एल-निनो घटना एक प्रमुख कारण है।
- अधिकांश वैज्ञानिक भूमण्डलीय तापन में वृद्धि को प्रवाल विरंजन का प्रमुख कारण मानते हैं।
- कभी-कभी अचानक संक्रामक रोगों; जैसे—ब्लैक, बैण्ड रोग, कोरल प्लेग, व्हाइट बैण्ड रोग के महामारी का रूप लेने के कारण भी प्रवालों की मृत्यु व्यापक स्तर पर होती है।
- भूमि उपयोग में परिवर्तन के कारण, उच्च द्वीपों के अपरदन के कारण उत्पन्न अवसादों एवं उनके निक्षेपण से भी प्रवाल विरंजन की परिस्थिति पैदा होती है।
- मछली पकड़ने की गलत नीति तथा क्षतिकारी पद्धति के कारण भी प्रवाल विरंजन की विकट स्थिति पैदा होती है।

सागरीय संसाधन

महासागर के अन्दर पाए जाने वाले जैविक-अजैविक संसाधनों को सागरीय संसाधन कहते हैं। *इन्हें तीन प्रकारों में विभाजित किया गया है*

1. खनिज संसाधन

स्थिति के आधार पर खनिज संसाधनों को *तीन प्रकारों में विभाजित किया गया है*

(i) महाद्वीपीय मग्नतटों के निक्षेप के रूप में खनिज।
(ii) महाद्वीपीय ढालों पर पाए जाने वाले खनिज।
(iii) गहरे सागरों की तली पर पाए जाने वाले खनिज।

2. ऊर्जा संसाधन

ऊर्जा संसाधनों को निम्नलिखित भागों में विभाजित किया गया है

- परम्परागत ऊर्जा
- खनिज तेल (पेट्रोलियम)
- प्राकृतिक गैस
- गैर-परम्परागत ऊर्जा
- ज्वारीय ऊर्जा
- तरंग ऊर्जा
- बायोमास ऊर्जा

3. खाद्य संसाधन

खाद्य संसाधनों को दो भागों में विभाजित किया गया है

(i) खाद्य संसाधन (Food resources)

- जन्तु संसाधन (Animal resources) मछली, झींगा, केकड़ा, जन्तु प्लैंकटन।
- पादप संसाधन (Plant resources) पादप प्लैंकटन, सागरीय घास।

(ii) अखाद्य संसाधन (Non-food resources)

- अखाद्य संसाधन
- प्रवाल
- सीप

महासागरीय निक्षेप

- महासागरीय नितल पर अवसादों के जमाव को महासागरीय निक्षेप कहते हैं। इसके अन्तर्गत केवल उन निक्षेपों को शामिल किया जाता है, जो असंगठित एवं अव्यवस्थित अवसादों के रूप में होते हैं। इसके अतिरिक्त महासागरों में मिलने वाले जीवों, वनस्पतियों आदि के अवशेषों से भी अवसाद प्राप्त होते हैं।
- महासागर के एक भाग से दूसरे भाग में समुद्री निक्षेपों में भी भिन्नता पाई जाती है। चट्टानों के निरन्तर अपक्षय एवं अपरदन से उपलब्ध अवसाद से तथा जीवों और वनस्पतियों के अवशेषों से समुद्री निक्षेपों का निर्माण होता है।
- पृथ्वी के धरातल पर दिखने वाली अधिकांश चट्टानों को समझने के लिए समुद्री निक्षेपों का अध्ययन बहुत ही महत्त्वपूर्ण है। ये चट्टानें किसी समय समुद्री जल के नीचे जमा हुए अवसादों से ही निर्मित हो रही होंगी, लेकिन भौगोलिक अध्ययन की दृष्टि से इनका पर्याप्त महत्त्व है।

महासागरीय निक्षेप के स्रोत

महासागरीय निक्षेप विभिन्न रूपों में पाया जाता है

जैविक पदार्थ

- स्थलजात सामग्री के अतिरिक्त समुद्र तली में उन पदार्थों का जमाव मिलता है, जो विशेषत: समुद्र से ही उत्पन्न होते हैं। इनमें सागरीय जीवों की हड्डियाँ, ढाँचे व चूने के बने घर आदि मुख्य पदार्थ हैं। इन पदार्थों में चूने की मात्रा अधिक होती है, केवल कुछ जीवों के खोल सिलिका से बनते हैं। समुद्री जैव पदार्थों का जमाव गर्म समुद्रों में अधिक पाया जाता है।

इनके गुणों के आधार पर समुद्री जैव पदार्थ को निम्न दो प्रकारों में विभाजित किया गया है

(i) **नेरेटिक जमाव**

- समुद्र में पाए जाने वाले विभिन्न जीव-जन्तुओं की हड्डियों, मछलियों, प्रवाल, सीप, स्पंज, नेक्टन आदि हैं। नेरेटिक जमाव समुद्र तली में किसी विशिष्ट स्थान पर नहीं पाए जाते, बल्कि ये जमाव तापक्रम, खारापन व धाराओं आदि के अनुसार बदलते रहते हैं। प्रवाल जैसे जीव केवल गर्म व छिछले समुद्रों में ही पाए जाते हैं। गहरे समुद्र में ये जमाव द्वीपों के निकट मिलते हैं।

(ii) **पेलाजिक जमाव**

- ये विशिष्ट प्रकार की शैवाल हैं, जो बिना सहारे के समुद्र में बढ़ते हैं, इनमें कुछ प्रोटोजोआ, डायटम, एम्फीपोड्स आदि मुख्य हैं। ये पंक के समान हैं और ऊज कहलाते हैं। पेलाजिक जमाव विशेषतय: गहरे समुद्रों में (75.5%) विस्तृत रूप से पाए जाते हैं।

अजैविक पदार्थ

- इसके अन्तर्गत वे पदार्थ आते हैं, जो समुद्र की सतह पर वायुमण्डल से गिरने के बाद निक्षेपित हुए हैं। वायुमण्डलीय पदार्थों का निक्षेप वायुमण्डल में परिवर्तन; जैसे—तापमान, CO_2 की मात्रा में कमी अथवा अधिक वर्षण के बाद सम्भव हो पाता है, चूँकि महासागरों का विस्तार 70.8% ग्लोब पर है। अत: ये पदार्थ वृहत क्षेत्रों में अपना प्रभाव डालने में सक्षम हो गए हैं। इसके अन्तर्गत मुख्यत: डोलोमाइट, सिलिका, लौह, मैंगनीज ऑक्साइड, फास्फेट तथा पाइराइट जैसे तत्त्व प्रमुख हैं। इन पदार्थों के रासायनिक संघटनों की प्रक्रिया इतनी जटिल होती है कि उनमें विभाजन करना कठिन हो जाता है।

स्थलजात पदार्थ

- समुद्र की तली में जमा हुए अधिकतर पदार्थ स्थलीय भागों से प्राप्त होते हैं। स्थल की आग्नेय व परतदार चट्टानों पर अपक्षय व अनाच्छादन की क्रियाएँ लगातार घटित होती रहती हैं, जिससे शैल चूर्ण की प्राप्ति होती है। स्थलजात पदार्थों को, उत्पत्ति, कणों की आकृति, *रासायनिक संगठन आदि के आधार पर निम्न छ: प्रकार के पदार्थों में विभाजित किया जा सकता है*

(i) **गोलाश्म एवं बजरी**

- बजरी की उत्पत्ति विशेषतया चट्टानों पर लहरों के कटाव से होती है। इन गोलाश्म चट्टानों का विकास धरातलीय चट्टानों द्वारा ही होता है। भार अधिक होने के कारण बजरी समुद्र में दूर तक नहीं पहुँचती है। अत: इसका जमाव निमग्न स्थलों व छिछली खाड़ियों में पाया जाता है।

(ii) **बालू या रेत**

- रेत या बालू के कण बजरी से महीन होते हैं। इन रेतों में अवसादी, आग्नेय तथा रूपान्तरित सभी प्रकार की शैलों के कण मिश्रित रूप में पाए जाते हैं। इनमें क्वार्ट्ज नामक खनिज की प्रधानता होती है, क्योंकि इनका विखण्डन अथवा रासायनिक परिवर्तन आसानी से नहीं हो पाता है। लगभग सभी समुद्रों के तटों पर रेत का निक्षेप होता है। तट से दूरी बढ़ने के साथ-साथ इनके कणों का आकार घटता जाता है।

(iii) **सिल्ट एवं मृत्तिका**

- सिल्ट एवं मृत्तिका के कण बहुत बारीक होते हैं। मृत्तिका के कण सिल्ट से छोटे और पंक से बड़े होते हैं। छिछली व शान्त खाड़ियों में मृत्तिका के कण बारीक होने के कारण समुद्री जल में लटके रहते हैं। कुछ स्थलजात पदार्थ जल के साथ घुले हुए **रासायनिक पदार्थों** के रूप में समुद्र में पहुँचते हैं।

(iv) **पंक**

पंक के कण रेत अथवा मृत्तिका के कणों से भी सूक्ष्म होते हैं। धात्विक कणों के मिश्रण के कारण ये विभिन्न रंगों के होते हैं। *रंग के आधार पर पंक को निम्न तीन वर्गों में बाँटा गया है*

- **हरा पंक** नीले रंग के पंक के रासायनिक परिवर्तन हो जाने के कारण हरे पंक का निर्माण होता है। यह ग्लूकोनाइट नामक खनिज के कारण होता है। ग्लूकोनाइट पोटेशियम और लोहे का सिलीकेट है, जो जैविक पदार्थों के क्षय होने वाले स्थानों पर पाया जाता है। रेत में भी कभी-कभी ग्लूकोनाइट के कणों की मात्रा अधिक होने से उनका रंग हरा हो जाता है।
- **नीला पंक** नीला पंक उन चट्टानों के अवशेषों से बनता है, जिनमें लोहे के सल्फाइड एवं जैव तत्त्व का अंश अधिक रहता है। इस प्रकार के पंक में 35% चूने के कण एवं 60% चीका मिट्टी पाई जाती है। कुछ मात्रा में क्वार्ट्ज का अंश भी पाया जाता है।
- **लाल पंक** इनका निर्माण उस शिलाचूर्ण से होता है, जिसमें लौह ऑक्साइड हो। इनमें औसत चूने का अंश 32% और सिलिका अंश न के बराबर होता है। रेडियोलेरिया तथा डायटम जैसे सिलिका प्रधान जीवों का इसमें प्राय: अभाव पाया जाता है। अटलाण्टिक महासागर के बहुत बड़े भाग में लाल पंक पाया जाता है।

(v) **ज्वालामुखीय पदार्थ**

- समुद्री निक्षेपों में ज्वालामुखीय पदार्थों का भी योगदान रहता है। समुद्र की तली में ज्वालामुखी से प्राप्त पदार्थ दो प्रकार के होते हैं जो, पहला पदार्थ, ज्वालामुखी द्वारा धरातल पर जमा कर दिया जाता है, उसमें रासायनिक व भौतिक अपक्षय द्वारा परिवर्तन होता है। यह वायुमण्डल की विभिन्न शक्तियों (नदी, वायु, हिम) द्वारा समुद्र तली में धीरे-धीरे पहुँचता है।
- दूसरा पदार्थ, जो समुद्र में ही ज्वालामुखी के उपरान्त जमा होता है। अन्ततः समुद्री ज्वालामुखी उद्गार से निकले हुए पदार्थों से कभी-कभी द्वीपों का निर्माण हो जाता है। कुछ ऐसी भी आकृतियों का निर्माण होता है, जो समुद्र की सतह तक नहीं पहुँच पातीं।

(vi) **ब्रह्माण्डीय पदार्थ**

- सागरीय सतह पर उल्का धूल, कण व ब्रह्माण्डीय धूल यत्र-तत्र बिखरे हुए होते हैं। प्रशान्त महासागर की विशालता के कारण इनके सर्वाधिक निक्षेप पाए जाते हैं। ये पदार्थ धात्विक होते हैं, जिसमें लोहे का अंश सर्वाधिक होता है। इसका रंग कुछ कालापन लिए हुए होता है।
- गहन सागरीय क्षेत्रों में इनका ऑक्सीकरण हुआ है, किन्तु ये अन्य निक्षेपों से मिश्रित नहीं हुए हैं। अत: इनकी पहचान आसान है। इन काले कणों का व्यास 0.2 मिमी तक पाया गया है, भूरे कणों में सिलिकन पाए जाते हैं, इनका व्यास 0.5 मिमी होता है तथा इनमें धातुओं जैसी चमक होती ह

जलसन्धियाँ

- दो स्थलखण्डों को अलग करने वाले या दो जलीय क्षेत्रों को जोड़ने वाले संकरे जलीय भाग को जल सन्धि कहते हैं।

विश्व की प्रमुख जलसन्धियाँ

जलसन्धि का नाम	किस-किस को जोड़ती है	भौगोलिक स्थिति
मलक्का जलसन्धि	अण्डमान सागर एवं दक्षिणी चीन सागर	इण्डोनेशिया-मलेशिया
एमक्ल्यूरे जलसन्धि	आर्कटिक महासागर	कनाडा
नेमुरो जलसन्धि	प्रशान्त महासागर	जापान
पाक जलसन्धि	मन्नार एवं बंगाल की खाड़ी	भारत-श्रीलंका
सुण्डा जलसन्धि	जावा सागर एवं हिन्द महासागर	इण्डोनेशिया
टोकरा जलसन्धि	पूर्वी चीन सागर एवं प्रशान्त महासागर	जापान
सुगारू जलसन्धि	जापान सागर एवं प्रशान्त महासागर	जापान
सुशीमा जलसन्धि	जापान सागर एवं पूर्वी चीन सागर	जापान
यूकाटन जलसन्धि	मैक्सिको की खाड़ी एवं कैरीबियन सागर	मैक्सिको-क्यूबा
मेसिना जलसन्धि	भूमध्य सागर	इटली-सिसली
ओरण्टो जलसन्धि	एड्रियाटिक सागर एवं एजियन सागर	इटली-अल्बानिया
बाव-एल मण्डव जलसन्धि	लाल सागर-अरब सागर	यमन-जिबूती
कुक जलसन्धि	दक्षिणी प्रशान्त महासागर	न्यूजीलैण्ड (उत्तरी एवं दक्षिणी द्वीप)
मोजाम्बिक चैनल	हिन्द महासागर	मोजाम्बिक- मालागासी
लुजोन जलसन्धि	दक्षिणी चीन एवं फिलीपीन सागर	ताइवान-लुजोन द्वीप (फिलीपीन्स)
वाला बैक जलसन्धि	सुलू सागर एवं सेलेवीज सागर	पलावान-बोर्नियो
शैली कॉफ जलसन्धि	अलास्का की खाड़ी	अलास्का-कोडियाक द्वीप
नॉर्थ चैनल	आयरिश सागर एवं अटलाण्टिक महासागर	आयरलैण्ड-इंग्लैण्ड
टारस जलसन्धि	अफुरा सागर व पापुआ की खाड़ी	पापुआ न्यूगिनी-ऑस्ट्रेलिया
हुण्डास जलसन्धि	वाण्डीमन खाड़ी	मेल्विन द्वीप-ऑस्ट्रेलिया
बॉस जलसन्धि	तस्मान सागर एवं दक्षिणी सागर	ऑस्ट्रेलिया
बेलेद्वीप जलसन्धि	सेण्ट लॉरेन्स खाड़ी एवं अटलाण्टिक महासागर	कनाडा
बेरिंग जलसन्धि	बेरिंग सागर एवं चुकसी सागर	अलास्का-रूस
बोनी-फैसियो जलसन्धि	भूमध्य सागर	कोर्सिका-सार्डिनिया
वासपोरस जलसन्धि	काला सागर एवं मारमरा सागर	तुर्की
डैपियर जलसन्धि	प्रशान्त महासागर	इण्डोनेशिया
डार्डनजीन जलसन्धि	मारमरा सागर एवं एजियन सागर	तुर्की

जलसन्धि का नाम	किस-किस को जोड़ती है	भौगोलिक स्थिति
डेविस जलसन्धि	बेफिन खाड़ी एवं अटलाण्टिक महासागर	ग्रीनलैण्ड-कनाडा
डेनमार्क जलसन्धि	उत्तरी अटलाण्टिक एवं आर्कटिक महासागर	इंग्लैण्ड-फ्रांस
डोवर जलसन्धि	इंग्लिश चैनल एवं उत्तरी सागर	इंग्लैण्ड-फ्रांस
फ्लोरिडा जलसन्धि	मैक्सिको की खाड़ी एवं अटलाण्टिक महासागर	संयुक्त राष्ट्र अमेरिका-क्यूबा
फोवेक्स जलसन्धि	तस्मान सागर एवं दक्षिणी सागर	न्यूजीलैण्ड
हारमुज जलसन्धि	फारस की खाड़ी एवं ओमान की खाड़ी	ओमान-ईरान
हडसन जलसन्धि	हडसन की खाड़ी एवं अटलाण्टिक महासागर	कनाडा
जिब्राल्टर जलसन्धि	भूमध्य सागर एवं अटलाण्टिक महासागर	स्पेन-मोरक्को
जापान जलसन्धि	प्रशान्त महासागर	इण्डोनेशिया
कारीमाटा जलसन्धि	दक्षिणी चीन सागर एवं जावा सागर	इण्डोनेशिया
जुआन-डि-फूका जलसन्धि	प्रशान्त महासागर	कनाडा
कोरिया जलसन्धि	जापान सागर एवं पूर्वी चीन सागर	जापान-कोरिया
मैगेलन जलसन्धि	प्रशान्त एवं दक्षिण अटलाण्टिक महासागर	चिली
मकास्सार जलसन्धि	जावा सागर एवं सेलेवीज सागर	इण्डोनेशिया

समुद्र तटीय रेखाएँ

- समुद्री तट रेखा को स्थलीय एवं जलीय भूमि के मिलन स्थल के रूप में परिभाषित किया जाता है।
  उत्पत्ति के आधार पर समुद्री तट रेखाएँ दो प्रकार की होती हैं

1. उन्मग्न तट रेखा

- जब कभी समुद्र-तट के तल में परिवर्तन होता है अथवा भू गर्भिक हलचलों से समुद्र की तलहटी जल से बाहर आ जाती है, तो उससे उन्मग्न तट रेखा की रचना होती है। भारत का चेन्नई तट और उत्तरी अमेरिका का अटलाण्टिक महासागरीय तट उन्मग्न तट रेखा के सर्वोत्तम उदाहरण हैं।

निमग्न तट रेखाएँ

जब तट भूमि के समीप का भाग जलमग्न हो जाता है, तो निमग्न तट रेखाओं का निर्माण होता है। *निमग्न तट रेखाओं को उनके रूप, आकार तथा बनावट की दृष्टि से निम्न भागों में बाँटा जाता है*

- **फियोर्ड तट** (Fjord coast) फियोर्ड तट की रचना वहाँ होती है, जहाँ कभी हिम का प्रभाव रहा हो। फियोर्ड तट की रचना भूमि के निमज्जन से नहीं अपितु हिम पिघलने के बाद घाटी के धीरे-धीरे जलमग्न हो जाने से होती है। फियोर्ड तट बहुत ही कटा-फटा होता है। ऐसे तट सुन्दर और सुरक्षित पोताश्रय प्रदान करते हैं। नॉर्वे, स्कॉटलैण्ड, चिली, ग्रीनलैण्ड आदि देशों की तट रेखा इसी प्रकार की है।
- **रिया तट** (Ria coast) ये तट नदी घाटियों के समुद्र में डूब जाने से बनते हैं। इसी कारण से इन तटों पर कहीं-कहीं गहरी और चौड़ी घाटियाँ तथा विशाल कगारें मिलती हैं। बाल्टिक सागर, उत्तरी-पश्चिमी स्पेन तथा दक्षिण-पश्चिम आयरलैण्ड की तट रेखाएँ ऐसी ही तट रेखाएँ हैं।
- **डाल्मेशियन तट** (Dalmatian coast) तट के समीप की पर्वत श्रेणियों के जलमग्न होने से डाल्मेशियन तट की रचना होती है। ये तट प्राय: सपाट होते हैं। सर्बिया, मोण्टेनेग्रो, दक्षिणी स्पेन तथा इटली के तट इसी प्रकार के हैं।
- **हैफ तट** (Haff coast) कई स्थानों पर तट के समीप समानान्तर रूप से बालू की सैकड़ों पट्टियाँ फैली हुई देखी जाती हैं। इन बालू की पट्टियों के बीच उथली लैगून झील पाई जाती है, जिन्हें जर्मनी में हैफ कहा जाता है।

सागरीय मण्डल

- महासागरीय क्षेत्र को विभिन्न उद्देश्यों; जैसे—संसाधनों का विदोहन, परिवहन, मनोरंजन, व्यापार, युद्ध अभ्यास आदि के लिए विभिन्न सीमा क्षेत्रों में विभाजित किया गया है तथा इनको विधिक मान्यता देने के लिए कई अन्तर्राष्ट्रीय कानून बनाए गए हैं।
- इसके लिए अन्य नामों; जैसे—आन्तरिक सागरीय जल, अविच्छिन्न मण्डल आदि का प्रयोग किया जाता है।

किसी भी देश के तट से सुदूरवर्ती सागर की ओर तीन प्रमुख मण्डल निश्चित किए गए हैं

1. क्षेत्रीय सागर मण्डल

- क्षेत्रीय सागर (Territorial sea) को सागरीय मेखला (Marine belt) या सीमान्त सागर (Marginal sea) भी कहा जाता है। क्षेत्रीय सागर पर सम्बन्धित तटवर्ती देश (Coastal nation) की प्रभुसत्ता होती है। इस सीमा के अन्दर सम्बन्धित राष्ट्र का पूर्ण अधिकार होता है। कोई भी अन्य देश सम्बन्धित राष्ट्र की अनुमति के बिना इस सीमा में प्रवेश नहीं कर सकता।

- क्षेत्रीय सागर के आगे वाले सागरीय भाग के कुछ दूरी तक सम्बन्धित क्षेत्र को अविच्छिन्न मण्डल कहते हैं, जिस पर सम्बन्धित तटवर्ती देश के कुछ विशिष्ट अधिकार होते हैं। इसकी सीमा 12 नोटिकल मील से अधिक नहीं हो सकती। इस सीमा को आधार रेखा (Base line) भी कहते हैं।
- स्थलीय भाग एवं आधार रेखा के मध्य स्थित सागरीय जल को आन्तरिक जल कहते हैं, इस आन्तरिक जलीय क्षेत्र के अन्तर्गत सम्बन्धित देश का सीमा शुल्क, राजस्व, घुसपैठ, आव्रजन (Immigration), सामरिक सुरक्षा, सफाई आदि का पूर्ण अधिकार होता है।

2. विशिष्ट आर्थिक मण्डल

- आधार रेखा से सागर की ओर 200 नोटिकल मील या (370.4 किमी) तक की दूरी वाले भाग को विशिष्ट आर्थिक मण्डल कहते हैं। इस मण्डल के अन्तर्गत सागर की तली उस पर निक्षेपित पदार्थों में स्थित खनिज सम्पदा, सागरीय जल शक्ति तथा सागरीय जीवों के सर्वेक्षण, विदोहन, संरक्षण तथा प्रबन्धन के लिए तटवर्ती देश का पूर्ण अधिकार होता है।
- सम्बन्धित देश की अनुमति से यहाँ कोई भी गतिविधियों की यहाँ मनाही है, परन्तु परिवहन हेतु जलयानों के आने-जाने, सागर के नीचे केबिल बिछाने तथा हवाई जहाज उड़ाने का अधिकार होता है। उल्लेखनीय है कि इन्हें यह अधिकार क्षेत्रीय सागर की सागरवर्ती सीमा के बाहर ही होता है।

3. उच्च सागर मण्डल

- विशिष्ट आर्थिक मण्डल के आगे स्थित सागरीय क्षेत्र को इस मण्डल के अन्तर्गत शामिल किया जाता है।
- इस विस्तृत सागरीय क्षेत्र में ही सभी देशों को परिवहन एवं अन्य आर्थिक गतिविधियाँ, वैज्ञानिक शोध आदि करने का समान अधिकार होता है।

महासागरीय जीव-जन्तु एवं वनस्पति का मानव जीवन पर प्रभाव

- महासागरीय जल में पाए जाने वाले जीव-जन्तु एवं वनस्पति को जैविक सागरीय संसाधन कहते हैं। ये संसाधन नवीकरणीय हैं।
- मानव प्राचीनकाल से ही सागरीय संसाधन का दोहन करता आया है। मछलियों का पकड़ना सागरीय परम्परागत रूप से हमेशा होता आया है।
- विश्व की बढ़ती जनसंख्या के कारण खाद्य-पदार्थों की बढ़ती माँग के कारण जैविक सागरीय संसाधनों का महत्त्व बढ़ गया है।
- द्वीपीय देश की अधिकांश जनसंख्या अपना भोजन सागरीय मछलियों एवं वनस्पतियों से प्राप्त करते हैं। उदाहरण के लिए, जापान में भोजन का 60% भाग समुद्री मछली एवं वनस्पति से प्राप्त करते हैं।
- मानव सागरीय जीवीय संसाधनों के परम्परागत विदोहन के अतिरिक्त अपने कौशल एवं प्रौद्योगिकी विकास के द्वारा सागर कृषि, जल कृषि एवं सागर जन्तुवर्द्धन आदि विधियाँ से सागरीय वनस्पति एवं जन्तुओं की उत्पादकता में वृद्धि की है।

अभ्यास प्रश्न

1. समुद्र में महाद्वीप के डूबे भाग को निम्न में से क्या कहते हैं?
(a) महाद्वीपीय मग्न तट
(b) महाद्वीपीय मग्न ढाल
(c) महाद्वीपीय उत्थान
(d) उपरोक्त में से कोई नहीं

2. विश्व का सबसे चौड़ा मग्नतट है
(a) साइबेरियन मग्नतट (b) कैनियन मग्नतट
(c) मेरियाना मग्नतट (d) सोलोमन मग्नतट

3. शीर्ष सपाट वाले गाइऑट पर्वत मुख्यत: किस स्थान पर पाए जाते हैं
(a) मध्य महासागरीय कटक (b) नितल पहाड़ियाँ
(c) गहरे सागरीय मैदान (d) अन्तः सागरीय कान्दरा

4. महासागरीय नितल पर जलमग्न तीव्र ढालों वाली गहरी तथा संकरी घाटियों को क्या कहते हैं?
(a) सैबियन (b) रेडियन
(c) कैनियन
(d) उपरोक्त में से कोई नहीं

5. संसार के सबसे लम्बे कैनियन बेरिंग, प्रिबिलॉफ तथा जेमचुंग किस सागर में पाए जाते हैं?
(a) कैनियन बेरिंग सागर (b) प्रशान्त महासागर
(c) हिन्द महासागर (d) अटलाण्टिक महासागर

6. विश्व का सबसे बड़ा महासागर कौन-सा है?
(a) अटलाण्टिक महासागर
(b) प्रशान्त महासागर
(c) हिन्द महासागर
(d) उपरोक्त में से कोई नहीं

7. विश्व के दूसरे सबसे बड़े महासागर 'अटलाण्टिक' की आकृति अंग्रेजी के किस अक्षर के समान है?
(a) D के (b) M के
(c) S के (d) U के

8. महासागरीय जल के तापमान को प्रभावित करने वाले कारक हैं
(a) अक्षांश व महासागरीय धाराएँ
(b) स्थल एवं जल का असमान वितरण
(c) सनातन पवनें एवं लवणता
(d) उपरोक्त सभी

9. महासागरीय जलीय तापमान का वितरण किन/किस दिशाओं/दिशा में परिवर्तित होता रहता है?
(a) ऊर्ध्वाधर
(b) क्षैतिज
(c) 'a' व 'b' दोनों
(d) उपरोक्त में से कोई नहीं

10. निम्न में से कौन-सी/किस रेखाओं/रेखा पर लवणता की मात्रा सर्वाधिक है?
(a) मकर रेखा
(b) कर्क रेखा
(c) 'a' व 'b' दोनों
(d) उपरोक्त में से कोई नहीं

11. ज्वार-भाटा के कारण उत्पन्न तरंगों को कहते हैं
(a) ज्वारीय तरंगे
(b) ज्वर तरंगे
(c) 'a' व 'b' दोनों
(d) उपरोक्त में से कोई नहीं

12. प्रत्येक दिन में दो उच्च एवं दो निम्न ज्वार-भाटे उत्पन्न होना किस ज्वार-भाटे का उदाहरण है?
(a) उच्च ज्वार (b) अर्द्ध-दैनिक ज्वार
(c) उपभू ज्वार (d) निम्न ज्वार

13. निम्न में से कौन-से/सा महासागरीय धाराओं का महत्त्व है/हैं?
(a) महासागरीय धाराओं से आर्थिक लाभ होता है।
(b) बन्दरगाहों की स्थितियाँ निर्धारित होती है।
(c) केवल 'a'
(d) 'a' व 'b' दोनों

14. शीतोष्ण कटिबन्ध में पछुआ पवनें किस दिशा से चलती है?
(a) पूर्वी (b) पश्चिमी
(c) उत्तरी (d) दक्षिणी

15. महासागरीय धाराओं को किन दो भागों में वर्गीकृत किया जाता है?
(a) गर्म व ठण्डी धाराएँ (b) गर्म व शुष्क धाराएँ
(c) ठण्डी व मौसमी धाराएँ (d) इनमें से कोई नहीं

16. वे धाराएँ जो गर्म क्षेत्रों से ठण्डे क्षेत्रों की ओर चलती है, क्या कहलाती है?
(a) गर्म धाराएँ (b) ठण्डी धाराएँ
(c) शीतोष्ण धाराएँ (d) इनमें से कोई नहीं

17. उत्तरी विषुवतीय धारा, उत्तरी प्रशान्त गर्मधारा व ओयाशिवो ठण्डी धारा किस महासागरीय की प्रमुख धाराएँ है?
(a) अटलाण्टिक महासागर
(b) उत्तरी प्रशान्त महासागर
(c) हिन्द महासागर
(d) दक्षिणी प्रशान्त महासागर

18. दक्षिणी प्रशान्तधारा व पूर्वी ऑस्ट्रेलिया गर्म धाराएँ किस महासागर की प्रमुख धाराएँ हैं?
(a) हिन्द महासागर (b) पश्चिमी प्रशान्त महासागर
(c) दक्षिणी प्रशान्त महासागर (d) इनमें से कोई नहीं

19. निम्न में से कौन सी धारा जंजीबार द्वीप के निकट से आरंभ होकर पूर्व की ओर प्रवाहित होती है?
(a) प्रति विषुवतीय धारा (b) मेडागास्कर गर्म धारा
(c) दक्षिणी भू-मध्य रेखीय धारा (d) मोजाम्बिक धारा

20. निम्न में से कौन प्रवाल के निर्माण सहायक हैं?
(a) सभी समुद्रीय जीव
(b) केवल सागरीय जीव मूंगा
(c) मछलियाँ
(d) उपरोक्त में से कोई नहीं

21. महाद्वीपीय किनारे या द्वीप के किनारे निर्मित प्रवाल भित्ति को कहते हैं
(a) एटॉल (b) अवरोधक प्रवाल भित्ति
(c) तटीय प्रवाल भित्ति (d) 'b' व 'c' दोनों

22. प्रवाल विरंजन की अवस्था में शैवालों का रंग किस रंग में परिवर्तित हो जाता है?
(a) नीले रंग में (b) लाल रंग में
(c) गुलाबी रंग में (d) श्वेत रंग में

23. प्रवाल विरंजन की प्रक्रिया के प्रमुख कारण है
(a) एल निनो की घटना व भूमण्डलीय तापन में वृद्धि
(b) मछली पकड़ने की गलत नीति
(c) संक्रामक रोग जैसे- कोरल प्लेग
(d) उपरोक्त सभी

24. महासागरीय नितल पर अवसादों के जमाव को क्या कहते हैं?
(a) महासागरीय निक्षेप (b) महासागरीय विक्षेप
(c) प्रवाल भित्ति (d) उपरोक्त सभी

25. महासागरीय निक्षेप के प्रमुख स्रोत हैं
(a) जैविक पदार्थ (b) स्थलजात पदार्थ
(c) ज्वालामुखीय पदार्थ (d) ये सभी

26. पाक जल सन्धि किन दो देशों के मध्य है
(a) भारत-श्रीलंका (b) भारत-पाकिस्तान
(c) भारत-बांग्लादेश (d) श्रीलंका-पाकिस्तान

27. सुमेलित कीजिए।

सूची I (जल सन्धि)	सूची II (स्थिति)
A. यूकाटन जलसन्धि	1. मैक्सिको-क्यूबा
B. डेविस जलसन्धि	2. ग्रीनलैण्ड-कनाडा
C. हडसन जलसन्धि	3. कनाडा
D. जिब्राल्टर जलसन्धि	4. स्पेन-मोरक्को

कूट

	A	B	C	D
(a)	1	2	3	4
(b)	4	3	2	1
(c)	3	2	1	4
(d)	1	2	4	3

28. भारत का चेन्नई तट व उत्तरी अमेरिका का अटलाण्टिक महासागरीय तट किस प्रकार की रेखा के सर्वोत्तम उदाहरण है?
(a) उन्मग्न तट रेखा (b) निमग्न तट रेखा
(c) विशिष्ट तट रेखा (d) 'a' व 'b' दोनों

29. नदी घाटियों के समुद्र में डूब जाने से कौन-से तट बनते है?
(a) फियोर्ड तट (b) रिया तट
(c) हैफ तट (d) डाल्मेशियन तट

30. सागरीय मेखला निम्न में से किस मण्डल को कहा जाता है?
(a) क्षेत्रीय सागर मण्डल
(b) विशिष्ट आर्थिक मण्डल
(c) उच्च सागर मण्डल
(d) उपरोक्त में से कोई नहीं

31. निम्न में से कौन-से मण्डल में सभी देशों को परिवहन एवं अन्य आर्थिक गतिविधियाँ करने का अधिकार है?
(a) क्षेत्रीय सागर मण्डल (b) उच्च सागर मण्डल
(c) विशिष्ट आर्थिक मण्डल (d) ये सभी

32. महाद्वीपीय मग्नतट होता है?
(a) महाद्वीपों का तटीय भाग जो महासागर में डूबा रहता है
(b) तटीय रेखा के दोनों ओर संकरी पट्टी
(c) तटों के समीप की अपेक्षाकृत संकरी एवं उथली महासागरीय पेटी
(d) महाद्वीपीय ढाल के तुरन्त नीचे का उच्चावच

33. किस महासागर में द्वीपों की संख्या सर्वाधिक है?
(a) अटलाण्टिक महासागर (b) प्रशान्त महासागर
(c) हिन्द महासागर (d) आर्कटिक महासागर

34. निम्न सागरीय भू-आकृतियों का समुद्र तल से गहराई के अनुसार सही अनुक्रम क्या है?
1. महाद्वीपीय ढाल
2. महासागरीय गर्त
3. महाद्वीपीय मग्नतट
4. गम्भीर सागरीय मैदान

कूट
(a) 1, 2, 3 और 4 (b) 2, 1, 3 और 4
(c) 3, 1, 4 और 2 (d) 3, 2, 1 और 4

35. सुमेलित कीजिए।

सूची I (स्थलाकृतिक का प्रकार)	**सूची II** (अवस्थिति)
A. टेलीग्राफ पठार	1. हिन्द महासागर
B. सुण्डा गर्त	2. उत्तरी अटलाण्टिक महासागर
C. चैलेंजर कटक	3. प्रशान्त महासागर
D. हवाई उभार	4. दक्षिणी अटलाण्टिक महासागर

कूट

	A	B	C	D		A	B	C	D
(a)	2	1	4	3	(b)	2	1	3	4
(c)	1	2	4	3	(d)	1	2	3	4

36. जब एल-नीनो आती है, तो वह किस महासागरीय धारा को विस्थापित करती है?
(a) हम्बोल्ट (b) पूर्वी ऑस्ट्रेलियन
(c) बेंगुएला (d) मानसूनी अपवाह

37. पृथ्वी ग्रह पर, अधिकांश अलवण-जल, बर्फ छत्रक और हिमनद के रूप में रहता है। शेष अलवण जल का सबसे अधिक भाग
(a) वायुमण्डल में आर्द्रता और बादलों के रूप में पाया जाता है
(b) अलवण-जल झीलों और नदियों में पाया जाता है
(c) भूमिगत जल के रूप में
(d) मृदा आर्द्रता के रूप में

38. 'अल्फाल्फा' है
(a) एक प्रकार की घास (b) एक जनजाति
(c) एक पशु (d) एक नगर

39. सुमेलित कीजिए।

सूची I	**सूची II**
A. गल्फ स्ट्रीम	प्रशान्त महासागर
B. पश्चिमी पवन प्रवाह	पछुआ पवनों के ऊपर पूर्व की दिशा में जल का मन्दगति से प्रवाह क्षेत्र
C. पेरू धारा	हिन्द महासागर
D. पश्चिम ऑस्ट्रेलियाई	गर्म धारा

कूट

	A	B	C	D		A	B	C	D
(a)	4	2	1	3	(b)	4	2	3	1
(c)	2	4	3	1	(d)	2	4	1	3

40. निम्नलिखित में से कौन-सा एक महासागर में जल के प्रसार के लिए उत्तरदायी है?
(a) कार्बन डाइ-ऑक्साइड
(b) नाइट्रोजन डाइ-ऑक्साइड
(c) कार्बन मोनो-ऑक्साइड
(d) सल्फर डाइ-ऑक्साइड

41. सुमेलित कीजिए।

सूची I (महासागरीय धारा)	**सूची II** (महासागर का नाम)
A. अगुल्हास धारा	1. उत्तरी अटलाण्टिक
B. एल-नीनो धारा	2. दक्षिणी अटलाण्टिक
C. क्यूरोशियो धारा	3. उत्तरी प्रशान्त
D. वेनेजुएला धारा	4. दक्षिणी प्रशान्त
	5. हिन्द महासागर

कूट

	A	B	C	D		A	B	C	D
(a)	4	3	2	1	(b)	5	4	3	2
(c)	1	4	3	2	(d)	4	5	2	1

42. क्यूरोशियो एक कोष्ण जलधारा है, जो
(a) फिलीपीन्स से जापान की ओर प्रवाहित है
(b) इण्डोनेशिया से फिलीपीन्स की ओर प्रवाहित होती है
(c) जापान से चीन की ओर प्रवाहित होती है
(d) श्रीलंका से इण्डोनेशिया को प्रवाहित होती है

43. निम्नलिखित कथनों पर विचार कीजिए।
1. बेंगुएला जलधारा का प्रभाव कालाहारी मरुस्थल के निर्माण में था।
2. अगुल्हास धारा का प्रभाव थार मरुस्थल के निर्माण में था।
3. उत्तरी हिन्द महासागर की धाराएँ वर्ष में दो बार अपने बहाव का मार्ग बदलती हैं।

उपरोक्त कथनों में से कौन सही है/हैं?
(a) केवल 1 (b) 1 और 3
(c) 2 और 3 (d) 1, 2 और 3

44. सभी वृहत ज्वारों में सबसे ऊँचा ज्वार किस समय घटित होता है?
(a) दक्षिण अयनान्त के साथ पूर्णिमा या अमावस्या
(b) विषुव के साथ पूर्णिमा या अमावस्या
(c) उत्तर अयनान्त के साथ पूर्णिमा या अमावस्या
(d) दक्षिण अयनान्त और वैसे ही उत्तर अयनान्त

45. निम्नलिखित कथनों में कौन सही नहीं है?
(a) अधिकांश भित्ति निर्माण प्रवाल 17°C और 35°C के बीच के तापमान को अधिमान देते हैं
(b) प्रवालों की उत्पत्ति समुद्र के ऊपरी 25 या 30 मी स्तर तक सामान्यत: सीमित होते हैं
(c) प्रवाल जन्तु फाइलम पोरिफेरा के जीवों की श्रेणी में आते हैं
(d) प्रवाल जन्तु शैवाल के साथ सहोपकारिता सम्बन्ध में रहते हैं

46. निम्नलिखित में से कौन-सा एक, प्रशान्त महासागर की पूर्वी और पश्चिमी सीमाओं द्वारा बारम्बार भूकम्प झेलने के कारण को सबसे अच्छे तरीके से स्पष्ट करता है?
(a) इन सीमान्तों के किनारे गहरी महासागरीय खाइयाँ हैं
(b) इस महासागर के सन्निकट महाद्वीपीय सीमान्तों के साथ उच्च पर्वतीय फैलाव है
(c) विशाल प्रशान्त महासागर की धाराएँ महाद्वीपीय सीमान्तों से निरन्तर टकराती रहती हैं
(d) ये सीमान्त प्लेट सीमान्तों के सम्पाती होते हैं

47. सारगैसो सागर है
(a) जीवों एवं वनस्पतियों से निर्मित गैसों का वृहत भण्डार क्षेत्र
(b) दक्षिणी अटलाण्टिक में अण्टार्कटिका से आए शैवालों का सागर
(c) उत्तरी अटलाण्टिक में विषुवत् रेखीय धारा के भँवर से उत्पन्न क्षेत्र
(d) विशाल प्रशान्त महासागर के मध्य में हवाई द्वीप के पास शान्त समुद्री क्षेत्र

48. निम्न में से कौन-सा एक महासागरीय धाराओं के जनन का कारण नहीं है?
(a) भूमण्डलीय पवन
(b) महासागरीय जल के तापमान में विचरण
(c) पृथ्वी का परिक्रमण
(d) तटरेखाओं की आकृति और विन्यास

49. बहु धात्विक ग्रन्थिकाएँ (इन्हें मैंगनीज ग्रन्थिकाएँ भी कहते हैं) संकेन्द्रणों में कहाँ पाई जाती हैं?
(a) महाद्वीपीय शेल्फों पर (b) गहरे महासागर के तलों में
(c) सरोवर की तली पर (d) समुद्र-तट की रेत में

50. निम्नलिखित कथनों का अध्ययन कीजिए।
1. एल-नीनो 'क्राइस्ट चाइल्ड' का स्पेनिश नाम है।
2. यह प्रशान्त महासागर में विषुवतरेखीय दक्षिणी अमेरिका के तट पर यदा-कदा विकसित होने वाला गर्म सतही जल है।
3. एल-नीना प्राय: 2 से 7 वर्षों के अन्तराल पर विकसित होती है, प्राय: क्रिसमस के समय एवं प्राय: कुछ सप्ताह एवं महीनों तक चलता है।

उपरोक्त कथनों में सत्य कथन की पहचान कीजिए।
(a) 1 और 2 (b) 1 और 3
(c) 2 और 3 (d) 1, 2, और 3

51. सुमेलित कीजिए।

सूची I (जलडमरूमध्य)	सूची II (युग्मक)
A. डोवर	1. उत्तरी सागर एवं अटलाण्टिक महासागर
B. फ्लोरिडा	2. मैक्सिको की खाड़ी एवं अटलाण्टिक
C. जिब्राल्टर	3. भूमध्य सागर एवं अटलाण्टिक
D. मैगेलन	4. दक्षिणी प्रशान्त एवं दक्षिणी अटलाण्टिक महासागर

कूट
	A	B	C	D		A	B	C	D
(a)	3	4	1	2	(b)	4	3	2	1
(c)	1	2	3	4	(d)	1	2	4	3

52. निम्नलिखित में से कौन-सी एक शीतल महासागरीय धारा है?
(a) कैनेरी धारा (b) ब्राजील धारा
(c) गल्फ धारा (d) कुरोशियो धारा

53. अटलाण्टिक महासागर से प्रारम्भ होकर पछुवा पवनें ठण्डी अण्टार्कटिक जलधारा पूरब दिशा में ले जाती हैं। अफ्रीका तट पर पहुँचने के बाद यह उत्तर की ओर मुड़ जाती हैं
(a) वेनेजुएला धारा (b) हम्बोल्ट धारा
(c) कैनेरी धारा (d) गल्फ धारा

54. सुमेलित कीजिए।

सूची I (सीमान्त सागर)	सूची II (जलडमरूमध्य)
A. लाल सागर एवं अरब सागर	1. बाब-एल-मण्डेब
B. आर्कटिक सागर एवं बेरिंग सागर	2. बेरिंग
C. काला सागर एवं मरमरा सागर	3. बॉस्फोरस
D. मरमरा सागर एवं एजियन सागर	4. डार्डनेल

कूट
	A	B	C	D		A	B	C	D
(a)	1	2	3	4	(b)	1	2	4	3
(c)	1	4	3	2	(d)	1	3	2	4

55. समुद्र में घनत्व बढ़ता है, तो ऐसे में
(a) लवणता तथा गहराई कम होती है
(b) लवणता बढ़ती है किन्तु गहराई कम होती है
(c) लवणता और गहराई दोनों बढ़ती हैं
(d) लवणता घटती है और गहराई बढ़ती है

56. सारगासो सागर की विशेषता क्या है?
(a) अति शीतल जल (b) अति उष्ण जल
(c) अत्यधिक लवणीय जल (d) प्रारूपिक समुद्री वनस्पति

57. अप्रत्यक्ष उच्च ज्वार (Indirect High Tide) उत्पन्न होने का कारण है
(a) चन्द्रमा का गुरुत्वाकर्षण बल
(b) सूर्य का गुरुत्वाकर्षण बल
(c) पृथ्वी का अपकेन्द्रीय बल
(d) पृथ्वी का गुरुत्वाकर्षण बल

58. मिलान कीजिए।

सूची I (जिन्हें जोड़ती हैं)	सूची II (जलडमरूमध्य)
A. मलेशिया एवं सुमात्रा	1. मलक्का
B. भारत एवं श्रीलंका	2. पाक
C. एखालिन द्वीप एवं रूस	3. तारतर

कूट
	A	B	C		A	B	C
(a)	1	2	3	(b)	2	1	3
(c)	2	3	1	(d)	3	1	2

59. निम्नलिखित में कौन युग्म सुमेलित नहीं है?
1. उत्तरी अटलाण्टिक — पोर्टोरिको गर्त महासागर
2. विषुवत् रेखीय — रोमांच गर्त अटलाण्टिक महासागर
3. दक्षिण अटलाण्टिक — दक्षिण सैण्डविच गर्त महासागर

कूट
(a) केवल 1 (b) केवल 2
(c) केवल 3 (d) इनमें से कोई नहीं

60. **कथन** (A) लघु ज्वार-भाटाओं के समय, उच्च ज्वार सामान्य से निम्नतर तथा निम्न ज्वार सामान्य से उच्चतर होता है।

कारण (R) लघु ज्वारा-भाटा, वृहत ज्वार-भाटा के विपरीत, पूर्णचन्द्र के स्थान पर नव चन्द्र के समय होता है।

कूट

(a) A और R दोनों सही हैं, तथा R, A की सही व्याख्या है
(b) A और R दोनों सही हैं, परन्तु R, A की सही व्याख्या नहीं है
(c) A सही है, किन्तु R गलत है
(d) A गलत है, किन्तु R सही है

61. विषुवतीय प्रतिधाराओं (इकेटोरियल काउण्टर-करेण्ट) के पूर्वाभिमुख प्रवाह की व्याख्या किससे होती है?

(a) पृथ्वी का अपने अक्ष पर घूर्णन
(b) दो विषुवतीय धाराओं का अभिसरण (कन्वर्जेंस)
(c) जल की लवणता में अन्तर
(d) विषुवत् वृत्त के पास प्रशान्तमण्डल मेखला (बेल्ट ऑफ काम) का होना

62. निम्नलिखित में से कौन-सी दक्षिण अटलाण्टिक महासागर की शीतल धारा है?

(a) कैनेरी धारा (b) वेनेजुएला धारा
(c) अगुल्हास धारा (d) ब्राजील धारा

63. फ्लोरिडा की धारा जब एण्टलीस धारा का जल समाविष्ट कर हैटरस अन्तरीप से आगे बढ़ती है, तो वह कहलाती है

(a) कैनेरी धारा (b) गल्फ स्ट्रीम धारा
(c) अगुल्हास धारा (d) वेनेजुएला धारा

64. सुमेलित कीजिए।

सूची I (कटक)	**सूची II** (महासागर/क्षेत्र)
A. डॉल्फिन कटक	1. स्कॉटलैण्ड एवं आइसलैण्ड के बीच
B. विविल थामसन कटक	2. दक्षिणी अटलाण्टिक महासागर
C. चैलेंजर कटक	3. उत्तरी अटलाण्टिक महासागर

कूट

	A	B	C		A	B	C
(a)	1	2	3	(b)	3	1	2
(c)	2	1	3	(d)	2	3	1

65. प्लीस्टोसीन काल में निर्मित जार्ज बैंक अमेरिका के किस किनारे पर अवस्थित है?

(a) पश्चिमी तट (b) पूर्वी तट
(c) दक्षिणी तट (d) मैक्सिको की खाड़ी

66. महाद्वीपीय मग्न ढाल का विस्तार विभिन्न महासागरों में अलग-अलग है। मग्नतट के विस्तार के अनुसार सूची को सुमेलित कीजिए।

सूची I (महाद्वीपीय मग्न तट का भाग)	**सूची II** (महासागर)
A. 7%	1. अटलाण्टिक महासागर
B. 12.4%	2. प्रशान्त महासागर
C. 6.5%	3. हिन्द महासागर

कूट

	A	B	C		A	B	C
(a)	1	2	3	(b)	2	1	3
(c)	2	3	1	(d)	1	3	2

67. **कथन** (A) उष्णकटिबन्धीय क्षेत्र में महाद्वीपों के पूर्वी तट पश्चिमी तट की अपेक्षा लवणता की मात्रा अधिक पाई जाती है।

कारण (R) व्यापारिक हवाएँ महाद्वीपों के पश्चिमी तटों पर जल का उत्प्रवाह करती हैं तथा पूर्वी तट पर जल को जमा करती हैं।

कूट

(a) A और R दोनों सही हैं, तथा R, A की सही व्याख्या है
(b) A और R दोनों सही हैं, परन्तु R, A की सही व्याख्या नहीं है
(c) A सही है, किन्तु R गलत है
(d) A गलत है, किन्तु R सही है

68. समुद्र से प्राप्त होने वाला खाद्य संसाधन मुख्यत: प्राप्त होता है

(a) महाद्वीपीय मग्न तट (b) महाद्वीपीय मग्न ढाल
(c) महाद्वीपीय उभार (d) महासागरीय पर्वत

उत्तरमाला

1.	(a)	2.	(a)	3.	(b)	4.	(c)	5.	(a)	6.	(b)	7.	(c)	8.	(d)	9.	(c)	10.	(c)
11.	(a)	12.	(b)	13.	(d)	14.	(b)	15.	(a)	16.	(a)	17.	(b)	18.	(c)	19.	(d)	20.	(b)
21.	(c)	22.	(d)	23.	(d)	24.	(a)	25.	(d)	26.	(a)	27.	(a)	28.	(a)	29.	(b)	30.	(a)
31.	(b)	32.	(a)	33.	(b)	34.	(c)	35.	(a)	36.	(a)	37.	(c)	38.	(a)	39.	(a)	40.	(a)
41.	(b)	42.	(a)	43.	(b)	44.	(b)	45.	(c)	46.	(b)	47.	(c)	48.	(d)	49.	(b)	50.	(d)
51.	(c)	52.	(a)	53.	(a)	54.	(a)	55.	(a)	56.	(d)	57.	(c)	58.	(a)	59.	(d)	60.	(c)
61.	(a)	62.	(b)	63.	(b)	64.	(b)	65.	(b)	66.	(b)	67.	(a)	68.	(a)				

अध्याय 05

जैवमण्डल

पारिस्थितिकी

- जैविक व अजैविक तत्त्वों की परस्पर क्रियाशीलता से पारिस्थितिकी (Ecology) की रचना होती है। अत: विज्ञान की वह शाखा, जोकि जीवों तथा पर्यावरण के बीच की पारस्परिक क्रियाओं का अध्ययन करती है, पारिस्थितिकी कहलाती है।
- पारिस्थितिकी शब्द का प्रयोग सर्वप्रथम जर्मन वैज्ञानिक हैकेल (1869) ने किया था। यह शब्द यूनानी भाषा के Oikos तथा Logos से मिलकर बना है, जिसमें Oikos का शाब्दिक अर्थ—निवास-स्थान तथा Logos का अर्थ अध्ययन है। अत: जीवों का उन्हीं के निवास-स्थान के परिप्रेक्ष्य में अध्ययन पारिस्थितिकी (Ecology) है।

पारिस्थितिक तन्त्र

- पारिस्थितिक-तन्त्र जैविक और अजैविक पदार्थों की परस्पर प्राकृतिक क्रिया है, जिसमें जैव एवं अजैव पदार्थों के साथ-साथ पर्यावरण के सम्पूर्ण कारक सम्मिलित होते हैं, जो एक अन्त:क्रियात्मक सम्बन्धों से जुड़े होते हैं।
- पारिस्थितिक-तन्त्र (Eco-system) शब्दावली का प्रयोग सर्वप्रथम **ए जी टॉन्सले** (1935) ने किया। उनके अनुसार, इकोसिस्टम (Eco + system) अंग्रेजी के दो शब्दों से मिलकर बना है, जिसमें इको से आशय किसी परिवेश के चारों ओर के प्राकृतिक पर्यावरण अथवा स्थानीय परिस्थिति से है और 'सिस्टम' से आशय एक तन्त्र/क्रम या व्यवस्था से है।

पारिस्थितिक तन्त्र के घटक

पारिस्थितिक तन्त्र के मुख्यत: दो घटक जैविक व अजैविक हैं, *जिनका विवरण इस प्रकार है*

1. जैविक घटक

जैविक घटक (Organic/Biotic Component) को *तीन भागों में विभक्त किया जाता है*

(i) **उत्पादक** वे सभी जीव जो साधारण **अकार्बनिक** पदार्थों को प्राप्त कर जटिल पदार्थों का संश्लेषण कर लेते हैं अर्थात् वे अकार्बनिक पदार्थों के सहयोग से स्वयं के भोजन का निर्माण करते हैं। ये सूर्य से ऊर्जा प्राप्त कर प्रकाश संश्लेषण की प्रक्रिया द्वारा अकार्बनिक पदार्थों तथा जल और कार्बन डाइ-ऑक्साइड को प्रयोग में लाकर भोजन बनाते हैं, जिनका उदाहरण हरे पौधे हैं। ये घटक उत्पादक (Producers) कहलाते हैं।

(ii) **उपभोक्ता** जब स्वपोषित घटक द्वारा पैदा किया हुआ भोजन दूसरे जीव द्वारा प्रयोग में लिया जाता है, तो प्रयोग में लेने वाले जीव उपभोक्ता (Consumer) या अपघटनकर्ता कहलाते हैं। *उपभोक्ता तीन प्रकार के होते हैं*

(क) **प्राथमिक उपभोक्ता** ये शाकाहारी जन्तु या परजीवी (Parasite) होते हैं, जो सीधे उत्पादकों का भोजन करते हैं; जैसे—गाय, बकरी, हिरन, खरगोश आदि।

(ख) **द्वितीयक उपभोक्ता** ये प्राय: मांसाहारी जन्तु होते हैं, जो प्राथमिक उपभोक्ता को खाते हैं; जैसे—मेढ़क, भालू, मछली, बिल्ली, लोमड़ी आदि।

(ग) **तृतीयक उपभोक्ता** ये वे उपभोक्ता हैं, जो द्वितीय श्रेणी के उपभोक्ताओं को खाकर भोजन प्राप्त करते हैं; जैसे—सर्प (जो मेढ़क को खाता है) या चिड़िया (जो मछली को खाती है) उच्च मांसाहारी ये शीर्ष उपभोक्ता होते हैं, ये अन्य श्रेणी के उपभोक्ताओं को खाते हैं, परन्तु इनको कोई नहीं खाता; जैसे—शेर, बाज आदि।

(iii) **अपघटक** अपघटक या **मृतजीवी** (Decomposers), अन्य परपोषी जीव हैं, जिनमें प्रमुख रूप से बैक्टीरिया तथा कवक होते हैं, पोषण के लिए मृत कार्बनिक पदार्थ या अपरद पर निर्भर रहते हैं। ये मरे हुए उपभोक्ताओं को साधारण भौतिक तत्त्वों में विघटित कर देते हैं, जो फिर से वायुमण्डल में मिल जाते हैं।

2. अजैविक घटक

अजैविक घटक को प्रमुख तीन भागों में बाँटा जाता है

(i) **अकार्बनिक पदार्थ** (Inorganic Matter) इसके अन्तर्गत जल, विभिन्न प्रकार के लवण; जैसे—कैल्शियम, पोटेशियम, मैग्नीशियम, फॉस्फोरस, नाइट्रोजन और सल्फर आदि तथा गैसें; जैसे—ऑक्सीजन, नाइट्रोजन, कार्बन डाइ-ऑक्साइड, हाइड्रोजन तथा अमोनिया आदि सम्मिलित हैं।

(ii) **कार्बनिक पदार्थ** (Organic Matter) इसके अन्तर्गत मृतपौधों एवं जन्तुओं के कार्बनिक यौगिक; जैसे—प्रोटीन, कार्बोहाइड्रेट्स तथा वसा और उनके अपघटन द्वारा उत्पादित पदार्थ; जैसे—यूरिया व ह्यूमस आदि आते हैं।

(iii) **ऊर्जा संघटक** (Energy Resources) इसमें सूर्य का प्रकाश, तापक्रम, वर्षा आदि सम्मिलित हैं।

पारिस्थितिक तन्त्र के प्रकार

- जैवमण्डल चूँकि एक जटिल एवं वृहत तन्त्र है, इसलिए इसमें होने वाले परिवर्तनों का अध्ययन उतना ही जटिल है। अध्ययन की सुगमता के लिए पृथ्वी पर क्रियाशील पारिस्थितिक तन्त्रों को *निम्न वर्गों में वर्गीकृत किया जा सकता है*

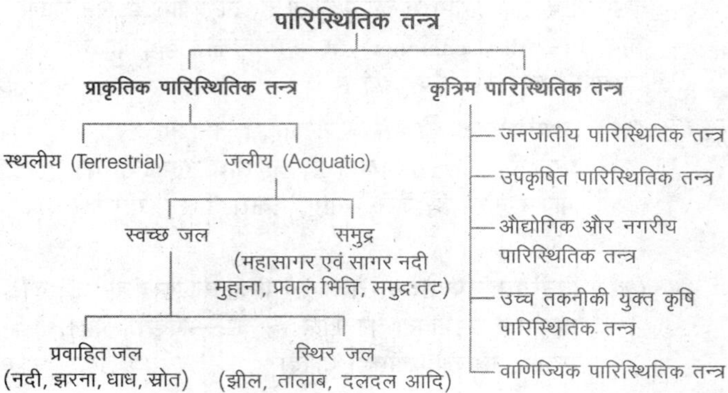

पारिस्थितिक तन्त्र की कार्यात्मकता

इसके अन्तर्गत पारिस्थितिक तन्त्र के विभिन्न अवयवों के मध्य ऊर्जा प्रवाह का अध्ययन किया जाता है। इसमें सूर्य से प्राप्त ऊर्जा को लेकर अपघटकों द्वारा इसके पुनर्चक्रण तक की क्रियाविधि को सम्मिलित किया जाता है। इसके अन्तर्गत **पोषण स्तर, आहार शृंखला** एवं **आहार जाल** का अध्ययन किया जाता है।

पोषण स्तर

- सामान्य रूप से जीवमण्डल में जिस बिन्दु पर एक जीव से दूसरे जीव में ऊर्जा का स्थानान्तरण होता है, उसे पोषण स्तर (Nutrient level) कहते हैं।
  सामान्य रूप से आहार श्रृंखला में चार पोषण स्तर होते हैं
  - **पोषण स्तर 1** इस स्तर पर हरे पौधे प्रकाश ऊर्जा की सहायता से प्रकाश संश्लेषण विधि द्वारा आहार निर्मित करते हैं।
  - **पोषण स्तर 2** इसके अन्तर्गत वे जन्तु सम्मिलित किए जाते हैं, जो अपना आहार स्वयं निर्मित नहीं करते, बल्कि अपने आहार के लिए पोषण स्तर 1 के हरे पौधों पर निर्भर करते हैं। इन्हें प्राथमिक उपभोक्ता भी कहा जाता है।
  - **पोषण स्तर 3** इसके अन्तर्गत वे जन्तु आते हैं, जो अपने आहार के लिए पोषण स्तर 2 के चरने वाले जन्तुओं पर निर्भर करते हैं। इन्हें मांसभक्षी (Carnivorous) तथा द्वितीयक उपभोक्ता कहते हैं।
  - **पोषण स्तर 4** निचले तीन पोषण स्तरों से प्रत्यक्ष या अप्रत्यक्ष रूप से अपना आहार ग्रहण करने वाले जन्तु इस स्तर के अन्तर्गत आते हैं। मनुष्य इस पोषण स्तर का सर्वाधिक महत्त्वपूर्ण सदस्य है। इस स्तर के जन्तुओं को सर्वाहारी (Omnivorous) कहते हैं।

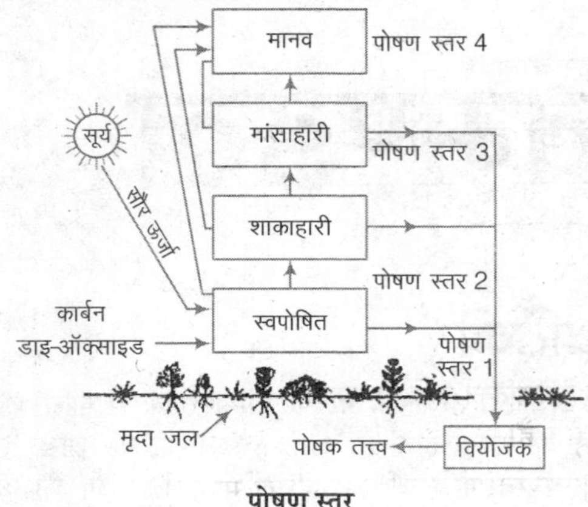

पोषण स्तर

आहार श्रृंखला

- जीवमण्डल में एक जीव से दूसरे जीव में होने वाले ऊर्जा के स्थानान्तरण क्रम को आहार श्रृंखला (Food chain) कहते हैं।
- आहार श्रृंखला में ऊर्जा व रासायनिक पदार्थ उत्पादक, उपभोक्ता, अपघटक व निर्जीव प्रकृति में क्रम से प्रवेश करते हैं और इनमें हुए चक्र में घूमते रहते हैं।
  पारिस्थितिक तन्त्र की श्रृंखला को निम्न प्रकार से दर्शाया जाता है
  - उत्पादक ⟶ प्राथमिक उपभोक्ता ⟶ द्वितीयक उपभोक्ता ⟶ तृतीयक उपभोक्ता ⟶ उच्च मांसाहारी।
  - एक तालाब में पारिस्थितिकी तन्त्र में श्रृंखला के जीवधारियों का क्रम शैवाल ⟶ जलीय पिस्सू ⟶ छोटी मछली ⟶ बड़ी मछली ⟶ बत्तख बगुला।
  - घास स्थलीय पारिस्थितिक तन्त्र में खाद्य श्रृंखला के जीवधारियों का क्रम घास ⟶ कीड़े-मकौड़े, टिड्डे ⟶ चिड़िया, मेढ़क ⟶ बाज, साँप ⟶ गिद्ध।
  - वन पारिस्थितिक तन्त्र में खाद्य श्रृंखला के जीवधारियों का क्रम शाकीय पौधे ⟶ चूहे, गिलहरी ⟶ बिल्ली ⟶ जंगली कुत्ता।
  - सागरीय पारिस्थितिक तन्त्र में श्रृंखला के जीवधारियों का क्रम-डायटम → क्रस्टेशियाई → हेरिंग।

सभी पारिस्थितिक तन्त्रों में दो प्रकार की भिन्न आहार श्रृंखलाएँ हो सकती हैं

(i) **चारण आहार श्रृंखला** (Grazing Food Chain) ये खाद्य श्रृंखला पौधे से शुरू होकर शाकाहारी द्वारा अन्त में मांसाहारी पर खत्म होती है। इस प्रकार की खाद्य श्रृंखला स्वपोषी पर निर्भर करती है, जो सूर्य विकिरण को ऊर्जा के रूप में ग्रहण करती है।

(ii) **अपरद आहार श्रृंखला** (Detritus Food Chain) ये मृत कार्बनिक पदार्थों से प्रारम्भ होती है तथा मृदा में स्थित अपरद भक्षी जीवों से होकर उन जीवों तक जाती है, जो अपरद भक्षी जीवों का भक्षण करते हैं। आहार श्रृंखला वास्तव में निम्न पोषण स्तर से उच्च पोषण स्तरों में ऊर्जा के स्थानान्तरण तथा गमन का श्रृंखलाबद्ध क्रम होती है।

आहार जाल

- किसी भी पारिस्थितिक तन्त्र के अन्दर अनेक परस्पर सम्बन्धित खाद्य शृंखलाएँ हो सकती हैं अर्थात् एक खाद्य शृंखला के जीवधारियों का सम्बन्ध, दूसरी खाद्य शृंखलाओं के जीवधारियों से होता है। इस प्रकार अनेक खाद्य शृंखलाओं के पारस्परिक सम्बन्ध को **आहार जाल** (Food web) कहते हैं।

पारिस्थितिकी तन्त्र में ऊर्जा प्रवाह

- एक पोषक स्तर से दूसरे पोषक स्तर में **ऊर्जा का स्थानान्तरण** ऊर्जा प्रवाह कहलाता है। पारिस्थितिकी तन्त्र में ऊर्जा प्रवाह एक दिशीय होता है अर्थात् उत्पादक स्तर से उपभोक्ता स्तर तक प्रभाव होता है, लेकिन विपरीत दिशा में कभी नहीं होता है। इसलिए पारिस्थितिकी तन्त्र में ऊर्जा एक बार ही उपयोग की जा सकती है, लेकिन पारिस्थितिकी तन्त्र में अनेक बार लवण प्रवाहित व पुन: प्रवाहित होते हैं।
- प्रत्येक पोषक स्तर में ऊर्जा की अधिक मात्रा नष्ट होती है। जब ऊर्जा एक पोषक स्तर से दूसरे पोषक स्तर में जाती है, तो अनुमानत: 90% ऊर्जा नष्ट होती है। इसलिए एक पद से दूसरे पद में ऊर्जा की मात्रा में कमी होती है।
- केवल जैव भार का 10% खाद्य शृंखला के एक पोषक स्तर से दूसरे पोषक स्तर में स्थानान्तरित होती है। अत: केवल प्रत्येक पोषक स्तर में केवल 10% रासायनिक ऊर्जा ही पहुँचती है। अत: इसे लिंडमान (Lindeman) (1942) का 10% नियम कहते हैं, जब उपभोक्ता भोजन से केवल ऊर्जा की कम मात्रा ही प्राप्त करते हैं।

पारिस्थितिकी तन्त्र की उत्पादकता

- किसी भी पारिस्थितिक तन्त्र में स्वपोषित हरे पौधों द्वारा प्रति समय इकाई में संचित अथवा स्थिर ऊर्जा या जैविक पदार्थों की सकल मात्रा को **पारिस्थितिक तन्त्र की उत्पादकता** (Productivity of Eco-system) कहते हैं। यह दो कारणों सौर्यिक ऊर्जा की मात्रा की सुलभता तथा उनके द्वारा रासायनिक ऊर्जा में बदलने की क्षमता पर निर्भर करती है।
- स्वपोषित पौधों द्वारा ऊर्जा के उत्पादन को प्राथमिक उत्पादन (Primary production) तथा इस उत्पादन में सम्मिलित पौधों को प्राथमिक उत्पादक (Primary producers) कहते हैं।
- **सकल प्राथमिक उत्पादन** (Gross primary production) पोषण स्तर एक में स्वपोषित पौधों द्वारा उत्पन्न रासायनिक ऊर्जा की सकल मात्रा को सकल प्राथमिक उत्पादन कहते हैं।
- **शुद्ध प्राथमिक उत्पादन** (Net primary production) पोषण स्तर एक में स्थिर अथवा संचित या जैविक पदार्थों की मात्रा को शुद्ध प्राथमिक उत्पादन कहते हैं। *इसे निम्न सूत्र से समझा जो सकता है–*

शुद्ध प्राथमिक उत्पादन (NPP) = सकल प्राथमिक उत्पादन (GPP)
– श्वसन क्रिया में विनष्ट ऊर्जा की मात्रा।

- मरुस्थल सामान्यतया निम्न उत्पादकता वाली श्रेणी में आते हैं। विभिन्न पारितन्त्रों की उत्पादकता का अवरोही क्रम है—**मैंग्रोव, महासागर, घास स्थल तथा झील**। एस्चुअरी, कोरल रीफ, जलोढ़ मैदान, गहरी कृषि की उत्पादकता 10 - 25 ग्राम/मी^{2} उत्पादकता है, जबकि आर्द्र वनस्पति, छिछली झील, अधिकांश घास स्थल की दिन उत्पादकता 0.5-3 ग्राम/मी^{2} दिन और गहरे सागर तथा मरुस्थल की उत्पादकता 0.5-3 ग्राम/मी^{2} दिन होती है।

पारिस्थितिकी पिरामिड्स

किसी भी पारिस्थितिक तन्त्र के प्राथमिक उत्पादकों एवं विभिन्न श्रेणियों के उपभोक्ताओं—प्रथम, द्वितीय, तृतीय एवं उच्चतम श्रेणी के जन्तुओं की संख्या, जैवभार तथा संचित ऊर्जा में परस्पर सम्बन्ध होता है। इन सम्बन्धों का चित्रमय प्रदर्शन पारिस्थितिकी पिरामिड्स कहलाता है। इस संकल्पना का प्रतिपादन सर्वप्रथम **चार्ल्स एल्टन** ने वर्ष 1927 में रखा था। अत: इन्हें 'Eltonian Pyramids' भी कहा जाता है।
पारिस्थितिकी पिरामिड्स मुख्यत: तीन प्रकार के होते हैं

1. जीव संख्या का पिरामिड

- जीव संख्या का पिरामिड (Pyramid of Number) में प्राथमिक उत्पादकों एवं विभिन्न श्रेणी के उपभोक्ताओं की संख्याओं के बीच सम्बन्ध दर्शाया जाता है। यह उन विभिन्न प्रजातियों, जो पारिस्थितिक तन्त्र के प्रत्येक पोषण स्तर पर होती हैं, के जनों (व्यष्टि) की कुल संख्या का लेखा-चित्र प्रदर्शन होता है।
- आधार के ऊपर के भाग क्रमश: प्रथम, द्वितीय एवं तृतीय व उच्चतम श्रेणी के उपभोक्ताओं की संख्या बतलाते हैं। ये पिरामिड्स सीधे तथा उल्टे दोनों ही प्रकार के हो सकते हैं। उदाहरण के लिए, घासस्थलीय एवं फसलस्थलीय पारिस्थितिक तन्त्रों के पिरामिड्स सीधे बनेंगे, जबकि एक पेड़ के पारिस्थितिक तन्त्र का पिरामिड बिल्कुल उल्टा बनेगा।
- घासस्थलीय एवं फसल स्थलीय पारिस्थितिक तन्त्रों में प्राथमिक उत्पादकों क्रमश: घास के पौधों एवं फसल के पौधों की संख्या सबसे अधिक होगी, जिसको सीधे पिरामिड के आधार में दिखाया जाएगा, जबकि विभिन्न श्रेणी के उपभोक्ता जन्तुओं की संख्या क्रमश: घटती जाएगी।

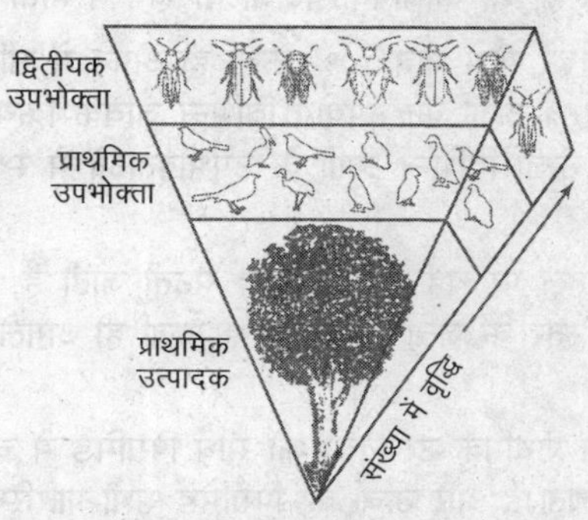

वृक्ष पारितन्त्र में जीव संख्या का पिरामिड

2. जीवभार का पिरामिड

- जिस पिरामिड द्वारा उत्पादक तथा उपभोक्ताओं के भार के सम्बन्ध में बोध होता है, उसे **जीवभार का पिरामिड** (Pyramid of Biomass) कहते हैं। संख्याओं के पिरामिड की कमियों से पार पाने के लिए इस पिरामिड का प्रयोग करते हैं। जीवभार के पिरामिड को निर्धारित करने के लिए प्राय: अलग-अलग प्रत्येक पोषण-स्तर पर उपस्थित समस्त जीवों को एकत्रित करके, उनके शुष्क भार का मापन किया जाता है। उदाहरण, थल पर पाए जाने वाले अधिकतम पारितन्त्रों के लिए (जैसे—घास, वन आदि पारिस्थितिक तन्त्रों) जीवभार के पिरामिड में एक बड़ा आधार **प्राथमिक उत्पादकों** से बनता है तथा शीर्ष पर एक लघुत्तर पोषण-स्तर होता है।

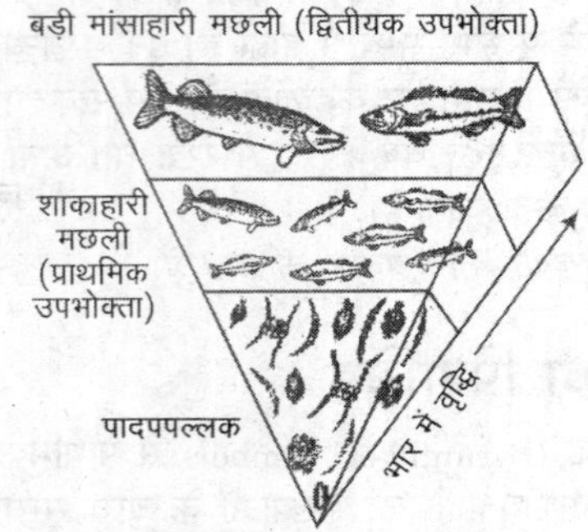

एक तालाब के पारिस्थितिक तन्त्र के जीवभार का उल्टा पिरामिड

3. संचित ऊर्जा का पिरामिड

किसी पारिस्थितिक तन्त्र के विभिन्न पोषण तलों के जीवों द्वारा प्रयोग में लाई ऊर्जा के सम्पूर्ण परिमाण को बताने वाले पिरामिड को ऊर्जा का पिरामिड (Pyramid of Energy) कहते हैं। प्राय: यह ऊर्जा एक इकाई भाग में निश्चित समय में देखी जाती है। ऊर्जा पिरामिड सीधा बनता है। इसका कारण यह है कि इसमें समय का हमेशा ध्यान रखा जाता है, जो लगभग निश्चित होता है।

इसको निम्न प्रकार से स्पष्ट कर सकते हैं

- प्राथमिक उत्पादक सूर्य की ऊर्जा को पहले रासायनिक ऊर्जा में परिवर्तित करते हैं, जो कार्बनिक पदार्थों के रूप में होती है।
- इसके अन्तर्गत हरे पौधे मात्र 10% ऊर्जा ही अपने में संचित कर पाते हैं, शेष 90% ऊर्जा का उपयोग विभिन्न जैविक क्रियाओं में होता है। यही 10% ऊर्जा विभिन्न श्रेणी के उपभोक्ताओं में स्थानान्तरित होती है।
- प्रत्येक पोषण तल पर यह ऊर्जा क्रमशः घटती जाती है, क्योंकि प्रत्येक पोषण-स्तर के जन्तु केवल 10% ऊर्जा ही अगले पोषण-स्तर को देते हैं।
- इस पिरामिड में प्राथमिक उत्पादकों को सीधे पिरामिड में चौड़े आधार की ओर दिखाया जाता है और ऊर्जा का पिरामिड सभी पारिस्थितिक तन्त्रों में सदैव सीधा होता है।

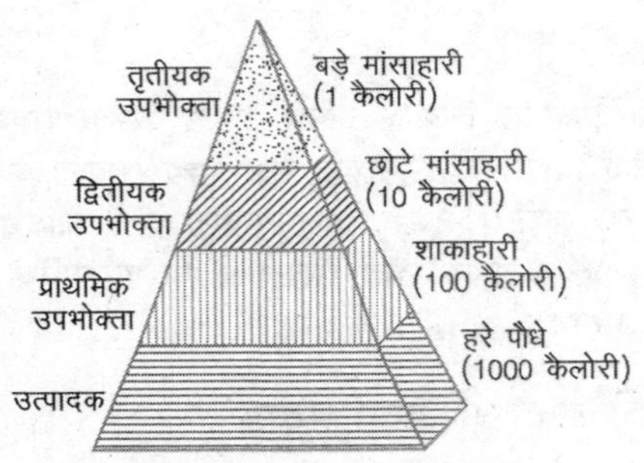

पारिस्थितिक तन्त्र में ऊर्जा का पिरामिड

- जीवों को लगातार वृद्धि, प्रजनन एवं विभिन्न कायिक क्रियाओं को सम्पन्न करने के लिए लगातार पोषकों के सम्भरण की आवश्यकता होती है।
- पारिस्थितिक तन्त्र में सजीवों की सामान्य वृद्धि के लिए विभिन्न उपापचयी क्रियाओं में लगभग 30-40 तत्त्व भाग लेते हैं, किन्तु इनमें चार तत्त्व (C, H, N, O) मूल जैविक तत्त्व माने जाते हैं, जिनका उपयोग सभी मोनोसैकेराइड, पॉलिसैकेराइड, पॉलिपेप्टाइड तथा पॉलिन्यूक्लियोटाइड के निर्माण में होता है। ये यौगिक ही पौधों व जन्तुओं के कोशिका जीवद्रव्य के मुख्य निर्माणकारी घटक हैं, जब इन तत्त्वों का जैविक तथा अजैविक तन्त्र में चक्रण होता है, तो उसे जैव भू-रासायनिक चक्र (Biogeochemical Cycle) कहते हैं।

जैव भू-रासायनिक चक्र

ये मुख्यत: तीन प्रकार के होते हैं

1. **जल चक्र** (Hydrological cycle) इसमें जल का चक्रण होता है।
2. **गैसीय चक्र** (Gaseous cycle) जब पदार्थों का गैस रूप में चक्रण होता है; जैसे—ऑक्सीजन, नाइट्रोजन, कार्बन, फॉस्फोरस, सल्फर चक्र आदि। यह सदैव परिपूर्ण (Perfect) होते हैं, क्योंकि इनमें ऋणात्मक पुनर्निवेश (Negative feedback) नियन्त्रण होता है।
3. **अवसादी चक्र** (Sedimentary cycle) जब पदार्थों का चक्रण ठोस के रूप में होता है।

1. जल चक्र

- यह विस्थापन जल के तीनों रूपों (ठोस, द्रव एवं गैस) के माध्यम से होता है। जल चक्र (Water Cycle) को इस प्रकार से स्पष्ट कर सकते हैं।
- पृथ्वी पर उपस्थित जल गर्म होकर वाष्पीकृत होता है और इसके बाद जल का संघनन होकर बादल बनते हैं, जिनसे वर्षा होती है, जिसका कुछ भाग रिसकर भू-जल में मिल जाता है, कुछ भाग नदियों द्वारा समुद्र में बह जाता है, कुछ भाग पुन: वाष्पीकृत हो जाता है तथा कुछ भाग पौधों और जन्तुओं द्वारा प्रयोग कर लिया जाता है। इस प्रकार जल का विनिमय स्थलमण्डल, जलमण्डल, वायुमण्डल और जैवमण्डल के बीच चलता रहता है।

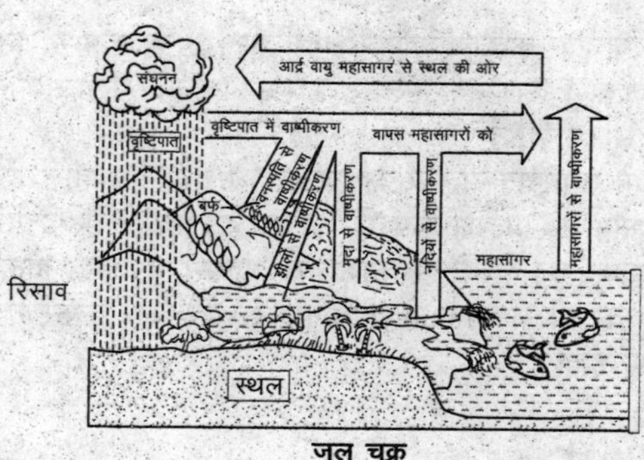

जल चक्र

2. गैसीय चक्र

इसके अन्तर्गत मुख्यतः नाइट्रोजन, कार्बन, फॉस्फोरस, ऑक्सीजन व सल्फर चक्र को सम्मिलित किया जाता है।

नाइट्रोजन चक्र

नाइट्रोजन का उपयोग प्रोटीन, एन्जाइम, न्यूक्लिक अम्लों, नाइट्रोजनी क्षारों, प्रकाश-संश्लेषी वर्णकों आदि के निर्माण में होता है। यद्यपि वायु में 78% नाइट्रोजन है, किन्तु पौधे नाइट्रोजन का सीधा अवशोषण नहीं कर सकते एवं मृदा से नाइट्रेट के रूप में अवशोषण करते हैं।

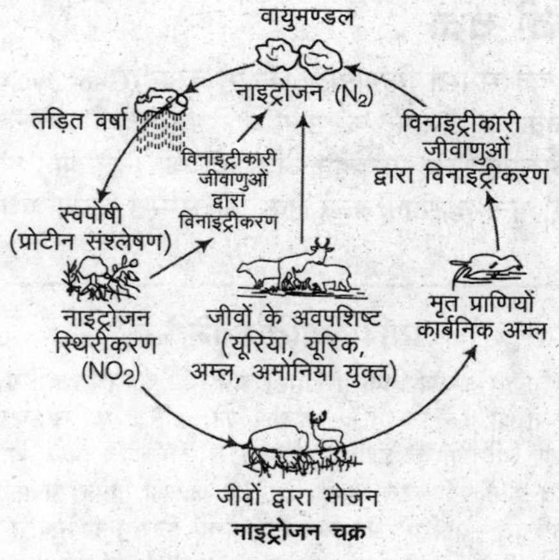

नाइट्रोजन चक्र

नाइट्रोजन चक्र चार चरणों में पूरा होता है

(i) **नाइट्रोजन स्थिरीकरण** इसमें वायुमण्डल की मुक्त नाइट्रोजन, जैविक तथा अजैविक विधियों द्वारा अपने यौगिकों में बदल जाती है।

(ii) **अमोनीकरण** जीवाणु; जैसे—बैसिलस बल्गेरिस, बैसिलस मायकॉइड्स तथा बैसिलस रेमोसस द्वारा पौधों एवं जन्तुओं के मृत शरीर के प्रोटीन से अमोनिया बनाने की क्रिया अमोनीकरण (Ammonification) कहलाती है।

(iii) **नाइट्रोबैक्टर** नाइट्रोबैक्टर, नाइट्रोसोमोनास आदि जीवाणुओं द्वारा अमोनिया के नाइट्रेट में बदलने की क्रिया को नाइट्रीकरण (Nitrification) कहते हैं।

(iv) **विनाइट्रीकरण** कुछ जीवाणु; जैसे—माइक्रोकोकस, डीनाइट्रीफिकेन्स, स्यूडोमोनास आदि नाइट्रोजन व अमोनियम यौगिकों को नाइट्रोजन में परिवर्तित कर देते हैं। यह प्रक्रिया ही विनाइट्रीकरण (Denitrification) कहलाती है।

- वन तथा जीवाश्म ईंधन के दहन से वायुमण्डल में नाइट्रोजन की मात्रा बढ़ जाती है, साथ ही पशुधन अपने अपशिष्ट से अमोनिया की मात्रा वायुमण्डल में मुक्त करते हैं। नाइट्रोजनी उर्वरकों का अति उपयोग भी नाइट्रोजन चक्र को बाधित कर रहा है।

नाइट्रोजन के स्रोत

- स्थलीय पारिस्थितिक तन्त्र में वातावरण ही नाइट्रोजन का मुख्य स्रोत है। नाइट्रोजन की अधिकतर मात्रा तड़ित वर्षा, विनाइट्रीकरण, प्रोटीन संश्लेषण आदि द्वारा प्राप्त होती है। **लेग्युमिनोसी कुल** के पौधे पारस्परिक सहजीविता द्वारा भी नाइट्रोजन का संचय करते हैं।

नाइट्रोजन चक्र को प्रभावित करने वाले मानवीय कारक

- मानवीय क्रियाकलापों द्वारा जब वन तथा जीवाश्म ईंधनों का दहन किया जाता है, तो इस प्रक्रिया में नाइट्रोजन की अधिकतर मात्रा वातावरण में मुक्त होती है। पशुओं के कचरों से अमोनिया की एक बड़ी मात्रा वायुमण्डल में मुक्त होती है।
- मृदा तथा जलचक्र में नाइट्रोजन लवणीकरण द्वारा प्रवेश करता है। सीवरेज कचरे तथा सेप्टिक टैंकों से भी नाइट्रोजन वायुमण्डल में मुक्त होती है।

कार्बन चक्र

- जीवों के शुष्क भार का 49% भाग कार्बन से बना है। कार्बन चक्र वायुमण्डल, सागर तथा जीवित एवं मृतजीवों द्वारा सम्पन्न होता है। अनुमानतः जैवमण्डल में प्रकाश संश्लेषण द्वारा प्रतिवर्ष 4×10^{13} किग्रा कार्बन का स्थिरीकरण होता है। एक महत्त्वपूर्ण कार्बन मात्रा CO_2 के रूप में उत्पादकों एवं उपभोक्ताओं के श्वसन के माध्यम से वायुमण्डल में वापस आती है।
- कार्बन चक्र (Carbon Cycle) में मानवीय क्रियाकलापों का महत्त्वपूर्ण प्रभाव है। तेजी से जंगलों का विनाश, परिवहन एवं ऊर्जा के लिए जीवाश्म ईंधनों को जलाने से वायुमण्डल में CO_2 के मुक्त होने की दर बढ़ी है।

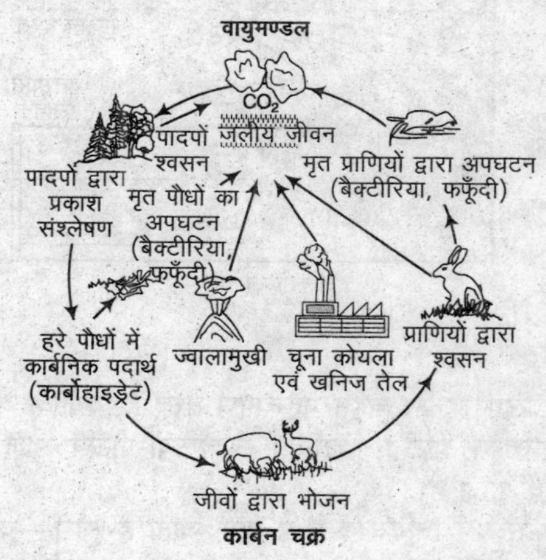

कार्बन चक्र

फॉस्फोरस चक्र

- फॉस्फोरस **स्वपोषी** एवं **परपोषी** सभी जीवों के जीवद्रव्य का आवश्यक घटक है। मृदा को चट्टानों के **अनाच्छादन** (Denudation) एवं रासायनिक उर्वरकों से फॉस्फोरस की प्राप्ति होती है। इसे पौधे मृदा से ऑर्थोफॉस्फेट के रूप में ग्रहण करते हैं।
- द्वितीयक उत्पादक इसे प्राथमिक उत्पादकों से प्रत्यक्ष रूप से प्राप्त करते हैं और उनकी मृत्यु के पश्चात् अपघटक इसको पुन: मृदा में मुक्त कर देते हैं।

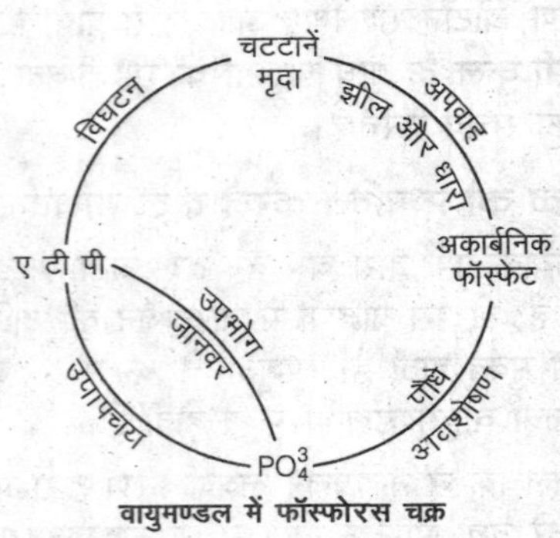

वायुमण्डल में फॉस्फोरस चक्र

ऑक्सीजन चक्र

- जीवों द्वारा जीवित कोशिकाओं में ऊर्जा बनाने की प्रक्रिया के दौरान ऑक्सीजन प्रयोग में आती है।
- प्रकाश संश्लेषण में पौधे ऑक्सीजन उत्सर्जित करते हैं, *जैसा कि निम्न रासायनिक समीकरण से स्पष्ट है*

$$CO_2 + H_2O \xrightarrow{\text{सूर्य प्रकाश}} C_6H_{12}O_6 + O_2\uparrow$$

लेकिन श्वसन में ऑक्सीजन को ग्रहण किया जाता है।

$$O_2 + C_6 + H_{12} + O_6 \rightarrow CO_2 + H_2O + \text{ऊर्जा}$$

वास्तव में ऑक्सीजन चक्र बहुत जटिल है।

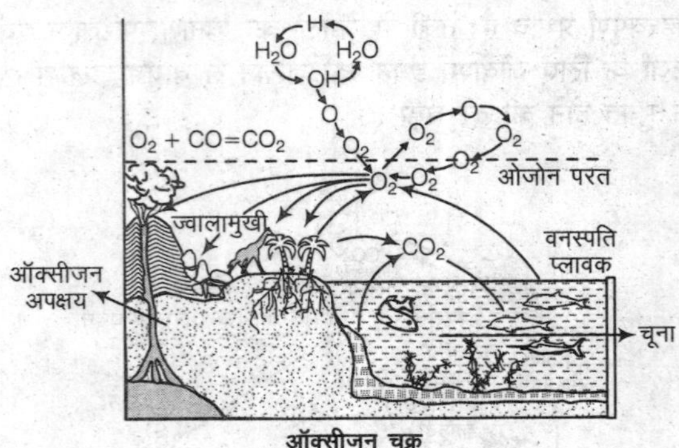

ऑक्सीजन चक्र

सल्फर चक्र

- जीवों के लिए सल्फर बहुत महत्त्वपूर्ण तत्त्व है, क्योंकि यह अमीनो अम्ल, एन्जाइम, प्रोटीन, विटामिन, न्यूक्लियो प्रोटीन आदि के निर्माण में सहायक होता है।
- प्रकृति में सल्फर विविध रूपों में पाया जाता है; जैसे—कार्बनिक, अकार्बनिक आदि। पौधे सल्फर को **सल्फेट** (SO_4) के रूप में ग्रहण करते हैं, जबकि कुछ जीवाणु सल्फर को H_2S के रूप में ग्रहण करते हैं। यह जीवाणु कार्बनिक सल्फर को अकार्बनिक सल्फर में परिवर्तित करने में सक्षम होते हैं।
- जीवभार में उपस्थित सल्फर का शाकाहारी तथा मांसाहारी उपभोक्ताओं द्वारा उपभोग कर प्रत्यक्ष रूप से सल्फर प्राप्त करते हैं। इनकी मृत्यु के पश्चात् इनके मृत शरीरों में **कार्बनिक सल्फर** उपस्थित होता है। मृदा में सल्फर चक्र की सहायता से कार्बनिक सल्फर का सल्फर तत्त्व में रूपान्तरण होता है।

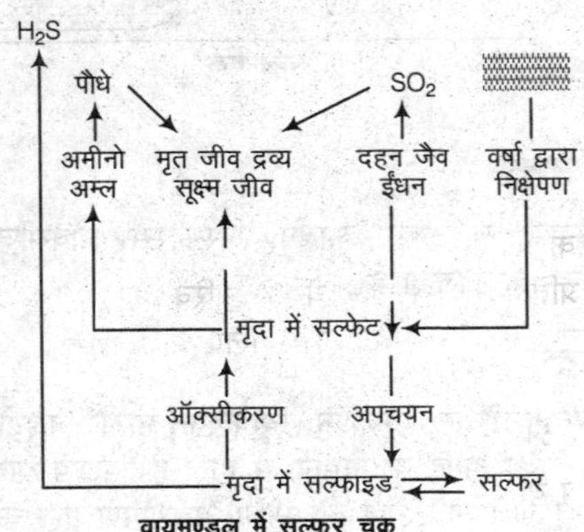

वायुमण्डल में सल्फर चक्र

3. अवसादी चक्र

अवसादी चक्र की समस्त क्रियाविधि को भू-चक्र (Geo-Cycle) भी कहते हैं। अवसादी चक्र के अन्तर्गत चट्टानों का अवसादों में बदलना, विभिन्न कारकों द्वारा अवसादों का परिवहन अवसादों का निक्षेपण और ताप व दाब क्रिया द्वारा पुन: चट्टान बनने तक की समस्त क्रियाविधि शामिल होती है।

पारिस्थितिक निकेत

पारिस्थितिकी **निकेत** अथवा **निक** (Niche) शब्द का सर्वप्रथम प्रयोग **ग्रीनेल्स** (1971) ने किया था, उन्होंने विभिन्न प्रकार की जातियों एवं उप-जातियों की स्थानीय वितरण व्यवस्था को इसी के माध्यम से निरूपित किया था। किसी भी पारिस्थितिक तन्त्र में जीव-जन्तुओं एवं पादपों की जो विविध प्रजातियाँ होती हैं, उनका एक निश्चित स्थानीय क्षेत्र सुरक्षित होगा, जिसमें ये निवास कर अपना जीवन-यापन करती हैं। यही सुरक्षित क्षेत्र **निकेत** कहलाता है।

एक आवास में कई निकेत हो सकते हैं तथा यह कई जातियों को वहन कर सकता है, परन्तु प्रत्येक जाति का एक विशिष्ट निकेत होता है तथा कोई भी दो जातियाँ एक ही निकेत में नहीं रह सकतीं।

पारिस्थितिक दक्षता

- वह स्थिति, जिससे जीव अपना भोजन प्राप्त करते हैं तथा भोजन को जैवधार में परिवर्तित कर दूसरी उच्च पोषण रीति के लिए उपलब्ध कराते हैं, पारिस्थितिक दक्षता (Ecological Efficiency) कहलाता है।

पारिस्थितिकी संगठन के स्तर

- पारिस्थितिक के संगठन को जटिलता के बढ़ते क्रम में इस प्रकार रखा जा सकता है—जीन → कोशिका → अंग → एकाकी जीव जाति → जनसंख्या →जैविक समुदाय → पारिस्थितिक तन्त्र → जीवोम → जैवमण्डल।

- **जीव** (Organism) पारिस्थितिकी अध्ययन की आधारभूत इकाई है। इस स्तर पर आकृति, शरीर क्रिया तथा परस्पर व्यवहार का अध्ययन किया जाता है। परस्पर संकरण करने योग्य जीवों के समूह **जाति** का निर्माण करते हैं। समान आनुवंशिकी वाले जन्तु समूह के सदस्य मिलकर **जनसंख्या** (Population) बनाते हैं। **समुदाय** (Community) एक ही क्षेत्र में रहने वाली जनसंख्याओं का एकीकृत समूह है। **जीवोम** (Biome) समस्त वनस्पतियों एवं प्राणियों का सम्मिलित रूप है।

सामुदायिक अन्त:क्रियाएँ

- किसी क्षेत्र के जैविक समुदाय के सदस्य एक-दूसरे पर निर्भर (Species interdependence) रहते हैं। एक-दूसरे पर निर्भरता, उनकी पारस्परिक क्रियाओं; जैसे—भोजन, आवास, प्रजनन तथा सुरक्षा में प्रतिलक्षित होती हैं। ये पारस्परिक क्रियाएँ, एक समूह के रूप में समुदायों की उत्तरजीविता के लिए महत्त्वपूर्ण होती हैं।

सकारात्मक प्रभाव वाली पारस्परिक क्रियाएँ

- समुदाय के मध्य कुछ पारस्परिक क्रियाएँ, सदस्यों की सहयोगिता का परिणाम हैं, जहाँ पारस्परिक क्रिया करने वाली दोनों जातियाँ लाभान्वित होती हैं। *ये मुख्यत: सहोपकारिता व सहयोजिता प्रकार की होती हैं*

सहोपकारिता/सहजीविता

- सहोपकारिता (Mutualism) समुदाय में दो जातियों का सहयोग है, जिसमें दोनों सहोपकारी लाभान्वित होते हैं। यह परस्पर क्रियात्मक साहचर्य है, न कि केवल साथ रहना।

सहभोजिता

- सहभोजिता (Commensalism) दो जातियों के बीच ऐसा सम्बन्ध है, जिसमें एक जाति लाभान्वित होती है, जबकि दूसरी जाति को सामान्य स्थिति में न तो लाभ होता है, न ही हानि। **अधिपादप** (Epiphytes) (जैसे—मांस, फर्न, आर्किड, मनी पादप) जोकि वृक्षों पर वृद्धि करते हैं तथा अच्छी तरह लाभान्वित होते हैं, परन्तु सामान्यतया ये वृक्षों को कोई हानि नहीं पहुँचाते, ये सहभोजिता के उदाहरण हैं।

नकारात्मक प्रभाव वाली पारस्परिक क्रियाएँ

विभिन्न समुदायों में जातियों के बीच कुछ पारस्परिक क्रियाएँ एक या दोनों जातियों पर नकारात्मक प्रभाव डालती हैं। परजीविता तथा परपोषिता ऐसी पारस्परिक क्रिया है, जिसमें एक जाति को लाभ होता है तथा दूसरी को हानि। *ये क्रियाएँ निम्न प्रकार की होती हैं*

प्रतियोगिता

- ऐसी पारस्परिक क्रिया जिसमें दोनों को नुकसान होता है, उसे **प्रतियोगिता** (Competition) कहते हैं। प्रतियोगिता तब होती है, जब एक जगह प्रकाश तथा पोषक तत्त्व जैसे संसाधन की पूर्ति कम होती है। प्रतियोगिता के परिणामस्वरूप दोनों जातियों की वृद्धि तथा बीज उत्पादन घट जाता है।

प्रतियोगिता सामान्यत: दो प्रकार की होती हैं

1. **अन्तर्राजातीय अन्तर्जातीय प्रतियोगिता** एक ही आवास क्षेत्र में रहने वाली दो अलग जातियों के एकाकियों के बीच होती है, दूसरी ओर अन्तर्जातीय एक ही जाति के एकाकियों के बीच होती है।
2. **अन्तर्जातीय सामान्यत: अन्तर्जातीय प्रतियोगिता** अन्तर्राजातीय प्रतियोगिता से अधिक उग्र होती है। एक जाति के एकाकियों की आवश्यकता पूर्णत: समान ही होती है, इसलिए वे बहुत गहनता से एक-दूसरे के प्रतियोगी बनते हैं।

परभक्षण

- जातियों के बीच ऐसा सम्बन्ध जिसमें एक जाति दूसरी को अपना आहार बना लेती है, परभक्षण (Predation) कहलाता है। इस प्रक्रिया के द्वारा एक समुदाय के अन्दर भक्ष्य-परभक्षी की जनसंख्या स्थायीकृत रहती है।

परजीविता

- परजीविता (Parasitism) नामक पारस्परिक क्रिया में छोटे आकार की जाति (परजीवी), बड़े आकार की जाति (मेजबान) के अन्दर या उसके ऊपर रहती है, जिससे वह भोजन ग्रहण करती है। परजीवी, मेजबान की जनसंख्या वृद्धि को प्रभावित कर सकते हैं।

की-स्टोन प्रजातियाँ

वे प्रजातियाँ जो किसी समुदाय में प्रचुरता तथा जीवभार की अल्पता के बावजूद समुदाय अभिलक्षणों पर प्रभाविता दर्शाती हैं, **प्रमुख जातियाँ** (Keystone species) कहलाती हैं। ये जातियाँ अन्य जातियों की आनुपातिक प्रचुरता को नियन्त्रित करने में महत्त्वपूर्ण भूमिका निभाती हैं। केवल कुछ ही जातियाँ, की-स्टोन जातियों की तरह कार्य करती हैं तथा अन्य क्रान्तिक कड़ी जातियों के रूप में कार्य करती हैं।

की-स्टोन प्रजातियाँ सूक्ष्म जलवायु, मृदा की रचना तथा मृदा रसायन एवं खनिजों के स्तर को भी परिवर्तित और प्रभावित करने में सक्षम होती हैं। ये प्रजातियाँ पारिस्थितिक तन्त्र में ऊर्जा के प्रवाह, खाद्य शृंखला और खनिजों के चक्रण को भी प्रभावित करती हैं और अपनी परस्पर क्रियाओं से समुदाय की संरचना और जैविक घटकों को परिवर्तित कर सकती हैं। पौधों व जन्तुओं के अतिरिक्त कभी-कभी सूक्ष्मजीवी भी की-स्टोन प्रजातियों के रूप में कार्य करते हैं।

जीवीय अनुक्रमण

- किसी भी पारिस्थितिक तन्त्र या आवास में वनस्पति के एक समुदाय के दूसरे समुदाय द्वारा **प्रतिस्थापन** (Replacement) को **अनुक्रमण** (Succession) कहते हैं तथा इस तरह के परिवर्तन (वनस्पति समुदाय) के क्रम को क्रमक कहते हैं।
- जब किसी आवास में वनस्पति समुदाय परिवर्तन की विभिन्न प्रावस्थाओं (Phases) से गुजरने के बाद स्थिर दशा को प्राप्त हो जाता है, तो क्र पूर्ण हो जाता है। इसे **चरम समुदाय** (Climax community) या **चरम वनस्पति** (Climax vegetation) कहते हैं।

अनुक्रमण की प्रक्रियाएँ

क्लिमेण्ट्स ने वर्ष 1916 में अनुक्रमण की निम्न प्रक्रियाएँ बताईं

- **न्यूडेशन** न्यूडेशन (Nudation) जहाँ पहले से कोई समुदाय न हो। ऐसे पादप, जो प्रारम्भ में नग्न जमीन को आक्रमित करते हैं, पायोनीयर जाति (Pioneer Species) कहलाते हैं।
- **आक्रमण** बाहर से अनेक नई जातियों का अनुक्रमण के क्षेत्रों में अनाधिकृत प्रवेश **आक्रमण** (Invasion) कहलाता है। इस प्रक्रिया में निकट क्षेत्रों से प्रकीर्णन के विभिन्न माध्यमों से फलों या बीजों के द्वारा अनेक प्रजातियों का नवीन स्थान पर पहुँचकर अंकुरित होना आस्थापन कहलाता है।
- **स्पर्द्धा** जब समुदायों का एकत्रीकरण हो जाता है, तब यहाँ स्थान तथा संसाधनों पर दबाव अधिक बढ़ जाता है। इस कारण यहाँ अन्तर्राजातीय तथा अन्तर्जातीय प्रतिस्पर्द्धा (Competition) प्रतियोगियों के मध्य शीघ्र ही होने लगती है।
- **प्रतिक्रिया** जैविक तथा अजैविक दोनों घटकों के मध्य प्रतिक्रिया (Reaction) शुरू हो जाती है। पर्यावरण में निरन्तर होने वाला परिवर्तन इसी का प्रतिफल है।
- **चरम अवस्था** यह अनुक्रमण की प्रक्रिया की सबसे अन्तिम परम अवस्था होती है, यहाँ जैविक समुदाय पर्यावरण से काफी स्वस्थ सामंजस्य अथवा अनुकूलन स्थापित कर लेते हैं। यह अवस्था पारिस्थितिक सन्तुलन (Ecological balance) के लिए आवश्यक है।

समुदाय अभिलक्षणों में परिवर्तन एवं चरम समुदाय

जातियों तथा समुदायों का वास्तविक क्रम जोकि प्राथमिक या द्वितीयक अनुक्रमण के समय दिखता है, वह आवास की परिस्थिति के साथ बदलता है।

पारिस्थितिकी अनुक्रमण परिवर्तन अथवा अनुक्रमण पैदा करने वाले बल के आधार पर दो प्रकार का होता है

1. **स्वजनक अनुक्रमण** (Autogenic succession) जिसमें पारिस्थितिक अनुक्रमण स्वयं जीवों द्वारा पैदा हुआ होता है।
2. **अपजनक अनुक्रमण** (Allogenic succession) जो बाह्य बलों विशेषकर भौतिक बलों जैसे आग या बाढ़ से आते हैं, जो नियमित परिवर्तन लाते ही रहते हैं।

क्षेत्र की प्रकृति तथा जीवों की उत्पत्ति के आधार पर अनुक्रमण दो प्रकार का होता है

1. **प्राथमिक अनुक्रमण** ऐसे जलीय या स्थलीय भाग जहाँ पूर्व में कोई जीव समुदाय नहीं था, वहाँ जीवों के विकास को प्राथमिक अनुक्रमण कहते हैं; जैसे—कोई नया द्वीप, नया बाँध आदि।
2. **द्वितीयक अनुक्रमण** किसी प्राकृतिक या मानवीय कारण से किसी क्षेत्र का जीव समुदाय लुप्त हो जाने पर कालान्तर में वहाँ पुन: जीवों के स्थापित होने को द्वितीयक अनुक्रमण कहते हैं।

बायोम

- जब किसी पारिस्थितिक तन्त्र के समस्त पादपों एवं प्राणियों का सम्मिलित रूप में अध्ययन किया जाता है, तो उसे बायोम कहा जाता है। इसके अन्तर्गत प्राय: स्थलीय भाग के समग्र पादप तथा प्राणी समुदायों को ही सम्मिलित किया जाता है। इसका कारण है कि सागरीय बायोम का निर्धारण करना कठिन होता है।
- भूतल पर वनस्पतियों और प्राणियों के वितरण प्रतिरूपों पर जलवायु का सर्वाधिक प्रभाव पड़ता है। यही कारण है कि बायोम का निर्धारण मुख्यत: जलवायु प्रकार के अनुसार होता है।

बायोम के प्रकार

बायोम के प्रकार निम्नलिखित हैं

विषुवत्रेखीय वन बायोम

- इस प्रकार के बायोम का विस्तार सामान्यत: 10° उत्तर तथा दक्षिणी अक्षांशों के मध्य पाया जाता है। वर्षभर उच्च वर्षा (200 सेमी) से अधिक तथा वर्षभर उच्च तापमान (20° सेण्टीग्रेड औसत) यहाँ की प्रमुख विशेषता है। इसका विस्तार मुख्य रूप से **अमेजन बेसिन, काँगो बेसिन** तथा **इण्डो-मलेशियन** क्षेत्र में हुआ है। भारत में इस बायोम का विस्तार पश्चिमी घाट तथा असोम में मिलता है।

मानसूनी वन बायोम

- मानसूनी वन क्षेत्रों को मानसूनी बायोम कहते हैं। वर्षा की सीमित मात्रा एवं मौसमी प्रकृति के कारण यहाँ की अधिकांश वनस्पतियाँ **पर्णपाती** होती हैं। साल, शीशम, बाँस, सागौन, जामुन, महुआ, आम, पीपल, नीम आदि इस बायोम के प्रमुख वृक्ष हैं।

रूम सागरीय वन बायोम

- इस बायोम का विस्तार दोनों गोलार्द्धों में महाद्वीपों के पश्चिमी भाग में 30° से 45° अक्षांशों के बीच पाया जाता है। इस बायोम के वृक्षों की पत्तियाँ मोटी तथा कठोर एवं तनों की छाल मोटी होती हैं। इस बायोम के वृक्षों में ओक, बर्च, चेस्टनट, मैपिल वालनट, चीड़, कार्कवुड, सीडर, लारेल आर्बट्स, एल्म आदि प्रमुख हैं।

शीतोष्ण कोणधारी वन बायोम या टैगा वन बायोम

- यह बायोम से 50° से 70° उत्तरी अक्षांशों के बीच उत्तरी गोलार्द्ध में एक विस्तृत पट्टी के रूप में कनाडा, नॉर्वे, फिनलैण्ड, स्वीडन, लाटविया, साइबेरिया में फैले हुए हैं।
- विस्तार की दृष्टि से यह सबसे ज्यादा क्षेत्र पर फैला स्थलीय बायोम है। यहाँ की वनस्पति में आवृत्तबीजी कोणधारी वन सर्वाधिक महत्त्वपूर्ण हैं, जिनमें स्प्रूस, पाइन, फर तथा चार्च महत्त्वपूर्ण मुलायम लकड़ी वाले वृक्ष होते हैं।
- इस बायोम में अत्यधिक वार्षिक तापान्तर (ग्रीष्म काल में 10°C से शीत काल में –40°C तक) पाया जाता है।
- साइबेरिया के बर्खोयान्स्क को विश्व का शीत ध्रुव कहा जाता है। इस प्रकार के बायोम में पॉडजॉल प्रकार की मृदा पाई जाती है।

- शीत ऋतु में इस बायोम में रहने वाले जन्तु कृन्तक, भालू एवं चमगादड़ आदि शीतनिष्क्रियता की स्थिति में चले जाते हैं, जिससे इनके शरीर का ताप, श्वसन गति, हृदय गति एवं उपापचय दर अत्यन्त कम हो जाती है।

उष्णकटिबन्धीय घास के बायोम/सवाना बायोम

- शुष्क तथा आर्द्र ऋतुएँ एवं वर्षभर ऊँचा तापमान सवाना बायोम की प्रमुख विशेषता है। इस प्रकार के बायोम दक्षिणी अमेरिका में ब्राजील, अफ्रीका, ऑस्ट्रेलिया आदि में पाए जाते हैं। कोलम्बिया तथा वेनेजुएला में इन्हें लानोज ब्राजील में कैम्पोज तथा अफ्रीका में पार्कलैण्ड के नाम से जाना जाता है।

शीतोष्ण घास प्रदेश बायोम

- इस बायोम को दो उपवर्गों **स्टेपी** तथा **प्रेयरी** में बाँटा जाता है। स्टेपी घास बायोम अर्द्धशुष्क क्षेत्रों में पाई जाती है, जहाँ 10-20 सेमी ऊँची घासों का चटाइनुमा आवरण पाया जाता है।
- उत्तरी अमेरिका में प्रेयरी घास बायोम को प्रेयरी, यूरोप में स्टेपी, अर्जेण्टीना में पम्पाज, दक्षिण अफ्रीका में वेल्ड, हंगरी में पुस्ताज तथा ऑस्ट्रेलिया में डाउन्स कहा जाता है। शीतोष्ण घास के प्रदेश विश्व के प्रमुख अन्न भण्डार तथा दुग्ध व्यवसाय के ब्रोड स्थल हैं। स्टेपी बायोम का सर्वाधिक विकास रूस की चारनोज्म मृदा में हुआ है।

टुण्ड्रा बायोम

- इस बायोम का विस्तार ध्रुवीय क्षेत्रों में पाया जाता है, जहाँ वर्षभर सूर्यातप तथा सूर्य प्रकाश का अभाव रहता है, जिस कारण वनस्पतियों का विकास न्यूनतम होता है। अति लघु वर्द्धनकाल, अविकसित मृदा तथा हिमीकृत धरातल (परमाफ्रास्ट) के कारण इस बायोम में न्यूनतम प्राथमिक उत्पादकता होती है।

सागरीय बायोम

- सागरीय बायोम को ताजा जल तथा समुद्री जल में बाँटा जाता है। ताजा जल बायोम में झीलें, नदियाँ तथा आर्द्रभूमि आते हैं, जबकि समुद्री जल बायोम में महासागर, प्रवाल भित्ति, लैगून व अन्य जलीय तथा समुद्री पादप समुदाय एवं साथ ही पानी में रहने वाले जन्तु पाए जाते हैं।

प्रदूषण

- प्रदूषण का तात्पर्य ऐसे पर्यावरणीय परिवर्तनों से है जो जीवो, पौधों और मानवों पर हानिकारक प्रभाव डालते हैं। प्रदूषण प्रत्येक जीवित तत्त्व के लिए हानिकारक होता है।

प्रदूषक

ऐसे पदार्थ जो प्रदूषण उत्पन्न करते हैं, उन्हें प्रदूषक (Pollutant) कहा जाता है।

प्रदूषकों को प्राथमिक व द्वितीयक प्रदूषकों में भी बाँटा जाता है

प्राथमिक प्रदूषक

- प्राथमिक प्रदूषक (Primary Pollutants) सीधे वायु में प्राकृतिक अथवा **मानव क्रियाकलाप** के द्वारा निष्कासित होते हैं। ये प्रकृति में अपने मूलरूप में ही विद्यमान रहकर हानिकारक प्रभाव डाले हैं।
- ईंधन जलाने से निकलने वाले सल्फर डाइ-ऑक्साइड, नाइट्रोजन के ऑक्साइड, कार्बन डाइ-ऑक्साइड, कार्बन मोनो-ऑक्साइड, विविध हाइड्रोकार्बन तथा कणिकाएँ आदि प्राथमिक प्रदूषक के उदाहरण हैं।

द्वितीयक प्रदूषक

- इन प्रदूषकों की मूल स्थिति तो कुछ और होती है, किन्तु बाद में अभिक्रिया (Reaction) तथा परिवर्तन द्वारा उनका मूल स्वरूप बदल जाता है; जैसे—SO_2, NO_2 जो वायुमण्डलीय आर्द्रता से क्रिया कर अम्ल वर्षा के रूप में प्रदूषण फैलाते हैं। द्वितीयक प्रदूषक अधिक घातक व हानिकारक होते हैं।

प्रदूषण का वर्गीकरण

प्रदूषण को निम्न भागों में वर्गीकृत किया गया है

वायु प्रदूषण

- वायुमण्डल में विभिन्न गैसें एक निश्चित अनुपात में पाई जाती हैं, उदाहरण के लिए, नाइट्रोजन (78.09%), ऑक्सीजन (20.95%), ऑर्गन (0.93%) तथा कार्बन डाइ-ऑक्साइड (0.03%) आदि प्रमुख गैसें हैं।
- इसके अतिरिक्त **निष्क्रिय गैसें** (Inert gases) और जलवाष्प भी वायुमण्डल में पाई जाती हैं, किन्तु जब मानवीय या प्राकृतिक कारणों से गैसों की निश्चित मात्रा तथा अनुपात में अवांछनीय परिवर्तन हो जाता है या वायु में कुछ **विषाक्त कण** (Toxic particle) मिल जाते हैं, तो उसे वायु प्रदूषण कहते हैं।

वायु प्रदूषण के प्रकार

वायु प्रदूषण को मुख्यतः प्रदूषकों के आधार पर दो वर्गों में बाँटा जाता है

1. प्राथमिक वायु प्रदूषक

- प्रदूषक स्रोत से सीधे वायु में मिलने वाले वायु प्रदूषक प्राथमिक वायु प्रदूषक, होते हैं; जैसे—CO_2, CO, SO_2 आदि।
- अनेक स्रोतों के माध्यम से वायुमण्डल में प्रत्यक्ष रूप से प्राथमिक वायु प्रदूषक प्रवेश करते हैं। कार्बन मोनो-ऑक्साइड CO, हाइड्रोकार्बन, सल्फर डाइ-ऑक्साइड (SO_2), नाइट्रोजन ऑक्साइड तथा कणकीय पदार्थ सर्वाधिक महत्त्वपूर्ण प्रदूषक हैं। वायुमण्डल में उपस्थित सल्फर डाइ-आक्साइड और नाइट्रस आक्साइड के कारण अम्ल वर्षा होती है।
- कार्बन मोनो-ऑक्साइड (CO) यह **जीवाश्म ईंधन** (Fossil Fuel) के आंशिक दहन होने पर होता है, जिसमें ऑटोमोबाइल से 50% उत्सर्जन होता है।
- हाइड्रोकार्बन कार्बनिक पदार्थों के अपघटन के समय खास प्रकार के पौधों से इसकी उत्पत्ति होती है; जैसे—चीड़ का पेड़।
- सल्फर डाइ-ऑक्साइड वायु में इसकी सान्द्रता साँस लेने में समस्या उत्पन्न करती है।

2. द्वितीयक वायु प्रदूषक

- **द्वितीयक वायु प्रदूषक** प्राथमिक वायु प्रदूषकों तथा साधारण वातावरणीय पदार्थों की क्रिया के फलस्वरूप उत्पन्न होने वाले वायु प्रदूषक द्वितीयक वायु प्रदूषक होते हैं; जैसे—O_3 (ओजोन) PAN (परऑक्सी ऐसीटिल नाइट्रेट) आदि।
- जलवाष्प जैसे वायुमण्डलीय अवयव तथा प्राथमिक वायु प्रदूषकों के आपस में रासायनिक प्रतिक्रिया होने से द्वितीयक वायु प्रदूषक उत्पन्न होते हैं। धूम्र कोहरा इसका उदाहरण है।

वायु प्रदूषण का मानव स्वास्थ्य पर प्रभाव

वायु प्रदूषण मानव स्वास्थ्य को निम्नलिखित प्रकार से प्रभावित करता है

श्वसन तन्त्र पर प्रभाव

- मनुष्य में श्वसन तन्त्र की बीमारियाँ, दमा, ब्रांकाइटिस, आँखों में जलन, बच्चों में साँस की तकलीफ तथा संक्रमण हो जाता है, इसके लिए वाहनों से उत्सर्जित CO_2, CO, NO आदि जिम्मेदार हैं।
- गाड़ियों से निकले धुएँ के साथ निकलने वाला लैड यौगिक (टेट्राइथाइल लैड, टेट्रामिथाइल लैड आदि) शरीर में यकृत, वृक्क के ऊतकों को हानि पहुँचाते हैं तथा हड्डियों को कमजोर करते हैं एवं **हीमोग्लोबिन** (Haemoglobin) का निर्माण रोक देते हैं।
- रासायनिक पदार्थ; जैसे— हाइड्रोकार्बन, बैंजोपाइरिन आदि स्वतन्त्र अवस्था में बारीक कणों के रूप में हवा में रहते हैं व शरीर में जाकर फेफड़ों का कैंसर उत्पन्न करते हैं, इसलिए इन्हें **कारसिनोजेनिक** (Carcinogenic) कहते हैं।

आँखों पर प्रभाव

- स्वचालित वाहनों से निकलने वाली गैसें, नाइट्रोजन ऑक्साइड तथा हाइड्रोकार्बन सूर्य के प्रकाश की उपस्थिति में **ओजोन** और एक यौगिक परऑक्सी ऐसीटाइल नाइट्रेट (PAN) उत्पादित करते हैं।
- ओजोन जन्तुओं के श्वसन तन्त्र तथा आँखों को प्रभावित करती है। NO_2O_3 तथा PAN मिलकर सामूहिक रूप से **प्रकाश रासायनिक स्मोग** (Photochemical Smog) कहलाते हैं। PAN के प्रभाव से ओजोन परत का विघटन होता है और पृथ्वी पर पराबैंगनी किरणों का विकिरण बढ़ जाता है, जो जीवों के लिए हानिकारक होता है। PAN पौधों को हानि पहुँचाता है। PAN प्रकाश-संश्लेषण में जल के प्रकाशीय अपघटन को रोकता है।

वायु प्रदूषण नियन्त्रण के उपाय

वायु प्रदूषण को नियन्त्रित करने के लिए दो प्रकार के उपायों की जरूरत होती है

(i) वर्तमान में प्रदूषकों को कम करने एवं उसे पूरी तरह समाप्त करने के लिए तकनीकी संसाधनों (Technical Resources) का सहारा लेना।

(ii) वायु प्रदूषण के लिए जिम्मेदार परिस्थितियों को नियन्त्रित करना एवं हो सके तो उसे समाप्त करना।

फ्लाई एश मिशन

भारत सरकार के इस मिशन का मुख्य उद्देश्य बेहतर स्वास्थ्य, सम्पदा और पर्यावरण विद्युतगृहों से निकलने वाला अवशिष्ट पदार्थ फ्लाई एश को उन्नत तकनीक द्वारा एक लाभदायक संसाधन मैटेरियल में परिवर्तित किया जा रहा है जिससे कंक्रीट, ब्लॉक, ईंटें, पैनल तथा सीमेण्ट इत्यादि का निर्माण किया जा रहा है। इस मिशन के तहत देशभर में विभिन्न उपभोक्ता एजेन्सियों, अनुसन्धान संस्थानों, पावर संयन्त्रों तथा अन्य सम्बन्धित संस्थानों के सहयोग से अनेक परियोजनाएँ प्रारम्भ की गई हैं।

जल प्रदूषण

- जल में किसी प्रकार की अवांछनीय गैसीय, द्रवीय या ठोस पदार्थों का मिलना ही जल प्रदूषण (Water Pollution) कहलाता है। **विश्व स्वास्थ्य संगठन** (WHO) के अनुसार, "प्राकृतिक अथवा अन्य स्रोतों से उत्पन्न अवांछित बाहरी पदार्थों के कारण जल दूषित हो जाता है तथा यह विषाक्तता एक सामान्य स्तर से कम ऑक्सीजन के कारण जीवों के लिए हानिकारक होती है, इससे संक्रामक रोगों का फैलाव बढ़ जाता है।"

जल प्रदूषण के कारण

जल प्रदूषण निम्न दो कारणों से होता है

1. प्राकृतिक कारक

जल प्रदूषण के प्राकृतिक कारण निम्नलिखित हैं

- ज्वालामुखी राख, धूल, अपक्षय आदि।
- जंगलों का जैविक कचरा; जैसे—सूखी पत्तियाँ, मरे हुए जीव-जन्तुओं के अवशेष आदि वर्षा द्वारा बहकर जलाशयों में मिल जाते हैं।
- कुछ विषैले तत्त्व; जैसे—पारा, आर्सेनिक, सीसा, कैडमियम आदि जल में घुलकर जल प्रदूषण करते हैं।
- मृदा अपरदन से, खनिजों के लीचिंग से भी जल प्रदूषण होता है।

2. मानवजनित कारक

- मानवीय क्रियाकलापों के कारण भी जल अत्यधिक प्रदूषित होता है; जैसे—घरेलू अपशिष्ट, औद्योगिक अपशिष्ट, कृषि कार्यों के कारण जैसे कीटनाशकों आदि द्वारा, नाभिकीय अपशिष्ट, तेल रिसाव आदि।

जल प्रदूषण के प्रकार

जल प्रदूषण को निम्न भागों में विभाजित किया गया है

- **नदी जल प्रदूषण** नगरों, महानगरों तथा औद्योगिक क्षेत्रों जैसे आवासीय क्षेत्रों में नदियाँ जब बहती हैं, तो इन क्षेत्रों का प्रदूषण भी नदियों में मिल जाता है। भारत की **अधिकांश नदियाँ** जल प्रदूषण की शिकार हैं।
- **झीली जल प्रदूषण** झीलों का जल आस-पास के अपशिष्ट जल से प्रदूषित हो जाता है। झीलों के जल की **सान्द्रता** (Concentration) प्रदूषण के कारण बढ़ जाती है तथा जलीय व बाहरी जीवों के लिए घातक हो जाता है।
- **भूमिगत जल प्रदूषण** जब जल सतह से रिसकर भू-गर्भ में पहुँचता है, तो उसे भूमिगत जल कहते हैं। यह अपने साथ अनेक प्रदूषकों को भूमि की सतह से प्रदूषित जल ले जाता है।

- **समुद्री जल प्रदूषण** समुद्री जल में मानव द्वारा प्रत्यक्ष तथा अप्रत्यक्ष रूप से ऐसे पदार्थों का समावेशन कर दिया जाता है, जो समुद्री जीवों के साथ-साथ मानव स्वास्थ्य को भी प्रतिकूल रूप से प्रभावित करते हैं।

जल प्रदूषण का मानव एवं जलीय जीवों के स्वास्थ्य पर प्रभाव

- प्रदूषित जल के कारण होने वाला वायरसजनित रोग पीलिया है, जबकि हेपेटाइटिस, टायफायड, हैजा, दस्त, पेचिश आदि जीवाणु जनित रोग हैं।
- इसके अतिरिक्त मिनिमाटा (पारा), इटाई-इटाई (कैडमियम), केकाल फ्लोरोसिस (फ्लोरायड), ब्लूबेबी सिण्ड्रोम (नाइट्रेट), ब्लैक फुट (आर्सेनिक) आदि रोग होते हैं।
- इसके अतिरिक्त जल प्रदूषण का व्यापक नकारात्मक प्रभाव जलीय जीवों पर पड़ता है, जैसे—व्यापक मात्रा में मछलियों का मरना, कोरल का मृत प्राय होना आदि।

जल प्रदूषण का नियन्त्रण

जल प्रदूषण का नियन्त्रण निम्नलिखित तरीके से हो सकता है

- जल प्रदूषण पर नियन्त्रण स्थापित करने के लिए महज सरकारी प्रयास की ही जरूरत नहीं होती बल्कि सामाजिक, सह-प्रशासनिक एवं गैर-सरकारी संगठनों की भी सहायता जरूरी होती है।
- जल प्रदूषण पर नियन्त्रण स्थापित करने के लिए भारत सरकार ने वर्ष 1974 में जल प्रदूषण नियन्त्रण अधिनियम पारित किया है।
- गंगा नदी के प्रदूषण को समाप्त करने के लिए केन्द्रीय गंगा प्राधिकरण का वर्ष 1985 में गठन किया गया है।
- इस प्राधिकरण का नाम वर्ष 1985 में बदलकर राष्ट्रीय नदी संरक्षण प्राधिकरण कर दिया गया।

मृदा प्रदूषण

जब मानव या प्रकृति के द्वारा मृदा की गुणवत्ता में ह्रास होता है, तो उसे मृदा प्रदूषण (Soil Pollution) कहते हैं। भूमि प्रदूषण मनुष्यों की विभिन्न क्रियाओं; जैसे—अपशिष्टों का जमाव, कृषि रसायन का उपयोग, खनन ऑपरेशन तथा नगरीकरण का परिणाम है।

मृदा प्रदूषण के कारण

मृदा प्रदूषण के निम्नलिखित कारण हो सकते हैं

- मृदा अपरदन, मृदा में रहने वाले सूक्ष्म जीवों में कमी तथा तापमान में अत्यधिक उतार-चढ़ाव।
- शहरीकरण द्वारा तथा उद्योगों से निकले अपशिष्ट, जिन्हें भूमि पर बहा दिया जाता है; जैसे—धातुएँ, अम्ल, क्षार, रंजक पदार्थ, धातु-ऑक्साइड, कीटनाशक आदि के द्वारा।
- लवणयुक्त भूमिगत जल वाले क्षेत्रों में सिंचाई करने से ऊपरी मृदा अनुपजाऊ हो जाती है।
- मृदा की विषाक्तता कृषि में कीटनाशी खरपतवारनाशी के प्रयोग से भी बढ़ती है, साथ-ही-साथ मृदा में अवशिष्ट पदार्थ तथा कूड़ा-करकट मिलाने से भी मृदा प्रदूषित होती है।
- औद्योगिक अपशिष्ट जल नगरीय अपशिष्ट तथा मेडिकल एवं अस्पतालों के अपशिष्ट को फेंकने से भूमि प्रदूषित हो जाती है। औद्योगिक ठोस अपशिष्ट तथा **कीचड़** (Sludge) जहरीले कार्बनिक, अकार्बनिक, रासायनिक मिश्रण एवं भारी धातु के द्वारा मृदा को प्रदूषित करते हैं।
- इसके अतिरिक्त **विवृतखनन** (Open mining) (एक प्रक्रिया जहाँ धरती की सतह का खनन कर भूमिगत जमा पदार्थ को निकाला जाता है) से ऊपरी भूमि का पूरी तरह नुकसान होता है तथा पूरा क्षेत्र **जहरीले धातु** एवं **रसायन** से संक्रमित हो जाता है।

मृदा प्रदूषण के प्रभाव

मृदा के मौलिक गुणों में ह्रास, फसलों, पौधों, बड़े जीव-जन्तुओं पर नकारात्मक प्रभाव, उर्वरता में कमी, मृदा के माध्यम से रोगों का प्रसार आदि मृदा प्रदूषण के प्रभाव हैं।

मृदा नियन्त्रण के उपाय

- अधिक मात्रा में वृक्ष लगाकर शहरी कचरे का तकनीकी रूप से निस्तारण करके कृषि उत्पादन में कम कीटनाशकों (Pesticides) का इस्तेमाल करके अन्य कानूनी प्रावधान व्यापार करके मृदा प्रदूषण को नियन्त्रित किया जा सकता है।

ध्वनि प्रदूषण

- एक सामान्य व्यक्ति **50 डेसीबल** तीव्रता तक ध्वनि सुन सकता है। 80 डेसीबल से अधिक तीव्रता की ध्वनि शोर कही जाती है। एक सीमा से अधिक ध्वनि मानव तथा अन्य जीवों के लिए घातक हो जाती है, तब उसे ध्वनि प्रदूषण कहते हैं। एक सामान्य व्यक्ति के लिए 50 डेसीबल तीव्रता की ध्वनि सुनना उपयुक्त व सामान्य होता है।

ध्वनि प्रदूषण के कारण

ध्वनि प्रदूषण के कारणों को दो भागों में विभाजित किया जा सकता है

1. **प्राकृतिक कारण** प्राकृतिक कारणों का प्रभाव **क्षणिक** एवं **सीमित** होता है। बादलों का कड़कना, बिजली गिरना आदि इसके अन्तर्गत आते हैं।
2. **मानवीय कारण** औद्योगिक इकाई द्वारा वाहनों के द्वारा हॉर्न से, सामाजिक-सांस्कृतिक कार्यक्रमों में लाउडस्पीकर आदि मानवीय कारणों से बड़े पैमानों पर ध्वनि प्रदूषण किए जाते हैं।

ध्वनि स्तर का मापन

ध्वनि स्तर की मापन इकाई निम्न प्रकार है

- ध्वनि की सामान्य मापन इकाई को डेसिबल या (DB) कहते हैं, वास्तव में डेसिबल ध्वनि की तीव्रता मापन इकाई हैं।
- ध्वनि दाब की अन्य मापन इकाई **वेटेड साउण्ड प्रेशर** (Weighted Sound Pressure) या भारित ध्वनि दाब है। इसे संक्षिप्त रूप से DB (A) नाम से जाना जाता है।
- दोनों मापकों में ध्वनि दाब के मापक DB (A) का प्रयोग अधिक किया जाता है।

ध्वनि प्रदूषण का मानसिक स्वास्थ्य पर दुष्प्रभाव

ध्वनि प्रदूषण का मानसिक स्वास्थ्य पर दुष्प्रभाव निम्न प्रकार से होता है

- ध्वनि प्रदूषण का सबसे अधिक प्रभाव कानों पर पड़ता है और स्थायी या अस्थायी रूप से श्रवण शक्ति प्रभावित होती है।
- उच्च ध्वनि से मानवों में आवर्द्धित एड्रीनलीन स्तर उच्च रक्त चाप, माइग्रेन, उच्च कोलेस्ट्रोल स्तर, पेट का अल्सर, चिड़चिड़ापन, अनिद्रा, अधिक आक्रामक व्यवहार तथा अन्य मनोवैज्ञानिक दोष पैदा हो जाते हैं।

समुद्री प्रदूषण

पृथ्वी का लगभग 70% से अधिक भाग जलीय क्षेत्रों से घिरा है, परन्तु मानवीय सह-प्राकृतिक से समुद्री क्षेत्र भी प्रदूषण की गिरफ्त में है।

समुद्री प्रदूषणा के कारण

जोहान्सबर्ग पृथ्वी सम्मेलन के निष्कर्षानुसार, *समुद्री प्रदूषण के निम्नलिखित कारण हैं*

- विकसित देशों द्वारा फेंका गया औद्योगिक कचरा।
- जलयानों से बहने वाला तैलीय पदार्थ।
- रेडियोधर्मी पदार्थों का समुद्री क्षेत्रों में निस्तारण।
- शहरी क्षेत्रों से बहने वाला असंशोधित अपशिष्ट।

समुद्री प्रदूषण का प्रभाव

समुद्री प्रदूषण के प्रभाव निम्नलिखित हैं

- तेल में उपस्थित **ऐरोमैटिक हाइड्रोकार्बन** (Aromatic Hydrocarbon) समुद्री वनस्पतियों के ऊतकों में प्रवेश कर जाते हैं, जिससे उनकी वृद्धि रुक जाती है।
- पारा, सांखिया, सायनाइड आदि प्रदूषण के कारण **मछलियाँ** तथा समुद्री जीव नष्ट हो जाते हैं।
- तैलीय पदार्थों के कारण जल में ऑक्सीजन की कमी आदि।
- समुद्री प्रदूषण से **मानव समूह** भी विविध रूप में प्रभावित होते हैं; जैसे– चर्म रोग, श्वास की बीमारी आदि। इसके अतिरिक्त समुद्री प्रदूषण से मत्स्य उत्पादन पर भी प्रभाव पड़ता है।

समुद्री प्रदूषण नियन्त्रण के उपाय

समुद्री प्रदूषण नियन्त्रण के निम्नलिखित उपाय हैं

- लकड़ी के बुरादे को समुद्री सतह से हटाना।
- विषैले पदार्थों के जल निस्तारण पर कानून बनाकर रोक लगाना।
- जहाजों के तेल परिवहन के समय विशेष सावधानियाँ बरतना।
- प्राकृतिक रूप से विसरण (Diffusion), निस्पन्दन (Filtration), वाष्पन (Vapourisation) आदि द्वारा प्रदूषण को रोकना।

तापीय प्रदूषण

- विभिन्न प्राकृतिक जल स्रोतों विशेषकर नदी में गर्म पानी के निकास को ताप प्रदूषण कहते हैं। इसका कारण गर्म जल को जल स्रोतों में प्रवाहित किया जाना है। यह जल मुख्यत: उद्योगों, टरबाइनों आदि से उत्पन्न होता है।

तापीय प्रदूषण के प्रभाव

तापीय प्रदूषण के प्रभाव निम्नलिखित हैं

- पानी में ऑक्सीजन की **विलेयता** (Solubility) जलीय ताप में वृद्धि के फलस्वरूप कम हो जाती है, इससे मछलियों को श्वसन प्रक्रिया में परेशानियाँ होती हैं। यद्यपि एक सीमा तक ताप में वृद्धि मछलियों की वृद्धि दर में सहायक होती है।
- तापीय प्रदूषण के कारण प्राणियों की विविधता में भी कमी आती है। उष्ण सागरों के प्राणी 2-3°C से अधिक तापमान वृद्धि सहन नहीं कर पाते और 37° सेल्सियस से अधिक तापमान वृद्धि होने पर स्पंज, मोलस्क और झींगे मरने लगते हैं।

तापीय प्रदूषण के नियन्त्रण के उपाय

तापीय प्रदूषण को निम्न प्रकार से नियन्त्रित किया जा सकता है

- गर्म पानी को संघनक से बाहर आने के पहले उसे शीतलन तालाब या शीतलन स्तम्भ से गुजारकर ताप प्रदूषण को नियन्त्रित किया जा सकता है।
- इससे गर्मी हवा में बिखर जाती है और फिर पानी को नदी में छोड़ा जा सकता है अथवा संयन्त्र में ही शीतलन हेतु दोबारा प्रयोग किया जा सकता है। अत: जलीय पर्यावरण को सन्तुलित रखा जा सकता है।

रेडियोधर्मी प्रदूषण

- **रेडियोएक्टिव** पदार्थों से होने वाला विकिरण रेडियोधर्मी प्रदूषण (Radioactive Pollution) कहलाता है। रेडियोएक्टिव पदार्थों से स्वत: विकिरण (Radiation) होता रहता है; जैसे—यूरेनियम, थोरियम, प्लूटोनियम आदि।

रेडियोधर्मी प्रदूषण के प्रकार

रेडियोधर्मी प्रदूषण को दो भागों में विभाजित किया गया है

1. **प्रकृतिजनित रेडियोधर्मी प्रदूषण** रेडियम 224, यूरेनियम 238, पोटेशियम-4U जैसे पृथ्वी के गर्भ में छिपे रेडियोधर्मी पदार्थ तथा सूर्य की किरणों के कारण जो प्रदूषण उत्पन्न होता है, उसे प्रकृतिजनित रेडियोधर्मी प्रदूषण कहते हैं।
2. **मानवजनित रेडियोधर्मी प्रदूषण** मुख्यतया **परमाणु रिएक्टरों** से होने वाले रिसाव, प्लूटोनियम तथा थोरियम का शुद्धिकरण नाभिकीय प्रयोग रेडियोधर्मी पदार्थों के उत्खनन, परमाणु बमों के विस्फोट इत्यादि से इस प्रकार के प्रदूषण होते हैं।

रेडियोधर्मी प्रदूषण के प्रभाव

रेडियोधर्मी प्रदूषण के प्रभाव निम्नलिखित हैं

कायिक प्रभाव

- ये विकिरण की क्रिया के शरीर की **कोशिकाओं** (Cells) और **ऊतकों** (Tissues) पर प्रत्यक्ष परिणाम हैं। यूरेनियम खानों के श्रमिक और रेडियम परत के पेण्टरों को इससे सबसे अधिक क्षति पहुँचाती है। विकिरण चिकित्सा भी शरीर पर नकारात्मक प्रभाव डालती है। त्वचा का कैंसर अधिकतर UV किरणों से पैदा होता है।

आनुवंशिक प्रभाव

- आनुवंशिक प्रभाव को उत्पन्न करने में प्राकृतिक और मनुष्य निर्मित दोनों कारक होते हैं। आनुवंशिक पदार्थ DNA तथा अन्य **जैव अणुओं** की संरचना विकिरणों से होने वाले आयनीकरण के द्वारा बदल जाती है।

रेडियोधर्मी प्रदूषण नियन्त्रण के उपाय

रेडियोधर्मी प्रदूषण का नियन्त्रण निम्नलिखित तरीके से किया जा सकता है

- परमाणु अस्त्रों का उत्पादन व प्रयोग प्रतिबन्धित होना चाहिए।
- रेडियोएक्टिव **अपशिष्ट** (Waste) को तर्कसंगत एवं सही ढंग से निर्गत किया जाना चाहिए। मानव प्रयोग के उपकरणों को रेडियोधर्मिता से मुक्त किया जाना चाहिए।
- चश्मे पहनकर UV-विकिरणों से बचना चाहिए। जहाँ से नाभिक कार्य आते हैं, वहाँ कार्य जल्दी खत्म होना चाहिए; जैसे—अधिक व्यक्ति व समय कम, जिससे प्रति व्यक्ति उद्भासन (Exposure) कम-से-कम हो।
- रिएक्टरों से रिसाव, रेडियोएक्टिव ईंधन तथा आइसोटोपों के परिवहन तथा उपयोग में लापरवाही बरतने आदि पर प्रतिबन्ध होना चाहिए। आण्विक रिएक्टर की स्थापना मानव आबादी से बहुत दूर होनी चाहिए।

ठोस अपशिष्ट प्रदूषण

- उद्योग द्वारा कई टन **ठोस अपशिष्ट** (Solid waste) प्रतिदिन निष्कर्षित किया जाता है। इसके अतिरिक्त नगरीय क्षेत्रों तथा ग्रामीण क्षेत्रों से प्रतिदिन ठोस अपशिष्ट के रूप में टनों कचरा, नदियों या समुद्र में बहा दिया जाता है। यदि इनका ठीक से प्रबन्ध न किया जाए, तो कई प्रकार के प्रदूषण; जैसे—भू-प्रदूषण, जल प्रदूषण आदि हो जाते हैं।
- ठोस अपशिष्ट प्रदूषण के अन्तर्गत शहरी अपशिष्ट, औद्योगिक अपशिष्ट, घरेलू अपशिष्ट एवं नाभिकीय अपशिष्टों को शामिल किया जाता है।

ठोस अपशिष्ट प्रदूषण के प्रभाव

ठोस अपशिष्टों के निम्नलिखित प्रभाव हैं

- ठोस अपशिष्टों का सबसे प्रमुख प्रभाव भू-प्रदूषण के रूप में होता है।
- ठोस कचरे पर जल गिरने से कचरा सड़ने लगता है, जिससे बीमारियाँ उत्पन्न होती हैं।
- ठोस कचरा यदि भूमि पर अधिक दिनों तक पड़ा रहे, तो वह भूमि रुग्ण हो जाती है।
- पॉलिथीन, प्लास्टिक, रबर, पेण्ट का कचरा **अजैविक** (Abiotic) होता है। इसको जलाने से वायु प्रदूषण होता है।
- पशुओं द्वारा इस कचरे को खाने से उनमें ट्यूमर आदि बीमारियाँ हो जाती हैं।

ठोस अपशिष्टों का निस्तारण व नियन्त्रण

ठोस अपशिष्टों का निस्तारण (Disposal) *एवं नियन्त्रण निम्नलिखित तरीकों से किया जा सकता है*

- सभी ठोस अपशिष्टों का अलग-अलग ढंग से निस्तारण किया जाना चाहिए।
- घरेलू कचरे में पुनः चक्रित (Recycle) होने वाले पदार्थों को अलग रखकर निस्तारित किया जाना चाहिए।
- जैविक कचरे को अलग से एकत्रित करके (बायोगैस) बिजली उत्पादन आदि कार्यों में प्रयुक्त किया जाना चाहिए।
- सीवरेज जल आदि की उचित यन्त्रों द्वारा सफाई कर सिंचाई के काम में लेना चाहिए।

ई-कचरा प्रदूषण

ई-कचरा वर्तमान में महत्त्वपूर्ण पर्यावरण समस्या बनता जा रहा है, जिसका सम्बन्ध नवीन प्रौद्योगिकी से है। नई प्रौद्योगिकी से प्राप्त नवीन उपभोक्ता वस्तुओं; जैसे—टी. वी, फ्रिज, मोबाइल, सीडी, कार्य एयरकण्डीशनर आदि को बेकार होने पर फेंक दिए जाने के कारण ई-कचरे (E-Waste) का निर्णाण होता है। ई-कचरे से निकलने वाले जहरीले तत्त्व और गैसें मिट्टी व पानी में मिलकर उन्हें बंजर और जहरीला बना देते हैं। इसके अतिरिक्त ई-कचरे की वजह से पूरी खाद्य शृंखला बिगड़ रही है।

ई-कचरे के स्रोत निम्नलिखित हैं

- कम्प्यूटर, मॉनिटर, स्पीकर, प्रिण्टर एवं की-बोर्ड के अपशिष्ट।
- संचार यन्त्रों; जैसे—मोबाइल तथा लैण्डलाइन फोनों से निकले अपशिष्ट।
- मनोरंजन के लिए प्रयोग किए जाने वाले इलेक्ट्रॉनिक उपकरणों (जैसे—टी. वी. डी. वी. डी. तथा सी. डी. प्लेयर) से निकले अपशिष्ट।
- घरेलू कार्यों में प्रयोग होने वाले उपकरण; जैसे—वैक्यूम क्लीनर, माइक्रोवेब ओवन, वॉशिंग मशीन तथा एयरकण्डिशनर से निकले अपशिष्ट।
- श्रव्य एवं दृश्य (Audio and Visual) साधन; जैसे—वी.सी.आर. (Video Cassette Recording, VCR) तथा म्यूजिक सिस्टम (Stereo Equipments) आदि।

ई-कचरे में निहित पदार्थों का मानव स्वास्थ्य पर प्रभाव

पदार्थ	वितरण
सीसा	सीसे के अत्यधिक सम्पर्क में आने से उल्टी, दस्त, बेहोशी नॉकनी रोग या मौत के रूप में परिणाम आ सकते हैं।
कैडमियम	कैडमियम से फेफड़ों और गुर्दों को गम्भीर क्षति हो सकती है।
पारा	पारे से मस्तिष्क और गुर्दे जैसे अंगों को गम्भीर नुकसान पहुँचता है।
बेरियम	इसका प्रयोग कैथोड रे ट्यूब स्क्रीन पैनलों पर उनसे निकलने वाले विकिरण से लोगों की रक्षा करने के लिए किया जाता है। यह मस्तिष्क में सूजन ला सकता है, मांसपेशियों को कमजोर कर सकता है तथा इससे दिल, जिगर और तिल्ली को गम्भीर क्षति होती है।
कोबाल्ट	कोबाल्ट 60, कोबाल्ट का एक रेडियोएक्टिव आइसोटोप है, जिसका रासायनिक प्रतिक्रियाओं, चिकित्सा सम्बन्धी कार्यों, औद्योगिक रेडियोग्राफी तथा फूड प्रोसेसिंग जैसे अनेक कार्यों में प्रयोग होता है। यह रक्त तथा ऊतकों में अवशोषित होकर लीवर, हड्डियों तथा किडनी को नुकसान पहुँचाता है।

ई-कचरा प्रदूषण का नियन्त्रण

ई-कचरा प्रदूषण के नियन्त्रण के प्रमुख प्रयास निम्नलिखित हैं

- इलेक्ट्रॉनिक कचरे सम्बन्धी नियमों का पालन करने के लिए पहला अन्तर्राष्ट्रीय प्रयास वर्ष 1992 के बेसल कन्वेन्शन के अन्तर्गत किया गया। इसके अन्तर्गत विकसित देशों में इलेक्ट्रॉनिक वस्तुओं के प्रयोग के बाद खराब होने पर 60% की रिसाइकलिंग अनिवार्य है।
- ई-कचरे की समस्याओं को देखते हुए संयुक्त राष्ट्र संघ (United State of America, USA) ने एक कार्यक्रम शुरू किया है—सॉल्विंग ई-वेस्ट प्रॉब्लम (स्टेप) (Solving The E-waste Problem, STEP) इसके अन्तर्गत इलेक्ट्रॉनिक विनिर्माताओं से कहा जा रहा है कि वे अपने उत्पादों में खतरनाक रासायनों का प्रयोग कम-से-कम करें।
- ई-कचरा प्रबन्धन नियमों में वर्ष 2015 में संशोधन कर कुछ नए बिन्दु शामिल किए हैं। ये हैं—असंगठित क्षेत्र में ई-कचरे की समस्या से निपटने के लिए 'अंशधारकों' (Stockholders) की शृंखला में विनिर्माताओं, डीलर, रिफर्बिशर, प्रोड्यूसर रिस्पॅन्सिबिलिटी ऑर्गेनाइजेशन (PRO) एवं ई-वेस्ट एक्सचेंज ये नियम अब कम्पेक्ट फ्लोरोसेण्ट लैम्प (CFL) पर भी लागू होंगे। सूक्ष्म, लघु एवं मध्यम उद्यमों को प्रदत्त छूट समाप्त होगी। बल्क कंज्यूमर को उनके टर्नऑवर के आधार पर पुनः परिभाषित किया गया है।

पर्यावरण प्रबन्धन/नियोजन

पर्यावरण प्रबन्धन (Environmental Management) के अन्तर्गत *निम्नांकित तथ्यों को सम्मिलित किया जाता है*

- पर्यावरणीय तत्त्वों की गुणवत्ता में वृद्धि करना।
- पर्यावरणीय प्रबन्धन के लिए किए गए प्रयासों के प्रतिफलों का निरीक्षण एवं सुधार करना।
- जैव-विविधता क्षरण पर नियन्त्रण के उपाय। प्रदूषकों के उत्सर्जन पर नियन्त्रण।
- पर्यावरण संसाधनों का अनियमित एवं अविवेकपूर्ण दोहन पर नियन्त्रण।
- पर्यावरण के विभिन्न पक्षों पर अध्ययन एवं अनुसन्धान की व्यवस्था।
- पर्यावरणीय शिक्षा की समुचित व्यवस्था करना।
- मनुष्यों में पर्यावरणीय संचेतना का जागरण।
- पर्यावरण के जैविक एवं अजैविक घटकों की सुरक्षा करना।

पर्यावरण प्रबन्धन के पारिस्थितिकीय आधार

किसी भी पर्यावरण प्रबन्धन की रणनीति तैयार करते समय *निम्न आधारभूत पारिस्थितिकीय नियमों एवं सिद्धान्तों को ध्यान में रखना चाहिए*

- पृथ्वी पर सीमित संसाधन हैं।
- पारिस्थितिक तन्त्र की मूल विशेषता **सम्पोषणीय जीवन** (Sustainable) है।
- भौतिक घटनाओं और जीवीय प्रक्रमों के साथ सम्बन्ध स्थापित होने पर आपदा जैसी स्थिति उत्पन्न होती हैं।
- जैव भू-रसायन चक्रों (Biogeochemical cycle) द्वारा जीवमण्डलीय पारिस्थितिकीय तन्त्र तथा जैविक एवं अजैविक संघटक एक-दूसरे से **अन्तर्सम्बन्धित** हैं।
- पारिस्थितिक तन्त्र की उत्पादकता सौर ऊर्जा की सुलभता तथा पौधों की सौर ऊर्जा को रासायनिक ऊर्जा में परिवर्तित करने की दक्षता पर निर्भर करती है।
- पारिस्थितिक तन्त्र में ऊर्जा प्रारूप तथा ऊर्जा-प्रवाह **ऊष्मागतिकी** (Thermodynamics) के प्रथम एवं द्वितीय नियमों द्वारा नियन्त्रित होता है।
- जब जीवीय प्रक्रमों का भौतिक घटनाओं के साथ सम्बन्ध हो जाता है, तो अति प्रचण्ड प्रकोप एवं आपदाएँ उत्पन्न हो जाती हैं।

पर्यावरण अधिप्रभाव का मूल्यांकन

- मानव द्वारा प्राकृतिक संसाधनों के उपयोग तथा दोहन से पर्यावरण पर पड़ने वाला प्रभाव पर्यावरण अधिप्रभाव कहलाता है।
- संयुक्त राज्य अमेरिका के पर्यावरणविद् **लियोपोल्ड** तथा सहयोगियों द्वारा वर्ष 1971 में पर्यावरणीय अधिप्रभाव के आकलन के लिए एक योजना तैयार की गई जिसे लियोपोल्ड मैट्रिक्स के नाम से जाना जाता है।
- पर्यावरण अधिप्रभाव के आकलन का कार्य सर्वप्रथम संयुक्त राज्य अमेरिका में शुरू हुआ।
- पर्यावरणीय अधिप्रभाव मूल्यांकन का निरीक्षण एवं नियन्त्रण मुख्यतया Botanical Survey of India (BSI) एवं Zoological Survey of India (ZSI) द्वारा होता है।
- भारत में वर्ष 1994 से विभिन्न क्षेत्रों के अन्तर्गत पर्यावरण अधिप्रभाव का मूल्यांकन अनिवार्य कर दिया गया।

प्राकृतिक संसाधनों का संरक्षण

- प्राकृतिक संसाधन, जैसे—वन, पानी, भूमि, खनिज एवं ऊर्जा किसी भी राष्ट्र के विकास में महत्त्वपूर्ण योगदान करती है, किन्तु इन सम्पदाओं के अतिशोषण ने प्राकृतिक संसाधनों को क्षीण कर दिया है तथा कई समस्याओं को जन्म दिया है। जिससे इनके संरक्षण एवं सम्वर्द्धन की आवश्यकता बढ़ गई है।

जल संरक्षण

इसके उपाय निम्नलिखित हैं

भूमिगत जल का विवेकपूर्ण उपयोग

- **भूमिगत जल** (Surface water) का संरक्षण वर्षा जल को एकत्र करके किया जा सकता है। विशेष रूप से शुष्क एवं अर्द्धशुष्क प्रदेशों में जल आपूर्ति का महत्त्वपूर्ण स्रोत भूमिगत जल होता है, जिसका संरक्षण आवश्यक है।

वनस्पति विनाश पर नियन्त्रण

- वनों की निरन्तर कटाई से सूखे जैसी समस्या उत्पन्न होती है। प्राकृतिक वनस्पति जलीय चक्र को सम्पादित करने में सहायक होती है। तापमान में वृद्धि रोकना, वायुमण्डल में नमी बनाए रखना तथा वर्षा कराने आदि में वनस्पति सहायक होती है।
- प्राकृतिक वनस्पति जहाँ एक ओर जल का उपयोग करती है, वहीं **जलीय चक्र** को सम्पादित करने में सहायक होती है। निरन्तर वनों के विनाश से सूखा पड़ता है। वनस्पति वायुमण्डल में नमी बनाए रखती है, तापमान में वृद्धि को रोकती है, वर्षा में सहायक होती है तथा वाष्पीकरण द्वारा जल की हानि को रोकती है।

अपशिष्ट जल का शोधन

- प्रदूषित एवं अपशिष्ट जल का शोधन कर उसे पुन: उपयोग के लिए उपयोगी बनाकर जल की कमी को कुछ कम किया जा सकता है।
- अपशिष्ट जल संयन्त्र निर्माण द्वारा घरेलू अपशिष्ट जल को पुन: उपयोग में लाकर तथा जल के **पुनर्चक्रण** (Recycling) द्वारा घरेलू जल की बर्बादी को कम किया जाता है।

सिंचाई की दक्षता बढ़ाकर

- सिंचाई में जल की बर्बादी को स्प्रिंकल व ड्रिप सिंचाई अपनाकर रोका जा सकता है। परम्परागत सिंचाई की पद्धति से अधिकतर जल की बर्बादी होती है।

मृदा प्रबन्धन एवं संरक्षण

- मृदा पृथ्वी की ऊपरी परत को कहते हैं, जिसका निर्माण जलवायु, जीव तथा भौतिक कारकों की पारस्परिक क्रियाओं के परिणामस्वरूप होता है। **दीर्घकालीन क्रियाओं** के फलस्वरूप मृदा की परतें बनती हैं।
- कृषि भूमि के अनवरत उपयोग, वन का कटाव, रसायनों का प्रयोग एवं अपरदन द्वारा मृदा के मौलिक गुण नष्ट हो जाते हैं, परन्तु यान्त्रिक विधियों तथा शस्य कृषि अपनाकर मृदा का संरक्षण किया जा सकता है।

वन संरक्षण

वन संरक्षण के निम्नलिखित उपाय किए जा सकते हैं

- वनों की कटाई नियोजित एवं विवेकपूर्ण ढंग से तथा वृक्षों का पुन: रोपण।
- वन्य संसाधनों का दोहन धारणीय अथवा पोषणीय सीमा तक।
- अग्नि रेखा का निर्धारण करना।
- पर्यावरण सम्बन्धी विश्वव्यापी कानून बनाना।
- सामाजिक वानिकी, कृषि वानिकी तथा नगर वानिकी को बढ़ावा देना आदि।

भारतीय संविधान में पर्यावरण से सम्बन्धित प्रावधान

- भारतीय संविधान के भाग 4 में राज्य के नीति-निदेशक सिद्धान्तों का वर्णन है। इस भाग के **अनुच्छेद-48** (A) के अनुसार, राज्य का यह प्रयास होगा कि वह पर्यावरण की रक्षा और सुधार करे तथा वन्यजीवों का संरक्षण करें।
- मौलिक कर्त्तव्यों के तहत **अनुच्छेद-51** (A) के अनुसार, प्रत्येक नागरिक को जंगल, झीलों, नदियों व वन्यजीवों सहित प्राकृतिक पर्यावरण का संरक्षण व सुधार करना चाहिए और प्रत्येक जीव के प्रति करुणा रखनी चाहिए।
- **अनुच्छेद-21** नागरिकों को जीवन का अधिकार देता है। न्यायालय ने इसकी व्याख्या का बहुत विस्तार किया है। सर्वोच्च न्यायालय द्वारा रेखांकित किया गया है कि मात्र श्वास चलते रहने का नाम जीवन नहीं है, बल्कि इसका अर्थ है स्वस्थ जीवन जिससे मनुष्य सुखी जीवन जी सके तथा अपना भरण-पोषण करने के काबिल रहे। अत: न्यायालय द्वारा अनुच्छेद-21 की विशद् व्याख्या द्वारा प्रदूषण के **विनाशक कुप्रभावों** से उबारा गया है।

पर्यावरण गुणवत्ता, आश्वासन और नियन्त्रण

- ISO 14000 मानक और 'एनवायरनमेण्टल लेबलिंग' गुणवत्ता आश्वासन और नियन्त्रण युक्तियाँ हैं, जिन्हें अन्तर्राष्ट्रीय स्तर पर स्वीकार किया गया है। इनका नियमन तथा देख-रेख सरकारों ने अपने-अपने देश में किया है।
- ISO 1400 मानकों का सम्बन्ध पर्यावरण प्रबन्धन मानकों से है। इनका उद्भव 1960 के दशक में हुआ था। ISO 14000 शृंखला इनसे बनी होती है।
- **संस्था और प्रक्रिया-अभिमुख मानक** (Institution and Process Oriented Standard) पर्यावरण प्रबन्धन क्षेत्र, पर्यावरण निष्पादन का मूल्यांकन और **पर्यावरण** का लेखा-परीक्षण।
- **उत्पाद अभिमुख मानक** जीवन चक्र-मूल्यांकन LCA, पर्यावरणीय लेबलिंग, उत्पाद मानकों के पर्यावरणपरक पहलू आदि।
- ISO 14020 लेबलिंग मानकों पर अपना ध्यान केन्द्रित करता है तथा उत्पाद संकेतों और उनके अर्थों पर विचार करता है।
- ISO 14021 पर्यावरण सम्बन्धी माँगों के बारे में सामान्य मार्गदर्शन प्रस्तुत करता है। इस मानक का उद्देश्य यह होता है कि सही-सही दावों को प्रस्तुत करे।
- ISO 14022 विभिन्न देशों में प्रयुक्त **पर्यावरण लेबलो** के मानकीकरण के बारे में है।
- ISO 14024 का सम्बन्ध सरकारों अथवा निजी संस्थानों द्वारा चलाए गए लेबलिंग कार्यक्रमों के साथ है, ताकि पर्यावरण की विशिष्टताओं पर आधारित किसी विशिष्ट उत्पाद की ग्रीननेस को बचाया जा सके।

पर्यावरणीय लेबलिंग

- निर्माता अपने उत्पादों के पर्यावरणपरक गुणों को पर्यावरणीय लेबलिंग द्वारा प्रदर्शित करते हैं, इस लेबलिंग को अन्य नामों; जैसे—ग्रीन लेबलिंग अथवा 'ईको लेबलिंग' के जरिए भी उल्लिखित किया जाता है।
- ये लेबल विभिन्न उत्पादों की विशिष्ट सूचना प्रदर्शित करते हैं। विभिन्न देशों में **ईको लेबलिंग** की योजनाएँ चल रही हैं, उनका एक **ग्लोबल नेटवर्क जाल** (GEN) **बना हुआ है।** केन्द्रीय प्रदूषण नियन्त्रण बोर्ड (भारत) भी मार्च, 2000 से GEN का एक सदस्य है। **ग्रीन लेबलिंग** का उद्देश्य उपभोक्ताओं को ग्रीन अथवा पर्यावरण अनुकूल उत्पादों की ओर आकर्षित करना तथा उत्पादकों को इस प्रकार के उत्पादों के निर्माण के लिए प्रोत्साहित करना है। जर्मनी सबसे पहला देश था, जिसने वर्ष 1978 में 'ब्लू एन्जेल लेबलिंग प्रोग्राम' के अन्तर्गत अपने उत्पादों पर पर्यावरणीय लेबलिंग शुरू किया।

भारत की ईकोमार्क योजना

- भारत सरकार ने अपनी **अग्रक्रियात्मक** (Proactive) पर्यावरण परिरक्षण योजना के एक भाग के अन्तर्गत वर्ष 1991 में एक ईको लेबलिंग योजना आरम्भ की। इस योजना में उन उपभोक्ता वस्तुओं को ईकोमार्क लेबल दिया जाता है, जो भारतीय मानकों के विशिष्ट पर्यावरण मापदण्डों और गुणवत्ता आवश्यकताओं पर खरा उतरते हैं।

- भारत की **ईकोमार्क योजना** के लिए मिट्टी के मटके को एक लोगो (चिह्न) के रूप में चुना गया है। भारत की ईकोमार्क योजना के अन्तर्गत 16 उत्पाद श्रेणियों के लिए मापदण्डों की घोषणा की गई।

ईकोमार्क योजना के उद्देश्य

- इस योजना का उद्देश्य पर्यावरण अनुकूल उत्पादों के विकास और उनके प्रयोग को बढ़ावा देना है। इस योजना के अनुसार पर्यावरण अनुकूल उत्पाद की परिभाषा इस प्रकार है "एक ऐसा उत्पाद जिसको बनाने में प्रयोग अथवा उसके निपटान के दौरान पर्यावरण में होने वाला नुकसान अन्यथा स्थिति की तुलना में पर्याप्त मात्रा में कम हो जाए।"

पर्यावरण से जुड़ी संस्थाएँ

पर्यावरण से जुड़ी प्रमुख संस्थाएँ निम्नलिखित हैं

राष्ट्रीय संस्थाएँ

पर्यावरण से जुड़ी राष्ट्रीय संस्थाएँ निम्न हैं

बॉम्बे नेचुरल हिस्ट्री सोसायटी, मुम्बई

- इसका आरम्भ 1883 ई. में **मुम्बई** में हुआ। वर्तमान में यह शिकारियों तथा जीवन के अनेक क्षेत्रों से सम्बन्धित महत्त्वपूर्ण शोध संस्था है। यह प्रजातियों और पारितन्त्रों के संरक्षण के क्षेत्र में **सबसे पुराना गैर-सरकारी** संगठन है।

वर्ल्ड वाइड फण्ड फॉर नेचर-इण्डिया, नई दिल्ली

- वर्ष 1969 में इसका आरम्भ मुम्बई में हुआ, परन्तु बाद में इसका मुख्यालय दिल्ली हो गया। यह पर्यावरण और विकास के मुद्दों पर कार्य करता है, साथ ही विद्यालयी बच्चों के लिए **भारतीय प्रकृति क्लब** जैसे अनेक कार्यक्रम भी चलाता है।

कल्पवृक्ष, पुणे

- यह उन संगठनों में से है, जो वर्ष 2003 में राष्ट्रीय जैव-विविधता रणनीति योजना में शामिल थे। विद्यालयों के अध्यापकों के लिए **स्थल-विशिष्ट** (Site-Specific) पर्यावरण हस्त पुस्तिकाओं पर कार्य करता है।

विज्ञान और पर्यावरण केन्द्र, नई दिल्ली

- पर्यावरण से सम्बन्धित प्रकाशन करना, अभियान चलाना आदि इस केन्द्र के कार्य हैं। **डाउन टू अर्थ** नाम से एक पत्रिका यह संस्था प्रकाशित करती है।

सलीम अली सेण्टर फॉर ऑर्निथोलॉजी एण्ड नेचुरल हिस्ट्री, कोयम्बटूर

- बॉम्बे नेचुरल हिस्ट्री सोसायटी की एक शाखा के रूप में शुरू हुई यह संस्था वर्ष 1990 में एक स्वतन्त्र संस्था बन गई। संकटग्रस्त जैव-विविधता सम्बन्धी ज्ञान का इस संस्था ने प्रसार किया। सलीम अली महान् पक्षी वैज्ञानिक थे।

वाइल्डलाइफ इन्स्टीट्यूट ऑफ इण्डिया, देहरादून

- वन्य अधिकारियों को प्रशिक्षण देने वाली इस संस्था की स्थापना वर्ष 1982 में हुई थी।

बॉटनिकल सर्वे ऑफ इण्डिया, कोलकाता

- इसकी स्थापना 1890 ई. में रॉयल बॉटनिकल गार्डेन, कोलकाता में हुई थी। इसके **नौ क्षेत्रीय केन्द्र** हैं। यह विभिन्न क्षेत्रों में वनस्पति संसाधनों का सर्वेक्षण करती है।

जूलॉजिकल सर्वे ऑफ इण्डिया, कोलकाता

- भारत के प्राणिजगत का सुव्यवस्थित सर्वेक्षण करने वाली इस संस्था की स्थापना वर्ष 1916 में हुई थी। इसमें 'प्रजातियों के नमूने' जमा कर प्राणी जीवन का अध्ययन किया जाता है।
- एशिया में उपलब्ध प्रजातियों के नमूनों की यह संस्था सबसे बड़ा खजाना है। **वर्गिकी** (Taxonomy) तथा पारिस्थितिकी पर इस संस्था के महत्त्वपूर्ण कार्य हैं।
- **पर्यावरण वाहिनी** पर्यावरण प्रदूषण से होने वाले नुकसानों के लिए युवाओं को जागरूक बनाने तथा वायु, जल एवं अन्य प्रदूषणों तथा वनों की अन्धाधुन्ध कटाई जैसे मामलों में उन्हें सुधारात्मक उपायों के सम्बन्ध में जानकारी देने के लिए भारत के 183 जिलों में पर्यावरण वाहिनी योजना की शुरुआत की गई है।

अन्तर्राष्ट्रीय संस्थाएँ

पर्यावरण से जुड़ी अन्तर्राष्ट्रीय संस्थाएँ निम्न हैं

प्रकृति और प्राकृतिक सम्पदाओं के संरक्षण के लिए अन्तर्राष्ट्रीय संघ

- वैज्ञानिक रूप से आधारित संरक्षण पद्धति को बढ़ावा देना है। इसकी स्थापना वर्ष 1948 में की गई थी। इसका मुख्यालय स्विट्जरलैण्ड में है। यह संयुक्त राष्ट्र और अन्य अन्तर्सरकारी एजेन्सियों और प्रकृति के लिए विश्वकोष के साथ समन्वय करता है। वर्ष 1969 से यह संस्था विलुप्तप्राय, असुरक्षित तथा दुर्लभ जीवों तथा पादपों से सम्बन्धित रेड डेटाबुक का प्रकाशन करती है।

विश्व वन्यजीव कोष

- वर्ष 1962 में IUCN के सहायक संगठन के रूप में **विश्व वन्यजीव कोष** (World Wildlife Federation, WWF) की स्थापना की गई। इस संगठन का मुख्यालय **ग्लैण्ड** (स्विट्जरलैण्ड) में है। इसका प्रतीक चिह्न विलुप्तप्राय प्राणी जायण्ट पाण्डा है। यह संगठन अन्तर्राष्ट्रीय स्तर पर वन्यजीवों की देखभाल पर नजर रखती है तथा उनके रख-रखाव सम्बन्धी मानदण्डों को पूरा करने में विभिन्न देशों तथा एजेन्सियों को वित्तीय सहायता उपलब्ध कराती है।

मरूभवन का सामना करने हेतु संयुक्त राष्ट्र अभिसमय

- यह जैव-विविधता अभिसमय एवं संयुक्त राष्ट्र जलवायु परिवर्तन अभिसमय के साथ सहयोग कर गम्भीर मरुस्थलीकरण से प्रभावित देशों में इसे कम करने का प्रयास करता है। यह नवप्रवर्तनकारी राष्ट्रीय कार्यक्रमों एवं समर्थक अन्तर्राष्ट्रीय भागीदारियों के

माध्यम से प्रभावकारी कार्यवाही को प्रोत्साहित करता है। यह मरुस्थलीकरण को रोकने में स्थानीय लोगों की भागीदारी को प्रोत्साहित करने हेतु ऊर्ध्वगामी उपागम (Bottom-up Approach) के लिए प्रतिबद्ध है।

पर्यावरण और विकास पर विश्व आयोग

- यह पर्यावरणीय सम्पदाओं का प्रबन्धन करने के लिए और मानवीय उन्नति सुनिश्चित करने हेतु राजनीतिक प्रयास है। पर्यावरण एवं विकल्प के मुद्दों के पुनरीक्षण एवं उनके लिए प्रस्ताव सूत्रबद्ध करने के लिए पर्यावरण एवं विकास का विश्व आयोग (World Commission on Environment and Development, WCED) की स्थापना वर्ष 1984 में की गई।

विश्व विरासत अभिसमय

- यह प्राकृतिक और सांस्कृतिक विरासतों को सहेजने का कार्य करता है। विश्व विरासत समिति द्वारा अनुशंसित स्थलों को ये वैश्विक विरासत स्थल घोषित करता है।

भारत में पर्यावरण से सम्बन्धित आन्दोलन

भारत में पर्यावरणीय जागरूकता के लिए चलाए गए प्रमुख आन्दोलन निम्नलिखित हैं

चिपको आन्दोलन

- यह आन्दोलन वर्ष 1972 में **उत्तराखण्ड** राज्य के चमोली जिले के गोपेश्वर नामक स्थान पर प्रारम्भ हुआ, जिसका प्रारम्भिक लक्ष्य वृक्षों का कटान बन्द करना था, लेकिन बाद में इसमें समन्वित रूप से पर्यावरण के सभी आयामों को शामिल कर लिया गया। टिहरी में आन्दोलन के जनक **सुन्दरलाल बहुगुणा** तथा **चण्डीप्रसाद भट्ट** थे।

अप्पिको आन्दोलन

- चिपको आन्दोलन की तर्ज पर ही कर्नाटक में यह आन्दोलन **पाण्डुरंग हेगड़े** के नेतृत्व में प्रारम्भ हुआ। चिपको का पर्याय शब्द कन्नड़ भाषा में 'अप्पिको' होता है। इसका मूल उद्देश्य वनारोपण, विकास तथा संरक्षण रहा है।

नर्मदा बचाओ आन्दोलन

- यह वर्ष 1985 से मेधा पाटेकर के नेतृत्व में नर्मदा घाटी की जैव-विविधता को बचाने तथा मूल आदिवासियों के सांस्कृतिक पर्यावरण की रक्षा के लिए चलाया जा रहा है, जिनके साथ **अरुन्धति राय** तथा **बाबा आम्टे** भी शामिल हैं।

एक वन्यजीव गोद लो योजना

- एक वन्यजीव गोद लो योजना की शुरुआत मार्च, 2008 में ओडिशा के नन्दनकानन चिड़ियाघर में की गई थी। इस योजना के तहत गोद लिए गए वन्यजीव का पालन, गोद लेने वाले को करना निर्धारित किया गया।

पश्चिमी घाट बचाओ आन्दोलन

- महाराष्ट्र सरकार द्वारा पश्चिमी घाट की जैव-विविधता को नुकसान पहुँचाने के विरोध में यह आन्दोलन **पीपुल्स पार्टी** के कार्यकर्ताओं द्वारा शुरू किया गया था।

तराई आर्क परियोजना

- बाघों के संरक्षण, सम्वर्द्धन के लिए उत्तराखण्ड, बिहार सहित तराई क्षेत्रों में हरित गलियारे का निर्माण करना इस योजना का मुख्य लक्ष्य है। तराई आर्क परियोजना को विश्व वन्य निधि के सहयोग से हिमालय के **तराई क्षेत्रों** में शुरू किया गया।

शान्त घाटी आन्दोलन

- समृद्ध जैव-विविधता वाले केरल में **शान्त घाटी** (Silent Valley) उष्णकटिबन्धीय सदाबहार वनों का क्षेत्र है। जल विद्युत परियोजना की स्थापना के विरोध में यहाँ आन्दोलन प्रारम्भ हुआ, जिसके परिणामस्वरूप सरकार को अपना निर्णय बदलकर उसे **राष्ट्रीय आरक्षित वन क्षेत्र** घोषित करना पड़ा।

अभ्यास प्रश्न

1. घासस्थलीय पारितन्त्र में संख्या का पिरामिड कैसा होता है?
(a) सीधा (b) उल्टा
(c) 'a' और 'b' दोनों (d) इनमें से कोई नहीं

2. नाइट्रोजन यौगिकरण करने वाला जीवाणु है?
(a) ओसिलोटोरिया (b) टायलोपोथ्रिक्स
(c) एनाबीना (d) एजेटोबेक्टर

3. निम्नलिखित कौन-सा पारिस्थितिकीय तन्त्र पृथ्वी के सर्वाधिक क्षेत्र पर फैला हुआ है?
(a) मरुस्थलीय (b) घास के मैदान
(c) पर्वतीय (d) सामुद्रिक

4. मुख्य प्रदूषक जो वायुमण्डल की ओजोन पर्त को कम कर रहा है
(a) सल्फर डाइ-ऑक्साइड (b) क्लोरोफ्लोरो कार्बन
(c) कार्बन डाइ-ऑक्साइड (d) कार्बन मोनोऑक्साइड

5. सामान्य रूप में आहार शृंखला में कितनी कड़ियाँ होती हैं?
(a) दो (b) तीन
(c) चार (d) पाँच

6. पारिस्थितिकी निकेत (निक) की संकल्पना को प्रतिपादित किया था
(a) ग्रीनेल्स ने (b) डार्विन ने
(c) ई पी ओडम ने (d) सी सी पार्क ने

7. दो पारिस्थितिक तन्त्रों के मध्य के संक्रमण क्षेत्र को कहते हैं
(a) बायोम (b) बायोटोप
(c) ईकोटोन (d) सिअर

8. प्रकृति में ऊर्जा का मुख्य स्रोत है
(a) उत्पादक (b) प्राथमिक उपभोक्ता
(c) द्वितीयक उपभोक्ता (d) सूर्य

9. स्वस्थ पर्यावरण की दृष्टि से निम्नलिखित में से कौन-सी एक सर्वाधिक उपयुक्त और उचित पद्धति है?
(a) पर्यावरण को साफ रखने के लिए प्लास्टिक अपशिष्टों का दहन
(b) सूखी और गिरी हुई पत्तियों का किसी उद्यान या खुले स्थान पर दहन
(c) घरेलू वाहित मल (सीवेज) को निर्मुक्त करने से पहले उपचार
(d) कृषि क्षेत्रों में रासायनिक उर्वरकों का उपयोग

10. निम्नलिखित में से किसका पारिस्थितिकी सन्तुलन से सम्बन्ध नहीं है?
(a) जल प्रबन्धन (b) वन रोपण
(c) औद्योगिक प्रबन्धन (d) वन्य जीव सुरक्षा

11. वह प्रजाति जिसका प्रभाव पारिस्थितिकी तन्त्र या समुदाय पर क्रान्तिकारी व प्रभावकारी होता है, उसे कहते हैं
(a) स्थानिक प्रजाति (Endemic species)
(b) की-स्टोन प्रजाति (Key-stone species)
(c) सर्वदेशीय प्रजाति (Cosmopolitan species)
(d) प्रभावी प्रजाति (Dominant species)

12. मिनिमाता घटना का, जो पर्यावरणीय निम्नीकरण का एक उदाहरण है, निम्नलिखित में से कौन-सा एक कारण है?
(a) वायु प्रदूषण (b) न्यूक्लीय दुर्घटना
(c) जल प्रदूषण (d) तापीय प्रदूषण

13. निम्नलिखित में कौन-सा एक पद, केवल जीव द्वारा ग्रहण किए गए दिक्स्थान का ही नहीं, बल्कि जीवों के समुदाय में उसकी कार्यात्मक भूमिका का भी वर्णन करता है?
(a) संक्रमिका (b) पारिस्थितिक कर्मता
(c) आवास (d) आवास क्षेत्र

14. पारितन्त्र में खाद्य शृंखलाओं के सन्दर्भ में निम्नलिखित में से किस प्रकार का/के जीव अपघटक जीव कहलाता है/कहलाते हैं?
1. विषाणु 2. कवक 3. जीवाणु
कूट
(a) केवल 1 (b) 2 और 3 (c) 1 और 3 (d) ये सभी

15. निम्नलिखित में से कौन-से भारत के कुछ भागों में पीने के जल में प्रदूषक के रूप में पाए जाते हैं?
1. आर्सेनिक 2. सारबिटॉल
3. फ्लुओराइड 4. फार्मेल्डिहाइड
5. यूरेनियम
कूट
(a) 1 और 3 (b) 2, 4 और 5
(c) 1, 3 और 5 (d) ये सभी

16. DDT के फसलों पर छिड़काव से किस तरह का प्रदूषण उत्पन्न होता है?
(a) वायु का
(b) वायु और भूमि का
(c) वायु, भूमि तथा जल का
(d) वायु तथा जल का

17. अम्ल वर्षा किनके द्वारा होने वाले पर्यावरण प्रदूषण के कारण होती है?
(a) कार्बन डाइ-ऑक्साइड और नाइट्रोजन
(b) कार्बन मोनो ऑक्साइड और कार्बन डाइ-ऑक्साइड
(c) ओजोन और कार्बन डाइ-ऑक्साइड
(d) नाइट्रस ऑक्साइड और सल्फर डाइ-ऑक्साइड

18. असुमेलित जोड़े को पहचान कर इंगित कीजिए
(a) इटाई-इटाई रोग - कैडमियम प्रदूषण
(b) मिनीमाटा रोग - पारा प्रदूषण
(c) नॉक-नी रोग - सीसा प्रदूषण
(d) ब्लू बेबी रोग - नाइट्रेट प्रदूषण

19. वायु में प्रदूषक कार्बन मोनो-ऑक्साइड (CO) के अत्यधिक मात्रा में मोचन से मनुष्य के शरीर में ऑक्सीजन की आपूर्ति में कमी लाने वाली अवस्था उत्पन्न हो सकती है। यह अवस्था किस कारण उत्पन्न होती है?
(a) अन्तर्श्वसन में ली गई CO शरीर में पहुँचने पर CO_2 में रूपान्तरित हो जाती है
(b) अन्तर्श्वसन में ली गई CO की, ऑक्सीजन की तुलना में, हीमोग्लोबिन के प्रति कहीं अधिक बन्धुता है
(c) अन्तर्श्वसन में ली गई CO हीमोग्लोबिन की रासायनिक संरचना को नष्ट कर देती है
(d) अन्तर्श्वसन में ली गई CO मस्तिष्क के श्वसन केन्द्र पर प्रतिकूल प्रभाव डालती है

20. निम्नलिखित में कौन-सी एक वायु प्रदूषक गैस है और जीवाश्म ईंधन के ज्वलनस्वरूप उत्पन्न होती है?
(a) हाइड्रोजन (b) नाइट्रोजन
(c) ऑक्सीजन (d) सल्फर डाइ-ऑक्साइड

21. श्वेत फुफ्फुस रोग पाया जाता है
(a) कागज उद्योग के कर्मचारियों में
(b) सीमेण्ट उद्योग के कर्मचारियों में
(c) कपास उद्योग के कर्मचारियों में
(d) पीड़कनाशक उद्योग के कर्मचारियों में

22. इटाई-इटाई रोग किसके दीर्घकालीन विषाक्तन से होता है?
(a) पारद (b) निकिल
(c) कैडमियम (d) सीसा

23. 'ब्लू बेबी' नामक प्रदूषण कारित बीमारी पीने वाले जल में निम्न में से किसके अधिक विद्यमान होने के कारण होती है?
(a) फ्लोराइड (b) क्लोराइड
(c) नाइट्रेट (d) आर्सेनिक

24. वायु प्रदूषण के फलस्वरूप लोगों को फुफ्फुस कैंसर से अधिक मारने वाला रोग है।
(a) दीर्घकालीन श्वसनी शोध (b) दमा
(c) वातस्फीति (d) हृदयघात

25. किसी जल क्षेत्र में BOD की अधिकता संकेत देती है कि उसका जल
(a) खनिज प्राप्त कर रहा है (b) गैस प्राप्त कर रहा है
(c) सीवेज से प्रदूषित हो रहा है (d) एट्रोफिक है

26. निम्नलिखित में से कौन सही सुम्मेलित है?
1. नियतिवादी अवधारणा—कार्ल रिटर
2. सम्भववादी अवधारणा—हम्बोल्ट
3. नवनियतिवादी अवधारणा—ग्रिफिथ टेलर

कूट
(a) केवल 1
(b) 2 और 3
(c) केवल 3
(d) 1 और 3

27. निम्नलिखित कथनों पर विचार करें
1. एक ऊर्जा पिरामिड किसी पारिस्थितिक तन्त्र की सर्वपक्षी स्थिति को सबसे अच्छा दर्शाता है। ऊष्मा गतिकी के दूसरे सिद्धान्त के आधार पर क्रमिक खाद्य स्तरों पर ऊर्जा की मात्रा से क्रमशः कमी आती है।
2. उत्पाद स्तर पर ऊर्जा सबसे अधिक होती है। ज्यों-ज्यों अगली कड़ियों की ओर जाते हैं, ऊर्जा की मात्रा कम होती है क्योंकि प्रत्येक स्तर पर लगभग 90% ऊर्जा का व्यय हो जाता है तथा अगले स्तर पर करीब 10% ऊर्जा ही उपलब्ध होती है।

उपरोक्त कथन ऊर्जा पिरामिड के सम्बन्ध में कहे गए हैं जिनमें सही कथन है/हैं
(a) केवल 1 (b) केवल 2
(c) 1 और 2 दोनों (d) न तो 1 और न ही 2

28. निम्न कथन जैविक भार पिरामिड के सम्बन्ध में हैं, विचार करें
1. एक तालाब पारिस्थितिक तन्त्र में, उत्पादक सबसे छोटे जीव होते हैं तथा मांसाहारी सबसे बड़े।
2. जैविक-भार (जीवों के) में क्रमशः उत्पादकों से लेकर मांसाहारियों की ओर, हर खाद्य स्तर पर, शारीरिक वृद्धि होती जाती है।
3. एक घास स्थल पारिस्थितिक तन्त्र अथवा वन पारिस्थितिक तन्त्र में उत्पादकों से लेकर ऊपरी मांसाहारियों की ओर हर खाद्य स्तर पर जैविक भार में क्रमशः कमी आती जाती है।

उपरोक्त कथनों में किससे जैविक भार पिरामिड उल्टी हो जाती है?
(a) केवल 1 (b) केवल 2
(c) केवल 3 (d) 1 और 2

29. किसी एक आहार फसल पर क्लोरीनीकृत हाइड्रोकार्बन पीड़कनाशी का छिड़काव किया जाता है। आहार शृंखला का क्रम है-आहार फसल-चूहा-सर्प-बाज इस आहार शृंखला में पीड़कनाशी की अधिकतम सान्द्रता निम्नलिखित में से किसमें संचित होगी?
(a) आहार फसल (b) चूहा
(c) सर्प (d) बाज

30. सबसे अधिक स्थायी पारिस्थितिक तन्त्र कौन-सा है?
(a) मरुस्थल (b) महासागर
(c) पर्वत (d) वन

31. सूची I में दिए गए जीवों के नाम को सूची II में दिए गए पारिस्थितिक नाम से मेल कीजिए तथा सही उत्तर दीजिए

सूची I (जीव)		**सूची II** (पारिस्थितिक नाम)	
A.	घास	1.	उत्पादक
B.	टिड्डा	2.	प्राथमिक मांसाहारी
C.	मेंढक	3.	प्राथमिक उपभोक्ता
D.	चील	4.	द्वितीयक मांसाहारी

कूट

	A	B	C	D		A	B	C	D
(a)	3	1	2	4	(b)	3	1	4	2
(c)	3	4	1	2	(d)	1	3	2	4

32. किस प्रकार के पिरामिड द्वार विभिन्न पारिस्थितिक तन्त्रों की उत्पादकता का बोध होता है?
(a) संख्या पिरामिड
(b) बायोमास पिरामिड
(c) ऊर्जा पिरामिड
(d) 'a' और 'b' दोनों

33. घासस्थलों में वृक्ष पारिस्थितिक अनुक्रमण के अंश के रूप में किस कारण घासों को प्रतिस्थापित नहीं करते हैं?
(a) कीटों एवं कारकों के कारण
(b) सीमित सूर्य के प्रकाश एवं पोषक तत्त्वों की कमी के कारण
(c) जल की सीमाओं एवं आग के कारण
(d) उपरोक्त में से कोई नहीं

34. पारिस्थितिकीय निकाय के रूप में आर्द्र भूमि (बरसाती जमीन) निम्नलिखित में से किस हेतु उपयोगी है?
(a) पोषक पुनर्प्राप्ति एवं चक्रण हेतु
(b) पौधों द्वारा अवशोषण के माध्यम से भारी धातुओं को अवमुक्त करने हेतु
(c) तलछट रोक कर नदियों का गादीकरण कम करने हेतु
(d) उपरोक्त सभी

35. खाद्य शृंखला द्वारा घातक रसायनों की निरन्तर बढ़ती मात्रा कहलाती है

(a) पारिस्थितिक सन्तुलन (b) खाद्य स्तर
(c) जैव सान्द्रण (d) जैव अपघटन

36. हम भोजन से ऊर्जा प्राप्त करते हैं, भोजन में ऊर्जा सर्वप्रथम कहाँ से आती है?

(a) अपघटकों द्वारा मृदा में छोड़े पोषकों द्वारा
(b) किसान के द्वारा प्रयोग किए उर्वरकों से, जिनसे पौधे तेजी से उगते हैं
(c) भोजन निर्माणकर्ताओं द्वारा डाले गए विटामिन व खनिजों द्वारा
(d) उत्पादकों द्वारा भोजन में अवशोषित की गई सौर ऊर्जा से

37. पारिस्थितिक तन्त्र में तत्त्वों के चक्रण को क्या कहते हैं?

(a) रासायनिक चक्र (b) जैव भू-रासायनिक चक्र
(c) भू-वैज्ञानिक चक्र (d) भू-रासायनिक चक्र

38. जब एक जीवधारी दूसरे के बिना प्रभावित किए लाभान्वित होता है, तब इसे कहते हैं

(a) मृतोपजीविता (b) परजीविता
(c) कोमेन्सैलिज्म (d) सहजीविता

39. जब दो जीव एक साथ रहते हैं, किन्तु इस प्रक्रिया में केवल एक जीव को लाभ होता है, तो इस स्थिति को कहते हैं

1. निर्भरता 2. शोषण
3. परजीविता 4. सहजीविता

कूट

(a) 1 और 2 (b) केवल 4
(c) केवल 3 (d) केवल 2

40. पारितन्त्रों की घटती उत्पादकता के क्रम में उनका निम्नलिखित में से कौन-सा अनुक्रम सही है?

(a) महासागर, झील, घासस्थल, मैंग्रोव
(b) मैंग्रोव, महासागर, घासस्थल, झील
(c) मैंग्रोव, घासस्थल, झील, महासागर
(d) महासागर, मैंग्रोव, झील, घासस्थल

41. एक मनुष्य के जीवन को पूर्ण रूप से धारणीय करने के लिए आवश्यक न्यूनतम भूमि को क्या कहते हैं?

(a) जीवजात (b) पारिस्थितिकीय पदछाप
(c) जीवोम (d) निकेत

42. पारिस्थितिकी तन्त्र में DDT का समावेश होने के बाद निम्नलिखित में से किस एक जीव में उसका सम्भवतया अधिकतम सान्द्रण प्रदर्शित होगा?

(a) टिड्डा (b) भेक
(c) साँप (d) मवेशी

43. जब हम बकरी या भेंड़ का मांस खाते हैं, तब हम

(a) प्राथमिक उपभोक्ता हैं (b) द्वितीयक उपभोक्ता हैं
(c) तृतीयक उपभोक्ता हैं (d) इनमें से कोई नहीं

44. जीवमण्डल (बायोस्फेयर) के संगठन के विभिन्न स्तरों के बारे में निम्नलिखित में से कौन-सा एक सही अनुक्रम है?

(a) पारिस्थितिक तन्त्र-जीवमण्डल-समुदाय-जनसंख्या
(b) जनसंख्या-जीव-पारिस्थितिक तन्त्र-जीवमण्डल
(c) जीव-समुदाय-जनसंख्या-जीवमण्डल
(d) जीव-जनसंख्या-पारिस्थितिक तन्त्र-जीवमण्डल

45. पर्यावरण अवनयन एवं उससे जनित संकट के मुख्य कारणों में शामिल है

1. विश्व की जनसंख्या में गुणोत्तर वृद्धि
2. विज्ञान एवं प्रौद्योगिकी का अभूतपूर्व विकास
3. कृषि क्षेत्र में तीव्रगति से होने वाला औद्योगिक विकास
4. महत्त्वाकांक्षी योजनाएँ एवं उनका कार्यान्वयन

उपरोक्त में सही कथन हैं

(a) 1, 2 और 3 (b) 1, 3, और 4
(c) 2, 3 और 4 (d) ये सभी

46. निम्नलिखित कथनों पर विचार करें

1. मरुस्थलीकरण के परिणामस्वरूप चराई भूमि एवं कृषि भूमि मरुस्थलीय अवस्था में पहुँच जाती है जिससे कृषि की पैदावार में गिरावट आ जाती है।
2. साधारण मरुस्थलीकरण के दौरान उत्पादन में 10-25% तक गिरावट आ जाती है, परन्तु गम्भीर स्थिति में यह गिरावट 50% तक भी पहुँच सकती है।
3. मरुस्थलीकरण का मतलब मरुस्थल का दूसरी भूमि पर आक्रमण नहीं होता, बल्कि यह प्राकृतिक मरुस्थलों के भीतर और बाहर एक प्रकार का पारिस्थितिकीय अपघटन होता है।

उपरोक्त कथनों में सही कथन है/हैं

(a) केवल 2 (b) 1 और 3
(c) 2 और 3 (d) ये सभी

47. निम्नलिखित में किसके क्षय होने में सबसे अधिक समय लगता है?

(a) सिगरेट का टुकड़ा (b) चमड़े का जूता
(c) फोटो फिल्म (d) प्लास्टिक का थैला

48. निम्नलिखित कथनों पर विचार कीजिए

1. पर्यावरण के अजैविक/भौतिक संघटकों के अन्तर्गत समस्त जीवमण्डल या उसके किसी भाग के भौतिक पर्यावरण को शामिल किया जाता है।
2. अजैविक संघटक, जैविक संघटकों के विकास के लिए अनिवार्य होते हैं।

उपरोक्त कथनों में से कौन सा/से कथन असत्य है?

(a) केवल 1 (b) केवल 2
(c) 1 और 2 दोनों (d) न तो 1 और न ही 2

49. प्रदूषण नियन्त्रण के उद्देश्य से राष्ट्रीय झील संरक्षण योजना के अन्तर्गत जिन शहरी क्षेत्रों में पड़ने वाली जलमग्न भूमि को चुना गया है, वे हैं

1. भोज-मध्य प्रदेश 2. सुखना-चण्डीगढ़
3. चिल्का-ओडिशा 4. पिछोला-राजस्थान

नीचे दिए गए कूट की सहायता से सही उत्तर का चयन कीजिए

(a) 1, 2 और 3 (b) 1, 2 और 4
(c) 1, 3 और 4 (d) 2, 3 और 4

50. **कथन** (A) भूमिगत जल पूर्णतया शुद्ध जल होता है।

कारण (R) भूमिगत स्रोत भी भू-क्षरण (Sanitary land fills) के स्राव से प्रदूषित होने लगा है।

(a) A और R दोनों सही हैं तथा R, A का सही स्पष्टीकरण है
(b) A और R दोनों सही हैं, परन्तु R, A का सही स्पष्टीकरण नहीं है
(c) A सही है, परन्तु R गलत है
(d) A गलत है, परन्तु R सही है

51. निम्नलिखित कथनों पर विचार कीजिए
1. पर्यावरण के अवयव परस्पर एक-दूसरे पर आश्रित रहते हैं।
2. वर्तमान में पर्यावरण का प्रबन्धन धारणीय विकास की अनिवार्य आवश्यकता बन गई है।

उपरोक्त कथनों में से कौन-सा/से कथन सहीं है?

(a) केवल 1 (b) केवल 2
(c) 1 और 2 दोनों (d) न तो 1 और न ही 2

52. जल में उपस्थित रसायनों के सम्बन्ध में निम्नलिखित कथनों पर विचार कीजिए
1. लवणता से प्रभावित राज्यों में बिहार, महाराष्ट्र, दिल्ली मध्य प्रदेश तथा हरियाणा प्रमुख हैं।
2. सल्फाइड से प्रभावित प्रमुख राज्य उत्तर प्रदेश है।
3. मैंगनीज से प्रभावित राज्यों में पंजाब तथा बिहार प्रमुख हैं।
4. क्लोराइड से प्रभावित प्रमुख राज्य कर्नाटक, पश्चिम बंगाल तथा राजस्थान है।

उपरोक्त कथनों में से कौन-सा/से कथन सही हैं?

(a) केवल 1 (b) 1, 3 और 4
(c) 2 और 3 (d) ये सभी

53. जल (प्रदूषण निवारण एवं नियन्त्रण) अधिनियम, 1974 के द्वारा जल को स्वच्छ बनाए रखने के लिए किए गए प्रयासों में शामिल हैं।
1. यह भूमिगत व सतही जल के स्रोतों की गुणवत्ता को बनाए रखने के लिए हर प्रकार के प्रावधान करता है।
2. इसके तहत केन्द्रीय व राज्य प्रदूषण नियन्त्रण बोर्डों की स्थापना की गई तथा उनके कार्य व शक्तियाँ निर्धारित की गईं।
3. बोर्डों के अनुदान, बजट, लेखा-जोखा आदि का प्रावधान किया गया।

उपरोक्त कथनों में सही कथन हैं

(a) 1 और 2 (b) 1 और 3
(c) 2 और 3 (d) ये सभी

54. निम्न कथनों का अध्ययन करें
1. भारत में पिछले बीस वर्षों की अवधि में मरुस्थलीकरण में बढ़ोतरी हुई है।
2. मानवीय गतिविधियों; जैसे—अतिचराई, वन कटाई एवं खनन के कारण कई क्षेत्रों में मरुस्थलीकरण जैसी गतिविधियों में वृद्धि हुई है।

उपरोक्त कथनों में सही कथन है/हैं

(a) केवल 1 (b) केवल 2
(c)1 और 2 दोनों (d) न तो 1 और न ही 2

55. निम्नलिखित कथनों पर विचार कीजिए
1. पर्यावरण की कार्यप्रणाली प्राकृतिक नियमों से संचालित होती हैं।
2. पर्यावरण के तत्त्वों में पार्थिव एकता विद्यमान है।
3. पर्यावरण भौतिक संसाधनों का भण्डार है, लेकिन जैविक संसाधनों का नहीं।
4. पर्यावरणीय व्यवस्था में स्वयं संवर्द्धन क्षमता विद्यमान होती है।

उपरोक्त कथनों में से कौन-सा/से कथन सहीं है?

(a) 1, 2 और 3
(b) 1, 2 और 4
(c) 3 और 4
(d) ये सभी

56. निम्न कथनों पर विचार कीजिए।
1. ग्रीन मफलर (Green Muffler) एक तकनीकी है, जो वायु प्रदूषण कम करती है तथा जो हमारे मेट्रो शहरों में वायु प्रदूषण को कम करने में महत्त्वपूर्ण सहायता दे सकती है।
2. लोगों को ध्वनि प्रदूषण से बचाने हेतु मेट्रो शहरों में उचित क्षेत्रीकरण के साथ हरित पट्टी के निर्माण में सहायक हो सकती है।

उपरोक्त कथनों में से कौन-सा/से कथन सही है/हैं?

(a) केवल 1 (b) केवल 2
(c) 1 और 2 (d) न तो 1 और न ही 2

57. जैविक ऑक्सीजन माँग (BOD) के सन्दर्भ में जल प्रदूषण से सम्बन्धित स्थितियों पर विचार कीजिए
1. जैविक ऑक्सीजन माँग ऑक्सीजन की वह मात्रा है, जो सामान्य ताप पर किसी जल के एक लीटर भाग को 5 दिन में सूक्ष्म जीवों के उपापचयी क्रिया के लिए आवश्यक होती है।
2. इसके तहत जल जितना अधिक प्रदूषित होगा, प्रदूषित पदार्थों के विघटन के लिए उसी अनुपात में कम ऑक्सीजन की माँग होगी।
3. बी ओ डी जल प्रदूषण के मानक निर्धारण का महत्त्वपूर्ण चरण है।

उपरोक्त कथनों में से कौन-सा/से कथन सही है/हैं?

(a) केवल 1 (b) केवल 2
(c) 1 और 2 (d) 1 और 3

58. पर्यावरण प्रभाव मूल्यांकन (EIA) अंकेक्षण वास्तविक हुए प्रभाव की तुलना पूर्व अनुमानित प्रभाव से करके किसी (EIA) के प्रदर्शन का मूल्यांकन करता है। पर्यावरणीय प्रभाव के अनुमान के लिए प्रयुक्त गणितीय मानक क्या प्रयास करते हैं?
1. आधारभूत प्रबन्धन उपकरण प्रदान करना, जिसमें इस बात का क्रमबद्ध, लिखित नियतकालिक एवं वास्तविक मूल्यांकन शामिल है कि संगठन, प्रबन्धन प्रणालियाँ और उपकरण कितनी अच्छी तरह से कार्य कर रहे हैं।
2. विभिन्न व्यवस्था परिवर्तनों के बीच के कारण एवं प्रभाव सम्बन्ध का गुणात्मक एवं परिणात्मक रूप से वर्णन करना।
3. अनुमानों की सटीकता की जाँच करना तथा पर्यावरण पर की गई किसी मानवशास्त्रीय कार्यवाही की त्रुटियों की व्याख्या करना।
4. नीति, योजना या परियोजना जैसी प्रस्तावित कार्यवाही के पर्यावरण के प्रभाव का मूल्यांकन करना।

कूट

(a) 1, 2 और 3 (b) 1 और 2
(c) 1, 2 और 4 (d) ये सभी

59. जैव आवर्द्धन से सम्बन्धित निम्नलिखित कथनों पर विचार कीजिए
1. DDT जैसे विषाक्त पदार्थों का खाद्य शृंखला में प्रवेश कर प्रत्येक पोषण स्तर पर संचित हो जाना जैव आवर्द्धन कहलाता है।
2. विषाक्त पदार्थ उच्च पोषण स्तरों पर अधिक मात्रा में संचित हो जाते हैं।

उपरोक्त कथनों में से कौन-सा/से कथन सही है/हैं?

(a) केवल 1
(b) केवल 2
(c) 1 और 2
(d) उपरोक्त में से कोई नहीं

60. रेडियोधर्मी प्रदूषण से सम्बन्धित निम्न कथनों में से कौन-से सही हैं?
1. यह पशुओं में आनुवंशिक परिवर्तन लाता है।
2. यह मृदा में विद्यमान विभिन्न खनिजों को असन्तुलित कर देता है।
3. यह रक्त संचार में व्यवधान पैदा करता है।
4. यह कैंसर पैदा करता है।

कूट
(a) 1 और 2
(b) 1 और 4
(c) 1, 3 और 4
(d) 2, 3 और 4

61. निम्नलिखित कथनों पर विचार कीजिए
1. आहार श्रृंखला में क्रमिक उच्च पोषण स्तरों में प्रजातियों की संख्या, सकल बायोमास तथा ऊर्जा की सुलभता में ह्रास होता है।
2. आहार श्रृंखला एवं आहार जाल की प्रकृति वहाँ के प्राकृतिक पारितन्त्र की जैव-विविधता की समृद्धि या निर्धनता पर निर्भर करती है।

उपरोक्त कथनों में से कौन-सा/से कथन सही है/हैं?
(a) केवल 1 (b) केवल 2
(c) 1 और 2 (d) न तो 1 और न ही 2

62. पारिस्थितिक तन्त्र (Eco-system) से सम्बन्धित निम्नलिखित कथनों पर विचार कीजिए
1. पारिस्थितिकी तन्त्र शब्द का प्रयोग सर्वप्रथम ए जी टान्सले ने किया था।
2. जो जीव अपना भोजन स्वयं उत्पादित करते हैं, उन्हें स्वपोषित (Auto trophs) कहते हैं।
3. प्रकाश संश्लेषण की प्रक्रिया द्वारा उपभोक्ता अपने भोजन का उपभोग करता है।
4. वियोजक अकार्बनिक पदार्थ को कार्बनिक पदार्थ में परिवर्तित करते हैं।

उपरोक्त कथनों में से कौन-से कथन सही हैं?
(a) 1 और 2 (b) 2 और 3
(c) 3 और 4 (d) ये सभी

उत्तरमाला

1.	(a)	2.	(a)	3.	(b)	4.	(b)	5.	(b)	6.	(a)	7.	(c)	8.	(d)	9.	(c)	10.	(d)
11.	(b)	12.	(c)	13.	(b)	14.	(c)	15.	(c)	16.	(c)	17.	(d)	18.	(c)	19.	(b)	20.	(d)
21.	(d)	22.	(c)	23.	(c)	24.	(c)	25.	(c)	26.	(d)	27.	(c)	28.	(b)	29.	(d)	30.	(b)
31.	(d)	32.	(c)	33.	(d)	34.	(d)	35.	(c)	36.	(d)	37.	(b)	38.	(d)	39.	(c)	40.	(b)
41.	(d)	42.	(d)	43.	(d)	44.	(c)	45.	(b)	46.	(d)	47.	(d)	48.	(d)	49.	(b)	50.	(d)
51.	(c)	52.	(b)	53.	(d)	54.	(c)	55.	(b)	56.	(b)	57.	(d)	58.	(d)	59.	(a)	60.	(c)
61.	(a)	62.	(a)																

अध्याय 06

आर्थिक भूगोल

आर्थिक भूगोल की परिभाषा

आर्थिक भूगोल मानव भूगोल की एक प्रमुख शाखा है, जिसमें मानव के आर्थिक क्रियाकलापों का अध्ययन किया जाता है।

- **सी. एफ. जोन्स व डार्कनवाल्ड** के अनुसार, "आर्थिक भूगोल के अन्तर्गत मानव के उत्पादक व्यवसायों का अध्ययन किया जाता है।
- **आर. ई. मरफी** के अनुसार, "आर्थिक भूगोल मनुष्य के जीविकोपार्जन की विधियों में एक स्थान से दूसरे स्थान पर मिलने वाली समताओं और विषमताओं का अध्ययन करता है।"

आर्थिक भूगोल की विषय-वस्तु एवं क्षेत्र

आर्थिक भूगोल के विषय क्षेत्र के अन्तर्गत मनुष्य की आर्थिक क्रियाओं के आधार तत्त्व एवं आर्थिक क्रियाएँ आती हैं। मनुष्य की आर्थिक क्रियाएँ मुख्य रूप से उत्पादन, विनिमय व वितरण से सम्बन्धित होती है।

आर्थिक भूगोल के प्रमुख क्षेत्रों का वर्णन इस प्रकार है

कृषि

- आदिम संग्रहण, आखेट, मछली पकड़ना तथा पशुपालन के पश्चात् मनुष्य ने सर्वप्रथम कृषि (Farming) व्यवसाय को विकसित किया। मानव की प्राथमिक आवश्यकताओं की पूर्ति हेतु वर्तमान में यह कृषि व्यवसाय संसार का प्राथमिक उद्योग बन गया है।
- विश्व में किसी भी प्रकार की कृषि का उत्पादन जलवायु, वनस्पति तथा मिट्टी की दशाओं में से किसी कारक के अनुकूल होने पर किया जाता है।

विश्व की प्रमुख कृषि फसलें

विश्व की प्रमुख फसलें निम्न हैं

चावल

- चावल (Rice) उष्ण आर्द्र जलवायु की फसल है। इसके तापमान 24° से 27° सेग्रे और वार्षिक वर्षा 125 से 200 सेमी होनी चाहिए। अत: इसकी कृषि मानसूनी जलवायु वाले देशों में होती है। इसी कारण एशियाई संस्कृति को चावल की संस्कृति कहा जाता है। चावल की कृषि हेतु उपजाऊ दोमट मिट्टी एवं जलोढ़ मिट्टी सर्वाधिक उपयुक्त है।

चावल के प्रमुख उत्पादक क्षेत्र

देश	प्रमुख उत्पादक क्षेत्र
चीन	दक्षिणी व मध्य चीन में सीक्यांग, यांग्टिसी नदियों की घाटी व डेल्टा तथा जेचवान क्षेत्र।
भारत	पश्चिम बंगाल, असम, बिहार, उत्तर प्रदेश, महाराष्ट्र, तमिलनाडु, आन्ध्र प्रदेश, कर्नाटक, केरल, पंजाब, मध्य प्रदेश, राजस्थान।
इण्डोनेशिया	जावा, बोर्नियो, सेलेबीज, सुमात्रा।
बांग्लादेश	खुलना, जैसोर, ढाका, मैमनसिंह, नारायणगंज।
जापान	सिटोउची, शिकोंकू द्वीप।
फिलीपीन्स	मध्य व दक्षिण लूजो, दक्षिणी पैनी, सेबू, ल्यूटे व पश्चिमी नेग्रोस।
संयुक्त राज्य अमेरिका	दक्षिण-पूर्व टेक्सास और दक्षिण-पश्चिमी लुसियाना का समुद्र तट, मिसिसिपी राज्य का दक्षिण भाग, पूर्वी अरकंसास तथा कैलीफोर्निया में सेक्रामेण्टो घाटी।

गेहूँ

- गेहूँ (Wheat) विश्व में सबसे अधिक क्षेत्रों में बोई जाने वाली फसल है। शीत कटिबन्धों से लेकर उष्णकटिबन्ध तक गेहूँ की कृषि की जाती है।
- शीत कटिबन्धों में यह ग्रीष्मकाल में बसन्तकालीन गेहूँ के रूप में उगाया जाता है तथा उष्णकटिबन्ध में यह शीतकाल में शीतकालीन गेहूँ के रूप में उगाया जाता है। इसके लिए वर्षा 50 से 80 सेमी और तापमान 10° से 20° सेग्रे होना चाहिए।

गेहूँ के प्रमुख उत्पादक क्षेत्र

देश	प्रमुख उत्पादक क्षेत्र
चीन	उत्तरी भाग में विशाल मैदान, व्हीहो घाटी, यांग्टिसी, सीक्यांग, मीकांग नदियों की घाटियाँ
भारत	भारत में गेहूँ का अधिकांश उत्पादन उत्तरी भारत में होता है। पंजाब, हरियाणा, उत्तर प्रदेश, बिहार, राजस्थान, गुजरात के उत्तरी भाग प्रमुख उत्पादक क्षेत्र हैं।
संयुक्त राज्य अमेरिका	बसन्तकालीन पेटी में प्रेयरीज के उत्तरी भाग में डेकोटा, मोण्टाना और मिन्नीसोटा तथा शीतकालीन पेटी में कंसास, ओकलाहोमा, नेब्रास्का, टेक्सास, ओहियो, इलीनोइस, इण्डियाना। इसके अतिरिक्त मिसौरी क्षेत्र, कोलम्बिया पठार क्षेत्र, कैलिफोर्निया प्रमुख गेहूँ क्षेत्र हैं।

देश	प्रमुख उत्पादक क्षेत्र
सी आइ एस (CIS)*	काला सागर के उत्तर में यूक्रेन प्रदेश तथा साइबेरिया के स्टेपीज प्रदेश एवं कैस्पियन सागर तथा काले सागर का मध्य भाग एवं पूर्व के क्षेत्र।
फ्रांस	पेरिस बेसिन, ऐक्वीटो बेसिन।
कनाडा	यहाँ पर प्रेयरीज घास के मैदानों में सकेचवान, अलबर्टा, मनीटोबा, विनिपेग प्रमुख क्षेत्र हैं।
ऑस्ट्रेलिया	मर्रे-डार्लिंग नदियों का बेसिन और दक्षिणी-पश्चिमी तटीय भाग।
अर्जेण्टीना	अर्जेण्टीना में पम्पास के मैदानी क्षेत्र गेहूँ के प्रमुख उत्पादक क्षेत्र हैं। पम्पास के पश्चिमी भाग में विस्तृत अर्द्धचन्द्राकार गेहूँ की पेटी है।
पाकिस्तान	पश्चिमी पंजाब जोकि झेलम, चिनाब, रावी, सतलज नदियों द्वारा सिंचित है।

*Commonwealth of Independent Status (CIS)

मक्का

गेहूँ व चावल के बाद मक्का (Maize) तीसरी महत्त्वपूर्ण फसल है, जिसका विकसित देशों द्वारा पशुचारे के रूप में प्रयोग किया जाता है, जबकि अविकसित/विकासशील देशों में यह लोगों का प्रमुख भोजन है। इसके लिए 18° से 27° सेग्रे तापमान तथा 50 से 125 सेमी वर्षा आवश्यक होती है।

मक्का के प्रमुख उत्पादक क्षेत्र

देश	प्रमुख उत्पादक क्षेत्र
संयुक्त राज्य अमेरिका	पेन्सिलवेनिया, केण्टुकी, कनेक्टीकट, मिसौरी, ओहियो आदि राज्य।
चीन	जेचवान बेसिन, कैन्टन डेल्टा, मध्यवर्ती मैदान, यांगटिसीक्यांग बेसिन।
ब्राजील	मिनास गेरास, साओ पाउलो, रियोग्राण्डे
भूमध्यसागरीय क्षेत्र	स्पेन, पुर्तगाल, फ्रांस, उत्तरी अफ्रीका
दक्षिण अमेरिका	कोलम्बिया, पेरू, वेन्जुएला की उच्चभूमि

जई

- जई (Oat) की कृषि मुख्य रूप से उत्तरी गोलार्द्ध में केन्द्रित है। इसके लिए 10° से 20° सेग्रे तापमान तथा 50 से 80 सेमी वर्षा आवश्यक है। इसके उत्पादन का अधिकांश घोड़ों को खिलाने में काम आता है।
- जई का प्रमुख उत्पादक क्षेत्र यूरेशिया के गेहूँ क्षेत्र के उत्तर में पाया जाता है। इसका दूसरा महत्त्वपूर्ण क्षेत्र उत्तरी अमेरिका में गेहूँ की पट्टी के पूर्व में स्थित है। आयरलैण्ड, ब्रिटेन, स्वीडन एवं नार्वे इसके प्रमुख उत्पादक देश हैं।

जौ

- जौ (Barley) की खेती कम बर्धनकाल वाले उच्च अक्षांशों एवं उच्च पर्वतीय क्षेत्रों में की जाती है। जौ का उपयोग भोजन के अतिरिक्त शराब बनाने में भी होता है।
- इसकी कृषि मुख्यत: भूमध्यसागरीय क्षेत्र, तुर्की, मध्य एशिया, ऑस्ट्रेलिया एवं कैलिफोर्निया में की जाती है, जहाँ वर्षा की अवधि छोटी एवं मौसम शुष्क होता है।
- गेहूँ की तुलना में सस्ता होने के कारण गरीब लोग इसका प्रयोग भोजन के रूप में करते हैं। भूतपूर्व सोवियत संघ, पोलैण्ड एवं चेकोस्लाविया में इसकी खपत अधिक है।

राई

- जर्मनी राई (Mustard) का प्रमुख उत्पादक है। इसके अतिरिक्त रूस, पोलैण्ड, चीन, बेलारूस, हंगरी, नीदरलैण्ड में भी राई उत्पादित होती है।

कपास

- कपास (Cotton) की कृषि 40° उत्तरी अक्षांश से 30° दक्षिणी अक्षांशों के मध्य की जाती है। विषुवत् रेखीय क्षेत्र में कपास की कृषि नहीं की जाती है, क्योंकि अधिक वर्षा कपास की फसल के लिए हानिकारक होती है। इसके लिए तापमान 21° से –27° सेग्रे तथा वर्षा 50 से 100 सेमी होनी चाहिए।

कपास के प्रमुख उत्पादक क्षेत्र

देश	प्रमुख उत्पादक क्षेत्र
चीन	उत्तरी चीन में ह्वांगहो, व्हीहो घाटी, यांग्टिसी घाटी तथा हुप्पे क्षेत्र।
भारत	महाराष्ट्र, गुजरात, कर्नाटक, मध्य प्रदेश, उत्तर प्रदेश, हरियाणा, तमिलनाडु एवं राजस्थान।
संयुक्त राज्य अमेरिका	दक्षिण केरोलिना, उत्तर केरोलिना, जार्जिया, अलबामा, टेनेसी, मिसिसीपी, लुसियाना, अरकंसास
सी आइ एस	ट्रांस काकेशिया, दक्षिण यूक्रेन और क्रीमिया क्षेत्र में काली मिट्टी वाले क्षेत्र, रूस तुर्कमेनिस्तान, जार्जिया, अजरबेजान।
मिस्र	नील नदी का डेल्टाई भाग, निचली घाटी और निचले मैदान।
सूडान	गोजीरा मैदान, लाल सागर के तटवर्ती भागों, गोस डेल्टा के तटीय प्रदेश

रबड़

- रबड़ (Rubber) विषुवत् रेखीय जलवायु का पौधा है तथा यह एक बागानी फसल है। इसका जन्म स्थान अमेजन नदी की घाटी है। इसके लिए तापमान 27° से 29° सेग्रे तथा वर्षा 200 सेमी से अधिक होनी चाहिए।

रबड़ के प्रमुख उत्पादक क्षेत्र

देश	प्रमुख उत्पादक क्षेत्र
थाइलैण्ड	प्रायद्वीपीय क्षेत्र
इण्डोनेशिया	जावा द्वीप का दक्षिणी एवं पश्चिमी तटीय भाग, मध्य सुमात्रा, बोर्नियो और सेलेबीज।
मलेशिया	सेलेगोर क्षेत्र, नग्री सम्बीलेन क्षेत्र, केलागन, ट्रेनघान और जोहोर राज्य।
भारत	केरल, तमिलनाडु, कर्नाटक, असम।
श्रीलंका	दक्षिणी, दक्षिणी-पश्चिमी तथा मध्यवर्ती ढाल एवं पठारी भाग।

चाय

- चाय (Tea) उष्णकटिबन्धीय बागानी फसल है। इसकी कृषि मानसूनी जलवायु वाले देशों में सबसे अधिक होती है। इसके लिए तापमान 21° से 29° सेग्रे तथा वर्षा 150 से 200 सेमी होनी चाहिए।

चाय के प्रमुख उत्पादक क्षेत्र

देश	प्रमुख उत्पादक क्षेत्र
चीन	यांग्टिसी की निचली घाटी, जेचवान बेसिन, सीक्यांग घाटी।
भारत	असम, पश्चिम बंगाल, तमिलनाडु, केरल, दार्जिलिंग सीटसी चाय का विश्व में सबसे बड़ा केन्द्र है।
कीनिया	करीचो और लीमरू क्षेत्र
श्रीलंका	मध्य दक्षिणी पठारी भागों में कैण्डी बेसिन
तुर्की	काला सागर का पूर्वी तटीय क्षेत्र

कॉफी/कहवा

- कॉफी (Coffee) एक उष्णकटिबन्धीय पौधा है तथा अधिक आर्द्रता वाले क्षेत्रों में इसकी कृषि होती है। ब्राजील का सेण्टास विश्व में सर्वाधिक कॉफी निर्यात करने वाला बन्दरगाह है। इसे **कहवा पत्तन** (Coffee port) कहते हैं। इसके लिए तापमान- 15° सेण्टीग्रेड से 25° सेण्टीग्रेड और वर्षा-115 से 200 सेमी होनी चाहिए।

कॉफी के प्रमुख उत्पादक क्षेत्र

देश	प्रमुख उत्पादक क्षेत्र
ब्राजील	दक्षिण के साओपालो तथा मिनास मिरास, पुराने राज्य के उत्तरी भाग, समुद्र तटीय रियो-डि-जेनेरो, एम्पीरिटो, साण्टो राज्य के उत्तर में, बाहिया राज्य के दक्षिणी भाग तथा पश्चिम में गोआज राज।
दक्षिणी एशिया	वियतनाम, इण्डोनेशिया, भारत, श्रीलंका, फिलीपीन्स।
कोलम्बिया	पश्चिमी पर्वतीय भागों में ऊँचे समशीतोष्ण प्रदेश मैग्डालेना तथा उसकी सहायक नदियों के ऊँचे ढाल, कैल्डास तथा ऐटियोक्विया हैं। पूर्वी कार्डिलेरा क्षेत्र में स्थित बुकरा भंगा तथा बगोटा मुख्य हैं।
मध्य अमेरिका	मुख्य उत्पादक एवं निर्यातक देश मैक्सिको, एलसल्वाडोर, ग्वाटेमाला और कोस्टारिका हैं तथा होण्डूरास, निकारागुआ में भी कहवा उत्पन्न होता है।
अफ्रीका	पश्चिमी अफ्रीका में आइवरी तट, अंगोला, कांगो प्रजातान्त्रिक गणराज्य, घाना, नाइजीरिया और कैमरून तथा पूर्वी अफ्रीका में इथियोपिया, कीनिया, तन्जानिया, मालागासी प्रमुख क्षेत्र हैं।

गन्ना

यह एक उष्णकटिबन्धीय जलवायु वाला पौधा है। इसकी कृषि का विस्तार उष्ण और उपोष्ण दोनों ही क्षेत्रों में है। इसके लिए तापमान 21° से 27° सेग्रे के बीच वर्षा 150 सेमी होनी चाहिए। विश्व में कुल चीनी उत्पादन का लगभग 60 से 70% भाग गन्ने (Sugarcane) से प्राप्त किया जाता है।

गन्ने के प्रमुख उत्पादक क्षेत्र

देश	प्रमुख उत्पादक क्षेत्र
ब्राजील	पराहिया, बाहिया, पेरनांबुको, मिनास जिरास, रियो-डी-जेनेरो, माटा क्षेत्र।
भारत	उत्तर प्रदेश, महाराष्ट्र, तमिलनाडु, आन्ध्र प्रदेश, कर्नाटक
चीन	यांग्टिसी और सीक्यांग नदियों की घाटी और डेल्टाई क्षेत्र
क्यूबा	ओरियण्ट, कोमागुये, साण्टा क्लेरा, हवाना।
मैक्सिको	मैक्सिको की खाड़ी का तटीय मैदानी क्षेत्र और प्रशान्त तटीय मैदानी क्षेत्र।

तम्बाकू

- तम्बाकू (Tobacco) उष्ण एवं उपोष्ण जलवायु की फसल है, जिसके लिए 18° से 27° सेग्रे तापमान व 50 से 100 सेमी वर्षा आवश्यक होती है। तम्बाकू के कई प्रकार होते हैं; जैसे- वर्जीनिया (संयुक्त राज्य अमेरिका), तुर्किश (तुर्की व यूनान) और सिगार (क्यूबा, संयुक्त राज्य अमेरिका)।
- तम्बाकू की कृषि चीन, ब्राजील, रूस, यूक्रेन, हंगरी, बुल्गारिया, यूगोस्लाविया, तुर्की, अल्जीरिया, भारत आदि देशों में की जाती है।

जूट

- जूट (Jute) उष्ण एवं आर्द्र जलवायु में पैदा होती है, जिसकी खेती में दक्षिण एशिया को प्रमुखता प्राप्त है। इसके उत्पादन हेतु 25° सेग्रे से अधिक का तापमान व 170 सेमी से अधिक वर्षा आवश्यक होती है।
- भारत, बांग्लादेश और चीन मिलकर विश्व का 95% से भी अधिक जूट उत्पादित करते हैं। जूट के अन्तर्गत सर्वाधिक क्षेत्र भारत में हैं।

मत्स्यन

- मत्स्यन (Fisheries) एक नवीकरणीय जैविक संसाधन है। मत्स्य पालन के लिए अनुकूल परिस्थितियाँ निम्न हैं—छिछले सागरीय निमग्न तट, प्लैंक्टन की प्रचुरता, ठण्डी व गर्म जलधाराओं का संगम स्थल, प्रशीतन सुविधा एवं परिवहन का प्रमुख बाजारों से जुड़ाव।
- समुद्री मत्स्य उत्पादन में चीन का प्रथम, इण्डोनेशिया का द्वितीय, अमेरिका का तृतीय और भारत का सप्तम स्थान है।

विश्व के प्रमुख मत्स्य क्षेत्र

विश्व के पाँच प्रमुख मत्स्य क्षेत्र हैं, जिनका विवरण इस प्रकार है

1. **उत्तर-पश्चिमी प्रशान्त महासागरीय क्षेत्र** इस क्षेत्र का विस्तार उत्तर में बेरिंग सागर से लेकर दक्षिण में फिलीपीन्स सागर तक है। यह संसार का सबसे बड़ा मछली उत्पादक क्षेत्र है। इस क्षेत्र के महाद्वीपीय मग्न तट पर क्यूरोशियो की गर्म तथा ओयाशियो की ठण्डी जलधाराओं का सम्मिश्रण होता है, जिससे होंशूतट के निकट प्लवक विकास के लिए अनुकूल परिस्थितियाँ उत्पन्न होती हैं, जो मछलियों का प्रमुख भोज्य पदार्थ है।
2. **उत्तर-पूर्वी प्रशान्त महासागरीय क्षेत्र** अलास्का से कैलिफोर्निया तट के साथ-साथ इस क्षेत्र की प्रमुख मछली सातमन है। इस क्षेत्र की दूसरी प्रमुख मछली हैलीबट है।
3. **अटलाण्टिक महासागर का उत्तर-पश्चिमी क्षेत्र** विस्तार लॉगद्वीप से न्यू फाउण्डलैण्ड के मध्य यहाँ पर चौड़ा महाद्वीपीय छज्जा (निमग्न तट) है, जिस पर कई मत्स्य बैंक स्थित हैं। समुद्र के छिछले जल के क्षेत्र को बैंक कहते हैं। ग्राण्ड बैंक, जॉर्ज बैंक, सैबल बैंक, सेण्टपीटी बैंक, बैक्वेटी बैंक तथा लाहैव बैंक यहाँ के प्रमुख बैंक हैं। इनमें सबसे प्रसिद्ध ग्राण्ड बैंक तथा जॉर्ज बैंक हैं।
4. **अटलाण्टिक महासागर का उत्तर-पूर्वी क्षेत्र** विस्तार आर्कटिक वृत्त के उत्तर से यूरोपीय तट के साथ-साथ दक्षिण में भूमध्य सागर की सीमा तक। यहाँ उत्तरी सागर का डॉगर बैंक सबसे महत्त्वपूर्ण मत्स्य क्षेत्र है। हैरिंग तथा कॉड इस क्षेत्र की दो महत्त्वपूर्ण मछलियाँ हैं।
5. **दक्षिणी प्रशान्त का पेरूतट** दक्षिणी गोलार्द्ध में मत्स्य उद्योग का एकमात्र क्षेत्र दक्षिण अमेरिका के पश्चिमी भाग में है।

खनिज

- खनिज (Minerals) एक-या-एक से अधिक तत्त्वों से मिलकर बनते हैं तथा इनकी भौतिक एवं रासायनिक विशेषता होती है।
- पृथ्वी के गर्भ से इन खनिज पदार्थों को निकाले जाने की प्रक्रिया को **खनन** या **उत्खनन** (Mining or Quarrying) कहते हैं। कम गहराई पर जो खानें होती हैं, उन्हें **खुली खदान** (Open Pit Mine) कहते हैं और अधिक गहराई पर खोदी जाने वाली खानों को **कूप खदान** (Shaft Mine) कहते हैं।

खनिजों का वर्गीकरण निम्न हैं

लौह-अयस्क

- लौह (Iron) आग्नेय या कायान्तरिक चट्टानों से प्राप्त होता है। लौह अंश की मात्रा के आधार पर *इसे चार वर्गों में रखा जा सकता है*
  1. **मैग्नेटाइट** Fe_3O_4 यह सर्वोत्तम किस्म का लौह-अयस्क होता है, जिसमें लोहे की मात्रा लगभग 72% होती है। इसमें वाष्प की मात्रा सबसे कम होती है एवं इसका रंग काला होता है।
  2. **हेमेटाइट** Fe_2O_3 यह लोहे का सबसे महत्त्वपूर्ण स्रोत है, जिसमें लोहे का अंश लगभग 70% होता है।
  3. **लिमोनाइट** $3Fe_2O_3 3H_2O$ इसमें धातु का अंश 60% तक रहता है. इसका रंग पीला होता है।
  4. **सिडेराइट** $FeCO_3$ यह सर्वाधिक निम्न कोटि का अयस्क है, जिसमें लोहे का अंश 48% होता है।
- विश्व में हेमेटाइट और मैग्नेटाइट अयस्क का शोधन सबसे अधिक किया जाता है।

विश्व के प्रमुख लौह उत्पादक क्षेत्र

देश	प्रमुख उत्पादक क्षेत्र
चीन	अंशान-चांगलिंग, पेंकी क्षेत्र (दक्षिणी मंचूरिया), हुनान, हुपे, तांगशुंग, बुटान क्षेत्र
ऑस्ट्रेलिया	मिडिल बैंक रेन्ज, आयरन, नॉब, सिडनी (पूर्वी ऑस्ट्रेलिया), हैमर्सले, दक्षिणी डोण्ड्स वर्दी (पश्चिमी ऑस्ट्रेलिया)
ब्राजील	मिनास-जिरास राज्य का पठारी भाग, इताविरा, पराना
भारत	गोवा , पंसिराबरू, बुद्राबरू, नोआमण्डी, जामदा (सिंहभूम), बादाम पहाड़ी, गुरुमहिसानी, सुलेपात (मयूरभंज), बगियाबरू (क्योंझर), बेलाडीला (मध्य प्रदेश), कुद्रेमुख और बाबाबूदन की पहाड़ी (कर्नाटक)
यू एस ए	मेसाबी श्रेणी, बरमिलियन, स्यूना, गोगेबिक, मिनोमिनी (सुपीरियर झील प्रदेश), बर्मिंघम, रेडमाउण्टेन (दक्षिण-पूर्व क्षेत्र), आयरन माउण्टेन, डेजर्ट माउण्टेन (यूटा), ईगल माउण्टेन (कैलिफोर्निया)।
कनाडा	शेफलविल (लेब्रोडोर), ओंटोरिया, नेब्रास्का, क्यूबेक, न्यू फाउण्डलैण्ड, ब्रिटिश कोलम्बिया।
सी आइ एस (CIS)	क्रिवाईरोग (यूक्रेन), मैग्नेट माउण्टेन, निझनी, इब्दन (दक्षिण यूराल क्षेत्र), कुजनेस्क (मध्य साइबेरिया), कर्च अन्तरीप, कुर्स्क, अतासुस्की (कजाकिस्तान)

मैंगनीज

- मैंगनीज (Manganese) एक महत्त्वपूर्ण लौहयुक्त खनिज है, जिसका 95% भाग धात्विक उद्योगों में प्रयोग किया जाता है। इसके प्रमुख उत्पादक क्षेत्र निम्न हैं। मैंगनीज का प्रयोग मुख्यतः स्टील के निर्माण में किया जाता है।

विश्व के प्रमुख मैंगनीज उत्पादक क्षेत्र

देश	प्रमुख उत्पादक क्षेत्र
चीन	कियांग्सी, हूनान, क्वांगतुंग, कुवांगस, किवचू
दक्षिण अफ्रीका	केपस्टेट, कुग्सड्राप, सेरेस, डट्स
गैबोन	फ्रेकविले (मोआंडा)
ब्राजील	मीनासर्गेदास, बाहिया, मोट्रोग्रासो, निकोपोल
भारत	ओडिशा, झारखण्ड, आन्ध्र प्रदेश, कर्नाटक

ताँबा

- ताँबा (Copper) का महत्त्व एक धातु के रूप में लोहे के बाद दूसरे स्थान पर था, लेकिन वर्तमान में एल्युमिनियम ने इसका स्थान ले लिया है। इसकी विद्युत चालकता के कारण विद्युत उद्योग में इसका बड़ा उपयोग है।
- ताँबा अपने दो गुणों—आघात वर्द्धनीयता एवं तन्यता के कारण बहुत उपयोगी है। साथ ही ताँबे में संक्षारण नहीं होता और यह अन्य धातुओं में मिश्रण के काम भी आता है; जैसे—ताँबा तथा टिन के मिश्रण से काँसा एवं ताँबा तथा जस्ते के मिश्रण से पीतल बनता है।
- इनके अतिरिक्त इण्डोनेशिया, चीन (यूनान, जैयवान तथा टांगशन), भारत (खेतड़ी, सिंहभूम व हजारीबाग) आदि अन्य प्रमुख उत्पादन क्षेत्र हैं।

विश्व के प्रमुख ताँबा उत्पादक क्षेत्र

देश	प्रमुख उत्पादक क्षेत्र
यू एस ए	केवीन अन्तरीप (मिशिगन), बुट्टा (मोण्टाना), विघन (ऊटा), मोरेन्सी (एरिजोना)
कनाडा	सडबरी (आण्टोरिमो) सस्केचवान, मैनीटोबा
कजाकिस्तान	बाल्कश झील क्षेत्र
उज्बेकिस्तान	आल्मोलिक क्षेत्र
चिली	चिक्वकामाटा
पेरू	सेहों पास्को जाम्बिया मुफिल आरा, रोना एण्टीलोप

बॉक्साइट

- बॉक्साइट (Bauxite) से एल्युमिनियम प्राप्त किया जाता है। यह एक हल्की धातु है, जिसका प्रयोग आधुनिक प्रौद्योगिकी में हवाई जहाज, मशीनें, बिजली के तार एवं घरेलू बर्तन बनाने के लिए किया जा रहा है।
- बॉक्साइट का खनन अधिकतर उष्णकटिबन्धीय क्षेत्रों में होता है, परन्तु इससे एल्युमिनियम बनाने का कार्य विकसित देशों में किया जाता है, जहाँ पर सस्ती विद्युत ऊर्जा उपलब्ध है।
- बॉक्साइट के प्रमुख उत्पादक क्षेत्रों में ऑस्ट्रेलिया के क्वीन्सलैण्ड का केपयार्क प्रायद्वीप, गिनी, जमैका, हंगरी, चीन, भारत आदि हैं।

अभ्रक

- ताप एवं विद्युत का कुचालक होने के कारण अभ्रक (Mica) का उपयोग मुख्यत: बिजली के उपकरण बनाने में होता है। इसके अतिरिक्त इसका उपयोग चिमनी, चश्मा, दवा, रंग आदि के निर्माण में भी किया जाता है। इसका रंग उजला, हरा एवं काला होता है, जिसमें उजले रंग वाला अभ्रक सर्वश्रेष्ठ होता है।
- अभ्रक के प्रमुख उत्पादक क्षेत्रों में भारत विश्व में पहले स्थान पर है। संयुक्त राज्य अमेरिका (उत्तरी कैरोलिना, न्यू हैम्पशायर, दक्षिणी कैरोलिना की फ्रैंकलिन), सी आइ एस (अल्दान, मामा मुस्कोविट, मुरमन्स्क, यूराल, उत्तरी साइबेरिया), ब्राजील (सान्तालूसिया, पेकान्ह), तन्जानिया, जाम्बिया आदि हैं।

जस्ता

- कनाडा ब्रिटिश कोलम्बिया की सुलीवन खान विश्व की सबसे बड़ी जस्ता उत्पादक खान है। ऑस्ट्रेलिया में ब्रोकेन हिल व माउण्ट इसा प्रमुख उत्पादक है। इसके अतिरिक्त सी आई एस, चीन, जर्मनी, पोलैण्ड, इटली आदि जस्ता के अन्य उत्पादक देश हैं।

सीसा

- गैलेना (Galena) सीसे (Glass) का महत्त्वपूर्ण अयस्क है, जो मुख्य रूप से चूना-पत्थर एवं अन्य परतदार चट्टानों की नसों (Veins) में पाया जाता है। सीसा, जस्ता और चाँदी ज्यादातर एक साथ पाए जाते हैं।
- विश्व में सीसे के प्रमुख उत्पादक देशों में ऑस्ट्रेलिया, चीन, अमेरिका आदि शामिल हैं।
- भारत में राजस्थान के उदयपुर जिले की जावर खान, एकमात्र सीसा उत्पादक खान है। इसके अतिरिक्त आन्ध्र प्रदेश के अग्नि गुण्डाला एवं ओडिशा के सरगीपल्ले में भी सीसे का पता लगाया गया है।

टिन

- टिन (Tin) का स्रोत कैसिटेराइट (रांगा पत्थर) है। टिन का प्रयोग मिश्रित धातुओं, डिब्बों, मोटरगाड़ी, वायुयान और विद्युत उद्योगों में किया जाता है।
- विश्व में टिन उत्पादन के चार प्रमुख क्षेत्र दक्षिण-पूर्वी एशिया, बोलीविया का पठार, मध्य अफ्रीका का पश्चिमी भाग एवं सी आइ एस (पूर्व सोवियत संघ) देश हैं।
- दक्षिण-पूर्वी एशियाई देशों में इण्डोनेशिया (बंका, बिलिटन एवं सिंकेप), थाइलैण्ड के दक्षिणी भाग (फुकेट, रेनांग, पेगनान), मलेशिया की किण्टा घाटी (पेराक प्रदेश), क्वालालम्पुर क्षेत्र (सेलांगर प्रदेश) तथा सुंगई लिंबेग क्षेत्र (पहांग प्रदेश) आदि प्रमुख उत्पादक क्षेत्र हैं।
- बोलीविया में पोटासी, कैताबी, कोलकुइटी प्रमुख हैं। सी आई एस देशों में बैकाल के निकट व बर्खोयांस्क क्षेत्र। चीन में यून्नान पठार तथा क्वांग्सी क्षेत्र प्रमुख हैं।

निकेल

- निकेल (Nickel) एक कठोर एवं चाँदी जैसी धातु है। ऐसा माना जाता है कि पृथ्वी के आन्तरिक कोर का 10% भाग निकेल का बना है।
- उल्कापिण्डों में भी निकेल की काफी मात्रा होती है। यह हमेशा ताँबे के साथ पाया जाता है। इसके प्रमुख उत्पादक क्षेत्रों में कनाडा में आण्टारियो का सडबरी क्षेत्र, सी आई एस में यूराल क्षेत्र, ऑस्ट्रेलिया में कालगुर्ली एवं कूलगार्डी प्रमुख हैं।

कोबाल्ट

- कोबाल्ट (Cobalt) के बहुत-से गुण लौह-अयस्क से मिलते-जुलते हैं। विश्व का लगभग आधा कोबाल्ट जायरे से आता है। जाम्बिया एवं मोरक्को दूसरे महत्त्वपूर्ण उत्पादक देश हैं। अन्य क्षेत्रों में कनाडा, यू एस ए आदि आते हैं।

हीरा

- हीरा (Diamond) आग्नेय शैल के पत्थर किम्बरलाइट में रेशे के रूप में फैला हुआ मिलता है। दक्षिण अफ्रीका (जोहान्सबर्ग, केपटाउन) जायरे, इसके अतिरिक्त कांगो, घाना, अंगोला, सियरा लियोन, बोत्सवाना भी हीरे के उत्पादक देशों में आते हैं।
- एण्टवर्प, एमस्टर्डम, हेग, लन्दन, न्यूयॉर्क, पेरिस, जोहान्सबर्ग, सूरत, जयपुर आदि नगर हीरों की कटाई (Diamond cutting) के लिए प्रसिद्ध हैं।

सोना

- विश्व में सोना (Gold) का सर्वाधिक संचित भण्डार दक्षिण अफ्रीका में है। सोना अपने शुद्ध रूप में चट्टानों की नसों में एवं प्लेसर के रूप में पाया जाता है।

चाँदी

- सामान्यत: चाँदी (Silver) जस्ता एवं ताँबे के साथ मिली हुई पाई जाती है। मैक्सिको, विश्व में चाँदी के उत्पादन में प्रथम स्थान पर है।

विश्व ऊर्जा संसाधन

- 18वीं शताब्दी में इंग्लैण्ड में औद्योगिक क्रान्ति के आरम्भ होने के पश्चात् ऊर्जा संसाधनों के विकास पर जोर दिया गया है, ऊर्जा संसाधनों को विस्तृत रूप से परम्परागत (Traditional) और गैर-परम्परागत (Non-traditional) संसाधनों में वर्गीकृत किया जा सकता है।
- ऊर्जा के परम्परागत स्रोत वे हैं, जो लम्बे समय से सामान्य उपयोग में लाए जा रहे हैं। ईंधन व जीवाश्म ईंधन ऊर्जा के दो प्रमुख स्रोत हैं। जीवाश्म ईंधनों के बढ़ते उपयोग से ऊर्जा के गैर-परम्परागत स्रोतों में कमी आ रही है। तकनीकी के विकास से ऊर्जा के गैर-परम्परागत संसाधनों; जैसे—सौर ऊर्जा, पवन ऊर्जा, ज्वारीय ऊर्जा जोकि नवीकरणीय हैं, का विकास सम्भव हुआ है।

ऊर्जा संसाधनों को भविष्य में उपलब्धता के आधार पर दो मुख्य वर्गों में बाँटा जाता है

1. परम्परागत ऊर्जा संसाधन
2. अपरम्परागत ऊर्जा संसाधन

1. परम्परागत ऊर्जा संसाधन

(गैर-नवीकरणीय साधन)

- ये संसाधन एक बार प्रयोग करने के पश्चात् समाप्त हो जाते हैं और इनकी पुन: पूर्ति नहीं होती। इसमें कोयला, पेट्रोलियम प्राकृतिक गैस तथा परमाणु ऊर्जा सम्मिलित हैं।

कोयला

- कोयला परतदार चट्टानों में पाया जाता है। अधिकतर कोयले का निर्माण कार्बोनिफेरस काल एवं कुछ टर्शियरी युग में हुआ। कोयला औद्योगिक क्रान्ति की उत्पत्ति का आधार था। *कोयले में उपलब्ध कार्बन की मात्रा के आधार पर इसे चार वर्गों में विभाजित किया जा सकता है*

1. **एन्थ्रासाइट कोयला** इसमें कार्बन का अंश लगभग 90% तक होता है। जलते समय यह कम धुआँ देता है तथा जल जाने के बाद राख की मात्रा काफी कम होती है। यह **सर्वोत्तम कोटि** का कोयला होता है एवं इसका भण्डार काफी सीमित है। विश्व में उत्पादित होने वाले कुल कोयले का मात्र 5% ही एन्थ्रासाइट होता है।
2. **बिटुमिनस कोयला** इस प्रकार के कोयले में **कार्बन** का अंश 70 से 80% तक रहता है। यह जलते समय अधिक धुआँ देता है तथा जलने के बाद अधिक मात्रा में राख बचती है। विश्व में पाया जाने वाला अधिकांश कोयला इसी प्रकार का है। विश्व में उत्पादित होने वाले कुल कोयले का 80% बिटुमिनस है। इसका उपयोग मुख्यत: **कोक कोयले** के निर्माण में होता है।
3. **लिग्नाइट या भूरा कोयला** इसमें कार्बन का अंश 45 से 80% तक होता है। एन्थ्रासाइट एवं बिटुमिनस की तुलना में इसका निर्माण बाद में होने के कारण इसमें वनस्पति का अंश अधिक होता है।
4. **पीट कोयला** यह वनस्पतियों के अवशेष से कोयला बनने का प्रथम रूप है। इसमें आर्द्रता का अंश काफी अधिक होता है। यह सबसे घटिया कोयला होता है। अत: इसका औद्योगिक महत्त्व कम होता है।

विश्व के प्रमुख कोयला उत्पादक क्षेत्र

देश	प्रमुख उत्पादक क्षेत्र
यू एस ए	अप्लेशियन क्षेत्र, मिसौरी, कंसास, औक्लोहामा, मिशीगन, टेक्सास (आन्तरिक क्षेत्र), मोण्टाना, व्योमिंग, कोलोरेडो, उत्तरी डकोटा, न्यू मैक्सिको (वृहत मैदानी क्षेत्र), वाशिंगटन, ओरेगन, कैलिफोर्निया (प्रशान्त तटीय क्षेत्र)।
सी आई एस	कुजबास, मास्को, यूराल, काकेशस, लीना बेसिन, येनीसी बेसिन (रूस), डोनबास (यूक्रेन), कारगाण्डा (कजाकिस्तान)।
चीन	हुपे-बीजिंग, शान्सी-शेन्सी, मंचूरिया, शांटुंग, फुहशिन।
पोलैण्ड	सालेशिया।
ब्रिटेन	यॉर्कशायर-नाटिंघम, डर्बीशायर, नार्थम्बरलैण्ड-डरहम, लंकाशायर, दक्षिणी वेल्स और क्लाइड घाटी।

पेट्रोलियम

विश्व के प्रमुख पेट्रोलियम उत्पादक क्षेत्र निम्न हैं

- **सऊदी अरब** अम्मान, एवयाक अलखावर, हाफर, भेदगम, धारन, सफानिया, खुरेस, आबू अली, फलीची आदि।
- **ईरान** मस्जिदे सुलेमान, आगाजारी, गचसारन, लाली, कमरशाह।
- **इराक** किरकुक, जुबेर।
- **संयुक्त अरब अमीरात** दुबई, शारजाह।
- **यू एस ए** अप्लेशियन, लीमा-इण्डियाना, मध्य महाद्वीपीय भाग, कैलिफोर्निया, रॉकी पर्वतीय क्षेत्र, टेक्सास राज्य तथा ग्रेट लेक क्षेत्र।
- **सी आई एस** बाकू, अम्बा क्षेत्र, यूराल-वोल्गा क्षेत्र, काकेशस, कैस्पियन, तुर्कमेनिस्तान और सखालीन आदि।

प्राकृतिक गैस

प्राकृतिक गैस के प्रमुख उत्पादक क्षेत्र निम्न हैं

- **सी आई एस** यह प्राकृतिक गैस उत्पादन में प्रथम स्थान पर है। अधिकांश गैस यूक्रेन वोल्गा बेसिन, पश्चिमी तथा पूर्वी साइबेरिया एवं मध्य एशिया से प्राप्त होती है।
- **कनाडा** अल्बर्टा एवं ब्रिटिश कोलम्बिया।
- **एशिया** एशिया में ईरान, इण्डोनेशिया, अफगानिस्तान, कुवैत, ब्रुनेई, इराक, जापान, भारत एवं पाकिस्तान प्रमुख उत्पादक हैं।
- **लैटिन अमेरिका** यहाँ वेनेजुएला, मैक्सिको तथा अर्जेण्टीना प्रमुख उत्पादक हैं।
- **यू एस ए** यहाँ की लगभग 90% गैस टेक्सास, लुसियाना, कंसास, न्यू मैक्सिको तथा कैलिफोर्निया से प्राप्त होती है।

आण्विक शक्ति

- विश्व में यूरेनियम के उत्पादन का स्वरूप इसकी संचित राशि के प्रतिरूप से कुछ भिन्न है। कनाडा, कजाकिस्तान, ऑस्ट्रेलिया, दक्षिण अफ्रीका तथा नाइजर प्रमुख यूरेनियम उत्पादक देश हैं और ये देश मिलकर विश्व का अधिकांश यूरेनियम पैदा करते हैं। रूस, उज्बेकिस्तान, कजाकिस्तान तथा यूक्रेन मिलकर विश्व का लगभग एक-चौथाई यूरेनियम पैदा करते हैं। गैबोन, चैक गणराज्य, चीन, फ्रांस, स्पेन, भारत, हंगरी तथा रोमानिया अन्य उत्पादक देश हैं।

2. अपरम्परागत ऊर्जा संसाधन

(नवीकरणीय ऊर्जा संसाधन)

- ऊर्जा उत्पादन का ऐसा स्रोत जिसका उपयोग बार-बार शाश्वत रूप में किया जाता है, जिसमें प्रदूषण जैसी समस्या भी नहीं उत्पन्न होती उसे नवीकरणीय ऊर्जा संसाधन कहते हैं। वर्तमान ऊर्जा की बढ़ती माँग एवं पर्यावरण प्रदूषण, ग्लोबल वार्मिंग जैसी समस्या के समाधान हेतु ऐसे वैकल्पिक ऊर्जा संसाधन का विशेष महत्त्व है। इसके अन्तर्गत पवन ऊर्जा, जैव ऊर्जा, भू-तापीय ऊर्जा, सौर ऊर्जा, ज्वारीय ऊर्जा आदि शामिल हैं।

पवन ऊर्जा

- पवन ऊर्जा (Wind Energy) का विकास उन स्थानों पर ही होता है, जिन स्थानों में अपरिवर्ती एवं मध्यम वायु हमेशा चलती रहती हो (30° से 40° अक्षांशों के मध्य)। इससे पारिस्थितिक समस्या भी नहीं होती है
- पवन ऊर्जा उत्पादन के आधार पर 10 प्रमुख देश चीन, संयुक्त राज्य अमेरिका, स्पेन, भारत, इंग्लैण्ड, इटली, फ्रांस, कनाडा, डेनमार्क, जर्मनी आदि हैं।

सौर ऊर्जा

- सूर्य ऊर्जा (Solar Energy) का सर्वाधिक व्यापक एवं अपरिमित स्रोत है। सूर्य से प्राप्त सौर ऊर्जा सौर सेलों में विद्युत उत्पन्न करने के लिए उपयोग की जाती है। इसके लिए कई सेलों को सौर पैनलों से प्रकाश व तापन के लिए शक्ति उत्पन्न करने के लिए जोड़ा जाता है। इस ऊर्जा का उपयोग सौर कुकर, सौर तापक, सोलर ड्रायर के साथ सौर लाइट में किया जाता है। इसके प्रमुख उत्पादकों में जर्मनी, इटली, चीन, संयुक्त राज्य अमेरिका, जापान, स्पेन, फ्रांस आदि हैं।

जल-विद्युत

- इसे श्वेत कोयला भी कहा जाता है, अफ्रीका में विश्व का सर्वाधिक सम्भावित जल-विद्युत होने के बावजूद, वहाँ इसका विकास काफी कम हुआ है, क्योंकि वहाँ विद्युत शक्ति की माँग का अभाव है, साथ-ही-साथ अधिकांश क्षेत्र दुर्गम एवं अस्वास्थ्यकर हैं, अफ्रीका की कांगो नदी की सम्भावित शक्ति विश्व की अन्य किसी भी नदी से अधिक है। नदी घाटी परियोजना से जल-विद्युत उत्पन्न की जाती है। ऑस्ट्रेलिया में भी सम्भावित जल-शक्ति का काफी कम विकास हुआ है।
- **चीन** विश्व का सबसे बड़ा जल-विद्युत उत्पादक देश है, जो 13% (विश्व का) जल-विद्युत उत्पन्न करता है। विश्व में प्रति व्यक्ति बिजली की खपत सबसे अधिक नार्वे में है। यहाँ 99% जनसंख्या को जल-विद्युत शक्ति से ऊर्जा मिलती है। चीन विश्व का 8% एवं एशिया की 34% जल-विद्युत उत्पन्न करता है।

ज्वारीय ऊर्जा

- समुद्र में उत्पन्न ज्वार से निर्मित ऊर्जा को ज्वारीय ऊर्जा (Tidal Energy) कहते हैं। इस समाप्त न होने वाले ऊर्जा संसाधन का जनन फ्रांस, रूस और उत्तर भारत में किया जाता है, परन्तु इसके विकास में प्रमुख बाधा यह है कि यह ऊर्जा, स्रोत अवस्थिति नियत है, इसकी तकनीक पूर्ण विकसित नहीं है और ज्वारनदमुख क्षेत्रों में पारिस्थितिक असन्तुलन पैदा कर सकता है।

सागर तरंगीय ऊर्जा

- कुछ विद्वानों का यह अनुमान है कि इस ऊर्जा द्वारा बड़ी-बड़ी मशीनों को चलाने में सहायक बिजली का उत्पादन किया जा सकता है। सागरीय तरंग से ऊर्जा एक यन्त्र (Salter's device) द्वारा उत्पन्न की जाती है।

सागर तापीय प्रवणता ऊर्जा

- वैज्ञानिकों द्वारा यह पाया गया है कि समुद्र जल की सतह पर ताप 25° सेग्रे रहता है, जबकि 100 मी गहरे जल का ताप 5° सेग्रे रहता है। इस तापान्तर से जो ऊर्जा पैदा की जाती है, उसे सागर तापीय प्रवणता ऊर्जा कहते हैं।

विश्व के उद्योग

- उद्योग वे आर्थिक क्रियाएँ हैं, जो प्रकृति से प्राप्त संसाधनों के प्रसंस्करण एवं मूल्यवर्द्धन पर आधारित होते हैं। उद्योगों का वर्गीकरण कई प्रकार से किया जाता है। उद्योगों को आकार, पूँजी के निवेश एवं उनमें लगी श्रमशक्ति के आधार पर उद्योगों को वृहत मध्यम एवं लघु में वर्गीकृत किया गया है।
- स्वामित्व के आधार पर उद्योग सार्वजनिक, व्यक्तिगत या मिश्रित और सहकारी हो सकते हैं।
- उद्योगों द्वारा प्रयोग किए जाने वाले कच्चे माल के आधार पर भी *उनका वर्गीकरण किया गया है, जिनमें*
  - कृषि-आधारित उद्योग
  - वन-आधारित उद्योग
  - खनिज-आधारित उद्योग
  - उद्योग द्वारा निर्मित कच्चे माल पर आधारित
- उद्योगों के किसी विशेष स्थान पर उपस्थिति स्थानीयकरण के कुछ कारकों पर निर्भर करती है, *जो निम्नलिखित हैं*
  - कच्चा माल
  - बाजार की सुविधा
  - शक्ति की सुविधा
  - कुशल श्रम
  - परिवहन के साधन
  - पूँजी

फुटलूज उद्योग (Footloose Industry)

सामान्यतः हल्के उद्योग हैं, जिनके स्थायीकरण के लिए किसी विशिष्ट स्थान (कच्चा माल, परिवहन, बाजार आदि की सुविधा के आधार पर) की आवश्यकता नहीं होती है; जैसे-सॉफ्टवेयर उद्योग।

विश्व के कुछ प्रमुख उद्योग

विश्व के कुछ प्रमुख उद्योग निम्नलिखित हैं

लौह-इस्पात उद्योग

- लौह-इस्पात उद्योग (Iron-Steel Industries) विश्व का सर्वाधिक महत्त्वपूर्ण उद्योग है। विश्व के कुल धातु उत्पादन का 90% से भी अधिक लौह उत्पादन होता है। इसे 'धुरी उद्योग' या उद्योगों का आधार माना जाता है, क्योंकि इसमें न केवल विभिन्न उद्योगों के लिए मशीनों का निर्माण होता है, बल्कि उन मशीनों को तैयार करने वाली मशीनों का भी निर्माण होता है।
- लौह-इस्पात उद्योग के लिए आवश्यक कच्चा माल लौह-अयस्क, कोयला, मैंगनीज, चूना-पत्थर है। लौह-इस्पात उद्योग की सर्वाधिक अनुकूलतम स्थिति कच्चे माल के स्रोत के निकट होती है, क्योंकि सभी कच्चे माल के भार ह्रास वाले होते हैं, लेकिन वर्तमान में परिवहन साधनों के विकास के कारण बाजार के निकट भी उद्योगों की अवस्थिति सम्भव हुई है।

विश्व के प्रमुख लौह-इस्पात उद्योग के क्षेत्र

देश	प्रमुख केन्द्र
रूस	निजनीतागिल, मैगनिटोगोरर्स्क, चेलियांबिस्क, वोल्गोग्राड, नोवोकुजनेटस्क, नोवोसोविर्स्क, क्रास्नोयार्स्क, तुला, लेनिनग्राड, गोर्की।
जापान	नागासाकी, यावता, कोकुरा, मौजी, कोबे, ओसाका, टोक्यो, याकोहामा, कावासाकी, चीबा, कामाइशी, मुशेरा।
यू एस ए	पिट्सबर्ग, यंगस्टन, जोन्सटाउन, पोर्ट माउथ, स्पैरोप्वाइण्ट, बेथलहम, स्टीलटन, डेट्रायट, बफैलो, इरी, टोलेडो, क्वीन्सलैण्ड, शिकागो, गेरी, बर्मिघम, प्यूबलो, मिलवाकी।
चीन	अन्शान, फुसुन, मुकडेन, शंघाई, चुगकिंग, बुहान।
ब्रिटेन	न्यूकैसिल, शैफील्ड, लिवरपूल, बर्मिघम, ग्लासगो।

वस्त्र उद्योग

- यह उद्योग पूर्णत: शुद्ध कच्चे माल पर आधारित उद्योग है। अत: इनसे सम्बद्ध उद्योगों की स्थापना प्राय: बाजार के निकट होती है। उदाहरणार्थ—जापान एवं पश्चिमी यूरोप में कपास का उत्पादन नहीं होता है। इसके बावजूद इन देशों में सूती-वस्त्र उद्योग का पर्याप्त विकास हुआ है। वस्त्र उद्योग में सूती-वस्त्र, ऊनी, सिल्क वस्त्र उद्योग प्रमुख उद्योग हैं।
- सूती वस्त्र उद्योग के उत्पादन में चीन प्रथम स्थान रखता है, जहाँ इसके विकास हेतु आवश्यक सभी तत्त्व जिनमें जलवायु, उत्तम जल, कुशल कारीगर, शक्ति व परिवहन के साधन, बाजार की उपलब्धता आदि उपस्थित हैं। यहाँ प्रमुख क्षेत्र शंघाई, हैंकाऊ, नानकिंग, कैण्टन, हार्बिन, तिएनशीन, होनानफू, सिंगतियाओं, शिनान तथा कैण्टेन आदि हैं।
- ब्रिटेन में मैनचेस्टर (लंकाशायर क्षेत्र), इटली में मिलान तथा स्पेन में बार्सिलोना सूती-वस्त्र उद्योग के प्रमुख केन्द्र हैं।
- जापान में सूती वस्त्र उद्योग का विकास आयातित कपास से हुआ है, जोकि यू एस ए, चीन एवं भारत से आयात किया जाता है। यहाँ ओसाका, कोबे, वाकायाम, टोक्यो-याकोहामा आदि प्रमुख क्षेत्र हैं।

ऊनी-वस्त्र उद्योग

- ऊनी-वस्त्र उद्योग (Woollen Industry) का केन्द्रीयकरण मध्य अक्षांशीय विकसित देशों में देखने को मिलता है। ऑस्ट्रेलिया, न्यूजीलैण्ड, अर्जेण्टीना एवं अफ्रीका ऊन के प्रमुख उत्पादक हैं, परन्तु इन देशों की जनसंख्या विरल होने के कारण तथा ऊनी-वस्त्रों की माँग अधिक नहीं होने के कारण ऊनी-वस्त्र उद्योग का विकास काफी कम हुआ है। अत: ये देश ऊन के निर्यातक हैं।

विश्व के प्रमुख ऊनी-वस्त्र उद्योग के क्षेत्र

देश	प्रमुख केन्द्र
संयुक्त राज्य अमेरिका	लॉरेन्स, होपरहिल, फिलाडेल्फिया, लॉग रोग द्वीप।
ब्रिटेन	वारविक, सेलीवर्क, गोलीशिएड, लीड्स, ब्रेड फोर्ड, हैली फैक्स।
भारत	अमृतसर, लुधियाना, कानपुर, धीरावाल।
जापान	नगोया, टोक्यो, याकोहामा, ओसाका।
रूस	मॉस्को, इवानोवो, ब्रान्चसक, नारवा, लेनिनग्राद।

सिल्क वस्त्र

- विश्व में कच्चे सिल्क (Raw silk) का सबसे बड़ा उत्पादक चीन है। इसके पश्चात् जापान, भूतपूर्व सोवियत संघ एवं भारत का स्थान आता है। चीन कच्चे सिल्क का निर्यात करता है। संयुक्त राज्य अमेरिका इसका सबसे बड़ा आयातक है। इसके अतिरिक्त फ्रांस, इटली, स्विट्जरलैण्ड, जर्मनी एवं ब्रिटेन में भी सिल्क उद्योग का विकास हुआ है। वर्तमान में सस्ते कृत्रिम रेशों से प्रतियोगिता के कारण सिल्क के वस्त्रों की माँग में कमी आई है।

जूट उद्योग

- वर्तमान में भारत एवं बांग्लादेश में जूट उद्योग (Jute Industry) का केन्द्रीयकरण देखने को मिलता है। इसके अतिरिक्त जर्मनी, ब्रिटेन, फ्रांस एवं इटली में भी जूट की मिलें हैं। भारत में जूट उद्योग का विकास मुख्य रूप से पश्चिम बंगाल में हुगली नदी के तट के सहारे हुआ है, वर्तमान समय में भारत जूट उद्योग की दृष्टि से विश्व में प्रथम स्थान रखता है। इसके अतिरिक्त बांग्लादेश में जूट की मिलें, चटगाँव, नारायणगंज, चाँदपुर आदि स्थानों में स्थित हैं।

कागज उद्योग

- कागज उद्योग (Paper Industry) का विकास कनाडा (ओण्टारियो, न्यूफाउण्डलैण्ड, प्रेयरी प्रदेश और मोनीटोबा प्रान्त में), संयुक्त राज्य अमेरिका (झील क्षेत्र, न्यू इंग्लैण्ड क्षेत्र दक्षिणी क्षेत्र, उत्तरी पश्चिमी क्षेत्र), सी आइ एस (बालाख्ना, लेनिनग्राड, विशेरा, नोवाया, ल्याल्या, कामा सोली-कामस्क, सोलोम्बाल्स्की आदि), ग्रेट ब्रिटेन (रासेन, डेलफैण्ट और हैम्पशायर), चीन (क्यांगसी, फुफीन, चिच्चाड, हुए सुंगरी नदी के तट आदि), जापान (होकेडो, होन्शू तथा क्युशू द्वीप), भारत (पश्चिम बंगाल, उत्तर प्रदेश, ओडिशा, बिहार, कर्नाटक, महाराष्ट्र, गुजरात, मध्य प्रदेश, राजस्थान, हरियाणा, आन्ध्र प्रदेश, तमिलनाडु) आदि देशों में हुआ है।

रासायनिक उद्योग

- रासायनिक उद्योग के अन्तर्गत *निम्नलिखित को सम्मिलित किया गया है*
  - भारी रसायन कास्टिक सोडा, क्लोरिन, सल्फ्यूरिक अम्ल, नाइट्रिक अम्ल।
  - हल्के रसायन रंग, कोलतार, विस्फोटक पदार्थ।
  - पेट्रो रसायन, प्लास्टिक, कृत्रिम रबड़, गन्धक।
  - विद्युत रसायन, अमोनिया, नाइट्रेट, कैल्शियम कार्बाइड।
  - व्युत्पन्न (Derived) रसायन, साबुन, पेण्ट, चर्मशोधक।
  - रासायनिक उर्वरक, नाइट्रोजन, पोटाश एवं फास्फेट।
  - ड्रग एवं दवाएँ, कीटनाशक।

विश्व के प्रमुख रसायन उत्पादक क्षेत्र

रसायन	देश
रसायन सल्फ्यूरिक अम्ल	संयुक्त राज्य अमेरिका, सी आई एस, जर्मनी, जापान, फ्रांस।
कास्टिक सोडा	संयुक्त राज्य अमेरिका, जापान, रूस, जर्मनी।
फास्फेट उर्वरक	संयुक्त राज्य अमेरिका, सी आई एस, चीन, फ्रांस।
पोटाश उर्वरक	संयुक्त राज्य अमेरिका, जर्मनी, कनाडा।

सूचना प्रौद्योगिकी उद्योग

- इस प्रौद्योगिकी से तात्पर्य आँकड़ों की प्राप्ति, सूचना का संग्रह, सुरक्षा, स्थानान्तरण, परिवर्तन, अध्ययन इत्यादि कार्यों का उपयोग हेतु आवश्यक कम्प्यूटर, हार्डवेयर व सॉफ्टवेयर के अनुप्रयोग से है। इस उद्योग का विकास उन स्थानों पर हुआ है जहाँ संसाधनों की उपलब्धता व लागत कम होती है। जैसे-सिलिकॉन वैली, कैलिफोर्निया, बैंगलोर (भारत) आईटी के प्रमुख केन्द्र हैं।

उर्वरक उद्योग

- मृदा की उपजाऊ शक्ति को बनाए रखने तथा बढ़ती हुई जनसंख्या की आवश्यकताओं की पूर्ति हेतु कृषि उपज को बढ़ाने के लिए उर्वरक उद्योग का महत्त्वपूर्ण स्थान हैं। वास्तव में आधुनिक कृषि की उन्नति के लिए उर्वरकों का प्रयोग सबसे महत्त्वपूर्ण निवेश है। हरित क्रान्ति के आरम्भ से रासायनिक उर्वरकों के प्रयोग में उल्लेखनीय वृद्धि हुई है। मुख्य रूप से तीन प्रकार के उर्वरक होते हैं, जिन्हें नाइट्रोजन, फॉस्फेट तथा पोटाश कहते हैं। इन तीन में सर्वाधिक वृद्धि नाइट्रोजन के उत्पादन तथा इसकी खपत में हुई है। सबसे कम वृद्धि पोटाश के उत्पादन तथा इसकी खपत में हुई है।
- नाइट्रोजन के उत्पादक देशों में-चीन, संयुक्त राज्य अमेरिका तथा भारत अग्रणीय हैं। इसके अतिरिक्त यह उर्वरक मध्य तथा दक्षिणी यूरोपीय देशों तथा मध्य पूर्व के तेल उत्पादक देशों मे बड़ी मात्रा में पैदा किए जाते हैं।
- फॉस्फेट के उत्पादक देश- संयुक्त राज्य अमेरिका, चीन, अफ्रीका के अनेक देश, मध्य पूर्व के देश, रूस आदि हैं। संयुक्त राज्य अमेरिका अपने कुल फॉस्फेट का लगभग दो-तिहाई भाग निर्यात कर देता है।
- पोटाश का सर्वाधिक भण्डार कनाडा में पाया जाता है। यहाँ विश्व का एक-तिहाई पोटाश भण्डार संचित है। अधिकांश भण्डार कनाडा-संयुक्त राज्य अमेरिका की उत्तर सीमा में पाए जाते हैं। कनाडा, रूस, बेलारूस, फ्रांस, जर्मनी, इजरायल तथा जॉर्डन में पोटाश पाया जाता है।
- ये उद्योग नाइट्रोजन उर्वरक (मुख्यत: यूरिया), अमोनिया फॉस्फेट, फॉस्फेटिक उर्वरक तथा मिश्रित उर्वरक (नाइट्रोजन फॉस्फेट व पोटाश) के उत्पादन क्षेत्रों के आस-पास केन्द्रित है।
- इसमें अधिकांश इकाइयाँ कच्चे माल के रूप में रद्दी लोहे का प्रयोग करती हैं और उसे विद्युत भट्टियों में गलाया जाता है।
- भारत नाइट्रोजनी उर्वरकों का तीसरा सबसे बड़ा उत्पादक है। यहाँ 57 उर्वरक इकाइयाँ हैं, जो नाइट्रोजन तथा मिश्रित नाइट्रोजनी उर्वरक उत्पादन करती हैं।

उर्वरक	पोषक तत्त्व
नाइट्रोजन उर्वरक (N)	नाइट्रोजन
फॉस्फेटिक उर्वरक (P)	फॉस्फेट
मिश्रित उर्वरक (K)	पोटाश

उद्योग को प्रभावित करने वाले कारक

- वे कारक, जो उद्योगों की अवस्थिति या स्थानीयकरण को प्रभावित करते हैं—कच्चे माल की उपलब्धता, भूमि, जल, श्रम, शक्ति, पूँजी, परिवहन और बाज़ार। उद्योग उन्हीं स्थानों पर केन्द्रित होते हैं, जहाँ इनमें से कुछ या ये सभी कारक आसानी से उपलब्ध होते हैं। कभी-कभी सरकार कम दाम पर विद्युत उपलब्धता, कम परिवहन लागत तथा अन्य अवसंरचना जैसे प्रोत्साहन प्रदान करती है, ताकि पिछड़े क्षेत्रों में भी उद्योग स्थापित किए जा सकें। औद्योगीकरण से प्राय: नगरों और शहरों का विकास एवं वृद्धि होती है।

औद्योगिक प्रदेश

- औद्योगिक प्रदेश का विकास तब होता है, जब कई तरह के उद्योग एक-दूसरे के निकट स्थित होते हैं और वे अपनी निकटता के लाभ आपस में बाँटते हैं। विश्व के प्रमुख औद्योगिक प्रदेश पूर्वोत्तर अमेरिका, पश्चिमी और मध्य यूरोप, पूर्वी यूरोप और पूर्वी एशिया हैं। मुख्य औद्योगिक प्रदेश अधिकांशत: शीतोष्ण कटिबन्धीय क्षेत्रों, समुद्री पत्तनों के समीप और विशेष तौर पर कोयला क्षेत्रों के निकट स्थित होते हैं।
- *विश्व के प्रमुख औद्योगिक प्रदेशों को उनके वृहत पैमाने पर किए गए निर्माण के आधार पर दो बड़े समूहों में बाँटा जा सकता है*
  1. परम्परागत वृहत औद्योगिक प्रदेश, जिनके समूह कुछ अधिक विकसित देशों में हैं।
  2. उच्च प्रौद्योगिकी वाले वृहत औद्योगिक प्रदेश, जिनका विस्तार कम विकसित देशों में हुआ है।

विश्व व्यापार

- अन्तर्राष्ट्रीय व्यापार के अनेक कारक हैं; जैसे—संसाधनों की उपलब्धता, आवश्यक पूँजी, प्रौद्योगिकी एवं दक्षताएँ, घरेलू और अन्तर्राष्ट्रीय माँग तथा सरकारी नीतियाँ विभिन्न वस्तुओं तथा सेवाओं के उत्पादन को प्रभावित व निर्धारित करती हैं। फलस्वरूप कुछ क्षेत्रों में कुछ वस्तुओं का उत्पादन आवश्यकता से अधिक होता है, जबकि अन्य का उत्पादन कम होता है।
- अन्तर्राष्ट्रीय व्यापार के उदय का एक और कारक कुछ देशों द्वारा वस्तुओं और सेवाओं के उत्पादन में विशिष्टता प्राप्त करना भी है।
- कुछ देशों ने कुछ ऐसी वस्तुओं के उत्पादन में विशिष्ट दक्षता प्राप्त कर ली है, जिनकी माँग पूरे विश्व में है।
- चीन के रेशमी कपड़े, ईरान की कालीन और भारतीय मसालों की प्राचीन काल से ही अन्तर्राष्ट्रीय व्यापार में भागीदारी रही है।
- वर्तमान में स्विस घड़ियों और चॉकलेट, जापानी कैमरे तथा इलेक्ट्रॉनिक सामान, अमेरिकी बोइंग विमान तथा पश्चिमी एशियाई देशों की पेट्रोलियम की माँग अन्तर्राष्ट्रीय स्तर पर है।
- यदि किसी वस्तु का उत्पादन स्थानीय उपभोग स्तर से अधिक है तथा दूसरे स्थानों पर उसकी आपूर्ति कम है तो वह उत्पादन स्वयं ही अन्तर्राष्ट्रीय व्यापार की धारा में सम्मिलित हो जाता है।
- कुछ खाद्यान्न फसलों के अधिशेष देश में मूल्यों को नियन्त्रित रखने के उद्देश्य से विश्व व्यापार में प्रवेश नहीं करते हैं।
- चावल का व्यापार बहुत ही सीमित होता है, क्योंकि इसके उत्पादन के अधिकांश भाग की आवश्यकता पैदा होने वाले प्रदेश में ही लोगों के उपभोग के लिए है तथा जहाँ जिस मूल्य पर यह उगाया जाता है, वह लोगों की पहुँच के अन्दर होता है।
- संसार में कुछ ऐसे उदाहरण भी हैं, जहाँ अधिशेष उत्पादन को या तो नष्ट कर दिया जाता है अथवा उसे समुद्र में फेंक दिया जाता है, ताकि उसका मूल्य ऊँचा बना रहे तथा उत्पादन-स्तर में गिरावट न होने पाए।
- संयुक्त राज्य अमेरिका में मक्का का उत्पादन काफी अधिक मात्रा में होता है। ऐसे ही दक्षिण अमेरिका में कोलम्बिया तथा ब्राजील में कहवा का उत्पादन अधिक होता है। विश्वस्तरीय मूल्य को स्थिर बनाए रखने के लिए, उनके अधिशेष उत्पादों को कुल निश्चित वर्षों में, कम मूल्य पर बेचने के स्थान पर फेंक दिया जाता है।

- खाद्यान्न फसलों में गेहूँ व्यापार की दृष्टि से सबसे अधिक महत्त्वपूर्ण है।
- अफ्रीका के अनेक देश; उदाहरण के लिए, मारितानिया, जाम्बिया और रवाण्डा; अपनी विदेशी मुद्रा का 95% से अधिक भाग कुछ प्राथमिक उत्पादनों से ही कमाते हैं।
- कुछ देशों में, एक ही वस्तु के उत्पादन के निर्यात पर प्रभुत्व होता है; जैसे—जाम्बिया में ताँबा और युगाण्डा में कहवा के निर्यात से इन देशों को विदेशी मुद्रा का 90% से अधिक भाग प्राप्त होता है।

विश्व व्यापार के अवयव

अन्तर्राष्ट्रीय व्यापार के तीन महत्त्वपूर्ण अवयव इसके विश्व प्रतिरूप को निर्धारित करते हैं; वे हैं

1. व्यापार की मात्रा
2. व्यापार की संरचना
3. व्यापार की दिशा

1. व्यापार की मात्रा

- व्यापार की मात्रा की गणना व्यापार के अन्तर्गत सम्मिलित की गई वस्तुओं की वास्तविक मात्रा द्वारा की जा सकती है, किन्तु मात्रा कभी भी मूल्य की सूचक नहीं होती है।
- एक देश के व्यापार की गणना सामान्यत: कुल मात्रा और आदान-प्रदान की गई वस्तुओं के मूल्य द्वारा की जाती है।
- विभिन्न देशों के बीच व्यापार की मात्रा में भिन्नता उत्पादित पदार्थों एवं सेवाओं की प्रकृति, द्विपक्षीय सन्धियों तथा व्यापार निषेधों पर निर्भर करती है।

2. व्यापार की संरचना

- विगत अनेक वर्षों से औद्योगिक उत्पादन के महत्त्व में वृद्धि हुई है। यही आधुनिक व्यापार का सबसे बड़ा तथा तीव्र गति से बढ़ने वाला भाग है।
- 20वीं सदी के उत्तरार्द्ध में हुए विनिर्माण उद्योग के तीव्र विकास तथा कर प्रतिबन्धों में कमी जो विशेषत: 'गैट' (General Agreement on Trade and Tarrif) के अन्तर्गत की गई और वर्तमान में विश्व व्यापार संगठन के अन्तर्गत किए गए प्रयासों के फलस्वरूप ऐसा सम्भव हुआ।

3. व्यापार की दिशा

- 20वीं सदी के पूर्वार्द्ध में औद्योगिक उत्पादित वस्तुओं का अधिकांश व्यापार संयुक्त राज्य अमेरिका और यूरोप के बीच ही होता था।
- इसी अवधि में जापान दूसरा महत्त्वपूर्ण व्यापारिक देश बना।
- विकासशील देश भी अब विकसित देशों से उद्योग के द्वारा उत्पादित वस्तुओं के व्यापार प्रतिस्पर्द्धा करने योग्य हो गए हैं। अब प्रौद्योगिकी-व्यापार को महत्त्व दिया जा रहा है

व्यापार-सन्तुलन

आयात एवं निर्यात के बीच मूल्यों में अन्तर को व्यापार-सन्तुलन कहा जाता है। यदि निर्यात आयात से अधिक है तो यह अनुकूल व्यापार-सन्तुलन कहा जाता है। यदि आयात उसके निर्यात से अधिक है, तो इसे प्रतिकूल अथवा असन्तुलित व्यापार सन्तुलन कहा जाता है।

व्यापार की उभरती खण्डीय (क्षेत्रीय) संरचना

- हाल के वर्षों में अन्तर्राष्ट्रीय व्यापार में महत्त्वपूर्ण परिवर्तन आया है, जिसमें पूँजीगत वस्तुओं विशेषत: मशीनों तथा परिवहन एवं वाणिज्यिक सेवाओं में उच्च वृद्धि प्रदर्शित की जा रही है। इसके विपरीत प्राथमिक वस्तुओं के व्यापार में लगातार कमी होती रही है।
- पिछले 30 वर्षों में ऐसी स्थिति का कारण औद्योगिक एवं सेवा-व्यापार के मूल्यों की तुलना में प्राथमिक उत्पादों के मूल्यों में चक्रीय ह्रास है।
- वर्ष 1960 तक अधिकांश राष्ट्रीय या ट्रांस नेशनल कम्पनियाँ या तो अमेरिकी या ब्रिटिश संगठन के अन्तर्गत थीं।
- हाल ही के वर्षों में जापान, जर्मनी एवं कुछ अन्य देशों की कम्पनियाँ भूमण्डलीय स्तर पर अधिक महत्त्वपूर्ण हो गई हैं। ट्रांस नेशनल कम्पनियों की शक्ति एवं प्रभाव में उदारीकरण के कारण वृद्धि हुई है।
- वर्ष 1996 में कुल विश्व निर्यात का 25% भाग सेवाओं का था।
- सेवा व्यापार गुणात्मक रूप में औद्योगिक व्यापार से इस अर्थ में भिन्न होता है कि ये सेवाएँ असीमित विस्तारण योग्य तथा भाररहित होती हैं।
- कुछ कम्पनियों; जैसे—आई बी एम द्वारा परम्परागत रूप से माल या वस्तु का उत्पादन करने के विपरीत सेवाएँ प्रदान कर ही अधिक लाभ प्राप्त किया जा रहा है।
- उत्पादनों के नवीन भूमण्डलीकरण ने भी व्यापारिक वस्तुओं के प्रकारों को परिवर्तित कर दिया है। आज के व्यापार का बहुत बड़ा हिस्सा एक तैयार माल के स्थान पर छोटे-बड़े कल-पुर्जों या पार्ट्स के व्यापार के रूप में हो रहा है।
- ऊर्ध्वाधर विशिष्टीकरण उन देशों में स्थान लेता है, जहाँ एक देश उत्पादन प्रक्रिया के किसी एक चरण में विशिष्टीकरण प्राप्त कर लेता है।

चयनित देशों में व्यापार विशिष्टीकरण

देश	ऊर्ध्वाधर व्यापार	क्षैतिज व्यापार
ऑस्ट्रेलिया	13	87
कनाडा	44	56
डेनमार्क	27	73
फ्रांस	28	72
जर्मनी	19	81
जापान	3	97
नीदरलैण्ड्स	47	53
यूनाइटेड किंगडम	30	70
संयुक्त राज्य अमेरिका	12	88

व्यापार का विश्व-प्रतिरूप

- विगत लगभग 25 वर्षों में विश्व के कुल उत्पादन की तुलना में वैश्विक व्यापार में अधिक तीव्रता से वृद्धि हुई है।
- वर्ष 1985 से 1995 के मध्य, विश्व निर्यात मूल्य की औसत वार्षिक वृद्धि दर कुल उत्पादन की दोगुनी थी।
- अन्तर्राष्ट्रीय व्यापार की आधारभूत संरचना कुछ व्यापार संघों के ऊपर आधारित होती है।

- व्यापार संघ ऐसे राष्ट्रों का समूह है, जिनके भीतर व्यापारिक अनुबन्धों की सामान्यीकृत प्रणाली कार्य करती है। विश्व का अधिकाश व्यापार इन्हीं संघों के बीच होता है। इन संघों की सदस्यता पर तीन बातों —दूरी, औपनिवेशिक सम्बन्धों की परम्परा तथा भू-राजनीतिक सहयोग का प्रभाव पड़ता है।

प्रमुख व्यापारिक प्रखण्ड

- द्वितीय विश्व-युद्ध से ही विश्व स्तर पर व्यापारिक उद्देश्य की पूर्ति करने वाली प्राथमिक संस्था GATT (General Agreement on Trade and Tarrif, GATT) है।
- द्वितीय विश्व-युद्ध के उत्तर काल में इसने भूमण्डलीय आर्थिक क्रान्ति में महत्त्वपूर्ण योगदान दिया था।
- प्रारम्भ में GATT के सभी सदस्य मूलत: विकसित राष्ट्र के ही थे। जल्दी ही इसमें विकासशील देशों को सम्मिलित किया गया। संसार के लगभग सभी देश अब इसके सदस्य हैं।

प्रमुख व्यापारिक प्रखण्ड निम्न प्रकार हैं

विश्व व्यापार संगठन, WTO

- वर्ष 1995 में गैट का रूप बदलकर विश्व व्यापार संगठन (World Trade Organisation, WTO) बन गया था। यह जेनेवा में एक स्थायी संगठन के रूप में कार्यरत् है तथा यह व्यापारिक झगड़ों का निपटारा भी करता है।
- यह संगठन सेवाओं के व्यापार को भी नियन्त्रित करता है, किन्तु इसमें अभी भी महत्त्वपूर्ण शुल्क रहित बाधाओं; जैसे—निर्यात, निरीक्षण की आवश्यकता, स्वास्थ्य एवं सुरक्षा स्तरों तथा आयात लाइसेन्स व्यवस्था, जिससे आयात अवरुद्ध होता है, को सम्मिलित करना शेष है।

यूरोपीय संघ, EU

- यूरोपीय संघ (European Union, EU) का गठन मूल रूप से वर्ष 1957 में रोम सन्धि के फलस्वरूप छः देशों इटली, फ्रांस, जर्मनी, बेल्जियम, नीदरलैण्ड्स एवं लक्जमबर्ग द्वारा किया गया था।
- तब उस समय इसे यूरोपीय आर्थिक समुदाय कहा गया था तथा बाद में इसमें पश्चिमी यूरोप के अधिकांश देशों को सम्मिलित कर इसका विस्तार कर दिया गया था। ई ई सी ने यूरोप को वर्ष 1970 के पेट्रोल-शॉक और धीमी आर्थिक वृद्धि के दुष्प्रभाव से उबारने में महत्त्वपूर्ण योगदान दिया था।
- वर्ष 1995 में यूरोपीय आर्थिक समुदाय यूरोपीय संघ में परिवर्तित हो गया था। इसने कई उत्पादन एवं व्यापार नीतियों का सामंजस्यीकरण किया था।

उत्तरी अमेरिका स्वच्छन्द व्यापार संघ, NAFTA

- उत्तरी अमेरिका स्वच्छन्द व्यापार संघ (North America Free Trade Agreement, NAFTA) उद्भव वर्ष 1988 में संयुक्त राज्य अमेरिका कनाडा फ्री ट्रेड एग्रीमेण्ट (संयुक्त राज्य-कनाडा स्वच्छन्द व्यापार सन्धि) के रूप में हुआ, जिसमें धीरे-धीरे व्यापार-प्रतिबन्धों को दुनिया के दो वृहत्तम व्यापारिक सहयोगियों के बीच समाप्त कर दिया गया था।
- वर्ष 1994 में नाफ्टा का विस्तार कर उसमें मैक्सिको को सम्मिलित कर लिया गया था।
- नाफ्टा में अब लैटिन अमेरिकी देशों को भी सम्मिलित कर लिया गया है। इसमें एक ऐसे स्वच्छन्द व्यापार क्षेत्र का निर्माण हुआ है, जो अलास्का से टिएरा डेल फ्यूगो तक के क्षेत्र में फैला हुआ था।

पेट्रोलियम निर्यातक देशों का संगठन, OPEC

- ओपेक (Organisation of the Petroleum Exporting Countries, OPEC) में 13 सदस्यीय राष्ट्र हैं—अल्जीरिया, इक्वेडोर, गैबॉन, इण्डोनेशिया, ईरान, इराक, कुवैत, लीबिया, नाइजीरिया, कतर, सऊदी अरब, संयुक्त राज्य अमीरात और वेनेजुएला हैं।
- यह संगठन वर्ष 1960 में पेट्रोलियम (कच्चे तेल) के मूल्यों सम्बन्धी नीतियों को निर्धारित करने के लिए पेट्रोलियम उत्पादक देशों द्वारा बनाया गया था।

दक्षिण-पूर्वी एशियाई राष्ट्रों का संगठन, ASEAN

- दक्षिण-पूर्वी एशियाई राष्ट्रों के संगठन (Association of South East Asian Countries, ASEAN) का गठन वर्ष 1967 में हुआ था।
- इण्डोनेशिया, मलेशिया, थाइलैण्ड, फिलीपीन्स और सिंगापुर जैसे देश इसके सदस्य हैं।

दक्षिण एशिया प्रादेशिक सहयोग संगठन, SAARC

- भारत, पाकिस्तान, बांग्लादेश, नेपाल, भूटान, अफगानिस्तान, श्रीलंका और मालदीव, आठ दक्षिण एशियाई देशों ने मिलकर दक्षिण एशिया क्षेत्रीय सहयोग संगठन (South Asian Association for Regional Cooperation, SAARC) का गठन किया है।
- इसका एक उद्देश्य सदस्य राष्ट्रों के बीच व्यापार का विकास करना भी है।

अर्थव्यवस्था का भूमण्डलीकरण

विश्व व्यापार संगठन की स्थापना से विश्व के देशों में बहुपक्षीय व्यापार समझौते के लागू होने से आर्थिक स्थिति में सुधार हुआ है। जिसका महत्त्वपूर्ण तत्त्व भूमण्डलीकरण को माना जाता है। *भूमण्डलीकरण की धारणा के चार अंग हैं*

1. व्यापार अवरोधक (Trade Barrier) को कम करना ताकि वस्तुओं का विभिन्न देशों में बिना रुकावट के आदान-प्रदान हो सके।
2. ऐसी परिस्थिति स्थापित करना जिससे विभिन्न राज्यों में पूँजी का स्वतन्त्र रूप से प्रवाह हो सके।
3. ऐसे वातावरण का निर्माण करना जिससे प्रौद्योगिकी का निर्बाध प्रवाह हो सके।
4. भूमण्डलीकरण का ऐसा वातावरण स्थापित करना जिसमें विश्व के विभिन्न देशों में श्रम का निर्बाध प्रवाह हो सके।

भूमण्डलीकरण की विशेषताएँ

- भूमण्डलीकरण के अन्तर्गत देश की अर्थव्यवस्था को विश्व के साथ एकीकृत किया जाता है।
- वस्तुओं तथा सेवाओं का एक देश से दूसरे देश में निर्बाध प्रवाह होता है।
- बहुराष्ट्रीय कम्पनियों का विस्तार होता है, जो विश्व के किसी भी देश में लगा सकता है।
- सरकार को राष्ट्रीय क्षेत्र के समष्टियों में आर्थिक नीतियों का क्षेत्र कम हो जाता है।

अभ्यास प्रश्न

1. चाय की कृषि के सम्बन्ध में कौन-सा कथन सत्य नहीं है?
(a) यह महत्त्वपूर्ण पेय पदार्थ है
(b) इसे खनिजयुक्त उपजाऊ मृदा की आवश्यकता होती है
(c) यह उष्ण एवं आर्द्र जलवायु में ही पनपती है
(d) इसकी कृषि समतल मैदानी भागों में की जाती है

2. निम्नलिखित में से कौन-सा देश विश्व में पवन शक्ति द्वारा सर्वाधिक विद्युत उत्पादन करता है?
(a) जर्मनी (b) स्वीडन
(c) फ्रांस (d) जापान

3. निम्नलिखित में से कौन-सा एक देश गेहूँ तथा चावल दोनों में संसार का सबसे बड़ा उत्पादक देश है?
(a) चीन (b) भारत
(c) रूस (d) यूएसए

4. निम्नलिखित युग्मों में से कौन-सा सही सुमेलित नहीं है?

	उद्योग	स्थान
(a)	कागज	ओण्टेरियो
(b)	सूती वस्त्र	डेट्रोयट
(c)	रासायनिक	टेक्सास
(d)	मोटर-कार	नागोया

5. निम्न देशों में से किस एक में पहली बार उच्च उपज किस्म बीज विकसित किए गए थे?
(a) अर्जेण्टीना (b) चीन
(c) मैक्सिको (d) भारत

6. निम्नलिखित में कहाँ अधिकतम मात्रा में हेरिंग मछली पाई जाती है?
(a) मैक्सिको की खाड़ी में
(b) जापान सागर में
(c) नीदरलैण्ड के पास उत्तरी सागर में
(d) अलास्का से कैलिफोर्निया के तटीय क्षेत्रों में

7. कोयला, कच्चा तेल व प्राकृतिक गैस कहलाते हैं
(a) कच्चे फ्यूल (ईंधन)
(b) परम्परागत फ्यूल (ईंधन)
(c) प्राकृतिक फ्यूल (ईंधन)
(d) जीवाश्मिक फ्यूल (ईंधन)

8. निम्न देशों को उनके गेहूँ उत्पादन के अवरोही क्रम में व्यवस्थित करें तथा नीचे दिए कूट से सही उत्तर चुनिए
1. चीन 2. भारत
3. रूस 4. संयुक्त राज्य अमेरिका

कूट
(a) 1, 2, 3, और 4 (b) 1, 2, 4, और 3
(c) 2, 3, 4, और 1 (d) 4, 1, 2, और 3

9. विश्व में सबसे अधिक कपास का उत्पादन कहाँ होता है?
(a) भारत (b) मिस्र
(c) अमेरिका (d) रूस

10. कौन-सा देश तम्बाकू उत्पादन में विश्व में प्रथम है?
(a) चीन (b) भारत
(c) पाकिस्तान (d) बांग्लादेश

11. निम्नलिखित में कौन-सा उत्तर-पूर्वी संयुक्त राज्य अमेरिका के विषय में सही नहीं है?
(a) प्रदेश में विनिर्माण उद्योग का विस्तार हुआ है जिसके लिए जनसंख्या ने सभी स्तर के श्रमिकों, उद्यमी अनुभव, भारी मात्रा में निवेश के लिए धन की उपलब्धता तथा समीपवर्ती क्षेत्र में वृहत बाजार उपलब्ध कराए
(b) अनेक केन्द्रों पर वस्त्रों का निर्माण होता है, परन्तु क्लीव लैण्ड तथा ओहियो नगर में विशेष रूप से संकेन्द्रित है
(c) विश्व की सबसे बड़ी फोटोग्राफिक कम्पनी का प्रबन्धक कार्यालय रोचेस्टर न्यूयॉर्क है का फोटोग्राफी सम्बन्धित उपकरणों के निर्माण में आधिपत्य है
(d) वायुयान इंजन तथा हेलीकॉप्टर निर्माण हार्टफोर्ड, कनेक्टीकट में अधिक संकेन्द्रित है

12. कनाडा के प्रेयरी प्रदेश में गेहूँ की कृषि की जाती है
(a) ग्रीष्म काल में
(b) बसन्त काल में
(c) शीत काल में
(d) ग्रीष्म काल और शीतकाल दोनों में

13. निम्नलिखित देशों में से किन्हें 'स्वर्णिम अर्द्धचन्द्र' में सम्मिलित किया जाता है?
1. अफगानिस्तान 2. ईरान
3. इराक 4. पाकिस्तान

कूट
(a) 1 और 2 (b) 3 और 4
(c) 1, 2 और 3 (d) 1, 2 और 4

14. सैक्रामेन्टो-सॉन जुवाक्विन घाटी, जो अमेरिका में अंगूर एवं सिट्रस (नींबू-वंश) फलों के उत्पादन के लिए विख्यात है, अवस्थित है
(a) कैलिफोर्निया राज्य में (b) अलास्का में
(c) मेक्सिको में (d) कोलम्बिया में

15. हेरोइन प्राप्त होती है
(a) भाँग से (b) अफीम पोस्ता से
(c) तम्बाकू से (d) सुपारी से

16. दक्षिण अफ्रीका का प्रमुख स्वर्ण उद्योग लगभग पूर्णतया केन्द्रित है
(a) हाई वेल्ड में (b) कालाहारी में
(c) बुश वेल्ड में (d) जोहान्सबर्ग

17. आबादान तेलशोध केन्द्र किस देश में अवस्थित है?
(a) ईरान (b) सऊदी अरब
(c) इराक (d) कुवैत

18. निम्नलिखित में से किस एक में कार्बन की उच्चतर प्रतिशत मात्रा पाई जाती है?
(a) लिग्नाइट कोयला (b) पीट कोयला
(c) बिटुमिनस कोयला (d) एन्थ्रासाइट कोयला

19. विश्व में प्राकृतिक रबड़ के दो बड़े उत्पादक देश हैं
(a) ब्राजील एवं मलेशिया
(b) वियतनाम एवं भारत
(c) चीन एवं फिलीपीन्स
(d) थाइलैण्ड एवं इण्डोनेशिया

20. निम्नलिखित में कौन-सा अभिकरण कृषकों में झींगा पालन को विकसित कर रहा है?
(a) मत्स्य कृषक विकास अभिकरण
(b) दुग्ध विकास का तकनीकी मिशन
(c) भारत का मत्स्य सर्वेक्षण
(d) खारा जल मत्स्य-कृषक विकास अभिकरण

21. रोपण कृषि के सम्बन्ध में कौन-सा कथन सही नहीं है?
(a) यह यूरोपीय एवं उत्तर अमेरिका के निवासियों द्वारा उष्ण एवं शीतोष्ण में उगाई जाती है
(b) यह कृषि बड़े-बड़े बागानों में की जाती है जिसमें अनेकों फसलें बोई जाती हैं
(c) इसे शुरू करने के लिए पर्याप्त धनराशि की आवश्यकता होती है
(d) फसलें व्यापारिक होती हैं जिन्हें बेचकर धन कमाया जाता है

22. निम्नलिखित देश नारियल के उत्पादन में अग्रणी हैं इन्हें उत्पादन के दृष्टिकोण से घटते हुए क्रम में सजाएँ
1. इण्डोनेशिया 2. फिलीपीन्स 3. भारत
4. ब्राजील 5. श्रीलंका

कूट
(a) 1, 2, 4, 5, और 3 (b) 1, 2, 3, 4, और 5
(c) 2, 1, 3, 4, और 5 (d) 3, 2, 1, 5, और 4

23. निम्नलिखित देश गन्ना उत्पादन में अग्रणी हैं इन्हें उत्पादन के दृष्टिकोण से घटते हुए क्रम में सजाएँ
1. ब्राजील 2. भारत 3. चीन
4. थाइलैण्ड 5. पाकिस्तान

कूट
(a) 1, 2, 3, 4, 5 (b) 2, 1, 3, 4, 5
(c) 2, 1, 4, 3, 5 (d) 2, 1, 5, 4, 3

24. श्रीलंका में कॉफी की कृषि किस रोग के कारण बन्द कर दी गई?
(a) पर्ण शीणता (b) पर्ण चित्ती
(c) पर्ण किट्ट (d) विगलन

25. विश्व में कहवा के दो अग्रगण्य उत्पादक देश हैं
(a) ब्राजील तथा कोलम्बिया (b) ब्राजील तथा वियतनाम
(c) मैक्सिको तथा भारत (d) इथोपिया तथा मैक्सिको

26. सबसे अधिक चाय का निर्यात कौन-सा देश करता है?
(a) श्रीलंका (b) चीन
(c) केन्या (d) भारत

27. भूतापीय ऊर्जा का सर्वाधिक उपयोग किस देश में किया जाता है?
(a) न्यूजीलैण्ड (b) रूस
(c) आइसलैण्ड (d) जापान

28. सुमेलित करें

सूची I (खनिज)	सूची II (उत्पादक देश)
A. कोयला	1. मेसाबी
B. लौह-अयस्क	2. पेचोरा झील
C. खनिज तेल	3. किरकुक
D. ताँबा	4. खेतड़ी

कूट

	A	B	C	D		A	B	C	D
(a)	2	1	3	4	(b)	2	4	3	1
(c)	2	3	4	1	(d)	4	3	1	2

29. निम्नलिखित कथनों पर विचार करें एवं कथनों में असत्य कथन की पहचान करें
(a) संयुक्त राज्य अमेरिका के वृहत झील क्षेत्र में लौह-इस्पात उद्योग का विकास विकसित जलमार्गों के कारण हुआ है
(b) जर्मनी का लौह-इस्पात उद्योग रूर बेसिन के कोयला एवं आयातित लोहे पर निर्भर करता है
(c) याकोहामा जापान का प्राचीनतम लौह इस्पात केन्द्र है
(d) फ्रांस का लॉरेन्स क्षेत्र लौह-इस्पात उद्योग के लिए विख्यात है

30. सुमेलित कीजिए

सूची I (अग्रणी उत्पादक देश)	सूची II (पदार्थ)
A. चीन	1. प्राकृतिक रबड़
B. भारत	2. दूध
C. सऊदी अरब	3. लौह-अयस्क
D. थाइलैण्ड	4. पेट्रोलियम

कूट

	A	B	C	D		A	B	C	D
(a)	1	2	3	4	(b)	4	3	2	1
(c)	3	2	4	1	(d)	2	3	1	4

31. पेट्रोलियम के सम्बन्ध में निम्न में से कौन-सा सही है?
1. मध्य-पूर्व में संसार के पेट्रोल के लगभग 60% भण्डार पाए जाते हैं।
2. अलास्का में टेक्सास के समतुल्य पेट्रोलियम भण्डार प्रमाणित हैं।
3. संयुक्त राज्य अमेरिका पेट्रोलियम का प्रमुख उत्पादक एवं प्रमुख आयातक दोनों ही है।

नीचे दिए गए कूट से सही उत्तर चुनिए
(a) 1 और 2 (b) 2 और 3
(c) 1 और 3 (d) सभी सही हैं

32. निम्नलिखित में कौन सुमेलित है?

सूची I (उद्योग)	सूची II (नगर)
(a) मोटर गाड़ी	1. डेट्रायट
(b) पोत निर्माण	2. पिट्सबर्ग
(c) वस्त्र	3. सिमेटल
(d) लौह-इस्पात	4. ओसाका

33. बागान कृषि से सम्बन्धित निम्नांकित कथनों पर विचार कीजिए तथा नीचे दिए गए कूट से सही उत्तर चुनिए
1. अधिकांश उष्णकटिबन्धीय बागान निचले मैदानों में अवस्थित हैं।
2. उष्णकटिबन्धीय बागान समुद्र तट के किनारे झुण्डों में पाए जाते हैं।
3. अमेजन बेसिन में रबड़ की कृषि के लिए उत्तम भौतिक दशाएँ पाई जाती हैं, परन्तु कर्मकारों की कमी है।

कूट
(a) 1 और 2 सही हैं (b) 2 और 3 सही हैं
(c) 1 और 3 सही हैं (d) सभी सही हैं

34. एक फसल प्रणाली, जिसके अन्तर्गत फसलों को रोपण किए गए पेड़ों की कतारों के बीच के स्थान में उगाया जाता है, कहलाती है
(a) रिले क्रॉपिंग (b) मिलवाँ खेती
(c) अन्तः फसली (d) ऐले क्रॉपिंग

35. लैब्राडोर धारा की अनुपस्थिति में, निम्नलिखित में से कौन-सा एक भारित होगा?
(a) कोई उत्तर-पूर्व अटलाण्टिक मत्स्यन क्षेत्र नहीं होंगे
(b) कोई उत्तर-पश्चिम अटलाण्टिक मत्स्यन क्षेत्र नहीं होंगे
(c) उत्तर अटलाण्टिक महासागर में कोई मत्स्यन क्षेत्र नहीं होगा
(d) यूएसए और कनाडा के अटलाण्टिक तट की अर्द्धशुष्क अवस्था अभिभावी होगी

36. संसार के सर्वाधिक महत्त्वपूर्ण मत्स्यन क्षेत्र उन क्षेत्रों में पाए जाते हैं, जहाँ
(a) कोष्ण तथा शीत वायुमण्डलीय धाराएँ मिलती हैं
(b) नदियाँ सागरों में प्रचुर मात्रा में ताजा जल प्रवाहित करती हैं
(c) गर्म तथा शीत सागरीय धाराएँ मिलती हैं
(d) महाद्वीपीय शेल्फ तरंगित हैं

37. तुंग्या कृषि जहाँ की जाती है, वह है
(a) म्यांमार (b) जापान
(c) न्यूजीलैण्ड (d) फिलीपीन्स

38. दक्षिण-पश्चिम एशिया में खनिज तेलों का सबसे बड़ा उत्पादक देश है
(a) ईरान (b) कुवैत
(c) इराक (d) सऊदी अरब

39. ब्राजील किन दो फसलों का विश्व में सबसे बड़ा उत्पादक है?
(a) गन्ना एवं कहवा (b) रबड़ एवं गन्ना
(c) कहवा एवं रबड़ (d) चाय एवं कहवा

40. **कथन** (A) कोयला आधारित तापीय बिजली घर अम्ल वर्षा में अंशदायी होते हैं।
कारण (R) कोयले के जलने पर कार्बन की ऑक्साइडें उत्सर्जित होती हैं।
कूट
(a) A और R दोनों सही हैं तथा R, A की सही व्याख्या है
(b) A और R दोनों सही हैं, परन्तु R, A की सही व्याख्या नहीं है
(c) A गलत है, किन्तु R सही है
(d) A सही है, किन्तु R गलत है

41. यद्यपि कॉफी और चाय दोनों की खेती पहाड़ी ढलानों पर की जाती है तथापि इनकी कृषि के सम्बन्ध में इन दोनों में कुछ अन्तर पाया जाता है। इस सन्दर्भ में, निम्नलिखित कथनों पर विचार कीजिए
1. कॉफी के पौधे को उष्ण कटिबन्धीय क्षेत्रों की उष्ण और आर्द्र जलवायु की आवश्यकता होती है जबकि चाय की खेती उष्ण कटिबन्धीय और उपोष्ण कटिबन्धीय दोनों क्षेत्रों में की जा सकती है।
2. कॉफी बीजों के द्वारा प्रवर्द्धित की जा सकती है लेकिन चाय केवल डाली कलम के द्वारा प्रवर्द्धित की जाती है।

उपरोक्त कथनों में से कौन-सा/से सही है/हैं?
(a) केवल 1 (b) केवल 2
(c) 1 और 2 दोनों (d) न तो 1 तथा न ही 2

42. निम्नलिखित में से कौन-सा कथन सही नहीं है?
(a) स्थानान्तरित खेती की विशेषता खेतों का आवर्तन है न कि शस्यावर्तन
(b) गहन निर्वाह कृषि में, पशुपालन अधिक विकसित है
(c) बागानी खेती में अधिक लागत की आवश्यकता होती है
(d) पशुधन रैंचर की अर्थव्यवस्था शुद्ध वाणिज्यिक है

43. पेट्रोलियम के सम्बन्ध में कौन-से निम्नांकित कथन सही हैं?
1. मध्य पूर्व में संसार के पेट्रोल के लगभग 60% भण्डार पाए जाते हैं।
2. अलास्का में टेक्सास के समतुल्य पेट्रोलियम भण्डार प्रमाणित हैं।
3. संयुक्त राज्य अमेरिका पेट्रोलियम का प्रमुख उत्पादक एवं प्रमुख आयातक दोनों हैं।

कूट
(a) 1 और 2 (b) 2 और 3
(c) 1 और 3 (d) ये सभी

44. निम्नलिखित में से कौन-सा कथन सही नहीं है?
(a) घाना में कोको की कृषि लोकप्रिय है
(b) कहवा ब्राजील की एक महत्त्वपूर्ण बागानी फसल है
(c) श्रीलंका चाय के उत्पादन हेतु प्रसिद्ध है
(d) गन्ना मलेशिया की एक प्रमुख बगानी फसल है

45. **कथन** (A) किसी भी अफ्रीकी देश में चाय बागान नहीं है।
कारण (R) चाय के पौधों को उच्च ह्यूमस युक्त उर्वर मृदा की आवश्यकता होती है।
कूट
(a) A और R दोनों सही हैं तथा R, A की सही व्याख्या है
(b) A और R दोनों सही हैं, परन्तु R, A की सही व्याख्या नहीं है
(c) A सही है, किन्तु R गलत है
(d) A गलत है, किन्तु R सही है

46. सुमेलित करें

सूची I (खनिज)	**सूची II** (प्रमुख खनन देश)
A. बॉक्साइट	1. भारत
B. अभ्रक	2. जापान
C. मैंगनीज	3. जमैका
D. टिन	4. रूस
	5. मलेशिया

कूट

	A	B	C	D
(a)	4	3	1	5
(b)	3	1	4	5
(c)	3	2	4	1
(d)	1	4	5	3

47. विश्व का सबसे लम्बा अन्त:स्थलीय जल मार्ग है
(a) मिसीसिपी नदी में (b) कोलोराडो नदी में
(c) ग्रेट लेक्स में (d) राइन नदी में

48. निम्नलिखित प्राकृतिक क्षेत्रों में कौन-सा एक अंगूर के उत्पादन के लिए सर्वाधिक जाना जाता है?
(a) उष्ण मरुभूमि (b) विषुवतरेखीय
(c) मानसूनी (d) भूमध्यसागरीय

49. सुमेलित करें

सूची I (खनिज)	**सूची II** (उत्पादक देश)
A. टंग्स्टन	1. चिली
B. ताँबा	2. चीन
C. क्रोमियम	3. दक्षिण अफ्रीका
D. क्रोमाइट	4. भारत

कूट

	A	B	C	D			A	B	C	D
(a)	3	2	4	1		(b)	3	2	1	4
(c)	1	2	4	3		(d)	2	3	4	1

50. निम्नलिखित फसलों पर विचार कीजिए

1. कॉफी
2. रबड़
3. नारियल
4. मसाले

उपरोक्त में से बागान-फसलें कौन-सी हैं?

(a) 1 और 4 (b) 1, 2 और 3
(c) 3 और 4 (d) 1, 2 और 4

51. निम्नलिखित में से किस देश में प्रति हजार वर्ग किमी क्षेत्र पर सड़कों की औसत लम्बाई सबसे अधिक है?

(a) भारत (b) फ्रांस
(c) जापान (d) संयुक्त राज्य अमेरिका

52. सुमेलित कीजिए

सूची I (फसल)	सूची II (सबसे बड़ा उत्पादक देश)
A. चावल	1. भारत
B. मक्का	2. चीन
C. गन्ना	3. संयुक्त राज्य अमेरिका
D. चाय	4. ब्राजील

कूट

	A	B	C	D
(a)	1	3	4	2
(b)	1	4	3	2
(c)	2	3	1	4
(d)	2	3	4	1

53. कृषि के अन्तर्राष्ट्रीय समझौते के अनुसार 'ग्रीन बॉक्स' में कौन-सी आर्थिक सहायता सम्मिलित की जाती है?

1. कृषि अनुसन्धान
2. उर्वरक
3. सिंचाई
4. पादप संरक्षण

कूट

(a) 1 और 2 (b) 2 और 3
(c) 3 और 4 (d) 1 और 4

54. सूची I को सूची II से सुमेलित कीजिए और सूचियों के नीचे दिए गए कूट का प्रयोग कर सही उत्तर चुनिए

सूची I (फसल)	सूची II (मुख्य उत्पादक क्षेत्र)
A. नारियल	1. केन्या
B. केला	2. पापुआ न्यू गिनी
C. मूँगफली	3. इक्वेडोर
D. चाय	4. सेनेगल

कूट

	A	B	C	D
(a)	2	3	4	1
(b)	1	4	3	2
(c)	3	2	1	4
(d)	4	1	2	3

55. सुमेलित कीजिए

सूची I (फसल)	सूची II (उत्पादक क्षेत्र)
A. कहवा	1. प्रेयरी मैदान
B. जूट	2. यांगटिसी
C. चावल	3. साओपालो पठार
D. गेहूँ	4. गंगा डेल्टा

कूट

	A	B	C	D
(a)	3	1	4	2
(b)	2	4	1	3
(c)	3	4	2	1
(d)	4	3	2	1

56. निम्नलिखित देशों में काष्ठ लुगदी के उत्पादन का सही अवरोही क्रम चुनिए

1. संयुक्त राज्य अमेरिका
2. स्वीडन
3. जापान
4. कनाडा

कूट

(a) 1, 3, 2, और 4 (b) 2, 3, 1, और 4
(c) 1, 4, 2, और 3 (d) 2, 4, 1, और 3

57. निम्नलिखित में कौन-सा क्षेत्र आखेट एवं संग्रहण में प्रमुख है?

(a) उष्ण मरुस्थलीय
(b) शीतोष्ण घास स्थल
(c) शीत मरुस्थलीय
(d) उष्णकटिबन्धीय वन

58. **कथन** (A) USA का सूती वस्त्र उद्योग 1890 ई. के बाद उत्तर-पूर्व से दक्षिण-पूर्व की ओर स्थानान्तरित हो गया।

कारण (R) उत्तर-पूर्वी क्षेत्र में महँगे श्रम एवं कपास की स्थानीय आपूर्ति के अभाव के कारण कपड़े का लागत मूल्य अधिक था।

कूट

(a) A और दोनों सही हैं तथा R, A की सही व्याख्या है
(b) A और R दोनों सही हैं, परन्तु R, A की सही व्याख्या नहीं है
(c) A सही है, किन्तु R गलत है
(d) A गलत है, किन्तु R सही है

59. सुमेलित कीजिए

सूची I (फसलें)	सूची II (क्षेत्र/देश)
A. रबड़	1. मॉरिशस
B. कहवा	2. इटली
C. जैतून	3. कोलम्बिया
D. गन्ना	4. मलेशिया

कूट

	A	B	C	D			A	B	C	D
(a)	1	2	3	4		(b)	4	3	2	1
(c)	4	3	1	2		(d)	3	4	2	1

60. कांगो लोकतान्त्रिक गणराज्य का शाबा प्रदेश किस खनिज भण्डार के लिए प्रसिद्ध है?

(a) ताम्र
(b) बॉक्साइट
(c) लौह अयस्क
(d) टंग्स्टन

61. जापान में मत्स्य व्यवसाय के सम्बन्ध में निम्नलिखित वक्तव्यों पर ध्यान दीजिए और निम्न कूट से सही उत्तर चुनिए

1. जापान एक विस्तृत देश है जहाँ मछलियाँ बहुत होती हैं।
2. जापान द्वीपों का देश है जहाँ कटी-फटी तट रेखा पर बन्दरगाह है।
3. जापान में बड़ी संख्या में नदियों में मछली पकड़ी जाती हैं।
4. जापान में केवल 12% कृषि योग्य भूमि है और भोजन की कमी रहती है।

कूट

(a) 1 और 2 (b) 2 और 3
(c) 2 और 4 (d) 1 और 4

62. सूची I को सूची II से सुमेलित कीजिए तथा नीचे दिए गए कूट का प्रयोग करते हुए सही उत्तर चुनिए

सूची I (फसल)	**सूची II** (उत्पादक क्षेत्र)
A. कहवा	1. सी क्यांग बेसिन
B. चावल	2. साओ पालो
C. गेहूँ	3. कैण्डी बेसिन
D. चाय	4. ह्वांगहो बेसिन

कूट

	A	B	C	D
(a)	2	3	1	4
(b)	2	1	4	3
(c)	4	2	1	3
(d)	3	1	4	2

63. निम्नलिखित कथनों पर विचार करें

1. जर्मनी एवं अमेरिका पवन-ऊर्जा के दो सबसे बड़े उत्पादक हैं।
2. अमेरिका में नाभिकीय ऊर्जा उत्पन्न करने की क्षमता लगभग 100000 MW है।
3. अमेरिका में प्रयोग में आने वाली नाभिकीय रिएक्टरों की संख्या विश्व के किसी भी देश से कहीं अधिक है।

उपरोक्त कथनों में कौन-सा/से सही कथन है/हैं?

(a) 1 और 2 (b) 1 और 3
(c) 2 और 3 (d) ये सभी

64. सुमेलित करें

सूची I (स्थानान्तरित कृषि का नाम)	**सूची II** (देश का नाम)
A. लडांग	1. जायरे नदी घाटी
B. मिल्पा	2. वेनेजुएला
C. कोनुको	3. जावा, मलेशिया
D. मसोले	4. मध्य अमेरिका

कूट

	A	B	C	D
(a)	4	3	2	1
(b)	3	4	2	1
(c)	2	1	3	4
(d)	1	2	3	4

65. सुमेलित करें

सूची I (उद्योग)	**सूची II** (स्थिति)
A. ऑटोमोबाइल उद्योग	1. डेट्रायट
B. लौह-इस्पात उद्योग	2. पिट्सबर्ग
C. सूती-वस्त्र	3. इवोनावो
D. उर्वरक उद्योग	4. सिन्दरी

कूट

	A	B	C	D
(a)	4	3	1	2
(b)	3	4	2	1
(c)	2	1	3	4
(d)	1	2	3	4

66. **कथन** (A) यूरोप के भूमध्यसागरीय क्षेत्र में व्यापारिक अंगूर की खेती विशिष्ट है।
कारण (R) उसका 85% अंगूर शराब बनाने के काम में आता है।

कूट

(a) A और R दोनों सही हैं तथा R, A की सही व्याख्या है
(b) A तथा R दोनों सही हैं, परन्तु R, A की सही व्याख्या नहीं है
(c) A सही है, किन्तु R गलत है
(d) A गलत है, किन्तु R सही है

67. सुमेलित करें

सूची I (कृषि के प्रकार)	**सूची II** (विशेष प्रकार की कृषि से सम्बन्धित क्षेत्र)
A. स्थानान्तरी	1. अमेरिका का प्रेयरी
B. जीविका	2. गंगा का डेल्टा
C. वाणिज्य	3. असम के बागान
D. रोपण	4. नागा पहाड़ियाँ
	5. उत्तरी कनाडा

कूट

	A	B	C	D
(a)	4	2	1	3
(b)	4	5	2	3
(c)	3	4	5	2
(d)	1	4	3	2

68. नहरों पर तैरते हुए काष्ठ निर्मित जलस्थली गृह पाए जाते हैं

(a) बैंकॉक में (b) यांगून में
(c) वियनतेन में (d) नाम पेन्ह में

69. सूची I को सूची II से सुमेलित कीजिए और सूचियों के नीचे दिए गए कूट से सही उत्तर चुनिए

सूची I	**सूची II**
A. आयरन व स्टील	1. पोर्टमाउथ
B. ऑटोमोबाइल	2. डॉर्टमण्ड
C. जहाज निर्माण	3. बंगलुरु
D. एयर क्राफ्ट	4. डेट्राइट

कूट

	A	B	C	D
(a)	1	2	3	4
(b)	2	1	4	3
(c)	4	3	2	1
(d)	2	4	1	3

70. कथन (A) उत्तर अमेरिका में कागज उद्योग मुख्यत: शंकुधारी वन पेटी में दक्षिणी किनारे के साथ-साथ अवस्थित है।
कारण (R) इन क्षेत्रों में प्रचुर कच्चा माल तथा जल विद्युत शक्ति उपलब्ध है।
(a) A और R दोनों सही हैं तथा R, A की सही व्याख्या है
(b) A और R दोनों सही हैं, परन्तु R, A की सही व्याख्या नहीं है
(c) A सही है, किन्तु R गलत है
(d) A गलत है, किन्तु R सही है

71. कथन (A) गत शताब्दी में लगभग आठवें दशक तक भारतीय उद्योगों में उपभोज्य वस्तुओं से आधारभूत तथा पूँजीगत माल उद्योगों में संरचनात्मक परिवर्तन की स्पष्ट प्रवृत्ति दृष्टिगोचर होती है।
कारण (R) उस अवधि में उपभोज्य वस्तुओं की माँग गिरी है
कूट
(a) A और R दोनों सही हैं तथा R, A की सही व्याख्या है
(b) A और R दोनों सही हैं, परन्तु R, A की सही व्याख्या नहीं है
(c) A सही है, किन्तु R गलत है
(d) A गलत है, किन्तु R सही है

72. सुमेलित करें

सूची I (खनिज का नाम)	**सूची II** (खनिज के प्रकार)
A. कोयला	1. ऊर्जा खनिज
B. कोबाल्ट	2. लौह खनिज
C. बॉक्साइट	3. अलौह खनिज
D. अभ्रक	4. अधात्विक खनिज

कूट

	A	B	C	D		A	B	C	D
(a)	2	1	3	4	(b)	1	2	3	4
(c)	1	2	4	3	(d)	2	1	4	3

73. कथन (A) चीनी उद्योग सदैव गन्ना उत्पाद क्षेत्रों में ही लगाया जाता है।
कारण (R) गन्ना भारी एवं वजन ह्रास कच्चा माल है जिसे अधिक दूरी तक ले जाने पर लागत बढ़ जाती है।
कूट
(a) A और R दोनों सही हैं तथा R, A की सही व्याख्या है
(b) A और R दोनों सही हैं, परन्तु R, A की सही व्याख्या नहीं है
(c) A सही है, किन्तु R गलत है
(d) A गलत है, किन्तु R सही है

74. निम्नांकित कथनों में से कौन सही हैं?
1. चीन संसार में अग्रणी कोयला उत्पादक है।
2. यूक्रेन में डोनेट्ज बेसिन प्रमुख कोयला उत्पादक क्षेत्र है।
3. जर्मनी में सार क्षेत्र प्रमुख कोयला उत्पादक क्षेत्र है।
4. संयुक्त राज्य अमेरिका में मुख्य कोयला उत्पादक क्षेत्र अप्लेशियन प्रदेश में है।

कूट
(a) 1 और 2
(b) 1, 2 और 3
(b) 2 और 3
(d) उपरोक्त सभी

75. निम्नलिखित में कौन-सा युग्म सही नहीं है?

	कृषि के प्रकार	**देश**
(a)	उद्यान कृषि	नीदरलैण्ड
(b)	मत्स्य पालन	जापान
(c)	रेशम कीट पालन	पोलैण्ड
(d)	अंगूरोत्पादन	फ्रांस

उत्तरमाला

1.	(d)	2.	(a)	3.	(a)	4.	(b)	5.	(c)	6.	(c)	7.	(d)	8.	(b)	9.	(c)	10.	(a)
11.	(b)	12.	(d)	13.	(d)	14.	(a)	15.	(b)	16.	(d)	17.	(a)	18.	(d)	19.	(d)	20.	(d)
21.	(b)	22.	(c)	23.	(a)	24.	(c)	25.	(a)	26.	(c)	27.	(a)	28.	(a)	29.	(c)	30.	(c)
31.	(c)	32.	(a)	33.	(b)	34.	(a)	35.	(b)	36.	(c)	37.	(a)	38.	(d)	39.	(a)	40.	(c)
41.	(c)	42.	(b)	43.	(d)	44.	(d)	45.	(d)	46.	(b)	47.	(d)	48.	(d)	49.	(d)	50.	(b)
51.	(d)	52.	(d)	53.	(d)	54.	(a)	55.	(c)	56.	(c)	57.	(c)	58.	(d)	59.	(b)	60.	(a)
61.	(c)	62.	(b)	63.	(d)	64.	(b)	65.	(c)	66.	(b)	67.	(a)	68.	(d)	69.	(d)	70.	(a)
71.	(a)	72.	(b)	73.	(a)	74.	(d)	75.	(a)										

अध्याय 07

मानव भूगोल

मानव भूगोल का अर्थ एवं परिभाषाएँ

- मानव भूगोल में भौतिक पर्यावरण के साथ मानवीय गतिविधियों का अध्ययन किया जाता है। मानवीय गतिविधियाँ पर्यावरण से प्रभावित होती हैं, इसलिए इनके अन्तर्गत सभी मानव पोषित तत्त्वों का भी अध्ययन किया जाता है। अन्य शब्दों में, "मानव भूगोल वह विज्ञान है, जिसके अन्तर्गत मानव तथा भौतिक पर्यावरण के पारस्परिक सम्बन्धों का अध्ययन क्षेत्रीय आधार पर किया जाता है।"
- **रैटजेल** के अनुसार, "मानव भूगोल मानव समाज और धरातल के बीच सम्बन्धों का संश्लेषित अध्ययन (Synthetic study) है।"
- **एलेन सी सेंपल** के अनुसार, "मानव भूगोल अस्थिर पृथ्वी और क्रियाशील मानव के बीच परिवर्तनशील सम्बन्धों का अध्ययन है।"
- **विडाल-डी-ला-ब्लाश** के अनुसार, "हमारी पृथ्वी को नियन्त्रित करने वाले भौतिक नियमों तथा इस पर रहने वाले जीवों के मध्य सम्बन्धों के अधिक संश्लेषित ज्ञान से उत्पन्न संकल्पना।"

मानव भूगोल की प्रकृति

- मानव भूगोल भौतिक वातावरण और मनुष्य द्वारा निर्मित सामाजिक-सांस्कृतिक पर्यावरण के मध्य के सम्बन्धों का अध्ययन उनकी परस्पर अन्योन्य क्रिया (Interdependence) के द्वारा करता है।
- मानव भौतिक (प्रकृति) पर्यावरण द्वारा प्रदान किए गए संसाधनों; जैसे—भू-आकृति, मृदाएँ, जलवायु आदि का उपयोग कर भौतिक वस्तुओं का निर्माण करते हैं; जैसे—गृह, गाँव, सड़क, नगर, उद्योग, रेलों का जाल, पत्तन आदि। इसमें मानव तथा प्रकृति दोनों एक-दूसरे को प्रभावित करते हैं। अत: मानव भूगोल की प्रकृति अन्तर-विषयक (Interdisciplinary) है।

मानव भूगोल विषय क्षेत्र/शाखाएँ

पृथ्वी तल पर पाए जाने वाले मानवीय तत्त्वों को समझने व उनकी व्याख्या करने के लिए मानव भूगोल के विभिन्न सहयोगी विषय क्षेत्रों का अध्ययन भी आवश्यक है, *जिनकी व्याख्या निम्न प्रकार है*

- **सामाजिक भूगोल** इसके अन्तर्गत मुख्य रूप से व्यहारवाद, सामाजिक कल्याण, सांस्कृतिक, ऐतिहासिक तथा चिकित्सा जैसे उप-क्षेत्रों को शामिल किया जाता है, जो क्रमश: समाजशास्त्र, मनोविज्ञान, कल्याण अर्थशास्त्र, मानव विज्ञान, इतिहास तथा अन्य विज्ञान से सम्बन्धित विषयों के साथ सम्बन्धित होते हैं, जिनके माध्यम से मानव के विभिन्न उपागमों का अध्ययन किया जाता है।
- **राजनीतिक भूगोल** इसके अन्तर्गत मानव की राजनीतिक-सामाजिक स्थिति का अवलोकन किया जाता है, जिससे मानव की राजनीतिक स्थिति को समझने में मदद मिलती है। यह अन्तर्राष्ट्रीय अध्ययनों में भी सहायक होता है।
- **नगरीय एवं आवास भूगोल** मानव भूगोल के इस विषय के अन्तर्गत नगरों की स्थिति तथा नगरों के नियोजन से सम्बन्धित तथ्यों का अध्ययन किया जाता है, जिसका आधुनिक नगरीय नियोजन में अधिक महत्त्व बढ़ गया है। आवास भूगोल के अन्तर्गत नगर/ग्रामीण नियोजन का अध्ययन किया जाता है।
- **जनसंख्या भूगोल** जनसंख्या भूगोल, मानव भूगोल का एक महत्त्वपूर्ण विषय क्षेत्र है, जिसमें जनसंख्या तथा उसका वितरण, घनत्व, आयु, लिंग, जन्म दर, मृत्यु दर, साक्षरता आदि महत्त्वपूर्ण पहलुओं का अध्ययन किया जाता है।
- **आर्थिक भूगोल** यह मानव भूगोल के अन्तर्गत वृहत अध्ययन क्षेत्र होता है, जिसके अन्तर्गत संसाधन, कृषि, उद्योग, विपणन, पर्यटन अन्तर्राष्ट्रीय व्यापार जैसे उप-क्षेत्रों का अध्ययन किया जाता है इसमें सहयोगी विज्ञान विषय को शामिल कर इसका विश्लेषण बड़े स्तर पर किया जाता है। यह अध्ययन देश की आर्थिक स्थिति को समझने में भी सहायता करता है। अत: इसका अधिक महत्त्व है।

मानव भूगोल की प्रमुख विचारधाराएँ

मानव भूगोल की तीन प्रमुख विचारधाराएँ निम्न हैं

1. पर्यावरणीय निश्चयवाद या नियतिवाद

- आदिम समय में प्रकृति की शक्तियों व मानव के बीच परस्पर होने वाली क्रियाओं को पर्यावरणीय निश्चयवाद (Environmental Determinism) कहा गया है। पर्यावरणीय निश्चयवाद की विचारधारा के अनुसार, मनुष्य के प्रत्येक क्रियाकलाप को पर्यावरण से नियन्त्रित किया जाता है।
- इसका अनुसरण करने वाले मानते हैं कि भौतिक कारक; जैसे—जलवायु, उच्चावच, प्राकृतिक वनस्पति आदि मानव के समस्त क्रियाकलाप और जीवनशैली को नियन्त्रित करते हैं। अतः इसमें प्रकृति की शक्ति की प्रधानता होती है।

2. सम्भववाद

- मानव द्वारा पर्यावरण से प्राप्त संसाधनों को विभिन्न सम्भावनाओं के रूप में बदलना सम्भववाद (Possibilism) कहलाता है। इसके जनक विडाल-डी-ला-ब्लाश हैं। इनके अनुसार, मानव प्रकृति द्वारा प्रदान किए गए संसाधनों को अवसर के रूप में प्राप्त कर इच्छानुसार उपयोग कर सकता है। अतः इसमें मानव शक्ति की प्रधानता होती है।

3. नव-निश्चयवाद अथवा रुको और जाओ निश्चयवाद

- ग्रिफिथ टेलर ने सम्भववाद की आलोचना करते हुए नव निश्चयवाद (Neo-determinism) की विचारधारा प्रस्तुत की है, जो पर्यावरण एवं मानव क्रिया के बीच समन्वय पर आधारित अवधारणा है। अतः यह एक मध्यमार्गी अवधारणा है।
- नव-निश्चयवाद न तो पर्यावरणीय निश्चयवाद के समान है और न ही सम्भववाद के समान, बल्कि इसमें यह बताया गया है कि प्राकृतिक नियमों का अनुपालन करके हम प्रकृति पर विजय प्राप्त कर सकते हैं अर्थात् जब प्रकृति स्वयं रूपान्तरण या परिवर्तन की स्वीकृति दे, तभी मानव को अपने विकास के प्रयत्नों की ओर अग्रसर होना चाहिए। अतः इसको रुको और जाओ निश्चयवाद (Stop and Go Determinism) भी कहते हैं।

मानव भूगोल के सम्बन्ध में महत्त्वपूर्ण विचारधाराएँ

- **कल्याणपरक** (Welfare) अथवा **मानवताधारी विचारधारा** (Humanistic thought) का सम्बन्ध मुख्यतः लोगों के सामाजिक कल्याण के अनेक पक्षों (आवास, शिक्षा और स्वास्थ्य) से होता है।
- **अमूलवादी विचारधारा** (Radical thought) का सम्बन्ध निर्धनता के कारण बन्धन और सामाजिक असमानता से सम्बन्धित होता है। इसमें मार्क्स के सिद्धान्त का उपयोग किया गया है।
- **व्यवहारवादी विचारधारा** (Behavioural thought) में प्रत्यक्ष अनुभव के साथ-साथ मानव, धर्म एवं प्रजाति पर आधारित सामाजिक वर्गों पर जोर दिया गया है।

मानव भूगोल की अवस्थाएँ/क्रमिक विकास

- मानव उदय के साथ ही उनका पर्यावरण के साथ अनुकूलन, समय के साथ समायोजन तथा इसमें रूपान्तर प्रारम्भ हुआ, जिससे मानव भूगोल के क्षेत्र में समय के साथ कई उपागमों का विकास हुआ, जिनमें दीर्घकालिक क्रमबद्धता पाई जाती है।
- उपनिवेश काल में विभिन्न प्रकार की खोजों के साथ संसाधनों की खोज को बढ़ावा मिला, साथ ही प्रकृति तथा मानव के मध्य के सम्बन्धों के रहस्य खुलने के साथ प्रादेशिक विश्लेषण, क्षेत्रीय विभेदन, स्थानिक संगठन एवं भिन्न विचारों का उदय विभिन्न लक्षणों के साथ हुआ।
- प्रकृति ने मानव को आदिम अवस्था से लेकर वर्तमान समय तक प्रभावित किया है। *अतः समय के साथ मानव भूगोल के क्रमिक विकास को निम्न रूपों में देखा जा सकता है*

मानव भूगोल का क्रमिक विकास

समय अवधि	उपागम	मुख्य लक्षण
आरम्भिक उपनिवेश युग	अन्वेषण और विवरण	साम्राज्यी और व्यापारिक रुचियों ने नए क्षेत्रों में खोजों व अन्वेषणों को प्रोत्साहित किया। क्षेत्र का विश्वज्ञानकोषीय (Encyclopaedic) विवरण भूगोलवेत्ताओं द्वारा वर्णन करना महत्त्वपूर्ण पक्ष बना।
उत्तर उपनिवेश युग	प्रादेशिक विश्लेषण	प्रदेश के सभी पक्षों का विस्तृत वर्णन किया गया। सभी प्रदेश पूर्ण अर्थात् पृथ्वी के भाग हैं। अतः इन भागों की पूरी समझ पृथ्वी को पूर्ण रूप से समझने में सहायता करेगी।
अन्तर-युद्ध अवधि के बीच 1930 का दशक	क्षेत्रीय विभेदन	एक प्रदेश अन्य प्रदेशों से किस प्रकार और क्यों भिन्न हैं, यह समझने के लिए तथा किसी प्रदेश की विलक्षणता की पहचान करने पर बल दिया गया।
1950 के दशक के अन्त से 1960 के दशक के अन्त तक	स्थानिक संगठन	कम्प्यूटर और परिष्कृत सांख्यिकीय विधियों (Sophisticated Statistical Tools) के प्रयोग के लिए विशिष्ट मानचित्र और मानवीय परिघटनाओं के विश्लेषण में प्रायः भौतिकी के नियमों का अनुप्रयोग किया जाता था। इस प्रावस्था में विभिन्न मानवीय क्रियाओं के मानचित्र योग्य प्रतिरूपों की पहचान करना मुख्य उद्देश्य बन गया।
1970 का दशक	मानवतावादी, आमूलवादी और व्यवहारवादी विचारधाराओं का उदय	मात्रात्मक क्रान्ति से उत्पन्न असन्तुष्टि और अमानवीय रूप से भूगोल के अध्ययन के चलते मानव भूगोल में 1970 के दशक में तीन नई विचारधाराओं का जन्म हुआ। इन विचारधाराओं के अभ्युदय से मानव भूगोल सामाजिक-राजनीतिक यथार्थ के प्रति अधिक प्रासंगिक बना।
1990 का दशक	उत्तर आधुनिकवाद	प्रत्येक स्थानीय सन्दर्भ की समझ के महत्त्व के साथ सामान्यीकरण तथा मानवीय दशाओं की व्याख्या पर जोर दिया गया।

मानव का प्रकृतीकरण

- मानव के प्रकृतीकरण (Naturalisation of Humans) से तात्पर्य मानव को प्रकृति के अनुसार स्वयं को ढाल लेने से है। आदिम काल में प्रौद्योगिकी (Technology) का स्तर अत्यन्त निम्न होने के कारण मानव ने प्रकृति के आदेशों के अनुसार ही स्वयं को ढाल लिया था, क्योंकि उस समय मानव प्रकृति को भली-भाँति समझता था। वह प्रकृति को सुनता था, प्रकृति की प्रचण्डता (जैसे–बादलों का गरजना, बिजली चमकना) से डरता था और साथ ही वह प्रकृति की पूजा भी करता था।

प्रकृति का मानवीकरण

- मानव द्वारा प्रौद्योगिकी का प्रयोग करके प्रकृति को अपने अनुसार ढाल लेना प्रकृति का मानवीकरण (Humanisation of Nature) कहलाता है।
- *उदाहरणस्वरूप* डी एन ए व आनुवंशिकी के ज्ञान से मनुष्य ने विभिन्न बीमारियों का पता लगाया तथा उन पर विजय प्राप्त की, साथ ही अधिक तीव्र गति से चलने वाले यान विकसित किए गए और वायु गति के नियमों को प्रयोग में लाया गया। इसके अतिरिक्त प्रौद्योगिकी पर्यावरण सम्बन्धी समस्याओं को दूर करने में सहायक सिद्ध हुई है।

मानव की उत्पत्ति

- वैज्ञानिकों के अनुसार, मानव का विकास क्रमिक रूप से टर्शियरी युग में आरम्भ हुआ। आरम्भिक मानव, मानव-सम-कपियों अर्थात् नर वानरों; जैसे—गोरिल्ला, चिम्पैंजी, औरंग उटांन आदि के समरूप थे। ये मानव के समान बिना पूँछ वाले कपि थे, जिन्हें प्राइमेट कहा जाता था।
- वर्तमान सभ्य मानव या होमोसेपियन्स की उत्पत्ति एवं विकास के लिए निएण्डरथल मानव को उत्तरदायी माना जाता है। इनकी उत्पत्ति आयु आज से बीस से तीस हजार वर्ष पूर्व मानी गई है।
- ऑस्ट्रेलोपिथिकस से मानव की कई जातियाँ विकसित हुईं, जो अल्पकाल तक ही विद्यमान रहीं। इन्हें प्रागैतिहासिक मानव (Pre-Historic man) कहते हैं। इनका विकासक्रम ऑस्ट्रेलोपिथिकस $\rightarrow$ होमो हैबिलिस $\rightarrow$ होमो इरेक्ट्स $\rightarrow$ होमोसेपियन्स, रूप में रहा। क्रो-मैग्नन (होमोसेपियन्स-सेपियन्स) को आधुनिक मानव के ठीक पूर्व की कड़ी माना जाता है। भारत में शिवालिक पर्वत श्रेणी से रामापिथेकस का सर्वप्रथम जीवाश्म मिला था।

प्रजाति

- प्रजाति (Races) एक समान लक्षणों वाले मानव समूह की प्राणिशास्त्रीय अवधारणा है। मानव जाति का प्रजातियों में विभाजन, सामाजिक या सांस्कृतिक न होकर जैविक है, जो शारीरिक आकृति एवं लक्षणों के आधार पर किया जाता है।

प्राचीन मानव प्रजातियाँ

मानव का विकास अनेक चरणों में हुआ है। वर्तमान मानव में मस्तिष्क और बुद्धि की उपस्थिति अधिक होने के कारण इसे 'होमोसेपियन्स' कहा जाता है। आदि मानव से वर्तमान मानव विकास शृंखला में *मानव ने निम्न स्वरूप धारण किए हैं*

- **पिथेकैनथ्रोपस मानव** इसे आदिमानव समझा जाता है। इसकी हड्डियाँ जावा द्वीप में प्राप्त हुई थीं। 'पिथेकैनथ्रोपस' का अर्थ होता है—खड़ा होने वाला वानर-मानव। यह वनमानुष और वर्तमान मानव के बीच की कड़ी है।
- **सिनैनथ्रोपस मानव** यह आदिमानव के बाद का मानव है। इसकी हड्डियाँ चीन में बीजिंग में प्राप्त हुई थीं। वनमानुष की अपेक्षा इसका मस्तिष्क अपेक्षाकृत बड़ा था।
- **हाइडिलबर्ग मानव** यह मानव प्लीस्टोसीन काल के प्रथम हिम युग का था। इस मानव के निचले जबड़े की हड्डियाँ जर्मनी में हाइडिलबर्ग के समीप प्राप्त हुई थीं।
- **रोडेशियन मानव** यह अत्यधिक प्राचीन पूर्वज और मानव के बीच की कड़ी है। इसके दाँत वर्तमान मानव के समान थे। इसकी हड्डियाँ अफ्रीका में रोडेशिया क्षेत्र से प्राप्त हुई थीं।
- **निएण्डरथल मानव** इस मानव की शरीर रचना होमोसेपियन्स से बहुत कुछ मिलती-जुलती थी। इसके अवशेष पश्चिमी यूरोप में, जिब्राल्टर तथा जर्मनी के डुसेलडॉर्फ प्रदेश में मिले थे।

प्रजातियों की विभिन्नता को प्रभावित करने वाले कारक

प्रजातियों की विभिन्नता को प्रभावित करने वाले प्रमुख कारक निम्नलिखित हैं

- **जलवायु परिवर्तन** (Climatic change) एक-समान समूह की प्रजातियों का विकास लम्बे समय तक एक ही प्रकार की जलवायु में रहने के कारण हो जाता है; जैसे—उष्णकटिबन्धीय क्षेत्र (Tropical zone) की निग्रोयड प्रजाति व शीत प्रदेशों की काकेशियन प्रजाति। जलवायु परिवर्तन के कारण प्रजातीय विशेषताएँ भी परिवर्तित होती हैं।
- **ग्रन्थि रस का प्रभाव** (Effect of hormones) प्रजातियों की विशेषताओं पर ग्रन्थि रस का भी प्रभाव पड़ता है। पीयूष ग्रन्थि के अधिक क्रियाशील होने के कारण काकेशियन प्रजाति से सम्बन्धित लोग भारी शरीर, लम्बे कद, सुन्दर व सुडौल नाक और बड़ी ठोढ़ी वाले होते हैं।
- **गाल ग्रन्थि** (Thyroid Gland) मंगोलॉयड प्रजातियों में यह निष्क्रिय होती है, जिसके कारण इनका चेहरा चपटा, नाक दबी हुई तथा ललाट छोटा एवं उभरा हुआ रह जाता है। एड्रीनल ग्रन्थि से त्वचा का रंग प्रभावित होता है।

प्रजातियों का वर्गीकरण

मानव विद्वानों ने मानव प्रजातियों का वर्गीकरण मानव की शारीरिक बनावट के विशिष्ट लक्षणों; (जैसे—त्वचा का रंग, खोपड़ी की लम्बाई, जबड़ों का उभार, शरीर का कद, बाल, चेहरे की आकृति, आँखों की बनावट, रक्त समूह आदि) के आधार पर किया है।

- **त्वचा का रंग** मनुष्य की त्वचा में मैलेनियन की अधिकता से त्वचा का रंग काला या गहरा भूरा, जबकि कैरोटिन की अधिकता के कारण त्वचा का रंग पीला और हीमोग्लोबिन की अधिकता से श्वेत या गोरे रंग के लिए उत्तरदायी है।

विश्व की प्रजातियों को मोटे तौर पर तीन भागों में बाँटा गया है; जैसे

त्वचा का रंग	प्रजाति
श्वेत त्वचा या गौर वर्ण	काकेशियन प्रजाति
पीली त्वचा या पीत वर्ण	मंगोलियन प्रजाति
श्याम त्वचा या काला वर्ण	नीग्रोयड प्रजाति

- **कद** मनुष्य का कद (Height), भोजन की गुणवत्ता तथा उसकी मात्रा पर काफी हद तक निर्भर करता है तथापि यह एक वंशानुक्रमजनित लक्षण है। कद के आधार पर लोगों को तीन मुख्य वर्गों में बाँटा जाता है, जिन्हें नाटे, मध्यम और ऊँचे कद के लोग कहते हैं।
- **सिर का आकार** मनुष्य की प्राकृतिक रचना में शिरस्थ सूचकांक सबसे अधिक स्थायी रहने वाला लक्षण है। यह शरीर के अन्य अंगों में परिवर्तन होने पर भी कम ही परिवर्तित होता है। शिरस्थ सूचकांक को *निम्नलिखित सूत्र से ज्ञात किया जाता है*

$$\text{शिरस्थ सूचकांक (Cephalic Index)} = \frac{\text{सिर की चौड़ाई}}{\text{सिर की लम्बाई}} \times 100$$

- **चेहरे का आकार** किसी व्यक्ति के चेहरे की बनावट से उसकी प्रजाति के सम्बन्ध में जानकारी प्राप्त की जा सकती है।
- **नाक का आकार** नासा सूचकांक (Nasal Index) भी प्रजाति वर्गीकरण का एक निश्चित आधार है। *नासा सूचकांक निम्नलिखित सूत्र से ज्ञात किया जाता है*

$$\text{नासिका सूचकांक (N I)} = \frac{\text{नाक की चौड़ाई}}{\text{नाक की लम्बाई}} \times 100$$

- **नेत्र** कुछ प्रजातियाँ आँख के रंग से पहचानी जाती हैं, परन्तु आँख के रंग से भी अधिक महत्त्वपूर्ण आँखों की बनावट होती है। बनावट के आधार पर मंगोलॉयड लोगों की आँखें अन्य प्रजातियों के लोगों की आँखों से भिन्न होती हैं।
- **बाल** मानव प्रजाति के वर्गीकरण में बालों का आकार एवं उनका रंग महत्त्वपूर्ण घटक है। विभिन्न प्रजातियों के बालों की बनावट में भी भिन्नता पाई जाती है, *जैसे*

बालों के प्रकार	प्रजाति
सीधे बाल (Leiotrichy)	मंगोलॉयड प्रजाति
घुँघराले बाल (Cymotrichy)	काकेशॉयड प्रजाति
ऊन जैसे बाल (Woltrichy)	नीग्रोयड प्रजाति

- **शारीरिक गठन** मानव जाति का वर्गीकरण शारीरिक गठन के आधार पर भी किया जाता है। इन वर्गों के नाम पाइकनिक (नाटा और गठीला), एथलेटिक (बड़ा एवं तगड़ा) तथा लेप्टोसम (लम्बा व पतला) है।
- **रक्त समूह** काकेशॉयड (श्वेत) प्रजाति में B रक्त समूह की अपेक्षा A रक्त समूह अधिक पाया जाता है। मंगोलॉयड प्रजाति के लोगों में B रक्त समूह वाले लोग अधिक होते हैं, जबकि नीग्रो में A और B दोनों ही रक्त समूह पाए जाते हैं।

मानव प्रजातियों का सामान्य वर्गीकरण

- **लिनीयस** महोदय के अनुसार, संसार में मुख्यत: *तीन वृहद् प्रजातीय समूह पाए जाते हैं*

1. काकेशॉयड (प्रजाति) 2. मंगोलॉयड (प्रजाति) 3. नीग्रोयड

1. काकेशॉयड प्रजाति

- इस प्रजाति का संसार में सर्वाधिक विस्तार है। ये श्वेत वर्ण, ऊँची तथा पतली नाक, सामान्य से ऊँचा कद आदि विशेषताओं से युक्त हैं। *इस प्रजाति की तीन शाखाएँ हैं*

(i) **यूरोपियन शाखा** इसका सर्वाधिक संकेन्द्रण यूरोप में पाया जाता है, *इनके भी तीन उपवर्ग हैं*

(क) **नॉर्डिक** (स्केण्डिनोविया, बाल्टिक राज्य तथा जर्मनी)।

(ख) **भूमध्यसागरीय**।

(ग) **अल्पाइन** (आल्पस पर्वत क्षेत्र, फ्रांस से रूस तक)।

(ii) **इण्डो-ईरानियन शाखा** यह ईरान, इराक व पाकिस्तान क्षेत्र में मिलती है। भारत के पश्चिमोत्तर एवं मध्य भाग में भी यह प्रजाति मिलती है।

(iii) **सेमाइट और टेमाइट** इस प्रजाति का विस्तार उत्तरी और उत्तर-पूर्वी अफ्रीका में है।

2. मंगोलॉयड प्रजाति

- इस प्रजाति का प्रमुख विस्तार मध्य व पूर्वी एशिया में पाया जाता है। इनका सिर चौड़ा, कपाल छोटा, नाक सपाट व सीधी, रंग पीला व भूरा होता है। मंगोल प्रजाति का विशिष्ट लक्षण उनकी तिरछी आँखें हैं, जो भारी पलकों के कारण मुड़ी हुई दिखती हैं। इनके बाल काले, खड़े एवं अल्प होते हैं। इनकी प्रमुख शाखाएँ हैं—प्राचीन मंगोलॉयड, आर्कटिक मंगोलॉयड, इण्डोनेशियन मंगोलॉयड व अमेरिकन मंगोलॉयड आदि।

3. नीग्रोयड प्रजाति

- यह मानव इतिहास की प्रथम प्रजाति है। इसका मूल स्थान अफ्रीका महाद्वीप है। इस प्रजाति के लोगों का रंग काला या भूरे-कत्थई रंग का होता है। *इनकी दो शाखाएँ हैं*

(i) **अफ्रीकी नीग्रोयड** यह पूरे अफ्रीका में फैले हैं, जो स्थानीय रूप से विविध जनजाति नामों से पाए जाते हैं;
जैसे—कालाहारी मरुस्थल में बुशमैन, जायरे बेसिन में पिग्मी आदि।

(ii) **एशियाई नीग्रोयड** इस शाखा के अन्तर्गत द्रविड़ तथा ऑस्ट्रेलॉयड प्रजातियाँ आती हैं। द्रविड़ प्रजातियाँ भारत में, ऑस्ट्रेलॉयड प्रजातियाँ दक्षिण पूर्व एशिया, उत्तरी ऑस्ट्रेलिया तथा दक्षिणी भारत में निवास करती हैं।

विश्व की प्रमुख जनजातियाँ

जनजातियाँ	क्षेत्र	जनजातियाँ	क्षेत्र
एस्किमो	कनाडा ग्रीनलैण्ड के टुण्ड्रा	बोर	दक्षिण अफ्रीका
लैप्स	यूराल के टुण्ड्रा	बुशमैन	कालाहारी
सिगोटाड्स	एशियाई टुण्ड्रा	हॉटेण्टॉट	कालाहारी
तातार	साइबेरिया	जुलू	दक्षिण अफ्रीका (नैटाल)
एलेट्स	अलास्का	मायाज	ग्वाटेमाला
फिनस	यूरोपीय टुण्ड्रा	माया	मैक्सिको

जनजातियाँ	क्षेत्र	जनजातियाँ	क्षेत्र
याकूत, तुंगु, चुकची, युकधिर	रूसी टुण्ड्रा	रेड इण्डियन औका	उत्तरी अमेरिका इक्वाडोर
माओरी	न्यूजीलैण्ड के मूल निवासी	गाउचो	उरुग्वे एवं अर्जेण्टीना (पम्पास क्षेत्र)
एबोरिजिन्स	ऑस्ट्रेलिया के मूल निवासी मध्यवर्ती एवं पश्चिमी ऑस्ट्रेलिया	पपुआंस खिरगीज वेद्दा	न्यूगिनी मध्य एशिया के स्टेपी क्षेत्र श्रीलंका
बर्बर	अल्जीरिया, मोरक्को, ट्यूनीशिया (उत्तरी अफ्रीका)	सेमांग पूनॉन बद्दू	मलेशिया बोर्नियो अरब
हैमाइट्रस	उत्तरी-पश्चिमी अफ्रीका	कज्जाक	मध्य एशिया
किकूयू	केनिया	कालमुख	मध्य एशिया
मसाई	पूर्वी अफ्रीका	अफरीदी	पाकिस्तान
पिग्मी	जायरे बेसिन	लाई	म्यांमार
फूलानी हाउसा	नाइजीरिया	विण्डिबू	ऑस्ट्रेलिया
मल्ला	मिस्र	टपीरो	न्यूगिनी
फेल्लाह	नील नदी घाटी	कोसक	पोलैण्ड, यूक्रेन
हौसा	नाइजीरियाई	मग्यार	हंगरी

विश्व के सांस्कृतिक प्रदेश

- सम्पूर्ण विश्व को अनेक कारकों के आधार पर विभिन्न सांस्कृतिक प्रदेशों में विभाजित किया गया है, जिनकी अपनी कुछ विशिष्टताएँ हैं, *जो निम्न हैं*

सांस्कृतिक प्रदेश एवं सम्बन्धित विशेषताएँ

सांस्कृतिक प्रदेश	विशेषताएँ
ध्रुवीय (Polar)	मंगोल प्रजातियाँ, एकांकी अर्थव्यवस्था, आखेट, खाद्य संग्रह, मत्स्यन, आंशिक भ्रमणकारी अविकसित राजनैतिक संगठन
यूरोपियन या ऑक्सीडेण्टल	पाश्चात्य परिमण्डल, धार्मिक समानता एवं प्रजातीय विषमता
आंग्ल-अमेरिकी	रियो ग्राण्ड के उत्तर यूरोपीय सांस्कृतिक परिमण्डल से उत्पन्न, पूँजीवादी, औद्योगिकीकृत
लैटिन अमेरिकी	स्पेनिश एवं पुर्तगाली संस्कृति, रोमन कैथोलिक चर्च, भाषा वास्तुकला आदि पर भूमध्यसागरीय प्रभाव
शुष्क सांस्कृतिक प्रदेश	भ्रमणकारी एवं जनजातीय इस्लाम मतावलम्बी मध्य पूर्व एवं उत्तरी अफ्रीका
ऑस्ट्रेलिया, न्यूजीलैण्ड	यूरोपीय परिमण्डल की शाखा, कृषि एवं उद्योग के मध्य सन्तुलन, आंग्ल-अमेरिका से समानता
कम्युनिस्ट सांस्कृतिक प्रदेश	पूर्वी यूरोपीय एवं भूतपूर्व सोवियत संघ, केन्द्रीकृत नियोजन, सामूहिक कृषि
अफ्रीकी सांस्कृतिक प्रदेश	सहारा के दक्षिण, आदिम संस्कृति, भाषायी विविधता, अशिक्षा, पिछड़ापन, गरीबी, नीग्रोयड प्रजाति
ओरिएण्टल सांस्कृतिक प्रदेश	मानसूनी, नृजातीय, भाषायी, धार्मिक विविधता, गरीबी, अशिक्षा, ग्रामीण जनसंख्या की अधिकता (जापान, सिंगापुर, हाँगकाँग को छोड़कर) वृहत जनसंख्या
प्रशान्त सांस्कृतिक प्रदेश	विलग समुदाय, अत्यधिक आदिम एवं विविधता, महासागरीय प्रभाव, मैलेनेशिया, माइक्रोनेशिया, पोलेमेशिया आदि।

जनसंख्या

- विश्व की कुल जनसंख्या का 90% भाग 10% क्षेत्रफल में निवास करता है। इस 90% जनसंख्या का अधिकांश भाग 20° से 60° उत्तर अक्षांशों के बीच चार प्रमुख क्षेत्रों—पूर्वी एवं दक्षिणी एशिया, पश्चिमी यूरोप तथा पूर्वी एंग्लो अमेरिका में अवस्थित है, जबकि दूसरी ओर विश्व के उच्च अक्षांशीय क्षेत्र, उच्च स्थलाकृति के क्षेत्र, अत्यधिक ताप तथा अत्यधिक वर्षा के क्षेत्र और अत्यधिक वन के क्षेत्र 'जनसंख्या शून्य' प्रदेश कहलाते हैं, क्योंकि इन क्षेत्रों में विरल जनसंख्या पाई जाती है। जनसंख्या के वितरण को कई तत्त्व प्रभावित करते हैं; जैसे— भौगोलिक, आर्थिक, सांस्कृतिक, राजनीतिक आदि।

विश्व जनसंख्या का वितरण

- विश्व की वर्तमान जनसंख्या 7 अरब से अधिक है, परन्तु इसका वितरण सर्वत्र समान नहीं है। एक निश्चित समय में किसी प्रदेश की जनसंख्या का वितरण व घनत्व उस स्थान की प्राकृतिक दशाओं के अतिरिक्त वहाँ के सामाजिक, आर्थिक, राजनीतिक, ऐतिहासिक व जनांकिकी कारकों से भी प्रभावित होता है।

जनसंख्या वितरण को प्रभावित करने वाले कारक

- जनसंख्या वितरण को प्रभावित करने वाले कारकों में भौगोलिक कारकों के अतिरिक्त सामाजिक, आर्थिक, राजनैतिक एवं सांस्कृतिक कारक भी शामिल होते हैं, जो अपने-अपने प्रभावों से मानव को प्रभावित करते हैं, *जिनका वर्णन निम्न प्रकार है*

भौगोलिक कारक

भौगोलिक कारकों (Geographical Factors) में जल की उपलब्धता, भू-आकृति, जलवायु तथा मृदा आदि शामिल होते हैं, *जिनका वर्णन निम्न प्रकार है*

(i) **जल की उपलब्धता** (Availability of Water) किसी भी क्षेत्र में मनुष्य के रहने के लिए जल की पर्याप्त उपलब्धता का होना आवश्यक है। जल का उपयोग पीने के लिए, नहाने, भोजन बनाने, कृषि के लिए, उद्योग-धंधों तथा नौसंचालन (Navigation) के लिए होता है। नदी घाटियों में कृषि के लिए उपजाऊ मिट्टी के अतिरिक्त पर्याप्त जलापूर्ति के कारण जनसंख्या अधिक पाई जाती है। इस कारण से विश्व की जनसंख्या का अधिकांश भाग नदी घाटियों में निवास करता है।

(ii) **भू-आकृति** (Landforms) भू-आकृति जनसंख्या को प्रभावित करने वाले कारकों में प्रमुख है, जिससे जनसंख्या का वितरण मैदानी क्षेत्र और मंद ढाल वाले क्षेत्रों में अधिक पाया जाता है, क्योंकि ये क्षेत्र सड़क यातायात, फसल उत्पादन और उद्योगों के विकास के लिए अनुकूल होते हैं।

पहाड़ी और पर्वतीय क्षेत्र के ढाल तीव्र होने के कारण ये यातायात, कृषि एवं औद्योगिक विकास के अनुकूल नहीं होते हैं, जिसके कारण यहाँ जनसंख्या कम पाई जाती है। गंगा का मैदान विश्व के सबसे अधिक सघन जनसंख्या वाले क्षेत्रों में से एक है, जबकि हिमालय के पर्वतीय भाग कम जनसंख्या वाले क्षेत्र हैं।

(iii) **जलवायु** (Climate) जिन प्रदेशों में मौसम में परिवर्तन कम होता है, वहाँ जनसंख्या अधिक पाई जाती है, क्योंकि ये प्रदेश मनुष्य के रहने के लिए अनुकूल होते हैं; जैसे—भूमध्यसागरीय प्रदेश।

अतिउष्ण या ठण्डे मरुस्थल की विषम जलवायु वाले क्षेत्र मनुष्य के रहने के लिए अनुकूल नहीं होते, क्योंकि यहाँ मौसम में परिवर्तन होता रहता है, जिसके कारण इन क्षेत्रों में जनसंख्या कम पाई जाती है।

(iv) **मिट्टी** (Soil) उपजाऊ मिट्टी (Fertile soil) वाले क्षेत्रों में जनसंख्या अधिक पाई जाती है। कृषि तथा इससे जुड़ी क्रियाओं के लिए मिट्टी का उपजाऊ होना आवश्यक होता है। विश्व की अधिकांश जनसंख्या दोमट मिट्टी (Loamy soil) वाले क्षेत्रों और नदी घाटियों (River valleys) के आस-पास पाई जाती है, क्योंकि इस प्रकार की मिट्टियाँ गहन कृषि (Intensive agriculture) का आधार होती हैं। दक्षिण तथा दक्षिण-पूर्वी एशिया में अधिक जनसंख्या होने का मुख्य कारण मिट्टी का उपजाऊ होना है।

आर्थिक कारक

इसके अन्तर्गत खनिज, नगरीकरण, औद्योगीकरण आदि कारक शामिल होते हैं, *जिनका वर्णन निम्न प्रकार है*

(i) **खनिज** (Minerals) किसी क्षेत्र में खनन उद्योग होने से वहाँ की जनसंख्या सघन होती है। खनिज पदार्थों के उत्खनन से युक्त क्षेत्र उद्योगों को आकर्षित करने के साथ-साथ रोजगार भी उत्पन्न करते हैं, जिससे कुशल और अर्द्ध-कुशल श्रमिक (Skilled and Semi -skilled workers) इन क्षेत्रों की ओर पलायन कर जनसंख्या को सघन बना देते हैं; जैसे—अफ्रीका की कटंगा तथा जांबिया की ताँबा पेटी।

(ii) **नगरीकरण** (Urbanisation) नगरीय क्षेत्र में शिक्षा, चिकित्सा, स्वास्थ्य तथा संचार एवं परिवहन के साथ रोजगार के साधन उपलब्ध होते हैं, जो ग्रामीण क्षेत्र के लोगों को यहाँ आने के लिए आकर्षित करते हैं, जिससे नगरीय जनसंख्या बढ़ जाती है।

(iii) **औद्योगीकरण** (Industrialisation) जिन क्षेत्रों में अत्यधिक औद्योगिक विकास और औद्योगिक क्षेत्र हैं, वहाँ रोजगार के बेहतर अवसर उपलब्ध होते हैं, जिससे जनसंख्या उन क्षेत्रों के प्रति आकर्षित होती है। इनमें कारखानों के श्रमिकों के अतिरिक्त परिवहन चालक, दुकानदार, बैंककर्मी, डॉक्टर, अध्यापक तथा अन्य सेवाएँ उपलब्ध कराने वाले लोग भी शामिल होते हैं; जैसे—जापान का कोबे-ओसाका विकसित औद्योगीकरण के कारण सघन जनसंख्या वाला क्षेत्र है।

(iv) **सामाजिक एवं सांस्कृतिक कारक** (Social and Cultural Factors) संस्कृति की पहचान के रूप में महत्त्व रखने वाले क्षेत्र के साथ सामाजिक और राजनीतिक रूप से शान्त क्षेत्र मानव बसाव को आकर्षित करते हैं। इसके अतिरिक्त सरकार भी विरल (शून्य या कम आबादी वाली जगह) एवं शान्त जगहों पर लोगों को भेजकर या बसाकर जनसंख्या को बढ़ाती है।

विश्व जनसंख्या का घनत्व

विश्व जनसंख्या घनत्व को निम्न क्षेत्रों के माध्यम से समझा जा सकता है

उच्च जनसंख्या घनत्व के क्षेत्र

- विश्व में 100 व्यक्ति प्रति वर्ग किलोमीटर से अधिक जनसंख्या वाले क्षेत्रों को उच्च जनसंख्या घनत्व (High Population Density) वाले क्षेत्र कहते हैं। सर्वाधिक घने बसे हुए क्षेत्रों में पूर्व एशिया तथा दक्षिणी एवं दक्षिण-पूर्व एशिया, यूरोप तथा उत्तर अमेरिका का पूर्वी तट सम्मिलित है।

सामान्य जनघनत्व के क्षेत्र

- सामान्य जनघन्त्व (Moderate Population Density) अन्तर्गत मुख्यत: भूमध्यसागरीय जलवायु क्षेत्र, सवाना प्रदेश, मध्य अक्षांशीय घास के मैदान आदि क्षेत्रों को शामिल किया जाता है। विश्व में सर्वाधिक जनसंख्या घनत्व एशिया में पाया जाता है। इसके पश्चात् यूरोप, उत्तरी अमेरिका, अफ्रीका व दक्षिणी अमेरिका का स्थान आता है। ओशेनिया या ऑस्ट्रेलिया महाद्वीप में न्यूनतम जनसंख्या का घनत्व है।

न्यून जनघनत्व के क्षेत्र

- वे क्षेत्र जहाँ जनघनत्व 1 से 2 व्यक्ति प्रति वर्ग किलोमीटर होता है, जनसंख्या घनत्व (Least Population Density) वाले क्षेत्र होते हैं। *न्यून जनसंख्या के प्रदेश पाँच प्रकार के हैं—*

1. उष्णमरुस्थल
2. अतिशीत क्षेत्र
3. शीतोष्ण मरुस्थल
4. विषुवत् रेखीय क्षेत्र
5. अत्यधिक वर्षा वाले व अत्यधिक वन के क्षेत्र

जनसंख्या वृद्धि

- किसी निश्चित क्षेत्र में निश्चित अवधि के दौरान निवासियों की संख्या में हुए परिवर्तन को जनसंख्या वृद्धि या **जनसंख्या परिवर्तन** कहा जाता है। जनसंख्या परिवर्तन किसी क्षेत्र की सामाजिक, आर्थिक, राजनीतिक एवं सांस्कृतिक पृष्ठभूमि को सूचक के रूप में व्यक्त करता है। इसे प्रतिशत के रूप में भी व्यक्त किया जाता है।

जनसंख्या परिवर्तन को दो रूपों में बाँटकर देखा जाता है

(i) **धनात्मक वृद्धि** (Positive Growth) जनसंख्या में धनात्मक वृद्धि तब होती है, जब किसी क्षेत्र में निश्चित अवधि के दौरान जन्म दर, मृत्यु दर से अधिक हो। जनसंख्या में धनात्मक वृद्धि तब भी सम्भव है, जब किसी अन्य क्षेत्र के लोग उस देश में स्थायी रूप से प्रवास कर जाएँ।

(ii) **ऋणात्मक वृद्धि** (Negative Growth) किसी निश्चित क्षेत्र में निश्चित अवधि के दौरान जनसंख्या में हुई कमी (नकारात्मक) को ऋणात्मक वृद्धि कहा जाता है। ऋणात्मक वृद्धि तब होती है, जब जन्म दर, मृत्यु दर से कम हो या लोग किसी अन्य देश में प्रवास कर जाएँ।

जनसंख्या वृद्धि के घटक

जनसंख्या वृद्धि के मुख्यत: दो घटक होते हैं, जिनका वर्णन निम्न है

1. अशोधित जन्म दर

किसी वर्ष विशेष में प्रति हजार स्त्रियों द्वारा जन्म दिए गए जीवित बच्चों की संख्या अशोधित जन्म दर (Crude Birth Rate) कहलाती है। यह आधारभूत विधि है, जिसमें जनसंख्या वृद्धि का सही अनुमान लगाया जाता है।

2. अशोधित मृत्यु दर

- किसी वर्ष विशेष में प्रति हजार जनसंख्या के अनुपात में मरने वाले व्यक्तियों की संख्या को अशोधित मृत्यु दर (Crude Death Rate) कहते हैं। जनसंख्या वृद्धि न केवल बढ़ती जनसंख्या से होती है, बल्कि घटती मृत्यु दर से भी होती है।

जनसंख्या संघटन

जनसंख्या संघटन को प्रभावित करने वाले कारक निम्न है

लिंग अनुपात

- किसी देश/प्रदेश की जनसंख्या में स्त्रियों और पुरुषों के बीच के अनुपात को लिंग अनुपात (Sex Ratio) कहा जाता है। भारत में इसका आकलन प्रति हजार पुरुषों पर स्त्रियों की संख्या ज्ञात करके किया जाता है, परन्तु कुछ देशों में इसका आकलन प्रति हजार स्त्रियों पर पुरुषों की संख्या ज्ञात करके किया जाता है। भारत में लिंग अनुपात ज्ञात करने का सूत्र निम्न प्रकार है

$$\text{लिंगानुपात} = \frac{\text{स्त्रियों की संख्या}}{\text{पुरुषों की संख्या}} \times 1{,}000$$

- लिंगानुपात किसी देश की सामाजिक एवं आर्थिक स्थिति को जानने में सहायता करता है, साथ ही लिंगानुपात से किसी देश में स्त्रियों की स्थिति के सम्बन्ध में महत्त्वपूर्ण सूचना भी प्राप्त की जा सकती है। जिन देशों/प्रदेशों में पुरुषों की तुलना में स्त्रियों की संख्या कम होती है, वहाँ स्त्रियों के लिए निश्चित रूप से प्रतिकूल दशाएँ होती हैं। सामान्यत: इन क्षेत्रों में कन्या भ्रूण हत्या एवं घरेलू हिंसा जैसी कुप्रथाएँ पाई जाती हैं।

विश्व सन्दर्भ में लिंगानुपात

- वर्तमान में विश्व जनसंख्या के लिंगानुपात में प्रति हजार पुरुषों पर 990 स्त्रियाँ हैं। विश्व में सर्वाधिक लिंगानुपात यूरोप के लातविया (Latvia) में है, जहाँ प्रति हजार पुरुषों पर 1,187 स्त्रियाँ हैं, साथ ही न्यूनतम लिंगानुपात संयुक्त अरब अमीरात में है, जहाँ प्रति हजार पुरुषों पर 468 स्त्रियाँ हैं।
- संयुक्त राष्ट्र संघ द्वारा सूचीबद्ध 139 देशों में लिंगानुपात स्त्रियों के अनुकूल तथा 72 देशों में उनके प्रतिकूल पाया जाता है।
- एशिया के कई देशों (चीन, भारत व सऊदी अरब) में महिलाओं की संख्या में कमी देखी जाती है, जिसके कारण इन देशों में लिंगानुपात निम्न पाया जाता है। रूस सहित यूरोप के कई देशों में पुरुषों की संख्या में कमी पाई जाती है, जिसके कारण विश्व के विभिन्न भागों में पुरुषों का उत्प्रवास (Emigration) होना तथा महिलाओं की अच्छी स्थिति का होना प्रतीत होता है।

आयु संरचना

- आयु संरचना (Age Structure) जनसंख्या संघटन का महत्त्वपूर्ण घटक है। इसके द्वारा विभिन्न आयु वर्ग के लोगों की संख्या को दर्शाया जाता है। *किसी देश की जनसंख्या को सामान्यत: तीन आयु वर्गों में बाँटा जाता है, जो निम्न प्रकार हैं—*
  - (i) **बाल वर्ग** (Child Class) 0 से 14 वर्ष की आयु की जनसंख्या को इस वर्ग में शामिल किया जाता है, जिसे भविष्य के रूप में देखा जाता है।
  - (ii) **प्रौढ़ वर्ग** (Adult Category) 15 से 59 वर्ष की आयु वर्ग के लोगों को इस वर्ग में शामिल किया जाता है। यह वर्ग युवा एवं उत्पादक होता है, जो विभिन्न प्रकार के उत्पादन के कार्यों में संलग्न रहता है। यह वर्ग देश के आर्थिक विकास को बढ़ाने में भी सहायक है। इस वर्ग की अधिक जनसंख्या उच्च जन्म दर को व्यक्त करती है। इस वर्ग को कार्यशील वर्ग भी कहा जाता है।
  - (iii) **वृद्ध वर्ग** (Old Age) 60 वर्ष या इससे ऊपर की आयु के लोगों को इस वर्ग में शामिल किया जाता है। यह वर्ग उत्पादक नहीं होता तथा इसमें स्वास्थ्य सम्बन्धी समस्याएँ पाई जाती हैं। परिणामस्वरूप इस वर्ग पर अधिक खर्च की आवश्यकता होती है।

ग्रामीण-नगरीय संघटन

- ग्रामीण-नगरीय संघटन (Rural-Urban Composition) से आशय जनसंख्या के ग्रामीण एवं नगरीय क्षेत्रों में वितरण से है। किसी भी देश की जनसंख्या का ग्रामीण एवं नगरीय क्षेत्रों में विभाजन उनके निवास के आधार पर किया जाता है।
- ग्रामीण और नगरीय क्षेत्रों में आयु-लिंग संघटन, व्यावसायिक संरचना, जनसंख्या का घनत्व तथा विकास के स्तर अलग-अलग होते हैं। इसी भिन्नता को ग्रामीण-नगरीय संघटन कहते हैं।
- ग्रामीण तथा नगरीय जनसंख्या में अन्तर करने वाले मापदण्ड विश्व के देशों में अलग-अलग होते हैं, इसलिए ग्रामीण तथा नगरीय संघटन को बाँटकर देखा जाता है, *जिसका वर्णन निम्न है*

ग्रामीण संघटन

- ग्रामीण क्षेत्रों में लोग कृषि, मत्स्य, खनन एवं पशुपालन जैसी **प्राथमिक क्रियाओं** (Primary activities) में संलग्न होते हैं।
- यूरोपीय देशों के ग्रामीण क्षेत्रों में स्त्रियों की अपेक्षा पुरुष अधिक रहते हैं, जबकि भारत, पाकिस्तान व नेपाल जैसे देशों में पुरुषों की अपेक्षा स्त्रियाँ गाँवों में अधिक रहती हैं। परिणामस्वरूप यूरोप के देशों के ग्रामीण क्षेत्र पुरुषों के अनुकूल तथा एशिया के देशों के ग्रामीण क्षेत्र स्त्रियों के अनुकूल पाए जाते हैं।
- विकसित देशों में कृषि कार्य मशीनों एवं नवीन तकनीकों से किए जाते हैं, जिसमें पुरुषों की भागीदारी अधिक होती है। वहीं भारत जैसे कृषि प्रधान देशों में महिलाओं की सहभागिता अधिक होती है।

नगरीय संघटन

- नगरों में जनसंख्या का अधिकांश भाग **गैर-प्राथमिक** (Non-Primary) कार्यों में संलग्न होता है; जैसे— उद्योग, व्यापार, परिवहन आदि।
- पश्चिमी देशों के नगरीय क्षेत्रों में पुरुषों की अपेक्षा स्त्रियों की संख्या अधिक पाई जाती है। इसके विपरीत एशिया में स्थित नेपाल, पाकिस्तान एवं भारत जैसे देशों के नगरीय क्षेत्रों में पुरुषों की संख्या अधिक पाई जाती है।
- यूरोप, कनाडा एवं संयुक्त राज्य अमेरिका के देशों में रोजगार की अधिक सम्भावना तथा स्त्रियों की सामाजिक एवं आर्थिक (Social and Economic) स्थिति अच्छी होने से नगरीय क्षेत्र स्त्रियों के अनुकूल होते हैं। वहीं एशिया के देशों के नगरीय क्षेत्र में सुरक्षा की कमी, रोजगार की कमी तथा अन्य सुविधाओं का अभाव पाया जाता है। परिणामस्वरूप यहाँ के नगरीय क्षेत्र महिलाओं के प्रतिकूल पाए जाते हैं।

मानव विकास

- मानव विकास (Human development) का आशय मानव के सम्पूर्ण विकास से है, जिसमें सामाजिक, आर्थिक एवं राजनीतिक स्वतन्त्रता के साथ शिक्षा, स्वास्थ्य तथा अन्य अवसरों की स्वतन्त्रता आदि शामिल होती है। यह विकास के गुणात्मक पक्ष को व्यक्त करता है।
- मानव विकास से सम्बन्धित विचारों को 80 के दशक के अन्त में तथा 90 के दशक के आरम्भ में स्पष्ट किया गया था। मानव विकास के विचारों के सम्बन्ध में दो दक्षिण एशियायी अर्थशास्त्रियों **डॉ. महबूब-उल-हक** एवं **अमर्त्य सेन** का महत्त्वपूर्ण योगदान है। इस अवधारणा का प्रतिपादन डॉ. महबूब-उल-हक ने किया था।

मानव विकास की अवस्थाएँ

मानव विकास को दो अवस्थाओं में बाँटकर देखा जा सकता है, *जिनका वर्णन निम्न है*

1. वर्ष 1980-90 से पूर्व मानव विकास

- वर्ष 1980-90 से पूर्व देश की आर्थिक संवृद्धि के मात्रात्मक परिवर्तन के साथ मानव विकास को देखा जाता था, जिसमें देश आर्थिक रूप से विकसित होते थे, परन्तु देश का आर्थिक रूप से विकसित होना मानव जीवन के गुणात्मक परिवर्तन के अनुसार नहीं था, क्योंकि उस समय आर्थिक विकास का लाभ जनसाधारण तक नहीं पहुँच पाता था।

2. वर्ष 1980-90 के बाद मानव विकास

- इस दशक में मानव विकास के गुणात्मक पक्षों पर बल दिया गया तथा मानव को केन्द्र बिन्दु मानकर विकास के प्रत्येक पहलू पर बल देकर उसे विकल्पों के साथ परिवर्तनशील बनाने का प्रयास किया गया। मानव विकास के मूल उद्देश्यों की प्राप्ति हेतु अनुकूल दशाओं का निर्धारण प्रारम्भ हुआ। साथ ही संसाधनों तक लोगों की पहुँच हो सके इसके लिए उनकी क्षमता निर्माण पर बल दिया गया।
- इस सन्दर्भ में नोबेल पुरस्कार विजेता प्रो. अमर्त्य सेन ने मानव विकास के लिए स्वतन्त्रताओं की वृद्धि को प्रभावशाली माध्यम बताया है। डॉ. हक ने मानव विकास का वर्णन ऐसे विकास के रूप में किया है, जो लोगों के विकल्पों में वृद्धि करता है और उनके जीवन में सुधार लाता है।

मानव विकास का मापन

- मानव विकास को मानव विकास सूचकांक (Human Development Index, HDI) के रूप में मापा जाता है, जिसमें विश्व के विभिन्न देशों को शिक्षा, स्वास्थ्य और संसाधनों तक लोगों की पहुँच (क्रय शक्ति अमेरिकी डॉलर के सन्दर्भ में) के आधार पर क्रम प्रदान किया जाता है।
- इसमें शामिल इन तीनों आधारों को समान भार प्रदान किया जाता है। इसमें देशों का क्रम 0 से 1 के स्कोर के बीच आधारित होता है, जिसमें मानव विकास का स्तर 0 से 1 की ओर उच्चतम होता है।
  मानव विकास के मापन के आधारों का वर्णन निम्न प्रकार हैं

(i) **स्वास्थ्य** (Health) इसमें बच्चों के जन्म के समय की जीवन प्रत्याशा को शामिल किया जाता है, जिससे लोगों के दीर्घायु होने और स्वस्थ जीवन का पता चलता है।

(ii) **शिक्षा** (Education) इसके अन्तर्गत विद्यालय में कुल नामांकित बच्चों एवं प्रौढ़ साक्षरता दर को शामिल किया जाता है, जिसमें प्रौढ़ साक्षरता दर से पढ़े-लिखे वयस्कों के शिक्षा के स्तर को स्पष्ट किया जाता है।

(iii) **संसाधनों तक लोगों की पहुँच** (Access to resource) इसमें लोगों की क्रय क्षमता को शामिल किया जाता है, जिससे लोगों के आय के स्तर के साथ उनके रहन-सहन के स्तर का भी निर्धारण किया जा सके। यह स्तर संसाधनों तक लोगों की पहुँच को भी दर्शाता है।

मानव अधिवास

- किसी भी आकार या प्रकार के घरों का समूह जहाँ मानव निवास करता है, मानव अधिवास कहलाते हैं। *अधिवास सामान्यत: दो प्रकार के होते हैं*

  1. ग्रामीण अधिवास   2. नगरीय अधिवास

1. ग्रामीण अधिवास

- ये छोटे आकार के अधिवास होते हैं, जिसके निवासी कृषि, एकत्रीकरण, पशुपालन, खनन, मत्स्य ग्रहण आदि प्राथमिक क्रियाओं में संलग्न रहते हैं।

ग्रामीण अधिवासों के प्रकार

ग्रामीण अधिवासों के प्रमुख प्रकार निम्नलिखित हैं

प्रकीर्ण अधिवास

- इन अधिवासों में किसान खेतों में ही घर बनाकर रहते हैं, जो अलग-अलग कुछ दूरी पर स्थित होते हैं। इस अधिवास का स्वरूप एकांकी तथा आकार छोटा होता है। **कृषि-गृह** व **वास-गृह** भी प्रकीर्ण बस्तियों के प्रकार होते हैं। इन अधिवासों में कृषि यन्त्रों, बीजों, कृषि उपजों तथा उर्वरकों को रखने के गोदाम, पशुशाला तथा मनुष्यों के रहने का स्थान होता है।

सामूहिक/पुंजित/संहत/सघन अधिवास

- इन अधिवासों में मकान एक-दूसरे से सटे हुए होते हैं व गलियाँ बहुत संकरी होती हैं। इन अधिवासों का आकार भूमि की उपजाऊ शक्ति तथा अन्य प्राकृतिक साधनों पर निर्भर होता है। यहाँ खेतों का आकार छोटा होता है। ये अधिवास प्राय: जल प्राप्ति स्रोत के समीप केन्द्रित और यातायात के मार्गों से जुड़े होते हैं।

ग्रामीण अधिवासों के प्रतिरूप

ग्रामीण अधिवासों के प्रकार प्रादेशिक प्रतिरूप पर आधारित होते हैं। इसके अतिरिक्त भी बहुत-से ऐसे कारक होते हैं, जो अधिवास प्रतिरूप के स्वरूप का निर्धारण करते हैं। *इन अधिवासों का वर्णन निम्नवत् है*

- **रेखीय प्रतिरूप** ऐसे गाँवों में मकान, किसी सड़क, रेल, नहर या नदी के किनारे पाए जाते हैं। ऐसे गाँव में मुख्य गलियाँ सड़क, रेल या नदी आदि के समानान्तर होती हैं।
- **अरीय प्रतिरूप** जब किसी केन्द्रीय स्थिति वाले गाँव में अनेक सड़कें आकर मिलती हों व लोग अपने मकान इन सड़कों के किनारे बनाते हों, तो इस बस्ती को अरीय प्रतिरूप कहते हैं।

- **तारा प्रतिरूप** इन गाँवों में कई दिशाओं से मार्ग के आकर मिलते हैं या इन गाँवों से बाहर की ओर जाते हैं। इन गाँवों की गलियाँ भी गाँवों के केन्द्रीय भाग पर मिलते हैं। भारत में तमिलनाडु तथा ऊपरी गंगा मैदान में ऐसे गाँव विशेष रूप से पाए जाते हैं।
- **मकड़-जाल प्रतिरूप** अरीय सड़कों के मध्य एक-दूसरे को जोड़ने वाली सड़कों के स्पष्ट विस्तार से गाँव का प्रतिरूप मकड़-जाल की आकृति जैसा होता है।
- **आयताकार या वर्गाकार प्रतिरूप** इस प्रकार के गाँव दो मार्गों के मिलन-स्थल पर विकसित होते हैं। इन गाँवों की गलियाँ परस्पर लम्बवत् व समानान्तर होती हैं और आयताकार प्रतिरूप बनाती हैं।
- **त्रिभुजाकार प्रतिरूप** संगम पर दो नदियों के बीच या दो सड़कों की शाखाओं के बीच बसे गाँवों और कस्बों की आकृति त्रिभुजीय या बाण की नोंक जैसी हो जाती है।
- **वृत्ताकार प्रतिरूप** जब किसी झील या तलाब के किनारे मकान बन जाते हैं, तो गाँव का गोलाकार (वृत्ताकार), (Circular) प्रतिरूप होता है।
- **चौकोर पट्टी प्रतिरूप** इस प्रकार के गाँव दो सड़कों के मिलन स्थल अथवा चौराहों पर बसे होते हैं। इनकी गलियाँ व सड़कें एक-दूसरे के समानान्तर होती हैं। उत्तरी चीन, उत्तरी भारत, दक्षिणी आन्ध्र, कर्नाटक व तमिलनाडु राज्यों में इस प्रकार के गाँव पाए जाते हैं।

2. नगरीय अधिवास

- नगरीकरण वह प्रक्रिया है, जो अधिवासित प्रारूप में गत्यात्मक परिवर्तन लाती है। प्रत्येक नगर अपने विकास के पूर्व छोटे अधिवास (Settlements) के रूप में होता है, धीरे-धीरे उपयुक्त अवस्थाओं के कारण वह कस्बा बनता है तथा कस्बे से नगर व नगर से महानगर बनते हैं।

नगरों के प्रकार

नगरों की जनसंख्या, आकार, कार्य आदि के आधार पर *नगरों को निम्न बस्तियों में बाँटा गया है*

- **कस्बा** (Town) एक लाख से कम जनसंख्या वाली नगरीय बस्ती को कस्बा कहते हैं। कस्बे की उत्पत्ति सड़कों अथवा रेलों की सुविधा से भी होती है।
- **नगर** (City) 1 लाख से अधिक जनसंख्या वाले नगरीय केन्द्र को नगर कहते हैं। नगरों का मुख्य व्यवसाय व्यापार या उद्योग होता है।
- **महानगर** (Metropolitan) 10 से 50 लाख जनसंख्या वाले नगरीय केन्द्र को महानगर कहते हैं। इनमें औद्योगिक, वाणिज्य, यातायात, प्रशासकीय, राजनैतिक तथा सांस्कृतिक गतिविधियाँ होती हैं।
- **महाशहर** (Megacity) जब मुख्य नगर तथा उसके उपनगरों की जनसंख्या एक करोड़ से अधिक हो जाती है, तो उसे महाशहर कहते हैं। विश्व में सबसे पहला महाशहर न्यूयॉर्क बना। विश्व में टोकियो सबसे बड़ा महाशहर है।
- **सन्नगर**—अलग-अलग नगरों के आपस में मिल जाने से विकसित नगरीय क्षेत्र सन्नगर कहलाते हैं। दिल्ली, कोलकाता, लन्दन, मैनचेस्टर, शिकागो एवं टोकियो सन्नगर के अच्छे उदाहरण हैं।
- **मेगालोपोलिस या विश्वनगरी**—यह बड़ा महानगर प्रदेश होता है, जिसमें सन्नगरों का समूह होता है। विश्वनगरी का सबसे अच्छा उदाहरण यू एस ए (U S A) में उत्तर में बोस्टन से दक्षिण में वाशिंगटन तक नगरीय भू-दृश्य के रूप में दिखाई देता है।

मानव विकास रिपोर्ट

- आर्थिक विकास के सूचकों के निर्धारण के लिए समय-समय पर अनेक प्रयास हुए, जो अन्ततः मानव विकास सूचकांक (Human Development Index, HDI) के रूप में सामने आए। संयुक्त राष्ट्र विकास कार्यक्रम द्वारा प्रकाशित मानव विकास सूचकांक पाकिस्तानी अर्थशास्त्री महबूब-उल-हक द्वारा विकसित किया गया है। प्रो. अमर्त्य सेन इसके विकास में उनके मुख्य सहायक थे।
- यह सूचकांक 1990 में पहली बार प्रयोग में लाया गया। इस सूचकांक में प्रति व्यक्ति आय के साथ-साथ जीवन प्रत्याशा, शिक्षा, साक्षरता, स्वास्थ्य सुविधा जैसे सामाजिक सूचकों को रखा गया है।
- मानव विकास रिपोर्ट 2010 से मानव विकास सूचकांक रिपोर्ट तैयार करने में तीन नए सूचकांकों को शामिल किया गया है- असमानता प्रभाव लिंग असमानता बहु आयामी गरीबी सूचकांक।
- HDI इन समान भार वाले सूचकों का साधारण औसत है। मानव विकास के स्तर के आधार पर विश्व के देशों को तीन समूहों में बाँटा गया है—उच्च मानव विकास, मध्यम *मानव विकास और निम्न मानव विकास*

मानव विकास रिपोर्ट के अन्तर्गत प्रमुख सूचकांक

मानव विकास रिपोर्ट के अन्तर्गत शामिल प्रमुख सूचकांक निम्नलिखित हैं

लिंग आधारित विकास सूचकांक

- संयुक्त राष्ट्र विकास कार्यक्रम द्वारा वर्ष 1995 से इस सूचकांक का प्रयोग किया गया। लिंग विकास सूचकांक (Gender Development Index, GDI) में भी मानव विकास सूचकांक से सम्बन्धित सूचकों का ही प्रयोग किया जाता है, परन्तु यह पुरुष व महिलाओं के बीच मानव विकास के क्षेत्र में असमानताओं को व्यक्त करता है।
- लिंग विकास सूचकांक मूल्य प्रायः हर देश में सामान्यतः मानव विकास सूचकांक मूल्य से कम है। इस प्रकार लगभग सभी देशों में लिंग आधारित असमानता देखने को मिलती है।

लिंग सशक्तीकरण मापन

- इस सूचकांक को भी वर्ष 1995 से ही प्रारम्भ किया गया। यह महिलाओं की आर्थिक व राजनीतिक भागीदारी एवं नीति-निर्माण में उनकी स्वतन्त्र भूमिका से सम्बन्धित है। लिंग सशक्तीकरण मापन (Gender Empowerment Measurement, GEM) रैंकिंग में शीर्ष देशों में स्कैण्डिनेवियाई देश आते हैं।
- निम्नतम GEM मूल्य इस्लामी देशों में मिलता है, जिसका मुख्य कारण वहाँ महिलाओं पर लगाई जाने वाली बन्दिशें हैं।
  कुछ विकासशील देशों में GEM की स्थिति विकसित देशों से भी बेहतर है।

प्रौद्योगिकी उपलब्धि सूचकांक

- UNDP ने पहली बार प्रौद्योगिकी उपलब्धि सूचकांक (Technology Achievement Index, TAI) का प्रयोग HDR 2000 में किया। इस सूचकांक का उद्देश्य प्रौद्योगिकी के निर्माण तथा विस्तार व कुशल मानव श्रम के निर्माण में देशों की उपलब्धियों को व्यक्त करना है।
- इस सूचकांक के आकलन हेतु प्रौद्योगिकी सृजन, नवीनतम खोजों का प्रसार, पुरानी खोजों का प्रसार व मानव कुशलता जैसे सूचकों का प्रयोग किया जाता है।

बहुआयामी निर्धनता सूचकांक

- UNDP में वर्ष 2010 से मानव विकास सूचकांक तैयार करने के लिए बहुआयामी निर्धनता सूचकांक का उपयोग करना शुरू किया। इससे पूर्व UNDP मानव निर्धनता सूचकांक (MPI) का प्रयोग करता था।
- बहुआयामी निर्धनता सूचकांक (Multi-Dimensional Poverty Index, MPI) स्वास्थ्य, शिक्षा और जीवन-स्तर में व्यक्तिगत स्तर पर बहुआयामी वंचना की पहचान करता है। MPI जनसंख्या के उस हिस्से का प्रतिनिधित्व करता है, जो बहुआयामी निर्धनता का शिकार है।

विश्व के प्रमुख सम्प्रदाय

क्र.सं.	धर्म	मानने वाले (संख्या अरबों में)
1.	ईसाई	2.1
2.	इस्लाम	1.6
3.	हिन्दू	1.03
4.	बौद्ध	0.487
5.	सिख	0.025

विश्व की प्रमुख भाषाएँ

क्र.सं.	भाषा	जनसंख्या (मिलियन में)
1.	चीनी/मन्दारिन	1051
2.	अंग्रेजी	510
3.	हिन्दी	490
4.	स्पैनिश	420
5.	रूसी	255

विश्व में सर्वाधिक जनसंख्या वाले 5 देश

क्र.सं.	देश	जनसंख्या (जनसंख्या 2022 तक)
1.	चीन	1,448,116,402
2.	भारत	1,401,736,293
3.	संयुक्त राज्य अमेरिका	334,086,023
4.	इण्डोनेशिया	278,163,604
5.	ब्राजील	227,902,419

अभ्यास प्रश्न

1. "मानव भूगोल मानव समाज और धरातल के बीच सम्बन्धों का संश्लेषित अध्ययन है।" किसने कहा था?
(a) विडाल-डी-ला-ब्लाश (b) एलेन सी सेम्पल
(c) रैटजेल (d) हैटनर

2. निम्नलिखित में से किसका अध्ययन सामाजिक भूगोल के अन्तर्गत होता है?
(a) व्यवहारवादी भूगोल (b) लिंग भूगोल
(c) चिकित्सा भूगोल (d) ये सभी

3. सम्भववाद के प्रतिपादक कौन हैं?
(a) ब्लाश (b) सेम्पल
(c) ग्रिफिथ टेलर (d) हण्टिंगटन

4. निएण्डरथल कहाँ मिलते थे?
(a) पश्चिमी यूरोप (b) जिब्राल्टर
(c) जर्मनी (d) ये सभी

5. त्वचा में किसकी अधिकता से मनुष्य का रंग काला होता है?
(a) मैलेनियन (b) कैरोटिन
(c) हीमोग्लोबिन (d) ये सभी

6. निम्नलिखित में किस देश में कुल जनन दर अधिकतम है?
(a) भारत (b) पाकिस्तान
(c) श्रीलंका (d) बांग्लादेश

7. निम्नलिखित में से कौन-सी घुमन्तू जनजाति नहीं है?
(a) पिग्मी (b) कजाक
(c) मसाई (d) लैप्स

8. नगरीकरण से सम्बन्धित तथ्यों का अध्ययन करें
निम्न में कौन असत्य कथन है?
(a) विश्व में पहली मिलियन सिटी 1800 ई. में बनी थी
(b) 1950 तक विश्व में 80 मिलियन सिटी थे
(c) न्यूयॉर्क 1960 में मेगा सिटी है। मेगा सिटी की वर्तमान संख्या विकासशील देशों की अपेक्षा विकसित देशा में हैं
(d) सन्नगर अलग-अलग नगरों या शहरों के आपस में मिल जाने से बनती है

9. निम्न में कौन विश्व में सघन घनत्व वाले क्षेत्र हैं?
1. पूर्वी एशिया
2. पश्चिमी यूरोप
3. पूर्वी उत्तर अमेरिका के तटीय क्षेत्र

कूट
(a) केवल 1 (b) 2 और 3
(c) 1 और 3 (d) ये सभी

10. एशिया के निम्नलिखित में से किस देश में प्रति वर्ष जन्म की अपेक्षा मृत्यु की संख्या अधिक देखी जा रही है?
(a) बहरीन (b) इजराइल
(c) जापान (d) सिंगापुर

11. विश्व की नगरीय जनसंख्या उसकी ग्रामीण जनसंख्या से बढ़ गई वर्ष
(a) 2001 में (b) 2004 में
(c) 2008 में (d) 2010 में

12. दक्षिण एशिया में निम्नलिखित किस देश में अधिकतम नगरीकरण स्तर है?
(a) नेपाल (b) पाकिस्तान
(c) श्रीलंका (d) बांग्लादेश

13. निम्नलिखित देशों में किसमें प्रजनन दर उच्चतम है?
(a) अफगानिस्तान (b) बांग्लादेश
(c) भारत (d) पाकिस्तान

14. विश्व में सर्वाधिक व्यक्तियों द्वारा बोली जाने वाली भाषा है
(a) हिन्दी (b) अंग्रेजी
(c) मन्दारिन (d) स्पेनी

15. निम्न कथनों का अध्ययन करें एवं सऊदी अरब से सम्बद्ध विकल्पों का चयन करें
1. नगरी जनसंख्या का उच्च भाग
2. विस्तृत कृषि प्रतिरूप
3. चारागाह के अन्तर्गत यथेष्ट भूमि की अधिक मात्रा

कूट
(a) 1 और 2 (b) 1, 2 और 3
(c) 1 और 3 (d) 2 और 3

16. निम्नलिखित कथनों में कौन-सा एक सही नहीं है?
(a) यूरोपीय लोगों ने सघन जनसंख्या वाले उष्ण कटिबन्धीय तथा अर्द्ध-उष्ण कटिबन्धीय तटीय क्षेत्रों पर उत्प्रवास किया
(b) 1900 के मध्य में आयरलैण्ड से भारी संख्या में निष्क्रमण आलू की फसल के खराब होने के कारण हुआ
(c) मलेशिया के आर्थिक विकास में चीन अप्रवासियों का महत्त्वपूर्ण योगदान है
(d) वर्तमान समय में उत्तर-पूर्वी अमेरिका के नगर प्रवासी हानियों का अनुभव कर रहे हैं

17. निम्नलिखित में से किसमें उसकी कुल जनसंख्या में नगरीय जनसंख्या का प्रतिशत अधिकतम है?
(a) ऑस्ट्रेलिया (b) जापान
(c) न्यूजीलैण्ड (d) संयुक्त राज्य अमेरिका

18. निम्न की पहचान करें
1. इण्डो-इरानियन 2. सेमाइट और हेमाइट
3. नार्डिक

उपरोक्त किस प्रजाति से सम्बन्धित हैं?
(a) मंगोलॉयड प्रजाति (b) नीग्रोयड प्रजाति
(c) कॉकेशॉयड प्रजाति (d) ये सभी

19. जनसंख्या वितरण से सम्बन्धित कथनों में कौन कथन सत्य नहीं है?
(a) पर्याप्त जल की अधिकता के कारण USA का 'ग्रेट-लेक' घनी आबादी का प्रदेश है
(b) अमेरिका, अफ्रीका, ऑस्ट्रेलिया का 25% क्षेत्र आर्द्र उष्णकटिबन्धीय है पर इनमें केवल 5% विश्व की जनसंख्या निवास करती है
(c) वर्तमान में विश्व की लगभग एक-चौथाई जनसंख्या 10 लाख से अधिक जनसंख्या वाले नगरों में रहती है
(d) किसी देश की प्रवास नीति जनसंख्या के वितरण को प्रभावित नहीं करती है

20. ऋतु प्रवास किससे सम्बन्धित है?
(a) बड़े-बड़े रेंचों में पशुओं को चराने से
(b) चारे तथा जल की तलाश में प्रवास करने से
(c) ग्रामीण इलाकों से नगरीय इलाकों की ओर प्रवास करने से
(d) पशुओं सहित ऋतु के अनुसार उच्च प्रदेश से निम्न प्रदेश तथा निम्न प्रदेश से उच्च प्रदेश की ओर प्रवास करने से

21. जनसंख्या के आधार पर निम्न में कौन सबसे बड़ा इस्लामिक देश है?
(a) पाकिस्तान (b) बांग्लादेश
(c) इण्डोनेशिया (d) मिस्र

22. 'प्रजाति वर्गीकरण सम्बन्धी' कथनों में असत्य कथन को पहचानें।
(a) मनुष्य की त्वचा का रंग विषुवत् रेखा से ध्रुव की ओर जाने पर काले से श्वेत होता जाता है, क्योंकि त्वचा का रंग मैलेनिया, कैरोटीन (हीमोग्लोबिन) से निर्धारित होता है
(b) सामान्यतः काकेशॉयड लोग सबसे लम्बे तथा मंगोलॉयड सबसे छोटे होते हैं
(c) मंगोलॉयड के बाल घुँघराले एवं काकेशॉयड के बाल सीधे होते हैं
(d) काकेशॉयड प्रजाति में B रक्त समूह की अपेक्षा A रक्त समूह अधिक पाया जाता है

23. एस्पेरान्टो (Esperanto) है
(a) लैटिन अमेरिका का सर्वोच्च पर्वत
(b) स्पेन का बन्दरगाह नगर
(c) एक खेल का नाम
(d) विश्व भाषा के रूप में कार्य करने के लिए बनाई गई एक कृत्रिम भाषा

24. निम्नलिखित में से कौन-सा कथन कनाडा की जनसंख्या से सम्बन्धित है, जो सही है?
(a) कनाडा की अधिकांश जनसंख्या उत्तरी सीमा पर अधिवास करती है
(b) कनाडा की सबसे बड़ी नगरीय जनसंख्या मिशीगन झील के तटीय क्षेत्रों में मिलती है
(c) पूर्व की अपेक्षा पश्चिम में जनसंख्या घनत्व अधिक है
(d) कनाडा की तीन-चौथाई से भी अधिक जनसंख्या नगरों में रहती है

25. निम्नलिखित में से कौन सुमेलित नहीं है?

(a)	खिरगीज	मध्य एशिया
(b)	मसाई	पश्चिम अफ्रीका
(c)	रेड इण्डियन्स	उत्तरी अमेरिका
(d)	एस्कीमो	ग्रीनलैण्ड

26. विश्व के निम्नलिखित देशों को उनकी जनसंख्या आकार के अवरोही क्रम में व्यवस्थित कीजिए
नीचे दिए गए कूट से सही उत्तर चुनिए
1. ब्राजील 2. इण्डोनेशिया
3. नाइजीरिया 4. पाकिस्तान

कूट
(a) 2, 1, 4 और 3 (b) 2, 1, 3 और 4
(c) 4, 1, 2 और 3 (d) 2, 1, 4 और 3

27. यूरोप की अधिकतम जनसंख्या संकेन्द्रण 50° अक्षांश उत्तरी अक्षांश के साथ-साथ है जिसे यूरोपीय जनसंख्या की धुरी कहा जाता है। इस सम्बन्ध में निम्नलिखित में कौन-सा कथन सही नहीं है?
(a) यहाँ जलवायु मानव निवास के अनुकूल है
(b) मिट्टी उपजाऊ है और कृषि उन्नत अवस्था में है
(c) प्रचुर मात्रा में पेट्रोलियम मिलता है जिससे उद्योगों को प्रोत्साहन मिलता है
(d) रेल, सड़क एवं जल यातायात उन्नत अवस्था में हैं

28. जापान की जनसंख्या के सम्बन्ध में कौन-सा कथन सही नहीं है?
(a) अधिकांश जनसंख्या होंशू द्वीप में रहती है
(b) जनसंख्या की वृद्धि दर बहुत कम है
(c) जनसंख्या में वृद्धों की जनसंख्या बहुत कम है
(d) तीन-चौथाई से अधिक जनसंख्या नगरों में निवास करती है

29. निम्नलिखित वाक्यों पर विचार करें तथा इसके अध्ययन के आधार पर उस विद्वान् की पहचान कीजिए
1. वे पाँचवीं शताब्दी के समय थे।
2. उनकी मान्यता थी कि पृथ्वी गोल है।
3. उन्होंने चन्द्रग्रहण का प्रेक्षण किया था।
4. उनके नाम पर आधुनिक भारतीय उपग्रह का नाम रखा गया है।

कूट
(a) ब्रह्मगुप्त (b) वराहमिहिर
(c) भास्कराचार्य (d) आर्यभट्ट

30. निम्नलिखित देशों में किसकी जनसंख्या सर्वाधिक है?
(a) ब्राजील (b) बांग्लादेश
(c) इण्डोनेशिया (d) पाकिस्तान

31. निम्नलिखित में से असत्य कथन की पहचान करें जो प्रकीर्ण बस्तियों के विषय में कहा गया है
1. प्रकीर्ण बस्तियाँ पर्वतीय या उच्च भूमि एवं शुष्क तथा अर्द्ध-शुष्क मरुस्थलों में पाई जाती हैं।
2. यहाँ पशुपालन तथा लकड़ी काटना मुख्य व्यवसाय है।
3. इन बस्तियों में मकान एक-दूसरे से दूर तथा खुले होते हैं, जिनमें रहने का स्थान अधिक होता है।

कूट
(a) केवल 1 (b) केवल 2
(c) केवल 3 (d) इनमें से कोई नहीं

32. निम्नलिखित में से कौन-सा एक सही सुमेलित नहीं है?

(a)	मध्य एशिया	अल्पाइन
(b)	कांगो बेसिन	नेग्रिटो
(c)	कालाहारी	बुशमैन
(d)	स्कैंडिनेविया	नार्डिक

33. अधिकांश अनिवास्य क्षेत्र विरल जनसंख्या वाले हैं, क्योंकि
(a) इनका प्राकृतिक वातावरण रहने योग्य नहीं है
(b) यहाँ पर बड़े स्तर पर अन्तः प्रवजन का प्रतिबन्ध है
(c) यहाँ पर सीमित एवं अज्ञात संसाधन हैं
(d) यहाँ पर आधारभूत संरचना का सीमित विकास हुआ है

34. सुमेलित करें

सूची I (जनजाति)	**सूची II** (निवास क्षेत्र)
A. इन्नूट	1. उत्तरी रूस
B. बान्तू	2. निकोबार द्वीप
C. शोम्पेन	3. उत्तरी कनाडा
D. चुक्ची	4. मध्य अफ्रीका

कूट

	A	B	C	D		A	B	C	D
(a)	3	4	2	1	(b)	4	3	1	2
(c)	4	3	2	1	(d)	3	4	1	2

35. विश्व में अधिकतर लोग निचले भू-स्तर पर रहते हैं उन लोगों को छोड़कर जो
(a) मध्य एवं पश्चिमी अफ्रीका में रहते हैं
(b) दक्षिणी एवं दक्षिण-पूर्वी यूरोप में रहते हैं
(c) दक्षिणी एवं दक्षिण-पूर्वी एशिया में रहते हैं
(d) मध्य अमेरिका तथा उत्तर-पश्चिमी दक्षिण अमेरिका में रहते हैं

36. निम्नलिखित में किस महाद्वीप में जन्मदर एवं मृत्युदर सबसे कम हैं?
(a) उत्तरी अमेरिका (b) यूरोप
(c) दक्षिणी अमेरिका (d) ऑस्ट्रेलिया

37. निम्नलिखित में से कौन एक सही सुमेलित है?
(a) हेमाइट — युगाण्डा
(b) सेमाइट — मलेशिया
(c) सकाई — सूडान
(d) बुशमैन — बोत्सवाना

38. निम्नलिखित दक्षिण एशियाई देशों में किसका जनसंख्या घनत्व सर्वाधिक है?
(a) श्रीलंका (b) भारत
(c) नेपाल (d) पाकिस्तान

39. अफ्रीका की मूलभूत जनजाति 'पिग्मी' किस नदी घाटी में पाई जाती है?
(a) नाइजर (b) कांगो
(c) नील (d) जाम्बेजी

40. निम्नलिखित क्षेत्रों में से कौन-सा सर्वाधिक नगरीकृत (Urbanised) है?
(a) पूर्वी एशिया (b) दक्षिण एशिया
(c) यूरोप (d) ओशीनिया

41. सुमेलित करें

सूची I (जनसंख्या समस्या के कारक)	सूची II (अनुकूल उदाहरण)
A. प्रवजन पर प्रतिबन्ध	1. ब्राजील
B. असाधारण वृद्धि	2. इंगलैण्ड
C. प्राकृतिक संसाधनों का अपर्याप्त प्रयोग	3. दक्षिण अफ्रीका
D. असामान्य वितरण	4. दक्षिण-पूर्व एशिया
	5. उष्णकटिबन्धीय स्थल

कूट

	A	B	C	D
(a)	2	3	4	5
(b)	3	4	5	1
(c)	1	2	3	4
(d)	3	4	2	1

42. सुमेलित करें

सूची I (नगरीकरण की प्रक्रिया)	सूची II (नगरीकरण की अवस्था)
A. नगरी बस्ती का प्रारम्भ	1. विश्व नगरी
B. नगर की रचना	2. इयोपोलिस
C. नगर का पूर्ण विकसित होना	3. नगर राज्य

कूट

	A	B	C
(a)	2	1	3
(b)	2	3	1
(c)	3	1	2
(d)	3	2	1

43. **कथन** (A) होमोसेपियन्स (मानव) को सामान्यत: कॉकेशसी, मंगोलाभ, नीग्रोसम एवं ऑस्ट्रेलियाई प्रजातियों में विभाजित किया गया है या जाता है।
कारण (R) इस प्रकार का वर्गीकरण प्रजातिवाद से उद्भूत होता है।
कूट
(a) A और R दोनों सही हैं तथा R, A की सही व्याख्या है
(b) A और R दोनों सही हैं, परन्तु R, A की सही व्याख्या नहीं है
(c) A सही है, किन्तु R गलत है
(d) A गलत है, किन्तु R सही है

44. निम्नलिखित में से कौन-सा एक 'ऑस्ट्रिक भाषा परिवार' का भाषा क्षेत्र है?
(a) असोम, नागालैण्ड और मणिपुर
(b) बिहार, ओडिशा एवं पश्चिम बंग
(c) तमिलनाडु, कर्नाटक एवं केरल
(d) पंजाब, हिमाचल प्रदेश एवं राजस्थान

45. एंथ्रोपोजियोग्रॉफी के लेखक रैटजेल ने अपनी पुस्तिका के द्वितीय खण्ड में बल दिया है
(a) मानव पर भौतिक वातावरण का प्रभाव
(b) वास-स्थान
(c) मानव प्रवासन
(d) मानव का प्राकृतिक वातावरण पर प्रभाव

46. कथनों का अध्ययन करें
अप्रवासी जहाँ भी बसते हैं
1. वे प्राप्तकर्ता से सांस्कृतिक रूप से भिन्न होते हैं।
2. प्रत्यक्ष अल्पसंख्यक होते हैं।
3. अधिकतर नियम कार्यों को पूरा करते हैं।
4. उन्हें पूर्ण वैधानिक अधिकार केवल अवस्थाओं में प्राप्त होते हैं।

उपरोक्त कथनों में से कौन-से सही हैं?
(a) 1 और 2 (b) 3 और 4
(c) 1, 2 और 4 (d) 1, 2, 3 और 4

47. जनांकिकी सिद्धान्त की 'विलम्बित वृद्धि की अवस्था' की व्याख्या करता है
(a) उच्च जन्मदर एवं उच्च मृत्युदर
(b) उच्च जन्मदर एवं ह्रासमान मृत्युदर
(c) ह्रासमान जन्मदर एवं ह्रासमान मृत्युदर
(d) निम्न जन्मदर एवं निम्न मृत्युदर

48. **कथन** I लैप्स उत्तरी रूस के कोला प्रायद्वीप की जनजाति है।
कथन II लैप्स जनजाति मत्स्य संग्रहण तथा शिकार से अपना जीवनयापन करती है।
कूट
(a) कथन I असत्य है तथा कथन II सत्य है
(b) कथन I सत्य है तथा कथन II असत्य है
(c) कथन I तथा कथन II दोनों सत्य हैं
(d) कथन I तथा कथन II दोनों असत्य हैं

49. 'डयाक' नामक मानवजातीय वर्ग कहाँ रहता है?
(a) बाली
(b) बोर्नियो
(c) टेग्गारा सुण्डा द्वीपसमूह
(d) पश्चिम तिमोर

50. अनेक परिवहन मार्गों के अभिसरण पर बस्तियों के निम्नलिखित प्रतिरूपों में से किस एक के विकसित होने की सर्वाधिक सम्भावना है?

(a) वृत्तीय (b) आयती
(c) रैखिक (d) ताराकृति

51. सुमेलित कीजिए

सूची I	सूची II
A. बुशमैन	1. कांगो
B. बद्दू	2. नामीबिया
C. पिग्मी	3. सऊदी अरब
D. मसाई	4. केन्या

कूट

	A	B	C	D		A	B	C	D
(a)	1	2	3	4	(b)	4	3	2	1
(c)	2	3	1	4	(d)	4	3	1	2

52. सुमेलित करें

सूची I (आदिम लोग)	सूची II (जन्मजात स्थान)
A. सेमांग	1. शीतोष्ण घासस्थल
B. मसाई	2. सवाना घासस्थल
C. बुशमैन	3. विषुवतीय वन
D. खिरगीज	4. तप्त मरुस्थल

कूट

	A	B	C	D		A	B	C	D
(a)	3	2	4	1	(b)	3	4	2	1
(c)	4	3	1	2	(d)	4	1	3	2

53. सुमेलित करें

प्रजाति का नाम	रंग
A. नीग्रोयड	1. श्वेत
B. मंगोलॉयड	2. पीला
C. कॉकेशॉयड	3. काला

कूट

	A	B	C		A	B	C
(a)	1	2	3	(b)	2	1	3
(c)	3	2	1	(d)	3	1	2

54. सुमेलित करें

सूची I (जनजाति)	सूची II (प्रदेश/देश)
A. हॉटेन्टॉट	1. साइबेरिया
B. इन्यूट	2. लीबिया
C. बर्बर	3. कनाडा
D. याकूत	4. दक्षिण अफ्रीका

कूट

	A	B	C	D		A	B	C	D
(a)	4	3	1	2	(b)	4	3	2	1
(c)	3	4	2	1	(d)	3	4	1	2

55. निम्नलिखित जनजातियों पर विचार करें

1. मसाई 2. बोरो
3. खिरगीज

उपरोक्त में से कौन-से जलवासी पशुचारक हैं?

(a) 1 और 2 (b) 2 और 3
(c) 1 और 3 (d) 1, 2 और 3

56. सूची I को सूची II से सुमेलित कीजिए तथा सूचियों के नीचे दिए गए कूट का प्रयोग करते हुए सही उत्तर का चयन कीजिए

सूची I (जनजाति)	सूची II (देश)
A. याकूत	1. न्यू गुयाना
B. तार्तार	2. श्रीलंका
C. वेद्दा	3. टुण्ड्रा क्षेत्र
D. पापुआन	4. साइबेरिया

कूट

	A	B	C	D		A	B	C	D
(a)	1	2	3	4	(b)	4	3	2	1
(c)	3	4	2	1	(d)	2	4	1	3

57. निम्नलिखित देशों में किसकी नगरीय जनसंख्या सर्वाधिक है?

(a) चीन (b) भारत
(c) इण्डोनेशिया (d) संयुक्त राज्य अमेरिका

58. आज संसार का सर्वाधिक नगरीकृत देश है

(a) जर्मनी (b) जापान
(c) सिंगापुर (d) संयुक्त राज्य अमेरिका

59. निम्नलिखित में से कौन-सा मानव जातीय वर्ग मंगोलॉयड में समाविष्ट नहीं है?

(a) याकूत (b) सैमोइड
(c) उत्तरी अमेरिका का रेड इण्डियन्स
(d) बद्दू

60. **कथन** (A) जननांकीय संक्रमण में जनसंख्या प्रथम तथा अन्तिम अवस्था में धीरे-धीरे बढ़ती है हालाँकि यह बिल्कुल एक-दूसरे के विपरीत अवस्थाओं का परिणाम है।

कारण (R) जनसंख्या की धीमी वृद्धि उच्च उत्पादकता तथा उच्च मार्त्यता के कारण है।

कूट

(a) A और R दोनों सही हैं तथा R, A की सही व्याख्या है
(b) A और R दोनों सही हैं, परन्तु R, A की सही व्याख्या नहीं है
(c) A सही है, किन्तु R गलत है
(d) A गलत है, किन्तु R सही है

61. निम्नलिखित कथनों पर विचार करें

1. अबूझमाड़ि 2. भोटिया 3. गद्दी

उपरोक्त में किन जनजातियों का आर्थिक क्रियाकलाप मुख्यत: चलवासी पशुचारण है?

(a) 1 और 2 (b) 1 और 3
(c) 2 और 3 (d) 1, 2 और 3

62. ग्रामीण बस्तियों के प्रतिरूप से मिलान करें

आकार का प्रतिरूप	सम्बन्धित तथ्य
A. आयताकार	1. जहाँ दो मार्ग आकर तीसरे मार्ग से मिलते हैं
B. 'टी' आकार	2. दो मार्ग एक-दूसरे को समकोण पर काटते हैं
C. 'वाई' आकार	3. इसमें बस्तियाँ तिराहे पर विकसित होती हैं

कूट

	A	B	C		A	B	C
(a)	1	2	3	(b)	2	3	1
(c)	2	1	3	(d)	3	2	1

63. किसने प्रमुख शहर (Primate City) का नियम प्रतिपादन किया?
(a) कार्ल सॉवर (b) इसाया बोमैन
(c) मार्क जेफरसन (d) वाल्टर क्रिस्टॉलर

64. निम्नलिखित कथनों में से कौन-से कथन एशिया-पैसिफिक संघ के सदस्यों के सम्बन्ध में सही हैं?
1. उनकी जनसंख्या विश्व जनसंख्या का 45% है।
2. वे विश्व की 48% ऊर्जा का उपयोग करते हैं।
3. वे विश्व की 48% हरितगृह गैसों के निस्सारण के लिए उत्तरदायी हैं।
4. वे क्योटो प्रोटोकॉल को समर्थन देना चाहते हैं।

कूट
(a) 1 और 2 (b) 1, 2 और 3
(c) 2, 3 और 4 (d) ये सभी

65. निम्नलिखित देशों में से किस एक में मानव जातीय समुदाय केरन कचिन एवं चिन निवास करता है?
(a) ऑस्ट्रेलिया (b) म्यांमार
(c) इण्डोनेशिया (d) श्रीलंका

66. नगरीय विकास से सम्बन्धित सिद्धान्त को पहचानें
1. संकेन्द्रीय कटिबन्ध सिद्धान्त
2. त्रिज्या खण्ड सिद्धान्त
3. बहु नाभिकीय सिद्धान्त

उपरोक्त में कौन नगरीय सिद्धान्त से सम्बन्धित है
(a) केवल 1 (b) 2 और 3
(c) ये सभी (d) इनमें से कोई नहीं

67. मानव उत्पत्ति से सम्बन्धित निम्न कथनों का अध्ययन करें।
1. मानव उत्पत्ति का महाद्वीप के रूप में अफ्रीका महाद्वीप को माना जाता है।
2. प्राथमिक कपि को 'प्राइमेट' कहा जाता था जिनमें गोरिल्ला, चिम्पैंजी औरंग उटान का नाम आता है, जो मानव समान के कपि थे।
3. आज के होमोसेपियन्स का विकास निएण्डर थल मानव से हुआ है।
4. प्राचीन मानव का जीवाश्म भारत में शिवालिक श्रेणी से 'रामापिथेकस' का मिला था।

उपरोक्त में कौन सत्य है?
(a) 1 और 3 (b) 2 और 3
(c) 1, 2 और 4 (d) ये सभी

68. निम्न में कौन केन्द्रीय व्यापारिक क्षेत्र की विशेषता है
1. कार्यालयों का संकेन्द्रण
2. प्रत्येक मंजिल का भिन्न प्रयोग
3. आवासीय इमारतों का अभाव

कूट
(a) केवल 3 (b) 1 और 2
(c) ये सभी (d) इनमें से कोई नहीं

69. निम्नलिखित में कौन-से कथन सही हैं?
1. बुशमैन कालाहारी मरुस्थल में पाए जाते हैं।
2. बुशमैन तथा हॉटेण्टॉट के बाल छल्लेदार हैं।
3. बुशमैन तथा हॉटेण्टॉट दोनों में ही भारी मितव्ययिता है।
4. बुशमैन तथा हॉटेण्टॉट दोनों के शारीरिक बाल बेहद कम होते हैं।

कूट
(a) 1 और 2 (b) 3 और 4
(c) 2 और 3 (d) ये सभी

70. सुमेलित करें

सूची I	सूची II
A. उत्प्रवासन	1. किसी देश में बाहर से आना
B. आप्रवासन	2. किसी देश से बाहर की ओर जाना
C. ऋतु प्रवासन	3. नगरों की ओर दैनिक यात्रा करना
D. अभिगमन	4. पशुओं के साथ ऋतुओं के अनुसार परिभ्रमण करना

कूट

	A	B	C	D		A	B	C	D
(a)	1	2	3	4	(b)	2	1	3	4
(c)	2	1	4	3	(d)	1	2	4	3

71. निम्न में कौन सुमेलित है

प्रवास सम्बन्धित व्यक्ति	सिद्धान्त/मॉडल
1. रॉयली	गुरुत्व सिद्धान्त
2. जेलेन्सकी	गतिशीलता संक्रमण मॉडल
3. ग्रिफिथ टेलर	कटिबन्ध स्तर सिद्धान्त

निम्न में कौन सुमेलित है?
(a) केवल 1 (b) 2 और 3
(c) ये सभी (d) इनमें से कोई नहीं

72. भारत के सन्दर्भ में किसी क्षेत्र के नगरीय क्षेत्र होने के लिए आवश्यक है
1. न्यूनतम जनसंख्या 5,000 हो।
2. कम-से-कम 75% पुरुषों का श्रमिक बल ऐसे धन्धों में लगा हुआ हो जो कृषि से सम्बन्धित न हों।
3. जनसंख्या का घनत्व कम-से-कम 400 व्यक्ति प्रति वर्ग किमी हो।

कूट
(a) 1 और 2 सही हैं (b) 1 और 3 सही हैं
(c) 2 और 3 सही हैं (d) 1, 2 और 3 सही हैं

73. मलिन बस्ती कहलाती है जिसमें
(a) मकान एक-दूसरे से सटे हुए होते हैं
(b) सीवेज की समस्या होती है
(c) 'a' और 'b' दोनों
(d) उपरोक्त से कोई नहीं

74. सुमेलित करें

सूची I	सूची II
A. बुशमैन	1 भारत
B. पिग्मी	2. अलास्का
C. एस्किमो	3. जायरे
D. गोण्ड	4. नामीबिया

कूट

	A	B	C	D			A	B	C	D
(a)	4	3	2	1		(b)	3	4	2	1
(c)	4	2	3	1		(d)	2	4	3	1

75. दक्षिण एशिया के निम्नलिखित देशों के प्रतिशत नगरीकरण का निम्नलिखित में से कौन अवरोही क्रम है? नीचे दिए गए कूट से सही उत्तर का चयन कीजिए

1. बांग्लादेश
2. भारत
3. पाकिस्तान
4. श्रीलंका

कूट

(a) 2, 3, 4, 1
(b) 3, 2, 1, 4
(c) 2, 1, 4, 3
(d) 4, 2, 3, 1

76. **कथन** (A) काकेशियन प्रजाति से सम्बन्धित लोग भारी शरीर, लम्बे कद, सुन्दर व सुडौल नाक वाले होते हैं।

कारण (R) काकेशियन प्रजाति की पीयूष ग्रन्थि कम क्रियाशील होती है।

कूट

(a) कथन A तथा कारण R दोनों असत्य हैं
(b) कथन A तथा कारण R दोनों सत्य हैं
(c) कथन A सत्य तथा कारण R असत्य है
(d) कथन A असत्य तथा कारण R सत्य है

77. विश्व के अधिकांश भागों में संहत बस्तियाँ ही पाई जाती हैं क्योंकि

1. मनुष्य अकेलापन पसन्द नहीं करता और मिल-जुलकर रहना चाहता है।
2. कृषि-कार्यों में अधिक व्यक्तियों की आवश्यकता होती है, जो संहत बस्तियों में ही मिल सकते हैं।

कूट

(a) केवल 1
(b) केवल 2
(c) 'a' और 'b' दोनों
(d) न तो 1 और न ही 2

78. निम्नलिखित कथनों पर विचार करें संकेन्द्रीय सिद्धान्त सम्बन्धी

1. मध्यवर्ती भाग का आकार वृत्ताकर के स्थान पर आयताकार या वर्गाकार होता है।
2. व्यापारिक भूमि उद्योग सड़कों के किनारों पर विकसित होता है। इससे नगर का विकास अरीय होता है और कुछ विशेष स्थानों पर अधिक व्यापार के कारण उपकेन्द्र भी बन जाते हैं।
3. उद्योग-धन्धे भी यातायात के भागों का अनुसरण करते हैं। अतः उद्योग-धन्धे नगर के किसी भी भाग में पनप सकते हैं।
4. निम्न वर्ग के लोग भी औद्योगिक प्रतिष्ठानों के निकट ही रहते हैं।

उपरोक्त कथनों में सही कथन की पहचान करें

(a) 1, 2 और 3
(b) 1, 3 और 4
(c) 2, 3 और 4
(d) ये सभी

79. निम्नलिखित कथनों का अध्ययन करें

1. अधिक किराए वाले उच्च कोटि के निवास-स्थान प्रायः उच्च भूमि पर होते हैं जहाँ पर बाढ़ का खतरा नहीं होता और वर्षा का जल भी एकत्रित नहीं होता।
2. औद्योगिक क्षेत्र केन्द्रीय व्यापारिक कटिबन्ध के चारों ओर वृत्ताकार रूप से विकसित नहीं होते, बल्कि परिवहन मार्गों के निकट तथा नगर के बाह्य भागों में होते हैं।

उपरोक्त में सही कथन नहीं है/हैं

(a) केवल 1
(b) केवल 2
(c) 'a' और 'b' दोनों
(d) न तो 1 और न ही 2

80. निम्नलिखित कथनों का अध्ययन करें

1. परिक्षिप्त बस्तियों का आर्थिक दृष्टि से लाभ होता है, परन्तु सामाजिक दृष्टि से ये अनुकूल नहीं होतीं। आर्थिक लाभ यह है कि कृषक तथा उसके परिवार के सदस्य अपनी कृषि-भूमि तथा पशुओं के निकट ही रहते हैं। इन्हें प्रतिदिन कृषि-कार्य करने के लिए खेत में जाने तथा वापस गाँव लौटने में समय नष्ट नहीं करना पड़ता।
2. परिक्षिप्त बस्तियों का एक बहुत बड़ा दोष यह है कि इन बस्तियों के निवासियों को सामाजिक जीवन का लाभ नहीं मिल पाता।

उपरोक्त कथन में सही कथन है/हैं

(a) केवल 1
(b) केवल 2
(c) 'a' और 'b' दोनों
(d) न तो 1 और न ही 2

उत्तरमाला

1.	(c)	2.	(d)	3.	(a)	4.	(d)	5.	(a)	6.	(d)	7.	(a)	8.	(d)	9.	(d)	10.	(c)
11.	(c)	12.	(c)	13.	(a)	14.	(d)	15.	(c)	16.	(a)	17.	(b)	18.	(c)	19.	(c)	20.	(d)
21.	(c)	22.	(c)	23.	(d)	24.	(d)	25.	(b)	26.	(d)	27.	(c)	28.	(a)	29.	(d)	30.	(c)
31.	(d)	32.	(b)	33.	(a)	34.	(a)	35.	(d)	36.	(c)	37.	(d)	38.	(b)	39.	(b)	40.	(c)
41.	(b)	42.	(b)	43.	(c)	44.	(b)	45.	(d)	46.	(d)	47.	(c)	48.	(c)	49.	(b)	50.	(d)
51.	(c)	52.	(a)	53.	(d)	54.	(a)	55.	(b)	56.	(c)	57.	(a)	58.	(c)	59.	(d)	60.	(b)
61.	(c)	62.	(b)	63.	(c)	64.	(c)	65.	(b)	66.	(c)	67.	(c)	68.	(c)	69.	(d)	70.	(d)
71.	(c)	72.	(d)	73.	(c)	74.	(b)	75.	(b)	76.	(c)	77.	(c)	78.	(d)	79.	(d)	80.	(c)

अध्याय 08

भारत का भौतिक भूगोल

(भौतिक स्वरूप एवं धरातलीय बनावट)

भारत की भू-गर्भिक संरचना

- किसी भी देश की भू-गर्भिक संरचना (Geological structure) के अध्ययन के द्वारा उस देश के विभिन्न भागों में मिलने वाली चट्टानों की प्रकृति एवं उसके स्वरूप की जानकारी प्राप्त होती है। तलछट के जमाव से निर्मित भूमि में परतदार या अवसादी चट्टानें पाई जाती हैं, जिससे उर्वर मृदा का निर्माण होता है। उदाहरणस्वरूप गंगा के मैदान को लिया जा सकता है।
- इसके विपरीत प्राचीन रवेदार चट्टानों से निर्मित मिट्टी अनुपजाऊ होती है, परन्तु इसमें धात्विक खनिजों की बहुलता होती है। धात्विक खनिजों में लोहा, सोना, मैंगनीज आदि को शामिल किया जाता है।
- भारत की भू-गार्भिक संरचना में प्राचीनतम और नवीनतम दोनों प्रकार की चट्टानें पाई जाती हैं। एक ओर प्रायद्वीपीय भारत में आर्कियन युग की प्राचीनतम चट्टानें पाई जाती हैं, तो दूसरी ओर मैदानी भागों में क्वाटर्नरी युग की नवीनतम परतदार चट्टानों की बहुलता है। डेल्टाई क्षेत्रों एवं तटीय भागों में नवीनतम चट्टानों का निर्माण निरन्तर जारी है।

इस प्रकार चट्टानों को भू-गार्भिक संरचना में विभाजित कर दिया गया है, जो निम्नलिखित हैं

आर्कियन क्रम की चट्टानें

- आर्कियन क्रम (Archean series) की चट्टानों का निर्माण तप्त पृथ्वी के ठण्डा होने के फलस्वरूप हुआ है। ये प्राचीनतम चट्टानें हैं अर्थात् ये मूलभूत चट्टानें हैं। अत्यधिक रूपान्तरण के कारण इनका मौलिक रूप नष्ट हो चुका है एवं इनमें जीवाश्म का अभाव है। ये नीस एवं शिष्ट प्रकार की चट्टानें हैं। नीस के कई प्रकार हैं; जैसे—बुन्देलखण्ड या बेल्लारी नीस, बंगाल नीस आदि। बुन्देलखण्ड नीस सर्वाधिक प्राचीन है।
- ये चट्टानें मुख्यत:—कर्नाटक, तमिलनाडु, आन्ध्र प्रदेश, मध्य प्रदेश, ओडिशा, झारखण्ड के छोटा नागपुर पठार, दक्षिण-पूर्व राजस्थान में पाई जाती हैं। हिमालय के गर्भ में रीढ़ की हड्डी के समान ये चट्टानें मौजूद हैं।

धारवाड़ क्रम की चट्टानें

- आर्कियन क्रम की चट्टानों के अपरदन एवं निक्षेपण के फलस्वरूप धारवाड़ क्रम (Dharwad series) की चट्टानों का निर्माण हुआ है। ये प्राचीनतम परतदार चट्टानें हैं, जो अत्यन्त ही रूपान्तरित एवं विरूपित हो चुकी हैं। इनमें जीवाश्म का अभाव पाया जाता है। इसका कारण यह है कि या तो इनके निर्माण के समय जीवों का उद्भव नहीं हुआ था या जीवों के अवशेष का स्वरूप लम्बे समय के कारण नष्ट हो गया था।
- अरावली पर्वत (Aravalli mountain) का निर्माण इसी क्रम की चट्टानों से हुआ है। यह संसार का प्राचीनतम मोड़दार पर्वत है। इस क्रम की चट्टानों का जन्म कर्नाटक के धारवाड़ व शिमोगा जिले में हुआ है। यह प्रायद्वीप व बाह्य प्रायद्वीप दोनों में ही पाई जाती है

(i) **प्रायद्वीपीय भारत की धारवाड़ चट्टानें** दक्षिणी दक्कन प्रदेश में उत्तरी कर्नाटक से कावेरी घाटी तक धारवाड़ बेल्लारी व शिमोगा जिलों में, मध्यवर्ती व पूर्वी दक्कन प्रदेश में, नागपुर व जबलपुर में सासर श्रेणी, बालाघाट व भटिण्डा में चिपली श्रेणी, रीवा, हजारीबाग आदि में गोण्डाइट श्रेणी तथा विशाखापत्तनम् में कूदोराइट श्रेणी, अरावली श्रेणी के क्षेत्र में डपरी अरावली व निचली अरावली श्रेणियों के रूप में दिल्ली के निकट तक और गुजरात में चम्पानेर श्रेणी के नाम से विस्तृत है।

(ii) **बाह्य-प्रायद्वीप भारत की धारवाड़ चट्टानें** पश्चिमी हिमालय के लद्दाख, जॉस्कर, गढ़वाल व कुमाऊँ पर्वत श्रेणियाँ, हिमाचल प्रदेश में स्पीति घाटी के निकट वरैला श्रेणी एवं असम के पठारी भाग में शिलांग श्रेणी के नाम से विस्तृत है। इस क्रम की चट्टानें आर्थिक दृष्टि से सर्वाधिक महत्त्वपूर्ण हैं। सभी प्रमुख धात्विक खनिज (लोहा, सोना, मैंगनीज, ताँबा, क्रोमियम) इन चट्टानों में पाए जाते हैं।

कुड़प्पा क्रम की चट्टानें

- धारवाड़ क्रम की चट्टानों के अपरदन एवं निक्षेपण के फलस्वरूप कुड़प्पा क्रम (Cuddapah series) की चट्टानों का निर्माण हुआ है। इस प्रकार ये भी परतदार चट्टानें हैं।

- इनका रूपान्तरण धारवाड़ चट्टानों की तुलना में कम हुआ है तथा इन चट्टानों में भी जीवाश्म का अभाव है, हालाँकि उस समय पृथ्वी पर जीवों का उद्भव हो चुका था। इन चट्टानों का नामकरण आन्ध्र प्रदेश के कुड़प्पा जिले के नाम पर हुआ है, जहाँ अर्द्ध-चन्द्राकार रूप में इनका विस्तार है।
- ये चट्टानें मुख्यत आन्ध्र प्रदेश, मध्य प्रदेश, राजस्थान, तमिलनाडु एवं कर्नाटक के कुछ क्षेत्रों में पाई जाती हैं। कृष्णा श्रेणी, अन्नामलाई श्रेणी, पापाधनी श्रेणी, चेयार श्रेणी, पूर्वी राजस्थान तथा उत्तर मध्य प्रदेश व छत्तीसगढ़ क्षेत्र में इनका विस्तार है। राजस्थान की कुड़प्पा चट्टानें दिल्ली श्रेणी के नाम से भी जानी जाती हैं।
- ये बलुआ पत्थर, चूना-पत्थर, संगमरमर, एस्बेस्टस आदि के लिए प्रसिद्ध हैं। इस क्रम की कुछ चट्टानों में हीरे भी पाए जाते हैं; जैसे—गोलकुण्डा में आन्ध्र प्रदेश के कुड़प्पा जिले में सोने के प्रमाण मिले हैं। पूर्वी घाट पर्वत का निर्माण इसी क्रम की चट्टानों से हुआ है।

विंध्यन क्रम की चट्टानें

- इसका नामकरण विंध्य पर्वत से हुआ है। गंगा के मैदान और दक्कन के पठार के बीच यह विभाजक रेखा बनाती है। विंध्यन प्रणालीक्रम (Vindhyan series) चित्तौड़गढ़ से लेकर बिहार के सासाराम तक विस्तृत है।
- ये परतदार चट्टानें हैं, जिनका निर्माण जल निक्षेपों द्वारा हुआ है। इनमें चूने का पत्थर, बलुआ पत्थर, चीनी मिट्टी, कॉपर क्ले आदि मिलते हैं। चूने का पत्थर सीमेण्ट उद्योग का आधार है, जबकि बलुआ पत्थरों से दिल्ली का लाल किला, साँची स्तूप आदि का निर्माण हुआ था। पन्ना और गोलकुण्डा की प्रसिद्ध हीरों की खानें विंध्यन चट्टानों में पाई जाती हैं।

गोण्डवाना क्रम की चट्टानें

- गोण्डवाना क्रम (Gondwana series) की चट्टानों का निर्माण ऊपरी कार्बोनिफेरस से जुरैसिक युग के मध्य हुआ। इन चट्टानों में जीवों के अवशेष प्राप्त होते हैं। इनका विस्तार दामोदर घाटी, महानदी घाटी, राजमहल, सतपुड़ा, महादेव पर्वत प्रदेशों में तथा कश्मीर, दार्जिलिंग, सिक्किम तथा असम में पाया जाता है।
- इन चट्टानों का निर्माण घाटियों में नदियों द्वारा एकत्र होने वाले पदार्थों से हुआ था। भारत का 98% कोयला इन्हीं चट्टानों से प्राप्त होता है। इसके अतिरिक्त बालू पत्थर, चीका मिट्टी तथा लिग्नाइट भी मिलता है।

दक्कन ट्रैप

- क्रिटेशियस युग के अन्त में प्रायद्वीपीय भारत के पश्चिमी भाग में व्यापक ज्वालामुखी क्रिया हुई। बेसाल्ट लावा के प्रवाह से सीढ़ीदार भू-आकृति का निर्माण हुआ। दक्कन ट्रैप (Deccan trap) का विस्तार महाराष्ट्र के अधिकांश भाग, गुजरात व दक्षिणी पश्चिमी मध्य प्रदेश में है।
- दक्कन ट्रैप शैलें बिहार व तमिलनाडु क्षेत्रों में पाई जाती हैं। बेसाल्ट लावा के क्षरण से उर्वर काली मिट्टी का निर्माण हुआ, जिसे कपास की मिट्टी या रेगुर भी कहते हैं। दक्कन ट्रैप शैलों से भवन व सड़क निर्माण होता है। क्वार्ट्ज बॉक्साइट तथा अर्द्धमूल्य पत्थर भी पाए जाते हैं।
- इसे ट्रैप कहने का कारण यह है कि लावा के प्रवाह के फलस्वरूप सीढ़ीनुमा आकृति की स्थलाकृति का विकास हुआ है। यह संरचना बेसाल्ट एवं डोलोमाइट चट्टानों से निर्मित है। ये चट्टानें काफी कठोर हैं। इन चट्टानों के विखण्डन से ही काली मिट्टी का निर्माण हुआ है, जिसे कपास मिट्टी या रेगुर के नाम से जाना जाता है। यह संरचना महाराष्ट्र के अधिकांश भाग, गुजरात, मध्य प्रदेश, तमिलनाडु व आन्ध्र प्रदेश के कुछ भागों में पाई जाती है।

टर्शियरी क्रम की चट्टानें

- इयोसीन युग से लेकर प्लायोसीन युग तक टर्शियरी क्रम (Tertiary series) की शैलें निर्मित हुईं। हिमालय की उत्पत्ति इसी अवधि में हुई। प्रायद्वीपीय भाग में तृतीयक प्रणाली की घटनाएँ कच्छ, काठियावाड़, कोंकण, मालाबार, नीलगिरि में भी हुईं।
- टर्शियरी शैलें मुख्यत: हिमालय क्षेत्र में पाई जाती हैं, प्रायद्वीपीय भारत में ये केवल तटीय क्षेत्रों में सीमित हैं। इस क्रम के शैलों में पेट्रोलियम पदार्थ पाए जाते हैं।

क्वाटर्नरी क्रम की चट्टानें

- क्वाटर्नरी क्रम (Quaternary series) की चट्टानों के अन्तर्गत प्लीस्टोसीन तथा वर्तमान होलोसीन युगीन शैलें सम्मिलित हैं। प्लीस्टोसीन क्रम की शैलों का विस्तार कश्मीर घाटी, झेलम घाटी, गंगा, ब्रह्मपुत्र, नर्मदा, ताप्ती, महानदी, गोदावरी कृष्णा की ऊपरी घाटियों में है।
- गंगा और सतलज के अतिरिक्त प्रायद्वीपीय (नर्मदा, ताप्ती, महानदी, गोदावरी, कृष्णा (कावेरी आदि) नदियों के मुहानों पर काँप के नवीन निक्षेप पाए जाते हैं। करेवा सरोवरीय निक्षेप हैं, जिसमें बादाम, अखरोट तथा जाफरान की खेती की जाती है।

भू-आकृतिक प्रदेश

- वर्तमान अनुमान के अनुसार, पृथ्वी की आयु लगभग 46 करोड़ वर्ष है। इतने लम्बे समय में अन्तर्जात व बहिर्जात बलों से अनेक परिवर्तन हुए हैं।
- इन बलों की पृथ्वी की धरातलीय व अध:स्तलीय आकृतियों की रूपरेखा निर्धारण में एक महत्त्वपूर्ण भूमिका रही है परिणामस्वरूप भू-आकृति की दृष्टि से भारत में काफी विविधता है। इसके सम्पूर्ण क्षेत्रफल का 10.7% भू-भाग पर्वतीय, 18.6% भू-भाग पहाड़ी, 27.7% भू-भाग पठारी तथा शेष 43% भू-भाग मैदानी है।
- भू-वैज्ञानिक संरचना व शैल समूह की भिन्नता के आधार पर भारत को चार भू-आकृतिक प्रदेशों अथवा इकाइयों में विभाजित किया जाता है, जो भौतिक लक्षणों पर आधारित हैं

इसका विवरण इस प्रकार है

1. उत्तरी पर्वतीय प्रदेश
2. प्रायद्वीपीय पठार
3. उत्तर का विशाल मैदान
4. तटीय मैदान एवं द्वीप समूह

1. उत्तरी पर्वतीय प्रदेश

- हिमालय और अतिरिक्त-प्रायद्वीपीय पर्वतमालाओं की भू-वैज्ञानिक संरचना तरुण, दुर्बल और लचीली है। ये पर्वत वर्तमान समय में भी अन्तर्जात व बहिर्जात बलों की अन्तर्क्रियाओं से प्रभावित हैं। परिणामस्वरूप यहाँ वलन, भ्रंश और क्षेप (Thrust) बनते हैं।
- इन पर्वतों की उत्पत्ति विवर्तनिक हलचलों से जुड़ी हुई है। तेज बहाव वाली नदियों से अपरदित ये पर्वत अभी भी युवावस्था में हैं। गॉर्ज, V-आकार की घाटियाँ, क्षिप्रिकाएँ व जलप्रपात इत्यादि इसका प्रमाण हैं।
- यह पर्वतीय प्रदेश पश्चिम में जम्मू-कश्मीर से लेकर पूर्व में अरुणाचल प्रदेश तक 2400 किमी में फैला है। इसकी औसत ऊँचाई 5500 मी और चौड़ाई लगभग 200 से 500 किमी है।
- हिमालय पर्वत का निर्माण टर्शियरी युग में यूरेशियाई प्लेट तथा भारतीय प्लेट के टकराने से हुआ है।
- इन दोनों प्लेटों के टकराव से, इनके बीच स्थित टेथिस सागर के मलवों में वलन हुआ, जिसके फलस्वरूप हिमालय की उत्पत्ति हुई।
- हिमालय तृतीयक युग में निर्मित नवीन वलित पर्वत है। *इसको निम्न तथ्यों के आधार पर सिद्ध किया जा सकता है*
  - हिमालय में गहरे गड्ढे हैं।
  - हिमालय में 'U' घुमाव वाले नदी मार्ग हैं।
  - समानान्तर पर्वत श्रेणियाँ हैं।
  - हिमालय में तीव्र पर्वतीय ढाल हैं।
- कार्बोनिफेरस काल से ही प्रायद्वीपीय भारत का स्थानान्तरण उत्तर एवं पूर्व की ओर निरन्तर जारी है। इसके फलस्वरूप भारतीय प्लेट का टकराव यूरेशिया प्लेट से हुआ, जो अपेक्षाकृत काफी धीमी गति से दक्षिण की ओर स्थानान्तरित होता रहा है।
- हिमालय एक प्राकृतिक रोधक होने के साथ-साथ जलवायु अपवाह और सांस्कृतिक विभाजक भी है। दक्षिण एशिया के देशों में मानसूनी जलवायु और कम ठण्ड वाली शीत ऋतु के लिए हिमालय पर्वत ही जिम्मेदार है। हिमालय जैसा भू-पर्यावरण विभाजक यूरोप में आल्पस पर्वत है।

हिमालय का समानान्तर वर्गीकरण

- हिमालय में कई समानान्तर पर्वत श्रृंखलाएँ हैं। *इन श्रृंखलाओं को तीन प्रमुख वर्गों में बाँटा जाता है*

(i) वृहत हिमालय/हिमाद्री

- वृहत हिमालय श्रृंखला को केन्द्रीय अक्षीय श्रेणी भी कहा जाता है। इसकी पूर्व-पश्चिम लम्बाई लगभग 2500 किमी तथा उत्तर से दक्षिण इसकी चौड़ाई 160 से 400 किमी है। यह नंगा पर्वत से लेकर नामचा बर्वा पर्वत तक दीवार के रूप में फैली है। इसकी औसतन ऊँचाई 6100 मी है। विश्व की अधिकांश ऊँची पर्वत चोटियाँ इसी पर्वत श्रेणी में स्थित हैं।

वृहत हिमालय की प्रमुख चोटियाँ

चोटी	ऊँचाई (मीटर में)
माउण्ट एवरेस्ट (नेपाल)	8,848
कंचनजंगा (भारत)	8,598
मकालू (नेपाल)	8,463
धौलागिरि (नेपाल)	8,167
नंगा पर्वत (भारत)	8,126
अन्नपूर्णा (नेपाल)	8,091
नन्दा देवी (भारत)	7,817
कामेत (नेपाल)	7,756
नामचा बर्वा (चीन-भारत)	7,756
गुरला मनधाता (नेपाल)	7,728
त्रिशूल (भारत)	7,120
बद्रीनाथ (भारत)	7,138

(ii) मध्य हिमालय/हिमाचल

- मध्य हिमालय श्रेणी/शिवालिक श्रेणी हिमालय के दक्षिण में उसके समान्तर फैली है। यह कई श्रृंखलाओं का समूह है, जिनकी चौड़ाई 60 से 80 किमी तक है तथा औसत ऊँचाई 3000 से 4500 मी तक है। कई चोटियाँ वर्षभर हिम से ढकी रहती हैं। यहाँ की मुख्य पर्वत श्रृंखलाएँ पीर पंजाल, धौलाधार, मसूरी, नाग टिब्बा, महाभारत (नेपाल) आदि हैं।
- पीर पंजाल श्रेणी सबसे लम्बी व प्रमुख श्रेणी है। पीर पंजाल और जास्कर श्रृंखला के मध्य कश्मीर की घाटी स्थित है, शिमला धौलाधार श्रेणी पर स्थित है।
- मध्य व वृहद् हिमालय के बीच विशाल सीमान्त दरार (Great Boundary Fault) स्थित है। यह कश्मीर से असम तक विस्तृत है। मध्य हिमालय के दक्षिणी ढलानों में कोणधारी वन मिलते हैं और ढालों पर छोटे-छोटे घास के मैदान पाए जाते हैं, जिन्हें कश्मीर में मर्ग (सोनमर्ग, गुलमर्ग) और उत्तराखण्ड में बुग्याल और पयार कहते हैं।
- इस श्रेणी में पीर पंजाल, बनिहाल, बुर्जिल इत्यादि प्रमुख दर्रे हैं। बनिहाल दर्रे का उपयोग जम्मू-श्रीनगर मार्ग के लिए किया जाता है। भारत के मुख्य पर्यटन स्थल; जैसे—शिमला, मसूरी, रानीखेत, नैनीताल, अल्मोड़ा, दार्जिलिंग इत्यादि लघु हिमालय पर ही स्थित हैं। वृहद् हिमालय एवं मध्य हिमालय के बीच कश्मीर की घाटी, फूलों की घाटी, लाहौल-स्पीति घाटी एवं काठमाण्डू की घाटी स्थित है।

(iii) बाह्य हिमालय/शिवालिक

- यह हिमालय की सबसे बाह्य दक्षिणी श्रेणी है। इसे बाह्य हिमालय भी कहते हैं। यह पंजाब में पोतवार बेसिन के दक्षिण से आरम्भ होकर पूर्व की ओर कोसी नदी तक अर्थात् 37°C पूर्वी देशान्तर तक फैली है।
- हिमाचल प्रदेश व पंजाब में इसकी चौड़ाई 50 किमी है, जबकि अरुणाचल प्रदेश में इसकी चौड़ाई केवल 15 किमी रह जाती है। इसकी औसत ऊँचाई 900 से 1200 मी है।
- यह हिमालय का सबसे नवीन भाग है, जो सम्भवत: 20 लाख से 2 करोड़ वर्ष पूर्व निर्मित माना जाता है। शिवालिक को जम्मू में जम्मू पहाड़ियों तथा अरुणाचल प्रदेश में डाफला, मिरी, अबोर और मिशमी पहाड़ियों के नाम से जाना जाता है।

- शिवालिक व मध्य हिमालय के बीच अनेक घाटियाँ पाई जाती हैं। इनको पश्चिम व मध्य भाग में दून और पूर्व में द्वार कहते हैं। देहरादून, हरिद्वार ऐसे ही मैदान हैं। इस प्रकार की अन्य प्रमुख घाटियाँ हैं—जम्मू में ऊधमपुर और कोटली, उत्तराखण्ड और हिमाचल प्रदेश में कोटा, पातली, चुम्बी, कियार्दा, कोठारी आदि।

ट्रांस-हिमालय

इसका विस्तार क्षेत्र हिमालय के उत्तर में उसके समानान्तर पूर्व से पश्चिम दिशा में है, चूँकि इसका विस्तार तिब्बत में है, इसलिए इसे तिब्बत हिमालय भी कहा जाता है। इसकी चौड़ाई करीब 40 किमी एवं लम्बाई 965 किमी है। इस हिमालय में मुख्यतः कराकोरम, लद्दाख और कैलाश श्रेणियाँ हैं।

क्षेत्रीय आधार पर हिमालय का वर्गीकरण

- *उच्चावच, पर्वत श्रेणियों के संरेखण और दूसरी भू-आकृतियों के आधार पर हिमालय को पाँच उपखण्डों में विभाजित किया जाता है*

(i) कश्मीर या उत्तरी-पश्चिमी हिमालय

- इसका विस्तार सिन्धु नदी से लेकर सतलज नदी तक 560 किमी की लम्बाई में मिलता है। यह कश्मीर व हिमाचल प्रदेश राज्यों में फैला है। इसमें जास्कर, लद्दाख, काराकोरम, पीर पंजाल, धौलाधार श्रेणियाँ शामिल हैं। यहाँ पर दक्षिणी ढालों पर वनों का प्राधान्य है, जबकि उत्तरी ढाल निर्जन, ऊबड़-खाबड़ तथा शुष्क हैं। शुष्क होने के कारण हिम रेखा अधिक ऊँचाई पर पाई जाती है। हिमालय के इस भाग में ऊँचाई पूर्व से पश्चिम की ओर कम होती जाती है।
- कश्मीर हिमालय करेवा के लिए प्रसिद्ध है, यहाँ जाफरान की खेती की जाती है। हिमनद, चिकनी मिट्टी और दूसरे पदार्थों का हिमोढ़ के ऊपर मोटी परत के रूप में जमाव को करेवा कहते हैं। वैष्णोदेवी, अमरनाथ गुफा और चरार-ए-शरीफ भी यहाँ स्थित है।
- कश्मीर घाटी में झेलम नदी विसर्प के रूप में बहती है, जोकि नदीय स्थल रूप के विकास के प्रौढ़ावस्था में निर्मित होती है, जबकि कश्मीर घाटी में झेलम नदी युवावस्था में है।

(ii) हिमाचल या उत्तरांचल हिमालय/कुमाऊँ हिमालय

- इसका विस्तार सतलज नदी से लेकर काली नदी तक 20 किमी की लम्बाई में मिलता है। उत्तराखण्ड राज्य में यह फैला है। इसका पश्चिमी भाग गढ़वाल व पूर्वी भाग कुमाऊँ हिमालय कहलाता है। यह पंजाब हिमालय की अपेक्षा अधिक ऊँचा है। यहाँ की प्रमुख चोटियाँ बद्रीनाथ, केदारनाथ, त्रिशूल, माना, गंगोत्री, नन्दादेवी कामेत हैं।
- गंगा और यमुना नदियों के उद्गम स्थान यहीं पर हैं। नन्दा देवी कुमाऊँ हिमालय का सर्वोच्च शिखर है। दून घाटियाँ शिवालिक व मध्य हिमालय के बीच स्थित हैं। नैनीताल के निकट नैनीताल, भीमताल तथा साततال झीलें स्थित हैं, माना एवं नीति दर्रों द्वारा यह भाग तिब्बत के निकट है।

(iii) दार्जिलिंग और सिक्किम हिमालय/नेपाल हिमालय

- यह काली नदी से तिस्ता नदी तक 800 किमी लम्बा भाग है। यह पश्चिम में नेपाल तथा पूर्व में भूटान हिमालय के बीच स्थित हिमालय का एक महत्त्वपूर्ण भाग है। यह तिस्ता नदी द्वारा अपवाहित है। यहाँ कंचनजंघा जैसी ऊँची चोटियाँ और गहरी घाटियाँ भी हैं। यहाँ पर्वतों के ऊँचे शिखर पर लेपचा जनजाति तथा दार्जिलिंग के दक्षिणी भागों में मिश्रित जनसंख्या; जैसे—नेपाली, बंगाली और मध्य भारत की जनजातियाँ रहती हैं।
- मध्यम ढाल, गहरी व जीवाश्मयुक्त मिट्टी, वर्षभर वर्षा, मन्दशीत ऋतु अथवा दुआर स्थलाकृति के कारण यहाँ चाय बागान विकसित हैं। सिक्किम और दार्जिलिंग हिमालय प्राकृतिक सौन्दर्य, वनस्पति तथा प्राणिजात और आर्किड के लिए प्रसिद्ध हैं।

(iv) अरुणाचल हिमालय/असम हिमालय

- इसका विस्तार तिस्ता नदी से लेकर ब्रह्मपुत्र नदी तक 750 किमी की लम्बाई में मिलता है। इस क्षेत्र की मुख्य चोटियों में काँगतु और नमचा बरवा शामिल हैं। यहाँ पर्वत श्रेणियाँ उत्तर से दक्षिण दिशा में तेज बहती हुई और गहरे गॉर्ज बनाने वाली नदियों द्वारा विच्छेदित होती हैं। ये बारहमासी नदियाँ हैं और बहुत से जलप्रपात बनाती हैं, इसलिए यहाँ जल-विद्युत उत्पादन की क्षमता काफी है।

(v) पूर्वी पहाड़ियाँ और पर्वत

- हिमालय पर्वत के इस भाग में पहाड़ियों की दिशा उत्तर से दक्षिण है। ये पहाड़ियाँ स्थानीय नामों से प्रसिद्ध हैं। उत्तर में ये पटकाई बूम, नागा पहाड़ियाँ, मणिपुर पहाड़ियाँ, मिकिर पहाड़ियाँ और दक्षिण में मिजो या लुसाई पहाड़ियों के नाम से जानी जाती हैं। नागा पहाड़ियों का सबसे ऊँचा शिखर सारामती है, जिसकी ऊँचाई 3826 मी है।
- मणिपुर घाटी के मध्य एक झील स्थित है, जिसे लोकटक झील कहा जाता है और यह चारों ओर से पहाड़ियों से घिरी है। मोलेसिस बेसिन मिजोरम में स्थित है। बरैल शृंखला नागा और मणिपुर की पहाड़ियों के मध्य में स्थित है। मणिपुर के दक्षिण में मिजो पहाड़ियाँ हैं। यहाँ औसत ऊँचाई 1500 मी तक है। यहाँ सबसे ऊँची चोटी ब्लू पर्वत (2157 मी) है।

हिमालय की हिमनदियाँ

नाम	स्थान	लम्बाई (किमी में)
काराकोरम शृंखला की हिमनदियाँ		
सियाचिन (यह ध्रुवीय एवं उपध्रुवीय क्षेत्र से बाहर सबसे बड़ा ग्लेशियर है)	नुब्रा घाटी	72
हिस्पर	हंसा नदी	60
बियाफो	लालदोह घाटी	60
बालटोरो	लालदोह घाटी	58
पीर पंजाल की हिमनदियाँ		
सोनापानी	चेन्हा घाटी	11
राखियोट	नंगा पर्वत	15
कुमाऊँ एवं गढ़वाल क्षेत्र की हिमनदियाँ		
गंगोत्री	गंगा नदी का स्रोत	26
मिलाम	गोरी गंगा	19
माना	गंगोत्री के उत्तर में	18
सतोपन्थ	बद्रीनाथ के निकट	16

हिमालय के दीर्घ मोड़

हिमालय पर्वत श्रृंखलाओं में दो प्रकार के मोड़ पाए जाते हैं

1. **पश्चिमी मोड़** यह मोड़ पश्चिम में है, जहाँ हिमालय पर्वत नंगा पर्वत के निकट सिन्धु नदी के पश्चिम में दक्षिण व दक्षिण-पश्चिम दिशा में मुड़ गया है। यह मोड़ हिन्दुकुश, सुलेमान, किरथर के रूप में मिलते हैं।
2. **पूर्वी मोड़** इसका घुमाव पूर्व में है, जहाँ हिमालय नमचा बर्वा पर्वत के निकट ब्रह्मपुत्र नदी के पूर्व में दक्षिण व दक्षिण-पूर्व दिशा में मुड़ गया है। यह मोड़ अराकानयोमा श्रेणी कहलाता है तथा आगे बंगाल की खाड़ी तक पहुँच गया है।

2. प्रायद्वीपीय पठार

- भारत का प्रायद्वीपीय पठारी (Peninsular plateau) भाग त्रिभुजाकार है। यह क्षेत्र सभी तरफ से पहाड़ियों से घिरा है। इसके उत्तर में अरावली, विन्ध्य, सतपुड़ा, बारमेड़ और राजमहल की पहाड़ियाँ हैं। पश्चिम में सह्याद्रि तथा पूर्व में पूर्वी घाट स्थित है। सम्पूर्ण पठारी भाग की लम्बाई उत्तर से दक्षिण में 1600 किमी तथा पूर्व-पश्चिम में 1400 किमी है। यह कुल 16 लाख वर्ग किमी में स्थित है। यह पठार भारत का प्राचीनतम भूखण्ड है, जिसकी औसत ऊँचाई 600 से 900 मी तक है।
- सामान्य तौर पर प्रायद्वीप की ऊँचाई पश्चिम से पूर्व की ओर कम होती चली जाती है, जिसका प्रमाण यहाँ की नदियों के बहाव की दिशा से भी मिलता है। इस क्षेत्र की मुख्य प्राकृतिक स्थलाकृतियों में टॉर, ब्लॉक पर्वत, भ्रंश घाटियाँ, पर्वत स्कन्ध, नग्न चट्टान संरचना, टेकरी पहाड़ी श्रृंखलाएँ और डाइकस शामिल हैं, जो प्राकृतिक जल संग्रह के स्थल हैं। इस पठार के पश्चिम और उत्तर-पश्चिमी भाग में मुख्य रूप से काली मिट्टी पाई जाती है।
- प्रायद्वीपीय पठार के अनेक हिस्से भू-उत्थान व विभज्जन, भ्रंश तथा विभंग निर्माण प्रक्रिया के बार-बार पुनरावृत्ति के दौर से गुजरे हैं। भीमा भ्रंश इसका एक उदाहरण है।
- प्रायद्वीपीय पठार की सबसे ऊँची चोटी अनाइमुडी (2695 मी) है, जो पश्चिमी घाट के अन्नामलाई पहाड़ियों में स्थित है। दूसरी सबसे ऊँची चोटी डोडाबेटा है और यह नीलगिरि पहाड़ियों में है।

प्रायद्वीपीय पठार के प्रकार

भारत के प्रमुख प्रायद्वीपीय पठार निम्न प्रकार हैं

दक्कन का पठार

- दक्कन के पठार को महाराष्ट्र का पठार भी कहते हैं। क्रिटेशियस तथा पूर्वी टर्शियरी काल में होने वाले ज्वालामुखी विस्फोट से निकले लावा से इसका निर्माण हुआ है।

मारवाड़ का पठार

- इसे राजस्थान का उठा हुआ क्षेत्र भी कहते हैं। यह अरावली के पूर्व में स्थित है। यहाँ औसतन ऊँचाई 250 से 500 मी तक है। यह बलुआ पत्थरों तथा चूना पत्थरों से निर्मित है। वास्तव में इस पठार का विस्तार जैसलमेर तक है, जहाँ यह अनुदैर्ध्य रेत के टिब्बों और बरखान से ढके हैं।

मालवा का पठार

- लावा से निर्मित मालवा का पठार काली मिट्टी का समप्राय मैदान बन गया। इसकी ढाल गंगा घाटी की ओर है। इस पर बेतवा, पार्वती, काली, सिन्ध, चम्बल नदियाँ प्रवाहित होती हैं, जो आगे यमुना में मिल जाती हैं। इन नदियों का मध्यवर्ती भाग उपजाऊ क्षेत्र है, जिन पर काली उपजाऊ मिट्टी का जमाव है। पठार के उत्तरी भाग को चम्बल व उसकी सहायक नदियों ने बीहड़ खड्ड के रूप में परिवर्तित कर दिया है। ये बीहड़ कृषि की दृष्टि से उपयोगी नहीं है।

बुन्देलखण्ड व बघेलखण्ड का पठार

- मालवा पठार का उत्तर-पूर्वी भाग बुन्देलखण्ड व बघेलखण्ड के पठार के नाम से जाना जाता है। यह पठार ग्वालियर पठार तथा विन्ध्याचल पठार के मध्य फैला है। यह प्राचीनतम बुन्देलखण्ड नीस से निर्मित है। यहाँ पर ग्रेनाइट तथा बालू पत्थर के टीले एवं पहाड़ियाँ मिलती हैं।

छोटानागपुर का पठार

- यह पठार झारखण्ड राज्य के पलामू, धनबाद, हजारीबाग व राँची जिलों में विस्तृत हैं। महानदी, सोन, स्वर्ण रेखा, दामोदर इस पठार की प्रमुख नदियाँ हैं। राजमहल की पहाड़ियाँ इस पठार की उत्तरी सीमा बनाती हैं। यह पठार कई भागों में बँटा हुआ है। इसमें हजारीबाग का पठार, राँची का पठार शामिल है। यह पठार खनिज पदार्थों में धनी है। यहाँ पर भारत के प्रमुख खनिज बॉक्साइट, अभ्रक व कोयला भारी मात्रा में पाए जाते हैं। वन सम्पत्ति की दृष्टि से भी इसका महत्त्व है।

उत्तर-पूर्व पठार

- यह माना जाता है कि हिमालय की उत्पत्ति के समय भारतीय प्लेट के उत्तर-पूर्व दिशा में खिसकने के कारण, राजमहल की पहाड़ियों और मेघालय के पठार के बीच भ्रंश घाटी बनने से यह अलग हो गया था। बाद में यह नदी द्वारा जमा किए गए जलोढ़ द्वारा पाट दिया गया।
- मेघालय का पठार एक अति अपरदित भूतल है। चेरापूँजी नग्न चट्टानों से ढका स्थल है और यहाँ वनस्पति लगभग नहीं के बराबर है।

तेलंगाना का पठार

- गोदावरी नदी ने इस पठार के दो हिस्से कर दिए हैं। उत्तरी भाग पहाड़ी विशेषता वाला है तथा वनों से ढका है। यहाँ पर वर्धा नदी बहती है। निचले समतल भागों में बड़े-बड़े नगर मिलते हैं। हैदराबाद तथा सिकन्दराबाद इसके उदाहरण हैं।

कर्नाटक का पठार

इस पठार को 600 मी की समोच्च रेखा दो भागों में बाँटती है

1. **उत्तरी भाग** इस भाग पर कृष्णा व तुंगभद्रा नदियाँ प्रवाहित होती हैं। यहाँ पर घट-प्रभा व मल-प्रभा नदियाँ कृष्णा नदी में उसके दाएँ भाग पर मिलती है।
2. **दक्षिण भाग** इसे मैसूर का पठार कहते हैं। यह दक्षिण भारत का उच्च व सुनिश्चित सीमा वाला पठार है। इसकी ढाल सामान्यतः पूर्व की ओर है। इसकी दक्षिणी सीमा नीलगिरि पहाड़ियों द्वारा बनती है। बाबा बूदन की पहाड़ी (लौह-अयस्क के लिए प्रसिद्ध) इसी पठार पर स्थित है।

3. उत्तर का विशाल मैदान

- उत्तरी भारत का मैदान सिन्धु, गंगा और ब्रह्मपुत्र नदियों द्वारा हिमालय प्रदेश से बहाकर लाए गए जलोढ़ से बना है। इस तरह यह नवीनतम भू-खण्ड है, जो हिमालय की उत्पत्ति के बाद बना है। इस मैदान के पूर्व से पश्चिम की लम्बाई लगभग 3200 किमी है। इसकी औसत चौड़ाई 150 से 300 किमी है।

संरचनात्मक आधार पर उत्तर के मैदान का वर्गीकरण

संरचना के आधार पर उत्तर से दक्षिण क्रम से इस मैदान को तीन भागों में बाँटा गया है

(i) भाबर प्रदेश

- यह प्रदेश शिवालिक हिमालय के गिरिपाद के समानान्तर फैली हुई है। इसकी चौड़ाई 8 से 26 किमी है। हिमालय पर्वत श्रेणियों से बाहर निकलती नदियाँ यहाँ पर भारी जल-भार; जैसे—बड़े-बड़े पत्थर और गोलाश्म जमा कर देती हैं। इसे शिवालिक का **जलोढ़ पंख** (Alluvial fan) भी कहा जाता है। इस भू-भाग में आमतौर पर नदियों का जल कंकड़-पत्थर के ढेर के नीचे-नीचे ही प्रवाहित होता है।

(ii) तराई प्रदेश

- यह **भाबर** के दक्षिण में वह मैदानी भाग है, जहाँ भाबर की लुप्त नदियाँ फिर से भूमि पर प्रवाहित होती हुई दिखाई देने लगती हैं। नदियों द्वारा निक्षेपित जलोढ़ के कण भाबर प्रदेश की तुलना में यहाँ अपेक्षाकृत महीन होते हैं फलस्वरूप तराई प्रदेश में दलदल की अधिकता होती है। इसकी चौड़ाई 20 से 30 किमी होती है, दलदल तथा नमी की अधिकता के कारण तराई प्रदेश में घने वन तथा विविध प्रकार के वन्यजीव पाए जाते हैं।
- उत्तरी भारत के अधिकांश राष्ट्रीय उद्यान तथा वन्यजीव अभयारण्य तराई प्रदेश में ही हैं।

(iii) जलोढ़ मैदान

- दक्षिण में स्थित नदियों द्वारा तराई क्षेत्र से लाए गए अवसाद से जलोढ़ मैदान का निर्माण हुआ है। पुराना जलोढ़ बांगर का तथा नया जलोढ़ खादर मैदान का निर्माण करता है। नदी की **प्रौढ़ावस्था** में यह अपरदनी, निक्षेपण, बालू रोधिका, निसर्व, गोखुर झीलें एवं गुम्फित नदियाँ आदि **स्थलाकृतियाँ** बनाती हैं। उत्तर भारत का मैदान बहुत समतल है तथा यह समुद्र तट से 50 से 100 मी ऊँचा है।
- यहाँ बहने वाली नदियाँ अपने मुहाने पर विश्व के सबसे बड़े डेल्टा सुन्दरवन डेल्टा का निर्माण करती है। जलोढ़ मिट्टी से निर्मित होने के कारण यह बहुत उपजाऊ मैदान है, यहाँ विभिन्न प्रकार की फसलें; जैसे-गेहूँ, चावल, गन्ना और जूट आदि की भी कृषि की जाती है। *इसी कारण इसे खादर तथा बांगर दो भागों में विभाजित किया जाता है*

(क) **खादर प्रदेश** खादर प्रदेश वह नीचा भाग है, जहाँ नदियों की बाढ़ का जल प्रति वर्ष पहुँचता है। बाढ़ के जल के साथ नवीन मिट्टी भी इस प्रदेश में बिछती रहती है। अत: खादर प्रदेश का निर्माण **नवीन जलोढ़** द्वारा होता है। खादर प्रदेश अत्यधिक **उपजाऊ** होते हैं, जहाँ गहन खेती की जाती है, पंजाब के मैदान में खादर प्रदेश को **बेट** कहते हैं।

(ख) **बांगर प्रदेश** मिट्टी वाले क्षेत्र को बांगर प्रदेश कहते हैं। वास्तव में बांगर प्रदेश मैदान का वह ऊँचा भाग होता है, जहाँ नदियों की बाढ़ का जल नहीं पहुँचता है। यह पुरानी जलोढ़ मिट्टी द्वारा बना होता है। इसमें कंकड़ के रूप में चूनायुक्त संग्रथनों की अधिकता होती है, पंजाब के मैदान में बांगर को **धाया** कहते हैं।

बांगर मिट्टी के उन क्षेत्रों में जहाँ सिंचाई कार्यों की अधिकता होती है, वहाँ पर कहीं-कहीं भूमि पर एक नमकीन सफेद पर्त बिछी हुई पाई जाती है। सफेद पर्त वाली इस मिट्टी को **रेह** या **कल्लर** के नाम से पुकारते हैं। उत्तर प्रदेश और हरियाणा के शुष्क भागों में इसका विस्तार सबसे अधिक है।

बांगर मिट्टी के उन क्षेत्रों में जहाँ अनावरण क्षय के फलस्वरूप ऊपर की मुलायम मिट्टी नष्ट हो जाती है, वहाँ अब कंकरीली ऊँची भूमि मिलती है, ऐसी भूमि को **भूड़** कहते हैं। गंगा और रामगंगा नदियों के प्रवाह में भूड़ का जमाव विशेष रूप में पाया जाता है।

नदियों के आधार पर उत्तर के विशाल मैदान का वर्गीकरण

धरातलीय विशेषताओं और निर्माणकारी शक्तियों के आधार पर उत्तर *के विशाल मैदान को चार भागों में बाँटा गया है*

(i) सिन्ध का मैदान/पंजाब-हरियाणा का मैदान

- इस मैदान का निर्माण सिन्धु और उसकी सहायक नदियों द्वारा लाए गए जलोढ़ से हुआ है। पंजाब के मैदान का निर्माण यहाँ बहने वाली पंचनदियों (झेलम, चिनाब, रावी, व्यास तथा सतलज) के नाम पर हुआ है। **हरियाणा** और **दिल्ली** राज्य सिन्धु और गंगा नदी तन्त्रों के बीच जल विभाजक है।
- दो नदियों के बीच की भूमि को दोआब कहा जाता है। *इस मैदान के पाँच दोआब निम्नलिखित हैं*

दोआब	नदियाँ
1. बिस्ट दोआब	व्यास एवं सतलज के बीच
2. बारी दोआब	व्यास एवं रावी के बीच
3. रेचना दोआब	रावी एवं चिनाब के बीच
4. चाज दोआब	चिनाब एवं झेलम के बीच
5. सिन्ध सागर दोआब	झेलम-चिनाब एवं सिन्धु के बीच

(ii) राजस्थान का मैदान

- इसका विस्तार अरावली के पश्चिम से लेकर भारत-पाकिस्तान सीमा तक है। इसका पूर्वी भाग अपेक्षाकृत अधिक आर्द्र है एवं यहाँ स्टेपी प्रकार की वनस्पतियाँ पाई जाती हैं। यहाँ की प्रमुख नदी **लूनी** है, जो कच्छ की खाड़ी में गिरती है। साम्भर, डिडवाना, डेगना आदि इस मैदान की प्रमुख **नमकीन झीलें** हैं। **साम्भर** सबसे बड़ी नमकीन झील (300 वर्ग किमी) है।

(iii) गंगा का मैदान

- इस मैदान का विस्तार उत्तर प्रदेश, बिहार एवं पश्चिम बंगाल राज्य में है। गंगा नदी के उत्तर में इस मैदान को दो भागों में विभाजित किया जाता है। उत्तर प्रदेश में पश्चिम का भाग रोहिलखण्ड का मैदान कहलाता है, जबकि पूर्व का भाग अवध के मैदान के नाम से जाना जाता है

इस मैदान को तीन भागों में बाँटा जाता है

(क) ऊपरी गंगा का मैदान — पश्चिमी उत्तर प्रदेश
(खा) मध्य गंगा का मैदान — पूर्वी उत्तर प्रदेश एवं उत्तरी बिहार
(ग) निम्न गंगा का मैदान — पश्चिम बंगाल

- निम्न भूमि, जो जल से भरी होती है, **बील** (Beal) के नाम से जानी जाती है। मध्यवर्ती गंगा के मैदान में **गोखुर झीलों** (Ox-bow lakes) की बहुतायत है। निम्न गंगा के मैदान की ऊँचाई 50 मी है, समुद्री ज्वार के कारण इसका एक बड़ा भाग दलदली बना रहता है।

(iv) ब्रह्मपुत्र का मैदान

- यह हिमालय पर्वत एवं मेघालय के पठार के बीच स्थित एक लम्बा एवं संकरा मैदान है। मिट्टी के जमाव के कारण इसमें कहीं-कहीं द्वीपों का भी निर्माण हुआ है। ब्रह्मपुत्र नदी के बीच स्थित **माजुली द्वीप** विश्व का सबसे बड़ा नदी द्वीप है। नदी के कटाव के कारण वर्तमान समय में इस द्वीप का अस्तित्व खतरे में पड़ गया है।

4. तटीय मैदान एवं द्वीप समूह

- भारत की कुल तटरेखा 7516. 6 किमी लम्बी है। इसे कोंकण तट, कोरोमण्डल तट, मालाबार तट और गोलकुण्डा तट में बाँटा गया है। भारत के दोनों ओर **अरब सागर** और **बंगाल की खाड़ी** में 247 द्वीप हैं, जिस पर भारत का नियन्त्रण है।

तटीय मैदान

- भारत की मुख्य भूमि की तटरेखा की लम्बाई 6100 किमी है। इसके निर्माण में समुद्री निक्षेप एवं नदियों के निक्षेप दोनों का योगदान है। *स्थिति और सक्रिय भू-आकृतिक प्रक्रियाओं के आधार पर तटीय मैदानों को दो भागों में बाँटा जाता है*

(i) पश्चिमी तटीय मैदान

- पश्चिमी तटीय मैदान जलमग्न तटीय मैदानों के उदाहरण हैं। ऐसा विश्वास है कि पौराणिक शहर द्वारका जो किसी समय पश्चिमी तट की मुख्य भूमि पर स्थित था, अब पानी में डूबा हुआ है।
- यह मैदान **सूरत** से **कन्याकुमारी** तक विस्तृत है, *जिसे चार भागों में बाँटा गया है*

(क) गुजरात का मैदान — गुजरात का तटवर्ती क्षेत्र
(ख) कोंकण का मैदान — दमन से गोवा के बीच
(ग) कन्नड़ का मैदान — गोवा से मंगलौर के बीच
(घ) मालाबार का मैदान — मंगलौर एवं कन्याकुमारी के बीच

- पश्चिमी तटीय मैदान मध्य में संकीर्ण है, परन्तु उत्तरी और दक्षिणी भागों में अपेक्षाकृत अधिक चौड़ा है। यहाँ बहने वाली नदियाँ डेल्टा नहीं बनाती हैं। मालाबार तट (केरल) की विशेष स्थलाकृति कयाल है, जिसका उपयोग मछली पकड़ने एवं नौकायन के लिए किया जाता है, साथ ही यह पर्यटकों के लिए विशेष आकर्षण का केन्द्र है। केरल में प्रत्येक वर्ष प्रसिद्ध नेहरू ट्रॉफी वलामकाली (नौका दौड़) का आयोजन पुत्तामदा कयाल में किया जाता है।

(ii) पूर्वी तटीय मैदान

- पश्चिमी तटीय मैदान की तुलना में पूर्वी तटीय मैदान चौड़ा है और उभरे हुए तट का उदाहरण है। पूर्व की ओर बहने वाली और बंगाल की खाड़ी में गिरने वाली नदियाँ यहाँ लम्बे-चौड़े डेल्टा बनाती हैं, परिणामस्वरूप यह महाद्वीपीय शेल्फ 500 किमी तक है, जिसके कारण यहाँ पत्तनों और पोताश्रयों का विकास मुश्किल है।
- तमिलनाडु के मैदान को दक्षिण भारत का अन्न भण्डार कहा जाता है। यह तट काफी कटा-छँटा है। विशाखापत्तनम बन्दरगाह **डॉल्फिन** नामक चट्टान के पीछे सुरक्षित है। इसी प्रकार **पुलीकट** (आन्ध्र प्रदेश) एक वलयाकार प्रवाल झील है, जो श्रीहरिकोटा द्वीप समूह से अलग है।
- चिल्का भारत की सबसे बड़ी लैगून झील अथवा नमकीन झील (Salt water lake) है। इसका क्षेत्रफल लगभग 1165 वर्ग किमी है। ओड़िशा के मैदान को 'उत्कल का मैदान' भी कहते हैं। तमिलनाडु का पूर्वी तट **कोरोमण्डल तट** कहलाता है, जबकि गोदावरी और महानदी के बीच का पूर्वी तटीय मैदान **उत्तरी सरकार** के नाम से जाना जाता है।

पश्चिमी तथा पूर्वी तटीय मैदान में अन्तर

पश्चिमी तटीय मैदान	पूर्वी तटीय मैदान
यह पश्चिमी घाट तथा अरब सागर तट के बीच स्थित है।	यह पूर्वी घाट तथा बंगाल की खाड़ी के बीच स्थित है।
यह एक संकरा मैदान है, जिसकी औसत चौड़ाई 64 किमी है।	यह अपेक्षाकृत चौड़ा मैदान है, जिसकी औसत चौड़ाई 80 से 100 किमी है।
इस मैदान में कई छोटी व तीव्रगामी नदियाँ बहती हैं, जो डेल्टा बनाने में असमर्थ हैं।	महानदी, गोदावरी, कृष्णा, कावेरी जैसी बड़ी-बड़ी नदियों ने बड़े-बड़े डेल्टा बनाए हैं।
इस मैदान के दक्षिण भाग में अनेक लैगून मिलते हैं।	इस मैदान में लैगून कम संख्या में पाए जाते हैं।
पश्चिमी तट अधिक कटा-फटा है, जिस कारण यहाँ पर अधिक बन्दरगाह पाए जाते हैं।	पूर्वी तट कम कटा-फटा है, जिस कारण यहाँ कम बन्दरगाह पाए जाते हैं।

द्वीप समूह

- भारत में कुल 247 द्वीप हैं, जिनमें 204 द्वीप बंगाल की खाड़ी में तथा शेष अरब सागर में स्थित हैं। बंगाल की खाड़ी व अरब सागर दोनों में स्थित द्वीप एक-दूसरे से संरचना की दृष्टि से भिन्नता रखते हैं। अरब सागरीय द्वीप प्राचीन भूमण्डल के अवशिष्ट भाग हैं तथा प्रवाल भित्ति द्वारा निर्मित हैं। बंगाल की खाड़ी के द्वीप टर्शियरी पर्वतमाला की धरातलीय विशेषता के परिचायक हैं तथा समुद्र तल से 750 मी की ऊँचाई तक स्थित हैं। *भारत में दो द्वीप समूह हैं*

(i) बंगाल की खाड़ी के द्वीप/अण्डमान-निकोबार द्वीप समूह

- ये द्वीप 6° उत्तर से 14° उत्तरी और 92° से 94° पूर्वी देशान्तर के बीच स्थित हैं। ये द्वीप समुद्र में जलमग्न पर्वतों का हिस्सा हैं। कुछ छोटे द्वीपों की उत्पत्ति ज्वालामुखी से भी जुड़ी है। बैरन आइलैण्ड भारत का एकमात्र सक्रिय ज्वालामुखी है।

- बंगाल की खाड़ी में अन्य तटवर्ती द्वीप भी हैं। इन तटवर्ती द्वीपों पर नदियों ने काँप मिट्टी का निक्षेप करके अनेक द्वीपों का निर्माण किया है। हुगली के सामने 20 किमी लम्बा सागर द्वीप है, जो गंगा सागर के नाम से विख्यात है। चौबीस परगना के कटे-फटे तट के सामने अनेक मग्नतटीय द्वीप पाए जाते हैं। भारत और श्रीलंका के बीच **मन्नार की खाड़ी** (Munnar valley) में पामवन द्वीप पाया जाता है, जो आदम पुल का एक अंश है। नेल्लौर के निकट श्रीहरिकोटा द्वीप बड़ा महत्त्वपूर्ण द्वीप है। यह अन्तरिक्ष अनुसन्धान का केन्द्र बन गया है। यह द्वीप 50 किमी लम्बा है। यहाँ पर एक अन्य द्वीप हेयर द्वीप तूतीकोरिन से 4 किमी दूर स्थित है। यह प्रवाल निर्मित है।

अण्डमान-निकोबार द्वीप समूह

द्वीप	सर्वोच्च चोटी	ऊँचाई
उत्तरी अण्डमान	सैडलपीक	728 मी
मध्य अण्डमान	माउण्ट डियोवोली	515 मी
दक्षिणी अण्डमान	माउण्ट कोयोब	460 मी
ग्रेट निकोबार	माउण्ट थुइल्लर	642 मी

(ii) अरब सागर के द्वीप/लक्षद्वीप समूह

- ये द्वीप कच्छ की खाड़ी से लेकर धुर दक्षिण में कुमारी अन्तरीप तक फैले हैं।
- तट के निकटवर्ती द्वीप गुजरात के काठियावाड़ के पूर्वी और दक्षिणी तट के निकट कई चट्टानी द्वीप मिलते हैं। पीरम और भौसला द्वीप यहाँ पर प्रमुख हैं। मुम्बई और मंगलौर के बीच अनेक द्वीप यहाँ मिलते हैं। मंगलौर के उत्तर में भटकल द्वीप हैं। इसके निकट पिजननाक का द्वीप है।
- यलवान बन्दरगाह के निकट लगभग 12 द्वीप (सबसे बड़ा द्वीप 1.4 किमी का है) पाए जाते हैं। तट के निकट चट्टानी द्वीपों के अतिरिक्त बालू मिट्टी अथवा काँप निर्मित द्वीप भी मिलते हैं। ऐसे द्वीप खम्भात की खाड़ी तथा नर्मदा-ताप्ती के मुहानों पर पाए जाते हैं। खम्भात की खाड़ी में दीयू द्वीप 12 किमी लम्बा द्वीप है। कच्छ की खाड़ी में वैद, नोरा, पिरटान और करुभार द्वीप इसी प्रकार के द्वीप हैं। नर्मदा तथा ताप्ती नदियों के चौड़े मुहाने के निकट खड़ियावेट, अलियावेट तथा अनेक छोटे द्वीप मिलते हैं।
- तट के सुदूरवर्ती द्वीप अरब सागर में लक्षद्वीप सुदूरवर्ती द्वीप की श्रेणी में आते हैं। इनको पहले लक्षद्वीप, मिनीकॉय और अमीनदीवी नामों से पुकारा जाता था। यह भारत के पश्चिमी तट से लगभग 200 से 300 किमी दूर तक फैले हैं।
- इनका क्षेत्रफल 32 वर्ग किमी है। सबसे बड़ा द्वीप लक्षद्वीप है। यह मुख्यत: प्रवाल भित्तियों से निर्मित है। कावारत्ती, जोकि इन द्वीपों की राजधानी है, यहीं स्थित है। अमीनदीवी छोटा द्वीप है। मिनीकॉय धुर दक्षिण में स्थित सबसे बड़ा द्वीप है। इन द्वीपों पर नारियल के वृक्ष अधिकता से पाए जाते हैं।

भारत के प्रमुख पहाड़ एवं पहाड़ियाँ

भारत में अनेक पहाड़ एवं पहाड़ियाँ मौजूद हैं। प्राचीन भू-भाग होने के कारण अनावृत्तिकरण (Denudation) की क्रियाओं से ये सभी सबसे अधिक प्रभावित हैं। यहाँ पर ऐसे पर्वत पाए जाते हैं, जो एक समय काफी ऊँचे थे, लेकिन आज उनकी ऊँचाई इतनी कम हो गई है कि उन्हें पहाड़ियों के नाम से पुकारा जाता है।

विन्ध्याचल पर्वतमाला

- इसका विस्तार नर्मदा नदी के सहारे पश्चिम की ओर गुजरात राज्य से प्रारम्भ होकर उसके समानान्तर पूर्व की ओर झारखण्ड तक है। *यह चार पहाड़ियों का समूह है*
  1. विन्ध्याचल पहाड़ी, गुजरात + मध्य प्रदेश
  2. भाण्डेर, मध्य प्रदेश
  3. कैमूर पहाड़ी, मध्य प्रदेश
  4. पारसनाथ पहाड़ी, झारखण्ड
- यहाँ पर प्राचीन युग की परतदार चट्टानें पाई जाती हैं, जिनमें लाल बलुआ पत्थरों की प्रधानता है। इसकी औसत ऊँचाई 750 से 1200 मी तक है। यह पर्वत श्रृंखला भारत को दक्षिणी भारत से अलग करती है।

सतपुड़ा पर्वतमाला

- यह पर्वतमाला नर्मदा और ताप्ती नदी के बीच पश्चिम में **राजपीपला** की पहाड़ियों से प्रारम्भ होती है तथा तीन पहाड़ी श्रृंखला के समूह के रूप में छोटा नागपुर पठार तक फैली है। यह अधिकतर बेसाल्ट और ग्रेनाइट चट्टानों की बनी है।
- महादेव पहाड़ी में सतपुड़ा पर्वत श्रृंखला की सर्वोच्च **चोटी धूपगढ़ी** (1350 मी) है। धूपगढ़ी के समीप **पंचमढ़ी** स्थित है। यह मध्य प्रदेश का प्रमुख स्वास्थ्यवर्द्धक स्थान है। इस प्रदेश में नदियाँ अनेक जलप्रपात बनाती हैं। इसमें जबलपुर के निकट नर्मदा नदी पर धुआँधार जलप्रपात प्रसिद्ध है। यहाँ संगमरमर की चट्टानें मिलती हैं।

अरावली पर्वत

- यह एक अवशिष्ट पर्वत है एवं विश्व का प्राचीनतम मोड़दार पर्वत है। यह अहमदाबाद के निकट से प्रारम्भ होकर उत्तर-पूर्व दिशा में दिल्ली के दक्षिण-पश्चिम तक लगभग 800 किमी की लम्बाई में फैला है। यहाँ पर सबसे ऊँची चोटी **गुरुशिखर** है, जो 1722 मी ऊँची है। इन पहाड़ियों का दक्षिण भाग जो उदयपुर के निकट स्थित है, जरगा पहाड़ियाँ कहलाती है। अलवर के निकट इन्हें **हर्षनाथ पहाड़ियाँ** कहा जाता है।

पश्चिमी घाट/सह्याद्रि श्रेणी

- पश्चिमी घाट पर्वत हिमालय के बाद भारत की दूसरी सबसे लम्बी पर्वत श्रेणी है। ताप्ती नदी से लेकर दक्षिण में कन्याकुमारी तक 1600 किमी की लम्बाई में फैले हैं। 16° उत्तरी अक्षांश रेखा गोवा से गुजरती है और सह्याद्रि या पश्चिमी घाट पर्वत को *दो भागों में बाँटती है*

  (i) **उत्तरी सह्याद्रि** ताप्ती नदी से लेकर गोवा के उत्तर-पूर्व में मलप्रभा नदी के उद्गम स्थान तक 650 किमी की लम्बाई में फैला है। इस भाग की औसत ऊँचाई 550 मी है। पश्चिम की ओर इसकी ढाल दीवार की भाँति है। यह सीढ़ीनुमा विशेषता वाला है। यहाँ की प्रमुख चोटियाँ कलसुबाई (1646 मी), सालहेर (1567 मी), महाबलेश्वर (1438 मी) हैं। इसमें थालघाट और भोरघाट नामक दो प्रमुख दर्रे हैं। थालघाट मुम्बई

से कोलकाता के लिए मार्ग प्रदान करता है। भोरघाट मुम्बई से पुणे जाने के लिए मार्ग प्रदान करता है।

(ii) **दक्षिणी सह्याद्रि** नीलगिरि पहाड़ियों से लेकर कन्याकुमारी तक इसका विस्तार करीब 290 किमी की लम्बाई में है। यहाँ पर नीलगिरि पहाड़ियों के साथ अन्नामलाई की श्रेणी है। अनाइमुडी (2695 मी) यहाँ सबसे ऊँची चोटी है। इसके उत्तर-पूर्व में पालनी तथा दक्षिण में इलायची पहाड़ियाँ हैं। कार्डमम पहाड़ियाँ केरल एवं तमिलनाडु की सीमा पर पश्चिमी घाट का हिस्सा हैं।

पूर्वी घाट पर्वत

- महानदी के दक्षिण में उत्तर-पूर्व दिशा में दक्षिण-पश्चिमी दिशा की ओर 1300 किमी की लम्बाई में पूर्वी घाट नीलगिरि पहाड़ियों तक फैले हैं। इनकी औसत ऊँचाई 1100 मी है। यह शृंखला उत्तर में अधिक चौड़ी (190 किमी) एवं दक्षिण में कम चौड़ी (75 किमी) है।
- इस पर्वतश्रेणी को नदियों ने अनेक स्थान पर काट दिया है। यही कारण है कि ये अलग-अलग पहाड़ियों के रूप में मिलते हैं। यहाँ नीलगिरि, पालकोण्डा, नल्लामलाई, जाबादी, शिवराय पहाड़ियाँ मुख्य हैं। इसकी सबसे ऊँची चोटी अरोयाकोण्डा (1680 मी) है। महेन्द्रगिरि दूसरी सबसे ऊँची (1501 मी) चोटी है, जो ओडिशा में स्थित है।

भारत के प्रमुख दर्रे

- **काराकोरम दर्रा** यह दर्रा जम्मू-कश्मीर राज्य के लद्दाख क्षेत्र में काराकोरम श्रेणियों के मध्य स्थित है। यह 5, 578 मी ऊँचा है। यहाँ से **चीन** तक एक सड़क भी बनाई गई है। प्राचीनकाल में इस दर्रे से यारकन्द भी जाते थे। अभी यह पाक को चीन से जोड़ता है।
- **जोजिला दर्रा** जम्मू-कश्मीर राज्य की जास्कर श्रेणी में यह दर्रा स्थित है। इसकी ऊँचाई 3, 528 मी है। **श्रीनगर** से लेह जाने का मार्ग इसी दर्रे से गुजरता है।
- **पीर पंजाल दर्रा** यह जम्मू-कश्मीर राज्य के दक्षिण-पश्चिम में स्थित है। यह पीर पंजाल के मध्य 3,494 मी ऊँचा दर्रा है।
- **बनिहाल दर्रा** यह जम्मू-कश्मीर राज्य के दक्षिण-पश्चिम में पीर पंजाल श्रेणियों में स्थित है। इसकी ऊँचाई 2,832 मी है। जम्मू से श्रीनगर का मार्ग इसी दर्रे से गुजरता है।
- **शिपकिला दर्रा** यह दर्रा हिमाचल प्रदेश राज्य की जास्कर श्रेणी में स्थित है (ऊँचाई 5200 मी)। इस दर्रे से होकर शिमला से तिब्बत जाने का मार्ग है।
- **रोहतांग दर्रा** हिमाचल प्रदेश में पीर पंजाल श्रेणियों में यह दर्रा स्थित है। इसकी ऊँचाई 3, 979 मी है।
- **बडालाचा दर्रा** यह हिमाचल प्रदेश में जास्कर श्रेणियों के मध्य स्थित है। इसकी ऊँचाई 5, 045 मी है। मण्डी से लेह जाने के मार्ग को इसी दर्रे से गुजरना पड़ता है।
- **माना ला दर्रा** यह उत्तराखण्ड की कुमाऊँ श्रेणियों में स्थित है। इस दर्रे (ऊँचाई 5, 608 मी) से होकर भारतीय तीर्थयात्री मानसरोवर झील और कैलाश घाटी के दर्शन हेतु जाते हैं।
- **नीति दर्रा** यह दर्रा भी उत्तराखण्ड के कुमाऊँ प्रदेश में स्थित है। यह 5,389 मी ऊँचा है। यह उत्तराखण्ड और तिब्बत को जोड़ता है।
- **नाथूला दर्रा** यह दर्रा (ऊँचाई 4310 मी) सिक्किम राज्य में स्थित है। यह भारत-चीन युद्ध में अपने सामरिक महत्त्व के कारण अधिक चर्चित रहा था। यहाँ से दार्जिलिंग और चुम्बी घाटी से होकर तिब्बत जाने का मार्ग है।
- **जेलेप्ला दर्रा** यह दर्रा (ऊँचाई 4267 मी) भी सिक्किम राज्य में है। भूटान जाने वाला मार्ग इसी दर्रे से गुजरता है। यहाँ से भी दार्जिलिंग और चुम्बी घाटी होकर तिब्बत जाने का मार्ग है।
- **दीफू दर्रा** अरुणाचल प्रदेश के पूर्व में म्यांमार सीमा पर यह दर्रा स्थित है।
- **पांग साउ दर्रा** यह अरुणाचल प्रदेश के दक्षिण-पूर्व में म्यांमार सीमा पर स्थित है। डिब्रूगढ़ से म्यांमार जाने का मार्ग इसी दर्रे से गुजरता है।
- **बोमडिला दर्रा** यह दर्रा (ऊँचाई 2530 मी) अरुणाचल प्रदेश के उत्तर-पश्चिमी भाग में स्थित है। बोमडिला से तवाँग (अरुणाचल प्रदेश) होकर तिब्बत जाने का मार्ग है।
- **यांग्याप दर्रा** अरुणाचल प्रदेश के उत्तर-पूर्व में स्थित है। इसके पास से ही ब्रह्मपुत्र नदी भारत (अरुणाचल प्रदेश) में प्रवेश करती है। यहाँ से चीन के लिए मार्ग भी खुलता है।
- **तुजु दर्रा** यह मणिपुर राज्य के दक्षिण-पूर्व में स्थित है। इम्फाल से तामु और म्यांमार जाने के लिए इसी दर्रे से रास्ता जाता है।
- **थालघाट** यह महाराष्ट्र राज्य में पश्चिमी घाट की श्रेणियों में स्थित प्रमुख दर्रा है। इसकी ऊँचाई 583 मी है। यहाँ से होकर दिल्ली-मुम्बई के प्रमुख सड़क व रेलमार्ग से गुजरते हैं।
- **भोरघाट** यह दर्रा भी महाराष्ट्र राज्य की पश्चिमी घाट श्रेणियों में स्थित है। पुणे-बेलगाम रेलमार्ग और सड़क मार्ग इसी दर्रे से गुजरता है।
- **पालघाट** यह केरल राज्य के मध्य-पूर्व में नीलगिरि की पहाड़ियों में स्थित है। इसकी ऊँचाई 305 मी है। कालीकट-त्रिचूर से कोयम्बटूर-इण्डोर के रेल व सड़कमार्ग इसी दर्रे से गुजरते हैं।
- **गोरनघाट दर्रा** यह दर्रा राजस्थान में अरावली पर्वत शृंखला में है।

भारत की प्रमुख झीलें

- **विवर्तनिक झीलें** वूलर झील (कश्मीर) या कुमायूँ हिमालय की झीलें।
- **अनूप झीलें** चिल्का झील (ओडिशा), पुलीकट (तमिलनाडु), कोलेरू (आन्ध्र प्रदेश), वेम्बनाद (केरल)।
- **हिमानी झीलें** नैनीताल, भीमताल, राकसताल, नौकुचियाताल, सातताल (सभी उत्तराखण्ड में स्थित हैं) इत्यादि।
- **ज्वालामुखी झील** महाराष्ट्र की लोनार।
- **वायु द्वारा निर्मित झीलें** राजस्थान की साम्भर, डीडवाना, लूनकरसर, पंचभद्रा झीलें।
- **अन्तरास्थलीय झील** आन्ध्र प्रदेश की कोलेरू झील प्राचीन काल में यह एक लैगून झील थी, लेकिन डेल्टा के विस्तार से वर्तमान में यह एक अन्तरस्थलीय झील है।

अपवाह तन्त्र

निश्चित वाहिकाओं के माध्यम से हो रहे, जलप्रवाह को अपवाह (Drainage) कहते हैं तथा इन वाहिकाओं के जाल को **अपवाह-तन्त्र** कहा जाता है। नदियों और उनकी सहायक नदियों के द्वारा प्राकृतिक अपवाह-तन्त्र का विकास होता है।

किसी क्षेत्र के अपवाह प्रतिरूप को निम्नलिखित कारक प्रभावित करते हैं

- चट्टानों की प्रकृति एवं संरचना
- स्थलाकृतिक ढाल
- बहते जल की मात्रा
- बहाव की अवधि तथा समय
- एक नदी विशिष्ट क्षेत्र से अपना जल बहाकर लाती है, जिसे **जल ग्रहण क्षेत्र** (Catchment area) कहा जाता है।

अपवाह तन्त्र का प्रतिरूप

किसी क्षेत्र में अपवाह-तन्त्र के ज्यामीतिय आकार तथा नदियों की स्थानिक व्यवस्था को अपवाह प्रतिरूप कहा जाता है।

इसके निम्नलिखित प्रकार

- द्रुमाकृतिक अपवाह प्रतिरूप (Dendritic drainage)
- जालीनुमा अपवाह प्रतिरूप (Unhide drainage)
- अरीय अपवाह प्रतिरूप (Radial drainage)
- समान्तर अपवाह प्रतिरूप (Parallel drainage)
- आयताकार अपवाह प्रतिरूप (Rectangular drainage)

भारतीय अपवाह-तन्त्र

- भारत के कुल अपवाह क्षेत्र के लगभग 77% भाग में गंगा, ब्रह्मपुत्र, महानदी, कृष्णा आदि नदियाँ शामिल हैं, जो बंगाल की खाड़ी (Bay of Bengal) में जल विसर्जित करती हैं, जबकि 23% क्षेत्र जिसमें सिन्धु, नर्मदा, तापी, माही व पेरियार नदियाँ हैं, जो अपना जल अरब सागर में गिराती हैं। भारत की अधिकांश मुख्य नदियों का उद्‌गम स्रोत हिमालय है और वे अपना जल बंगाल की खाड़ी या अरब सागर में विसर्जित करती हैं।
- प्रायद्वीपीय पठार की बड़ी नदियों का उद्‌गम स्थल पश्चिमी घाट है और ये नदियाँ बंगाल की खाड़ी में जल विसर्जित करती हैं, परन्तु कुछ नदियाँ पश्चिम की ओर निकलकर अरब सागर में मिलती हैं। उदाहरणस्वरूप माण्डवी और जुआरी, गोवा में बहने वाली दो नदियाँ हैं, जो पश्चिम की ओर बहती हैं। इसी प्रकार का अपवाद नर्मदा और ताप्ती नदी भी है, जो अपना जल अरब सागर में विसर्जित करती हैं।
- यद्यपि चम्बल बेतवा, सोन आदि नदियों का समूहीकरण उपरोक्त तरीकों से कठिन हो जाता है, क्योंकि उत्पत्ति और आयु में ये हिमालय से निकलने वाली नदियों से पुरानी हैं साथ ही इसकी दिशा भी उत्तर की ओर है।

भारतीय अपवाह-तन्त्र का वर्गीकरण

उद्‌गम की दृष्टि से भारतीय अपवाह-तन्त्र को दो भागों में बाँटा गया है

1. हिमालयी अपवाह-तन्त्र या उत्तरी भारत का अपवाह-तन्त्र
2. प्रायद्वीपीय भारत का अपवाह-तन्त्र

1. हिमालयी अपवाह-तन्त्र

- हिमालयी अपवाह-तन्त्र भू-गर्भिक इतिहास के एक लम्बे दौर में विकसित हुआ है। इसमें मुख्यत: गंगा, सिन्धु व ब्रह्मपुत्र नदी द्रोणियाँ शामिल हैं। यहाँ की नदियाँ गहरे महाखड्डों से होकर गुजरती हैं, जो हिमालय के उत्थान के साथ-साथ अपरदन क्रिया द्वारा निर्मित हैं।
- महाखड्डों के अतिरिक्त ये नदियाँ अपने पर्वतीय मार्ग में V-आकार की घाटियाँ, क्षिप्रिकाएँ एवं जलप्रपात भी बनाती हैं। जब ये मैदान में प्रवेश करती हैं, तो निक्षेपणात्मक स्थलाकृतियाँ; जैसे—समतल घाटियों, गोखुर झीलें, बाढ़कृत मैदान, गुम्फित वाहिकाएँ और नदी के मुहाने पर डेल्टा का निर्माण करती हैं। इन नदियों का मार्ग टेढ़ा-मेढ़ा है, जिसके कारण यह अपना मार्ग परिवर्तित करती रहती हैं। उदाहरणत कोसी नदी, जिसे **बिहार का शोक** (Sorrow of Bihar) कहते हैं, यह अपना मार्ग बदलने के लिए कुख्यात है।

हिमालयी अपवाह तन्त्र के मुख्यत: तीन भाग है

(i) सिन्धु नदी तन्त्र (ii) गंगा नदी तन्त्र (iii) ब्रह्मपुत्र नदी तन्त्र

(i) सिन्धु नदी तन्त्र

- यह सबसे बड़ी नदी द्रोणियों में से एक है, जिसकी कुल लम्बाई 2880 किमी है। भारत में इसकी लम्बाई 709 किमी है। भारत में यह हिमालय की नदियों में सबसे पश्चिम में है। इसका उद्‌गम तिब्बती क्षेत्र में कैलाश पर्वत श्रेणी में बोखर चू के निकट एक हिमनद से होता है।
- तिब्बत में इसे सिंगी खम्बान (Singi Khamban) अथवा **शेर मुख** कहते हैं। लद्दाख श्रेणी को काटते हुए यह नदी जम्मू-कश्मीर में गिलगित के समीप एक दर्शनीय महाखड्ड का निर्माण करती है।

सिन्धु नदी की सहायक नदियाँ

- सिन्धु नदी की बहुत-सी सहायक नदियँ हिमालय पर्वत से निकलती हैं; जैसे-श्योक, गिलगित, जास्कर, हुंजा, नुबरा, शिगार, गास्टिंग व द्रास। अन्तत: यह नदियाँ कटक के निकट पहाड़ियों से बाहर निकलती हैं, जहाँ दाहिने तट पर काबुल नदी इसमें मिलती है। यह नदी दक्षिण की ओर बहती हुई मीथनकोट के निकट पंचनद का जल प्राप्त करती है।
- पंचनद नाम पंजाब की पाँच मुख्य नदियों-सतलज, व्यास, रावी, चेनाब और झेलम को दिया गया है। अन्त में सिन्धु नदी कराची के पूर्व में अरब सागर में जा गिरती हैं।

ये सहायक नदियाँ निम्न हैं

- **झेलम** (संस्कृत नाम वितस्ता), यह सिन्धु की महत्त्वपूर्ण सहायक नदी है। कश्मीर घाटी के दक्षिण-पूर्वी भाग में पीर पंजाल गिरिपद में स्थित वेरीनाग झरने से निकलती है। पाकिस्तान में प्रवेश करने से पहले यह नदी **श्रीनगर और वूलर झील** से बहते हुए एक तंग व गहरे महाखड्ड से गुजरती है। पाकिस्तान में झंग के निकट यह चेनाब नदी से मिलती है। इस नदी की कुल लम्बाई 724 किमी है।
- **चेनाब** (संस्कृत नाम अस्किनी अथवा चन्द्रभाग) सिन्धु की सबसे बड़ी सहायक नदी है। यह चन्द्रा और भागा दो सरिताओं के मिलने से बनती है। ये सरिताएँ हिमाचल प्रदेश में केलांग के निकट ताण्डी में आपस में मिलती हैं इसलिए इसे चन्द्रभागा के नाम से भी जाना

जाता है। पाकिस्तान में प्रवेश करने से पहले यह नदी 1,180 किमी बहती है, जबकि इस नदी की कुल लम्बाई 1800 किमी है।

- **रावी** (संस्कृत नाम पुरुष्णी या इरावती) सिन्धु की एक अन्य महत्त्वपूर्ण सहायक नदी है। यह हिमाचल प्रदेश की कुल्लू पहाड़ियों में रोहतांग दर्रे के पश्चिम से निकलती है और राज्य की चम्बा घाटी से बहती है। पाकिस्तान में प्रवेश करने व सराय सिन्धु के निकट चेनाब नदी में मिलने से पहले यह नदी पीर पंजाल के दक्षिण-पूर्वी भाग व **धौलाधर** के बीच प्रदेश से प्रवाहित होती है। इस नदी की कुल लम्बाई 725 किमी है।
- **व्यास** (संस्कृत नाम विपासा या अगिर्किया) सिन्धु की अन्य महत्त्वपूर्ण सहायक नदी है, जो समुद्र तल से 4000 मी की ऊँचाई पर रोहतांग दर्रे के निकट व्यास कुण्ड से निकलती है। यह नदी कुल्लू घाटी से गुजरती है और धौलाधर श्रेणी में काती और लारगी में महाखड्ड का निर्माण करती है। यह पंजाब के मैदान में प्रवेश करती है। यहाँ हरिके बैराज के पास सतलज नदी में जा मिलती है। इस नदी की कुल लम्बाई 460 किमी है।
- **सतलज** (संस्कृत नाम शतद्रु या शुतुद्री) तिब्बत में 4630 मी की ऊँचाई पर मानसरोवर के निकट राकस ताल से निकलती है, जहाँ इसे लॉगचेन खम्बाब के नाम से जाना जाता है।

- भारत में प्रवेश करने से पहले यह लगभग 400 किमी तक सिन्धु नदी के समानान्तर बहती है। यह हिमालय पर्वत श्रेणी में शिपकी-ला से बहती हुई पंजाब के मैदान में प्रवेश करती है। यह **भाखड़ा नांगल परियोजना** के नहर तन्त्र का पोषण करती है। लुधियाना और फिरोजपुर इस नदी के किनारे पर बसे हैं। इस नदी की कुल लम्बाई 1450 किमी (भारत में 1050 किमी) है।
- वर्ष 1960 में भारत और पाकिस्तान के बीच हुई सिन्धु जलसन्धि के अनुसार भारत के लोग सिन्धु, झेलम और चेनाब नदियों का केवल 20% जल ही उपयोग में ला सकते हैं।

सिन्धु नदी तन्त्र से सम्बन्धित प्रमुख नदी घाटी परियोजना

सिन्धु नदी तन्त्र से सम्बन्धित ये नदी घाटी परियोजनाएँ निम्नलिखित हैं

- **भाखड़ा नांगल परियोजना** यह परियोजना पंजाब, राजस्थान तथा हरियाणा राज्यों की संयुक्त परियोजना है। यह पंजाब में सतलज नदी पर अनुकूल स्थान पर बनाई गई है, जहाँ नदी की धारा के दोनों ओर पहाड़ियाँ एक-दूसरे के काफी निकट आ गई हैं। यह भारत का सबसे ऊँचा बाँध है।
- सिखों के दसवें गुरु गोविन्द सिंह के नाम पर बाँध के पीछे बने जलाशय का नाम गोविन्द सागर रखा गया है। यह जलाशय हिमाचल प्रदेश में है। इस बाँध से 1100 किमी लम्बी नहरें निकाली गई हैं। इन नहरों की 3400 किमी लम्बी जल वितरिकाएँ हैं, जिनसे 14.6 लाख हेक्टेयर भूमि की सिंचाई की जाती है।
- **इन्दिरा गाँधी** (राजस्थान नहर) **परियोजना** इन्दिरा गाँधी नहर परियोजना पूर्व में राजस्थान नहर परियोजना के नाम से जानी जाती थी। यह नहर पंजाब में सतलज एवं व्यास नदियों के संगम पर स्थित **हरिके बैराज** से निकाली गई है।
- हरिके बैराज से **रामगढ़** तक इस नहर की लम्बाई 649 किमी है। इसके द्वारा उत्तर-पश्चिमी राजस्थान, गंगानगर, बीकानेर, बाड़मेर तथा जैसलमेर जिलों में सिंचाई की जा सकती है। यह नहर पंजाब, हरियाणा व राजस्थान की 14.5 लाख हेक्टेयर भूमि की सिंचाई करती है।
- **व्यास परियोजना** यह पंजाब, हरियाणा तथा राजस्थान राज्यों की संयुक्त परियोजना है, जो व्यास नदी पर है। इसमें व्यास, सतलज **लिंक तथा पोंग** (मुकरियन जालन्धर के निकट) बाँध का निर्माण किया गया है।
- इस बाँध के द्वारा पंजाब तथा राजस्थान की 4 लाख हेक्टेयर भूमि की सिंचाई की जाती है। इसके विद्युत गृहों से 660 मेगावाट तथा 240 मेगावाट विद्युत उत्पन्न की जाती है।
- **थीन बाँध** पंजाब राज्य में थीन गाँव में **रावी नदी** पर 147 मी ऊँचा मिट्टी का एक बाँध निर्मित किया जा रहा है, जिसमें 3.48 लाख हेक्टेयर भूमि की सिंचाई की जा सकेगी और 480 मेगावाट क्षमता का विद्युत केन्द्र बनाया जाएगा।
- **पोंग बाँध** इसे **व्यास बाँध** भी कहते हैं। व्यास नदी पर **तलवारा** के निकट हिमाचल प्रदेश में 116 मी लम्बा और 12 मी ऊँचा यह बाँध बनाया गया है। इसका निर्माण पंजाब, हरियाणा, राजस्थान राज्यों के सहयोग से किया गया है।

नदी घाटी परियोजना (विभिन्न नदी परियोजनाएँ)	सम्बन्धित नदी
तुलबुल परियोजना	झेलम
उरी परियोजना	झेलम
सलाल परियोजना	चेनाब
बगलीहार परियोजना	चेनाब
दुलहस्ती परियोजना	चेनाब
चमेरा परियोजना	रावी
पोंग परियोजना	व्यास
नाथपा-झाकरी परियोजना	सतलज

(ii) गंगा नदी तन्त्र

- गंगा नदी उत्तराखण्ड राज्य के उत्तरकाशी जिले में गोमुख के निकट **गंगोत्री हिमनद** से 3900 मी की ऊँचाई से निकलती है। यहाँ यह भागीरथी के नाम से जानी जाती है। यह मध्य व लघु हिमालय श्रेणियों को काटकर तंग महाखड्डों से होकर गुजरती है।
- **देवप्रयाग** में भागीरथी, अलकनन्दा से मिलती है और इसके बाद गंगा कहलाती है। बांग्लादेश में यह पद्मा के नाम से जानी जाती है। बाद में मेघना के नाम से ज्ञात ब्रह्मपुत्र के साथ इसकी संयुक्त धारा सागर द्वीप के निकट अन्ततः बंगाल की खाड़ी में जा मिलती है। अपने इस सफर में गंगा में कई सहायक नदियाँ आकर मिलती हैं।
- बाएँ तट पर आकर मिलने वाली प्रमुख सहायक नदियों में रामगंगा, गोमती, टोंस, घाघरा, गण्डक, बागमती और कोसी हैं। दाहिने तट के सहारे मिलने वाली नदियों में यमुना, सोन, पुनपुन, दामोदर और रूपनारायण हैं।
- गंगा नदी की लम्बाई 2525 किमी है। यह उत्तराखण्ड में 110 किमी, उत्तर प्रदेश में 1450 किमी, बिहार में 445 किमी और पश्चिमी बंगाल में 520 किमी मार्ग तय करती है। गंगा द्रोणी केवल भारत में लगभग 8.6 लाख वर्ग किमी क्षेत्र में फैली हुई है।

गंगा की प्रमुख सहायक नदियाँ

बाईं तथा दाईं ओर से अनेक नदियाँ गंगा में आकर मिलती हैं। उनमें से कुछ प्रमुख नदियाँ निम्नलिखित हैं

- **अलकनन्दा** इस नदी का स्रोत बद्रीनाथ के ऊपर **सतोपथ हिमनद** है। ये नदियाँ अलकनन्दा, धौली और विष्णु गंगा धाराओं से मिलकर बनती हैं। अलकनन्दा की अन्य सहायक नदी पिण्डार है।
- **यमुना नदी** यह गंगा की सबसे पश्चिमी और सबसे लम्बी सहायक नदी है। इसका स्रोत **यमुनोत्री हिमनद** है, जो हिमालय में **बन्दरपूँछ श्रेणी** की पश्चिमी ढाल पर 6316 मी की ऊँचाई पर स्थित है। प्रयाग (इलाहाबाद) में इसका गंगा से संगम होता है। प्रायद्वीपीय पठार से निकलने वाली चम्बल, सिन्ध, बेतवा एवं केन इसके दाहिने तट पर मिलती हैं, जबकि हिण्डन, रिंद्र, सेंगर, वरुणा आदि नदियाँ इसके बाएँ तट पर मिलती हैं। इसका अधिकांश जल सिंचाई उद्देश्यों के लिए पश्चिमी और पूर्वी यमुना नहरों तथा आगरा नहर में आता है।
- **चम्बल नदी** मध्य प्रदेश के मालवा पठार में महु के निकट से निकलती है और उत्तरमुखी होकर एक महाखड्ड से बहती हुई राजस्थान से कोटा पहुँचती है, जहाँ इस पर गाँधीसागर बाँध बनाया गया है।
- **कोटा** से यह बून्दी, सवाई माधोपुर और धौलपुर होती हुई यमुना नदी में मिल जाती है। चम्बल अपनी उत्खात भूमि वाली भू-आकृति के लिए प्रसिद्ध है, जिसे **चम्बल खड्ड** (Ravine) कहा जाता है।
- **घाघरा नदी** मापचाचुंगों हिमनद से निकलती है तथा तिला, सेती व बेरी नामक सहायक नदियों का जल ग्रहण करने के उपरान्त यह **शीशापानी** के एक गहरे महाखड्ड का निर्माण करते हुए पर्वत से बाहर निकलती है। **शारदा नदी** (काली या काली गंगा) इस मैदान में मिलती है और अन्तत: छपरा में यह गंगा नदी में विलीन हो जाती है।
- **गण्डक नदी** दो धाराओं **कालीगण्डक** और **त्रिशूलगंगा** के मिलने से बनती है। यह नेपाल हिमालय में धौलागिरि व माउण्ट एवरेस्ट के बीच से निकलती है और मध्य नेपाल को अपवाहित करती है। बिहार के **चम्पारन** जिले में यह गंगा मैदान में प्रवेश करती है और पटना के निकट सोनपुर में गंगा नदी में जा मिलती है।
- **कोसी** एक पूर्ववर्ती नदी है, जिसका स्रोत तिब्बत में माउण्ट एवरेस्ट के उत्तर में है, जहाँ से इसकी मुख्य धारा अरुण निकलती है। नेपाल में, मध्य हिमालय को पार करने के बाद इसमें पश्चिम से सोन, कोसी और पूर्व से तमुर कोसी मिलती हैं। अरुण नदी से मिलकर यह सप्तकोसी बनाती है। इसे 'बिहार का शोक' कहा जाता है।
- **रामगंगा नदी** यह अपेक्षाकृत छोटी नदी है, जो गैरसेण के निकट गढ़वाल की पहाड़ियों से निकलती है। शिवालिक को पार करने के बाद यह दक्षिण-पश्चिम दिशा में बहने लगती है। यह नदी उत्तर प्रदेश में नजीबाबाद के निकट मैदान में प्रवेश करती है और कन्नौज के निकट गंगा नदी में मिल जाती है।
- **शारदा** या **सरयू** नदी का उद्गम नेपाल हिमालय में मिलाम हिमनद में है, जहाँ इसे **गौरीगंगा** के नाम से जाना जाता है। यह भारत-नेपाल सीमा के साथ बहती हुई, जहाँ इसे काली या चाइक कहा जाता है, घाघरा नदी में मिल जाती है।
- **दामोदर नदी** छोटानागपुर पठार के पूर्वी किनारे पर दामोदर नदी बहती है और भ्रंश घाटी से होती हुई **हुगली नदी** में गिरती है। बराकर इसकी एक मुख्य सहायक नदी है, कभी बंगाल का शोक (Sorrow of Bengal) कही जाने वाली इस नदी को दामोदर घाटी कॉर्पोरेशन नामक एक बहुद्देशीय परियोजना ने वश में कर लिया है।
- **महानन्दा नदी** गंगा नदी की एक अन्य महत्त्वपूर्ण सहायक नदी महानन्दा है, जो दार्जिलिंग पहाड़ियों से निकलती है। यह नदी पश्चिम बंगाल में गंगा के बाएँ तट पर मिलने वाली अन्तिम सहायक नदी है।
- **सोन नदी** गंगा के दक्षिणी तट पर सोन एक बड़ी सहायक नदी है, जो **अमरकंटक पठार** से निकलती है। यह नदी पठार के उत्तरी किनारे पर जलप्रपातों की शृंखला बनाती हुई पटना से होकर पश्चिम में आरा के पास गंगा नदी में विलीन हो जाती है।
- **अन्तस्थलीय नदियाँ** जो नदियाँ ऐसी होती हैं, जो सागर तक नहीं पहुँच पाती और रास्ते में ही लुप्त हो जाती हैं, ये **अन्त: स्थलीय** (Inland drainage) नदियाँ कहलाती हैं। **घग्घर** नदी इसका मुख्य उदाहरण है। यह एक मौसमी नदी है, जो हिमालय की निचली ढालों से (कालका के समीप) निकलती है और **हनुमानगढ़** (राजस्थान) में लुप्त हो जाती है। घग्घर को ही वैदिक काल की सरस्वती माना जाता है। अन्य उदाहरण-लूनी, कान्तली, सावी, काकनी आदि हैं।

गंगा नदी तन्त्र से सम्बन्धित प्रमुख नदी घाटी परियोजना

- **अलकनन्दा जल विद्युत परियोजना** 330 मेगावाट कुल क्षमता वाली इस परियोजना का निर्माण उत्तराखण्ड के **श्रीनगर** नामक स्थान पर अलकनन्दा नदी पर किया गया है। इसके तहत 82.5 मेगावाट क्षमता की कुल चार इकाइयाँ निर्मित की गई हैं।
- **टिहरी बाँध परियोजना** टिहरी बाँध का निर्माण गढ़वाल हिमालय की महत्त्वपूर्ण नदी भागीरथी और सहायक भिलंगना के संगम स्थल से 1.5 किमी नीचे **टिहरी** में किया गया है।
- **रिहन्द बाँध परियोजना अथवा गोविन्द बल्लभ सागर परियोजना** उत्तर प्रदेश के मिर्जापुर नगर से 161 किमी दूर स्थित पिपरी नामक स्थान पर यह योजना संचालित की जा रही है। मिर्जापुर के रेनुकूट नामक स्थान पर स्थापित एल्युमीनियम संयन्त्र को इसी परियोजना से विद्युत उपलब्ध होती है, साथ ही इसके द्वारा सोन नदी की सिंचाई क्षमता में भी काफी वृद्धि हुई है।
- **रामगंगा परियोजना** गंगा की एक मुख्य सहायक नदी रामगंगा पर गढ़वाल (उत्तराखण्ड) मण्डल के कालागढ़ में 625 मी लम्बा और 125.6 मी ऊँचा बाँध बनाया गया है। इस परियोजना से 5.91 लाख हेक्टेयर भूमि की सिंचाई होगी और बिजली उत्पादन की स्थापित क्षमता 198 मेगावाट होगी। इससे पश्चिमी उत्तर प्रदेश में बाढ़ का प्रकोप कम होगा।
- **शारदा परियोजना** इस परियोजना के अन्तर्गत शारदा-गोमती दोआब क्षेत्र में शारदा बैराज बनाने की योजना है, जिससे निकलने वाली नहर बाराबंकी, फैजाबाद, सुल्तानपुर, जौनपुर, आजमगढ़, लखनऊ, हरदोई, सीतापुर, खीरी, शाहजहाँपुर, बरेली और पीलीभीत जिले को सिंचित करेगी।
- **गण्डक परियोजना** इस परियोजना में उत्तर प्रदेश तथा बिहार संयुक्त रूप से कार्य कर रहे हैं। **नेपाल** को भी इस परियोजना से विद्युत की सुविधाएँ उपलब्ध होंगी। इस परियोजना की सिंचाई क्षमता 14.59 लाख हेक्टेयर भूमि है।

- **कोसी परियोजना** कोसी नदी में आने वाली विनाशकारी बाढ़ की रोकथाम के उद्देश्य से इस परियोजना के लिए भारत और नेपाल में **वर्ष** 1954 में समझौता हुआ था। इस नदी पर दो बाँध बनाए गए हैं, जो बाढ़ को रोकने तथा 8.48 लाख हेक्टेयर भूमि की सिंचाई व 20 मेगावाट विद्युत की सुविधा प्रदान करने की क्षमता रखते हैं।
- **फरक्का बैराज परियोजना** यह परियोजना पश्चिम बंगाल राज्य के **मुर्शिदाबाद** जिले में कोलकाता बन्दरगाह को साफ करने तथा हुगली नदी के जल के खारेपन को दूर करने के उद्देश्य से बनाई गई है।
- **बाण सागर परियोजना** यह परियोजना उत्तर प्रदेश, बिहार तथा मध्य प्रदेश राज्यों की संयुक्त परियोजना है। इसके अन्तर्गत **सोन नदी** के पानी को एकत्रित किया जाएगा।
- **राजघाट बाँध** राजघाट परियोजना **उत्तर प्रदेश** एवं **मध्य प्रदेश** की संयुक्त परियोजना है। इसके अन्तर्गत बेतवा नदी पर 43.8 मी ऊँचा एवं 562.50 मी लम्बा पत्थर की चिनाई का बाँध एवं जिसके किनारों के आगे कुल 10.77 किमी लम्बा और 27.5 मी ऊँचा मिट्टी का बाँध होगा। इस परियोजना की लागत व लाभों को उत्तर प्रदेश व मध्य प्रदेश की सरकारें समान रूप से वहन करेंगी।
- **चम्बल परियोजना** राजस्थान और मध्यप्रदेश की यह सम्मिलित परियोजना है। इस परियोजना के अन्तर्गत चम्बल नदी पर तीन जगह बाँध बनाए गए हैं। पहला बाँध मध्य प्रदेश के चौरासीगढ़ में, दूसरा बाँध राजस्थान के रावतभाटा में तथा तीसरा बाँध राजस्थान के कोटा में स्थित है।

(iii) ब्रह्मपुत्र नदी तन्त्र

- विश्व की सबसे बड़ी नदियों में से एक ब्रह्मपुत्र का उद्गम कैलाश पर्वत श्रेणी में मानसरोवर झील के निकट **चेमायुँगडुंग** (Chemayungdung) हिमनद में है। यहाँ से यह पूर्व दिशा में अनुदैर्ध्य रूप में बहती हुई दक्षिणी तिब्बत के शुष्क व समतल मैदान में लगभग 1,100 किमी की दूरी तय करती है, जहाँ इसे **सांग्पो** (Tsangpo) के नाम से जाना जाता है, जिसका अर्थ है— 'शोधक'।
- मध्य हिमालय में नमचा बर्वा के निकट एक गहरे महाखड्ड का निर्माण करती हुई यह एक प्रक्षुब्ध व तेज बहाव वाली नदी के रूप में बाहर निकलती है। अरुणाचल प्रदेश में **सदिया** कस्बे के पश्चिम में यह नदी भारत में प्रवेश करती है। दक्षिण-पश्चिम दिशा में बहते हुए इसके बाएँ तट पर इसकी प्रमुख सहायक नदियाँ दिबांग या सिकांग और लोहित मिलती हैं। इसके बाद असम में यह नदी ब्रह्मपुत्र के नाम से जानी जाती है।
- असम घाटी में अपनी 750 किमी की यात्रा में ब्रह्मपुत्र में अनेक सहायक नदियाँ आकर मिलती हैं। इसके बाएँ तट की प्रमुख सहायक नदियाँ बूढ़ी दिहांग, धनसरी (दक्षिण) और कोलोग हैं, जबकि दाएँ तट पर मिलने वाली महत्त्वपूर्ण सहायक नदियों में सुबनसिरी, कामेंग, मानस हैं।
- ब्रह्मपुत्र की कुल लम्बाई 2880 किमी है, जबकि भारत में इसकी कुल लम्बाई 885 किमी ही है। ब्रह्मपुत्र नदी बाढ़, मार्ग परिवर्तन एवं तटीय अपरदन के लिए जानी जाती है। ऐसा इसलिए है, क्योंकि इसकी अधिकतर सहायक नदियाँ बड़ी हैं और इनके जलग्रहण क्षेत्रों में भारी वर्षा के कारण इनमें अत्यधिक अवसाद बहकर आ जाता है।

2. प्रायद्वीपीय भारत का अपवाह-तन्त्र

- प्रायद्वीपीय अपवाह में अनेक नदी तन्त्र हैं। अतिप्राचीन काल की तीन प्रमुख भू-गर्भिक घटनाओं ने आज के प्रायद्वीपीय भारत के अपवाह-तन्त्र को स्वरूप प्रदान किया है। *यह तीन भू-गर्भिक घटनाएँ निम्नलिखित हैं*
  1. **टर्शियरी काल** में प्रायद्वीप के पश्चिमी भाग नीचे धँस गए, जिससे यह भाग समुद्र में डूब गया और नदी की सामान्यतः सममित (Concurrent Plan) योजना में गड़बड़ी हो गई।
  2. **हिमाचल प्रोत्थान** के कारण प्रायद्वीप के उत्तरी भाग का भी अवतलन हुआ और भ्रंश द्रोणियों का निर्माण हुआ। नर्मदा और ताप्ती इन्हीं भ्रंश घाटियों में बह रही हैं।
  3. **भारत का प्रायद्वीपीय टर्शियरी काल** में ही भारत का प्रायद्वीपीय खण्ड उत्तर-पश्चिम दिशा से दक्षिण-पूर्व दिशा में झुक गया, जिसके परिणामस्वरूप इसका अपवाह बंगाल की खाड़ी की ओर उन्मुख हो गया।
- वास्तव में प्रायद्वीपीय अपवाह-तन्त्र हिमालयी अपवाह-तन्त्र से पुराना है। यह तथ्य नदियों की प्रौढ़ावस्था और नदी घाटियों के चौड़ा व उथला होने से प्रमाणित होता है। प्रायद्वीप के उत्तर भाग से निकलने वाली चम्बल, सिन्ध, बेतवा, केन व सोन नदियाँ गंगा नदी तन्त्र के अंग हैं।
- प्रायद्वीप की प्रमुख नदी-तन्त्र महानदी, गोदावरी, कृष्णा और कावेरी हैं। प्रायद्वीपीय नदियों की विशेषता है कि ये एक सुनिश्चित मार्ग पर चलती हैं, विसर्प नहीं बनाती और ये बारहमासी नदी हैं, यद्यपि भ्रंश घाटियों में बहने वाली नर्मदा और तापी इसका अपवाद हैं।

बंगाल की खाड़ी में गिरने वाली नदियाँ

बंगाल की खाड़ी में गिरने वाली प्रमुख नदियाँ निम्नलिखित हैं

महानदी

- महानदी छत्तीसगढ़ के **रायपुर** जिले में सिहावा के निकट निकलती है और ओडिशा से बहती हुई अपना जल बंगाल की खाड़ी में विसर्जित करती है। यह नदी 851 किमी लम्बी है और इसका जलग्रहण क्षेत्र लगभग 1.42 लाख वर्ग किमी है। इसके निचले मार्ग में नौसंचालन भी होता है। इस नदी की अपवाह द्रोणी का 53% भाग मध्य प्रदेश व छत्तीसगढ़ में और 47% भाग ओडिशा राज्य में विस्तृत है।

गोदावरी

- गोदावरी सबसे बड़ा प्रायद्वीपीय नदी तन्त्र है। इसे **वृद्ध गंगा** के नाम से जाना जाता है। यह महाराष्ट्र में नासिक जिले से निकलती है और बंगाल की खाड़ी में जल विसर्जित करती है। इसकी सहायक नदियाँ महाराष्ट्र, मध्य प्रदेश, छत्तीसगढ़, ओडिशा और आन्ध्र प्रदेश राज्यों से गुजरती हैं। यह 1,465 किमी लम्बी नदी है, जिसका जलग्रहण क्षेत्र 3.13 लाख वर्ग किमी है। इसके जलग्रहण क्षेत्र का 49% भाग महाराष्ट्र में 20% भाग मध्य प्रदेश और छत्तीसगढ़ में और शेष भाग आन्ध्र प्रदेश में पड़ता है।
- इसकी मुख्य सहायक नदियों में पेनगंगा, इन्द्रावती, प्राणहिता और मंजरा हैं। **पोलावरम्** के दक्षिण में जहाँ इसके मार्ग के निचले भागों में भारी बाढ़ें आती हैं, गोदावरी एक सुदृश्य प्रपात की रचना करती है।

इसके डेल्टाई भाग में ही नौसंचालन सम्भव है। राजामुन्द्री के बाद यह नदी कई धाराओं में विभक्त होकर एक वृहत डेल्टा का निर्माण करती है।

कृष्णा

- कृष्णा पूर्व दिशा में बहने वाली दूसरी बड़ी प्रायद्वीपीय नदी है, जो सह्याद्रि में **महाबलेश्वर** के निकट निकलती है। इसकी कुल लम्बाई 1.401 किमी है।
- कोयना, तुंगभद्रा और भीमा इसकी प्रमुख सहायक नदियाँ हैं। इस नदी के कुल जलग्रहण क्षेत्र का 27% भाग महाराष्ट्र में, 44% भाग कर्नाटक में और 29% भाग आन्ध्र प्रदेश में पड़ता है।

कावेरी नदी

- कावेरी नदी कर्नाटक के कोगाडु जिले में (ब्रह्मगिरि) पहाड़ियों (1.341 मी) से निकलती है। इसकी लम्बाई 800 किमी है और यह 81.155 वर्ग किमी क्षेत्र को अपवाहित करती है। कावेरी को दक्षिण का गंगा कहा जाता है।
- प्रायद्वीप की अन्य नदियों की अपेक्षा कम उतार-चढ़ाव के साथ यह नदी लगभग वर्ष भर बहती है, क्योंकि इसके ऊपरी जलग्रहण क्षेत्र में दक्षिण-पश्चिम मानसून (गर्मी) से और निम्न क्षेत्रों में उत्तर-पूर्वी मानसून (सर्दी) से वर्षा होती है। इस नदी की द्रोणी का 3% भाग केरल में, 41% भाग कर्नाटक में और 56% भाग तमिलनाडु में पड़ता है। इसकी महत्त्वपूर्ण सहायक नदियाँ काबीनी, भवानी और अमरावती हैं।

स्वर्ण रेखा

- स्वर्ण रेखा नदी का उद्गम स्थल झारखण्ड में **छोटानागपुर पठार** पर राँची के दक्षिण-पश्चिम में है। इस नदी का प्रवाह सामान्यत: पूर्वी दिशा में है।
- स्वर्ण रेखा नदी का विस्तार मुख्य रूप से बिहार के सिंहभूमि, ओडिशा के **मयूरभंज** तथा पश्चिम बंगाल के मिदनापुर जिले के बीच है। स्वर्ण रेखा नदी की कुल लम्बाई 395 किमी है और इसका कुल जलग्रहण क्षेत्र लगभग 19,500 वर्ग किमी है।

ब्रह्माणी

- ब्रह्माणी नदी का निर्माण **कोयल** और **सांख** नदियों के मिलन से होता है। ब्रह्माणी नदी का उद्गम स्थल भी वही है, जहाँ से स्वर्ण रेखा नदी निकलती है। कोयल और सांख नदियाँ गंगपुर के समीप एक-दूसरे से मिलती हैं। ब्रह्माणी नदी का प्रवाह बोनाई, तलचर और बालासोर जिले में है। बंगाल की खाड़ी में गिरने से ठीक पूर्व वैतरणी नदी, ब्रह्माणी से मिलती है। ब्रह्माणी नदी की कुल लम्बाई 705 किमी है और इसका कुल जलग्रहण क्षेत्र लगभग 36,300 वर्ग किमी है।

वैतरणी नदी

- वैतरणी नदी का उद्गम स्थल ओडिशा के **क्योंझर पठार** पर है। वैतरणी नदी की कुल लम्बाई 333 किमी है और इसका कुल जलग्रहण क्षेत्र प्रायद्वीप के पूर्वी भाग में लगभग 19,500 वर्ग किमी है।

अरब सागर में गिरने वाली नदियाँ

अरब सागर में गिरने वाली नदियाँ निम्नलिखित हैं

नर्मदा नदी

- नर्मदा नदी **अमरकंटक पठार** के पश्चिमी पार्श्व से लगभग 1,057 मी की ऊँचाई से निकलती है। दक्षिण में सतपुड़ा और उत्तर में विंध्याचल श्रेणियों के मध्य यह भ्रंश घाटी से बहती हुई संगमरमर की चट्टानों में खूबसूरत महाखड्ड और जबलपुर के निकट धुआँधर जल प्रपात बनाती है। लगभग 1,312 किमी दूरी तक बहने के बाद यह भड़ौच के दक्षिण में अरब सागर में मिलती है और 27 किमी लम्बा ज्वारनदमुख बनाती है। सरदार सरोवर परियोजना इसी नदी पर बनाई गई है।

तापी नदी

- तापी पश्चिम दिशा में बहने वाली एक अन्य महत्त्वपूर्ण नदी है। यह मध्य प्रदेश में बेतूल जिले में **मुलताई** से निकलती है। यह 724 किमी लम्बी नदी है और लगभग 65.145 वर्ग किमी क्षेत्र को अपवाड़ित करती है। इसके अपवाह क्षेत्र का 79% भाग महाराष्ट्र में, 15% भाग मध्य प्रदेश में और शेष 6% भाग गुजरात में पड़ता है।

लूनी नदी

- **अरावली** के पश्चिम में लूनी राजस्थान का सबसे बड़ा नदी-तन्त्र है। यह पुष्कर के समीप दो धाराओं (सरस्वती और सागरमती) के रूप में उत्पन्न होती है, जो **गोबिन्दगढ़** के निकट आपस में मिल जाती है। यहाँ से यह नदी अरावली पहाड़ियों से निकलती है और लूनी कहलाती है। तलवाड़ा तक यह पश्चिम दिशा में बहती है और तत्पश्चात् दक्षिण-पश्चिम दिशा में बहती हुई कच्छ के रन में जा मिलती है। यह सम्पूर्ण नदी-तन्त्र अल्पकालिक है।

माही नदी

- माही नदी पश्चिम भारत की प्रमुख नदी है, जो मध्य प्रदेश के धार जिले से निकलती है। यह मध्य प्रदेश के धार, झबुआ और रतलाम जिलों तथा गुजरात राज्य से होती हुई खम्भात की खाड़ी के पास अरव सागर में गिरती है। यह नदी कर्क रेखा को दो बार पार करती है।

शरावती नदी

- शरावती नदी पश्चिम की ओर बहने वाली कर्नाटक की एक महत्त्वपूर्ण नदी है। यह कर्नाटक के **शिमोगा जिले** से निकलती है और इसका जलग्रहण क्षेत्र 2209 वर्ग किमी है। भारत का सबसे ऊँचा **गरसोप्पा** (जोग) जलप्रपात इसी नदी पर अवस्थित है।

प्रायद्वीपीय भारत की प्रमुख नदी घाटी परियोजनाएँ

- **हीराकुड परियोजना** यह परियोजना ओडिशा राज्य में महानदी पर सम्बलपुर से 14 किमी की दूरी पर स्थित है, जिसमें तीन बाँध हीराकुड, तिरकपाडा और बरोज का निर्माण किया गया है। इससे महानदी के डेल्टा प्रदेश की बाढ़ पर नियन्त्रण किया जा सका है। विश्व का सबसे लम्बा बाँध है।
- **तुंगभद्रा परियोजना** यह आन्ध्र प्रदेश तथा कर्नाटक राज्य की संयुक्त परियोजना है। इसमें तुंगभद्रा नदी पर मल्लपुरम के निकट 2,441 मी लम्बा और 49.38 मी ऊँचा एक बाँध निर्मित है।
- **नागार्जुन परियोजना** यह परियोजना आन्ध्र प्रदेश में नदी-कोण्डा गाँव के पास कृष्णा नदी पर स्थित है। बौद्ध विद्वान् नागार्जुन के नाम पर इसका नाम नागार्जुन सागर रखा गया है। आज जहाँ पर सागर में जल भरा है, पहले वहाँ

अत्यन्त सुन्दर वास्तुकला के प्राचीन मन्दिर थे, जिनमें एक-एक पत्थर को हटाकर नए स्थानों पर ले जाया गया। फिर वहाँ इन्हीं पत्थरों से बिल्कुल पहले जैसे ही मन्दिरों का निर्माण किया गया।

- **कुकाड़ी परियोजना** यह परियोजना महाराष्ट्र राज्य की है। इसके अन्तर्गत पाँच बाँध, योदूगाँव, मानिकद्रोही, दिम्भा, बदाज और पिम्पलगाँव जोग बनाए गए हैं।
- **कृष्णा परियोजना** इस परियोजना के अन्तर्गत महाराष्ट्र राज्य के सतना जिले में कृष्णा नदी पर धोमगाँव के पास **धोम बाँध** और वन्ना नदी पर कहर गाँव के पास **कहर बाँध** बनाया गया है।
- **गिरना परियोजना** इस परियोजना के अन्तर्गत महाराष्ट्र राज्य के **नासिक** जिले में पंजान गाँव के पास गिरना नदी पर एक बाँध का निर्माण कार्य चल रहा है।
- **उकाई परियोजना** यह परियोजना गुजरात में **सूरत नगर** से 116 किमी दूर उकाई गाँव के निकट ताप्ती नदी पर बनाई गई है।
- **पूर्णा परियोजना** इस परियोजना के अन्तर्गत **महाराष्ट्र** राज्य में **पूर्णा नदी** पर दो कच्चे बाँध निर्मित किए जाएँगे।
- **कुण्डा परियोजना** यह **तमिलनाडु** राज्य की जल विद्युत परियोजना है, जिसकी विद्युत उत्पादन की प्रारम्भिक क्षमता **425 मेगावाट** थी, जिसे कुछ दिन पूर्व बढ़ाकर 535 मेगावाट कर दिया गया है।
- **साबरिगिरि परियोजना केरल राज्य** में इस विद्युत परियोजना की संस्थापित क्षमता 300 मेगावाट है।
- **बालिमेला परियोजना** यह **ओडिशा** राज्य की एक जल विद्युत परियोजना है, जो **सिलेरू** नदी पर बनी है। इसका निर्माण कार्य पूर्ण हो चुका है।
- **कालिन्दी परियोजना** यह कर्नाटक राज्य की जल विद्युत परियोजना है, जिसकी विद्युत उत्पादन क्षमता **270 मेगावाट** है।
- **साबरमती परियोजना** इस परियोजना के अन्तर्गत राज्य में **मेहसाना जिले** के धारी गाँव के पास एक बाँध निर्मित है तथा दूसरा अहमदाबाद के पास वासना बाँध निर्मित किया गया है।
- **भाद्रा परियोजना** कर्नाटक राज्य में भाद्रा नदी पर एक बहुद्देशीय परियोजना का निर्माण किया गया है। इसके द्वारा **1.01 लाख हेक्टेयर** भूमि की सिंचाई की जाएगी।
- **काकड़ापार परियोजना** यह **गुजरात** राज्य में सूरत से 80 किमी की दूरी पर ताप्ती नदी पर स्थित है।

नदी जोड़ो परियोजना

- वर्ष 1972 में तत्कालीन सिंचाई मन्त्री **डॉ. के एल राव** ने नदियों को आपस में जोड़ने का विचार गंगा को कावेरी नदी से जोड़ने वाले प्रस्ताव द्वारा प्रस्तुत किया। उसके बाद वर्ष 1977 में **कैप्टन दस्तूर** ने हिमालय, मध्य और प्रायद्वीपीय भारत के चारों ओर नहर माला बनाना प्रस्तावित किया।
- राष्ट्रपति **अब्दुल कलाम** ने राष्ट्रपति बनने के बाद अपने पहले सम्बोधन में नदियों को जोड़कर देश में जल संसाधन की असमानता को दूर करने की बात कही। राष्ट्रपति की इस परिकल्पना से प्रभावित होकर दायर की गई एक जनहित याचिका पर सरकार को देश की प्रमुख नदियों को वर्ष 2012 तक आपस में जोड़ने का ऐतिहासिक निर्देश दिया गया।
- इस सम्बन्ध में केन्द्र सरकार द्वारा सर्वोच्च न्यायालय के समक्ष प्रस्तुत अपने शपथ-पत्र वर्ष 2035 तक प्रायद्वीपीय नदियों तथा वर्ष 2043 तक हिमालयी नदियों को आपस में जोड़ने का वायदा किया गया। इसी उद्देश्य से सरकार ने नदी सम्पर्क योजना का प्रस्ताव पारित किया।
- पाँच लाख साठ हजार करोड़ रुपये की लागत वाली इस परियोजना को **अमृत क्रान्ति** नाम दिया गया। इस योजना के तहत लगभग 30 नदियों को जोड़ने की बात कही गई। इसके तहत जो 30 अन्तर बेसिन जोड़ बनाई जाएगी उसमें पानी का स्थानान्तरण ज्यादा से कम बेसिन में प्रवाहित किया जाएगा तथा समुद्र में जाने से रोका जाएगा।
- राष्ट्रीय नदी जोड़ो योजना में दो घटक हिमालय नदी विकास तथा प्रायद्वीपीय नदी विकास शामिल हैं। *इनका विवरण निम्नलिखित है*

नदी जोड़ो परियोजना के लाभ

- राष्ट्रीय नदी जोड़ो योजना कुल 35 मिलियन हेक्टेयर अतिरिक्त क्षेत्र में सिंचाई लाभ देगी, जिसमें से 25 मिलियन हेक्टेयर सतही जल से तथा 10 मिलियन हेक्टेयर भू-जल के बढ़े हुए उपयोग से प्राप्त होगी तथा 34,000 मेगावाट अतिरिक्त जल विद्युत के उत्पादन का लाभ होगा। इसके अतिरिक्त इस *परियोजना से निम्नलिखित प्रासंगिक लाभ भी हैं*

– सूखे से निजात
– घरेलू एवं औद्योगिक जल आपूर्ति
– रोजगार के अवसरों का सृजन
– लावणिक नियन्त्रण
– मनोरंजन सम्बन्धी सुविधा
– ढाँचागत सुविधाओं का विकास।
– बाढ़ नियन्त्रण
– नौपरिवहन की सुविधा
– मत्स्य पालन
– प्रदूषण नियन्त्रण
– सामाजिक-आर्थिक विकास

नदी जोड़ो परियोजना की हानियाँ

- देशभर में फैलने वाले बाँधों और नहरों के जाल में लाखों लोगों के विस्थापन की समस्या
- भूमि, वन व सम्पत्ति क्षेत्रों के जलमग्न होने का डर, सम्बन्धित क्षेत्रों के जन्तुओं और वनस्पतियों पर नकारात्मक प्रभाव निर्माण कार्य के लिए होने वाले भूमि अधिग्रहण के दौरान विरोध का डर, केन्द्र के हाथों में सारे अधिकार होने पर राजनीतिक दबाव में निर्णय लेने का डर।

जलवायु एवं मानसून

भारत की जलवायु को मानसूनी जलवायु तथा **उष्ण मानसूनी** जलवायु भी कहा जाता है। 'मानसून' शब्द की उत्पत्ति अरबी भाषा के **मौसिम** शब्द से हुई है। मौसिम का अर्थ है—पवनों की दिशा का मौसम के अनुसार, उलट जाना। मानसून का प्रथम अध्ययन अरबी भूगोलवेत्ता **अल मसूदी** द्वारा किया गया था।

भारतीय मानसूनी जलवायु की विशेषताएँ

भारत में मिलने वाली मानसूनी जलवायु की विशेषताएँ निम्नलिखित हैं

- मानसूनी पवनों की व्यवस्था भारत और पूरे भारतीय उपमहाद्वीप सहित दक्षिण और दक्षिण-पूर्वी एशिया के बीच **जलवायवीय एकता** प्रदान करती है।
- जलवायवीय एकता के बीच जलवायु में प्रादेशिक भिन्नता भी मौजूद है। उदाहरणस्वरूप दक्षिण में केरल तथा तमिलनाडु की जलवायु, उत्तर में उत्तर प्रदेश तथा बिहार की जलवायु से अलग है फिर भी इन सभी राज्यों की जलवायु मानसूनी प्रकार की है। इस तरह जलवायु में ये प्रादेशिक भिन्नताएँ पवनों के प्रतिरूप, तापक्रम और वर्षा, ऋतुओं के लाभ, आर्द्रता एवं शुष्कता की मात्रा में भिन्नता के रूप में देखी जा सकती है।
- मानसूनी जलवायु में एक-स्थान से दूसरे-स्थान पर तथा एक क्षेत्र से दूसरे क्षेत्र के तापमान में ऋतुवत् अन्तर पाया जाता है। इतना ही नहीं यदि हम किसी एक स्थान के 24 घण्टों का तापमान दर्ज करें, तो उसमें भी विभिन्नताएँ कम प्रभावशाली प्रतीत नहीं होती।
- मानसूनी जलवायु में वर्षण की प्रादेशिक विविधता के साथ-साथ उसके रूप में भी अन्तर पाया जाता है; जैसे—**हिमालय** में वर्षण मुख्यत: **हिमपात** के रूप में होता है, जबकि देश के अन्य भागों में वर्षण जल की बूँदों के रूप में होता है। इसी तरह देश के अधिकांश भागों में वर्षा जून और सितम्बर के बीच होती है, किन्तु **तमिलनाडु** के तटीय प्रदेशों में वर्षा शरद् ऋतु अथवा जाड़ों के आरम्भ में होती है।

भारत की जलवायु को प्रभावित करने वाले कारक

- किसी भी स्थान की जलवायु को प्रभावित करने वाले अनेक कारक होते हैं। भारत की जलवायु भी अनेक कारकों से नियन्त्रित होती है, जिन्हें मुख्यत: *दो वर्गों में विभाजित किया जा सकता है*

  1. स्थिति और उच्चावच सम्बन्धी कारक
  2. वायुदाब एवं पवन सम्बन्धी कारक

1. स्थिति और उच्चावच सम्बन्धी कारक

स्थिति और उच्चावच सम्बन्धी प्रमुख कारक निम्न हैं

अक्षांश

- कर्क रेखा भारत को लगभग दो भागों में बाँटती है। कर्क रेखा से दक्षिण के भाग में विषुवत् रेखा से निकटता के कारण वर्षभर उच्च तापमान तथा कम दैनिक और वार्षिक तापान्तर पाया जाता है, जबकि उत्तरी भाग में इसके विपरीत विषम जलवायु और अत्यधिक दैनिक और वार्षिक तापान्तर पाया जाता है।

समुद्र तट से दूरी

- समुद्र तट से दूरी के कारण भारत के आन्तरिक क्षेत्रों (दिल्ली, अमृतसर आदि) में विषम जलवायु, जबकि समुद्रतटीय प्रदेशों में अपेक्षाकृत **सम जलवायु** पाई जाती है।

उत्तर एवं उत्तर-पूर्व की पर्वत श्रेणियाँ

- हिमालय व उसकी श्रेणियाँ भारत को शेष एशिया से अलग करती है और शीतकाल में **मध्य एशिया** से आने वाली अत्यधिक ठण्डी व शुष्क पवनों से भारत की रक्षा करती हैं। दूसरी तरफ ये श्रेणियाँ वर्षादायिनी दक्षिण-पश्चिमी मानसूनी पवनों के सामने एक प्रभावी अवरोध बनाती हैं, ताकि वे भारत की उत्तरी सीमाओं को पार न कर सकें। इस प्रकार ये श्रेणियाँ उपमहाद्वीप तथा मध्य एशिया के बीच एक जलवायु विभाजक का कार्य करती हैं।

उच्चावच

- भारत का भौतिक स्वरूप अथवा उच्चावच, तापमान, वायुदाब, पवनों की गति, दिशा, वर्षा की मात्रा एवं उसके वितरण आदि को प्रभावित करता है। जून और जुलाई के बीच पश्चिमी घाट तथा असम के **पवनाभिमुखी ढाल** (Windward slope) अधिक वर्षा प्राप्त करते हैं, जबकि इसी दौरान पश्चिमी घाट के साथ लगा दक्षिणी पठार **पवनविमुखी** (Leeward slope) स्थिति के कारण कम वर्षा प्राप्त करता है।

समुद्र तल से ऊँचाई

- ऊँचाई के साथ तापमान घटता है। विरल वायु के कारण पर्वतीय प्रदेश, मैदानों की तुलना में अधिक ठण्डे होते हैं। उदाहरणत: **आगरा** और **दार्जिलिंग** यद्यपि एक ही अक्षांश पर अवस्थित हैं, तथापि अपेक्षाकृत अधिक ऊँचाई पर स्थित होने के कारण दार्जिलिंग का तापमान आगरा के तापमान की तुलना में काफी कम होता है।

2. वायुदाब एवं पवन सम्बन्धी कारक

वायुदाब एवं पवन से सम्बन्धित तीन कारक निम्नलिखित हैं

(i) वायुदाब एवं पवनों का धरातल पर वितरण।

(ii) भूमण्डलीय मौसम को नियन्त्रित करने वाले कारकों एवं भिन्न वायु संहतियों एवं जेट प्रवाह के प्रभाव में उत्पन्न ऊपरी वायुसंचरण।

(iii) शीतकाल में पश्चिमी विक्षोभों तथा दक्षिण-पश्चिमी मानसून काल में उष्णकटिबन्धीय अवदाबों के भारत के अन्तर्वहन के कारण उत्पन्न वर्षा की अनुकूल दशाएँ।

भारत की ऋतुएँ

- भारतीय मौसम विभाग ने भारत की वार्षिक जलवायु की अवस्थाओं के *आधार पर एक वर्ष को चार ऋतुओं में बाँटा है*

1. शीत ऋतु

- यह मध्य नवम्बर से प्रारम्भ होती है एवं मार्च में समाप्त होती है। इस ऋतु में रात्रि का तापमान काफी कम हो जाता है, जो पंजाब व राजस्थान में हिमांक से भी नीचे चला जाता है।
- उत्तर से दक्षिणी भारत की ओर जाने से तापमान बढ़ता जाता है। उत्तरी भारत में औसत दैनिक तापमान 21°C से नीचे एवं दक्षिणी भारत में 22°C से ऊपर ही रहता है।
- उत्तरी-पश्चिमी भाग में तापमान का निम्न वायुदाब पाया जाता है। इसके कारण उत्तर-पश्चिमी वायुदाब के क्षेत्र की ओर वायु चलती है।
- शीत ऋतु सामान्यतया शुष्क होती है। शीतकालीन पवनें स्थल से समुद्र की ओर चलने के कारण शुष्क होती हैं।

2. ग्रीष्म ऋतु

- यह ऋतु मार्च से जून तक होती है। उच्च तापमान तथा कम आर्द्रता इसकी प्रमुख विशेषता हैं।
- जून में सूर्य की किरणें कर्क रेखा पर सीधी पड़ती हैं। मई माह में उत्तर भारत के अधिकांश भागों में तापमान 30°C से 40°C तक पाया जाता है।
- दक्षिणी भारत की प्रायद्वीपीय स्थिति समुद्र के समकारी प्रभाव के कारण यहाँ के तापमान को उत्तर भारत में प्रचलित तापमानों से नीचे रखती है। अत: दक्षिण में तापमान 26° से 32°C के बीच रहता है।
- उपमहाद्वीप के गर्म हो जाने के कारण जुलाई के अन्त में उष्णकटिबन्धीय अभिसरण क्षेत्र उत्तर की ओर खिसककर लगभग 25° उत्तरी अक्षांश रेखा पर स्थित हो जाता है। अन्त: अन्तरा उष्णकटिबन्धीय अभिसरण क्षेत्र की (ITCZ) स्थिति पवनों के धरातलीय संचरण को आकर्षित करती है, जिनकी दिशा दक्षिणी-पश्चिमी होती है। उत्तरी बंगाल और बिहार में इन पवनों की दिशा पूर्वी और दक्षिणी-पूर्वी होती है। दक्षिणी-पश्चिमी मानूसन की ये हवाएँ वास्तव में विस्थापित भूमध्यरेखीय पछुआ पवनें हैं।
- **पूर्वी जेट** प्रवाह उष्णकटिबन्धीय चक्रवातों को भारत में लाता है। ये चक्रवात भारतीय उपमहाद्वीप में वर्षा के वितरण में महत्त्वपूर्ण भूमिका निभाते हैं। इन चक्रवातों के मार्ग में भारत में सर्वाधिक वर्षा वाले भाग हैं। इन चक्रवातों की बारम्बारता, दिशा, गहनता एवं प्रवाह एक लम्बे दौर में भारत की ग्रीष्मकालीन मानसूनी वर्षा के प्रतिरूप निर्धारण पर पड़ता है।
- ग्रीष्म ऋतु में गर्म और शुष्क स्थलीय पवन जब समुद्र से आने वाली आर्द्र पवनों से मिलती है, तो उन जगहों पर प्रचण्ड तूफान की उत्पत्ति होती है, जिसे **मानसून-पूर्व चक्रवात** (Pre-Monsoon cyclone) कहते हैं। तूफान के साथ-साथ तेज हवाएँ चलती हैं और मूसलाधार वर्षा होती है।

  मानसून पूर्व चक्रवातों को भारत में विभिन्न जगहों पर अलग-अलग नामों से जाना जाता है; *जो निम्नलिखित हैं*

  - **नार्वेस्टर** पूर्वी भारत (पश्चिम बंगाल, बिहार, झारखण्ड, ओडिशा) में यह चाय, जूट और चावल की खेती के लिए लाभप्रद है।
  - **काल-बैशाखी** पश्चिम बंगाल में
  - **चेरीब्लॉसम** कर्नाटक एवं केरल (कॉफी के फूलों के खिलने में सहायक)।
  - **आम्र वृष्टि** दक्षिण भारत में (आम के जल्दी पकने में सहायक)।
  - **बोर्डोचिल्ला** नार्वेस्टर का असम में स्थानीय नाम।

3. वर्षा ऋतु

- जून से अक्टूबर तक चलने वाला यह मौसम दक्षिणी-पश्चिमी मानसून शुरू होने के साथ प्रारम्भ होता है।
- भूमध्यरेखीय गर्म समुद्री धाराओं के ऊपर से गुजरने के कारण ये पवनें अपने साथ पर्याप्त मात्रा में आर्द्रता लाती हैं।
- भूमध्य रेखा को पार करके इनकी दिशा दक्षिण-पश्चिमी हो जाती है। इसी कारण इन्हें दक्षिण-पश्चिमी मानसून कहा जाता है। दक्षिणी-पश्चिमी मानसून की ऋतु में वर्षा अचानक आरम्भ हो जाती है।
- पहली वर्षा का असर यह होता है कि तापमान में गिरावट आ जाती है। प्रचण्ड गर्जन और बिजली की कड़क के साथ इन आर्द्रता भरी-पवनों का अचानक चलना प्राय: मानसून का प्रस्फोट (Burst) कहलाता है। जून के पहले सप्ताह में केरल, कर्नाटक, गोवा और महाराष्ट्र के तटीय भागों में मानसून आरम्भ हो जाता है, जबकि देश के आन्तरिक भागों में यह जुलाई के पहले सप्ताह तक हो पाता है।

भारतीय भू-खण्ड पर मानसून दो शाखाओं में पहुँचता है

(i) अरब सागर की मानसूनी पवनें

अरब सागर से उत्पन्न होने वाली मानसून पवनें आगे तीन शाखाओं में बँटती हैं

- इसकी एक शाखा को पश्चिमी घाट रोकते हैं। ये पवनें पश्चिमी घाट के ढलानों पर 900 से 1200 मी की ऊँचाई तक चढ़ती हैं। अत: ये पवनें तत्काल ठण्डी होकर सह्याद्रि की पवनाभिमुखी ढाल तथा पश्चिमी तटीय मैदान पर 250 से 400 सेमी के बीच भारी वर्षा करती हैं। पश्चिमी घाट को पार करने के बाद ये पवनें नीचे उतरती हैं और गरम होने लगती हैं। इससे इन पवनों की आर्द्रता में कमी आ जाती है। परिणामस्वरूप पश्चिमी घाट के पूर्व में इन पवनों से नाममात्र की वर्षा होती है। कम वर्षा का यह क्षेत्र वृष्टि-छाया क्षेत्र कहलाता है।
- दूसरी शाखा **नर्मदा** व **तापी** की घाटियों से होकर भारत के मध्यवर्ती क्षेत्र में प्रवेश करती है।
- तीसरी शाखा **अरावली पर्वत** के सामान्तर उत्तर-पूर्वी दिशा में गमन करती है। इसके रास्ते में अवरोध न होने के कारण यह **राजस्थान** में वर्षा नहीं कर पाती।

(ii) बंगाल की खाड़ी की मानसूनी पवनें

- बंगाल की खाड़ी की मानसूनी पवनों की शाखा **म्यांमार के तट** तथा दक्षिण-पूर्वी बांग्लादेश के एक थोड़े-से भाग से टकराती हैं, किन्तु म्यांमार के तट पर स्थित अराकान पहाड़ियाँ इस शाखा के एक बड़े हिस्से को भारतीय उपमहाद्वीप की ओर विक्षेपित कर देती हैं।

- यहाँ से यह शाखा हिमालय पर्वत तथा भारत के उत्तर-पश्चिम में स्थित तापीय निम्नदाब के प्रभावाधीन दो भागों में बँट जाती है। इसकी एक शाखा गंगा के मैदान के साथ-साथ पश्चिम की ओर बढ़ती है और पंजाब के मैदान तक पहुँचती है। इसकी दूसरी शाखा उत्तर व उत्तर-पूर्व में **ब्रह्मपुत्र घाटी** (Brahmaputra Valley) में बढ़ती है। यह शाखा वहाँ विस्तृत क्षेत्रों में वर्षा करती है। इसकी एक उप-शाखा मेघालय में स्थित गारो और खासी की पहाड़ियों से टकराती है। खासी पहाड़ियों के शिखर पर स्थित मासिनराम, विश्व की सर्वाधिक औसत वार्षिक वर्षा प्राप्त करता है।

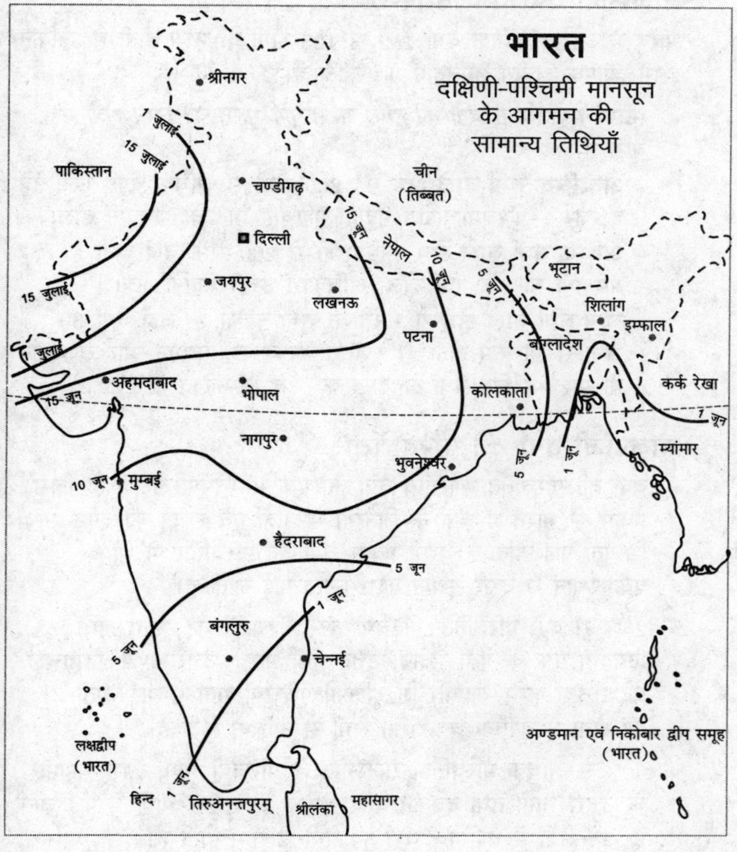

4. शरद् ऋतु

- अक्टूबर और नवम्बर के महीनों को मानसून के निवर्तन की ऋतु कहा जाता है। सितम्बर के अन्त में सूर्य के **दक्षिणायन** होने की स्थिति के कारण गंगा के मैदान पर स्थित निम्न वायुदाब की द्रोणी भी दक्षिण की ओर खिसकना आरम्भ कर देती है। इससे दक्षिण-पश्चिमी मानसून कमजोर पड़ने लगता है।
- मानूसन के पीछे हटने या लौट जाने को **मानसून का निवर्तन** कहा जाता है। सितम्बर के आरम्भ से उत्तर पश्चिमी भारत से मानसून पीछे हटने लगता है और मध्य अक्टूबर तक यह दक्षिणी भारत को छोड़ शेष समस्त भारत में निवर्तित हो जाता है।
- लौटती हुई मानसून पवनें बंगाल की खाड़ी से **जल-वाष्प** ग्रहण करके उत्तर-पूर्वी मानूसन के रूप में **तमिलनाडु** में वर्षा करती हैं।

भारतीय मानसून की उत्पत्ति

मानसून की उत्पत्ति से सम्बन्धित पाँच प्रमुख सिद्धान्त दिए गए हैं

1. तापीय सिद्धान्त

- तापीय सिद्धान्त एडमण्ड हेली ने प्रतिपादित किया। इसके अनुसार, मानसून परिसंचरण के वार्षिक चक्र का कारण स्थल एवं जल का आन्तरिक तापन प्रभाव है। ग्रीष्म ऋतु में जब सूर्य उत्तरायण होता है, तो एशिया के वृहत् क्षेत्र पर निम्नदाब क्षेत्र का निर्माण होता है। तुलनात्मक रूप से हिन्द तथा प्रशान्त महासागर के निकटवर्ती जल का दबाव सापेक्षिक रूप से अधिक होता है। इस कारण सागर से स्थल की ओर दाब प्रवणता का विकास होता है। इस प्रवणता के कारण दक्षिण-पूर्वी व्यापारिक पवनें निम्नदाब केन्द्रों की ओर प्रवाहित होती हैं, यही दक्षिण-पश्चिमी मानसून है।

2. विषुवतीय पछुआ पवन सिद्धान्त

- विषुवतीय पछुआ पवन सिद्धान्त के प्रतिपादक फ्लोन ने मानसून की उत्पत्ति हेतु तापीय प्रभाव को प्रमुख माना है। ग्रीष्म ऋतु में तापीय विषुवत् रेखा के उत्तरी खिसकाव (कभी-कभी शिवालिक के पर्वतपाद तक) के कारण अन्तरा उष्णकटिबन्धीय अभिसरण क्षेत्र विषुवत् रेखा के उत्तर में होता है।
- विषुवतीय पछुआ पवन अपनी दिशा संशोधित कर भारतीय उपमहाद्वीप पर बने निम्न भार की ओर प्रवाहित होने लगती है। यह दक्षिण-पश्चिम मानसून को जन्म देती है। अन्तरा उष्णकटिबन्धीय अभिसरण क्षेत्र को **मानसून द्रोणी** (Monsoon trough) के नाम से जाना जाता है।

3. जेट स्ट्रीम सिद्धान्त

- जेट स्ट्रीम सिद्धान्त का प्रतिपादन येस्ट ने किया था। जेट स्ट्रीम 9 से 18 किमी की ऊँचाई पर अति तीव्रगति से चलने वाली वायु प्रवाह प्रणाली है। मध्य भाग में इसकी गति अधिकतम 340 किमी/घण्टा तक होती है।
- भारत में आने वाली दक्षिण-पश्चिम मानसून का सम्बन्ध उष्ण पूर्वी जेट स्ट्रीम से है। यह 8° N से 35° N अक्षांशों के मध्य चलती है। उत्तर-पूर्वी मानसून या शीतकालीन मानसून का सम्बन्ध उपोष्ण पश्चिमी (पछुआ) जेट स्ट्रीम से है। यह 20°C से 35°C अक्षांशों के मध्य चलती है।

उपोष्ण पश्चिमी जेट स्ट्रीम या पछुआ जेट स्ट्रीम

- शीतकाल में उपोष्ण पश्चिमी जेट स्ट्रीम पश्चिमी तथा मध्य एशिया में पश्चिम से पूर्व दिशा में प्रवाहित होती है। तिब्बत का पठार उसके मार्ग में अवरोध पैदा कर इसे दो भागों में बाँट देता है—एक शाखा पठार के उत्तर से उसके समानान्तर बहने लगती है, तो दूसरी दक्षिणी शाखा हिमालय के दक्षिण में पूर्व की ओर अग्रसारित होती है।

- पश्चिमी विक्षोभ, जो भारतीय उपमहाद्वीप में जाड़े में आती है। इसी जेट पवन द्वारा लाई जाती है। ये विक्षोभ सामान्यत: पश्चिमी जेट स्ट्रीम के पहले आते हैं। पश्चिमी जेट स्ट्रीम ठण्डी हवा का स्तम्भ होता है, जो सतह पर हवाओं को ढकेलता है। इससे सतह पर उच्च भार का निर्माण होता है। इस उच्च भार (भारत का उत्तरी-पश्चिमी भाग) से शुष्क हवाएँ बंगाल की खाड़ी (निम्न भार क्षेत्र) की ओर प्रवाहित होती हैं। इन हवाओं के द्वारा ही जाड़े में उत्तर प्रदेश एवं बिहार में शीत लहर आती है।

उष्ण पूर्वी जेट स्ट्रीम

- तिब्बत का पठार अपने विशाल आकार व ऊँचाई के कारण सामान्य से 2-3° C अधिक सूर्याताप प्राप्त करता है तथा ग्रीष्म ऋतु में गर्म हो उठता है, जिसके फलस्वरूप इसके ऊपर एक तापीय प्रति चक्रवात निर्मित हो जाता है।
- इससे हिमालय के दक्षिण की पश्चिमी उपोष्ण जेट स्ट्रीम कमजोर होने लगती है एवं प्रतिचक्रवात के दक्षिणी भाग में पूर्वी जेट स्ट्रीम का निर्माण होता है।
- इस जेट स्ट्रीम का कोलकाता (कलकत्ता), बंगलुरु अक्ष के सहारे प्रवाहित वायु का हिन्द महासागर क्षेत्र में अवतलन होता है, जिससे यहाँ के उच्च दाब को बल मिलता है और दक्षिण-पश्चिम मानसून का प्रादुर्भाव होता है। अक्टूबर में वायुमण्डलीय दशाएँ बदल जाती हैं।

4. एल-नीनो सिद्धान्त

- एल-नीनो सिद्धान्त (El-Nino Theory) एक जटिल मौसम तन्त्र है, जो हर **पाँच या दस साल** बाद प्रकट होता रहता है। इसके कारण संसार के विभिन्न भागों में सूखा, बाढ़ और मौसम की चर्म अवस्थाएँ आती हैं।
- इस तन्त्र में महासागरीय और वायुमण्डलीय परिघटनाएँ शामिल होती हैं। पूर्वी प्रशान्त महासागर में यह **पेरू के तट** के निकट उष्ण समुद्री धारा के रूप में प्रकट होता है। इससे भारत सहित अनेक स्थानों पर मौसम प्रभावित होता है।
- एल-नीनो भूमध्यरेखा उष्ण समुद्री धारा का विस्तार मात्र है, जो अस्थायी रूप से ठण्डी पेरू वियन अथवा हम्बोल्ट धारा (अपनी एटलस में इन धाराओं की स्थिति ज्ञात कीजिए) पर प्रतिस्थापित हो जाता है।

5. दक्षिणी दोलन

- दक्षिणी दोलन (South oscillation) प्रशान्त महासागर तथा हिन्द महासागर के बीच होने वाले मौसम सम्बन्धी उतार-चढ़ाव को कहते हैं। इसके अनुसार, जब कभी प्रशान्त में वायुदाब अधिक होता है, तो हिन्द महासागर में वायुदाब कम होता है।
- इसके विपरीत जब प्रशान्त महासागर में वायुदाब कम होता है, तो हिन्द महासागर में वायुदाब अधिक होता है।
- हिन्द महासागर में कम वायुदाब होने की स्थिति में मानसून कमजोर पड़ जाता है और वर्षा कम होती है। वैज्ञानिक एल-नीनो के प्रभाव का सम्बन्ध दक्षिणी दोलन से जोड़ने का प्रयास कर रहे हैं, जिससे वर्षा का पूर्वानुमान लगाया जा सके। एल-नीनो तथा दक्षिणी दोलन संयुक्त प्रभाव को एन्सो कहते हैं।

मानसून का आरम्भ

- दक्षिण-पश्चिम मानसून केरल तट पर 1 जून को पहुँचता है और शीघ्र ही 10 और 13 जून के बीच ये आर्द्र पवनें मुम्बई व कोलकाता तक पहुँच जाती हैं।
- मध्य जुलाई तक सम्पूर्ण उपमहाद्वीप दक्षिणी-पश्चिम मानसून के प्रभावाधीन हो जाता है। 15 जुलाई से 31 अगस्त तक मानसून पूरे भारत में मौजूद रहता है।

मानसूनी वर्षा का वितरण

भारत में औसत वार्षिक वर्षा 112 से 125 सेमी के मध्य होती है, लेकिन इसमें व्यापक क्षेत्रीय भिन्नताएँ पाई जाती हैं।

- **स्टाम्प महोदय** *ने वर्षा की दृष्टि से सम्पूर्ण भारत को निम्न क्षेत्रों में बाँटा है*
  - **अत्यधिक वर्षा वाले क्षेत्र** यह 200 सेमी से अधिक वर्षा वाले क्षेत्र हैं; जैसे—पश्चिमी तटीय मैदान, पश्चिमी घाट के पश्चिमी ढाल।
  - **अधिक वर्षा वाले क्षेत्र** इनमें 100 से 200 सेमी वर्षा होती है। पश्चिमी घाट के पूर्वी ढाल, अधिकांश उत्तरी मैदानी क्षेत्र।
  - **न्यून वर्षा वाले क्षेत्र** ये भारत के शुष्क प्रदेश हैं, जहाँ वर्षा 50 सेमी से भी कम होती है। गुजरात का कच्छ, सौराष्ट्र और राजस्थान के पश्चिमी भाग तथा लद्दाख का क्षेत्र सम्मिलित है।

मानसूनी वर्षा की परिवर्तिता

- वर्षा की परिवर्तिता भारतीय वर्षा का एक महत्त्वपूर्ण लक्षण है, जिस प्रकार से भारत में वर्षा के वितरण में मात्रा एवं स्थान की दृष्टि से भिन्नता पाई जाती है। उसी प्रकार वर्षा की परिवर्तिता में भी एक-स्थान से दूसरे-स्थान पर भिन्नता पाई जाती है।
- 25% से कम परिवर्तिता पश्चिमी तट, पश्चिमी घाट, उत्तर-पूर्वी प्रायद्वीप गंगा के पूर्वी मैदान, उत्तर-पूर्वी भारत, उत्तराखण्ड, हिमाचल प्रदेश तथा जम्मू-कश्मीर के दक्षिणी पश्चिमी भाग में पाई जाती है। इन क्षेत्रों में वार्षिक वर्षा 100 सेमी से अधिक होती है।
- 50% से अधिक परिवर्तिता राजस्थान के पश्चिमी भाग, जम्मू-कश्मीर के उत्तरी भागों तथा दक्कन के पठार के आन्तरिक भागों में पाई जाती है। इन क्षेत्रों में वार्षिक वर्षा 50 सेमी से कम होती है।
- भारत के जिन भागों में वार्षिक वर्षा 50 से 100 सेमी तक होती है। उनमें वर्षा की परिवर्तिता 25 से 50% के बीच होती है। देश में वर्षा की 50% से अधिक परिवर्तिता वाले क्षेत्र प्राय: सूखाग्रस्त क्षेत्र हैं, जहाँ विभिन्न कार्यों हेतु जल की कमी सदैव बनी ही रहती है।

मानसून में विच्छेद

यदि एक-दो या कई सप्ताह तक वर्षा न हो, तो इसे मानसून विच्छेद कहा जाता है। *ये विच्छेद विभिन्न क्षेत्रों में विभिन्न कारणों से होते हैं, जो निम्नलिखित हैं*

- उत्तरी भारत के विशाल मैदान में मानसून का विच्छेद उष्णकटिबन्धी चक्रवातों की संख्या कम हो जाने से और अन्तरा उष्णकटिबन्धीय अभिसरण क्षेत्र की स्थिति में बदलाव आने से होता है।
- पश्चिमी तट पर मानसून विच्छेद तब होता है। जब आर्द्र पवनें तट के समानान्तर बहनें लगें।

भारत के जलवायु प्रदेश

- अनेक विद्वानों ने अपने-अपने मत से भारत को विभिन्न जलवायु प्रदेशों में बाँटने की कोशिश की है, जिनमें **कोपेन** द्वारा किया गया विभाजन वास्तविकता के काफी करीब है।

कोपेन की योजना के अनुसार भारत के जलवायु प्रदेश

जलवायु के प्रकार	क्षेत्र
लघु शुष्क ऋतु वाला मानसून प्रकार (Amw)	गोवा के दक्षिण में भारत का पश्चिमी तट, त्रिपुरा, मिजोरम, तमिलनाडु का कोरोमण्डल तट
उष्णकटिबन्धीय सवाना प्रकार (Aw)	कर्क वृत्त के दक्षिण में प्रायद्वीपीय पठार का अधिकतर भाग, पश्चिमी बंगाल एवं झारखण्ड
अर्द्ध शुष्क स्टेपी जलवायु (Bshw)	उत्तर-पश्चिमी गुजरात, पूर्वी राजस्थान और पश्चिमी हरियाणा के कुछ भाग, कर्नाटक एवं तमिलनाडु का वृष्टि छाया प्रदेश
गर्म मरुस्थल (Bwhw)	राजस्थान के कुछ अति पश्चिमी क्षेत्र, उत्तरी गुजरात एवं हरियाणा का दक्षिणी भाग
शुष्क शीत ऋतु वाला मानसून प्रकार (Cwg)	इसका विस्तार गंगा के मैदान पर है
लघु ग्रीष्म तथा ठण्डी आर्द्र शीत ऋतु (Dfc)	सिक्किम व अरुणाचल प्रदेश का क्षेत्र सम्मिलित है
धुव्रीय या पर्वतीय जलवायु (E)	जम्मू-कश्मीर एवं हिमालय प्रदेश के क्षेत्र में
टुण्ड्रा तुल्य [Et]	उत्तराखण्ड के पहाड़ी भाग

अभ्यास प्रश्न

1. निम्नलिखित युग्मों में से कौन-सा/से युग्म सुमेलित नहीं है?
(a) नाथू ला — अरुणाचल प्रदेश
(b) लिपुलेख — उत्तराखण्ड
(c) रोहतांग — हिमाचल प्रदेश
(d) पालघाट — केरल

2. निम्नलिखित में से कौन-सी सबसे नवीन पर्वत श्रेणी है?
(a) विन्ध्य (b) अरावली
(c) शिवालिक (d) अन्नामलाई

3. निम्न में से कौन-से क्रम की चट्टानें सबसे प्राचीन हैं?
(a) आर्कियन (b) धारवाड़
(c) कुड़प्पा (d) गोण्डवाना

4. निम्नलिखित पर्वतीय दर्रों को पश्चिम से पूर्व की ओर सही क्रम में लगाइए
1. शिपकी ला 2. नाथू ला
3. बोमडीला 4. लिपुलेख

कूट
(a) 1, 2, 3, 4 (b) 2, 3, 4, 1
(c) 1, 4, 2, 3 (d) 3, 2, 1, 4

5. 'माना ला दर्रा' स्थित है
(a) उत्तर प्रदेश
(b) उत्तराखण्ड
(c) जम्मू-कश्मीर
(d) हिमाचल प्रदेश

6. जहाँ पूर्वी घाट और पश्चिमी घाट मिलते हैं, वहाँ निम्नलिखित में से कौन-सी पहाड़ियाँ अवस्थित हैं?
(a) अन्नामलाई पहाड़ियाँ (b) कर्डमान पहाड़ियाँ
(c) नीलगिरि पहाड़ियाँ (d) शेवराय पहाड़ियाँ

7. उत्तर से शुरू कर दक्षिण की ओर नीचे दी गई पहाड़ियों का सही अनुक्रम कौन-सा है?
(a) नल्लामलाई पहाड़ियाँ, नीलगिरि पहाड़ियाँ, जवादी पहाड़ियाँ, अन्नामलाई पहाड़ियाँ
(b) अन्नामलाई पहाड़ियाँ, जवादी पहाड़ियाँ, नीलगिरि पहाड़ियाँ, नल्लामलाई पहाड़ियाँ
(c) नल्लामलाई पहाड़ियाँ, जाबादी पहाड़ियाँ, नीलगिरि पहाड़ियाँ
(d) अन्नामलाई पहाड़ियाँ, नीलगिरि पहाड़ियाँ, जवादी पहाड़ियाँ, नल्लामलाई पहाड़ियाँ

8. भू-गर्भिक दृष्टि से कौन-से क्रम की चट्टानें प्राचीनतम परतदार चट्टानें हैं?
(a) कुड़प्पा क्रम (b) विंध्यन क्रम
(c) धारवाड़ क्रम (d) गोण्डवाना क्रम

9. निम्नलिखित युग्मों पर विचार कीजिए

पहाड़ियाँ		क्षेत्र
1. कार्डमन पहाड़ियाँ	—	कोरोमण्डल तट
2. कैमूर पहाड़ियाँ	—	कोंकण तट
3. महादेव पहाड़ियाँ	—	मध्य भारत
4. मिकिर पहाड़ियाँ	—	पूर्वोत्तर भारत

उपरोक्त युग्मों में से कौन-से युग्म सही सुम्मेलित हैं?

(a) 1 और 2 (b) 2 और 3
(c) 3 और 4 (d) 2 और 4

10. भारत के सन्दर्भ में, निम्नलिखित में से कौन-सा कथन सही नहीं है?

(a) देश के लगभग एक-तिहाई क्षेत्र में वर्ष भर में 750 मिमी से अधिक वर्षा होती है
(b) देश में सिंचाई का प्रमुख स्रोत कुएँ हैं
(c) कछारी मृदा देश के उत्तरी मैदानों की प्रमुख कठोर प्रकार की मृदा है
(d) पर्वतीय क्षेत्र देश के पृष्ठीय क्षेत्रफल का लगभग 30% बैठता है

11. तमिलनाडु में शरदकालीन वर्षा अधिकांशत: जिन कारणों से होती है, वे हैं

(a) पश्चिमी विक्षोभ (b) दक्षिणी-पश्चिमी मानसून
(c) उत्तरी-पूर्वी मानसून (d) दक्षिणी-पूर्वी मानसून

12. उत्तर-पूर्वी मानसून से सबसे अधिक वर्षा प्राप्त करने वाला राज्य है

(a) असम (b) पश्चिम बंगाल
(c) तमिलनाडु (d) ओडिशा

13. इन पश्चिम वाहिनी नदियों में से कौन-सी नदी दो पर्वत श्रेणियों के बीच बहती हैं?

(a) शरावती (b) नर्मदा
(c) माही (d) साबरमती

14. निम्नलिखित युग्मों में से कौन-से युग्म सुमेलित हैं?

	जलप्रपात		नदी
1.	कपिलधारा प्रपात	–	गोदावरी
2.	जोग प्रपात	–	शरावती
3.	शिवसमुद्रम प्रपात	–	कावेरी

कूट

(a) 1 और 2 (b) 2 और 3
(c) 1 और 3 (d) ये सभी

15. निम्नलिखित नदियों में से कौन-सी एक यमुना की सहायक नदी नहीं है?

(a) बेतवा (b) चम्बल
(c) केन (d) रामगंगा

16. निम्नलिखित नदियों में से किसका सर्वाधिक बड़ा जलग्रहण क्षेत्र है?

(a) नर्मदा (b) महानदी
(c) गोदावरी (d) कृष्णा

17. गंगा नदी की एक मात्र सहायक नदी जिसका उद्गम मैदान में है, को चिह्नित कीजिए

(a) सोन (b) शारदा अथवा सरयू
(c) गोमती (d) रामगंगा

18. अमरकण्टक से कौन-सी नदी का उद्गम होता है?

(a) दामोदर (b) महानदी
(c) नर्मदा (d) ताप्ती

19. टिहरी पनबिजली परियोजना निम्नलिखित में से किस एक नदी पर अवस्थित है?

(a) अल्कनन्दा (b) भागीरथी
(c) धोलीगंगा (d) मन्दाकिनी

20. नदियों की लम्बाई के अवरोही क्रम में गोदावरी, महानदी, नर्मदा व ताप्ती का सही अनुक्रम कौन-सा है?

(a) गोदावरी-महानदी-नर्मदा-ताप्ती
(b) गोदावरी-नर्मदा-महानदी-ताप्ती
(c) नर्मदा-गोदावरी-ताप्ती-महानदी
(d) नर्मदा-ताप्ती-गोदावरी-महानदी

21. कोपेन के अनुसार भारत में 'E' प्रकार की जलवायु पाई जाती है

(a) जम्मू-कश्मीर एवं पंजाब
(b) अरुणाचल प्रदेश एवं नागालैण्ड
(c) हिमाचल प्रदेश एवं जम्मू-कश्मीर
(d) पश्चिमी राजस्थान एवं उत्तरी गुजरात

22. पश्चिम की ओर (Westward) प्रवाहित होने वाली नदियाँ (Rivers) हैं

1. नर्मदा 2. ताप्ती 3. रावी

कूट

(a) 1 और 2 (b) 2 और 3
(c) 1 और 3 (d) ये सभी

23. निम्नलिखित युग्मों में से कौन-सा एक युग्म सही सुमेलित नहीं है?

बाँध/झील	नदी
(a) गोविन्द सागर	सतलज
(b) कोलेरू झील	कृष्णा
(c) उकाई जलाशय	तापी
(d) वुलर झील	झेलम

24. निम्नलिखित में से किस नदी का उद्गम स्थल भारत में नहीं है?

(a) व्यास (b) चेनाब
(c) रावी (d) सतलज

25. भारतीय मानसून ऋतु के दौरान

(a) भारतीय क्षेत्र में पश्चिमी जेट प्रवाह अकेले विद्यमान होता है
(b) भारतीय क्षेत्र में पूर्वी जेट प्रवाह अकेले विद्यमान होता है
(c) भारतीय क्षेत्र में पश्चिमी व पूर्वी दोनों जेट प्रवाह विद्यमान होते हैं
(d) पश्चिमी और पूर्वी दोनों जेट प्रवाह लुप्त होते हैं

26. हिमालय प्रदेश से होकर बहने वाली नदियाँ कौन-सी हैं

(a) व्यास और चेनाब
(b) व्यास और रावी
(c) चेनाब, रावी और सतलज
(d) व्यास, चेनाब, रावी, सतलज और यमुना

27. निम्नलिखित नदियों पर विचार कीजिए

1. वंश धारा 2. इन्द्रवती
3. प्राणहिता 4. पेन्नार

उपरोक्त में से कौन-सी गोदावरी की सहायक नदियाँ हैं?

(a) 1, 2 और 3 (b) 2, 3 और 4
(c) 1, 2 और 4 (d) 2 और 3

28. निम्नलिखित नदियों पर विचार कीजिए

1. बराक 2. लोहित 3. सुबनसिरी

उपरोक्त में से कौन-सी ब्रह्मपुत्र की सहायक नदियाँ हैं?

(a) केवल 1 (b) केवल 2
(c) 2 और 3 (d) ये सभी

29. तिब्बत में उत्पत्ति पाने वाली ब्रह्मपुत्र, इरावदी और मेकांग, नदियाँ अपने ऊपरी पाटों में संकीर्ण और समान्तर पर्वत श्रेणियों से होकर बहती हैं। इन नदियों में ब्रह्मपुत्र भारत में प्रविष्ट होने से ठीक पहले अपने प्रवाह में एक यू-टर्न लेती है। यह यू-टर्न क्यों बनता है?
(a) वलित हिमालय श्रेणियों के उत्थान के कारण
(b) भू-वैज्ञानिकीय तरुण हिमालय के अक्षांशीय नमन के कारण
(c) तृतीय कल्पीय वलित पर्वतमालाओं में भूविवर्तनिक विक्षोम के कारण
(d) इस सन्दर्भ में उपरोक्त 'a' तथा 'b' दोनों कारण तर्कसंगत है।

30. छत्तीसगढ़ प्रदेश अपनी अधिकांश मानसूनी वर्षा प्राप्त करता है
(a) बंगाल की खाड़ी शाखा से
(b) अरब सागरीय शाखा से
(c) हिन्द महासागर की शाखा से
(d) लौटते हुए मानसून से

31. नीचे दिए गए भारतीय नगरों में सामान्य वर्षा का सही अवरोही क्रम कौन-सा है?
(a) कोच्चि–कोलकाता–दिल्ली–पटना
(b) कोलकाता–कोच्चि–पटना–दिल्ली
(c) कोच्चि–कोलकाता–पटना–दिल्ली
(d) कोलकाता–कोच्चि–दिल्ली–पटना

32. मानसून का निवर्तन इंगित होता है
1. साफ आकाश से
2. बंगाल की खाड़ी में अधिक दाब परिस्थिति से
3. स्थल पर तापमान के बढ़ने से

उपरोक्त कथनों में से कौन-सा/से कथन सही है/हैं?
(a) केवल 1 (b) 1 और 2
(c) 2 और 3 (d) ये सभी

33. उष्णकटिबन्धीय मानसूनी जलवायु की विशेषता होती है
(a) पर्वतीय भागों में भारी वर्षा
(b) पवन तन्त्र के बदलने से जलवायु परिवर्तन
(c) भारी वर्षा एवं समरूप उच्च तापमान
(d) तटीय भागों में भारी वर्षा

34. अल्पकालिक जलवायु सम्बन्धी कथन के लिए पिछले दशक में ज्ञात हुई निम्नलिखित स्थितियों में से कौन-सी एक भारतीय उप-महाद्वीप में विरल क्षीण मानसून वर्षा से सम्बद्ध है?
(a) ला-नीनो
(b) एल-नीनो और दक्षिणी दोलन
(c) धारा प्रवाह की गति
(d) विश्वव्यापी स्तर पर पादप ग्रह प्रभाव

35. निम्नलिखित कथनों पर विचार कीजिए
1. दक्षिणी भारत से उत्तरी भारत की ओर मानसून की अवधि घटती है।
2. उत्तरी भारत के मैदानों में वार्षिक वृष्टि की मात्रा पूर्व से पश्चिम की ओर घटती है।

उपरोक्त कथनों में से कौन-सा/से कथन सही है/हैं?
(a) केवल 1 (b) केवल 2
(c) 1 और 2 (d) न तो 1 और न ही 2

36. उत्तरी-पूर्वी मानसून से सबसे अधिक वर्षा प्राप्त करने वाला राज्य है
(a) असम (b) पश्चिम बंगाल
(c) तमिलनाडु (d) ओडिशा

37. भारत की सर्वाधिक वर्षा मुख्यत: प्राप्त होती है
(a) उत्तर-पूर्वी मानसून से (b) वापस होती मानसून से
(c) दक्षिण-पश्चिमी मानसून से (d) संवाहनिक वर्षा से

38. भारतीय उपमहाद्वीप पर ग्रीष्म ऋतु में उच्च ताप और निम्नदाब, हिन्द महासागर से वायु का कर्षण (Draws) करते हैं, जिसके कारण प्रवाहित होता है
(a) दक्षिण-पूर्वी मानसून (b) दक्षिण-पश्चिमी मानसून
(c) व्यापारिक हवाएँ (d) पश्चिमी हवाएँ

39. भारत में सर्वाधिक गर्म स्थान है
(a) राजस्थान में जैसलमेर (b) तमिलनाडु में चेन्नई
(c) केरल में कोट्टायम (d) राजस्थान में बाड़मेर

40. उत्तरी भारत के विशाल मैदान में मानसून विच्छेद का क्या कारण है?
(a) उष्णकटिबन्धीय चक्रवातों की संख्या का कम हो जाना
(b) उष्णकटिबन्धीय अभिसरण क्षेत्र की स्थिति में बदलाव
(c) आर्द्र पवनों का गंगा द्रोणी के समान्तर बहना
(d) 'a' और 'b' दोनों

41. निम्नलिखित युग्मों में से कौन-सा/से युग्म सही सुमेलित है/हैं?
1. बोर्डोचिल्ला — असम
2. आम्र वृष्टि — दक्षिण भारत
3. चेरीब्लॉसम — कर्नाटक व केरल
4. काल-बैशाखी— पश्चिम बंगाल

कूट
(a) 1, 2 और 3 (b) 2, 3 और 4 (c) 1, 3 और 4 (d) ये सभी

42. नर्मदा नदी पश्चिम की ओर बहती है, जबकि अधिकांश अन्य प्रायद्वीपीय बड़ी नदियाँ पूर्व की ओर बहती हैं। ऐसा क्यों है?
1. यह एक रेखीय विभ्रंश (रिफ्ट) घाटी में रहती है।
2. यह विन्ध्य और सतपुड़ा के बीच बहती है।
3. भूमि का ढलान मध्य भारत में पश्चिम की ओर है।

कूट
(a) केवल 1 (b) 2 और 3
(c) 1 और 3 (d) इनमें से कोई नहीं

43. निम्न कथनों पर विचार करें
1. देवप्रयाग अलकनन्दा और भागीरथी नदी के संगम पर स्थित है।
2. रुद्रप्रयाग अलकनन्दा और मन्दाकिनी नदी के संगम पर स्थित है।
3. अलकनन्दा नदी बद्रीनाथ से बहती है।
4. केदारनाथ आदि गुरु शंकराचार्य द्वारा स्थापित सबसे बड़ी पीठ के रूप में मानी जाती है।

कूट
(a) 1, 2 और 3 (b) 2, 3 और 4
(c) 1, 2 और 4 (d) 1, 2, 3 और 4

44. दक्षिणी पठार से निकलकर गंगा से मिलने वाली सबसे बड़ी नदी है
(a) दामोदर (b) सोन
(c) बेतवा (d) चम्बल

45. निम्न को सुमेलित करें

सूची I	सूची II
A. रामगंगा	1. पीलीभीत
B. घाघरा	2. गंगा के उद्गम के पूर्व में
C. बूढ़ी गण्डक	3. सोमेश्वर पहाड़ियाँ
D. गोमती	4. नैनीताल

कूट

	A	B	C	D		A	B	C	D
(a)	1	2	3	4	(b)	1	3	2	4
(c)	4	3	2	1	(d)	4	2	3	1

46. निम्नलिखित हिमालयी नदियों के गंगा नदी से पश्चिम से पूर्व की ओर मिलने की स्थिति को सुव्यवस्थित करें

1. गण्डक 2. कोसी
3. गोमती 4. घाघरा

कूट

(a) 1, 2, 3 और 4 (b) 3, 2, 1 और 4
(c) 3, 4, 1 और 2 (d) 4, 3, 1 और 2

47. निम्नलिखित कथनों में से कौन-सा एक सही नहीं है?

(a) महानदी का उद्भव छत्तीसगढ़ के पठार से होता है
(b) गोदावरी नदी का उद्भव महाराष्ट्र में होता है
(c) कावेरी नदी का उद्भव आन्ध्र प्रदेश में होता है
(d) ताप्ती नदी का उद्भव मध्य प्रदेश में होता है

48. भागीरथी नदी निकलती है

(a) गोमुख से (b) गंगोत्री से
(c) तपोवन से (d) विष्णुप्रयाग से

49. निम्नलिखित नदियों में से कौन एक यमुना की सहायक नदी नहीं है?

(a) बेतवा (b) चम्बल (c) केन (d) रामगंगा

50. यमुना नदी का उद्गम स्थल है

(a) चौखम्भा (b) बन्दरपूँछ
(c) नन्दादेवी (d) नीलकण्ठ

51. हिमालयी नदियाँ सदावाही हैं क्योंकि

(a) उनकी अनेक सहायक नदियाँ हैं
(b) ग्रीष्मकाल में वे बर्फ के पिघलने से पानी प्राप्त कर पाती हैं
(c) वे वर्षों तक वर्षा का पानी प्राप्त कर पाती हैं
(d) उपरोक्त सभी सत्य हैं

52. अमरकण्टक पहाड़ियाँ निम्नलिखित में से किस नदी/किन नदियों का स्रोत हैं?

1. नर्मदा 2. महानदी
3. ताप्ती 4. सोन

नीचे दिए गए कूट का प्रयोग कर सही उत्तर चुनिए

(a) 1 और 2 (b) केवल 2
(c) 1, 3 और 4 (d) 1, 2 और 4

53. निम्नलिखित राज्यों के समुच्चयों में से कौन-सा एक, जून से सितम्बर माह के दौरान दक्षिण-पश्चिम मानसून से अपनी अधिकांश वर्षा प्राप्त नहीं करता?

(a) अरुणाचल प्रदेश और गुजरात
(b) असोम और कर्नाटक
(c) हिमाचल प्रदेश और राजस्थान
(d) तमिलनाडु और जम्मू-कश्मीर

54. निम्नलिखित में से कौन पार-हिमालयी नदी है?

(a) गंगा (b) रावी
(c) यमुना (d) सतलज

55. निम्न को सुमेलित करें

सूची I	सूची II
A. झेलम	1. रोहतांग दर्रा
B. चिनाब	2. राकस झील
C. रावी	3. लाहोल स्पीति
D. सतलज	4. बेरीनाग

कूट

	A	B	C	D
(a)	1	2	3	4
(b)	4	3	1	2
(c)	4	1	3	2
(d)	2	3	1	4

56. महानदी की सबसे बड़ी सहायक नदी है

(a) इब (b) काटजूरी
(c) जोंक (d) माण्ड

57. प्रायद्वीपीय भारत में पूर्व दिशा में बहने वाली नदियों का उत्तर-दक्षिण का सही क्रम है

(a) स्वर्णरेखा, महानदी, गोदावरी, कृष्णा, पेन्नार, कावेरी और वेंगई
(b) स्वर्णरेखा, महानदी, कृष्णा, गोदावरी, कावेरी, वेंगई और पेन्नार
(c) महानदी, स्वर्णरेखा, गोदावरी, कावेरी, पेन्नार और वेंगई
(d) महानदी, स्वर्णरेखा, कृष्णा, गोदावरी, कावेरी, वेंगई और पेन्नार

58. हिमालयी नदियों के सम्बन्ध में कौन-सा कथन असत्य है?

(a) प्रारम्भिक अवस्था में वे बड़ी गॉर्ज से निकलती हैं
(b) उनके द्वारा बहुत कम अपरदनात्मक प्रक्रिया होती है
(c) आधार-स्थानान्तरण तथा विसर्पण की प्रवृत्ति मैदानी भागों में देखी जा सकती है
(d) उनकी कई द्रोणियाँ हैं

59. भारत में उत्तर से दक्षिण की ओर जाते हुए नीचे दी गई नदियों का निम्नलिखित में से सही अनुक्रम कौन-सा है?

(a) श्योक-स्पीति-जास्कर-सतलज (b) श्योक-जास्कर-स्पीति-सतलज
(c) जास्कर-श्योक-सतलज-स्पीति (d) जास्कर-सतलज-श्योक-स्पीति

60. निम्नलिखित में से किस एक स्थान से भारत की दो महत्त्वपूर्ण नदियों का उद्गम होता है, जिनमें एक उत्तर की तरफ प्रवाहित होकर बंगाल की खाड़ी की तरफ प्रवाहित होने वाली दूसरी महत्त्वपूर्ण नदी में मिलती है और दूसरी अरब सागर की ओर प्रवाहित होती है?

(a) अमरकण्टक (b) बद्रीनाथ
(c) महाबलेश्वर (d) नासिक

61. हिमाचल प्रदेश से होकर बहने वाली नदियाँ कौन-सी हैं?

(a) व्यास और चिनाब
(b) व्यास और रावी
(c) चिनाब, रावी और सतलज
(d) व्यास, चिनाब, रावी, सतलज और यमुना

62. 'मानसून' किस भाषा का शब्द है?
(a) अंग्रेजी
(b) अरबी
(c) फ्रेंच
(d) स्पेनिश

63. भारत की जलवायु की सबसे महत्त्वपूर्ण विशेषता होती है
(a) वर्ष भर लगातार वर्षा
(b) पवनों की दिशा में परिवर्तन
(c) ग्रीष्म एवं शीतकालीन पवनों का प्रभावी होना
(d) हवाओं का मौसमी परिवर्तन

64. निम्न कथनों पर विचार करें
1. भारत में सर्वाधिक वर्षा दक्षिण-पूर्व मानसून से होती है।
2. लेह भारत में सबसे कम वर्षा वाला स्थान है।

उपरोक्त में सही है/हैं
(a) केवल 1 (b) केवल 2
(c) 1 और 2 दोनों (d) इनमें से कोई नहीं

65. वृष्टिछाया प्रभाव किससे सम्बद्ध है?
(a) चक्रवाती वर्षा (b) पर्वतीय वर्षा
(c) संवहनी वर्षा (d) वाताग्री वर्षा

66. निम्नलिखित राज्यों को, उनमें मानसून आरम्भ होने की तिथियों के आरोही क्रम में व्यवस्थित कीजिए
1. उत्तर प्रदेश 2. पश्चिम बंगाल
3. केरल 4. राजस्थान

कूट
(a) 2,3,1,4 (b) 3,2,1,4 (c) 3,1,2,4 (d) 1,2,3,4

उत्तरमाला

1.	(a)	2.	(c)	3.	(a)	4.	(c)	5.	(b)	6.	(c)	7.	(c)	8.	(c)	9.	(c)	10.	(a)
11.	(c)	12.	(c)	13.	(b)	14.	(b)	15.	(d)	16.	(c)	17.	(c)	18.	(c)	19.	(b)	20.	(b)
21.	(c)	22.	(a)	23.	(b)	24.	(d)	25.	(b)	26.	(d)	27.	(d)	28.	(c)	29.	(b)	30.	(b)
31.	(c)	32.	(a)	33.	(b)	34.	(b)	35.	(c)	36.	(c)	37.	(c)	38.	(b)	39.	(d)	40.	(d)
41.	(d)	42.	(a)	43.	(a)	44.	(b)	45.	(d)	46.	(c)	47.	(c)	48.	(a)	49.	(d)	50.	(b)
51.	(d)	52.	(d)	53.	(d)	54.	(d)	55.	(b)	56.	(a)	57.	(a)	58.	(b)	59.	(b)	60.	(a)
61.	(c)	62.	(b)	63.	(d)	64.	(b)	65.	(b)	66.	(d)								

अध्याय 09

भारत: मृदा एवं वन संसाधन

मृदा

- पृथ्वी की ऊपरी सतह पर मिलने वाले मोटे, मध्यम और बारीक कार्बनिक तथा अकार्बनिक मिश्रित कणों को मृदा कहते हैं। मृदा विज्ञान या पेडोलॉजी भौतिक भूगोल की एक प्रमुख शाखा है, जिसमें मृदा के निर्माण उसकी विशेषताओं एवं धरातल पर उसके वितरण का वैज्ञानिक अध्ययन किया जाता है।
- मृदा के घटक खनिज, कण, मृदा ह्यूमस, जल तथा वायु होते हैं, इनमें से प्रत्येक की वास्तविक मात्रा मृदा के प्रकार पर निर्भर करती है। मृदाओं में इन घटकों का संयोजन अलग-अलग होता है। *मृदा निर्माण को प्रभावित करने वाले प्रमुख कारक निम्नलिखित हैं*

– उच्चावच	– जलवायु
– अन्य जीव	– जनक सामग्री
– वनस्पति	– समय

मृदा का वर्गीकरण

- भारत में भिन्न-भिन्न प्रकार के उच्चावच, भू-आकृति, जलवायु परिमण्डल तथा वनस्पतियाँ पाई जाती हैं। इन्होंने भारत में अनेक प्रकार की मिट्टियों के विकास में योगदान दिया है। भारतीय कृषि अनुसन्धान परिषद् ने वर्ष 1953 में अखिल भारतीय भूमि उपयोग तथा मृदा सर्वेक्षण संगठन की स्थापना की, जिसने वर्ष 1986 में भारतीय मिट्टियों को 8 प्रमुख एवं 27 गौण प्रकार की मिट्टियों में विभाजित किया।

उत्पत्ति, रंग, संयोजन तथा अवस्थिति के आधार पर भारत की मृदाओं को *निम्नलिखित प्रकारों में वर्गीकृत किया गया है*

जलोढ़ मृदा

- भारत के कुल भौगोलिक क्षेत्रफल के लगभग 40% भाग पर जलोढ़ मृदा (Alluvial soil) का फैलाव है। भारत में इस मिट्टी के दो प्रमुख क्षेत्र हैं—उत्तर का विशाल मैदान एवं तटवर्ती मैदान।
- इसके अतिरिक्त इनका विस्तार नर्मदा, तापी, महानदी, गोदावरी, कृष्णा एवं कावेरी नदी घाटियों में भी पाया जाता है। केरल के तट के सहारे इन्हें तटीय जलोढ़ और महानदी, गोदावरी, कृष्णा तथा कावेरी डेल्टा क्षेत्र में इन्हें डेल्टाई जलोढ़ कहा जाता है। इन्हें काँप मृदा भी कहा जाता है।
- इस मृदा की परिच्छेदिका उच्च भूमियों में अपरिपक्व तथा निम्न भूमियों में परिपक्व है। जलोढ़ मृदा में पोटाश, फॉस्फोरिक एसिड, चूना और जैव पदार्थों की प्रचुरता पाई जाती है, परन्तु इसमें नाइट्रोजन एवं ह्यूमस की कमी देखी जाती है। फिर भी ये अधिक उपजाऊ होती है। इसका कारण यह है कि नदियाँ कई प्रकार के शैल चूर्ण बहाकर ले आती हैं, जिनमें बहुत-से रासायनिक तत्त्व मिले होते हैं।

इस मृदा के निम्न दो प्रकार हैं

1. **नवीन जलोढ़ मृदा या खादर** इसका विस्तार नदी के बाढ़ के मैदानी क्षेत्र में पाया जाता है, जहाँ प्रतिवर्ष बाढ़ के दौरान मिट्टी की नवीन परत का जमाव होता रहता है और मिट्टी की उर्वरता बनी रहती है। इस मिट्टी का रंग हल्का होता है और इसमें चूनेदार पदार्थों की कमी पाई जाती है। इसमें चीका की मात्रा अधिक होती है, जिससे इनकी नमी धारण करने की क्षमता अधिक होती है। इनमें उर्वरकों का उपयोग कम होता है। इनमें बाढ़ के समाप्त होने पर रबी की फसलें उगाई जाती हैं।
2. **प्राचीन जलोढ़ या बांगर मृदा** इनकी स्थिति बाढ़ की पहुँच से परे कुछ ऊँचाई पर (प्लीस्टोसीन चबूतरों) होती है। यहाँ मिट्टी का रंग गहरा (पीला एकदम भूरा) होता है। इसमें चूनेदार कंकड़ के पिण्ड अधिक पाए जाते हैं। कहीं-कहीं पर लवणीय और क्षारीय प्रस्फुटन के कारण इनमें रेत के जमाव देखे जाते हैं। इसके कारण यह ऊसर क्षेत्र बन गए हैं।

लाल और पीली मृदा

- लाल और पीली मृदा (Red and yellow soil) जलोढ़ मृदा के बाद देश का दूसरा प्रमुख मृदा समूह है।
- लगभग 6.1 लाख वर्ग किमी क्षेत्र (देश का 18.6% क्षेत्र) में फैले लाल मृदा का विकास दक्कन के पठार के पूर्वी तथा दक्षिणी भाग में कम वर्षा वाले उन क्षेत्रों में हुआ है, जहाँ रवेदार आग्नेय चट्टानें पाई जाती हैं।
- पश्चिमी घाट के गिरिपद क्षेत्र की एक लम्बी पट्टी में लाल दोमट मृदा पाई जाती है। लाल और पीली मृदाएँ ओडिशा तथा छत्तीसगढ़ के कुछ भागों और मध्य गंगा के मैदान के दक्षिणी भागों में पाई जाती हैं।

- इस मृदा का लाल रंग रवेदार तथा कायान्तरित चट्टानों में लोहे और फेरिक ऑक्साइड के व्यापक विसरण के कारण होता है। जलयोजित होने के कारण यह पीली दिखाई पड़ती है। महीन कणों वाली लाल और पीली मृदाएँ सामान्यतः उर्वर होती हैं। इसके विपरीत मोटे कणों वाली उच्च भूमियों की मृदाएँ अनुर्वर होती हैं। इनमें सामान्यतः नाइट्रोजन, फॉस्फोरस और ह्यूमस की कमी होती है।

काली मृदा

- काली मृदा (Black soil) को रेगुर, काली कपास की मृदा, ट्रॉपिकल ब्लैक अर्थ एवं ट्रॉपिकल चेर्नोजम आदि नामों से जाना जाता है। इनका निर्माण मुख्यतः दक्कन के लावा के अपक्षय से हुआ है। आमतौर पर काली मृदाएँ मृण्मय, गहरी और अपारगम्य होती हैं। ये मृदाएँ गीली होने पर फूल जाती हैं और चिपचिपी हो जाती हैं, जबकि सूखने पर ये सिकुड़ जाती हैं। नमी के धीमे अवशोषण और नमी के क्षय की इस विशेषता के कारण काली मृदा में एक लम्बी अवधि तक नमी बनी रहती है।
- रासायनिक दृष्टि से काली मृदाओं में चूने, लौह, मैग्नीशिया तथा एल्युमीनियम के तत्त्व काफी मात्रा में पाए जाते हैं। इनमें पोटाश की मात्रा भी पाई जाती है, लेकिन इनमें फॉस्फोरस, नाइट्रोजन और जैव पदार्थों की कमी होती है। इस मृदा का रंग गाढ़े काले और स्लेटी रंग के बीच की विभिन्न आभाओं का होता है।
- काली मृदा देश के लगभग 15.2% क्षेत्र पर विस्तृत है, जिसमें प्रमुख रूप से समूचा महाराष्ट्र, पश्चिमी मध्य प्रदेश, गुजरात, आन्ध्र प्रदेश, कर्नाटक, राजस्थान, तमिलनाडु के कुछ क्षेत्र और उत्तर प्रदेश के जालौन, हमीरपुर, बाँदा एवं झाँसी जनपद सम्मिलित हैं।
- काली मृदा को मृतिका और गाद के आधार पर ट्रैपीच काली मृतिका-मय मिट्टी और ट्रैपीच काली दोमट मिट्टी में विभाजित किया जाता है। परतों की मोटाई के आधार पर छिछली (30 सेमी), मध्यम (30-100 सेमी) और गहरी (1 मी से अधिक) में विभाजित किया जाता है, जबकि इस मिट्टी को रंग के आधार पर हल्के रंग की मिट्टी और गहरे रंग की मिट्टी में बाँटा जाता है।

लैटेराइट मृदा

- लैटेराइट (Laterite) एक लैटिन शब्द *'लैटर'* से बना है, जिसका शाब्दिक अर्थ ईंट होता है। वास्तव में मकान बनाने के लिए लैटेराइट मृदाओं का प्रयोग ईंटें बनाने में किया जाता है। ये मृदाएँ उच्च तापमान और भारी वर्षा के क्षेत्रों में विकसित होती हैं। ये मृदाएँ उष्णकटिबन्धीय वर्षा के कारण हुए तीव्र निक्षालन का परिणाम हैं। वर्षा के साथ चूना और सिलिका तो निक्षालित हो जाते हैं तथा लोहे के ऑक्साइड और एल्युमीनियम के यौगिक से भरपूर मृदाएँ शेष रह जाती हैं।
- उच्च तापमानों में आसानी से पनपने वाले जीवाणु ह्यूमस की मात्रा को तेजी से नष्ट कर देते हैं। इन मृदाओं में जैव पदार्थ, नाइट्रोजन, फॉस्फेट और कैल्शियम की कमी होती है तथा लौह-ऑक्साइड और पोटाश की अधिकता होती है, परिणामस्वरूप लैटेराइट मृदाएँ कृषि के लिए पर्याप्त उपजाऊ नहीं हैं।
- लैटेराइट मिट्टियों के रासायनिक संघटन और ऊँचाई में सामान्य सम्बन्ध पाया जाता है। निचले भागों की अपेक्षा ऊपरी भागों की मिट्टियाँ अधिक अम्लीय हैं। सामान्यतः इनमें लोहा, पोटाश और एल्युमीनियम की अधिकता तथा नाइट्रोजन, फॉस्फेट, चूना और जैव पदार्थों की कमी पाई जाती है, ये मिट्टियाँ कम उपजाऊ, किन्तु उर्वरकों के उपयोग से इनमें कपास, चावल, राई, गन्ना, दाल, चाय, कहवा और काजू आदि की कृषि की जाती है।
- लैटेराइट मृदाएँ देश के लगभग 1.22 लाख वर्ग किमी (3.7%) क्षेत्र पर फैली हुई हैं। इन मृदाओं का विकास मुख्य रूप से प्रायद्वीपीय पठार के ऊँचे क्षेत्रों में हुआ है। ये मृदाएँ सामान्यतः कर्नाटक, केरल, तमिलनाडु, मध्य प्रदेश तथा ओडिशा और असम के पहाड़ी क्षेत्रों में पाई जाती हैं। तमिलनाडु, आन्ध्र प्रदेश और केरल में काजू जैसे वृक्षों वाली फसलों की खेती के लिए ये मृदाएँ अधिक उपयुक्त हैं।

शुष्क मृदा

- शुष्क मृदा (Dry or Desert soil) का विकास ऐसी शुष्क एवं अर्द्धशुष्क जलवायु दशाओं में हुआ है, जहाँ औसत वार्षिक वर्षा 50 सेमी से कम होती है। इसका फैलाव देश के कुल 4.3% क्षेत्र पर है। यह मिट्टी रेतीली बजरी से युक्त है, जिसमें जैव पदार्थों और नाइट्रोजन की कमी पाई जाती है।
- इसमें घुलनशील लवणों का प्रतिशत अधिक पाया जाता है, जबकि नमी और ह्यूमस की मात्रा कम होती है। ये मिट्टियाँ राजस्थान, दक्षिणी-पश्चिमी पंजाब तथा दक्षिणी-पश्चिमी हरियाणा में पाई जाती हैं, सिंचाई की सुविधाओं के विकास से इन्हें कृषि योग्य बनाया जा सकता है। यही कारण है कि इन्दिरा गाँधी नहर (Indira Gandhi Canal) से लाभान्वित राजस्थान का गंगानगर जनपद आज खाद्यान्नों और कपास का एक प्रमुख उत्पादक क्षेत्र हो गया है।

लवणीय और क्षारीय मृदा

- लवणीय एवं क्षारीय मृदाओं (Saline and alkaline soils) को ऊसर मृदाएँ भी कहते हैं। इन मृदाओं में सोडियम, पोटेशियम और मैग्नीशियम का अनुपात अधिक होता है। अतः ये अनुर्वर होती हैं और इनमें किसी भी प्रकार की वनस्पति नहीं उगती मुख्य रूप से शुष्क जलवायु और खराब अपवाह के कारण इनमें लवणों की मात्रा बढ़ती जाती है।
- ये मिट्टियाँ राजस्थान, उत्तर प्रदेश, बिहार, हरियाणा, पंजाब एवं महाराष्ट्र राज्यों के शुष्क क्षेत्रों में लगभग 68,000 वर्ग किमी के क्षेत्र में फैली हैं। यहाँ केशिका क्रिया द्वारा सोडियम, कैल्शियम एवं मैग्नीशियम के लवण धरातल पर एक सफेद परत के रूप में दिखाई पड़ने लगते हैं।
- इन अनुपजाऊ क्षेत्रों को रेह, कल्लर, राकर, ऊसर, घुर, कार्ल एवं चोपन आदि नामों से जाना जाता है। हाल के वर्षों में नहर सिंचाई क्षेत्रों के विस्तार से ऐसी मिट्टियों का क्षेत्र बढ़ा है। इनकी संरचना बलुई से लेकर दोमट के बीच पाई जाती है। इसमें नाइट्रोजन और चूने की कमी होती है।
- सुप्रवाह, चूना या जिप्सम के प्रयोग और लवणरोधी फसलों (बरसीम, चावल, गन्ना) की खेती कर इन मिट्टियों को सुधारा जा सकता है। इनमें चावल, गेहूँ, कपास, गन्ना, तम्बाकू आदि फसलों की खेती की जा सकती है।

पीटमय और दलदली मृदा

- पीटमय मिट्टियाँ (Peaty soils) आर्द्र क्षेत्रों में मृदा में अधिक जैव पदार्थों के संचलन से बनती हैं। ये मिट्टियाँ वर्षा ऋतु में जलमग्न रहती हैं और बाद में इन पर चावल की कृषि की जाती है, ये काली, भारी और अति अम्लीय होती हैं। इनमें लवण और जैव पदार्थों की अधिकता, परन्तु फॉस्फेट और पोटाश की कमी देखी जाती है।
- ये मुख्यत: केरल राज्य में कोट्टायम जनपद के पश्चिमी भाग और अलपुझा जनपद के कुछ क्षेत्रों में पाई जाती हैं। दलदली मिटि्टयाँ (Marshy soils) ओडिशा, पश्चिम बंगाल और तमिलनाडु के तटीय क्षेत्रों, उत्तरी बिहार के मध्यवर्ती भाग और उत्तराखण्ड के अल्मोड़ा जनपद में पाई जाती हैं। ये जल लग्नताएँ, मिट्टी की वात निरपेक्ष दशाओं, लोहे की उपस्थिति और जैव पदार्थों के बदलाव के कारण उत्पन्न होती हैं। इनमें चाय, जूट, कहवा, मसालों आदि का उत्पादन किया जाता है।

वन एवं पर्वतीय मृदा

- वन मृदाओं (Forest soils) का निर्माण पर्वतीय पर्यावरण में होता है। इस पर्यावरण में परिवर्तन के अनुसार, मृदाओं का गठन और संरचना बदलती रहती है। घाटियों में ये दुमटी और पांशु होती हैं तथा ऊपरी ढालों पर ये मोटे कणों वाली होती हैं। हिमालय के हिमाच्छादित क्षेत्रों में इन मृदाओं का अनाच्छादन होता रहता है और ये अम्लीय और कम ह्यूमस वाली होती हैं। निचली घाटियों में पाई जाने वाली मृदाएँ उर्वर होती हैं।

मृदा अपरदन

- मृदा के आवरण का विनाश, मृदा अपरदन (Soil erosion) कहलाता है। बहते जल और पवनों की अपरदनात्मक प्रक्रियाएँ तथा मृदा निर्माणकारी प्रक्रियाएँ साथ-साथ घटित होती हैं और सामान्यत: इनमें एक सन्तुलन बना होता है। कई बार प्राकृतिक अथवा मानवीय कारकों से यह सन्तुलन बिगड़ जाता है, जिससे मृदा के अपरदन की दर बढ़ जाती है।
- मृदा अपरदन के लिए मानवीय गतिविधियाँ भी काफी हद तक उत्तरदायी हैं। जनसंख्या बढ़ने के साथ भूमि की माँग भी बढ़ने लगती है। मानव बस्तियों, कृषि, पशुचारण तथा अन्य आवश्यकताओं की पूर्ति के लिए वन तथा अन्य प्राकृतिक वनस्पतियाँ साफ कर दी जाती हैं।
- मृदा को हटाने और उसका परिवहन कर सकने के गुण के कारण पवन और जल मृदा अपरदन के दो शक्तिशाली कारक हैं। पवन द्वारा अपरदन शुष्क और अर्द्ध-शुष्क प्रदेशों में महत्त्वपूर्ण होता है। भारी वर्षा और खड़ी ढालों वाले प्रदेशों में बहते जल द्वारा किया गया अपरदन महत्त्वपूर्ण होता है। जल-अपरदन अपेक्षाकृत अधिक गम्भीर है और यह भारत के विस्तृत क्षेत्रों में हो रहा है।
- जल अपरदन दो रूपों में होता है—परत अपरदन और अवनालिका अपरदन।
  - (i) **परत अपरदन** समतल भूमियों पर मूसलाधार वर्षा के बाद होता है और इसमें मृदा का हटना आसानी से दिखाई भी नहीं देता, किन्तु यह अधिक हानिकारक है, क्योंकि इससे मिट्टी की सूक्ष्म और अधिक उर्वर ऊपरी परत हट जाती है।
  - (ii) **अवनालिका अपरदन** सामान्यत: तीव्र ढालों पर होता है। वर्षा से गहरी हुई अवनालिकाएँ कृषि भूमियों को छोटे-छोटे टुकड़ों में खण्डित कर देती हैं, जिससे वे कृषि के लिए अनुपयुक्त हो जाती हैं।
- जिस प्रदेश में अवनालिकाएँ अथवा बीहड़ अधिक संख्या में होते हैं, उसे उत्खात भूमि स्थलाकृति कहा जाता है। चम्बल नदी की द्रोणी में बीहड़ बहुत विस्तृत है। इसके अतिरिक्त ये तमिलनाडु और पश्चिमी बंगाल में भी पाए जाते हैं। देश की लगभग 8,000 हेक्टेयर भूमि प्रतिवर्ष बीहड़ में परिवर्तित हो जाती है।

मृदा अपरदन की समस्या से प्रभावित प्रमुख क्षेत्र

- **मध्य भारत में चम्बल, यमुना एवं उसकी सहायक नदियों की घाटी** इस क्षेत्र में 36 लाख हेक्टेयर भूमि मृदा अपरदन की समस्या से ग्रसित है, जिसमें से 20 लाख हेक्टेयर क्षेत्र मध्य प्रदेश में है। यह भाग अवनालिका अपरदन से बुरी तरह प्रभावित है। इस क्षेत्र की मिट्टी काफी हल्की है एवं वनस्पति के आवरण के अभाव में मृदा का अपरदन काफी तीव्र गति से होता है। यहाँ 15 से 20 फीट तक की गहराई के खड्ड व बीहड़ (Ravines) बन गए हैं।
- **उत्तर-पूर्वी भारत** में रेंगती मिट्टी (Creeping soil) का क्षेत्र कहा जाता है। इस भाग की 60% भूमि गम्भीर रूप से मृदा अपरदन की समस्या से ग्रसित है। इसका कारण वनों की कटाई, झूम एवं सीढ़ीनुमा कृषि तथा भारी वर्षा है।
- **हिमालय एवं शिवालिक क्षेत्र** वनों की कटाई एवं कृषि कार्य के विस्तार के कारण असम एवं कुमाऊँ हिमालय में यह समस्या है। हिमाचल प्रदेश एवं जम्मू-कश्मीर में इस समस्या का कारण अतिचारण है।
- **छोटा नागपुर प्रदेश** इस क्षेत्र में मृदा अपरदन का सर्वाधिक महत्त्वपूर्ण कारक वनों की कटाई है। झूम खेती भी इस प्रदेश में मृदा अपरदन प्रधान रूप से करती है।
- **मरुस्थलीय क्षेत्र** इसके अन्तर्गत पश्चिमी राजस्थान के जिले आते हैं, जहाँ वायु द्वारा अपरदन की क्रिया अधिक प्रभावी है। इसके अतिरिक्त पश्चिमी घाट पर्वत क्षेत्र, तमिलनाडु, ओडिशा एवं बंगाल में भी मृदा अपरदन की गम्भीर समस्या है।

मृदा अपरदन रोकने के उपाय

मृदा अपरदन रोकने के निम्नलिखित उपाय हैं

- वृक्षारोपण, विशेषकर पहाड़ी ढालों, बंजर भूमि एवं नदियों के किनारे।
- अतिचारण को नियन्त्रित करना।
- फसल चक्र की कृषि पद्धति को अपनाना।
- जल के तीव्र वेग को रोकने के लिए मेड़बन्दी करना।
- समोच्च रेखीय (Contour) एवं ढाल के लम्बवत् जुताई करना।
- ऊबड़-खाबड़ भूमि को समतल करना।
- स्थानान्तरित कृषि पर रोक लगाना।
- पट्टीदार कृषि अपनाना।

- कृषि भूमि को परती एवं खुला हुआ कम-से-कम छोड़ना। भूमि को वनस्पतियों, पुआल आदि के आवरण से ढककर रखा जाए (Mulching) ताकि मृदा में नमी की मात्रा बनी रहे।
- समुचित उर्वरक एवं सिंचाई द्वारा मृदा की उपजाऊ शक्ति को बनाए रखना।

मृदा अपरदन का प्रभाव

मृदा अपरदन के प्रभाव निम्नलिखित हैं

- मृदा उर्वरता और कृषि उत्पादकता में ह्रास और फलतः कृषि योग्य भूमि का कम होना। आप्लावन और निक्षालन से मृदा के पोषक तत्त्वों का नष्ट होना। भौम जल स्तर और मृदा आर्द्रता में गिरावट।
- वनस्पति सूखने से मरुक्षेत्र (Desert area) का विस्तार होता है।
- सूखा और बाढ़ का प्रकोप बढ़ जाता है।
- नदियों और नहरों के तल में रेत का जमाव बढ़ जाता है।
- भूस्खलन के खतरे बढ़ जाते हैं।

मृदा संरक्षण

- मृदा संरक्षण (Soil conservation) एक विधि है, जिसमें मिट्टी की उर्वरता बनाए रखी जाती है, मिट्टी के अपरदन एवं क्षय को रोका जाता है और मिट्टी की निम्नीकृत दशाओं को सुधारा जाता है।

मृदा संरक्षण उपाय दो प्रकार के हैं

1. मृदा संरक्षण के लघु स्तर पर उपाय

लघु स्तर पर निम्न उपाय अपनाए जाते हैं

- वनारोपण
- समोच्च रेखीय कृषि या पहाड़ी क्षेत्रों में सीढ़ीदार खेती
- अवनालिका रोधन
- अधिक पशु चारण और झूम कृषि पर नियन्त्रण
- शुष्क और अर्द्धशुष्क क्षेत्रों में वायु वेग तथा वायु अपरदन में रुकावट के लिए सुरक्षा पेटियों एवं वायु विच्छेदों का निर्माण
- पौधों एवं घासों को लगाकर बालूका स्तूपों का स्थिरीकरण
- खेती में एकान्तर तकनीक का उपयोग
- वैज्ञानिक शस्य आवर्तन विधि को अपनाना

2. मृदा संरक्षण के वृहद् स्तर पर उपाय

वृहद् स्तर पर सरकार ने निम्न कार्यक्रमों/परियोजनाओं को प्रारम्भ किया है

- बीहड़ और ऊसर भूमि से प्रभावित राज्यों में भूमि सुधार की एवं केन्द्रीय परियोजना चल रही है, जिसमें अवनालिका मुखरोधन, अवनालिका बन्धन, धरातल समतलीकरण, अति पशुचारण पर रोक जैसे उपाय अपनाए जाते हैं। यह कार्यक्रम उत्तर प्रदेश, मध्य प्रदेश, गुजरात और राजस्थान में चल रहा है।
- मृदा अपरदन की समस्या भारत में कुछ हद तक बाढ़ों और जल जमाव की समस्या से जुड़ी हुई है, इसलिए सरकार ने बाढ़ के नियन्त्रण एवं रोकथाम के लिए राष्ट्रीय बाढ़ आयोग की स्थापना की है।
- मृदा अपरदन को नियन्त्रित करने में वनारोपण भी अत्यधिक महत्त्वपूर्ण है। इसके लिए सरकार ने स्थानीय, सामुदायिक, प्रादेशिक एवं राष्ट्रीय स्तर पर वनारोपण के अनेक कार्यक्रम प्रारम्भ किए हैं।
- वर्ष 1982-83 में देश में पुरानी परती भूमि पुनरुद्धार हेतु आठ राज्यों में एक कार्यक्रम की शुरुआत की गई, जिसमें बाद में 5 और राज्यों को शामिल कर लिया गया।
- **झूम कृषि** पर नियन्त्रण हेतु एक योजना की शुरुआत उत्तर-पूर्व सात राज्यों में की गई है। यह एक लाभग्राही कार्यक्रम है, जिसका उद्देश्य प्रत्येक झुमिया परिवार को स्थायी तौर पर एक हेक्टेयर सीढ़ीदार कृषि क्षेत्र और एक हेक्टेयर बागवानी क्षेत्र देकर पुनः बसाना है।
- क्षारीय (ऊसर) भूमि के उद्धार हेतु एक केन्द्र प्रवर्तित योजना **सातवीं पंचवर्षीय योजना** के दौरान हरियाणा, पंजाब और उत्तर प्रदेश में लागू की गई थी। अब इसे गुजरात, मध्य प्रदेश और राजस्थान में भी विस्तारित कर दिया गया है।

प्राकृतिक वनस्पति

- प्राकृतिक वनस्पति से तात्पर्य उस पौधा समुदाय से है, जो लम्बे समय तक बिना किसी बाहरी हस्तक्षेप के उगता है और इसकी विभिन्न प्रजातियाँ वहाँ पाई जाने वाली मिट्टी और जलवायु परिस्थितियों में यथासम्भव स्वयं को ढाल लेती हैं।

भौगोलिक विभिन्नता के आधार पर भारत के वनों को निम्नलिखित भागों में बाँटा जा सकता है

उष्णकटिबन्धीय सदाबहार एवं अर्द्ध-सदाबहार वन

- उष्णकटिबन्धीय सदाबहार वन भारत के उन उष्ण और आर्द्र प्रदेशों में पाए जाते हैं, जहाँ वार्षिक वर्षा 200 सेमी से अधिक होती है तथा औसत वार्षिक तापमान 22° सेल्सियस से अधिक रहता है। इसके अतिरिक्त इन क्षेत्रों में सापेक्ष आर्द्रता भी 70% से ज्यादा होती है।
- अर्द्ध-सदाबहार वन रोजवुड, महोगनी, एबोनी, रबड़, आयरन वुड इन्हीं क्षेत्रों में अपेक्षाकृत कम वर्षा वाले भागों में पाए जाते हैं। ये वन सदाबहार और आर्द्र पर्णपाती वनों के मिश्रित रूप हैं। इनमें मुख्य वृक्ष प्रजातियाँ साइडर, होलक और कैल हैं। इनकी आर्थिक महत्ता ज्यादा है।
- उष्णकटिबन्धीय सदाबहार एवं पश्चिमी घाट के पश्चिमी ढाल पर उत्तर-पूर्वी क्षेत्र की पहाड़ियों पर **अण्डमान** और **निकोबार द्वीप समूह** में पाए जाते हैं।

उष्णकटिबन्धीय पर्णपाती वन या मानसून वन

- इन वनों का विस्तार 70 से 200 सेमी वार्षिक वर्षा वाले प्रदेशों में हुआ है। जल की उपलब्ध मात्रा के आधार पर इन वनों को **आर्द्र** और **शुष्क पर्णपाती** वनों में विभाजित किया जाता है, चूँकि इन वनों के वृक्ष ग्रीष्म ऋतु के आरम्भ में अपनी पत्तियाँ गिरा देते हैं, इसलिए इन्हें पर्णपाती वन कहा जाता है। इनमें सागौन, तेन्दु, चन्दन, सखुआ तथा कँटीली झाड़ियाँ आदि पाई जाती हैं।

- 'रेड सैण्डर्स' उष्णकटिबन्धीय शुष्क पर्णपाती वनों की एक प्रमुख प्रजाति है। यह मुख्यत: भारत के दक्षिण-पूर्वी घाट की पहाड़ियों में पाई जाती है।
- आर्द्र पर्णपाती वन 100 से 200 सेमी वर्षा वाले क्षेत्रों में पाए जाते हैं। भारत के कुल वन क्षेत्र के 25% क्षेत्र पर फैले हुए इन वनों का विस्तार, उत्तर-पूर्वी राज्यों और हिमालय के गिरिपद, पश्चिमी घाट के पूर्वी ढाल तथा ओडिशा में है।

उष्णकटिबन्धीय काँटेदार वन या मरुस्थलीय वन

- ये वन उन क्षेत्रों में पाए जाते हैं, जहाँ वार्षिक वर्षा 50 सेमी से कम होती है। इसका विस्तार राजस्थान, दक्षिण-पश्चिमी पंजाब तथा दक्षिण-पश्चिमी हरियाणा में है। इनमें बबूल, कीकर तथा खजूर जैसे छोटे आकार वाले वृक्ष एवं झाड़ियाँ होती हैं।

पर्वतीय वन

- पर्वतीय क्षेत्रों में ऊँचाई के साथ तापमान घटने के साथ-साथ प्राकृतिक वनस्पति में भी बदलाव आता है। इन वनों को दो भागों में बाँटा जा सकता है—उत्तरी पर्वतीय वन और दक्षिणी पर्वतीय वन। उत्तरी पर्वतीय वनों को **हिमालयी वन** भी कहा जाता है। इन क्षेत्रों में ऊँचाई के अनुसार उष्णकटिबन्धीय सदाबहार वन से लेकर अल्पाइन एवं टुण्ड्रा वनस्पति तक पाई जाती है। इन क्षेत्रों में मुख्य वनस्पति सखुआ, बाज (ओक), चेस्टनट, सिल्वर फर, पाइन, बुरुंश (रोडोडेण्ड्रॉन), बर्च तथा अल्पाइन घास आदि हैं।
- पूर्वी हिमालय में पश्चिमी हिमालय की अपेक्षा अधिक वर्षा तथा उसका विषुवत् रेखा से अपेक्षाकृत अधिक निकटता के कारण पूर्वी हिमालय में पश्चिमी हिमालय की अपेक्षा अधिक सघन वन पाए जाते हैं।

अनूप या मैंग्रोव वन

- मैंग्रोव वन कच्छ, ज्वारीय सँकरी खाड़ी, पंक मैदानों और ज्वारनदमुख के तटीय क्षेत्रों पर उगते हैं। इसमें लवण से न प्रभावित होने वाले पेड़-पौधे होते हैं। बँधे जल व ज्वारीय प्रवाह की सँकरी खाड़ियों से आड़े-तिरछे ये वन विभिन्न किस्म के पक्षियों को आश्रय प्रदान करते हैं।
- गुजरात के भुज क्षेत्र में मैंग्रोव की चराई पर जीवित रहने वाला एक विशिष्ट जीव 'खाराई ऊँट' है। यह ऊँट कच्छ के रण की जलवायु एवं समुद्र की लवणता के साथ आसानी से अनुकूलन बनाता है। यह समुद्र जल में तीन किलोमीटर तक तैरने में सक्षम है। खाराई ऊँट एक पालतू प्रजाति है।
- भारत में मैंग्रोव वन 4,628 वर्ग किमी क्षेत्र में फैले हैं, जो विश्व के मैंग्रोव क्षेत्र का 3% हैं। ये अण्डमान-निकोबार द्वीप समूह व पश्चिम बंगाल के सुन्दर वन डेल्टा में अत्यधिक विकसित हैं। इसके अतिरिक्त ये महानदी, गोदावरी और कृष्णा नदियों के डेल्टाई भाग में पाए जाते हैं। इन वनों में बढ़ते अतिक्रमण के कारण इनका संरक्षण आवश्यक हो गया है।

भारत में वन आवरण

- भारत में वनों की स्थिति पर केन्द्रीय वन एवं पर्यावरण मन्त्रालय के भारतीय वन सर्वेक्षण की वन स्थिति रिपोर्ट वर्ष 2017 के अनुसार, कुल वनाच्छादित क्षेत्र 8,02,088 वर्ग किमी (कुल भू-भाग का 24.39%) है।
- आँकड़ों के अनुसार वन क्षेत्र और वास्तविक वन आवरण भारत में अलग-अलग हैं। वन क्षेत्र राजस्व विभाग के अनुसार, अधिसूचित क्षेत्र हैं, वहाँ पर वृक्ष हों या न हों, जबकि वन आवरण प्राकृतिक वनस्पति का झुरमुट है और वास्तविक रूप में वनों से ढका हैं।
- वन क्षेत्र राज्यों के राजस्व विभाग से प्राप्त होता है, जबकि वन आवरण की पहचान वायु चित्रों एवं उपग्रह से प्राप्त चित्रों से की जाती है।

सर्वाधिक वन क्षेत्रफल वाले पाँच राज्य

क्र.स.	राज्य	क्षेत्रफल (वर्ग किमी)
1.	मध्य प्रदेश	77414
2.	अरुणाचल प्रदेश	66964
3.	छत्तीसगढ़	55547
4.	ओडिशा	51345
5.	महाराष्ट्र	50682

न्यूनतम वन क्षेत्रफल वाले पाँच राज्य

क्र.म.	राज्य	क्षेत्रफल (वर्ग किमी)
1.	गोवा	1225
2.	हरियाणा	1559
3.	पंजाब	3084
4.	मिजोरम	5641
5.	सिक्किम	5841

भारत का वनाच्छादन

श्रेणी	क्षेत्रफल (वर्ग किमी)	भौगोलिक क्षेत्र प्रतिशत
वनावरण		
1. अत्यन्त सघन वन	98158	2.99
2. सामान्य सघन वन	308318	9.38
3. खुले वन	301797	9.18
कुल वनावरण	708273	21.54
वृक्षावरण	92572	2.82
कुल वन एवं वनावरण	794245	24.16
झाड़ियाँ	41362	1.26
गैर-वन	2544228	77.40
कुल भौगोलिक क्षेत्र	3287263	100

वन नीति

- राष्ट्रीय वन आयोग अपनी तरह का पहला आयोग है, पूर्व में गठित इस आयोग ने अपनी रिपोर्ट 28 मार्च, 2006 को प्रस्तुत की। रिपोर्ट में वनों की मौजूदा स्थिति की जाँच की गई है।
- वन नीति, कानूनी ढाँचे तथा वन क्षेत्र के संस्थागत और प्रशासनिक ढाँचे की भी समीक्षा की गई है।

वन नीति के निम्नलिखित उद्देश्य हैं

- देश में 33% भाग पर वन लगाना, जो वर्तमान राष्ट्रीय स्तर में 6% से अधिक है।
- पर्यावरण सन्तुलन बनाए रखना तथा पारिस्थितिक असन्तुलित क्षेत्रों में वन लगाना।
- देश की प्राकृतिक धरोहर, जैव-विविधता तथा आनुवंशिक पूल का संरक्षण।
- मृदा अपरदन और मरुस्थलीयकरण रोकना तथा बाढ़ व सूखा नियन्त्रण।
- निम्नीकृत भूमि पर सामाजिक वानिकी एवं वनरोपण द्वारा आवरण का विस्तार।
- वनों की उत्पादकता बढ़ाकर वनों पर निर्भर ग्रामीण जनजातियों को इमारती लकड़ी, ईंधन, चारा और भोजन उपलब्ध करवाना और लकड़ी के स्थान पर अन्य वस्तुओं को प्रयोग में लाना।

वन संरक्षण

- वनों का जीवन और पर्यावरण के साथ अन्योन्याश्रय सम्बन्ध है, फलस्वरूप भारत सरकार ने पूरे देश के लिए वन संरक्षण नीति वर्ष 1952 में लागू की, जिसे वर्ष 1988 में संशोधित किया गया।
  वन संरक्षण नीति के अन्तर्गत निम्नलिखित कदम उठाए गए हैं

सामाजिक वानिकी

- सामाजिक वानिकी का अर्थ है—पर्यावरणीय, सामाजिक व ग्रामीण विकास के उद्देश्य से वनों का प्रबन्ध और सुरक्षा तथा ऊसर भूमि पर वमारोपण।
- **राष्ट्रीय कृषि आयोग** (1976-79) ने सामाजिक वानिकी को तीन वर्गों में बाँटा है—शहरी वानिकी, ग्रामीण वानिकी और फार्म वानिकी।
- शहरों और उनके इर्द-गिर्द निजी व सार्वजनिक भूमि; जैसे—हरित पट्टी, सड़कों के साथ जगह, औद्योगिक व व्यापारिक स्थलों पर वृक्ष लगाना और उनका प्रबन्ध शहरी वानिकी के अन्तर्गत आता है। ग्रामीण वानिकी में कृषि वानिकी और समुदाय कृषि वानिकी को बढ़ावा दिया जाता है।

ग्रामीण वानिकी

- कृषि वानिकी का अर्थ है—कृषि योग्य तथा बंजर भूमि पर पेड़ और फसलें एक साथ लगाना। इसका अभिप्राय है—वानिकी और खेती एक साथ करना, जिससे खाद्यान्न, चारा, ईंधन, इमारती लकड़ी और फलों का उत्पादन एक साथ किया जाए। इस योजना का एक उद्देश्य भूमिविहीन लोगों को वानिकीकरण से जोड़ना तथा इसमें उन्हें वे लाभ पहुँचाना जो केवल भू-स्वामियों को ही प्राप्त होते हैं।

फार्म वानिकी

- फार्म वानिकी के अन्तर्गत किसान अपने खेतों में व्यापारिक महत्त्व वाले या दूसरे पेड़ लगाते हैं। वन विभाग। इसके लिए छोटे और मध्यम किसानों को नि:शुल्क पौधे उपलब्ध कराता है। इस योजना के तहत कई तरह की भूमि; जैसे-खेतों की मेड़ें, चरागाह, घास स्थल, घर के पास पड़ी खाली जमीन और पशुओं के बाड़ों में भी पेड़ लगाए जाते हैं।

वानिकी शोध एवं प्रशिक्षण

- भारतीय वन सर्वेक्षण विभाग, जिसकी स्थापना वर्ष 1981 में देहरादून में की गई है, भारत में वन क्षेत्रों के मानचित्रण, वन तालिका, निर्माण, आँकड़ा संग्रह और वानिकी शिक्षा और प्रशिक्षण हेतु पाठ्यक्रम तैयार करता है। यहाँ देश के वन संसाधनों के सर्वेक्षण, मानचित्र और मूल्यांकन हेतु हवाई छाया चित्र और दूरस्थ संवेदी जैसी नूतन तकनीकों का उपयोग किया जा रहा है।

भारत के प्रमुख वानिकी शोध संस्थान

शोध संस्थान	अवस्थिति
फॉरेस्ट रिसर्च इन्स्टीट्यूट	देहरादून
एरिड फॉरेस्ट रिसर्च इन्स्टीट्यूट	जोधपुर
इन्स्टीट्यूट ऑफ वुड साइन्स एण्ड टेक्नोलॉजी	बंगलुरु
रेन फॉरेस्ट रिसर्च इन्स्टीट्यूट	जोरहाट
इन्स्टीट्यूट ऑफ फॉरेस्ट जेनेटिक्स एण्ड ट्री ब्रीडिंग	कोयम्बटूर
सेण्टर ऑफ सोशल फॉरेस्ट्री एण्ड इको रिहैबिलिटेशन	इलाहाबाद
हिमालयन फॉरेस्ट रिसर्च इन्स्टीट्यूट	शिमला
एडवांस सेण्टर फॉर बायोटेक्नोलॉजी एण्ड मैंग्रोव फॉरेस्ट्स	हैदराबाद
ट्रॉपिकल फॉरेस्ट्री रिसर्च इन्स्टीट्यूट	जबलपुर
इन्स्टीट्यूट ऑफ फॉरेस्ट्री रिसर्च एण्ड ह्यूमन रिसोर्स डेवलपमेण्ट	छिन्दवाड़ा
इन्स्टीट्यूट फॉर फॉरेस्ट प्रोडक्टिविटी	राँची
इण्डियन प्लाइवुड इण्डस्ट्रीज रिसर्च एण्ड ट्रेनिंग इन्स्टीट्यूट	बंगलुरु
इण्डियन इन्स्टीट्यूट ऑफ फॉरेस्ट मैनेजमेण्ट	भोपाल

अभ्यास प्रश्न

1. निम्न में से कौन मृदा निर्माण को प्रभावित करने वाला कारक है?
(a) जलवायु (b) वनस्पति
(c) उच्चावच (d) ये सभी

2. ट्रॉपिकल चेर्नोजम निम्न में से कौन-सी मृदा का नाम है?
(a) लैटेराइट मृदा (b) काली मृदा
(c) पीली मृदा (d) जलोढ़ मृदा

3. लवणीय और क्षारीय मृदा के अनुपजाऊ क्षेत्रों को निम्न में से किस नाम से जाना जाता है?
(a) ऊसर (b) चोपन
(c) कल्लर (d) ये सभी

4. निम्न में से कौन-सा मृदा अपरदन को रोकने का उपाय नहीं है?
(a) समोच्च रेखीय एवं ढाल के लम्बवत् जुताई करना
(b) वृक्षारोपण करना
(c) झूम कृषि करना
(d) पट्टीदार कृषि करना

5. रेड सैण्डर्स निम्न में से कौन-से वनों की प्रमुख प्रजाति है?
(a) मानसून वन (b) पर्वतीय वन
(c) मैंग्रोव वन (d) मरुस्थलीय वन

6. मध्य प्रदेश के निम्नलिखित में से किस जिले में मृदा अपरदन (मिट्टी के कटाव) की समस्या है?
(a) जबलपुर (b) भोपाल
(c) मुरैना (d) खण्डवा

7. भारत के कुछ भागों में यात्रा करते हुए आप देखेंगे कि कहीं-कहीं लाल मिट्टी पाई जाती है। मिट्टी के इस रंग का प्रमुख कारण क्या है?
(a) मैग्नीशियम की बाहुल्यता
(b) संचित ह्यूमस
(c) फेरिक ऑक्साइड की विद्यमानता
(d) फॉस्फेटों की बाहुल्यता

8. निम्नलिखित राज्यों में से किसमें भारत की सबसे बड़ी अन्तर्देशीय लवणीय आर्द्र भूमि है?
(a) गुजरात (b) हरियाणा
(c) मध्य प्रदेश (d) राजस्थान

9. किस मृदा को कम सिंचाई की आवश्यकता होती है, क्योंकि वह मृदा नमी को रोके रखती है?
(a) जलोढ़ मृदा (b) काली मृदा
(c) लाल मृदा (d) लैटेराइट मृदा

10. निम्न को सुमेलित करें

सूची I	सूची II
A. काँप मिट्टी	1. उत्तर प्रदेश
B. काली मिट्टी	2. महाराष्ट्र
C. लाल और पीली मिट्टी	3. तमिलनाडु
D. लैटेराइट मिट्टी	4. केरल

कूट

	A	B	C	D
(a)	1	2	3	4
(b)	1	3	2	4
(c)	4	3	2	1
(d)	4	2	3	1

11. गुजरात प्रदेश अधिकांशत: आच्छादित है
(a) काली मिट्टी से (b) लैटेराइट मिट्टी से
(c) लाल मिट्टी से (d) मरुस्थलीय मिट्टी से

12. रेगुर नाम है
(a) लाल मृदा का (b) काली मृदा का
(c) उष्ण कटिबन्धीय वृक्ष का (d) लैटेराइट मृदा का

13. भारत में निम्नलिखित में से कौन-सा मृदा प्रारूप लोहे का अतिरेक होने के कारण अनुर्वर होता जा रहा है?
(a) मरुस्थलीय बालू (b) जलोढ़
(c) पॉडजोलिक (d) लैटेराइट

14. निम्नलिखित में से कौन-सा/से राजस्थान के पश्चिमी भाग में पाई जाने वाली बाढ़ चादर का/के सर्वाधिक सम्भव कारण हो सकता है/सकते हैं?
1. विरल वर्षा
2. आकस्मिक उच्च तीव्रता वाली वर्षा
3. ढीली बलुआ मृदा के साथ विरल वनस्पति

कूट
(a) केवल 1 (b) 1 और 2
(c) 2 और 3 (d) ये सभी

15. मृदा संरक्षण के सन्दर्भ में निम्नलिखित प्रचलित पद्धतियों पर विचार कीजिए
1. शस्यावर्तन (फसलों का हेर-फेर)
2. बालू की बाड़
3. वेदिका निर्माण (टैरेसिंग)
4. वायु रोध

भारत में मृदा संरक्षण के लिए उपरोक्त में से कौन-सी विधियाँ उपयुक्त समझी जाती हैं?
(a) 1, 2 और 3 (b) 2 और 4
(c) 1, 3 और 4 (d) ये सभी

16. मालवा पठार की प्रमुख मिट्टी है
(a) काली (b) जलोढ़
(c) लाल (d) लैटेराइट

17. भारत में किस मिट्टी का विस्तार सर्वाधिक क्षेत्रफल पर है?
(a) काली (b) लाल
(c) लैटेराइट (d) जलोढ़

18. भारतीय मिट्टी में प्राय: किन दो तत्त्वों की कमी पाई जाती है, जिससे प्रति हेक्टेयर उत्पादन कम हो जाता है?
(a) नाइट्रोजन (b) फॉस्फोरस और नाइट्रोजन
(c) पोटेशियम और सल्फर (d) एल्युमीनियम और लोहा

परती भूमि दो प्रकार की होती है

1. **वर्तमान परती भूमि** वह भूमि है जिसमें पहले कृषि की जाती थी, परन्तु उपजाऊ शक्ति के कम होने से इसे वर्तमान समय में खाली छोड़ दिया गया है। इस भूमि के विस्तार में परिवर्तन आता रहता है।
2. **वर्तमान परती भूमि के अतिरिक्त परती भूमि** यह भूमि पिछले कई वर्षों से परती पड़ी है। जमींदारों की स्वार्थपूर्ण नीति, कृषकों की निर्धनता, भूमि की उर्वरता का ह्रास, जल का अभाव, नदियों का मार्ग परिवर्तन, जलवायु में परिवर्तन आदि कारणों से यह भूमि एक लम्बी अवधि से परती चली आ रही है। उत्तम बीज, पर्याप्त खाद, सिंचाई आदि की उचित व्यवस्था करके इस भूमि के विस्तार को कम किया जा सकता है।

कृषित भूमि

- यह वह भूमि है, जिस पर वास्तविक रूप से कृषि की जाती है। इसे कुल या सकल बोया गया क्षेत्र भी कहते हैं। भारत में लगभग आधी भूमि पर कृषि की जाती है, जो विश्व में सर्वाधिक भाग है। भारत की कुल भूमि का 43.41% भाग कृषित है।

कृषि भूमि के निम्नलिखित दो पहलू हैं

1. निवल बोया गया क्षेत्र

यह वह भूमि है, जिस पर फसलें उगाई व काटी जाती हैं। यह निवल बोया गया क्षेत्र कहलाता है। स्वतन्त्रता प्राप्ति के बाद इसमें पर्याप्त वृद्धि हुई है। *इस वृद्धि के मुख्य कारण निम्नलिखित हैं*

- रेह तथा ऊसर भूमि को उपजाऊ बनाना।
- बेकार खाली पड़ी भूमि को कृषि योग्य बनाना।
- कृषि भूमि को परती भूमि के रूप में न छोड़ना।
- चरागाह तथा बागों के लिए उपयोग की गई भूमि को कृषि के लिए प्रयोग करना।
- सबसे अधिक कृषित भूमि पंजाब तथा हरियाणा में पाई जाती है, जहाँ 80% भूमि पर कृषि की जाती है।

2. एक से अधिक बार बोया गया क्षेत्र

- भारत में कुल कृषित क्षेत्र का लगभग 25% भाग ऐसा है, जिस पर वर्ष में एक से अधिक बार फसल प्राप्त की जाती है। इससे यह स्पष्ट होता है कि हम अपनी भूमि का उचित उपयोग नहीं कर रहे, क्योंकि 75% भूमि पर वर्ष में केवल एक ही फसल उगायी जाती है।

कृषि के लिए अनुपलब्ध भूमि

इसके अन्तर्गत निम्नलिखित दो प्रकार की भूमि सम्मिलित की जाती है

1. गैर-कृषि प्रयोजनों में लगाई गई भूमि

- इस वर्ग के अन्तर्गत वह भूमि आती है, जो कृषि के अतिरिक्त अन्य कार्यों के लिए कारखानों, नगरों तथा अन्य बस्तियों के विकास के लिए प्रयोग की जाती है। इस वर्ग की भूमि में निरन्तर वृद्धि हो रही है। इसका कारण यह है कि भारत में तीव्र गति से उद्योग, यातायात तथा नगरीकरण का विकास हो रहा है।

2. बंजर तथा कृषि रहित क्षेत्र

- यह वह भूमि है, जो बंजर व कृषि के लिए अयोग्य है। भारत में तकनीकी विकास के साथ-साथ इस भूमि में कमी आ रही है। बहुत-सी बंजर भूमि को सिंचाई, खाद तथा उत्तम बीजों के प्रयोग से कृषि योग्य बनाया जा रहा है।

जल संसाधन

- जल बहुमूल्य प्राकृतिक संसाधन और देश के सामाजिक-आर्थिक विकास का मूल आधार है। भारत में ताजे जल का मुख्य स्रोत वर्षण है। वर्षण (हिमपात सहित) से भारत में 4,000 घन किमी जल प्राप्त होता है।
- अकेले मानसूनी वर्षा द्वारा 3,000 घन किमी जल प्राप्त होता है। इसका बहुत-सा भाग या तो वाष्पीकरण तथा वाष्पोत्सर्जन द्वारा वायुमण्डल में चला जाता है या फिर भूमि में रिसकर भूमिगत जल का भाग बन जाता है।
- विभिन्न विद्वानों तथा संस्थाओं ने भारत में जल संसाधनों के भिन्न-भिन्न अनुमान लगाए हैं। जल संसाधन मन्त्रालय के अनुसार हमारे देश में कुल 1,869 घन किमी जल उपलब्ध है, परन्तु भू-आकृतिक परिस्थितियों तथा जल संसाधनों के असमान वितरण के कारण उपयोग के योग्य कुल 1,122 अरब घन मी जल ही उपलब्ध है।
- इसमें से 690 अरब घन मी धरातलीय जल तथा शेष 432 अरब घन मी भू-जल है। भारत में उपलब्ध कुल जल को दो विभिन्न वर्गों में बाँटा जा सकता है, जिन्हें क्रमशः धरातलीय जल तथा भू-गर्भिक जल कहते हैं।

जल उपयोग प्रतिरूप

सिंचाई	–	78%
घरेलू उपयोग	–	6%
उद्योग	–	5%
ऊर्जा क्षेत्र	–	3%
अन्य	–	8%

धरातलीय जल

- धरातलीय जल (Surface Water) हमें नदियों, झीलों, तालाबों तथा अन्य जलाशयों के रूप में मिलता है। नदियों में जल वर्षा होने अथवा बर्फ के पिघलने से प्राप्त होता है। सबसे अधिक सतही जल नदियों में पाया जाता है। भारत की नदियों का अनुमानित **औसत वार्षिक प्रवाह** (Average Annual Flow) 1,869 अरब घन मी है, परन्तु स्थलाकृतिक, जल विज्ञान सम्बन्धी तथा अन्य बाधाओं के कारण केवल 690 अरब घन मी (32%) धरातलीय जल ही उपयोग के लिए उपलब्ध है।
- कुल धरातलीय जल का लगभग 60% भाग भारत की तीन प्रमुख नदियों— सिन्धु, गंगा और ब्रह्मपुत्र में से होकर बहता है। भारत में निर्मित तथा निर्माणाधीन जल भण्डार की क्षमता स्वतन्त्रता के समय केवल 18 अरब घन मी थी, जो अब बढ़कर 147 अरब घन मी हो गई। यह भारतीय नदी द्रोणियों में प्रवाहित होने वाली कुल जल राशि का 8.47% है।

भौम या भू-गर्भिक जल

- वर्षा से प्राप्त हुए जल की कुल मात्रा का कुछ भाग भूमि द्वारा सोख लिया जाता है, इसका 60% भाग मिट्टी की ऊपरी सतह तक ही पहुँचता है। यही जल कृषि उत्पादन के लिए बहुत महत्त्वपूर्ण है। शेष जल धरातल के भीतर प्रवेश स्तर तक पहुँचता है। इस जल को कुएँ खोदकर प्राप्त किया जाता है। अनुमान है कि भारत में कुल अपूर्णीय भौम जल क्षमता लगभग 432 अरब घन मी है।
- देश में भू-गर्भिक जल (Ground Water) का वितरण बहुत असमान है। इस पर चट्टान की संरचना, धरातलीय दशा, जलापूर्ति की दशा आदि कारणों का प्रभाव पड़ता है। भारत के समतल मैदानी भागों में स्थित जल चट्टानों वाले अधिकांश भागों में, भू-गर्भिक जल की अपार राशि विद्यमान है। यहाँ पर प्रवेश्य चट्टानें पाई जाती हैं, जिनमें से जल आसानी से रिसकर भू-गर्भिक जल का रूप धारण कर लेता है। लगभग 42% से अधिक भौम जल भारत के विशाल मैदानों के राज्यों में पाया जाता है। अकेले उत्तर प्रदेश में ही भौम जल की क्षमता का लगभग 19% है।
- इसके विपरीत प्रायद्वीपीय पठारी भाग कठोर तथा अप्रवेश्य चट्टानों का बना हुआ है, जिनमें से जल रिसकर नीचे नहीं जा सकता, इसलिए इस क्षेत्र में भू-गर्भिक जल का अभाव है, परन्तु महाराष्ट्र, मध्य प्रदेश तथा तमिलनाडु जैसे बड़े राज्यों में भौम जल संसाधनों की सम्भावित क्षमता अधिक है।

भौम जल का उपयोग

- भौम जल का लगभग 92% भाग कृषि में प्रयोग किया जाता है तथा शेष 8% भाग घरेलू, औद्योगिक तथा अन्य सम्बन्धित उद्देश्यों की पूर्ति करता है। भारत में भूमिगत जल के विकास की बड़ी सम्भावनाएँ हैं, क्योंकि अभी तक कुल उपलब्ध संसाधनों का केवल 37.23% भाग ही विकसित किया गया है।
- राज्य स्तर पर भौम जल संसाधनों की कुल सम्भावित क्षमता की दृष्टि से बहुत विषमताएँ पाई जाती हैं। यह जल कश्मीर में केवल 1.07% है, जबकि पंजाब में 98.34% है। राज्यों में भौम जल के विकास में अन्तर जलवायु के कारण पाया जाता है। जिन राज्यों में वर्षा की मात्रा कम तथा इसकी परिवर्तनशीलता अधिक है और धरातलीय जल का अभाव है, उन राज्यों ने भौम जल का विकास बड़े पैमाने पर किया है। पंजाब, हरियाणा, पश्चिमी उत्तर प्रदेश, राजस्थान, गुजरात और तमिलनाडु इसके उदाहरण हैं।

जल संसाधनों का प्रबन्धन एवं संरक्षण

जल के प्रबन्धन एवं संरक्षण (Management and Conservation of Water) का उद्देश्य जल की बढ़ती हुई माँग को पूरा करना तथा जल के स्रोतों को ह्रास से बचाना है। *जल संसाधनों के संरक्षण के लिए निम्नलिखित कदम आवश्यक हैं*

- धरातलीय जल का संरक्षण करने के लिए नदियों पर बाँध बनाकर वर्षा ऋतु के अतिरिक्त जल का संरक्षण किया जा सकता है, अन्यथा वह जल बहकर समुद्र में चला जाता है।
- हमें भू-जल पुनर्भरण की संस्कृति विकसित करनी होगी, ताकि तेजी से समाप्त हो रहे भू-जल का संरक्षण किया जा सके। इसके लिए वर्षा जल संग्रहण सबसे अच्छी तकनीक है।
- वनीकरण द्वारा वर्षा जल के भूमि में रिसने की दर को बढ़ाया जा सकता है।
- जल प्रभावी (Water effective) सिंचाई तकनीकों को अपनाना; जैसे—ड्रिप एवं स्प्रिंकलर सिंचाई।
- जल के पुन:चक्रण तथा पुन:प्रयोग द्वारा हम जल की कमी को पूरा कर सकते हैं।
- उपयुक्त तकनीक का विकास कर समुद्री जल का खारापन दूर कर उसका उपयोग करना।
- जलसम्भर प्रबन्धन कार्यक्रम द्वारा जल के स्रोतों का संरक्षण करना।
- वर्षा जल संचयन की तकनीक को लोकप्रिय बनाना।
- भूमि की न्यून या शून्य जुताई, फसल अवशेष को छोड़कर एवं खेतों में सिंचाई के पूर्व जिप्सम का उपयोग उपयोगी हो सकता है।

जलसम्भर/वाटरशेड परियोजना

जलसम्भर या वाटरशेड वह भौगोलिक इकाई है, जो समान बिन्दु की तरह जल प्रवाह को निर्धारित करता है। वर्षाहीन क्षेत्रों हेतु राष्ट्रीय जल विभाजन विकास परियोजना की शुरुआत वर्ष 1990-91 में की गई, *इसके दो मूल उद्देश्य थे*

1. बायोमास का संवहनीय उत्पादन
2. विस्तृत व वर्षाहीन क्षेत्रों में पारिस्थितिक सन्तुलन को कायम रखना।

इसके लिए मुख्यत: निम्न बातों पर बल दिया गया

- भूमि, जल, पौधों, पशु एवं मानव संसाधन जैसी प्राकृतिक सम्पदा का निम्न प्रभावी तकनीक के साथ एकीकृत एवं सामंजस्यपूर्ण ढंग से संरक्षण, उन्नयन और उपयोग करना, सिंचित एवं वर्षाहीन क्षेत्रों के बीच असमानताओं को घटाना।

जल उपलब्धता व संरक्षण के प्रमुख कार्यक्रम

कार्यक्रम	प्रारम्भ का वर्ष
त्वरित ग्रामीण जल आपूर्ति कार्यक्रम	1972-73
कमान क्षेत्र विकास तथा जल प्रबन्ध कार्यक्रम	1974-75
राजीव गाँधी राष्ट्रीय पेयजल मिशन	1991
त्वरित सिंचाई लाभ कार्यक्रम	1996-97
जलीय क्षेत्रों की मरम्मत, नवीकरण और पुनर्स्थापन	2005
जल विज्ञान परियोजना-II (विश्व बैंक के सहयोग से)	2006
भूमिजल संवर्द्धन पुरस्कार और राष्ट्रीय जल पुरस्कार	2007
गहरे कुओं के जरिए भू-जल के कृत्रिम पुनर्भरण की स्कीम	2007
कृषक भागीदारी कार्य अनुसन्धान कार्यक्रम	2007-08
जल क्रान्ति अभियान	2015

जल संरक्षण एवं प्रबन्धन में कार्यरत संस्थान

नाम	स्थापना वर्ष
केन्द्रीय जल आयोग	1945
केन्द्रीय भू-जल बोर्ड	1970
राष्ट्रीय जल विज्ञान संस्थान	1978
राष्ट्रीय जल विकास एजेन्सी	1982
राष्ट्रीय जल संसाधन परिषद्	1983
राष्ट्रीय जल बोर्ड	1990
केन्द्रीय भू-जल प्राधिकरण	1997
जल गुणवत्ता मूल्यांकन प्राधिकरण	2001

राष्ट्रीय जल नीति

जल की आपूर्ति, माँग तथा उसके तर्कसंगत उपयोग व प्रबन्धन को ध्यान में रखकर केन्द्रीय सरकार ने तीन राष्ट्रीय जल नीतियाँ (National Water Policy) अपनाई हैं।

इन तीन नीतियों का वर्णन इस प्रकार है

1. राष्ट्रीय जल नीति, 1987

यह राष्ट्रीय स्तर पर जल संसाधन सम्बन्धी प्रथम नीति है। इस नीति का मुख्य उद्देश्य जल का राष्ट्रीय हित में प्रबन्धन करना तथा योजना तैयार करना था। इस नीति में जल के विकास सम्बन्धी योजना बनाने का अधिकार राज्य सरकारों को दिया गया।

2. राष्ट्रीय जल नीति, 2002

वर्ष 2002 में वर्ष 1987 की नीति के स्थान पर एक नई नीति अपनाई गई। इस नीति में उपयुक्त रूप से विकसित सूचना व्यवस्था, जल संरक्षण के परम्परागत तरीकों, जल प्रयोग, गैर-परम्परागत तरीकों और माँग के प्रबन्धन को महत्त्वपूर्ण तत्त्व के रूप में स्वीकार किया गया है। इसमें सबके लिए पेयजल की व्यवस्था को सर्वोच्च प्राथमिकता दी गई है।

3. राष्ट्रीय जल नीति, 2012

राष्ट्रीय जल बोर्ड ने जून, 2012 को हुई अपनी 14वीं बैठक में संस्तुत प्रारूप राष्ट्रीय जल नीति को प्रस्तुत किया। इस नीति की प्रमुख विशेषताएँ हैं- जलीय स्रोतों के पुनर्नवीकरण, उनके रख-रखाव, मरम्मत तथा जलवायु परिवर्तन के प्रति अनुकूलन आदि इस नीति में भू-जल के उपयोग पर प्रयोक्ता शुल्क लगाने के लिए एक तर्कसंगत प्रणाली विकसित करने की भी बात कही गई है। प्रत्येक राज्य में जल विनियामक प्राधिकरण की स्थापना और पड़ोसी देशों के साथ द्विपक्षीय सहयोग पर करार किया गया।

अभ्यास प्रश्न

1. भारत की प्रशासनिक इकाइयों के भौगोलिक क्षेत्र की जानकारी कौन देता है?
(a) भारतीय सर्वेक्षण विभाग
(b) केन्द्रीय सांख्यिकी संगठन
(c) भू-राजस्व तथा सर्वेक्षण विभाग
(d) गृह मन्त्रालय

2. भारत के कुल भूमि के कितने प्रतिशत क्षेत्र के बारे में ही भूमि उपयोग के आँकड़े प्राप्त हैं?
(a) 80% (b) 85%
(c) 90% (d) 93%

3. वन रिपोर्ट 2017 के अनुसार देश के कुल भूमि के कितने प्रतिशत क्षेत्र पर वन हैं?
(a) 19.1% (b) 21.4%
(c) 24.39% (d) 28.39%

4. भारत की कुल भूमि का कितना प्रतिशत भाग कृषित है?
(a) 40% (b) 43%
(c) 46% (d) 51%

5. भारत में कुल कृषित भूमि के कितने प्रतिशत क्षेत्र पर वर्ष में दो बार फसल उगाई जाती है?
(a) 15% (b) 21%
(c) 25% (d) 37%

6. कृषि के लिए उपलब्ध भूमि को कितने भागों में बाँटा गया है?
(a) दो (b) तीन
(c) चार (d) पाँच

7. वर्षण से भारत में कितना जल प्राप्त होता है?
(a) 2000 घन किमी (b) 3000 घन किमी
(c) 4000 घन किमी (d) 5000 घन किमी

8. भारत में कुल जल का कितना धरातलीय है?
(a) 590 अरब घन मी (b) 690 अरब घन मी
(c) 790 अरब घन मी (d) 890 अरब घन मी

9. भारत के कुल जल को कितने भागों में बाँटा गया है?
(a) दो (b) तीन
(c) चार (d) पाँच

10. भारत के कुल जल का कितने प्रतिशत उपयोग सिंचाई में होता है?
(a) 51% (b) 65%
(c) 71% (d) 78%

11. कुल धरातलीय जल का लगभग 60% भाग भारत की तीन नदियों से होकर बहता है, वे तीन नदियाँ कौन-कौन सी हैं?
1. सिन्धु 2. गंगा 3. यमुना 4. ब्रह्मपुत्र

कूट
(a) 1, 2 और 3 (b) 1, 2 और 4
(c) 2, 3 और 4 (d) 1, 3 और 4

12. वर्षाहीन क्षेत्रों हेतु राष्ट्रीय जल विभाजन विकास परियोजना कब प्रारम्भ की गई थी?
(a) वर्ष 1990 – 91 (b) वर्ष 1995 – 96
(c) वर्ष 2000 – 01 (d) वर्ष 2005 – 06

13. राष्ट्रीय जल विभाजन विकास परियोजना के उद्देश्य क्या थे?
1. बायोमास का संवहनीय उत्पादन
2. विस्तृत व वर्षाहीन क्षेत्रों में पारिस्थितिक सन्तुलन को कायम रखना।
3. रेनवाटर हार्वेस्टिंग की तकनीक को लोकप्रिय बनाना।

कूट
(a) केवल 1 (b) 1 और 2
(c) 2 और 3 (d) ये सभी

14. जल क्रान्ति अभियान किस वर्ष प्रारम्भ किया गया था?
(a) वर्ष 1973 (b) वर्ष 1991
(c) वर्ष 2000 (d) वर्ष 2015

15. राष्ट्रीय जल नीति, 1987 का मुख्य उद्देश्य क्या था?
(a) जल का राष्ट्रीय हित में प्रबन्धन करना
(b) सूचना व्यवस्था
(c) सबके लिए पेय जल की व्यवस्था
(d) उपरोक्त सभी

16. केन्द्रीय जल आयोग का गठन किस वर्ष हुआ था?
(a) वर्ष 1982 (b) वर्ष 1970
(c) वर्ष 1945 (d) वर्ष 1990

17. राष्ट्रीय जल नीति ने अब तक कितनी नीतियाँ अपनाई हैं?
(a) दो (b) तीन
(c) चार (d) पाँच

18. गैर-परम्परागत तरीकों और माँग के प्रबन्धन को महत्त्वपूर्ण तत्त्व के रूप में किस राष्ट्रीय जल नीति में अपनाया गया था?
(a) वर्ष 1987 (b) वर्ष 1995
(c) वर्ष 2002 (d) वर्ष 2012

19. राष्ट्रीय जन नीति-2012 की प्रमुख विशेषता है
1. जलीय स्रोतों के पुनर्नवीकरण
2. जलवायु परिवर्तन के प्रति अनुकूलन
3. भू-जल के उपयोग पर प्रयोक्ता शुल्क लगाने के लिए एक तर्कसंगत प्रणाली का विकास

कूट
(a) केवल 1 (b) 1 और 2
(c) 1 और 3 (d) 1, 2 और 3

20. तीसरी राष्ट्रीय जल नीति कब अपनाई गई?
(a) वर्ष 2002 (b) वर्ष 2007
(c) वर्ष 2012 (d) वर्ष 2016

उत्तरमाला

1	(a)	2	(d)	3	(c)	4	(b)	5	(c)	6	(a)	7	(c)	8	(b)	9	(a)	10	(d)
11	(b)	12	(a)	13	(b)	14	(d)	15	(a)	16	(c)	17	(b)	18	(c)	19	(d)	20	(c)

अध्याय 11

भारत : खनिज एवं ऊर्जा संसाधन

खनिज संसाधन

'खनिज' वे प्राकृतिक रासायनिक तत्त्व या यौगिक हैं, जो मुख्यत: अजैविक क्रियाओं से बनते हैं। ये अपने भौतिक तथा रासायनिक गुणों से जाने जाते हैं। भारत विश्व के प्रमुख खनिज संसाधन सम्पन्न देशों में आता है। चूँकि भारत की भू-गर्भिक संरचना में पर्याप्त विषमता पाई जाती है तथा यहाँ लगभग हर प्रकार की चट्टानें पाई जाती हैं, इसलिए लगभग सभी प्रकार के खनिजों की प्राप्ति यहाँ होती है।

भारत की खनिज पेटियाँ

भारत की प्रमुख खनिज पेटियाँ निम्नलिखित हैं

- **छोटा नागपुर पेटी** इसका फैलाव प्रायद्वीप के उत्तरी-पूर्वी भाग पर है, जिसमें झारखण्ड, बिहार, ओडिशा और पश्चिम बंगाल राज्यों के भाग सम्मिलित हैं। यह क्षेत्र प्राचीन नीस और ग्रेनाइट शैलों का बना है और देश का खनिज संयन्त्र क्षेत्र है। यहाँ कोयला, अभ्रक, मैगनीज, क्रोमाइट, इल्मेनाइट, बॉक्साइट, फॉस्फेट, लौह-अयस्क, ताँबा, डोलोमाइट, चीनी मिट्टी और चूना पत्थर के भण्डार पाए जाते हैं। देश के कायनाइट का शत-प्रतिशत, लौह-अयस्क का 93%, क्रोमाइट का 70%, अभ्रक का 70%, एस्बेस्टस का 45% और कोयला का 84% भण्डार इसी क्षेत्र में संरक्षित है।
- **मध्यवर्ती पेटी** इसका विस्तार छत्तीसगढ़, मध्य प्रदेश, आन्ध्र प्रदेश एवं महाराष्ट्र राज्यों में पाया जाता है। इस क्षेत्र में मैंगनीज, बॉक्साइट, अभ्रक, ताँबा, ग्रेफाइट, चूना पत्थर, लिग्नाइट, संगमरमर आदि की प्राप्ति होती है।
- **दक्षिणी पेटी** इसमें कर्नाटक और तमिलनाडु के भाग सम्मिलित हैं, जहाँ सोना, लौह-अयस्क, क्रोमाइट, मैंगनीज, लिग्नाइट, अभ्रक, बॉक्साइट, जिप्सम आदि प्रमुख खनिज पाए जाते हैं।
- **पश्चिमी पेटी** इसका विस्तार राजस्थान, गुजरात एवं महाराष्ट्र राज्यों में पाया जाता है। यह देश का एक समृद्ध खनिज क्षेत्र है, जिसमें ताँबा, सीसा, जस्ता, यूरेनियम, अभ्रक, मैंगनीज, एस्बेस्टस, नमक, इमारती पत्थर, कीमती पत्थर, प्राकृतिक गैस एवं खनिज तेल के भण्डार पाए जाते हैं।
- **दक्षिण-पश्चिम पेटी** इस पेटी का फैलाव कर्नाटक, गोवा एवं केरल में पाया जाता है। यहाँ इल्मेनाइट, जिरकॉन, मोनाजाइट, बालू, लौह धातु, बॉक्साइट, अभ्रक, चूना पत्थर आदि के भण्डार पाए जाते हैं।
- **हिमालयी पेटी** हिमालय क्षेत्र की शैलों में ताँबा, सीसा, जस्ता, बिस्मथ, एण्टीमनी, निकिल, कोबाल्ट, टंगस्टन, जिप्सम, कीमती पत्थर आदि के जमाव पाए जाते हैं। उत्तर-पूर्व में हिमालय के तलहटी क्षेत्र में खनिज तेल पाया जाता है।

खनिज संसाधनों का वर्गीकरण

खनिज संसाधनों को निम्न दो भागों में वर्गीकृत किया गया है

1. **धात्विक खनिज** (Metallic Minerals) लोहा, मैंगनीज, टंगस्टन, ताँबा, सीसा, जस्ता, बॉक्साइट, सोना, चाँदी, इल्मेनाइट, बैटाइट, मैग्नेसाइट, टिन आदि।
2. **अधात्विक खनिज** (Non-Metallic Minerals) अभ्रक, एस्बेस्टस, पायराइट, नमक, जिप्सम, हीरा, डोलोमाइट, इमारती पत्थर, संगमरमर, चूना-पत्थर, विभिन्न प्रकार की मिट्टियाँ।

भारत में प्रमुख धात्विक खनिज

भारत में पाए जाने वाले प्रमुख धात्विक खनिजों का विवरण निम्न है

लौह-अयस्क

भारत विश्व में लौह-अयस्क का चीन, अमेरिका के बाद तीसरा सबसे बड़ा उत्पादक देश है। घरेलू खपत के बाद एक बड़ा भाग निर्यात कर दिया जाता है। भारतीय लोहा मुख्यत: मार्मागोवा, विशाखापत्तनम, पाराद्वीप, मंगलौर तथा हल्दिया बन्दरगाहों से निर्यात किया जाता है।

लौह-अयस्क (Iron Ore) *निम्न चार प्रकार के होते हैं*

1. **हेमेटाइट** अयस्क को लोहे का ऑक्साइड कहते हैं, जिसका रंग लाल गेरुआ होता है। यह मुख्यत: धारवाड़ और कुड़प्पा शैलों में पाया जाता है। इसमें लोहे का अंश 60 से 70% तक पाया जाता है। भारत का अधिकांश लोहा इसी प्रकार का है।
2. **मैग्नेटाइट** में लोहा 60 से 65% तक होता है। यह मुख्यत: तमिलनाडु (सलेम और तिरुचिरापल्ली जिले) और कर्नाटक की धारवाड़ और कुड़प्पा शैलों में पाया जाता है।
3. **लिमोनाइट** ऑक्सीजन, जल तथा लोहे के मिश्रण से बनता है, इसे हाइड्रेटेड आयरन ऑक्साइड भी कहते हैं। इसका रंग पीला होता है। इसमें लोहे की मात्रा 35% से 50% होती है। यह परतदार चट्टानों में पाया जाता है।
4. **सिडेराइट** में लोहे का अंश 10 से 40% पाया जाता है, इसमें लोहे तथा कार्बन का मिश्रण पाया जाता है। इसका रंग भूरा होता है तथा इसे लोहा कॉर्बोनेट भी कहते हैं।

लौह-अयस्क का वितरण

देश में लौह-अयस्क उत्पादन के चार प्रमुख क्षेत्र हैं

1. उत्तर-पूर्वी (झारखण्ड-ओडिशा)
2. मध्य भारत (मध्य प्रदेश-छत्तीसगढ़)
3. प्रायद्वीपीय भारत (कर्नाटक-गोवा) एवं
4. अन्य—आन्ध्र प्रदेश, राजस्थान, केरल, गुजरात, हरियाणा एवं पश्चिम बंगाल।

लौह-अयस्क की प्रमुख खानें

- **कर्नाटक** बेल्लारी के सन्दूर होस्पेट, चिकमंगलूर की बाबा बूदन पहाड़ियाँ, कुद्रेमुख, शिमोगा, चित्रदुर्ग और तुमकुर।
- **ओडिशा** गुरुमहिसानी, सुलाएपत, बादामपहाड़ (मयूरभंज), किरुबुरु (केन्दूझार), बोनाई (सुन्दरगढ़)।
- **झारखण्ड** नोआमण्डी, गुआ, नोतोबुरु, पूर्वी एवं पश्चिमी सिंहभूम जिलों में।
- **छत्तीसगढ़** दुर्ग, दन्तेवाड़ा, बैलाडीला, डल्लीराजहरा। बैलाडीला खान एशिया की वृहत्तम यन्त्रीकृत लौह-अयस्क खान है।
- **गोवा** पिरना अदोल, पाले ओनड़ा, कुदनेम सुरला।
- **महाराष्ट्र** चन्द्रपुर, भण्डारा एवं रत्नागिरि।
- **तमिलनाडु** सेलम एवं नीलगिरि।
- **तेलंगाना** करीमनगर, वारंगल।
- आन्ध्र प्रदेश करनूल, कुड़प्पा एवं अनन्तपुर।

संचित भण्डार वाले शीर्ष पाँच राज्य (मिलियन टन में)

राज्य	योग	हेमेटाइट	मैग्नेटाइट
कर्नाटक	9,961	2,159	7,812
ओडिशा	5,930.2	5,930	0.20
झारखण्ड	4,607.5	4,597	—
छत्तीसगढ़	3,292	3,292	—
आन्ध्र प्रदेश	1,845	387	1,464

लौह-अयस्क उत्पादन में शीर्ष पाँच राज्य

राज्य	उत्पादन (टन में)
ओडिशा	99,614
छत्तीसगढ़	31,068
कर्नाटक	26,363
झारखण्ड	21,335
गोवा	8,933

मैंगनीज

- मैंगनीज (Manganese) एक काला, कठोर एवं लौह जैसी धातु है, जो धारवाड़ शैलों में प्राकृतिक ऑक्साइड के तौर पर पाया जाता है। इसका उपयोग इस्पात बनाने, लौह-मिश्र धातु, रासायनिक उद्योगों, चमड़ा, शीशा, फोटोग्राफी आदि में किया जाता है।
- देश में मैंगनीज का मुख्य भण्डार **ओडिशा** में है। इसके अतिरिक्त कर्नाटक, मध्य प्रदेश, महाराष्ट्र एवं गोवा में भी इसके भण्डार मिलते हैं। इसके कुछ भण्डार आन्ध्र प्रदेश, झारखण्ड, गुजरात, राजस्थान एवं पश्चिम बंगाल में भी पाए जाते हैं।
- मैंगनीज के उत्पादन में मध्य प्रदेश का प्रथम स्थान है। उसके बाद महाराष्ट्र व ओडिशा का स्थान है।

देश के प्रमुख मैंगनीज उत्पादक क्षेत्र

राज्य	क्षेत्र
ओडिशा	सुन्दरगढ़, बालनगीर, कालाहांडी, कोरापुट, सम्बलपुर
मध्य प्रदेश	बालाघाट और छिन्दवाड़ा
महाराष्ट्र	नागपुर, भण्डारा और रत्नागिरि
कर्नाटक	बेल्लारी, चित्रदुर्ग और तुमकुर
आन्ध्र प्रदेश	श्रीकाकुलम, विशाखापत्तनम, कुडप्पा, विजयनगरम और गुंटूर

ताँबा

- देश में प्रागैतिहासिक काल से ही ताँबे (Copper) का प्रयोग हो रहा है। इसे टिन में मिश्रित करके **काँस्य** (Bronze) तथा जस्ते में मिलाने पर **पीतल** (Brass) बनता है। इसका सर्वाधिक इस्तेमाल बिजली उद्योग, टेलीफोन, रेडियो, टेलीविजन आदि में किया जाता है।
- भारत में ताँबा **धारवाड़ क्रम की चट्टानों** में पाया जाता है। देश में ताँबे के सर्वाधिक भण्डार क्रमश: राजस्थान, मध्य प्रदेश तथा झारखण्ड में पाए जाते हैं। आन्ध्र प्रदेश, गुजरात, हरियाणा, कर्नाटक, महाराष्ट्र, मेघालय, ओडिशा आदि में भी ताँबे के छिटपुट भण्डार मिलते हैं।
- भारत के अधिकांश ताम्र उत्पादन पर सार्वजनिक क्षेत्र की कम्पनी **हिन्दुस्तान कॉपर लिमिटेड** (HCL) का नियन्त्रण है।
- भारत ताँबे के उत्पादन में आत्मनिर्भर नहीं है। भारत मुख्यत: चिली, ऑस्ट्रेलिया, इण्डोनेशिया, ब्राजील और पूर्वी अफ्रीका से ताँबे का आयात करता है। ताम्र अयस्क के भारत में तीन महत्त्वपूर्ण जिले झुंझुंनू (राजस्थान), बालाघाट (मध्य प्रदेश) एवं सिंहभूम (झारखण्ड) है। खेतड़ी (राजस्थान) की ताँबे की खानें झुंझुंनू (जिले) में हैं।

ताँबा भण्डार-शीर्ष तीन राज्य

राज्य	कुल भण्डार (हजार टन में)
राजस्थान	7,77,171
मध्य प्रदेश	3,77,188
झारखण्ड	2,88,125

ताम्र अयस्क उत्पादक-शीर्ष तीन राज्य

राज्य	उत्पादन (टन में)
मध्य प्रदेश	22,57,288
राजस्थान	9,82,926
झारखण्ड	3,98,537

बॉक्साइट

- बॉक्साइट (Bauxite) एल्युमीनियम का ऑक्साइड है, जिसका रंग लोहांश की मात्रा के आधार पर सफेद से गुलाबी या लाल पाया जाता है।
- यह टर्शियरी काल (Tertiary Era) की लैटराइट शैलों में पाया जाता है। बॉक्साइट अयस्क में एल्युमिना का अंश 55-65% के बीच पाया जाता है।
- अपने हल्केपन, मजबूती, तन्यता, ऊष्मा एवं विद्युत संवाहकता एवं वायुमण्डलीय संक्षरण की प्रतिरोधकता के कारण एल्युमीनियम आज एक महत्त्वपूर्ण धातु हो गई है, जिसका उपयोग बर्तन, बिजली के तारों, धातु उद्योग, वायुयान, मोटरगाड़ी निर्माण आदि में होता है।
- देश के 80% बॉक्साइट उत्पादन का इस्तेमाल एल्युमीनियम बनाने में किया जाता है। वर्ष 1947 में केवल दो एल्युमीनियम कारखाने अलवाय (केरल) और आसनसोल (पश्चिम बंगाल) में थे। बाद में निजी क्षेत्र में हीराकुड (ओडिशा), बेलगाम (कर्नाटक), रेनुकूट (उत्तर प्रदेश), मेट्टूर (तमिलनाडु) और सार्वजनिक क्षेत्र में कोरबा (छत्तीसगढ़), रत्नागिरि (महाराष्ट्र), दामनजोरी (ओडिशा) एवं भुज (गुजरात) में स्थापित किए गए।
- भारत में 3,479 मिलियन टन बॉक्साइट के भण्डार का अनुमान है, जिसमें प्रमाणित भण्डार की मात्रा 592 मिलियन टन आँकी गई है। आधे से अधिक बॉक्साइट का भण्डार ओडिशा में है। अन्य प्रमुख राज्य आन्ध्र प्रदेश, गुजरात, झारखण्ड, कर्नाटक, मध्य प्रदेश, गोवा आदि हैं। विश्व में बॉक्साइट संसाधन के मामले में भारत का सातवाँ स्थान है।

भारत के प्रमुख बॉक्साइट उत्पादक राज्य

राज्य	क्षेत्र
ओडिशा	कालाहांडी, कोरापुट, सुन्दरगढ़, बालनगीर और सम्बलपुर
गुजरात	अमरेली, भावनगर, जबलपुर, जूनागढ़ और कच्छ
मध्य प्रदेश	बालाघाट, कटनी, जबलपुर, माण्डला और शहडोल
छत्तीसगढ़	अमरकण्टक पठार, बिलासपुर, दुर्ग, रायगढ़ और सरगुजा
झारखण्ड	दुमका, लोहरदग्गा, मुंगेर, पलामू और राँची
महाराष्ट्र	कोल्हापुर, पुणे, रत्नागिरि, सतारा और थाणे
तमिलनाडु	मदुरई, नीलगिरि और सेलम

बॉक्साइट उत्पादक शीर्ष पाँच राज्य

राज्य	मात्रा (टन में)
ओडिशा	1,19,90,035
गुजरात	58,18,467
झारखण्ड	22,89,825
छत्तीसगढ़	19,54,233
महाराष्ट्र	19,46,042

क्रोमाइट

- क्रोमाइट (Chromite) लोहा और क्रोमियम का ऑक्साइड है, जो आग्नेय शैलों में पाया जाता है। इसका उपयोग स्टेनलेस स्टील, ईंट, नमक (चमड़ा सफाई एवं रंगाई हेतु) आदि निर्माण हेतु किया जाता है। देश में क्रोमाइट का सर्वाधिक भण्डार (93%) ओडिशा में है।
- **ओडिशा** का क्रोमाइट के उत्पादन में एकाधिकार है (98%)। यहाँ क्रोमाइट का जमाव सुकिन्दा (कटक जिला), नौसाही (क्योंझर जिला), मौलामयाँ एवं मरुआबिल (ठेकानल जिला) से प्राप्त किया जाता है। कर्नाटक देश का दूसरा प्रमुख उत्पादक राज्य है। यहाँ क्रोमाइट के जमाव हासन (बायरापुर, चिखोन हल्ली, पेंसा मुद्रा), मैसूर, चिकमंगलूर एवं भोइया जिलों में पाए जाते हैं।

सीसा एवं जस्ता

- सीसा (Lead) मुख्यत: रवेदार शैलों (सिस्ट) की नसों में तथा जस्ता (Zinc), चाँदी के साथ मिला हुआ पाया जाता है। यह प्री-कैम्ब्रियन और विन्ध्य चूना पत्थर की शैलों में भी पाया जाता है। लोहे की चादरों पर लेपन, केबलों के आवरण और अम्लीय टैंकों के अस्तरण हेतु इसका इस्तेमाल किया जाता है।
- सीसा एवं जस्ता के भण्डार व उत्पादन में **राजस्थान** का एकाधिकार (Monopoly) है। उदयपुर जिले का **जावर** क्षेत्र देश का सबसे महत्त्वपूर्ण सीसा उत्पादक क्षेत्र है। अन्य उत्पादन क्षेत्रों में आन्ध्र प्रदेश, झारखण्ड, कर्नाटक, उत्तराखण्ड, मेघालय और बिहार के कुछ क्षेत्र सम्मिलित हैं।

सोना

- सोना (Gold) एक मूल्यवान धातु है। सोना आग्नेय शिलाओं की नसों और कुछ नदियों की रेतों से प्राप्त किया जाता है। भारत में विश्व का केवल 0.78% सोना पाया जाता है। भारत में सोने के सर्वाधिक भण्डार (51%) कर्नाटक में हैं। भारत में सोने का सर्वाधिक (98%) उत्पादन भी कर्नाटक राज्य द्वारा किया जाता है। कर्नाटक का कोलार जिला मुख्य उत्पादक क्षेत्र है, जिसके बाद रायचूर और तुमकुर जिलों का स्थान है। कोलार जिले की कोलार खान में चैम्पियन, नन्दी दुर्ग एवं मैसूर रीफ उल्लेखनीय हैं। यह विश्व की सबसे गहरी खानों में से एक है, जिसका संचालन भारत गोल्ड माइन्स लिमिटेड द्वारा किया जाता है।
- अन्य क्षेत्रों में आन्ध्र प्रदेश में अनन्तपुर, कुर्नूल; तमिलनाडु में नीलगिरि, केरल में कोझिकोड और राजस्थान के झुंझुनू जिले में भी सोने के जमाव पाए जाते हैं। झारखण्ड सोने का महत्त्वपूर्ण उत्पादक राज्य है। यहाँ सोना दो रूपों जलोढ़को और लोढ़को के रूप में मूल स्थानों पर मिलते हैं। लोढ़को के रूप में सोना सुवर्णरिखा नदी की रेत से इकट्ठा किया जाता है, जबकि मूल सोना सिंहभूम जिले के लोका में मिलता है। इसके अलावा कुछ सोना छोटा नागपुर का पठार के अन्य भागों में भी मिलता है।

चाँदी

- चाँदी (Silver) प्राय: आग्नेय शिलाओं में सीसा, जस्ता, ताँबा आदि के साथ मिश्रित रूप में पाई जाती है। इसका उपयोग आभूषण, सिक्कों और सजावट की वस्तुओं के निर्माण में किया जाता है।
- भारत में चाँदी का सर्वाधिक भण्डार क्रमशः राजस्थान, झारखण्ड व आन्ध्र प्रदेश में पाया जाता है। देश में राजस्थान (उदयपुर एवं चित्तौड़गढ़ की जस्ता खानें) चाँदी का सबसे बड़ा उत्पादक राज्य है। इसके बाद कर्नाटक (कोलार और हट्टी की स्वर्ण खदानों से), झारखण्ड (सिंहभूम, धनबाद और दुमका जिले), आन्ध्र प्रदेश (कुडप्पा, गुण्टूर, कुर्नूल एवं विशाखापत्तनम) राज्यों का स्थान है।

भारत के प्रमुख अधात्विक खनिज

अभ्रक

- अभ्रक (Mica) का मुख्य अयस्क **पैग्मेटाइट** है। यह आग्नेय और कायान्तरित शैलों में कई रंगों (सफेद, गुलाबी, हरा, काला) में पाया जाता है। यह पारदर्शक, लचीला और ताप विद्युत निरोधक है।
- इसका उपयोग बिजली की मोटर, डायनमो, बेतार के तार, सजावट के सामान आदि में प्रयोग किया जाता है। भारत में अभ्रक भण्डार मुख्यत: राजस्थान, आन्ध्र प्रदेश, महाराष्ट्र, बिहार तथा झारखण्ड राज्यों में पाया जाता है। भारत को अभ्रक शीट के उत्पादन में विश्व में लगभग एकाधिकार प्राप्त है। विश्व का लगभग 75 से 80% अभ्रक शीट भारत में ही निकाला जाता है।
- भारत के कुल उत्पादन के लगभग 10% अभ्रक की ही खपत घरेलू रूप से हो पाती है। शेष 90% विदेशों (अमेरिका, जापान, ग्रेट ब्रिटेन, नॉर्वे, रूस, पोलैण्ड, जर्मनी, चेक गणराज्य, हंगरी आदि देशों) को निर्यात कर दिया जाता है। कोलकाता और विशाखापत्तनम अभ्रक निर्यात के प्रमुख पत्तन हैं।

अभ्रक उत्पादन के प्रमुख राज्य

राज्य	क्षेत्र
आन्ध्र प्रदेश	नैल्लोर, कृष्णा, विशाखापत्तनम और पश्चिम गोदावरी
राजस्थान	अजमेर, भीलवाड़ा, डूँगरपुर, जयपुर, सीकर, टोंक और उदयपुर
झारखण्ड	धनबाद, गिरिडीह, हजारीबाग, राँची और सिंहभूम
तेलंगाना	खम्मम
बिहार	भागलपुर, मुंगेर और गया

हीरा

हीरे (Diamonds) के अयस्क तीन प्रकार की भौगोलिक स्थितियों में पाए जाते हैं, यथा– किम्बरलाइट पाइप, कांग्लोमेरेट बेड्स एवं एल्युवियल ग्रेवल।

हीरे के भण्डार मुख्यत: चार क्षेत्रों में विस्तृत हैं

1. **आन्ध्र प्रदेश** के अनन्तपुर, कुडप्पा, गुण्टूर, कृष्णा, महबूबनगर एवं कुर्नूल जिले में।
2. **मध्य प्रदेश** के पन्ना जिले में।
3. **ओडिशा** के महानदी तथा गोदावरी की घाटियों में।
4. **छत्तीसगढ़** के रायपुर जिले के बेहरादीन व कोडावली क्षेत्र तथा बस्तर जिले के टोकपाल एवं डगापाल क्षेत्र में।

वर्तमान में भारत में हीरे का उत्पादन केवल मध्य प्रदेश में होता है।

हीरे के कुल भण्डार

राज्य	कुल भण्डार (कैरेट में)
मध्य प्रदेश	2,87,94,795
आन्ध्र प्रदेश	18,22,955
छत्तीसगढ़	13,04,000

चूना पत्थर

- चूना पत्थर (Limestone) गोण्डवाना को छोड़कर सभी काल की अवसादीय शैलों में पाया जाता है। इसका उपयोग मुख्यत: सीमेण्ट, लौह-इस्पात, रसायन, चीनी, कागज, उर्वरक एवं फेरो-मैंगनीज उद्योगों में किया जाता है। देश के 70% चूने के पत्थर का उत्पादन केवल पाँच राज्यों (आन्ध्र प्रदेश, राजस्थान, मध्य प्रदेश, गुजरात एवं तमिलनाडु) से प्राप्त होता है।
- छत्तीसगढ़, कर्नाटक, महाराष्ट्र और हिमाचल प्रदेश अन्य राज्य हैं, जो चूना पत्थर के उत्पादन में 26% का योगदान करते हैं।
- भारत में चूना पत्थर का सर्वाधिक उत्पादन क्रमशः आन्ध्र प्रदेश, राजस्थान व मध्य प्रदेश में होता है।

चूना पत्थर के उत्पादन के प्रमुख राज्य

राज्य	क्षेत्र
मध्य प्रदेश	जबलपुर, दमोह, रीवा, सतना, बैतुल, सागर
छत्तीसगढ़	बिलासपुर, बस्तर, दुर्ग, रायपुर
राजस्थान	अजमेर, बीकानेर, कोटा, अलवर, डूँगरपुर नागौर, पाली, चित्तौड़गढ़
आन्ध्र प्रदेश तेलंगाना	विशाखापत्तनम, कृष्णा, गुण्टूर, नालगोण्डा, आदिलाबाद, करीमनगर, वारंगल
गुजरात	बनासकोढा, जूनागढ़, खेड़ा, पंचमहल, साबरकोढ़ा

डोलोमाइट

जब चूना पत्थर में मैग्नीशियम की मात्रा 45% से अधिक होती है, तो इसे डोलोमाइट (Dolomite) कहा जाता है। इसका उपयोग मुख्यत: इस्पात निर्माण और धमन भट्ठियों में किया जाता है।

प्रमुख उत्पादक क्षेत्र

राज्य	क्षेत्र
ओडिशा	सुन्दरगढ़, सम्बलपुर, कोरापुट, बिरमित्रपुर
छत्तीसगढ़	दुर्ग, बिलासपुर, बस्तर, रायगढ़
आन्ध्र प्रदेश	कुडप्पा, कुर्नूल, अनन्तपुर, खम्मम
झारखण्ड	सिंहभूम, पलामू, चायवासा
राजस्थान	राजसमन्द, जैसलमेर, झुंझुनू

कुछ अन्य खनिज भण्डार एवं उत्पादक

खनिज	शीर्ष भण्डारण	शीर्ष उत्पादक
एस्बेस्टस	राजस्थान	आन्ध्र प्रदेश
ग्रेफाइट	अरुणाचल प्रदेश	तमिलनाडु
मैग्नेसाइट	उत्तराखण्ड	तमिलनाडु
एपेटाइट	पश्चिम बंगाल	आन्ध्र प्रदेश
फायरक्ले	–	राजस्थान
निकिल	ओडिशा	–
क्वार्टज	–	आन्ध्र प्रदेश
कैडमियम	–	राजस्थान
रॉक फॉस्फेट	झारखण्ड	मध्य प्रदेश

जिला खनिज प्रतिष्ठान (DMF)

खान व खनिज विधेयक 2015 में इस एजेंसी के गठन का प्रावधान किया गया है। इसके तहत सार्वजनिक और निजी क्षेत्र की कम्पनियों सहित सभी खनन लीज धारकों को जिला स्तर पर गठित जिला खनिज प्रतिष्ठान में वार्षिक रूप से भुगतान करना होगा। इस राशि का एक भाग खनन संचालनों से प्रभावित लोगों के पुनरावर्ती भुगतान के लिए प्रयोग में लाया जाएगा।

ऊर्जा संसाधन

जिन संसाधनों का प्रयोग हम उद्योगों में मशीनों को चलाने, यातायात के साधनों को गति देने, कृषि को यान्त्रिक बनाने तथा घरेलू कामों के लिए करते हैं, उन्हें ऊर्जा संसाधन (Energy Resource) कहते हैं। आज के युग में ऊर्जा के महत्त्वपूर्ण संसाधन कोयला, पेट्रोलियम, प्राकृतिक गैस तथा जल विद्युत हैं।

ऊर्जा संसाधनों के निम्न दो भाग हैं

1. परम्परागत ऊर्जा संसाधन
2. गैर-परम्परागत ऊर्जा संसाधन

1. परम्परागत ऊर्जा संसाधन

ऊर्जा उत्पादन के लिए प्रयुक्त होने वाले प्रमुख परम्परागत ऊर्जा (Conventional Energy) के मुख्य स्रोत कोयला तथा पेट्रोलियम एवं प्राकृतिक गैस हैं। इन्हें जीवाश्म ईंधन भी कहते हैं, क्योंकि इनका निर्माण पृथ्वी के गर्भ में जैविक पदार्थों (Organic Matter) से होता है। यह क्रिया लाखों वर्षों में पूर्ण होती है।

कोयला

- कोयला (Coal) मुख्यत: हाइड्रोकार्बन से निर्मित एक ठोस संस्तरित शिला है, जिसे ऊष्मा या प्रकाश या दोनों की आपूर्ति हेतु ईंधन के तौर पर इस्तेमाल किया जाता है। कोयले की गुणवत्ता का निर्धारण उसमें निहित कार्बन के अनुपात पर निर्भर करता है।
- भू-गर्भ में दबी वनस्पति दबाव और ताप के कारण पहले पीट (लकड़ी से मिलता-जुलता कोयले का निकृष्ट रूप, कार्बन का अंश 40% से कम) तदुपरान्त लिग्नाइट (कार्बन अंश 40-55%), बिटुमिनस (55-80% कार्बन) और अन्त में एन्थ्रेसाइट (कार्बन अंश 80-95%) में परिणत हो जाती है।
- कोयले में विद्यमान वाष्पशील गैसों को कोयला शुद्धि-शालाओं में जलाकर इस्पात उद्योग हेतु कोक प्राप्त किया जाता है। भारत में कोयला ऊर्जा उत्पादन का सबसे महत्त्वपूर्ण स्रोत है। कोयला देश की व्यावसायिक ऊर्जा की माँग का लगभग 67% पूरा करता है। सर्वाधिक कोयला भण्डार **झारखण्ड** में है तथा दूसरे स्थान पर ओडिशा आता है, जबकि देश में लिग्नाइट का कुल भण्डार लगभग 44.11 बिलियन टन है, जिसमें अधिकांश तमिलनाडु में पाया जाता है।

खनन प्रौद्योगिकी

देश में कोयला उत्पादन मुख्य रूप से सार्वजनिक क्षेत्र की कम्पनियों-कोल इण्डिया लिमिटेड (Coal India Limited) और सिंगरेनी कोलियरीज़ कम्पनी लिमिटेड के अधिकार क्षेत्र में है। देश के कुल कोयला उत्पादन का 90% भाग कोल इण्डिया लिमिटेड अपनी सात कोयला उत्पादक सहायक कम्पनियों के माध्यम से करती है। सी आई एल की आठवीं सहायक कम्पनी सेण्ट्रल माइन्स प्लानिंग एण्ड डिजाइन इन्स्टीट्यूट लिमिटेड (Central Minss Planning and Design Institute Limited CMPDIL) है, जो नियोजन और डिजाइन का कार्य करती है। लगभग 76% कोयला खुली खदानों के उत्खनन (Open Cast Mining) से निकाला जाता है।

भारत में प्राप्त कोयले की विशेषताएँ

भारत से प्राप्त कोयले में सल्फर कम (0.40-0.66%) मात्रा में पाया जाता है। कोयले का उच्च संगलन तापमान (1500°-1663° सेल्सियस) है। कोयले के दहन पश्चात् मध्यम से उच्च राख (22-53%) पाई जाती है। भारत में उपलब्ध कोयला दो भू-वैज्ञानिक कालों—गोण्डवाना और टर्शियरी से सम्बन्धित है।

कोयले के संचित भण्डार

भारतीय भू-वैज्ञानिक सर्वेक्षण के अनुसार देश में 306.596 बिलियन टन कोयले का संचित भण्डार है। देश में लिग्नाइट का कुल अनुमानित भण्डार 44.11 बिलियन टन है, जिसका अधिकांश भाग तमिलनाडु (नेवेली) में पाया जाता है। देश के कोयला भण्डार का 88% भाग पाँच राज्यों झारखण्ड, ओडिशा, छत्तीसगढ़, पश्चिम बंगाल एवं मध्य प्रदेश में पाया जाता है।

कोयले के प्रमुख भण्डार

राज्य	भण्डार (मिलियन टन में)
झारखण्ड	80,701
ओडिशा	73,710
छत्तीसगढ़	52,169
पश्चिम बंगाल	31,283
मध्य प्रदेश	25,061

प्रमुख कोयला उत्पादक क्षेत्र

भू-वैज्ञानिक दृष्टिकोण से भारत के कोयला क्षेत्रों को दो वर्गों में बाँटा जाता है

(i) **गोण्डवाना कोयला क्षेत्र** भारत में कोयले की कुल संचित राशि का 98% तथा कुल उत्पादन का 99% गोण्डवाना कोयला (Gondwana Coal) क्षेत्रों से प्राप्त होता है। ये क्षेत्र झारखण्ड, पश्चिमी बंगाल, ओडिशा, मध्य प्रदेश, छत्तीसगढ़ तथा महाराष्ट्र राज्यों में वितरित हैं। इन राज्यों में यह कोयला मुख्यत: नदी-घाटियों में पाया जाता है। इस दृष्टि से झारखण्ड व पश्चिमी बंगाल में दामोदर घाटी, मध्य प्रदेश व झारखण्ड में सोन घाटी, छत्तीसगढ़ व ओडिशा में महानदी घाटी तथा महाराष्ट्र व आन्ध्र प्रदेश में गोदावरी व वर्धा घाटी प्रसिद्ध हैं। गोण्डवानायुगीन कोयला मुख्यत: बिटुमिनस प्रकार का होता है।

(ii) **टर्शियरी कोयला क्षेत्र** इस श्रेणी का कोयला मुख्यत: असम, मेघालय, नागालैण्ड, अरुणाचल प्रदेश तथा जम्मू-कश्मीर में मिलता है। संचित राशि उत्पादन तथा गुणवत्ता की दृष्टि से इसका कोई विशेष महत्त्व नहीं है। इस श्रेणी की संचित राशि भारत में केवल 2% तथा उत्पादन केवल 1% है। यह मुख्यत: लिग्नाइट (Lignite) कोयला होता है।

भारत में कोयले का वितरण

- भारत में कोयले का वितरण बहुत ही असमान है। अधिकांश कोयला क्षेत्र प्रायद्वीपीय पठार के उत्तर-पूर्वी भाग में केन्द्रित हैं। उत्तरी विशाल मैदान कोयला भण्डारों से लगभग वंचित है। झारखण्ड, छत्तीसगढ़, ओडिशा तथा मध्य प्रदेश मिलकर देश का दो-तिहाई से भी अधिक कोयला पैदा करते हैं।
- **झारखण्ड** कोयले के भण्डार की दृष्टि से झारखण्ड अग्रणी है। इस राज्य में कोयले के 80,701 मिलियन टन सुरक्षित भण्डार हैं, जो भारत के कुल कोयला भण्डारों का लगभग 27% भाग हैं। झारखण्ड के प्रमुख कोयला क्षेत्र निम्नलिखित हैं
  - **झरिया कोयला क्षेत्र** उत्पादन तथा सुरक्षित भण्डारों की दृष्टि से यह भारत का सबसे बड़ा कोयला उत्पादक क्षेत्र है।
  - यहाँ उच्च कोटि का बिटुमिनस कोयला मिलता है, जिससे कोकिंग कोयला बनाया जाता है। भारत का 99% कोकिंग कोयला झरिया से ही प्राप्त होता है। यह क्षेत्र धनबाद जिले में स्थित है।
  - **बोकारो कोयला क्षेत्र** झरिया के बाद यह झारखण्ड का दूसरा बड़ा उत्पादक क्षेत्र है। यह क्षेत्र झारखण्ड के हजारीबाग जिले में स्थित है। यहाँ का कोयला राउरकेला लोहा-इस्पात केन्द्र को भेजा जाता है।
  - **रामगढ़ कोयला क्षेत्र** यह दामोदर घाटी के ऊपरी भाग में स्थित है।
  - **कर्णपुरा कोयला क्षेत्र** यह कोयला क्षेत्र झारखण्ड के हजारीबाग, राँची तथा पलामू जिलों में फैला हुआ है।
  - **गिरिडीह** यह कोयला क्षेत्र गिरिडीह कस्बे के दक्षिण-पश्चिम में है। इस क्षेत्र से प्राप्त होने वाला कोयला उत्तम किस्म का होता है।
- **छत्तीसगढ़** कोयले के भण्डारों की दृष्टि से छत्तीसगढ़ का तीसरा स्थान है, परन्तु उत्पादन की दृष्टि से यह भारत का सबसे बड़ा उत्पादक राज्य है। कोरबा कोयला क्षेत्र का महत्त्व बढ़ गया है, क्योंकि यहाँ से भिलाई लोहा-इस्पात केन्द्र को कोयला भेजा जाता है। यहाँ से कोरबा ताप-विद्युत केन्द्र को भी बड़ी मात्रा में कोयला भेजा जाता है। सरगुजा जिले के बिसरामपुर, तातापानी, चिरिमिरी, सोनहट तथा कोरियागढ़ में कोयले की प्रमुख खानें हैं।
- **ओडिशा** यहाँ पर भारत के एक-चौथाई कोयले की संचित राशि है। यद्यपि यह राज्य भारत का लगभग 20% कोयला ही पैदा करता है। ओडिशा के अधिकांश कोयला भण्डार धनकनाल, सम्बलपुर तथा सुन्दरगढ़ जिलों में हैं। धनकनाल जिले का तलचर कोयला क्षेत्र बहुत महत्त्वपूर्ण है। राज्य के दूसरे कोयला क्षेत्र का नाम रामपुर हिमगीर है, जो सम्बलपुर तथा सुन्दरगढ़ जिलों में स्थित है।
- **मध्य प्रदेश** शहडोल तथा सीधी जिलों में सिंगरौली कोयला क्षेत्र स्थित है। मध्य प्रदेश का दूसरा महत्त्वपूर्ण कोयला क्षेत्र सोहागपुर है, जो शहडोल जिले में स्थित है। छिन्दवाड़ा जिले में पेंच घाटी तथा इसके निकटवर्ती भागों में बड़ी मात्रा में कोयले के भण्डार हैं। बेतूल जिले में पाथरखेड़ा कोयला क्षेत्र में निम्न किस्म का कोयला मिलता है। यहाँ से पाथरखेड़ा ताप-विद्युत केन्द्र को कोयला भेजा जाताहै।
- **आन्ध्र प्रदेश** इस राज्य का अधिकांश कोयला गोदावरी नदी की घाटी में पाया जाता है। अदिलाबाद, करीमनगर, वारंगल, खम्माम तथा पश्चिमी गोदावरी मुख्य उत्पादक जिले हैं। इस समय सिंगरेनी, कान्यपाली, कोठागुडम तथा तन्दूर की खानों से कोयला निकाला जाता है। रामागुडम के उर्वरक कारखानें को भी यहीं से कोयला प्राप्त होता है। सिंगरेनी क्षेत्र में उच्च किस्म का कोयला मिलता है।
- **महाराष्ट्र** यहाँ अधिकांश कोयला वर्धा घाटी में पाया जाता है। जिले के प्रमुख कोयला क्षेत्रों के नाम चन्द्रपुर, घुघुस, बल्लारपुर तथा वरोरा हैं। यवतमाल जिले के उन क्षेत्र तथा नागपुर जिले के काम्पटी क्षेत्र में भाप व गैस बनाने वाला कोयला मिलता है।
- **पश्चिम बंगाल** इस राज्य का सबसे महत्त्वपूर्ण कोयला क्षेत्र रानीगंज है। यह पश्चिम बंगाल का सबसे बड़ा तथा भारत का दूसरा बड़ा (झारखण्ड के झरिया कोयला क्षेत्र के बाद) कोयला क्षेत्र है। यह बर्दमान, पुरुलिया तथा बाकुरा जिलों में विस्तृत है। यहाँ का कोयला बिटुमिनस और अर्द्ध-बिटुमिनस होता है। रानीगंज से उत्तम किस्म का भाप और गैस बनाने वाला कोयला भी प्राप्त होता है। कहीं-कहीं कोकिंग कोयला भी मिलता है। पश्चिम बंगाल के उत्तरी भाग में स्थित दार्जिलिंग तथा जलपाइगुड़ी में घटिया किस्म का लिग्नाइट कोयला मिलता है।
- **तमिलनाडु** तमिलनाडु के कुड्डलोर जिले में नेवेली कोयला क्षेत्र लिग्नाइट कोयला के उत्पादन के लिए प्रसिद्ध है। यहाँ लिग्नाइट का खनन वर्ष 1956 में नेवेली लिग्नाइट निगम द्वारा शुरू किया गया था। नेवेली कोयला क्षेत्र के कारण दक्षिणी भारत में उद्योगों को बहुत प्रोत्साहन मिला है।
- **राजस्थान** यहाँ बीकानेर जिले में पालना नामक स्थान पर लिग्नाइट किस्म का घटिया कोयला मिलता है। इसके अतिरिक्त जोधपुर तथा जयपुर जिलों में भी लिग्नाइट के भण्डार पाए जाते हैं।
- **जम्मू-कश्मीर** की टर्शियरी चट्टानों में लिग्नाइट के भण्डार हैं। यहाँ कोयले की खानें पुँछ, रियासी, कालाकोट तथा उधमपुर जिलों में मिलती हैं।
- **केरल** के मुख्य उत्पादक जिले अलापुझा, तिरुअनन्तपुरम्, कोल्लम तथा कोझिकोड हैं।
- **अन्य राज्य** असम, मेघालय तथा अरुणाचल प्रदेश तथा नागालैण्ड में टर्शियरी कोयला मिलता है। असम, अरुणाचल प्रदेश, नागालैण्ड तथा मेघालय के गिरिपाद तथा पहाड़ी क्षेत्रों में कोयले के 82 करोड़ टन भण्डार हैं। असम के लखीमपुर तथा शिवसागर जिलों में कोयला पाया जाता है। मुख्य क्षेत्र नामचिक नामफुक, माकूम मिकीर, नामबोर, लोंगाई आदि हैं। अरुणाचल प्रदेश में नजीरा, जाँजी तथा दिसाई क्षेत्रों में कोयला मिलता है। मेघालय की गारो, खासी तथा जयन्तिया पहाड़ियों में कोयले के भण्डार मिलते हैं।

पेट्रोलियम

- पेट्रोलियम (Petroleum), हाइड्रोजन और कार्बन का यौगिक है। यह ठोस, तरल या गैस रूप में पाया जाता है। इसे साफ कर मिट्टी का तेल, डीजल, पेट्रोल, गैसोलीन, मोम, स्नेहक आदि पदार्थ प्राप्त किए जाते हैं। इसे तरल सोना (Liquid Gold) कहते हैं। हाइड्रोकार्बन में मुख्यत: 70% तेल व 30% प्राकृतिक गैस मिलती है। कच्चा पेट्रोलियम तेल पुरानी सागरीय अवसादी शैलों से प्राप्त किया जाता है। भारत में

यह टर्शियरी काल की चट्टानों की अपनतियों में पाया जाता है। भारत में पेट्रोलियम की सम्भाव्यता वाली मेसोजोइक और टर्शियरी शिलाओं का विस्तार 17.3 लाख वर्ग किमी क्षेत्र पर है।

कच्चे तेल की खोज

- भारत में कच्चे तेल (Crude Oil) की खोज एवं उसके उत्पादन का कार्य व्यापक और व्यवस्थित रूप में वर्ष 1956 में तेल और प्राकृतिक गैस आयोग (Oil and Natural Gas Commission, ONGC) की स्थापना से शुरू हुआ। बाद में भारत सरकार ने वर्ष 1981 में बर्मा ऑयल कम्पनी के शेयर खरीदकर तेल की खोज एवं उत्पादन हेतु दूसरी सार्वजनिक क्षेत्र की कम्पनी ऑयल इण्डिया लिमिटेड (Oil India Limited, OIL) की स्थापना की।
- तेल और प्राकृतिक गैस आयोग को भी कम्पनी अधिनियम, 1956 के तहत 1 फरवरी, 1994 से तेल और प्राकृतिक गैस निगम लिमिटेड (Oil and Natural Gas Nigam Limited) नामक सार्वजनिक क्षेत्र की कम्पनी में बदल दिया गया। इसके अतिरिक्त कई निजी तथा संयुक्त क्षेत्र की कम्पनियाँ देश में तेल तथा प्राकृतिक गैस की खोज एवं उत्पादन में लगी हुई हैं।

कच्चे तेल का उत्पादन

- विश्व के कुल कच्चे तेल के उत्पादन में भारत का योगदान लगभग एक प्रतिशत है। देश का 56% के लगभग कच्चा तेल अपतटीय क्षेत्रों (मुख्यत: बॉम्बे हाई) से प्राप्त होता है। अपतटीय क्षेत्र के भण्डार पर केन्द्र सरकार का अधिकार होता है। देश में कुल कच्चे तेल के उत्पादन (37,788 हजार टन) में सार्वजनिक व निजी क्षेत्र का हिस्सा क्रमश: 26,222 हजार टन व 11,640 हजार टन है। भारत में कच्चे खनिज तेल उत्पादन के चार प्रमुख क्षेत्र हैं

1. **ब्रह्मपुत्र घाटी** डिग्बोई, नाहरकटिया, मोरनहुगरीजन, रुद्रसागर-लकवा तथा सुरमा घाटी।
2. **गुजरात तट** अंकलेश्वर, नवाँगाँव, मेहसाना, कलोल, सानन्द, लुनेज क्षेत्र, अहमदाबाद।
3. **पश्चिमी अपतटीय क्षेत्र** बॉम्बे हाई, बेसिन तेल क्षेत्र, अलियाबेट द्वीप।
4. **पूर्वी अपतटीय क्षेत्र** गोदावरी, कृष्णा एवं कावेरी नदियों के डेल्टा—रवा क्षेत्र, अम्लापुर (आन्ध्र प्रदेश)।

भारत में कच्चे तेल का उत्पादन

क्षेत्र	मात्रा (हजार मीट्रिक टन में)
अपतटीय	19,584
राजस्थान	9180
गुजरात	5,061
असम	4,709
आन्ध्र प्रदेश	297

कच्चे तेल के संचित भण्डार

- पेट्रोलियम एवं रसायन मन्त्रालय के अनुसार भारत में कच्चे तेल के कुल भण्डार 763.476 मिलियन टन है।

कच्चे तेल के भण्डार

क्षेत्र	कच्चा तेल (मिलियन टन)
अपतटीय (Offshore)	389.86
तटीय (Onshore)	373.61

तेल शोधनशालाएँ

- भारत की पहली तेल शोधनशाला वर्ष 1901 में असम (डिग्बोई) में खोली गई थी। अगले 50 वर्षों तक देश में यही एकमात्र शोधनशाला रही। वर्ष 1954 में ट्राम्बे (मुम्बई) में दूसरी तेल शोधनशाला खोली गई।

भारत की तेल शोधनशालाएँ

क्रम	अवस्थिति	कम्पनी का नाम
	सार्वजनिक क्षेत्र	
1.	गुवाहाटी	इण्डियन ऑयल कॉर्पोरेशन लिमिटेड
2.	बरौनी	
3.	कोयली	
4.	हल्दिया	
5.	मथुरा	
6.	डिग्बोई	
7.	पानीपत	
8.	बोंगाईगाँव	
9.	मुम्बई	हिन्दुस्तान पेट्रोलियम कॉर्पोरेशन लिमिटेड
10.	विशाखापत्तनम (कावेरी बेसिन)	
11.	मुम्बई	भारत पेट्रोलियम कॉर्पोरेशन लिमिटेड
12.	कोच्चि	
13.	मनाली	चेन्नई पेट्रोलियम कॉर्पोरेशन लिमिटेड
14.	नागापट्टिनम (कावेरी बेसिन)	
15.	नुमालीगढ़	नुमालीगढ़ रिफाइनरीज लिमिटेड
16.	मंगलौर	मंगलौर रिफाइनरीज लिमिटेड
17.	तातीपाका	तेल एवं प्राकृतिक गैस आयोग
	संयुक्त क्षेत्र	
18.	बीना	भारत ओमान रिफायनरीज लिमिटेड
19.	भटिण्डा	HPCL मित्तल एनर्जी लिमिटेड
	निजी क्षेत्र	
20.	जामनगर (सबसे बड़ा तेल शोधक कारखाना)	रिलायन्स इण्डस्ट्रीज लिमिटेड
21.	वादिनार	एस्सार ऑयल लिमिटेड
22.	पाराद्वीप	इण्डियन ऑयल कॉर्पोरेशन लिमिटेड

पेट्रोलियम पदार्थों का संरक्षण एवं पर्यावरण सुरक्षा

- गैर-पारम्परिक ऊर्जा के नए स्रोतों के विकास के बावजूद कोयले के बाद पेट्रोलियम भारत में ईंधन का प्रमुख स्रोत बना हुआ है। सरकार बहुमूल्य विदेशी मुद्रा के प्रवाह को रोकने के लिए लगातार पेट्रोलियम उत्पादों के संरक्षण पर ध्यान दे रही है और घरेलू उत्पादन तथा पेट्रोलियम उत्पादों की खपत के बीच के अन्तर कम करने को उच्च प्राथमिकता दे रही है।

प्राकृतिक गैस

- तेल के कुओं में प्राकृतिक गैस (Natural Gas) अकेले अथवा कच्चे तेल के साथ पाई जाती है। इनका उपयोग उर्वरकों के निर्माण, ताप गृहों, उद्योगों और घरेलू ईंधन के तौर पर किया जाता है।

प्राकृतिक गैस के संचित भण्डार

- भारत में प्राकृतिक गैस के भण्डार कुल 1488.73 बिलियन क्यूबिक मी है। इनकी खोज और उत्पादन कार्य ONGC (ऑयल एण्ड नेचुरल गैस कॉर्पोरेशन) एवं OIL (ऑयल इण्डिया लिमिटेड) द्वारा तथा इसके प्रसंस्करण, सम्प्रेषण और वितरण का कार्य GAIL (Gas Authority of India Limited) द्वारा किया जाता है। बॉम्बे हाई, कृष्णा गोदावरी बेसिन के अतिरिक्त जगतिया एवं घोघा (गुजरात), नाहरकटिया, मोरान क्षेत्र (असम), बाड़मेर, चरसवाला (राजस्थान), बरानुरा, अथनुरे (त्रिपुरा), मौसर भरदपुर (जम्मू-कश्मीर) में प्राकृतिक गैस के भण्डार प्राप्त हुए हैं।
- देश में अपतटीय क्षेत्र के अन्तर्गत असम में सर्वाधिक प्राकृतिक गैस का उत्पादन होता है। उसके बाद क्रमशः गुजरात, आन्ध्र प्रदेश तथा तमिलनाडु का स्थान है। वर्ष 1985 के बाद देश में गैस की खोज में आश्चर्यजनक वृद्धि हुई है। वर्ष 2002 में रिलायन्स कम्पनी ने कृष्णा-गोदावरी अपतटीय बेसिन में देश के अब तक के सबसे बड़े गैस भण्डार की खोज की। यहाँ 14,292 घन गैस होने का अनुमान है।
- वर्ष 2003 में राजस्थान के बाड़मेर क्षेत्र में तेल के साथ-साथ गैस की भी खोज की गई। यहाँ से प्रतिदिन 7.3 मिलियन घन गैस प्राप्त होने का अनुमान है। 2004 में रिलायन्स ने ओडिशा तट पर गैस की खोज की। 2005 में ONGC ने कृष्णा-गोदावरी के उथले जल में गैस ढूँढ निकाली। यह अमालपुरम तट से 12 किमी की दूरी पर है।

> **कोल बेड मीथेन नीति**
>
> कोल बेड मीथेन (Coal Bed Methane, CBM) कोयले और लिग्नाइट सीवनों में अवशोषित प्राकृतिक गैस (मीथेन) है, जोकि पर्यावरण के अनुकूल गैर-परम्परागत ऊर्जा स्रोत है। एक परम्परागत गैस भण्डार में जितनी गैस रखी जा सकती है, उतने ही आकार, तापमान और दबाव वाले संतृप्त कोल बेड मीथेन भण्डार में पाँच गुना गैस का भण्डारण किया जा सकता है। भारत सरकार ने कोल बेड मीथेन गैस की खोज और दोहन के लिए जुलाई, 1997 में एक वृहद् नीति को मंजूरी दी। इस नीति में निवेशकों के लिए अनेक आकर्षक रियायतों की पेशकश की गई है।

प्राकृतिक गैस का अनुसन्धान एवं विकास

- भारत में तेल और प्राकृतिक गैस उत्पादन के क्षेत्र में अनुसन्धान कार्य मुख्यतः तेल एवं प्राकृतिक गैस निगम लिमिटेड (ONGC), ऑयल इण्डिया लिमिटेड (OIL) तथा गैस अथॉरिटी ऑफ इण्डिया लिमिटेड (GAIL) के द्वारा कार्यान्वित किए जा रहे हैं।
- ऑयल इण्डिया लिमिटेड का अनुसन्धान और विकास केन्द्र दुलियाजान में स्थापित है। यहाँ कच्चे तेल की खोज, तेल उत्पादन और रसायन इन्जीनियरिंग से सम्बन्धित अनुसन्धान कार्य किए जाते हैं।

भारतीय गैस प्राधिकरण लिमिटेड

- देश में प्राकृतिक गैस के बढ़ते महत्त्व को देखते हुए 16 अगस्त, 1984 को भारत सरकार के पूर्ण स्वामित्व में भारतीय गैस प्राधिकरण लिमिटेड की स्थापना की गई। वर्ष 2003 से कम्पनी का नाम बदलकर गेल इण्डिया लिमिटेड कर दिया गया। यह भारत की नवरत्न कम्पनियों की सूची में शामिल है।
- यह भारत में प्राकृतिक गैस के प्रसंस्करण, प्रेषण और वितरण की सबसे बड़ी कम्पनी है। गेल के एल पी जी प्रेषण कारोबार में 1900 किमी लम्बा एल पी जी पाइप लाइनों का नेटवर्क है, जो भारत के पश्चिमी और उत्तरी भागों को जोड़ता है।

पेट्रोलियम एवं प्राकृतिक गैस से सम्बन्धित कार्यक्रम एवं नीतियाँ

राष्ट्रीय गैस हाइड्रेट कार्यक्रम

- गैस हाइड्रेट्स आमतौर पर गहरे समुद्र में पाए जाने वाले **मीथेन अणु** होते हैं, जो बर्फ से चिपके रहते हैं। वर्तमान में विश्व में गैस हाइड्रेट का कोई व्यावसायिक उत्पादन नहीं है। भारत में गैस हाइड्रेट्स के व्यावसायिक दोहन की प्रौद्योगिकी विकसित करने के लिए अक्टूबर, 2000 में राष्ट्रीय गैस हाइड्रेट कार्यक्रम के अन्तर्गत एक संचालन समिति का पुनर्गठन किया गया।

हाइड्रोकार्बन विजन-2025

- विशेषज्ञों के एक दल ने अप्रैल, 2000 में भारतीय हाइड्रोकार्बन विजन 2025 रिपोर्ट (Indian Hydrocarbon Vision-2025, IHV 2025) तैयार की। इस रिपोर्ट में पहली बार विश्वस्तरीय व्यापारिक प्रतिस्पर्द्धा के परिदृश्य को ध्यान में रखते हुए भारत में तेल और गैस क्षेत्र के विकास की रूपरेखा तैयार की गई। *हाइड्रोकार्बन विजन-2025 में निम्नलिखित लक्ष्य रखे गए हैं*
  - तेल के घरेलू उत्पादन में वृद्धि और विदेश में इक्विटी ऑयल में निवेश की वृद्धि के माध्यम से ऊर्जा सुरक्षा के क्षेत्र में आत्मनिर्भरता प्राप्त करना।
  - स्वच्छ और हरे-भरे भारत का निर्माण सुनिश्चित करने के लिए उत्पादों के स्तर में सुधार से जीवन-स्तर बेहतर बनाना।
  - उपभोक्ता सेवाओं को बेहतर बनाने के लिए मुक्त बाजार की स्थापना और कारोबारियों के बीच प्रतिस्पर्द्धा को बढ़ावा देना।
  - सामरिक और रक्षा सम्बन्धी पहलुओं को ध्यान में रखते हुए देश के लिए तेल सुरक्षा सुनिश्चित करना।

बीएस-III/IV/VI ईंधनों का क्रियान्वयन

- सरकार द्वारा मंजूर की गई **ऑटो ईंधन नीति** ने 13 चिह्नित नगरों में ऑटो ईंधनों (पेट्रोल और डीजल) की गुणवत्ता में उन्नयन करके भारत स्टेज बीएस-IV और देश के बाकी हिस्सों में बीएस-III के प्रयोग के लिए दिशा-निर्देश तैयार किये हैं। इस दिशा-निर्देश के अनुरूप 1 अप्रैल, 2010 से भी 13 चिह्नित नगरों में बीएस-IV पेट्रोल व डीजल की आपूर्ति शुरू कर दी गई।
- ऑटो ईंधनों की माँग में वृद्धि, आपूर्ति में कमी और देशभर में विशाल मात्रा में उत्पादों के आवागमन समेत साजो-सामान सम्बन्धी महत्त्वपूर्ण मुद्दों के कारण देश के शेष हिस्सों में बीएस-III पेट्रोल और डीजल की शुरुआत 1 अप्रैल, 2010 और 1 अक्टूबर, 2010 के बीच एक चरणबद्ध तरीके से करने का निर्णय लिया गया था।
- लेकिन तेल उद्योग ने 22 सितम्बर, 2010 को समस्त देश में बीएस-III ईंधनों को लागू करने का कार्य सफलतापूर्वक पूरा कर लिया। सुप्रीम कोर्ट के आदेश के बाद पूरे देश में 1 अप्रैल, 2017 से बीएस-IV मानक अनिवार्य कर दिया है।
- वर्तमान में दिल्ली में 1 अप्रैल, 2018 से बीएस-VI मानक लागू कर दिया गया है। यह देश का पहला शहर है जहाँ बीएस-IV से सीधे बीएस-VI लागू किया गया है, जबकि अन्य स्थानों पर वर्ष 2020 से लागू किया जाएगा।

विद्युत

- देश में बिजली (Electricity) के विकास का काम **विद्युत मन्त्रालय** देखता है। मन्त्रालय का काम भावी योजनाएँ तैयार करना, नीतियाँ निर्धारित करना, निवेश सम्बन्धी फैसले के लिए परियोजनाओं का चयन करना, विद्युत परियोजनाओं के कार्यान्वयन पर निगरानी रखना आदि हैं। *केन्द्र, राज्य एवं निजी क्षेत्र का विद्युत उत्पादन में योगदान तथा ईंधन के स्रोतों के आधार पर विद्युत उत्पादन के महत्त्वपूर्ण आँकड़े निम्नलिखित हैं*

क्षेत्र	मेगावाट	प्रतिशत
राज्य क्षेत्र	1,01,760.54	33.57%
केन्द्र क्षेत्र	7,62,960.76	25.17%
निजी क्षेत्र	125,025.51	41.26%
कुल	**989746.81**	**100.00**

ईंधन	मेगावाट
कुल तापीय विद्युत	211670.40
(i) कोयले से प्राप्त	1,86,24,288
(ii) गैस से प्राप्त	24,508.63
(iii) तेल से प्राप्त	918.89
जल विद्युत	42783.42
नाभिकीय विद्युत	5,780.00
नवीकरणीय ऊर्जा स्रोत	42,849.38
कुल	303083.20

ताप विद्युत

- भारत में कुल विद्युत उत्पादन का सर्वाधिक भाग (लगभग 70%) ताप विद्युत (Thermal Power) द्वारा उत्पादित किया जाता है, इसके उत्पादन हेतु कोयला, खनिज तेल व प्राकृतिक गैस जैसी जीवाश्मी ऊर्जा का उपयोग किया जाता है।
- भारत में विद्युत उत्पादन में प्रयोग किए जाने वाले कोयले में राख करीब 10 से 50% तक होती है। कोयला घटिया किस्म का होने के कारण ताप विद्युत गृहों की कार्यक्षमता पर असर पड़ता है और वातावरण भी अधिक प्रदूषित होता है।
- कोयले से सल्फर डाइ-ऑक्साइड, नाइट्रोजन ऑक्साइड और कार्बन डाइ-ऑक्साइड जैसी प्रमुख वायु-प्रदूषक गैसें निकलती हैं। ताप विद्युत गृहों में प्रयुक्त परम्परागत चूरा किए गए (Pulverised) कोयले की विधि में कई दशकों के विकास के बाद भी अभी तक सर्वाधिक गुणवत्ता 38 से 40% की ही प्राप्त की जा सकी है। अत: कोयले से विद्युत उत्पादन की कुछ अधिक कुशल और पर्यावरण को कम प्रदूषित करने वाली प्रौद्योगिकियों का विकास किया गया है।
- राष्ट्रीय ताप विद्युत निगम (एन टी पी सी) की स्थापना देश में ताप बिजली के नियोजन, प्रोत्साहन एवं विकास के उद्देश्य से नवम्बर, 1975 में की गई थी।
- भारत हैवी इलेक्ट्रिकल्स और भाभा अनुसन्धान केन्द्र ने रूस के सहयोग से **चुम्बकीय जलगतिक विधि** (Magnetised Water Dynamic Method) से विद्युत बनाने के लिए एक नए प्रकार का विद्युत गृह बनाया है। इस विधि से कोयले के जलने से उत्पन्न ऊर्जा का 50% भाग तक विद्युत में परिवर्तित हो जाता है। इसके अतिरिक्त कोयले को द्रवीकृत कर पाइपलाइन के माध्यम से विद्युत गृहों तक पहुँचाने की एक महत्त्वाकांक्षी योजना कोयला विभाग ने बनाई है।

अल्ट्रा मेगा पावर प्रोजेक्ट

- इनमें से प्रत्येक संयंत्र की क्षमता 4,000 मेगावाट या उससे अधिक होती है। ये कोयला आधारित संयंत्र है। इन संयंत्रों की स्थापना का प्रमुख उद्देश्य वर्ष 2022 तक 10,000 मेगावाट अतिरिक्त विद्युत क्षमता का सृजन करना है। भारत का पहला ऐसा संयंत्र टाटा पॉवर के स्वामित्व वाला मूंदा (गुजरात) संयंत्र है।

चालित अल्ट्रा मेगा पावर प्रोजेक्ट
प्रस्तावित अल्ट्रा मेगा पावर प्रोजेक्ट

जिला	राज्य
सरगुजा	छत्तीसगढ़
सन्दगढ़	ओडिशा
कांजीपुरम	तमिलनाडु
प्रकाशम	आन्ध्र प्रदेश
देवधर	झारखण्ड
मादरक	ओडिशा
कालाहांडी	ओडिशा
सिंधुदुर्ग	महाराष्ट्र
बांका	बिहार

जल विद्युत

- गिरते हुए या बहते हुए जल की ऊर्जा से टरबाइन चलाकर जो विद्युत उत्पन्न की जाती है, उसे जल विद्युत (Hydro Power) कहते हैं। इसके लिए सबसे पहले ऐसे स्थान का चुनाव करना होता है, जहाँ बाँध बनाकर प्रचुर मात्रा में पानी जमा किया जा सके।
- इसके बाद इसे बड़े पाइपों अथवा सुरंगों से निचले स्तर पर भेजा जाता है। इस तेजी से गिरते हुए जल की सहायता से टरबाइनों को चलाया जाता है। टरबाइनों के जेनरेटरों में लगे आर्मेचर तार एक शक्तिशाली चुम्बकीय क्षेत्र उत्पन्न करते हैं, जो टरबाइन की यान्त्रिक ऊर्जा को विद्युत ऊर्जा में रूपान्तरित कर देते हैं।
- जल विद्युत योजनाओं में सबसे अधिक महत्त्व उनकी स्थिति का है। इनकी स्थिति मुख्यत: प्राकृतिक एवं भौतिक कारणों पर निर्भर करती है। साधारण तौर पर किसी जल विद्युत योजना से 1,000 घन फीट प्रति सेकण्ड के प्रभाव से 150 फीट का शीर्ष उपलब्ध होने पर लगभग 10 मेगावाट की शक्ति उपलब्ध होगी।
- जल विद्युत से शक्ति के अन्य स्रोतों की तुलना में कई लाभ होते हैं; जैसे—इसे पुन: चक्रित किया जा सकता है तथा साथ ही इससे किसी भी प्रकार का प्रदूषण उत्पन्न नहीं होता है।
- भारत में प्रकृति ने विशाल जल संसाधन उपलब्ध कराए हैं, परन्तु इसका अल्प उपयोग होने के कारण अभी भी हम ताप विद्युत पर निर्भर हैं। एक अनुमान के अनुसार भारत में विद्यमान आर्थिक रूप से दोहन योग्य जल सम्भाव्यता के आधार पर लगभग 84,000 मेगावाट विद्युत उत्पन्न की जा सकती है।
- भारत की प्रथम जल विद्युत परियोजना (Hydro Power Project) वर्ष 1897 में दार्जिलिंग में स्थापित की गई थी। इसके बाद वर्ष 1902 में कावेरी नदी पर शिवसमुद्रम (कर्नाटक) में जल विद्युत केन्द्र स्थापित हुआ।
- राष्ट्रीय जल विद्युत ऊर्जा निगम (एनएचपीसी) की स्थापना वर्ष **1975** में हुई थी और अपनी स्थापना के 40 वर्षों के बाद यह भारत में जल विद्युत विकास का प्रमुख संगठन बन गया है, इसके पास पनबिजली परियोजनाओं की परिकल्पना से लेकर उनके चालू होने तक की तमाम गतिविधियों के संचालन की क्षमता है।

परमाणु ऊर्जा एवं खनिज

- परमाणु ऊर्जा (Atomic Energy) वर्तमान में अति महत्त्वपूर्ण है। इसमें यूरेनियम, थोरियम, जिरकोनियम तथा रेडियम आदि का प्रयोग होता हैं।
- भारत में यूरेनियम का खनन झारखण्ड के सिंहभूम के **जादूगुडा** नामक स्थान से किया जाता है। केरल तथा तमिलनाडु के बालू में मोनाजाइट होती है, जिससे यूरेनियम प्राप्त होता है।

अणुशक्ति वाले खनिज

अणुशक्ति वाले खनिज निम्न हैं

- **यूरेनियम** इसकी प्राप्ति धारवाड़ तथा आर्कियन श्रेणी की चट्टानों पेग्मेटाइट, मोनोजाइट बालू तथा पेरालाइट से होती है। यूरेनियम के प्रमुख अयस्क पिचब्लेण्ड, सॉमरस्काइट एवं थोरियोनाइट हैं। यूरेनियम के जमाव झारखण्ड के सिंहभूम जनपद (जादूगुड़ा, नरवा पहाड़, तुरमडीह एवं वागजाता), मेघालय के डोमिया सियात, राजस्थान के रोहिल घटेश्वर (सीकर जनपद) और केरल की मोनाजाइट बालू में पाए जाते हैं। झारखण्ड तथा मेघालय के क्षेत्रों से यूरेनियम कॉर्पोरेशन इण्डिया लिमिटेड द्वारा यूरेनियम निकालने का कार्य किया जा रहा है। भारत अपनी यूरेनियम आवश्यकताओं की पूर्ति के लिए ऑस्ट्रेलिया, कनाडा तथा कजाकिस्तान से इसका आयात करता है।
- **थोरियम** परमाणु ऊर्जा के विकास में थोरियम महत्त्वपूर्ण खनिज है। भारत में इसके अनुमानत: 4,50,000 टन भण्डार पाए जाने की सम्भावना है। इसमें केरल (पलक्कड़ एवं कोल्लम जिले), तमिलनाडु (कन्याकुमारी जिला), आन्ध्र प्रदेश (विशाखापत्तनम) एवं ओडिशा तट की मोनाजाइट बालू का विशेष महत्त्व है।
- **मोनाजाइट** मोनाजाइट थोरियम, यूरेनियम, सेरिनियम और लेन्थानम आदि का एक यौगिक है। भारत में विश्व का सबसे बड़ा मोनाजाइट भण्डार है। मोनाजाइट के जमाव केरल की तटीय बालू (कोल्लम और पलक्कड़ जिले में चौघाट और पोन्नई के मध्य 160 किमी लम्बी पेटी में), तमिलनाडु (कन्याकुमारी, तिरुनेलवेली, तंजावुर), आन्ध्र प्रदेश (नारसीपत्तनम एवं विशाखापत्तनम के तटीय क्षेत्र) एवं ओडिशा (कटक एवं गंजम जिलों में महानदी मुहाने के समीप और चिल्का झील से चिकाकोला नदी तक) राज्यों में पाए जाते हैं।
- **बेरेलियम** यह बेरिल से प्राप्त होता है, जो अभ्रक की चट्टानों में मिलता है (खनिज अंश 10-12%)। देश में इसे राजस्थान, झारखण्ड, आन्ध्र प्रदेश (नल्लौर), मध्य प्रदेश, जम्मू-कश्मीर एवं सिक्किम आदि राज्यों से प्राप्त किया जाता है।
- **जिरकोनियम** इसे सिरकन अयस्क से प्राप्त किया जाता है, जो आग्नेय शैलों (Igneous Rock) में मिलता है। इसके जमाव कोल्लम से कन्याकुमारी तक की समुद्र तटीय रेतों, तिरुनेलवेली, रामनाथपुरम, तंजावुर और विशाखापत्तनम के तटीय क्षेत्रों, गया (बिहार) की अभ्रक खदानों एवं कोयम्बटूर में पाए जाते हैं।
- **इल्मेनाइट** इसके जमाव केरल तट की रेत में कोल्लम से कन्याकुमारी, रत्नागिरि, मालाबार तट, तुथुकूडि, वाल्टेयर, गंजम, हजारीबाग, पुरुलिया में पाए जाते हैं।
- **एण्टीमनी** यह मुख्यत: हिमाचल प्रदेश के लाहौल, काँगड़ा और मध्य प्रदेश के जबलपुर जिले में पाया जाता है।
- **ग्रेफाइट** यह मुख्यत: रवेदार और रूपान्तरित शैलों से प्राप्त होता है। मुख्य उत्पादन ओडिशा (कालाहाण्डी, बोलनगीर, गंजम, कोरापुरा, बिहार (भागलपुर), आन्ध्र प्रदेश, राजस्थान, कर्नाटक, जम्मू-कश्मीर एवं सिक्किम से प्राप्त होता है। देश में परमाणु खनिजों के खनन और परिष्करण का कार्य इण्डियन रेयर अर्थस् लिमिटेड, जो परमाणु ऊर्जा विभाग के अधीन है, द्वारा किया जाता है, जिसके तीन संयन्त्र मानवाल कुरिची, चावरा एवं छतरपुर में कार्यरत हैं। इसके अतिरिक्त अलवाई के प्लाण्ट में रेयर अर्थ क्लोराइड का उत्पादन किया जाता है।

भारत के परमाणु विद्युत गृह

विद्युत गृह	राज्य
तारापुर परमाणु विद्युत गृह	महाराष्ट्र
रावतभाटा परमाणु विद्युत गृह	राजस्थान
कलपक्कम परमाणु विद्युत गृह	तमिलनाडु
काकरापार परमाणु विद्युत गृह	गुजरात
नरौरा परमाणु विद्युत गृह	उत्तर प्रदेश
कैगा परमाणु विद्युत गृह	कर्नाटक
कुंडकूलम परमाणु विद्युत गृह	तमिलनाडु

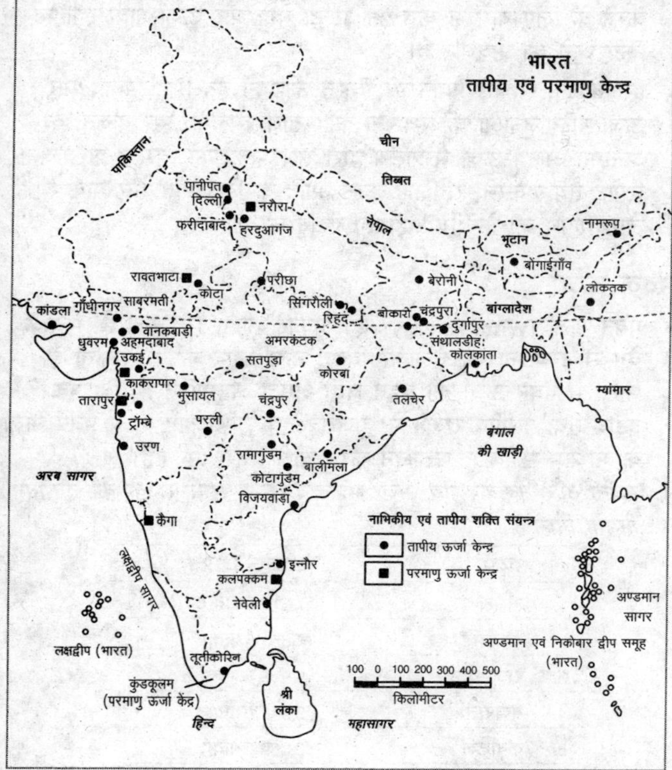

2. गैर-परम्परागत ऊर्जा संसाधन

- गैर-परम्परागत ऊर्जा (Non-conventional Energy) यह सौर ऊर्जा, पवन ऊर्जा, भू-तापीय ऊर्जा, ज्वारीय ऊर्जा, हाइड्रोजन ऊर्जा, बायोमास इत्यादि स्रोतों से प्राप्त की जाती है, गैर-परम्परागत नवीकरणीय ऊर्जा कहलाती है। ये संसाधन नवीकरणीय तथा प्रदूषणरहित हैं।

भारत में नवीकरणीय ऊर्जा स्रोत

- भारत में गैर-परम्परागत पुनरोपयोगी ऊर्जा स्रोतों का उपयोग सुनिश्चित करने हेतु अनुसन्धान और विकास कार्यों के महत्त्व को काफी पहले समझ लिया गया था। गैर-परम्परागत ऊर्जा स्रोतों की खोज एवं उनके विकास हेतु भारत सरकार द्वारा 2 सितम्बर, 1982 को गैर-परम्परागत ऊर्जा स्रोत विभाग की स्थापना की गई तथा 1992 में गैर-परम्परागत ऊर्जा मन्त्रालय स्थापित किया गया।
- देश में उपलब्ध नवीकरणीय ऊर्जा (Renewable Energy) स्रोतों (जैसे—सौर, पवन, बायोमास और लघु-जल विद्युत आदि) का लाभ उठाने की दिशा में अच्छी प्रगति हुई है। देश में नवीकरणीय स्रोतों से 42,849 मेगावाट विद्युत क्षमता ग्रिड को उपलब्ध हुई है। वह मुख्य रूप से पवन, लघु बिजली, जैव ऊर्जा स्रोतों से प्राप्त हुई है।
- गैर-परम्परागत ऊर्जा देश में ऊर्जा की कुल संस्थापित क्षमता का 13.2% है। जर्मनी दुनिया में नवीकरणीय ऊर्जा के इस्तेमाल के मामले में विश्व में सबसे अग्रणी है। वर्ष 2050 तक इस देश में पूरा बिजली उत्पादन नवीकरणीय स्रोत से हो जाने का अनुमान है।

भारत में गैर-परम्परागत ऊर्जा स्रोत के दो पहलू हैं

1. वह स्रोत, जिनका व्यावहारिक उपयोग किया जा रहा है; जैसे-बायोगैस (Biogas), सौर ऊर्जा, पवन ऊर्जा, लघु पनबिजली इत्यादि।
2. वह स्रोत, जो अभी प्रयोग या परीक्षण के स्तर पर है; जैसे—समुद्र से प्राप्त ऊर्जा (तरंग ऊर्जा एवं ज्वारीय ऊर्जा, OTEC), भू-तापीय ऊर्जा, हाइड्रोजन ऊर्जा आदि।

बायोगैस

- बायोगैस (Biogas) जीवों के उत्सर्जित पदार्थों (मुख्यत: मवेशियों के गोबर) से प्राप्त की जाती है जिसका रासायनिक नाम 'मीथेन' तथा प्रचलित नाम 'गोबर गैस' है। इसके निर्माण के लिए एकत्रित अपशिष्ट पदार्थों को कम ताप पर विशेष प्रकार से निर्मित डाइजेस्टर में चलाकर माइक्रोब प्राप्त किए जाते हैं, जिनसे ऊर्जा मिलती है।
- चूँकि भारत में मवेशियों की संख्या विश्व में सर्वाधिक है, अत: यहाँ बायोगैस के विकल्प की बहुत सम्भावना है। भारत में तीन बायोगैस केन्द्र (कोयम्बटूर, उदयपुर और समस्तीपुर में) बायोगैस उत्पादन सम्बन्धी तकनीक का प्रशिक्षण देने का कार्य कर रहे हैं। उल्लेखनीय है कि भारत में बायोमास से ऊर्जा प्राप्त करने के संयन्त्र दिल्ली के तिमारपुर में, पंजाब के झालखारी में, मुम्बई में तथा पोर्टब्लेयर में स्थापित किए गए हैं।
- **बायोमास गैसीकरण कार्यक्रम** के तहत औद्योगिक उपयोगों के लिए ताप ऊर्जा उत्पन्न करने, पानी की पम्पिंग और विद्युत पैदा करने के लिए बायोमास गैसीफायर के 3 किलोवाट से 500 किलोवाट तक की क्षमता वाले 12 डिजाइन तैयार किए गए हैं। इन गैसीफायरों में लकड़ी के टुकड़ों, नारियल के खोलों आदि का प्रयोग किया जाता है।
- 500 किलोवाट क्षमता का एक गैसीफायर पश्चिम बंगाल के सुन्दरवन द्वीप में कार्यरत है। तमिलनाडु के कुन्नूर स्थित मैसर्स गुरु टी फैक्ट्री में चाय की पत्तियों को सुखाने के लिए तथा कर्नाटक के तुमकुर जिले के एक गाँव में विद्युतीकरण के लिए गैसीफायर का उपयोग किया जा रहा है।

राष्ट्रीय बायोगैस विकास कार्यक्रम

परिवारों के लिए बायोगैस संयन्त्रों को प्रोत्साहन देने के उद्देश्य से इस कार्यक्रम को वर्ष 1981-82 में आरम्भ किया गया था। *इस कार्यक्रम के प्रमुख उद्देश्य निम्नलिखित हैं*

- ग्रामीण इलाकों में स्वच्छ तथा सस्ते ऊर्जा स्रोत उपलब्ध कराना।
- रासायनिक उर्वरकों के प्रयोग में पूरक के रूप में समृद्ध जैविक खाद तैयार कराना।
- सफाई व स्वच्छता की स्थिति सुधारना और स्त्रियों को अरुचिकर काम से मुक्ति दिलाना।

पहला बायोडीजल संयन्त्र

- आन्ध्र प्रदेश के **काकीनाडा** में देश का पहला संयन्त्र 13 अक्टूबर, 2007 को शुरू हुआ। इस संयन्त्र से बायोडीजल का उत्पादन हैदराबाद की कम्पनी नेचुरल बायोएनर्जी द्वारा प्रारम्भ किया गया। यहाँ प्रतिवर्ष 20 मिलियन गैलन बायोडीजल का उत्पादन होगा, जो मुख्यत: अमेरिका एवं यूरोपीय देशों को निर्यात किया जाएगा। उल्लेखनीय है कि पश्चिमी देशों में ईंधन के वैकल्पिक तौर पर बायोडीजल को प्राथमिकता दी जा रही है। बायोडीजल का रासायनिक नाम मिथाइल एस्टर्स है। बायोडीजल को प्राप्त करने के लिए गन्ने से प्राप्त शीरे एवं करंज पर बल दिया जा रहा है।

सौर ऊर्जा

- सौर ऊर्जा (Solar Energy) ऊर्जा का सबसे अधिक प्रत्यक्ष एवं विशाल स्रोत है। भारत एक उष्णकटिबन्धीय प्रदेश है और यहाँ अधिकांश भागों में वर्ष के तीन सौ दिनों तक धूप उपलब्ध रहती है, जिससे देश को प्रतिवर्ष लगभग 50,000 खरब किलोवाट सौर ऊर्जा प्राप्त होती है।
- इस प्रकार बड़े पैमाने पर प्राप्त सौर ऊर्जा से वैज्ञानिक तकनीक द्वारा भारत में प्रति किमी क्षेत्र में 20 से 50 मेगावाट सौर विद्युत का उत्पादन किया जा सकता है। राजस्थान सौर ऊर्जा के विकास हेतु एक आदर्श प्रदेश है। भारत उन 6 देशों में है, जिन्होंने सौर ऊर्जा के निर्माण की प्रौद्योगिकी विकसित की है। सौर ऊर्जा से पूर्णत: विद्युतीकृत भारत का पहला गाँव साजिलीपल्ली (आन्ध्र प्रदेश) है।
- देश में प्रथम सोलर पावर प्लाण्ट पंजाब अमृतसर के रामदास के निकट अवान गाँव में दिसम्बर, 2009 में प्रारम्भ हुआ। यह प्लाण्ट केन्द्र तथा पंजाब सरकार के सहयोग से अझूर पावर नामक निजी कम्पनी ने स्थापित किया है। भारत ने सौर ऊर्जा के अन्तर्गत लगभग 9.5 मेगावाट के मॉड्यूल उत्पादन का स्तर प्राप्त कर लिया है। वर्तमान में सौर ऊर्जा को दो भिन्न माध्यमों से उपयोग में लाया जा रहा है।

इनका विवरण इस प्रकार है

1. सौर तापीय ऊर्जा

- सौर ऊर्जा को तापीय ऊर्जा में बदलने के लिए सौर संग्राहक एवं रिसीवरों का सहयोग लिया जाता है। सौर तापयन्त्रों का प्रयोग पानी गरम करने, स्थान गरम करने, भोजन पकाने, पानी को लवण मुक्त करने, औद्योगिक ताप प्रक्रिया एवं विद्युत उत्पादन उपयोगों हेतु वाष्प उत्पन्न करने में किया जाता है।

2. सौर फोटोवोल्टाइक ऊर्जा

- सौर ऊर्जा को फोटोवोल्टाइक सोलर सेलों द्वारा सीधे विद्युत ऊर्जा में परिवर्तित किया जा सकता है। ये फोटोवोल्टाइक सेल अति विशुद्ध पॉली क्रिस्टलाइन सिलिकॉन से बनाए जाते हैं। देश में लगभग 68.02 मेगावाट क्षमता की 10 लाख से अधिक फोटोवोल्टाइक प्रणालियाँ स्थापित करने का कार्यक्रम आरम्भ किया गया है। 100 किलोवाट के परस्पर सम्पर्क वाले दो विद्युत गृह उत्तर प्रदेश के कल्याणपुर (अलीगढ़ जिला) एवं सरायसादी (मऊ जिला) में स्थापित किए गए हैं। नियोमा (लद्दाख) में 40 किलोवाट सौर बिजली संयन्त्र संचालित है।

सोलर पौण्ड

- यह सौर ऊर्जा प्राप्त करने की एक नई तकनीक है। इसमें सोलर पौण्ड (Solar Pond) एवं विशाल ऊर्जा संग्राहक का कार्य करता है और इसके साथ आण्विक ताप संग्रहित होता है। इस तकनीक के अन्तर्गत सोलर पौण्ड के जल को सघन बनाने के लिए उसमें नमक मिलाते हैं, ताकि सौर ऊर्जा से गर्म होकर जल पौण्ड से बाहर न निकलने पाए। भारत का एकमात्र सोलर पौण्ड गुजरात के कच्छ में **भुज सोलर पौण्ड परियोजना** के नाम से बनाया गया है।

अल्ट्रा मेगा सौर ऊर्जा पार्क

- भारत सरकार की इस परियोजना के अन्तर्गत वर्ष 2020 तक लगभग 20,000 मेगावाट सौर विद्युत की संस्थापित क्षमता के लक्ष्य को प्राप्त करने के लिए कम से कम 25 अल्ट्रा मेगा सौर ऊर्जा पार्क स्थापित किए जाने का प्रावधान है।
- इस योजना से बड़े पैमाने पर विद्युत उत्पादन हेतु ग्रिड-संबद्ध सौर ऊर्जा परियोजनाओं की स्थापना को बढ़ावा मिलेगा। इस योजना के अन्तर्गत अक्षय ऊर्जा मन्त्रालय द्वारा सौर पार्कों की विस्तृत परियोजना रिपोर्ट तैयार करने, सर्वेक्षण करने आदि के लिए प्रति सौर पार्क ₹ 25 लाख रुपये की केन्द्रीय सहायता प्रदान की जाती है।

पवन ऊर्जा

- पवन ऊर्जा (Wind Energy) एक प्रकार की गतिज ऊर्जा है, जिसके वेग से टरबाइनों को चलाकर विद्युत ऊर्जा प्राप्त की जा सकती है। भारत में पवन ऊर्जा की बहुत बड़ी क्षमता अनुमानित है, विशेषकर तटीय तथा पर्वतीय राज्यों में। गुजरात तथा तमिलनाडु राज्य पवन ऊर्जा के माध्यम से विद्युत उत्पादन करने वाले प्रमुख राज्य हैं।

नवीन और नवीकरणीय ऊर्जा मंत्रालय के अनुसार राज्यों की उत्पादन क्षमता निम्न है

	राज्य	उत्पादन क्षमता
1.	तमिलनाडु	7,613 मेगावाट
2.	महाराष्ट्र	4,653 मेगावाट
3.	राजस्थान	3,993 मेगावाट
4.	गुजरात	3,948 मेगावाट
5.	कर्नाटक	2,869 मेगावाट

- भारत में 48,000 मेगावाट पवन ऊर्जा की क्षमता का अनुमान लगाया गया है, लेकिन सम्भावित राज्यों में ग्रिड की क्षमता कम होने के कारण वर्तमान तकनीकी क्षमता लगभग 21 हजार मेगावाट तक सीमित है।
- पवन ऊर्जा की स्थापित क्षमता के मामले में भारत का विश्व में 5वाँ तथा एशिया में दूसरा स्थान है।
- इस मामले में विश्व के पहले चार अग्रणी देश क्रमश: चीन, यू एस ए, जर्मनी व स्पेन हैं। भारत में मार्च, 2016 के अन्त तक पवन ऊर्जा की स्थापित क्षमता 26,777 मेगावाट थी।
- विश्व में विद्युत के कुल उत्पादन में पवन ऊर्जा का योगदान 1% से अधिक है, जबकि वैश्विक पवन ऊर्जा के उत्पादन में भारत का योगदान 8% से अधिक है। एशिया का सबसे बड़ा पवन ऊर्जा केन्द्र मण्डिवी (कच्छ, गुजरात) में तथा सबसे बड़ा पवन फार्म समूह मुप्पनडल (तमिलनाडु) में स्थापित है।

ऊर्जा टावर प्रोजेक्ट

यह एक पूर्णतः नवीन ऊर्जा साधन है। यह प्रौद्योगिकी लगभग 1.2 किमी की ऊँचाई पर शुष्क क्षेत्रों की शुष्क व नर्म वायुमण्डलीय पवन का प्रयोग करती है। इसके अन्तर्गत जल के एक महीन स्प्रे द्वारा कृत्रिम कूलिंग की जाती है तथा पवन के नीचे की ओर बहाव को एक अनुलम्ब सुरंग से गुजार कर टरबाइन चलाई जाती है। इस प्रक्रिया से पारिस्थितिकी अनुकूल विद्युत का उत्पादन होता है। यह परियोजना अभी परीक्षण स्तर पर है, जिसे सूचना प्रौद्योगिकी पूर्वानुमान एवं मूल्यांकन परिषद् (टाइफैक) ने भविष्य के लिए प्रारम्भ किया है।

राष्ट्रीय अपतटीय पवन ऊर्जा नीति 2015

- भारत सरकार ने 9 सितम्बर, 2015 को राष्ट्रीय अपतटीय पवन ऊर्जा नीति, 2015 को मंजूरी प्रदान की गई। साथ ही 'नवीन एवं नवीकरणीय ऊर्जा मंत्रालय' को देश के विशेष आर्थिक क्षेत्र (Special Economic Zone, SEZ) के अंदर अपतटीय क्षेत्रों के उपयोग के लिए नोडल मंत्रालय के रूप में अधिकृत किया गया है।
- राष्ट्रीय पवन ऊर्जा संस्थान (NIWE) को देश में अपतटीय पवन ऊर्जा के विकास और पवन ऊर्जा ब्लॉकों के आवंटन तथा अन्य सभी संबंधित मन्त्रालयों एवं एजेसियों के साथ समन्वय के लिए नोडल एंजेंसी के रूप में अधिकृत किया गया है।
- इस अपतटीय पवन ऊर्जा नीति के अन्तर्गत परियोजनाओं की स्थापना आधार रेखा से 200 समुद्री मील की दूरी तक पूरे देश में या उसके आस-पास के क्षेत्रों में किया जाएगा।
- यह नीति देश को ऊर्जा सुरक्षा प्रदान करने के साथ-साथ पर्यावरण स्थिरता तथा कुशल मानव शक्ति एवं रोजगार सृजन में बहुत महत्त्वपूर्ण है।

लघु पन-विद्युत ऊर्जा

- छोटी नदियों, नहरों आदि के जल प्रवाह के उपयोग से 25 मेगावाट तक की क्षमता की परियोजनाओं को लघु पन-विद्युत ऊर्जा (Small Hydro Power) के अन्तर्गत शामिल किया जाता है। पर्वतीय एवं पठारी भाग जल ऊर्जा उत्पादन के लिए उपयुक्त परिस्थितियाँ प्रदान करते हैं। लघु पन-विद्युत ऊर्जा से प्राप्त विद्युत का उपयोग घरेलू कार्यों तथा अति लघु-स्तर के उद्योगों में किया जाएगा।
- पिछले एक दशक से अधिक अवधि से देश के रुड़की विश्वविद्यालय में लघु पन-विद्युत कार्यक्रम को प्रोत्साहन देने का कार्य अल्टरनेट हाइड्रो एनर्जी सेण्टर (AHEC) द्वारा किया जा रहा है।

तरंग ऊर्जा

- तरंग ऊर्जा (Wave Energy) समुद्र की लहरों से उत्पन्न तरंगों के दबाव पर आधारित है। तरंगों के भीतर अल्पावधि के ऊर्जा संचय से ऊर्जा उत्पादन की सम्भावना बनती है।
- इस प्रणाली के तहत समुद्र के अन्दर एक चैम्बर लगाया जाता है, जिसमें तरंगों की गति से टरबाइन को चलाकर और पानी एवं हवा के परस्पर दबाव से विद्युत उत्पन्न की जाती है। भारत में तटरेखा के सहारे कुल 40,000 मेगावाट लहर विद्युत उत्पादन की सम्भावना है।
- तरंग ऊर्जा पर आधारित देश का पहला संयन्त्र केरल में तिरुअनन्तपुरम के समीप विंजिझाम में स्थापित किया गया है, जिसकी अधिकतम क्षमता 150 मेगावाट है। इसके अतिरिक्त निकोबार के मूस प्वॉइण्ट तथा केरल के थनगेसरी में 1 से 1.5 मेगावाट क्षमता के दो नए संयन्त्रों की स्थापना की गई है, जो परीक्षण स्तर पर है।

ज्वारीय ऊर्जा

- अत्यधिक ज्वारीय विस्तार वाले तटीय क्षेत्रों में ज्वारीय बल का उपयोग जल विद्युत उत्पादन के स्रोत के रूप में किया जा सकता है। भारत के पश्चिमी तट पर गुजरात में कच्छ एवं खम्भात की खाड़ी (मुख्यत: काण्डला तट) तथा पूर्वी तट पर सुन्दरवन क्षेत्र ज्वारीय ऊर्जा के लिए सर्वोत्तम क्षेत्र हैं, जिनका विभव 1000 मेगावाट है। ज्वारीय ऊर्जा (Tidal Energy) पर आधारित देश का तीन मेगावाट का पहला विद्युत गृह पश्चिम बंगाल के सुन्दरवन क्षेत्र में दुर्गाद्वानी क्रीक में स्थापित करने की योजना है।

ओशन थर्मल एनर्जी कन्वर्जन

- ओटेक (Ocean Thermal Energy Conversion, OTEC) के अन्तर्गत समुद्री जल के विभिन्न स्तरों के बीच के तापान्तरों का उपयोग करके विद्युत का उत्पादन करने का प्रयास किया जाता है। भारत जैसे उष्णकटिबन्धीय देश में जहाँ समुद्री तापमान 25°C–27°C तक रहता है, OTEC से ऊर्जा उत्पादन की व्यापक सम्भावना है।
- भारत में ओटेक प्रणाली से विद्युत उत्पादन पर तमिलनाडु एवं अण्डमान निकोबार द्वीप समूह में गहन अनुसन्धान एवं विकास कार्य किया जा रहा है। भारत तीन तरफ से समुद्र से घिरा हुआ है, अत: यहाँ समुद्र ताप ऊर्जा की बहुत बड़ी क्षमता उपलब्ध है, जो अनुमानत: लगभग 5,000 मेगावाट तक हो सकती है। भारत में इस तरह का एक प्रयास तमिलनाडु के कुलशेखरपट्टनम में हो रहा है, जो संयुक्त राज्य अमेरिका (USA) द्वारा प्रस्तावित है एवं दूसरा लक्षद्वीप में प्रस्तावित है।

क्लैथरेट

- वैज्ञानिकों के अनुसार समुद्र की तलहटी में भारी मात्रा में एक अनछुआ ईंधन जमा है, जिसका नाम है, 'क्लैथरेट'। यह ईंधन बर्फ की शक्ल में पूर्णत: पारदर्शी है, जो मूल रूप में पानी के अणुओं में फँसी मीथेन गैस है। यह बर्फनुमा क्लैथरेट 35° तापमान पर भी पिघलता नहीं है। समुद्र से 10 मी की गहराई पर क्लैथरेट के भण्डार मिलने शुरू हो जाते हैं।
- वैज्ञानिकों का मानना है कि सैकड़ों वर्ष पहले बायोलॉजिकल प्रक्रिया से क्लैथरेट का निर्माण हुआ होगा। अनुमानत: क्लैथरेट की समुद्र के नीचे दबी मात्रा अब तक ज्ञात समस्त जीवाश्म ईंधन से दोगुनी है। क्लैथरेट ईंधन के दोहन के लिए भारतीय गैस प्राधिकरण और अमेरिका की नौसैनिक अनुसन्धान प्रयोगशाला मिल-जुलकर अनुसन्धान कार्य में लगे हुए हैं।

भू-तापीय ऊर्जा

- भू-तापीय ऊर्जा (Geothermal Energy) भूगर्भ से प्राप्त ऊर्जा का एक सम्भाव्य स्रोत है। भू-गर्भ से गर्म जल का स्रोत निकलता है, जिससे ऊर्जा प्राप्त की जा सकती है। भू-तापीय ऊर्जा प्रणाली के अन्तर्गत भू-गर्भीय ताप एवं जल की अभिक्रिया से गर्म वाष्प उत्पन्न करके ऊर्जा उत्पादन का प्रयास किया जा रहा है।

- जम्मू-कश्मीर, हिमाचल प्रदेश, उत्तराखण्ड, झारखण्ड तथा छत्तीसगढ़ राज्यों में भू-तापीय ऊर्जा की सम्भावनाओं के मूल्यांकन का कार्य जारी है। भारत में हिमालय प्रदेश के मणिकरण तथा लद्दाख में पूगा घाटी में भू-तापीय ऊर्जा के दोहन के लिए परीक्षण किए जा रहे हैं।
- भारत में भू-तापीय ऊर्जा की क्षमता लगभग 600 मेगावाट है। देश में लगभग 113 उष्ण जल स्रोत तथा 340 स्थान हैं, जहाँ से भू-तापीय ऊर्जा प्राप्त की जा सकती है। छत्तीसगढ़ के तातापानी भू-तापीय क्षेत्र में 300 किलोवाट क्षमता का भू-तापीय बिजली संयन्त्र लगाने की मंजूरी एन एच पी सी को दी गई है।

शहरी तथा औद्योगिक कचरे से ऊर्जा

- भारत सरकार द्वारा प्रायोजित की गई अनुसन्धान परियोजनाओं से नगरपालिका जल-मल अपशिष्ट, सब्जी मण्डी के कचरे, चमड़ा उद्योग, आसवनशालाओं, चीनी मिलों, लुगदी व कागज उद्योग आदि के कचरे के विधायन और उपचार के लिए उन्नत प्रौद्योगिकी का विकास किया गया है।
- बंगलुरु में नगर ठोस अपशिष्ट से 8 मेगावाट बिजली के उत्पादन के लिए कार्य प्रगति पर है। दिल्ली में 10 मेगावाट क्षमता की एक और परियोजना शुरू कर दी गई है।

हाइड्रोजन ऊर्जा

- हाइड्रोजन ऊर्जा (Hydrogen Energy) कार्यक्रम का मुख्य उद्देश्य किसी स्थान या समय पर अधिशेष ऊर्जा कर हाइड्रोजन गैस पैदा करना तथा बाद में इस हाइड्रोजन का उपयोग ईंधन के रूप में करना।
- हाइड्रोजन ऊर्जा का सर्वाधिक शक्तिशाली स्रोत है, जिससे सस्ता ईंधन उपलब्ध कराया जा सकता है। इसके साथ ही अन्य ईंधनों की अपेक्षा हाइड्रोजन से प्राप्त प्रति इकाई क्षमता अधिक होती है तथा इसके प्रयोग से किसी प्रकार का प्रदूषण नहीं फैलता है।
- भारत में वर्ष 1983 में **हाइड्रोजन ऊर्जा तकनीकी सलाहकार समिति** के गठन के द्वारा हाइड्रोजन ऊर्जा के विकास में सकारात्मक शुरुआत की गई। हाइड्रोजन ऊर्जा रोडमैप बनाने तथा हाइड्रोजन ऊर्जा पर एक राष्ट्रीय कार्यक्रम के माध्यम से इसके कार्यान्वयन पर नजर रखने एवं नीतियों के निर्माण के लिए एक राष्ट्रीय हाइड्रोजन ऊर्जा बोर्ड का गठन किया गया है।

ऊर्जा के नवीनतम तकनीकी स्रोत

- **फ्यूल सैल** देश में छोटे फ्यूल सैल विद्युत संयन्त्रों का विकास किया गया है, जिसका पर्यावरण-हितैषी तरीके से कुशलतापूर्वक हाइड्रोजन और ऑक्सीजन की क्रिया से विद्युत उत्पादन किया जाता है। जून 1998 में तोशिबा द्वारा आयातित 200 किलोवाट के फ्यूल सैल विद्युत संयन्त्र को बीएचईएल, हैदराबाद में स्थापित किया गया है। सूचना प्रौद्योगिकी, पूर्वानुमान एवं मूल्यांकन परिषद् द्वारा एक हाइड्रोजन ऊर्जा प्रौद्योगिकियों को प्रोत्साहन देता है। इससे वायुमण्डल में कार्बन उत्सर्जन समाप्त किया जा सकेगा तथा उन्नत तकनीकियों के उपयोग से हाइड्रोजन ईंधन की बचत की जा सकेगी।
- **माइक्रोबियल फ्यूल सैल** जीवित जीवों को उत्प्रेरक के रूप में प्रयुक्त कर कुछ सबस्ट्रेटों से विद्युत उत्पादन करती है। सबस्ट्रेट के रूप में अजैव पदार्थ का प्रयोग करती है। यह जलशोधन हेतु भी प्रयुक्त होती है।
- **एस पी आई सी साइंस फाउण्डेशन** ने भी एक 5 किलो वोल्ट क्षमता का फ्यूल सैल-बैट्री हाइब्रिड वैन का विकास किया है। इण्डियन इंस्टीट्यूट ऑफ केमिकल टैक्नोलॉजी, हैदराबाद में मीथेनाल के प्रयो से चलने वाले 50 किलोवोल्ट क्षमता की फ्यूल सैल प्रणाली के विकास पर कार्य चल रहा है, जिसमें बाद में हाइड्रोजन का प्रयोग किया जा सकेगा।
- **मैग्नेटो हाइड्रो डायनामिक्स** मैग्नेटो हाइड्रो डायनामिक्स के सिद्धान्त द्वारा ताप ऊर्जा को सीधे विद्युत ऊर्जा में परिवर्तित किया जा सकता है। प्रायोगिक परीक्षण स्तर पर चल रहे इस सिद्धान्त के अन्तर्गत चुम्बकीय सतह पर तर चालक के प्रवाह द्वारा ताप ऊर्जा को सीधे विद्युत में परिवर्तित करने के लि अत्यधिक उच्च ताप (2800° K) की आवश्यकता पड़ती है। भारत में तमिलनाडु के **तिरुचिरापल्ली** में कोयले पर आधारित **एम एच डी अनुसन्धान परियोजना** के तहत 5 मेगावाट ताप ऊर्जा के स्तर के स्थापित संयन्त्र में चलाई जा रही है।
- **गैसोहोल** गन्ने के रस से तैयार किया गया यह ईंधन का एक सस्ता विकल्प है। गैसोहोल (Gasohol) के अन्तर्गत गन्ने के रस द्वारा प्राप्त सामान्य एल्कोहाल को पेट्रोल में मिलाकर भारत में पेट्रोल पर अत्यधिक व्यय तथा पेट्रोलियम प्रदूषण को रोका जा सकता है। गैसो होल ईंधन क वाहनों के इंजन में बिना किसी अतिरिक्त परिवर्तन के उपयोग में लाया सकता है। चेन्नई की मैसूर शुगर कम्पनी ने एल्कोहल एवं पेट्रोल को 25 : 27 के अनुपात में सम्मिश्रण से पेट्रोल की ऊर्जा क्षमता बढ़ाने में सफलता पाई है।
- **वनस्पति तेलों से ऊर्जा** इण्डियन इन्स्टीट्यूट ऑफ साइंस, बंगलुरु द्वारा कर्नाटक के तुमकुर जिले में कागेनाहतली में 57.5 किलोवाट का एक जनरेटर स्थापित किया गया है, जिसमें डीजल के स्थान पर अखाद्य वनस्पति तेल का प्रयोग किया जा रहा है।
- **बाँस से ऊर्जा** टाइफैक ने बाँस से बिजली उत्पादन करने की तकनीक विकसित की है। इस तकनीक से 10 किलोवाट से लेकर एक मेगावाट तक की बिजली के उत्पादन के संयन्त्र स्थापित किए जा सकते हैं। बाँस से बिजली उत्पादन गैसीफायर से किया जाता है।
- **जैव ईंधन** जैव ईंधन (Bio-fuel) वनस्पति तेल पशु वसा है, जिसे परम्परागत डीजल में मिलाकर ईंधन के रूप में इस्तेमाल किया जा सक है। यह महुआ, करंजा, कुसुम, धूपा, उण्डी, सिमरौबा, साल, पीलू, जजोबा, टुम्बा, जेट्रोफा आदि पौधों के बीजों से निकाला जाता है।
- केन्द्र सरकार ने पेट्रोलियम आयातों के भार में कमी लाने के उद्देश्य से **रतनज्योत** (वैज्ञानिक नाम *जेट्रोफा करकस*) के बीजों के तेल को डीज के विकल्प के रूप में उपयोग में लाने की योजना बनाई है। इस परियोजना के तहत 8 विभिन्न राज्यों आन्ध्र प्रदेश, उत्तर प्रदेश, कर्नाटक गुजरात, छत्तीसगढ़, मध्य प्रदेश, महाराष्ट्र व राजस्थान में कुल मिलाकर लाख हेक्टेयर क्षेत्र में रतनज्योत के पौधे लगाए जाएँगे।
- राष्ट्रीय उन्नत चूल्हा कार्यक्रम उन्नत चुल्हा अभियान, देश के ऊर्जा क्षेत्र में कुशल और लागत प्रभावी उन्नत जैव ईंधन को बढ़ावा देने हेतु प्रारम्भ किया गया। इन उन्नत चूल्हों से प्रदूषण कम फैलता है। वहीं अवशिष्ट पदार्थों का पुन: प्रयोग भी हो सकता है।

ारत में ऊर्जा के विकास े सम्बन्धित संस्थान

स्वतन्त्रता के पहले बिजली की आपूर्ति मुख्यत: निजी क्षेत्र में थी, किन्तु स्वतन्त्रता के बाद पंचवर्षीय योजनाओं के दौरान राज्य बिजली बोर्डों का गठन और ताप, जल और परमाणु ऊर्जा संस्थानों की स्थापना के बाद बिजली उत्पादन में महत्त्वपूर्ण प्रगति हुई। देश में बिजली के विकास का काम विद्युत मन्त्रालय देखता है, जिसको तकनीकी और आर्थिक मामलों में केन्द्रीय बिजली प्राधिकरण सहायता देता है।

बिजली ग्रिड केन्द्रीय क्षेत्र में सभी वर्तमान और भावी सम्प्रेषण परियोजनाओं तथा राष्ट्रीय बिजली ग्रिड के निर्माण के लिए उत्तरदायी है। निजी क्षेत्र को बड़ी बिजली परियोजनाओं की सहायता के लिए बिजली व्यापार निगम का गठन किया गया है, जो बिजली खरीद समझौतों को अन्तिम रूप देने वाला एकमात्र संगठन है।

ेन्द्रीय विद्युत प्राधिकरण

केन्द्रीय विद्युत प्राधिकरण विद्युत आपूर्ति अधिनियम, 1948 की धारा 3(1) के अन्तर्गत गठित (Appellate Tribunal for Electricity) एक वैधानिक संगठन है। अब यह संगठन विद्युत अधिनियम, 2003 की धारा 70 (1) से नियन्त्रित होता है। प्राधिकरण देश में विद्युत विकास की नीतियाँ और कार्यक्रम बनाने तथा विद्युत क्षेत्र में विभिन्न विकास गतिविधियों की योजना बनाने और उनमें समन्वय रखने का कार्य करता है।

्युत अपीलीय न्यायाधिकरण

विद्युत प्राधिकरण, 2003 की धारा 110 के तहत केन्द्र सरकार ने 7 अप्रैल, 2004 को विद्युत अपीलीय न्यायाधिकरण गठित किया, इसका मुख्यालय दिल्ली में है। न्यायाधिकरण नियामक आयोगों/न्यायिक अधिकरणों के आदेशों के विरुद्ध अपीलों की सुनवाई करेगा।

रतीय पुनरोपयोगी ऊर्जा विकास एजेंसी

पुनरोपयोगी या नवीकरणीय गैर-परम्परागत ऊर्जा स्रोतों पर आधारित परियोजनाओं के विकास के लिए तकनीकी एवं आर्थिक सहायता प्रदान करने के उद्देश्य से वर्ष 1987 में इरेडा (Indian Renewable Energy Development Agency, IREDA) की स्थापना की गई। एजेंसी द्वारा गैर-परम्परागत ऊर्जा क्षेत्र में प्रवेश करने वाले नए उद्यमियों को समुचित प्रशिक्षण देने के लिए **उद्यमी विकास कार्यक्रम** (Industrial Development Programme) चलाया गया है। राज्य सरकारों ने भी इसी तरह की संस्थाओं की स्थापना की है; जैसे—बिहार पुनरोपयोगी ऊर्जा विकास संगठन।

केन्द्रीय बिजली नियामक आयोग

- केन्द्रीय बिजली नियामक आयोग (Central Power Training Institute, CPTI) की स्थापना विद्युत नियामक आयोग अधिनियम, 1998 के अन्तर्गत 25 जुलाई, 1998 को अर्द्ध न्यायिक शक्तियों वाले एक स्वतन्त्र वैधानिक निकाय के रूप में की गई थी, इसमें एक अध्यक्ष एवं चार सदस्य होते हैं।

भारतीय ऊर्जा सुरक्षा परिदृश्य, 2047

नीति आयोग द्वारा शुरू भारतीय ऊर्जा सुरक्षा परिदृश्य 2047 का उद्देश्य भविष्य में वर्ष 2047 तक विभिन्न क्षेत्रों में भारत में ऊर्जा की मांग और पूर्ति क्षमता का पता लगाना है।

इसके महत्वपूर्ण बिन्दु निम्नलिखित हैं

- यह भविष्य में संभावित ऊर्जा स्रोतों जैसे—सौर, पवन, गोबर गैस, तेल, गैस, कोयला, परमाणु ऊर्जा तथा ऊर्जा की खपत वाले क्षेत्र, जैसे—परिवहन, उद्योग, कृषि, रसोई तथा रोशनी के उपकरणों में प्रयोग होने तथा उत्पादित होने वाली कुल ऊर्जा का आकलन करता है।
- यह आकलन उपभोक्ता को संवादात्मक रूप से ऊर्जा के चयन में सहयोग करता है तथा देश में कार्बन उत्सर्जन की मात्रा और ऊर्जा के लिए आयात निर्भरता का पता लगाता है।
- यह ऊर्जा परिदृश्य भारत को ऊर्जा के क्षेत्र में आत्म-निर्भर बनाने में तथा भविष्य की ऊर्जा नीति योजना में सहायता करेगा।
- इस कार्यक्रम में ब्रिटेन का ऊर्जा और जलवायु परिवर्तन विभाग नीति आयोग का सहयोगी है।

अभ्यास प्रश्न

1. राजस्थान की नाथरा-की-पाल क्षेत्र में कौन-सा खनिज पाया जाता है?

(a) लौह-अयस्क (b) ताँबा
(c) सीसा व जस्ता (d) मैंगनीज

2. निम्न में से खनिज संसाधनों की सर्वाधिक सम्पन्नता जहाँ है वह है

(a) कर्नाटक (b) केरल
(c) महाराष्ट्र (d) तमिलनाडु

3. निम्नलिखित में से कौन धातु-खनिज नहीं है?

(a) हेमेटाइट (b) बॉक्साइट
(c) जिप्सम (d) लिमोनाइट

4. निम्नलिखित राज्यों में से कौन एक अभ्रक का उत्पादन नहीं करता है?

(a) झारखण्ड (b) मध्य प्रदेश
(c) राजस्थान (d) आन्ध्र प्रदेश

5. जवाहरलाल नेहरू राष्ट्रीय सौर मिशन के सम्बन्ध में निम्नलिखित कथनों पर विचार कीजिए

1. जनवरी, 2010 में इसकी शुरुआत हुई।
2. इस मिशन के लक्ष्यों को 2022 तक पूरा किया जाना है।
3. इस मिशन का उद्देश्य भारत को 2022 तक सौर ऊर्जा के अग्रणी उत्पादक देश के रूप में स्थापित करना है।

इनमें से कौन-सा/से कथन सही है/हैं?

(a) 1 और 2 (b) केवल 1
(c) 2 और 3 (d) ये सभी

6. निम्नांकित को सुमेलित कीजिए

सूची I	सूची II
A. पलामू	1. ताँबा
B. हजारीबाग	2. मैंगनीज
C. खेतड़ी	3. अभ्रक
D. क्योंझर	4. बॉक्साइट

कूट

	A	B	C	D		A	B	C	D
(a)	4	3	2	1	(b)	2	4	1	3
(c)	3	2	4	1	(d)	3	4	1	2

7. भारत के सर्वाधिक कोयला भण्डार पाए जाते हैं

(a) छत्तीसगढ़ में (b) झारखण्ड में
(c) मध्य प्रदेश में (d) ओडिशा में

8. 14 एन ई एम पी ब्लॉक्स, I जे वी ब्लॉक्स, 2 नोमिनेशन ब्लॉक्स एवं 4 सी बी एम ब्लॉक्स सम्बन्धित हैं

(a) जिप्सम पट्टी में (b) स्वर्ण पट्टी में
(c) पेट्रोलियम अन्वेषण से (d) लिग्नाइट पट्टी में

9. तपोवन और विष्णुगढ़ जल विद्युत परियोजनाएँ कहाँ अवस्थित हैं?

(a) मध्य प्रदेश (b) उत्तर प्रदेश
(c) उत्तराखण्ड (d) राजस्थान

10. निम्नलिखित राज्यों में से किस एक में नामचिक-नामफुक कोयला-क्षेत्र अवस्थित हैं?

(a) अरुणाचल प्रदेश (b) मेघालय
(c) मणिपुर (d) मिजोरम

11. मंगला-भाग्यम् , शक्ति एवं ऐश्वर्या

(a) अनुसूचित जाति की बालिकाओं के उत्थान के लिए तीन योजनाएँ हैं
(b) बाड़मेर-साँचौर बेसिन में खोजे गए तेल क्षेत्र हैं
(c) तीन निजी क्षेत्र में स्थापित विश्वविद्यालय हैं
(d) रामगढ़ पावर प्लाण्ट को आपूर्ति करने के लिए, जैसलमेर बेसिन से प्राकृतिक गैस का उत्पादन करना है

12. नूनमाटी का तेलशोधक कारखाना अवस्थित है

(a) असोम राज्य में (b) बिहार राज्य में
(c) गुजरात राज्य में (d) पश्चिम बंगाल में

13. सुमेलित कीजिए

सूची I (परमाणु विद्युत संयन्त्र/ गुरुजल संयन्त्र)	सूची II (राज्य)
A. थाल	1. आन्ध्र प्रदेश
B. मानगुरु	2. गुजरात
C. काकरापार	3. महाराष्ट्र
D. कैगा	4. राजस्थान
	5. कर्नाटक

कूट

	A	B	C	D		A	B	C	D
(a)	2	1	4	5	(b)	3	5	2	1
(c)	2	5	4	1	(d)	3	1	2	5

14. निम्नांकित में से किस देश के सहयोग से ओबरा ताप विद्युत केन्द्र की स्थापना की गई थी?

(a) अमेरिका (b) जर्मनी
(c) जापान (d) रूस

15. निम्नलिखित कथनों पर विचार कीजिए

1. भारत में थोरियम के निक्षेप नहीं हैं।
2. केरल की मोनाजाइट बालुका में यूरेनियम होता है।

उपरोक्त कथनों में से कौन-सा/से सही है/हैं?

(a) केवल 1
(b) केवल 2
(c) 1 और 2 दोनों
(d) न तो 1 और न ही 2

16. केरल के कई भागों की समुद्र तटीय बालू में निम्नलिखित पदार्थों में से कौन-से पाए जाते हैं?

1. इल्मेनाइट 2. जिरकॉन
3. सिल्मेनाइट 4. टंग्स्टन

नीचे दिए गए कूट का उपयोग कर सही उत्तर चुनिए

(a) 1, 3 और 4 (b) 1, 2 और 3
(c) 3 और 4 (d) 1 और 2

17. सुमेलित कीजिए

सूची I	सूची II
A. खनिज तेल	1. ओडिशा
B. जिप्सम	2. कर्नाटक
C. सोना	3. गुजरात
D. बॉक्साइट	4. राजस्थान

कूट

	A	B	C	D		A	B	C	D
(a)	3	2	1	4	(b)	2	1	4	3
(c)	4	3	1	2	(d)	3	4	2	1

18. राजस्थान के बाड़मेर-सांचोर ट्रोणी में तेल के अन्वेषण तथा वाणिज्यिक उत्पादन से निम्नलिखित कम्पनियों में से कौन-सी एक सम्बद्ध है?
(a) केयर्न एनर्जी
(b) यूनोकल कॉर्पोरेशन
(c) रिलायन्स एनर्जी वेन्चर्स
(d) ONGC

19. निम्नलिखित में से कौन सुमेलित नहीं है?
(a) आँवला – उर्वरक
(b) नेपानगर – कागज
(c) सिन्द्री – ताँबा
(d) नरौरा – अणुशक्ति

20. भारत में टिन संसाधन वाला अग्रगण्य उत्पादक राज्य है
(a) आन्ध्र प्रदेश (b) छत्तीसगढ़
(c) झारखण्ड (d) ओडिशा

21. निम्न कथनों पर विचार करें
1. मणिकर्ण में भू-तापीय ऊर्जा के इस्तेमाल के लिए 5 किलोवाट क्षमता की परियोजना चलायी जा रही है।
2. भू-तापीय ऊर्जा पृथ्वी की सतह से 10 किमी की गहराई तक की ऊष्मा से प्राप्त होती है।
3. भू-तापीय ऊर्जा का मुख्य स्रोत गर्म चट्टानें तथा गर्म जल धारा है।

उपरोक्त में सही कथन हैं
(a) 1 और 2 (b) 2 और 3
(c) 1 और 3 (d) ये सभी

22. निम्नांकित में से कौन-सा/से युग्म सही सुमेलित है/हैं?
1. कोरबा कोयला खदान – ओडिशा
2. खेतड़ी ताँबा खदान – राजस्थान
3. कोडरमा अभ्रक खदान – मध्य प्रदेश

कूट
(a) 1 और 3 (b) 2 और 3
(c) केवल 2 (d) ये सभी

23. 'जवाहर लाल नेहरू सोलर एनर्जी मिशन' से सम्बन्धित निम्न तथ्यों पर विचार कीजिए
1. इस योजना के तहत वर्ष 2022 तक 20,000 मेगावाट बिजली सौर ऊर्जा से प्राप्त करने का लक्ष्य रखा गया है।
2. इस योजना का उद्देश्य आयातित तेल पर भारत की निर्भरता 90% तक कम करना है।
3. इस योजना के तहत देश में सौर विद्युत के पहले वाणिज्यिक संयन्त्र की स्थापना अमृतसर के रामदास के निकट अवान गाँव में की गई है।

उपरोक्त कथनों में से कौन-सा/से कथन सही है/हैं?
(a) केवल 1 (b) 1 और 2
(c) 2 और 3 (d) 1, 2 और 3

24. भारत में पहले बायोडीजल संयन्त्र को स्थापना कहाँ की गई है?
(a) काकीनाडा (आन्ध्र प्रदेश)
(b) माण्डवी (गुजरात)
(c) भोपाल (मध्य प्रदेश)
(d) अमृतसर (पंजाब)

25. निम्नलिखित में से कौन-सा/से भारतीय कोयले के अभिलक्षण है/हैं?
1. उच्च भस्म अंश 2. निम्न सल्फर अंश
3. निम्न भस्म संगलन तापमान

कूट
(a) 1 और 2 (b) केवल 2
(c) 1 और 3 (d) ये सभी

26. कोयले के वृहत भण्डार होते हुए भी भारत क्यों मिलियन टन कोयले का आयात करता है?.
1. भारत की यह नीति है कि वह अपने कोयले भण्डार को भविष्य के लिए सुरक्षित रखने और वर्तमान उपयोग के लिए अन्य देशों से आयात करे।
2. भारत के अधिकतर विद्युत संयन्त्र कोयले आधारित हैं और उन्हें देश से पर्याप्त मात्रा में कोयले की आन्तरिक आपूर्ति नहीं हो पाती।
3. इस्पात कम्पनियों को बड़ी मात्रा में कोक कोयले की आवश्यकता पड़ती है, जिसे आयात करना पड़ता है।

उपरोक्त कथनों में से कौन-सा/से कथन सही हैं?
(a) केवल 1 (b) 2 और 3
(c) 1 और 3 (d) ये सभी

27. राजस्थान किसका सर्वाधिक उत्पादक है?
(a) ग्रेनाइट (b) कपास
(c) ऊन (d) मसाले

28. भारत विश्व में अग्रणी उत्पादक है
(a) हीरे का (b) लौह-अयस्क का
(c) अभ्रक का (d) टंग्स्टन का

29. निम्न में से कौन सुमेलित नहीं है?
(a) लिग्नाइट – नेवेली
(b) सोना – कोलार
(c) खनिज तेल – डिब्रूगढ़
(d) लोहा – डीडवाना

30. निम्न कथनों पर विचार करें
1. नेवेली तमिलनाडु में लिग्नाइट के सबसे बड़े भण्डार हैं।
2. सिंगरौली कोयला क्षेत्र मध्य प्रदेश में स्थित है।

उपरोक्त में सही कथन है/हैं
(a) केवल 1 (b) केवल 2
(c) 1 और 2 दोनों (d) न तो 1 और न ही 2

31. राजस्थान के जैसलेमर जिले का शाहगढ़ क्षेत्र वर्ष 2006 में निम्नलिखित में से किस कारण चर्चा का विषय था?
(a) उच्च गुणवत्ता गैस भण्डारों का मिलना
(b) यूरेनियम भण्डारों का मिलना
(c) जस्ता भण्डारों का मिलना
(d) पवन शक्ति इकाइयों का लगाना

32. भारत में कच्चे खनिज तेल उत्पादन के प्रमुख क्षेत्र हैं
(a) ब्रह्मपुत्र घाटी, गुजरात तट, पश्चिमी तट, पूर्वीतट
(b) गंगा घाटी, महाराष्ट्र तट, कोंकण तट, मालाबार तट
(c) कृष्णा-गोदावरी बेसिन, आन्ध्र प्रदेश तटीय क्षेत्र, पश्चिमी तट
(d) नर्मदा घाटी, महाराष्ट्र तट, पश्चिमी तट, पूर्वी तट

33. ओएनजीसी (ONGC) द्वारा गहरे समुद्र में तेल की खोज करने के लिए कौन-सी परियोजना आरम्भ की गई है?
(a) सागर समृद्धि परियोजना
(b) समुद्र रत्न परियोजना
(c) स्वर्ण जयन्ती परियोजना
(d) महासागर विकास परियोजना

34. निम्न कथनों पर विचार कीजिए
(a) भारत में पहला नाभिकीय ऊर्जा विद्युतगृह तारापुर (महाराष्ट्र) में वर्ष 1969 में स्थापित किया गया।
(b) भारत में परमाणु ऊर्जा के उत्पादन हेतु यूरेनियम का उपयोग किया जाता है, जिसे परमाणु ऊर्जा रिएक्टर के अन्दर नियन्त्रित शृंखला अभिक्रिया द्वारा विखण्डित किया जाता है।
(c) भारत में परमाणु ऊर्जा का जनक डॉ. होमी जहाँगीर भाभा को माना जाता है, जिनके प्रयासों से वर्ष 1948 में परमाणु ऊर्जा आयोग की स्थापना की गई।
(d) ट्रॉम्बे (महाराष्ट्र) में वर्ष 1957 में आधार भू-विज्ञान के क्षेत्र में अनुसन्धान करने तथा परमाणु प्रौद्योगिकी विकसित करने के उद्देश्य से भाभा परमाणु केन्द्र की स्थापना की गई है।

35. सूची I को सूची II से सुमेलित कीजिए और सूचियों के नीचे दिए गए कूट का प्रयोग करते हुए सही उत्तर चुनिए

सूची I (खनिज)	सूची II (शीर्ष उत्पादक राज्य)
A. लौह-अयस्क	1. ओडिशा
B. ताँबा	2. कर्नाटक
C. सोना	3. राजस्थान
D. अभ्रक	4. आन्ध्र प्रदेश

कूट

	A	B	C	D		A	B	C	D
(a)	1	3	2	4	(b)	4	2	3	1
(c)	1	4	2	3	(d)	3	1	4	2

36. निम्नलिखित कथनों पर विचार कीजिए तथा नीचे दिए गए कूट से सही उत्तर चुनिए
1. लौह-अयस्क का सबसे अधिक भण्डार कर्नाटक में पाया जाता है।
2. भारत विश्व में लौह-अयस्क का दूसरा सबसे बड़ा उत्पादक है।
3. भारत में ओडिशा लौह-अयस्क का सबसे बड़ा उत्पादक है।

कूट
(a) केवल 1 (b) 2 और 3
(c) 1 और 3 (d) ये सभी

37. निम्न में से किसे आप कायान्तरित चट्टानों (मेटामॉरफिक चट्टान) से सम्बद्ध करेंगे?
(a) ताँबा
(b) गारनेट (तामड़ा)
(c) मैंगनीज
(d) पायराइट

38. भारत के खनिज संसाधनों के सन्दर्भ में, निम्नलिखित युग्मों पर विचार कीजिए

खनिज		90% प्राकृतिक स्रोत कहाँ हैं
1. ताँबा	–	झारखण्ड
2. निकेल	–	ओडिशा
3. टंग्स्टन	–	केरल

उपरोक्त युग्मों में से कौन-सा/से सही सुमेलित है/हैं?
(a) 1 और 2 (b) केवल 2
(c) 1 और 3 (d) ये सभी

39. निम्न कथनों पर विचार करें
1. भारत का सबसे पहला सोलर ऊर्जा पावर प्लाण्ट गुड़गाँव में लगाया जा रहा है।
2. भारत ने सन् 2022 तक सोलर ऊर्जा से 20,000 मेगावाट बिजली उत्पादन का लक्ष्य रखा है।
3. सोलर ऊर्जा एक प्रदूषण रहित ऊर्जा उत्पादन है।

उपरोक्त में सही कथन हैं
(a) 1 और 2 (b) 2 और 3
(c) 1 और 3 (d) ये सभी

40. 'राजीव गाँधी ग्रामीण विद्युतीकरण योजना' से सम्बन्धित निम्न तथ्यों में कौन सा गलत है?
(a) इस योजना का उद्देश्य ग्रामीण क्षेत्रों में घरों में बिजली उपलब्ध कराना है।
(b) 'राजीव गाँधी ग्रामीण विद्युतीकरण योजना' राष्ट्रीय न्यूनतम साझा कार्यक्रम के लक्ष्यों को पूरा करने हेतु शुरू की गई है।
(c) 'कुटीर ज्योति कार्यक्रम' इस योजना का एक अंग है, जिसमें गरीबी रेखा से नीचे रहने वाले ग्रामीण परिवारों के आवासों के विद्युतीकरण के लिए सब्सिडी उपलब्ध कराने की व्यवस्था है।
(d) राजीव गाँधी ग्रामीण विद्युतीकरण योजना की शुरूआत अप्रैल, 2008 में हुई।

41. भारत में तेलशोधक कारखानों का निम्नलिखित में से कौन-सा एक अनुक्रम, उनके स्थापना-काल के सन्दर्भ में सही है (आद्यतम से प्रारम्भ होकर)?
(a) बरौनी–हल्दिया–गुवाहाटी–मथुरा
(b) बरौनी–मथुरा–गुवाहाटी–हल्दिया
(c) गुवाहाटी–हल्दिया–मथुरा–बरौनी
(d) गुवाहाटी–बरौनी–हल्दिया–मथुरा

42. सबसे बड़ा तेलशोधक कारखाना पाया जाता है
(a) पोरबन्दर (b) जामनगर
(c) अहमदाबाद (d) सूरत

43. निम्नलिखित तेलशोधक कारखानों को पश्चिम से पूर्व की ओर क्रमबद्ध कीजिए
1. कोयली 2. बोंगइगाँव 3. मथुरा 4. हल्दिया
नीचे दिए गए कूट का प्रयोग कर सही उत्तर चुनिए
(a) 1-2-3-4 (b) 1-3-4-2
(c) 3-1-2-4 (d) 2-4-3-1

44. जावर खानें किसके लिए महत्त्वपूर्ण हैं?
(a) बॉक्साइट (b) टंग्स्टन
(c) जस्ता (d) सीसा

45. कुद्रेमुख की लौह-अयस्क के निर्यात की अधिक सम्भावना कहाँ से है?
(a) गोवा (b) कोच्चि
(c) मंगलौर (d) एन्नोर

46. निम्नलिखित में से कौन-सा एक लौह एवं इस्पात संयन्त्र ब्रिटिश सहयोग से स्थापित किया गया है?
(a) भिलाई (b) राउरकेला
(c) बोकारो (d) दुर्गापुर

47. झरिया किस खनिज उत्पादन के लिए भारत में प्रसिद्ध है?
(a) लोहा (b) कोयला
(c) अभ्रक (d) ताँबा

48. भारत में मिलने वाला अधिकांश कोयला किस भू-भाग में निक्षेपित हुआ है?
(a) धारवाड़ (b) गोण्डवाना
(c) आर्कियन (d) टर्शियरी

49. गुजरात में बडौदरा क्षेत्र की मोतीपुरा खान से कौन-सा पत्थर निकाला जाता है?
(a) लाल संगमरमर (b) काला संगमरमर
(c) सफेद संगमरमर (d) ये सभी

50. भारत में सर्वाधिक हीरा निम्न में से किस स्थान से निकाला जाता है?
(a) पन्ना (मध्य प्रदेश) (b) गोलकुण्डा (कर्नाटक)
(c) जयपुर (राजस्थान) (d) क्विलोन (केरल)

51. निम्नलिखित में कौन-सा कथन असत्य है?
(a) एन्थ्रासाइट कोयला सर्वोत्तम किस्म का कोयला है
(b) भारत में पाया जाने वाला अधिकांश कोयला बिटुमिनस प्रकार का है
(c) जम्मू-कश्मीर में एन्थ्रासाइट कोयला पाया जाता है
(d) भारत में कोयले का संचित भण्डार मुख्यतः 78° पूर्वी देशान्तर के पश्चिम में पाया जाता है

52. भारत में खनिज तेल के भण्डार मुख्यतः किस प्रकार की चट्टानों में पाए जाते हैं?
(a) आग्नेय (b) अवसादी
(c) कायान्तरित (d) ये सभी

53. बैलाडिला किसके लिए प्रसिद्ध है?
(a) बॉक्साइट (b) लौह-अयस्क
(c) ताँबा (d) कोयला

54. खेतड़ी किसके लिए प्रसिद्ध है?
(a) सोना (b) ताँबा
(c) एल्युमीनियम (d) उर्वरक

55. निम्न में से कौन-सा राज्य प्रमुख कोयला उत्पादक नहीं है?
(a) छत्तीसगढ़ (b) पश्चिम बंगाल
(c) महाराष्ट्र (d) राजस्थान

56. कुद्रेमुख लौह खनिज परियोजना निम्नलिखित में से किस राज्य में स्थित है?
(a) कर्नाटक (b) झारखण्ड
(c) छत्तीसगढ़ (d) आन्ध्र प्रदेश

57. बैलाडीला खान से खनन किए जाने वाले लौह-अयस्क को निम्नलिखित में से किस बन्दरगाह से निर्यात किया जाता है?
(a) मार्मागाओ
(b) न्यू मंगलौर
(c) विशाखापत्तनम
(d) हल्दिया

58. मध्य प्रदेश में कोरबा का महत्त्व है
(a) एल्युमीनियम उद्योग के कारण
(b) ताँबा धातु के कारण
(c) अभ्रक के कारण
(d) इस्पात उद्योग के कारण

उत्तरमाला

1.	(a)	2.	(a)	3.	(c)	4.	(b)	5.	(d)	6.	(d)	7.	(b)	8.	(c)	9.	(c)	10.	(a)
11.	(b)	12.	(a)	13.	(d)	14.	(d)	15.	(d)	16.	(b)	17.	(d)	18.	(a)	19.	(c)	20.	(b)
21.	(d)	22.	(c)	23.	(d)	24.	(a)	25.	(a)	26.	(b)	27.	(a)	28.	(c)	29.	(d)	30.	(c)
31.	(a)	32.	(a)	33.	(a)	34.	(d)	35.	(a)	36.	(c)	37.	(b)	38.	(b)	39.	(d)	40.	(d)
41.	(a)	42.	(b)	43.	(b)	44.	(c)	45.	(c)	46.	(d)	47.	(b)	48.	(b)	49.	(c)	50.	(a)
51.	(d)	52.	(b)	53.	(b)	54.	(b)	55.	(b)	56.	(a)	57.	(c)	58.	(a)				

अध्याय 12

भारत : कृषि एवं सिंचाई

भारतीय कृषि

- कृषि भारतीय अर्थव्यवस्था एवं सामाजिक व्यवस्था का प्रमुख आधार है। एक ओर जहाँ यह भारत की अधिकांश जनसंख्या को प्रभावित करती है, वहीं दूसरी ओर यह भारतीय जलवायु (Indian Climate), मृदा एवं अन्य संस्थागत कारकों से भी प्रभावित होती है।
- भारत एक कृषि प्रधान देश है। अभी भी यहाँ की आधी से अधिक जनसंख्या का भरण-पोषण कृषि पर निर्भर है। यद्यपि सकल राष्ट्रीय उत्पादन में कृषि का अंशदान वर्ष 1951 में 60% से घटकर वर्ष 2015-16 में 16.9% तक पहुँच गया, फिर भी इसकी भूमिका महत्त्वपूर्ण है, क्योंकि यह लगभग 55% जनसंख्या के रोजगार का स्रोत है। औद्योगिक क्षेत्र की प्रगति और उपलब्धि भी कृषिगत कच्चे माल पर ही निर्भर करती है।
- भारत के कुल 328.726 मिलियन हेक्टेयर भौगोलिक क्षेत्रफल में से 195.10 मिलियन हेक्टेयर क्षेत्र (2015-16) पर कृषि की जाती है, जबकि इसमें से 139.9 मिलियन हेक्टेयर क्षेत्र **शुद्ध बुआई क्षेत्र** (Net Sown Area) है (42.57%) अर्थात् यहाँ वास्तविक रूप से कृषि होती है। गत 60 वर्षों में शुद्ध बुआई क्षेत्र में तीव्र गति से वृद्धि हुई है। वर्ष 1950-51 में इसके अधीन केवल 118.75 मिलियन हेक्टेयर क्षेत्र था।
- स्थानीय तौर पर पंजाब, हरियाणा, पश्चिम बंगाल, उत्तर प्रदेश, बिहार, कर्नाटक और महाराष्ट्र का 55% से अधिक प्रतिवेदित क्षेत्र (Reported Area) शुद्ध बुआई क्षेत्र के रूप में पाया जाता है। कृषि की दृष्टि से ये देश के अग्रणी क्षेत्र हैं।

कृषि के प्रकार

- आर्द्रता के प्रमुख उपलब्ध स्रोत के आधार पर कृषि को सिंचित कृषि तथा वर्षा निर्भर (बारानी) कृषि में वर्गीकृत किया जाता है। सिंचित कृषि में भी सिंचाई के उद्देश्य के आधार पर अन्तर पाया जाता है; जैसे—रक्षित सिंचाई कृषि तथा उत्पादक सिंचाई कृषि।
- **रक्षित सिंचाई** का मुख्य उद्देश्य आर्द्रता की कमी के कारण फसलों को नष्ट होने से बचाना है, जिसका अभिप्राय यह है कि वर्षा के अतिरिक्त जल की कमी को सिंचाई द्वारा पूरा किया जाता है। इस प्रकार की सिंचाई का उद्देश्य अधिकतम क्षेत्र को पर्याप्त आर्द्रता उपलब्ध कराना है। उत्पादक सिंचाई का उद्देश्य फसलों को पर्याप्त मात्रा में पानी उपलब्ध कराकर अधिकतम उत्पादकता प्राप्त करना है।
- **उत्पादक सिंचाई** में जल निवेश की मात्रा रक्षित सिंचाई की अपेक्षा अधिक होती है। वर्षा निर्भर कृषि भी ऋतु में उपलब्ध आर्द्रता मात्रा के आधार पर दो वर्गों, **शुष्क कृषि** तथा **आर्द्र कृषि** में बाँटी जाती है।
- शुष्क क्षेत्रीय कृषि और वर्षा आधारित कृषि में वर्षा की मात्रा के आधार पर अन्तर किया जाता है। वर्षा आधारित कृषि में वर्षा की मात्रा 75 सेमी से अधिक पाई जाती है, जिससे वर्षा ऋतु में यहाँ जल की मात्रा फसलों की आवश्यकता से अधिक होती है।

कृषि के अन्य प्रकार एवं प्रतिरूप

कृषि के रूप	विशेषताएँ
झूम कृषि	पूर्वोत्तर क्षेत्र में, वनों को जलाकर की जाती है।
गहन कृषि	कृषि आगतों का अधिक उपयोग।
विस्तृत कृषि	बड़े भूखण्डों (जोतों) में की जाने वाली कृषि।
बागानी कृषि	पहाड़ी ढालों के सहारे बागानों में की जाने वाली कृषि।
जीवन-निर्वाह कृषि	जीवनयापन के उद्देश्य से।
मिश्रित कृषि	कृषि के साथ पशुपालन।
सतत कृषि	पारिस्थितिकी के सिद्धान्तों के अनुसार की जाने वाली कृषि।
मिश्रित फसल	दो-या-दो से अधिक फसलों को एक साथ एक ही खेत में उगाना।
अन्तराफसलीकरण	दो-या-दो से अधिक फसलों को एक साथ एक निश्चित पैटर्न पर उगाना।
फसल चक्र	परिपक्वता के आधार पर विभिन्न फसल सम्मिश्रण के लिए फसल चक्र।

भारत की फसल ऋतुएँ

भारत की भौतिक संरचना, जलवायविक एवं मृदा सम्बन्धी विभिन्नताएँ ऐसी हैं, जो विभिन्न प्रकार की फसलों की कृषि को प्रोत्साहित करती हैं। देश के उत्तरी एवं आन्तरिक भागों में तीन प्रमुख फसल खरीफ, रबी व जायद के नाम से जानी जाती हैं।

1. खरीफ

- ये वर्षा काल की फसलें हैं, जो जून-जुलाई में दक्षिण-पश्चिम मानसून के प्रारम्भ होने के साथ बोई जाती हैं तथा सितम्बर-अक्टूबर तक काट ली जाती हैं। इसमें उष्णकटिबन्धीय फसलें शामिल हैं, जिसके अन्तर्गत चावल, ज्वार, बाजरा, मक्का, जूट, मूँगफली, कपास, सन, तम्बाकू, मूँग, उड़द, लोबिया आदि की कृषि की जाती है।

2. रबी

- ये फसलें सामान्यत: अक्टूबर में बोई जाती हैं और मार्च में काट ली जाती हैं। इस समय का कम तापमान शीतोष्ण एवं उपोष्ण कटिबन्धीय फसलों के लिए सहायक होता है। इस ऋतु में सिंचाई की आवश्यकता ज्यादा पड़ती है। इसके अन्तर्गत शामिल प्रमुख फसलें—गेहूँ, जौ, चना, मटर, सरसों, राई आदि हैं।

3. जायद

- जायद एक अल्पकालिक एवं ग्रीष्मकालीन फसल है, जो रबी एवं खरीफ के मध्यवर्ती काल में अर्थात् अप्रैल में बोई जाती है और जून तक काट ली जाती है। इसमें सिंचाई की सहायता से सब्जियों, खरबूजा, ककड़ी, खीरा, करेला आदि की कृषि की जाती है।
- मूँग एवं कुल्थी जैसी दलहन फसलें भी इस समय उगाई जाती हैं। यद्यपि इस प्रकार की पृथक् फसल ऋतुएँ देश के दक्षिणी भागों में नहीं पाई जातीं। यहाँ का अधिकतम तापमान वर्ष भर किसी भी उष्णकटिबन्धीय फसल (Tropical Crop) की बुआई में सहायक है, इसके लिए पर्याप्त आर्द्रता उपलब्ध होनी चाहिए। इसलिए देश के इस भाग में जहाँ भी पर्याप्त मात्रा में सिंचाई सुविधाएँ उपलब्ध हैं। वहाँ एक वर्ष में एक ही फसल तीन बार उगाई जा सकती है।

भारतीय कृषि ऋतु

कृषि ऋतु	प्रमुख फसलें	
	उत्तरी भारत राज्य	दक्षिणी भारत
खरीफ (जून से सितम्बर)	चावल, कपास, बाजरा, मक्का,ज्वार, अरहर (तुर)	चावल, मक्का, रागी, ज्वार तथा मूँगफली
रबी (अक्टूबर से मार्च)	गेहूँ, चना, तोरई, सरसों, जौ	चावल, मक्का, रागी, मूँगफली
जायद (अप्रैल से जून)	वनस्पति, सब्जियाँ, फल, चारा फसलें	चावल, सब्जियाँ, चारा, फसलें

कृषि जलवायु प्रदेश

- कृषि जलवायु प्रादेशिक नियोजन का मुख्य उद्देश्य कृषि एवं सम्बद्ध संसाधनों का वैज्ञानिक उपयोग कर कृषि उत्पादन में सर्वाधिक वृद्धि करना, कृषि आय बढ़ाना और रोजगार के अधिक अवसर उत्पन्न करना है।
- *इन उद्देश्यों को ध्यान में रखते हुए मृदा प्रकार, वर्षा, तापमान, जल संसाधन, आदि सामान्य कृषि-जलवायु कारकों के आधार पर योजना आयोग ने देश को 15 प्रमुख कृषि जलवायु प्रदेशों में विभाजित किया है*

1. **पश्चिमी हिमालय प्रदेश** जम्मू-कश्मीर, हिमाचल प्रदेश, उत्तराखण्ड।
2. **पूर्वी हिमालय प्रदेश** दार्जिलिंग क्षेत्र, सिक्किम, अरुणाचल प्रदेश, नागालैण्ड, मिजोरम।
3. **निचला गंगा मैदान** पूर्वी बिहार, पश्चिम बंगाल और असम घाटी का क्षेत्र।
4. **मध्य गंगा मैदान** पूर्वी उत्तर प्रदेश व बिहार के भाग।
5. **ऊपरी गंगा मैदान** इनमें मध्यवर्ती और पश्चिमी उत्तर प्रदेश का क्षेत्र सम्मिलित है।
6. **गंगा-पार मैदान** पंजाब, हरियाणा, दिल्ली, चण्डीगढ़, राजस्थान का गंगानगर जिला।
7. **पूर्वी पठार और पहाड़ियाँ** छोटानागपुर पठार, राजमहल पहाड़ियाँ, छत्तीसगढ़ मैदान, दण्डकारण्य।
8. **मध्यवर्ती पठार एवं पहाड़ियाँ** बुन्देलखण्ड, बघेलखण्ड, भाण्डेर पठार, मालवा पठार, विन्ध्याचल पहाड़ी।
9. **पश्चिमी पठार एवं पहाड़ियाँ** मालवा पठार का दक्षिणी भाग, महाराष्ट्र का दक्कन पठार क्षेत्र।
10. **दक्षिण पठार एवं पहाड़ियाँ** दक्षिणी महाराष्ट्र, कर्नाटक, पश्चिमी आन्ध्र प्रदेश एवं उत्तरी तमिलनाडु के भाग।
11. **पूर्वी तटीय मैदान एवं पहाड़ियाँ** कोरोमण्डल व उत्तरी सागर तट।
12. **पश्चिमी तटीय मैदान एवं घाट** मालाबार एवं कोंकण तट और सह्याद्रि।
13. **गुजरात मैदान एवं पहाड़ियाँ** काठियावाड़ तथा साबरमती और माही नदी की उपजाऊ घाटी।
14. **पश्चिमी शुष्क प्रदेश** अरावली के पश्चिम का पश्चिमी राजस्थान।
15. **द्वीप प्रदेश** अण्डमान-निकोबार और लक्षद्वीप समूह के भाग।

भारत की प्रमुख फसलें

- भारत की प्रमुख फसलों को कई भागो में बाँटा जाता है; जैसे खाद्यान्न फसलें, दलहन फसलें, तिलहन फसलें एवं नकदी फसलें। *सभी का विस्तृत विवरण निम्नलिखित है*

खाद्य फसलें

- वृहत् जनसंख्या हेतु भोजन पूर्ति के कारण भारत की कृषि में खाद्यान्नों की प्रधानता पाई जाती है, जो सम्पूर्ण कृषित क्षेत्र की 60.86% भाग को अधिकृत किए हुए है। इन खाद्य फसलों (Food crops) में अनाज और दालें हैं, जिनमें चावल, गेहूँ, ज्वार, बाजरा, मक्का, जौ, रागी, चना और अरहर प्रमुख हैं।

चावल

- चावल (Rice) एक देशज फसल है, जिसकी कृषि देश के समूचे भाग में की जाती है। चावल मुख्यत: खरीफ की फसल है, जिसे जून से अगस्त के बीच में बोया जाता है एवं कटाई नवम्बर और दिसम्बर के मध्य की जाती है। इसकी कृषि समुद्र तल से 200 मी की ऊँचाई तक पूर्वी भारत के आर्द्र भागों से लेकर उत्तर-पश्चिमी भारत के शुष्क, किन्तु सिंचित क्षेत्रों में सफलतापूर्वक की जाती है।
- दक्षिणी राज्यों तथा पश्चिम बंगाल में जलवायु अनुकूलता के कारण एक वर्ष में चावल की दो या तीन फसलें उगाई जाती हैं, जिन्हें पश्चिम बंगाल में ऑस, अमन तथा बोरो कहा जाता है। इसके लिए तापमान 23-29° सेग्रे होना चाहिए।

उपज की दशाएँ

- **तापमान** चावल की कृषि के लिए कम-से-कम 20° सेग्रे तापमान होना चाहिए। इसे बोते समय 21° सेग्रे, बढ़ते समय 24° सेग्रे तथा पकते समय 27° सेग्रे तापमान की आवश्यकता होती है।

- **वर्षा** चावल जल में अंकुरित होने वाला पौधा है। इसे बोते समय खेत में लगभग 20 से 30 सेमी गहरा जल भरा होना चाहिए। चावल की फसल के लिए 125 से 200 सेमी वार्षिक वर्षा आवश्यक है। बुवाई के समय वर्षा अधिक होनी चाहिए। ज्यों-ज्यों पकने का समय आता है, त्यों-त्यों कम वर्षा की आवश्यकता रहती है। 100 सेमी वार्षिक वर्षा की समवर्षा रेखा चावल की कृषि करने वाले क्षेत्रों की प्राकृतिक सीमा निर्धारित करती है। 100 सेमी से कम वार्षिक वर्षा वाले इलाकों में सिंचाई की सहायता से चावल की कृषि की जाती है। चावल के कृषित क्षेत्र का 58.7% भाग सिंचित है।
- **मिट्टी** चावल के लिए बहुत उपजाऊ मिट्टी चाहिए। इसके लिए चीकायुक्त दोमट मिट्टी उपयुक्त होती है। नदियों द्वारा लाई गई जलोढ़ मिट्टी में यह पौधा भली-भाँति उगता है। चावल की कृषि के लिए हल्के ढाल वाले मैदानी भाग अनुकूल होते हैं। नदियों के डेल्टों तथा बाढ़ के मैदानों में चावल खूब उपजता है।
- **श्रम** चावल की कृषि में मशीनों से काम नहीं लिया जा सकता है, इसलिए भूमि की जुताई, पौधों का प्रतिरोपण, फसल की कटाई, धान का छिलका हटाने तथा कूटने आदि का सारा काम हाथों से करना पड़ता है। इस प्रकार चावल की कृषि को खुरपे की कृषि (Hoe-culture) कहते हैं। अत: इसकी कृषि के लिए अत्यधिक श्रम की आवश्यकता होती है। यही कारण है कि चावल की खेती साधारणतया घनी जनसंख्या वाले क्षेत्र में जाती है।
- **क्षेत्र एवं उत्पादन** भारत में पंजाब राज्य चावल उत्पादकता में शीर्ष स्थान पर है। यद्यपि सभी राज्यों में चावल की कृषि की जाती है, किन्तु इसका अधिकांश कृषि क्षेत्र केवल आठ राज्यों क्रमशः पश्चिम बंगाल, उत्तर प्रदेश, आन्ध्र प्रदेश, पंजाब, ओडिशा, बिहार छत्तीसगढ़ तथा तमिलनाडु में पाया जाता है। उत्पादन के क्रम में पश्चिम बंगाल, उत्तर प्रदेश तथा पंजाब क्रमशः पहले दूसरे तथा तीसरे स्थान पर है। चावल के उत्पादन में वर्ष 1950-51 से 2015-16 तक लगभग पाँच गुना की वृद्धि हुई है।

गेहूँ

- चावल के उपरान्त गेहूँ (Wheat) देश का दूसरा महत्त्वपूर्ण खाद्यान्न है, इसके अन्तर्गत वर्ष 2015-16 में कुल खाद्यान्नों के क्षेत्रफल का लगभग 25% भाग और उत्पादन का लगभग 36% भाग पाया जाता है। विश्व के गेहूँ उत्पादक देशों में भारत का दूसरा स्थान है।
- वर्ष 1967-68 के बाद गेहूँ की कृषि की उल्लेखनीय प्रगति के कारण ही देश खाद्यान्नों के मामले में आत्मनिर्भर हो सका है। भारत में गेहूँ **रबी** की फसल के रूप में उगाया जाता है। भारत का अधिकांश गेहूँ विशाल मैदान की जलोढ़ मिट्टियों के क्षेत्र में उगाया जाता है।

उपज की दशाएँ

- **तापमान** गेहूँ के उगते समय 10° सेग्रे तथा पकते समय 15° से 20° सेग्रे तापमान की आवश्यकता होती है।
- **वर्षा** गेहूँ की कृषि के लिए 75 सेमी वार्षिक वर्षा की आवश्यकता होती है। 100 सेमी से अधिक वार्षिक वर्षा वाले क्षेत्रों में गेहूँ की कृषि नहीं की जाती। सिंचाई की सहायता से गेहूँ 20 सेमी वार्षिक वर्षा वाले क्षेत्रों में भी उगाया जा सकता है। वर्षा की मात्रा उगते समय अधिक होनी चाहिए। ज्यों-ज्यों गेहूँ का पौधा बढ़ता है, त्यों-त्यों वर्षा की आवश्यकता कम होती जाती है तथा पकते समय वर्षा गेहूँ के लिए हानिकारक है।
- **मिट्टी** गेहूँ की कृषि अनेक प्रकार की मिट्टियों में की जा सकती है, परन्तु हल्की मृत्तिका मिट्टी (Clay Soil), मृत्तिकायुक्त दोमट मिट्टी, भारी दोमट मिट्टी तथा बलुई दोमट मिट्टी इसके लिए उत्तम होती है। गेहूँ की कृषि में बड़े पैमाने पर यन्त्रों का प्रयोग किया जाता है, इसलिए इसे समतल मैदानी भागों की आवश्यकता होती है।
- **श्रम** गेहूँ की कृषि में यन्त्रों का प्रयोग अधिक किया जाता है, क्योंकि इसकी कृषि के लिए अधिक श्रम की आवश्यकता नहीं होती है।
- **क्षेत्र एवं उत्पादन** गेहूँ की कृषि देश के सकल कृषि क्षेत्र के लगभग 15% भाग पर की जाती है। वर्ष 1950-57 से 2009-10 के बीच गेहूँ के क्षेत्र में 186% की वृद्धि देखी गई है। भारत में गेहूँ की उत्पादकता 3,075 किग्रा/हेक्टेयर है।

गेहूँ का देश के कुल अनाज और खाद्यान्न में क्रमश: 36.37% और 34.4% का योगदान रहा है। भारत के अधिकांश गेहूँ का उत्पादन केवल छ: राज्यों क्रमश: उत्तर प्रदेश, पंजाब, मध्य प्रदेश, हरियाणा, राजस्थान एवं बिहार से प्राप्त होता है। गेहूँ के अन्तर्गत कृषि क्षेत्र का 52.9% भाग सिंचाई युक्त है। विश्व में गेहूँ का सर्वाधिक उत्पादन चीन में तथा दूसरे स्थान पर भारत में होता है। भारत में उत्तर प्रदेश का गेहूँ उत्पादन में प्रथम स्थान है। यहाँ देश के कुल उत्पादन का 29% गेहूँ पैदा होता है।

ज्वार

- ज्वार (Jowar) अफ्रीकी मूल का पौधा है, उत्तरी भारत में इसे चारे के रूप में प्रयोग किया जाता है, परन्तु प्रायद्वीपीय भारत में यह महत्त्वपूर्ण खाद्य फसल है। ज्वार खरीफ तथा रबी दोनों प्रकार की फसल है।
- **तापमान** खरीफ की फसल के रूप में यह 26° से 35° सेग्रे तापमान वाले इलाकों में पैदा की जाती है। रबी की फसल को 16° सेग्रे से अधिक तापमान वाले इलाकों में बोया जाता है।
- **वर्षा** उगते समय इसे 30 सेमी वर्षा की आवश्यकता होती है और 100 सेमी से अधिक वर्षा वाले इलाकों में इसकी कृषि सम्भव नहीं है।
- **मिट्टी** यह दोमट तथा बलुई युक्त मिट्टी सहित कई प्रकार की मिट्टी में उग सकती है, परन्तु चीकायुक्त, गहरी रेगुर तथा काँप की मिट्टी इसके लिए आदर्श होती है। यह मुख्यत: मैदानी भागों में उगती है, परन्तु मन्द ढाल वाले इलाकों में भी ये उगाई जाती है। ज्वार की फसल को चावल, गेहूँ आदि जैसी फसलों के विस्तार से काफी क्षति पहुँची है। पहले की अपेक्षा इसके उत्पादन तथा क्षेत्रफल में बहुत कमी आई है।
- **क्षेत्र एवं उत्पादन** ज्वार देश के खाद्यान्नों के 4.6% क्षेत्र पर बोया जाता है। ज्वार का केवल 9.7% क्षेत्रफल ही सिंचित है। ज्वार मुख्यत: प्रायद्वीपीय भारत (Peninsular India) की फसल है। महाराष्ट्र ज्वार उत्पादन में प्रथम है, इसके बाद क्रमश: कर्नाटक, तमिलनाडु, मध्य प्रदेश एवं आन्ध्र प्रदेश इसके प्रमुख उत्पादक राज्य हैं, जो कुल मिलाकर देश के लगभग 85% ज्वार का उत्पादन करते हैं।

बाजरा

- बाजरा (Bajra) भी अफ्रीकी मूल का पौधा है। यह सामान्यतया शुष्क प्रदेशों की फसल है, यह महत्त्वपूर्ण मोटा अनाज है, जिसे भोजन के रूप में प्रयोग किया जाता है। इसे पशुओं के चारे तथा छप्पर बनाने के लिए भी प्रयोग किया जाता है।

- **तापमान** यह एक शुष्क जलवायु (Arid Climate) वाली फसल है, जो 40 से 50 सेमी वार्षिक वर्षा वाले इलाकों में बोई जाती है।
- **वर्षा** यह 100 सेमी से अधिक वर्षा वाले इलाकों में बहुत कम पैदा होती है। इसके लिए आदर्श तापमान 25° से 30° सेग्रे होता है।
- **मिट्टी** इसकी वृद्धि के लिए प्रारम्भिक चरणों में हल्की वर्षा के बाद तेज धूप बड़ी लाभकारी होती है। यह घटिया हल्की बलुई मिट्टी, काली मिट्टी, लाल मिट्टी तथा उच्च इलाकों की कंकरी मिट्टी (Grit Soil) में पैदा होती है। यह खरीफ की फसल है, जिसे मई से सितम्बर तक बोया जाता है और अक्टूबर से फरवरी/मार्च तक काट लिया जाता है। यह वर्षा पर आधारित फसल है, जिसे सिंचाई की आवश्यकता नहीं होती है।
- **क्षेत्र एवं उत्पादन** बाजरा के क्षेत्र में वर्ष 1970-71 के बाद से ह्रास हुआ है, जबकि इसके उत्पादन में उतार-चढ़ाव की प्रवृत्ति देखी जाती है। इस समय देश में बाजरा का 73% कृषि क्षेत्र उन्नतशील किस्मों के अन्तर्गत है। देश में बाजरा का 8.5% कृषि क्षेत्र सिंचित है। देश के बाजरे का 92% कृषि क्षेत्र एवं उत्पादन केवल पाँच राज्यों क्रमशः राजस्थान, महाराष्ट्र, हरियाणा, उत्तर प्रदेश एवं गुजरात से प्राप्त होता है। बाजरा का सर्वाधिक उत्पादन राजस्थान में होता है।

मक्का

- मक्का (Maize) मुख्यतः खरीफ की फसल है, परन्तु कुछ क्षेत्रों में इसे रबी के रूप में भी उगाया जाता है। यह मोटा अनाज है, जिसे मनुष्य के लिए भोजन तथा पशुओं के लिए चारे के रूप में प्रयोग किया जाता है। इससे स्टार्च तथा ग्लूकोज प्राप्त किए जाते हैं।
- यह भारतीय मूल की फसलें नहीं है, बल्कि इसे 17वीं शताब्दी के आरम्भ में अमेरिका से लाया गया था। वर्तमान में यह भारत के उत्तरी मैदान तथा उप-हिमालयी क्षेत्र की महत्त्वपूर्ण फसल बन गई है। यह विभिन्न प्रकार की भौगोलिक परिस्थितियों में उग सकती है।

उपज की दशाएँ

- **वर्षा** यह मुख्यः वर्षा पर आधारित फसल है। वर्षा ऋतु के आरम्भ होने के कुछ समय पहले बोई जाती है। तमिलनाडु में यह **रबी** की फसल है, जहाँ पर इसे शीतकालीन वर्षा ऋतु आरम्भ होने से पहले सितम्बर-अक्टूबर में बोया जाता है। इसे 50 से 100 सेमी वार्षिक वर्षा की आवश्यकता होती है और इस फसल को 100 सेमी से अधिक वर्षा वाले इलाकों में नहीं बोया जा सकता है। कम वर्षा वाले इलाकों में इसे सिंचाई की आवश्यकता होती है। वर्षा ऋतु में लम्बी शुष्क अवधि इसके लिए हानिकारक है। वर्षा के बाद चमकीली धूप इसके लिए बहुत उपयोगी होती है।
- **तापमान** यह 21° सेग्रे से 27° सेग्रे तापमान वाले इलाकों में भली-भाँति उगती है। हालाँकि यह 35° सेग्रे का उच्च तापमान भी सहन कर लेती है। इसके लिए पाला हानिकारक है और यह वर्ष में साढ़े चार पालारहित महीनों वाले इलाकों में ही पनपती है।
- **मृदा** इसके लिए नाइट्रोजन युक्त दोमट या लाल मिट्टी आदर्श होती है। पहाड़ी इलाकों में यह खुरदरी मिट्टी में भी उग जाती है।
- **क्षेत्र एवं उत्पादन** मक्का की खेती समूचे भारत में की जाती है। आन्ध्र प्रदेश का उत्पादन एवं कर्नाटक का क्षेत्र इस दृष्टि से प्रथम स्थान है। आन्ध्र प्रदेश, कर्नाटक, महाराष्ट्र, राजस्थान, बिहार एवं उत्तर प्रदेश मिलकर देश के लगभग 70% मक्का का उत्पादन (क्षेत्रफल 61%) करते हैं।

जौ

- पहले विस्तृत क्षेत्र पर जौ (Barley) की खेती की जाती थी, परन्तु अब इसे सीमित क्षेत्र में ही बोया जाता है। यह मोटा अनाज है, जिसे भोजन तथा बीयर एवं ह्विस्की बनाने के लिए प्रयोग किया जाता है।
- **तापमान** इसका पौधा उच्च तापमान तथा उच्च आर्द्रता को सहन नहीं करता, इसके लिए लगभग तीन माह तक 10°-15° सेग्रे तापमान रहना चाहिए।
- **वर्षा** 75-100 सेमी से अधिक नहीं होनी चाहिए। हल्की चीका एवं काँप की मिट्टी इसकी कृषि के लिए उत्तम होती है।
- **क्षेत्र एवं उत्पादन** इसे भारत के उत्तरी मैदान तथा पश्चिमी हिमालय की घाटियों में रबी की फसल के रूप में बोया जाता है। लगभग 1,300 मी ऊँचाई वाले इलाकों में इसकी कृषि की जा सकती है। भारत में जौ की कृषि का प्रचलन कम होता जा रहा है।
- पिछले चार दशकों में जौ के उत्पादन में 50% की कमी आई है। उत्तर प्रदेश सबसे बड़ा उत्पादक राज्य है, जहाँ भारत का 40% जौ पैदा किया जाता है। राजस्थान का दूसरा स्थान है, जहाँ भारत का 30% जौ पैदा किया जाता है। मध्य प्रदेश, हरियाणा, पंजाब, बिहार, हिमाचल प्रदेश तथा छत्तीसगढ़ अन्य उत्पादक राज्य हैं।

दलहन फसलें

- भारत विश्व में दलहन का सबसे बड़ा उत्पादक है। दालों (Pulses) के अन्तर्गत चना, अरहर तुर, उड़द, मूँग, मसूर, मटर, लोबिया, मोठ आदि कई खाद्यान्न आते हैं। इनमें प्रोटीन की मात्रा अधिक होती है। इनमें से कुछ को पशुओं के चारे के रूप में भी प्रयोग किया जाता है। ये मृदा को वायुमण्डलीय नाइट्रोजन प्रदान करती हैं, जिससे मृदा की उर्वरा शक्ति बढ़ती है।
- प्रायः दालों को विभिन्न फसलों के साथ शस्यावर्तन (Crop rotation) करके भी उगाया जाता है। ये भारत के लगभग सभी भागों में उगाए जाते हैं। दालों के उत्पादन में मध्य प्रदेश (26.41%) का प्रथम स्थान है, जिसके बाद महाराष्ट्र (16.1%) का स्थान आता है। भारत में मुख्य रूप से अरहर तथा चना दाल के अतिरिक्त अन्य दालों का उत्पादन भी प्रमुखता से होता है।

चना

- चना (Gram) दलहन की एक मुख्य फसल है, जिसका दलहन की फसलों के सकल क्षेत्र में 40.4% और उत्पादन में 51.2% का योगदान है। चने में 61.5% कार्बोहाइड्रेट, 21% प्रोटीन होता है।
- इसे विभिन्न प्रकार की मिट्टियों में उगाया जा सकता है, परन्तु सुप्रवाहित दोमट मिट्टी सर्वोपयुक्त मानी जाती है। चने की बुआई मध्य अक्टूबर-नवम्बर में और कटाई मार्च-अप्रैल में की जाती है। इसे अकेले या मिश्रित रूप में उगाया जाता है।
- चने के अन्तर्गत क्षेत्र एवं उत्पादन में जहाँ विकासोन्मुखी प्रवृत्ति देखी गई है, वहाँ इसकी प्रति हेक्टेयर उपज में वृद्धि के संकेत मिले हैं।

- यद्यपि इसकी खेती देश के विभिन्न भागों में की जाती है, परन्तु इसका सर्वाधिक संकेन्द्रण देश के शुष्क पश्चिमी भागों में विशेषकर मध्य प्रदेश, महाराष्ट्र एवं उत्तर प्रदेश राज्यों में देखा जाता है। इन तीन राज्यों में देश के कुल चना क्षेत्र का 66% और उत्पादन का लगभग 70% भाग होता है। उत्पादन में मध्य प्रदेश पहले, कर्नाटक दूसरे, जबकि राजस्थान तीसरे स्थान पर है।

अरहर

- दालों में अरहर/तुर (Arhar/Tur) का दूसरा स्थान है। तुर का दलहन की फसलों के सकल क्षेत्र में 15.4% तथा उत्पादन में 17.0% का योगदान है। इसे गन्ना और कपास के खेतों में चारों ओर बाड़ की तरह भी लगाया जाता है। यह वर्ष भर की फसल है, जिसकी बुआई मई-जुलाई एवं कटाई जनवरी-अप्रैल में की जाती है, इसे अक्सर मिश्रित फसल के रूप में उगाया जाता है।
- अरहर के अन्तर्गत लगभग 4.5% क्षेत्र सिंचित है। अरहर का सर्वाधिक उत्पादक राज्य मध्य प्रदेश है जबकि महाराष्ट्र, कर्नाटक अन्य प्रमुख उत्पादक राज्य हैं।

लोबिया

- लोबिया (Lobiya) एक दलहनी फसल है, जिसका प्रयोग सब्जी के साथ-साथ जानवरों के चारे में भी प्रयोग किया जाता है। लोबिया को शीतोष्ण और समशीतोष्ण जलवायु में उगाया जाता है। इसकी खेती खरीफ के रूप में या वर्षा ऋतु में की जाती है। भारत में इसका उत्पादन मुख्य रूप से कर्नाटक, तमिलनाडु, मध्य प्रदेश, केरल तथा उत्तर प्रदेश के कुछ भागों में किया जाता है।

मूँग

- मूँग (Kidney Bean) एक दलहनी फसल है, जिसका प्रयोग खाद्यान्न के रूप में किया जाता है। इसमें प्रोटीन की अधिक मात्रा पाई जाती है। मूँग की खेती खरीफ एवं जायद दोनों मौसम में की जा सकती है, लेकिन जायद में मूँग की खेती के लिए सिंचाई की आवश्यकता होती है। राजस्थान मूँग का सर्वाधिक उत्पादक राज्य आन्ध्र प्रदेश व तमिलनाडु इसके अन्य प्रमुख उत्पादक राज्य हैं।

तिलहन फसलें

- जिन फसलों से हमें तेल प्राप्त होता है, उन्हें तिलहन (Oil Seeds) कहते हैं। तिल, सरसों, अलसी, बिनौला, मूँगफली, नारियल, अरण्डी, सोयाबीन, सूरजमुखी आदि नौ तिलहन हैं। तिलहन बहुत ही लाभकारी फसलों का समूह है। *इनसे हमें निम्नलिखित लाभ प्राप्त होते हैं*
  - तिलहनों से हमें विभिन्न प्रकार के तेल प्राप्त होते हैं, जिनका प्रयोग खाना बनाने, दवाइयाँ बनाने तथा विभिन्न उद्योगों (जैसे-साबुन, मशीन का तेल, पॉलिश, रोगन, मोमबत्ती आदि) में किया जाता है।
  - तिलहनों में से तेल निकाल लेने के बाद जो खली बच जाती है, उससे पशुओं के लिए पौष्टिक आहार बनाया जाता है।
  - बहुत से तिलहनों को बोने से भूमि की उपजाऊ शक्ति बढ़ती है।
  - तिलहनों के उत्पादन से किसानों को अधिक धन प्राप्त होता है।
- भारत में तिलहन क्षेत्र का विस्तार खाद्यान्नों के सकल क्षेत्र के 22.6% भाग पर फैला है तथा देश के खाद्यान्न उत्पादन में इसका 12.41% का योगदान है। देश में तिलहन उत्पादन में गुजरात का स्थान सर्वोपरि है। राजस्थान, मध्यप्रदेश, महाराष्ट्र, आन्ध्र प्रदेश आदि अन्य प्रमुख उत्पादक राज्य हैं।

मूँगफली

- मूँगफली (Groundnut) ब्राजील का मूल पौधा है। पिछली लगभग आधी शताब्दी से भारत में इसकी कृषि का प्रचलन बहुत बढ़ गया है। आज यह भारत का सबसे महत्त्वपूर्ण तिलहन है और भारत के कुल तिलहन उत्पादन में मूँगफली का 15.15% योगदान है। मूँगफली की गिरी में प्रोटीन तथा विटामिन प्रचुर मात्रा में होता है।
- इसमें तेल की मात्रा 40-50% होती है। इससे वनस्पति घी बनाया जाता है और विभिन्न उद्योगों में प्रयोग किया जाता है। शस्यावर्तन के लिए यह बहुत उपयोगी है, क्योंकि यह मिट्टी में नाइट्रोजन की मात्रा बढ़ाती है और उसे उपजाऊ बनाती है।
- उष्णकटिबन्धीय जलवायु का पौधा है, जिसके लिए 20° से 30° सेग्रे तापमान तथा 50-75 सेमी वार्षिक वर्षा की आवश्यकता होती है। यह अधिक आर्द्र जलवायु में नहीं पनपता। 100 सेमी वार्षिक वर्षा की समवर्षा रेखा इसकी कृषि की सीमा निर्धारित करती है। पाला, लम्बा सूखा तथा लम्बी अवधि की वर्षा इसके लिए हानिकारक है, इसके लिए बलुई दोमट मिट्टी उपयुक्त होती है।
- भारत विश्व का दूसरा सबसे बड़ा मूँगफली का उत्पादक है। भारत में गुजरात मूँगफली का सबसे बड़ा उत्पादन है। इसके अतिरिक्त राजस्थान, आन्ध्र प्रदेश, तमिलनाडु, कर्नाटक, महाराष्ट्र में भी मूँगफली का उत्पादन होता है।

तोरिया एवं सरसों

- मूँगफली के बाद तोरिया और सरसों (Rapeseed and Mustard) भारत के दूसरे महत्त्वपूर्ण तिलहन हैं। इनमें तेल की मात्रा 25-45% होती है। इसे खाना बनाने, अचार डालने तथा बालों में लगाने के लिए प्रयोग किया जाता है।
- ये सामान्यत: गेहूँ, जौ, चना, मटर, आदि के साथ मिश्रित फसल के रूप में बोई जाती हैं। इन्हीं फसलों की भाँति इसे सतलुज गंगा के मैदान की समशीतोष्ण जलवायु (Temperate Climate) चाहिए। इसका 82% भाग तेल के लिए, 10% भाग खाद के लिए तथा 5% भाग बीज के लिए प्रयोग किया जाता है, शेष 3% भाग का निर्यात किया जाता है।
- राजस्थान भारत में तोरिया और सरसों का सबसे बड़ा उत्पादक है, जो भारत के कुल उत्पादन का 48.10% उत्पादन करता है। इसके अतिरिक्त उत्तर प्रदेश, मध्य प्रदेश, हरियाणा और गुजरात में भी इसका अच्छा-खासा उत्पादन होता है।

अलसी

- अलसी (Linseed) में 35-47% तेल होता है, जिसका प्रयोग पेण्ट, वार्निश, छपाई की स्याही तथा जलविरोधी वस्त्र के लिए किया जाता है। यद्यपि इसकी कृषि विभिन्न भौगोलिक परिस्थितियों में की जा सकती है, फिर भी इसके लिए 20° सेग्रे तापमान तथा 75 सेमी वर्षा वाली ठण्डी तथा आर्द्र जलवायु (Humid climate) अधिक उपयोगी होती है।
- चीकायुक्त दोमट, गहरी काली तथा काँप की मिट्टी में यह भली-भाँति उगती है। यह रबी की फसल है, जिसे अक्टूबर-नवम्बर में बोया जाता है और मार्च-अप्रैल में काट लिया जाता है। मध्य प्रदेश, उत्तर प्रदेश, बिहार, छत्तीसगढ़ तथा महाराष्ट्र मुख्य उत्पादक राज्य हैं और देश की 80% अलसी पैदा करते हैं।

तिल

- तिल (Sesamum) में 45-50% तेल होता है, जिसका प्रयोग खाना पकाने तथा दवाइयों के लिए किया जाता है। इसके बीज को तलकर या भूनकर गुड़ अथवा चीनी के साथ खाया जाता है। इसकी खली दुधारू पशुओं को खिलाई जाती है।
- तिल एक वर्षा पर आधारित फसल है, जिसे सिंचाई की सुविधा उपलब्ध नहीं कराई जाती, इसके लिए 40-50 सेमी वार्षिक वर्षा तथा 21°-23° सेग्रे तापमान अनुकूल जलवायु सम्बन्धी परिस्थितियाँ उपयुक्त हैं। पाला, लम्बी अवधि का सूखा तथा अधिक देर तक भारी वर्षा इसके लिए हानिकारक है।
- सुप्रवाहित हल्की दोमट मिट्टी में यह फसल भली-भाँति उगती है। यह मुख्यतः समतल भूमि की फसल है, यह उत्तरी भारत में खरीफ तथा दक्षिण भारत में रबी की फसल है। इसके उत्पादन में कालिक परिवर्तन आते रहते हैं, क्योंकि यह पूर्णतया वर्षा पर आधारित फसल है।
- भारत के लगभग सभी भागों में तिल की कृषि की जाती है, परन्तु गुजरात, पश्चिम बंगाल तथा राजस्थान मुख्य उत्पादक राज्य हैं। ये तीनों राज्य मिलकर भारत का दो-तिहाई तिल पैदा करते हैं। राजस्थान इसका सबसे बड़ा उत्पादक राज्य है। अन्य मुख्य उत्पादक महाराष्ट्र, तमिलनाडु, कर्नाटक, मध्य प्रदेश, आन्ध्र प्रदेश तथा उत्तर प्रदेश हैं।

सोयाबीन

सोयाबीन (Soyabean) में 40-50% प्रोटीन तथा 20-22% तक तेल की मात्रा पाई जाती है। यह खरीफ मौसम में बोई जाती है। इसके लिए 13° सेग्रे से 24° सेग्रे का तापमान तथा 40 सेमी से 60 सेमी की वार्षिक वर्षा की आवश्यकता होती है। इसकी खेती मध्य प्रदेश, महाराष्ट्र एवं राजस्थान में की जाती है। मध्य प्रदेश का सोयाबीन के क्षेत्र और उत्पादन दोनों ही दृष्टि में प्रथम स्थान है।

नकदी फसलें

नकदी फसलों (Cash Crops) के अन्तर्गत उन व्यापारिक फसलों को सम्मिलित करते हैं, जिन्हें आमदनी के लिए सीधे या अर्द्ध-प्रसंस्कृत रूप से किसानों द्वारा बेचा जाता है। इनमें गन्ना, तम्बाकू, रेशेदार फसलें, कपास, जूट, मेस्टा एवं तिलहन (सरसों, मूँगफली, अलसी आदि) प्रमुख हैं, यद्यपि इनके अन्तर्गत देश के कृषि क्षेत्रफल का केवल 26% भाग समाहित है, परन्तु कृषि उत्पादन में इनका अंशदान लगभग 40% है।

इनसे उद्योगों को कच्चा माल प्राप्त होता है तथा किसानों को अपना जीवन-स्तर सुधारने के साथ ही कृषि विकास के लिए पूँजी की प्राप्ति होती है।

गन्ना

भारत गन्ने (Sugarcane) की जन्मभूमि है। यह बाँस जाति का पौधा है। गन्ना भारत की प्रमुख नकदी फसल है, यद्यपि देश का केवल 2.51% क्षेत्र इसमें लगा है, परन्तु कुल कृषि उत्पादन के मूल्य का 7% भाग इससे प्राप्त होता है।

इससे चीनी उद्योग को कच्चे माल की प्राप्ति होती है। चीनी, गुड़, खाण्डसारी के अतिरिक्त इससे प्राप्त शीरे का उपयोग शराब निर्माण एवं खोई का इस्तेमाल कागज उद्योग में किया जाता है। गन्ना उत्पादन में भारत का ब्राजील के बाद दूसरा स्थान है।

उपज की दशाएँ

गन्ने की कृषि के लिए निम्नलिखित भौगोलिक दशाओं की आवश्यकता होती है

- **वर्षा** 100 से 150 सेमी वर्षा वाले इलाकों में गन्ना भली-भाँति फलता-फूलता है। कम वर्षा वाले क्षेत्रों में सिंचाई की आवश्यकता होती है। कटाई से पहले शुष्क वातावरण हो, तो गन्ने में मिठास अधिक भर जाती है।
- **तापमान** गन्ना 11-12 माह में पकता है। इस लम्बे वर्द्धनकाल में 20° से 30° सेग्रे तापमान का होना आवश्यक है। गन्ने को बोते समय सामान्य तापमान, बढ़ते समय अधिक तापमान तथा पकते समय कम तापमान की आवश्यकता होती है। पाला गन्ने के लिए हानिकारक है तथा कम तापमान वाले इलाकों में गन्ने की फसल देर में तैयार होती है।
- **मिट्टी** गहरी दोमट मिट्टी, जिसमें जल का बहाव भली-भाँति होता हो, गन्ने की कृषि के लिए उत्तम होती है। चूनायुक्त मिट्टी गन्ने की वृद्धि में सहायता देती है। अतः नदी-घाटियों, बाढ़ के मैदानों तथा डेल्टाई प्रदेशों की मिट्टी गन्ने की कृषि के लिए बहुत उपयुक्त होती है। दक्षिणी भारत की लावायुक्त मिट्टी में भी गन्ने की कृषि की जाती है। गन्ना मिट्टी की उर्वरक शक्ति को जल्दी ही समाप्त कर देता है, अतः इसकी कृषि में बड़ी मात्रा में खाद एवं उर्वरकों की आवश्यकता होती है।
- गन्ने के लिए मैदानी भाग उपयुक्त होते हैं, क्योंकि यहाँ पर इसकी कृषि के विकास के लिए अनेक सुविधाएँ प्राप्त होती हैं। मैदानों में गन्ने की कृषि के लिए बुलडोजर, कल्टीवेटर, हारवेस्टर आदि यन्त्रों का प्रयोग हो सकता है। गन्ने को चीनी की मिलों तक पहुँचाने के लिए यातायात के साधन भी मैदानों में ही जुटाए जा सकते हैं।
- **श्रम** गन्ने की कृषि में अधिकांश काम हाथ से करना पड़ता है, इसलिए श्रम की आवश्यकता होती है। धीरे-धीरे गन्ने की खेती का मशीनीकरण हो रहा है, जिससे कम श्रम से काम चलने लगा है।
- **क्षेत्र एवं उत्पादन** इसके कृषि क्षेत्र का सर्वाधिक विस्तार उत्तरी भारत के मैदानी भाग में पाया जाता है। इसकी खेती उत्तर प्रदेश, बिहार, पंजाब, हरियाणा, महाराष्ट्र, तमिलनाडु, कर्नाटक, आन्ध्र प्रदेश, गुजरात आदि राज्यों में की जाती है। गन्ने के उत्पादन में प्रथम स्थान उत्तर प्रदेश का है, जबकि महाराष्ट्र व तमिलनाडु क्रमशः दूसरे व तीसरे स्थान पर है।

कपास

कपास (Cotton) एक विश्वव्यापी पौधा है। विश्व में आधे से अधिक कपड़े कपास के रेशे से तैयार किए जाते हैं। कपास के बिनौले से तेल तथा घी बनाया जाता है। बिनौला तथा इसकी खली जानवरों को खिलाई जाती है। खली का खाद के रूप में भी प्रयोग किया जाता है। कपास के सूखे पौधों का प्रयोग ईंधन के रूप में किया जाता है।

कपास के प्रकार

कपास के अनेक प्रकार हैं, परन्तु व्यापारिक दृष्टिकोण से कपास का वर्गीकरण इसके रेशे की लम्बाई के अनुसार किया जाता है, जो निम्नलिखित है

- **लम्बे रेशे वाली कपास** (Long staple cotton) यह सबसे बढ़िया किस्म की कपास होती है, जिसके रेशे की लम्बाई 60 मिमी होती है।

इसका रेशा लम्बा, चमकीला, हल्का, मजबूत तथा मुलायम होता है। इससे उच्च कोटि के वस्त्र बनाए जाते हैं। यह कपास मिस्र, संयुक्त राज्य अमेरिका तथा पश्चिमी द्वीप-समूह में पैदा की जाती है। भारत में भी इसकी कृषि होने लगी है।

- **मध्यम रेशे वाली कपास** (Medium staple cotton) इसका रेशा सामान्यत: 25 मिमी से 40 मिमी तक लम्बा होता है। यह रेशा सुदृढ़ भी होता है। संयुक्त राज्य अमेरिका इस कपास का सबसे बड़ा उत्पादक है। भारत में भी यह कपास उत्पन्न की जाती है। व्यापारिक दृष्टि से यह सबसे महत्त्वपूर्ण कपास है।
- **छोटे रेशे वाली कपास** (Short staple cotton) इस जाति की कपास का रेशा 25 मिमी से कम लम्बा होता है। सामान्यत: इसके रेशे की लम्बाई 12 मिमी से 23 मिमी तक होती है। यह कपास, भारत, चीन तथा दक्षिणी पूर्वी एशिया के अन्य देश और ब्राजील में पैदा होती है। भारत में कपास के कुल क्षेत्र का 17% छोटे रेशे वाली, 44% मध्यम रेशे वाली तथा 39% लम्बे रेशे वाली कपास के अन्तर्गत आता है। कपास के कुल उत्पादन का लगभग 16% छोटे रेशे वाली, 43% मध्यम रेशे वाली तथा 41% लम्बे रेशे वाली कपास का होता है।

उपज की दशाएँ

कपास की कृषि के लिए निम्नलिखित भौगोलिक दशाएँ अनुकूल हैं

- **तापमान** कपास उपोष्ण तथा उष्णकटिबन्धीय पौधा है, इसलिए इसे ऊँचे तापमान की आवश्यकता होती है। इसके लिए 21° से 25° सेग्रे तापमान अनुकूल होता है। पाला इस पौधे का प्रथम शत्रु है, इसलिए इसके लिए वर्ष में 200 पालारहित (Frost Free) दिन होने अनिवार्य हैं। तेज चमकीली धूप कपास के पौधे को बढ़ने में सहायता देती है।
- **वर्षा** कपास की कृषि के लिए 50 से 100 सेमी वर्षा पर्याप्त होती है। वर्षा थोड़े दिनों के अन्तराल पर होती रहनी चाहिए। पकते समय शुष्क वातावरण की आवश्यकता होती है। कम वर्षा वाले क्षेत्रों में सिंचाई की सहायता से कपास की कृषि की जाती है। सिंचित भूमि पर पैदा होने वाली कपास उत्तम होती है।
- **मिट्टी** अच्छे अपवाह वाली हल्की दोमट मिट्टी जो जल को अपने अन्दर अधिक देर तक सोख सके, कपास की कृषि के लिए उत्तम होती है। मिट्टी में चूने के अंश से कपास की खेती में वृद्धि होती है। उत्तरी भारत में कपास की कृषि इसी प्रकार की मिट्टी में होती है। इसके लिए दक्षिणी भारत की लावा से बनी काली मिट्टी सर्वोत्तम होती है। यह काले रंग की होती है, जिसे रेगुर (Regur) अथवा कपास की काली मिट्टी (Black Cotton Soil) कहते हैं। कपास की खेती से मिट्टी का उपजाऊपन बहुत कम हो जाता है। अत: इसे खाद तथा उर्वरक की बड़ी मात्रा में आवश्यकता होती है। इसकी कृषि पर्वतीय भागों में नहीं हो सकती, अत: इसे विस्तृत मैदानी भागों की आवश्यकता होती है।
- **श्रम** कपास को बोने, निराने, सींचने तथा चुनने के लिए सस्ते तथा कुशल श्रम की आवश्यकता होती है। कपास की डोण्डी को चुनने का काम अब भी मुख्यत: हाथ से ही होता है। अत: कपास की चुनाई के समय अत्यधिक श्रम की आवश्यकता होती है। कपास की कृषि में मशीनों का प्रयोग एक सीमा तक ही किया जा सकता है।
- **क्षेत्र एवं उत्पादन** भारत विश्व का दूसरा बड़ा कपास उत्पादक देश है, जो विश्व का 16% कपास उत्पादित करता है। देश के लगभग 5% कृषित क्षेत्र पर कपास की खेती की जाती है, जो विश्व में सर्वाधिक भूमि है। कुल क्षेत्रफल का 80% केवल चार राज्यों गुजरात, महाराष्ट्र, आन्ध्र प्रदेश एवं पंजाब में विस्तारित है। कपास के उत्पादन में गुजरात का सर्वोच्च स्थान है।

पटसन या जूट

- कपास के बाद पटसन (Jute) भारत की दूसरी महत्त्वपूर्ण रेशेदार फसल है। पटसन का रेशा, सस्ता, मुलायम, मजबूत तथा लम्बा होता है। जिस कारण इसकी बहुत माँग है। इससे अनेक प्रकार की वस्तुएँ बनाई जाती हैं, जिनमें बोरी, टाट, रस्सियाँ, कालीन, कपड़े तथा सजावट का सामान आदि प्रमुख हैं।
- यह भारतीय मूल का पौधा है और इसे यहाँ व्यापारिक फसल के रूप में उगाया जाता है। पटसन खरीफ की फसल है। भारत में इसकी दो किस्में प्रचलित हैं-सफेद जूट एवं टोस्टा जूट। जूट का 75% उत्पादन पहली किस्म का होता है।

उपज की दशाएँ

- **तापमान व वर्षा** यह गर्म तथा आर्द्र जलवायु में पनपने वाली फसल है। इसके वृद्धिकाल में 24-35° सेग्रे तापमान, 120-150 सेमी वर्षा तथा 80-90% आपेक्षिक आर्द्रता की आवश्यकता होती है। बोते समय 2.5 से 7.5 सेमी प्रतिमाह वर्षा पर्याप्त होती है। इसे बोने तथा इसके रेशे को धोने के लिए पर्याप्त जल की आवश्यकता होती है।
- **मिट्टी** हल्की बलुई अथवा चूनायुक्त दोमट मिट्टी इसके लिए बहुत अनुकूल होती है। यह मृदा की उपजाऊ शक्ति को शीघ्र ही क्षीण कर देती है।
- **क्षेत्र एवं उत्पादन** भारत विश्व में जूट का सबसे बड़ा उत्पादक देश है। स्वतन्त्रता के पूर्व तो इसका जूट एवं जूट की वस्तुओं के क्षेत्र में विश्व में एकाधिकार था। विभाजन के दौरान 30% जूट उत्पादक क्षेत्र पूर्वी पाकिस्तान (वर्तमान बांग्लादेश) में चले जाने के कारण भारत की जूट मिलों को कच्चे माल की कमी का सामना करना पड़ा, हालाँकि जूट की कृषि को प्रोत्साहित करने के अनेक उपाय किए गए और इसका सकारात्मक फल भी मिला। इसकी खेती पश्चिम बंगाल, बिहार, असम, ओडिशा आदि राज्यों में की जाती है। जूट के उत्पादन में पश्चिम बंगाल का प्रमुख स्थान है और यह कुल उत्पादन का लगभग 75% उत्पादित करता है।

तम्बाकू

- तम्बाकू (Tobacco) भारत में 1508 ई. में पुर्तगालियों द्वारा लाया गया था। आज भारत, चीन व ब्राजील के बाद तम्बाकू का तीसरा बड़ा उत्पादक है। इसकी पत्तियों का उपयोग सिगरेट, बीड़ी बनाने, हुक्का तथा पान में होता है।
- इसके डण्ठल का उपयोग पोटाश उर्वरक में होता है, जिसका चूर्ण कीटनाशक के तौर पर भी प्रयोग किया जाता है। *भारत में तम्बाकू की दो किस्में पाई जाती हैं*

1. निकोटियाना टीबेकम 2. निकोटियाना रक्टिका

उपज की दशाएँ

- **तापमान** यह उष्ण तथा उप-उष्ण जलवायु का पौधा है तथा 16°-35° सेग्रे तापमान को सहन कर सकता है।
- **वर्षा** इसे सामान्यत: 100 सेमी वार्षिक वर्षा की आवश्यकता होती है, परन्तु यदि वर्षा का कालिक वितरण समान हो, तो यह 50 सेमी वार्षिक वर्षा में भी पनप सकता है। कम वर्षा वाले क्षेत्रों में सिंचाई की आवश्यकता होती है।

- **मिट्टी** यह ऐसी भुरभुरी बालुकायुक्त दोमट मिट्टी में उगती है, जो इसकी जड़ों के विकास में सहायक हो। मिट्टी खनिज लवण से युक्त हो न कि जैविक तत्त्वों से। यह निम्न मैदानी भागों से लेकर 1800 मी ऊँचे स्थानों पर बोई जाती है।
- **श्रम** खेतों को फसल के लिए तैयार करने प्रतिरोपण, गुड़ाई, निराई, काटने तथा तम्बाकू के प्रक्रमण तक सभी क्रियाकलापों के लिए सस्ते तथा कुशल श्रम की आवश्यकता होती है।
- **क्षेत्र एवं उत्पादन** तम्बाकू के अन्तर्गत देश के सकल कृषित क्षेत्र का 0.9% भाग लगा हुआ है। देश में तम्बाकू का आधे से अधिक क्षेत्र और लगभग 80% उत्पादन केवल आन्ध्र प्रदेश, (प्रथम) कर्नाटक (द्वितीय) एवं गुजरात (तृतीय) राज्यों में होता है।

बागानी कृषि

- बागानी कृषि (Plantation) नई कृषि तकनीकों एवं मशीनों का इस्तेमाल करते हुए वाणिज्यिक आधार पर उपजाई जाने वाली उष्णकटिबन्धीय फसलों की एकल कृषि है, जिसकी शुरुआत औपनिवेशिक काल के दौरान यूरोपीय भू-स्वामियों द्वारा की गई। भारत में इसके अन्तर्गत मुख्यत: चाय, कहवा, रबड़ एवं मसालों की कृषि की जाती है। आज देश में 30,000 से अधिक बागान हैं, जिनमें दो लाख से अधिक लोगों को रोजगार मिला हुआ है।

चाय

- चाय (Tea) देश की सबसे महत्त्वपूर्ण बागानी फसल है। यह दक्षिणी चीन के युवान पठार का मूल पौधा है। भारत विश्व में चीन के बाद चाय का दूसरा सबसे बड़ा उत्पादक है। चाय के अन्तर्गत सकल कृषित क्षेत्र का 0.03% भाग लगा है। *चाय की दो प्रमुख किस्में हैं*
  1. बोहिया या चीनी
  2. असामिका या असमी।
- चाय की गुणवत्ता पर मिट्टी की विशेषताओं और ऊँचाई का असर पड़ता है। सामान्यतया ऊँचाई पर उगाई जाने वाली चाय का स्वाद एवं सुगन्ध अच्छी होती है।

उपज की दशाएँ

चाय एक व्यापारिक फसल है, जिसकी सफल कृषि के लिए निम्नलिखित भौगोलिक दशाएँ आवश्यक हैं

- **तापमान** यह उष्ण तथा शीतोष्ण कटिबन्धीय पौधा है, जिसके लिए 25° से 30° सेग्रे तापमान आवश्यक है।
- **वर्षा** चाय के लिए 200 से 250 सेमी वार्षिक वर्षा अनिवार्य है। पत्तियों के निरन्तर विकास के लिए वर्षा पूरे साल समान रूप से वितरित होनी चाहिए। बार-बार बौछार का पड़ना और सुबह का कुहरा नई पत्तियों की तीव्र वृद्धि में सहायक होता है।
- **मिट्टी** चाय की कृषि के लिए गहरी, सुप्रवाहित उर्वर मिट्टी की आवश्यकता होती है। मिट्टी में फॉस्फोरस, पोटाश, लोहांश तथा ह्यूमस पर्याप्त मात्रा में होना चाहिए, ताकि झाड़ी तेजी से बढ़ सके। चाय की कृषि के लिए अधिक वर्षा की आवश्यकता होती है, तो भी पानी चाय की झाड़ी की जड़ों में खड़ा नहीं रहना चाहिए। खड़ा पानी इसकी जड़ों को गला देता है और झाड़ी नष्ट हो जाती है। इसलिए चाय की कृषि पर्वतीय ढलानों पर की जाती है।
- **श्रम** चाय की निराई-गुड़ाई तथा काट-छाँट आदि कामों के लिए पर्याप्त मात्रा में श्रम की आवश्यकता होती है। चाय की पत्ती को झाड़ी से तोड़ने के लिए कुशल तथा सस्ता श्रम चाहिए। यह काम मशीनों से नहीं हो सकता। अत: इसे औरतें तथा बच्चे अपने हाथों से करते हैं।
- **क्षेत्र एवं उत्पादन** देश के चाय के क्षेत्र एवं उत्पादन का लगभग 75% भाग केवल असम और पश्चिम बंगाल द्वारा प्रदान किया जाता है। चाय उत्पादन का दूसरा महत्त्वपूर्ण क्षेत्र नीलगिरि पहाड़ियों के सहारे स्थित है, जिसमें तमिलनाडु, केरल एवं कर्नाटक के भाग समाहित हैं।
- असम देश में चाय का सबसे प्रमुख उत्पादक राज्य है। यहाँ चाय उत्पादन के प्रमुख क्षेत्र हैं—(1) ब्रह्मपुत्र घाटी (2) सूरमा घाटी। ब्रह्मपुत्र घाटी देश का सबसे बड़ा चाय उत्पादक क्षेत्र है तथा पश्चिम बंगाल देश का दूसरा प्रमुख चाय उत्पादक राज्य है। यहाँ चाय के बागान दुआर एवं दार्जिलिंग पहाड़ियों में पाए जाते हैं। देश में तमिलनाडु का चाय उत्पादन में तीसरा स्थान है। चाय भारत के निर्यात की प्रमुख वस्तु है। वर्ष 1965 से पूर्व भारत विश्व में चाय का सबसे प्रमुख निर्यातक देश था, परन्तु आज श्रीलंका एवं चीन के बाद इसका तीसरा स्थान है।

कहवा

- कहवा (Coffee) का पौधा अबीसीनिया मूल का पौधा है। देश में इसकी खेती अंग्रेजों द्वारा प्रारम्भ की गई। दक्षिण भारत के कर्नाटक, केरल और तमिलनाडु राज्यों में यह एक लोकप्रिय पेय है। कहवा के पौधे के लिए उष्ण एवं आर्द्र जलवायु अच्छी मानी जाती है। कहवा की दो प्रमुख किस्में अरेबिका तथा रोबस्टा हैं।
- खाद्य एवं कृषि संगठन के अनुसार वर्ष 2016 में विश्व में कहवा उत्पादन में भारत का स्थान 6वाँ है। भारत में 0.4 मिलियन हेक्टेयर क्षेत्र में कॉफी उगाई जाती है। भारत में कॉफी के उत्पादन का अधिकांश भाग निर्यात कर दिया जाता है। कहवा का 85% क्षेत्र और लगभग 98% उत्पादन केवल कर्नाटक, केरल और तमिलनाडु राज्यों द्वारा प्रदान किया जाता है। देश में कहवा के क्षेत्र और उत्पादन में कर्नाटक का प्रथम स्थान है। केरल देश में कहवा का दूसरा प्रमुख उत्पादक राज्य है। इसके उत्पादन में तीसरे स्थान पर तमिलनाडु है।

रबड़

- रबड़ (Rubber) ब्राजील (अमेजन बेसिन) मूल का पौधा है। रबड़ के पौधे के लिए गर्म और नम जलवायु अच्छी होती है। रबड़ के पौधे को पहले नर्सरी में उगाते हैं एवं 0.4 से 0.6 मी की लम्बाई प्राप्त करने पर इन्हें बागान में रोपित कर देते हैं। इसका उत्पादन केरल, तमिलनाडु, कर्नाटक, त्रिपुरा एवं असम आदि राज्यों में होता है। केरल का रबड़ के क्षेत्र एवं उत्पादन दोनों में प्रथम स्थान है। केरल में लगभग 90% रबड़ का उत्पादन किया जाता है।

नारियल

- नारियल (Coconut) एक उपयोगी वृक्ष है, इससे प्राप्त गिरी का खाना पकाने, रोशनी, शरीर में लगाने का तेल, वनस्पति घी आदि में प्रयोग किया जाता है। भारत, इण्डोनेशिया और फिलीपीन्स के बाद विश्व में नारियल का तीसरा सबसे बड़ा उत्पादक है। नारियल के प्रमुख उत्पादक राज्य केरल, तमिलनाडु व कर्नाटक हैं।

फल उत्पादन और फूलों की कृषि

- आज भारत में विभिन्न प्रकार के मौसमों में विभिन्न प्रकार के फल-फूल एवं सब्जियों का उत्पादन किया जाता है। इसको ट्रक फार्मिंग या हार्टीकल्चर के नाम से भी जाना जाता है। इनके उत्पादन में सामयिक एवं स्थानिक स्तर पर व्यापक अन्तर दिखाई देता है।
- भारत में जहाँ फलों में आम, सेब, सन्तरा, अंगूर, केला, नाशपाती आदि की खेती की जाती है, वहीं फूलों में लिली, ट्यूलिप, गुलाब, मेरीगोल्ड आदि का स्थान आता है। जबकि सब्जियों आदि में गोभी, आलू, बैंगन, लौकी, भिण्डी, गाजर, परवल की प्रमुखता है। भारत विश्व में फलों-फूलों एवं सब्जियों का चीन के बाद दूसरा सर्वाधिक उत्पादन करने वाला देश है।

बागवानी फसलों के अग्रणी उत्पादक राज्य (2021-22)

फसल	प्रथम	द्वितीय	तृतीय
केला	आन्ध्र प्रदेश	महाराष्ट्र	गुजरात
आम	उत्तर प्रदेश	आन्ध्र प्रदेश	कर्नाटक
सेब	जम्मू-कश्मीर	हिमाचल प्रदेश	अरुणाचल प्रदेश
संतरा	मध्य प्रदेश	पंजाब	महाराष्ट्र
आलू	उत्तर प्रदेश	पश्चिम बंगाल	बिहार
प्याज	महाराष्ट्र	मध्य प्रदेश	कर्नाटक
टमाटर	आन्ध्र प्रदेश	मध्य प्रदेश	ओडिशा

तीन सबसे बड़े उत्पादक राज्यों में महत्त्वपूर्ण फसलों का उत्पादन

फसल समूह	राज्य
चावल	पश्चिम बंगाल, उत्तर प्रदेश, पंजाब
गेहूँ	उत्तर प्रदेश, मध्य प्रदेश, पंजाब
मक्का	महाराष्ट्र, कर्नाटक, आन्ध्र प्रदेश
मोटे अनाज	राजस्थान, महाराष्ट्र, कर्नाटक
दालें	मध्य प्रदेश, महाराष्ट्र, राजस्थान
मूँगफली	गुजरात, राजस्थान
सरसों	राजस्थान, हरियाणा, आन्ध्र प्रदेश
सोयाबीन	मध्य प्रदेश, महाराष्ट्र, उत्तर प्रदेश
गन्ना	उत्तर प्रदेश, महाराष्ट्र
कपास	महाराष्ट्र, गुजरात, कर्नाटक

भारत में हरित क्रान्ति

- भारत में वर्ष 1966 से खरीफ मौसम में नई कृषि नीति अपनाई गई, जिसे 'अधिक उपज देने वाली किस्मों का कार्यक्रम' (High Yielding Varieties Programme, HYVP) के नाम से पुकारा गया। वर्ष 1967-68 में खाद्यान्नों के उत्पादन में वर्ष 1966-67 की तुलना में लगभग 25% की वृद्धि हुई।
- यह वृद्धि इससे पहले के योजनाकाल के 16 वर्षों में होने वाले परिवर्तनों की अपेक्षा कहीं अधिक तथा तीव्र थी। अधिक वृद्धि का होना वास्तव में एक क्रान्ति के समान ही था।
- अत: इस वृद्धि को **हरित क्रान्ति** (Green Revolution) कहा गया। हरित क्रान्ति शब्द वर्ष 1968 में होने वाले उस आश्चर्यजनक परिवर्तन के लिए प्रयोग किया जाता है, जो भारत के खाद्यान्नों के उत्पादन में हुआ था और अब भी जारी है।

हरित क्रान्ति की मुख्य विशेषताएँ

हरित क्रान्ति की मुख्य विशेषताएँ निम्नलिखित हैं

- अधिक उपज देने वाले बीजों (High Yielding Varieties Seeds, HYVS) का प्रयोग।
- उर्वरकों का अधिक प्रयोग।
- सिंचाई में विस्तार।
- कीटनाशक औषधियों का प्रयोग।
- आधुनिक कृषि यन्त्रों का प्रयोग।
- बहु-फसल पद्धति का प्रयोग।
- ऋण सुविधाओं का विस्तार।
- मृदा परीक्षण कार्यक्रम की शुरुआत।
- भू-संरक्षण पर बल।
- ग्रामीण विद्युतीकरण।
- बिक्री सम्बन्धी सुविधाओं का विकास।
- सरकार द्वारा फसलों की कीमत का निर्धारण।

हरित क्रान्ति की सीमाएँ

- हरित क्रान्ति सीमित फसलों एवं सीमित प्रदेशों में ही लागू की जा सकी, जिसने क्षेत्रीय एवं व्यक्तिगत विषमताओं को बढ़ावा दिया। मशीनों के अधिक प्रयोग के कारण बेरोजगारी बढ़ी।
- उर्वरकों एवं सिंचाई के अनियन्त्रित प्रयोग से जमीन की उर्वरता कम हुई तथा कई जगह जल जमाव की समस्या पैदा होने लगी। इन सब कमियों को देखते हुए वर्ष 2006 में द्वितीय हरित क्रान्ति **इन्द्रधनुषीय क्रान्ति** का आह्वान किया गया।

उत्तर-पश्चिमी भारत में हरित क्रान्ति के केन्द्रीकरण के कारण

उत्तर पश्चिमी भारत में हरित क्रान्ति का केन्द्रीकरण निम्न कारणों के फलस्वरूप हुआ

- इसमें प्रयोग किए गए उच्च उत्पादक बीज उत्तर प्रदेश (भारत) के प्राकृतिक वातावरण के अनुकूल थे।
- संकर बीज के प्रयोग हेतु पर्याप्त सिंचाई की आवश्यकता थी, जो इन क्षेत्रों में नहर सिंचाई विकास के कारण उपलब्ध थी।
- भाखड़ा नांगल परियोजना के पूर्ण होने से इस क्षेत्र में विद्युत आपूर्ति भी थी।
- इस क्षेत्र में आजीविका के लिए अन्य किसी साधन का उपलब्ध न होना।

भारतीय कृषि की समस्याएँ

भारतीय कृषि की प्रमुख समस्याएँ निम्नलिखित हैं

- **जीवन-निर्वाह कृषि** यह भारतीय कृषि की सबसे बड़ी समस्या है। यहाँ की आधे से अधिक जनसंख्या कृषि एवं उससे जुड़े क्रियाकलापों से अपना जीवन-यापन करती है, परन्तु इतने मानव संसाधनों के प्रयोग के कारण हमारी सकल घरेलू आय में कृषि का योगदान लगभग 17.4% है। इसका कारण भारतीय कृषि का जीवन-निर्वाह प्रधान होना है।
- **कृषि पर जनसंख्या का भारी दबाव** अत्यधिक जनसंख्या और अपेक्षाकृत कम कृषि भूमि के कारण कृषि पर जनसंख्या का भारी दबाव पड़ रहा है। फलतः यन्त्रीकरण को बढ़ावा नहीं मिल पाता है और उत्पादन कम होता है।
- **जोतों का छोटा होना** सामाजिक व्यवस्था के कारण जोत क्रमशः छोटी होती जा रही हैं, जिसका प्रतिकूल असर कृषि उत्पादन व उत्पादकता पर पड़ता है।
- **मिट्टी का कम उर्वर होना** लगातार एक ही भूमि पर खेती किए जाने के कारण धीरे-धीरे जमीन की उत्पादकता कम होने लगती है।
- **मृदा अपरदन** भारत में मानवीय और पर्यावरणीय कारणों से मृदा अपरदन एक बड़ी समस्या बनती जा रही है।
- **सिंचाई की सुविधाओं का अभाव** भारतीय किसान आज भी अधिकांशतः वर्षा के जल पर ही सिंचाई के लिए निर्भर हैं। यह यहाँ की एक महत्त्वपूर्ण समस्या है।
- **किसानों का भाग्यवादी एवं रूढ़िवादी होना** अधिकांश भारतीय किसान रूढ़िवादी होने के कारण कृषि के नए ढंग को आसानी से नहीं अपनाते। इसके अतिरिक्त भारतीय किसान अशिक्षित तथा अप्रशिक्षित भी हैं, इन सभी कारणों से कृषि के विकास में बाधा आती है।
- **प्रादेशिक असन्तुलन** हरितक्रान्ति के बाद उसके असन्तुलित प्रभाव के कारण होने वाला प्रादेशिक असन्तुलन भी भारतीय कृषि की एक समस्या बन चुका है। इस असन्तुलन को प्रति हेक्टेयर कृषि पैदावार, उपलब्ध कृषि सम्बन्धित अवसंरचना, किसानों की स्थिति आदि के रूप में देखा जा सकता है।

कृषि सम्बन्धित अन्य गतिविधियाँ

- बढ़ते जनभार तथा कृषि के व्यापारीकरण के कारण हाल के वर्षों में कृषि सम्बद्ध क्रियाओं का महत्त्व बढ़ गया है। विशेषकर सीमान्त और गरीब किसानों तथा भूमिहीन मजदूरों के लिए तो ये वरदान साबित हुई हैं। यही कारण है कि ग्रामीण विकास परियोजनाओं में इन्हें विशेष महत्त्व दिया जा रहा है। इन क्रियाओं में बागवानी, पशुपालन, मत्स्य पालन, रेशम उत्पादन, कुक्कुट पालन, मधुमक्खी पालन आदि सम्मिलित हैं।

रेशम उत्पादन

- रेशम का उत्पादन (Sericulture) रेशम के कीड़ों द्वारा प्राप्त किया जाता है। ये रेशम के कीड़े, शहतूत, महुआ, साल एवं कुसुम आदि वृक्षों की पत्तियों पर पाले जाते हैं। विश्व में रेशम उत्पादन में भारत का दूसरा स्थान है। यहाँ विश्व का 17% रेशम पैदा किया जाता है।
- भारत में चारों प्रकार के रेशम का उत्पादन होता है—मलबरी, टसर, मूँगा, ईरी। रेशम के उत्पादन में कर्नाटक का सर्वोपरि स्थान है। जिसके बाद क्रमशः आन्ध्र प्रदेश, पश्चिम बंगाल, तमिलनाडु एवं असम आते हैं। ये पाँच राज्य मिलकर देश के लगभग 90% रेशम का उत्पादन करते हैं।

पशुपालन

- भारत में विश्व के सबसे अधिक मवेशी हैं। विश्व की कुल भैंसों का 57% और गाय-बैलों का 15% भारत में है। वर्ष 2012 की पशु गणना के अनुसार, देश में कुल 52.20 करोड़ मवेशी हैं, जिनमें 37.28% गाय-बैल, 21.23% भैंस, 12.71% भेड़, 26.40% बकरी एवं 2.01% सुअर एवं 0.37% अन्य शामिल हैं। ये मवेशी देश की कृषि के मेरुदण्ड हैं और देश के सकल घरेलू उत्पाद में इनका योगदान 1.6% है।
- योजना आयोग द्वारा भारत को 15 कृषि-जलवायु क्षेत्रों में विभाजित किया गया है, जिनमें से छः क्षेत्र पशुपालन (Animal Husbandry) की दृष्टि से महत्त्वपूर्ण हैं। पशुओं की संख्या की दृष्टि से भारत का विश्व में महत्त्वपूर्ण स्थान है। इसके बावजूद भारत का पशुपालन उद्योग पिछड़ी अवस्था में है। इसके निम्नलिखित कारण हैं—उष्ण जलवायु, अच्छी नस्ल का अभाव, जीवन-निर्वाह के रूप में पशुपालन को अपनाना, सामाजिक एवं धार्मिक मान्यताएँ तथा मांस की माँग का कम होना आदि।

भैंस

- विश्व की आधे से अधिक भैंसें (Buffaloes) भारत में हैं। भारत में सबसे ज्यादा भैंसें उत्तर प्रदेश में पाई जाती हैं। *इनकी प्रमुख जातियाँ निम्न हैं*

जाति	उपयोग	राज्य/क्षेत्र
भदावरी	दुधारू	उत्तर प्रदेश, मध्य प्रदेश
सुरती, महसाणा, जाफरावारी	दुधारू	गुजरात
मुर्रा	दुधारू	पंजाब, हरियाणा
नागपुरी	भारवाहक	महाराष्ट्र, मध्य प्रदेश
नीली रावी	दुधारू	हरियाणा, पंजाब

गाय

- विश्व की लगभग 20% गाय भारत में पाई जाती हैं। *गाय की प्रमुख जातियाँ निम्नलिखित हैं*

जाति	उपयोग	राज्य/क्षेत्र
अलमादी	घटिया दुधारू	तमिलनाडु
अमृतमहल	भारवाहक	कर्नाटक
बचौर	भारवाहक	बिहार
बरगुर	भारवाहक	तमिलनाडु
दाँगी	दुधारू	महाराष्ट्र
देवनी	दुधारू	आन्ध्र प्रदेश
गाओलोव	भारवाहक	मध्य प्रदेश
गिर (भारत में सर्वाधिक दूध देने वाली गाय,	दुधारू	गुजरात, महाराष्ट्र, राजस्थान

जाति	उपयोग	राज्य/क्षेत्र
हल्लिकर	भारवाहक	कर्नाटक
हरियाणा	भारवाहक एवं दुधारू	हरियाणा
हिस्सार	भारवाहक	हरियाणा
कान्जवम	दुधारू एवं भारवाहक	तमिलनाडु
कॉकरेज	भारवाहक	गुजरात
केंवरिया	भारवाहक	उत्तर प्रदेश, मध्य प्रदेश
खेड़ीगढ़	भारवाहक	उत्तर प्रदेश
खिल्लाड़ी	घटिया दुधारू	महाराष्ट्र
कृष्णा घाटी	दुधारू	महाराष्ट्र, मध्य प्रदेश
मालवी	भारवाहक	मध्य प्रदेश, आन्ध्र प्रदेश
मेवाती	भारवाहक	राजस्थान
नगोरी	भारवाहक	राजस्थान
आंगोल	भारवाहक एवं दुधारू	आन्ध्र प्रदेश
राठी	भारवाहक	राजस्थान
थारपारकर	दुधारू एवं भारवाहक	राजस्थान, गुजरात

अन्य पशुओं का पालन

- इन पशुओं के अतिरिक्त भारत में भेड़ें, बकरियाँ, सुअर आदि भी पाले जाते हैं। अधिकांश भेड़ें शुष्क, बंजर तथा पर्वतीय प्रदेशों में पाई जाती हैं। इनसे दूध, ऊन के साथ-साथ मांस भी प्राप्त होता है। भारत में सर्वाधिक भेड़ें आन्ध्र प्रदेश में मिलती हैं। बकरी को **गरीब आदमी की गाय** भी कहा जाता है।
- इनसे मांस, दूध, खाल और बाल प्राप्त किए जाते हैं। ये भेड़ों की अपेक्षाकृत अधिक आर्द्र जलवायु में मिलती हैं। चम्बा, गद्दी, कश्मीरी, जमुनापुरी (4 से 5 किग्रा दूध/दिन), पश्मीना (ऊन) आदि बकरियों की प्रसिद्ध प्रजातियाँ हैं।

दुग्ध उत्पादन

- भारत विश्व में दूध का सबसे बड़ा उत्पादक देश है, जो विश्व के 18.5% दूध का उत्पादन करता है।
- दूध का उत्पादन वर्ष 1950-51 के 17 मिलियन टन से बढ़कर वर्ष 2014-15 तक 116.3 मिलियन टन हो गया है, जिसमें भैंसो द्वारा 53.33%, गायों द्वारा 41.47% और बकरियों द्वारा 3.71% का योगदान किया गया।
- देश के दूध उत्पादन में उत्तर प्रदेश का प्रथम स्थान है, जिसके बाद राजस्थान व आन्ध्र प्रदेश का स्थान है, अन्य प्रमुख उत्पादक राज्य पंजाब, गुजरात, महाराष्ट्र, मध्य प्रदेश, बिहार, हरियाणा एवं तमिलनाडु हैं। ये दस राज्य मिलकर देश के लगभग 80% दूध का उत्पादन करते हैं। देश में अधिकांश दुग्धोत्पादन पारिवारिक आधार पर किया जाता है।

श्वेत क्रान्ति

- देश में दूध उत्पादन में उल्लेखनीय वृद्धि को श्वेत क्रान्ति (White Revolution) के नाम से जाना जाता है। नेशनल डेयरी डेवलपमेन्ट बोर्ड (NDDB), जिसके अध्यक्ष वर्गीज कुरियन थे, ने वर्ष 1970 में ऑपरेशन फ्लड कार्यक्रम लागू किया, जोकि विश्व का सबसे बड़ा डेयरी विकास कार्यक्रम था। *इसे तीन चरणों में लागू किया गया*
  - **ऑपरेशन फ्लड-I** डॉ. वर्गीज कुरियन के नेतृत्व में राष्ट्रीय डेयरी विकास कार्यक्रम (National Dairy Development Programme) के अन्तर्गत वर्ष 1970 में यह कार्यक्रम शुरू किया गया। यह कार्यक्रम 10 राज्यों में शुरू किया गया, जिसके अन्तर्गत 17 फीडर डेयरियाँ स्थापित की गईं, पहले से स्थापित डेयरियों का विस्तार किया गया तथा दिल्ली, कोलकाता, मुम्बई एवं चेन्नई में चार मदर डेयरियाँ स्थापित की गईं।
  - **ऑपरेशन फ्लड-II** (वर्ष 1980-83) का उद्देश्य 144 अतिरिक्त नगरों में मार्किट को व्यवस्थित करना, चारे की उपयुक्त व्यवस्था करना तथा पशुओं में बीमारियों की रोकथाम करना था।
  - **ऑपरेशन फ्लड-III** (वर्ष 1985-94) का उद्देश्य राज्यों के 250 जिलों में 170 दुग्ध केन्द्र स्थापित करना था। ऑपरेशन फ्लड एकीकृत कार्यक्रम है, जिसने 65, 092 डेयरी सहकारिता समितियों के माध्यम से 83.5 लाख किसानों को लाभ पहुँचाया गया।

इससे किसानों को आय का सुनिश्चित साधन मिल गया, क्योंकि 62% से अधिक दूध सीमान्त, छोटे तथा भूमिहीन किसानों से प्राप्त किया जाता है। ऑपरेशन फ्लड के शुरू में दूध का उत्पादन लगभग 21 मिलियन टन था, जो अब बढ़कर 100 मिलियन टन हो गया है।

मात्स्यिकी

- भारत की जनसंख्या बड़ी तेजी से बढ़ रही है और इस कारण हमारा कृषि संसाधन हमारी बढ़ती हुई माँग को पूरा करने में असमर्थ है। ऐसी परिस्थिति में मात्स्यिकी (Pisciculture) उद्योग का महत्त्व बढ़ता जा रहा है। मछली के प्रयोग से हमें पौष्टिक आहार मिलता है।
- इसमें प्रोटीन अधिक होता है और विटामिन व कार्बोहाइड्रेट्स होते हैं। अधिकांश भारतीयों के भोजन में प्रोटीन की कमी होती है, जो मछली के आहार से पूरी हो सकती है।

कुक्कुट पालन

- कुक्कुट पालन (Poultry Farming) के अन्तर्गत मुर्गी, बत्तख, तीतर, बटेर, हंस या ताल मयूर आदि का गोश्त, अण्डा एवं पंखों के लिए प्रजनन किया जाता है, इसमें बहुत छोटी लागत में कम समय में गाँवों में लोगों को रोजगार दिया जा सकता है एवं उनकी आय में वृद्धि की जा सकती है।
- मुर्गियों की सबसे बड़ी संख्या आन्ध्र प्रदेश (21%) में पाई जाती है, जिसके बाद तमिलनाडु, पश्चिम बंगाल, महाराष्ट्र, कर्नाटक, असम, ओडिशा, झारखण्ड, बिहार एवं हरियाणा का स्थान आता है।

सिंचाई

- भारतीय परिप्रेक्ष्य में अनिश्चित मानसूनी वर्षा की स्थानिक व कालिक भिन्नता, वर्षा का तीव्र विचलन, वर्षा की अनियमितता, मानसून विभंगता, वर्षा ऋतु की सीमित अवधि, वर्षा का मूसलाधार स्वरूप आदि कुछ ऐसे कारण हैं, जिसके कारण सिंचाई (Irrigation) की आवश्यकता हमेशा बनी रहती है। इसके अतिरिक्त अलग-अलग फसलों के लिए अलग-अलग समय एवं अलग-अलग जल की मात्रा

की आवश्यकता होती है। इसके लिए भी सिंचाई महत्त्वपूर्ण हो जाती है।

- अतः प्रति हेक्टेयर उच्च उत्पादकता, शस्य गहनता और अन्ततः उच्च कृषि लाभ के लिए सिंचाई सुविधाओं का होना आवश्यक है। नियोजन काल के दौरान विशेषतः तीसरी पंचवर्षीय योजना के उपरान्त हरित क्रान्ति के परिप्रेक्ष्य में सिंचाई के विकास पर काफी ध्यान दिया गया।
- राष्ट्रीय परिप्रेक्ष्य में बहुउद्देशीय परियोजनाओं के द्वारा वृहत् क्षमता से युक्त सम्भाव्य क्षेत्रों में नहर सिंचाई का विकास किया गया। आधुनिक भारतीय कृषि में सिंचाई को विभिन्न प्रकार के तकनीक के आधार पर वर्गीकृत करने का कार्य किया गया है, जिससे सिंचाई का लक्षित उपयोग हो सके, साथ ही साथ जल की हानि भी कम हो।

सिंचाई के साधन

सतही व भौम जल की उपलब्धता, उच्चावच, (Relief) संरचना, मृदा व जलवायु दशा में भिन्नता के कारण देश में सिंचाई के कई साधन विकसित हुए हैं। इनमें तालाब, कुएँ (नलकूप सहित) व नहर सम्मिलित हैं।

- इन सभी सिंचाई साधनों के अपने-अपने फायदे एवं नुकसान हैं। गंगा के विशाल मैदान की मन्द ढाल और कोमल मिट्टी जहाँ उस स्थान पर नहरों के विकास को प्रोत्साहित करती है, वहीं वह नहरों में जमे गाद से बाढ़ को भी आमन्त्रण देती है। इसके अतिरिक्त जल-जमाव की समस्या से भूमि का लवणीकरण भी हो जाता है।
- इसी प्रकार कुएँ, नलकूप एवं तालाब बनवाने में होने वाले कम व्यय के कारण गरीब भारतीय किसानों के लिए यह सर्वश्रेष्ठ है, परन्तु सूखे की स्थिति में जब इनकी सर्वाधिक आवश्यकता होती है, तो ये भी सूख जाते हैं। इन नुकसानों को सही तकनीक एवं नियन्त्रित सिंचाई एवं उचित प्रबन्धन से काफी हद तक कम किया जा सकता है।
- समूचे शुद्ध सिंचित क्षेत्र का लगभग 59% कुओं (नलकूप सहित) द्वारा, लगभग 25% नहरों द्वारा एवं लगभग 3.5% भाग तालाबों द्वारा सिंचित होता है और बाकी अन्य साधनों से सिंचित होता है। उत्तरी मैदान के जलोढ़ क्षेत्र में नलकूप, कुएँ व नहर सिंचाई के प्रमुख साधन हैं।
- दक्कन पठार की रवेदार शिलाओं के क्षेत्र में तालाबों की प्रधानता है। नलकूपों द्वारा सिंचित भूमि का सर्वाधिक हिस्सा उत्तर प्रदेश (28%) में पाया जाता है, उसके बाद राजस्थान (12.5%) व मध्य प्रदेश (10.45%) का स्थान है। प्रतिशत की दृष्टि से कुओं, नलकूप द्वारा सिंचित सर्वाधिक क्षेत्र गुजरात (86.74%) में है।
- नहर सिंचाई का अधिकांश क्षेत्र पंजाब, हरियाणा, उत्तर प्रदेश, बिहार, आन्ध्र प्रदेश, राजस्थान व मध्य प्रदेश में विस्तृत है। हाल के वर्षों में लघु सिंचाई के अन्तर्गत ड्रिप व स्प्रिंकलर सिंचाई का भी विकास हुआ है, इसका महत्त्वपूर्ण क्षेत्र कर्नाटक, तमिलनाडु, राजस्थान व गुजरात राज्यों में विस्तृत है।

सिंचाई के प्रचलित अन्य रूप

- **सतही सिंचाई** इसमें जल सतह पर गुरुत्वाकर्षण के आधार पर कृषित भूमि तक पहुँचाया जाता है। इसको सामान्यतया बाढ़ सिंचाई भी कहा जाता है।
- **स्थानीकरण/लक्षित सिंचाई** इसमें जल पाइप आदि के द्वारा कम दबाव पर पौधों तक पहुँचाया जाता है।
- **ड्रिप सिंचाई** इसको टपक सिंचाई भी कहा जाता है। इसमें पौधों की जड़ में बूँद-दर-बूँद जल पहुँचाया जाता है जिससे जल की हानि कम होती है एवं उसका अधिकतम उपयोग होता है। आधुनिक कृषि में इसका व्यापक प्रचलन बढ़ रहा है।

  ड्रिप सिंचाई के प्रमुख लाभ निम्नलिखित हैं
  - नियमित पानी मिलने से उत्पादन में वृद्धि होती है
  - पानी की बचत होती है।
  - मृदा लवणता में कमी आती है।
  - अनावश्यक बहाव न होने के कारण मृदा अपरदन में कमी आती है।
  - पानी में ही उर्वरक मिला देने से उर्वरक सीधे जड़ तक पहुँचते हैं, जिससे उर्वरक की बचत होती है।
  - सिंचाई का पानी सीधे जड़ों तक पहुँचने से आस-पास की जमीन सूखी रहती है, जिससे खरपतवार में कमी आती है।
- **स्प्रिंकलर सिंचाई** इसमें जल को विभिन्न पाइप आदि के माध्यम से उच्च दबाव पर छोड़ा जाता है जिससे यह लक्षित क्षेत्र या खेतों में ऊपर से पौधों को पानी उपलब्ध कराता है। ये स्थायी तौर पर लगाए जाते हैं। इसका उपयोग गार्डन एवं सब्जी उत्पादन में काफी बढ़ा है। इसको फव्वारा सिंचाई भी कहा जाता है।

सिंचाई परियोजनाओं का वर्गीकरण

- **लघु सिंचाई परियोजनाएँ** इनसे 2,000 हेक्टेयर से कम क्षेत्र की सिंचाई होती है। इसके तहत कुआँ, नलकूप, पम्प सेट, तालाब, ड्रिप व स्प्रिंकलर सिंचाई, एनीकट आदि शामिल किए जाते हैं।
- **मध्यम सिंचाई परियोजनाएँ** इनसे 2,000 से 10,000 हेक्टेयर तक क्षेत्र की सिंचाई होती है।
- **वृहत सिंचाई परियोजनाएँ** इनसे 10,000 हेक्टेयर से अधिक क्षेत्रों की सिंचाई होती है, इनके लिए बड़े बाँध बनाकर नहरें निकाली जाती हैं।
- छठी पंचवर्षीय परियोजना से नलकूप एवं कुआँ सिंचाई के माध्यम से उपयुक्त क्षेत्रों में विकेन्द्रीकरण किया गया, जो आज भी जारी है। इन प्रयासों के परिणामस्वरूप सिंचाई सुविधा के प्रणालीबद्ध विकास के साथ बड़ी, मध्यम और छोटी सिंचाई परियोजनाओं की शुरुआत की गई।
- वर्तमान में कृषि भूमि का 45% भाग सिंचित है। सृजित सिंचन सम्भाव्यता की दृष्टि से उत्तर प्रदेश का प्रथम स्थान है (25.7 मिलियन हेक्टेयर), जिसके बाद बिहार (7.5 मिलियन हेक्टेयर), आन्ध्र प्रदेश (6.28 मिलियन हेक्टेयर) और पंजाब (5.97 मिलियन हेक्टेयर) का स्थान है।

कमान क्षेत्र विकास कार्यक्रम

कमान क्षेत्र विकास कार्यक्रम (Command Area Development Programme, CADP) वर्ष 1974-75 में शुरू किया गया था, जिसका मुख्य उद्देश्य क्षेत्रीय विकास प्राधिकरण के अन्तर्गत एक बहुविध टीम के जरिए सिंचित कृषि से उत्पादकता एवं कृषि उत्पादन को बढ़ाना तथा सृजित सिंचाई क्षमता के उपयोग में बेहतरी लाना था।

बहुउद्देशीय परियोजनाएँ

बहुउद्देशीय परियोजनाओं के द्वारा सिंचाई, जल विद्युत उत्पादन, बाढ़ नियन्त्रण, वृक्षारोपण, पेय-जल आपूर्ति, मृदा संरक्षण, नौकायान, मत्स्य पालन, पर्यटन, वन्य जीव संरक्षण का उद्देश्य रखा गया था। *नीचे कुछ प्रमुख बहुउद्देशीय परियोजनाओं (Multi-purpose Projects) का विवरण दिया गया है*

- **दामोदर घाटी परियोजना** इस परियोजना की रूपरेखा संयुक्त राज्य अमेरिका की टेनिसी वैली अथॉरिटी के आधार पर तैयार की गई थी। दामोदर हुगली की सहायक नदी है। इस परियोजना से झारखण्ड एवं पश्चिम बंगाल को लाभ हो रहा है। इस परियोजना के अन्तर्गत सिंचाई सुविधा के साथ ही ताप विद्युत गृह एवं गैस आधारित टरबाइन स्टेशन लगाए गए हैं।
- **भाखड़ा नांगल परियोजना** यह पंजाब, हरियाणा, राजस्थान राज्यों का संयुक्त उपक्रम है। इसके अन्तर्गत बाँध भाखड़ा नहर तन्त्र व विद्युत गृह शामिल हैं। भाखड़ा बाँध सतलुज नदी पर स्थित है। यह विश्व का सबसे बड़ा सीधा गुरुत्व बाँध (लम्बाई 518 मी ऊँचाई 226 मी) है, जिसके द्वारा गोविन्द सागर झील बनाई गई है।
- **कोसी परियोजना** कोसी नदी में आने वाली विनाशकारी बाढ़ की रोकथाम के उद्देश्य से इस परियोजना के लिए भारत और नेपाल के बीच वर्ष 1954 में समझौता हुआ था। हाल ही में भारत और नेपाल ने संयुक्त रूप से सप्तकोशी बहुउद्देशीय परियोजना और सुनकोशी संचयन के साथ विपथन कार्यक्रम को विकसित करने में सहमति दिखाई है। इससे जल विद्युत, सिंचाई, बाढ़ नियन्त्रण और प्रबन्धन तथा नौ-परिवहन विकसित करने में सहायता मिलेगी। इससे सप्तकोशी बाँध 3000 मेगावाट (भार कारक पर) बिजली का उत्पादन करेगा।
- इस बाँध पर बने बैराज से दो नहरें—(पूर्वी कोसी नहर और पश्चिमी कोसी नहर) निकालने पर विचार किया जा रहा है। कोसी नहर प्रणाली द्वारा भारत और नेपाल के बड़े क्षेत्र को सिंचित किया जाएगा। पूर्वी कोसी नहर और हनुमान बैराज के मध्य विद्युत उत्पादन हेतु तीन नहर विद्युत गृह के निर्माण पर विचार किया गया है। प्रत्येक विद्युत गृह की स्थापित क्षमता 100 मेगावाट है।
- **रिहन्द बाँध परियोजना** यह उत्तर प्रदेश की सबसे बड़ी बहुउद्देशीय परियोजना है। इसके अन्तर्गत सोन की सहायक रिहन्द नदी पर एक बाँध (सोनभद्र जनपद) बनाया गया है और इसके द्वारा रोके गए जल को गोविन्द वल्लभ पन्त सागर जलाशय में संग्रहीत किया गया है। इसके द्वारा निकाली गई नहर से बिहार में भी सिंचाई होती है।
- **चम्बल परियोजना** यमुना की सहायक चम्बल नदी पर यह परियोजना राजस्थान और मध्य प्रदेश राज्यों का संयुक्त उपक्रम है। इसके अन्तर्गत राणाप्रताप सागर जलाशय बनाया गया है।
- **हीराकुड परियोजना** यह ओडिशा राज्य में महानदी नदी पर निर्मित परियोजना है। हीराकुड बाँध विश्व के सबसे लम्बे बाँधों में से एक (लम्बाई 4801 मी तथा ऊँचाई 61 मी) है।
- **तुंगभद्रा परियोजना** यह कृष्णा की सहायक तुंगभद्रा नदी पर स्थित है। यह कर्नाटक व आन्ध्र प्रदेश राज्यों का संयुक्त उपक्रम है। इस परियोजना के अन्तर्गत मल्लापुरम में एक बाँध बनाया गया है।
- **नागार्जुन सागर परियोजना** इसके अन्तर्गत कृष्णा नदी पर नन्दीकोण्डा (नलगोण्डा जनपद, आन्ध्र प्रदेश) के पास एक बाँध बनाया गया है। इससे जवाहर लाल नेहरू और लाल बहादुर शास्त्री नामक नहरें निकाली गई हैं।
- **गण्डक परियोजना** यह उत्तर प्रदेश और बिहार राज्यों की संयुक्त परियोजना है, जिसका कुछ लाभ नेपाल को भी दिया जा रहा है।
- **व्यास परियोजना** यह पंजाब, हरियाणा और राजस्थान राज्यों की सम्मिलित परियोजना है, इसके अन्तर्गत इन्दिरा गाँधी नहर में जाड़े में नियमित जलापूर्ति बनाए रखने के लिए व्यास नदी पर धौलाधर पहाड़ियों में पोंग बाँध बनाया गया है।
- **मयूराक्षी परियोजना** मयूराक्षी हुगली की सहायक नदी है। इसमें मयूराक्षी नदी पर कनाडा बाँध बनाया गया है। इससे पश्चिम बंगाल एवं झारखण्ड राज्य लाभान्वित हो रहे हैं।
- **इन्दिरा गाँधी नहर परियोजना** इन्दिरा गाँधी (राजस्थान) नहर परियोजना भारत की एक बड़ी सिंचाई परियोजना है, इसके लिए व्यास तथा सतलुज नदी पर बने हरिके बैराज से जल दिया जा रहा है।
- **नर्मदा घाटी परियोजना** इसके अन्तर्गत गुजरात सरदार सरोवर परियोजना व नर्मदा सागर परियोजना सम्मिलित हैं। इससे मध्य प्रदेश व गुजरात राज्य लाभान्वित होंगे।
- **टिहरी बाँध परियोजना** इस बाँध का निर्माण भागीरथी और भील गंगा के संगम के नीचे उत्तराखण्ड के टिहरी जिले में किया गया है।
- **पोचम्पाद परियोजना** यह गोदावरी नदी पर निर्मित है, इसके अन्तर्गत आन्ध्र प्रदेश के आदिलाबाद जनपद में एक बाँध बनाया गया है।
- **बालिमेला परियोजना** यह ओडिशा राज्य की एक जलविद्युत परियोजना है, जो सिलेरू नदी पर बनी है। इसका निर्माण कार्य पूर्ण हो चुका है।
- **कालिन्दी परियोजना** यह कर्नाटक राज्य की जलविद्युत परियोजना है, जिसकी विद्युत उत्पादन क्षमता 270 मेगावाट है।
- **साबरमती परियोजना** इस परियोजना के अन्तर्गत गुजरात राज्य में मेहसाना जिले के धारी गाँव के पास एक बाँध निर्मित है तथा दूसरा अहमदाबाद के पास वासना बाँध निर्मित किया गया है।
- **कुण्डा परियोजना** यह तमिलनाडु राज्य की जल विद्युत परियोजना है, जिसकी विद्युत उत्पादन की प्रारम्भिक क्षमता 425 मेगावाट थी, जिसे कुछ दिन पूर्व बढ़ाकर 535 मेगावाट कर दिया गया है।

भारत की अन्य बहुउद्देशीय परियोजनाएँ

बहुउद्देशीय परियोजना	राज्य	नदी
भीमा परियोजना	महाराष्ट्र	पवना एवं कृष्णा नदी
महानदी जलविद्युत परियोजना	ओडिशा	महानदी
सुवर्ण रेखा जलविद्युत परियोजना	झारखण्ड	सुवर्णरेखा
तिलैया परियोजना	झारखण्ड	दामोदर
सरदार सरोवर परियोजना	मध्य प्रदेश, महाराष्ट्र, राजस्थान, गुजरात	नर्मदा नदी (इसका जलाशय इन्दिरा सागर के नाम से है, तथा यह भारत की सबसे बड़ी मानव निर्मित झील है।)

बहुउद्देशीय परियोजना	राज्य	नदी
मेट्टूर नहर परियोजना	तमिलनाडु	कावेरी (मेट्टूर)
नर्मदा सागर परियोजना	मध्य प्रदेश	नर्मदा नदी
चूखा जलविद्युत परियोजना	भारत और भूटान	वांग्चू नदी
पंचेश्वर बाँध परियोजना	उत्तराखण्ड	काली नदी (पिथौरागढ़)
तिपाई मुख बाँध परियोजना	मणिपुर-मिजोरम	बराक नदी
रानी लक्ष्मीबाई सागर परियोजना (राजघाट बाँध परियोजना का नया नाम)	मध्य प्रदेश व उत्तर प्रदेश	बेतवा नदी
महेश्वर विद्युत परियोजना	मध्य प्रदेश	नर्मदा नदी
सरहिन्द नहर परियोजना	हरियाणा	सतलुज नदी
आगरा नहर परियोजना	उत्तर प्रदेश	सतलुज नदी
बीकानेर नहर परियोजना	राजस्थान	यमुना नदी
इन्दिरा गाँधी नहर परियोजना	राजस्थान	रावी, व्यास, सतलुज
फरक्का परियोजना	पश्चिम बंगाल	गंगा (यह परियोजना कोलकाता बन्दरगाह से कीचड़ हटाने व हुगली नदी के जल का खारापन दूर करने के काम में भी आती है।)
गण्डक परियोजना	भारत-नेपाल	गण्डक
कृष्णा परियोजना	कर्नाटक	कृष्णा
दुलहस्ती परियोजना	जम्मू-कश्मीर	चिनाब नदी
चेहरार परियोजना	हिमाचल प्रदेश	सतलुज नदी
सावरीगिरी परियोजना	केरल	पेरियार नदी
इडुकी परियोजना	केरल	पेरियार नदी
शरावती परियोजना	कर्नाटक	शरावती नदी
विष्णु प्रयाग जलविद्युत परियोजना	उत्तराखण्ड	अलकनन्दा नदी
बेताली परियोजना	राजस्थान	बेताली नदी
काली नदी परियोजना	कर्नाटक	काली नदी
थीन बाँध	हिमाचल प्रदेश	रावी नदी
भाखड़ा नांगल बाँध परियोजना	हरियाणा, पंजाब, राजस्थान	सतलुज नदी (यह विश्व का दूसरा सबसे ऊँचा बाँध (226 मी) है।
व्यास परियोजना	हरियाणा, पंजाब, राजस्थान	व्यास-सतलुज
शिवपुरी जलविद्युत परियोजना	महाराष्ट्र	आन्ध्र नदी

बहुउद्देशीय परियोजना	राज्य	नदी
कोयना जलविद्युत परियोजना	महाराष्ट्र	कोयना नदी
तीस्ता जलविद्युत परियोजना	सिक्किम	तीस्ता नदी
तुलबुल परियोजना	भारत-पाकिस्तान	झेलम नदी
चिल्का परियोजना	ओडिशा	चिल्का नदी
टनकपुर बाँध परियोजना	भारत और नेपाल	महाकाली नदी (भारत)
पंचेतहिल परियोजना	झारखण्ड	दामोदर नदी
सलाल पनबिजली परियोजना	जम्मू-कश्मीर	चिनाब
चेनानी पनबिजली परियोजना	जम्मू-कश्मीर	तवी नदी (चिनाब की सहायक नदी)
पोचम्पाद परियोजना	आन्ध्र प्रदेश	गोदावरी
कोसी परियोजना	बिहार (भारत-नेपाल)	कोसी नदी
सोन परियोजना	बिहार	सोन
काकरापारा परियोजना	गुजरात (सूरत)	ताप्ती
उकई परियोजना (उकी)	गुजरात	ताप्ती
माही परियोजना	गुजरात	माही
साबरमती परियोजना	गुजरात (मेहसाना)	साबरमती
तवा परियोजना	मध्य प्रदेश (होशंगाबाद)	तवा
गाँधी सागर परियोजना	मध्य प्रदेश	चम्बल
राणाप्रताप सागर परियोजना	राजस्थान	चम्बल
जवाहर सागर परियोजना	राजस्थान	चम्बल
हंसदो बाँगो परियोजना	हिमाचल प्रदेश	हंसदेव नदी
रामगंगा परियोजना	उत्तर प्रदेश	रामगंगा (गंगा की सहायक)
माताटीला बाँध परियोजना	उत्तर प्रदेश	बेतवा
खातीमा परियोजना	उत्तर प्रदेश	गोमती व सई
छिबरो पनबिजली परियोजना	उत्तर प्रदेश	घाघरा-शारदा
टिहरी बाँध परियोजना	उत्तराखण्ड	भागीरथी-भील गंगा
नागार्जुन सागर परियोजना	आन्ध्र प्रदेश	कृष्णा
तुंगभद्रा	आन्ध्र प्रदेश, कर्नाटक	तुंगभद्रा
निजाम सागर	तेलंगाना	मंजरा
सिलेरू	कर्नाटक	कावेरी
शिवसमुद्रम् परियोजना	कर्नाटक	कावेरी (भारत की सबसे पुरानी)

अभ्यास प्रश्न

1. निम्नलिखित में से किस वर्ष में भारत में राष्ट्रीय जल नीति को सूत्रबद्ध किया गया?
(a) वर्ष 2002 में (b) वर्ष 1987 में
(c) वर्ष 2007 में (d) वर्ष 1985 में

2. गुजरात के बारे में कौन-सा कथन असत्य है?
(a) यह मूँगफली का सर्वप्रमुख उत्पादक राज्य है
(b) यह तम्बाकू का सर्वप्रमुख उत्पादक राज्य है
(c) यह नमक का सर्वप्रमुख उत्पादक राज्य है
(d) यह दुग्ध उत्पादों का सर्वप्रमुख उत्पादक राज्य है

3. देश में सर्वाधिक सकल बोया गया क्षेत्र किस फसल के अन्तर्गत है?
(a) गेहूँ (b) चावल
(c) तिलहन (d) दलहन

4. देश में प्रति हेक्टेयर सबसे अधिक उपज किस फसल की होती है?
(a) मक्का (b) गेहूँ
(c) चावल (d) चना

5. देश में कुल खाद्यान्नों के उत्पादन में प्रथम स्थान वाला राज्य है
(a) उत्तर प्रदेश (b) पंजाब
(c) मध्य प्रदेश (d) हरियाणा

6. भारत में सुनहरी क्रान्ति (Golden revolution) किससे सम्बन्धित है?
(a) ऊन उत्पादन से
(b) तिलहन उत्पादन से
(c) पर्यटन विकास से
(d) बागवानी कृषि से

7. निम्नलिखित फसलों में सर्वाधिक सिंचित क्षेत्र किस फसल के अन्तर्गत है?
(a) गेहूँ (b) चावल
(c) जौ (d) गन्ना

8. कौन-सा भारतीय राज्य अपने उपभोग से अधिक चावल उत्पन्न करता है?
(a) असोम (b) पश्चिम बंग
(c) पंजाब (d) तमिलनाडु

9. देश में मात्रा की दृष्टि से सबसे अधिक उत्पादन किस फसल का होता है?
(a) गेहूँ (b) चावल
(c) चाय (d) तिलहन

10. निम्नलिखित बाँधों में से कौन एक सिंचाई के लिए नहीं हैं?
(a) भवानी सागर (b) शिवसमुद्रम
(c) कृष्णाराज सागर (d) भाखड़ा नांगल

11. निम्नलिखित में से कौन-सा कथन असत्य है?
(a) जम्मू-कश्मीर राज्य में बंजर भूमि का क्षेत्रफल सर्वाधिक है
(b) मोटे अनाजों की कृषि के लिए उच्च तापमान एवं औसत सामान्य वर्षा उपयुक्त है
(c) कृषि प्रबन्धन और भण्डारण की अपर्याप्त व्यवस्था के कारण हरित क्रान्ति का लाभ भारत के कुछ ही क्षेत्रों को प्राप्त हो सका है
(d) भारत में मक्का की कृषि शुष्क खेती के अन्तर्गत की जाती है

12. निम्नलिखित विशेषताएँ किस बागानी फसल से सम्बन्धित हैं?
1. विश्व में भारत सबसे बड़ा उत्पादक राष्ट्र।
2. विश्व के कुल उत्पादन का 29% उत्पादन भारत में होता है।
3. इसके विश्व व्यापार में भारत का हिस्सा 16% है।

कूट
(a) कॉफी (b) प्राकृतिक रबड़
(c) चाय (d) सब्जियाँ एवं फल

13. निम्नलिखित में से किसे 'चमत्कारिक फसल' (Miracle crop) के रूप में जाना जाता है?
(a) तम्बाकू (b) मक्का
(c) सोयाबीन (d) सूर्यमुखी

14. भारत में सर्वप्रथम काजू उगाने का कार्य पुर्तगालियों ने किया। किस राज्य में काजू का सर्वाधिक उत्पादन होता है?
(a) तमिलनाडु (b) कर्नाटक
(c) केरल (d) महाराष्ट्र

15. भारत में हरित क्रान्ति किस फसल की उत्पादकता वृद्धि में सफल हुई है?
(a) गेहूँ तथा चावल की (b) गन्ना तथा आलू की
(c) तिलहन तथा दलहन की (d) चाय तथा कहवा की

16. देश के कुल कृषि योग्य क्षेत्र के सर्वाधिक भाग पर किस फसल की कृषि की जाती है?
(a) गेहूँ (b) चावल
(c) बाजरा (d) कपास

17. भारत में गेहूँ के तीन अधिकतम उत्पादक राज्यों का अवरोही क्रम है
(a) पंजाब, हरियाणा, उत्तर प्रदेश
(b) पंजाब, उत्तर प्रदेश, मध्य प्रदेश
(c) उत्तर प्रदेश, पंजाब, मध्य प्रदेश
(d) उत्तर प्रदेश, पंजाब, हरियाणा

18. समोच्च रेखा कृषि, वेदिका कृषि और पट्टिका कृषि की जाती है
(a) गहन कृषि करने हेतु
(b) मृदा अपरदन को रोकने हेतु
(c) मशीनों का उपयोग करने हेतु
(d) खेतों की बाड़बन्दी करने हेतु

19. किस भारतीय राज्य को 'मसालों का बगीचा' के उपनाम से जाना जाता है?
(a) गुजरात (b) तमिलनाडु
(c) केरल (d) कर्नाटक

20. एशिया का सबसे बड़ा फल संसाधन संयन्त्र हिमाचल प्रदेश के किस स्थान पर स्थित है?
(a) बरोतीवाला (b) परवानू
(c) शामसी (d) सोलन

21. निम्नलिखित में से किस क्रिया से मृदा उर्वरता नहीं बढ़ती है?
(a) फसलों में जैवनाशी के छिड़काव से
(b) मृदा में उर्वरकों के देने से
(c) खेतों की परती छोड़ने से
(d) खेतों में पशुओं को चराने से

22. भारत में कॉफी के अन्तर्गत सम्पूर्ण क्षेत्र में उगाई जाने वाली कॉफी की किस्में हैं
(a) रोबस्टा (b) अरेबिका
(c) लाइबेरिया (d) 'a' और 'b' दोनों

23. भारत में वृहद पैमाने पर जूट की खेती किस नदी के घाटी क्षेत्र में की जाती है?
(a) दामोदर (b) हुगली
(c) गंगा (d) सिन्धु

24. निम्न में से किसे 'हरित क्रान्ति' का जन्मदाता माना जाता है?
(a) नार्मन ई. बोरलॉग (b) एम एस स्वामीनाथन
(c) ए. वाक्समैन (d) एस एन विनोग्रेडस्कोई

25. असोम में शीतकालीन चावल (धान) की फसल किस नाम से जानी जाती है?
(a) आडू (b) साली
(c) बोडो (d) अमन

26. निम्नलिखित में से कौन खरीफ की फसल नहीं है?
(a) मक्का एवं बाजरा (b) ज्वार एवं धान
(c) गन्ना एवं मूँगफली (d) जौ एवं सरसों

27. गंगा की घाटी में चावल की गहन कृषि के लिए, कौन-सा कारक उत्तरदायी नहीं है?
(a) निरन्तर वर्षा
(b) निम्न समतल भू-भाग
(c) पर्याप्त श्रम उपलब्धि
(d) वर्ष भर गंगा नदी में पर्याप्त जल की उपलब्धि

28. निम्नलिखित में से किसकी गणना 'नकदी फसल' के अन्तर्गत की जाती है?
(a) कपास (b) जूट
(c) चाय (d) ये सभी

29. कहवा तथा रबड़ फसलों का उत्पादन निम्नलिखित में से किस राज्य में किया जाता है?
(a) केरल (b) कर्नाटक
(c) आन्ध्र प्रदेश (d) गोवा

30. भारत में कॉफी के अन्तर्गत सम्पूर्ण क्षेत्र के 60% भाग पर किस किस्म का उत्पादन होता है?
(a) रोबस्टा (b) अरेबिका
(c) लाइबेरिया (d) इनमें से कोई नहीं

31. निम्नलिखित में से किस एक राज्य में अति उपजाऊ भूमि का प्रतिशत सर्वाधिक है?
(a) पंजाब (b) उत्तर प्रदेश
(c) उत्तराखण्ड (d) राजस्थान

32. रबड़ किस जलवायु का पौधा है?
(a) मानसूनी (b) भूमध्यरेखीय
(c) भूमध्यसागरीय (d) पर्वतीय

33. 'केन्द्रीय आलू अनुसन्धान संस्थान' (Central Potato Research Institute) कहाँ स्थित है?
(a) नई दिल्ली (b) अहमदाबाद
(c) देहरादून (d) शिमला

34. भारत का कौन-सा क्षेत्र 'धान का कटोरा' कहलाता है?
(a) गंगा-सिन्धु का मैदान (b) कृष्णा-गोदावरी डेल्टा
(c) केरल-तमिलनाडु (d) नर्मदा घाटी क्षेत्र

35. भारत के निम्नलिखित में से किन भागों में चाय व कॉफी की पैदावार साथ-साथ होती है?
(a) उत्तर-पूर्वी भाग (b) उत्तर-पश्चिमी भाग
(c) दक्षिण-पश्चिमी भाग (d) दक्षिण-पूर्वी भाग

36. मोटे अनाज के अन्तर्गत जो सम्मिलित नहीं है, वह है
(a) चावल (b) ज्वार
(c) बाजरा (d) मक्का

37. शस्य गहनता (Crop intensity) की दृष्टि से भारत का सबसे समृद्ध राज्य कौन-सा है?
(a) पंजाब (b) हरियाणा
(c) पश्चिमी बंगाल (d) उत्तर प्रदेश

38. निम्नलिखित फसलों में से किसके द्वारा भारत को सर्वाधिक विदेशी मुद्रा प्राप्त होती है?
(a) जूट (b) कहवा
(c) चाय (d) चीनी

39. भारत को कितने कृषि जलवायु प्रदेशों में विभाजित किया गया है?
(a) 15 (b) 9
(c) 21 (d) 7

40. निम्नलिखित में से रेशेदार फसलें हैं
(a) कपास और रेशम (b) जूट और कपास
(c) रेशम और बाँस (d) इनमें से कोई नहीं

41. भारत में सर्वाधिक खपत किस प्रकार के उर्वरक की होती है?
(a) नत्रजन उर्वरकों की (b) फ्रॉस्फेट उर्वरकों की
(c) पोटाश उर्वरकों की (d) जैविक उर्वरकों की

42. देश में किस फसल का क्षेत्र सबसे अधिक सिंचित है?
(a) चावल (b) गेहूँ
(c) जौ (d) तिलहन

43. किस राज्य में काजू का सर्वाधिक उत्पादन किया जाता है?
(a) गोवा (b) महाराष्ट्र
(c) केरल (d) कर्नाटक

44. भारत में सबसे अधिक रबड़ उत्पादित करने वाला राज्य है
(a) तमिलनाडु (b) कर्नाटक
(c) अण्डमान निकोबार (d) केरल

45. विश्व में प्राकृतिक रबड़ के उत्पादन में भारत का स्थान है
(a) पहला (b) दूसरा
(c) तीसरा (d) चौथा

46. रन्धावा ने भारत को कितने वृहत कृषि प्रदेशों में बाँटा है?
(a) तीन (b) चार
(c) पांच (d) छः

47. तम्बाकू उत्पादन में कौन-सा राज्य अग्रणी है?
(a) आन्ध्र प्रदेश (b) मध्य प्रदेश
(c) पंजाब (d) उत्तर प्रदेश

48. जूट उत्पादन में भारत का स्थान है
(a) प्रथम (b) द्वितीय
(c) तृतीय (d) कोई महत्त्वपूर्ण स्थान नहीं

49. भारत में मसालों का सबसे बड़ा उत्पादक राज्य है
(a) पंजाब (b) मध्य प्रदेश
(c) गुजरात (d) केरल

50. अस, अमन तथा बोरो किसके स्थानीय नाम है?
(a) चावल (b) गेहूँ
(c) मक्का (d) तम्बाकू

51. वह फसल जो भारत में कुल कृषि योग्य भूमि के अधिकांश भाग पर बोई जाती है
(a) चावल (b) गेहूँ
(c) मक्का (d) बाजरा

52. निम्नलिखित में से कौन-सा भारत का कृषिय जलवायु प्रदेश नहीं है
(a) पूर्वी समुद्रतटीस मैदान तथा पहाड़ी भाग
(b) पूर्वी पठार तथा पहाड़ी क्षेत्र
(c) पश्चिमी घाट
(d) गंगापार के मैदानी क्षेत्र

53. **कथन** (R) भारत में कई जूट मिलें स्वतन्तत्रता के पश्चात् बन्द हो गई।
कारण (R) कच्चे माल की अत्यधिक कमी है और जूट माल के लिए विदेशी माँग में भी गिरावट हुई है।
कूट
(a) A और R दोनों सही हैं तथा R, A की सही व्याख्या है
(b) A और R दोनों सही हैं, परन्तु R, A की सही व्याख्या नहीं है
(c) A सही है, किन्तु R गलत है
(d) A गलत है, किन्तु सही है

54. निम्नलिखित कथनों पर विचार कीजिए
1. ज्वार केवल खरीफ फसल के रूप में पैदा की जाती है।
2. बाजरा केवल रबी फसल के रूप में पैदा किया जाता है।
उपरोक्त कथनों में से कौन-सा/से सही है/हैं?
(a) केवल 1 (b) केवल 2
(c) 1 और 2 (d) न तो 1 और न ही 2

55. निम्नलिखित कथनों पर विचार कीजिए
1. बाजरा मूल रूप से भारत की रबी फसल है
2. यद्यपि कुछ क्षेत्रों में रबी की फसल के रूप में मक्के की पैदावार होती है इसकी खरीफ फसल के रूप में भी पैदावार होती है।
उपरोक्त कथनों में से कौन-सा/से सही है/हैं?
(a) केवल 1 (b) केवल 2
(c) 1 और 2 (d) न तो 1 और न ही 2

56. भारत में निम्नलिखित में से कौन-सा राज्य युग्म तम्बाकू का प्रमुख उत्पादक है?
(a) आन्ध्र प्रदेश और गुजरात
(b) कर्नाटक और मध्य प्रदेश
(c) महराष्ट्र और छत्तीसगढ़
(d) उत्तर प्रदेश और आन्ध्र पदेश

57. भारत का कौन-सा राज्य गेहूँ का सबसे बड़ा उत्पादक है?
(a) उत्तर प्रदेश (b) हरियाणा
(c) पंजाब (d) राजस्थान

58. भारत का कौन-सा राज्य सोयाबीन का सबसे बड़ा उत्पादक है?
(a) राजस्थान
(b) गुजरात
(c) उत्तर प्रदेश
(d) मध्य प्रदेश

59. भारत के किस राज्य में गेहूँ की प्रति हेक्टेयर उच्चतम उत्पादकता है?
(a) बिहार (b) उत्तर प्रदेश
(c) पंजाब (d) हरियाणा

60. **कथन** (A) भारत में पर्ष 1950-51 से वर्ष 1999-2000 तक शुद्ध रोपित क्षेत्रफल में लगभग 19% वृद्धि हुई है।
कारण (R) इसी अवधि में वन क्षेत्र में समवर्ती कमी आई है
कूट
(a) A और R दोनों सही हैं तथा R, A की सही व्याख्या है
(b) A और R दोनों सही हैं, परन्तु R, A की सही व्याख्या नहीं है
(c) A सही है, किन्तु R गलत है
(d) A गलत है, किन्तु R सही है

61. **कथन** (A) सुपारी का सबसे अधिक उत्पादन कर्नाटक में होता है।
कारण (R) सुपारी के बगीचे 1000 मी से कम ऊँचाई पर होते हैं।
कूट
(a) A और R दोनों सही हैं तथा R, A की सही व्याख्या है
(b) A और R दोनों सही हैं, परन्तु R, A की सही व्याख्या नहीं है
(c) A सही, किन्तु R गलत है
(d) A गलत है, किन्तु R सही है

62. निम्नलिखित युग्मों पर विचार कीजिए
1. रबड़-कोट्टायम, कोल्यम और को झिकोड
2. कॉफी-कोडागु, चिकमंगलूर और हासन
3. हल्दी-पूर्व गोदावरी, विशाखापटट्नम और श्रीकाकूलम
उपरोक्त युग्मों में से कौन-सा/से सही सुमेलित है/हैं?
(a) केवल 1 (b) 1 और 2
(c) 2 और 3 (d) 1, 2 और 3

63. भारत के निम्नांकित राज्यों में से किसमें शस्य संयोजन प्रदेश सर्वाधिक है?
(a) पंजाब (b) बिहार
(c) उत्तर प्रदेश (d) तमिलनाडु

64. निम्नांकित कथनों पर विचार कीजिए
आन्ध्र प्रदेश चावल के अग्रणी उत्पादकों में से एक है, क्योंकि
1. इसके पास तटीय मैदान में उपजाऊ जलोढ़ मिट्टी है।
2. यह तटीय क्षेत्र में लगभग 125 सेमी की वार्षिक वर्षा पाता है।
3. यहाँ तटीय मैदान में तालाबों द्वारा सिंचाई बहुत होती है।
कूट
(a) 1, 2 और 3 (b) 1 और 2
(c) 2 और 3 (d) 1 और 3

65. **कथन** (A) गन्ने की फसल के वर्धन के समय 20°C से कम तापमान की आवश्यकता होती है।
कारण (R) गन्ने का सबसे अधिक उत्पादन उत्तर प्रदेश में होती है।
कूट
(a) A और R दोनों सही हैं तथा R, A की सही व्याख्या है
(b) A और R दोनों सही हैं, परन्तु R, A की सही व्याख्या नहीं है
(c) A सही है, किन्तु R गलत है
(d) A गलत है, किन्तु R सही है

66. सुमेलित कीजिए

सूची I (आम की किस्में)	**सूची II** (इसके उत्पादन से सम्बन्धित राज्य)
A. नीलम	1. उत्तर प्रदेश
B. अलफांसो	2. आन्ध्र प्रदेश
C. हिमसागर	3. महाराष्ट्र
D. दशहरी	4. पश्चिम बंगाल

कूट

	A	B	C	D		A	B	C	D
(a)	3	2	1	4	(b)	2	3	4	1
(c)	3	2	4	1	(d)	2	3	1	4

67. निम्नांकित कृषि उत्पादों में से कौन-सा एक भारत के लिए विदेशी मुद्रा का वृहत्तम अर्जक है?
(a) गन्ना (b) जूट
(c) चाय (d) तम्बाकू

68. सुमेलित कीजिए

सूची I (फसल)	सूची II (उत्पादन में अग्रणी राज्य)
A. चना	1. गुजरात
B. गेहूँ	2. महाराष्ट्र
C. तम्बाकू	3. मध्य प्रदेश
D. ज्वार	4. उत्तर प्रदेश

कूट

	A	B	C	D		A	B	C	D
(a)	4	3	2	1	(b)	3	4	1	2
(c)	1	2	3	4	(d)	4	3	2	1

69. भारत का सर्वप्रमुख केसर उत्पादक राज्य है
(a) हिमाचल प्रदेश (b) अरुणाचल प्रदेश
(c) जम्मू-कश्मीर (d) नागालैण्ड

70. भारत में बाजरा की कृषि से सम्बन्धित निम्नलिखित कथनों पर विचार कीजिए
1. खाद्यान्नों के कुल क्षेत्र का लगभग 11% बाजरा में है।
2. राजस्थान भारत में बाजरा का अग्रणी उत्पादक है।
3. भारत बाजरे की एक बड़ी मात्रा का निर्यात करता है।
उपरोक्त में से कौन-से कथन सही हैं?
(a) 1 और 2 (c) 1, 2 और 3
(c) 2 और 3 (d) 1 और 3

71. निम्नलिखित कथनों पर विचार करें
1. चाय असोम की मुख्य फसल है।
2. कहवा तमिलनाडु की मुख्य फसल है।
3. तम्बाकू आन्ध्र प्रदेश में विस्तृत पैमाने पर उगाया जाता है।
उपरोक्त में सही कथन हैं
(a) 1 और 2 (b) 1 और 3
(c) 2 और 3 (d) 1, 2 और 3

72. मूँगफली की खेती के लिए अच्छी मिट्टी कौन-सी है?
(a) चिकनी (b) बलुई
(c) लाल (d) पथरीली

73. भारत में प्रति एकड़ कृषि उपज बहुत कम है कारण
(a) ग्रीष्म काल बहुत गर्म होता है
(b) मिट्टी की उर्वरा शक्ति कम है
(c) कृषक गरीब व अशिक्षित हैं। अतः आधुनिक कृषि प्रकारों का प्रयोग नहीं कर पाते
(d) रात्रि में पाला निर्माण की दशाओं का बनना

74. भारत की 'श्वेत-क्रान्ति' का जनक किसे कहा जाता है?
(a) डॉ. वर्गीज कुरियन
(b) डॉ. होमी भाभा
(c) डॉ. राजेन्द्र प्रसाद
(d) डॉ. हरगोविन्द खुराना

75. भारत में नीचे दिए गए खाद्यान्नो का उनके उत्पादन (मिलियन टन में) का सही ह्रासवान क्रम कौन-सा है?
(a) गेहूँ-चावल-दालें-मोटे अनाज (b) चावल-गेहूँ-दालें-मोटे अनाज
(c) गेहूँ-चावल-मोटे अनाज-दालें (d) चावल-गेहूँ-मोटे अनाज-दालें

76. केसर की सबसे अधिक मात्रा उत्पादित होती है
(a) कश्मीर में (b) पूर्वोत्तर पहाड़ियों में
(c) केरल में (d) गोवा में

77. **कथन** (A) भारत में पश्चिमी तट की तुलना में पूर्वी तट में धान का उत्पादन अधिक होता है।
कारण (R) भारत के पूर्वी तट पर पश्चिमी तट की तुलना में अधिक वर्षा होती है।
कूट
(a) A और R दोनों सही हैं तथा R, A की सही व्याख्या है
(b) A और R दोनों सही हैं, परन्तु R, A की सही व्याख्या नहीं है
(c) A सही है, किन्तु R गलत है
(d) A गलत है, किन्तु R सही है

78. विगत एक दशक में, भारत में किस एक निम्नलिखित फसल के लिए प्रयुक्त कुल कृष्य भूमि लगभग एक जैसी बनी रही है?
(a) चावल (b) तिलहन
(c) गन्ना (d) दलहन

79. निम्नलिखित मसालों में से भारत किसका सबसे बड़ा उत्पादक है?
1. काली मिर्च 2. इलायची 3. लौंग 4. अदरक
कूट
(a) 1 और 3 (b) 2 और 3
(c) 3 और 4 (d) 1, 2 और 4

80. सुमेलित किजिए

सूची I	सूची II
A. मूँगफली	1. आन्ध्र प्रदेश
B. सरसों	2. राजस्थान
C. सोयाबीन	3. मध्य प्रदेश
D. नारियल	4. केरल

कूट

	A	B	C	D		A	B	C	D
(a)	1	3	2	4	(b)	2	1	3	4
(c)	1	2	3	4	(d)	4	3	2	1

81. निम्नलिखित में किसकी गणना 'नकदी फसल' के अन्तर्गत की जाती है?
(a) कपास (b) जूट
(c) चाय (d) ये सभी

82. निम्न कथनों पर विचार कीजिए
1. बाजरा मूल रूप से भारत की रबी की फसल है।
2. यद्यपि कुछ क्षेत्रों में रबी की फसल के रूप में मक्के की पैदावार होती है, इसकी खरीफ फसल के रूप में भी पैदावार होती है।
कूट
(a) केवल 1 (b) केवल 2
(c) 1 और 2 (d) इनमें से कोई नहीं

83. निम्न में से किस वर्ष में खाद्यान्न उत्पादन में वृद्धि दर ऋणात्मक रही?
(a) 2001-02 (b) 2003-04
(c) 2004-05 (d) 2005-06

84. मिश्रित कृषि में सम्मिलित हैं
(a) विभिन्न फसलों को योजनाबद्ध तरीके से उगाना
(b) रबी के साथ खरीफ फसलों को उगाना
(c) कई तरह की फसलें उगाना तथा पशुपालन भी करना
(d) फलों को उगाना तथा सब्जियों को भी

85. भारत में, भूमि उपयोग वर्गीकरण का सन्निकट निरूपण निम्नलिखित में से कौन-सा है?
(a) नेट बुवाई क्षेत्र 25%; वन 33%; अन्य क्षेत्र 42%
(b) नेट बुवाई क्षेत्र 58%; वन 17%; अन्य क्षेत्र 25%
(c) नेट बुवाई क्षेत्र 43%; वन 29%; अन्य क्षेत्र 28%
(d) नेट बुवाई क्षेत्र 47%; वन 23%; अन्य क्षेत्र 30%

86. सन्तुलित उर्वरक प्रयोग किए जाते हैं
(a) उत्पादन बढ़ाने के लिए
(b) खाद्य की गुणवत्ता उन्नत करने हेतु
(c) भूमि की उत्पादकता बनाए रखने हेतु
(d) उपरोक्त सभी

87. भारत में रासायनिक उर्वरकों के दो बड़े उपभोक्ता हैं
(a) आन्ध्र प्रदेश एवं महाराष्ट्र
(b) पंजाब एवं हरियाणा
(c) पंजाब एवं उत्तर प्रदेश
(d) उत्तर प्रदेश एवं आन्ध्र प्रदेश

88. दिए गए कूट की सहायता से हरित-क्रान्ति के घटक चुनिए
1. उच्च उत्पादन देने वाली किस्म के बीच
2. सिंचाई
3. ग्रामीण विद्युतीकरण
4. ग्रामीण सड़कें और विपणन

कूट
(a) 1 और 2 (b) 1, 2 और 3
(c) 1, 2 और 4 (d) ये सभी

89. इन्द्रधनुषीय क्रान्ति का सम्बन्ध है
(a) हरित क्रान्ति से (b) श्वेत क्रान्ति से
(c) नीली क्रान्ति से (d) ये सभी

90. **कथन** (A) धान की खेती में पानी का जमाव नहीं होना चाहिए।
कारण (R) जल-जमाव मिट्टी में हवा के प्रवेश तथा नाइट्रेट निर्माण को रोकता है।

कूट
(a) A और R दोनों सही हैं तथा R, A की सही व्याख्या है
(b) A और R दोनों सही हैं, परन्तु R, A की सही व्याख्या नहीं है
(c) A सही है, किन्तु R गलत है
(d) A गलत है, किन्तु R सही है

91. किस भारतीय राज्य को मसालों का बगीचा कहा जाता है
(a) गुजरात (b) केरल
(c) कर्नाटक (d) तमिलनाडु

92. मोटे अनाज के अन्तर्गत जो सम्मिलित नहीं है वह है
(a) चावल (b) मक्का
(c) ज्वार (d) बाजरा

93. भारत में गेहूँ का सर्वाधिक उत्पादन करने वाला राज्य है
(a) पंजाब
(b) हरियाणा
(c) उत्तर प्रदेश
(d) मध्य प्रदेश

94. किसके उत्पादन में भारत में उत्तर प्रदेश का प्रथम स्थान है?
(a) चावल तथा गेहूँ (b) गेहूँ तथा गन्ना
(c) चावल तथा गन्ना (d) गेहूँ तथा दाल

95. भारत में संकार्य (चालू) जोतों का सबसे बड़ा औसत आकार है
(a) पंजाब में (b) गुजरात में
(c) मध्य प्रदेश में (d) राजस्थान में

96. नार्मन अर्नेस्ट बोरलॉग, जो भारत की हरित क्रान्ति के जनक माने जाते हैं, किस देश से हैं?
(a) संयुक्त राज्य अमेरिका (b) मैक्सिको
(c) ऑस्ट्रेलिया (d) न्यूजीलैण्ड

97. भारत की निम्नलिखित फसलों पर विचार कीजिए
1. लोबिया 2. मूँग
3. अरहर
उपरोक्त में से कौन-सा/से दलहन, चारा और हरी खाद के रुप में प्रयोग होता है/होते हैं?
(a) 1 और 2 (b) केवल 2
(c) 1 और 3 (d) 1, 2 और 3

98. इनमें से कौन-सी खरीफ की फसल नहीं है?
(a) कपास (b) मूँगफली
(c) मकई (d) सरसों

99. भारत में फसलों की अधिक पैदावार वाली निम्नलिखित किस्मों पर विचार करें
1. अर्जुन 2. जया
3. पद्मा 4. सोनालिका
इनमें से कौन से गेहूँ हैं?
(a) 1 और 2 (b) 2 और 3
(c) 1 और 4 (d) 3 और 4

100. सुमेलित कीजिए

	सूची I		सूची II
A.	कॉफी बोर्ड	1.	बंगलुरु
B.	रबर बोर्ड	2.	गुण्टूर
C.	चाय बोर्ड	3.	कोट्टायम
D.	तम्बाकू बोर्ड	4.	कोलकाता

कूट

	A	B	C	D
(a)	2	4	3	1
(b)	1	3	4	2
(c)	2	3	4	1
(d)	1	4	3	2

101. भारत में रेशम का सबसे अधिक उत्पादन करने वाला राज्य है
(a) कर्नाटक (b) आन्ध्र प्रदेश
(c) असोम (d) बिहार

102. किस राज्य में सिंचाई के लिए नहर प्रणाली की सबसे अधिक लम्बाई है?
(a) उत्तर प्रदेश (b) राजस्थान
(c) पंजाब (d) हरियाणा

103. देश का आधे से अधिक उत्पादित चावल, जिन चार राज्यों से प्राप्त होता है, वे हैं
(a) पश्चिम बंग, पंजाब, तमिलनाडु तथा ओडिशा
(b) पश्चिम बंग, उत्तर प्रदेश, पंजाब तथा आन्ध्र प्रदेश
(c) उत्तर प्रदेश, पश्चिम बंग, छत्तीसगढ़ तथा असोम
(d) पंजाब, आन्ध्र प्रदेश, बिहार तथा ओडिशा

104. कपास के रेशे प्राप्त होते हैं
(a) पर्ण से (b) बीज से
(c) तने से (d) मूल से

105. कौन-सा राज्य शक्कर का प्याला कहलाता है?
(a) आन्ध्र प्रदेश (b) बिहार
(c) पंजाब (d) उत्तर प्रदेश

106. एक फसली कृषि विशेषता है
(a) व्यापारिक अन्न कृषि की
(b) चलवासी कृषि की
(c) आत्मनिर्भरतामूलक कृषि की
(d) जैविक कृषि की

107. **कथन** (A) भारत में दालों की कमी है, परन्तु प्रोटीन की नहीं।
कारण (R) दालों की माँग की वरीयता है।
कूट
(a) A और R दोनों सही हैं तथा R, A की सही व्याख्या है
(b) A और R दोनों सही हैं, परन्तु R, A की सही व्याख्या नहीं है
(c) A सही है, किन्तु R गलत है
(d) A गलत है, किन्तु R सही है

108. निम्न में से असम्बद्ध उत्पाद को बाहर कीजिए
(a) तिल (b) मूँगफली
(c) अरण्डी (d) सरसों

109. महाराष्ट्र के काली मिट्टी के क्षेत्र में कपास को गन्ने की फसल से प्रतिस्पर्द्धा का सामना करना पड़ रहा है। इसका कारण है
(a) इस क्षेत्र में कपास की उत्पादकता का घटना
(b) क्षेत्र की जलवायु में सामान्य परिवर्तन
(c) कि सिंचाई सुविधाओं के प्रसार के कारण यह क्षेत्र में गन्ने की फसल अधिक लाभप्रद है
(d) देश में चीनी की बढ़ती माँग और ऊँची कीमत

110. भारत में कहवा का सबसे बड़ा उत्पादक है
(a) केरल (b) कर्नाटक
(c) तमिलनाडु (d) आन्ध्र प्रदेश

111. भारत सरकार 'सी बकथोर्न' की खेती को प्रोत्साहित कर रही है। इस पादप का क्या महत्त्व है?
1. यह मृदा-क्षरण के नियन्त्रण में सहायक है और मरुस्थलीकरण को रोकता है।
2. यह बायोडीजल का एक समृद्ध स्रोत है।
3. इसमें पोषकीय मान होता है और यह उच्च तुंगता वाले ठण्डे क्षेत्रों में जीवित रहने के लिए भली-भाँति अनुकूलित होता है।
4. इसकी इमारती लकड़ी का उच्च वाणिज्यिक मूल्य है।

उपरोक्त में से कौन-सा/से कथन सही है/हैं?
(a) केवल 1 (b) 2, 3 और 4
(c) 1 और 3 (d) 1, 2, 3 और 4

112. यद्यपि कॉफी और चाय दोनों की खेती पहाड़ी ढलानों पर की जाती है, तथापि इनकी कृषि के सम्बन्ध में इन दोनों में कुछ अन्तर पाया जाता है। इस सन्दर्भ में, निम्नलिखित कथनों पर विचार कीजिए
1. कॉफी के पौधे को उष्णकटिबन्धीय क्षेत्रों की उष्ण तथा आर्द्र जलवायु की आवश्यकता होती है, जबकि चाय की खेती उष्णकटिबन्धीय और उपोष्ण दोनों क्षेत्रों में की जाता है।
2. कॉफी बीजों के द्वारा प्रवर्द्धित की जाती है, लेकिन चाय केवल डाली कलम के द्वारा प्रवर्द्धित की जाती है।

उपरोक्त कथनों में से कौन-सा/से सही है/हैं?
(a) केवल 1 (b) केवल 2
(c) 1 और 2 (d) न तो 1 और न ही 2

113. सुमेलित कीजिए

सूची I (परियोजना)	सूची II (नदी)
A. दुलहस्ती	1. चिनाब
B. कोटेश्वर	2. भागीरथी
C. सलाल	3. चिनाब
D. काकरापारा	4. ताप्ती

कूट

	A	B	C	D
(a)	2	3	1	4
(b)	4	3	2	1
(c)	1	2	3	4
(d)	1	3	4	2

114. टिहरी बाँध किन दो नदियों के संगम पर बनाया गया है?
(a) यमुना और गंगा
(b) भागीरथी और अलकनन्दा
(c) भागीरथी और भिलंगना
(d) अलकनन्दा और मन्दाकिनी

115. देश में भूमिगत जल द्वारा सर्वाधिक सिंचाई क्षमता किस राज्य में सृजित की गई है?
(a) मध्य प्रदेश में (b) ओडिशा में
(c) उत्तर प्रदेश में (d) बिहार में

116. निम्नलिखित में से कौन राजस्थान-गुजरात की संयुक्त बहुद्देश्यीय परियोजना है?
(a) चम्बल (b) माही बैराज
(c) नर्मदा सागर (d) बीसलपुर

117. कौन-सी नदी घाटी परियोजना आन्ध्र प्रदेश एवं ओडिशा सरकारों का संयुक्त उपक्रम है?
(a) मचकुण्ड (b) मयूराक्षी
(c) नागार्जुन सागर (d) पोचमपाद

118. निम्नलिखित बाँधों में से कौन-सा बाँध पाकिस्तान में अवस्थित है?
(a) भाखड़ा बाँध (b) बालागढ़ बाँध
(c) मांगला बाँध (d) सलाल बाँध

119. जवाहर सागर, राणा प्रताप सागर तथा गाँधी सागर जलाशयों का निर्माण किस नदी पर किया गया है?
(a) घाघरा (b) कोसी
(c) चम्बल (d) यमुना

120. कौन-सी घाटी परियोजना ओडिशा राज्य में स्थित नहीं है?
(a) बालीमेला परियोजना (b) सलान्दी परियोजना
(c) तलचर परियोजना (d) कगसावती परियोजना

121. सिंचाई की सृजित क्षमता के अनुसार राज्यों का सही अवरोही क्रम है
(a) पंजाब, हरियाणा, उत्तर प्रदेश, मध्य प्रदेश
(b) उत्तर प्रदेश, मध्य प्रदेश, बिहार, पंजाब
(c) पंजाब, उत्तर प्रदेश, बिहार, मध्य प्रदेश
(d) उत्तर प्रदेश, बिहार, आन्ध्र प्रदेश, पंजाब

122. राजस्थान तथा मध्य प्रदेश की संयुक्त परियोजना है
(a) माही बजाज सागर (b) चम्बल परियोजना
(c) बीसलपुर परियोजना (d) गुड़गाँव नहर परियोजना

123. निम्नलिखित में कौन-सा युग्म सुमेलित नहीं है?

बाँध		सम्बन्धित नदी
(a) राणा प्रताप सागर	–	चम्बल
(b) थीन	–	रावी
(c) पोंग	–	व्यास
(d) सलाल	–	सतलज

124. भारत में प्रथम बहुउद्देशीय नदी घाटी परियोजना का निर्माण किस नदी पर किया गया है?
(a) गोदावरी (b) कावेरी
(c) दामोदर (d) कोयना

125. किन नदियों पर कोई भी बहुउद्देशीय परियोजना क्रियान्वित नहीं की गई है?
1. माही 2. लूनी
3. साबरमती 4. घग्घर
कूट
(a) 1 और 4 (b) 1, 2 और 4
(c) 2 और 3 (d) 2, 3 और 4

126. तिलैया तथा कोनार बाँध किस नदी घाटी योजना के अन्तर्गत बनाए गए हैं?
(a) दामोदर घाटी परियोजना (b) रिहन्द परियोजना
(c) मयूराक्षी परियोजना (d) हीराकुड परियोजना

127. निम्नलिखित में से कौन-सा कथन असत्य है?
(a) भारत में सर्वाधिक सिंचित क्षेत्र पंजाब में है
(b) तालाबों द्वारा सर्वाधिक सिंचित क्षेत्र तमिलनाडु में है
(c) कुएँ द्वारा सर्वाधिक सिंचित क्षेत्र राजस्थान में है
(d) नहरों द्वारा सर्वाधिक सिंचित क्षेत्र हरियाणा में है

128. टिहरी बाँध परियोजना से निर्मित जलाशय का नाम है
(a) गोविन्द सागर
(b) उम्मेद सागर
(c) स्वामी रामतीर्थ सागर
(d) गोविन्द बल्लभ सागर

129. तुलबुल परियोजना सम्बन्धित है
(a) व्यास से (b) रावी से
(c) झेलम से (d) सतलज से

130. जयसमन्द एवं राजसमन्द जैसे मध्ययुगीन तालाब बाँध किस राज्य के हैं?
(a) आन्ध्र प्रदेश (b) गुजरात
(c) कर्नाटक (d) राजस्थान

131. सरदार सरोवर बाँध किस नदी पर बनाया जा रहा है?
(a) नर्मदा (b) तापी
(c) गोदावरी (d) कावेरी

132. पोंग बाँध (Pong dam) किस नदी पर बनाया गया है?
(a) गंगा (b) ताप्ती
(c) यमुना (d) व्यास

133. वर्ष 1902 में भारत की सबसे पहली जल-विद्युत परियोजना कहाँ स्थापित की गई थी?
(a) कोयना (b) पापनाशम
(c) खोपोली (d) शिवसमुद्रम

134. भारत में तालाबों (Tanks) से सिंचाई की जाती है
(a) कर्नाटक (b) तमिलनाडु
(c) आन्ध्र प्रदेश (d) ये सभी

135. कौन-सी बहुउद्देशीय परियोजना दो अथवा दो से अधिक राज्यों की संयुक्त परियोजना नहीं है?
(a) सरदार सरोवर (b) माही बजाज सागर
(c) चम्बल (d) नागार्जुन सागर

136. निम्न में से कौन-सा राज्य समूह भाखड़ा-नांगल परियोजना से जल प्राप्त करता है?
(a) जम्मू-कश्मीर–हरियाणा–पंजाब
(b) हरियाणा–पंजाब–हिमाचल प्रदेश
(c) पंजाब–हरियाणा–राजस्थान
(d) उत्तर प्रदेश–हरियाणा–राजस्थान

137. कौन-सी परियोजना भारत-नेपाल जल संसाधन विकास से सम्बन्धित नहीं है?
(a) शारदा बैराज
(b) टनकपुर बैराज
(c) पंचेश्वर परियोजना
(d) संकोश बहुउद्देश्यीय परियोजना

138. जम्मू-कश्मीर में चिनाब नदी पर बनी जल-विद्युत परियोजना है
(a) चमेरा (b) टनकपुर
(c) सलाल (d) चुक्की

139. महानदी पर हीराकुड परियोजना किस प्रदेश में बनाई गई है?
(a) उत्तर प्रदेश (b) ओडिशा
(c) बिहार (d) इनमें से कोई नहीं

140. भारत के किस राज्य में इडुक्की जल-विद्युत परियोजना स्थित है?
(a) केरल (b) हिमाचल प्रदेश
(c) अरुणाचल प्रदेश (d) जम्मू-कश्मीर

141. निम्नलिखित में से किस नदी पर तेलुगू-गंगा परियोजना प्रारम्भ की गई है?
(a) महानदी (b) कावेरी
(c) कृष्णा (d) गोदावरी

142. इन्दिरा गाँधी नहर निकलती है
(a) भाखड़ा बाँध से (b) हरिके बाँध से
(c) पोंग बाँध से (d) उकाई बाँध से

143. बिहार एवं नेपाल की संयुक्त परियोजना है
(a) भाखड़ा-नांगल (b) कोसी
(c) दुलहस्ती (d) सलाल

144. देश में सिंचित भूमि के सर्वाधिक भाग पर किस साधन द्वारा सिंचाई होती है?
(a) कुएँ (b) नलकूप
(c) नहर (d) तालाब

145. रिहन्द बाँध (Rihand dam) किस राज्य में है?
(a) बिहार (b) पंजाब
(c) उत्तर प्रदेश (d) महाराष्ट्र

146. निम्नलिखित में से कौन-सा बाँध गुजरात में नहीं है?
(a) काकरापारा (b) माही बैराज
(c) सरदार बल्लभ सागर (d) चन्द्रप्रभा

147. भाखड़ा-नांगल परियोजना किस नदी पर बनाई गई है?
(a) कोसी (b) झेलम
(c) व्यास (d) सतलज

148. माताटीला बाँध किस नदी पर है?
(a) पहूज (b) बेतवा
(c) केन (d) सिन्ध

149. सरहिन्द नहर किस नदी से निकाली गई है?
(a) रावी (b) सतलज
(c) व्यास (d) यमुना

150. भारत में सिंचाई की आवश्यकता का प्रमुख कारण है
(a) अल्प वर्षा (b) वर्षा का असमान वितरण
(c) वर्षा की अविश्वसनीयता (d) असामान्य वर्षा

151. भारत में निम्नलिखित राज्यों में से किसमें तालाब द्वारा सिंचाई का प्रतिशत सर्वाधिक है?
(a) तमिलनाडु (b) पश्चिम बंग
(c) केरल (d) कर्नाटक

152. निम्न में से कौन-सा बाँध कृष्णा नदी पर स्थित हैं?
(a) निजाम सागर (b) उकाई
(c) मेट्टूर बाँध (d) नागार्जुन सागर

153. भारत में अधिक सुरक्षित सिंचाई प्रदान की जाती है
(a) नहरों द्वारा (b) तालाबों द्वारा
(c) नलकूपों द्वारा (d) कुओं द्वारा

154. भारत में नहरी सिंचाई की सृजित क्षमता एवं प्रयुक्त क्षमता में पर्याप्त अन्तराल हैं, क्योंकि
(a) किसान उदासीन रहते हैं
(b) बड़े पैमाने पर जलप्लावन हो जाता है
(c) नहरों से भारी मात्रा में वाष्पीकरण होता है
(d) ट्यूबवैल सिंचाई से प्रतिस्पर्द्धा रहती है

155. बीकानेर नहर किस नदी से निकाली गई हैं?
(a) बनास (b) चम्बल
(c) सतलज (d) यमुना

156. इन्दिरा गाँधी नहर कमान क्षेत्र में निम्नांकित समस्याओं में से कौन-सी एक नहीं पाई गई?
(a) मृदा लवणता में वृद्धि
(b) प्रगामी जलप्लावन
(c) नहर का वातोढ़ गाद भराव
(d) जलपूर्ति का अभाव

157. दामोदर घाटी परियोजना में प्रमुख उद्देश्यों में कौन सम्मिलित हैं?
1. बाढ़ नियन्त्रण
2. सिंचाई
3. मृदा सरंक्षण
4. शक्ति उत्पादन
5. औद्योगिक विकास

कूट
(a) 2, 3 और 4 (b) 1, 2 और 4
(c) 2, 3 और 5 (d) 1, 4 और 5

158. सुमेलित कीजिए

सूची I	सूची II
A. भारतीय गन्ना अनुसन्धान संस्थान	1. नई दिल्ली
B. भारतीय कृषि अनुसन्धान संस्थान	2. बंगलुरु
C. भारतीय बागवानी अनुसन्धान संस्थान	3. लखनऊ
D. केन्द्रीय चावल अनुसन्धान संस्थान	4. कोलकाता

कूट

	A	B	C	D		A	B	C	D
(a)	1	2	3	4	(b)	4	3	2	1
(c)	3	1	2	4	(d)	1	4	3	2

159. सुमेलित कीजिए

सूची I (परियोजना)	सूची II (स्थिति)
A. सरदार सरोवर	1. आन्ध्र प्रदेश
B. दुलहस्ती	2. कर्नाटक
C. कदम	3. गुजरात
D. गरसोपा	4. जम्मू-कश्मीर

कूट

	A	B	C	D		A	B	C	D
(a)	3	4	1	2	(b)	3	1	2	4
(c)	1	4	3	2	(d)	4	2	1	3

160. सुमेलित कीजिए

सूची I (नदी)	सूची II (बाँध)
A. दामोदर	1. पोंग
B. महानदी	2. कोनार
C. चम्बल	3. नारज
D. सतलज	4. गाँधी सागर

कूट

	A	B	C	D		A	B	C	D
(a)	2	1	3	4	(b)	2	3	4	1
(c)	4	3	2	1	(d)	1	2	3	4

161. सुमेलित कीजिए

सूची I (फसल)	सूची II (सर्वप्रमुख उत्पादक राज्य)
A. मूँगफली	1. आन्ध्र प्रदेश
B. सरसों	2. राजस्थान
C. सोयाबीन	3. मध्य प्रदेश
D. नारियल	5. केरल

कूट

	A	B	C	D		A	B	C	D
(a)	1	3	2	4	(b)	1	2	3	4
(c)	2	1	3	4	(d)	4	3	2	1

उत्तरमाला

1.	(a)	2.	(b)	3.	(b)	4.	(b)	5.	(a)	6.	(d)	7.	(d)	8.	(c)	9.	(b)	10.	(b)
11.	(d)	12.	(c)	13.	(c)	14.	(c)	15.	(a)	16.	(b)	17.	(d)	18.	(b)	19.	(c)	20.	(b)
21.	(a)	22.	(d)	23.	(b)	24.	(a)	25.	(b)	26.	(d)	27.	(a)	28.	(d)	29.	(a)	30.	(a)
31.	(a)	32.	(b)	33.	(d)	34.	(b)	35.	(c)	36.	(a)	37.	(a)	38.	(c)	39.	(a)	40.	(b)
41.	(a)	42.	(b)	43.	(c)	44.	(d)	45.	(b)	46.	(d)	47.	(a)	48.	(b)	49.	(d)	50.	(a)
51.	(a)	52.	(a)	53.	(b)	54.	(d)	55.	(b)	56.	(a)	57.	(a)	58.	(d)	59.	(c)	60.	(c)
61.	(c)	62.	(b)	63.	(d)	64.	(b)	65.	(a)	66.	(b)	67.	(c)	68.	(d)	69.	(c)	70.	(a)
71.	(b)	72.	(b)	73.	(c)	74.	(a)	75.	(d)	76.	(a)	77.	(c)	78.	(a)	79.	(d)	80.	(c)
81.	(d)	82.	(b)	83.	(c)	84.	(c)	85.	(d)	86.	(d)	87.	(d)	88.	(d)	89.	(d)	90.	(a)
91.	(b)	92.	(a)	93.	(b)	94.	(b)	95.	(d)	96.	(a)	97.	(d)	98.	(d)	99.	(c)	100.	(b)
101.	(a)	102.	(a)	103.	(b)	104.	(b)	105.	(d)	106.	(a)	107.	(a)	108.	(b)	109.	(c)	110.	(b)
111.	(c)	112.	(c)	113.	(c)	114.	(c)	115.	(c)	116.	(b)	117.	(a)	118.	(c)	119.	(c)	120.	(d)
121.	(a)	122.	(b)	123.	(d)	124.	(c)	125.	(d)	126.	(a)	127.	(d)	128.	(c)	129.	(c)	130.	(d)
131.	(a)	132.	(d)	133.	(d)	134.	(d)	135.	(d)	136.	(c)	137.	(d)	138.	(c)	139.	(b)	140.	(a)
141.	(c)	142.	(b)	143.	(b)	144.	(c)	145.	(c)	146.	(d)	147.	(d)	148.	(b)	149.	(b)	150.	(c)
151.	(a)	152.	(d)	153.	(c)	154.	(b)	155.	(c)	156.	(d)	157.	(b)	158.	(c)	159.	(a)	160.	(b)
161.	(b)																		

अध्याय 13

मानवीय क्रियाकलाप

किसी भी प्रदेश में निवास करने वाले मानव के आर्थिक व्यवसायों की रूपरेखा का निर्धारण मुख्यत: प्राकृतिक संसाधनों और संस्कृति के द्वारा होता है। प्रारम्भिक काल में मानव अपनी सीमित आवश्यकताओं की पूर्ति विभिन्न स्थानों पर घूमकर करता था, जिनमें भोजन का एकत्रीकरण एवं वन्य जीवों का आखेट मुख्य आर्थिक व्यवसाय था। वर्तमान में मानव अपने जीविकोपार्जन हेतु विभिन्न आर्थिक क्रियाएँ सम्पन्न करता है।

प्राथमिक क्रियाकलाप की अवधारणा

ऐसी क्रियाएँ जो पर्यावरण एवं प्रकृति द्वारा प्राप्त संसाधनों पर प्रत्यक्ष रूप से निर्भर होती हैं, प्राथमिक क्रियाएँ कहलाती हैं। प्राथमिक व्यवसाय के अन्तर्गत एकत्रीकरण, आखेट, प्रारम्भिक मछली आखेट, वनों का काटना, पशुचारण, आदिम कृषि तथा आदिम खनन सम्मिलित किए जाते हैं। इसमें संलग्न लोग **लाल कॉलर** (Red collar) कहलाते हैं।

आखेट

आखेट (Hunting) भी प्राचीनतम उद्यम है, विश्व में आखेटक जातियों के *मुख्य क्षेत्र निम्नलिखित हैं*

- कनाडा के टुण्ड्रा और टैगा क्षेत्र की एस्किमो जनजाति तथा अलास्का की अमेरिकन-इण्डियन आदिम जातियाँ।
- साइबेरिया के उत्तरी क्षेत्र में रहने वाले सेमोयेड, ओस्तयाक, तुंगु, याकूत, युकगिर, चुकची, कोरयाक आदिम जातियाँ।
- अमेजन बेसिन की अमेरिण्ड जनजातियाँ—जिवारों, यागुवा आदि।
- कांगो बेसिन में अफ्रीका के विषुवत् रेखीय उष्ण-आर्द्र वनों में रहने वाली पिग्मी आदिम जाति।
- दक्षिण-पश्चिमी अफ्रीका में कालाहारी मरुस्थल की बुशमैन आदिम जाति।
- मलाया के वनों में निवास करने वाली सेमांग और सकाई आदिम जातियाँ।
- इसके अतिरिक्त भारत, चीन, पाकिस्तान, अफगानिस्तान आदि देशों की भी कुछ आदिम जनजातियाँ पूर्णरूपेण तथा कुछ आंशिक रूप से आखेट पर ही निर्भर हैं।

आदिम संग्रहण

आदिम संग्रहण (Primitive gathering) मानव का सर्वाधिक प्राचीन एवं प्राथमिक व्यवसाय है। एकत्रीकरण का व्यवसाय मुख्य रूप से निर्जन वन क्षेत्रों में निवास करने वाली आदिम जनजातियों के द्वारा किया जाता है। *विश्व के निम्नलिखित क्षेत्रों में यह कार्य विभिन्न जनजातियों द्वारा किया जाता है*

- भूमध्यरेखीय प्रदेशों के अन्तर्गत मलाया प्रायद्वीप में सेमांग और सकाई एवं अमेजन बेसिन में बोरो जनजातियाँ।
- अफ्रीकन कालाहारी अर्द्ध-मरुस्थलीय क्षेत्र की बुशमैन जनजाति।
- व्यापारिक वन पदार्थों के संग्रहण का कार्य विश्व के सभी पर्वतीय प्रदेशों के वनों में तथा अन्य सघन वनों में वहाँ के निवासियों द्वारा किया जाता है।

पशुपालन

मानव अपनी प्रारम्भिक अवस्था में जीवन-निर्वाह हेतु एकत्रीकरण एवं आखेट पर निर्भर रहा है। कालान्तर में पशुओं को पालतू बनाने का व्यवसाय प्रारम्भ हुआ। विश्व के कुछ प्रदेशों में पशुपालन का पुरातन स्वरूप आज भी देखने को मिलता है, *जिनमें*

- अफ्रीका में पूर्वी पठारी क्षेत्र में मसाई जाति के लोग उष्णकटिबन्धीय घास के मैदानों में गाय-बैल आदि पालकर उनसे मांस, दूध, रक्त आदि प्राप्त करके उनका उपयोग भोजन के रूप में करते हैं।
- अफ्रीका के सहारा, पश्चिमी तथा मध्य एशिया के शुष्क तथा अर्द्ध-शुष्क मरुस्थलीय प्रदेशों के लोग पशुपालन के रूप में बकरी, भेड़ तथा ऊँट पालते हैं, जबकि ऑस्ट्रेलिया के मरुस्थल में भेड़ तथा बकरियाँ पाली जाती हैं।
- साइबेरिया के टुण्ड्रा क्षेत्र की सेमोयड, चुकची, तुंगु, कोरयाक आदि जातियाँ **रेण्डियर** पालती हैं।
- **याक** तिब्बत के पठारी क्षेत्र में पाला जाता है।
- शीतोष्ण जलवायु वाले स्थान, जहाँ तापमान 15° से 38° से. तक है एवं वर्षा 50 से 80 सेमी तक हो, वहाँ पशुपालन (Animal husbandry) उद्योग का विकास अच्छा हुआ है। स्टेपी, भूमध्यसागरीय एवं समशीतोष्ण प्रदेश पशुपालन व्यवसाय के लिए आदर्श क्षेत्र हैं।

पशुपालन के प्रकार

पशुपालन वर्तमान में शीतोष्ण तथा उष्णकटिबन्धीय घास क्षेत्रों में दो प्रकार से होता है

1. **चलवासी पशुपालन** (Nomadic Herding) इस प्रकार के क्षेत्रों में उष्णकटिबन्धीय घास प्रदेश सवाना, पम्पास, सेल्वास, लानोजस आदि प्रमुख हैं। पश्चिमी एशिया के मरुस्थलीय शुष्क एवं अर्द्ध-शुष्क प्रदेश, एशिया के मध्यवर्ती पठारी क्षेत्र, यूरेशिया की टुण्ड्रा जलवायु वाले प्रदेश, अफ्रीका महाद्वीप के पूर्वी भाग आदि चलवासी पशुपालन के प्रमुख क्षेत्र हैं।
2. **व्यापारिक पशुपालन** (Commercial Herding) पशुपालन अब आर्थिक व्यवसाय का स्वरूप लेता जा रहा है। व्यापारिक पशुचारण मुख्य रूप से विकसित देशों द्वारा ही किया जाता है। स्कैण्डिनेवियन देशों—नॉर्वे, स्वीडन व फिनलैण्ड में वर्तमान में व्यापारिक पशुपालन का सर्वाधिक महत्त्व है। इनके अतिरिक्त कनाडा, ग्रेट ब्रिटेन, संयुक्त राज्य अमेरिका, फ्रांस, जर्मनी, डेनमार्क, रूस, ऑस्ट्रेलिया, न्यूजीलैण्ड आदि में भी मुख्यत: व्यापारिक पशुपालन किया जाता है।

फसलोत्पादन की अपेक्षा इस व्यवस्था में अधिक श्रम, पूँजी, कृषि एवं मशीनों तथा सामयिक सक्रियता की आवश्यकता पड़ती है, यह उद्यम उन्हीं भागों में सफल है, जहाँ शहरी बाजारों से माँग अधिक है, लेकिन वर्तमान में **शीत भण्डारण** की सुविधा का विकास होने से बाजार से दूर स्थित क्षेत्रों में भी व्यापारिक पशुपालन (Commercial Livestock Rearing) कृषि का विकास सम्भव हुआ है।

विश्व में यह व्यवस्था तीन प्रदेशों में विशेष रूप से विकसित हुई है

(i) **पश्चिमी यूरोप** के उत्तरी भाग में अन्ध महासागर तट से लेकर मास्को तक।

(ii) **उत्तरी अमेरिका** में बड़ी झीलों के पश्चिमी प्रदेश में अन्य महासागर तट तक।

(iii) **ऑस्ट्रेलिया** के दक्षिणी-पूर्वी भाग, तस्मानिया एवं न्यूजीलैण्ड में।

खनन

धरातल या भू-गर्भ से खनिजों को निकालने की प्रक्रिया खनन (Mining) कहलाती है, जिसमें खनिज एक से अधिक तत्त्वों के संयोग से बना पदार्थ होता है। सभ्यता के विकास में खनिजों के आधार पर कई युगों का नामकरण भी किया गया है; जैसे—ताम्र युग, काँस्य युग, लौह युग आदि। प्राचीन काल में खनिजों का प्रयोग बर्तन, हथियार एवं औजार बनाने में किया जाता था, जिसमें औद्योगिक क्रान्ति के पश्चात् काफी परिवर्तन हुआ।

खनन को प्रभावित करने वाले कारक

खनन कार्य को मुख्य रूप से दो कारक प्रभावित करते हैं

(i) **भौतिक कारक** (Physical Factor) इस कारक में निक्षेपों के आकार, श्रेणी तथा उनकी उपस्थिति की अवस्था को शामिल किया जाता है, जिसमें निक्षेप (Deposit) खनिज युक्त एकत्रित पदार्थ होता है।

(ii) **आर्थिक कारक** (Economic Factor) इस कारक में खनिजों की माँग, तकनीकी ज्ञान एवं उसका उपयोग, अवसंरचना के विकास के लिए उपलब्ध पूँजी, यातायात एवं श्रम पर होने वाले खर्च शामिल होते हैं।

खनन की विधियाँ

खनन की अवस्था एवं अयस्क की प्रकृति के आधार पर खनन की दो विधियाँ अपनाई जाती हैं, जो निम्न हैं

धरातलीय खनन विधि

यह खनन का सबसे आसान तरीका है। इसे विवृत खनन (Open-Cast Mining) के नाम से भी जाना जाता है। इस विधि में उपकरणों एवं सुरक्षा के दृष्टिकोण से किए गए उपायों पर खर्च कम होता है तथा उत्पादन जल्दी एवं अधिक होता है।

भूमिगत खनन विधि

यह विधि उन खनिजों के लिए प्रयोग की जाती है, जो अधिक गहराई में पाए जाते हैं, जिस कारण इसे **कूपकी खनन** (Underground Mining) भी कहा जाता है। इस विधि में खनिजों तक पहुँचने के लिए लम्बवत् कूपक बनाए जाते हैं, जिनसे होकर खनिजों का परिवहन एवं निष्कर्षण धरातल तक किया जाता है। खनन का यह तरीका जोखिम भरा होता है, जिसमें आग या जहरीली गैसों के रिसाव के कारण खदानों में दुर्घटना का भय बना रहता है, इसलिए खनन कार्य में लगे श्रमिकों के लिए वायु संचार प्रणाली, माल ढोने की गाड़ियाँ, विशेष प्रकार की लिफ़्ट बेधक (बरमा) जैसी सुरक्षा की सम्पूर्ण व्यवस्था की जाती है। अफ्रीका के देशों में, दक्षिणी अमेरिका के कुछ देशों में तथा एशिया के अधिकतर देशों में आय के साधनों का 50% भाग खनन कार्य से प्राप्त होता है।

कृषि

- आदिम संग्रहण, आखेट, मछली पकड़ना तथा पशुपालन के पश्चात् मनुष्य ने सर्वप्रथम **कृषि** (Farming) व्यवसाय को विकसित किया। मानव की प्राथमिक आवश्यकताओं की पूर्ति हेतु वर्तमान में यह कृषि व्यवसाय संसार का प्राथमिक उद्योग बन गया है।
- विश्व में किसी भी प्रकार की कृषि का उत्पादन जलवायु, वनस्पति तथा मिट्टी की दशाओं में से किसी कारक के अनुकूल होने पर किया जाता है।

कृषि प्रथाएँ

कृषि प्रथाओं से तात्पर्य कृषि फर्म के विविध प्रक्रियाओं से है अर्थात् मानव द्वारा कृषि के विभिन्न तरीकों को अपनाया जाना कृषि प्रथा के अन्तर्गत है। *कुछ महत्त्वपूर्ण कृषि प्रथाओं का विवरण नीचे दिया जा रहा है*

स्थानान्तरणशील कृषि

- इस कृषि में वन के छोटे भू-भाग में वृक्षों एवं झाड़ियों को काटकर उनको जला दिया जाता है। इसके बाद 3-4 वर्षों तक भूमि पर कृषि की जाती है। जब इस भूमि की उर्वरता समाप्त हो जाती है, तो यह प्रक्रिया पुन: अपनाई जाती है। अत: इसे काटना (Slash) एवं जलाना (Burn) कृषि भी कहा जाता है।
- इस प्रकार की कृषि भारत में असम, मेघालय, नागालैण्ड, मणिपुर, त्रिपुरा, मिजोरम, अरुणाचल प्रदेश, ओडिशा, मध्य प्रदेश, छत्तीसगढ़ एवं आन्ध्र प्रदेश में मुख्यत: की जाती है। इसमें हस्तनिर्मित उपकरणों द्वारा सूखा धान, मक्का, बाजरा आदि की कृषि की जाती है।

जीविका कृषि

- कृषि करने वाले परिवार द्वारा अपनी आजीविका मात्र के लिए कृषि करना ही जीविका कृषि (Subsistence agriculture) कहलाती है। यह स्थानान्तरणशील या स्थानबद्ध हो सकती है। यह कृषि अधिक जनसंख्या वाले क्षेत्रों में की जाती है। एशिया के मानसूनी जलवायु वाले क्षेत्रों में जीवन-निर्वाह कृषि की जाती है; जैसे—भारत, बांग्लादेश तथा चीन आदि में।
- भारत के अधिकांश किसान अनाज का उत्पादन स्वयं परिवार के उपयोग के लिए करते हैं। इस पद्धति में किसानों द्वारा छोटी-छोटी कृषि भूमि पर अपने परिवार के सदस्यों एवं भारवाहक पशुओं की सहायता से पुराने तरीके एवं पुराने उपकरणों से कृषि की जाती है।

वाणिज्यिक कृषि

- वाणिज्यिक कृषि (Commercial agriculture) मुख्यत: विकसित देशों में की जाती है। इस कृषि में खाद्य तथा अखाद्य दोनों प्रकार की फसलें उगाई जाती हैं।
- व्यापार इस कृषि का प्रमुख उद्देश्य होता है। गेहूँ की वाणिज्यिक कृषि **शीतोष्ण घास** के मैदानों (स्टेपी, प्रेयरी, वेल्ड व पम्पास) में की जाती है।
- इस कृषि में प्रतिव्यक्ति उपज काफी अधिक होती है।
- भारत में इस प्रकार की कृषि पंजाब, हरियाणा, पश्चिमी उत्तर प्रदेश के सुनिश्चित सिंचाई वाले भाग में शुरू की गई है। इसे **पूँजीवादी कृषि** भी कहते हैं, क्योंकि इसमें अधिक पूँजी की जरूरत पड़ती है।

रोपण या बागानी कृषि

- रोपण या बागानी कृषि (Plantation agriculture) में मुख्यत: नकदी फसलें उगाई जाती हैं। इस कृषि में भारी मात्रा में पूँजी निवेश तथा उद्योगों के समान, बड़ी संख्या में श्रमिकों की आवश्यकता होती है।
- यह कृषि मुख्यत: अफ्रीका, एशिया तथा अमेरिका के उष्ण एवं उपोष्णकटिबन्धीय क्षेत्रों में होती है; जैसे—चाय, कहवा, कोको, गन्ना, मसाले, रबड़ आदि। यह कृषि मुख्य रूप से असम, पश्चिम बंगाल का पर्वतीय भाग, दक्षिण में नीलगिरि, अन्नामलाई एवं इलायची की पहाड़ियों पर की जाती है।

गहन कृषि

- कम क्षेत्र में **यान्त्रिक विधियों** द्वारा अधिक मात्रा में उपजाई जाने वाली फसलों को **गहन कृषि** (Intensive agriculture) के प्रकार में शामिल किया जाता है।
- इसके अन्तर्गत निश्चित समयावधि में अधिकाधिक फसलों का उत्पादन किया जाता है।

मिश्रित कृषि

- मिश्रित कृषि (Mixed farming) में फसलें उगाने तथा पशुओं को पालने का कार्य एक साथ किया जाता है। यह मिश्रित बुआई से भिन्न है।
- मिश्रित बुआई में एक ही खेत में एक ही समय पर कई फसलें बोई जाती हैं, जबकि मिश्रित कृषि में फसलें उगाने के साथ-साथ पशुपालन का कार्य भी किया जाता है।

अन्य कृषि पद्धतियाँ

विश्व में पारम्परिक कृषि के अतिरिक्त कुछ अन्य कृषि पद्धतियाँ भी प्रचलित हैं, *जो इस प्रकार हैं*

- **विटीकल्चर** व्यापारिक स्तर पर अँगूरों की कृषि
- **पिसीकल्चर** व्यापारिक स्तर पर मछली पालन की क्रिया
- **सेरीकल्चर** व्यापारिक स्तर पर रेशम उत्पादन की क्रिया
- **हॉर्टीकल्चर** व्यापारिक स्तर पर फलोत्पादन
- **एपीकल्चर** व्यापारिक स्तर पर शहद उत्पादन हेतु
- **फ्लोरीकल्चर** व्यापारिक स्तर पर फूलों की कृषि
- **ओलेरीकल्चर** जमीन पर पैदा होने वाली सब्जियों की व्यापारिक कृषि

भारतीय कृषि ऋतु

फसल ऋतु	प्रमुख फसलें	
	उत्तरी भारत राज्य	**दक्षिणी भारत**
खरीफ (जून से सितम्बर)	चावल, कपास, बाजरा, मक्का, ज्वार, अरहर (तुर)	चावल, मक्का, रागी, ज्वार तथा मूँगफली
रबी (अक्टूबर से मार्च)	गेहूँ, चना तोरई, सरसों, जौ	चावल, मक्का, रागी, मूँगफली
जायद (अप्रैल से जून)	वनस्पति, सब्जियाँ, फल चारा फसलें	चावल, सब्जियाँ, चारा, फसलें

द्वितीयक क्रियाकलाप की अवधारणा

प्राथमिक क्रियाओं से प्राप्त उत्पादों के माध्यम से गुणवत्तापूर्ण एवं उपयोगी उत्पादों की रचना एवं निर्माण की क्रिया द्वितीयक क्रिया कहलाती है। द्वितीयक व्यवसाय के अन्तर्गत विनिर्माण उद्योग, विकसित खनन, विशेषीकृत कृषि, विशेषीकृत पशुपालन तथा विकसित मछली आखेट सम्मिलित किए जाते हैं। इन क्रियाओं में संलग्न लोग **नीला कॉलर** (Blue collar) कामगार कहलाते हैं।

विनिर्माण

विनिर्माण (Manufacturing) का शाब्दिक अर्थ हाथ द्वारा वस्तुओं के निर्माण से है, परन्तु इसके अन्तर्गत मशीनों द्वारा बनाई गई वस्तुओं को भी सम्मिलित किया जाता है। प्राथमिक उत्पाद या कच्चे माल को मशीनों की सहायता से बड़े पैमाने पर निर्मित वस्तुओं में बदलने की क्रिया को **विनिर्माण** तथा इससे संबद्ध उद्योग को **विनिर्माण उद्योग** (Manufacturing Industries) कहा जाता है। हस्तशिल्प कार्य, लोहे व इस्पात सम्बन्धी कार्य, प्लास्टिक के खिलौने बनाने से सम्बन्धित कार्य, कम्प्यूटर के अति सूक्ष्म घटकों को जोड़ना, अन्तरिक्षयान निर्माण आदि विनिर्माण के अन्तर्गत ही आते हैं। विनिर्माण की प्रक्रियाओं में कई विशेषताएँ सम्मिलित होती हैं, *जो निम्नलिखित हैं*

- इसमें शक्ति (ऊर्जा) का उपयोग होता है। इसमें एक ही प्रकार की वस्तुओं का उत्पादन बड़ी संख्या में होता है। इसमें मानक वस्तुओं का उत्पादन होता है।
- इसमें उत्पादन कार्य दक्ष और विशिष्ट श्रमिकों द्वारा किए जाते हैं। उत्पादन कार्य में आधुनिक शक्ति के साधन एवं मशीनरी के साथ-साथ पुराने साधनों का भी प्रयोग किया जाता है। तृतीय विश्व या विकासशील देशों में विनिर्माण शब्द का प्रयोग केवल शाब्दिक अर्थों में किया जाता है, साथ ही ऐसे देशों में उत्पादन के लिए कम जटिल तन्त्रों (Complicated System) का प्रयोग किया जाता है।

आधुनिक बड़े पैमाने पर होने वाले विनिर्माण उद्योग की विशेषताएँ

आधुनिक वृहत उद्योगों में अधिक निवेश के द्वारा बड़े पैमाने पर वस्तुओं का उत्पादन किया जाता है, *जिनकी विशेषताएँ निम्नवत् हैं*

कौशल विशिष्टीकरण

- उद्योगों में वस्तुओं का उत्पादन शिल्प एवं कौशल विशिष्टीकरण (Specialisation of Skills) विधि द्वारा किया जाता है, जिसमें शिल्प विधि द्वारा सीमित मात्रा में वस्तुओं का उत्पादन किया जाता है। ये वस्तुएँ आदेशानुसार बनाई जाती हैं, क्योंकि इन वस्तुओं को बनाने में लागत अधिक आती है।
- कौशल विशिष्टीकरण उत्पादन विधि द्वारा वस्तुओं का उत्पादन बड़े स्तर पर किया जाता है। इसमें संलग्न श्रमिक एक ही प्रकार के कार्य को करता है। अत: बड़े पैमाने पर उत्पादन हेतु कौशल का विशेष महत्त्व होता है।

यन्त्रीकरण

- किसी कार्य को सम्पन्न करने के लिए मशीनों का उपयोग करना यन्त्रीकरण (Mechanisation) कहलाता है। निर्माण प्रक्रिया के दौरान मानव की सोच को सम्मिलित किए बिना किया गया कार्य यन्त्रीकरण की विकसित अवस्था को व्यक्त करता है।
- वर्तमान में इसे बड़े स्तर पर देखा जा रहा है, जिसमें कम्प्यूटर नियन्त्रण प्रणाली की महत्त्वपूर्ण भूमिका है।

प्रौद्योगिकीय नवाचार

- शोध एवं विकासमान युक्तियों के माध्यम से विनिर्माण की गुणवत्ता को नियन्त्रित करना, अपशिष्टों का निस्तारण करना, अदक्षता को समाप्त करना और प्रदूषण के विरुद्ध संघर्ष करना प्रौद्योगिकीय नवाचार (Technological Innovation) कहलाता है।
- नवाचार से उत्पादन के स्तर में वृद्धि के साथ उत्पाद की गुणवत्ता में भी बदलाव आता है।

संगठनात्मक ढाँचा एवं स्तरीकरण

संगठनात्मक ढाँचा (Organisation Structure) एवं स्तरीकरण (Stratification) के *अन्तर्गत आधुनिक निर्माण उद्योग की विशेषताएँ निम्नलिखित हैं*

(i) एक जटिल प्रौद्योगिकी तन्त्र (Complex Machine Technology)

(ii) अधिक पूँजी

(iii) बड़े संगठन के स्तर

(iv) अत्यधिक विशिष्टीकरण (Extreme Specialisation), श्रम विभाजन के द्वारा कम प्रयास एवं अल्प लागत से अधिक वस्तुओं का उत्पादन करना।

(v) प्रशासकीय अधिकारी वर्ग (Executive Bureaucracy) द्वारा कार्य संचालन।

अनियमित भौगोलिक वितरण

आधुनिक विनिर्माण उद्योगों का संकेंद्रण (Concentrations) स्थलमण्डल के कुल भू-भाग के 10% से भी कम क्षेत्रों में पाया जाता है। वर्तमान में विनिर्माण उद्योग वाले देश विश्व में आर्थिक और राजनीतिक शक्ति के केन्द्र बन गए हैं। विनिर्माण स्थल का विस्तार कृषि स्थलों की अपेक्षा कम क्षेत्रों में पाया जाता है, जिसमें रोजगार की सम्भावना कृषि कार्य की अपेक्षा अधिक होती है।

उद्योग एवं उनका वर्गीकरण

- प्रमुख उद्योग से तात्पर्य उन उद्योगों से है जिनको अर्थव्यवस्था की रीढ़ माना जाता है। देश के अवसंरचनात्मक विकास में इन उद्योगों का प्रमुख योगदान होता है।
- उद्योग वे आर्थिक क्रियाएँ हैं, जो प्रकृति से प्राप्त संसाधनों के प्रसंस्करण एवं मूल्यवर्द्धन पर आधारित होती हैं। उद्योगों का वर्गीकरण कई प्रकार से किया जाता है। उद्योगों को आकार, पूँजी के निवेश एवं उनमें लगी श्रमशक्ति के आधार पर वृहत मध्यम एवं लघु में वर्गीकृत किया गया है।
- स्वामित्व के आधार पर उद्योग सार्वजनिक, व्यक्तिगत या मिश्रित और सहकारी हो सकते हैं।
- उद्योगों द्वारा प्रयोग किए जाने वाले कच्चे माल के आधार पर भी *उनका वर्गीकरण किया गया है, जिनमें*
  - कृषि-आधारित उद्योग
  - वन-आधारित उद्योग
  - खनिज-आधारित उद्योग
  - उद्योग द्वारा निर्मित कच्चे माल पर आधारित
- उद्योगों की किसी विशेष स्थान पर उपस्थिति स्थानीयकरण के कुछ कारकों पर निर्भर करती है, *जो निम्नलिखित हैं*
  - कच्चा माल
  - बाजार की सुविधा
  - शक्ति की सुविधा
  - कुशल श्रम
  - परिवहन के साधन
  - पूँजी

तृतीयक क्रियाकलाप की अवधारणा

तृतीयक क्रियाएँ (Tertiary Activities) वे क्रियाएँ हैं, जिनके द्वारा समाज को विभिन्न प्रकार की सेवाएँ उपलब्ध कराई जाती हैं; जैसे—व्यापार, यातायात, संचार, स्वास्थ्य, शिक्षा, प्रशासन तथा मनोरंजन आदि। अत: इस क्रिया का सम्बन्ध सेवा क्षेत्र से है, जिसका क्रियान्वयन कुशल श्रमिक, व्यावसायिक दृष्टि से प्रशिक्षित विशेषज्ञ और परामर्शदाताओं द्वारा किया जाता है।

तृतीयक क्रियाओं की विशेषताएँ निम्नलिखित हैं

- इस क्रिया में उत्पादन और विनिमय दोनों शामिल होते हैं, जिसमें उपयोग होने वाली सेवाओं की उपलब्धता शामिल होती है। इसमें उत्पादन को अप्रत्यक्ष रूप से पारिश्रमिक और वेतन के रूप में मापा जाता है।
- इस क्रिया में विनिमय के अन्तर्गत शामिल व्यापार, परिवहन और संचार सेवाएँ दूरी को कम करने के साथ अन्य कार्यों में भी सहायक होती हैं। इस क्रिया में वस्तुओं के उत्पादन के अतिरिक्त सेवाओं के व्यावसायिक स्तर पर हो रहे उत्पादन को शामिल किया जाता है।

तृतीयक क्रियाकलापों के प्रकार

व्यापार एवं वाणिज्य, परिवहन, संचार तथा सेवाएँ प्रमुख तृतीयक क्रियाकलाप हैं, *जिनकी व्याख्या इस प्रकार है*

व्यापार एवं वाणिज्य

- उत्पादित वस्तुओं और सेवाओं के **क्रय** (Buying) और **विक्रय** (Selling) को व्यापार कहा जाता है। यह कार्य फुटकर व्यापार और थोक व्यापार अथवा वाणिज्य द्वारा सम्पन्न किया जाता है, जिसका मुख्य उद्देश्य लाभ कमाना होता है।

फुटकर व्यापार

- वह व्यापारिक क्रिया, जिसमें उत्पादों को प्रत्यक्ष रूप से उपभोक्ताओं को बेचा जाता है, फुटकर व्यापार कहलाता (Retail Trading) है। इसमें संलग्न व्यापारियों के पास बिक्री हेतु उत्पादों का पर्याप्त भण्डार नहीं पाया जाता है। सर्वप्रथम फुटकर व्यापार में बड़े स्तर पर नवाचार (Innovation) लाने वाले **उपभोक्ता सहकारी** (Consumer co-operatives) समुदाय थे। फेरी, रेहड़ी, द्वार-से-द्वार, डाक आदेश, दूरभाष तथा इंटरनेट आदि फुटकर व्यापार सेवा के उदाहरण हैं।

थोक व्यापार

- थोक व्यापार (Wholesale trading) का गठन अनेक मध्यस्थ व्यापारियों और आपूर्ति घरों (Supply house) द्वारा होता है। फुटकर विक्रेता थोक विक्रेता से उधार या नकद भुगतान करके वस्तुओं/उत्पादों को उपभोक्ताओं को बेचने के लिए प्राप्त करता है। प्राय: फुटकर विक्रेता थोक विक्रेता की पूँजी पर ही अपने कार्य का संचालन करते हैं। थोक विक्रेता के पास भण्डारगृह होता है, जो फुटकर भण्डारों को उधार देता है, जिसमें शृंखला भण्डार सहित अन्य बड़े भण्डार वाले विक्रेता विनिर्माताओं से सीधे वस्तुएँ खरीदते हैं। *ऐसे कुछ प्रमुख भण्डार निम्नलिखित हैं*
  - **विभागीय भण्डार** (Departmental stores) इसमें वस्तुओं को खरीदकर भंडारों को विभिन्न अनुभागों में बाँट दिया जाता है तथा बिक्री के सर्वेक्षण हेतु विभागीय प्रमुख को उत्तरदायित्व दिया जाता है।
  - **शृंखला भण्डार** (Chain stores) यह ऐसे भण्डारगृहों का समूह होता है, जिसमें माल (वस्तु) का भण्डारण कुशल, अनुभवी तथा भण्डारण की योग्यता रखने वाले विशेषज्ञों द्वारा किया जाता है। ऐसा भण्डारगृह रखने वाले विक्रेता वस्तु को कम मूल्य पर खरीदने के साथ निर्देश देकर वस्तु का विनिर्माण भी कराते हैं।

व्यापारिक केन्द्र

- ऐसे कस्बे या नगर, जहाँ व्यापार अथवा वाणिज्यिक कार्य किए जाते हैं, व्यापारिक केन्द्र (Trading centres) कहलाते हैं।
- स्थानीय स्तर पर वस्तु विनिमय से लेकर अन्तर्राष्ट्रीय स्तर पर मुद्राओं के आदान-प्रदान तथा व्यापार के विकास से व्यापारिक केन्द्र एवं वितरण बिन्दु जैसे केन्द्रों और संस्थाओं का उदय हुआ।
- व्यापारिक केन्द्र **ग्रामीण** और **नगरीय** केन्द्र के रूप में बँटकर अपने कार्यों को संचालित करते हैं, *जिनका वर्णन निम्न प्रकार है*

ग्रामीण विपणन केन्द्र

- ऐसे अर्द्ध-नगरीय व्यापारिक केन्द्र, जो निकटवर्ती बस्तियों का पोषण करते हैं, ग्रामीण विपणन केन्द्र (Rural Marketing Centres) कहलाते हैं। ये केन्द्र अल्प विकसित प्रकार के व्यापारिक केन्द्र के रूप में सेवा करते हैं, जिसमें व्यक्तिगत और व्यावसायिक सेवाएँ विकसित नहीं होती हैं। ये स्थानीय संग्रहण और वितरण केन्द्र भी होते हैं एवं इनके अधिकांश केन्द्रों में मण्डियाँ और फुटकर व्यापार क्षेत्र होते हैं।
- ये ग्रामीण लोगों की अधिक माँग वाली वस्तुओं और सेवाओं को उपलब्ध कराने वाले महत्त्वपूर्ण केन्द्र होते हैं।

नगरीय विपणन केन्द्र

- ये ऐसे बाजार केन्द्र हैं, जहाँ साधारण वस्तुओं और सेवाओं के अतिरिक्त विशेष प्रकार की वस्तुएँ तथा सेवाएँ उपलब्ध होती हैं। विनिर्मित उत्पादों के साथ विशिष्ट प्रकार की सेवा उपलब्ध होने के कारण इन्हें विशिष्टीकृत बाजार (Specialised market) भी कहा जाता है। श्रम बाजार, आवासन, अर्द्ध-निर्मित तथा निर्मित उत्पादों के बाजार के अतिरिक्त अध्यापक, वकील, परामर्शदाता, डॉक्टर, चिकित्सक के साथ अन्य शैक्षिक एवं व्यावसायिक सेवाएँ ऐसे केन्द्रों में उपलब्ध होती हैं।

परिवहन सेवाएँ

- परिवहन सेवा के अन्तर्गत व्यक्तियों, विनिर्मित माल एवं सम्पत्ति को भौतिक रूप से एक स्थान से दूसरे स्थान पर ले जाया जाता है। यह मनुष्य की गतिशीलता की मूलभूत आवश्यकताओं को पूरा करने हेतु एक संगठित उद्योग के स्तर पर सेवा देता है, जिससे इस व्यवस्था के अन्तर्गत वस्तुओं का मूल्य बढ़ जाता है।
- परिवहन व्यवस्था के विकसित होने से स्थानों की एक जाल के रूप में रचना होना **जाल तन्त्र** (Network) कहलाता है। दो या दो से अधिक मार्गों का सन्धि स्थल, एक उद्गम बिन्दु, एक गंतव्य बिन्दु अथवा मार्ग के सहारे जुड़े कस्बे को **नोड** अथवा **शीर्ष** कहते हैं तथा दो नोड को जोड़ने वाली सड़क को **योजक** अथवा **किनारा** (Link) कहा जाता है। परिवहन के साधन के चयन में समय अथवा लागत निर्णायक भूमिका निभाते हैं। मानचित्र पर समान समय में पहुँचने वाले स्थानों को मिलाने वाली काल्पनिक रेखा को **समकाल रेखा** (Isochrone Line) कहा जाता है।

परिवहन दूरी का मापन

परिवहन दूरी को निम्न रूपों में मापा जाता है

- **किलोमीटर दूरी** (Kilometer distance) परिवहन में मार्ग की वास्तविक दूरी अथवा लम्बाई को किलोमीटर में मापा जाता है।
- **समय दूरी** (Time distance) परिवहन में एक मार्ग पर यात्रा करने में लगने वाले समय को समय दूरी कहा जाता है, जिसे समय में मापा जाता है।
- **लागत दूरी** (Cost distance) किसी मार्ग को तय करने में आने वाली लागत को लागत दूरी कहते हैं। इसमें लागत से दूरी की माप की जाती है।

परिवहन को प्रभावित करने वाले कारक

परिवहन को निम्नलिखित कारक प्रभावित करते हैं

- **जनसंख्या का आकार** (Size of population) जनसंख्या परिवहन को अत्यधिक प्रभावित करती है, क्योंकि जनसंख्या का आकार जितना बड़ा होता है, परिवहन की माँग उतनी ही अधिक होती है।

- **परिवहन व्यय** (Transport expenditure) नगरों, कस्बों, गाँवों, औद्योगिक केन्द्रों और कच्चे मालों के व्यापारों का स्वरूप, भू-आकृति तथा जलवायु के अतिरिक्त परिवहन मार्ग को छोटे करने हेतु लगने वाली निधियाँ परिवहन को प्रभावित करती हैं।

संचार सेवाएँ

- सूचनाओं को उनके उद्‌गम स्थान से गंतव्य स्थान तक किसी चैनल के माध्यम से पहुँचाने की प्रक्रिया को संचार कहते हैं, जिसमें शब्दों, सन्देशों, तथ्यों (Facts) तथा विचारों (Ideas) का समावेश होता है।
- लेखन के आविष्कार ने सन्देशों को संरक्षण प्रदान किया तथा संचार को परिवहन के साधनों पर निर्भर बनाया। यही कारण है कि संचार के सभी रूपों को संचार पथ कहा जाता है अर्थात् परिवहन जाल तन्त्र संचार पथ को आसान बनाता है, जिससे संचार का फैलाव सरल होता है।
- वर्तमान में डाक सेवाएँ, टेलीफोन, तार और फैक्स सेवाओं के साथ अन्य प्रमुख संचार सेवाएँ हैं, *जिनका विवरण इस प्रकार है*

दूरसंचार

- विद्युत शक्ति के विकास से दूरसंचार का प्रयोग सम्भव हुआ है, जिससे सन्देशों को अतिशीघ्र (मिनटों में) भेजे जाने से इस क्षेत्र में क्रान्ति आई है, साथ ही मोबाइल एवं दूरभाष जैसी तकनीकों ने मानव को समय और स्थान दोनों तथा भूतकाल के परिवहन से स्वतन्त्र कर दिया है। फलस्वरूप तार प्रेषण (Telegraph), मोर्स कोड और टैलेक्स प्राचीन वस्तुएँ बन गई हैं।

रेडियो, दूरदर्शन एवं अन्य माध्यम

- इनके माध्यम से समाचारों, चित्रों आदि को विश्व के सभी भागों में प्रसारित किया जाता है, जिसके कारण इन्हें जनसंचार का माध्यम कहा जाता है। ये विज्ञापन एवं मनोरंजन के महत्त्वपूर्ण साधन भी हैं।
- **समाचार-पत्र** एक मुद्रित माध्यम है, जिसके द्वारा विश्व के सभी भागों में दिन-प्रतिदिन की घटनाओं को लोगों तक पहुँचाया जाता है।
- **इंटरनेट** ने संपूर्ण संसार में संचार के क्षेत्र में क्रान्ति उत्पन्न की है, साथ ही **उपग्रह संचार** पृथ्वी और अन्तरिक्ष से सूचनाओं को एक साथ पृथ्वी के सम्पूर्ण भागों में पहुँचाने में सक्षम हुआ है।

शिक्षा

- शिक्षा के क्षेत्र में प्राथमिक, माध्यमिक, उच्च शिक्षा से जुड़े सभी संस्थान एवं व्यक्ति आते हैं। यह मानव विकास का महत्त्वपूर्ण घटक है।

स्वास्थ्य

- इस क्षेत्र के अन्तर्गत वे सभी संस्थान एवं व्यक्ति आते हैं, जो मानव के स्वास्थ सुधार और विकास से सम्बन्धित होते हैं।

पर्यटन : तृतीयक क्षेत्र का मुख्य उद्योग

- व्यापार के अतिरिक्त मनोरंजन के उद्देश्य से की गई किसी स्थान की यात्रा को पर्यटन कहा जाता है। इसमें आवास, भोजन, परिवहन तथा मनोरंजन जैसी अन्य सेवाएँ उपलब्ध कराई जाती हैं।
- रोजगार उपलब्ध कराने और राजस्व प्राप्ति (सकल घरेलू उत्पाद का 40%) की दृष्टि से पर्यटन तृतीयक क्षेत्र का बड़ा उद्योग बन गया है।
- जब चिकित्सा उपचार को अन्तर्राष्ट्रीय पर्यटन गतिविधि से सम्बद्ध कर दिया जाता है, तो इसे **चिकित्सा पर्यटन** (Medical Tourism) कहा जाता है।
- भारत चिकित्सा पर्यटन के रूप में अग्रणी देश बनकर उभरा है। यहाँ महानगरों में अवस्थित विश्वस्तरीय अस्पताल सम्पूर्ण विश्व के रोगियों का उपचार करते हैं। इस प्रकार भारत में समुद्र पार रोगियों के लिए स्वास्थ्य सेवाएँ उपलब्ध हुई हैं। भारत, थाइलैण्ड, सिंगापुर और मलेशिया जैसे विकासशील देश चिकित्सा पर्यटन से लाभान्वित हुए हैं।
- भारत, ऑस्ट्रेलिया व स्विट्जरलैण्ड जैसे देश विकिरण बिम्बों (Radiology imaging) के अध्ययन से लेकर चुम्बकीय अनुनाद बिम्बों (Magnetic Resonance Imaging, MRI) के निर्वचन तथा उच्च प्रवृत्ति की तरंगों के परीक्षण के साथ विशेष चिकित्सा सुविधा उपलब्ध करा रहे हैं। इसमें भी बाह्यस्रोतन के प्रति झुकाव पाया जाता है।

पर्यटक प्रदेश

- पर्यटक प्रदेश वे प्रदेश होते हैं, जो पर्यटकों को अपनी ओर आकर्षित करते हैं। मौसमी दशाओं के कारण कुछ पर्यटक केन्द्र या प्रदेश महत्त्वपूर्ण होते हैं; जैसे—भूमध्यसागरीय तट के चारों ओर का अनुकूल स्थान, भारत का पश्चिमी तट, पर्वतीय क्षेत्र के शीतकालीन खेल प्रदेश, मनोहारी दृश्य भूमियाँ आदि। विरासत स्थल, स्मारक और सांस्कृतिक दृष्टि से महत्त्वपूर्ण ऐतिहासिक नगर ऐसे पर्यटक प्रदेश या केन्द्र हैं, जो वर्षभर पर्यटकों को आकर्षित करते हैं।

पर्यटन को प्रभावित करने वाले कारक

पर्यटन को प्रभावित करने वाले कारक निम्नलिखित हैं

- **माँग** (Demand) वर्तमान में जीवन की गुणवत्ता में सुधार तथा खाली समय में विश्राम के लिए लोग अवकाश में पर्यटन को पसंद करते हैं। परिणामस्वरूप माँग ने पर्यटन को बढ़ावा दिया है, जिससे अवकाश की माँग में भी वृद्धि हुई है।
- **परिवहन** (Transport) पर्यटन क्षेत्रों का आरम्भ परिवहन सुविधाओं में सुधार के साथ हुआ है। वर्तमान में बेहतर सड़क व्यवस्था और वायु परिवहन के विस्तार ने पर्यटन को सुलभ बनाया है।

पर्यटन आकर्षण के कारक

पर्यटन आकर्षण के महत्त्वपूर्ण कारक निम्नलिखित हैं

(i) **जलवायु** (Climate) पर्यटन के लिए जलवायु महत्त्वपूर्ण कारक है, क्योंकि ठण्डे प्रदेशों के लोग गर्म व धूपदार जलवायु वाले प्रदेशों में पर्यटन करना पसन्द करते हैं। यही कारण है कि लम्बी और कड़ी (अधिक) शीत ऋतु में उत्तरी यूरोप के लोग ऊँचे तापमान, धूप की लम्बी अवधि और निम्न वर्षा की दशाओं के कारण भूमध्यसागरीय प्रदेशों में घूमने जाते हैं।

(ii) **भू-दृश्य** (Landscape) पर्वत, झीलें, दर्शनीय समुद्री तट और अन्य प्राकृतिक स्थलों के रूप में पाए जाने वाले भू-दृश्य भी पर्यटन को आकर्षित करते हैं।

(iii) **इतिहास एवं कला** (History and Art) प्राचीन और सुन्दर नगर, पुरातत्त्व के स्थान, किलों, राजमहलों तथा गिरिजाघरों जैसे धार्मिक एवं कला से सम्बन्धित स्थल पर्यटन को आकर्षित करते हैं।

(iv) **संस्कृति एवं अर्थव्यवस्था** (Culture and Economy) मानवजातीय एवं स्थानीय रीति से सम्बन्धित सांस्कृतिक कारक तथा कम कीमत पर उपलब्ध होने वाले मनोरंजन के साधन पर्यटकों को आकर्षित करते हैं; जैसे—कर्नाटक के मैडीकेरे और कूर्ग।

तृतीयक क्रियाएँ एवं उनमें संलग्न लोग

- सभी समाज में सेवाएँ उपलब्ध होती हैं, लेकिन इनकी मात्रा में भिन्नता होती है। जैसे विकासशील देशों की अपेक्षा विकसित देशों में सेवा में संलग्न लोगों का अनुपात अधिक होता है।
- यू.एस.ए. जैसे विकसित देशों की 75% से भी अधिक जनसंख्या सेवा क्षेत्र से संलग्न है, तो वहीं अल्पविकसित देशों में इसकी प्रतिशतता 10% से भी कम होती है।

चतुर्थ क्रियाकलाप की अवधारणा

चतुर्थ क्रियाकलाप (Quaternary Activities) वे व्यापारिक क्रियाएँ हैं, जो अनुसंधान और विकास पर केंद्रित होती हैं। इसमें सूचना का उत्पादन, संग्रहण, विशिष्ट तकनीकी ज्ञान की कुशलता तथा उच्च प्रशासकीय दक्षता से संबंधित कार्य शामिल होते हैं। इसमें संलग्न श्रमिक को **गुलाबी कॉलर** (Pink Collar) कहा जाता है। कार्यालय, विद्यालय, विश्वविद्यालय, अस्पतालों, प्रबंधकों से लेकर परामर्शदाताओं, रंगमंचों, लेखा और दलाली के कार्यों में कार्यरत कर्मचारी इस वर्ग की सेवा से संबंधित होते हैं। अत: इस वर्ग के कर्मचारी उच्च ज्ञान वाले होते हैं।

चतुर्थ क्रियाकलापों को बाह्यस्रोतों (Outsourcing) के माध्यम से भी पूरा किया जा सकता है। ये सेवाएँ पर्यावरण से प्रभावित तथा बाजार द्वारा स्थानीकृत नहीं हैं। इस क्रिया ने भी प्राथमिक व द्वितीयक क्षेत्र से रोजगारों को प्रतिस्थापित किया है।

अभ्यास प्रश्न

1. मानव का आरम्भिक व्यवसाय क्या था?
(a) कृषि (b) व्यापार
(c) आखेट (d) पशुपालन

2. आर्थिक व्यवसाय को कितनी श्रेणियों में विभाजित किया गया है?
(a) दो (b) चार
(c) तीन (d) पाँच

3. प्राथमिक व्यवसाय में कौन-कौन से कार्य हैं?
1. आखेट 2. पशुपालन
3. मछली उत्पादन 4. आदिय कृषि

कूट
(a) 1 और 2 (b) 1, 2 और 4
(c) 2, 3 और 4 (d) ये सभी

4. प्राथमिक व्यवसाय में सम्मिलित लोगों को क्या कहा जाता है?
(a) लाल कॉलर (b) कृषक
(c) हरा कॉलर (d) आखेटक

5. साइबेरिया के उत्तरी क्षेत्र में रहने वाले आखेटक जातियाँ कौन-सी हैं?
(a) बुशमैन (b) एस्कियो
(c) सेमोयेड (d) सेमांग

6. चलवासी पशुपालन के क्षेत्र कौन-कौन से हैं?
1. सवाना 2. पम्पास
3. सेल्वास 4. लोनाजस

कूट
(a) 1 और 2 (b) 2 और 4
(c) 1, 2 और 4 (d) ये सभी

7. सिल्पा कृषि है एक
(a) स्थायी कृषि (b) व्यापारिक कृषि
(c) सामुदायिक कृषि (d) स्थानान्तरण कृषि

8. अफ्रीका की नील नदी घाटी में निवास करने वाले कृषकों को निम्न में से क्या कहा जाता है?
(a) हाउसा (b) भल्ला
(c) फेल्लाह (d) गाउचो

9. किस कृषि क्षेत्र में छोटे क्षेत्रों में अधिक मानव श्रम की आवश्यकता होती है?
(a) भूमध्यसागरीय कृषि (b) प्राच्य खेती
(c) व्यापारिक खेती (d) व्यापारिक बागवानी

10. संसार के सर्वाधिक महत्त्वपूर्ण मत्स्यन क्षेत्र उन क्षेत्रों में पाए जाते हैं, जहाँ
(a) कोष्ण तथा शीत वायुमण्डलीय धाराएँ मिलती हैं
(b) नदियाँ सागरों में प्रचुर मात्रा में ताजा जल प्रवाहित करती हैं
(c) कोष्ण तथा शीत सागरीय धाराएँ मिलती हैं
(d) महाद्वीपीय शेल्फ तरंगित है

11. विश्व का सबसे बड़ा मत्स्यन क्षेत्र कौन-सा है?
(a) जार्जेज बैंक (b) सेंट पियरी बैंक
(c) ग्रैंक बैंक (d) संबिल द्वीप बैंक

12. मानव की प्राथमिक आवश्यकताओं की पूर्ति हेतु किस व्यवसाय को प्राथमिक उद्योग कहा जाता है?
(a) कृषि (b) आखेट
(c) पशुपालन (d) व्यापार

13. गेहूँ की वाणिज्यिक कृषि के मैदान कहाँ पाए जाते हैं?
(a) उष्णकटिबंधीय क्षेत्र में (b) उपोष्ण क्षेत्र में
(c) शीतोष्ण क्षेत्र में (d) मरूस्थलीय क्षेत्र में

14. यान्त्रिक विधियों द्वारा अधिक मात्रा में उपजाई जाने वाली फसलों को क्या कहा जाता है?
(a) वाणिज्यिक कृषि (b) गहन कृषि
(c) मिश्रित कृषि (d) बगानी कृषि

15. ओलेरीकल्चर किस फसल से सम्बन्धित है?
(a) अँगूर से (b) फूलों से
(c) सब्जी से (d) फल से

16. द्वितीयक क्रियाओं में संलग्न लोगों को क्या कहा जाता है?
(a) हरा कॉलर (b) नीला कॉलर
(c) लाल कॉलर (d) काला कॉलर

17. फुटलूज उद्योग किसे कहते हैं?
(a) भारी उद्योग
(b) कच्चा उद्योग
(c) हल्के उद्योग
(d) खनिज उद्योग

18. चतुर्थक क्रियाओं में संलग्न लोगों को क्या कहा जाता है?
(a) नीला कौलर
(b) लाल कौलर
(c) सफेद कौलर
(d) गुलाबी कौलर

निर्देश (प्र.सं. 19-22) *नीचे दिए गए कथन एवं कारणों को ध्यानपूर्वक पढ़कर कूट की सहायता से सही उत्तर का चयन कीजिए*

कूट
(a) A और R दोनों सही हैं तथा R, A की सही व्याख्या है
(b) A और R दोनों सही हैं, परन्तु R, A की सही व्याख्या नहीं है
(c) A सही है, किन्तु R गलत है
(d) A गलत है, किन्तु R सही है

19. **कथन** (A) आदिम समाज का मुख्य व्यवसाय आखेट था।
कारण (R) आदिम समाज में जीवन-शैली को बेहतर बनाने की कला का ज्ञान नहीं था।

20. **कथन** (A) आदिम संग्रहण मानव का सर्वाधिक प्राचीन एवं प्राथमिक व्यवसाय हैं।
कारण (R) एकत्रीकरण का व्यवसाय मुख्य रूप से निर्जन वन क्षेत्रों में निवास करने वाली आदिम जनजातियों के द्वारा किया जाता है।

21. **कथन** (A) मानव ने अपनी प्रारम्भिक अवस्था में पशुओं को पालतू बनाने का व्यवसाय प्रारम्भ किया।
कारण (R) मानव अपनी प्रारम्भिक अवस्था में आखेट के कार्य से परिचित था।

22. **कथन** (A) स्टेपी, भूमध्यसागरीय एवं समशीतोष्ण प्रदेश पशुपालन व्यवसाय के लिए आदर्श क्षेत्र हैं।
कारण (R) स्टेपी भूमध्यसागरीय एवं समशीतोष्ण प्रदेश की जलवायुवीय दशाएँ पशुपालन के लिए आदर्श वातावरण का निर्माण करती हैं।

23. निम्नलिखित में से कौन-सी रोपण फसल नहीं है?
(a) कॉफी
(b) गन्ना
(c) गेहूँ
(d) रबड़

24. निम्न देशों में से किस देश में सहकारी कृषि का सफल परीक्षण किया गया है?
(a) रूस
(b) डेनमार्क
(c) भारत
(d) नीदरलैण्ड

25. फूलों की कृषि कहलाती है
(a) ट्रक फार्मिंग
(b) कारखाना कृषि
(c) मिश्रित कृषि
(d) फ्लोरीकल्चर

26. निम्न में से कौन-सी कृषि के प्रकार का विकास यूरोपीय औपनिवेशिक समूहों द्वारा किया गया?
(a) कोलखहोज
(b) अँगूरोत्पादन
(c) मिश्रित कृषि
(d) रोपण कृषि

27. निम्न प्रदेशों में से किसमें विस्तृत वाणिज्य अनाज कृषि नहीं की जाती है?
(a) अमेरिका एवं कनाडा का प्रेयरी क्षेत्र
(b) अर्जेंटीना का पम्पास क्षेत्र
(c) यूरोपीय स्टेपीज क्षेत्र
(d) अमेजन बेसिन

28. निम्न में से किस प्रकार की कृषि में खट्टे रसदार फलों की कृषि की जाती है?
(a) बाजारीय सब्जी कृषि
(b) भूमध्यसागरीय कृषि
(c) रोपण कृषि
(d) सहकारी कृषि

29. निम्न कृषि के प्रकारों में से कौन-सा कर्तन-दहन कृषि का प्रकार है?
(a) विस्तृत जीवन निर्वाहक कृषि
(b) आदिकालीन निर्वाहक कृषि
(c) विस्तृत वाणिज्य अनाज कृषि
(d) मिश्रित कृषि

30. निम्न में से कौन-सी एकल कृषि नहीं है?
(a) डेयरी कृषि
(b) मिश्रित कृषि
(c) रोपण कृषि
(d) वाणिज्य अनाज कृषि

31. निम्न में से कौन-सा कथन असत्य है?
(a) हुगली के सहारे जूट के कारखाने सस्ती जल यातायात की सुविधा के कारण स्थापित हुए
(b) चीनी, सूती वस्त्र एवं वनस्पति तेल उद्योग स्वच्छन्द उद्योग हैं
(c) खनिज तेल एवं जल-विद्युत शक्ति के विकास ने उद्योगों की अवस्थिति कारक के रूप में कोयला शक्ति के महत्त्व को कम किया है
(d) पत्तन नगरों ने भारत में उद्योगों को आकर्षित किया है

32. निम्न में से कौन-सी एक अर्थव्यवस्था में उत्पादन का स्वामित्व व्यक्तिगत होता है?
(a) पूँजीवाद
(b) मिश्रित
(c) समाजवाद
(d) इनमें से कोई नहीं

33. निम्न में से कौन-सा एक प्रकार का उद्योग अन्य उद्योगों के लिए कच्चे माल का उत्पादन करता है?
(a) कुटीर उद्योग
(b) छोटे पैमाने के उद्योग
(c) आधारभूत उद्योग
(d) स्वच्छंद उद्योग

34. निम्न में से कौन-सा एक जोड़ा सही मेल खाता है?
(a) स्वचालित वाहन उद्योग – लॉस एंजिल्स
(b) पोत निर्माण उद्योग – लुसाका
(c) वायुयान निर्माण उद्योग – फ्लोरेंस
(d) लौह-इस्पात उद्योग – पिट्सबर्ग

उत्तरमाला

1	(c)	2	(b)	3	(d)	4	(a)	5	(c)	6	(d)	7	(d)	8	(c)	9	(d)	10	(c)
11	(c)	12	(a)	13	(c)	14	(b)	15	(c)	16	(b)	17	(c)	18	(d)	19	(a)	20	(b)
21	(d)	22	(a)	23	(c)	24	(b)	25	(d)	26	(d)	27	(d)	28	(b)	29	(b)	30	(b)
31	(b)	32	(a)	33	(c)	34	(d)												

अध्याय 14

भारत के विनिर्माण उद्योग

स्वतन्त्रता पूर्व औद्योगिक विकास

- भारत में औपनिवेशिक काल के दौरान उद्योगों का पर्याप्त विकास नहीं हो पाया। उद्योगों का प्रथम सफल प्रयास 1854 ई. में मुम्बई में सूती वस्त्र बनाने और 1855 ई. में रिसरा में (कोलकाता के निकट) जूट कारखाने का रहा। कोयला खनन उद्योग की शुरुआत भी लगभग उसी समय हुई।
- 1874 ई. में कुल्टी में कच्चा लोहा बनाने का कारखाना स्थापित किया गया। वर्ष 1907 में जमशेदपुर में टाटा लौह इस्पात के कारखाने की स्थापना से औद्योगिक विकास को नई दिशा मिली।

स्वतन्त्रता के पश्चात् औद्योगिक विकास

- स्वतन्त्रता पश्चात् सरकार ने औद्योगिक विकास को गति देने के लिए 6 अप्रैल, 1948 को प्रथम औद्योगिक नीति की घोषणा की, जिसमें मिश्रित अर्थव्यवस्था की संकल्पना पर बल दिया गया। बाद में समाजवादी ढंग से समाजवाद की स्थापना के उद्देश्य में, 1948 की औद्योगिक नीति में व्यापक परिवर्तन करते हुए दूसरी औद्योगिक नीति की घोषणा 30 अप्रैल, 1956 को की गई। उद्योगों को सार्वजनिक, निजी तथा संयुक्त क्षेत्रों में विभाजित किया गया।
- 24 जुलाई, 1991 को सरकार ने औद्योगिक क्षेत्र में उदारीकरण की नीति की घोषणा की।

भारत के प्रमुख उद्योग

भारत के प्रमुख उद्योग निम्नलिखित हैं

लौह एवं इस्पात उद्योग

- 1874 ई. में भारत में लौह इस्पात उद्योग की सफल शुरुआत हुई। जब बंगाल आयरन वर्क्स कम्पनी ने झरिया के निकट कुल्टी पश्चिम बंगाल में अपने संयन्त्र की स्थापना की थी।
- बड़े पैमाने पर उत्पादन का प्रयास वर्ष 1907 में जनशेदपुर में टाटा आयरन एवं स्टील कम्पनी (Tata Iron and Steel Company, TISCO) की स्थापना के साथ आरम्भ हुआ। इसके बाद वर्ष 1937 में बर्नपुर में इण्डियन आयरन एण्ड स्टील कम्पनी (Indian Iron and Steel Company, IISCO) की स्थापना हुई।
- दूसरी पंचवर्षीय योजना में तीन प्रमुख इस्पात संयन्त्र लगाए गए—भिलाई, छत्तीसगढ़ (सोवियत संघ के सहयोग से) दुर्गापुर, पश्चिम बंगाल में (ब्रिटेन के सहयोग से) और राउरकेला ओडिशा (उड़ीसा) में (पश्चिमी जर्मनी के सहयोग से)। इन तीनों कारखानों को हिन्दुस्तान स्टील लिमिटेड के अन्तर्गत रखा गया।
- तीसरी पंचवर्षीय योजना में बोकारो (सोवियत संघ के सहयोग से) कारखाने की स्थापना का निर्णय लिया गया। 24 जनवरी, 1973 को सार्वजनिक क्षेत्र के अन्तर्गत लौह एवं इस्पात उद्योग के विकास के लिए स्टील अथॉरिटी ऑफ इण्डिया (Steel Authority of India, SAIL) की स्थापना की गई।
- वर्तमान समय में दुर्गापुर, राउरकेला, बोकारो, भिलाई, सलेम के कारखाने सेल के अन्तर्गत आते हैं। उपरोक्त कारखानों के अतिरिक्त विशाखापत्तनम एवं विजयनगर (कर्नाटक) में भी लोहा एवं इस्पात के कारखाने स्थापित किए गए हैं।

भारत के प्रमुख इस्पात संयन्त्र, अयस्क-क्षेत्र एवं उनके बाजार

स्थान	लौह-अयस्क क्षेत्र	कोयला क्षेत्र	चूना-पत्थर	बाजार
दुर्गापुर	छोटानागपुर पठार तथा ओडिशा से	बाराकर, झरिया, रानीगंज	–	कोलकाता
राउरकेला	ओडिशा (क्योंझर बोनाई क्षेत्र)	झरिया तथा तलचर	बीरमित्रपुर एवं हाथीबाड़ा (ओडिशा)	चेन्नई, मुम्बई, विशाखापत्तनम
भिलाई	डल्ली-राजहरा (छत्तीसगढ़)	झरिया, बोकारो, करगली	रायपुर, दुर्ग, बिलासपुर तथा नन्दनी से	मुम्बई, कोलकाता, चेन्नई और दिल्ली
बोकारो	ओडिशा से	झरिया, बोकारो, कोरबा	ओडिशा क्षेत्र से	कोलकाता
जमशेदपुर	ओडिशा की गुरुमहिसानी व मयूरभंज की नोआमुण्डी खान	झरिया की खानों से	बिहार-ओडिशा की खानों से	कोलकाता
बर्नपुर	छोटानागपुर पठार ओडिशा का क्योंझर	झरिया, रानीगंज	ओडिशा (बीरमित्रपुर), कोलकाता	–
भद्रावती	बाबाबूदन की पहाड़ी	वनों का काष्ठ कोयला	गंगूर से मण्डीगुण्डा	दक्षिण भारत
विशाखापत्तनम	बैलाडिला की खान	ऑस्ट्रेलिया से आयात दामोदर घाटी क्षेत्र	खम्मस से	आन्तरिक व अन्तर्राष्ट्रीय बाजार
पारादीप	ओडिशा (क्योंझर बोनाई क्षेत्र से)	झरिया तथा तलचर से	ओडिशा क्षेत्र से	आन्तरिक व अन्तर्राष्ट्रीय बाजार

एल्युमीनियम उद्योग

- एल्युमीनियम उद्योग (Aluminium industry) दूसरा सबसे प्रमुख खनिज आधारित उद्योग है। एल्युमीनियम के अयस्क बॉक्साइट से हल्के होने के कारण, इस उद्योग को कच्चे माल से दूर भी लगाया जा सकता है, परन्तु इस उद्योग में बिजली एवं जल की अत्यधिक मात्रा की आवश्यकता होती है।
- देश का प्रथम एल्युमीनियम संयन्त्र जे के नगर (पश्चिम बंगाल) में स्थापित किया गया है। दूसरा उद्योग वर्ष 1938 में झारखण्ड के बॉक्साइट खनन क्षेत्र मुरी में स्थापित किया गया। वर्तमान समय में भारत की प्रमुख एल्युमीनियम कम्पनियों का विवरण नीचे दी गई तालिका में दिया गया है

भारत में एल्युमीनियम बनाने वाली प्रमुख कम्पनियाँ

कम्पनियाँ	प्रमुख केन्द्र	बॉक्साइट प्राप्ति	विद्युत प्राप्ति	स्थापना वर्ष
इण्डाल्को	जे के नगर (पश्चिम बंगाल), आसनसोल	राँची, डचैरा (मध्य प्रदेश)	निजी तापविद्युत गृह	1937
इण्डाल	एकीकृत संयन्त्र है, 5 स्थानों पर कार्य-एल्युमिना का निर्माण मुरी (झारखण्ड), प्रगलन इकाई अलवाए, हीराकुड, बेलगाम, चादर बनाने का काम बेलूर (पश्चिम बंगाल)	लोहरदग्गा के पास की बागर पहाड़ी	हीराकुड और श्रावस्ती परियोजना	1938
हिण्डाल्को	रेनुकूट (उत्तर प्रदेश)	लोहरदग्गा (झारखण्ड)	रिहन्द परियोजना	1958
माल्को	मेटूर (सलेम) तमिलनाडु	शेवरॉय पहाड़ी	मेटूर परियोजना	1965
बाल्को	कोरबा (छत्तीसगढ़)	अमरकण्टक (शहडोल मध्य प्रदेश)	कोरबा ताप शक्ति गृह	—
नाल्को	दामनजोड़ी, अंगुल	पंचपतमाली (ओडिशा)	अंगुल ताप विद्युत गृह	1981

सीमेण्ट उद्योग

- सीमेण्ट उत्पादन में भारत विश्व में दूसरा सबसे बड़ा उत्पादनकर्ता देश है। भारत लगभग 21 करोड़ टन सीमेण्ट का उत्पादन प्रतिवर्ष करता है तथा इसमें लगभग 2.5 लाख लोगों को रोजगार मिला हुआ है। भारत में सीमेण्ट उत्पादन में आन्ध्र प्रदेश का प्रथम स्थान है।
- सीमेण्ट उद्योग (Cement industry) में कच्चे माल के तौर पर चूना-पत्थर (लगभग 45%), इस्पात कारखानों के धातु-मल, उर्वरक कारखानों के अवमल, जिप्सम और कोयला (भर्जन हेतु) का उपयोग किया जाता है। इन कारखानों की अवस्थिति पर चूना-पत्थर की उपलब्धता का बड़ा प्रभाव पड़ता है।

- भारत में पहली बार समुद्री सीपियों का उपयोग कर चेन्नई में वर्ष 1904 में सीमेण्ट बनाने का प्रयास किया गया, जो असफल रहा। वर्ष 1912-13 में इण्डियन सीमेण्ट कम्पनी के पोरबन्दर संयन्त्र की स्थापना हुई।
- वर्ष 1915 में कटनी (मध्य प्रदेश) और वर्ष 1916 में लखेरी (राजस्थान) के कारखानों का निर्माण हुआ। वर्ष 1934 में दस कारखानों का विलय कर एसोसिएटेड सीमेण्ट कम्पनी (ACC), बनाई गई। स्वतन्त्रता के समय देश में सीमेण्ट के कुल 18 कारखाने थे, जिनकी कुल स्थापित क्षमता 21.15 लाख टन प्रतिवर्ष सीमेण्ट निर्माण की थी।
- इन बड़े कारखानों के अलावा 350 से अधिक लघु कारखाने हैं, जिनकी वार्षिक स्थापित क्षमता 11.10 मिलियन टन सीमेण्ट निर्माण की है। देश का 70% से अधिक सीमेण्ट 20 बड़ी कम्पनियों द्वारा निर्मित किया जाता है, जिसमें ए सी सी (ACC) अम्बुजा, ग्रासिम इण्डिया सीमेण्ट, जे के (JK) समूह, जे पी (JP) समूह प्रमुख हैं।

ताँबा उद्योग

- देश में प्रथम आधुनिक ताँबा प्रगलन (Copper Smelting) संयन्त्र की स्थापना सिंहभूम कॉपर कम्पनी द्वारा 1857 ई. में की गई थी। इण्डियन कॉपर कॉर्पोरेशन ने वर्ष 1928 में घाटशिला में ताँबा बनाना शुरू किया। वर्ष 1967 में इस कम्पनी का अधिग्रहण करके हिन्दुस्तान कॉपोरेशन लिमिटेड (HCL) का नाम दिया गया।
- हिन्दुस्तान कॉपोरेशन लिमिटेड के 8 संयन्त्रों के अतिरिक्त निजी क्षेत्रों में ताँबा उत्पादक तीन और कम्पनियाँ क्रियाशील हैं, जिनसे प्रतिवर्ष लगभग 1 टन ताम्र धातु का उत्पादन किया जाता है। इस समय भारत अपनी आवश्यकता का केवल आधा भाग ही पैदा करता है और शेष आधा भाग आयात करता है। यह आयात जाम्बिया, जायरे, संयुक्त राज्य अमेरिका, कनाडा तथा पश्चिम यूरोपीय देश द्वारा किया जाता है।

सीसा उद्योग

- भारत में पहला सीसा प्रगलन (Lead Smelting) प्लाण्ट धनबाद (झारखण्ड) के निकट तुन्दू नामक स्थान पर वर्ष 1942-43 में स्थापित किया गया, लेकिन व्यापारिक स्तर पर उत्पादन वर्ष 1945 में शुरू हुआ।
- वर्ष 1965 में हिन्दुस्तान जिंक लिमिटेड ने इसे अपने नियन्त्रण में ले लिया। इसके लिए कच्चे माल राजपुर-दरीबा (राजस्थान) तथा जावार से प्राप्त होता है। विशाखापत्तनम का प्लाण्ट मुख्यत: आयातित कच्चे माल पर तथा अग्निगुण्डाला से प्राप्त कच्चे माल पर आधारित है। भारत में उत्पादन की अपेक्षा माँग अधिक है, इसलिए बहुत-सा सीसा आयात करना पड़ता है।

जस्ता उद्योग

- भारत में जस्ता का उत्पादन वर्ष 1967 में प्रारम्भ हुआ था। वर्तमान में देश में जस्ता प्रगलन (Zinc Smelting) के चार प्लाण्ट-अल्वाय (केरल), देवारी तथा चन्देरिया (राजस्थान) तथा विशाखापत्तनम (आन्ध्र प्रदेश) कार्य कर रहे हैं। भारत को अपनी आवश्यकता की पूर्ति के लिए जस्ते का आयात करना पड़ता है।

जूट उद्योग

- **भारत में जूट को सोने का रेशा (Golden fibre) कहा जाता है। जूट वस्त्र उद्योग की शुरुआत 1854 ई. में जॉर्ज ऑकलैण्ड द्वारा रिसरा (कोलकाता से 20 किमी उत्तर) के समीप पहली मिल की स्थापना से हुई।**
- **जूट उद्योग (Jute Industry) में प्रथम एवं द्वितीय विश्वयुद्ध के दौरान भारी प्रगति हुई, परन्तु भारत के विभाजन से इस उद्योग को काफी झटका लगा। भारत का 70% से भी अधिक पटसन का क्षेत्र बांग्लादेश में चला गया, जबकि 90% से अधिक कारखाने भारत में रह गए।**
- **इस समय भारत में 77 मिलें सक्रिय हैं। इनमें से 60 पश्चिम बंगाल में हैं, शेष 17 मिलों में बिहार (3), उत्तर प्रदेश (3), आन्ध्र प्रदेश (7), असम (1), उड़ीसा (ओडिशा) (2), त्रिपुरा (1) तथा छत्तीसगढ़ (1) हैं।**
- **विश्व स्तर पर भारत जूट के सामानों का सबसे बड़ा उत्पादक एवं दूसरा सर्वाधिक बड़ा निर्यातक देश है। जूट उद्योग का सर्वाधिक संकेन्द्रण पश्चिम बंगाल में है। भारत में 84% जूट उद्योग उत्पादन इसी राज्य से प्राप्त होता है। आन्ध्र प्रदेश का स्थान दूसरा है। सरकार ने 15 अप्रैल, 2005 को प्रथम राष्ट्रीय जूट नीति की घोषणा की।**

भारत में जूट उद्योग का वितरण

राज्य	मिलों का वितरण
पश्चिम बंगाल	कोलकाता, हावड़ा, टीकमगढ़, जगत दल, बजबज, भद्रेश्वर, बाली, अगरपाड़ा, रिशरा, सेरामपुर, शिवपुर, श्याम नगर काकीनाडा आदि।
आन्ध्र प्रदेश	गुण्टूर, विशाखापत्तनम, पूर्वी गोदावरी, चिल्ली बेल्सा, विलीमोरिया, इलूर, ओंगले
उत्तर प्रदेश	कानपुर, सहजनवा (गोरखपुर)
बिहार	पूर्णिया, कटिहार, दरभंगा
छत्तीसगढ़	रायगढ़
ओडिशा	कटक

वस्त्र उद्योग

- **भारत की औद्योगिक अर्थव्यवस्था में वस्त्र उद्योग (Textile Industries) का प्रमुख स्थान है। वरन् इससे देश की निर्यात आय का 13.5% भाग प्राप्त होता है। इनसे कुल औद्योगिक उत्पादन का 14% और सकल घरेलू उत्पादन का 4% भाग प्राप्त होता है और ये लगभग 3.5 करोड़ लोगों को रोजगार देते हैं। इस वर्ग के अन्तर्गत सूती, जूट, रेशमी, ऊनी वस्त्रों के साथ-साथ कृत्रिम रेशों के उद्योगों को सम्मिलित किया जाता है।**

सूती-वस्त्र उद्योग

- **सूती-वस्त्र का पहला कारखाना 1818 ई. में फोर्ट गलोस्टर (कोलकाता) में लगाया गया, जोकि असफल रहा। उद्योग की वास्तविक शुरुआत 1854 ई. में हुई। जब सूती वस्त्र का एक कारखाना मुम्बई में कावसजी डाबर द्वारा लगाया गया।**
- **परम्परागत हथकरघा और आधुनिक सूती-वस्त्र उद्योग भारत का सबसे बड़ा उद्योग क्षेत्र है। अमेरिका और चीन के बाद भारत सूती-वस्त्र का तीसरा सबसे बड़ा उत्पादक देश है। विश्व सूती-वस्त्र व्यापार में भारत का दूसरा स्थान है।**

- सूती-वस्त्र उद्योग (Cotton Textile Industry) देश के प्रत्येक क्षेत्र में फैला है, लेकिन यह मुख्यत: प्रायद्वीप के शुष्क पश्चिमी भाग और विशाल मैदान के पश्चिमी भागों में केन्द्रित है, जहाँ कपास की खेती होती है। महाराष्ट्र (विशेषकर मुम्बई) और गुजरात (विशेषकर अहमदाबाद) प्रमुख सूती वस्त्र उद्योग वाले राज्य हैं।
- महाराष्ट्र 122 कारखानों सहित देश का 12% कारखाना निर्मित सूती धागा तथा 46.2% कारखाना निर्मित सूती वस्त्र तैयार करता है। मुम्बई देश का वृहतक सूती वस्त्र उद्योगों का केन्द्र है। इसे भारत का कोटनोपोलिस एवं मैनचेस्टर कहा जाता है। गुजरात में अहमदाबाद मुम्बई के बाद सूती वस्त्र उद्योग का वृहतम केन्द्र है। इसे पश्चिम के बोस्टन की संज्ञा दी गई है।
- तमिलनाडु में देश की सबसे अधिक 439 मिलें हैं, जिनमें से 416 कताई की हैं। अधिकांश मिले छोटे आकार की हैं, इसलिए कुल उत्पादन कम है। तमिलनाडु राज्य में कोयम्बटूर सबसे बड़ा केन्द्र है। सूती वस्त्र के अन्य प्रमुख उत्पादक राज्यों में उत्तर प्रदेश (कानपुर), पश्चिम बंगाल (हावड़ा, हुगली), कर्नाटक (बंगलुरु, मैसूर, वेल्लारी) एवं आन्ध्र प्रदेश (तेलंगाना क्षेत्र) सम्मिलित हैं।
- भारत विश्व का दूसरा बड़ा कपास उत्पादक देश है, जो विश्व का 16% कपास उत्पादित करता है और विश्व में सर्वाधिक भूमि पर कपास की खेती भारत में होती है। विश्व व्यापार संगठन के 2014 के आँकड़ों के अनुसार, कपड़ों के वैश्विक निर्यात में तुर्की, बांग्लादेश, हाँगकाँग, यूरोपीय संघ तथा चीन के बाद भारत छठा सबसे बड़ा निर्यातक है।
- सरकार ने कपड़ा उद्योग की बुनियादी सम्भावनाओं के क्षेत्र में विकास के लिए अगस्त, 2005 में (समेकित वस्त्र) पार्क्स योजना की शुरुआत की। देश का पहला वस्त्र पार्क बंगलुरु में वर्ष 2006 में स्थापित किया गया।

रेशमी वस्त्र उद्योग

- भारत चीन के बाद विश्व का दूसरा प्रमुख रेशम (Silk) (18%) उत्पादक है। भारत इस अद्वितीय विशेषता से सम्पन्न है कि इसके पास रेशम के सभी चार प्रकार उपलब्ध हैं, जिनके नाम हैं—मलबरी, एरी, टसर एवं मूँगा। मूँगा रेशम के उत्पादन में तो भारत का विश्व में एकाधिकार है।
- आधुनिक तरीके की प्रथम रेशमी मिल की स्थापना ईस्ट इण्डिया कम्पनी द्वारा 1832 ई. में हावड़ा में हुई थी। वर्तमान में रेशमी वस्त्र की कुल 300 मिलें हैं।
- भारत में कच्चे रेशम के उत्पादन में कर्नाटक, आन्ध्र प्रदेश, पश्चिम बंगाल, असम, तमिलनाडु, मणिपुर और मेघालय का प्रमुख स्थान है। देश में रेशमी सूत उत्पादन में कर्नाटक अग्रणी है (56%), जिसके बाद क्रमश: मध्य प्रदेश (40.17%), तमिलनाडु (2%) एवं पंजाब (1.83%) राज्य आते हैं।
- केन्द्रीय रेशम बोर्ड अधिनियम, 1948 के अन्तर्गत संस्थापित संवैधानिक निकाय रेशम उद्योग के विकास के लिए उत्तरदायी है।
- सिल्क मार्क योजना का रेशम ब्राण्ड प्रोत्साहन के लिए प्रारम्भ किया गया। केन्द्रीय रेशम बोर्ड संशोधित अधिनियम, 2006 को रेशम कीट बीजों की गुणवत्ता को संचालित करने के लिए अधिनियमित किया गया, जो 14 सितम्बर, 2006 से प्रभावी हुआ।

भारत में रेशम वस्त्र उद्योग का वितरण

राज्य	प्रमुख केन्द्र
जम्मू-कश्मीर	श्रीनगर, जम्मू, उधमपुर, अनन्तनाग, बारामूला
पंजाब	अमृतसर, गुरुदासपुर, होशियारपुर, लुधियाना
उत्तर प्रदेश	मिर्जापुर, वाराणसी, शाहजहाँपुर
पश्चिम बंगाल	मुर्शिदाबाद, बांकुड़ा, हावड़ा, चौबीस परगना
तमिलनाडु	सलेम, तंजौर, कांजीवरम, तिरुचिरापल्ली, कोयम्बटूर
बिहार	भागलपुर, गया, पटना
कर्नाटक	बंगलुरु, मैसूर
गुजरात	अहमदाबाद, सूरत, भावनगर, पोरबन्दर

ऊनी-वस्त्र उद्योग

- भारत में पहली ऊनी मिल की स्थापना 1876 ई. में कानपुर में की गई थी। 1881 ई. में धारीवाल में दूसरी ऊनी मिल की स्थापना की गई। लगभग 50 मिलों और देश की 10% कताई क्षमता के साथ ऊनी वस्त्र उद्योग (Woollen textile industry) के क्षेत्र में पंजाब का स्थान सर्वोपरि है, इसके बाद महाराष्ट्र का स्थान है, जहाँ कताई क्षमता 30% है। तीसरे स्थान पर उत्तर प्रदेश है।
- ऊनी कालीन और नमदा का निर्माण देश में कुटीर उद्योग के तौर पर होता है, जिसके लगभग 290 कारखाने हैं और इसमें 15000 श्रमिक लगे हुए हैं। इनमें हाथ से काती गई देशी ऊन का इस्तेमाल होता है।

भारत में ऊनी वस्त्र उद्योग का वितरण

राज्य	केन्द्र
उत्तर प्रदेश	मिर्जापुर, आगरा, शाहजहाँपुर, मुजफ्फरनगर, कानपुर
पंजाब	अमृतसर, धारीवाल, लुधियाना
जम्मू-कश्मीर	श्रीनगर
राजस्थान	जयपुर, भीलवाड़ा, बीकानेर, जोधपुर
मध्य प्रदेश	ग्वालियर
कर्नाटक	बंगलुरु, मैसूर
गुजरात	अहमदाबाद, जामनगर

कृत्रिम रेशा वस्त्र उद्योग

- कृत्रिम रेशे (Artificial fibres) वस्त्र उद्योगों का एक महत्त्वपूर्ण घटक है। रेयॉन, नायलॉन, टेरीन और डेक्रॉन मानव निर्मित रेशे हैं, जो रासायनिक विधियों से बनाए जाते हैं। भारत इसका उत्पादन और निर्यात दोनों करता है। ये रेशे प्राकृतिक रेशों की खामियों से मुक्त होते हैं। ये मजबूती में, रँगने में, धोने में तथा सिकुड़ने में प्राकृतिक रेशों से अच्छे होते हैं।
- भारत का प्रथम रेयॉन कारखाना वर्ष 1950 में रायपुरम (केरल) में ट्रावणकोर रेयॉन लिमिटेड के नाम से स्थापित हुआ था। बाँस, यूकेलिप्टस तथा अन्य लकड़ियों से प्राप्त सेलुलोज यॉन के कच्चे माल हैं।

कृत्रिम रेशों से वस्त्र निर्माण के प्रमुख केन्द्र

कृत्रिम रेशे	सम्बन्धित निर्माण केन्द्र
रेयॉन	कागजनगर (आन्ध्र प्रदेश), जूनागढ़ (गुजरात), रायापुरम (केरल), उधना (गुजरात), विरलाग्राम (हिमाचल प्रदेश), नागदा (मध्य प्रदेश), कल्याण, पिम्परी-पुणे एवं गोरेगाँव (महाराष्ट्र), कोटा (राजस्थान), मेट्टूपल्यम (तमिलनाडु), कानपुर (उत्तर प्रदेश), त्रिवेणी (पश्चिम बंगाल)।
नाइलॉन फिलामेण्ट	कोटा, पिम्पली पुणे, मोदीनगर, मुम्बई, नागपुर, बडोदरा, बंगलुरु, चेन्नई, हैदराबाद, तिरुअनन्तपुरम, बरौनी, कानपुर, उज्जैन।
नाइलॉन स्टेपल फाइबर	कोटा, मुम्बई।
पॉलिस्टर स्टेपल	थाणे, अहमदाबाद, बडोदरा, गाजियाबाद, मण्डी।
फाइबर	कोटा।
पोलिएस्टर फिलामेण्ट धागा	मुम्बई, कोटा, पिम्परी, पुणे, मोदीनगर, उज्जैन।

इंजीनियरिंग उद्योग

- देश में भारी इंजीनियरिंग उद्योग (Engineering Industries) की शुरुआत वर्ष 1958 में हैवी इंजीनियरिंग कॉर्पेरिशन लिमिटेड, राँची की स्थापना से हुई। इसकी देख-रेख में भारी मशीनरी निर्माण संयन्त्र फाउण्ड्री फोर्ज संयन्त्र और भारी मशीनी उपकरण (HMT) संयन्त्र कार्य करते हैं।
- भारी इंजीनियरिंग उद्योग के अन्तर्गत शक्ति उत्पादन पारेषण तथा वितरण में प्रयुक्त होने वाले जेनरेटर, बॉलर, टरबाइन, ट्रांसफॉर्मर, स्विचगियर आदि के उपकरण सम्मिलित हैं। भारत में भारी विद्युतीय उपकरणों का निर्माण वर्ष 1956 में भोपाल में हैवी इलेक्ट्रिकल्स लिमिटेड की स्थापना के साथ प्रारम्भ हुआ।
- वर्ष 1964 में स्थापित भारत हैवी इलेक्ट्रिकल्स लिमिटेड (BHEL) सार्वजनिक क्षेत्र का विशालतम उपक्रम है, जो 500 मेगावाट तक के स्टीम टरबाइन उच्चदाबीय बॉयलर टर्बोसेट, ट्रांसफॉर्मर, स्विचगियर्स आदि बनाता है। इसकी छ: इकाइयाँ, भोपाल, तिरुचिरापल्ली, हैदराबाद, जम्मू, बंगलुरु तथा हरिद्वार में अवस्थित हैं।
- इसके अतिरिक्त चितरंजन लोकोमोटिव वर्क्स, डीजल लोकोमोटिव वर्क्स वाराणसी, टाटा इंजीनियरिंग एण्ड लोकोमोटिव वर्क्स आदि जैसे रेल इंजन बनाने वाले प्लाण्ट्स, इण्टीग्रल कोच फैक्ट्री (पेराम्बूर), भारत अर्थ मूवर्स लि. (बंगलुरु), रेल-कोच फैक्ट्री (कपूरथला) आदि जैसे रेल कोच बनाने वाली फैक्ट्रियों ने भी भारत में भारी इंजीनियरिंग उद्योग के विकास में महत्त्वपूर्ण योगदान दिया है।
- **व्यावसायिक वाहन** बनाने में भारत का विश्व में पाँचवाँ स्थान है। इसके अन्तर्गत बस, ट्रक और तिपहिया वाहन आते हैं। इसका निर्माण देश की 9 कम्पनियों द्वारा किया जाता है। इसमें टेल्को, प्रीमियर ऑटोमोबाइल महिन्द्रा एण्ड महिन्द्रा (मुम्बई), अशोक लीलैण्ड, स्टैण्डर्ड मोटर प्रोडक्ट्स ऑफ इण्डिसर लिमिटेड (चेन्नई), हिन्दुस्तान मोटर्स लिमिटेड (कोलकाता) और बजाज ऑटोमोबाइल लिमिटेड (पुणे) सम्मिलित हैं।

साइकिल उद्योग

- भारत में साइकिल उद्योग की शुरुआत वर्ष 1938 में मेसर्स इण्डिया मैन्यूफैक्चरिंग कम्पनी कोलकाता की स्थापना से हुई है। स्वतन्त्रता के बाद इस उद्योग ने काफी प्रगति की है। आज साइकिल निर्माण के 30 कारखाने हैं, जिसमें 10 बड़े हैं। पंजाब एवं हरियाणा में 8-8, उत्तर प्रदेश में 6, पश्चिम बंगाल में 4, दिल्ली में 4, महाराष्ट्र में 2, बिहार में 2, तमिलनाडु में 2 एवं असम में 1 स्थित है।

विद्युत मशीनरी उद्योग

- इलेक्ट्रॉनिकी उद्योग का विकास मुख्य रूप से स्वतन्त्रता पश्चात् की अवधि में हुआ है। इसकी शुरुआत 1950 के दशक में रेडियो के उत्पादन से हुई, परन्तु इसकी वास्तविक शुरुआत 1950 में बंगलुरु में इण्डियन टेलीफोन इण्डस्ट्रीज की स्थापना से हुई।

  इसकी अन्य इकाइयाँ नैनी (इलाहाबाद), रायबरेली, मनकापुर, पलक्कड़ और श्रीनगर (जम्मू-कश्मीर) में स्थित हैं।
- **भारत इलेक्ट्रॉनिक्स लिमिटेड** (Bharat Electronics Limited, BEL), बंगलुरु की स्थापना सार्वजनिक क्षेत्र में प्रतिरक्षा सेवाओं, ऑल इण्डिया रेडियो तथा मौसम विभाग की इलेक्ट्रॉनिक्स आवश्यकताओं की पूर्ति के उद्देश्य से की गई थी। यह संस्थान पदार्थों के विकास, रडार तथा जल के नीचे इलेक्ट्रॉनिक्स के निर्माण में इण्डियन इन्स्टीट्यूट ऑफ साइन्स, बंगलुरु के साथ सहयोग करता है।
- ISRO के साथ सहयोग से BEL, सोलर सेलों का विकास कर रहा है। BEL की नौ इकाइयाँ—बंगलुरु, गाजियाबाद, पुणे, पंचकुला, चेन्नई, हैदराबाद, कोटद्वार, मछलीपट्टनम एवं तंजोया में स्थित हैं।
- वर्ष 1967 में स्वदेशी प्रौद्योगिकी से इलेक्ट्रॉनिक कॉर्पोरेशन ऑफ इण्डिया (ECIL) हैदराबाद की स्थापना की गई। इसके द्वारा न्यूक्लियर कार्य हेतु ट्रांजिस्टराइज्ड मॉड्यूलर सिस्टम के अलावा वायु यातायात संचालन, टैंक संचार प्रणाली, चिकित्सा, कृषि और उद्योग के लिए कई उपकरणों का निर्माण किया जाता है।

सूचना प्रौद्योगिकी उद्योग

- सूचना प्रौद्योगिकी मुख्यत: ज्ञान आधारित उद्योग है। भारत में सूचना प्रौद्योगिकी के विकास की शुरुआत वर्ष 1984 में सूक्ष्म इलेक्ट्रॉनिक के विकास के साथ हुई। कई भारतीय सॉफ्टवेयर कम्पनियों को अन्तर्राष्ट्रीय गुणवत्ता प्रमाण-पत्र मिले हैं। भारत में 3000 से अधिक सॉफ्टवेयर कम्पनियाँ हैं, जिसमें 50 बहुराष्ट्रीय कम्पनियाँ हैं, इनमें विप्रो, इनफोसिस, टीसीएस आदि प्रमुख हैं।

पेट्रो रसायन उद्योग

- पेट्रो रसायन (Petro Chemical) ऐसे रसायन और यौगिक हैं, जिन्हें मुख्यत: पेट्रोलियम से प्राप्त किया जाता है, इनका उपयोग कृत्रिम रेशा, प्लास्टिक, कृत्रिम रबड़, रंग-रोगन, कीटनाशक डिटर्जेण्ट और औषधि निर्माण में किया जाता है। देश में पेट्रो रसायन उद्योग की शुरुआत वर्ष 1966 में यूनियन कार्बाइड इण्डियन लिमिटेड, ट्राम्बे के संयन्त्र की स्थापना से हुई। विश्व उत्पादन में भारत का योगदान 2.5% है।

रसायन एवं पेट्रो रसायन विभाग के प्रशासनिक नियन्त्रण में पेट्रो रसायन क्षेत्र में निम्नलिखित तीन संगठन काम कर रहे हैं

- इण्डियन पेट्रो केमिकल कॉर्पोरेशन यह पॉलिमर्स, रसायन रेशों और रेशों के मध्यवर्ती जैसे विभिन्न प्रकार के पेट्रो केमिकल के उत्पादन और वितरण का कार्य कर रहा है।
- पेट्रोफिल्स को-ऑपरेटिव लिमिटेड यह भारत सरकार और बुनकर सहकारी समितियों का संयुक्त उपक्रम है। यह पॉलिस्टर फिलामेण्ट धागा और नायलॉन थिप्स का उत्पादन गुजरात, वडोदरा एवं नलधारी में स्थित कारखानों में करता है।
- सेण्ट्रल इन्स्टीट्यूट ऑफ प्लास्टिक एण्ड इंजीनियरिंग टेक्नोलॉजी, इसकी स्थापना वर्ष 1968 में चेन्नई में UNDP एवं ILO के सहयोग से की गई थी। यह संस्थान इस क्षेत्र में प्रशिक्षण का काम करता है।

रासायनिक उर्वरक उद्योग

- भारत में रासायनिक उर्वरक उद्योग की शुरुआत वर्ष 1906 में रानीपेट (तमिलनाडु) में सुपर फॉस्फेट संयन्त्र की स्थापना से हुई। तदुपरान्त वर्ष 1944 और वर्ष 1947 में क्रमश: अमोनिया और अमोनियम सल्फेट का उत्पादन शुरू हुआ, परन्तु उद्योग को वास्तविक बढ़ावा वर्ष 1951 में फर्टिलाइजर कॉर्पोरेशन ऑफ इण्डिया द्वारा सिन्दरी (झारखण्ड) के कारखाने की स्थापना से मिला। तब से लेकर उद्योग ने निरन्तर प्रगति की है। इस समय देश में नाइट्रोजन उर्वरक बनाने के 64 और सुपर फॉस्फेट बनाने के 81 कारखाने हैं।
- रासायनिक उर्वरक निर्माण में कच्चे माल के तौर पर नेप्था, कोक-ओवन गैस, विद्युत अपघटनी हाइड्रोजन, फॉस्फेट, गन्धक, जिप्सम आदि का इस्तेमाल किया जाता है।

उर्वरक मुख्यत: तीन प्रकार के होते हैं

1. नाइट्रोजन 2. फॉस्फेट युक्त 3. पोटाश उर्वरक।

- नाइट्रोजनी उर्वरकों में यूरिया, अमोनियम सल्फेट, कैल्सियम, अमोनियम नाइट्रेट, अमोनियम क्लोराइड और अमोनियम फॉस्फेट प्रमुख हैं। इसी प्रकार फॉस्फेट उर्वरकों में सुपर फॉस्फेट, नाइट्रो फॉस्फेट और डॉइमोनियम फॉस्फेट महत्त्वपूर्ण हैं।
  इसी प्रकार फॉस्फेट उर्वरकों में सुपर फॉस्फेट, नाइट्रो फॉस्फेट और डाइमोनियम फॉस्फेट प्रमुख हैं।
- उर्वरक उद्योग देश के सभी भागों में विकसित है, परन्तु इसका अधिक केन्द्रीकरण तमिलनाडु, उत्तर प्रदेश, गुजरात तथा केरल राज्यों में है, ये राज्य कुल उर्वरक का 50% उत्पादित करते हैं। अन्य प्रमुख उत्पादक राज्य आन्ध्र प्रदेश, ओडिशा, राजस्थान, महाराष्ट्र, पंजाब, असम, पश्चिम बंगाल, मध्य प्रदेश, दिल्ली आदि हैं।
- भारत अपनी यूरिया आवश्यकता का 80% घरेलू उत्पादन से पूरा कर रहा है, लेकिन पोटाश की समग्र मात्रा में तथा फॉस्फोरस उर्वरकों का लगभग 90% आयात करना पड़ता है।
- गुजरात देश में रासायनिक उर्वरकों का सबसे बड़ा उत्पादक राज्य है। यह राज्य अकेले ही देश के एक-चौथाई नाइट्रोजन और फॉस्फेट उर्वरकों का उत्पादन करता है। तमिलनाडु दूसरा प्रमुख उत्पादक है, जो देश के 9% नाइट्रोजन और 16% फॉस्फेट उर्वरकों का उत्पादन करता है।
- उर्वरक उद्योग (Fertilizer Industry) निवेश और उत्पादों के मूल्य की दृष्टि से लौह-इस्पात के बाद देश का दूसरा प्रमुख उद्योग है। भारत का आज विश्व में नाइट्रोजन उर्वरकों के उत्पादन में तीसरा (चीन प्रथम) और फॉस्फेट उर्वरकों में चौथा प्रमुख स्थान है।

चमड़ा उद्योग

- वर्तमान में भारत, इटली और संयुक्त राज्य अमेरिका के बाद चमड़े का विश्व में तीसरा बड़ा उत्पादक देश है (विश्व के 19% चमड़े का शोधन)।
- आधुनिक बड़े चर्मशोधक कारखाने अधिकांशत: उत्तरी भारत में केन्द्रित हैं। उत्तरी भारत में भी उत्तर प्रदेश इसमें सबसे आगे है, जहाँ कानपुर सबसे बड़ा चर्मशोधक केन्द्र है। कोलकाता, चेन्नई में भी बड़ी मात्रा में शोधित चमड़े का उत्पादन होता है। चमड़े की वस्तुओं के निर्माण में आगरा सबसे बड़ा केन्द्र है।

कागज उद्योग

- कागज बनाने की कला का उद्भव चीन में 300 ई.पू. में हुआ था। भारत में इसका प्रारम्भ 10वीं शताब्दी से हुआ। देश में आधुनिक ढंग का कागज बनाने का पहला करखाना सेरामपुर (पश्चिम बंगाल) में स्थापित हुआ, परन्तु इस उद्योग का वास्तविक विकास 1879 ई. में लखनऊ में एवं 1881 ई. में टीटागढ़ में कारखाने खुलने के बाद ही प्रारम्भ हुआ।
- कागज उद्योग में सेल्युलोज लुग्दी को कच्चे माल के तौर पर इस्तेमाल किया जाता है, जिसे मुलायम लकड़ी, बाँस, घास, गन्ने की खोई, पुराने कपड़ों और रद्दी कागज से बनाया जाता है।
- भारत में बड़े पैमाने पर (70%) बाँस का उपयोग किया जाता है। भारत का 70% भाग उत्तर-पूर्व के राज्यों, पश्चिम बंगाल, ओडिशा, आन्ध्र प्रदेश, मध्य प्रदेश, महाराष्ट्र, कर्नाटक, तमिलनाडु से प्राप्त किया जाता है।
- देश के 18% कागज के उत्पादन के साथ आन्ध्र प्रदेश का सर्वोपरि स्थान है। यहाँ कागज की कुल 15 मिलें हैं, जिनकी वार्षिक क्षमता 3.29 लाख टन कागज बनाने की है। दूसरे स्थान पर महाराष्ट्र है, जहाँ कागज की 34 मिलें हैं और इनसे देश का 13% कागज उत्पादित होता है। पश्चिम बंगाल का स्थान तीसरा है, जहाँ कागज की कुल मिलें 19 और 10.5% कागज का उत्पादन होता है।
- देश में अखबारी कागज की पहली मिल नेपानगर (शहडोल जिला, मध्य प्रदेश) में वर्ष 1955 में लगाई गई थी। 1 अप्रैल, 1994 में उदारीकरण की शुरुआत के बाद अखबारी कागज के क्षेत्र में निजी कम्पनियों का प्रवेश शुरू हुआ, इससे देश में अखबारी कागज के मिलों की संख्या बढ़कर 80 हो गई है।
- सार्वजनिक क्षेत्र की नेपा, हिन्दुस्तान न्यूज प्रिण्ट लिमिटेड, मैसूर पेपर मिल्स (भद्रावती) और तमिलनाडु न्यूज प्रिण्ट एण्ड पेपर मिल्स (वेल्लोर) देश में अखबारी कागज के प्रमुख उत्पादक हैं, जिनका देश के 60% बाजार पर अधिकार है। निजी क्षेत्र में रामा न्यूज प्रिण्ट एण्ड पेपर्स सबसे बड़ी और नई मिल है। देश को अपनी आवश्यकताओं की पूर्ति के लिए अखबारी कागज का विदेशों से आयात करना पड़ता है।

चीनी उद्योग

- वस्त्र उद्योग के बाद चीनी उद्योग (Sugar industry) भारत का दूसरा सबसे बड़ा कृषि आधारित उद्योग है। भारत ब्राजील के बाद गन्ना एवं चीनी का दूसरा सबसे बड़ा उत्पादक है। कच्चे माल के मौसमी होने के कारण, चीनी उद्योग एक मौसमी उद्योग है। यह उद्योग बड़ी संख्या में लोगों को प्रत्यक्ष एवं अप्रत्यक्ष तौर पर रोजगार उपलब्ध कराता है।
- भारत में आधुनिक तरीके का प्रथम चीनी कारखाना 1840 ई. में उत्तरी बिहार में बेतिया में लगाया गया था, परन्तु इसका वास्तविक विकास वर्ष 1931 से प्रारम्भ होता है। जब चीनी उद्योग पर आयात शुल्क लगाकर इसे संरक्षण प्रदान किया गया।
- देश में चीनी उत्पादन में महाराष्ट्र का प्रथम स्थान है, जबकि कुल गन्ना उत्पादन में उत्तर प्रदेश प्रथम स्थान पर है, हालाँकि चीनी मिलों की संख्या में महाराष्ट्र सबसे आगे है।

पर्यटन उद्योग

- भारत का समृद्ध इतिहास, यहाँ की प्राचीन संस्कृति और भौगोलिक विविधता, इसे एक महत्त्वपूर्ण अन्तर्राष्ट्रीय पर्यटन केन्द्र के रूप में स्थापित करते हैं। इसके अतिरिक्त यहाँ धरोहर, सांस्कृतिक, चिकित्सकीय, व्यावसायिक एवं खेल पर्यटन भी तेजी से विकसित हो रहे हैं।
- विश्व यात्रा एवं पर्यटन परिषद् (वर्ल्ड ट्रैवल एण्ड टूरिज्म काउन्सिल) के अनुसार वर्ष 2014 में भारत के सकल घरेलू उत्पाद में 6.8% योगदान पर्यटन उद्योग का रहा है। यह उद्योग 39.3 मिलियन लोगों को रोजगार प्रदान करता है। यह भारत की सर्वाधिक तीव्र वृद्धि दर वाला उद्योग क्षेत्र है।

भारत के औद्योगिक प्रदेश

- औद्योगिक विकास के अनुकूल दशाओं के होने पर उद्योगों का समूह बनकर परस्पर एक-दूसरे से सम्बन्धित हो जाते हैं, तो उस क्षेत्र को औद्योगिक प्रदेश कहते हैं।
- प्रो आर एल सिंह ने भारत के औद्योगिक प्रदेशों को छः प्रमुख प्रदेशों में विभाजित किया है।

1. मुम्बई-पुणे औद्योगिक प्रदेश

- यह भारत का सबसे प्रमुख औद्योगिक प्रदेश है, जिसका विकास ब्रिटिश शासन के समय में हुआ है। इसके विकास में प्राकृतिक बन्दरगाह एवं समुद्री मार्ग ने योगदान दिया।
- सबसे पहले यहाँ सूती-वस्त्र उद्योग का विकास हुआ तथा इसने अन्य उद्योगों के विकास में योगदान दिया। यहाँ पर इंजीनियरी वस्तुओं के उद्योग, रसायन उद्योग, चमड़ा के वस्तुओं के उद्योग, भेषज-निर्माण उद्योग (Drug industry) एवं फिल्म उद्योग आदि अवस्थित हैं। इस क्षेत्र के अन्तर्गत मुम्बई, पुणे, अन्धेरी, कल्याण, कोल्हापुर, कुरला, नासिक, सोलापुर, थाणे, ट्रॉम्बे, जोगेश्वरी, विकरोली आदि नगर आते हैं।

2. कोलकाता-हुगली औद्योगिक प्रदेश

- इस प्रदेश का विकास हुगली नदी के किनारे ब्रिटिश शासन के समय ही हुआ था। इसके विकास के मुख्य कारक कच्चे माल-जूट, नील, चाय आदि की उपलब्धता, कोयले को खान की निकटता, जल की उपलब्धता, सस्ते मजदूर एवं निर्यात की सुविधा का योगदान दिया।
- इसमें जूट उद्योग, रेशम वस्त्र उद्योग, सूती-वस्त्र उद्योग, इंजीनियरिंग तथा विद्युत वस्तुओं के उद्योग, ऑटोमोबाइल, चमड़े की वस्तुओं का उद्योग, लौह एवं इस्पात उद्योग, रसायन उद्योग आदि का विकास हुआ है। इसके अन्तर्गत कोलकाता नाईहाटी, भाटपाड़ा, कृष्णानगर, बज-बज, बिरलापुर चुंचरा आदि नगर शामिल हैं।

3. अहमदाबाद-बड़ोदरा औद्योगिक प्रदेश

- इस प्रदेश का विकास गुजरात में खम्भात की खाड़ी के आस-पास हुआ है। इसमें सबसे पहले सूती वस्त्र उद्योग का विकास हुआ, उसके बाद इसमें रसायन उद्योग, इंजीनियरिंग वस्तुओं तथा औषधियों के उद्योग आदि का विकास हुआ। इसके अन्तर्गत अहमदाबाद, बड़ोदरा, भावनगर, आनन्द, भरूच, हिम्मतनगर, जामनगर, कालौल, खेड़ा, राजकोट एवं सुरेन्द्रनगर आदि शामिल हैं।

4. मदुरै-कोयम्बटूर-बंगलौर औद्योगिक प्रदेश

- यह औद्योगिक प्रदेश तमिलनाडु एवं कर्नाटक में अवस्थित है। इसमें सूती तथा रेशम वस्त्र उद्योग, चमड़े की वस्तुओं के उद्योग, कॉफी उद्योग, रसायन उद्योग, कागज उद्योग, रबड़ उद्योग, सीमेण्ट उद्योग आदि का विकास हुआ है। इसके अन्तर्गत बंगलुरु कोयम्बटूर, सलेम आदि नगर शामिल हैं।

5. छोटानागपुर औद्योगिक प्रदेश

- इसमें लौह एवं इस्पात उद्योग का विकास हुआ है, क्योंकि यहाँ पर इस उद्योग के लिए सभी कच्चे माल उपलब्ध हैं, इसलिए इस प्रदेश को भारत का रूर (Ruhr of India) कहते हैं।
- लौह एवं इस्पात उद्योग के अतिरिक्त उर्वरक उद्योग, सीमेण्ट उद्योग, काँच उद्योग एवं इंजीनियरिंग आदि का भी विकास हुआ। इसके अन्तर्गत बोकारो, आसनसोल, बोकारो, बर्नपुर, दुर्गापुर, जमशेदपुर, राउरकेला, कुल्टी, सिन्दरी, खेलारी, राँची आदि नगर को शामिल किया गया है।

6. आगरा-दिल्ली-कालका-सहारनपुर औद्योगिक प्रदेश

- इस औद्योगिक प्रदेश का विकास स्वतन्त्रता के पश्चात् हुआ। इसमें कृषि आधारित उद्योग एवं फुटलुज उद्योगों का मुख्यतः विकास हुआ है। इसके अतिरिक्त वस्त्र उद्योग, पर्यटन उद्योग, औषधि उद्योग, ऑटो-मोबाइल, कागज उद्योग आदि का भी विकास हुआ है। इसके अन्तर्गत आगरा, अम्बाला, चण्डीगढ़, फरीदाबाद, मेरठ, गाजियाबाद, गुड़गाँव, नोएडा, कालका, मोदीनगर, मोहननगर, पानीपत आदि नगरों को शामिल किया जाता है।

अभ्यास प्रश्न

1. भारत में निम्नलिखित उद्योगों में से किस उद्योग में सार्वजनिक क्षेत्र में सबसे अधिक पूँजी निवेश हुआ है?
(a) लौह-इस्पात उद्योग
(b) रंग-रोगन उद्योग
(c) दवा एवं रसायन उद्योग
(d) उर्वरक उद्योग

2. भारत के किस नगर को इलेक्ट्रॉनिक उद्योग की राजधानी कहा जाता है?
(a) चेन्नई (b) बंगलुरु
(c) कानपुर (d) कोयम्बटूर

3. भारत के खनन उद्योग से सम्बन्धित निम्नलिखित कथनों पर विचार कीजिए
1. खनिजों का स्थानिक वितरण असमान है।
2. औपनिवेशिक दिनों से ही खनन उद्योग निर्यातोन्मुखी रहा है।
उपरोक्त कथनों में से कौन-सा/से सही है/हैं?
(a) केवल 1
(b) केवल 2
(c) 1 और 2 दोनों
(d) न तो 1 और न ही 2

4. निम्नलिखित में से किस एक स्थान पर एशिया का प्रथम निर्यात प्रक्रमण क्षेत्र स्थापित किया गया था?
(a) शान्ताक्रूज (b) काण्डला
(c) कोचीन (d) सूरत

5. भारत में निम्नलिखित उद्योगों में से कौन-सा एक, पानी का सबसे बड़ा उपभोक्ता है?
(a) अभियान्त्रिकी
(b) कागज एवं लुगदी
(c) वस्त्रोद्योग
(d) ताप शक्ति

6. नेपानगर किस उद्योग के लिए जाना जाता है?
(a) सीमेण्ट (b) उर्वरक
(c) हथकरघा (d) अखबारी कागज

7. भारत का सबसे पुराना समन्वित इस्पात संयन्त्र है
(a) बी एस एल (b) टिस्को
(c) एच एस एल (d) इस्को

8. रेशम मार्ग विश्व के सुदूर हिस्सों के बीच जीवन्त पूर्व-आधुनिक व्यापार एवं सांस्कृतिक कड़ियों के अच्छे उदाहरण हैं। निम्नलिखित में से कौन-सा एक, रेशम मार्गों के बारे में सत्य नहीं है?
(a) इतिहासज्ञों ने स्थल पर और समुद्र से होकर अनेक रेशम मार्गों को पहचाना है।
(b) रेशम मार्गों ने एशिया को यूरोप और उत्तरी अफ्रीका से जोड़ा है।
(c) रेशम मार्ग ईस्वी से पूर्व अस्तित्व में थे और वे लगभग पन्द्रहवीं शताब्दी तक फले-फूले।
(d) रेशम मार्गीय व्यापार के कारण स्वर्ण और चाँदी जैसी मूल्यवान धातुएँ एशिया से यूरोप तक फैलीं।

9. सुमेलित कीजिए

सूची I (सीमेण्ट उत्पादन केन्द्र)	**सूची II** (राज्य)
A. सिक्का	1. कर्नाटक
B. भद्रावती	2. झारखण्ड
C. राँची	3. गुजरात
D. कुरनूल	4. आन्ध्र प्रदेश

कूट

	A	B	C	D
(a)	3	1	2	4
(b)	3	2	1	4
(c)	4	1	2	3
(d)	4	2	1	3

10. निम्न को सुमेलित करें

सूची I	**सूची II**
A. सीसा उद्योग	1. लुधियाना
B. औषधि उद्योग	2. शिकोहाबाद
C. साइकिल उद्योग	3. हैदराबाद
D. कागज उद्योग	4. बरौनी

कूट

	A	B	C	D
(a)	3	4	2	1
(b)	2	1	4	3
(c)	2	4	1	3
(d)	2	3	1	4

11. खेतड़ी स्थित मुख्य उद्योग कौन-सा है?
(a) एल्युमीनियम
(b) ताँबा
(c) अखबारी कागज
(d) इस्पात

12. भारत के निम्न में से किस राज्य में सबसे अधिक सूती कपड़ा मिलें हैं?
(a) महाराष्ट्र
(b) गुजरात
(c) उत्तर प्रदेश
(d) तमिलनाडु

13. तमिलनाडु भारत में कारखाना-निर्मित सूत का प्रमुख उत्पादक है। इसका क्या कारण हो सकता है?
1. इस राज्य में काली कपास मृदा किस्म की मिट्टी की प्रधानता है।
2. कुशल श्रमिक प्रचुर मात्रा में उपलब्ध हैं।
उपरोक्त में से कौन सा/से सही है/हैं?
(a) केवल 1 (b) केवल 2
(c) 1 और 2 दोनों (d) न तो 1 और न ही 2

14. मैसूर क्यों प्रसिद्ध है?
(a) सिल्क उद्योग के लिए
(b) जूट उद्योग के लिए
(c) अंगूरों की भारी पैदावार के लिए
(d) जिंक उद्योग के लिए

15. महाराष्ट्र में स्थित पिम्परी सम्बन्धित है
(a) घड़ी बनाने से
(b) कागज उद्योग से
(c) एण्टीबायोटिक कारखाने से
(d) थर्मल पावर से

16. सार्वजनिक क्षेत्र का निम्नलिखित में से कौन-सा उद्यम नवरत्न है?
(a) हिन्दुस्तान एयरोनॉटिक्स लि.
(b) कण्टेनर कॉर्पोरेशन ऑफ इण्डिया लि.
(c) महानगर टेलीफोन निगम लि.
(d) इंजीनियर्स इण्डिया लि.

17. भारत के जिन राज्यों में सूती वस्त्र उद्योग स्थापित नहीं हैं वे हैं
1. जम्मू-कश्मीर
2. गोवा
3. अरुणाचल प्रदेश
4. पंजाब

कूट
(a) 1, 2 और 3
(b) 3 और 4
(c) 2 और 3
(d) 1 और 3

18. निम्नलिखित में से किस राज्य में पेट्रो रसायन उद्योग के लिए आदर्श दशाएँ पाई जाती हैं?
(a) गुजरात
(b) तमिलनाडु
(c) महाराष्ट्र
(d) उत्तर प्रदेश

19. निम्नलिखित में से किस उद्योग में सर्वाधिक संख्या में महिलाएँ कार्यरत हैं?
(a) चाय उद्योग
(b) जूट उद्योग
(c) वस्त्र उद्योग
(d) रबड़ उद्योग

20. निम्न को सुमेलित करें

सूची I	सूची II
A. विशाखापत्तनम	1. मोटर गाड़ियाँ
B. मुरी	2. पोत निर्माण
C. गुड़गाँव	3. उर्वरक
D. पनकी	4. एल्युमीनियम

कूट

	A	B	C	D
(a)	2	3	4	1
(b)	1	2	3	4
(c)	2	4	3	1
(d)	2	4	1	3

21. निम्नलिखित राज्य समूहों में वह कौन-सा है, जहाँ यात्री रेल डिब्बों का बड़ी मात्रा में निर्माण होता है?
(a) पंजाब और तमिलनाडु
(b) ओडिशा और पश्चिम बंगाल
(c) तमिलनाडु और बंगाल
(d) पश्चिम बंगाल और पंजाब

22. औद्योगिक विकास की दृष्टि से उत्तर प्रदेश का कौन-सा क्षेत्र सर्वाधिक विकसित हुआ है?
(a) पश्चिमी
(b) पूर्वी
(c) बुन्देलखण्ड
(d) मध्य

23. कौन-सा प्रमुख उद्योग मुरी में स्थापित है?
(a) एल्युमीनियम उद्योग
(b) ताँबा उद्योग
(c) इस्पात उद्योग
(d) रसायन उद्योग

24. इलेक्ट्रिक लोकोमोटिव का निर्माण किया जाता है
(a) जमशेदपुर में
(b) वाराणसी में
(c) चितरंजन में
(d) गोरखपुर में

25. विभाजन के कारण भारत का कौन-सा उद्योग बुरी तरह प्रभावित हुआ?
(a) वस्त्र तथा शक्कर उद्योग
(b) कागज तथा लौह उद्योग
(c) इंजीनियरिंग तथा सीमेण्ट उद्योग
(d) जूट तथा वस्त्र उद्योग

26. निम्नलिखित में से किस वस्तु के लिए भारत आयात पर निर्भर है?
(a) अभ्रक
(b) चाय
(c) कोयला
(d) पेट्रोलियम

27. भारत का सबसे महत्त्वपूर्ण लघु उद्योग कौन-सा है?
(a) गुड़ एवं खाण्डसारी
(b) हथकरघा
(c) चमड़ा उद्योग
(d) बर्तन निर्माण

28. निम्न को सुमेलित करें

सूची I	सूची II
A. रेशम वस्त्र	1. जवाहर नगर
B. पेट्रो रसायन	2. तालचेर
C. उर्वरक	3. मैसूर
D. औषधि निर्माण	4. ऋषिकेश

कूट

	A	B	C	D
(a)	2	1	3	4
(b)	3	1	2	4
(c)	3	2	4	1
(d)	4	3	2	1

29. जिसके लिए चुनार प्रसिद्ध है, वह है
(a) काँच उद्योग
(b) सीमेण्ट उद्योग
(c) बीड़ी उद्योग
(d) उपरोक्त में से कोई नहीं

30. निम्न में से कौन-सा जोड़ा सुमेलित है?

(a) बादला (पानी की बोतल)	जयपुर
(b) मसूरिया साड़ी	कोटा
(c) नमदा	जोधपुर
(d) संगमरमर पर नक्काशी	टोंक

31. एक पर्यटक बोकारो, भिलाई और राउरकेला के इस्पात के कारखाने उसी क्रम से देखना चाहता है, उसे अपने यात्रा क्रम में किन-किन प्रदेशों को रखना होगा?
(a) झारखण्ड, छत्तीसगढ़ और ओडिशा
(b) ओडिशा, पश्चिम बंगाल, झारखण्ड
(c) मध्य प्रदेश, झारखण्ड और पश्चिम बंगाल
(d) पश्चिम बंगाल, झारखण्ड और मध्य प्रदेश

32. निम्न में कौन-सा सुमेलित नहीं है?

(a) मिर्जापुर	कालीन
(b) इलाहाबाद	हथकरघा
(c) अलीगढ़	ताले
(d) वाराणसी	साड़ियाँ

33. निम्नलिखित में कौन-सा विनिर्माण उद्योग सर्वाधिक रोजगार प्रदान करता है?
(a) लौह-इस्पात उद्योग
(b) सूती वस्त्र उद्योग
(c) चीनी उद्योग
(d) सीमेण्ट उद्योग

उत्तरमाला

1.	(a)	2.	(b)	3.	(c)	4.	(b)	5.	(b)	6.	(d)	7.	(b)	8.	(a)	9.	(a)	10.	(d)
11.	(b)	12.	(a)	13.	(b)	14.	(a)	15.	(c)	16.	(a)	17.	(a)	18.	(a)	19.	(c)	20.	(d)
21.	(a)	22.	(a)	23.	(a)	24.	(c)	25.	(d)	26.	(d)	27.	(b)	28.	(b)	29.	(b)	30.	(b)
31.	(a)	32.	(b)	33.	(b)														

अध्याय 15

परिवहन, संचार एवं व्यापार (भारत एवं विश्व)

परिवहन

- विश्व को एक सूत्र में बाँधनें, व्यापार एवं वाणिज्य की उन्नति, राष्ट्रीय एकता एवं सुरक्षा के लिए परिवहन मार्गो का विकास आवश्यक है। विश्व के विभिन्न भागों के निवासी परिवहन के साधनों के कारण परस्पर सम्बन्ध स्थापित कर सांस्कृतिक आदान-प्रदान कर पाए हैं। परिवहन का प्रभाव (Effect of Transport) जनसंख्या के वितरण और घनत्व पर पड़ता है। परिवहन की महत्त्वपूर्ण भूमिका उद्योगों के स्थानीकरण एवं विकास में रहती है।
- विश्व की वर्तमान आर्थिक व्यवस्था में परिवहन का सर्वाधिक महत्त्व है। विश्व अर्थव्यवस्था का केन्द्रीय लक्षण विनिमय है। प्राकृतिक संसाधन के क्षेत्र, विनिर्माण की क्षमता के क्षेत्र तथा खपत वाले क्षेत्र एक-दूसरे से दूर-दूर स्थित होते हैं। इनके मध्य कच्चा माल और तैयार माल का स्थानान्तरण परिवहन के साधनों के माध्यम से होता है। विकसित देशों में परिवहन मार्गों का सर्वाधिक विकास व उपयोग पाया जाता है।

परिवहन के प्रकार

परिवहन के आधुनिक माध्यम चार प्रकार के हैं

1. सड़क परिवहन
2. रेल परिवहन
3. वायु परिवहन
4. जल परिवहन

1. सड़क परिवहन

- भारत में प्राचीनकाल से सड़क परिवहन का (Road Transport) अधिक महत्त्व रहा है। भारत की सड़क प्रणाली विश्व की तीसरी सबसे बड़ी प्रणाली है। यहाँ प्रतिवर्ष सड़कों द्वारा 60% माल ढुलाई और 85% यात्री परिवहन किया जाता है। सड़कों का निर्माण एवं रख-रखाव रेल परिवहन की तुलना में सस्ता है और यह छोटी दूरियों की यात्रा के लिए अपेक्षाकृत अधिक अनुकूल होता है।

देश के सड़क परिवहन को पाँच भागों में बाँटा गया है

(i) राष्ट्रीय राजमार्ग/एक्सप्रेस मार्ग
(ii) राज्यों के राजमार्ग
(iii) जिला सड़कें
(iv) ग्रामीण सड़कें
(v) सीमावर्ती सड़कें

(i) **राष्ट्रीय राजमार्ग/एक्सप्रेस मार्ग** (National Highways) राज्यों की राजधानियों, बड़े-बड़े औद्योगिक नगरों तथा प्रमुख पोताश्रयों को मिलाने वाला यह मार्ग केन्द्र सरकार के नियन्त्रण में होता है, जिसका विकास तथा रख-रखाव का कार्य **भारतीय राजमार्ग प्राधिकरण** (NHAI) करता है। भारतीय राष्ट्रीय राजमार्ग प्राधिकरण का गठन वर्ष 1995 में हुआ था। राष्ट्रीय राजमार्गों की लम्बाई देश की सड़कों की लम्बाई का मात्र 2% (लगभग) है, परन्तु देश के कुल यातायात का 40% इन्हीं राष्ट्रीय राजमार्गों के माध्यम से होता है।

देश के प्रमुख राष्ट्रीय राजमार्ग

राष्ट्रीय राजमार्ग (लम्बाई)	कहाँ-से-कहाँ तक	विशेषताएँ
NH-1 (456)	दिल्ली-अमृतसर	NH-1 'A' जालन्धर को श्रीनगर एवं NH-1 'B' जम्मू-कश्मीर में 'बाटोट-डोडा-किश्तवार' के मध्य है।
NH-1A (663)	जालन्धर-उरी	जम्मू-श्रीनगर को जोड़ने वाले बनिहाल दर्रे में स्थित जवाहर सुरंग से होकर गुजरती है।
NH-2 (1465)	दिल्ली-कोलकाता	शेरशाह द्वारा बनाया गया 'ग्राण्ड ट्रंक रोड' NH-1 व NH-2 का सम्मिलित रूप है।
NH-3 (1161)	आगरा-मुम्बई	वाया ग्वालियर, इन्दौर, धूले व नासिक से गुजरता है।

राष्ट्रीय राजमार्ग (लम्बाई)	कहाँ-से-कहाँ तक	विशेषताएँ
NH-4 (1235)	चेन्नई-थाणे	वाया बेलगाँव, हुबली, बंगलुरु, रानीखेत से गुजरता है।
NH-5 (1533)	चेन्नई-वहारधोरा	पूर्वी तट के साथ विस्तृत
NH-6 (1949)	कोलकाता-हजीरा	यह मुम्बई को कोलकाता से भी जोड़ता है।
NH-7 (2369)	वाराणसी-कन्याकुमारी	देश का सबसे लम्बा राजमार्ग है।
NH-8 (1428)	दिल्ली-मुम्बई	राजस्थान-गुजरात से होकर
NH-15 (1526)	समाव्याली-पठानकोट	मरुस्थलीय भाग में बीकानेर, जैसलमेर आदि शहरों से गुजरता है।
NH-17 (1269)	पनवक्त-एडापल्ली	पश्चिमी तट के साथ
NH-31	बरही-गुवाहाटी	यह एकमात्र राष्ट्रीय राजमार्ग है, जो उत्तर पूर्वी भारतीय राज्यों को शेष भारत से जोड़ता है।
NH-47 (A) (6)	कुडानूर-वेलिंगडन द्वीप (केरल)	देश का सबसे छोटा राजमार्ग, इसका प्रस्तावित नया नाम NH-966B है।

- हमारे देश में सड़कों का वितरण समरूप नहीं है। भू-भाग की प्रकृति तथा आर्थिक विकास का स्तर सड़कों के घनत्व के प्रमुख निर्धारक हैं। मैदानी क्षेत्र में सड़कों का निर्माण आसान एवं सस्ता होता है, जबकि पहाड़ी एवं पठारी क्षेत्रों में कठिन एवं महँगा होता है, इसलिए मैदानी क्षेत्रों की सड़कें न केवल घनत्व, बल्कि सड़कों की गुणवत्ता की दृष्टि से अधिक ऊँचाई वाले क्षेत्रों, बरसाती तथा वनीय क्षेत्रों की तुलना में अपेक्षाकृत अच्छी होती हैं।
- राष्ट्रीय राजमार्गों की सर्वाधिक लम्बाई उत्तर प्रदेश (7818 किमी) में पाई जाती है। इसके बाद राजस्थान (7130 किमी), तमिलनाडु (4943 किमी), मध्य प्रदेश (5064 किमी) और आन्ध्र प्रदेश (4537 किमी) का स्थान है।
- प्रति हजार व्यक्तियों पर राष्ट्रीय राजमार्गों की लम्बाई के सन्दर्भ में प्रथम स्थान अरुणाचल प्रदेश का है, जहाँ यह आँकड़ा 1.816 किमी है। दूसरे स्थान पर मिजोरम (1.044 किमी) है। यहाँ यह आँकड़ा इनकी जनसंख्या की कमी के कारण अधिक है। बड़े राज्यों के सन्दर्भ में प्रति हजार व्यक्तियों पर राष्ट्रीय राजमार्ग की सर्वाधिक लम्बाई आन्ध्र प्रदेश (0.64 किमी) में है, दूसरे स्थान पर ओडिशा (0.101 किमी), तत्पश्चात् राजस्थान (0.099 किमी), कर्नाटक (0.083 किमी), मध्य प्रदेश (0.077 किमी) का स्थान है।

(ii) **राज्यों के राजमार्ग** (State Highways) राज्यों के राजमार्गों के निर्माण तथा रख-रखाव का दायित्व राज्य सरकार पर होता है। ये राज्य के प्रमुख शहरों, जिला मुख्यालयों एवं राष्ट्रीय राजमार्गों को जोड़ते हैं। प्रान्तीय राजमार्गों की सबसे अधिक लम्बाई **महाराष्ट्र** में है। इसके बाद क्रमशः गुजरात, कर्नाटक, उत्तर प्रदेश और राजस्थान का स्थान आता है।

(iii) **जिला सड़कें** (District Roads) लगभग 4.7 लाख किमी लम्बी जिला सड़कें जिला मुख्यालय से जिले के सभी पुलिस स्टेशनों को जोड़ती हैं। ये सड़कें **जिला बोर्डों** के अधीन होती हैं।

(iv) **ग्रामीण सड़कें** (Rural Roads) ग्राम पंचायत के द्वारा ग्रामीण सड़कें बनाई जाती हैं। वर्तमान समय में भी देश की आधी से अधिक ग्रामीण सड़कें कच्ची हैं, जो वर्षा के मौसम में परिवहन के लिए कठिनाई उत्पन्न करती हैं।

(v) **सीमावर्ती सड़कें** (Border Roads) अन्तर्राष्ट्रीय सीमाओं के सहारे बनाई गई सड़कों को सीमावर्ती सड़कें कहा जाता है। ये सड़कें सुदूर क्षेत्रों में रहने वाले लोगों को प्रमुख नगरों से जोड़ने और प्रतिरक्षा प्रदान करने में महत्त्वपूर्ण भूमिका निभाती हैं। सीमावर्ती सड़कों का निर्माण सभी देशों में गाँवों एवं सैन्य शिविरों तक वस्तुओं को पहुँचाने के लिए किया जाता है।

विश्व के प्रमुख महामार्ग

विश्व के प्रमुख महामार्ग निम्नलिखित हैं

- **ट्रांस कनेडियन महामार्ग** विश्व के प्रमुख महामार्गों में इसका सबसे महत्त्वपूर्ण स्थान है। यह कनाडा के पूर्वी तट पर स्थित न्यू फाउण्डलैण्ड के सेण्ट जॉन नगर को कोलम्बिया के बैंकुवर नगर से जोड़ता है।
- **अलास्का महामार्ग** यह अलास्का के ऐंकरेज नगर को कनाडा के एडमाण्टन नगर से जोड़ता है।
- **स्टुअर्ट महामार्ग** यह ऑस्ट्रेलिया महाद्वीप का सबसे लम्बा महामार्ग है, जो उत्तरी ऑस्ट्रेलिया में स्थित पोर्ट डार्विन को एलिस स्प्रिंग तथा टेनेण्ट क्रीक होते हुए दक्षिणी ऑस्ट्रेलिया में स्थित मेलबोर्न को जोड़ता है।
- **अल्जियर्स-कोनाक्री महामार्ग** यह महामार्ग भूमध्य सागर के तट पर स्थित अल्जियर्स नगर से गिनी के कोनाक्री नगर तक जाता है।
- **काहिरा केपटाउन महामार्ग** मिस्र की राजधानी काहिरा (अलकैरो) से दक्षिणी अफ्रीका की वैधानिक राजधानी केपटाउन को मिलाने वाला एक अन्तर्महाद्वीपीय मार्ग है।
- **पैन अमेरिकन महामार्ग** यह विश्व की सबसे लम्बी परियोजना है, जो दक्षिण अमेरिका के नगरों, मध्य अमेरिका एवं यू एस ए (USA) के नगरों को मिलाने के लिए बनाई गई है।
- **मॉस्को-इर्कुटस्टक महामार्ग** रूस की राजधानी मॉस्को तथा साइबेरिया क्षेत्र में स्थित इर्कुटस्टक नगर यहाँ के महामार्गों का सबसे बड़ा मिलन स्थल है।

2. रेल परिवहन

- भारत में पहली रेलगाड़ी 16 अप्रैल, 1853 को मुम्बई से थाणे के मध्य **लॉर्ड डलहौजी** के काल में चलाई गई थी। तदुपरान्त 1854 ई. में कलकत्ता से रानीगंज के मध्य रेल सेवा की शुरुआत हुई।
- भारतीय रेल नेटवर्क एशिया का सबसे बड़ा नेटवर्क है तथा एकल प्रबन्धनाधीन यह विश्व का दूसरा सबसे बड़ा नेटवर्क है। यह विश्व का सबसे बड़ा नियोक्ता है। इसमें 16 लाख से भी अधिक कर्मचारी हैं। यह भारत में माल और यात्रियों के परिवहन का मुख्य साधन है। आज देशभर में रेल का व्यापक जाल बिछा हुआ है।

रेलवे पटरी की चौड़ाई के आधार पर भारतीय रेल के तीन वर्ग बनाए गए हैं

(i) **बड़ी लाइन** (Broad gauge) ब्रॉड गेज में रेल पटरियों के बीच की दूरी 1.616 मी होती है। ब्रॉड गेज लाइन की कुल लम्बाई वर्ष 2012 में 55956 किमी थी।

(ii) **मीटर लाइन** (Meter gauge) इसमें दो रेल पटरियों के बीच की दूरी एक मीटर होती है। इसकी कुल लम्बाई वर्ष 2012 में 6347 किमी थी।

(iii) **छोटी लाइन** (Narrow gauge) इसमें दो रेल पटरियों के बीच की दूरी 0.762 मी या 0.610 मी होती है। इसकी कुल लम्बाई वर्ष 2012 में 2297 किमी थी। यह प्राय: पर्वतीय क्षेत्रों तक सीमित है।

- रेल परिवहन (Rail transport) मध्यम दूरी तथा लम्बी दूरी की यात्राओं के लिए सड़क परिवहन की तुलना में सस्ता प्रमाणित होता है। आरम्भिक पूँजी विनियोग सड़क परिवहन की तुलना में अधिक होते हुए भी स्थायित्व, कम रख-रखाव, उपयोगिता, ईंधन की कम खपत, विद्युतीकरण आदि के कारण कालान्तर में रेल परिवहन सस्ता प्रमाणित होता है।
- विश्व में विभिन्न महाद्वीपों तथा देशों में रेलमार्गों के वितरण में अत्यधिक विषमता पाई जाती है। उत्तरी अमेरिका एवं यूरोप में विश्व में 55% रेलमार्ग हैं, जबकि दक्षिणी अमेरिका, अफ्रीका और ऑस्ट्रेलिया के रेलमार्ग विश्व का 20% ही हैं। विश्व की आर्थिक दृष्टि से सम्पन्न देशों में रेलमार्गों का विस्तार अधिक हुआ है। वह रेलमार्ग जो किसी महाद्वीप के एक छोर को दूसरे छोर से जोड़ता है अन्तर्महाद्वीपीय रेलमार्ग कहलाता है। *विश्व के प्रमुख रेलमार्ग निम्नलिखित हैं*

– **ट्रांस साइबेरियन रेलमार्ग** (Trans siberian railway) यह विश्व का सबसे लम्बा रेलमार्ग है, जिसकी लम्बाई 9300 किमी है। यह यूरेशिया महाद्वीप के पश्चिम में स्थित सेण्ट पीटर्सबर्ग नगर को पूर्व में प्रशान्त महासागर के तट पर स्थित ब्लाडीवोस्टक नगर से जोड़ता है।

– **कनेडियन पैसिफिक रेलमार्ग** (Canadian pacific railway) यह कनाडा के पूर्व में स्थित हलिफैक्स नगर से पश्चिम में वैंकुवर तक पहुँचता है। इसके द्वारा क्यूबेक मॉण्ट्रियल के औद्योगिक क्षेत्र मुलायम लकड़ी वाले वन प्रदेश तथा प्रेयरी प्रदेश के गेहूँ क्षेत्र आपस में जुड़े हुए हैं।

– **ऑस्ट्रेलियन अन्तर्महाद्वीपीय रेलमार्ग** (Australian intercontinental railway) यह ऑस्ट्रेलिया का सबसे बड़ा रेलमार्ग है, जो पूर्व में स्थित सिडनी नगर को पश्चिम में स्थित पर्थ नगर से सम्बद्ध करता है। इसके प्रमुख स्टेशन ब्रोकेन हिल, कालगूर्ली तथा कूलगार्डी हैं।

– **काहिरा-केपटाउन अन्तर्महाद्वीपीय रेलमार्ग** (Cairo-capetown intercontinental railway) यह मिस्र की राजधानी काहिरा से दक्षिण अफ्रीका की वैधानिक राजधानी केपटाउन तक बनना प्रस्तावित है। इसका मार्ग अस्वान, आदिस अबाबा, मोम्बासा होते हुए बनाया जा रहा है।

– **ओरिएण्ट एक्सप्रेस रेलमार्ग** (Orient express railway) यह यूरोप का सबसे महत्त्वपूर्ण रेलमार्ग है, जो फ्रांस के पेरिस में टर्की के इस्ताम्बुल तक जाता है।

– **ट्रांस एण्डीज रेलमार्ग** (Trans Andes Railway) यह दक्षिणी अमेरिका का सबसे महत्त्वपूर्ण रेलमार्ग है और चिली के वालपरेजो से अर्जेण्टीना के ब्यूनस आयर्स तक पहुँचता है।

– **कोंकण रेलवे** (Konkan railway) कोंकण रेलवे का प्रारम्भ मार्च, 1990 में गोवा, महाराष्ट्र, कर्नाटक तथा केरल के मध्य छोटे-से-छोटे रेलवे मार्ग द्वारा एक लिंक प्रदान करने के लिए किया गया। रोहा से मंगलौर के मध्य 760 किमी की दूरी इस परियोजना में सम्मिलित है।

रेलवे जोन

भारतीय रेल को 17 रेलवे जोनों में बाँटा गया है, ताकि प्रशासनिक कार्य सुचारु रूप से किए जा सकें। *ये सत्रह रेलवे जोन निम्नलिखित हैं*

रेलवे जोन

जोन	मुख्यालय
मध्य रेलवे (CR)	मुम्बई वी टी
पूर्वी रेलवे (ER)	कोलकाता
उत्तरी रेलवे (NR)	नई दिल्ली
उत्तरी-पूर्वी रेलवे (NER)	गोरखपुर
उत्तरी-पूर्वी सीमान्त प्रान्त रेलवे (NEFR)	गुवाहाटी
दक्षिणी रेलवे (SR)	चेन्नई
दक्षिणी-मध्य रेलवे (SCR)	सिकन्दराबाद
दक्षिणी-पूर्वी रेलवे (SER)	कोलकाता
पश्चिमी रेलवे (WR)	मुम्बई चर्चगेट
पूर्वी-मध्य रेलवे (ECR)	हाजीपुर
उत्तरी-पश्चिमी रेलवे (NWR)	जयपुर
पूर्वी तटवर्ती रेलवे (ECR)	भुवनेश्वर
उत्तरी-मध्य रेलवे (NCR)	इलाहाबाद
दक्षिणी-पश्चिमी रेलवे (SWR)	हुगली
पश्चिमी-मध्य रेलवे (WCR)	जबलपुर
दक्षिणी-पूर्व मध्य रेलवे (SECR)	बिलासपुर
कोलकाता मेट्रो (KMR)	कोलकाता (नवीनतम)

डेडिकेटेड फ्रेट कॉरिडोर

डेडिकेटेड फ्रेट कॉरिडोर रेलवे की एक महत्त्वाकांक्षी योजना है, जिसके पूरा हो जाने से माल वाहन क्षमता में अभूतपूर्व वृद्धि हो जाएगी। इस योजना के अन्तर्गत दो गलियारे बनाए गए हैं—प्रथम दादरी (दिल्ली के निकट) मुम्बई के बीच है, जिसे पश्चिमी गलियारा (Western corridor) कहा जाता है, दूसरा लुधियाना से दानुकुनी (हावड़ा के निकट) के बीच पूर्वी गलियारा (Eastern corridor) है।

ट्वाय ट्रेन्स

भारतीय रेल द्वारा निम्न ट्वाय ट्रेन्स भी चलाई जाती हैं

- दार्जिलिंग ट्वाय ट्रेन-इसे वर्ष 1999 से यूनेस्को द्वारा विश्व विरासत का दर्जा हासिल है।
- शिमला ट्वाय ट्रेन-कालका से शिमला तक।
- माथेरान ट्वाय ट्रेन।
- नीलगिरि माउण्टेन ट्रेन-इसे विश्व धरोहर का दर्जा प्राप्त है।

भारत में मेट्रो रेल

भारत में मेट्रो रेल का शुभारम्भ **कोलकाता** में वर्ष 1984 में तात्कालीन प्रधानमन्त्री श्रीमती **इन्दिरा गाँधी** द्वारा किया गया। इस भूमिगत रेलमार्ग की कुल लम्बाई 16.45 किमी है। वर्ष 1996 में दिल्ली मेट्रो रेल की स्वीकृति दी गई तथा 25 सितम्बर, 2002 से इसका व्यावसायिक परिचालन प्रारम्भ हुआ। दिल्ली मेट्रो भारत सरकार तथा राष्ट्रीय राजधानी क्षेत्र दिल्ली सरकार का संयुक्त उपक्रम है। देश के पाँच महानगरों में वर्ष 2010 में सरकार ने नई मेट्रो परियोजना को मंजूरी दी थी। *ये महानगर*–जयपुर, मुम्बई, चेन्नई, पुणे एवं लखनऊ हैं।

मुम्बई मोनोरेल

- मुम्बई में मोनोरेल का प्रारम्भ 2 फरवरी, 2014 से हुआ, जिसका लॉर्सन एण्ड टर्बो निर्माण मुम्बई मेट्रोपोलिटन रोजन डेवलपमेण्ट अथॉरिटी ने किया है। 1920 में पटियाला स्टेट मोनोरेल ट्रेनवेज और कुण्डाला वैली रेलवे के बन्द होने के बाद यह देश की पहली मोनोरेल है।
- यह वर्ष 2009 में बननी शुरू हुई थी और 2 फरवरी, 2014 को बडाला डिपो से चेम्बुर तक मोनोरेल को जनता के लिए खोल दिया गया। मोनोरेल में चार कोच होते हैं और इसकी गति 32-80 किमी/घण्टा है।

3. वायु परिवहन

- वायु परिवहन का व्यापक महत्त्व होता है। इससे किसी देश के आर्थिक विकास में मदद के अतिरिक्त युद्ध, प्राकृतिक आपदाओं के समय लोगों को शीघ्र सहायता पहुँचाने में सुविधा होती है।
- **एयरपोर्ट अथॉरिटी ऑफ इण्डिया** भारतीय वायुक्षेत्र में सुरक्षित, सक्षम वायु यातायात एवं वैमानिकी संचार सेवाएँ प्रदान करने के लिए उत्तरदायी हैं।
- **मुक्त आकाश की नीति** (Open Sky Policy) को अप्रैल, 1992 में सरकार द्वारा अपनाया गया। भारतीय निर्यात को सहायता देना तथा उसके निर्यात को विश्व बाजार में अधिक प्रतियोगितापूर्ण बनाना इसका मुख्य उद्देश्य था। इस नीति के तहत वायु परिवहन में निजी क्षेत्र को पुन: वर्ष 1992 में अनुमति दी गई।

वायु मार्गों के प्रकार

कुछ प्रमुख वायुमार्गों के प्रकार निम्नलिखित हैं

- **अन्तर्महाद्वीपीय वायु मार्ग** (Intercontinental airways) इन वायु मार्गों पर सम्पूर्ण ग्लोब पर विमान उड़ान भरते हैं; जैसे–न्यूयॉर्क-लन्दन-पेरिस-रोम- काहिरा-दिल्ली- मुम्बई-कोलकाता-हाँगकाँग-टोक्यो-वायु मार्ग, अमेरिका, यूरोप, अफ्रीका और एशिया महाद्वीपों को जोड़ने वाला सबसे लम्बा वायु मार्ग है।
- **महाद्वीपीय वायु मार्ग** (Continental airways) ऐसे वायु मार्ग एक ही महाद्वीप के विभिन्न देशों को जोड़ते हैं; जैसे—न्यूयॉर्क-शिकागो-मॉण्ट्रियल वायु मार्ग।
- **राष्ट्रीय वायु मार्ग** (National airways) किसी देश के अन्दर के नगरों को जोड़ने वाला वायु मार्ग; जैसे—दिल्ली-कानपुर-पटना-कोलकाता-वायु मार्ग।
- **प्रादेशिक या क्षेत्रीय वायु मार्ग** (Regional airways) उच्च आय वर्ग वाले देशों द्वारा प्रमुख प्रदेशों की छोटी-छोटी यात्राएँ भी वायुयानों द्वारा की जाती हैं।
- **सामरिक वायु परिवहन** (Strategic air transports) युद्धक, मालवाहक एवं टोही विमानों द्वारा वायु सेना की उड़ानें-सामरिक वायु मार्गों पर की जाती हैं।
- **स्थानीय वायु मार्ग** (Local airways) हैलिकॉप्टरों द्वारा स्थानीय हेलीपेड बनाकर आवश्यकतानुसार वायु मार्ग निर्मित किए जाते हैं।

भारत की प्रमुख वायु परिवहन कम्पनी

भारत की प्रमुख वायु परिवहन कम्पनियाँ निम्नलिखित हैं

- **एयर इण्डिया और इण्डियन एयरलाइन्स** वर्ष 1953 में सभी विमान कम्पनियों का **राष्ट्रीयकरण** (Nationalisation) कर दिया गया तथा 'एयर इण्डिया' और 'इण्डियन एयरलाइन्स' अस्तित्व में आए। एयर इण्डिया को अन्तर्राष्ट्रीय उड़ानों का दायित्व सौंपा गया, जबकि इण्डियन एयरलाइन्स को अन्तर्देशीय तथा पड़ोसी देशों की सेवाओं की जिम्मेदारी सौंपी गई। केन्द्र सरकार ने 21 फरवरी, 2007 को दोनों सरकारी वायु सेवाओं के विलय को मंजूरी दे दी। विलय के बाद नई कम्पनी का नाम एयर इण्डिया रखा गया। इन दोनों के विलय के बाद एक बड़ी राष्ट्रीय एयरलाइन बनाने का कार्य (एक से दो वर्षों में) चरणबद्ध तरीके से किया गया।

भारत में प्रमुख अन्तर्राष्ट्रीय हवाई अड्डे

इन्दिरा गाँधी अन्तर्राष्ट्रीय हवाई अड्डा	नई दिल्ली
सरदार वल्लभभाई पटेल अन्तर्राष्ट्रीय हवाई अड्डा	अहमदाबाद, गुजरात
लोकप्रिय गोपीनाथ बारदलोई अन्तर्राष्ट्रीय हवाई अड्डा	गुवाहाटी, असोम
नेताजी सुभाषचन्द्र बोस अन्तर्राष्ट्रीय हवाई अड्डा	कोलकाता, पश्चिम बंगाल
डॉ. भीमराव अम्बेडकर अन्तर्राष्ट्रीय हवाई अड्डा	नागपुर, महाराष्ट्र
छत्रपति शिवाजी अन्तर्राष्ट्रीय हवाई अड्डा, सान्ताक्रुज	मुम्बई, महाराष्ट्र
राजीव गाँधी अन्तर्राष्ट्रीय हवाई अड्डा	हैदराबाद, आन्ध्र प्रदेश
मीनाम्बक्कम अन्तर्राष्ट्रीय हवाई अड्डा (कामराज)	चेन्नई, तमिलनाडु
कोच्चि अन्तर्राष्ट्रीय हवाई अड्डा (नेन्दुबसरी)	कोच्चि, केरल

- **पवनहंस हेलिकॉप्टर सेवा** (Pawanhans helicopter service) भारत की इस अग्रणी हेलीकॉप्टर कम्पनी की स्थापना वर्ष 1985 में की गई थी। यह पर्यटन को बढ़ावा देने के साथ-साथ देश के दुर्गम क्षेत्रों में स्थित पेट्रोलियम उत्पादक क्षेत्रों को जोड़ने के लिए सेवाएँ उपलब्ध कराती है।

4. जल परिवहन

- जल परिवहन भारी तथा अधिक स्थान घेरने वाले एवं कच्चे माल को ढोने के लिए विशेष उपयुक्त होता है। अन्तर्राष्ट्रीय व्यापार में कच्ची धातुएँ, खनिज तेल, कोयला, लकड़ी, रासायनिक पदार्थ, भारी मशीनें, वस्त्र, वाहन, सीमेण्ट आदि का आवागमन जल परिवहन द्वारा ही होता है।
- जलयानों के संचालन में कम ईंधन, कम धन तथा कम व्यक्तियों की आवश्यकता रहती है। जल परिवहन में जल मार्गों को गहरा करने, पोताश्रयों के निर्माण करने, विशाल जलयानों को तैयार करने आदि पर व्यय के कारण आरम्भिक व्यय अधिक करना पड़ता है। *जल परिवहन को दो वर्गों में बाँटा जा सकता है*

(i) आन्तरिक जल परिवहन

आन्तरिक जल परिवहन की दृष्टि से विश्व के महत्त्वपूर्ण क्षेत्र निम्न हैं

उत्तरी अमेरिका के आन्तरिक जलमार्ग

- संयुक्त राज्य अमेरिका तथा कनाडा के मध्य स्थित महान झीलें वर्षभर नाव्य रहती हैं। सुपीरियर, मिशीगन, ह्यूरन, इरी तथा ओण्टारियो झील से होकर सेण्ट लॉरेन्स नदी तक का जलमार्ग उत्तरी अमेरिका का प्रमुख व्यापारिक मार्ग है। संयुक्त राज्य अमेरिका के मैदानी भाग में मिसीसिपी-मिसौरी नदियाँ जल परिवहन के लिए महत्त्वपूर्ण हैं।
- मैक्सिको की खाड़ी के शीर्ष पर मिसीसिपी नदी के मुहाने पर न्यू ऑर्लियन्स बन्दरगाह है। यहाँ से उत्तर की ओर सेण्ट लुईस नगर मिसीसिपी-मिसौरी नदियों के संगम पर स्थित है। इस स्थान से पूर्व की ओर ओहायो नदी द्वारा पीटर्सबर्ग तक तथा मिसीसिपी नदी द्वारा उत्तर की ओर सेण्ट लुईस तक पहुँचा जा सकता है।

यूरोप के आन्तरिक जलमार्ग

- आन्तरिक जल परिवहन की दृष्टि से यूरोप का स्थान सर्वोपरि है। यूरोप की नदियाँ उच्च पर्वतीय भागों से शुरू होकर सघन आबाद समुन्नत मैदानी भागों से होकर उत्तर-पश्चिम में अटलाण्टिक महासागर तथा दक्षिण में भूमध्यसागर में जाकर मिलती हैं। यूरोप में आन्तरिक जल परिवहन की आदर्श दशाएँ पाई जाती हैं।
- राइन नदी विश्व की सर्वाधिक महत्त्वपूर्ण तथा व्यस्ततम नदी है। यह नदी जर्मनी, फ्रांस, स्विट्जरलैण्ड, बैल्जियम तथा नीदरलैण्ड्स के मध्य अन्तर्राष्ट्रीय व्यापार की सुविधा प्रदान करती है।

एशिया के आन्तरिक जलमार्ग

- एशिया में चीन में आन्तरिक जलमार्गों का सर्वाधिक उपयोग हुआ है। यांग्टिसीक्यांग नदी एशिया की व्यस्ततम नदी है। उत्तरी चीन में ह्वांग-हो तथा दक्षिणी चीन में सिक्यांग नदियाँ महत्त्वपूर्ण आन्तरिक जलमार्ग हैं। दक्षिणी पूर्वी एशिया की इरावदी, मीनाम तथा मीकांग नदियाँ नाव्य हैं।
- दक्षिण की ओर बहने वाली वोल्गा, यूराल, डॉन, नीपर, नीस्टर आदि नदियाँ यूरोप, रूस तथा सी आई एस (CIS) देशों में बहकर कैस्पियन, एजोव तथा काला सागर में गिरती हैं। उत्तर की ओर बहने वाली नदियाँ ओब, येनेसी, लीना आदि हैं। ये नदियाँ आन्तरिक जल परिवहन को सुविधा प्रदान करती हैं।

भारत के प्रमुख राष्ट्रीय जलमार्ग

जलमार्ग संख्या	लम्बाई	विस्तार	नदी	आरम्भ वर्ष
राष्ट्रीय जल मार्ग I	1620 किमी	इलाहाबाद से हल्दिया तक	गंगा	1986
राष्ट्रीय जल मार्ग II	891 किमी	सदिया से धुबरी तक	ब्रह्मपुत्र	1988
राष्ट्रीय जल मार्ग III	205 किमी	कोट्टापुरम से कोल्लम तक	चम्पाकारा नहर	1991
राष्ट्रीय जल मार्ग IV	1095 किमी	काकीनाडा से पुदुचेरी नहर	कृष्णा गोदावरी	2008
राष्ट्रीय जल मार्ग V	623 किमी	पूर्वी तट नहर	ब्राह्मणी	2008
राष्ट्रीय जल मार्ग VI	121 किमी	लखीमपुर से भागा	बराक	प्रस्तावित

(ii) अन्य आन्तरिक जलमार्ग

अफ्रीका—कांगो अफ्रीका की सबसे महत्त्वपूर्ण नाव्य नदी है। नील तथा नाइजर डेल्टाई प्रदेशों में नाव्य है। दक्षिणी अमेरिका—अमेजन दक्षिणी अमेरिका की सबसे महत्त्वपूर्ण नाव्य नदी है। मैग्डालीना, पराना, पराग्वे, ला प्लाटा आदि अन्य प्रमुख नाव्य नदियाँ हैं। ऑस्ट्रेलिया—मर्रे-डार्लिंग नदियाँ सीमित भाग तक नाव्य हैं।

महासागरीय जल परिवहन

समुद्री परिवहन स्थल की अपेक्षा आसान और सस्ता होता है, क्योंकि बन्दरगाह और जलयान बनाकर ही माल को लाने, ले जाने का काम पूरा किया जाता है।

संसार के महत्त्वपूर्ण सामुद्रिक परिवहन मार्ग निम्नलिखित हैं

- **उत्तरी अटलाण्टिक जलमार्ग** (Northern Atlantic waterway) यह विश्व का महत्त्वपूर्ण और व्यस्त जलमार्ग है, क्योंकि यह विश्व के विकसित पश्चिमी यूरोप के देशों और यू एस ए (USA) के पूर्वी तटीय भाग को मिलाता है। दोनों ही तटों पर विकसित पत्तनों और पोताश्रयों की सुविधा उपलब्ध है। प्रमुख बन्दरगाह-पोर्टलैण्ड, माण्ट्रियल, क्यूबेक, बाल्टीमोर।
- **दक्षिणी अटलाण्टिक जलमार्ग** (Southern Atlantic waterway) यह मार्ग पश्चिमी यूरोप के विकसित देशों को दक्षिणी अमेरिका के विकासशील देश ब्राजील, अर्जेण्टीना और उरुग्वे से जोड़ता है। यूरोप से आने वाले जहाज मशीनरी और औद्योगिक उत्पाद ले जाते हैं और दक्षिण अमेरिका से कहवा, कच्चा माल और अन्य खाद्य सामग्री ले आते हैं। अफ्रीकी देशों के विकसित नहीं होने से यह मार्ग ज्यादा महत्त्वपूर्ण नहीं है।
- **उत्तरी प्रशान्त जलमार्ग** (Northern Pacific waterway) यह जलमार्ग उत्तरी अमेरिका के बन्दरगाह; जैसे—सिएटल और सैन फ्रांसिस्को के पूर्व में स्थित बन्दरगाहों; जैसे—टोक्यो और याकोहामा से जोड़ता है। प्रशान्त महासागर के इस अत्यधिक लम्बे जलमार्ग पर मध्य में विश्राम स्थलों की कमी से, पोताश्रय और ईंधन न उपलब्ध हो पाने के कारण बहुत कम व्यापार होता है। औद्योगिक उत्पाद, वस्तु, विद्युत उपकरण का व्यापार इन मार्गों से होता है।

- **दक्षिणी प्रशान्त जलमार्ग** (Southern Pacific waterway) इस जलमार्ग द्वारा न्यूजीलैण्ड, ऑस्ट्रेलिया, उत्तरी अमेरिका तथा पनामा नहर से होकर पश्चिम यूरोपीय देशों के मध्य व्यापार होता है। इस मार्ग पर प्रधान केन्द्र होनोलूलू है।
- **भूमध्य सागर तथा हिन्द महासागर जलमार्ग** (Mediterranean Sea and Indian Ocean waterway) पश्चिम यूरोप के औद्योगिक और विकसित देशों को भूमध्य सागर, लाल सागर और हिन्द महासागर से होकर पूर्वी अफ्रीका, दक्षिण-पश्चिम एशिया, दक्षिण-पूर्वी एशिया तथा सुदूर पूर्व के देशों को यह जलमार्ग जोड़ता है। इस जलमार्ग से पश्चिम यूरोप से मशीनरी और औद्योगिक उत्पाद पूर्व की ओर जाते हैं तथा कच्चा माल; जैसे—कपास, चाय, कहवा, रबड़, पेट्रोलियम आदि पश्चिम की ओर भेजे जाते हैं।
- **केप जलमार्ग** (Cape waterway) स्वेज नहर के बनने से पहले यह मार्ग महत्त्वपूर्ण था, जो पश्चिमी यूरोपीय देशों को सुदूर पूर्व में स्थित देशों और ऑस्ट्रेलिया-न्यूजीलैण्ड को जोड़ता था। अभी भी इस मार्ग से पश्चिमी अफ्रीका के देशों, दक्षिण अफ्रीका और ऑस्ट्रेलिया तथा न्यूजीलैण्ड से व्यापार किया जाता है।

भारत में महासागरीय जल परिवहन

- भारत के पास द्वीपों सहित लगभग 7517 किमी लम्बा समुद्र तट है। 13 प्रमुख तथा 185 गौण पत्तन समुद्री परिवहन को संरचनात्मक आधार प्रदान करते हैं। भारत की अर्थव्यवस्था के परिवहन सेक्टर में महासागरीय मार्गों की महत्त्वपूर्ण भूमिका है।
- भारत में भार के अनुसार, लगभग 95% तथा मूल्य के अनुसार 70% विदेशी व्यापार महासागरीय मार्गों द्वारा होता है। अन्तर्राष्ट्रीय व्यापार के साथ-साथ इन मार्गों का उपयोग देश की मुख्य भूमि तथा द्वीपों के मध्य परिवहन के लिए भी होता है।

परिवहन के अन्य साधन

परिवहन के अन्य साधनों का विवरण निम्न है

बन्दरगाह

- बन्दरगाह अपने पृष्ठ प्रदेश के लिए विदेशों से आए माल का प्रवेश-द्वार होता है और अपने पृष्ठ प्रदेश के उत्पादित माल के लिए निकास द्वार का काम करता है।
- पत्तन का मुख्य कार्य समुद्रोन्मुख या स्थलोन्मुख माल को कम समय में सक्षम ढंग से पहुँचाना है। पत्तन की क्षमता का ज्ञान, माल के भार और जलपोतों की संख्या से होता है।

विश्व के प्रमुख बन्दरगाह

विश्व के प्रमुख बन्दरगाह निम्नलिखित हैं

- यूरोप के प्रमुख बन्दरगाह—हैम्बर्ग, रॉटरडम, लन्दन, लिवरपूल, ग्लासगो, मार्सेल्स, बोर्डिक्स, ओस्लो, एमस्टरडम, कोपेनहेगन, जिब्राल्टर, सेण्ट पीटर्सबर्ग, रोम आदि।
- उत्तरी अमेरिका के प्रमुख बन्दरगाह-न्यूयॉर्क, न्यू ऑर्लियन्स, सैन फ्रांसिस्को, लॉस एंजिलिस, बोस्टन, मॉण्ट्रियल, वैंकूवर, क्यूबैक आदि।
- दक्षिणी अमेरिका के प्रमुख बन्दरगाह-ब्यूनस आयर्स, रियो डी जेनेरो, मोण्टेविडियो, वॉल परेसो, एण्टो फागेस्टा, माराकैबो आदि।
- एशिया के प्रमुख बन्दरगाह-टोक्यो, याकोहामा, शंघाई, हाँगकाँग, कैण्टन, सिंगापुर, मुम्बई, कोलकाता, काण्डला, चेन्नई, विशाखापत्तनम, कराची, कोलम्बो आदि।
- अफ्रीका के प्रमुख बन्दरगाह-सिकन्दरिया, त्रिपोली, पोर्ट स्वेज, केपटाउन, मोम्बासा, डरबन आदि।
- ऑस्ट्रेलिया के प्रमुख बन्दरगाह-सिडनी, मेलबोर्न, एडीलेड, पर्थ आदि।

भारत के प्रमुख बन्दरगाह

- देश में कुल 13 बड़े बन्दरगाह हैं। इनमें काण्डला, मुम्बई, जवाहरलाल नेहरू (न्हावाशेवा), मार्मागोवा, न्यू मंगलौर और कोच्चि पश्चिमी तट के सहारे, जबकि पूर्वी तट के सहारे तूतीकोरिन, चेन्नई, एन्नोर, विशाखापत्तनम, पारादीप और कोलकाता-हल्दिया हैं। वर्ष 2010 में पोर्ट ब्लेयर को मुख्य बन्दरगाह के रूप में घोषित किया गया है।

बड़े पत्तनों का विवरण निम्नलिखित है

प्रमुख बन्दरगाह	विवरण
मुम्बई	प्राकृतिक बन्दरगाह, भारत का सबसे बड़ा बन्दरगाह, पेट्रोलियम उत्पादन तथा शुष्क माल का कारोबार प्रमुख रूप से।
काण्डला	गुजरात के कच्छ की खाड़ी में स्थित एक ज्वारीय पत्तन, मुक्त व्यापार क्षेत्र घोषित। आयात पत्तन है।
मार्मागोवा	गोवा में स्थित प्राकृतिक पोताश्रय, लौह-अयस्क का प्रमुख बन्दरगाह।
न्हावाशेवा (जवाहरलाल नेहरू पत्तन)	मुम्बई से दक्षिण सहायक बन्दरगाह के तौर पर निर्मित, नवीनतम आधुनिक सुविधाओं से युक्त भारत का सबसे बड़ा कण्टेनर पत्तन।
कोच्चि	केरल तट के सहारे लैगून पर स्थित एक प्राकृतिक बन्दरगाह।
चेन्नई	कृत्रिम बन्दरगाह, पूर्वी तट पर देश का सबसे पुराना बन्दरगाह।
विशाखापत्तनम	आन्ध्र प्रदेश के तट पर स्थित देश का सबसे गहरा बन्दरगाह।
पारादीप	ओडिशा तट पर स्थित गहरा बन्दरगाह। लैगून सदृश पोताश्रय।
एन्नोर	चेन्नई के उत्तर में स्थित देश का प्रथम निगमित बन्दरगाह।
हल्दिया-कोलकाता	हुगली नदी पर बंगाल की खाड़ी में स्थित एक नदी पत्तन।
तूतीकोरिन	तमिलनाडु में दक्षिणी छोर पर स्थित, मुख्य रूप से कोयले का निर्यात।
पोर्टब्लेयर	देश का नवीनतम अधिसूचित प्रमुख बन्दरगाह।

सेतु समुद्रम परियोजना

- सेतु समुद्रम एक ऐसी महत्त्वाकांक्षी परियोजना का नाम है, जो बंगाल की खाड़ी और अरब सागर के बीच समुद्री मार्ग को सीधी आवाजाही के लिए खोल देगी। इस मार्ग के शुरू होने से जहाजों को करीब 400 समुद्री मीलों की यात्रा कम करनी होगी, जिससे लगभग 30 घण्टे समय की बचत होगी।

इस समय भारत के पश्चिमी तट से चलने वाले जहाजों को श्रीलंका का चक्कर काटकर जाना पड़ता है। यह परियोजना पूरी होने पर वे सीधे ही सेतु समुद्रम नहर से होकर बंगाल की खाड़ी में पहुँच जाया करेंगे।

सागरमाला परियोजना

- इस परियोजना की घोषणा तत्कालीन प्रधानमन्त्री श्री अटल बिहारी वाजपेयी द्वारा वर्ष 2003 में की गई थी। सागरमाला परियोजना को जहाजरानी के क्षेत्र में कार्यान्वित किया जा रहा है, जिसमें सरकार के साथ-साथ निजी क्षेत्र की भी भागीदारी है। इस परियोजना के तहत पश्चिमी तट के प्रमुख बन्दरगाहों का आधुनिकीकरण व क्षमता विस्तार, नए बन्दरगाहों का निर्माण एवं आन्तरिक जल परिवहन तन्त्र का उन्नयन किया जाएगा। इस परियोजना के तहत देश के सभी बन्दरगाहों को आपस में जोड़ना भी इसका प्रमुख उद्देश्य है।

तेल और गैस पाइपलाइन

- तेल और गैस पाइपलाइन वे माध्यम हैं, जिसके द्वारा तेल और गैस बाहुल्य क्षेत्रों से इनका परिवहन उन क्षेत्रों में किया जाता है, जहाँ इनकी कमी होती है। यद्यपि परिवहन की यह प्रक्रिया काफी जटिल होती है, फिर भी पाइपलाइन के माध्यम से गैसों एवं द्रवीय तेलों का परिवहन सुगमता पूर्वक किया जाता है।

कुछ प्रमुख पाइपलाइन

भारत की कुछ प्रमुख पाइपलाइनें निम्न हैं

- **नाहरकटिया नूनमती-बरौनी पाइपलाइन** (Naharkatia Nunmati-Baroni pipeline) तेल परिवहन के लिए भारत में सबसे पहले पाइपलाइन असोम में बनाई गई थी। असोम के तेलकूपों से नूनमती तेल परिष्करणशाला तक 443 किमी पाइपलाइन द्वारा तेल ले जाया जाता है। इस पाइपलाइन का विस्तार करके इसे बिहार में स्थित बरौनी ले जाया गया। नूनमती से बरौनी तक पाइपलाइन की कुल लम्बाई 1152 किमी है। इस प्रकार इस पाइपलाइन को कानपुर तक ले जाया गया है।
- **सलाया-कोयली-मथुरा पाइपलाइन** (Salaya-Koyali-Mathura pipeline) कच्छ की खाड़ी के किनारे पर स्थित एक महत्त्वपूर्ण पाइपलाइन, जो सलाया से मथुरा के मध्य बिछाई गई है। 1256 किमी लम्बी यह पाइपलाइन मुम्बई हाई से प्राप्त तेल को मथुरा तेल शोधनशाला तक ले जाती है। इस पाइपलाइन को कोयली से जोड़कर पंजाब के जालन्धर तक ले जाया गया है।
- **मुम्बई हाई-मुम्बई-अंकलेश्वर कोयली पाइपलाइन** (Mumbai High-Mumbai-Ankleshwar Koyali pipeline) 210 किमी लम्बी यह पाइप लाइन **मुम्बई हाई** को **कोयली** से जोड़ती है और कोयली तेल परिष्करणशाला को मुम्बई हाई का तेल उपलब्ध कराती है।
- **हजीरा-विजयपुर-जगदीशपुर गैस पाइपलाइन** (Hazira-Vijaypur-Jagdishpur Gas pipeline) हजीरा-विजयपुर-जगदीशपुर देश की सबसे लम्बी गैस पाइपलाइन का निर्माण किया गया है। 3474 किमी लम्बी यह पाइपलाइन विश्व की **सबसे लम्बी भूमिगत पाइपलाइन** है। यह छः रासायनिक उर्वरक कारखानों को गैस प्रदान करेगी।
- **काण्डला-भठिण्डा पाइपलाइन** (Kandla-Bhatinda pipeline) 1443 किमी लम्बी यह पाइपलाइन गुजरात में काण्डला से पंजाब में **भठिण्डा** तक विस्तृत होगी। यह अभी प्रस्तावित है, इससे राजस्थान, हरियाणा तथा पंजाब राज्यों को लाभ होगा।
- **जामनगर-लोनी एल पी जी पाइपलाइन** (Jamnagar-Loni LPG Pipeline) 1415 किमी लम्बी इस पाइपलाइन का निर्माण गैस अथॉरिटी ऑफ इण्डिया लिमिटेड (GAIL) ने किया है। यह गुजरात के **जामनगर** को दिल्ली के निकट **लोनी** (उत्तर प्रदेश) के साथ मिलाती है।
- **मुन्द्रा-दिल्ली पाइपलाइन** (Mundra-Delhi pipeline) गुजरात में स्थित **मुन्द्रा** को दिल्ली से मिलाने वाली यह पाइपलाइन 1054 किमी लम्बी है।
- **अन्य पाइपलाइन** (Other pipeline) 8 जुलाई, 2009 को GAIL ने ₹ 7,600 करोड़ की लागत से 2050 किमी लम्बी हल्दिया-जगदीशपुर पाइपलाइन बनाने की योजना बनाई। यह अब तक की सबसे लम्बी तथा खर्चीली पाइपलाइन है। इसके अतिरिक्त 275 किमी लम्बी कानपुर-मुरादाबाद-काशीपुर-रुद्रपुर पाइपलाइन बनाने की भी योजना है।

संचार

- सन्देश, सूचना, विचार एवं समाचार के परिसंचरण को संचार कहते हैं। संचार के प्रत्येक साधन की पृथक् तकनीकी विशेषताएँ एवं प्रादेशिक विस्तार प्रतिरूप होते हैं, जिन्हें संचार तन्त्र (Communication system) कहा जाता है। प्रदेश विशेष के संचार तन्त्रों के जाल को संचार व्यवस्था कहा जाता है।
- सूचना प्रौद्योगिकी (Information Technology) के क्षेत्र में क्रान्तिकारी परिवर्तन हुए हैं। भारत ने अपने आप को विश्व के अग्रणी देशों में शामिल कर लिया है तथा सूचना प्रौद्योगिकी ने संचार प्रणाली को और अधिक सशक्त, सार्थक, विश्वसनीय और द्रुतगामी (Fast) बनाने का कार्य किया है।

संचार साधनों के प्रकार

- ऐतिहासिक विकास की दृष्टि से संचार माध्यमों को परम्परागत संचार साधन एवं आधुनिक संचार साधनों की श्रेणी में रखा जाता है। उपयोग की दृष्टि से इनको वैयक्तिक (Personal) एवं सामूहिक संचार (Mass communication) श्रेणी में विभक्त किया जा सकता है।
- परम्परागत संचार साधनों में डाक-तार सेवा, रेडियो, समाचार-पत्र एवं सन्देशवाहक को सम्मिलित किया जाता है। आधुनिक संचार साधनों में टेलीफोन, फैक्स, ई-मेल आदि शामिल हैं। वैयक्तिक संचार के अन्तर्गत डाक-तार, पत्र, टेलीफोन, ई-मेल आदि शामिल हैं। सामूहिक संचार के अन्तर्गत प्रकाशित माध्यम (Print Media) और इलेक्ट्रॉनिक माध्यम (Electronic media) को सम्मिलित किया जाता है।
- समाचार-पत्र, पत्रिकाएँ, पीरियोडिकल्स आदि प्रिण्ट मीडिया के अन्तर्गत जबकि रेडियो, टेलीविजन, टेलीकम्युनिकेशन, दूरभाष, मोबाइल फोन, ई-मेल, ई-कॉमर्स, टेलीप्रिण्टर्स, केबल आदि संचार साधन इलेक्ट्रॉनिक मीडिया के अन्तर्गत आते हैं।

डाक तार सेवा

- भारत में आधुनिक डाक प्रणाली वर्ष 1837 में प्रारम्भ की गई। वर्ष 1935 में इण्डियन पोस्टल आर्डर, वर्ष 1972 में पिनकोड, वर्ष 1986 में स्पीड पोस्ट सेवा और वर्ष 2004 में ई-पोस्ट सेवा प्रारम्भ की गई। वर्तमान में भारत में विश्व का सबसे बड़ा पोस्टल नेटवर्क है, जिसके कारण यह देश के सामाजिक-आर्थिक विकास में उल्लेखनीय भूमिका अदा कर रहा है।
- महात्मा गाँधी राष्ट्रीय ग्रामीण रोजगार गारण्टी योजना के अन्तर्गत मजदूरी सवितरण डाक नेटवर्क से हो रहा है। डाक विभाग की उपयोगिता को बनाए रखने के लिए डाक प्रौद्योगिकी उत्कृष्टता केन्द्र मैसूर (कर्नाटक) में स्थापित किया गया है।

दूरभाष

- भारत में दूरभाष (Telephone) संचार के क्षेत्र में क्रान्तिकारी परिवर्तन हुए हैं। टेलीफोन सेवा के बड़े बाजार के रूप में उभरने के कारण यहाँ देश-विदेश की कम्पनियाँ निवेश के लिए तत्पर हैं।
- भारत एशिया के विस्तृत दूरभाष नेटवर्क (Telephone network) वाले देशों में एक है। दूरसंचार नियामक प्राधिकरण 'ट्राई' (TRAI) द्वारा जारी आँकड़ों के अनुसार मार्च, 2014 तक देश में कुल टेलीफोन कनेक्शन 93 करोड़ 30 लाख हैं। भारत का टेलीघनत्व लगभग 73.32% है। राष्ट्रीय दूरसंचार नीति, 2012 में वर्ष 2020 तक टेलीघनत्व को 100% करना है।

भारत के प्रमुख दूरसंचार उपक्रम निम्न हैं

- **भारत संचार निगम लिमिटेड** (BSNL) बीएसएनएल का गठन 1 अक्टूबर, 2000 को दूरसंचार सेवा विभाग के निगमीकरण से किया।
- **महानगर टेलीफोन निगम लिमिटेड** (MTNL) 1 अप्रैल, 1986 को स्थापित एमटीएनएल दिल्ली और मुम्बई में दूरसंचार सेवाओं का प्रबन्धन, नियन्त्रण और संचालन करती है।
- **विदेश संचार निगम लिमिटेड** (VSNL) वीएसएनएल को अन्तर्राष्ट्रीय दूरसंचार सेवा का दायित्व प्राप्त है। निगम प्राथमिक सेवाओं के अतिरिक्त टीवी प्रसार/रिसेप्शन, उच्च गति की डिजिटल लीज्ड लाइन, गेट-वे पैकेट स्विचिंग, ई-मेल, इलेक्ट्रॉनिक डेटा इण्टरचेन्ज, फ्रेम रिले, वीडियो कॉन्फ्रेसिंग आदि सेवाएँ भी उपलब्ध कराता है।
- **भारतीय टेलीफोन उद्योग लिमिटेड** (ITL) इस उपक्रम की स्थापना बंगलौर में वर्ष 1948 में की गई थी। यह कम्पनी हर प्रकार के दूरसंचार उपकरण बनाती है, जिनको रक्षा, रेलवे, ऊर्जा, तेल आदि क्षेत्रों में विश्वसनीयता हासिल है।
- **टेलीकम्युनिकेशन्स कन्सलटेन्ट्स इण्डिया लिमिटेड** (TCIL) टीसीआईएल की स्थापना वर्ष 1978 में हुई, जोकि आज एक बहुआयामी दूरसंचार संस्थान बन चुका है। टीसीआईएल द्वारा दूरसंचार सम्बन्धित सेवाएँ—स्विचिंग प्रणालियाँ, ट्रांसमिशन प्रणालियाँ, नेटवर्क परियोजनाएँ, ग्रामीण दूरसंचार, सेल्यूलर सेवाएँ, ऑप्टीकल फाइबर आधारित नेटवर्क आदि सेवाएँ प्रदान की जाती हैं।

रेडियो

- भारत में रेडियो का प्रसारण वर्ष 1923 में रेडियो क्लब ऑफ बॉम्बे द्वारा प्रारम्भ किया गया। दूरभाष के विपरीत रेडियो बेतार संचार का एक महत्त्वपूर्ण साधन है।
- वर्ष 1947 में भारत में केवल 9 रेडियो ब्रॉडकास्टिंग केन्द्र थे, जिनमें से तीन पाकिस्तान के हिस्से में चले गए। वर्ष 1957 में ऑल इण्डिया रेडियो का नाम बदल कर आकाशवाणी कर दिया गया।
- **लघु तरंग पारेषण** (Short wave transmitters) द्वारा अमेरिका महाद्वीप के अतिरिक्त सभी देशों में ऑल इण्डिया रेडियो का विदेशी प्रसारण सुना जा सकता है। विदेशी प्रसारण के अन्तर्गत पड़ोसी देशों, दक्षिण-पूर्व, मध्य अफ्रीकी देशों, यूरोप और ऑस्ट्रेलिया को प्राथमिकता प्रदान की जाती है।
- 1990 के दशक के अन्तिम वर्ष में भारत में रेडियो उद्योग का निजीकरण किया गया, लेकिन इसके विकास का असली युग तब आया, जब निजी रेडियो के लाइसेन्स देने का दूसरा चरण प्रारम्भ हुआ। निजीकरण के तीसरे दौर के पश्चात् 294 शहरों में 839 नए FM रेडियो स्टेशन कार्यरत् हैं।

टेलीविजन

- भारत में टेलीविजन सेवाएँ वर्ष 1959 में प्रारम्भ की गई हैं। वर्ष 1976 के पूर्व टेलीविजन ऑल इण्डिया रेडियो के अन्तर्गत आते थे, जिसे इस वर्ष दूरदर्शन के रूप में अलग पहचान मिली। आज यह विश्व के सबसे बड़े नेटवर्क में से एक है।
- मुक्त आकाश नीति के अन्तर्गत देश में कई निजी क्षेत्रीय टेलीविजन कम्पनियों ने भी साथ-साथ काम करना प्रारम्भ किया। डिजिटल टेलीविजन के आगमन से दर्शकों के सामने बहुचैनल विकल्प हो गया है। डिजिटल उपग्रह प्रसारण शुरू होने से देश में प्रसारित होने वाले चैनलों की संख्या में अप्रत्याशित वृद्धि हुई है।

उपग्रह संचार

- आर्थिक एवं सामरिक कारणों से उपग्रह संचार का व्यापक महत्त्व है। मौसम सम्बन्धी पूर्वानुमान, दूरसंचार, प्राकृतिक संसाधनों के प्रबन्धन आदि के लिए बहुउद्देशीय रूप में उपग्रह संचार का उपयोग किया जाता है। भारत की उपग्रह प्रणाली को उद्देश्यों के आधार पर दो भागों में वर्गीकृत किया जा सकता है— इनसैट (INSAT) तथा आईआरएस (IRS)।
- इनसैट (Indian National Satellite System) प्रणाली का प्रयोग संचार, दूरदर्शन प्रसारण व मौसम सम्बन्धी जानकारी प्राप्त करने के लिए किया जाता है और ये भू-स्थैतिक (Geo-Stationary) उपग्रह होते हैं।
- आईआरएस (Indian Remote Sensing, IRS) प्रणाली का प्रयोग संसाधनों के निरीक्षण व प्रबन्धन हेतु किया जाता है और ये भू-सर्वेक्षण (Earth observation) उपग्रह होते हैं।

इंटरनेट

- इंटरनेट आधुनिक और उच्च तकनीकी विज्ञान का आविष्कार है। ये किसी के भी द्वारा दुनिया के किसी भी कोने से जानकारी प्राप्त करने की आश्चर्यजनक सुविधा उपलब्ध कराता है। इसके माध्यम से हम लोग आसानी से किसी एक जगह रखे कम्प्यूटरों को किसी भी एक या अधिक कम्प्यूटर से जोड़कर जानकारी का आदान-प्रदान कर सकते हैं।
- इंटरनेट को दूसरे शब्दों में कहें तो सूचनाओं के आदान-प्रदान करने के लिए TCP/IP protocol के माध्यम से दो कम्प्यूटरों के बीच स्थापित सम्बन्ध है।

व्यापार

- व्यापार का अर्थ है, क्रय और विक्रय। दूसरे शब्दों में एक व्यक्ति (या संख्या) से दूसरे व्यक्ति (या संख्या) को सामानों का स्वामित्व अन्तरण ही व्यापार कहलाता है। स्वामित्व का अन्तरण सामान, सेवा या मुद्रा के बदले किया जाता है। जिस नेटवर्क में व्यापार किया जाता है, उसे 'बाजार' कहते हैं।

अन्तर्राष्ट्रीय व्यापार के आधार और घटक

- दो राष्ट्रों के मध्य वस्तुओं एवं सेवाओं के आदान-प्रदान को अन्तर्राष्ट्रीय व्यापार (International Trade) कहते हैं। व्यापार का उद्देश्य स्थानीय आवश्यकताओं की पूर्ति करना तथा लाभ कमाना होता है। किसी वस्तु का अन्तर्राष्ट्रीय व्यापार होने का आधार केवल इतना ही नहीं है कि उसकी उत्पादन लागत न्यूनतम है।
- एक देश ही आवश्यक रूप से उन सब वस्तुओं का उत्पादन नहीं कर सकता, जिन्हें वह अन्य देशों की तुलना में सस्ते में पैदा कर सकता है, वरन् उन वस्तुओं का उत्पादन करता है, जिन्हें वह अधिकतम सापेक्षिक लाभ पर पैदा कर सकता है।

विदेशी व्यापार के घटक

विदेशी व्यापार के प्रमुख दो घटक होते हैं

1. **निर्यात** जब हम वस्तुओं को विदेशों में लाभ के ध्येय से भेजते हैं, तो इसे निर्यात (Export) कहा जाता है।
2. **आयात** जब हम आवश्यक वस्तुओं को विदेशों से मँगाते हैं, तो यह आयात (Import) कहलाता है।

विदेशी व्यापार के प्रकार

इस व्यापार (आयात-निर्यात) को दो भागों में विभाजित किया जा सकता है

1. **दृश्य व्यापार** (Visible Trade) में वस्तुओं या जिन्सों का व्यापार किया जाता है, जिन्हें हम स्पर्श कर सकते हैं तथा देख सकते हैं।
2. **अदृश्य व्यापार** (Invisible Trade) में सेवाओं का व्यापार होता है। सेवाओं का आधार ज्ञान और कुशलता होती है, जो प्रत्यक्षतः दृष्टव्य नहीं होती।

भारत के विदेशी व्यापार का बदलता प्रारूप

- स्वतन्त्रता के बाद से लेकर वर्ष 1980 तक भारत के विदेशी व्यापार की भागीदारी में लगातार कमी दर्ज की गई। वर्ष 1950 में विश्व व्यापार में भारत की भागीदारी जहाँ 1.75% थी, वहीं वर्ष 1980 में घटकर यह 0.59% ही रह गई। वर्ष 2001 तक इस स्थिति में मामूली सुधार हुआ और इस वर्ष विश्व व्यापार में भारत की भागीदारी बढ़कर 0.80% हो गई। इसके बाद से विश्व व्यापार में भारत की भागीदारी में लगातार वृद्धि हुई है।
- विश्व व्यापार संगठन (World Trade Organisation, WTO) ने अप्रैल, 2015 तक विश्व व्यापार में भारत की भागीदारी बढ़कर 2% तक होने की बात की है। वर्ष 2016 के WTO के रिपोर्ट में IMF ने माना है कि भारत की भागीदारी 3.4% हो जाएगी।
- वर्ष 2014 में भारत आयात के मामले में 12वें स्थान पर तथा निर्यात के मामले में 19वें स्थान पर पहुँच गया। स्वतन्त्रता से लेकर अब तक भारत के आयात और निर्यात की मदों में काफी परिवर्तन देखने को मिला है। भारत के द्वारा पहले कच्चे माल का निर्यात और तैयार माल का आयात किया जाता था, लेकिन इस स्थिति में अब काफी परिवर्तन आया है।

भारतीय निर्यात

- ग्लोबल बाजार में मन्दी के चलते देश के निर्यात (Export) में गिरावट अगस्त, 2015 तक जारी रही।
- निर्यात में आखिरी बार वृद्धि नवम्बर, 2014 में हुई थी। वर्ष 2014-15 (अप्रैल-जनवरी) में निर्यात वृद्धि कुछ हद तक सामान्य (2.4%) (पिछले वर्ष की इसी अवधि में 258.7 बिलियन अमेरिकी डॉलर की तुलना में 265.0 बिलियन अमेरिकी डॉलर) रही।

निर्यात की प्रमुख मदें

- पूर्व वर्षों में विनिर्मित मालों के निर्यात का बड़ा हिस्सा 63% से अधिक है। इसके बाद अशोधित और पेट्रोलियम उत्पादों (कोयला सहित) का निर्यात में हिस्सा 20% है तथा कृषि और सम्बद्ध उत्पादों का हिस्सा 13.7% है।

भारतीय आयात

- वर्ष 2010-11 में भारत के व्यापारिक माल आयात (Import) में 28.2% की वृद्धि हुई और सोना, चाँदी, पेट्रोलियम समूह (Petroleum oil and lubricant) और पी ओ एल-भिन्न तथा सोने और चाँदी-भिन्न आयात में मोटे तौर पर हुई वृद्धि के आधार के चलते पूरे वर्ष (2011-12 के दौरान) उच्च विकास दर जारी रही।

आयात की प्रमुख मदें

- भारतीय आयात समूह की एक प्रधान मद पी ओ एल समूह अर्थात् सोना, चाँदी और पेट्रोलियम है, जो वर्ष 2013-14 में कुल भारतीय आयात का 36.6% है। पी ओ एल के आयात में वर्ष 2011-12 में 46.2% की वृद्धि के साथ उछाल आया, जिसका मुख्य कारण वर्ष 2010-11 की तुलना में वैश्विक अशोधित तेल की कीमत में उल्लेखनीय वृद्धि रही।

व्यापार सन्तुलन

- व्यापार सन्तुलन किसी देश के एक निश्चित समय में कुल आयात तथा निर्यात के बीच अन्तर को कहते हैं। यह किसी देश के भुगतान सन्तुलन का सबसे महत्त्वपूर्ण घटक है। अगर किसी देश का निर्यात मूल्य, आयात मूल्य से अधिक है तो इसे सकारात्मक व्यापार सन्तुलन कहा जाता है, इसके विपरीत अगर निर्यात मूल्य से आयात मूल्य अधिक हो तो इसे नकारात्मक व्यापार सन्तुलन कहा जाता है।

प्रमुख व्यापार संगठन

- वैश्विक स्तर पर कुछ ऐसे संगठन हैं, जो नीति-निर्णयन के माध्यम से दो या दो से अधिक देशों के बीच व्यापार के लिए सकारात्मक वातावरण का निर्माण करते हैं। इनका उद्देश्य वैश्विक व्यापार को भू-मण्डलीकृत कर एक साझा मंच प्रदान करना है।

कुछ प्रमुख संगठनों का विवरण नीचे दिया जा रहा है

अन्तर्राष्ट्रीय मुद्रा कोष

- अन्तर्राष्ट्रीय मुद्रा कोष (International Monetary Fund, IMF) की स्थापना जुलाई, 1944 में ब्रेटन वुड्स, न्यू हैम्पशायर संयुक्त राष्ट्र संघ में आयोजित 44 राष्ट्रों के सम्मेलन में हुए समझौते के अनुसार अन्तर्राष्ट्रीय पुनर्निर्माण तथा विश्व विकास बैंक (IBRD) के साथ की गई थी।
- अन्तर्राष्ट्रीय मुद्रा कोष के समझौते का प्रलेख 27 दिसम्बर, 1945 को लागू हुआ। वर्तमान में इसकी सदस्य संख्या 188 है।

अन्तर्राष्ट्रीय मुद्रा कोष के उद्देश्य

अन्तर्राष्ट्रीय मुद्रा कोष की स्थापना के निम्नलिखित उद्देश्य हैं

- अन्तर्राष्ट्रीय मौद्रिक सहयोग को बढ़ावा देना। अन्तर्राष्ट्रीय व्यापार के विस्तार और सन्तुलित वृद्धि को आसान बनाना।
- मुद्रा स्थायित्व को बढ़ावा देना। भुगतान की बहुपक्षीय प्रणाली की स्थापना में सहायता देना। पर्याप्त सुरक्षा के तहत सदस्यों के भुगतान सन्तुलन की कठिनाइयों को दूर करना।
- अन्तर्राष्ट्रीय मुद्रा कोष को उसके कार्य की दिशा पर सलाह अन्तर्राष्ट्रीय मौद्रिक एवं वित्तीय समिति (International Monetary and Financial Committee, IMFC) देती है। आईएमएफसी विश्व अर्थव्यवस्था से सरोकार रखने वाले विषयों पर चर्चा करती है। इसकी बैठकों में विश्व बैंक प्रेक्षक की भाँति भाग लेता है।

व्यापार एवं प्रशुल्क विषयक सामान्य समझौता

- वर्ष 1947 में भारत सहित 53 राष्ट्रों का सम्मेलन हवाना (क्यूबा) में आयोजित किया गया। इसमें भारत सहित 23 देशों ने व्यापार प्रतिबन्धों तथा टैरिफ में कमी लाने के उद्देश्य से एक समझौते पर हस्ताक्षर किए। इसी समझौते को बाद में व्यापार एवं प्रशुल्क विषयक सामान्य समझौता (General Agreement on Tariff and Trade, GATT) नाम दिया गया।
- वर्ष 1948 में जेनेवा सम्मेलन से गैट का प्रारम्भ माना जाता है। गैट की स्थापना के साथ ही वर्ष 1986-93 तक यह आठ दौर से गुजरा। गैट के आठवें दौर की बातचीत दिसम्बर, 1986 में उरुग्वे में आयोजित की गई। इस दौर में सदस्यों द्वारा परम्परागत मुद्दों के अलावा कुछ गैर-परम्परागत मुद्दे उठाए गए। ये मुद्दे थे—व्यापार सम्बन्धी बौद्धिक सम्पदा अधिकार (Trade Related Aspects of Intellectual Property Rights, TRIPS), व्यापार सम्बन्धी निवेश, व्यापार सम्बन्धी सेवाएँ आदि।
- इन मुद्दों को लेकर विकासशील देशों एवं विकसित देशों के बीच काफी मत भिन्नता थी। यही कारण है कि वर्ष 1986 से 1990 के बीच उरुग्वे दौर की वार्ता किसी नतीजे तक पहुँचने में नाकाम रही। समझौते को जीवित रखने के उद्देश्य से गैट के महानिदेशक ऑर्थर डंकल को एक सर्वमान्य प्रस्ताव तैयार करने को कहा गया। डंकल द्वारा आम सहमति बनाने के उद्देश्य से जो मसौदा तैयार किया गया, उसे ही डंकल ड्राफ्ट के नाम से जाना जाता है।
- इस पर व्यापक चर्चा के बाद 15 सितम्बर, 1993 को 117 देशों के प्रतिनिधियों ने ड्राफ्ट के संशोधित रूप पर हस्ताक्षर कर दिए। डंकल ड्राफ्ट में सेवा व्यापार को इसके दायरे से बाहर रखा गया। 12-15 अप्रैल, 1994 में मराकेश (मोरक्को) में आयोजित मन्त्रि स्तरीय बैठक में भारत सहित 110 देशों ने इसके अन्तिम प्रारूप पर हस्ताक्षर किए। इसके साथ ही भारत सहित 104 देशों ने विश्व व्यापार संगठन (World Trade Organisation, WTO) के निर्माण सम्बन्धी समझौते पर भी हस्ताक्षर किए।

विश्व व्यापार संगठन

- 31 दिसम्बर, 1994 को गैट की समाप्ति के साथ ही 1 जनवरी, 1995 से WTO अस्तित्व में आया। इसका मुख्यालय जेनेवा में है। इसके सदस्यों की संख्या 164 है। अफगानिस्तान इस संगठन का नवीनतम सदस्य है, जिसने दिसम्बर, 2015 में सदस्यता ग्रहण की।
- WTO का सदस्य बनने के बाद आपसी व्यापार में कोई देश एक-दूसरे से भेदभाव नहीं कर सकता है। यह सदस्यों के मध्य सर्वाधिक वरीयता प्राप्त राष्ट्र की अवधारणा पर आधारित है। WTO के अन्तर्गत किए गए समझौते वस्तु, सेवा एवं बौद्धिक सम्पदा से सम्बन्धित हैं।

विश्व व्यापार संगठन के कार्य

विश्व व्यापार संगठन के निम्न कार्य हैं

- यह समझौते और बहुपक्षीय व्यापार समझौतों के कार्यान्वयन, प्रबन्धन और संचालन को सरल बनाता है। यह सदस्यों के लिए मन्त्रिस्तरीय कॉन्फ्रेंस द्वारा स्वीकृत समझौतों सम्बन्धी, बहुपक्षीय व्यापार सम्बन्धी वार्ताओं तथा इनके द्वारा किए गए निर्णयों के कार्यान्वयन के लिए एक मंच प्रस्तुत करता है।
- यह नागर विमानन, सरकारी खरीदारी, दुग्धोत्पादन व्यापार और गोमांस सम्बन्धी बहुपक्षीय व्यापार समझौतों के कार्यान्वयन, प्रशासन और परिचालन के लिए उचित ढाँचे का प्रबन्ध करता है।

विश्व व्यापार संगठन और भारत

- भारत विश्व व्यापार संगठन का संस्थापक सदस्य है।
- भारत अपनी इच्छानुसार विश्व व्यापार संगठन से कभी भी हट सकता है।
- विश्व व्यापार संगठन की सदस्यता से भारत के कई स्वतन्त्र आर्थिक निर्णय प्रभावित हुए हैं।
- विश्व व्यापार संगठन के अन्तर्गत पेटेण्ट कानून से भारत में कई दवाइयाँ एवं बीज महँगे हुए हैं।
- विश्व व्यापार संगठन की सदस्यता के कारण भारत को अलग से द्विपक्षीय व्यापारिक समझौता करने से मुक्ति मिली है।
- विश्व व्यापार संगठन की सदस्यता से भारत के विदेशी निवेश में वृद्धि हुई है।
- विश्व व्यापार संगठन की सदस्यता से भारत के विदेशी वस्तु व्यापार, सेवा व्यापार तथा कृषि व्यापार में वृद्धि हुई है।

22. भारत के रेल मन्त्रालय की बुलेट ट्रेन चलाने की योजना है, इनके मध्य
(a) मुम्बई – अहमदाबाद (b) मुम्बई – हैदराबाद
(c) मुम्बई – दिल्ली (d) मुम्बई – पुणे

23. भारत के सबसे दक्षिण में रेलवे स्टेशन है
(a) कोरण्डम (b) कन्याकुमारी
(c) अर्नाकुलम (d) चेन्नई

24. निम्न में से किस बन्दरगाह को भारत का प्रवेश द्वार कहा जाता है?
(a) मुम्बई (b) कोलकाता
(c) कोच्चि (d) काण्डला

25. निम्नांकित में से कौन-सा कथन असत्य है?
(a) लम्बाई की दृष्टि से सबसे छोटा रेल क्षेत्र उत्तर-पूर्वी सीमान्त है
(b) सर्वाधिक राज्यों में फैला रेलवे क्षेत्र उत्तरी क्षेत्र है
(c) सबसे कम राज्यों में फैला रेलवे क्षेत्र उत्तर-पूर्वी है
(d) मध्य प्रदेश एवं उत्तर प्रदेश राज्य 6 रेलवे क्षेत्र के अन्तर्गत आते हैं

26. निम्नलिखित में से कौन-सी एक नौगम्य नदी नहीं है?
(a) नर्मदा (b) ब्रह्मपुत्र
(c) गोदावरी (d) चिनाब

27. निम्न भारतीय राज्यों का उनके प्रति 100 वर्ग किमी क्षेत्र में उनकी भूतल मार्गों की लम्बाई के अवरोही क्रम में सही अनुक्रम क्या है?
I. हरियाणा II. महाराष्ट्र
III. पंजाब IV. तमिलनाडु
कूट
(a) IV, III, II और I (b) IV, III, I और II
(c) III, IV, I और II (d) III, IV, II और I

28. निम्न में से भारत का कौन-सा सबसे बड़ा कन्टेनर बन्दरगाह है?
(a) जवाहरलाल नेहरू पोर्ट (b) कोच्चि
(c) मुम्बई (d) विशाखापत्तनम

29. निम्न कथनों पर विचार कीजिए
I. भारत में 13 बड़े बन्दरगाह हैं।
II. भारत में 200 छोटे बन्दरगाह हैं।
उपरोक्त में सही कथन है/हैं
(a) केवल I (b) केवल II
(c) I और II दोनों (d) इनमें से कोई नहीं

30. भारत की प्रथम अन्तर्राष्ट्रीय वायु सेवा प्रारम्भ की गई थी
(a) कराची एवं मुम्बई के बीच
(b) कराची एवं कोलकाता के बीच
(c) कराची एवं दिल्ली के बीच
(d) कराची एवं चेन्नई के बीच

31. भारत में बन्दरगाह, प्रमुख और अप्रमुख बन्दरगाहों के रूप में वर्गीकृत किए गए हैं। निम्नलिखित में से कौन-सा एक अप्रमुख बन्दरगाह है?
(a) कोच्चि (कोचीन) (b) दाहेज
(c) पारादीप (d) न्यू मंगलौर

32. सेतुसमुद्रम परियोजना, जिन्हें जोड़ती है, वे हैं
(a) पाक खाड़ी और पाक जलसन्धि
(b) पाक खाड़ी और बंगाल की खाड़ी
(c) कुमारी अन्तरीप और मन्नार की खाड़ी
(d) मन्नार की खाड़ी और पाक खाड़ी

33. दक्षिणी गोलार्द्ध के किस देश में सड़कों का जाल अधिक विस्तृत है?
(a) ब्राजील (b) अर्जेण्टीना
(c) न्यूजीलैण्ड (d) चिली

34. पर्थ से लन्दन तक का लघुतम वायुमार्ग है
(a) पर्थ, बम्बई, रोम, लन्दन (b) पर्थ अंकारा, पेरिस, लन्दन
(c) पर्थ, अदन, पेरिस, लन्दन (d) पर्थ, मोम्बासा, रोम, लन्दन

35. कैनेडियन पैसिफिक रेलवे किन दो स्टेशनों के बीच चलती है?
(a) एडमोण्टन एवं हैलिफैक्स (b) मॉण्ट्रियल एवं बैंकूवर
(c) ओटावा एवं प्रिंस रुपर्ट (d) हैलिफैक्स एवं वैंकुवर

36. निम्न में से कौन-सी विश्व की सबसे व्यस्त व्यापारिक नदी है?
(a) वोल्गा (b) यांग-टिसी-क्यांग
(c) मिसौरी-मिसीसिपी (d) राइन

37. विश्व में सबसे व्यस्त और महत्त्वपूर्ण अन्तः स्थलीय मार्ग कौन-सा है?
(a) भारत में गंगा नदी मार्ग
(b) उत्तरी अमेरिका का महान् झील मार्ग
(c) यूरोप का राइन नदी मार्ग
(d) भारत में ब्रह्मपुत्र नदी मार्ग

38. निम्नलिखित में से कौन-सा अब विश्व का दूसरा सबसे बड़ा पत्तन है?
(a) केपटाउन (b) न्यूयॉर्क
(c) शंघाई (d) टोक्यो

39. सुमेलित कीजिए

सूची I	सूची II
A. राष्ट्रीय जलमार्ग-1	1. सदिया से धुबरी
B. राष्ट्रीय जलमार्ग-2	2. कोल्लम से कोट्टापुरम
C. राष्ट्रीय जलमार्ग-3	3. काकीनाडा से मरक्कानम
D. राष्ट्रीय जलमार्ग-4	4. इलाहाबाद से हल्दिया

कूट

	A	B	C	D		A	B	C	D
(a)	4	1	3	2	(b)	4	1	2	3
(c)	1	4	2	3	(d)	1	4	3	2

40. रेल परिवहन के विकास हेतु अनुकूल कारक हैं
I. समतल मैदान भाग
II. उच्च जनसंख्या घनत्व
III. नगरीय केन्द्रों की अधिकता
IV. कृषि खनन और उद्योग की उन्नत दशा
कूट
(a) II और IV (b) I, II और III (c) केवल I (d) ये सभी

41. एन्टीपोर्ट व्यापार से तात्पर्य है
(a) निर्यात व्यापार
(b) आयात व्यापार
(c) तटीय व्यापार
(d) निर्यात के लिए आयात की गई वस्तुएँ

42. निम्नांकित में संसार का सर्वाधिक व्यस्त महासागरीय मार्ग कौन-सा है?
(a) हिन्द महासागर (b) उत्तरी अटलाण्टिक महासागर
(c) दक्षिणी अटलाण्टिक महासागर (d) प्रशान्त महासागर

43. विश्व का सबसे बड़ा पोत विखण्डन यार्ड स्थित है
(a) गुजरात (b) महाराष्ट्र
(c) ओडिशा (d) तमिलनाडु

44. निम्नलिखित में से कौन संसार की सबसे बड़ी पोतवाहक नहर है?
(a) कोल नहर (b) पनामा नहर
(c) सूनहर (d) स्वेज नहर

45. अफ्रीकन देश जाम्बिया में ताँबे के विपुल भण्डार हैं, फिर भी इस देश की आर्थिक प्रगति नहीं हो सकी, क्योंकि यहाँ
(a) घने जंगल हैं (b) यातायात साधनों की कमी है
(c) समुद्री बन्दरगाह नहीं हैं (d) कम जनसंख्या है

46. विश्व में सर्वाधिक व्यस्त पत्तन की उपाधि मिली है
(a) लन्दन (b) न्यूयॉर्क
(c) सिंगापुर (d) टोक्यो

47. दक्षिण एशिया का सबसे बड़ा माल भारक बन्दरगाह है
(a) कोलम्बो (b) कराची
(c) कोलकाता (d) मुम्बई

48. निम्नलिखित में कौन-सा पत्तन नगर नहीं है?
(a) टोक्यो (b) कैनबरा
(c) न्यूयॉर्क (d) लन्दन

49. निम्नलिखित में से कौन-सा एक बन्दरगाह विश्व के कॉफी बन्दरगाह (Coffee Port) के रूप में जाना जाता है?
(a) साओपॉलो (b) सेन्टोस
(c) रियो द जेनरो (d) ब्यूनस आयर्स

50. भारत में निम्न में से कहाँ सबसे बड़ा पोत प्रांगण है?
(a) कोलकाता (b) विशाखापत्तनम
(c) मुम्बई (d) कोच्चि

51. सार्वजनिक सीमित कम्पनी के स्वामित्व वाला भारत का सर्वप्रथम विमान पत्तन निम्नलिखित में से कौन-सा है?
(a) डबोलिम विमानपत्तन गोवा (b) कोचीन विमानपत्तन
(c) हैदराबाद विमानपत्तन (d) बंगलुरु विमानपत्तन

52. सुमेलित कीजिए

सूची I	सूची II
A. ऑस्ट्रेलिया महाद्वीप का सबसे लम्बा महामार्ग	1. पैन अमेरिकन महामार्ग
B. विश्व की सबसे लम्बी परियोजना	2. स्टुअर्ट महामार्ग
C. भूमध्य सागर के तट पर स्थित	3. इर्कुटस्टक महामार्ग
D. साइबेरिया क्षेत्र में स्थित महामार्ग	4. अल्जियर्स-कोनाकी महामार्ग

कूट

	A	B	C	D		A	B	C	D
(a)	1	2	3	4	(b)	2	1	4	3
(c)	4	3	2	1	(d)	2	1	3	4

53. पारादीप बन्दरगाह कहाँ स्थित है?
(a) केरल (b) कर्नाटक
(c) पश्चिम बंगाल (d) ओडिशा

54. निम्नलिखित में से कौन-सा बन्दरगाह भारत के पूर्वी तट का नहीं है?
(a) चेन्नई (b) काण्डला
(c) तूतीकोरिन (d) पारादीप

55. भारत के निम्नलिखित बन्दरगाहों में कौन-सा एक खुला सागरीय बन्दरगाह है?
(a) हल्दिया (b) मुम्बई
(c) चेन्नई (d) विशाखापत्तनम

56. निम्न कथनों पर विचार कीजिए
I. वर्ष 2011 में पोर्ट ब्लेयर को भारत का 13वाँ मुख्य बन्दरगाह घोषित किया गया है।
II. भारत में वर्तमान में लगभग 34 लाख किमी लम्बा सड़क मार्ग है।
III. राष्ट्रीय राजमार्ग संख्या 8 जयपुर से होकर गुजरता है।
IV. राष्ट्रीय राजमार्ग संख्या 10 पाकिस्तान की सीमा के पास से होकर गुजरता है।
उपरोक्त कथनों में से कौन-सा/से सही कथन है/हैं?
(a) I और III (b) II, III और IV (c) I, II और III (d) ये सभी

57. निम्न कथनों पर विचार कीजिए
I. कोचीन शिपयार्ड जापान की सहायता से निर्मित भारत का सबसे बड़ा पोत प्रांगण है।
II. दाहेज बन्दरगाह भारत का ऐसा पहला बन्दरगाह है, जो रसायनों के निपटान हेतु स्थापित किया गया है।
उपरोक्त कथनों में से कौन-सा/से सही कथन है/हैं?
(a) केवल I (b) केवल II
(c) I और II दोनों (d) इनमें से कोई नहीं

58. निम्नलिखित में से कौन-सा कथन असत्य है?
(a) मध्य प्रदेश एवं उत्तर प्रदेश राज्य छः रेलवे क्षेत्र के अन्तर्गत आते हैं
(b) लम्बाई की दृष्टि से सबसे छोटा रेल क्षेत्र उत्तर-पूर्वी सीमान्त है
(c) सबसे कम राज्यों में फैला रेलवे क्षेत्र उत्तर-पूर्वी है
(d) सर्वाधिक राज्यों में फैला रेलवे क्षेत्र उत्तरी क्षेत्र है

59. निम्न कथनों पर विचार कीजिए
I. भारत में रेलवे के 17 मुख्यालय हैं।
II. वर्ष 2011 में कोलकाता मेट्रो को नया मुख्यालय घोषित किया गया है।
III. उत्तर मध्य रेलवे का मुख्यालय इलाहाबाद में है।
IV. भारत में सबसे अधिक मुख्यालय शहर मुम्बई में है।
उपरोक्त कथनों में से कौन-सा/से सही कथन है/हैं?
(a) I और II (b) II, III और IV (c) I, II और III (d) ये सभी

60. निम्नलिखित में से कौन-सा एक, भारतीय पत्तनों का उत्तर से दक्षिण की ओर सही अनुक्रम है?
(a) हल्दिया–काण्डला–पारादीप–कोच्चि
(b) काण्डला–हल्दिया–पारादीप–कोच्चि
(c) काण्डला–हल्दिया–कोच्चि–पारादीप
(d) कोच्चि–काण्डला–हल्दिया–पारादीप

61. कोंकण रेलमार्ग के सम्बन्ध में निम्न कथनों पर विचार कीजिए
I. यह महाराष्ट्र, गोवा, कर्नाटक तथा केरल राज्यों से गुजरता है।
II. विश्व बैंक ने इसके लिए आर्थिक सहायता दी है।
III. यह अरब सागर के सम्मुख पश्चिमी तट के अत्यन्त ही उबड़-खाबड़ एवं पहाड़ी क्षेत्र से गुजरता है।
IV. इसकी कुल लम्बाई 760 किमी है।
उपरोक्त कथनों में से कौन-सा/से सही कथन है/हैं?
(a) I और II (b) II और III (c) I और IV (d) II, III और IV

62. निम्न कथनों पर विचार कीजिए

I. काण्डला खम्भात की खाड़ी में अवस्थित पत्तन है।
II. मुम्बई प्राकृतिक गोदी वाला पत्तन है।
III. कोलकाता हुगली नदी पर अन्तर्देशीय पत्तन है।
IV. चेन्नई की गोदी कृत्रिम है।

उपरोक्त कथनों में से कौन-सा सही कथन है/हैं?

(a) I, II और III (b) II, III और IV
(c) I, III और IV (d) ये सभी

63. यदि एक यात्री काण्डला, तूतीकोरिन, विशाखापत्तनम और पारादीप जाना चाहता है तो उसे निम्न राज्यों में से कौन-से राज्यों से गुजरना होगा?

(a) गुजरात, तमिलनाडु, आन्ध्र प्रदेश, प. बंगाल
(b) महाराष्ट्र, तमिलनाडु, आन्ध्र प्रदेश, ओडिशा
(c) गुजरात, तमिलनाडु, ओडिशा, आन्ध्र प्रदेश
(d) गुजरात, तमिलनाडु, आन्ध्र प्रदेश, ओडिशा

64. निम्न कथनों पर विचार कीजिए

I. राष्ट्रीय राजमार्ग संख्या-15 पठानकोट से काण्डला के मध्य है।
II. NH-15 राजस्थान के मरुस्थल से होकर गुजरता है।
III. NH-3 को शेरशाह सूरी मार्ग कहते हैं।

उपरोक्त कथनों में से कौन-सा सही कथन है/हैं?

(a) I और II (b) II और III
(c) I और III (d) ये सभी

65. निम्न कथनों पर विचार कीजिए

I. विश्व की सबसे लम्बी सुरंग कोंकण रेलमार्ग में स्थित है।
II. विश्व में रेलमार्ग की लम्बाई के अनुसार भारत का प्रथम स्थान है।
III. भारत में अन्तर्देशीय जल परिवहन के लिए लगभग 14,500 किमी लम्बा जलमार्ग है।

उपरोक्त कथनों में से कौन-सा सही कथन है/हैं?

(a) केवल II (b) I और III
(c) II और III (d) ये सभी

66. निम्न कथनों पर विचार कीजिए

I. तम्बाकू के निर्यात में भारत का विश्व में द्वितीय स्थान है।
II. चाय के निर्यात में भारत का विश्व में प्रथम स्थान है।

उपरोक्त कथनों में से कौन-सा सही कथन है/हैं?

(a) केवल I
(b) केवल II
(c) I और II दोनों
(d) उपरोक्त में से कोई नहीं

67. नीचे भारत से निर्यात होने वाले कुछ कृषिगत उत्पाद दिए गए हैं

I. चाय
II. मसाले
III. काजू
IV. समुद्री उत्पाद

निर्यात मूल्य की दृष्टि से इनका बढ़ते से घटता क्रम है

(a) IV, III, II, I (b) I, II, III, IV
(c) IV, I, III, II (d) I, IV, II, III

68. निम्नलिखित कथनों पर विचार कीजिए

I. भारत में दो गलियारे हैं, जिनमें से एक श्रीनगर को कन्याकुमारी से तथा दूसरा सिल्चर से पोरबन्दर को जोड़कर बनाया गया है।
II. ये दोनों गलियारे झाँसी में एक-दूसरे से मिलते हैं।
III. इन दोनों की कुल लम्बाई 7300 किमी है।
IV. स्वर्णिम चतुर्भुज तथा गलियारों को 10 प्रमुख पत्तनों से जोड़ा जा रहा है।

उपरोक्त कथनों में से कौन-सा सही कथन है/हैं?

(a) I, II और III (b) II, III और IV
(c) I, III और IV (d) ये सभी

69. निम्नलिखित में से कौन-सा/से युग्म सुमेलित है/हैं?

सूची I (राष्ट्रीय राजमार्ग)	**सूची II** (इससे जुड़े शहर)
A. NH-4	1. चेन्नई और हैदराबाद
B. NH-6	2. मुम्बई और कोलकाता
C. NH-15	3. अहमदाबाद और जोधपुर

कूट

(a) 1 और 2 (b) केवल 3
(c) 1 और 3 (d) इनमें से कोई नहीं

70. यदि किसी पोत (शिप) को चेन्नई से कोच्चि जाना हो, तो उसे पाक जलडमरूमध्य को पार करते हुए जाने के बजाय श्रीलंका का चक्कर लगाकर जाना पड़ता है। क्यों?

(a) पाक जलडमरूमध्य में विवादित द्वीप है और श्रीलंका की नौसेना वहाँ से होकर पोतों को जाने की अनुमति प्रदान नहीं करती।
(b) यह काफी उथला है, जिससे पोत इसे पार नहीं कर सकते।
(c) रामायण महाकाव्य से जुड़े धार्मिक महत्त्व के कारण इस जलड़मरूमध्य से होकर पोत-परिवहन वर्जित है
(d) श्रीलंका का चक्कर लगाकर जाने वाला मार्ग वस्तुतः पाक जलड़मरूमध्य से होकर जाने वाले मार्ग की अपेक्षा छोटा है

71. निम्नलिखित समुद्री मार्गों में से किस एक मार्ग की स्थल-से-स्थल (प्वॉइण्ट-टू-प्वॉइण्ट) दूरी लघुतम है?

(a) कोलकाता से यांगून (b) कोलकाता से चेन्नई
(c) चेन्नई से पोर्ट ब्लेयर (d) मुम्बई से कोलम्बो

72. निम्नलिखित में से कौन-सा एक भूपरिबद्ध बन्दरगाह है?

(a) विशाखापत्तनम (b) एन्नोर
(c) मुम्बई (d) हल्दिया

73. सीमावर्ती क्षेत्रों में सड़क निर्माण के लिए उत्तरदायी सीमा सड़क संगठन की स्थापना किस वर्ष हुई?

(a) 1952 (b) 1960
(c) 1972 (d) 1983

74. भारत में पहली बार मेट्रो रेलवे का परिचालन कब शुरू हुआ?

(a) 1981 (b) 1984
(c) 1989 (d) 1994

75. निम्नलिखित में से कौन सुमेलित नहीं है?

(a) रेल कोच फैक्ट्री – कपूरथला
(b) इण्टीग्रल कोच फैक्ट्री – पेराम्बुर
(c) डी.एस.डब्ल्यू – वाराणसी
(d) पहिया कारखाना – डालमियानगर

76. निम्नलिखित में से कौन सुमेलित है?

(a) राजीव गाँधी अन्तर्राष्ट्रीय हवाई अड्डा - नागपुर
(b) लालबहादुर शास्त्री अन्तर्राष्ट्रीय हवाई अड्डा - जबलपुर
(c) अन्ना अन्तर्राष्ट्रीय हवाई अड्डा - त्रिवेन्द्रम
(d) दाबोलिम हवाई अड्डा - गोवा

77. केन्द्रीय अन्तर्देशीय जल परिवहन निगम का मुख्यालय कहाँ है?

(a) पटना (b) नोएडा
(c) कोलकाता (d) पणजी

78. निम्नलिखित में से कौन सुमेलित नहीं है?

(a) न्यू मंगलौर - कर्नाटक
(b) मार्मागोवा - गोवा
(c) एन्नोर - केरल
(d) तूतीकोरिन - तमिलनाडु

79. निम्नलिखित में से कौन-सा बन्दरगाह पोर्ट ऑफ कोल की सुविधा उपलब्ध कराता है?

(a) पोर्ट ब्लेयर
(b) तूतीकोरिन
(c) पारादीप
(d) विशाखापत्तनम

80. जम्मू-श्रीनगर राजमार्ग पर जवाहर सुरंग कहाँ से गुजरती है?

(a) पीर पंजाल श्रेणी (b) काराकोरम श्रेणी
(c) जास्कर श्रेणी (d) धौलाधर श्रेणी

81. काण्डला पत्तन (पोर्ट) कहाँ पर स्थित है?

(a) खम्भात की खाड़ी
(b) कोरी क्रीक (संकरी खाड़ी)
(c) कच्छ की खाड़ी
(d) उपरोक्त में से कोई नहीं

82. निम्न कथनों पर विचार कीजिए

I. मुम्बई देश का सबसे बड़ा बन्दरगाह है।
II. मार्मागोवा देश का सबसे गहरा बन्दरगाह है।

उपरोक्त कथनों में से कौन-सा/से सही कथन है/हैं?

(a) केवल I (b) केवल II
(b) I और II दोनों (d) इनमें से कोई नहीं

83. निम्न कथनों पर विचार कीजिए

I. भारत में पहिए और एक्सिल बनाने का कारखाना कोलकाता में है।
II. एचएमटी का कारखाना बंगलुरु में है।

उपरोक्त कथनों में से कौन-सा/से सही कथन है/हैं?

(a) केवल I (b) केवल II
(c) I और II दोनों (d) इनमें से कोई नहीं

84. निम्न कथनों पर विचार कीजिए

I. भारत में सर्वप्रथम रेलगाड़ी लॉर्ड डलहौजी के काल में चलाई गई थी।
II. भारत में रेलगाड़ी सर्वप्रथम 15 अगस्त, 1854 को चलाई गई थी।

उपरोक्त कथनों में से कौन-सा/से सही कथन है/हैं?

(a) केवल I (b) केवल II
(c) I और II दोनों (d) इनमें से कोई नहीं

85. निम्न कथनों पर विचार कीजिए

I. भारत में स्वतन्त्रता के समय अधिकतर माल ढुलाई रेलों द्वारा की जाती थी।
II. स्वतन्त्रता के पश्चात् सड़कों व राजमार्गों का तीव्र गति से विकास हुआ।
III. आज के समय में रेल तथा सड़कें दोनों ही महत्त्वपूर्ण हैं।

उपरोक्त कथनों में से कौन-सा/से सही कथन है/हैं?

(a) I और II (b) II और III
(c) I और III (d) I, II और III

86. राष्ट्रीय राजमार्ग विकास परियोजना से सम्बन्धित निम्न कथनों मे कौन-से सही हैं? सही उत्तर का चयन नीचे दिए गए कूट से कीजिए

I. यह दिल्ली, मुम्बई एवं कोलकाता को जोड़ता है।
II. इसकी कुल लम्बाई 5,846 किमी है।
III. उत्तर-दक्षिण गलियारा श्रीनगर कन्याकुमारी को जोड़ता है।
IV. पूर्व-पश्चिम गलियारा सिलचर को द्वारका से जोड़ता है।

कूट

(a) I और II (b) II और III
(c) I और IV (d) II और IV

87. दिल्ली टोक्यो तक की उड़ान में निम्नलिखित अवतरण हवाई पत्त आते हैं

I. हांगकांग II. हनोई
III. ताइपेह IV. बैंकॉक

जाते समय इन हवाई पत्तनों पर अवतरण का सही अनुक्रम है

(a) I, II, III, IV (b) IV, II, I, III
(c) III, IV, I, II (d) IV, I, II, II

88. सुमेलित कीजिए

सूची I	सूची II
A. मध्य रेलवे	1. सिकन्दराबाद
B. मध्य-पूर्व रेलवे	2. मुम्बई
C. दक्षिण-मध्य रेलवे	3. हाजीपुर
D. पश्चिम-मध्य रेलवे	4. जबलपुर

कूट

	A	B	C	D		A	B	C	D
(a)	2	3	4	1	(b)	2	3	1	4
(c)	3	2	1	4	(d)	3	2	4	1

89. भारतीय रेल से सम्बन्धित निम्नलिखित कथनों पर विचार कीजिए

I. उत्तर-पश्चिम रेलवे का मुख्यालय जोधपुर में स्थित है।
II. इण्डरेल-पास एक इच्छानुसार यात्रा टिकट है, जो विशेषतः स्वतन्त्रता सेनानी तथा भारत का किसी खेल में प्रतिनिधित्व करने वाले खिलाड़ियों के लिए उपलब्ध है।
III. फेयरी क्वीन विश्व के सबसे पुराने चालू इंजन को प्रयोग करने वाली गाड़ी है तथा भारतीय रेलवे इसके द्वारा वन्य जी तथा विरासत स्थलों की यात्रा आयोजित करती है।

उपरोक्त कथनों में से कौन-सा/से सही कथन है/हैं?

(a) केवल II
(b) केवल III
(c) I और II
(d) इनमें से कोई नहीं

90. भारतीय परिवहन प्रणालियों के सन्दर्भ में, निम्नलिखित कथनों पर विचार कीजिए

I. भारतीय रेलवे प्रणाली विश्व में सबसे बड़ी है।

II. राष्ट्रीय राजमार्ग सम्पूर्ण सड़क परिवहन आवश्यकता के 45% की पूर्ति करते हैं।

III. राज्यों में, केरल की भूतल मार्ग सघनता उच्चतम है।

IV. राष्ट्रीय राजमार्ग सं. 7 देश का सबसे बड़ा राजमार्ग है।

उपरोक्त कथनों में से कौन-सा/से सही कथन है/हैं?

(a) I और II
(b) I और III
(c) II और III
(d) II और IV

91. निम्न कथनों पर विचार कीजिए

I. न्हावाशेवा बन्दरगाह का विकास मुम्बई बन्दरगाह पर बढ़ते दबाव को कम करने के उद्देश्य से किया गया है।

II. न्हावाशेवा को जवाहरलाल नेहरू बन्दरगाह के नाम से भी जाना जाता है।

III. यह भारत का सबसे आधुनिक बन्दरगाह है।

उपरोक्त कथनों में से कौन-सा/से सही कथन है/हैं?

(a) केवल I
(b) I और II
(c) II और III
(d) ये सभी

92. कोंकण रेलमार्ग के सम्बन्ध में निम्न कथनों पर विचार कीजिए

I. यह अरब सागर के सम्मुख पश्चिमी तट के अत्यन्त ही ऊबड़-खाबड़ एवं पहाड़ी क्षेत्र से गुजरता है।

II. विश्व बैंक ने इसके लिए आर्थिक सहायता दी है।

उपरोक्त कथनों में से कौन-सा/से सही कथन है/हैं?

(a) केवल I
(b) केवल II
(c) I और II दोनों
(d) उपरोक्त में से कोई नहीं

93. निम्न कथनों पर विचार कीजिए

I. भारत में वायुयान की प्रथम उड़ान 1911 ई. में हुई थी।

II. भारत में शिडूल्ड वायु परिवहन 1912 ई. में प्रारम्भ हुआ था।

उपरोक्त कथनों में से कौन-सा/से सही कथन है/हैं?

(a) केवल I
(b) केवल II
(c) I और II दोनों
(d) उपरोक्त में से कोई नहीं

94. सुमेलित कीजिए

सूची I (प्रमुख बन्दरगाह)	सूची II (राज्य)
A. काण्डला	1. महाराष्ट्र
B. न्हावाशेवा	2. ओडिशा
C. पारादीप	3. तमिलनाडु
D. तूतीकोरिन	4. गुजरात

कूट

	A	B	C	D
(a)	4	3	2	1
(b)	2	1	4	3
(c)	4	1	2	3
(d)	2	3	4	1

95. सुमेलित कीजिए

सूची I	सूची II
A. उत्तर-पूर्वी सीमान्त	1. नई दिल्ली
B. पूर्वी-मध्य रेलवे	2. हाजीपुर
C. पश्चिम रेलवे	3. नुम्बई-चर्चगेट
D. उत्तरी रेलवे	4. गुवाहाटी

कूट

	A	B	C	D
(a)	1	2	3	4
(b)	1	3	2	4
(c)	4	3	2	1
(d)	4	2	3	1

96. विश्व व्यापार संगठन के सम्बन्ध में निम्न कथनों पर विचार कीजिए

I. यह विश्व में शान्ति तथा सम्पन्नता स्थापित करने का प्रयास करता है।

II. स्वतन्त्र व्यापार से घरेलू आय में वृद्धि तथा निर्वाह खर्च में कमी आती है।

III. अभिशासन से आर्थिक उन्नति में वृद्धि होती है।

उपरोक्त कथनों में से कौन-सा/से सही कथन हैं?

(a) I और II
(b) II और III
(c) I और III दोनों
(d) उपरोक्त सभी

उत्तरमाला

1.	(c)	2.	(d)	3.	(b)	4.	(b)	5.	(c)	6.	(a)	7.	(a)	8.	(b)	9.	(c)	10.	(c)
11.	(c)	12.	(a)	13.	(d)	14.	(d)	15.	(d)	16.	(a)	17.	(c)	18.	(c)	19.	(b)	20.	(b)
21.	(c)	22.	(a)	23.	(a)	24.	(a)	25.	(d)	26.	(a)	27.	(a)	28.	(a)	29.	(c)	30.	(b)
31.	(b)	32.	(d)	33.	(b)	34.	(a)	35.	(a)	36.	(d)	37.	(b)	38.	(b)	39.	(a)	40.	(d)
41.	(d)	42.	(b)	43.	(a)	44.	(d)	45.	(c)	46.	(b)	47.	(d)	48.	(b)	49.	(b)	50.	(d)
51.	(c)	52.	(b)	53.	(d)	54.	(b)	55.	(b)	56.	(d)	57.	(c)	58.	(a)	59.	(c)	60.	(b)
61.	(c)	62.	(b)	63.	(d)	64.	(a)	65.	(b)	66.	(a)	67.	(a)	68.	(d)	69.	(d)	70.	(b)
71.	(a)	72.	(a)	73.	(b)	74.	(b)	75.	(d)	76.	(d)	77.	(c)	78.	(c)	79.	(a)	80.	(a)
81.	(a)	82.	(a)	83.	(c)	84.	(a)	85.	(a)	86.	(b)	87.	(d)	88.	(b)	89.	(b)	90.	(d)
91.	(d)	92.	(c)	93.	(a)	94.	(c)	95.	(d)	96.	(d)								

अध्याय 16

भारत : जनसंख्या एवं अधिवास

जनसंख्या

- जनसंख्या (Population) किसी देश का सबसे महत्त्वपूर्ण संसाधन है, जिससे न केवल प्राकृतिक संसाधनों का उपयोग सम्भव हो पाता है, वरन् कुशल, प्रशिक्षित और मेहनती श्रम शक्ति (Labour force) द्वारा आर्थिक विकास का मार्ग प्रशस्त होता है। भारत विश्व में चीन के बाद दूसरा सर्वाधिक जनसंख्या वाला देश है। यहाँ विश्व के 2.4% क्षेत्र में विश्व की 17.5% जनसंख्या निवास करती है।
- वर्ष 2011 की जनगणना के अनुसार भारत की कुल जनसंख्या 121.08 करोड़ है, जो संयुक्त राज्य अमेरिका, इण्डोनेशिया, ब्राजील, पाकिस्तान, बांग्लादेश और जापान की संयुक्त जनसंख्या (121.43 करोड़) के लगभग बराबर है। भारत की जनसंख्या में वर्ष 2001 से 2011 के दौरान 18.21 करोड़ की वृद्धि हुई है।
- यह वृद्धि विश्व की पाँचवीं सर्वाधिक जनसंख्या वाले देश ब्राजील (19.5 करोड़) से थोड़ी-सी ही कम है। संयुक्त राष्ट्र जनसंख्या कोष (UNFP) के अनुमान के अनुसार वर्ष 2030 तक भारत जनसंख्या के मामले में चीन को पीछे छोड़ देगा और विश्व में सर्वाधिक जनसंख्या वाला देश बन जाएगा।

जनसंख्या वृद्धि

- भारत की जनसंख्या की एक मुख्य विशेषता इसकी तीव्र वृद्धि रही हैं। भारत की जनसंख्या वर्ष 1901 में 23.8 करोड़ थी, जो वर्ष 1951 में 36.10 करोड़ हो गई। इस प्रकार आजादी के पूर्व तक भारत की जनसंख्या 50 वर्षों में 12.3 करोड़ ही बढ़ी थी, जबकि वर्ष 1951 से 2001 के मध्य भारत की जनसंख्या में 66.7 करोड़ की वृद्धि हुई। वर्ष 2001 में भारत की जनसंख्या 102.87 करोड़ थी, जो 2011 में बढ़कर 121.08 करोड़ हो गई।
- वर्तमान में भारत की जनसंख्या की दशकीय वृद्धि दर 17.69% है, जबकि वार्षिक औसत वृद्धि दर 1.64% है।

जनसंख्या वृद्धि के विविध चरण

भारत में जनसंख्या वृद्धि को चार चरणों में विभाजित किया जा सकता है

1. मन्द वृद्धि का दौर (1901-1921)

- इस दौरान देश की जनसंख्या अति धीमी गति (0.27% प्रति वर्ष) से बढ़ती हुई 23.84 करोड़ से बढ़कर 25.13 करोड़ हो गई। वर्ष 1911-2[illegible] के दशक के दौरान तो इन्फ्लुएंजा, हैजा जैसी महामारियाँ और दो वर्षों के लगातार सूखे के कारण जनसंख्या में ह्रास देखा गया। जन्म दर एवं मृत्यु दर का अन्तर कम होने से प्राकृतिक वृद्धि दर न्यून थी।

2. स्थिर वृद्धि का दौर (1921-1951)

- वर्ष 1921 को जनांकिकीय विभाजक (Demographic divide) कहा जाता है, जिसके बाद जनसंख्या में निरन्तर वृद्धि की प्रवृत्ति देखी गई। वर्ष 1921-51 के दौरान औसतन 1.45% प्रतिवर्ष की दर से बढ़कर देश की जनसंख्या 25.13 करोड़ से 36.11 करोड़ हो गई। यह वृद्धि महामारी एवं अकाल पर नियन्त्रण और स्वास्थ्य सुविधाओं में सुधार के कारण मृत्यु दर के 47 प्रति हजार से घटकर 27 प्रति हजार हो जाने के कारण देखी गई।

3. तीव्र वृद्धि का दौर (1951-1981)

- वर्ष 1951 को एक-दूसरे जनांकिकीय विभाजक के तौर पर जाना जा सकता है, जिसके बाद जनसंख्या में तीव्र वृद्धि की शुरुआत हुई। वर्ष 1951 से 1981 के बीच औसत वृद्धि दर 2.2% प्रतिवर्ष की रही, जिससे देश की जनसंख्या में 32 करोड़ से अधिक की बढ़ोतरी दर्ज की गई। वर्ष 1961-71 के बीच 24.8% की सर्वाधिक वृद्धि देखी गई है।
- जनसंख्या में यह अभूतपूर्व वृद्धि विकास कार्यों में तेजी, चिकित्सा सुविधाओं में और अधिक सुधार के परिणामस्वरूप हुई। इस दौरान जहाँ मृत्यु दर 27 प्रति हजार से घटकर 15 प्रति हजार पहुँच गई, वहीं जन्म दर में केवल 4 प्रति हजार की गिरावट दर्ज की गई, परिणामस्वरूप भारत जनसंख्या विस्फोट (Population explosion) की स्थिति में पहुँच गया।

4. घटती वृद्धि का दौर (1981 के पश्चात्)

- यद्यपि वर्ष 1981 के बाद भी जनसंख्या में उच्च वृद्धि की प्रवृत्ति जारी है, परन्तु वृद्धि दर में क्रमिक ह्रास (Gradual decline) स्पष्ट रूप से दिखाई पड़ रहा है। इस दौरान जनसंख्या की औसत वार्षिक घातांकीय वृद्धि 2.16% (1981-91) से घटकर 1.63% (2001-2011) हो गई।

जनसंख्या वृद्धि का स्थानिक प्रतिरूप

- देश के विभिन्न भागों में जनसंख्या की वृद्धि में पर्याप्त अन्तर दिखाई पड़ता है। वर्ष 2011 में देश के राज्यों में सर्वाधिक जनसंख्या वृद्धि मेघालय (27.9%) और सबसे कम वृद्धि नागालैण्ड (– 0.6%) में दर्ज की गई। एक रोचक तथ्य है कि पिछली जनगणना में सर्वाधिक वृद्धि नागालैण्ड में (64.4%) हुई थी।
- देश के 18 राज्यों व 4 संघ राज्य क्षेत्रों में वृद्धि दर राष्ट्रीय औसत (17.7%) से अधिक पाई गई है। देश की उच्च जनसंख्या वृद्धि (20% से अधिक) वाले राज्य श्रृंखलाबद्ध रूप में देश के सुदूर पूर्व और उत्तरी मध्य भाग में स्थित हैं। इसके विपरीत पूर्वी तटीय मैदान दक्षिणी असम घाटी और पंजाब के मैदानों में वृद्धि दर धीमी रही है।

पिछले (वर्ष 1991-2001) और वर्तमान (वर्ष 2001-2011) दशकों के दौरान जनसंख्या वृद्धि के तुलनात्मक अध्ययन से ज्ञात होता है कि देश के 24 राज्यों और 1 केन्द्रशासित प्रदेश में जनसंख्या वृद्धि में ह्रास की प्रवृत्ति देखी गई है।

ग्रामीण एवं नगरीय जनसंख्या वृद्धि दर में भी पर्याप्त अन्तर देखा गया। ग्रामीण की अपेक्षा (12.3%) नगरीय क्षेत्रों में (31.80%) जनसंख्या वृद्धि दर अधिक रही। ग्रामीण जनसंख्या में सर्वाधिक वृद्धि दर क्रमशः मेघालय (27.2%), बिहार (23.90%), अरुणाचल प्रदेश (22.88%) और जम्मू-कश्मीर (19.77%) में रही। शहरी जनसंख्या में सर्वाधिक वृद्धि दर वाले राज्य क्रमशः हैं—सिक्किम (153.43%), केरल (92.72%), त्रिपुरा (76.08%) एवं नागालैण्ड (67.38%)।

अधिकतम दशकीय जनसंख्या वृद्धि दर वाले शीर्ष पाँच राज्य/केन्द्रशासित क्षेत्र

राज्य/के.शा. क्षेत्र	वृद्धि दर % में
दादरा और नगर हवेली	55.88
दमन एवं दीव	53.76
पुदुचेरी	28.08
मेघालय	27.95
अरुणाचल प्रदेश	26.03

न्यूनतम दशकीय जनसंख्या वृद्धि दर वाले पाँच राज्य/केन्द्रशासित क्षेत्र

राज्य/के.शा. क्षेत्र	वृद्धि दर % में
नागालैण्ड	(-) 0.58
केरल	4.91
लक्षद्वीप	6.3
अण्डमान एवं निकोबार	6.86
गोवा	8.23

भारत में जनसंख्या का वितरण

- भारत की जनसंख्या का सबसे महत्त्वपूर्ण पहलू इसका असमान वितरण (Distribution) है। भारत जैसे विशाल देश में उच्चावच, जलवायु, जल प्रवाह, मृदा, प्राकृतिक वनस्पति तथा अन्य प्राकृतिक तत्त्वों में विभिन्नता होना स्वाभाविक है। फलतः भारत के विभिन्न क्षेत्रों में जनसंख्या में विविधता पाई जाती है।
- भारतीय जनसंख्या के वितरण को देखने से यह स्पष्ट होता है कि उत्तर प्रदेश में सबसे अधिक जनसंख्या संकेन्द्रित (Concentrated) है।
- यहाँ भारत की 16.51% जनसंख्या निवास करती है, जबकि इस राज्य का क्षेत्रफल देश के कुल क्षेत्रफल का 7.33% ही है। इसकी जनसंख्या ब्राजील की जनसंख्या के लगभग बराबर है और बांग्लादेश, पाकिस्तान अथवा नाइजीरिया से अधिक है।
- जनसंख्या की दृष्टि से महाराष्ट्र दूसरा सबसे बड़ा राज्य है, जहाँ भारत की 9.28% जनसंख्या निवास करती है। इस राज्य का क्षेत्रफल भारत का 9.43% है। तीसरे स्थान पर बिहार है, जहाँ देश की 8.60% जनसंख्या का निवास है, जबकि इसका क्षेत्रफल 2.86% ही है।
- दिल्ली की जनसंख्या 1.67 करोड़ है (1.37%), जबकि इसका क्षेत्रफल केवल 0.045% ही है। भारत की आधी जनसंख्या पाँच राज्यों–उत्तर प्रदेश, महाराष्ट्र, बिहार, पश्चिम बंगाल, मध्य प्रदेश में संकेन्द्रित है।
- दूसरी ओर उत्तर और उत्तर पूर्व के 10 पर्वतीय राज्यों के 16% क्षेत्र में देश की 4% से भी कम जनसंख्या निवास करती है। देश के 19 राज्यों की जनसंख्या 1 करोड़ से अधिक है।
- केन्द्रशासित प्रदेश दिल्ली में भी 1 करोड़ से भी अधिक लोग रहते हैं। इसके विपरीत भारत के पाँच राज्य/केन्द्रशासित प्रदेशों की जनसंख्या का आँकड़ा 10 लाख को भी पार नहीं करता। सबसे कम जनसंख्या लक्षद्वीप (64,473) में पाई जाती है। राज्यों में सबसे कम जनसंख्या सिक्किम (6,10,577) में पाई जाती है।

जनसंख्या की दृष्टि से शीर्ष पाँच राज्य (जनगणना 2011)

राज्य	जनसंख्या (करोड़ में)
उत्तर प्रदेश	19.98 (16.51%)
महाराष्ट्र	11.23 (9.28%)
बिहार	10.40 (8.60%)
पश्चिम बंगाल	9.12 (7.54%)
आन्ध्र प्रदेश	8.45 (6.99%)

नोट आन्ध्र प्रदेश के विभाजन के पश्चात् मध्य प्रदेश राज्यों में जनसंख्या की दृष्टि से पाँचवें स्थान पर है।

न्यूनतम जनसंख्या वाले पाँच राज्य (जनगणना 2011)

राज्य	जनसंख्या (करोड़ में)
सिक्किम	0.61 (0.05%)
मिजोरम	1.09 (0.09%)
अरुणाचल प्रदेश	1.38 (0.11%)
गोवा	1.45 (0.12%)
नागालैण्ड	1.97 (0.16%)

- उपरोक्त विवरण से यह स्पष्ट होता है कि भारत की जनसंख्या का अधिकांश भाग उत्तर के विशाल उपजाऊ मैदान, विशेषतः गंगा डेल्टा में बसा हुआ है। भारत के तटीय मैदानों, विशेष रूप से केरल के

मैदान में घनी जनसंख्या का संकेन्द्रण है। प्रायद्वीपीय पठार में जनसंख्या संकेन्द्रण मध्यम दर्जे का है। राजस्थान के मरुस्थलीय क्षेत्र, गुजरात के अर्द्ध-शुष्क क्षेत्र (Semi-dry region) एवं दलदली भूमि तथा हिमालय के उच्च पर्वतीय क्षेत्र जनसंख्या से लगभग वंचित हैं।

जनसांख्यिकीय गुण

- जनसांख्यिकीय गुणों के अन्तर्गत जनसंख्या के भौतिक, सांस्कृतिक तथा आर्थिक लक्षणों का अध्ययन किया जाता है। जनघनत्व, लिंग, निवास स्थान, साक्षरता, भाषा, धर्म, वैवाहिक स्थिति, मानव प्रजातीयता तथा व्यावसायिक संरचना प्रमुख जनसांख्यिकीय गुण हैं।

जनसंख्या घनत्व

- प्रति इकाई क्षेत्रफल में निवास करने वाले लोगों की संख्या को जनसंख्या घनत्व (Population density) कहते हैं।
  इसे निम्नलिखित सूत्र द्वारा ज्ञात किया जाता है

$$\text{जनसंख्या का घनत्व} = \frac{\text{कुल जनसंख्या}}{\text{कुल क्षेत्रफल}}$$

- वर्ष 2011 की जनगणना के अन्तिम आँकड़ों के अनुसार भारत का घनत्व 382 व्यक्ति प्रतिवर्ग किमी है। यह विश्व के औसत घनत्व का लगभग सात गुना से भी अधिक है। स्पष्ट है कि भारत अत्यधिक घनत्व वाले देशों में से है।
- भारत की जनसंख्या तीव्र गति से बढ़ रही है, जबकि क्षेत्रफल तो स्थिर है। भारत में जनसंख्या घनत्व के वृद्धि प्रतिरूप को देखने से स्पष्ट होता है कि केवल एक दशक (1911-1921) को छोड़कर देश के जनघनत्व में हमेशा वृद्धि हुई है।
- वर्ष 1901-2011 के बीच की 110 वर्षों की अवधि में लगभग पाँच गुना की वृद्धि हुई है। जनसंख्या घनत्व में वृद्धि स्वतन्त्रता के पश्चात् विशेष रूप से हुई है। जनसंख्या घनत्व में वृद्धि से देश के प्राकृतिक संसाधनों पर प्रतिकूल प्रभाव पड़ता है और जीवन की गुणवत्ता में गिरावट आती है।

1901-2011 की जनसंख्या एवं दशकीय वृद्धि

जनगणना वर्ष	जनसंख्या	दशकीय वृद्धि %
1901	23,83,96,327	—
1911	25,20,93,390	5.75
1921	25,13,21,213	0.31
1931	27,89,77,238	11.00
1941	31,86,60,580	14.22
1951	36,10,88,090	13.31
1961	43,92,34,771	21.51
1971	54,81,59,652	24.80
1981	68,33,29,097	24.66
1991	84,64,21,039	23.87
2001	10,28,73,7436	21.54
2011	12,10,85,4977	17.69

राज्य स्तर पर जनसंख्या घनत्व प्रारूप

- भारत के विभिन्न भागों में उच्चावच, जलवायु, मृदा, खनिज पदार्थ तथा अन्य भौगोलिक परिस्थितियाँ भिन्न-भिन्न हैं, जिसके परिणामस्वरूप जनसंख्या के घनत्व में विषमताएँ पाई जाती हैं।
- वर्ष 2011 की जनगणना के अनुसार सर्वाधिक जनघनत्व दिल्ली संघ शासित क्षेत्र का है (11,320 व्यक्ति प्रतिवर्ग किमी), जबकि न्यूनतम जनघनत्व अरुणाचल प्रदेश (17 व्यक्ति प्रतिवर्ग किमी) का है। वर्ष 2001-2011 के बीच नागालैण्ड को छोड़कर सभी राज्य व केन्द्रशासित प्रदेशों में जनसंख्या घनत्व में वृद्धि हुई है, परन्तु इस वृद्धि में क्षेत्रीय स्तर पर व्यापक भिन्नताएँ पाई जाती हैं।

शीर्ष जनघनत्व वाले पाँच राज्य

राज्य	जनघनत्व/वर्ग किमी
बिहार	1102
पश्चिम बंगाल	1029
केरल	859
उत्तर प्रदेश	828
हरियाणा	573

न्यूनतम जनघनत्व वाले पाँच राज्य

राज्य	जनघनत्व/वर्ग किमी
अरुणाचल प्रदेश	17
मिजोरम	52
सिक्किम	86
नागालैण्ड	119
मणिपुर	122

भारतीय जनसंख्या घनत्व को निम्न वर्गों में बाँटा जा सकता है

अति न्यून घनत्व

- इस वर्ग में 100 से कम व्यक्ति प्रति वर्ग किमी घनत्व वाले क्षेत्र को सम्मिलित किया जाता है। इसमें अरुणाचल प्रदेश, मिजोरम, अण्डमान निकोबार द्वीप समूह तथा सिक्किम आते हैं। ये प्रदेश पर्वतीय, वनाच्छादित व दुर्गम क्षेत्रों के रूप में हैं, जहाँ का उच्चावच (Topography) उबड़-खाबड़ है।

न्यून घनत्व

- इस वर्ग में 101 से 250 व्यक्ति प्रतिवर्ग किमी तक घनत्व वाले क्षेत्र सम्मिलित हैं। इसमें नागालैण्ड (119), मणिपुर (115), हिमाचल प्रदेश (123), जम्मू-कश्मीर (124), मेघालय (132), छत्तीसगढ़ (189), उत्तराखण्ड (189), राजस्थान (200) और मध्य प्रदेश (236) आते हैं। मेघालय, जम्मू-कश्मीर, उत्तराखण्ड तथा नागालैण्ड के क्षेत्र उच्च पर्वतीय और वनाच्छादित हैं, जहाँ तीव्रगामी नदियाँ प्रवाहित होती हैं और उच्चावच उबड़-खाबड़ हैं। वहीं राजस्थान में शुष्क व अर्द्धशुष्क क्षेत्र व मरुस्थलों के विस्तार के कारण जनसंख्या घनत्व कम है।

सामान्य घनत्व

- इसके अन्तर्गत 251 से 500 व्यक्ति प्रति वर्ग किमी घनत्व वाले क्षेत्र सम्मिलित किए जाते हैं। इस वर्ग में ओडिशा (270), गुजरात (308), कर्नाटक (319), आन्ध्र प्रदेश (308), त्रिपुरा (350), महाराष्ट्र (365), गोवा (394), असम (398), झारखण्ड (414) सम्मिलित हैं। ये सभी राज्य सिंचित कृषि व खनिज संसाधन से सम्पन्न क्षेत्र हैं।

अधिक घनत्व

- इस वर्ग में 500 से अधिक घनत्व वाले क्षेत्र सम्मिलित हैं। इस वर्ग मे उत्तर भारत के उपजाऊ मैदानी क्षेत्र तथा मालाबार तट सम्मिलित हैं।

लिंगानुपात

- किसी क्षेत्र में प्रति 1000 पुरुषों पर महिलाओं की कुल संख्या लिंगानुपात (Sex ratio) कहलाती है। यह महिलाओं व पुरुषों के समानुपात का एक महत्त्वपूर्ण सूचक है। वर्ष 2011 की जनगणना के अनुसार देश में लिंगानुपात (943) है, जो वर्ष 2001 के 933 से थोड़ा सुधार दर्शाता है। भारत में लिंगानुपात सदैव महिलाओं के प्रतिकूल रहा है। वर्ष 1901 से लेकर 1941 तक लिंगानुपात में लगातार गिरावट दर्ज की गई। इस अवधि में लिंगानुपात 972 से घटकर 945 तक आ गया।
- यद्यपि वर्ष 1951 में अपेक्षाकृत कुछ सुधार दिखाई दिया, किन्तु वर्ष 1971 में पुनः 11 अंकों की तीव्र गिरावट (941 से 930) हुई। तत्पश्चात् यह 930-940 के बीच बना रहा है।
- जनसंख्या के विभिन्न वर्ग, आयु समूह व प्रदेशों के सन्दर्भ में भी लिंगानुपात में व्यापक अन्तर पाया जाता है। वर्ष 2011 की जनगणना के अनुसार ग्रामीण लिंगानुपात (949) एवं शहरी लिंगानुपात (929) है। ग्रामीण एवं शहरी लिंगानुपात की दृष्टि से सर्वाधिक लिंगानुपात वाले राज्यों में दोनों की दृष्टि से केरल का स्थान प्रथम है। (क्रमशः 1078 एवं 1091)।
- न्यूनतम शहरी लिंगानुपात वाला राज्य जम्मू-कश्मीर (840) एवं न्यूनतम ग्रामीण लिंगानुपात वाला राज्य हरियाणा (880) है। शहरी क्षेत्र की अपेक्षा ग्रामीण क्षेत्रों में अधिक लिंगानुपात का प्रमुख कारण गाँवों से शहरों की ओर पुरुषों का होने वाला पलायन है।

शीर्ष लिंगानुपात वाले पाँच राज्य

राज्य	लिंगानुपात
केरल	1084
तमिलनाडु	995
आन्ध्र प्रदेश	992
छत्तीसगढ़	991
मेघालय	986

न्यूनतम लिंगानुपात वाले पाँच राज्य

राज्य	लिंगानुपात
हरियाणा	877
जम्मू-कश्मीर	883
सिक्किम	889
पंजाब	893
उत्तर प्रदेश	912

लिंगानुपात में प्रादेशिक भिन्नता

भारत में राज्य स्तर पर लिंगानुपात में व्यापक भिन्नताएँ पाई जाती हैं। जहाँ केरल में सर्वाधिक लिंगानुपात (1084) है, वहीं हरियाणा में यह न्यूनतम (877) है। राज्यों और केन्द्रशासित प्रदेशों पर समग्र रूप से विचार करें तो न्यूनतम लिंगानुपात दमन एवं दीव (618) का है। केन्द्रशासित प्रदेशों में सर्वाधिक लिंगानुपात पुदुचेरी (1037) का है। तमिलनाडु (995), आन्ध्र प्रदेश (992), छत्तीसगढ़ (991), मणिपुर (992), मेघालय (986) ऐसे राज्य हैं, जो सन्तुलित लिंगानुपात की ओर अग्रसर हैं।

देश के 16 राज्य और 2 केन्द्रशासित प्रदेशों में लिंगानुपात राष्ट्रीय औसत से अधिक है। उत्तर भारत में केवल हिमाचल प्रदेश (972) और उत्तराखण्ड (963) दो ऐसे राज्य हैं, जिनका लिंगानुपात राष्ट्रीय औसत से अधिक है। इसके विपरीत मध्य भारत के लगभग सभी राज्यों व केन्द्रशासित प्रदेशों में लिंगानुपात राष्ट्रीय औसत से कम है।

- उत्तर पूर्व के सिक्किम (889) और अरुणाचल प्रदेश (938) में भी कम लिंगानुपात पाया जाता है।
- उपरोक्त विवरण के आधार पर यह कहा जा सकता है कि भारत में दक्षिण से उत्तर और पूर्व से पश्चिम की ओर लिंगानुपात में गिरावट देखी जाती है।

बाल लिंगानुपात (0-6 वर्ष)

- 0-6 आयु समूह में लिंगानुपात की स्थिति और भी दयनीय है। वर्ष 2001 के 927 के मुकाबले यह वर्ष 2011 में घटकर 919 रह गई है। ऐसा कुछ राज्यों व संघ शासित क्षेत्रों में इस आयु वर्ग में लिंगानुपात में घटाव के कारण हुआ। जम्मू-कश्मीर, महाराष्ट्र, राजस्थान, दादरा और नगर हवेली व लक्षद्वीप जैसे राज्यों/संघ शासित क्षेत्रों में इस दशक में शिशु-लिंगानुपात में घटाव देखा गया।
- वहीं दूसरी ओर सकारात्मक प्रवृत्ति के रूप में शिशु लिंगानुपात के सन्दर्भ में खराब प्रदर्शन करने वाले राज्यों हरियाणा व पंजाब में इस दशक में वृद्धि देखी गई। पंजाब में यह 798 से बढ़कर 846 और हरियाणा में 819 से बढ़कर 834 हो गई।

लिंगानुपात को प्रभावित करने वाले कारक

- मृत्यु दर में विभेद
- किसी लिंग विशेष का प्रवास
- जन्म के समय लिंगानुपात
- गणनीय जनसंख्या में लिंग विभेद

भारत में लिंगानुपात कम होने के कारण

- लड़कियों की तुलना में अधिक लड़कों का जन्म लेना
- शैशवावस्था में कन्या शिशुओं की मृत्यु
- बच्चे के जन्म के समय अधिक स्त्रियों की मृत्यु

साक्षरता दर

- साक्षरता (Literacy) मानव विकास और जीवन की गुणवत्ता का एक सूचकांक (Index) है। कम साक्षरता से आर्थिक, सामाजिक और वैज्ञानिक विकास में रुकावट आती है। वर्ष 2011 की जनगणना के अनुसार देश में 73.0% लोग साक्षर हैं। हालाँकि देश की जनसंख्या के वृहत आकार के कारण विश्व में सर्वाधिक निरक्षरों (Illiterate) की संख्या भारत में पाई जाती है। समाजशास्त्रियों के अनुसार हमारे आर्थिक, राजनीतिक एवं सामाजिक विकास में यह सबसे बड़ा अवरोधक (Obstacle) है।
- देश में साक्षरता के स्थानिक प्रतिरूप (Spatial pattern) में पर्याप्त भिन्नता मिलती है। इसी प्रकार स्त्री-पुरुष, ग्रामीण-नगरीय और विभिन्न धार्मिक व सामाजिक समूहों की साक्षरता दरों में पर्याप्त अन्तर पाया जाता है। राज्य स्तर पर साक्षरता के सन्दर्भ में देश के 17 राज्यों और सभी केन्द्रशासित प्रदेशों में साक्षरता दर राष्ट्रीय औसत से अधिक है। इनमें से कुछ राज्यों (केरल, गोवा, मिजोरम, नागालैण्ड, मणिपुर) में ईसाइयों की अधिक जनसंख्या और अन्य में नगरीकरण और शिक्षा के प्रति अधिक जागरूकता इसके मुख्य कारण हैं।

- न्यून साक्षरता वाले राज्य देश के परम्परावादी, जनजातीय और दलित जनसंख्या वाले पिछड़े क्षेत्र हैं। सामान्यतया दक्षिणी भारत, तटीय क्षेत्रों, गैर-हिन्दी भाषी क्षेत्रों, ईसाई बहुल भागों और नगरीकृत औद्योगीकृत क्षेत्रों में साक्षरता दर ऊँची पाई जाती है।

साक्षर, निरक्षर एवं साक्षरता दर

- सात वर्ष और उससे अधिक आयु का जो व्यक्ति किसी भाषा को समझ सकता हो और उसे लिख तथा पढ़ सकता हो, 'साक्षर' कहा जाता है। कोई व्यक्ति जो न तो पढ़ सकता है और न ही लिख सकता है अथवा किसी भाषा को पढ़ सकता है, किन्तु लिख नहीं सकता, 'निरक्षर' कहा जाता है। छः वर्ष अथवा उससे कम आयु के सभी बच्चों को चाहे वे स्कूल भी जाते हों और कुछ लिखना पढ़ना भी सीख गए हों, 'निरक्षर' कहा जाता है।

$$\text{साक्षरता दर} = \frac{\text{साक्षरों की संख्या}}{\text{7 वर्ष से ज्यादा आयु वाली जनसंख्या}} \times 100$$

अधिकतम साक्षरता दर वाले पाँच राज्य

केरल	94.0 %
मिजोरम	91.3 %
गोवा	88.7 %
त्रिपुरा	87.2 %
हिमाचल प्रदेश	82.8 %

न्यूनतम साक्षरता दर वाले पाँच राज्य

बिहार	61.8 %
अरुणाचल प्रदेश	65.40 %
राजस्थान	66.1 %
झारखण्ड	66.4 %
आन्ध्र प्रदेश	67.0 %

भारत में स्त्री साक्षरता की स्थिति

- भारत में साक्षरता का दूसरा पहलू स्त्रियों में कम साक्षरता (64.6%) का पाया जाना है। स्त्री साक्षरता में भी केरल (92.1%) का प्रथम स्थान है, जिसके बाद मिजोरम (89.3%), गोवा (84.7%), त्रिपुरा (82.7%) और नागालैण्ड (76.1%) राज्यों का स्थान है। देश के 18 राज्यों और सातों केन्द्रशासित प्रदेशों में स्त्री साक्षरता राष्ट्रीय औसत से अधिक पाई जाती है।
- स्त्री साक्षरता में सबसे निचला स्थान बिहार (51.5%) का है। इसके बाद क्रमश: राजस्थान (52.1%), झारखण्ड (55.4%), जम्मू-कश्मीर (56.4%) और उत्तर प्रदेश (57.2%) राज्यों का स्थान है। कम उम्र में शादी, पर्दा प्रथा, घर सँभालने की जिम्मेदारी और सामाजिक प्रतिबन्ध स्त्री साक्षरता में निषेधात्मक भूमिका (Negative Role) निभाते हैं।

आयु संरचना

- विभिन्न आयु वर्गों में जनसंख्या के विभाजन को आयु संरचना कहते हैं। आयु संरचना (Age structure) मुख्य रूप से तीन आधारभूत कारकों पर निर्भर करती है, इनको जन्म-दर, मृत्यु-दर तथा प्रवास कहते हैं।
- आयु संरचना के विश्लेषण की सबसे प्रभावशाली और प्रचलित विधि आयु पिरामिड (Age pyramid) है, जिसे आयु एवं लिंग पिरामिड के नाम से भी जाना जाता है। इस विश्लेषण विधि के तहत आयु के आधार पर जनसंख्या के तीन प्रमुख वर्ग हैं—किशोर (0-14), प्रौढ़ (15-59), वृद्ध (60 से अधिक)।
- 0-14 आयु समूह कुल जनसंख्या का 29.5% है (2011)। किशोर वर्ग में अधिक जनसंख्या का कारण उच्च जन्म दर व तीव्रता से घटती शिशु और बाल मृत्यु दर है।
- आर्थिक दृष्टि से यह वर्ग अनुत्पादक है। वृद्ध वर्ग अर्थात् 60 वर्ष से ऊपर के आयु समूह में वर्ष 2011 में 8% लोग थे, जबकि प्रौढ़ वर्ग में 62.5% लोग थे। जैव दृष्टि से यह आयु वर्ग (15-59) सबसे अधिक प्रजनक, (Breeders) आर्थिक दृष्टि से सबसे अधिक सक्रिय तथा जनांकिकीय दृष्टि से सबसे अधिक गतिशील हैं। हाल के वर्षों में जनसंख्या वृद्धि दर में कमी आने के कारण उत्पादक वर्ग (Productive group) की जनसंख्या में वृद्धि हुई है।
- अनुमान है कि वर्ष 2026 में इनका प्रतिशत कुल जनसंख्या में बढ़कर 68.4% हो जाएगा। इस वर्ग में जनसंख्या वृद्धि के दोहरे निहितार्थ हैं। एक ओर जहाँ बेरोजगारी व अल्प बेरोजगारी की समस्या गम्भीर होगी, वहीं यदि हम इस जनसंख्या को उचित स्वास्थ्य शिक्षा व कौशल प्रदान करने में सफल रहे, तो यह जनांकिकीय लाभांश (Demographic dividend) की स्थिति होगी। किसी देश की जनांकिकीय लाभांश का अर्थ यह होता है कि उस देश की जनसंख्या में कार्यकारी जनसंख्या (Working population) का भाग अधिक है।

जीवन प्रत्याशा

- दीर्घायुता अथवा जीवन प्रत्याशा (Life expectancy) वृद्ध जनसंख्या की स्थिति का द्योतक है, जो मुख्यत: आहार और स्वास्थ्य दशाओं में सुधार से प्रभावित होती है। भारत एक जनांकिकीय संक्रमण (Demographic transition) से गुजर रहा है, जिसमें वृद्धों की संख्या बढ़ रही है।
- यही कारण है कि जहाँ 60 वर्ष पहले पैदा हुए शिशु की औसत जीवन प्रत्याशा केवल 32 वर्ष थी, आज (2011 में) बढ़कर 66.1 वर्ष हो गई है एवं भविष्य में इसमें सुधार की सम्भावना है।
- वर्ष 1991 तक पुरुषों की जीवन प्रत्याशा महिलाओं की अपेक्षा अधिक थी, लेकिन वर्ष 2001 से महिलाओं के पक्ष में सुधार होना शुरू हुआ और वर्ष 2011 में महिलाओं की जीवन प्रत्याशा 67.7 वर्ष है, जबकि पुरुषों की जीवन प्रत्याशा 64.6 वर्ष है। पिछले 80 वर्षों में जीवन प्रत्याशा दोनों ही वर्गों में बढ़कर तीन गुना से अधिक हो गई है।

कार्यबल

- काम की अवधि के आधार पर भारत की जनसंख्या को तीन वर्गों में बाँटा जाता है। ये वर्ग हैं— मुख्य कामगार, सीमान्त (Marginal) कामगार और गैर-कामगार। श्रमजीवी जनसंख्या को सहभागिता द्वारा व्यक्त किया जाता है।
- कुल जनसंख्या में कार्यरत जनसंख्या (मुख्य कामगार + सीमान्त कामगार) के प्रतिशत अनुपात को सहभागिता दर (Participation ratio) कहते हैं। सहभागिता अनुपात पुरुषों तथा स्त्रियों के लिए अलग-अलग होते हैं। इस समय देश की सहभागिता दर 39.1% है, जिसमें महिलाओं की सहभागिता दर 25.6% और पुरुषों की सहभागिता दर 51.7% है। इस समय देश की कुल जनसंख्या में 30.4% मुख्य कामगार, 8.7% सीमान्त कामगार तथा 60.9% गैर-कामगार हैं। इस प्रकार देश में आश्रितों की संख्या अत्यधिक है।

- यह हमारी पिछड़ी अर्थव्यवस्था का सूचक है, इसका अभिप्राय यह है कि अपूर्ण रोजगार तथा बेरोजगारी की समस्या बड़ी गम्भीर है। राज्य स्तर पर सहभागिता के अनुपात में अत्यधिक विषमताएँ पाई जाती हैं।
- कामगारों का अनुपात लक्षद्वीप में 25.3% से लेकर मिजोरम में 52.6% है। कुल 18 राज्यों तथा संघ राज्य क्षेत्रों में कामगारों का अनुपात राष्ट्रीय अनुपात से अधिक था।

व्यावसायिक संरचना

- *जनगणना विभाग द्वारा श्रमजीवी जनसंख्या को चार वर्गों में विभाजित किया जाता है*

1. कृषक
2. कृषि मजदूर
3. घरेलू-उद्योग श्रमिक
4. अन्य श्रमिक

- उल्लेखनीय है कि देश की व्यावसायिक संरचना (Occupational structure) में कृषि कामगारों का अनुपात घट रहा है। वर्ष 1971 में यह 69.49% था, जो घटकर वर्तमान में 56.6% तक पहुँच गया है। यह अर्थव्यवस्थाओं में उद्योग व सेवाक्षेत्र के बढ़ते महत्त्व को दर्शाता है। दूसरी ओर घरेलू उद्योगों का भी महत्त्व बढ़ रहा है। इस वर्ग में कामगारों की संख्या वर्ष 1971 के 3.52% से बढ़कर वर्तमान में 13.4% हो गई है। विगत दो दशक में गैर-कृषीय क्षेत्र में उल्लेखनीय लाभ हुआ है। विनिर्माण, व्यापार, भण्डारण, संचार तथा अन्य सेवाओं में लगे लोगों को अन्य कामगारों के वर्ग में शामिल किया जाता है।

अनुसूचित जाति की जनसंख्या

- भारत में अनुसूचित जाति शब्द का पहली बार प्रयोग भारत सरकार के अधिनियम 1935 में हुआ था। भारतीय संविधान के अनुसूची 341 में इस अधिनियम को शामिल किया गया है। स्वतन्त्रता के समय भारत में अनुसूचित जातियों की संख्या 5.17 करोड़ थी, जो बढ़कर 1991 में 13.82 करोड़ हो गई। वर्तमान में वर्ष 2011 की जनगणना के अनुसार भारत में अनुसूचित जातियों की संख्या 20.14 करोड़ है, जो कि भारत की कुल जनसंख्या का 16.6% है।

अनुसूचित जातियों का वितरण

- भारत में अनुसूचित जातियों का वितरण बहुत ही असमान एवं विस्तृत है। उत्तर प्रदेश में इसकी सर्वाधिक संख्या पाई जाती है। इसके बाद क्रमशः पश्चिम बंगाल, बिहार, तमिलनाडु, आन्ध्र प्रदेश, महाराष्ट्र, राजस्थान, मध्य प्रदेश, कर्नाटक एवं पंजाब का स्थान है। प्रतिशत की दृष्टि से पंजाब प्रथम है जहाँ इसकी कुल जनसंख्या का 31.9% जनसंख्या अनुसूचित जातियों की है।

प्रतिशतता के अनुसार सर्वाधिक अनुसूचित जातियों वाले राज्य

राज्य	प्रतिशत
पंजाब	31.9%
हिमाचल प्रदेश	25.2%
पश्चिम बंगाल	23.5%
उत्तर प्रदेश	20.7%
हरियाणा	20.2%

प्रतिशतता के अनुसार सबसे कम अनुसूचित जातियों वाले राज्य

राज्य / UTs	प्रतिशत
मिजोरम	0.1%
मेघालय	0.6%
गोवा	1.7%
दादरा एवं नागर हवेली	1.8%
दमन एवं दीव	2.5%

अनुसूचित जातियों की व्यावसायिक संरचना

अनुसूचित जातियों की व्यावसायिक संरचना निम्नलिखित घटकों से बनी है

1. भूमिहीन खेतिहर मजदूर
2. छोटे भूमिधारी काश्तकार
3. छोटी वस्तुओं के उत्पादक या कारीगर
4. चर्म शोधन, जूता निर्माण इत्यादि पारम्परिक कार्य के मजदूर

अनुसूचित जनजातियों का वितरण

- जनसंख्या आकार की दृष्टि से सबसे अधिक अनुसूचित जनजातियाँ मध्य प्रदेश में रहती हैं, उसके बाद महाराष्ट्र व ओडिशा राज्य में रहती हैं। इसकी तुलना में पूर्वोत्तर भारत के राज्यों में जनसंख्या आकार छोटा है, किन्तु वृद्धि दर विस्फोटक है और कुल जनसंख्या में इनका अनुपात उच्चतम है। प्रतिशत के मामले में जनजातियाँ मिजोरम में सर्वाधिक (94.4%) तथा सबसे कम गोवा (0.04) में हैं।
- पंजाब, हरियाणा, पुदुचेरी, दिल्ली व चण्डीगढ़ को छोड़कर देश के हर राज्य व केन्द्रशासित प्रदेश में जनजातीय जनसंख्या पाई जाती है। मिजोरम के अतिरिक्त लक्षद्वीप (94.8%), नागालैण्ड (86.5%), मेघालय (86.1%), अरुणाचल प्रदेश (68.8%), दादरा और नगर हवेली (52.0%) ऐसे क्षेत्र हैं, जहाँ अनुसूचित जनजातियों की जनसंख्या 50% से अधिक है।

अनुसूचित जनजातियों में साक्षरता

जनसंख्या के अन्य वर्गों की अपेक्षा अनुसूचित जनजातियों में साक्षरता कम है। वर्ष 2011 में अनुसूचित जनजातियों की जनसंख्या का 58.96% साक्षर थी, जिसमें पुरुष साक्षरता 68.5% तथा महिला साक्षरता 49.4% है। सम्पूर्ण अनुसूचित जनजाति जनसंख्या में 91.4% ग्रामीण क्षेत्र में तथा 8.6% नगरीय क्षेत्र में निवास करती है।

जनसंख्या की दृष्टि से अनुसूचित जनजाति वाले प्रमुख राज्य/केन्द्रशासित प्रदेश

प्रदेश	जनसंख्या	प्रतिशत
मध्य प्रदेश	1,53,16,784	21.1
महाराष्ट्र	1,05,10,213	9.4
ओडिशा	95,90,756	22.8
राजस्थान	92,38,534	13.5
गुजरात	89,17,174	14.8

जनसंख्या में प्रतिशत की दृष्टि से अनुसूचित जनजाति वाले शीर्ष राज्य/केन्द्रशासित प्रदेश

राज्य / UTs	प्रतिशत
लक्षद्वीप	94.8
मिजोरम	94.4
नागालैण्ड	86.5
मेघालय	86.1
अरुणाचल प्रदेश	68.8
मणिपुर	35.1

जनसंख्या में प्रतिशत की दृष्टि से न्यूनतम अनुसूचित जनजाति वाले राज्य/केन्द्रशासित प्रदेश

राज्य / UTs	प्रतिशत
उत्तर प्रदेश	0.6%
तमिलनाडु	1.1%
बिहार	1.3%
केरल	1.5%
उत्तराखण्ड	2.9%

भारत में 5वीं पंचवर्षीय योजना में 72 ऐसी जनजातियों की पहचान की गई है, जिनकी जनसंख्या नहीं बढ़ रही है या बहुत धीमी गति से बढ़ रही है, जिससे ये लुप्त होने की कगार पर हैं।

धर्म आधारित जनगणना

भारत में पहली बार व्यवस्थित धर्म आधारित जनगणना वर्ष 2001 में की गई थी। वर्तमान में 2011 के धर्म आधारित जनगणना का विश्लेषण हम निम्नलिखित सारणी/तालिका के आधार पर कर सकते हैं।

धर्म आधारित जनगणना 2011

धर्म	जनसंख्या (करोड़)	% जनसंख्या	वृद्धि (%) (2001-2011)	कुल लिंगानुपात	ग्रामीण लिंगानुपात	नगरीय लिंगानुपात	0-6 2001 के अनुसार लिंगानुपात	साक्षरता %	कार्य में भागीदारी
हिन्दू	96.63	79.80	16.8	939	946	921	925	65.1%	40.4%
मुस्लिम	17.22	14.23	24.6	951	957	941	950	59.1%	31.3%
सिख	2.08	1.72	8.4	903	905	898	786	69.4%	37.7%
ईसाई	2.78	2.30	15.5	1023	1008	1046	964	80.3%	39.7%
जैन	0.45	0.37	5.4	954	935	959	870	94.1%	32.9%
बौद्ध	0.84	0.70	6.1	965	960	973	942	72.7%	40.6%
अन्य धर्म	—	0.66	—	1008	1009	1006	—	—	—
धर्म (अवर्गीकृत)	—	0.24	—	959	947	975	—	—	—

राष्ट्रीय जनसंख्या नीति, 2000

- 15 फरवरी, 2000 को अपनाई गई राष्ट्रीय जनसंख्या नीति (National Population Policy) देश में स्वतन्त्रता प्राप्ति के बाद अपनाई गई एक बेहतर नीति है। नीति का दीर्घावधिक उद्देश्य वर्ष 2070 तक जनसंख्या स्थिरता के लक्ष्य को प्राप्त करना है।
- *राष्ट्रीय जनसंख्या नीति में इन उद्देश्यों को प्राप्त करने के लिए निम्न उपायों की बात की गई है*
  - शिशु मृत्यु दर को 70 हजार से घटाकर 30 प्रति हजार से नीचे लाना।
  - मातृत्व मृत्युदर को प्रति एक लाख जीवित जन्मों के अनुपात में 100 से कम करना।
  - समस्त जनसंख्या को रोगों के प्रति निरापदता (Immunisation) प्रदान करना।
  - 18 वर्ष से कम आयु वाली लड़कियों के विवाह पर अंकुश लगाना।
  - जन्म, मृत्यु, विवाह एवं गर्भधारण का शत-प्रतिशत पंजीकरण लक्ष्य प्राप्त करना।

- सभी संचरणीय रोगों का इलाज करना और उन्हें फैलने से रोकना।
- कुल उत्पादकता को 2:1 की प्रतिस्थापन दर तक लाना।
- दो बच्चों वाले छोटे परिवार को प्रोत्साहित करना।
- कम-से-कम 80% जनन को नियमित डिस्पेन्सरियों, अस्पतालों तथा स्वास्थ्य संस्थाओं में प्रशिक्षित स्टाफ द्वारा करवाना और शेष 20% जनन को भी प्रशिक्षित स्वास्थ्य कर्मियों द्वारा करवाना।
- 14 वर्ष तक के सभी बच्चों को नि:शुल्क एवं अनिवार्य शिक्षा प्रदान करना।
- सामाजिक क्षेत्र से जुड़े सभी कार्यक्रमों का ऐसा कार्यान्वयन करना, ताकि परिवार कल्याण सरकारी कार्यक्रम न रहकर एक जनकेन्द्रित कार्यक्रम बन सके।

राष्ट्रीय जनसंख्या आयोग

- 11 मई, 2000 को दिल्ली में आस्था नामक शिशु (लड़की) के जन्म के साथ ही भारत की जनसंख्या के एक अरब हो जाने पर भारत सरकार द्वारा प्रधानमन्त्री की अध्यक्षता में जुलाई, 2000 में राष्ट्रीय जनसंख्या आयोग का गठन किया गया था। इस आयोग में कुल 127 सदस्य हैं, जिनका प्रमुख उद्देश्य उच्च प्राथमिकता के आधार पर सरकार को जनसंख्या को स्थिर करने के प्रयासों में महत्त्वपूर्ण व ठोस सुझाव देना है।
- प्रधानमन्त्री इस आयोग के अध्यक्ष तथा योजना आयोग के उपाध्यक्ष होंगे। केन्द्र सरकार के विभिन्न मन्त्रालयों के मन्त्री इसके सदस्य हैं—वित्त स्वास्थ्य एवं परिवार कल्याण, सूचना एवं प्रसारण, पर्यावरण एवं वन, ग्रामीण विकास, सामाजिक न्याय एवं अधिकारिता, नगर विकास तथा महिला एवं बाल विकास हैं।

जनसंख्या नियन्त्रण हेतु उपाय

- कृषि उत्पादन में वैज्ञानिक विधियों तथा गहन कृषि द्वारा वृद्धि की जानी चाहिए।
- दलदली भूमि, चरागाह एवं अन्य भूमि को कृषि योग्य बनाकर कृषि का विस्तार किया जाना चाहिए।
- खनिज, मिट्‌टी, जल, वनस्पति आदि प्राकृतिक संसाधनों का उचित एवं विवेकपूर्ण उपभोग एवं संरक्षण करना चाहिए।
- औद्योगीकरण एवं नगरीकरण का विकास करना चाहिए।
- जनसंख्या के क्षेत्रीय वितरण को सन्तुलित बनाए जाने के लिए जनसंख्या के क्षेत्रीय प्रवास को प्रोत्साहित व प्रेरित किया जाना चाहिए।
- जनसंख्या की वृद्धि पर नियन्त्रण रखने के लिए अनेक ऐच्छिक एवं अनिवार्य प्रतिबन्ध लगाए जाने चाहिए। *इसके लिए कुछ महत्त्वपूर्ण उपाय निम्नलिखित हैं*

(i) **शिशु मृत्यु दर को कम करना** क्योंकि शिशु मृत्युदर तथा जन्मदर में घनिष्ठ सम्बन्ध पाया जाता है। ऐसी स्थिति में परिवार नियोजन कार्यक्रमों की प्रगति धीमी पड़ जाती है। संयुक्त राष्ट्र संघ द्वारा वर्ष 2000 तक 50 प्रति हजार शिशु मृत्युदर लाने का संकल्प किया गया था। वर्तमान भारत में शिशु मृत्युदर लगभग 29 प्रति हजार है।

(ii) **शिक्षा को बढ़ावा दिया जाए** केरल में उच्च साक्षरता दर के साथ ही निम्नतम जन्मदर पाई जाती है। अशिक्षा से उपजी सामाजिक रूढ़ियों व अन्धविश्वास परिवार नियोजन के कार्यक्रमों की प्रगति में बाधक रहते हैं।

(iii) **स्वास्थ्य सुविधाओं का विकास किया जाए** सितम्बर, 1994 को जनसंख्या और विकास पर आयोजित कायरो सम्मेलन में जनसंख्या और विकास के क्षेत्र में अगले 20 वर्षों के लिए, जिस एक्शन कार्यक्रम को सहमति दी गई है, उसमें सभी देशों के लिए प्रजनन चिकित्सा सम्बन्धी देखभाल व परिवार नियोजन को उचित आयु के सभी लोगों तक पहुँचाने का वर्ष 2015 तक का जो लक्ष्य रखा गया था, उसका सरकार द्वारा पूरी दृढ़ता एवं ईमानदारी से पालन किया जाना चाहिए।

अधिवास

- अधिवास (Settlements) जनसंख्या का एक विशिष्ट समूहन है, जिसमें निवासियों के लिए मकानों, गलियों आदि की सुविधाएँ पाई जाती हैं। दूसरे शब्दों में, मानव बस्ती का अर्थ किसी भी प्रकार और आकार के घरों का संकुल (Agglomeration) है, जिनमें मनुष्य रहते हैं। इस उद्‌देश्य के लिए लोग मकानों और अन्य इमारतों का निर्माण करते हैं और अपने आर्थिक हित एवं पोषण आहार के लिए कुछ क्षेत्र पर स्वामित्व (Ownership) रखते हैं।
- अत: बस्ती की प्रक्रिया में मूल रूप से लोगों के समूहन और उनके संसाधन आधार के रूप में क्षेत्र का आवण्टन सम्मिलित होता है। सामान्य वर्गीकरण के तौर पर अधिवासों को दो भागों, ग्रामीण एवं नगरीय अधिवासों में विभाजित किया गया है।

ग्रामीण अधिवास

ग्रामीण अधिवास (Rural Settlements) में जनसंख्या और आवासों का समूहन नगरीय अधिवास की अपेक्षाकृत कम सघन होता है, साथ ही ग्रामीण अधिवास के नागरिक प्राथमिक व्यवसायों द्वारा अपना जीविकोपार्जन (Livelihood) करते हैं।

ग्रामीण बस्तियों के प्रकार

भारत की ग्रामीण बस्तियों को सामान्यत: चार वर्गों में बाँटा जाता है

1. गुच्छित, संहत अथवा केन्द्रीय बस्तियाँ

गुच्छित (Clustered) प्रकार की बस्तियों में ग्रामीण घरों के संहत (Dense) खण्ड पाए जाते हैं। इन बस्तियों में सामान्य क्षेत्र स्पष्ट रूप से निकटवर्ती खेतों, घेरों (बाड़ों) तथा चरागाहों से अलग होता है। इस प्रकार की बस्तियाँ अत्यन्त उपजाऊ, जलोढ़ मैदानों (Alluvial plain), शिवालिक की घाटियों और उत्तर-पूर्वी राज्यों में पाई जाती हैं।

2. अर्द्ध-गुच्छित या विखण्डित बस्तियाँ

किसी सीमित क्षेत्र में समूहन प्रवृत्तियाँ समेकित प्रादेशिक आधार के परिणामस्वरूप ही अर्द्ध-गुच्छित या विखण्डित (Semi-clustered) बस्तियाँ बनती हैं। गुजरात के मैदान में ऐसी बस्तियाँ व्यापक रूप से पाई जाती हैं।

3. पुरवा बस्तियाँ

जाति व्यवस्था के कारण उत्पन्न सामाजिक विलगाव कभी-कभी गुच्छित बस्तियों को विखण्डित कर देता है। बस्तियों की ये गौण इकाइयाँ पाढ़ा, पल्ली, नंगला या ढाणी (Hamlet) कहलाती हैं। ऐसी बस्तियाँ गंगा के मध्यवर्ती और निचले मैदान, छत्तीसगढ़ तथा हिमालय की निचली घाटियों में पाई जाती हैं।

4. परिक्षिप्त अथवा एकाकी बस्तियाँ टोले

परिक्षिप्त (Dispersed) प्रकार की बस्ती में छोटे-छोटे टोले एक बड़े क्षेत्र पर दूर-दूर बिखरे होते हैं। इनका कोई अभिविन्यास (Pattern) नहीं होता है, क्योंकि इन बस्तियों में केवल कुछ ही घर होते हैं। मेघालय, उत्तराखण्ड और हिमाचल प्रदेश के अनेक क्षेत्रों में इस प्रकार की बस्तियाँ पाई जाती हैं।

ग्रामीण बस्तियों का प्रतिरूप

- ग्रामीण बस्तियों के स्थानीय प्रतिरूप पर वहाँ की सामाजिक-सांस्कृतिक गतिविधियों का सर्वाधिक असर होता है तथा इनकी सामाजिक-सांस्कृतिक गतिविधियों में काफी भिन्नता पाई जाती है।

ग्रामीण बस्तियों के प्रतिरूप का वर्गीकरण निम्न प्रकार हैं

- **रेखीय प्रतिरूप** भारत में ओडिशा के समुद्रतटीय प्रदेश में, झारखण्ड में सन्थाल परगना, आन्ध्र प्रदेश के पूर्वी भाग में, गुजरात के सौराष्ट्र व कच्छ क्षेत्र में, दक्षिणी भारत में तमिलनाडु के नेल्लोर जिले में इस प्रकार के गाँव पाए जाते हैं।
- **अरीय त्रिज्या प्रतिरूप** बिहार, मध्य प्रदेश, राजस्थान, हरियाणा व उत्तर प्रदेश के प्रत्येक जिले में इस प्रकार के गाँव पाए जाते हैं।
- **त्रिभुजाकार प्रतिरूप** भारत में इस प्रकार के गाँव दक्षिणी सिरे पर कुमारी अन्तरीप पर दृष्टिगत होते हैं। ओडिशा की चिल्का झील क्षेत्र में व खम्भात की खाड़ी में गोपीनाथ, कुण्डा आदि इस प्रकार के गाँव हैं। मध्य प्रदेश में सोनार नदी के मोड़ पर असलाना, बिहार में बूढ़ी गण्डक के मोड़ पर मंझोल सिवारी गाँव और केरल के तटीय भाग में मुन्नामतुरा इस प्रकार का गाँव है।
- **वृत्ताकार प्रतिरूप** इस प्रकार के ग्राम सामान्यतया किसी झील, तालाब या वट वृक्ष तथा कभी-कभी कुएँ के चारों ओर बसे होते हैं। किसी मुखिया या पंचायत घर के चारों ओर से भी गृहों का विकास होने से वृत्ताकार प्रतिरूप (Circular pattern) बन जाता है। भारत में दोनों ही प्रकार के ग्राम पाए जाते हैं। ये ग्राम मध्य प्रदेश, महाराष्ट्र, गुजरात, आन्ध्र प्रदेश, हरियाणा, बिहार, पंजाब, गंगा-यमुना के दोआब आदि में मिलते हैं। राजस्थान की मरुभूमि में कहीं-कहीं मीठे पानी के कुएँ के चारों ओर वृत्ताकार गाँव बसे हैं।
- **तारा प्रतिरूप** भारत के सभी राज्यों में ये गाँव उदाहरणस्वरूप मिलते हैं। उत्तर प्रदेश के बहाना और मटौना के गाँव भी इसी प्रकार के हैं।
- **मालानुमा प्रतिरूप** इसका विस्तार बिहार, दक्षिण पश्चिम बंगाल, केरल, पाकिस्तान, बांग्लादेश आदि जगहों पर मिलता है।
- **तीर प्रतिरूप** जब मानव बसाव नुकीले मोड़ पर होता है, तो उसकी आकृति तीरनुमा हो जाती है, इसका विस्तार दक्षिणी भारत में कन्याकुमारी, मुन्नमातुरा, बिहार में बूढ़ी गण्डक नदी के मोड़ पर, झारखण्ड में तथा मध्य प्रदेश आदि जगहों पर मिलता है।
- **आयताकार या वर्गाकार प्रतिरूप** इस प्रकार के अधिवास राजस्थान के पश्चिमी व आन्ध्र प्रदेश के रायलसीमा क्षेत्र में मिलते हैं।
- **चौकोर पट्टी प्रतिरूप** इस प्रकार के गाँव दो सड़कों के मिलन स्थल अथवा चौराहों पर बसे होते हैं। इनकी गलियाँ व सड़कें एक-दूसरे के समानान्तर होती हैं। उत्तरी भारत, दक्षिणी आन्ध्र, कर्नाटक व तमिलनाडु राज्यों में इस प्रकार के गाँव पाए जाते हैं।

नगरीय अधिवास

- नगरीय अधिवास (Urban settlements) में जनसंख्या और आवासों का सघन समूहन पाया जाता है। इसके अधिकांश निवासी गैर-प्राथमिक व्यवसायों द्वारा अपना जीविकोपार्जन करते हैं। ये दो प्रकार के होते हैं

  1. जनगणना नगर
  2. वैधानिक नगर

- वर्ष 1971 की जनगणना के अनुसार वे अधिवास या स्थान, जो निम्नलिखित शर्तों को पूरा करते हैं, **जनगणना नगर** की श्रेणी में रखे जा सकते हैं; जैसे
  (i) 5,000 से अधिक जनसंख्या।
  (ii) पुरुषों की कार्यशील जनसंख्या का कम-से-कम 75% भाग कृष्येत्तर (Non-agricultural) कार्यों में लगा हो।
  (iii) जनसंख्या का घनत्व 400 व्यक्ति प्रति वर्ग किमी से अधिक हो।
- **वैधानिक नगर** के अन्तर्गत सभी नगर निगम, नगरपालिका, छावनी और अधिसूचित नगर क्षेत्र (Notified Town Area) आते हैं।

भारत में नगरीकरण

- नगरीकरण (Urbanisation) एक सामाजिक- आर्थिक प्रक्रिया है, जिसके द्वारा किसी क्षेत्र की जनसंख्या का बड़ा भाग कस्बों और नगरों में संकेन्द्रित (Concentrated) हो जाता है। भारत जैसे विकासशील देश में नगरीकरण वर्तमान शताब्दी की सबसे महत्त्वपूर्ण घटना है, जिसने राष्ट्रीय जीवन के सभी पहलुओं (Aspects) को प्रभावित किया है।
- वर्ष 1901 के जनगणना के अनुसार, भारत में 20.34% नगरीय जनसंख्या थी, जो वर्ष 2001 में बढ़कर 28.53% हो गई, जबकि वर्ष 2011 के जनगणना में 30% को पार करते हुए नगरीकरण की प्रतिशतता 31.16% तक पहुँच गई। संयुक्त राष्ट्र के वर्ष 2001 के जनसंख्या रिपोर्ट के अनुसार, भारत की 40.76% जनसंख्या वर्ष 2030 तक नगरों में निवास करेगी। इसी क्रम में विश्व बैंक की रिपोर्ट यह कहती है कि वर्ष 2050 तक भारत के साथ-साथ चीन, इण्डोनेशिया नाइजीरिया और संयुक्त राज्य अमेरिका में सर्वाधिक नगरीय जनसंख्या रहेगी।

नगरीकरण के कारक

नगरों की उत्पत्ति मुख्यत: ऐतिहासिक, सामाजिक, सांस्कृतिक तथा आर्थिक कारणों से होती है। *भारत में नगरों के विकास में निम्नलिखित कारक महत्त्वपूर्ण रहे हैं*

- **प्रशासनिक कारक** प्रशासनिक कारक (Administrative factor) सुविधा हेतु कई नियोजित नगरों की स्थापना की गई; जैसे-चण्डीगढ़, भुवनेश्वर, गाँधीनगर आदि।

- **औद्योगिक कारक** उद्योग की स्थापना ने नगरों के विकास को प्रोत्साहित किया; जैसे-जमशेदपुर (स्वतन्त्रता पूर्व), बोकारो, राउरकेला, भिलाई, दुर्गापुर, मोदीनगर (स्वतन्त्रता पश्चात्)।
- **परिवहन कारक** स्वतन्त्रता पूर्व पत्तन नगरों (Port cities) का तेजी से विकास हुआ, इसका मुख्य कारण था—विदेशी व्यापार में समुद्री परिवहन का महत्त्वपूर्ण होना। सूरत, दमन, मुम्बई, कोलकाता, चेन्नई जैसे व्यापारिक नगरों का विकास इसी सुविधा के कारण हुआ था। सड़क और रेल परिवहन के मिलन स्थल (Junction) ने भी नगरों के उदय में योगदान दिया; जैसे—धुलिया (सड़क जंक्शन), मुगलसराय, इटारसी, टुण्डला, बीना, कटनी, (रेलवे जंक्शन) आदि।
- **व्यापारिक कारक** किसी व्यापार में विशिष्टता प्राप्त कर लेने से ऐसे नगरों का उद्भव एवं विकास हुआ; जैसे—अजमेर, बीकानेर, जोधपुर, सहारनपुर, सतना आदि।
- **संसाधन कारक** खनिजों के दोहन हेतु वीरान में जनसंख्या का संकेन्द्रण हुआ और नए नगर बने; जैसे—रानीगंज, झरिया, अंकलेश्वर, डिग्बोई, सिंगरौली आदि।
- **शैक्षणिक कारक** नगर की भीड़-भाड़ से दूर शिक्षण केन्द्रों की स्थापना हुई, लेकिन धीरे-धीरे शैक्षणिक (Academic Factor) सुविधा ने जनसंख्या को अपनी ओर खींचा और क्रमश: वह स्थान नगर के रूप में विकसित हो गया; जैसे—रूड़की, पिलानी, अलीगढ़ आदि।
- **पर्यटन कारक** अंग्रेजों के आगमन के बाद पर्वतीय प्रदेशों में अनेक पर्यटन केन्द्रों की स्थापना हुई; जैसे—ऊटी, शिमला, मसूरी, पंचमढ़ी, माउण्ट आबू, कोडाईकनाल आदि।
- **धार्मिक तथा सांस्कृतिक कारक** प्राचीन तथा मध्यकाल में धार्मिक कारणों से कई नगरों का विकास हुआ; जैसे—काशी, तिरुपति, अजमेर, अमृतसर आदि।
- **सुरक्षा कारक** प्राचीन एवं मध्यकाल में स्थापित गढ़, नगर या दुर्ग नगरों (Fort) का निर्माण सुरक्षा कारणों से हुआ था; जैसे-आगरा, फतेहपुरसीकरी, दौलताबाद, जयपुर आदि। अंग्रेजों के समय भी कई छावनी नगर (Cantonment) विकसित हुए; जैसे—दानापुर कैण्ट, खड़गवासला आदि।

ग्रामीण-नगरीय स्थानान्तरण

- वर्तमान में भारतीय नगरीकरण हेतु सबसे महत्त्वपूर्ण कारक ग्रामीण-नगरीय स्थानान्तरण (Rural-urban migration) की प्रक्रिया है। स्थानान्तरण मुख्यत: बड़े नगरों की ओर हो रहा है, जिसे 'Top Heavy Pattern Urbanisation' की संज्ञा दी गई है। ग्रामीण-नगरीय स्थानान्तरण दो कारणों से होता है—'शहर की आकर्षण शक्ति (Pull factor) के कारण एवं गाँव की विकर्षण शक्ति (Push factor) के कारण।' भारत में ग्रामीण-नगरीय स्थानान्तरण हेतु मुख्यत: गाँव की विकर्षण शक्ति उत्तरदायी है।
- गाँवों में रोजगार की कमी (Lack of employment), सामाजिक एवं संरचनात्मक सुविधाओं (Structural facility) (शिक्षा, स्वास्थ्य, सुरक्षा, परिवहन, बिजली, मनोरंजन के साधन आदि) का अभाव जनसंख्या को शहर की ओर पलायन हेतु बाध्य करता है।
- हालाँकि शहरों में इस प्रवासी जनसंख्या के दबाव के कारण सुविधाओं की कमी होने लगती है, लेकिन यहाँ आकर लोगों को छोटा-मोटा रोजगार मिल जाता है और वे किसी तरह गुजर-बसर कर लेते हैं।

इसके अलावा कुछ अन्य कारक भी वर्तमान भारतीय नगरीकरण में सहायक रहे हैं; जो *निम्नलिखित* हैं

- गैर-प्राथमिक कार्यों जैसे सेवा क्षेत्र का तेजी से बढ़ना।
- विज्ञान एवं तकनीकी का विकास।
- उपनगरों (Suburbs) का निर्माण; जैसे—मोहाली।
- नगरीय जनसंख्या की प्राकृतिक वृद्धि।
- भौतिकवादी जीवन शैली के प्रति बढ़ता लगाव।
- सामाजिक एवं राजनीतिक कारण; जैसे—भारत-पाक बँटवारे में पाक से भारत आई अधिकतर जनसंख्या नगरों में बसी। इसी कारण वर्ष 1941-51 के दशक में नगरीय जनसंख्या में 41% की वृद्धि हुई।

भारत में नगरीकरण का क्रमिक विश्लेषण

- भारत में पहली बार विधिवत् जनगणना 1881 ई. में हुई और अब तक की अन्तिम जनगणना वर्ष 2011 में की गई है। इन 130 वर्षों की अवधि में भारतीय नगरीय जनसंख्या के वृद्धि क्रम को निम्नलिखित तीन चरणों में बाँटा जा सकता है

1. धीमी नगरीय विकास वृद्धि (1881-1931)

- यह भारतीय नगरीय विकास का प्रारम्भिक काल है, जिसमें कुल जनसंख्या के साथ-साथ नगरीय जनसंख्या में भी धीमी वृद्धि हुई, बल्कि वर्ष 1911 में तो कुल जनसंख्या के प्रतिशत के रूप में नगरीय जनसंख्या में गिरावट आई (10.84% से घटकर 10.34%)। वर्ष 1881 में 9.3% जनसंख्या नगरीय थी, जो 1931 तक बढ़कर केवल 11.99% ही हो सकी।

2. मध्यम नगरीय विकास वृद्धि (1931-1961)

- वर्ष 1931 में नगरीय जनसंख्या 33.46 लाख थी, जो कुल जनसंख्या का 11.99% थी। वर्ष 1961 में यह आँकड़े बढ़कर क्रमश: 7.89 करोड़ तथा 17.97% हो गए।
- इस कारण से इस अवधि को मध्यम नगरीय वृद्धि का काल कहा जाता है। द्वितीय विश्वयुद्ध (Second World War) (1939-45) तथा वर्ष 1947 में देश का विभाजन इस अवधि में नगरीय जनसंख्या वृद्धि के मुख्य कारण थे।
- विभाजन के परिणामस्वरूप लाखों की संख्या में विस्थापित लोग पाकिस्तान तथा बांग्लादेश तत्कालीन पूर्वी पाकिस्तान से भारत में आए, जिनके पुनर्वास (Rehabilitation) के लिए कई नए नगर बसाए गए और कई पुराने नगरों का विस्तार किया गया।

3. तीव्र नगरीय विकास काल (1961-2011)

- इस काल में कुल नगरीय जनसंख्या तथा कुल जनसंख्या में नगरीय जनसंख्या के प्रतिशत में बड़ी तीव्र गति से वृद्धि हुई, जिस कारण इसे तीव्र वृद्धि वाला काल कहा जाता है।

- पंचवर्षीय योजनाओं के अन्तर्गत औद्योगीकरण में तेजी आई, जिसके फलस्वरूप नगरीकरण में भी तीव्र गति से वृद्धि हुई। वर्ष 1961 में कुल नगरीय जनसंख्या 7.89 करोड़ थी, जो वर्ष 2011 में बढ़कर 37.71 करोड़ हो गई। इस अवधि में नगरीय जनसंख्या का प्रतिशत भी 17.97% से बढ़कर 31.2% हो गया। इस समय देश तीव्र नगरीकरण के दौर से गुजर रहा है।

कस्बों एवं नगरों का वर्गीकरण

भारतीय जनगणना विभाग ने नगरीय केन्द्रों को 6 वर्गों में बाँटा है

वर्ग-I 1,00,000 से अधिक जनसंख्या

वर्ग-II 50,000 से 99,999 के बीच जनसंख्या

वर्ग-III 20,000 से 49,999 के बीच जनसंख्या

वर्ग-IV 10,000 से 19,999 के बीच जनसंख्या

वर्ग-V 5,000 से 9,999 के बीच जनसंख्या

वर्ग-VI 5,000 से कम जनसंख्या

एक लाख से कम जनसंख्या वाले नगर को कस्बा (Town) कहते हैं। एक से 10 लाख की जनसंख्या वाले नगरीय केन्द्रों को नगर (City) कहा जाता है।

संयुक्त राष्ट्र संघ (United Nations Organisation, UNO) के अनुसार 10 से 50 लाख जनसंख्या के नगरीय केन्द्रों को महानगर (Metropolitan City) कहते हैं तथा 50 लाख से अधिक जनसंख्या वाले नगर को वृहत नगर (Megalopolis) कहते हैं। अधिकांश महानगर तथा वृहत नगर नगरीय संकुल (Urban Agglomeration) हैं। नगरीय संकुल के उत्कृष्ट उदाहरण वृहत मुम्बई (Greater Mumbai) व दिल्ली हैं।

नगरों की संख्या

नगरों के प्रकार	2001	2011
जनगणना नगर	1362	3894
वैधानिक नगर	3799	4041
नगरीय संकुल	384	475
प्रशाखाएँ	962	981
कुल नगर	5161	7935

नगरीय संकुल

निम्नलिखित तीन में से कोई एक संयोजन हो सकता है

1. नगर एवं इसका संलग्न (Adjacent) विस्तार।
2. विस्तार सहित अथवा बिना विस्तार के दो-या-दो से अधिक सटे हुए नगर।
3. एक नगर और उससे सटे हुए एक या अधिक नगरों और उनके क्रमिक विस्तार; जैसे—रेलवे कॉलोनी, विश्वविद्यालय परिसर, पत्तन क्षेत्र (Port Area), सैन्य छावनी आदि नगरीय विस्तार के उदाहरण हैं। ये सभी कस्बे या नगर के निकटस्थ गाँव या गाँवों की राजस्व (Revenue) सीमाओं में स्थित होते हैं।

- जनगणना वर्ष 2011 के अन्तरिम आँकड़ों के अनुसार देश के वर्ग-I के **475 नगरीय** संकुलों/नगरों में सर्वाधिक नगरीय संकुलों/नगरों की संख्या उत्तर प्रदेश में (64) है।
- वर्ग-I के नगरीय संकुलों/नगरों में सबसे कम जनसंख्या वाले नगरीय संकुल नगर क्रमशः नागदा (मध्य प्रदेश, जनसंख्या 100,036) एवं हिंगनघाट (महाराष्ट्र, जनसंख्या 100,416) हैं।

वृहत नगरीय संकुल नगर (वर्ष 2011 के जनगणना के अनुसार)

क्रम संख्या	नगर का नाम	राज्य/केन्द्र शासित प्रदेश	जनसंख्या
1.	मुम्बई	महाराष्ट्र	1,83,94,912
2.	दिल्ली	दिल्ली	1,63,49,831
3.	कोलकाता	पश्चिम बंगाल	1,40,35,959
4.	चेन्नई	तमिलनाडु	86,53,521
5.	बंगलुरु	कर्नाटक	85,20,435
6.	हैदराबाद	तेलंगाना	76,74,689
7.	अहमदाबाद	गुजरात	63,61,084
8.	पुणे	महाराष्ट्र	50,57,709
9.	सूरत	गुजरात	45,91,246
10.	जयपुर	राजस्थान	30,46,163
11.	कानपुर	उत्तर प्रदेश	29,20,496
12.	लखनऊ	उत्तर प्रदेश	29,02,920
13.	नागपुर	महाराष्ट्र	24,97,870
14.	गाजियाबाद	उत्तर प्रदेश	23,75,820
15.	इन्दौर	मध्य प्रदेश	21,70,295
16.	कोयम्बटूर	तमिलनाडु	21,36,916
17.	कोच्चि	केरल	21,19,724
18.	पटना	बिहार	20,49,156
19.	कोझीकोड	केरल	20,28,399
20.	भोपाल	मध्य प्रदेश	18,86,100

- वर्ष 2011 की जनगणना के अनुसार इन 53 मिलियन प्लस नगरीय संकुलों/नगरों की कुल जनसंख्या 160.7 मिलियन है, जोकि देश की कुल नगरीय जनसंख्या का 42.6% है।
- विगत दशक में इन महानगरों की जनसंख्या की वार्षिक वृद्धि दर 3.95% रही है। जनगणना वर्ष 2011, में मेगा सिटी की गणना हेतु संयुक्त राष्ट्र की ही परिभाषा को स्वीकार किया गया है। UNO के अनुसार 10 मिलियन (1 करोड़ से अधिक जनसंख्या) वाले नगरों को ही मेगा सिटी कहा जाता है। इस आधार पर भारत के मिलियन प्लस नगरीय संकुलनों में तीन नगरीय संकुलन मेगा सिटी के रूप में जाने जाते हैं। *ये निम्न हैं*
  1. वृहत मुम्बई 18.39 मिलियन
  2. दिल्ली 16.34 मिलियन
  3. कोलकाता 14.03 मिलियन
- दिल्ली और मुम्बई विश्व में सर्वाधिक नगरीकरण का साक्षी है। वर्ष 2001 की जनगणना की तुलना में वर्ष 2011 की जनगणना में दिल्ली में जनसंख्या वृद्धि 4.1% मुम्बई में 3.1% और कोलकाता में 2% रही। वर्तमान दर से उपरोक्त नगरों की जनसंख्या में वृद्धि जारी है।

नगरीकरण का प्रादेशिक प्रतिरूप

- भारतीय नगरीकरण के प्रादेशिक प्रतिरूप में अत्यधिक विषमताएँ पाई जाती हैं। सबसे अधिक नगरीकृत (Urbanised) राज्य (प्रतिशत के सन्दर्भ में) गोवा है, जहाँ 62.17% जनसंख्या नगरों में रहती है।

- बड़े राज्यों में तमिलनाडु (48.45%) सबसे अधिक नगरीकृत राज्य है, इसके पश्चात् केरल (47.72%), महाराष्ट्र (45.23%), गुजरात (42.58%), कर्नाटक (38.57%) तथा पंजाब (37.49%) के स्थान हैं, जहाँ एक तिहाई से अधिक जनसंख्या नगरों में रहती है। इसके विपरीत हिमाचल प्रदेश सबसे कम नगरीकृत प्रदेश है, जहाँ पर 10.0% जनसंख्या नगरीय है। उत्तराखण्ड , मणिपुर, नागालैण्ड, मध्य प्रदेश, बिहार, झारखण्ड, छत्तीसगढ़, उत्तर प्रदेश, ओडिशा, असम में नगरीय जनसंख्या का प्रतिशत भारत की नगरीय जनसंख्या के औसत प्रतिशत से कम है।
- केन्द्रशासित प्रदेशों (Union Territory) में दिल्ली तथा चण्डीगढ़ सबसे नगरीकृत हैं, जहाँ पर क्रमश: 97.5% एवं 97.25% जनसंख्या नगरीय है। अन्य केन्द्रशासित प्रदेशों में भी नगरीकरण औसत से अधिक है; जैसे— लक्षद्वीप (78.08), दमन एवं दीव (75.16%), पुदुचेरी (68.31%), दादरा एवं नगर हवेली (46.62%), अण्डमान और निकोबार (35.67%)।
- देश में आधे से अधिक नगरीय जनसंख्या केवल पाँच बड़े राज्यों में पाई जाती है। सबसे अधिक नगरीय जनसंख्या महाराष्ट्र में पाई जाती है, जहाँ 50.82 मिलियन लोग नगरों में रहते हैं। उसके बाद उत्तर प्रदेश (44.47 मिलियन), तमिलनाडु (34.94 मिलियन), पश्चिम बंगाल (29.13 मिलियन) तथा आन्ध्र प्रदेश (28.35 मिलियन) का स्थान है।

नगरीकरण की समस्याएँ

- भारत की नगरीय जनसंख्या संयुक्त राज्य अमेरिका की कुल जनसंख्या से अधिक हो गई है। लाखों की संख्या में महानगरों तथा बड़े नगरों में लोगों का आगमन हो रहा है, जिसके कारण भारत की नगरीय जनसंख्या वर्ष 2011 में बढ़कर 37.71 करोड़ हो गई है। नगरीय जनसंख्या की अत्यधिक वृद्धि दर अनेक सामाजिक-आर्थिक तथा पर्यावरण समस्याओं का कारण है।

भारत के नगरों की कुछ समस्याएँ संक्षिप्त रूप में निम्नलिखित हैं

स्थान की समस्या एवं आवास की कमी

- बढ़ती जनसंख्या (Population) के कारण अत्यधिक स्थान की आवश्यकता होती है, जो भौतिक तथा भौगोलिक दबाव (Physical geographical pressure) के कारण आसानी से उपलब्ध नहीं होती। मुम्बई की द्वीपीय प्रकृति तथा पूर्वी कोलकाता का अलवणीय जल ऐसे कुछ दबाव हैं, जिनके कारण इन नगरों का भौगोलिक विस्तार सम्भव नहीं है, जबकि नगरीय जनसंख्या लगातार बढ़ रही है।
- स्थान की कमी के कारण भूमि का मूल्य बढ़ता है तथा आवासों का किराया अधिक हो जाता है, चूँकि लोग अधिक किराया देने में असमर्थ होते हैं, इसलिए गन्दी बस्तियों (Slum) का अवांछित विकास होता है। फलस्वरूप निम्न आय के लोग गन्दी बस्तियों में तथा फुटपाथों पर रहने के लिए बाध्य हो जाते हैं।

सामाजिक सुख-सुविधाओं की कमी

- वास्तव में नगरों में लोगों की संख्या बढ़ती जा रही है, लेकिन यहाँ आधारभूत संरचना तथा नागरिक सुख-सुविधाएँ अपर्याप्त हैं। नगरीय स्थानों में लोगों के केन्द्रीकरण के कारण सामाजिक सुख-सुविधाएँ; जैसे—आवास, बिजली, पीने का पानी, परिवहन, सफाई का प्रबन्ध, गन्दे पानी को हटाने का प्रबन्ध, शैक्षिक संस्थान, अस्पताल, उद्यान, खेल के मैदान तथा मनोरंजन की सुविधाओं पर अधिक भार पड़ रहा है।

बेरोजगारी

- बेरोजगारी (Unemployment) अपनी अनिच्छा से काम से बाहर रहने की स्थिति है। भारत में नगरीय बेरोजगारी की वृद्धि दर लगभग 3% प्रतिवर्ष है। एक आकलन के अनुसार, नगरीय केन्द्रों में लगभग 25% श्रमिक बेरोजगार हैं। बेरोजगारी की बढ़ती दर के कारण अपराध की दर (Crime rate) भी बढ़ रही है।

बेरोजगारी एवं सामाजिक तनाव

- नगरीय स्थानों में खासकर मिलियन तथा वर्ग-I के नगरों में रोजगार व आर्थिक लाभ की तलाश में कई लोग आकर बसते हैं। प्राय: वे अपने परिवार को गाँव में छोड़कर अकेले इन नगरों में आते हैं। नगर की चकाचौंध तथा यहाँ के लोगों की असंवेदनशीलता का प्रभाव इन अप्रवासियों (Immigrants) पर पड़ता है।
- ऐसी स्थिति में अप्रवासी रोजगार के लिए प्रतिस्पर्द्धा (Competition) तथा अत्यन्त कठिनाइयों का सामना करते हैं, इनमें से कई काम पाने में असफल रहते हैं तथा बेरोजगार हो जाते हैं। बेरोजगार व्यक्ति असामाजिक गतिविधियों में लिप्त होकर सामाजिक तनाव का कारण बनते हैं।

अपराध में बढ़ोतरी

- अपराध में बढ़ोतरी आधुनिक नगरों की शान्ति को भंग कर रही है। समाजशास्त्रियों (Sociologist) के अनुसार बेरोजगारी नगरीय क्षेत्रों में अपराध का मुख्य कारण है। बेरोजगार युवा अपहरण, लूट-खसोट, हत्या, पॉकेटमारी, बलात्कार, चोरी तथा लूट जैसे अपराध करने लगते हैं। गन्दी बस्तियों (Slums) में बेरोजगार अपराधी होते हैं, जो समय के साथ-साथ अभ्यस्त (Habitual) अपराधी बन जाते हैं।
- बढ़ती उपभोक्तावाद (Consumerism), भौतिक संस्कृति, स्वार्थ, अत्यधिक प्रतिस्पर्द्धा, फिजूलखर्ची (Extravagant), बढ़ती सामाजिक-आर्थिक विषमता (Social-economic Disparity), बढ़ती बेरोजगारी तथा अकेलापन इस खतरे का मुख्य कारण है।

परिवहन की समस्या

- परिवहन मार्ग-अवरोध तथा यातायात भीड़ (Traffic jam) भारतीय नगरों की मुख्य समस्याएँ हैं। शहर के विकास के साथ उनके कार्य अधिक महत्त्वपूर्ण बन जाते हैं। श्रमिकों तथा अपने कार्य हेतु प्रतिदिन यात्रा करने वाले लोगों को अधिक परिवहन की सुविधाओं की आवश्यकता होती है। दुर्भाग्यवश अधिकतर नगरों में खासकर पुराने शहरों (Down town) में सड़कें संकीर्ण (Narrow) हैं, जो बढ़ती आबादी तथा यात्रियों के दबाव को सहन नहीं कर पाते हैं।
- निजी वाहनों की संख्या तीव्र गति से बढ़ती जा रही है, इसके कारण यातायात भीड़, अवरोध, उत्तेजना तथा तनाव बढ़ता है। यदि वाहनों की संख्या को वर्तमान दर के अनुसार बगैर सड़कों को चौड़ा तथा उन्नत किए बढ़ने दिया जाए, तो मुख्य नगरों की पूरी परिवहन-व्यवस्था लड़खड़ा जाएगी।

ऊर्जा संकट

- नगरीय भारत में ऊर्जा की कमी है। ऊर्जा की कमी के कारण वस्तुओं का औद्योगिक उत्पादन (Industrial production) तथा उनका वितरण घट जाता है। वास्तव में ऊर्जा की माँग औद्योगिक विकास परिवहन की क्षमता तथा मनुष्य की सुख-सुविधाओं पर निर्भर करती है। महानगरों, मिलियन नगरों तथा वर्ग-I के नगरों में ऊर्जा की माँग दिन-प्रतिदिन बढ़ती जा रही है, ऊर्जा संकट के कारण इस माँग को पूरा करना सम्भव नहीं है।

जलापूर्ति की कमी

- जल मनुष्य के जीवन के लिए अत्यन्त आवश्यक है, वास्तव में जल ही जीवन है तथा मनुष्य उसके बगैर नहीं रह सकता है। कोलकाता में प्रति व्यक्ति जल की खपत 250 ली/दिन है, मुम्बई में यह 175 ली/दिन है, दिल्ली में मात्र 80 ली/दिन, लॉस एन्जेल्स में यह 1200 ली/दिन है तथा शिकागो में यह 1100 ली/दिन है।

प्रदूषण

- पर्यावरणीय प्रदूषण (Environmental pollution) भारत के मेगा तथा मिलियन नगरों की एक गम्भीर समस्या है। वाहनों, कारखानों तथा घरों से उत्सर्जित धुएँ के कारण वायु-प्रदूषण ही नहीं, बल्कि जल तथा ध्वनि प्रदूषण भी गम्भीर समस्या है। कचरों का निस्तारण (Waste disposal) (खतरनाक प्लास्टिक, धातु तथा पैकेज) अधिकांश भारत के नगरों में एक गम्भीर समस्या है। दुर्भाग्यवश अधिकतर कचरा नदियों में गिरा दिया जाता है या फिर नदियों के तट पर इनका ढेर लगा दिया जाता है।
- मुम्बई, कोलकाता तथा चेन्नई जैसे नगर अपने कचरे के एक बड़े भाग का निस्तारण (Disposal) समुद्र में करते हैं। दिल्ली में कई नाले प्रदूषित जल को यमुना नदी में प्रवाहित करते हैं। यदा-कदा यमुना का अत्यधिक प्रदूषित जल दिल्ली में नलों में प्रवाहित होता है तथा यह अनेक जल जनित बीमारियाँ (Water borne diseases) फैलाता है। स्थानीय सरकार के पास कचरे के इस संकट से निपटने के लिए आवश्यक संसाधन तथा तकनीकी निपुणता (Technological skill) की कमी है। कचरे का संकट नगरीय लोगों के खर्च करने की क्षमता बढ़ते रहने के कारण और अधिक गहरा गया है।

गन्दी बस्ती

- गन्दी बस्ती (Slum) एक ऐसा आवासीय क्षेत्र है, जो त्रुटिपूर्ण डिजाइन, अधिक जनसंख्या, मकान, वायुसंचार, प्रकाश एवं स्वास्थ्य सुविधाओं के अभाव के कारण सुरक्षा, स्वास्थ्य और नैतिकता के लिए हानिकारक होते हैं। इसमें एक या दो कमरे के झोपड़ीनुमा मकान होते हैं, जिनकी दीवारें मिट्टी या ईंट की और छतें बोरे, चटाई, छप्पर, टिन, प्लास्टिक आदि की होती हैं। इनका विकास सामान्यत: सरकारी भूमि-रेलमार्गों एवं सड़कों, पुरानी इमारतों, निजी जमीनों आदि में होता है।
- इसमें नगर के सबसे निम्न आय वर्ग और गरीब लोगों को बहुत कम किराए पर आवासीय सुविधाएँ प्राप्त होती हैं। इसमें गाँवों से रोजगार की तलाश में शहर आने वाले गरीब ग्रामीण लोग छोटे-छोटे अस्वास्थ्यकर मकानों में रहते हैं।
- वर्ष 2011 में भारत स्लम के निवासियों की जनसंख्या के 93.06 मिलियन है, जो देश की कुल जनसंख्या का 7.75% होगा। यह अनुमान प्रणव सेन की अध्यक्षता में गठित एक विशेषज्ञ समिति ने व्यक्त किए हैं। यह अनुमान वर्ष 2011 की जनसंख्या में परिभाषित 5,262 शहरों में किए गए अध्ययन पर आधारित है।
- वर्ष 2011 में सर्वाधिक स्लम जनसंख्या महाराष्ट्र राज्य में है, जहाँ 1.81 करोड़ लोग स्लम बस्ती में रहते हैं। सबसे बड़ी स्लम बस्ती धारावी मुम्बई में है। दूसरे स्थान पर उत्तर प्रदेश (1.08 करोड़) है। तीसरे स्थान पर तमिलनाडु है, जहाँ 86.44 लाख लोग स्लम बस्ती में रहते हैं।

नगरीकरण की समस्याओं के समाधान

- नगरों में आवास की कमी प्रमुख समस्या है। इसी के समाधान हेतु सरकार ने राष्ट्रीय शहरी आवास पुनर्वास नीति (National Urban Housing and Habitat Policy, NUHHP) 2007 घोषित की है।
- इस नीति का अभिप्राय देश में पुनर्वास को कायम रखने वाले विकास को प्रोत्साहित करना है, ताकि इस परिप्रेक्ष्य में समाज के सभी वर्गों को वहन योग्य खर्च पर भूमि की न्यायोचित आपूर्ति, आश्रय और सुविधाएँ उपलब्ध कराने को सुनिश्चित किया जा सके। केन्द्र और राज्य सरकारों दोनों के द्वारा आवास की कमी और बजटीय अभावों को अत्यधिक महत्त्व दिए जाने के बाद यह स्पष्ट हो गया है कि आवास की माँग को पूरा करने में सार्वजनिक क्षेत्रों के प्रयास पर्याप्त नहीं होंगे।
- इस परिदृश्य (Scenerio) के परिप्रेक्ष्य में राष्ट्रीय आवास एवं पुनर्वास नीति, 2007 में कई कार्य साझेदारों को प्रकाश में लाने पर केन्द्रित हैं। इन साझेदारों के नाम हैं-निजी क्षेत्र (प्राइवेट सेक्टर), सहकारी क्षेत्र, श्रमिक आवास के लिए औद्योगिक क्षेत्र और कर्मचारी आवास के लिए सेवाएँ/संस्थागत क्षेत्र। इस तरीके से, सभी के लिए वहन योग्य आवास के लक्ष्य को महसूस करते हुए, सार्वजनिक-निजी साझेदारियों के विभिन्न प्रकारों को प्रोत्साहित करने की कोशिश ये नीति करेगी।

जनगणना 2011 के राज्यवार अन्तिम आँकड़े

क्रम.	राज्य/केन्द्र शासित प्रदेश	वर्ग	जनसंख्या	%	पुरुष	महिलाएँ	लिंगानुपात	साक्षरता	ग्रामीण जनसंख्या	शहरी जनसंख्या	क्षेत्र किमी^{2}	जनघनत्व प्रति वर्ग किमी
1.	उत्तर प्रदेश	राज्य	19,98,12,341	16.5	10,44,80,510	9,53,31,831	912	67.68	13,16,58,339	3,45,39,582	2,40,928	829
2.	महाराष्ट्र	राज्य	11,23,74,333	9.28	5,82,43,056	5,41,31,277	929	82.34	5,57,77,647	4,11,00,980	3,07,713	365
3.	बिहार	राज्य	10,40,99,452	8.6	5,42,78,157	4,98,21,295	918	61.80	7,43,16,709	86,81,800	94,163	1,102
4.	पश्चिम बंगाल	राज्य	9,12,76,115	7.54	4,68,09,027	4,44,67,088	950	76.26	5,77,48,946	2,24,27,521	88,752	1,030
5.	आन्ध्र प्रदेश	राज्य	8,45,80,777	6.99	4,24,42,146	4,21,38,631	993	67.02	5,54,01,067	2,08,08,940	2,75,045	308
6.	मध्य प्रदेश	राज्य	7,26,26,809	6.00	3,76,12,306	3,50,14,503	931	69.32	4,43,80,878	1,59,67,145	3,08,245	236
7.	तमिलनाडु	राज्य	7,21,47,030	5.96	3,61,37,975	3,60,09,055	996	80.09	3,49,21,681	2,74,83,998	1,30,058	555
8.	राजस्थान	राज्य	6,85,48,437	5.66	3,55,50,997	3,29,97,440	928	66.11	4,32,92,813	1,32,14,375	3,42,239	200
9.	कर्नाटक	राज्य	6,10,95,297	5.05	3,09,66,657	3,01,28,640	973	75.36	3,48,89,033	1,79,61,529	1,91,791	319
10.	गुजरात	राज्य	6,04,39,692	4.99	3,14,91,260	2,89,48,432	919	78.03	3,17,40,767	1,89,30,250	1,96,024	308
11.	ओडिशा	राज्य	4,19,74,218	3.47	2,12,12,136	2,07,62,082	979	72.87	3,12,87,422	55,17,238	1,55,707	270
12.	केरल	राज्य	3,34,06,061	2.76	1,60,27,412	1,73,78,649	1084	94.00	2,35,74,449	82,66,925	38,863	859
13.	झारखण्ड	राज्य	3,29,88,134	2.72	1,69,30,315	1,60,57,819	948	66.41	2,09,52,088	59,93,741	79,714	414
14.	असम	राज्य	3,12,05,576	2.58	1,59,39,443	1,52,66,133	958	72.19	2,32,16,288	34,39,240	78,438	398
15.	पंजाब	राज्य	2,77,43,338	2.29	1,46,39,465	1,31,03,873	895	75.84	1,60,96,488	82,62,511	50,362	550
16.	छत्तीसगढ़	राज्य	2,55,45,198	2.11	1,28,32,895	1,27,12,303	991	70.28	1,66,48,056	41,85,747	1,35,191	189
17.	हरियाणा	राज्य	2,53,51,462	2.09	1,34,94,734	1,18,56,728	879	75.55	1,50,29,260	61,15,304	44,212	573
18.	दिल्ली	NCT	1,67,87,941	1.39	89,87,326	78,00,615	868	86.21	9,44,727	1,29,05,780	1,484	11,320
19.	जम्मू और कश्मीर	राज्य	1,25,41,302	1.04	66,40,662	59,00,640	889	67.16	76,27,062	25,16,638	222,236	124
20.	उत्तराखण्ड	राज्य	1,00,86,292	0.83	51,37,773	49,48,519	963	78.82	63,10,275	21,79,074	53,483	189
21.	हिमाचल प्रदेश	राज्य	68,64,602	0.57	34,81,873	33,82,729	972	82.80	54,82,319	5,95,581	55,673	123
22.	त्रिपुरा	राज्य	36,73,917	0.30	18,74,376	17,99,541	960	87.22	26,53,453	5,45,750	10,486	350
23.	मेघालय	राज्य	29,66,889	0.25	14,91,832	14,75,057	989	74.43	18,64,711	4,54,111	22,429	132
24.	मणिपुर	राज्य	28,55,794	0.21	12,90,171	12,80,219	985	79.21	15,90,820	5,75,968	22,327	122
25.	नागालैण्ड	राज्य	19,78,502	0.16	10,24,649	9,53,853	931	79.55	16,47,249	3,42,787	16,579	119
26.	गोवा	राज्य	14,58,545	0.12	7,39,140	7,19,405	973	88.70	6,77,091	6,70,577	3,702	394
27.	अरुणाचल प्रदेश	राज्य	13,83,727	0.11	7,13,912	6,69,815	938	65.38	8,70,087	2,27,881	83,743	17
28.	पुदुचेरी	केन्द्र शासित प्रदेश	12,47,953	0.10	6,12,511	6,35,442	1037	85.85	3,25,726	6,48,619	479	2,598
29.	मिजोरम	राज्य	10,97,206	0.09	5,55,339	5,41,867	976	91.33	4,47,567	4,41,006	21,081	52
30.	चण्डीगढ़	केन्द्र शासित प्रदेश	10,55,450	0.09	5,80,663	4,74,787	818	86.05	92,120	8,08,515	114	9,258
31.	सिक्किम	राज्य	6,10,577	0.05	3,23,070	2,87,507	890	81.42	480,981	59,870	7,096	86
32	अण्डमान और निकोबार	केन्द्र शासित प्रदेश	3,80,581	0.03	2,02,871	1,77,710	876	86.63	239,954	1,16,198	8,249	46
33.	दादरा एवं नगर हवेली	केन्द्र शासित प्रदेश	3,43,709	0.03	1,93,760	1,49,949	774	76.24	170,027	50,463	491	698
34.	दमन एवं द्वीप	केन्द्र शासित प्रदेश	2,43,247	0.02	1,50,301	92,946	618	87.10	100,856	57,348	112	2,169
35.	लक्षद्वीप	केन्द्र शासित प्रदेश	64,473	0.01	33,123	31,350	946	91.85	33,683	26,967	32	2,013
कुल	**भारत**	28+7	1,210,854,977	100	623,724,248	586,469,174	943	73.00	833,087,662	377,105,760	3,287,263	382

अभ्यास प्रश्न

1. निम्नलिखित में से कौन-सी जनजाति मौसमी प्रवास से सम्बन्धित है?
(a) थारू (b) भोटिया
(c) जौनसारी (d) भोक्सा

2. भारत में वर्ष 2001 की जनगणना के अनुसार जनघनत्व कितना है?
(a) 320 व्यक्ति (b) 325 व्यक्ति
(c) 328 व्यक्ति (d) 335 व्यक्ति

3. जनसंख्या की दृष्टि से भारतीय संघ के तीन सबसे बड़े राज्यों का उचित क्रम है
(a) उत्तर प्रदेश, महाराष्ट्र, बिहार
(b) महाराष्ट्र, पश्चिम बंग, उत्तर प्रदेश
(c) उत्तर प्रदेश, पश्चिम बंग, महाराष्ट्र
(d) महाराष्ट्र, उत्तर प्रदेश, बिहार

4. भारत की जनजातियों के वितरण का निम्नलिखित में से कौन-सा क्रम पूरब से पश्चिम की ओर सही है?
(a) संथाल, भील, गोण्ड, नागा
(b) नागा, संथाल, गोण्ड, भील
(c) संथाल, गोण्ड, भील, नागा
(d) नागा, गोण्ड, संथाल, भील

5. भारत में अधिकतम जनजातीय आबादी है
(a) भीलों की (b) संथालों की
(c) नागाओं की (d) मुण्डाओं की

6. भारत में सर्वाधिक निरक्षरता वाला राज्य है
(a) राजस्थान (b) ओडिशा
(c) सिक्किम (d) बिहार

7. वर्ष 1991-2001 में जनसंख्या में सर्वाधिक दशकीय वृद्धि वाला केन्द्रशासित प्रदेश है
(a) दमन दीव (b) दादरा एवं नगर हवेली
(c) लक्षद्वीप (d) चण्डीगढ़

8. नार्डिक प्रजाति के लोग भारत में अधिकांशत: मिलते हैं
(a) उत्तर-पश्चिमी भारत में
(b) कर्नाटक और आन्ध्र प्रदेश में
(c) उत्तर-पूर्वी भारत में
(d) प्रायद्वीपीय भारत में

9. भारत के कितने राज्यों में हिन्दी राजभाषा है?
(a) 9 (b) 18
(c) 5 (d) 8

10. टोडा जनजाति के लोगों का निवास-स्थल है
(a) अरावली (b) विन्ध्याचल
(c) नीलगिरि (d) गारो, खासी एवं जयन्तिया

11. जम्मू-कश्मीर में रहने वाले इण्डो-आर्यन लोगों को जिस नाम से जाना जाता है, वह है
(a) पठान (b) ठाकुर
(c) डोगरा (d) महाराणा

12. निम्नलिखित में से कितने नगरों की जनसंख्या वर्ष 1991 की जनगणना के अनुसार 10 लाख तक थी?
(a) 21 नगरों की (b) 23 नगरों की
(c) 25 नगरों की (d) 27 नगरों की

13. भारत में वर्ष 2001 की मृत्य-दर क्या थी?
(a) 8.7 प्रति हजार (b) 9 प्रति हजार
(c) 9.5 प्रति हजार (d) 10 प्रति हजार

14. वर्ष 2001 की जनगणना के अनुसार अनुसूचित जातियों की सर्वाधिक जनसंख्या पाई जाती है
(a) उत्तर प्रदेश में (b) बिहार में
(c) राजस्थान में (d) पश्चिमी बंग में

15. जनसंख्या की दृष्टि से सबसे छोटा केन्द्रशासित प्रदेश है
(a) दमन एवं दीव
(b) अण्डमान और निकोबार द्वीप समूह
(c) लक्षद्वीप
(d) दादरा व नगर हवेली

16. जनसंख्या की दृष्टि से भारतीय संघ का सबसे बड़ा राज्य है
(a) उत्तर प्रदेश (b) महाराष्ट्र
(c) पश्चिम बंग (d) आन्ध्र प्रदेश

17. भारत में न्यूनतम जनसंख्या वृद्धि वाले राज्य हैं
(a) केरल एवं तमिलनाडु
(b) कर्नाटक एवं असोम
(c) आन्ध्र प्रदेश एवं ओडिशा
(d) पंजाब एवं हरियाणा

18. हिन्दुओं का सर्वाधिक अनुपात किस राज्य में है?
(a) उत्तर प्रदेश (b) मध्य प्रदेश
(c) ओडिशा (d) आन्ध्र प्रदेश

19. जनसंख्या की दृष्टि से तीन सबसे बड़े केन्द्रशासित प्रदेशों का उचित क्रम है
(a) दिल्ली, पुदुचेरी, चण्डीगढ़ (b) चण्डीगढ़, दिल्ली, पुदुचेरी
(c) पुदुचेरी, दिल्ली, चण्डीगढ़ (d) दिल्ली, चण्डीगढ़, पुदुचेरी

20. भारत की नगरीय जनसंख्या का लगभग कितना भाग प्रथम श्रेणी के नगरों में निवास करता है?
(a) एक-तिहाई (b) तीन-चौथाई
(c) दो-तिहाई (d) एक-चौथाई

21. सुमेलित कीजिए

सूची I (राज्य)	सूची II (जनघनत्व 2001)
A. बिहार	1. 903
B. केरल	2. 881
C. उत्तर प्रदेश	3. 819
D. पश्चिम बंग	4. 690

कूट

	A	B	C	D
(a)	1	2	3	4
(b)	2	3	4	1
(c)	3	4	1	2
(d)	4	1	2	3

22. निम्नलिखित में से किस राज्य में कुकी जनजाति मुख्यत: निवास करती है?
(a) मणिपुर (b) बिहार
(c) नागालैण्ड (d) तमिलनाडु

23. भारत में सर्वाधिक प्रतिशत जनसंख्या वृद्धि वाला राज्य है
(a) उत्तर प्रदेश (b) बिहार
(c) नागालैण्ड (d) मध्य प्रदेश

24. भारत के किस राज्य में बौद्ध धर्म के अनुयायी सबसे अधिक पाए जाते हैं?
(a) नागालैण्ड (b) सिक्किम
(c) महाराष्ट्र (d) हिमाचल प्रदेश

25. नवीनतम जनगणना के अनुसार भारत में जनसंख्या की औसत वार्षिक वृद्धि दर
(a) घट रही है (b) बढ़ रही है
(c) तीव्र गति से बढ़ रही है (d) स्थिर हो गई है

26. जनसंख्या की दृष्टि से भारतीय संघ के तीन सबसे छोटे राज्यों का उचित क्रम है
(a) अरुणाचल प्रदेश, मिजोरम, सिक्किम
(b) सिक्किम, मिजोरम, अरुणाचल प्रदेश
(c) अरुणाचल प्रदेश, सिक्किम, मिजोरम
(d) मिजोरम, सिक्किम, अरुणाचल प्रदेश

27. वर्ष 1991-2001 में महिला जनसंख्या वृद्धि रही
(a) 20.13 (b) 20.93
(c) 21.79 (d) 22.31

28. कुल जनसंख्या में अनुसूचित जनजातियों का उच्चतम अनुपात है
(a) मध्य प्रदेश में (b) मिजोरम में
(c) लक्षद्वीप में (d) नागालैण्ड में

29. भारत का सबसे कम जनसंख्या घनत्व वाला राज्य है
(a) मिजोरम (b) अरुणाचल प्रदेश
(c) केरल (d) पंजाब

30. किस जनगणना में महिलाओं की जीवन प्रत्याशा आयु पुरुषों की जीवन प्रत्याशा आयु से अधिक रही है?
(a) 1971 (b) 1991
(c) 1981 (d) 1951

31. भारत में कौन-सा राज्य सबसे अधिक ग्रामीण विशेषताओं वाला है?
(a) जम्मू-कश्मीर (b) महाराष्ट्र
(c) हिमाचल प्रदेश (d) पश्चिम बंग

32. मंगोल प्रजाति की जन्म-भूमि है
(a) भारत (b) इण्डोनेशिया
(c) चीन (d) मध्य-पश्चिमी एशिया

33. निम्नलिखित में से कौन-सा कारक जनसंख्या के वितरण को प्रभावित नहीं करता है?
(a) जलवायु (b) मिट्टी
(c) धरातलीय बनावट (d) मानव अधिवास

34. भारत में जनसंख्या-वृद्धि का सर्वाधिक महत्त्वपूर्ण कारण कौन-सा है?
(a) नगरीकरण (b) स्वास्थ्य सुविधाओं का सुधार
(c) मृत्यु-दर का घटना (d) जन्म-दर का बढ़ना

35. निम्नलिखित में से कौन-सा नगर नगरीय छाया-क्षेत्र नहीं दर्शाता है?
(a) मुम्बई (b) हैदराबाद
(c) नागपुर (d) जयपुर

36. वर्ष 2001 की जनगणना के अनुसार भारत में नगर-निवासियों का प्रतिशत है
(a) 20% (b) 27.8%
(c) 22% (d) 28%

37. भारत में ग्रामीण जनसंख्या की विशेषताएँ हैं
(a) प्राथमिक व्यवसायों में संलग्न
(b) जनसंख्या का कम घनत्व
(c) आधुनिक सुविधाओं का अभाव
(d) उपरोक्त सभी

38. देवनागरी लिपि का विकास हुआ है
(a) प्राकृत से (b) पाली से
(c) खरोष्ठी से (d) सिद्धमात्रिका से

39. भारत में सबसे कम लिंगानुपात वाला राज्य है
(a) मिजोरम (b) हरियाणा
(c) राजस्थान (d) मध्य प्रदेश

40. भारत की नगरीय जनसंख्या में सर्वाधिक दशकीय वृद्धि हुई
(a) 1981-91 में (b) 1971-81 में
(c) 1961-71 में (d) 1951-61 में

41. सम्पूर्ण विश्व की जनसंख्या में भारत की भागीदारी है
(a) 14% (b) 16%
(c) 18% (d) 20%

42. बघेलखण्ड किस प्रदेश का एक सांस्कृतिक क्षेत्र है?
(a) मध्य प्रदेश (b) बिहार
(c) ओडिशा (d) गुजरात

43. जनसंख्या की दृष्टि से केन्द्रशासित प्रदेशों में सबसे छोटे तीन प्रदेशों का उचित क्रम है
(a) लक्षद्वीप, दमन और दीव, दादरा व नगर हवेली
(b) दादरा व नगर हवेली, दमन और दीव, लक्षद्वीप
(c) लक्षद्वीप, दादरा व नगर हवेली, दमन और दीव
(d) दमन और दीव, लक्षद्वीप, दादरा व नगर हवेली

44. जनसंख्या की दृष्टि से सबसे बड़ा केन्द्रशासित प्रदेश है
(a) दिल्ली (b) चण्डीगढ़
(c) पुदुचेरी (d) लक्षद्वीप

45. निम्नलिखित में से किसकी प्रतिशत वृद्धि देश में सबसे तीव्र गति से हो रही है?
(a) पुरुष जनसंख्या (b) महिला जनसंख्या
(c) कुल जनसंख्या (d) नहिला साक्षरता

46. निम्नलिखित में से कौन-सी भाषा आस्ट्रिक भाषा वर्ग से सम्बन्धित है?
(a) तमिल (b) पहाड़ी
(c) खासी (d) मलयालम

47. निम्नांकित में से कौन-सी भाषा आर्य भाषा वर्ग में नहीं आती है?
(a) उड़िया (b) बंगाली
(c) तेलुगु (d) असमी

48. भारत का सर्वाधिक शिक्षित राज्य है
(a) महाराष्ट्र (b) मध्य प्रदेश
(c) केरल (d) उत्तर प्रदेश

49. दोआब क्षेत्रों में अधिवासों का प्रारूप होगा
(a) रैखिक (b) अरीय
(c) सघन (d) खण्डित

50. भारत का सर्वाधिक लिंगानुपात वाला राज्य है
(a) केरल
(b) बिहार
(c) उत्तर प्रदेश
(d) मध्य प्रदेश

51. भारत के किस राज्य में ईसाई जनसंख्या का प्रतिशत सर्वाधिक है?
(a) गोवा (b) मिजोरम
(c) केरल (d) मणिपुर

52. निम्नलिखित में से सबसे कम जनसंख्या वाला राज्य है
(a) मेघालय (b) मणिपुर
(c) सिक्किम (d) मिजोरम

53. भारत में कार्यशील जनसंख्या का प्रतिशत है
(a) 50% (b) 57%
(c) 67% (d) 33%

54. वर्ष 1991-2001 में जनसंख्या वृद्धि रही
(a) 13.31 (b) 21.54
(c) 23.66 (d) 23.86

55. भारत की लगभग आधी जनसंख्या किस आयु वर्ग में है?
(a) 20 वर्ष से कम (b) 21 वर्ष से 30 वर्ष
(c) 31 से 40 वर्ष (d) 40 से अधिक

56. भारत में सर्वाधिक जनसंख्या घनत्व वाला राज्य है
(a) पश्चिम बंग (b) महाराष्ट्र
(c) उत्तर प्रदेश (d) बिहार

57. उत्तर प्रदेश में उच्चतम दशकीय जनसंख्या वृद्धि हुई थी
(a) वर्ष 1951-61 के दौरान (b) वर्ष 1961-71 के दौरान
(c) वर्ष 1971-81 के दौरान (d) वर्ष 1981-91 के दौरान

58. भारत के किस महानगर का जनसंख्या घनत्व सबसे कम है?
(a) मुम्बई (b) कोलकाता
(c) दिल्ली (d) चेन्नई

उत्तरमाला

1.	(b)	2.	(b)	3.	(a)	4.	(b)	5.	(b)	6.	(d)	7.	(b)	8.	(a)	9.	(a)	10.	(c)
11.	(c)	12.	(b)	13.	(a)	14.	(a)	15.	(c)	16.	(a)	17.	(a)	18.	(c)	19.	(a)	20.	(c)
21.	(b)	22.	(c)	23.	(c)	24.	(c)	25.	(a)	26.	(b)	27.	(c)	28.	(b)	29.	(b)	30.	(a)
31.	(c)	32.	(c)	33.	(d)	34.	(c)	35.	(a)	36.	(b)	37.	(d)	38.	(d)	39.	(b)	40.	(b)
41.	(b)	42.	(a)	43.	(a)	44.	(a)	45.	(d)	46.	(c)	47.	(c)	48.	(c)	49.	(d)	50.	(a)
51.	(b)	52.	(c)	53.	(b)	54.	(b)	55.	(a)	56.	(a)	57.	(c)	58.	(d)				

अध्याय 17

आपदा एवं विपत्तियाँ

- उन प्रकृतिजन्य या मानव जनित अप्रत्याशित एवं दुष्प्रभाव वाली चरम घटनाओं या प्रकोपों को आपदा कहते हैं, जिनके द्वारा मानव समाज, जन्तु एवं पादप समुदाय को अपार क्षति होती है। आपदाएँ **त्वरित गति** से घटित होती हैं।

आपदाओं के प्रकार

- उत्पत्ति एवं प्रकृति के आधार पर आपदा को दो भागों में वर्गीकृत किया गया है
  1. प्राकृतिक आपदा 2. मानवकृत आपदा।

1. प्राकृतिक आपदा

प्रकृतिजन्य समस्याएँ जिनसे मानव को न केवल माल के स्तर पर, बल्कि व्यापक स्तर पर नुकसान का सामना करना पड़ता है। आपदा के उपरान्त व्यापक भौतिक परिवर्तन का आगाज होता है। ऐसी घटनाएँ या समस्याएँ प्राकृतिक आपदाएँ कहलाती हैं।
प्रमुख प्राकृतिक आपदाएँ इस प्रकार हैं

भूकम्प

- पृथ्वी के आन्तरिक भागों में प्लेट विवर्तनिक हलचलों के कारण पैदा होने वाली आपदा को भूकम्प कहा जाता है। इसके कारण प्राय: अपार जन तथा धन की हानि होती है। इस आपदा का प्रभाव दीर्घकाल तक बना रहता है।
- भूकम्प की उत्पत्ति पृथ्वी के किसी भाग में असन्तुलन उत्पन्न होने से होती है। भू-पर्पटी में असन्तुलन कई कारणों; यथा-ज्वालामुखी उद्भेदन द्वारा, भ्रंशन एवं वलन द्वारा तथा प्लेटे संचलन द्वारा उत्पन्न होता है। भूकम्प की तीव्रता तथा परिमाण का मापन रिक्टर पैमाने के द्वारा किया जाता है। इसके अतिरिक्त इसका मापन मर्केली स्केल द्वारा भी किया जाता है।
- यदि **रिक्टर पैमाने** (Richter Scale) पर भूकम्प की शक्ति 6 या इससे अधिक हो, तो जान-माल की अपार क्षति होती है।
- भूकम्प के सन्दर्भ में सबसे अधिक क्षति भूकम्प के अधिकेन्द्र (Epicentre) के निकटवर्ती क्षेत्र में होती है। केन्द्र से दूर जाने पर क्षति क्रमशः कम होती जाती है।

भारत के भूकम्पीय क्षेत्र

भारतीय भूगर्भिक सर्वेक्षण विभाग ने भूकम्प की तीव्रता के आधार पर भारत को पाँच भागों में बाँटा है

(i) **अधिकतम प्रभाव का क्षेत्र** यह भूकम्पीय तीव्रता की दृष्टि से 8 से अधिक तीव्रता वाला क्षेत्र है। इसमें भारत के सभी पूर्वोत्तर राज्य, बिहार-नेपाल के सीमावर्ती क्षेत्र, उत्तराखण्ड, हिमालय व पंजाब का सीमावर्ती क्षेत्र तथा गुजरात का कच्छ प्रदेश शामिल हैं।

(ii) **अधिक प्रभाव का क्षेत्र** इस क्षेत्र की भूकम्प तीव्रता 6 से 8 के बीच पाई जाती है। इसके अन्तर्गत सिक्किम, बिहार, उत्तरी बंगाल, हुगली, डेल्टा, उत्तर प्रदेश का उत्तरी एवं पश्चिमी क्षेत्र, दिल्ली, उत्तरी हरियाणा, पंजाब, जम्मू-कश्मीर व पश्चिम में काठियावाड़ तट से लेकर राजस्थान के दक्षिण-पश्चिमी भाग तक अर्द्ध-चन्द्राकार आकृति में फैला क्षेत्र, कोंकण तट का दक्षिणी भाग भी शामिल है।

(iii) **मध्यम प्रभाव का क्षेत्र** इसकी भूकम्पीय तीव्रता 6 से नीचे पाई जाती है। इसका विस्तार दक्षिणी हरियाणा, उत्तर प्रदेश का मध्यवर्ती व दक्षिणी-पूर्वी भाग, बिहार व पश्चिमी बंगाल का मैदानी भाग-गुजरात का पूर्वी भाग, पश्चिमी राजस्थान, दक्षिणी व पश्चिमी मध्य प्रदेश, पश्चिमी महाराष्ट्र, पश्चिमी घाट, गोदावरी-कृष्णा डेल्टाई भाग, पश्चिमी तटीय प्रदेश क्षेत्रों तक है।

(iv) **न्यून प्रभाव का क्षेत्र** इसका विस्तार प्रायद्वीपीय पठारी भू-भाग पर प्रमुख रूप से मिलता है। राजस्थान का उत्तरी व पूर्वी भाग, मध्य प्रदेश के पश्चिमी पठारी भाग, तमिलनाडु, उत्तरी आन्ध्र प्रदेश व उसका तटीय भाग तथा छत्तीसगढ़, पश्चिमी कर्नाटक के अनेक भागों पर है।

(v) **न्यूनतम प्रभाव का क्षेत्र** यह प्रमुख रूप से पठारी भू-भाग पर चार विस्तृत भूखण्डो के रूप में होता है, जिसका विस्तार प्रमुख रूप से दक्षिणी व पूर्वी राजस्थान, पश्चिमी मध्य प्रदेश, दक्षिणी छत्तीसगढ़ व पश्चिमी ओडिशा, आन्ध्र प्रदेश का अधिकांश पश्चिमी व मध्यवर्ती भाग तथा कर्नाटक के पूर्वी भाग तक है।

भूकम्प प्रबन्धन

- भारत का मौसम विभाग देश के भीतर और आस-पास भूकम्प गतिविधियों पर नजर रखने के लिए भारत में विभिन्न स्थानों पर 51 भूकम्प विज्ञान वेधशालाएँ चलाता है। इनमें से 24 वेधशालाओं को नवीनतम डिजिटल ब्रॉण्ड बैण्ड सिस्मोग्राफ प्रणालियों और आधुनिक संचार सुविधाओं से सुसज्जित किया गया है।

- **नई दिल्ली** में सेण्ट्रल रिसीविंग स्टेशन और राष्ट्रीय भूकम्प विज्ञान आँकड़ा केन्द्र नेशनल सिस्मोलॉजिकल डेटाबेस सेण्टर की स्थापना की गई है। वी सैट (VSAT) आधारित 16 एलीमेण्ट डिजिटल टेलीमिटरी सिस्मोग्राफी केन्द्र नेटवर्क रिसीविंग स्टेशन द्वारा दिल्ली और आस-पास के इलाकों में भूकम्प गतिविधियों पर नजर रखी जा सकेगी।

सुनामी

- सुनामी (Tsunami) एक **जापानी** शब्द है, जो *'Tsu'* (अर्थ Harbour) तथा *'Namic'* (अर्थ Wave) से बना है। भूकम्प व ज्वालामुखी से महासागरीय धरातल में अचानक हलचल पैदा होती है और महासागरीय जल का व्यापक स्तर पर विस्थापन होता है, परिणामस्वरूप ऊर्ध्वाधर ऊँची तरंगें पैदा होती हैं।
- सुनामी सामान्यतया प्रशान्त महासागरीय तट पर, जिसमें अलास्का, जापान, फिलीपीन्स, दक्षिण-पूर्व एशिया के दूसरे द्वीप, इण्डोनेशिया और मलेशिया शामिल हैं तथा हिन्द महासागर में म्यांमार, श्रीलंका और भारत के तटीय भागों में दृष्टिगोचर होती है।

सुनामी का प्रभाव

- तट पर पहुँचने पर सुनामी तरंगें बहुत अधिक मात्रा में ऊर्जा निर्मुक्त (Release) करती हैं और समुद्र का जल तेजी से तटीय क्षेत्रों (Coastal Areas) को बर्बाद करते हुए बन्दरगाहों, शहरों, कस्बों और इमारतों एवं बस्तियों को तबाह कर देता है। विश्वभर में तटीय क्षेत्रों की जनसंख्या सघन (Dense) होती है और ये क्षेत्र बहुत-सी मानव गतिविधियों के केन्द्र होते हैं। अत: यहाँ दूसरी प्राकृतिक आपदाओं की तुलना में यह अधिक जान-माल को नुकसान पहुँचाती है।

भारत में सुनामी चेतावनी प्रणाली

- 26 दिसम्बर, 2004 की सुनामी से पहले भारत में सुनामी के आगमन के सम्बन्ध में पूर्व सूचना देने की कोई वैज्ञानिक विधि नहीं थी। अत: भारत ने इस आपदा से सीख लेते हुए खुद का पूर्व सुनामी सूचना तन्त्र स्थापित करने का निर्णय किया।
- इण्डियन सुनामी अर्ली वार्निंग सिस्टम की स्थापना अक्टूबर, 2007 में **हैदराबाद** में की गई। यह **इण्डियन नेशनल सेण्टर फॉर ओशन इन्फॉर्मेशन** सर्विस का एक भाग है। इस सिस्टम को स्थापित करने में विज्ञान और प्रौद्योगिकी विभाग, अन्तरिक्ष विभाग तथा वैज्ञानिक और औद्योगिक अनुसन्धान परिषद् की मदद ली गई है। इसके अन्तर्गत दो महत्त्वपूर्ण घटक होते हैं— पहला, सेन्सर नेटवर्क जो सुनामी का पता लगाता है और दूसरा, संचार ढाँचा जो समय पर अलार्म जारी करता है, ताकि तटीय क्षेत्रों को खाली कराया जा सके।
- सुनामी चेतावनी तन्त्र दो प्रकार के होते हैं—प्रथम के अन्तर्गत तट के सहारे टाइडल गेज लगाए जाते हैं, जिससे सुनामी आने का पता लगाया जाता है। दूसरा सुनामी मी नामक यन्त्र होता है, इसे तट से दूर खुले सागर के बीचों-बीच लगाया जाता है। यह उपग्रहों से जुड़ा होता है। इस सूचना तन्त्र में कुल छ: बॉटम प्रैशर रिसीवर Bottom Pressure Receivers, BPRs) लगे हुए हैं, इनमें से चार बंगाल की खाड़ी तथा दो अरब सागर में लगाए गए हैं। ये भूकम्पों तथा उनसे पैदा होने वाली सुनामी को रिकॉर्ड करते हैं।

> **इण्डियन नेशनल सेण्टर फॉर ओशन इन्फॉर्मेशन सर्विस (INCOIS)**
>
> इण्डियन नेशनल सेण्टर फॉर ओशन इन्फॉर्मेशन सर्विस भारत सरकार के पृथ्वी विज्ञान मन्त्रालय के अन्तर्गत एक स्वायत्त संस्था है। यह **हैदराबाद** में स्थित है। यह लगातार समुद्र का प्रेक्षण करती रहती है। अपने व्यवस्थित शोध के द्वारा निरन्तर सुधार करते रहने के साथ ही समाज, उद्योग सरकार और वैज्ञानिक समुदाय को समुद्र के सम्बन्ध में सूचना और परामर्शकारी सेवाएँ प्रदान करता है। इण्डियन अर्ली, सुनामी वार्निंग सिस्टम, ओशन स्टेट फोरकास्ट, ओशन मॉडलिंग, डेटा एण्ड वेब सर्विस मैनेजमेण्ट INCOIS द्वारा प्रारम्भ किए गए प्रमुख कार्यक्रम हैं। डॉ. के राधाकृष्णन इसके प्रथम निदेशक थे।

बाढ़

- बाढ़ का सामान्य अर्थ विस्तृत स्थलीय भाग का लगातार कई दिनों तक जलमग्न रहना है। यह मात्र उस समय आपदा का रूप धारण कर लेती है, जब इसके द्वारा जान-माल की अपार हानि होती है।

भारत को बाढ़ग्रस्त क्षेत्रों के हिसाब से 5 क्षेत्रों में बाँटा गया है

(i) **पूर्वी खण्ड** इस खण्ड में घाघरा, गण्डक, कोसी, सोन, गंगा, तिस्ता व ब्रह्मपुत्र नदियों आदि के क्षेत्र को शामिल किया जाता है।

(ii) **मध्यपूर्वी खण्ड** इसके अन्तर्गत छत्तीसगढ़, ओडिशा राज्य में महानदी, वैतरणी व ब्रह्माणी आदि नदियों को शामिल किया जाता है, जो बाढ़ की स्थिति पैदा करती हैं।

(iii) **मध्यवर्ती खण्ड** इसका विस्तार गुजरात, मध्य प्रदेश, राजस्थान में बिखरे रूप से मिलता है। यहाँ चम्बल, बनास, साबरमती, नर्मदा प्रमुख नदियाँ हैं, जो बाढ़ों से प्रभावित रहती हैं।

(iv) **दक्षिणी खण्ड** यह महाराष्ट्र, कर्नाटक, आन्ध्र प्रदेश, तमिलनाडु राज्यों पर विस्तृत है। यहाँ बाढ़ें सामान्यत: प्रतिवर्ष न आकर लम्बे अन्तराल पर आती हैं।

(v) **उत्तरी खण्ड** इसके अन्तर्गत जम्मू-कश्मीर, हिमाचल प्रदेश, पंजाब, हरियाणा तथा पश्चिमी उत्तर प्रदेश के भू-भाग सम्मिलित हैं। यहाँ पर व्यास, रावी, सतलज, यमुना आदि नदियाँ बाढ़ें लाती हैं।

बाढ़ के कारण

बाढ़ के कारण निम्नलिखित हैं

- **भारी वर्षा** दीर्घ समय तक घनघोर जल वर्षा का होना नदियों की बाढ़ का मूल कारण है। भारी वर्षा (Heavy Rainfall) के कारण नदियों के ऊपरी भागों में जल का विस्तार होता है और बाढ़ की स्थिति पैदा होती है। **शुष्क** एवं **अर्द्ध-शुष्क** क्षेत्रों में भी अचानक एवं अप्रत्याशित घनघोर जल वृष्टि के कारण नदियों में अचानक बाढ़ आ जाती है।
- **वन विनाश** व्यापक स्तर पर वनों की कटाई के कारण भी बाढ़ की स्थिति पैदा होती है। मानवजनित कारकों में यह सर्वाधिक महत्त्वपूर्ण कारक है, इसके अतिरिक्त वनों के कटने के कारण अधिक मात्रा में मृदा का अपरदन होता है, जो नदियों में **गाद** की मात्रा को बढ़ा देता है, जिससे कम वर्षा में भी बाढ़ की स्थिति बन जाती है।
- **नदियों के घुमावदार मार्ग** जिन नदियों के मार्ग अत्यधिक घुमावदार होते हैं, उनमें **विसर्पों** के द्वारा अवरोध उत्पन्न होने के कारण नदियों के स्वाभाविक जल में बाधा उत्पन्न हो जाती है, परिणामस्वरूप जल का प्रवाह (वेग) कम हो जाता है और बाढ़ की स्थिति पैदा होती है।

- **बाँधों एवं तटबन्धों का टूटना** कभी-कभी नदियों पर बने बाँध तथा उनके तटबन्ध भारी वर्षा के कारण टूट जाते हैं या उनमें दरार आ जाती है। इस कारण विशाल मात्रा में जल राशि समीपवर्ती क्षेत्रों में फैल जाती है और व्यापक बाढ़ की स्थिति पैदा होती है।
- **बादलों का फटना** बादल का फटना या बादल प्रस्फोट (Cloud Burst) की स्थिति प्राय: पर्वतीय क्षेत्रों में भारी वर्षा के कारण उत्पन्न होती है। इस पर्यावरणीय प्रकोप में कम समय में ही अत्यधिक मात्रा में वर्षा की भारी मात्रा का वर्षण हो जाता है, जिसमें भू-स्खलन (Landslide) **बाढ़** (Flood) आदि की भयावह स्थिति पैदा होती है और व्यापक जान-माल की हानि होती है।

बाढ़ का प्रभाव

- बाढ़ से न केवल मानवीय सम्पदा (Human Wealth) को नुकसान पहुँचता है, बल्कि आर्थिक संसाधन भी बर्बाद होते हैं। बाढ़ के परिणामस्वरूप अनेक प्रकार के रोगों का जन्म होता है। बाढ़ के कारण मृदा क्षारीय भी होता है और मृदा अपरदन की समस्या भी पैदा होती है।

बाढ़ प्रबन्धन

भारत में वर्ष 1954 में राष्ट्रीय बाढ़ नियन्त्रण कार्यक्रम की शुरुआत की गई। *बाढ़ प्रबन्धन के अन्तर्गत तीन प्रकार के उपायों पर बल दिया गया है*

(i) **त्वरित उपाय** इस उपाय के अन्तर्गत जल वैज्ञानिक आँकड़ों के संग्रह और तटबन्ध निर्माण, नदी तल की सफाई, गाँवों को ऊँचाई पर बसाने आदि त्वरित कार्यक्रमों को शामिल किया जाता है। इसकी अवधि 2 वर्ष की होती है।

(ii) **अल्पकालिक उपाय** इसमें धरातलीय अपवाह को सुधारने, बाढ़ चेतावनी प्रणाली विकसित करने, गाँवों को बाढ़ जल से ऊँचा बसाने, अपवर्तक वाहिका बनाने, सुरक्षात्मक तटबन्ध बनाने और आपातकाल हेतु ऊँचे चबूतरों के निर्माण पर बल दिया जाता है। इसकी अवधि 4 से 5 वर्ष होती है।

(iii) **दीर्घकालिक उपाय** इसमें बाँधों एवं जलाशयों के निर्माण, लम्बी अपवर्तक वाहिकाओं की खुदाई, भूमि उपयोग सुधार और मृदा संरक्षण आदि दीर्घकालिक उपायों को शामिल किया जाता है।

सूखा

- भारतीय मौसम विभाग के अनुसार, किसी क्षेत्र में सामान्यत: 25% से कम वर्षा होने पर सूखे (Drought) की स्थिति पैदा हो जाती है। 25-50% वर्षा की कमी पर मध्यम और 50% से अधिक वर्षा की कमी पर भयंकर सूखा उत्पन्न होता है।
- भारत में सूखे का इतिहास काफी पुराना है। भारत में 1877 ई. से 1987 ई. के बीच 110 वर्ष की अवधि में 23 बार सूखा पड़ा। आँकड़ों पर विश्वास करें, तो सामान्यत: भारत का 16% क्षेत्र तथा उसकी 12% जनसंख्या प्रतिवर्ष सूखे से प्रभावित होती है।

सूखे के प्रकार

सूखे की दशा एवं स्थिति को कई तथ्यों के आधार पर वर्गीकृत किया गया है

कृषिगत सूखा

- जिन क्षेत्रों में 30% से कम कुल बोए गए क्षेत्र में सिंचाई होती है, उन्हें कृषिगत सूखा (Agricultural Drought) माना जाता है।

जल विज्ञान सम्बन्धी सूखा

- जब विभिन्न जल संग्रहण, जलाशय, जलभूत और झीलों इत्यादि का स्तर वृष्टि (Rain) द्वारा की जाने वाली जलापूर्ति के बाद भी नीचे गिर जाए, तो इस तरह के सूखे को जल विज्ञान सम्बन्धी सूखा कहते हैं।

पारिस्थितिक सूखा

- जब प्राकृतिक पारिस्थितिक तन्त्र नें जल की कमी से उत्पादकता में कमी हो जाती है और परिणामस्वरूप पारिस्थितिक तन्त्र में तनाव आ जाता है, तो पारिस्थितिक सूखे की स्थिति पैदा होती है।

सूखा प्रबन्धन

सूखे का प्रबन्धन दो तरह से किया जा सकता है

(i) सूखे के लिए उत्तरदायी कारकों पर नियन्त्रण स्थापित करना और दूसरा सूखे से प्रभावित लोगों को सहायता देना एवं उनका पुनर्वास करना।

(ii) सूखे से निपटने का व्यवस्थित सरकारी प्रयास दूसरी पंचवर्षीय योजना (1956-61) के दौरान शुरू हुआ, जबकि शुष्क खेती परियोजनाएँ शुरू की गईं। वर्ष 1970-71 के दौरान ग्रामीण कार्यक्रम शुरू किया गया और इस कार्यक्रम का उद्देश्य जहाँ कहीं सूखा पड़े, वहाँ सूखे की गम्भीरता को कम करने के लिए तैयार की गई परिसम्पत्तियों का निर्माण करना व सूखा प्रभावित क्षेत्रों में रोजगार उपलब्ध कराना था।

सूखे से निपटने के लिए अन्य उपाय

सूखे से निपटने के लिए निम्नलिखित उपाय किए जा सकते हैं

- वनों की अन्धाधुन्ध कटाई को रोककर सूखे से निपटने में बड़ी सहायता मिल सकती है।
- जलसम्भर क्षेत्र में सामाजिक वानिकी तथा कृषि वानिकी के अन्तर्गत, उपयुक्त पेड़ अर्थात् स्थानीय पारिस्थितिकी के अनुकूल पेड़ लगाए जाने चाहिए।
- वर्षा ऋतु के अतिरिक्त जल को जलाशयों से बदलकर शुष्क ऋतु में उसका प्रयोग करके सूखे के प्रकोप को काफी कम किया जा सकता है।
- अधिक जल वाले क्षेत्रों के लिए नदी-जल का अन्तर्द्रोणी स्थानान्तरण अधिक हद तक सहायक सिद्ध हो सकता है।
- जल संग्रहण के लिए छोटे बाँधों का उपयोग अधिक हद तक सहायक सिद्ध हो सकता है।
- मृदा संरक्षण क्रियाकलापों के साथ-साथ फसल उत्पादन क्रियाकलापों का जल-विभाजन परियोजना के अन्तर्गत करना।
- स्प्रिंकलर सिंचाई और टपक सिंचाई प्रणालियों की प्रभावोत्पादकता और अर्थशास्त्र पर अनुसन्धान करना।
- गाँवों में पुराने तालाबों/खेत तालाबों का नवीनीकरण और बहाली।

भू-स्खलन

- गुरुत्वाकर्षण (Gravitation) के कारण चट्टान तथा मिट्टी के अचानक ढलान के नीचे की ओर खिसकने की क्रिया को भू-स्खलन (Landslide) कहते हैं।

भू-स्खलन के कारण

भू-स्खलन के प्रमुख कारणों का संक्षिप्त विवरण निम्नलिखित है

- भू-स्खलनों का मुख्य कारण भूकम्प है। जब भूकम्प आता है, तब चट्टानें टूटकर ढीली हो जाती हैं और भूमि के ढलान के साथ-साथ नीचे लुढ़कना शुरू कर देती हैं।
- प्राय: सड़क निर्माण के दौरान सड़कों के लिए मार्ग साफ करने हेतु चट्टानों में डायनामाइट की सहायता से विस्फोट कराया जाता है, इससे चट्टानें ढीली हो जाती हैं और सड़क मार्गों पर भू-स्खलन हो जाता है।

भू-स्खलन प्रभावित क्षेत्र

- भू-स्खलन प्रभावित क्षेत्रों को अत्यधिक, अधिक और मध्यम प्रभावित क्षेत्रों में वर्गीकृत किया जाता है। अत्यधिक प्रभावित क्षेत्र में हिमालय की युवा पर्वत शृंखलाएँ, अण्डमान-निकोबार द्वीप समूह एवं उत्तर-पूर्व के राज्यों को सम्मिलित किया जाता है।
- अधिक प्रभावित क्षेत्र में असम को छोड़कर हिमालय के सारे राज्य सम्मिलित किए जाते हैं।

भू-स्खलन के प्रभाव

- भू-स्खलन की प्रक्रिया की वजह से गंगा और ब्रह्मपुत्र नदियों में बाढ़ की सम्भावना बढ़ जाती है, जिससे आस-पास के अधिवासी क्षेत्रों (Residential areas) में जान-माल की हानि होती है।
- इसके अतिरिक्त सड़कों आदि पर भू-स्खलन की प्रक्रिया परिवहन को व्यापक रूप से प्रभावित करती है।

हिमस्खलन

पहाड़ी क्षेत्रों में हिमखण्डों के खिसकने की प्रक्रिया को हिमस्खलन (Snowslide) कहते हैं। हिमस्खलन हिमपात शीत ऋतु में और वसन्त ऋतु में **हिमप्रवण** (Snowgradient) के रूप में देखे जाते हैं। हिमस्खलन कुल्लू, लद्दाख, टिहरी गढ़वाल आदि क्षेत्रों में देखने को मिलता है, इसमें जन-धन को अपार क्षति पहुँचती है।

भू-स्खलन का प्रबन्धन

- भू-स्खलन को पूरी तरह से रोका नहीं जा सकता, केवल इसकी उग्रता को कम किया जा सकता है, इस हेतु पर्वतीय ढालों पर वृक्षारोपण, छोटी बन्धिकाओं द्वारा अवनालिका अपरदन पर नियन्त्रण, तीव्र ढालों पर संशोधन, एकत्रित जल का प्रवाह, पुश्ता दीवाल निर्माण, ढाल स्थिरीकरण तथा खनन, सड़क निर्माण, नहर निर्माण आदि क्रियाओं का सम्पादन करके भू-स्खलन को कम किया जा सकता है।
- राहत कार्यों हेतु भू-स्खलन प्रवण क्षेत्रों में जिला और स्थानीय स्तर पर आपदा प्रबन्धन हेतु केन्द्र स्थापित किए जाने चाहिए।
- आपातकाल हेतु चिकित्सकीय परिवहन एवं आवास आदि की सुविधाएँ उपलब्ध होनी चाहिए।
- लोगों को आपदा प्रबन्धन का प्रशिक्षण दिया जाना चाहिए।

ज्वालामुखी

- ज्वालामुखी प्राय: एक गोलाकार छिद्र अथवा खुला भाग होता है, जिससे होकर पृथ्वी के अत्यन्त तप्त भू-गर्भ से गैस, लावा, जल एवं चट्टानों के टुकड़ों से युक्त गर्म पदार्थ पृथ्वी के धरातल पर प्रकट होते हैं। *ये दो प्रकार के होते हैं*

  1. विस्फोटक केन्द्रीय उद्गार
  2. दरारी लावा प्रवाह
- ज्वालामुखी आपदा के अन्तर्गत लावा प्रवाह लहर, पंक प्रवाह, धूल, राख तथा विखण्डित पदार्थों के उद्भवन, जहरीली गैसों, धुएँ आदि को शामिल किया जाता है।

ज्वालामुखी विस्फोट के कारण

- ज्वालामुखी विस्फोट को किसी भी कृत्रिम कारण से सम्बन्धित नहीं किया जाता है। केवल प्लेटों के खिसकने एवं उनकी विविध प्रक्रिया के सम्पादन के दौरान ही ज्वालामुखी विस्फोट की परिस्थिति पैदा होती है।

ज्वालामुखी विस्फोट से नुकसान

- जवालामुखी विस्फोट की स्थिति पैदा होने पर हवाई यातायात (आइसलैण्ड का इयाजाफजाला जोकुल ज्वालामुखी विस्फोट) प्रभावित होता है, साथ ही पर्यावरणीय प्रदूषण की स्थिति पैदा होती है और ऑक्सीजन की कमी हो जाती है।

चक्रवात

- उष्णकटिबन्धीय चक्रवात (Tropical Cyclone) कम दबाव वाले उग्र मौसम तन्त्र हैं, जो 30° उत्तर तथा 30° दक्षिणी अक्षांशों के बीच पाए जाते हैं। एक उष्णकटिबन्धीय चक्रवात सामान्यत: 500 से 1000 किमी के क्षेत्र में फैला होता है और इसकी ऊर्ध्वाधर ऊँचाई 12 से 14 किमी तक हो सकती है।

चक्रवात का प्रभाव

- उष्णकटिबन्धीय चक्रवातों का आकार छोटा होता है और दाब प्रवणता अधिक होने के कारण वायु बड़ी तीव्र गति से चलती है। अत: इससे जान-माल की भारी क्षति होती है।
- इसके कारण पेड़, बिजली तथा टेलीफोन के खम्भे उखड़ जाते हैं और मकानों को भी भारी क्षति होती है। इन चक्रवातों से भारी वर्षा होती है, जिससे बाढ़ की स्थिति उत्पन्न होती है। समुद्र में चक्रवात के पैदा होने से समुद्र में ऊँची-ऊँची लहरें उठती हैं और मछुआरों तथा नाविकों की जान को खतरा हो जाता है। ये चक्रवात ओडिशा, आन्ध्र प्रदेश तथा बंगाल में भयानक विनाशलीला करते हैं।

उष्णकटिबन्धीय चक्रवात के प्रभाव का प्रबन्धन

- चक्रवात के सम्बन्ध में उपग्रह से प्राप्त आगामी सूचना का प्रबन्धन होना चाहिए, जिससे सामयिक कार्यवाही की जा सके और लोग सुरक्षित स्थानों पर पहुँच जाएँ।
- उच्च सम्भावना वाले महीनों में आश्रय स्थलों का निर्माण करके भी चक्रवात के प्रभाव से निपटना आसान है।
- भारत में छ: स्थानों पर चक्रवात पूर्वानुमान केन्द्र स्थापित किए गए हैं—कोलकाता, भुवनेश्वर, विशाखापत्तनम, चेन्नई, मुम्बई और अहमदाबाद इन सभी केन्द्रों पर अपने क्षेत्र विशेष की जिम्मेदारी होती है। इन केन्द्रों द्वारा **आकाशवाणी** और **दूरदर्शन** पर चेतावनी जारी की जाती है।

2. मानवकृत आपदा

- मानवजनित आपदाएँ वे आपदाएँ होती हैं, जो प्राकृतिक कारणों से न होकर मानव निर्मित कारणों से उत्पन्न होती हैं। इन आपदाओं में प्रमुख रूप से परमाणु दुर्घटनाएँ (Atomic accident) परमाणु विस्फोट तथा रासायनिक अवयवों तथा विषैली गैसों से हुई व्यापक जान-माल की हानि को शामिल किया जाता है।
- हालाँकि मानव निर्मित आपदाओं की सूची काफी लम्बी है तथा कहीं-कहीं पर वह प्राकृतिक आपदाओं का भी कारक बन जाती है। यहाँ पर मुख्य परमाणु विस्फोट, परमाणु दुर्घटना एवं विषैले रसायनों का स्राव तथा उनका मनुष्यों के संहार के लिए प्रयोग को अध्ययन में शामिल किया गया है।

परमाणु युद्ध जनित आपदा

- मानव के विरुद्ध इस्तेमाल परमाणु तरीकों एवं उससे उपजी समस्याओं को परमाणु जनित आपदा कहते हैं। यह विभीषिका अभी तक एक बार ही प्रयोग की गई है। जब अमेरिका ने विश्वयुद्ध के दौरान 6 तथा 9 अगस्त, 1945 को जापान के दो शहरों **हिरोशिमा** तथा **नागासाकी** पर परमाणु बम गिराकर इन्हें समाप्त कर दिया था। इन परमाणु बमों से धूल व धुएँ के बादल 18 किमी की ऊँचाई तक बने थे।
- हिरोशिमा में गिराया गया बम जिसे 'लिटिल बॉय' नाम दिया गया था, के शहर पर गिराए जाने के पश्चात् 13 वर्ग किमी के दायरे में विस्तृत क्षेत्र पूरी तरह नष्ट था। शहर की 3,50,000 आबादी में से 1,40,000 लोग मारे गए थे। नागासाकी में गिराया गया बम का नाम 'फैटमैन' था।

प्रमुख परमाणु दुर्घटनाएँ

परमाणु संयन्त्रों में मानवीय लापरवाही या प्राकृतिक आपदाओं के कारण उत्पन्न दुर्घटनाएँ जब आपदा का रूप ग्रहण कर लेती हैं, तो इसे परमाणु दुर्घटना आपदा कहा जाता है। अब तक की प्रमुख परमाणु दुर्घटनाओं का विवरण *निम्नवत् दिया जा रहा है*

- **फुकुशिमा परमाणु आपदा** 11 मार्च, 2011 को फुकुशिमा संयन्त्र में परमाणु दुर्घटना के पीछे सुनामी लहरों का हाथ था। इस परमाणु दुर्घटना में रेडिएशन डैमेज को 7 स्तर का माना गया है। वर्तमान में यह संयन्त्र पूरी तरह नेस्तनाबूद हो चुका है, उसके सभी 6 रिएक्टरों को बन्द कर दिया गया है। इस दुर्घटना के पश्चात् 20 वर्ग किमी के क्षेत्र को पूरी तरह खाली करा दिया गया है।
- **तोकहिमपुरा आपदा** अयोग्य कर्मिकों द्वारा निर्मित उच्च सम्बद्धित यूरेनियम में नाभिकीय प्रक्रिया प्रारम्भ हो गई, जिसमें दो कर्मिकों की मृत्यु हो गई तथा 100 कर्मी घायल हो गए।
- **थ्री माइल आइलैण्ड आपदा** पेन्सिल्वेनिया (USA) स्थित थ्री माइल आइलैण्ड परमाणु संयन्त्र में शीतक प्रणाली में गड़बड़ी के कारण आंशिक मेल्टडाउन हुआ। यहाँ विकिरण क्षति स्तर 5 की दर्ज की गई। इस हादसे में किसी की मृत्यु नहीं हुई, परन्तु 140000 लोग निर्वासित कर दिए गए।
- **चरनोबिल परमाणु दुर्घटना** यूक्रेन व बेलारूस की सीमा पर स्थिति चरनोबिल परमाणु संयन्त्र के रिएक्टर से एक प्रयोग के दौरान 26 अप्रैल, 1986 को विस्फोट हो गया। इसके फलस्वरूप उसमें आग लग गई जो लगातार नौ दिनों तक जारी रही, इससे निकलने वाला रेडिएशन हिरोशिमा, नागासाकी के रेडिएशन से 100 गुना अधिक था।

विषैले रसायनों के स्राव से उत्पन्न आपदा

- इस प्रकार की आपदा कारखानों से विषैले रसायनों के स्राव के कारण हुई अपार जन हानि के कारण उत्पन्न होती है। इस प्रकार की आपदा का ज्वलन्त उदाहरण भोपाल गैस त्रासदी है।

मानवकृत आपदा का प्रबन्धन

- मानवकृत आपदाओं के प्रबन्धन के सन्दर्भ में सबसे महत्त्वपूर्ण बात यह है कि इसका प्रबन्धन पूर्व से ही किया जाना चाहिए अर्थात् परमाणु तकनीकी के उपयोग के सन्दर्भ में जोखिमों को समझते हुए पहले से ही सावधानी बरतनी चाहिए।
- इसी तरह परमाणु दुर्घटना के सन्दर्भ में भी अत्यधिक सुरक्षा प्रणाली को समायोजित करना एवं विभिन्न स्तरों पर किन-किन कार्यक्रमों के सम्पादन की आवश्यकता है, यह समझना, क्योंकि अधिकांशतः देखा गया है कि दुर्घटना के बाद की स्थिति नियन्त्रण से बाहर होती है और भविष्य के लिए एक उदाहरण पर्याय सिद्ध होता है; जैसे—भोपाल की मिथाइल आइसो सायनाइट घटना और जापान की फुकुशिमा दुर्घटना।

आपदा प्रबन्धन

- विभिन्न प्राकृतिक आपदाओं का पूर्वानुमान लगाना कठिन होता है तथा इन्हें रोका नहीं जा सकता, परन्तु इनके प्रभाव का एक समुचित प्रबन्धन योजना के क्रियान्वयन के द्वारा कुछ सीमा तक कम अवश्य किया जा सकता है, जिससे अमूल्य मानवीय क्षति तथा सम्पत्ति की क्षति को कम किया जा सके, इसी समुचित प्रबन्धन क्रियाविधि को आपदा प्रबन्धन कहा जाता है।

आपदा प्रबन्धन की अवस्थाएँ

- आपदा प्रबन्धन की अवस्थाओं को दो *प्रमुख चरणों में विभाजित किया जा सकता है*

  1. आपदा पूर्व अवस्था 2. आपदा पश्चात् अवस्था

1. आपदा पूर्व अवस्था

आपदा न्यूनीकरण एवं प्रबन्धन की आपदा पूर्व अवस्था किसी आपदा के आने से पूर्व की अवस्था है। *इस अवस्था में निम्नलिखित कार्य सम्मिलित किए जाते हैं*

- सम्भावित प्राकृतिक प्रकोप एवं आपदा से प्रभावित होने वाले क्षेत्र के लोगों को समय रहते सूचना देना।
- सम्भावित आपदा प्रभावित क्षेत्र विशेष के समुदाय को सम्भावित आपदा से निपटने के लिए मानसिक रूप से तैयार करना।
- सम्भावित आपदा के प्रतिकूल प्रभावों को जहाँ तक सम्भव हो न्यूनतम करने का प्रयास करना।
- सम्भावित आपदा की प्रचण्डता को कम करने के यथासम्भव प्रयत्न करना।
- प्राकृतिक प्रकोपों, जिनसे कि आपदा के आने की पूरी सम्भावना है; जैसे—उष्णकटिबन्धीय चक्रवात टॉरनैडो, हरिकेन आदि के मार्ग में परिवर्तन करना आदि।

आपदा पूर्व अवस्था में तीन चरणों को शामिल किया जाता है

(i) आपदा तैयारियाँ

आपदा तैयारी का सामान्य अर्थ है—किसी क्षेत्र तथा मानव समुदाय में प्रकोप आने की स्थिति में उससे निपटने के लिए आवश्यक प्रबन्ध तथा तैयारी करना।

इसके अन्तर्गत निम्नलिखित पक्षों को शामिल किया जाता है

- आपदा सम्भावित क्षेत्र एवं मानव समुदाय की सुभेद्यता का अध्ययन।
- प्रकोपों एवं आपदाओं का निर्धारण करना तथा उनके स्वरूप की उत्पत्ति की प्रक्रिया एवं उनकी प्रचण्डता का निर्धारण करना।
- प्रत्येक प्रकोप एवं आपदा के जोखिम का आकलन करना।
- सम्बन्धित क्षेत्र का सुभेद्यता मानचित्र तैयार करना।
- विभिन्न माध्यमों (जैसे—सूचना प्रसारण, रैली, विज्ञापन आदि) से लोगों को सम्भावित आपदा के प्रतिकूल प्रभावों एवं क्षति के सम्बन्ध में लोगों को परिचित कराना।
- प्रकोपों तथा आपदा के आने पर सुरक्षात्मक उपायों के विषय में लोगों को प्रशिक्षित करना।
- उपरोक्त कार्यों के माध्यम से आपदा के प्रभाव को न केवल कम किया जा सकता है वरन् उनसे आसानी से निपटा जा सकता है।

(ii) आपदा निवारण

आपदा निवारण के निम्न तीन लक्ष्य होते हैं

(क) आपदा के लिंए जिम्मेदार विध्वंसक बलों को कम करना।

(ख) आपदाओं के परिमाण को कम करना।

(ग) आपदाओं के प्रतिकूल प्रभावों को कम करना।

प्राकृतिक आपदाओं द्वारा होने वाले प्रतिकूल प्रभावों को कम करने के *लिए निम्न उपाय कारगर होते हैं*

- आपदा सम्भावित क्षेत्रों का व्यापक एवं गहन सर्वेक्षण तथा मानचित्रण।
- आपदा प्रभावित क्षेत्रों का समुचित भूमि उपयोग नियोजन तथा आपदा को और अधिक सक्रिय करने वाली भूमि उपयोग को रोकना। उदाहरण के लिए, सागर तटीय क्षेत्रों में कोरल खनन, सागरीय पुलिन से रेत खनन, विकासीय योजनाओं के लिए दलदल (Wetlands) व बैकवाटर को सुखाना, मैंग्रोव वनों का विनाश आदि आपदा के विनाशकारी बलों को तेज कर देते हैं। वास्तव में ये अग्रणी प्राकृतिक बफर जोन होते हैं, जो ज्वारी तरंगों तथा सुनामी के प्रहार से तटीय क्षेत्रों की रक्षा करते हैं।
- इसके अतिरिक्त भवनों की संरचना में सुधार तथा आपदा को सहने योग्य आवासीय भवनों का निर्माण भी आपदा निवारण में सहायक होते हैं।

(iii) आपदा निरोध

- आपदा निरोध का तात्पर्य प्राकृतिक आपदा को घटित होने से रोकना नहीं वरन् आपदा आने से पूर्व सुरक्षात्मक उपाय कर आपदा के प्रभावों को रोकना है।
- आपदा निरोध के अन्तर्गत उन सभी कार्यों को शामिल किया जाता है, जो प्राकृतिक आपदाओं के मानव जीवन एवं उसकी सम्पत्ति पर पड़ने वाले प्रतिकूल प्रभावों को रोकने में सहायक होते हैं; जैसे—मैंग्रोव वनीकरण, पर्वतीय क्षेत्रों में वनीकरण, शहरों में ड्रेनेज सिस्टम ठीक करना।

2. आपदा पश्चात् अवस्था

- इस अवस्था में सम्पादित किए जाने वाले सारे कार्य आपदा के पश्चात् किए जाते हैं। *इस अवस्था में अग्र चरणों में आपदा प्रबन्धन किया जाता है*

राहत कार्य

किसी भी क्षेत्र में आपदा आने पर निम्न कार्यों को प्राथमिकता दी जाती है, जैसे

- मलवे में दबे लोगों को बाहर निकालना।
- आपदा से प्रभावित लोगों को भोजन, अस्थायी आवास पेयजल व दवाएँ उपलब्ध कराना। जल एवं विद्युत आपूर्ति बहाल करना।
- संचार एवं परिवहन व्यवस्था को पुन: स्थापित करना।

सामाजिक अनुक्रिया

- आपदाओं के आने पर मानव समाज में एक-दूसरे की सहायता की भावना स्वयंमेय उत्पन्न हो जाती है। लोग राजनीतिक, धार्मिक, भाषायी भेद-भावों से ऊपर उठकर मदद के लिए तुरन्त तैयार हो जाते हैं। यह व्यवहार सामाजिक अनुक्रिया कहलाता है।

आपदा प्रबन्धन के प्रयास

विभिन्न आपदाओं के प्रबन्धन हेतु निम्न कदम उठाए गए हैं

भारत में आपदा प्रबन्धन

भारत में आपदा से निवारण हेतु आपदा प्रबन्धन के अन्तर्गत *निम्नलिखित कदम शामिल हैं*

आपदा प्रबन्धन अधिनियम, 2005

- आपदा प्रबन्ध अधिनियम, 2005 के अनुसार, ऊपर से लेकर नीचे तक संस्थागत तन्त्र स्थापित किया गया है। इस अधिनियम के अन्तर्गत राष्ट्रीय, राज्य और जिला स्तरों पर आपदा शमन कोष और त्वरित कार्यवाही कोष की स्थापना की बात की गई है।

राष्ट्रीय आपदा प्रबन्धन प्राधिकरण

- राष्ट्रीय आपदा प्रबन्धन अधिनियम, 2005 की धारा 3 में राष्ट्रीय आपदा प्रबन्धन प्राधिकरण का प्रावधान किया गया है। इसका अध्यक्ष प्रधानमन्त्री एवं उसके द्वारा मनोनित 9 अन्य सदस्य होंगे। इस प्राधिकरण का नोडल मन्त्रालय गृह मन्त्रालय को बनाया गया है। इस प्राधिकरण के तहत गृह मन्त्रालय के अन्तर्गत राष्ट्रीय, राज्य एवं जिला स्तर पर कार्य करने की बात की गई है।
- राष्ट्रीय स्तर पर राष्ट्रीय आपदा प्रबन्धन प्राधिकरण, राष्ट्रीय आपदा प्रबन्धन प्राधिकरण की परामर्शकारी समितियाँ, राष्ट्रीय कार्यकारी समिति, राष्ट्रीय कार्यकारी समिति की उप-समितियाँ, राष्ट्रीय आपदा प्रबन्धन संस्थान नई दिल्ली, राष्ट्रीय आपदा अनुक्रिया बल, राष्ट्रीय आपदा अनुक्रिया कोष और राष्ट्रीय आपदा प्रशमन कोष आदि संस्थाओं को शामिल किया गया है।
- इसी तरह राज्य स्तर पर राज्य आपदा प्रबन्धन प्राधिकरण, राज्य आपदा प्रबन्धन प्राधिकरण की परामर्शकारी समिति, राज्य कार्यकारी समिति, राज्य कार्यकारी समिति की उप-समितियाँ एवं राज्य आपदा अनुक्रिया कोष एवं राज्य आपदा प्रशमन कोष को शामिल किया गया है।
- जिला स्तर पर जिला आपदा प्रबन्धन प्राधिकरण, जिला आपदा प्रबन्धन प्राधिकरण की परामर्शकारी एवं अन्य समितियाँ, जिला आपदा अनुक्रिया कोष एवं जिला आपदा प्रशमन कोष को राष्ट्रीय प्रबन्धन प्राधिकरण के अन्तर्गत शामिल किया गया है।
- जिला आपदा प्रबन्धन प्राधिकरण का अध्यक्ष जिलाधिकारी होता है, जो जिला स्तर पर आपदा प्रबन्धन के लिए योजना समन्वयन और कार्यान्वयन निकाय के रूप में कार्य करता है।

राष्ट्रीय आपदा प्रबन्धन नीति

- राष्ट्रीय आपदा प्रबन्धन प्राधिकरण ने वर्ष 2009 में आपदा प्रबन्धन पर एक राष्ट्रीय नीति तैयार की। इसके अन्तर्गत यह परिकल्पना की गई थी कि निवारण, शमन और त्वरित कार्यवाही की प्रकृति के जरिए समग्र, सक्रिय, बहु-आपदा उन्मुखी और प्रौद्योगिकी चालित रणनीति तैयार कर भारत को आपदाओं से निपटने में सक्षम तथा सुरक्षित देश बनाया जाए।

राष्ट्रीय आपदा प्रबन्धन संस्थान

- इसकी स्थापना आपदा प्रबन्धन अधिनियम, 2005 के अन्तर्गत की गई थी। यह संस्थान देश में आपदा प्रबन्धन के क्षेत्र में मानव संसाधन विकास, क्षमता निर्माण, प्रशिक्षण, शोध, दस्तावेजीकरण और नीतिगत सुझाव देता है।

राष्ट्रीय आपदा अनुक्रिया बल

- आपदा प्रबन्धन अधिनियम, 2005 में राष्ट्रीय आपदा अनुक्रिया बल स्थापित करने के लिए वैधानिक प्रावधान किए गए थे, जिसका उद्देश्य **प्राकृतिक** और **मानव-निर्मित** आपदा के लिए विशेषज्ञ अनुक्रिया प्रदान करना है। यह राष्ट्रीय आपदा प्रबन्धन प्राधिकरण के अधीक्षण, नियन्त्रण और निर्देशन के अन्तर्गत कार्य करता है।

अभ्यास प्रश्न

1. निम्नलिखित कथनों में से सही कथन चुनिए
(a) टोरनेडो चक्रवातों की तुलना में वृहद् आकार के होते हैं।
(b) इसका ऊपरी भाग पाइप जैसा तथा मध्यवर्ती एवं निचला हिस्सा छतरीनुमा होता है।
(c) इसके अन्तर्गत तीव्र वायुदाब प्रवणता के कारण हवाएँ केन्द्रीय भाग से बाह्य भाग की ओर तीव्र गति से प्रवाहित होती हैं।
(d) चक्रवात से सूखे की स्थिति उत्पन्न हो जाती है।

2. निम्नलिखित में से कौन आकस्मिक प्राकृतिक आपदा नहीं है?
(a) ज्वालामुखी (b) मरुस्थलीकरण
(c) भू-स्खलन (d) भूकम्प

3. निम्नलिखित में से कौन-सी भू-वैज्ञानिक परिघटनाएँ (Geological phenomena) नहीं है
(a) भ्रंश का विकसित होना (Development of fault)
(b) भ्रंश के साथ गतिशीलता (Movement along a fault)
(c) ज्वालामुखी उद्गार द्वारा उत्पन्न प्रतिघात (Impact produced by a volcanic eruption)
(d) हिमस्खलन (Snowslide)

4. भू-स्खलन का सर्वाधिक प्रभाव कहाँ होता है?
(a) मैदानी क्षेत्रों में (b) पहाड़ी क्षेत्रों में
(c) पठारी क्षेत्रों में (d) तटीय क्षेत्रों में

5. बॉटम प्रैशर रिसीवर निम्न में किसकी सूचना रिकार्ड करता है?
(a) भूकम्प (b) सुनामी
(c) (a) और (b) दोनों (d) इनमें से कोई नहीं

6. बादल प्रस्फोट की स्थिति प्राय: कहाँ देखी जाती है?
(a) पर्वतों में (b) मैदानों में
(c) रेगिस्तानों में (d) पठारी क्षेत्रों में

7. ज्वालामुखियों के सन्दर्भ में निम्नलिखित कथनों में कौन-से कथन सही हैं?
(a) भू-पर्पटी से एक नली भू-गर्भ मैण्टल से जुड़ी होती है, जिसके माध्यम से मैग्मा बाहर आता है।
(b) ज्वालामुखी नली या मुख के चारों ओर पठारीय भाग का विस्तार हो जाता है।
(c) ज्वालामुखी सक्रियता के आधार पर दो प्रकार के होते हैं जाग्रत और शान्त।
(d) ज्वालामुखी विस्फोट से वातावरण में ऑक्सीजन की अधिकता हो जाती है।

8. सुनामी की उत्पत्ति का सम्बन्ध है
(a) भूकम्प से
(b) ज्वालामुखी क्रिया से
(c) भू-स्खलन से
(d) बाढ़ से

9. निम्नलिखित में से कौन-सी मानवकृत आपदा है?
(a) निर्वनीकरण (b) बाढ़
(c) भू-स्खलन (d) ज्वालामुखी

10. निम्नलिखित में से कौन-से पर्वतों में भू-स्खलन की प्रक्रिया असामान्य है?
(a) हिमालय (b) आल्पस
(c) उरल (d) रॉकीस

11. भारत में राष्ट्रीय बाढ़ नियन्त्रण कार्यक्रम कब प्रारम्भ हुआ?
(a) 1962 (b) 1948
(c) 1950 (d) 1954

12. निम्नलिखित कथनों पर विचार कीजिए
1. आपदा प्रबन्धन का तात्पर्य प्राकृतिक आपदाओं द्वारा मानव पर पड़ने वाले प्रभावों का न्यूनीकरण करना है।
2. प्राकृतिक आपदाओं को रोका जा सकता है।

उपरोक्त कथनों में से कौन-सा/से कथन सही है/हैं?
(a) केवल 1
(b) केवल 2
(c) 1 और 2
(d) न तो 1 और न ही 2

13. निम्न में से कौन-सा क्षेत्र भूकम्प का अधिकतम प्रभाव का क्षेत्र है?
(a) पूर्वोत्तर राज्य (b) उत्तरी बंगाल
(c) गोदावरी-कृष्णा डेल्टा (d) पश्चिमी बंगाल

14. निम्न में से कौन सूखे का प्रकार है?
(a) पारिस्थितिक सूखा (b) कृषिगत सूखा
(c) जल विज्ञान सम्बन्धी सूखा (d) ये सभी

15. बाढ़ का मुख्य कारण निम्न में से कौन-सा है?
(a) भारी वर्षा (b) वन विनाश
(c) बाँध टूटना (d) ये सभी

16. निम्नलिखित कथनों पर विचार कीजिए
1. भारत का भूकम्प प्रतिरोधी डिजाइन कोड (आईएस) भारतीय भूकम्प आँकड़ा केन्द्र (नई दिल्ली) ने निर्धारित किया है।
2. इस कोड के अन्तर्गत भूकम्प जोन विशेष क्षेत्र के गुरुत्वीय त्वरण का क्षैतिज अनुभूत त्वरण के आधार पर क्षेत्र कारक निर्धारित किया जाता है।

उपरोक्त कथनों में से कौन-सा/से कथन सही है/हैं?
(a) केवल 1 (b) केवल 2
(c) 1 और 2 (d) न तो 1 और न ही 2

17. इण्डियन नेशनल सेण्टर फॉर ओशन इन्फॉर्मेशन सर्विस का मुख्यालय कहाँ स्थित है?
(a) नई दिल्ली (b) चेन्नई
(c) हैदराबाद (d) अहमदाबाद

18. घाघरा व कोसी नदी भारत के बाढ़ ग्रस्त क्षेत्रों के कौन-से खण्ड में आती है?
(a) दक्षिणी खण्ड
(b) पूर्वी खण्ड
(c) उत्तरी खण्ड
(d) मध्यवर्ती खण्ड

19. बंगाल की खाड़ी के तटवर्ती क्षेत्रों में चक्रवात क्यों अधिक आते हैं?
(a) बंगाल की खाड़ी में अधिक गर्मी के कारण
(b) बंगाल की खाड़ी के पानी में रसायन चक्रवातों के बनने में सहायक होते हैं
(c) अण्डमान एवं निकोबार की लम्बी द्वीप श्रृंखला चक्रवातों के आरम्भ होने के कारण बनती है
(d) शंक्वाकार होने के कारण बंगाल की खाड़ी में बने चक्रवात उत्तर की ओर चलते हैं।

20. उष्णकटिबन्धीय चक्रवातों से सम्बद्ध सामान्य अभिलक्षणों के सम्बन्ध में निम्नलिखित कथनों पर विचार कीजिए।
1. उष्णकटिबन्धीय चक्रवात महासागरों पर अत्यन्त निम्न वेग से चलते हैं, लेकिन स्थल क्षेत्रों पर उनका वेग प्रबल हो जाता है।
2. ये वर्ष की एक विशेष समयावधि तक सीमित रहते हैं (मुख्यत: गर्मियों में) और वे सामान्यत: पूर्व से पश्चिम की ओर संचलन करते हैं।

उपरोक्त कथनों में से कौन-सा/से कथन सही है/हैं?
(a) केवल 1 (b) केवल 2
(c) 1 और 2 (d) न तो 1 और न ही 2

21. निम्नलिखित कथनों पर विचार कीजिए
1. प्राकृतिक आपदाएँ प्राय: अनापेक्षित घटनाएँ होती हैं।
2. भूकम्प, ज्वालामुखी प्रस्फोट, सुनामी तथा चक्रवात एवं बाढ़ प्रमुख प्राकृतिक आपदाएँ हैं।
3. इसका प्रादुर्भाव केवल प्राकृतिक कारकों द्वारा ही होता है।

उपरोक्त कथनों में से कौन-सा/से कथन सही है/हैं?
(a) केवल 1 (b) केवल 2
(c) 1 और 2 (d) 2 और 3

22. अमेरिका ने वर्ष 1945 में कहाँ परमाणु बम गिराया था?
(a) हिरोशिमा
(b) नागासाकी
(c) (a) और (b) दोनों
(d) उपरोक्त में से कोई नहीं

23. विस्फोटक केन्द्रीय उद्गार एवं दरारी लावा प्रवाह निम्न में से किसके प्रकार हैं?
(a) सुनामी (b) चक्रवात
(c) ज्वालामुखी (d) भूस्खलन

24. राष्ट्रीय आपदा प्रबन्धन संस्थान की स्थापना कब की गई?
(a) 2009 (b) 2005 (c) 2010 (d) 2009

25. निम्नलिखित कथनों पर विचार कीजिए
1. सामान्यत: अधिकांश चक्रवातीय क्षति तेज पवनों, मूसलाधार वर्षा तथा ज्वारीय लहरों के कारण होती है।
2. पवनों की तुलना में चक्रवातीय वर्षा के कारण आई बाढ़ अधिक विनाशकारी होती है।
3. तटीय क्षेत्रों में वृक्षारोपण से चक्रवातों के प्रभाव को कम करने में मदद मिलती है।

उपरोक्त कथनों में से कौन-सा/से कथन सही है/हैं?
(a) केवल 1 (b) 2 और 3 (c) केवल 3 (d) ये सभी

26. 'बायोकार्बन फण्ड इनिशिएटिव फॉर सस्टेनेबल फॉरेस्ट लैण्डस्केप्स' (Bio Carbon Fund Initiative for Sustainable Forest Landscapes) का प्रबन्धन निम्नलिखित में से कौन करता है?
(a) एशिया विकास बैंक
(b) अन्तर्राष्ट्रीय मुद्रा कोष
(c) संयुक्त राष्ट्र पर्यावरण कार्यक्रम
(d) विश्व बैंक

27. राष्ट्रीय आपदा प्रबन्धन प्राधिकरण में कुल कितने सदस्य होते हैं?
(a) 10 (b) 9
(c) 15 (d) 8

28. निम्न में से कहाँ चक्रवात पूर्वानुमान केन्द्र स्थापित है?
(a) अहमदाबाद (b) नई दिल्ली
(c) कोच्चि (d) दमन

29. 'बादल प्रस्फोट' से क्या तात्पर्य है?
(a) वर्षा की कृत्रिम वैज्ञानिक प्रक्रिया
(b) आकाश में बादलों का गलत सघन रूप में आच्छादित होना
(c) मेघाच्छन्न मौसम, जिसमें एक लम्बे समय तक वर्षा होती रहे
(d) अचानक तड़ितझंझा के साथ तीव्र मूसलाधार वर्षा

30. सुमेलित कीजिए

सूची I	सूची II
A. न्यूनतम प्रभाव का क्षेत्र	1. बिहार-नेपाल का सीमावर्ती क्षेत्र
B. मध्यम प्रभाव का क्षेत्र	2. उत्तरी बंगाल
C. अधिक प्रभाव का क्षेत्र	3. बिहार एवं पश्चिम बंगाल का मैदानी भाग
D. अधिकतम प्रभाव का क्षेत्र	4. पश्चिमी ओडिशा

कूट

	A	B	C	D		A	B	C	D
(a)	4	3	2	1	(b)	3	2	1	4
(c)	2	4	1	3	(d)	1	4	3	2

31. निम्न कथनों में से कौन सा कथन सही नहीं है
(a) सबसे अधिक चक्रवात उत्तरी प्रशान्त महासागर में आते हैं।
(b) उत्तरी प्रशान्त महासागर में प्रतिवर्ष औसतन 32 चक्रवात आते हैं, जिनमें से लगभग 22 चक्रवात एशियाई तट को तथा 10 अमेरिकी तट को प्रभावित करते हैं।
(c) प्रशान्त महासागर में अधिकांश चक्रवात अगस्त तथा सितम्बर माह में आते हैं।
(d) उष्णकटिबन्धीय चक्रवातों का आकार बड़ा होता है।

32. निम्नलिखित कथनों पर विचार कीजिए
1. तड़ितझंझा स्थानीय तूफान होता है, जिसमें हवाएँ तेजी से नीचे की ओर आती हैं तथा बिजली की चमक एवं बादलों की गरज के साथ तीव्र वर्षा होती है।
2. इस दौरान ओलापात (हैलस्टोम) भी होता है।
3. तड़ितझंझा में संघनन की गुप्त ऊष्मा के निवेश द्वारा स्थितिज ऊर्जा का गतिज ऊर्जा में तेजी से रूपान्तर होता है।

उपरोक्त कथनों में से कौन-सा/से कथन सही है/हैं?
(a) केवल 1 (b) 2 और 3
(c) केवल 3 (d) ये सभी

33. भू-स्खलन के सम्बन्ध में निम्नलिखित में से कौन-सा कथन सही नहीं है।

(a) भू-स्खलन में गुरुत्वाकर्षण के प्रभाव के कारण चट्टान तथा मिट्टी का ढाल के सहारे अचानक खिसकाव होता है।

(b) भू-स्खलन की तीव्रता, भू-गर्भिक संरचना, ढाल, चट्टानों की प्रकृति तथा मानवीय हस्तक्षेप पर निर्भर करती है।

(c) हिमालय के नवीन पर्वत, अण्डमान एवं निकोबार द्वीप समूह, पश्चिमी घाट तथा नीलगिरि के अत्यधिक वर्षा वाले क्षेत्र अत्यधिक भू-स्खलन सम्भावित क्षेत्र हैं।

(d) सड़क निर्माण भू-स्खलन के लिए उत्तरदायी नहीं है।

34. निम्नलिखित कथनों में से कौन-सा कथन गलत है?

(a) जब किसी जलाशय या नदी का जल स्तर ऊँचा हो जाने से आस-पास की निम्न भूमि में अस्थायी रूप से जल भर जाता है, तो इसे बाढ़ की संज्ञा दी जाती है।

(b) बाढ़ सामान्यतः अचानक नहीं आती, यह कुछ विशेष क्षेत्रों तथा ऋतुओं में ही आती है।

(c) अन्धाधुन्ध वन कटाव, प्राकृतिक अपवाह तन्त्रों का अवरुद्ध होना, बाढ़ वाले मैदानों पर मानव बसाव, बाढ़ की विभीषिका को बढ़ावा देते हैं।

(d) भारत के 20% बाढ़ग्रस्त क्षेत्र गंगा-ब्रह्मपुत्र बेसिन के अन्तर्गत आते हैं।

35. निम्न कथनों में से कौन-सा/से कथन सही नहीं है/हैं?

(a) बाढ़ के समय जलजनित बीमारियाँ; जैसे-हैजा, टायफाइड तथा मलेरिया आदि की सम्भावना बढ़ जाती है।

(b) बाढ़ के कारण मृदा अपरदन की समस्या भी उत्पन्न होती है।

(c) बाढ़ की विभीषिका को कम करने के लिए तालाबों तथा झीलों का संरक्षण आवश्यक है।

(d) बाढ़ के प्रकोप को कम करने के लिए मानचित्रीकरण करना एक प्राथमिक उपाय है।

36. निम्नलिखित कथनों पर विचार कीजिए

1. विश्व में सर्वाधिक सुनामी अटालाण्टिक महासागर में आती है।
2. हिन्द महासागर में प्रशान्त महासागर की अपेक्षा कम सुनामी आती है।

उपरोक्त कथनों में से कौन-सा/से कथन सही है/हैं?

(a) केवल 1 (b) केवल 2
(c) 1 और 2 (d) न तो 1 और न ही 2

37. गंगा-ब्रह्मपुत्र घाटी में बाढ़ के विनाशकारी प्राकृतिक आपदा होने का/के निम्नलिखित में से कौन-सा/से सर्वाधिक प्रभावशाली कारण है/हैं?

1. जनसंख्या दबाव के कारण अधिकाधिक लोग बाढ़ प्रवण क्षेत्रों में रह रहे हैं।
2. उच्च जलग्रहण क्षेत्रों में भू-स्खलन और मृदा अपरदन की बढ़ी हुई आवृत्ति और परिमाण।
3. भारत के उत्तर-पश्चिमी भाग में वर्षा के परिमाण और तीव्रता में वृद्धि।

कूट

(a) केवल 1 (b) 1 और 2
(c) 2 और 3 (d) 1, 2 और 3

उत्तरमाला

1.	(a)	2.	(b)	3.	(d)	4.	(b)	5.	(c)	6.	(a)	7.	(a)	8.	(a)	9.	(a)	10.	(c)
11.	(d)	12.	(a)	13.	(a)	14.	(d)	15.	(d)	16.	(b)	17.	(c)	18.	(b)	19.	(d)	20.	(b)
21.	(c)	22.	(c)	23.	(c)	24.	(b)	25.	(d)	26.	(d)	27.	(a)	28.	(a)	29.	(d)	30.	(a)
31.	(d)	32.	(d)	33.	(d)	34.	(d)	35.	(c)	36.	(b)	37.	(b)						

अध्याय 18

मध्य प्रदेश का भूगोल

भौतिक स्वरूप

मध्य प्रदेश का भौतिक विभाजन

धरातलीय विशेषताओं के आधार पर प्रदेश को मुख्यत: तीन भागों में बाँटा गया है

मध्य उच्च प्रदेश

राज्य में सर्वाधिक विस्तृत मध्य उच्च प्रदेश है। यह प्रदेश विभिन्न पठारों की संयुक्त संरचना है।

इसके मुख्यत: पाँच भाग हैं

1. मालवा का पठार

- मध्य प्रदेश के मध्य पश्चिमी भाग को मालवा पठार के नाम से जाना जाता है।
- मालवा का पठार नर्मदा नदी के उत्तर में स्थित है। यह पठार दक्कन ट्रैप का ही भाग है। यह लावा निर्मित पठार है। मालवा पठार नर्मदा व चम्बल के मध्य में पड़ता है।
- मालवा के पठार का क्षेत्रफल मध्य प्रदेश के कुल क्षेत्रफल का 28% है।
- इसकी भौगोलिक स्थिति 20°10′ से 25°8′ उत्तरी अक्षांश तथा 74°59′ से 79°20′ पूर्वी देशान्तर के मध्य है।
- कर्क रेखा इसे दो भागों में विभाजित करती है।
- मालवा का पठार काली मिट्टी के लिए प्रसिद्ध है, जो कपास के उत्पादन के लिए सर्वाधिक उपयुक्त होती है।
- इस पठारी क्षेत्र में उज्जैन, साँची, भीमबेटका, विदिशा और उदयगिरि की गुफाएँ पाई जाती हैं।
- मालवा के पठार की सबसे ऊँची चोटी सिंगार (881मी) है।
- इस पठार का विस्तार गुना, राजगढ़, भोपाल, रायसेन, सागर, विदिशा, शाजापुर, देवास, इन्दौर, सीहोर, उज्जैन, रतलाम, मन्दौर, झाबुआ तथा घाट जिले में है। राज्य का वृहद भू-भाग मालवा पठार के अन्तर्गत आता है।

2. मध्य भारत का पठार

- मध्य भारत का पठार मालवा पठार के पूर्वोत्तर में स्थित है।
- इसका कुल क्षेत्रफल 32,896 वर्ग किमी है, जो मध्य प्रदेश के क्षेत्रफल का 10.68% है।
- शिवपुरी, मुरैना, भिण्ड, ग्वालियर, मन्दसौर और नीमच आदि क्षेत्र इस पठार के अन्तर्गत आते हैं।
- इस क्षेत्र की प्रमुख नदियाँ चम्बल, पावर्ती, कालीसिन्ध है।
- जलोढ़ एवं काली मिट्टी पाए जाने के कारण यहाँ गेहूँ, ज्वार, बाजरा की फसल उगाई जाती है।
- शीशम, सागौन, नीम, पीपल तथा खैर आदि यहाँ के वनों में पाए जाने वाले प्रमुख वृक्ष हैं।
- इस पठारी क्षेत्र में सहरिया जनजाति रहती है।

3. बुन्देलखण्ड का पठार

- इस पठार का विस्तार छतरपुर, पन्ना, टीकमगढ़, दतिया, शिवपुरी और गुना आदि जिलों में पाया जाता है।
- इस पठार का विस्तार प्रदेश के कुल क्षेत्र के 7.70% पर है।
- बुन्देलखण्ड का पठार ग्रेनाइट व नीस चट्टानों से बना है। इस क्षेत्र की चट्टानों में फॉस्फेट की प्रमुखता पाई जाती है।
- इस क्षेत्र में लाल और काली मिट्टी का सम्मिश्रण पाया जाता है।
- इस पठार से बेतवा, केन, धसान व सिन्ध नदियाँ प्रवाहित होती हैं।
- यहाँ समतलप्राय मैदान (Peneplain) व टोर आकृतियाँ पाई जाती हैं।
- बुन्देलखण्ड पठार की सबसे ऊँची चोटी सिद्ध बाबा (1172 मी) है।

4. **विन्ध्यन कगारी प्रदेश** (रीवा-पन्ना का पठार)

- विन्ध्यन कगारी प्रदेश मालवा पठार के उत्तर-पूर्व में फैला हुआ है तथा कर्क रेखा के उत्तर में स्थित है।
- यह एक त्रिकोण आकार का पठारी क्षेत्र है।
- इसकी भौगोलिक स्थिति 23°10′ से 25°12′ उत्तरी अक्षांश और 78°4′ से 82°18′ पूर्वी देशान्तर के मध्य विस्तृत है।
- इसके अन्तर्गत सतना, रीवा, पन्ना, दमोह आदि क्षेत्र आते हैं। इसी प्रदेश की कगार भूमि में 'जबेरा का गुम्बद' पाया जाता है।
- इस पठार के सहारे टोंस और सहायक नदियाँ चचाई, केवटी, बहुती, विण्डम आदि जल प्रपात बनाती हैं।
- यमुना और सोन नदियों के जलद्विभाजक का कार्य कैमूर श्रेणी करती है।
- केन, सोनार, बेथरमा, टोंस इस प्रदेश में बहने वाली प्रमुख नदियाँ हैं।
- केन नदी इस क्षेत्र में गहरी कन्दराएँ बनाती है।
- यह क्षेत्र चूना-पत्थर और हीरा के लिए प्रसिद्ध है।
- गेहूँ इस क्षेत्र की प्रमुख फसल है। इस क्षेत्र में पूर्व की ओर चावल की खेती भी होती है।

5. **नर्मदा सोन घाटी**

- यह घाटी प्रदेश का सबसे निम्न भौगोलिक क्षेत्र है, जिसकी औसत ऊँचाई 300 मीटर है। यह घाटी एक भ्रंश घाटी है।
- जबलपुर, नरसिंहपुर, होशंगाबाद, रायसेन, खण्डवा आदि जिलों में इस घाटी का विस्तार पाया जाता है।
- यहाँ से दक्कन ट्रैप की चट्टानें मिलती हैं।
- इस घाटी क्षेत्र में नर्मदा नदी ने विन्ध्यन शैल समूह को काटकर मन्धाता कन्दरा का निर्माण किया है।
- बड़वाह में नर्मदा नदी पर मन्धार और दर्दी दो जल प्रपात हैं।
- नर्मदा नदी अखरानी की पहाड़ियों में मुकरता नामक गॉर्ज का निर्माण करती है।
- इस क्षेत्र में कैमूर की श्रेणियाँ प्रपाती कछार का निर्माण करती हैं।
- इस क्षेत्र में चूने का पत्थर, संगमरमर, कोयला, टंगस्टन आदि पाए जाते हैं।
- यह प्रदेश का सर्वाधिक जायद फसल वाला क्षेत्र है। प्रसिद्ध प्रागैतिहासिक स्थल नवदाटोली इसी क्षेत्र में स्थित है।

सतपुड़ा-मैकाल की श्रेणियाँ

सतपुड़ा की श्रेणियाँ मध्य प्रदेश के सबसे ऊँचे क्षेत्र हैं। ये श्रेणियाँ नर्मदा तथा ताप्ती नदियों के मध्य स्थित हैं।

सतपुड़ा-मैकाल श्रेणी को मुख्यत: तीन भागों में बाँटा जाता है

1. **प्रथम भाग** पश्चिमी भाग है, जिसे सतपुड़ा अथवा राजपीपला की पहाड़ियाँ कहा जाता है।
   पश्चिमी सतपुड़ा श्रेणी टेढ़ी-मेढ़ी, सँकरी, प्रतापी ढलान वाली श्रेणी है, जो गुजरात तथा मध्य प्रदेश की पश्चिमी सीमा से बुरहानपुर दर्रे तक आती है। बुरहानपुर दर्रे के पूर्व में सतपुड़ा की श्रेणी पर्याप्त रूप से चौड़ी हो जाती है, जिसे पूर्वी सतपुड़ा की श्रेणी कहा जाता है।
2. इसका **दूसरा भाग** मध्य श्रेणी है, जो राजपीपला के पूर्व में एक चौड़ी श्रेणी है। इस श्रेणी के मुख्य भाग ग्वालीगढ़ श्रेणी, महादेव श्रेणी आदि हैं। महादेव श्रेणी में राज्य की सर्वोच्च चोटी धूपगढ़ (1350 मी) स्थित है।
3. इस श्रेणी का **तीसरा भाग** मैकाल श्रेणी है। मैकाल श्रेणी की पूर्वी सीमा अर्द्धचन्द्रकार है, जो उत्तर से दक्षिण की ओर फैली है।

पूर्वी या बघेलखण्ड का पठार

- मध्य प्रदेश के पूर्व में फैला हुआ पहाड़ी क्षेत्र बघेलखण्ड पठार के नाम से जाना जाता है।
- यह प्रदेश का सबसे बड़ा पठार है। इस पठार का क्षेत्रफल लगभग 25,000 वर्ग किमी है।
- बघेलखण्ड का पठार प्राचीन गोण्डवाना शैल समूह से निर्मित भू-खण्ड है।
- इसका प्रसार शहडोल, सीधी, सिंगरौली, उमरिया तथा डिण्डोरी आदि जिलों में है।
- सोन, नर्मदा एवं जोहिला नदियाँ यहाँ प्रवाहित होने वाली प्रमुख नदियाँ हैं।
- बघेलखण्ड के पठारी क्षेत्रों में लाल-पीली मिट्टी पाई जाती है।
- इस पठार से बॉक्साइट, चूने का पत्थर और कोयला मुख्य रूप से पाया जाता है। सिंगरौली बघेलखण्ड के पठार में स्थित है।
- इस पठार से कर्क रेखा गुजरती है।

मध्य प्रदेश के प्रमुख पर्वत एवं श्रेणियाँ

मध्य प्रदेश में निम्नलिखित पर्वत एवं श्रेणियाँ पाई जाती हैं

अरावली पर्वत

- यह पृथ्वी की सबसे पुरानी पर्वत श्रृंखला मानी जाती है।
- अरावली की सबसे ऊँची चोटी आबू पर्वत (राजस्थान) है, इसकी ऊँचाई 1,158 मी है।
- इसका विस्तार दिल्ली से अहमदाबाद (800 किमी) तक है।

विन्ध्याचल पर्वत

- इसका विस्तार नर्मदा नदी के उत्तर में पूर्व से पश्चिम की ओर है।
- इस पर्वत की औसत ऊँचाई 457 से 610 मी तक है। इस पर्वत की सर्वाधिक ऊँची चोटी अमरकण्टक (1,057 मी) है।
- इस पर्वत से नर्मदा, सोन एवं बेतवा नदियों का उद्भव हुआ है। इसका निर्माण क्वार्ट्ज और बालू-पत्थरों से हुआ है।

सतपुड़ा पर्वत

- मध्य प्रदेश में सतपुड़ा पर्वत का विस्तार नर्मदा नदी के दक्षिण में विन्ध्यांचल के समानान्तर है।
- इसका निर्माण ग्रेनाइट और बेसाल्ट चट्टानों से हुआ है।
- इस पर्वत के दक्षिण में ग्वालिगढ़ की श्रेणियाँ उत्तर में महादेव पर्वत की श्रेणी तथा पूर्व में छिन्दवाड़ा एवं बैतूल के पठार स्थित हैं।

मैकाल-अमरकण्टक श्रेणी

- यह श्रेणी सतपुड़ा पर्वत का दक्षिण-पूर्वी विस्तार है।
- यह श्रेणी छोटा नागपुर (झारखण्ड) तक विस्तृत है।
- मैकाल-अमरकण्टक श्रेणी का निर्माण बलुआ-पत्थर, क्वार्ट्ज और अवसादी चट्टानों से हुआ है।
- यहाँ पर लेटेराइट मृदा मुख्य रूप से पाई जाती है।
- यह श्रेणी प्रदेश के शहडोल, मण्डला और डिण्डोरी जिलों में विस्तृत है।
- यहाँ से नर्मदा, सोन, जोहिला तथा रिहन्द नदियों का उद्भव हुआ है।

महादेव श्रेणी

- यह सतपुड़ा श्रेणी का पूर्वी विस्तार है। इसका विस्तार प्रदेश के छिन्दवाड़ा, नरसिंहपुर, सिवनी और होशंगाबाद जिलों में है।
- महादेव श्रेणी का निर्माण बलुआ-पत्थर और क्वार्ट्ज चट्टानों से हुआ है।
- मध्य प्रदेश का एकमात्र हिल स्टेशन पंचमढ़ी इसी पर्वत श्रेणी में स्थित है।

कैमूर-भाण्डेर श्रेणी

- यह श्रेणी विन्ध्याचल पर्वत का पूर्वी विस्तार है। इसका निर्माण लाल बलुआ पत्थर और क्वार्ट्ज चट्टानों से हुआ है। यह श्रेणी यमुना और **सोन** नदी की जलद्विभाजक है।
- सीधी, सतना, रीवा, पन्ना, छतरपुर आदि जिलों में इस पर्वत श्रेणी का विस्तार हुआ है।

विन्ध्याचल श्रेणी

- यह श्रेणी विन्ध्याचल, भाण्डेर, कैमूर तथा पारसनाथ पहाड़ियों के समूह के रूप में पाई जाती है। यह श्रेणी गंगा और नर्मदा नदी बेसिन की जलद्विभाजक है।
- इस श्रेणी से चम्बल, बेतवा एवं केन नदियाँ निकलती हैं।
- विन्ध्याचल श्रेणी में चूना-पत्थर सतना से, हीरा पन्ना से और कोरण्डम रीवा जिले से प्राप्त किया जाता है।

जलवायु एवं वर्षा का वितरण

- किसी क्षेत्र विशेष की दीर्घकालीन मौसमी दशाओं के समग्र रूप को जलवायु कहते हैं। राज्य की जलवायु उष्णकटिबन्धीय मानसूनी जलवायु है।
- कर्क रेखा द्वारा राज्य को दो बराबर भागों में बाँटने तथा राज्य के विशाल आकार के कारण राज्य के विभिन्न भागों में भिन्न- भिन्न प्रकार की जलवायु पाई जाती है।

  राज्य के जलवायु क्षेत्रों को निम्नलिखित पाँच भागों में विभाजित किया गया है

1. मालवा पठार क्षेत्र

- यहाँ की जलवायु समशीतोष्ण प्रकार की होती है।
- इसमें ग्रीष्म ऋतु सामान्य गर्म तथा शीत ऋतु सामान्य ठण्डी होती है।
- मालवा पठार क्षेत्र का औसत दैनिक तापमान गर्मियों में 40° से 42.5° सेग्रे तथा सर्दियों में 10° से 12.5° सेग्रे तक होता है।
- इस क्षेत्र की अधिकतर वर्षा अरब सागर के मानसून से होती है। वर्षा का वितरण दक्षिण- पूर्व क्षेत्र से उत्तर-पूर्व की ओर घटता जाता है।

2. उत्तर का मैदानी क्षेत्र

- समुद्र से दूर स्थित होने के कारण इस क्षेत्र में गर्मियों में अधिक गर्मी तथा सर्दियों में अधिक सर्दी पड़ती है।
- गर्मियों में औसत तापमान 40° से 45.5° सेग्रे तथा सर्दियों में 15° से 18° सेग्रे तक रहता है।
- इस क्षेत्र में औसत वर्षा 75 सेमी से कम होती है, जिससे यह क्षेत्र उप-आर्द्र प्रदेश की श्रेणी में आता है। इसके प्रमुख क्षेत्र बुन्देलखण्ड, रीवा-पन्ना का पठार तथा मध्य भारत हैं।

3. विन्ध्य/सतपुड़ा पर्वतीय क्षेत्र

- विन्ध्य पर्वतीय क्षेत्र में सम जलवायु पाई जाती है। पर्वतीय क्षेत्र में अधिक गर्मी नहीं पड़ती तथा सर्दी भी सामान्य रहती है। यही कारण है कि यह क्षेत्र स्वास्थ्य की दृष्टि से अत्यन्त महत्त्वपूर्ण है।
- इस क्षेत्र में वर्षा बंगाल की खाड़ी तथा अरब सागर दोनों मानसूनों से होती है। मध्य प्रदेश के प्रसिद्ध पर्यटक स्थल पंचमढ़ी व अमरकण्टक इसी जलवायु क्षेत्र में स्थित हैं।

4. नर्मदा घाटी क्षेत्र

- कर्क रेखा के समीप होने के कारण नर्मदा घाटी क्षेत्र में ग्रीष्म ऋतु अत्यधिक गर्म तथा शीत ऋतु साधारण ठण्डी रहती है। इस क्षेत्र में अधिकतम औसत दैनिक तापमान मई में तथा न्यूनतम तापमान दिसम्बर में रहता है।
- इस क्षेत्र में वर्षा सामान्यत: 57.5-142.5 सेमी तक होती है। नर्मदा घाटी क्षेत्र में वर्षा की मात्रा पूर्व से पश्चिम की ओर कम होती जाती है।
- इस क्षेत्र में नर्मदा के अतिरिक्त तवा, दुधी, शक्कर इत्यादि नदियाँ भी प्रवाहित होती हैं।

5. बघेलखण्ड पठार क्षेत्र

- कर्क रेखा बघेलखण्ड पठार को दो भागों में विभाजित करती है, इसलिए इस क्षेत्र की जलवायु मानसूनी प्रकार की है। इस क्षेत्र में ग्रीष्म ऋतु अधिक गर्म तथा शीत ऋतु सामान्य ठण्डी होती है।
- बघेलखण्ड पठारी क्षेत्र का औसत तापमान गर्मियों में 35.5° सेग्रे तथा सर्दियों में 12.5° सेग्रे रहता है। इस क्षेत्र में औसत वर्षा 125 सेमी होती है तथा इस क्षेत्र की औसत ऊँचाई 400 मी व अधिकतम ऊँचाई 1500 मी है। इस क्षेत्र में सोन नदी का अपवाह तन्त्र है।

मध्य प्रदेश की ऋतुएँ

मध्य प्रदेश की ऋतुओं को जलवायु के आधार पर तीन वर्गों में विभाजित किया गया है

1. ग्रीष्म ऋतु

- राज्य में ग्रीष्म ऋतु मार्च से प्रारम्भ होकर मध्य जून तक रहती है।
- राज्य में मार्च के पश्चात् तापमान निरन्तर बढ़ता जाता है तथा सम्पूर्ण राज्य में तापमान मई के मध्य तक आते-आते 30° सेग्रे से ऊपर हो जाता है।
- मई में राज्य के उत्तरी-पश्चिमी क्षेत्र में तापमान अधिक होता है। इस दौरान राज्य के ग्वालियर, मुरैना, दतिया तथा दक्षिणी बालाघाट जिलों में 47° सेग्रे तक तापमान मिलता है।
- राज्य में ग्रीष्म ऋतु को युनाला कहा जाता है। ग्रीष्म ऋतु में समताप रेखा 40° सेग्रे राज्य को दो भागों में विभाजित करती है।
- इस रेखा के पूर्वी हिस्से में मण्डला, शहडोल, सिवनी, छिन्दवाड़ा एवं बैतूल जिले आते हैं तथा पश्चिम हिस्से में देवास, शाजापुर, इन्दौर, धार, उज्जैन, झाबुआ, रतलाम एवं मन्दसौर जिले आते हैं।
- गंजबासौदा (विदिशा जिला) राज्य में सर्वाधिक गर्म क्षेत्र माना जाता है। जिसका तापमान 48.7° तक मापा गया है।

2. वर्षा ऋतु

- राज्य में वर्षा ऋतु का आगमन मध्य जून से प्रारम्भ हो जाता है। जून माह में उत्तर-पश्चिमी भारत में न्यून वायुदाब केन्द्र बनने से महासागरों के ऊपर से बहने वाली हवाएँ इस ओर चलने लगती हैं।
- यहाँ दक्षिण-पश्चिम मानसून के कारण अधिक वर्षा होती है। वर्षा, धूप की कमी तथा अधिक आर्द्रता होने के कारण तापमान गिरने लगता है, परन्तु जुलाई के पश्चात् औसत मासिक तापमान एक समान रहता है। पठारी तथा पहाड़ी क्षेत्रों में अधिक वर्षा होती है, क्योंकि ऐसे स्थलों की ऊँचाई अपेक्षाकृत अधिक होती है।
- अक्टूबर तक आते-आते वर्षा की मात्रा न्यूनतम हो जाती है, जिसके कारण तापमान पुनः बढ़ जाता है, इसलिए सितम्बर-अक्टूबर की गर्मी को द्वितीय ग्रीष्म ऋतु कहा जाता है।
- सम्पूर्ण राज्य की औसत वर्षा लगभग 112 सेमी है। राज्य में वर्षा ऋतु को **चौमासा** कहते हैं।

वर्षा के आधार पर राज्य को निम्नलिखित चार भागों में बाँटा गया है

(i) अधिक वर्षा वाले क्षेत्र

- राज्य के पूर्वी हिस्से में औसत वर्षा 150 सेमी से अधिक होती है। इस क्षेत्र में स्थित पंचमढ़ी, महादेव पर्वत, मण्डला, सीधी तथा बालाघाट में अधिक वर्षा होती है।
- सर्वाधिक वर्षा वाला क्षेत्र पंचमढ़ी (199 सेमी) सतपुड़ा श्रेणी के अन्तर्गत आता है।

(ii) औसत से अधिक वर्षा वाले क्षेत्र

- इस क्षेत्र में बैतूल, छिन्दवाड़ा, सिवनी, होशंगाबाद, नरसिंहपुर इत्यादि जिले आते हैं।
- पूर्वी भाग में स्थित होने के कारण इन जिलों में अधिक आर्द्रता होने से अधिक वर्षा होती है। इन क्षेत्रों में लगभग 125 सेमी से 150 सेमी तक वर्षा होती है।

(iii) औसत वर्षा वाले क्षेत्र

- इस क्षेत्र में औसतन वर्षा 75 सेमी से 100 सेमी के बीच होती है। प्रदेश के उत्तरी-पूर्वी जिले इस क्षेत्र के अन्तर्गत आते हैं।
- मध्य उच्च पठार, बुन्देलखण्ड का पठार, रीवा-पन्ना पठार में औसत वर्षा होने का कारण वायुमण्डलीय आर्द्रता का कम होना एवं क्षेत्रीय स्थलाकृति का प्रभाव है।

(iv) निम्न वर्षा वाले क्षेत्र

- राज्य का पश्चिमी क्षेत्र निम्न वर्षा वाला क्षेत्र है। यहाँ औसत वर्षा 50 सेमी से 75 सेमी तक होती है। इस क्षेत्र में निम्न वर्षा होने का प्रमुख कारण मानसून का आर्द्रता से न्यून होना है।
- दक्षिण-पूर्वी मानसून यहाँ तक पहुँचते-पहुँचते आर्द्रता रहित या न्यून आर्द्रता से युक्त रह जाता है, इसलिए इस क्षेत्र में निम्न वर्षा होती है। राज्य के नीमच, मन्दसौर, रतलाम, धार, झाबुआ इत्यादि जिले इस क्षेत्र में आते हैं।
- गोहद (भिण्ड) में सबसे कम वर्षा होती है। मध्य प्रदेश राज्य की अधिकांश वर्षा दक्षिण-पश्चिमी मानसून से होती है।

3. शीत ऋतु

- मध्य प्रदेश में शीत ऋतु का काल नवम्बर से फरवरी माह तक का होता है। स्थानीय भाषा में शीत ऋतु को सियाला कहते हैं।
- 23 सितम्बर से सूर्य के दक्षिणायन होने के साथ ही औसत तापमान कम होने लगता है।
- 21.1° सेग्रे की समताप रेखा जनवरी माह में राज्य को उत्तरी एवं दक्षिणी दो भागों में विभाजित करती है।
- दिसम्बर-जनवरी माह में पश्चिमी विक्षोभ से राज्य के उत्तरी पश्चिमी भागों में हल्की वर्षा होती है, इसे मावठ कहते हैं।
- मार्च तक आते-आते सूर्य की स्थिति बदलने से तापमान बढ़ने लगता है एवं ग्रीष्म ऋतु का आगमन होने लगता है।
- शीत ऋतु में रात्रि का तापमान गिरने से ऊँचे पठारी एवं पहाड़ी भागों में स्थानीय रूप से पाला (शीत की पराकाष्ठा) तथा कोहरा होता है। शिवपुरी, राज्य का सबसे ठण्डा क्षेत्र है। मध्य प्रदेश की ऋतु वेधशाला इन्दौर में स्थित है।

तापमान

- मध्य प्रदेश में तापमान सूर्य की स्थिति की अपेक्षा समुद्र की निकटता तथा समुद्र तल की ऊँचाई से अधिक प्रभावित होता है। मध्य प्रदेश का औसत तापमान 21° सेग्रे दर्ज किया गया है।
- मध्य प्रदेश में मई महीने का सर्वाधिक तापमान खजुराहो में होता है। इस राज्य का सर्वाधिक दैनिक तापान्तर मार्च माह में मापा जाता है। मध्य प्रदेश में न्यूनतम तापमान दिसम्बर माह में तथा सागर जिले में न्यूनतम तापमान जनवरी माह में मापा जाता है।

अपवाह तन्त्र

मध्य प्रदेश की प्रमुख नदियाँ व अपवाह प्रतिरूप

- नदियों का निश्चित वाहिकाओं में जल प्रवाह अपवाह कहलाता है। इन वाहिकाओं को अपवाह तन्त्र कहते हैं।
- एक मुख्य नदी एवं उसकी सहायक नदियाँ जिन क्षेत्रों से अपवाहित होती हैं, उसे अपवाह द्रोणी कहा जाता है।
- मध्य प्रदेश की अधिकांश नदियाँ 'वृक्षाभ प्रतिरूप' प्रस्तुत करती हैं। इसमें नदियों के अपवाह प्रतिरूप वृक्ष के तने के रूप में फैले होते हैं।
- नर्मदा एवं ताप्ती नदी अनुगामी अपवाह प्रतिरूप का उदाहरण प्रस्तुत करती हैं, जिसमें नदियाँ धरातल के स्वरूप का अनुसरण करती हैं।
- चम्बल नदी अध्यारोपित प्रतिरूप एवं सोन नदी कहीं-कहीं आयताकार प्रतिरूप में अपवाहित होती है।

राज्य की प्रमुख नदियों का विस्तृत विवरण निम्न प्रकार है

नर्मदा नदी

- नर्मदा नदी का उद्गम अनूपपुर जिले में मैकाल श्रेणी की सबसे ऊँची चोटी अमरकण्टक से होता है।
- अमरकण्टक चोटी से नर्मदा नदी के साथ-साथ सोन नदी का भी उद्गम स्थल है।
- यह नदी पश्चिम की ओर बहती है। यह नदी डेल्टा नहीं बनाती अपितु एस्चुअरी बनाती है।
- नर्मदा नदी मध्य प्रदेश, महाराष्ट्र तथा गुजरात में बहती हुई भड़ौच के निकट खम्भात की खाड़ी में गिरती है।
- यह राज्य की सबसे बड़ी तथा भारत की पाँचवीं सबसे बड़ी नदी है। इसे मध्य प्रदेश की जीवन रेखा भी कहा जाता है।
- इस नदी की कुल लम्बाई 1,312 किमी है, परन्तु राज्य में इसकी लम्बाई 1,077 किमी है।
- इस नदी का कुल जल प्रवाह क्षेत्र 93,180 वर्ग किमी है, जिसका 89.9% भाग राज्य में 6.5% भाग गुजरात तथा 2.7% भाग महाराष्ट्र में है।
- नर्मदा नदी के अन्य नाम रेवा, मैकाल सुता, सोगो देवी एवं नामोदास भी हैं। यह नदी राज्य के 15 जिलों से होकर बहती है।
- इस नदी की लगभग 41 सहायक नदियाँ हैं। यह नदी जबलपुर के निकट भेड़ाघाट पर धुआँधार जलप्रपात व महेश्वर के निकट सहस्रधारा जलप्रपात का निर्माण करती है।
- प्राचीन राज्य महेश्वर नर्मदा नदी पर स्थित था।
- वर्तमान जबलपुर, झाबुआ, ओंकारेश्वर मण्डला इत्यादि नगर स्थित हैं।

चम्बल नदी

- चम्बल नदी का उद्गम इन्दौर जिले की महू तहसील की जनापाव पहाड़ी से होता है। यह नदी इटावा (उत्तर प्रदेश) के पास यमुना में मिल जाती है।
- प्राचीनकाल में इस नदी को धर्मावती (चर्मावती) के नाम से जाना जाता था तथा महाभारत में पूर्णा नदी कहा गया।
- इस नदी की सम्पूर्ण लम्बाई 965 किमी है। यह राज्य की दूसरी बडी बड़ी नदी है। यह नदी मध्य प्रदेश तथा राजस्थान की सीमा निर्धारित करती है तथा उत्तर प्रदेश, मध्य प्रदेश एवं राजस्थान में बहती है।
- इस नदी की प्रमुख सहायक नदियाँ क्षिप्रा-सिन्ध, कुनो, बीहड़, काली सिन्ध, पार्वती तथा बनास हैं।
- बीहड़ नदी पर रीवा जिले में बनाया गया चचाई जलप्रपात प्रदेश का सबसे ऊँचा (130 मी) जलप्रपात है।
- चम्बल नदी कोटा जिले में भैसरोडगढ़ के निकट (18 मी ऊँचा) चूलिया जलप्रपात बनाती है।
- यह नदी मध्य प्रदेश के मुरैना एवं भिण्ड जिलों में अवनालिका अपरदन करती है।
- राज्य की प्रथम विद्युत परियोजना गाँधी सागर बाँध चम्बल नदी पर मन्दसौर में बनाई गई थी।

सोन नदी

- सोन नदी का उद्गम अनूपपुर जिले में स्थित मैकाल श्रेणी की अमरकण्टक चोटी से हुआ है।
- इस नदी की कुल लम्बाई 780 किमी है। इस नदी के जल प्रवाह का कुल क्षेत्रफल 17,900 वर्ग किमी है।
- सोन नदी को स्वर्ण नदी, शोणभद्र तथा हिरण्य- बाहु आदि अनेक नामों से भी जाना जाता है।
- यह राज्य के उत्तर-पूर्व में बहती हुई बिहार (दानापुर के पास) में गंगा नदी में मिल जाती है। यह नदी दक्षिण से उत्तर की ओर बहती है।
- सोन नदी मध्य प्रदेश के शहडोल, सीधी, उमरिया तथा उत्तर प्रदेश के सोनभद्र जिले में प्रवाहित होती है।
- जोहिला तथा रिहन्द इसकी प्रमुख सहायक नदियाँ हैं। इस नदी पर बाणसागर परियोजना निर्मित है, जो शहडोल जिले में स्थित है।
- कछुओं की दुर्लभ प्रजातियाँ सोन नदी में पाई जाती हैं।

ताप्ती नदी

- ताप्ती नदी राज्य के बैतूल जिले में सतपुड़ा श्रेणी पर स्थित मुल्ताई से निकलती है। महाभारत में इस नदी को सूर्य भगवान की पुत्री कहा गया है।
- यह नदी नर्मदा की भाँति पूर्व से पश्चिम की ओर भ्रंश घाटी में प्रवाहित होती है।
- ताप्ती नदी महाराष्ट्र से होती हुई गुजरात में सूरत के निकट खम्भात की खाड़ी में गिरती है।
- इसकी कुल लम्बाई 725 किमी तथा अपवाह क्षेत्र 17,900 वर्ग किमी है।
- ताप्ती नदी राज्य के बैतूल एवं खण्डवा जिलों में बहती है। पूर्णा (महाराष्ट्र) इस नदी की प्रमुख सहायक नदी है।

बेतवा नदी

- इस नदी का उद्गम रायसेन जिले के कुमरा गाँव से होता है। यह नदी उत्तर प्रदेश में हमीरपुर जिले के निकट यमुना में मिलती है।
- इसकी कुल लम्बाई 480 किमी है। उत्तर-पूर्व दिशा में बहने वाली यह नदी मध्य प्रदेश एवं उत्तर प्रदेश की सीमा निर्धारित करती है।
- बेतवा नदी का प्राचीन नाम 'वेत्रावती' था। इसे प्रदूषणता के समान स्तर के कारण मध्य प्रदेश की गंगा भी कहा जाता है।
- इसकी प्रमुख सहायक नदियाँ बीना, धसान, सिन्धु हैं। बेतवा की सहायक नदी बीना राहतगढ़ में थालकुण्ड जलप्रपात बनाती है।
- मध्य प्रदेश व उत्तर प्रदेश की संयुक्त परियोजना केन-बेतवा लिंक परियोजना का निर्माण जारी है।
- बेतवा नदी पर माताटीला बाँध भी बनाया गया है।

क्षिप्रा नदी

- इस नदी का उद्गम स्थल इन्दौर के निकट काकरी बरड़ी पहाड़ी से होता है। इसकी कुल लम्बाई 195 किमी है। इस नदी की दिशा उत्तर की ओर है।
- राज्य में यह नदी देवास, उज्जैन, रतलाम एवं मन्दसौर जिलों से होकर बहती हुई चम्बल नदी में मिलती है। इसकी प्रमुख सहायक नदी खान है।
- उज्जैन का प्रसिद्ध महाकालेश्वर मन्दिर व रामघाट क्षिप्रा नदी के तट पर स्थित है।

कुनो नदी

- यह नदी गुना जिले में शिवपुरी पठार से निकलती है।
- इस नदी की कुल लम्बाई 180 किमी है, जो उत्तर में मुरैना तक बहती है। यह चम्बल की सहायक नदी है।

काली सिन्ध नदी

- यह नदी देवास जिले के बागली गाँव के निकट विन्ध्याचल पर्वत से निकलती है तथा 150 किमी की दूरी तय कर बारा कोटा, (राजस्थान) के निकट चम्बल नदी में मिल जाती है।
- मध्य प्रदेश में यह नदी राजगढ़ एवं शाजापुर जिलों में बहती है।

केन नदी

- यह नदी जबलपुर जिले में अहीर गाँव के निकट विन्ध्याचल पर्वत से निकलती है एवं उत्तर की ओर प्रवाहित होती हुई कटनी एवं बाँदा जिलों से होते हुए उत्तर प्रदेश में यमुना नदी में मिल जाती है।
- केन नदी को कर्णावती नाम से भी जाना जाता है।
- इस नदी पर पाण्डव जलप्रपात अविस्थित है, जो पन्ना के निकट पड़ता है।

तवा नदी

- तवा नदी का उद्गम पंचमढ़ी में महादेव पर्वत की कालीभीत पहाड़ियों से होता है तथा होशंगाबाद जिले में यह नदी नर्मदा में मिल जाती है।
- तवा-नर्मदा नदी के संगम पर मन्धार जलप्रपात स्थित है।
- मालनी, सुखतवा एवं देनवा, तवा नदी की प्रमुख सहायक नदियाँ हैं।
- होशंगाबाद के निकट तवा नदी पर मध्य प्रदेश का सबसे लम्बा बाँध तवा बाँध बनाया गया है।

सिन्ध नदी

- गुना जिले में स्थित सिरोंज के निकट से यह नदी निकलती है। प्रदेश में यह नदी शिवपुरी, गुना, दतिया एवं भिण्ड जिलों से प्रवाहित होती हुई इटावा के पास चम्बल नदी में मिल जाती है।

अन्य नदियाँ

- मध्य प्रदेश में उपर्युक्त नदियों के अतिरिक्त वेनगंगा, टोंस (तमसा), कुँवारी, पार्वती, सिन्ध, गार, छोटी तवा, शक्कर, वर्धा, धसान इत्यादि प्रमुख नदियाँ भी प्रवाहित होती हैं।

मध्य प्रदेश की प्रमुख नदियाँ

नदियाँ (लम्बाई)	**उद्गम स्थल**	**मिलन स्थल** (समापन)
नर्मदा (1077 किमी)	अमरकण्टक (अनूपपुर)	खम्भात की खाड़ी (अरब सागर)
चम्बल (965 किमी)	जनापाव पहाड़ी (महू)	यमुना (इटावा, उ. प्र.)
सोन (780 किमी)	अमरकण्टक (अनूपपुर)	गंगा (दानापुर, पटना) बिहार
ताप्ती (725 किमी)	मुल्ताई (बैतूल)	खम्भात की खाड़ी (अरब सागर)
बेतवा (480 किमी)	कुमरा गाँव (रायसेन)	यमुना (हमीरपुर) उत्तर प्रदेश
क्षिप्रा (195 किमी)	काकरी बरड़ी पहाड़ी (इन्दौर)	चम्बल
काली सिन्ध (150 किमी)	बागली गाँव (देवास)	चम्बल (राजस्थान)
केन (427 किमी)	विन्ध्याचल पर्वत	यमुना
तवा	महादेव पर्वत (पंचमढ़ी)	नर्मदा
वेनगंगा	परसवाड़ा पठार (सिवनी)	गोदावरी
शक्कर	अमरवाड़ा (छिन्दवाड़ा)	नर्मदा

प्रमुख नदियों की सहायक नदियाँ

नदी	**सहायक नदियाँ**
नर्मदा	हिरण, तिनदोली, कानर, चन्द्रकेशर, मान, ऊटी, हथनी आदि
चम्बल	बनास, पार्वती, काली सिन्ध, क्षिप्रा, कुनो
सोन	जोहिला, रिहन्द
ताप्ती	पूर्णा
बेतवा	धसान, बीना, सिन्ध
तवा	मालिनी, देनवा, सुखतवा
क्षिप्रा	खान
वेनगंगा	पेंच, कानन

मध्य प्रदेश की नदियों के किनारे बसे प्रमुख नगर

नदी	नगर
नर्मदा	ओंकारेश्वर, अमरकण्टक, होशंगाबाद, मण्डला, बड़वानी, निमाड़, जबलपुर, धार, झाबुआ, नेमावर, महेश्वर हण्डिया, पुनासा, बड़वाह
चम्बल	श्योपुर, महू, रतलाम, मुरैना
बेतवा	ओरछा, साँची, विदिशा, गुना
ताप्ती	मुल्ताई, बुरहानपुर
पार्वती	शाजापुर, आष्टा, राजगढ़
सिन्ध	शिवपुरी, दतिया
काली सिन्ध	बागली, देवास, सोनकच्छ
क्षिप्रा	उज्जैन, रामघाट
खान	इन्दौर
माही	कुक्षी, धार

राज्य के प्रमुख जलप्रपात

नदी/स्थल	जलप्रपात
नर्मदा	धुआँधार, दुग्धधारा, मन्धार, कपिलधारा, सहस्रधारा, दर्दी
बीहड़	चचाई, केवटी, बहुटी
केन	पाण्डव
चम्बल	चूलिया, राहतगढ़, पातालपानी, झाड़ीदाहा
पंचमढ़ी	डचेस फॉल, अप्सरा, रजत प्रपात
रीवा	पियावन, पुरवा, बेलौही
अरावली	केदारनाथ प्रपात

राज्य में सिंचाई

- राज्य के 10 प्रमुख नदी बेसिनों में 81.5 अरब घन मीटर पानी होने की सम्भावना है, जिसमें से 56.8 अरब घन मीटर प्रदेश को आवण्टित है।
- सर्वाधिक जल (घटते क्रम में) क्रमशः नर्मदा बेसिन, गोदावरी बेसिन एवं यमुना बेसिन में है।
- राज्य के वर्ष 2017-18 आर्थिक सर्वेक्षण के अनुसार, वर्ष 2015-16 में शुद्ध सिंचित क्षेत्र 92.84 लाख हेक्टेयर था, जो 2016-17 में बढ़कर 98.76 लाख हेक्टेयर हो गया है।
- राज्य का सर्वाधिक सिंचित जिला (प्रतिशत में) ग्वालियर तथा सबसे कम सिंचित जिला डिण्डोरी है।
- राज्य के औसत से अधिक सिंचाई वाले क्षेत्रों में ग्वालियर, मुरैना, दतिया, भिण्ड, शिवपुरी, टीकमगढ़ व छतरपुर मुख्य रूप से आते हैं।

सिंचाई के आधार पर राज्य को निम्नलिखित दो भागों में बाँटा गया है

1. अधिक सिंचाई वाले क्षेत्र

- राज्य में अधिक सिंचाई वाले क्षेत्र मुख्यतः चम्बल सम्भाग तथा नर्मदापुरम सम्भाग में आते हैं।
- इन क्षेत्रों में सिंचाई के साधनों का अधिक विकास हुआ है।
- राज्य में अधिक सिंचाई चम्बल बेसिन, मध्य नर्मदा घाटी, बुन्देलखण्ड उच्च भूमि, मालवा पठार एवं वेनगंगा घाटी क्षेत्र में की जाती है।

2. कम सिंचाई वाले क्षेत्र

- राज्य के डिण्डोरी, अनूपपुर, मण्डला, शहडोल जिले सिंचाई की दृष्टि से अत्यन्त पिछड़े हैं।
- यहाँ सिंचाई का प्रतिशत डिण्डोरी, अनूपपुर, मण्डला तथा शहडोल में न्यूनतम है।
- राज्य के पश्चिमी भागों मैकाल पठार, सतपुड़ा क्षेत्र, रीवा-पन्ना पठार इत्यादि क्षेत्रों में ऊबड़-खाबड़ धरातल, छिछली अनुपजाऊ मिट्टी सघन वनों की स्थिति होने के कारण सिंचाई के साधनों का समुचित विकास नहीं हुआ है।

राज्य में सिंचित पेटियाँ

सिंचाई के प्रतिशत के आधार पर मध्य प्रदेश में चार पेटियाँ पाई जाती हैं

उच्च सिंचित पेटी यह मुख्यतः उत्तरी मध्य प्रदेश मे स्थित चम्बल घाटी क्षेत्र है, जहाँ शुद्ध बोये गए क्षेत्र का औसतन 40% से अधिक भाग सिंचित है। वस्तुतः यहाँ सर्वाधिक सिंचाई नहरों द्वारा होती है।

मध्यम सिंचित पेटी यह उत्तरी पेटी के ठीक नीचे पश्चिम से मध्य पूर्व तक फैली है। इसमें सिंचाई का औसत 35 से 40% के मध्य है। शिवपुरी से लेकर छतरपुर तक के जिले इसमें शामिल हैं।

अल्प सिंचित क्षेत्र नर्मदा घाटी में स्थित राज्य के पश्चिमी जिलों में 25 से 35% कृषि सिंचित है। इनमें उज्जैन, इन्दौर सम्भाग के सभी जिले और होशंगाबाद सम्भाग का हरदा जिला शामिल है।

न्यूनतम सिंचित पेटी पूर्वी मध्य प्रदेश में ऊपर से नीचे तक गई इस पेटी में 25% से कम क्षेत्र सिंचित है रीवा पठार, बुन्देलखण्ड क्षेत्रऔर सतपुड़ा क्षेत्र में स्थित समस्त जिले (बालाघाट को छोड़कर) इसमें आते हैं।

राज्य में सिंचाई के साधन

- आर्थिक सर्वेक्षण 2017-18 के अनुसार 2016-17 में राज्य में शुद्ध सिंचित भूमि 9,876 हजार हेक्टेयर है, जो गत वर्ष से 6.38% अधिक है।
- इसमें से दो-तिहाई भूमि (सर्वाधिक भूमि पर) पर कुओं एवं नलकूपों द्वारा सिंचाई की जाती है।
- आर्थिक सर्वेक्षण 2017-18 के अनुसार राज्य में 2016-17 में सर्वाधिक शुद्ध सिंचित क्षेत्र 66.48% कुएँ एवं नलकूपों से है। नहरों, तालाबों से सिंचाई का प्रतिशत 21.12 है तथा अन्य स्रोतों से शुद्ध सिंचित क्षेत्र का प्रतिशत 12.40 रहा है।
- इसके अतिरिक्त राज्य में नहरों एवं तालाबों का भी सिंचाई में विशेष योगदान है।

सिंचाई के विभिन्न साधनों का विवरण निम्नलिखित है

कुएँ एवं नलकूप

- कुएँ एवं नलकूप राज्य में सिंचाई के प्रमुख साधन हैं।
- कुँओं एवं नलकूपों के द्वारा सर्वाधिक सिंचाई पश्चिमी मध्य प्रदेश में होती है।
- नलकूप द्वारा सर्वाधिक सिंचाई इन्दौर जिले तथा कुओं द्वारा सर्वाधिक सिंचाई मन्दसौर जिले में होती है।

नहरें

- नहर सिंचाई का क्षेत्रफल वर्ष 1950-51 में 118 हजार हेक्टेयर से बढ़कर वर्ष 2016-17 में 1791 हेक्टेयर हो गया है।
- राज्य का सिंचित क्षेत्र तेजी से घटता जा रहा है। इसके लिए राज्य के धरातल की विपरीत स्थितियाँ जिम्मेदार हैं।
- राज्य में सर्वप्रथम वेनगंगा नहर का निर्माण हुआ था।

तालाब

- राज्य के आर्थिक सर्वेक्षण 2017-18 के अनुसार वर्ष 2016-17 में तालाबों द्वारा कुल सिंचित क्षेत्रफल 295 हेक्टेयर हो गया है।
- राज्य में तालाब द्वारा सबसे अधिक सिंचाई बालाघाट जिले में होती है।

मध्य प्रदेश की प्रमुख सिंचाई परियोजनाएँ

राज्य की प्रमुख सिंचाई परियोजनाओं का उल्लेख निम्नलिखित है

नर्मदा-मालवा गम्भीर लिंक परियोजना

- वर्ष 2014 में नर्मदा नियन्त्रण मण्डल ने नर्मदा-मालवा गम्भीर लिंक परियोजना को मन्जूरी प्रदान की गई है। यह परियोजना वर्ष 2024 से पहले कार्य करने लगेगी।
- इस परियोजना से इन्दौर और उज्जैन जिलों की सात तहसीलों के 158 गाँवों में पेयजल की सुविधा उपलब्ध होने के साथ 50 हजार हेक्टेयर क्षेत्र में सिंचाई सुविधा उपलब्ध हो सकेगी।

नर्मदा घाटी विकास परियोजनाएँ

- यह परियोजना मध्य प्रदेश, महाराष्ट्र एवं गुजरात की सम्मिलित परियोजना है, जो नर्मदा तथा उसकी सहायक नदियों पर निर्मित है।
- नर्मदा जल विवाद न्यायाधिकरण द्वारा नर्मदा का कुल प्रवाह 3,453.7 करोड़ घन मीटर आँका गया है।
- इस कुल मात्रा में से मध्य प्रदेश को 2,251.1 करोड़ घन मीटर जल आवण्टित किया गया है।
- इस योजना के तहत 27.55 लाख हेक्टेयर क्षेत्र में सिंचाई तथा लगभग 2,600 मेगावाट विद्युत उत्पादन प्रस्तावित है।
- प्रदेश को आवण्टित इस जल के उपयोग के लिए 29 वृहद्, 135 मध्यम तथा 3,000 से अधिक लघु सिंचाई परियोजनाएँ प्रस्तावित हैं।
- इस घाटी की परियोजना में से बरगी, तवा, बासा, सुक्ता तथा कोलार का कार्य पूरा कर लिया गया है।

नर्मदा घाटी की प्रमुख परियोजनाएँ इस प्रकार हैं

तवा घाटी परियोजना

- नर्मदा नदी की सहायक नदी तवा, महादेव पहाड़ियों का जल निकास करती है।
- इसके बेसिन में औसत वर्षा 125-187 सेमी तक होने के कारण जल की उपलब्धता अधिक रहती है।
- इस जल का प्रयोग करने हेतु तवा नदी पर होशंगाबाद जिले में एक 1815 मी लम्बा एवं 58 मी ऊँचा बाँध बनाया गया है।
- इस परियोजना के अन्तर्गत बाँध एवं नहर का निर्माण कार्य वर्ष 1978 में पूर्ण हो गया है।
- वर्ष 1990-91 में इसकी सिंचाई क्षमता 3.03 लाख हेक्टेयर अनुमानित की गई थी। वर्तमान में इससे 2.47 लाख हेक्टेयर भूमि पर सिंचाई की जा रही है।

मान परियोजना

- यह परियोजना धार जिले के जीराबाद गाँव के निकट मान नदी (नर्मदा की सहायक) पर प्रस्तावित है।
- इससे धार जिले के 57 आदिवासी ग्रामों की 15,000 हेक्टेयर भूमि की सिंचाई हो सकेगी।

शहीद चन्द्रशेखर आजाद सागर परियोजना

- इस परियोजना को जोबट परियोजना भी कहा जाता है। इसका प्रारम्भ वर्ष 1974 में हुआ था।
- यह परियोजना नर्मदा की सहायक नदी हथनी पर झाबुआ जिले में बनाई गई है।
- इस परियोजना के अन्तर्गत धार जिले की लगभग 9,848 हेक्टेयर भूमि पर सिंचाई की जाती है।

बारना घाटी परियोजना

- यह परियोजना रायसेन जिले के बाड़ी गाँव के निकट बारना नदी (नर्मदा नदी की सहायक नदी) पर निर्मित है। इससे रायसेन तथा सीहोर जिलों की लगभग 60,500 हेक्टेयर भूमि पर सिंचाई की जा रही है। यह योजना वर्ष 1994-95 मे पूर्ण हो चुकी है।

इन्दिरा सागर परियोजना

- यह परियोजना एक बहुउद्देशीय परियोजना है, जिसका शिलान्यास 23 अक्टूबर, 1984 को इन्दिरा गाँधी ने किया था। यह नर्मदा घाटी विकास परियोजना की सबसे महत्त्वपूर्ण परियोजना है।
- इस परियोजना के तहत छोड़े जाने वाले नियन्त्रित जल से ही निचले क्षेत्रों में ओंकारेश्वर, महेश्वर एवं सरदार सरोवर परियोजनाएँ अपनी विद्युत एवं सिंचाई क्षमताओं को प्राप्त करती है।
- इस परियोजना से नर्मदा घाटी के बाएँ तट पर खण्डवा, खरगौन एवं बड़वानी जिलों की 1.23 लाख हेक्टेयर भूमि में सिंचाई प्रस्तावित है।
- इस परियोजना से 1,015 मेगावाट विद्युत उत्पादन होना भी प्रस्तावित है।
- इन्दिरा सागर परियोजना मध्य प्रदेश में सबसे बड़ी पनबिजली परियोजना है, जो देश में सबसे बड़ी जल भण्डारण क्षमता रखती है।

सरदार सरोवर परियोजना

यह परियोजना गुजरात के केवड़िया ग्राम के निकट बनाई गई है। यह बहुउद्देशीय परियोजना मध्य प्रदेश, गुजरात, राजस्थान एवं महाराष्ट्र की संयुक्त परियोजना है। इस परियोजना से राज्य को 1462 मेगावाट बिजली प्राप्त होगी।

ओंकारेश्वर बहुउद्देशीय परियोजना

- यह परियोजना खण्डवा जिले के **मन्धाता** गाँव के निकट निर्मित है।
- इस पर स्थापित जल-विद्युत केन्द्र की क्षमता 520 मेगावाट है।
- यहाँ से निकली नहरों की लम्बाई 202 किमी होगी, जिनसे 183 हजार हेक्टेयर क्षेत्र की सिंचाई हो सकेगी।

- इस योजना के परिणामस्वरूप खण्डवा, धार तथा झाबुआ जिलों के किसानों को लाभ पहुँच सकेगा।

रानी अवन्तिबाई सागर परियोजना

- रानी अवन्तिबाई सागर बाँध परियोजना विजोरा गाँव (जबलपुर) के निकट नर्मदा नदी पर निर्मित है।
- इस बाँध की लम्बाई 5,360 मी तथा ऊँचाई 69 मी है।
- इस परियोजना के तहत चार विद्युत इकाइयों द्वारा कुल 105 मेगावाट विद्युत उत्पन्न की जा रही है।
- इससे बने जलाशय की क्षमता 392.2 मिलियन घन मीटर जल संचय की है।
- इस परियोजना से मण्डला, सिवनी, नरसिंहपुर, जबलपुर जिलों को लाभ मिल रहा है।
- इस परियोजना का निर्माण कार्य वर्ष 1990 में पूर्ण हो गया था।

महेश्वर परियोजना

- महेश्वर परियोजना नर्मदा नदी पर प्रस्तावित प्रदेश की अन्तिम योजना है।
- इसके बाँध के शीर्ष की लम्बाई 3,170 मी तथा ऊँचाई 35 मी है।
- इस परियोजना द्वारा 400 मेगावाट विद्युत उत्पादन किया जाना प्रस्तावित है।
- यह परियोजना महेश्वर (धार) के निकट स्थित है तथा यह योजना सरदार सरोवर की पूरक परियोजना है।

चम्बल घाटी परियोजना

- चम्बल नदी के बेसिन क्षेत्र में पूर्वी राजस्थान तथा पश्चिमी मध्य प्रदेश के क्षेत्र शामिल हैं।
- इन क्षेत्रों में औसत वर्षा लगभग 62-75 सेमी के होती है।
- मध्य प्रदेश एवं राजस्थान सरकार ने एक सम्मिलित बहुमुखी योजना की शुरुआत वर्ष 1953-54 में की थी। अत: यह परियोजना मध्य प्रदेश की पहली परियोजना है।

इस परियोजना को *तीन चरणों में पूरा किया गया है*

(i) **गाँधी सागर योजना** (मन्दसौर) इस योजना के अन्तर्गत 115 मेगावाट विद्युत का उत्पादन किया जाता है। इस परियोजना को वर्ष 1960 में पूर्ण कर लिया गया।

(ii) **राणा प्रताप सागर बाँध योजना** इसके अन्तर्गत चित्तौड़गढ़ के रावत भाटा में 172 मेगावाट विद्युत उत्पादन किया जाता है। इस योजना को वर्ष 1970 में पूर्ण कर लिया गया।

(iii) **जवाहर सागर बाँध** (कोटा बैराज) इसके अन्तर्गत 99 मेगावाट विद्युत उत्पादन होता है, जिसकी कुल विद्युत उत्पादन क्षमता 386 मेगावाट है। इसके द्वारा वर्ष 1960 से सिंचाई सुविधा आरम्भ की गई। चम्बल की दाईं ओर की नहरें मध्य प्रदेश के कृषि प्रदेश को सींचती हैं, जबकि बाईं ओर की नहरें राजस्थान को जल उपलब्ध कराती हैं।

हलाली नदी परियोजना

- यह परियोजना बेतवा नदी की सहायक नदी हलाली पर शुरू की गई है।
- इस नदी पर बाँध बनाकर रायसेन एवं विदिशा जिलों की लगभग 16,000 हेक्टेयर भूमि पर सिंचाई सुविधा उपलब्ध की जा सकेगी।
- इस परियोजना का नाम अब सम्राट अशोक सागर परियोजना है।

बाणसागर परियोजना

- यह बिहार, उत्तर प्रदेश तथा मध्य प्रदेश की सम्मिलित परियोजना है, जो सोन नदी पर अवस्थित है।
- इस योजना के अन्तर्गत विद्युत उत्पादन क्षमता 405 मेगावाट है।
- यह परियोजना मध्य प्रदेश के शहडोल जिले के देवलोद के निकट निर्मित है।
- इस परियोजना में मध्य प्रदेश, बिहार तथा उत्तर प्रदेश के अंशदान का अनुपात 2:1:1 है।

राजघाट परियोजना

- यह मध्य प्रदेश एवं उत्तर प्रदेश की संयुक्त परियोजना है, जो बेतवा नदी पर निर्मित है।
- इस परियोजना में उत्तर प्रदेश के ललितपुर जिले में माताटीला बाँध को निर्मित किया गया है।
- राजघाट परियोजना को लक्ष्मीबाई परियोजना और माताटीला परियोजना के नाम से भी जाना जाता है।

बावनथड़ी परियोजना

- यह मध्य प्रदेश एवं महाराष्ट्र राज्य की संयुक्त परियोजना है।
- यह परियोजना बालाघाट जिले की कटंगी तहसील के गाँव कुरटवा में बावनथड़ी नदी के पास निर्मित की जा रही है।
- इसे राजीव गाँधी परियोजना के नाम से भी जाना जाता है।

उपरी वेनगंगा परियोजना

- यह महाराष्ट्र और मध्य प्रदेश की संयुक्त परियोजना है। यह गोदावरी की सहायक नदी वेनगंगा पर सिवनी जिले में स्थित है।
- इस योजना को संजय सरोवर के नाम से भी जाना जाता है।
- बालाघाट व सिवनी इससे लाभान्वित जिले हैं।
- इस योजना की सिंचाई क्षमता 1,03,722 हेक्टेयर है।

माही परियोजना

- यह मध्य प्रदेश व राजस्थान की संयुक्त परियोजना है।
- यह परियोजना माही नदी पर स्थापित की गई है। इसके तहत् दो बाँध बनाए गए हैं, जिसमें मुख्य बाँध माही नदी पर (धार) तथा सहायक बाँध रामखेड़ा नाला पर (झाबुआ) बनाया गया है।
- इस परियोजना से धार और झाबुआ जिलों में पेयजल की आपूर्ति तथा सिंचाई की सुविधा उपलब्ध कराई जाती है।

पेंच परियोजना

- यह मध्य प्रदेश व महाराष्ट्र की संयुक्त परियोजना है। यह परियोजना पेंच नदीपर छिन्दवाड़ा जिले में चौरई तहसील के मंचगोरा गाँव के निकट अवस्थित है।
- इस परियोजना का मुख्य उद्देश्य छिन्दवाड़ा और बालाघाट जिले में 63,338 हेक्टेयर भूमि को सिंचाई उपलब्ध कराना है।

केन-बेतवा लिंक परियोजना

- यह योजना बुन्देलखण्ड में आरम्भ की जा रही है। यह मध्य प्रदेश एवं उत्तर प्रदेश की संयुक्त परियोजना है। इसके अन्तर्गत केन एवं बेतवा नदियों को जोड़ा जाएगा।
- इस परियोजना के तहत राज्य को 40,000 हेक्टेयर भूमि के लिए सिंचाई की सुविधा तथा दोनों नदियों की लिंक योजना के मार्ग में पड़ने वाले गाँवों को पेयजल मिल सकेगा। इस योजना से 72 मेगावाट बिजली उत्पादन भी प्रस्तावित किया गया है।

पार्वती-काली सिन्ध-चम्बल लिंक परियोजना

- यह मध्य प्रदेश एवं राजस्थान की सम्मिलित परियोजना है।
- इस परियोजना में सात बाँध एवं 98 किमी लम्बी नहर बनाकर 1.12 लाख हेक्टेयर क्षेत्र पर सिंचाई सुविधा उपलब्ध कराई जाएगी।

नर्मदा-क्षिप्रा लिंक परियोजना

- यह परियोजना दो पवित्र नदियों नर्मदा एवं शिप्रा (उज्जैनी ग्राम में) को जोड़ती है।
- परियोजना की क्षमता 432 MLT है। इसके तहत् 115 किमी दूर महाकाल की नगरी उज्जैन तक पानी पहुँचाया जाएगा।

मध्य प्रदेश के वन

- वन एवं वन सम्पदा की दृष्टि से मध्य प्रदेश एक सम्पन्न राज्य है।
- देश में क्षेत्रफल की दृष्टि से मध्य प्रदेश भारत का सर्वाधिक वनाच्छादित राज्य है।
- राज्य में वनों का विस्तार 94,689 वर्ग किमी क्षेत्रफल पर है, जो राज्य के भौगोलिक क्षेत्रफल का 30.72% है। पर्यावरणीय दृष्टि से 33% वनों का होना आवश्यक है।
- राज्य का कुल भौगोलिक क्षेत्रफल 3,08,252 वर्ग किमी है।
- मध्य प्रदेश में कुल 51 जिलों को 16 क्षेत्रीय वन वृत्त एवं 62 क्षेत्रीय वन मण्डल में वर्गीकृत किया गया है।
- मध्य प्रदेश राज्य वनों का राष्ट्रीयकरण (1970) करने वाला प्रथम राज्य है।
- राज्य का सर्वाधिक वन व वन घनत्व वाला जिला बालाघाट हैं। जबकि न्यूनतम वन वाला जिला शाजापुर है।

वनों का वर्गीकरण

राज्य में सामान्यतः उष्णकटिबन्धीय वन पाए जाते हैं, परन्तु जलवायु, मिट्टी, तापमान एवं वर्षा की विविधता के कारण वनों में विभिन्नता पाई जाती है।

राज्य में वनों का वर्गीकरण निम्न प्रकार है

भौगोलिक आधार पर वनों का वर्गीकरण

भौगोलिक आधार पर राज्य के वनों को निम्न तीन वर्गों में वर्गीकृत किया जाता है

उष्ण कटिबन्धीय अर्द्ध पर्णपाती वन

- उष्ण कटिबन्धीय अर्द्ध पर्णपाती वनों का विस्तार राज्य के बालाघाट, सिवनी, मण्डला, उमरिया, अनूपपुर एवं शहडोल वन जिलों में है।
- यह वन 100-150 सेमी वर्षा वाले क्षेत्रों में पाए जाते हैं। इन वनों के वृक्ष थोड़े समय के लिए पत्तियाँ गिराते हैं।
- यह वन अधिपादप सदाबहार अथवा अर्द्ध सदाबहार होते हैं।
- इन वनों में साल, सागौन, बाँस, आम, पीपल, शीशम तथा महुआ आदि वृक्ष होते हैं। यह वन अधिकतर लाल-पीली मृदा वाले क्षेत्रों में पाए जाते हैं।

उष्णकटिबन्धीय पर्णपाती वन

- इन वनों का विस्तार राज्य में जबलपुर छिन्दवाड़ा, होशंगाबाद, बैतूल, सिवनी, निमाड़ तथा छतरपुर आदि जिलों में है।
- यह वन वहाँ पाए जाते हैं, जहाँ वर्षा 50 से 100 सेमी होती है।
- इन वनों के वृक्ष पानी की कमी को पूरा करने के लिए ग्रीष्मकाल से पहले पत्तियाँ गिरा देते हैं।
- इन वनों की लकड़ियाँ इमारती कार्यों के लिए महत्त्वपूर्ण होती हैं।
- सागौन, शीशम, नीम, पीपल आदि इस वन के प्रमुख वृक्ष हैं।

उष्ण कटिबन्धीय शुष्क पर्णपाती वन

- राज्य में यह वन मुख्य रूप से चम्बल की घाटी में फैले हुए हैं। राज्य में इनका विस्तार सर्वाधिक है।
- यह वन मुख्य रूप से 25 सेमी से 75 सेमी वर्षा वाले क्षेत्रों में पाए जाते हैं।
- इन क्षेत्रों में वनों की जगह कँटीली झाड़ियाँ पाई जाती हैं।
- यह वन प्रदेश के शिवपुरी , भिण्ड, मुरैना, ग्वालियर, रतलाम, टीकमगढ़, मन्दसौर दतिया तथा निमाड़ आदि जिलों में पाए जाते हैं।
- हर्रा, बबूल, कीकर, पलाश, तेंदू, खेतड़ी तथा शीशम इस वन प्रदेश में पाए जाने वाले प्रमुख वृक्ष हैं।

वनों का प्रशासनिक वर्गीकरण

राज्य में वनों को प्रशासनिक वर्गीकरण की दृष्टि से तीन भागों में विभाजित किया गया है

आरक्षित वन

- फॉरेस्ट रिपोर्ट 2021 के अनुसार राज्य में आरक्षित वन लगभग 61,886 वर्ग किमी क्षेत्र में फैले हुए हैं, जो राज्य के कुल वन क्षेत्र का 65.36% भाग है।

- आरक्षित वन क्षेत्र में प्रशासकीय नियम अत्यन्त कठोर होते हैं। इन वनों पर शासन का पूर्णत: नियन्त्रण रहता है।
- इन वनों में आवागमन, पशुचारण, लकड़ी काटना दण्डनीय अपराध माना जाता है।
- सबसे अधिक आरक्षित वन खण्डवा वन वृत्त तथा न्यूनतम छतरपुर वन वृत्त में प्राप्त होते हैं।
- इन वनों में ही राष्ट्रीय उद्यान स्थापित किए जाते हैं।

संरक्षित वन

- फॉरेस्ट रिपोर्ट 2021 के अनुसार, राज्य में संरक्षित वन लगभग 31,098 वर्ग किमी क्षेत्रफल पर फैले हुए हैं, जो कुल वन क्षेत्रफल का 33% है।
- इन वनों का प्रबन्धन प्रशासन की देख-रेख में होता है।
- इन वनों में पशुचारण, आवागमन विशेष परिस्थिति में अनुमति द्वारा वृक्ष काटने की सुविधा होती है। संरक्षित वनों का वितरण, आरक्षित वनों का पूरक है।
- संरक्षित वनों का प्रतिशत हिस्सा सर्वाधिक राजगढ़ में (100%) तथा न्यूनतम उज्जैन में (0%) पाया जाता है।

अवर्गीकृत वन

- फॉरेस्ट रिपोर्ट 2017 के अनुसार, राज्य में अवर्गीकृत वन लगभग 1,705 वर्ग किमी क्षेत्रफल पर फैले हुए हैं, जिसका क्षेत्रफल कुल वन क्षेत्रफल का लगभग 2% है।
- ऐसे वन जिनका वर्गीकरण न किया गया हो, उन्हें अवर्गीकृत वन कहा जाता है।
- इन वनों में पशुचारण, आवागमन एवं वन काटने की सुविधा होती है।

मध्य प्रदेश का वन क्षेत्र
(इण्डिया स्टेट ऑफ फॉरेस्ट रिपोर्ट, 2021 के अनुसार)

वर्ग	क्षेत्रफल (वर्ग किमी)
सघन वन	6664.95 वर्ग किमी
मध्यम वन	34209.02 वर्ग किमी
खुले वन	36618.63 वर्ग किमी
कुल	**77492.60 वर्ग किमी**

राज्य के सर्वाधिक वन क्षेत्र वाले पाँच जिले (वर्ग किमी में)

क्र. सं.	जिला	भौगोलिक क्षेत्र	अति सघन वन	मध्य सघन वन	खुला वन	कुल	भौगोलिक क्षेत्र (% में)
1.	बालाघाट	9229	1324	2700	910	4934	53.46
2.	छिन्दवाड़ा	11815	577	2033	1950	4560	38.6
3.	बैतूल	10043	197	1981	1475	3653	36.37
4.	सिवनी	8758	237	1795	1071	3103	35.43
5.	रायसेन	8466	23	1308	1346	2677	31.62

राज्य के निम्न वन क्षेत्र वाले पाँच जिले (वर्ग किमी में)

क्र. सं.	जिला	भौगोलिक क्षेत्र	अति सघन वन	मध्य सघन वन	खुला वन	कुल	भौगोलिक क्षेत्र (% में)
1.	उज्जैन	6091	0	3	24	27	0.44
2.	शाजापुर	6195	0	3	43	46	0.74
3.	रतलाम	4861	0	3	52	55	1.13
4.	भिण्ड	4459	0	29	79	108	2.42
5.	राजगढ़	6153	0	38	130	168	2.73

राज्य के प्रमुख वन संस्थान/शिक्षा केन्द्र

संस्थान/स्कूल	मुख्यालय
प्रादेशिक वन स्कूल/ फॉरेस्ट गार्ड ट्रेनिंग स्कूल (8)	शिवपुरी, बैतूल, झाबुआ, अमरकण्टक, गोविन्दपुर, पंचमढ़ी, ताला, शिवनी
वन राजकीय महाविद्यालय	बालाघाट
फॉरेस्ट गार्ड रेजिंग स्कूल	बैतूल, शिवपुरी, रीवा, अमरकण्टक, लखनादौन
वन प्रबन्धन शिक्षा केन्द्र	बैतूल
संजीवनी संस्थान	भोपाल
भारतीय वन अनुसन्धान संस्थान (क्षेत्रीय कार्यालय)	जबलपुर
भारतीय वन प्रबन्ध संस्थान	भोपाल
वन विकास निगम	भोपाल
मध्य प्रदेश इको पर्यटन विकास निगम	भोपाल
उष्ण कटिबन्धीय वन संस्थान	जबलपुर

वन सम्पदा

वन सम्पदा की दृष्टि से मध्य प्रदेश के वन अत्यधिक सम्पन्न हैं। *राज्य के प्रमुख वन निम्न हैं*

सागौन (सागवान)

- इसका बॉटनीकल नाम टेक्टोनेग्रेण्डाई है।
- यह उष्ण कटिबन्धीय अर्द्ध पर्णपाती वनों के प्रमुख वृक्ष हैं। यह राज्य के सर्वाधिक क्षेत्र में पाए जाते हैं।
- राज्य में सागौन के वृक्ष 18,332.67 वर्ग किमी क्षेत्रफल पर फैले हुए हैं।
- यह वन 75 से 125 सेमी वर्षा वाले तथा काली मृदा के क्षेत्रों में पाए जाते हैं।
- इनकी लकड़ी इमारती होती है, जो घरों एव लकड़ी के सामान बनाने के काम आती है।
- होशंगाबाद की बोरी घाटी जबलपुर, बैतूल आदि क्षेत्रों में यह वृक्ष अत्यधिक पाए जाते हैं।

साल

- यह उष्णकटिबन्धीय अर्द्ध पर्णपाती वन के वृक्ष हैं। इसका बॉटनीकल नाम शोरीया रोबुस्ता है।
- राज्य के कुल वन क्षेत्रफल के 4.15% क्षेत्र में साल के वन पाए जाते हैं।
- साल की लकड़ी का प्रयोग रेलवे स्लीपर एवं इमारती लकड़ी के रूप में होता है।
- साल राज्य के लाल एवं पीली मिट्टी वाले तथा 125 सेमी वर्षा वाले पूर्वी क्षेत्रों में पाए जाते हैं।
- शहडोल, बालाघाट, उमरिया एवं मण्डला जिले में साल वृक्ष अधिक पाए जाते हैं, परन्तु साल के वृक्ष बोर नामक कीड़े से क्षतिग्रस्त हो रहे हैं।

बाँस

- राज्य में बाँस दक्षिणी एवं पूर्वी जिलों शहडोल, अनूपपुर, बालाघाट, बैतूल, जबलपुर, सिवनी, मण्डला, खण्डवा एवं होशंगाबाद में पाया जाता है।
- इसका बॉटनीकल नाम डेण्डोकेलेमस है। यह 75-125 सेमी वर्षा वाले क्षेत्र में पाए जाते हैं।
- बाँस का प्रयोग अमलाई एवं नेपानगर के कागज कारखानों में तथा भवन निर्माण के लिए किया जाता है। बालाघाट एवं होशंगाबाद वन वृत्त बाँस के प्रमुख उत्पादक क्षेत्र हैं।
- बाँस उत्पादन में मध्य प्रदेश का स्थान देश में अरुणाचल प्रदेश के बाद दूसरा है।

खैर

- राज्य में शिवपुरी तथा बानमौर में कत्था बनाने के कारखाने हैं, जिन्हें खैर की लकड़ी श्योपुर, शिवपुरी, गुना तथा मुरैना के वनों से मिलती है।
- खैर राज्य के जबलपुर, सागर, दमोह, उमरिया इत्यादि जिलों में भी पाया जाता है।
- इसका प्रयोग पेण्ट,चर्मशोधन औषधि आदि में होता है।

लाख

- राज्य में पलास, कुसुम, बेर के वृक्षों तथा अरहर के पौधे से लाख प्राप्त होती है।
- उमरिया में लाख बनाने का कारखाना है।
- राज्य में लाख मण्डला, जबलपुर, सिवनी, शहडोल तथा होशंगाबाद के वनों में पाया जाता है।
- इसका प्रयोग औषधि, चर्म शोधन, रसायन एवं सौन्दर्य प्रसाधन के रूप में किया जाता है।

हर्रा

- हर्रा मुख्यत: छिन्दवाड़ा, बालाघाट, मण्डला, श्योपुर एवं शहडोल के वनों से प्राप्त होता है।
- हर्रा वृक्ष के फलों में 35 से 40 प्रतिशत तक ट्रैनिंग पाई जाती है।
- इसका प्रयोग चर्म शोधन, स्याही, पेन्ट तथा औषधि के रूप में किया जाता है।

तेन्दूपत्ता

- मध्य प्रदेश तेन्दूपत्ता का सबसे बड़ा संग्राहक है।
- यह मुख्यत: सागर, जबलपुर, शहडोल एवं सीधी जिलों में प्रचुर मात्रा में पाया जाता है।
- तेन्दूपत्ता का प्रयोग मुख्यत: बीड़ी बनाने में होता है।

गोंद

- गोंद का उत्पादन ग्वालियर, खण्डवा, मुरैना, शिवपुरी तथा रतलाम आदि जिलों में किया जाता है।
- यह बबूल, कूल्लू एवं सलाई इत्यादि वृक्षों से प्राप्त होता है।
- गोंद का प्रयोग तीन रूपों में होता है, जिसमें बबूल का प्रयोग खाने में, कुल्लू का प्रयोग कॉफी एवं पेस्टी बनाने में तथा सलाई गोंद का प्रयोग पेण्ट तथा वार्निश बनाने में किया जाता है।
- इसके अतिरिक्त गोंद का प्रयोग पेपर प्रिण्टिंग, दवा उद्योग आदि में किया जाता है।

भिलावा

- भिलावा एक फल का नाम है। भिलावा मुख्य रूप से छिन्दवाड़ा वन वृत्त से एकत्रित किया जाता है।
- इसका प्रयोग स्याही एवं पेण्ट बनाने में किया जाता है।
- छिन्दवाड़ा जिले में भिलावा से स्याही बनाने का कारखाना है।

मध्य प्रदेश के औषधीय पौधे

मध्य प्रदेश के प्रमुख औषधीय पौधे काली हल्दी (करकूमा केशिया), मुल्हटी (ग्लेशिरहिजा गलेब्रा), जंगली हल्दी (करकूमा एरोमैटिका), काली मूसली (करकुलिगो आर्कियोडीज़), अश्वगन्धा (विथेनिआ सोमनिफेरा), सर्पगन्धा (राउवोल्फिआ सर्पेन्टिना), सफेद मूसली (क्लरोफायटम टयूबरोसम), नागरमोठा (साइप्रस स्कारिओसस) आदि है।

राज्य की प्रमुख वन संरक्षण योजनाएँ/कार्यक्रम

मध्य प्रदेश सरकार की प्रमुख वन संरक्षण योजनाएँ/कार्यक्रम निम्न हैं

- **दीनदयाल वनांचल सेवा** का 20 अक्टूबर 2016 को मुख्यमन्त्री द्वारा शुभारम्भ किया गया। यह वन सुरक्षा एवं विकास के साथ सुदूर वनांचलों में पदस्थ वन अधिकारियों/कर्मचारियों के सहयोग से वनवासियों के कल्याण एवं सेवा का एक अभिनव प्रयास है। यह स्वस्थ जन, स्वस्थ वन की अवधारणा पर आधारित है।
- **वाणिज्यिक बागवानी योजना** औद्योगिक और वाणिज्यिक प्रयोजनों के उपयोग के लिए सागौन और बाँस जैसे उच्च आर्थिक मूल्य की प्रजातियों का रोपण कर वानिकी उत्पादन में वृद्धि करना इस योजना का मुख्य उद्देश्य है।
- **पंचवन योजना** इसका मुख्य उद्देश्य 33% से कम क्षेत्रफल वाले जिलों में वृक्षारोपण करना है।
- **सूखा उन्मुख क्षेत्र कार्यक्रम** इसके अन्तर्गत झाबुआ, बैतूल, सीधी, खरगौन एवं शहडोल जिले में निगम द्वारा चरागाह विकास के साथ सड़क के किनारे वृक्षारोपण किया गया है।
- **जंगल गलियारा** पर्यावरण संरक्षण की दृष्टि से यह राज्य की प्रमुख योजना है, जिसकी शुरुआत वर्ष 1999 में हुई थी। इसके तहत् दो अभयारण्यों तथा दो राष्ट्रीय उद्यानों को जोड़कर उनके बीच एक वन क्षेत्र की पट्टी विकसित करने की योजना बनाई गई है। इस जंगल गलियारा के तहत् जोड़े जाने वाले राष्ट्रीय उद्यानों में बाँधवगढ़ (शहडोल) व कान्हा (मण्डला) शामिल हैं।
- **लोक वानिकी योजना** इसके तहत् सीधी, होशंगाबाद एवं देवास जिलों में किसान संघ का गठन किया गया। यह योजना वर्ष 1995 में प्रारम्भ हुई। इसका उद्देश्य वैज्ञानिक प्रबन्धन लाकर वानिकी को लोकप्रिय व्यवसाय के रूप में स्थापित करना है।
- **सामाजिक वानिकी योजना** इसकी शुरुआत वर्ष 1976 में की गई। इसका उद्देश्य निजी क्षेत्रों में वृक्षारोपण को बढ़ावा देना, कृषि वानिकी को बढ़ावा तथा प्रोत्साहन देना आदि है।

राज्य की वन नीति, 2005

राज्य की वन नीति, 2005 के मुख्य बिन्दु निम्न हैं

- मध्य प्रदेश सरकार ने वर्ष 1952 की प्रथम नीति के बाद अपनी दूसरी नीति 4 अप्रैल, 2005 को घोषित की।
- वर्ष 1988 में पुनरीक्षित राष्ट्रीय वन नीति घोषित की गई, जिसके प्रावधानों के अनुरूप राज्य की वन नीति में व्यवस्थाएँ की जानी आवश्यक थीं।
- पूर्व की नीति में वन प्रबन्धन कार्य जहाँ विभाग के कड़े नियन्त्रण में ठेकेदारों के माध्यम से कराया जाता था, वहीं वर्तमान नीति में जन-भागीदारी से वनों के विकास को महत्त्व दिया गया है।
- पूर्व की वन नीति में जहाँ राजस्व आय को प्राथमिकता दी गई थी, वहीं वर्तमान नीति में इसे गौण मानते हुए मुख्य वनों के संवहनीय प्रबन्धन से पर्यावरण संरक्षण तथा स्थानीय समुदायों को रोजगार उपलब्ध कराना प्रमुख उद्देश्य उनकी आय के साधन बढ़ाना तथा उनकी मूलभूत वनाधारित आवश्यकताओं को पूर्ण करना प्रमुख उद्देश्य है।
- वनाश्रित समुदायों के सर्वांगीण विकास एवं महिलाओं के सशक्तीकरण पर पर्याप्त बल दिया गया है।
- वन सुरक्षा प्रणाली को सुदृढ़ बनाने के लिए बिना तार वाले तन्त्र आदि संचार सुविधाओं का विस्तार किया जाएगा।
- संवेदनशील क्षेत्रों में विशेष सुरक्षा बल की व्यवस्था सुदृढ़ करना एवं वन कर्मियों को आवश्यकतानुसार शस्त्र उपलब्ध कराए जाएँगे।

वन्यजीव अभयारण्य एवं राष्ट्रीय उद्यान

- राज्य में अभयारण्य तथा राष्ट्रीय उद्यानों के अन्तर्गत वन क्षेत्र, राज्य के कुल वन क्षेत्र का लगभग 11% है।
- राज्य में वर्ष 1971 में वनों में शिकार पर प्रतिबन्ध लगाया गया तथा वन्य जीवों के संरक्षण के लिए राष्ट्रीय उद्यान एवं अभयारण्यों की स्थापना की शुरुआत की गई।
- वर्ष 1972 में वन्य जीव संरक्षण अधिनियम अस्तित्व में आया। प्रोजेक्ट टाइगर की शुरुआत 1973 में की गई। वर्ष 1974 से मध्य प्रदेश वन्य प्राणी संरक्षण अधिनियम लागू हुआ।
- राज्य का सबसे बड़ा अभयारण्य नौरादेही (सागर) है, जबकि सबसे छोटा अभयारण्य राला मण्डल (इन्दौर) है।
- एशियाई सिंहों को श्योपुर के पालपुर-कूनो अभयारण्य में संरक्षित किया जा रहा है।

राज्य के प्रमुख अभयारण्य

राज्य के प्रमुख अभयारण्य निम्न हैं

राष्ट्रीय चम्बल अभयारण्य

- इस अभयारण्य को राष्ट्रीय घड़ियाल अभयारण्य का दर्जा प्रदान किया गया।
- उत्तरी भारत में यह तीन राज्यों मध्य प्रदेश छत्तीसगढ़ और उत्तर प्रदेश से घिरा हुआ चम्बल नदी के किनारे स्थित है।
- यह अभयारण्य लगभग 5,400 वर्ग किमी क्षेत्र में (तीनों राज्यों के क्षेत्र को मिलाकर) फैला हुआ है। इस अभयारण्य में मगरमच्छ, कछुआ, ऊदबिलाव एवं डॉल्फिन भी पाई जाती है।

बोरी वन्यजीव अभयारण्य

- बोरी अभयारण्य 1865 ई. में होशंगाबाद जिले की तवा नदी के किनारे स्थापित किया गया।
- यह लगभग 518 वर्ग किमी के क्षेत्र में फैला हुआ है। इसके उत्तर में सतपुड़ा राष्ट्रीय पार्क स्थित है।
- यहाँ शेर, तेन्दुआ एवं चीतल प्रमुख वन्य प्राणी पाए जाते हैं। साथ ही इस अभयारण्य में सागौन, बाँस और पर्णपाती वृक्ष भी पाए जाते हैं।

घाटी गाँव अभयारण्य

- यह मध्य प्रदेश के ग्वालियर के समीप लगभग 512 वर्ग किमी क्षेत्र में फैला हुआ है।
- इस पार्क का निर्माण वर्ष 1981 में किया गया। यहाँ पर 'ग्रेट इण्डियन बस्टर्ड' पक्षी अधिक संख्या में पाया जाता है। यहाँ काला हिरण तथा तेन्दुआ भी पाए जाते हैं।

गाँधी सागर अभयारण्य

- गाँधी सागर अभयारण्य मन्दसौर एवं नीमच जिले की उत्तरी सीमा पर स्थित है। यह लगभग 368.62 वर्ग किमी क्षेत्र में फैला हुआ है।
- यह अभयारण्य चम्बल नदी के पश्चिमी व पूर्वी भाग को अलग करता है। यहाँ नीलगाय, चिंकारा तथा तेन्दुआ पाए जाते हैं।

नौरादेही वन्यजीव अभयारण्य

- नौरादेही वन्यजीव अभयारण्य भारत में चीते के संरक्षण के लिए प्रसिद्ध है। यह लगभग 1194.67 वर्ग किमी क्षेत्र में विस्तृत है।
- यह अभयारण्य संरक्षित अभयारण्य है। यह जबलपुर, दमोह एवं सागर जिले के समीप स्थित है। यह मध्य प्रदेश का सबसे बड़ा वन्यजीव अभयारण्य है। यहाँ नीलगाय, काला हिरण, चीतल आदि पाए जाते हैं।

राष्ट्रीय उद्यान

- राष्ट्रीय उद्यान ऐसे आरक्षित क्षेत्र होते हैं, जहाँ वन्यजीवों एवं वनों को पूर्णरूप से संरक्षित किया जाता है।
- राष्ट्रीय उद्यान में किसी भी प्रकार की मानवीय गतिविधियों एवं पशुचारण पर पूर्णत: प्रतिबन्ध होता है तथा इसमें एक या एक से अधिक पारिस्थितिक तन्त्र शामिल होते हैं। मध्य प्रदेश में वन्यजीवों को संरक्षण प्रदान करने की दृष्टि से मध्य प्रदेश राष्ट्रीय उद्यान अधिनियम के अन्तर्गत अनेक राष्ट्रीय उद्यान स्थापित किए गए हैं।

राज्य के प्रमुख राष्ट्रीय उद्यान निम्नलिखित हैं

कान्हा-किसली राष्ट्रीय उद्यान

- कान्हा-किसली राष्ट्रीय उद्यान मण्डला जिले में 940 वर्ग किमी क्षेत्रफल पर फैला हुआ है। क्षेत्रफल की दृष्टि से यह मध्य प्रदेश का सबसे बड़ा राष्ट्रीय उद्यान है।
- वर्ष 1933 में कान्हा क्षेत्र को विलुप्त होते बारहसिंगा को बचाने के लिए अभयारण्य बनाया गया था।
- वर्ष 1955 में इसे मध्य प्रदेश का पहला राष्ट्रीय उद्यान बनाया गया। इसे प्रोजेक्ट टाइगर के अन्तर्गत वर्ष 1974 में शामिल किया गया।
- यहाँ बाघ, तेन्दुआ, चीतल, साम्भर, कृष्ण मृग, बारहसिंगा प्रमुख वन्य प्राणी पाए जाते हैं।
- यह बालाघाट जिले में सर्वाधिक फैला है।

माधव राष्ट्रीय उद्यान

- माधव राष्ट्रीय उद्यान की स्थापना वर्ष 1958 में शिवपुरी जिले में की गई थी। इसका विस्तार 375.23 वर्ग किमी क्षेत्रफल पर है।
- इस उद्यान में बाघ, तेन्दुआ, चीतल, बारहसिंगा, साम्भर, लकड़बग्घा, चौसिंगा इत्यादि जानवर पाए जाते हैं। इस उद्यान में जॉर्ज कैसल नामक प्रसिद्ध भवन भी है।

बाँधवगढ़ राष्ट्रीय उद्यान

- बाँधवगढ़ राष्ट्रीय उद्यान की स्थापना उमरिया जिले में वर्ष 1968 में की गई। इस उद्यान का विस्तार लगभग 593 वर्ग किमी क्षेत्र पर है। यह शहडोल की 32 पहाड़ियों से घिरा हुआ है।
- बाघों की दृष्टि से देश में सर्वाधिक घनत्व वाला राष्ट्रीय उद्यान बाँधवगढ़ है। इस उद्यान में सफेद शेर भी पाए जाते हैं।
- इस राष्ट्रीय उद्यान में मुख्य रूप से बाघ, तेन्दुआ, गौर, बारहसिंगा, नीलगाय, चिंकारा और चीता भी पाए जाते हैं। इसे व्हाइट टाइगर रिजर्व क्षेत्र भी कहा जाता है।

फासिल (जीवाश्म) राष्ट्रीय उद्यान

- यह राष्ट्रीय उद्यान डिण्डोरी जिले में स्थित है। इसकी स्थापना वर्ष 1968 में की गई थी। इसे वर्ष 1983 में राष्ट्रीय उद्यानों में शामिल किया गया।
- यह राज्य का पहला जीवाश्म उद्यान है। इसमें वनस्पति जीवाश्मों को रखा गया है। यह भारत के चार जीवाश्म उद्यानों में से एक है। यह मध्य प्रदेश का सबसे छोटा राष्ट्रीय उद्यान (क्षेत्रफल 0.27 वर्ग किमी) है।

वन विहार राष्ट्रीय उद्यान

- यह राष्ट्रीय उद्यान मध्य प्रदेश के जीवाश्म राष्ट्रीय उद्यान के बाद सबसे छोटा राष्ट्रीय उद्यान है। इसका क्षेत्रफल 4.45 वर्ग किमी है।
- यह उद्यान भोपाल में अवस्थित है। वन विहार राष्ट्रीय उद्यान की स्थापना वर्ष 1979 में भोपाल में की गई। इसमें राज्य में पाए जाने वाले सभी जीव पाए जाते हैं।

पेंच राष्ट्रीय उद्यान

- यह मध्य प्रदेश के सिवनी-छिन्दवाड़ा जिलों में विस्तृत है। इस राष्ट्रीय उद्यान को 1977 में अभयारण्य तथा 1983 में राष्ट्रीय उद्यान घोषित किया गया। यह 293 वर्ग किमी क्षेत्रफल पर फैला हुआ है।
- पेंच राष्ट्रीय उद्यान को वर्ष 1992-93 में प्रोजेक्ट टाइगर योजना में शामिल किया गया।
- इस उद्यान को इन्दिरा गाँधी प्रियदर्शनी उद्यान के नाम से भी जाना जाता है।
- यहाँ बाघ, तेन्दुआ, चीतल, साम्भर, गौर, हिरण आदि वन्य प्राणी पाए जाते हैं।

पन्ना राष्ट्रीय उद्यान

- पन्ना राष्ट्रीय उद्यान की स्थापना वर्ष 1981 में छतरपुर एवं पन्ना जिलों में की गई। यह 543 वर्ग किमी क्षेत्रफल पर फैला हुआ है।
- इस उद्यान को वर्ष 1994 में प्रोजेक्ट टाइगर में शामिल किया गया। इस उद्यान में प्रदेश के एकमात्र रेप्टाइल पार्क (रेंगने वाले जीव) की स्थापना की गई है।
- यहाँ बाघ, तेन्दुआ, साम्भर, चिंकारा, भालू आदि प्रमुख वन्य प्राणी पाए जाते हैं।

सतपुड़ा राष्ट्रीय उद्यान

- इस उद्यान की स्थापना वर्ष 1983 में होशंगाबाद जिले में 524 वर्ग किमी क्षेत्रफल पर हुई। इस उद्यान को वर्ष 1999-2000 में प्रोजेक्ट टाइगर में शामिल किया गया है।
- यहाँ बाघ, तेन्दुआ, चीतल, गौर, भालू, मुजक, हिरण आदि वन्य प्राणी पाए जाते हैं।

संजय राष्ट्रीय उद्यान

- यह राष्ट्रीय उद्यान मध्य प्रदेश के सीधी, शहडोल तथा छत्तीसगढ़ के सरगुजा जिले में 466 वर्ग किमी (मध्य प्रदेश में 198 वर्ग किमी) क्षेत्र पर फैला हुआ है।
- इस उद्यान को वर्ष 2008 में प्रोजेक्ट टाइगर में शामिल किया गया। इसे वर्ष 1981 में राष्ट्रीय उद्यान घोषित किया गया था।
- यहाँ बाघ, नीलगाय, चिंकारा, तेन्दुएँ आदि प्रमुख वन्य प्राणी पाए जाते हैं।

डायनासोर राष्ट्रीय उद्यान

- डायनासोर के जीवाश्मों को संरक्षित करने के उद्देश्य से इस उद्यान की स्थापना धार जिले में 108 वर्ग किमी में की जा रही है।
- यह उद्यान (2013 में अधिसूचित) ही विश्व में ऐसा एकमात्र क्षेत्र है, जो डायनासोर के जीवाश्म के लिए सबसे समृद्ध है। यहाँ पर डायनासोर की सभी प्रजातियों के अवशेष मिलते हैं।

प्रोजेक्ट टाइगर में शामिल राष्ट्रीय उद्यान एवं अभयारण्य

राष्ट्रीय उद्यान/ अभयारण्य	जिला	स्थापना वर्ष
कान्हा-किसली	मण्डला	1955
बाँधवगढ़	उमरिया	1968
पन्ना	पन्ना, छतरपुर	1981
पेंच	सिवनी, छिन्दवाड़ा	1983
सतपुड़ा	होशंगाबाद	1983
संजय	सीधी	1981
रातापानी (अभयारण्य)	रायसेन	2012
पन्ना-2	पन्ना	प्रस्तावित
ओंकारेश्वर	खण्डवा	प्रस्तावित

राज्य के बायो रिज़र्व क्षेत्र

बायो रिज़र्व क्षेत्र	जिला	स्थापना
पंचमढ़ी बायोस्फियर रिज़र्व क्षेत्र	बैतूल, होशंगाबाद, छिन्दवाड़ा	1999
अमरकण्टक अयानअर जैवमण्डलीय आरक्षित क्षेत्र	डिण्डोरी, अनूपपुर	2005
पन्ना	पन्ना, छतरपुर	2011

प्रमुख पर्यावरण संरक्षण संस्थान

संगठन	स्थापना	उद्देश्य
मध्य प्रदेश प्रदूषण नियन्त्रण बोर्ड	1974	भोपाल में प्रदूषण को नियन्त्रित करना।
पर्यावरण नियोजन एवं समन्वय संगठन (एप्को), भोपाल	1981	पर्यावरण सम्बन्धी शोध, शिक्षण, प्रशिक्षण करना, प्रदूषण रोकना।
आपदा प्रबन्धन संस्थान, भोपाल	1987	प्राकृतिक व मानव जनित आपदा के प्रभावों को कम करना।

राज्य में पाए जाने वाले मुख्य पक्षी

राज्य में तीन प्रकार के मुख्य पक्षी पाए जाते हैं

1. **वक्षीय पक्षी** लायबर तोता, टयूंगा, बसथ, कक्कू, चातक, महोख तथा कोयल (सम्पूर्ण मध्य प्रदेश में) वक्षीय पक्षी हैं। चातक मानसून के समय मध्य प्रदेश में पहुँचता है, जो अफ्रीका महाद्वीप से आता है।
2. **थलीय पक्षी** खंजन, चराचरी, तीतर व बटेर प्रमुख थलीय पक्षी हैं, जो सभी ऋतुओं (गर्मी को छोड़कर) में पाए जाते हैं।
3. **जलीय पक्षीय** बत्तख, टिटहरी, हंस, रैल्स, थेकारी, चैती, फुलचुकी (सबसे छोटा) राज्य के प्रमुख जलीय पक्षी हैं। टिटहरी राज्य में बड़ी संख्या में पाया जाता है।

प्रमुख वानिकी पुरस्कार

राज्य के प्रमुख वानिकी पुरस्कारों का वर्णन निम्न है

- **अमृता देवी स्मृति पुरस्कार** यह पुरस्कार वन तथा वन्य जीव संरक्षण के क्षेत्र में महत्त्वपूर्ण योगदान हेतु (वीरांगना अमृता देवी की याद में) दिया जाता है। इसकी शुरुआत वर्ष 1994 में हुई।
- **महावृक्ष पुरस्कार** प्राचीन एवं विशिष्ट प्रणालियों के वृक्षों को पहचानकर सुरक्षित एवं संरक्षित करने के उद्देश्य से यह पुरस्कार प्रदान किया जाता है। इसकी शुरुआत वर्ष 1995 में हुई थी।
- **वन प्रहरी पुरस्कार** वनों के बचाव के क्षेत्र में उल्लेखनीय योगदान हेतु यह पुरस्कार दिया जाता है। यह पुरस्कार जिला तथा राज्य दोनों स्तरों पर दिया जाता है।
- **वृक्ष मित्र पुरस्कार** पूर्व प्रधानमन्त्री श्री इन्दिरा गाँधी की स्मृति में उनकी जन्म तिथि (19 नवम्बर) पर इन्दिरा प्रियदर्शनी वृक्ष मित्र पुरस्कार दिया जाता है।

मध्यप्रदेश में कृषि एवं पशुपालन

- मध्य प्रदेश एक कृषि प्रधान राज्य है। यहाँ की 79% आबादी कृषि पर आधारित है।
- राज्य के 49% भाग पर कृषि की जाती है। अनाज उत्पादन में मध्य प्रदेश का देश में 9वाँ स्थान है। देश के कुल उत्पादन का 4.65% उत्पादन मध्य प्रदेश राज्य में होता है।
- मध्य प्रदेश के आर्थिक सर्वेक्षण 2017-18 के अनुसार, वर्ष 2016-17 में राज्य की अर्थव्यवस्था (सकल मूल्य वर्धन) में फसल क्षेत्र का योगदान 27.62% रहा है।
- प्रदेश की फसल संरचना तथा उत्पादन में विविधता पाई जाती है, क्योंकि प्रदेश की धरातल, मिट्टी, जलवायु तथा सामाजिक- आर्थिक परिस्थितियों में काफी विभिन्नता देखने को मिलती है।

राज्य के कृषि प्रक्षेत्र व कृषि प्रदेश

कृषि प्रक्षेत्र

फसल के आधार पर मध्य प्रदेश को निम्नलिखित सात कृषि प्रक्षेत्रों में बाँटा जाता है

(i) **ज्वार का क्षेत्र** इसके अन्तर्गत गुना, शिवपुरी, श्योपुर तथा पश्चिमी मुरैना जिले आते हैं।

(ii) **गेहूँ व ज्वार का क्षेत्र** इसके अन्तर्गत बघेलखण्ड तथा मालवा पठार का मध्य भाग, भिण्ड, मुरैना एवं ग्वालियर जिले आते हैं।

(iii) **कपास तथा गेहूँ का क्षेत्र** इसके अन्तर्गत उज्जैन, मन्दसौर, शाजापुर, राजगढ़, देवाल व सीहोर जिले आते हैं।

(iv) **कपास का क्षेत्र** इसके अन्तर्गत पश्चिमी मध्य प्रदेश (खण्डवा, खरगौन, बड़वानी, धार, रतलाम, झाबुआ) के जिले आते हैं।

(v) **चावल व कपास क्षेत्र** इसके अन्तर्गत खण्डवा का क्षेत्र शामिल है।

(vi) **चावल, कपास, ज्वार क्षेत्र** इसके अन्तर्गत सिवनी, छिन्दवाड़ा तथा बैतूल जिले शामिल हैं।

(vii) **चावल का क्षेत्र** इसके अन्तर्गत मण्डला, बालाघाट, शहडोल, सिवनी, सीधी तथा जबलपुर आता है। (बघेलखण्ड क्षेत्र जिले आते है।)

कृषि प्रदेश

राज्य के प्रमुख कृषि प्रदेश निम्न प्रकार हैं

- **पश्चिम में काली मिट्टी का प्रदेश** मन्दसौर, नीमच, रतलाम, झाबुआ, बड़वानी, हरदा, धार तथा देवास, उज्जैन।
- **उत्तर में ज्वार गेहूँ का प्रदेश** मुरैना, श्योपुर, भिण्ड, ग्वालियर, दतिया, शिवपुरी, गुना तथा छतरपुर, टीकमगढ़।
- **मध्य में गेहूँ का प्रदेश** भोपाल, सीहोर, होशंगाबाद, नरसिंहपुर, रायसेन तथा विदिशा, सागर, व दमोह।।
- **चावल व गेहूँ का प्रदेश** पन्ना, सतना, कटनी, उमरिया, जबलपुर तथा सिवनी।
- **सम्पूर्ण पूर्वी मध्य प्रदेश** (चावल का प्रदेश) रीवा, सीधी, शहडोल, अनूपपुर, डिण्डोरी, मण्डला तथा बालाघाट।

फसलों का वर्गीकरण

मध्य प्रदेश की प्रमुख फसलों का वर्गीकरण निम्न है

- *खाद्यान्न फसलें* चावल, गेहूँ, मक्का, बाजरा
- *दलहनी फसलें* अरहर, चना
- *तिलहन फसलें* राई-सरसों, सोयाबीन
- *वाणिज्यिक फसलें* गन्ना, कपास
- *रबी फसल* गेहूँ, चना, मटर, राई, सरसों, अलसी तथा मसूर
- *खरीफ फसल* चावल, सोयाबीन, कपास, गन्ना, मूँगफली, तिल, तुअर, ज्वार, मक्का तथा सूर्यमूखी
- *जायद फसल* खीरा, ककड़ी, तरबूज, लौकी तथा कद्दू

राज्य की प्रमुख फसलें

राज्य में उत्पादन की दृष्टि से फसलों का घटता क्रम सोयाबीन, गेहूँ, चावल, मक्का, ज्वार, चना, कपास, गन्ना इत्यादि हैं।

राज्य की प्रमुख फसलों का विवरण निम्नलिखित है

गेहूँ

- राज्य में गेहूँ, अनाजों (खाद्यान्नों) में सर्वाधिक तथा सभी फसलों में सोयाबीन के पश्चात् पैदा की जाने वाली प्रमुख फसल है। रबी की फसलों में गेहूँ सबसे प्रमुख फसल है। यह राज्य की प्रमुख सिंचित फसल भी है।
- मध्य प्रदेश में गेहूँ का उत्पादन इन्दौर, उज्जैन, धार, रतलाम, गुना, कटनी, होशंगाबाद, रायसेन, भोपाल एवं विदिशा जिलों में किया जाता है।
- राज्य में गेहूँ काली एवं जलोढ़ दोमट मृदा क्षेत्र में उगाया जाता है।
- गेहूँ का सबसे अधिक संकेन्द्रण मध्य नर्मदा घाटी तथा पूर्वी मालवा प्रदेश में है।
- आर्थिक सर्वेक्षण 2017-18 के अनुसार, राज्य में वर्ष 2015-16 के अन्तर्गत गेहूँ उत्पादन 18,410 हजार मीट्रिक टन था, जो वर्ष 2016-17 में बढ़कर 21,918 हजार मीट्रिक टन हो गया है।

कृषि कर्मण पुरस्कार 2018

मध्य प्रदेश राज्य ने यह पुरस्कार सर्वाधिक गेहूँ उत्पादन के सन्दर्भ में पाँचवीं बार जीता है। दिल्ली में 17 मार्च, 2018 को प्रधानमन्त्री नरेन्द्र मोदी द्वारा मध्य प्रदेश के मुख्यमन्त्री शिवराज सिंह चौहान को इस अवार्ड से सम्मानित किया गया।

चावल

- मध्य प्रदेश में चावल की खेती प्रमुख रूप से भिण्ड, शहडोल, छिन्दवाड़ा, बालाघाट, सिवनी, मण्डला तथा डिण्डोरी सीधी, रीवा, बैतूल तथा सतना, भिण्ड आदि जिलों में की जाती है।
- मध्य प्रदेश में अनाजों की दृष्टि से चावल, क्षेत्रफल एवं उत्पादन में गेहूँ के बाद द्वितीय स्थान पर है।

- चावल सर्वाधिक क्षेत्रफल पर बालाघाट जिले में उगाया जाता है।
- आर्थिक सर्वेक्षण 2017-18 के अनुसार, चावल (धान) उत्पादन में वर्ष 2015-16 की तुलना में वर्ष 2016-17 में 51.69% की वृद्धि हुई है।

मक्का

- मक्का, गेहूँ एवं चावल के बाद राज्य की तीसरी प्रमुख खाद्यान्न फसल है।
- यह फसल प्रमुख रूप से प्रदेश के उत्तर-पश्चिमी भाग में उगाई जाती है।
- मक्का की खेती झाबुआ, छिन्दवाड़ा, धार, रतलाम, मन्दसौर, शाजापुर तथा राजगढ़ जिलों में प्रमुख रूप से उत्पादित की जाती है। मुख्य रूप से की जाती है।
- मक्का कम उपजाऊ तथा ऊबड़-खाबड़ भूमि पर पैदा की जाती है।
- आर्थिक सर्वेक्षण 2017-18 के अनुसार मक्का के उत्पादन में वर्ष 2015-16 की तुलना में वर्ष 2016-17 में 36.97% की वृद्धि हुई है।

चना

- देश के कुल दलहन क्षेत्रफल एवं उत्पादन में मध्य प्रदेश का सर्वप्रमुख स्थान है।
- राज्य में चने का उत्पादन पूर्वी मालवा पठार, बुन्देलखण्ड पठार तथा ऊपरी-मध्य नर्मदा घाटी के क्षेत्रों में किया जाता है।
- राज्य में सर्वाधिक चना उत्पादक जिला विदिशा है, जबकि सर्वाधिक क्षेत्रफल एवं उत्पादकता क्रमशः उज्जैन तथा हरदा जिलों में पाई जाती है।

तुअर (अरहर दाल)

- तुअर की फसल प्रदेश के कुल कृषित क्षेत्र के लगभग 1.6% भूमि पर बोई जाती है।
- देश का लगभग 8.9% तुअर क्षेत्र मध्य प्रदेश में है।
- राज्य में तुअर चने के बाद दूसरी प्रमुख खरीफ फसल है।
- प्रदेश में तुअर प्रमुख रूप से सीधी छिन्दवाड़ा, बैतूल, नरसिंहपुर, रायसेन, खण्डवा, रीवा तथा सतना में पैदा होती है।
- राज्य के नरसिंहपुर जिले में तुअर का सर्वाधिक उत्पादन होता है।

कपास

- राज्य में कपास कुल कृषित क्षेत्रफल के लगभग 3.1% हिस्से पर पैदा की जाती है।
- कपास की कृषि के लिए महत्त्वपूर्ण क्षेत्र निमाड़ का मैदान है। राज्य में कपास की कृषि खरगौन, खण्डवा, बड़वानी एवं बुरहानपुर आदि जिलों में होती है।
- खण्डवा-2, मालझरी व शंकर-4 कपास की प्रमुख किस्में हैं।
- राज्य में *बी टी कॉटन* की खेती वर्ष 2002-03 में प्रारम्भ की गई थी
- कपास की खेती का सर्वाधिक क्षेत्रफल, उत्पादन तथा उत्पादकता खरगौन जिले (इंदौर सम्भाग) में पाई जाती है।
- कपास मध्य प्रदेश की सबसे महत्त्वपूर्ण नकदी फसल है।

गन्ना

- राज्य में गन्ने की उत्पादकता 5,114 किग्रा प्रति हेक्टेयर है। गन्ना पूर्णत: सिंचित फसल है, इसलिए इसकी कृषि सिंचाई सुविधा वाले क्षेत्रों में अधिक की जाती है।
- राज्य के नरसिंहपुर, छिन्दवाड़ा, ग्वालियर, दतिया, सीहोर, बैतूल, बुरहानपुर, बड़वानी एवं मण्डला जिलों में यह प्रमुख रूप से पैदा किया जाता है।
- राज्य में गन्ने का सर्वाधिक क्षेत्रफल, उत्पादन एवं उत्पादकता क्रमशः नरसिंहपुर, छिन्दवाड़ा एवं रतलाम जिलों में पाई जाती है।

राई-सरसों

- राज्य में तिलहन फसलों में सोयाबीन के बाद राई-सरसों का द्वितीय स्थान है।
- इसका उत्पादन मुरैना, भिण्ड, श्योपुर, ग्वालियर एवं शिवपुरी जिलों में होता है।
- राई-सरसों का प्रदेश में सर्वाधिक क्षेत्रफल एवं उत्पादन भिण्ड जिले में पाया जाता है, जबकि उत्पादकता रतलाम जिले में सर्वाधिक पाई जाती है।

सोयाबीन

- सोयाबीन राज्य के सर्वाधिक कृषि क्षेत्र में बोई जाने वाली तिलहन फसल है। यहाँ देश का लगभग 88% सोयाबीन पैदा किया जाता है। इसलिए इसे सोया राजधानी भी कहा जाता है। राजय में लगभग 50,000 हेक्टेयर में सोयाबीन की खेती की जाती है।
- अंकुर, जवाहर, दुर्गा, पंजाब-1 तथा गौरव सोयाबीन की महत्त्वपूर्ण किस्मे हैं।
- राज्य में सीहोर सोयाबीन का सबसे बड़ा उत्पादक जिला है, जबकि सर्वाधिक क्षेत्रफल एवं उत्पादकता क्रमशः उज्जैन एवं ग्वालियर जिलों में पाई जाती है।
- एशिया का सबसे बड़ा सोयाबीन कारखाना उज्जैन में स्थित है।
- आर्थिक सर्वेक्षण 2017-18 के अनुसार वर्ष 2015-16 की अपेक्षा वर्ष 2016-17 में सोयाबीन उत्पादन में 62.45% की वृद्धि हुई है।

मूँगफली

- राज्य की प्रमुख फसलों में मूँगफली की भी खेती की जाती है और यह राज्य की प्रमुख नकदी फसल है।
- इसकी खेती राज्य के बलुआ दोमट वाली मृदा में की जाती है।
- राज्य में मूँगफली की गंगापुरी, फुले कान्ति, ज्योति, टीजी-26 इत्यादि किस्मों की खेती की जाती है।
- इस फसल की बुआई जून-जुलाई में तथा खुदाई नवम्बर-दिसम्बर के महीनों में की जाती है।
- राज्य के खरगौन, खण्डवा, बड़वानी, छिन्दवाड़ा, बैतूल, दतिया, शिवपुरी इत्यादि जिलों में मूँगफली की खेती की जाती है।

अफीम

- देश में सर्वाधिक अफीम की खेती मध्य प्रदेश में की जाती है। राज्य में देश के 64% अफीम की खेती की जाती है।
- इसका उपयोग औषधियों के निर्माण के लिए किया जाता है।
- राज्य में नीमच सबसे बड़ा अफीम उत्पादक जिला है तथा दूसरे स्थान पर मन्दसौर है।

गाँजा

- गाँजा की खेती राज्य के खण्डवा जिले में सरकार के नियन्त्रण में की जाती है।
- इसके पौधे से निकलने वाले रस से 'चरस' बनाई जाती है। 'चरस' की बिक्री सरकारी नियन्त्रण द्वारा की जाती है, जिससे राज्य सरकार को करोड़ों रुपये की वार्षिक आय प्राप्त होती है। इससे ब्राउन शुगर तथा हैरोइन भी बनती है

राज्य के प्रमुख फसल उत्पादक जिले

फसल	प्रमुख उत्पादक जिले
सोयाबीन	उज्जैन, शाजापुर, राजगढ़, देवास, धार, हरदा
गेहूँ	होशंगाबाद, रायसेन, उज्जैन, हरदा, सीहोर, विदिशा, सतना, सागर, रीवा
चावल	बालाघाट, मण्डला, शहडोल, बैतूल, रीवा, सीधी, कटनी, छिन्दवाड़ा, सिवनी
मक्का	धार, छिन्दवाड़ा, झाबुआ, खरगौन, बड़वानी
ज्वार	खरगौन, बड़वानी, मन्दसौर, रतलाम, उज्जैन
चना	विदिशा, नरसिंहपुर, रायसेन, गुना होशंगाबाद, सागर, छिन्दवाड़ा, राजगढ़
तुअर	नरसिंहपुर, सिवनी, सिंगरौली, छिन्दवाड़ा, बैतूल, रायसेन
तिल	सीधी, छतरपुर, टीकमगढ़, शहडोल
मूँगफली	खरगौन, खण्डवा, बड़वानी, छिन्दवाड़ा, सिवनी
कपास	खरगौन, खण्डवा, बड़वानी, बुरहानपुर, इन्दौर
गन्ना	नरसिंहपुर, छिन्दवाड़ा, ग्वालियर, दतिया, सीहोर
प्याज	शाजापुर, आगर, इन्दौर, निमाड, सतना
आलू	इन्दौर, देवास, शाजापुर, आगर-मालवा
गाँजा	खण्डवा

राज्य की कृषि विकास योजनाएँ

राज्य में कृषि के विकास के लिए निम्नलिखित महत्त्वपूर्ण योजनाएँ चलाई जा रही हैं

- **कृषि ऋण समाधान योजना** किसानों को आर्थिक सहायता प्रदान करने के लिए यह योजना सरकार द्वारा संचालित की गई है।
- **मुख्यमन्त्री किसान विदेश अध्ययन यात्रा योजना** मध्य प्रदेश में विकसित देशों में प्रचलित कृषि तकनीकों का प्रत्यक्ष अवलोकन कराने के लिए मुख्यमन्त्री किसान विदेश अध्ययन यात्रा योजना 2018 में शुरु की गई।
- **जैविक खेती प्रोत्साहन योजना** यह योजना प्रदेश स्तर पर जैविक खेती को प्रोत्साहन देने के लिए राज्य सरकार द्वारा चलाई गई है।
- **भावान्तर भुगतान योजना** किसानों को उनकी उपज का उचित मूल्य प्रदान कराने के लिए राज्य सरकार ने इस योजना को वर्ष 2017 में शुरू किया है।
- **परम्परागत कृषि विकास योजना** वर्ष 2015-16 में पर्यावरण एवं स्वास्थ्य की रक्षा हेतु जैविक खेती को बढ़ावा देने के लिए इस योजना को प्रारम्भ किया गया है।
- **किसान लक्ष्मी योजना** किसानों की निजी भूमि पर पौधारोपण को प्रोत्साहित करने के लिए वर्ष 2013-14 में किसान लक्ष्मी योजना शुरू की गई।
- **बी टी कॉटन योजना** राज्य सरकार ने कपास की खेती को व्यावसायिक रूप में बढ़ावा देने के लिए इस योजना को प्रारम्भ किया है।
- **बलराम ताल योजना** राज्य में वर्षा के जल को खेतों में रोककर फसलों की सिंचाई एवं भू-जल संवर्द्धन के लिए मई, 2007 में यह योजना प्रारम्भ की गई। इस योजना के अन्तगत अनुसूचित जाति एवं जनजाति के किसानों को 75% अनुदान राशि प्रदान की जाएगी।
- **मुख्यमन्त्री कृषक कल्याण योजना** प्रदेश के कृषि सम्बन्धी कार्य से जुड़े सभी लोगों को दुर्घटना होने पर आर्थिक सहयोग प्रदान करने के लिए यह योजना राज्य सरकार द्वारा चलाई गई है।
- **अन्नपूर्णा एवं सूरजधारा योजना** अनुसूचित जाति एवं जनजाति किसानों के कल्याण हेतु राज्य सरकार ने इन योजनाओं को वर्ष 2000-01में प्रारम्भ किया। सूरजधारा योजना में दलहन व तिलहन तथा अन्नपूर्णा योजना में खाद्यन्न फसलों के बीज उपलब्ध कराए जाते हैं।

मध्य प्रदेश कृषि महोत्सव 2017

राज्य में कृषि महोत्सव वर्ष 2017 का आयोजन 15 अप्रैल से 2 मई, 2017 तक आयोजित किया गया। राज्य कृषि महोत्सव आयोजन के दौरान भारत उदय कार्यक्रम, कृषि क्रान्ति रथ की जिला स्तर से लेकर ग्राम स्तर तक विभिन्न गतिविधियाँ आयोजित की गईं।

इस महोत्सव का मुख्य लक्ष्य कृषि से जुड़े विषयों पर किसानों एवं कृषि वैज्ञानिकों के मध्य सीधा सम्पर्क कराना है तथा साथ ही नवीन एवं वैज्ञानिक तकनीकी सुधार से वर्तमान फसलों की उत्पादकता को बढ़ाना है।

राज्य में जैविक कृषि

- राज्य में सर्वप्रथम वर्ष 2001-02 में जैविक कृषि को प्रारम्भ किया गया था।
- जिन गाँवों में जैविक कृषि को राज्य सरकार द्वारा प्रारम्भ किया गया, उन गाँवों को जैविक गाँव का नाम दिया गया।
- जनवरी, 2018 में मध्य प्रदेश जैविक कृषि को बढ़ावा देने वाले पहले तीन राज्यों में शामिल हो गया है। वर्ष 2011 में प्रदेश ने अपनी जैविक कृषि नीति बनाई।

जैविक कृषि नीति, 2011

- राज्य सरकार ने जैविक कृषि नीति, 2011 को 2 जुलाई, 2011 को मंजूरी दी है। इस नीति के प्रमुख उद्देश्य जलवायु परिवर्तन की विभीषिका, वैश्वीकरण का कृषि उत्पादों पर पड़ने वाले प्रभावों को कम करना तथा उत्पादन एवं उत्पादकता दोनों में वृद्धि लाना है।
- इस नीति को समस्त धान्य फसलों, सब्जियों, फल, मसाले तथा सुगन्धित एवं औषधीय फसलों पर लागू किया जाएगा।

मध्य प्रदेश की कृषि सम्बन्धी प्रमुख संस्थाएँ एवं केन्द्र

संस्था/केन्द्र	मुख्यालय
राष्ट्रीय सोयाबीन अनुसन्धान केन्द्र	इन्दौर
चावल (धान) अनुसन्धान केन्द्र	बड़वानी (भारत का कटक में)
अन्तर्राष्ट्रीय मक्का एवं गेहूँ अनुसन्धान केन्द्र	उमरिया (प्रस्तावित)
राष्ट्रीय अँगूर अनुसन्धान केन्द्र	रतलाम
कपास अनुसन्धान केन्द्र	खरगौन
कृषि अभियान्त्रिकी अनुसन्धान केन्द्र	भोपाल
कृषि अभियान्त्रिकी महाविद्यालय	जबलपुर
उद्यान महाविद्यालय	मन्दसौर

कृषि सम्बन्धी प्रमुख संगठन एवं योजनाएँ

संगठन/योजनाएँ	स्थापना-वर्ष
मध्य प्रदेश राज्य भण्डार गृह निगम	1958
मध्य प्रदेश कृषि उद्योग विकास निगम	1969-70
लघु कृषक विकास प्राधिकरण	1971
मध्य प्रदेश राज्य कृषि विपणन बोर्ड	1972
सरकारी डेयरी विकास कार्यक्रम	1975
भूमि विकास निगम	1977-78
मध्य प्रदेश बीज तथा फार्म विकास निगम	1980
मध्य प्रदेश राज्य बीज प्रमाणीकरण संस्था	1980

उद्यानिकी फसलें

- उत्पादन एवं उत्पादकता में वृद्धि करने के लिए उद्यानिकी संचालनालय द्वारा मुख्य रूप से मसाले, साग-सब्जी, फल, औषधीय एवं सुगन्धित फूल इत्यादि पर विशेष ध्यान एवं अनेक कार्यक्रम आयोजित किए जा रहे हैं।
- प्रमुख रूप से उद्यानिकी फसलों का उत्पादन क्षेत्र मालवा है।
- राज्य का एकमात्र कॉफी उत्पादन क्षेत्र, कुकरू खामला (भैंसदेही, जिला बैतूल) है। यहाँ पर 22 हेक्टेयर भूमि पर कॉफी का उत्पादन होता है।
- उद्यानिकी से सम्बन्धित सभी योजनाओं की अनुदान राशि में राज्य सरकार ने वर्ष 2016-17 में संशोधन किए हैं।
  ये योजनाएँ निम्न हैं
  - फल पौध रोपण योजना।
  - सब्जी क्षेत्र विस्तार योजना।
  - औषधीय एवं सुगन्धित फसल क्षेत्र विस्तार योजना।
  - उद्यानिकी के विकास हेतु यन्त्रीकरण को बढ़ावा देने की योजना।
  - मौसम आधारित फसल बीमा योजना।

राज्य में पशुपालन

- राज्य में दुग्ध, मांस, चमड़ा, ऊन इत्यादि उत्पादों का आधार भी है।
- वर्ष 2012 की पशु संगणना के अनुसार, प्रदेश में 3.63 करोड़ पशुधन तथा 119.05 लाख कुक्कुट एवं बत्तख हैं। प्रदेश में 8 पशु प्रजनन एवं 10 कुक्कुट पालन प्रक्षेत्र हैं।

राज्य में पशु एवं पशुधन विकास

- राज्य में सर्वाधिक संख्या में पाया जाने वाला पशु बकरी है।
- राज्य में सर्वाधिक पशु घनत्व टीकमगढ़ एवं रीवा में एवं न्यूनतम पशु घनत्व होशंगाबाद में पाया जाता है।
- मध्य प्रदेश में एक बकरी प्रक्षेत्र में सात बकरी प्रजनन इकाइयाँ हैं।
- राज्य में सर्वाधिक पशु सीधी जिले में तथा न्यूनतम पशु बुरहानपुर जिले में हैं।
- राज्य के उत्तर-पूर्वी भागों में पशु घनत्व अधिक पाया जाता है। दक्षिणी हिस्सों में पशु घनत्व न्यूनतम है।
- देश में सर्वाधिक गौवंश (सांड, बैल, बछड़ा) मध्य प्रदेश में पाया जाता है।
- राज्य की प्रमुख गाय की नस्ल निमाड़ी है। इनके अलावा राज्य में थारपारकर, हरियाणवी, साहिवाल मालवी, जर्सी तथा मुर्रा नस्ल की गाय पाली जाती है।
- प्रदेश में सर्वाधिक दुग्ध उत्पादन मुरैना एवं श्योपुर जिलों में होता है। दुग्ध उत्पादन की दृष्टि से मध्य प्रदेश का देश में सातवाँ स्थान है।
- राज्य में सूअर पालन का कार्य प्रमुख रूप से आदिवासी बाहुल्य जिलों में किया जाता है।
- पशु चिकित्सा विज्ञान एवं पशुपालन कॉलेज की स्थापना राज्य में 8 जुलाई, 1948 को कृषि विश्वविद्यालय, जबलपुर में की गई थी।
- राज्य में पशुधन एवं कुक्कुट विकास निगम की स्थापना 1 नवम्बर, 1982 में की गई थी।
- दुग्ध उत्पादन को प्रोत्साहन देने के लिए वर्ष 1997 में विश्व बैंक के सहयोग से एकीकृत डेयरी विकास परियोजना की शुरूआत हुई थी।
- पशु चिकित्सा विज्ञान नानाजी देशमुख त्रिश्वविद्यालय अधिनियम 2009 के अन्तर्गत 3 नवम्बर, 2009 को जबलपुर में एक पृथक् विश्वविद्यालय की स्थापना की गई।

राज्य में पशुपालन सम्बन्धी महत्त्वपूर्ण तथ्य (पशु संगणना 2012)

पशुधन	3.63 करोड़
कुक्कुट एवं बत्तख	119.05 लाख
गौ एवं भैंस वंशीय प्रजनन योग्य पशु (मादा)	109.90 लाख
भेड़	3.09 लाख
बकरे/बकरियाँ	80.14 लाख
पशु चिकित्सालय	949
पशु, औषधालय	1,626
चल पशु चिकित्सा इकाइयाँ	38
विरूजालय	27
जिला स्तरीय रोग अनुसन्धान शालाएँ	22
पशु प्रजनन प्रक्षेत्र	8
माता महामारी जाँच चौकियाँ	19
माता महामारी रोग शमनदल	2

मध्य प्रदेश की कुछ प्रसिद्ध देशी नस्लें

जमुनापरी (बकरी)

- यह बकरी की भारत में सर्वाधिक पाई जाने वाली नस्ल है। यह मध्य प्रदेश में भिण्ड जिले में पाई जाती है। इसके शरीर पर सफेद और लाल रंग के धब्बे होते हैं। इस नस्ल की दूध की पैदावार 2.25 से 2.7 ली प्रतिदिन है।
- **निमाड़ी (गाय)** इस नस्ल की गाय खण्डवा तथा खरगोश (निमाड़ क्षेत्र) जिलों में पाई जाती है। इन गायो का सींग मध्यम आकार के लम्बे तथा शकीर से मजबूत होते हैं इस नस्ल की विकसित थन वाली गाय प्रतिदिन 4 से 5 लीटर तक दुध दूती है। इस गाय को निमाड़ की रानी कहते हैं।
- **मालवी गाय** इस नस्ल की गाय राज्य के राजगढ़, शाजापूर तथा मन्दसौर जिलों में पाई जाती है। इस नस्ल की गाये प्रतिदिन 4 से 5 लीटर तक दूध देती है, इस नस्ल की गायों का मध्यम आकार के छोटे सिर घुमावदार सिंग एवं पूँछ लम्बी होती है। इसे मालवा की रानी कहते है। यह नस्ल मध्य प्रदेश के ग्वालियर और भिण्ड जिलों में पाई जाती है। इस नस्ल का सिर छोटा, पूँछ लम्बी, पतली और काले या सफेद रंग की होती है।

पोल्ट्री बर्ड: कड़कनाथ

- इसे **मध्य प्रदेश का गौरव** भी कहा जाता है। यह राज्य के पश्चिमी भाग में झाबुआ, अलीराजपुर और धार आदि जिलों की प्रसिद्ध स्वदेशी नस्ल है।
- कडकनाथ की विशेषता काली चोंच व कंघी पैर (काले रंग के) हैं।
- जनजातीय क्षेत्रों में इस पक्षी का औषधीय प्रयोजनों के लिए प्रयोग किया जाता है।

राज्य में संचालित योजनाएँ व कार्यक्रम

रानीखेत रोग उन्मूलन योजना

- पक्षियों में 'रानीखेत' एक जानलेवा रोग है। जिससे बड़ी संख्या में कुक्कुट पक्षी मर जाते हैं।
- इस रोग की रोकथाम हेतु योजनाबद्ध तरीके से प्रतिबन्धात्मक टीका लगाया जाता है।
- राज्य में दुग्ध उत्पादन बढ़ाने के लिए राज्य में ऑपरेशन फ्लड की शुरूआत की गई, इसके अन्तर्गत आनन्द मॉडल पर सहकारी डेयरी विकास कार्यक्रम की शेरूआत वर्ष 1907 में की गई जिसके तहत दो चरणाों को पूरा करके तीसरे चरण में दुग्ध उत्पादन व उपलब्धता के कार्य किए जा रहे है।

अन्य कार्यक्रम

प्रदेश में संचालित अन्य प्रमुख योजना कार्यक्रम निम्न हैं

- अनुदान के आधार पर बकरों का प्रदाय
- सहकारी डेयरी विकास कार्यक्रम
- विशेष पशु प्रजनन कार्यक्रम
- गौ सेवक योजना
- राष्ट्रीय डेयरी योजना

खनिज एवं ऊर्जा (शक्ति) के संसाधन

- खनिज सम्पदा की दृष्टि से मध्य प्रदेश देश के 8 खनिज सम्पन्न राज्यों में से एक है। राज्य में खनिज भण्डार प्रचुर मात्रा में हैं। राज्य में लगभग 30 प्रकार के खनिज पाए जाते हैं, जिसमें 20 प्रकार के खनिजों का उत्पादन मध्य प्रदेश राज्य द्वारा किया जाता है।
- आर्थिक सर्वेक्षण 2017-18 के अनुसार, राज्य को भारत में हीरा उत्पादन में एकाधिकार प्राप्त होने के साथ-साथ मैंगनीज अयस्क तथा ताम्र अयस्क उत्पादन में भी प्रथम स्थान प्राप्त है।
- राज्य को रॉक फॉस्फेट, चूना-पत्थर के उत्पादन में द्वितीय तथा कोयला उत्पादन में चौथा स्थान प्राप्त है। खनिज वितरण तथा उत्पादन में मध्य प्रदेश को देश में चौथा स्थान प्राप्त है, किन्तु खनिजों के भण्डार की दृष्टि से राज्य का तृतीय स्थान है।
- खनिज उत्पादन व उचित भण्डारण के लिए राज्य सरकार द्वारा 19 जनवरी, 1962 में मध्य प्रदेश राज्य खनिज विकास निगम की स्थापना की गई, जिसका मुख्यालय भोपाल में स्थित है।

मध्य प्रदेश में खनिज वितरण

राज्य में खनिजों का वितरण विशिष्ट शैल समूह द्वारा निर्धारित होता है। अतः राज्य में खनिजों का वितरण असमान पाया जाता है।

राज्य के प्रमुख खनिज निम्नलिखित हैं

लौह-अयस्क

- राज्य के ग्वालियर, जबलपुर, विदिशा, खण्डवा तथा झाबुआ जिलों में लौह-अयस्क के निक्षेप मुख्य रूप से पाए जाते हैं।
- राज्य में मुख्य रूप से हेमेटाइट व मैग्नेटाइट लौह-अयस्क पाए जाते हैं।
- जबलपुर के उत्तर-पूर्वी भाग में बिजावर सीरीज में हेमेटाइट अयस्क के संचय हैं।
- इनमें अगरिया, सरोली, जौली, कन्हवारा पहाड़ियाँ और सिहोरा क्षेत्र के निक्षेप मुख्य हैं।

मैंगनीज

- राज्य का मैंगनीज उत्पादन में महत्त्वपूर्ण स्थान है। इसके भण्डार आर्कियन काल की चट्टानों में पाए जाते हैं। यही कारण है कि मैंगनीज की प्रचुर मात्रा बालाघाट एवं छिन्दवाड़ा जिलों में पाई जाती है।
- इसका उपयोग इस्पात बनाने, रसायन उद्योग तथा शुष्क बैट्री बनाने में किया जाता है। राज्य में मैंगनीज का भण्डार लगभग 680 लाख टन है, जिसमें लगभग 500 लाख टन का भण्डार बालाघाट में पाया जाता है।

- **भर्वेली** (बालाघाट) एशिया की सबसे बड़ी मैंगनीज खान भर्वेली (बालघाट) में स्थित है।
- राज्य से मैंगनीज अमेरिका, ब्रिटेन, जर्मनी और रूस को निर्यात किया जाता है।

ताँबा

- राज्य में ताँबा बालाघाट (मलाजखण्ड क्षेत्र), जबलपुर, सागर, होशंगाबाद तथा छतरपुर इत्यादि क्षेत्रों में पाया जाता है। मलाजखण्ड क्षेत्र का ताँबा उत्तम कोटि का होता है।
- ताँबा अयस्क के उत्पादन में राज्य को देश में प्रथम स्थान प्राप्त है, जबकि भण्डारण में द्वितीय स्थान प्राप्त है।
- राज्य में ताँबा कायान्तरित चट्टानों से प्राप्त होता है। चूँकि ताँबा सुचालक होता है, अत: इसका उपयोग बिजली उपकरणों में मुख्य रूप से किया जाता है।

बॉक्साइट

- बॉक्साइट खनिज एल्युमीनियम धातु का अयस्क है। बॉक्साइट भण्डारण में राज्य का देश में पाँचवाँ स्थान है। यह दक्कन ट्रैप के ऊँचे पठारों में पाया जाता है।
- राज्य में बॉक्साइट के भण्डार जबलपुर, बालाघाट, अनूपपुर, मण्डला, सतना, रीवा, शहडोल एवं कटनी आदि जिलों में संचित पाए जाते हैं।

चूना-पत्थर

- चूना-पत्थर रसायन, धात्विक उद्योगों तथा निर्माण कार्यों का मूल पदार्थ है। यह प्राय: सभी अवसादी शैलों में मिलते हैं।
- चूना-पत्थर के भण्डार क्रिटेशियस शैलों एवं विन्ध्यनयुगीन शैल समूहों में संचित है। राज्य में चूना-पत्थर सतना, रीवा, दमोह, कटनी, सागर, पन्ना, श्योपुर, मुरैना एवं नीमच आदि जिलों में पाया जाता है।
- चूना-पत्थर के उत्पादन में राज्य का देश में द्वितीय स्थान है।

डोलोमाइट

- चूना-पत्थर में जब 45% से अधिक मैग्नीशियम पाया जाता है, तब उसे डोलोमाइट कहा जाता है।
- राज्य में डोलोमाइट के भण्डार बालाघाट, नरसिंहपुर, छतरपुर, सागर, मण्डला, कटनी, सिंगरौली, देवास, झाबुआ, जबलपुर एवं सिवनी आदि जिलों में पाए जाते हैं।
- इसका उपयोग सीमेण्ट के कारखाने, ढलाई तथा लोहा साफ करने में होता है।

हीरा

- राज्य का पन्ना जिला हीरे के उत्पादन में देश में प्रथम स्थान रखता है। यहाँ हीरे का क्षेत्र 90 किमी लम्बी एवं 15 किमी चौड़ी पट्टी में विस्तृत है।
- पन्ना के निकट मझगवाँ क्षेत्र में स्थित किम्बरलाइट पाइप्स से ही हीरे का उत्पादन होता है।
- राज्य में हीरा उत्पादक क्षेत्रों में पन्ना जिले के पन्ना और हनोता, सतना जिले के मझगवाँ तथा छतरपुर जिले के अंगोर आदि प्रमुख हैं।
- हीरे की प्रमुख किस्मों कोहिनूर, महान् मुगल पिट, ओरलोक आदि का खनन इसी प्रदेश से हुआ है। राज्य में हीरे का अधिकांश खनन नेशनल मिनरल डेवलपमेण्ट कॉर्पोरेशन द्वारा कराया जाता है।

टंगस्टन

- टंगस्टन वूलफ्राम खनिज के रूप में पाया जाता है। राज्य में इसका उत्पादन अगरगाँव (होशंगाबाद) में किया जाता है।
- इसका उपयोग विद्युत बल्ब के तन्तु बनाने एवं इस्पात काटने में किया जाता है।

चीनी मिट्टी

- इसे केओलिन नाम से भी जाना जाता है।
- चीनी मिट्टी राज्य में मुख्य रूप से जबलपुर, ग्वालियर, रीवा आदि जिलों में पाई जाती है।
- सिरेमिक तथा रिफैक्टरी वर्क्स जबलपुर, प्रदेश का सबसे पुराना चीनी मिट्टी की वस्तुएँ बनाने का कारखाना है।

संगमरमर

- संगमरमर राज्य के जबलपुर, ग्वालियर तथा छिन्दवाड़ा जिलों में मुख्य रूप से पाया जाता है।
- जबलपुर में श्वेत, बैतूल, सिवनी तथा नरसिंहपुर में रंगीन एवं ग्वालियर में लाल-पीला संगमरमर मिलता है।

कोयला

- राज्य के आर्थिक सर्वेक्षण 2017-18 के अनुसार, प्रदेश में कोयले के भण्डार 27,673 मिलियन टन (2016-17) हैं।
- इस दृष्टि से मध्य प्रदेश का देश में झारखण्ड, ओडिशा, छत्तीसगढ़ तथा पश्चिम बंगाल के पश्चात् पाँचवाँ स्थान आता है, जबकि उत्पादन में राज्य को चौथा स्थान प्राप्त है। राज्य में बिटुमिनस प्रकार का कोयला सर्वाधिक पाई जाती है।
- मध्य प्रदेश के पूर्वी तथा दक्षिणी भाग के गोण्डवाना कल्प क्षेत्र में कोयला भण्डार स्थित हैं, *जिन्हें दो भागों में बाँटा गया है*
  - *(i)* **मध्य भारत कोयला क्षेत्र** इसे विन्ध्य प्रदेश कोयला क्षेत्र भी कहते हैं। यह राज्य के पूर्वी जिलों सिंगरौली, उमरिया, सीधी और शहडोल में स्थित है। प्रदेश का सबसे बड़ा कोयला क्षेत्र सोहागपुर (शहडोल) है।
  - *(ii)* **सतपुड़ा कोयला क्षेत्र** यह क्षेत्र राज्य के दक्षिणी जिलों बैतूल, होशंगाबाद एवं छिन्दवाड़ा में स्थित है। इसका विस्तार कान्हन घाटी, मोहपानी, शहपुरा, तवा क्षेत्र तथा पेंच घाटी क्षेत्र में है।

मध्य प्रदेश के प्रमुख खनिज एवं उत्पादक जिले

खनिज	उत्पादक जिले
ग्रेफाइट	बैतूल
सुरमा (एण्टीमनी)	जबलपुर
एस्बेस्टॉस	झाबुआ
हीरा	पन्ना, छतरपुर, सतना (मझगवाँ)

खनिज	उत्पादक जिले
कोयला	सिंगरौली, शहडोल, छिन्दवाड़ा, बैतूल एवं सीधी
बॉक्साइट	मण्डला, जबलपुर, रीवा, सतना, सीधी, अनूपपुर एवं शहडोल
ताँबा	मलाजखण्ड (बालाघाट), सलीमनाबाद (कटनी), सागर, होशंगाबाद
लौह-अयस्क	जबलपुर, विदिशा, मण्डला, बालाघाट
मैंगनीज	बालाघाट, छिन्दवाड़ा, झाबुआ, खरगौन
चूना-पत्थर	जबलपुर, मन्दसौर, सतना, कटनी, धार
डोलोमाइट	बालाघाट, छिन्दवाड़ा, जबलपुर
पायराइट	टीकमगढ़, देवास, धार
अभ्रक स्लेट	बालाघाट, छिन्दवाड़ा, होशंगाबाद, मन्दसौर
सीसा	होशंगाबाद, दतिया, शिवपुरी, झाबुआ, जबलपुर
टिन	बैतूल, गोविन्दपुर, चुखाड़ा
फेलस्पार	जबलपुर, छिन्दवाड़ा, शहडोल
रॉक फॉस्फेट	छतरपुर, झाबुआ, सागर

राज्य में खोजे गए कुछ नवीन खनिज क्षेत्र

खनिज	क्षेत्र
सोना	सीधी, कटनी, शहडोल
निकेल	सीधी
कॉपर	शहडोल
प्लेटिनम	बैतूल
पैलेडियम	बैतूल

राज्य में खनिज नीति 2010

राज्य में प्रथम खनिज नीति को वर्ष 1995 में लागू किया गया था। इस नीति में सुधार करते हुए खनिज नीति 2010 को लागू किया गया।

खनिज नीति 2010 के मुख्य बिन्दु निम्न हैं

- नवीन खनिजों की खोज एवं भण्डार के आकलन के लिए अत्याधुनिक प्रौद्योगिकी का उपयोग कर खनिजों की खोज करने के लिए निजी क्षेत्र सहभागिता को प्रोत्साहित किया जाएगा।
- एक निश्चित अनुपात में उच्च एवं निम्न श्रेणी खनिज के मिश्रण के लिए अध्ययनों एवं उपयोग को प्रोत्साहित किया जाएगा तथा खनिज विकास निधि का गठन किया जाएगा।
- खनिजों के अवैध उत्खनन एवं परिवहन की रोकथाम के लिए विभिन्न विभागों से समन्वय किया जाएगा।
- खनिजों के परिवहन के लिए ई-परमिट की व्यवस्था पर बल दिया जाएगा। खनिज रियायत आवेदन-पत्रों की प्रक्रिया को पारदर्शी बनाया जाएगा।
- बहुमूल्य धातुओं की खोज को विशेष प्राथमिकता दी जाएगी। खनिजों के अवैध उत्खनन एवं परिवहन पर नियन्त्रण रखने के लिए विद्यमान नियमों को और अधिक कठोर बनाया जाएगा।
- वर्ष 2004 से खनिज विभाग द्वारा गौण खनिजों से प्राप्त होने वाली राजस्व की सूचना पंचायत विभाग को उपलब्ध कराई जा रही है।

ऊर्जा (शक्ति) संसाधन

- राज्य में 10 सितम्बर, 1948 को विद्युत प्रदाय अधिनियम लागू किया गया। इसके पश्चात् 1 दिसम्बर, 1950 को मध्य प्रदेश विद्युत मण्डल (देश का प्रथम) का गठन हुआ। इसका मुख्यालय जबलपुर में है। राज्य में ऊर्जा विकास निगम की स्थापना वर्ष 1982 में की गई थी।
- उत्पादन, पारेषण (Transmission) एवं विद्युत वितरण हेतु कम्पनी अधिनियम 1956 के तहत् विद्युत कम्पनियों का गठन जुलाई, 2002 में किया गया है।
- मध्य प्रदेश राज्य विद्युत मण्डल का पावर मैनेजमेण्ट कम्पनी में अप्रैल, 2012 को विलय कर दिया गया।
- सिंगरौली को मध्य प्रदेश की ऊर्जा राजधानी भी कहा जाता है।
- विश्व के तीसरे एवं एशिया के पहले लेसर परमाणु अनुसन्धान केन्द्र की स्थापना 19 फरवरी, 1984 को इन्दौर में की गई।

राज्य में ऊर्जा संसाधनों को दो भागों में वर्गीकृत किया जाता है

1. परम्परागत ऊर्जा स्रोत

- परम्परागत ऊर्जा स्रोत ऐसे ऊर्जा स्रोत हैं, जिनका भण्डार पृथ्वी पर सीमित है। ये ऊर्जा स्रोत भविष्य में समाप्त हो सकते हैं क्योंकि इनका उपयोग मानव लम्बे समय से कर रहा है।
- परम्परागत ऊर्जा स्रोत में कोयला, परमाणु ऊर्जा, पेट्रोलियम एवं प्राकृतिक गैस आदि आते हैं।

परम्परागत ऊर्जा स्रोत से उत्पन्न होने वाली ऊर्जा को दो भागों जल विद्युत एवं तापीय विद्युत में विभाजित किया जाता है

(*i*) जल विद्युत

- मध्य प्रदेश का पहला जल विद्युत केन्द्र मन्दसौर में चम्बल नदी पर अवस्थित गाँधी सागर जल विद्युत केन्द्र है। यह वर्ष 1960-61 में स्थापित हुआ था।
- मध्य प्रदेश की कुल उपलब्ध ऊर्जा में जल विद्युत ऊर्जा का भाग लगभग 30% है।

राज्य के प्रमुख जल विद्युत गृह (केन्द्र)

जल विद्युत केन्द्र	स्थिति
ओंकारेश्वर जल विद्युत गृह	ओंकारेश्वर (खण्डवा)
टौंस जल विद्युत गृह	सिरमोर (रीवा)
रानी अवन्तिबाई सागर विद्युत गृह	बरगी (जबलपुर)
बीरसिंहपुर जल विद्युत गृह	बीरसिंहपुर (उमरिया)
पुनासा जल विद्युत गृह	पुनासा (खण्डवा)
महेश्वर जल विद्युत गृह	महेश्वर (खरगौन)
गाँधी सागर जल विद्युत गृह	भानपुरा (मन्दसौर)
बाण सागर जल विद्युत गृह	सिरमौर (रीवा)
इन्दिरा सागर जल विद्युत गृह	पुनासा (खण्डवा)

मध्य प्रदेश की संयुक्त जल विद्युत परियोजनाएँ

संयुक्त परियोजना	सम्बन्धित राज्य
पेंच जल विद्युत परियोजना	मध्य प्रदेश एवं महाराष्ट्र
बाण सागर जल विद्युत परियोजना	मध्य प्रदेश एवं बिहार
राजघाट जल विद्युत गृह	मध्य प्रदेश एवं उत्तर प्रदेश
रिहन्द जल विद्युत परियोजना	मध्य प्रदेश एवं उत्तर प्रदेश
गाँधी सागर जल विद्युत गृह	मध्य प्रदेश एवं राजस्थान
राणा प्रताप सागर जल विद्युत गृह	मध्य प्रदेश एवं राजस्थान
जवाहर सागर जल विद्युत गृह	मध्य प्रदेश एवं राजस्थान

(ii) तापीय विद्युत गृह

- राज्य में लगभग दो-तिहाई विद्युत, ताप विद्युत गृहों से उत्पन्न की जाती है। ताप विद्युत गृहों में कोयले का प्रयोग किया जाता है।

राज्य में तापीय विद्युत गृहों का विवरण निम्नलिखित है

अमरकण्टक तापीय विद्युत गृह

- यह विद्युत गृह शहडोल जिले के चचाई स्थान पर वर्ष 1965 (द्वितीय पंचवर्षीय योजना) में स्थापित किया गया था। वर्तमान में यह अनूपपुर जिले में स्थित है। प्रारम्भ में यहाँ पर 30-30 मेगावाट की दो इकाइयाँ लगाई गई थीं। वर्ष 1977-78 में इसका विस्तार करके 120 -120 मेगावाट की दो और इकाइयाँ लगाई गईं।
- वर्ष 2001 में इसका पुन: विस्तार कर इसकी कुल विद्युत उत्पादन क्षमता 500 मेगावाट तक बढ़ाई गई। यह सोन नदी से जल तथा सोहागपुर से कोयले की आपूर्ति करता है।

सतपुड़ा तापीय विद्युत गृह

- यह बैतूल जिले के सारणी नामक स्थान पर बनाया गया है। इसका निर्माण वर्ष 1963 में प्रारम्भ किया गया था।
- इसकी पाँचों इकाइयों की कुल विद्युत क्षमता 312.5 मेगावाट थी। बाद में वर्ष 1979 में 200 मेगावाट व वर्ष 1980 में 210 मेगावाट की दो अन्य इकाइयाँ लगाई गईं।
- सतपुड़ा तापीय विद्युत गृह की सभी इकाइयों की कुल विद्युत क्षमता अब 1437 मेगावाट हो गई है। इस संयन्त्र में मध्य प्रदेश एवं राजस्थान राज्यों की 3 : 2 के अनुपात में साझेदारी है।
- यह पाथर खेड़ा से कोयला तथा तवा नदी से जल की आपूर्ति करता है।

संजय गाँधी तापीय विद्युत गृह

- यह तापीय विद्युत गृह उमरिया जिले के बीरसिंहपुर स्थान पर स्थापित किया गया है। इसमें लगी चारों इकाइयों की क्षमता 210-210 मेगावाट की है।
- यहाँ पर 500 मेगावाट विस्तृत इकाई की स्थापना की गई, जिससे इसकी कुल क्षमता 1,340 मेगावाट हो गई है। इस तापीय संयन्त्र के साथ एक जल विद्युत संयन्त्र भी लगाया गया है, जिसकी क्षमता 20 मेगावाट है। यह जल-विद्युत संयन्त्र जोहिला नदी पर स्थापित किया गया है।

चाँदनी ताप विद्युत गृह

- नेपानगर के कागज कारखाने को विद्युत आपूर्ति हेतु वर्ष 1953 में खण्डवा में स्थापित किया गया। यह प्रदेश का प्रथम ताप विद्युत केन्द्र है। इसकी कुल उत्पादन क्षमता 17 मेगावाट है।
- तवा क्षेत्र इस विद्युत गृह को कोयला आपूर्ति करता है।

जबलपुर ताप विद्युत गृह

- जबलपुर में 44 मेगावाट की तीन, 2 मेगावाट की चार तथा 1 मेगावाट की एक इकाई कार्यरत है। इसकी उत्पादन क्षमता 151 मेगावाट है। यह जबलपुर से कोयला तथा नर्मदा नदी से जलापूर्ति करता है।

विन्ध्याचल वृहत ताप विद्युत केन्द्र

- यह ताप परियोजना सिंगरौली जिले के बैढ़न नामक स्थान पर लगाई गई है। इसकी संस्थापित क्षमता 3,760 मेगावाट है।
- यह परियोजना प्रथम एवं द्वितीय चरण में सोवियत रूस की सहायता से शुरू की गई थी। यह परियोजना राष्ट्रीय ताप विद्युत निगम (NTPC) द्वारा संचालित है।
- यह सुपर विद्युत तापग्रहों की श्रृंखला का हिस्सा है।
- यह सिंगरौली से कोयला तथा रिहन्द नदी से जल की आपूर्ति करता है।
- इस परियोजना के प्रथम चरण में 210 मेगावाट (प्रत्येक) की 6 इकाइयाँ, द्वितीय चरण में 500 मेगावाट (प्रत्येक) की दो इकाइयाँ, तीसरे व चौथे चरण में 500 मेगावाट (प्रत्येक) की चार इकाइयाँ लगाई गईं हैं।
- इस परियोजना से उत्पन्न विद्युत को मध्य प्रदेश, महाराष्ट्र, गोवा, गुजरात, दमन एवं दीव तथा दादरा एवं नगर हवेली में वितरित किया जाता है। यह मध्य प्रदेश का बड़ा तापीय विद्युत केन्द्र है।

बीना ताप विद्युत गृह

- यह परियोजना सागर जिले के बीना नामक स्थान पर लगाई गई है। इसकी क्षमता 1,000 मेगावाट है। बीना ताप विद्युत गृह में विन्ध्य प्रदेश के कोयले का प्रयोग किया जाता है।

राज्य के प्रमुख ताप विद्युत गृह

विन्ध्याचल ताप विद्युत गृह	सिंगरौली
अमरकण्टक ताप विद्युत गृह	चचाई (शहडोल)
सतपुड़ा ताप विद्युत गृह	सारणी (बैतूल)
संजय गाँधी ताप विद्युत गृह	बीरसिंहपुर (उमरिया)
जबलपुर ताप विद्युत गृह	जबलपुर
बीना ताप विद्युत गृह	सागर
चाँदनी ताप विद्युत गृह	नेपानगर (खण्डवा)
पेंच ताप विद्युत गृह	छिन्दवाड़ा
मालवा ताप विद्युत गृह	खण्डवा

2. गैर-परम्परागत ऊर्जा स्रोत

यह वे ऊर्जा स्रोत होते हैं, जिनका नवीनीकरण किया जा सकता है तथा जिन्हें असीमित समय तक प्राप्त किया जा सकता है।

राज्य में गैर-परम्परागत ऊर्जा के स्रोत निम्नलिखित हैं

पवन ऊर्जा

- यद्यपि मध्य प्रदेश में वायु का वेग सामान्य है, परन्तु पवन ऊर्जा संयन्त्रों की स्थापना में राज्य का देश में प्रथम स्थान है।
- राज्य में सर्वाधिक पवन चक्कियाँ इन्दौर में स्थित हैं।
- देवास में राज्य की सबसे बड़ी पवन ऊर्जा परियोजना संचालित है।
- पवन ऊर्जा का प्रयोग मुख्यत: विद्युत उत्पादन एवं सिंचाई के लिए जल निकालने में किया जा रहा है।
- मध्य प्रदेश सरकार ने पवन ऊर्जा से विद्युत उत्पादन की परियोजनाओं के क्रियान्वयन हेतु पवन ऊर्जा परियोजना नीति 2012 लागू की। *इस नीति के मुख्य बिन्दु इस प्रकार हैं*
  - इस नीति के लागू हो जाने से देश में तकनीकी रूप से सम्भावित 1,200 मेगावाट क्षमता की पवन ऊर्जा परियोजनाओं का विकास किया जाएगा। इस नीति के तहत् लगभग ₹ 7,200 करोड़ का निवेश, निवेशकों द्वारा किया जाएगा। इस परियोजना की स्वीकृति 25 वर्ष की होगी।
  - इस नीति में लघु स्तर के पवन ऊर्जा संयन्त्रों की स्थापना को प्रोत्साहन दिया जाएगा। राज्य में अपरम्परागत ऊर्जा स्रोतों से विद्युत उत्पादन परियोजनाओं की स्थापना ऊर्जा नीति 2006 के तहत् की जाती थी, जिसकी अवधि को अक्टूबर, 2011 में समाप्त कर दिया गया।

बायोगैस प्लाण्ट

राज्य में पहला बायोगैस प्लाण्ट भोपाल के भदभदा पशुपालन विभाग में वर्ष 1984 में लगाया गया था। इसकी कार्यक्षमता 85 घन मीटर थी। राज्य में ऐसे 17 संयन्त्र प्रदेश में स्थापित किए गए हैं।

सौर ऊर्जा

- राज्य के झाबुआ, होशंगाबाद, अलीराजपुर और बैतूल जिलों में सौर ऊर्जा कार्यक्रम संचालित किए गए हैं।
- देश की सबसे बड़ी सौर ऊर्जा परियोजना नीमच जिले के भगवानपुरा गाँव में लगाई गई है।
- राज्य का प्रथम सौर ऊर्जा ग्राम कस्तूरबा (इन्दौर) है। विश्व का सबसे बड़ा सौर ऊर्जा संयन्त्र इटारसी में लगाया गया है।
- **सोलर डिस्टिल वाटर प्लाण्ट** ऐसे संयन्त्रों का प्रयोग शैक्षणिक संस्थानों में किया जाता है। इनमें वाष्पन आसुत जल एकत्रित करने हेतु **सौर ऊर्जा** का प्रयोग किया जाता है।
- **सोलर कुकर** में सौर ऊर्जा के द्वारा खाना पकाया जाता है। इसके द्वारा ईंधन बचाने में सहायता मिलती है। सोलर कुकर के विक्रय पर राज्य एवं केन्द्र सरकार द्वारा अनुदान दिया जाता है।
- **सौर ऊर्जा गर्म पानी संयन्त्रों** का प्रयोग डेयरी, उद्योग, चीनी मिल, कपड़ा मिल, होटल तथा हॉस्टल इत्यादि में पानी को गर्म करने के लिए किया जाता है। राज्य सरकार इन संयन्त्रों को बढ़ावा दे रही है।

बायोमास

- पौधों एवं कचरे से ऊर्जा उत्पन्न करने की प्रणाली को बायोमास कहते हैं। इसे सुलभ ऊर्जा भी कहते हैं।
- मध्य प्रदेश आर्थिक सर्वेक्षण 2018 के अनुसार, राज्य में बायोमास से विद्युत उत्पादन की दिसम्बर, 2017 तक 45.336 मेगावाट क्षमता की परियोजनाएँ स्थापित की गई हैं।
- बायोमास से बिजली उत्पन्न करने वाला पहला गाँव कसई (बैतूल) है। धार में धान की भूसी से विद्युत उत्पादन का संयन्त्र कार्यरत है।

ग्रामीण विद्युतीकरण

- राज्य में 97% ग्रामीण विद्युतीकरण हो चुका है। राज्य में अब वही गाँव विद्युतीकृत गाँव की श्रेणी में आएगा, जिसकी आबादी के 10% घरों में विद्युत कनेक्शन होंगे।
- गाँव में विद्युत वितरण ट्रांसफॉर्मर लगाकर एल टी लाइन का विस्तार किया जाएगा तथा गाँव स्थित स्कूलों, पंचायत, ऑफिस, स्वास्थ्य केन्द्रों, डिस्पेन्सरियों तथा सामुदायिक केन्द्रों को विद्युतीकृत किया जाएगा।

राज्य एवं केन्द्र सरकार के प्रमुख कार्यक्रम एवं योजनाएँ

- ***प्रधानमन्त्री सहज बिजली हर घर योजना*** (सौभाग्य) केन्द्र सरकार द्वारा सितम्बर, 2017 में प्रारम्भ की गई इस योजना के अन्तर्गत राज्य के लगभग 35 लाख घरों को ऊर्जित किया जाना है।
- **आभा योजना** राज्य सरकार द्वारा रायसेन जिले से प्रारम्भ की गई है, जिसके अन्तर्गत महिला स्वसहायता समूह ने राजस्व संग्रहण, मीटर रीडिंग आदि से सम्बन्धित कार्य किए हैं। इस योजना से महिला सशक्तीकरण को बढ़ावा मिला है। वहीं दूसरी ओर उपभोक्ताओं की विद्युत सम्बन्धी समस्याओं का भी निराकरण हुआ है।
- **स्मार्ट बिजली मोबाइल ऐप** मध्य प्रदेश पूर्व क्षेत्र विद्युत वितरण कम्पनी लिमिटेड, जबलपुर द्वारा उपभोक्ताओं के लिए यह ऐप विकसित किया गया है, जिसके अन्तर्गत मुख्यमन्त्री कृषि पम्प योजना, बिजली बिल का भुगतान आदि 12 सेवाओं को शामिल किया गया है।
- **उजाला योजना** ऊर्जा संरक्षण एवं बिजली की बचत हेतु इस योजना का आरम्भ अप्रैल, 2016 में किया गया। इस योजना के अन्तर्गत ऊर्जा दक्ष उत्पादों; जैसे—एल ई डी बल्ब का वितरण किया जाएगा, जिससे प्रतिवर्ष लगभग 3300 मिलियन यूनिट्स बिजली की बचत होगी।

राज्य में उपलब्ध विद्युत क्षमता

विद्युत उत्पादन	**क्षमता** (मेगावाट में)
मध्य प्रदेश पावर जेनरेटिंग कम्पनी के ताप विद्युत गृह	4,080
मध्य प्रदेश पावर जेनरेटिंग कम्पनी के जल-विद्युत गृह	917
संयुक्त उपक्रम जल परियोजना (नर्मदा प्रोजेक्ट एवं अन्य)	2,427
केन्द्रीय विद्युत उत्पादन क्षेत्र एवं DVC से प्राप्त अंश	4,000
निजी क्षेत्र के ताप विद्युत गृह से प्राप्त अंश	3,397
अपारम्परिक ऊर्जा स्रोत	2,945
कुल उपबल्ध विद्युत क्षमता	17,766

स्रोत *आर्थिक सर्वेक्षण 2017-18* (सितम्बर, 2017 में स्थिति)

अभ्यास प्रश्न

1. मध्य प्रदेश में सबसे बड़ा भू-भाग किस क्षेत्र में आता है?
(a) सतपुड़ा क्षेत्र (b) नर्मदा घाटी क्षेत्र
(c) मालवा का पठार (d) बघेलखण्ड क्षेत्र

2. निम्नलिखित में से मध्य प्रदेश के किस भाग में सबसे अधिक ऊँची चोटियाँ हैं?
(a) बघेलखण्ड (b) सतपुड़ा
(c) नर्मदा घाटी (d) मालवा

3. मध्य प्रदेश के निम्न में से किस क्षेत्र में सतपुड़ा शृंखला मौजूद नहीं है?
(a) खण्डवा (b) बैतूल
(c) हरदा (d) छिन्दवाड़ा

4. मध्य प्रदेश का सबसे बड़ा पठार है
(a) मालवा का पठार (b) रीवा-पन्ना का पठार
(c) बघेलखण्ड का पठार (d) इनमें से कोई नहीं

5. मध्य प्रदेश में कोयला किस समूह की चट्टानों में पाया जाता है?
(a) कड़प्पा समूह (b) विन्ध्यन समूह
(c) गोण्डवाना समूह (d) धारवाड़ समूह

6. निम्न में से किसमें 'जबेरा का गुम्बद' स्थित है?
(a) कगार भूमि (b) बुन्देलखण्ड पठार
(c) मालवा का पठार (d) मध्य भारत का पठार

7. महादेव पहाड़ियाँ किस राज्य में स्थित हैं?
(a) मध्य प्रदेश (b) असोम
(c) ओडिशा (d) हिमाचल प्रदेश

8. कौन-सी श्रेणी यमुना और सोन के मध्य जलद्विभाजक का कार्य करती है?
(a) भाण्डेर (b) कैमूर
(c) मैकाल (d) मुकुन्दवारा

9. चम्बल, बेतवा और केन नदियाँ किस श्रेणी से निकलती हैं?
(a) विन्ध्याचल श्रेणी (b) महादेव श्रेणी
(c) कैमूर श्रेणी (d) मैकाल श्रेणी

10. विन्ध्याचल श्रेणी में चूना पत्थर कहाँ से प्राप्त होता है?
(a) पठार (b) रीवा
(c) सतना (d) भोपाल

11. नर्मदा सोन घाटी की औसत ऊँचाई कितनी है?
(a) 350 मी (b) 320 मी
(c) 310 मी (d) 300 मी

12. मुकरता नामक गार्ज का निर्माण किस नदी द्वारा होता है?
(a) ताप्ती (b) नर्मदा
(c) बेतवा (d) सोन

13. मालवा पठार क्षेत्र में वर्षा किसके मानसून से होती है?
(a) अरब सागर
(b) हिन्द महासागर
(c) बंगाल की खाड़ी
(d) कच्छ की खाड़ी

14. नर्मदा घाटी क्षेत्र अत्यधिक गर्म क्यों होता है?
(a) विषुवत् रेखा पर होने के कारण
(b) कर्क रेखा के समीप होने के कारण
(c) मकर रेखा के समीप होने के कारण
(d) उपरोक्त में से कोई नहीं

15. मध्य प्रदेश में कितने प्रकार की ऋतुएँ पाई जाती हैं?
(a) चार (b) तीन
(c) दो (d) इनमें से कोई नहीं

16. मध्य प्रदेश में सर्वाधिक तापमान कहाँ अंकित किया जाता है?
(a) बालाघाट (b) ग्वालियर
(c) गुना (d) गंजबासौदा

17. मध्य प्रदेश में सबसे ज्यादा वर्षा किससे होती है?
(a) दक्षिण मानसून (b) दक्षिण-पूर्वी मानसून
(c) दक्षिण-पश्चिमी मानसून (d) ये सभी

18. मध्य प्रदेश में वार्षिक औसत वर्षा है
(a) 112 सेमी (b) 50 सेमी से कम
(c) 50 से 75 सेमी (d) 102 मिमी

19. मध्य प्रदेश के किस भाग में अधिक वर्षा होती है?
(a) उत्तरी भाग (b) दक्षिणी भाग
(c) पश्चिमी भाग (d) पूर्वी भाग

20. मध्य प्रदेश का सर्वाधिक वर्षा वाला स्थान किस पठार में अवस्थित है?
(a) मालवा का पठार (b) नर्मदा-सोन की घाटी
(c) सतपुड़ा मैकाल श्रेणी (d) इनमें से कोई नहीं

21. मध्य प्रदेश में न्यूनतम वर्षा कहाँ होती है?
(a) मन्दसौर (b) रायसेन
(c) भिण्ड (गोहद) (d) इनमें से कोई नहीं

22. मध्य प्रदेश में शीत ऋतु का समय है
(a) जुलाई से अक्टूबर (b) मार्च से जून
(c) नवम्बर से फरवरी (d) इनमें से कोई नहीं

23. स्थानीय भाषा में शीत ऋतु को क्या कहते हैं?
(a) सियाला (b) पिंपरा
(c) श्योरा (d) मुर्खी

24. मध्य प्रदेश में न्यूनतम तापमान कहाँ दर्ज किया जाता है?
(a) शिवपुरी (b) खजुराहो
(c) भोपाल (d) भिण्ड

25. राज्य में 'ऋतु वेधशाला' किस स्थान पर स्थित है?
(a) उज्जैन (b) भोपाल
(c) इन्दौर (d) जबलपुर

26. मध्य प्रदेश का औसत तापमान कितना है?
(a) 20°C (b) 21°C
(c) 25°C (d) 30°C

27. नर्मदा नदी का उद्गम स्रोत है
(a) अमरकण्टक से (b) पंचमढ़ी से
(c) भेड़ाघाट से (d) चित्रकूट से

28. निम्नलिखित में से कौन-सी नदी पश्चिम की ओर बहती है?
(a) गंगा (b) नर्मदा
(c) गोदावरी (d) यमुना

29. किस स्थान से दो नदियाँ निकलती हैं?
(a) गंगोत्री (b) मुल्ताई
(c) यमुनोत्री (d) अमरकण्टक

30. मध्य प्रदेश से निकलने वाली निम्नलिखित में से कौन-सी नदी है, जो मध्य प्रदेश, महाराष्ट्र तथा गुजरात से होकर बहती है?
(a) नर्मदा (b) चम्बल
(c) बेतवा (d) केन

31. मध्य प्रदेश में नर्मदा नदी की लम्बाई कितनी है?
(a) 1,013 किमी (b) 1,077 किमी
(c) 1,090 किमी (d) 1,000 किमी

32. चम्बल नदी का प्रवाह निम्न में से किन राज्यों में होता है?
(a) मध्य प्रदेश, उत्तर प्रदेश एवं ओड़िशा
(b) मध्य प्रदेश, राजस्थान एवं गुजरात
(c) मध्य प्रदेश, उत्तर प्रदेश एवं बिहार
(d) मध्य प्रदेश, उत्तर प्रदेश एवं राजस्थान

33. प्रदेश का सबसे ऊँचा चचाई जलप्रपात किस नदी पर स्थित है?
(a) चम्बल नदी (b) नर्मदा नदी
(c) बीहड़ नदी (d) बीहड़ नदी

34. निम्न में से कौन-सी नदी यमुना नदी से नहीं मिलती है?
(a) केन (b) बेतवा
(c) सोन (d) चम्बल

35. बैतूल जिले से कौन-सी नदी का उद्गम होता है?
(a) नर्मदा (b) बेतवा
(c) यमुना (d) ताप्ती

36. सतपुड़ा तथा विन्ध्याचल के मध्य कौन-सी नदी बहती है?
(a) गोदावरी (b) गण्डक
(c) ताप्ती (d) नर्मदा

37. कछुओं की दुर्लभ प्रजातियाँ किस नदी में पाई जाती हैं?
(a) चम्बल (b) सोन
(c) जामनी (d) कुँवारी

38. महेश्वर (माहिष्मती) निम्नलिखित में से किस नदी के तट पर स्थित है?
(a) ताप्ती (b) नर्मदा
(c) चम्बल (d) बेतवा

39. नर्मदा नदी के निकट निम्न में से कौन-सा शहर स्थित है?
(a) ओंकारेश्वर (b) जबलपुर
(c) झाबुआ (d) ये सभी

40. शिवपुरी किस नदी के तट पर स्थित है?
(a) सिन्ध (b) नर्मदा
(c) टोंस (d) ये सभी

41. काली सिन्ध नदी के किनारे कौन-सा नगर बसा है?
(a) कटनी (b) सोनकच्छ
(c) उज्जैन (d) बीना

42. ऐतिहासिक नगर उज्जैन किस नदी के किनारे अवस्थित है?
(a) क्षिप्रा (b) चम्बल
(c) बेतवा (d) नर्मदा

43. 'रामघाट' मध्य प्रदेश की कौन-सी नदी पर स्थित है?
(a) क्षिप्रा (b) नर्मदा
(c) बेतवा (d) सोन

44. निम्न में से कौन-सा झरना नर्मदा नदी पर अवस्थित है?
(a) कोटी (b) चचाई
(c) सहस्रधारा (d) रनेह

45. कपिलधारा, मन्धार तथा धुआँधार में क्या समानता है?
(a) सभी सहायक नदियाँ हैं (b) सभी ज्वारनदमुख हैं
(c) सभी झरने हैं (d) सभी डेल्टा हैं

46. कपिलधारा झरना किस नदी पर स्थित है?
(a) नर्मदा (b) सोन
(c) ताप्ती (d) क्षिप्रा

47. 'चचाई जलप्रपात' किस जिले में अवस्थित है?
(a) सीधी (b) रीवा
(c) सतना (d) दतिया

48. रजत प्रपात मध्य प्रदेश के किस स्थान पर अवस्थित है?
(a) सागर (b) पंचमढ़ी
(c) जबलपुर (d) रीवा

49. मध्य प्रदेश में सिंचाई तथा विद्युत उत्पादन के उद्देश्य से कौन-सी नदी बहुत महत्त्वपूर्ण है?
(a) चम्बल (b) नर्मदा
(c) सोन (d) बेतवा

50. मध्य प्रदेश में सबसे अधिक क्षेत्र किस साधन से सिंचित होता है?
(a) नहर (b) कुएँ एवं नलकूप
(c) तालाब (d) इनमें से कोई नहीं

51. राज्य का सर्वाधिक सिंचित जिला (प्रतिशत में) कौन-सा है?
(a) डिण्डोरी (b) होशंगाबाद
(c) जबलपुर (d) ग्वालियर

52. राज्य में तालाब द्वारा सबसे अधिक सिंचित जिला है
(a) बालाघाट (b) बैतूल
(c) शहडोल (d) ग्वालियर

53. राज्य में कुल सिंचित भूमि (2016-17 के अनुसार) कितने हजार हेक्टेयर है?
(a) 9276
(b) 9647
(c) 9876
(d) उपरोक्त में से कोई नहीं

54. चम्बल नदी पर निम्न में से कौन-से बाँध का निर्माण हुआ है?
(a) कोलार बाँध (b) राजघाट बाँध
(c) गाँधी सागर बाँध (d) केरवा बाँध

55. सरदार सरोवर बाँध किस नदी पर बनाया जा रहा है?
(a) चम्बल (b) कावेरी
(c) नर्मदा (d) साबरमती

56. बाणसागर बाँध कौन-सी नदी पर बना है?
(a) नर्मदा (b) ताप्ती
(c) सोन (d) तवा

57. भारत के किस राज्य का सर्वाधिक क्षेत्र वन-आच्छादित है?
(a) असम (b) उत्तर प्रदेश
(c) हिमाचल प्रदेश (d) मध्य प्रदेश

58. कौन-सा राज्य अनुपात में सबसे ज्यादा जंगल द्वारा व्यापित है?
(a) मध्य प्रदेश (b) बिहार
(c) अरुणाचल प्रदेश (d) नागालैण्ड

59. निम्न में से कौन-सा वन मध्य प्रदेश में सबसे अधिक पाया जाता है?
(a) उष्णकटिबन्धीय नम पर्णपाती वन
(b) उष्णकटिबन्धीय शुष्क पर्णपाती वन
(c) उष्णकटिबन्धीय कँटीले वन
(d) उष्ण कटिबन्धीय वर्षा वन

60. मध्य प्रदेश में सर्वाधिक वन किस जिले में हैं?
(a) बालाघाट (b) झाबुआ
(c) अलीराजपुर (d) शहडोल

61. निम्नलिखित में से मध्य प्रदेश का वह कौन-सा जिला है, जिसका वन घनत्व सर्वाधिक है?
(a) धार (b) बालाघाट
(c) गुना (d) विदिशा

62. मध्य प्रदेश के निम्न किस जिले में न्यूनतम वन क्षेत्र पाया जाता है?
(a) शाजापुर (b) शुजालपुर
(c) रायसेन (d) डिण्डोरी

63. भारतीय वन अनुसन्धान संस्थान की क्षेत्रीय अनुसन्धान शाखा मध्य प्रदेश के किस जिले में स्थित है?
(a) बालाघाट (b) भोपाल
(c) बैतूल (d) जबलपुर

64. सागवान एवं साल मुख्य रूप से मध्य प्रदेश के सभी राष्ट्रीय उद्यानों में पाए जाते हैं। ये पेड़ होते हैं
(a) सदाबहार (b) पर्णपाती
(c) शंकुधर (d) अल्पाइन

65. सागौन मध्य प्रदेश में कहाँ पाए जाते हैं?
(a) होशंगाबाद (b) जबलपुर
(c) बैतूल (d) ये सभी

66. बाँस का प्रयोग इनमें से किस कार्य के लिए होता है?
(a) रेलवे स्लीपर (b) भवन निर्माण
(c) बीड़ी निर्माण (d) कत्था निर्माण

67. खैर वृक्ष से क्या निकाला जाता है?
(a) तेल (b) गोंद
(c) लाख (d) कत्था

68. मध्य प्रदेश में वन क्षेत्र लगभग 27% हैं, जिसमें राष्ट्रीय उद्यान एवं अभयारण्य हैं?
(a) 09% (b) 11%
(c) 22% (d) 26%

69. वन्यजीव संरक्षण अधिनियम किस वर्ष से प्रभाव में आया?
(a) वर्ष 1991 (b) वर्ष 1972
(c) वर्ष 1984 (d) वर्ष 2000

70. प्रोजेक्ट टाइगर योजना की शुरुआत कब की गई थी?
(a) वर्ष 1989 में (b) वर्ष 1979 में
(c) वर्ष 1973 में (d) वर्ष 1983 में

71. राज्य का सबसे छोटा अभयारण्य कौन-सा है?
(a) पेंच
(b) ओरछा
(c) राला मण्डल
(d) नरसिंह गढ़

72. पालपुर-कुनों अभयारण्य किस जिले में स्थित है?
(a) मुरैना (b) श्योपुर
(c) डबरा (d) दतिया

73. नौरादेही मध्य प्रदेश का सबसे बड़ा ········ है।
(a) अस्पताल (b) रक्तदान केन्द्र
(c) वन्यजीव अभयारण्य (d) संग्रहालय

74. डॉल्फिन ·········· अभयारण्य की नदियों में पाई जाती है।
(a) चम्बल (b) घड़ियाल
(c) सरदारपुर (d) शिवपुरी

75. 'वीरांगना दुर्गावती' वन्य जीव अभयारण्य किस जिले में स्थित है?
(a) दमोह (b) धार
(c) रायसेन (d) सीधी

76. मध्य प्रदेश का सबसे बड़ा राष्ट्रीय उद्यान कौन-सा है?
(a) कान्हा-किसली (b) बाँधवगढ़
(c) पन्ना (d) सतपुड़ा

77. मध्य प्रदेश में सर्वाधिक प्राचीन नेशनल पार्क कौन-सा है?
(a) बाँधवगढ़ नेशनल पार्क (b) कान्हा नेशनल पार्क
(c) माधव नेशनल पार्क (d) सतपुड़ा नेशनल पार्क

78. 'माधव राष्ट्रीय उद्यान' किस जिले के क्षेत्र के अन्तर्गत आता है?
(a) भोपाल (b) शिवपुरी
(c) ग्वालियर (d) चम्बल

79. मध्य प्रदेश में सबसे लोकप्रिय रिज़र्व, जोकि बाघ के संरक्षण में लगा हुआ है
(a) चम्बल राष्ट्रीय उद्यान
(b) बोरी वन्यजीव अभयारण्य
(c) पन्ना रिजर्व
(d) बाँधवगढ़ वन्यजीव अभयारण्य

80. 'व्हाइट टाइगर क्षेत्र' का दूसरा नाम है
(a) चम्बल (b) शिवपुरी
(c) बाँधवगढ़ (d) कान्हा

81. इन्दिरा गाँधी प्रियदर्शनी उद्यान किस राष्ट्रीय उद्यान का नाम है?
(a) पेंच (b) सतपुड़ा
(c) कान्हा-किसली (d) बाँधवगढ़

82. सतपुड़ा राष्ट्रीय जीव उद्यान किस जिले में है?
(a) मण्डला (b) शहडोल
(c) होशंगाबाद (d) टीकमगढ़

83. 'संजय राष्ट्रीय उद्यान' मध्य प्रदेश के किस जिले में है?
(a) जबलपुर (b) सीधी
(c) नरसिंहपुर (d) छिन्दवाड़ा

84. डायनासोर जीवाश्म उद्यान कहाँ बनाया जा रहा है?
(a) उज्जैन (b) श्योपुर
(c) धार (d) दतिया

85. निम्नलिखित टाइगर रिज़र्व में से कौन-सा मध्य प्रदेश में स्थित नहीं है?
(a) कान्हा (b) बाँधवगढ़
(c) पन्ना (d) जिम कॉर्बेट

86. मध्य प्रदेश की कुल भूमि के कितने प्रतिशत भाग पर कृषि होती है?
(a) 45% (b) 49%
(c) 50% (d) 55%

87. मध्य प्रदेश राज्य की प्रमुख फसल है
(a) सोयाबीन (b) गेहूँ
(c) चावल (d) बाजरा

88. मध्य प्रदेश का प्रमुख कपास उत्पादन वाला क्षेत्र है
(a) पश्चिमी मध्य प्रदेश
(b) उत्तरी मध्य प्रदेश
(c) पूर्वी मध्य प्रदेश
(d) उपरोक्त में से कोई नहीं

89. निम्नलिखित में से कौन जायद फसल नहीं है?
(a) गन्ना (b) खीरा
(c) ककड़ी (d) खरबूजा

90. मध्य प्रदेश में खरीफ मौसम में कौन-सी फसल बोई जाती है?
(a) चावल (b) सरसों
(c) मक्का (d) कपास

91. निम्नलिखित में से कौन-सा जिला गेहूँ-चावल प्रदेश के अन्तर्गत नहीं आता?
(a) पन्ना (b) सतना
(c) कटनी (d) होशंगाबाद

92. मध्य प्रदेश की सबसे महत्त्वपूर्ण अनाज वाली फसल कौन-सी है?
(a) मक्का (b) ज्वार
(c) जौ (d) गेहूँ

93. मध्य प्रदेश में गेहूँ का सर्वाधिक उत्पादन किस क्षेत्र में होता है?
(a) मालवा (b) बुन्देलखण्ड
(c) बघेलखण्ड (d) मैकाल क्षेत्र

94. मध्य प्रदेश में किस दाल का उत्पादन सबसे अधिक होता है?
(a) चना (b) मटर
(c) तुअर (अरहर) (d) मसूर

95. मध्य प्रदेश किस तिलहन के उत्पादन में सबसे अधिक महत्त्व रखता है?
(a) अलसी (b) सोयाबीन
(c) सरसों (d) मूँगफली

96. कपास का सर्वाधिक उत्पादन मध्य प्रदेश के किस जिले में होता है?
(a) खण्डवा (b) इन्दौर
(c) खरगौन (d) देवास

97. देश में सबसे बड़ा सोयाबीन और दालों का उत्पादक कौन-सा राज्य है?
(a) अरुणाचल प्रदेश (b) सिक्किम
(c) मध्य प्रदेश (d) हिमाचल प्रदेश

98. मध्य प्रदेश में सोयाबीन की खेती लगभग कितने हेक्टेयर क्षेत्र पर की जाती है?
(a) 10,000 हेक्टेयर (b) 25,000 हेक्टेयर
(c) 50,000 हेक्टेयर (d) 75,000 हेक्टेयर

99. अंकुर, अलंकार एवं गौरव किस फसल की महत्त्वपूर्ण किस्में हैं?
(a) सोयाबीन (b) गेहूँ
(c) सूर्यमुखी (d) कुसुम

100. मध्य प्रदेश के कौन-से जिला समूह में सर्वाधिक सरसों (तिलहन) का उत्पादन होता है?
(a) भिण्ड, मुरैना (b) बस्तर, रायपुर
(c) खरगौन, खण्डवा (d) सीहोर, भोपाल

101. भारत में सबसे अधिक अरहर उत्पादन वाला राज्य कौन-सा है?
(a) मध्य प्रदेश (b) आन्ध्र प्रदेश
(c) उत्तर प्रदेश (d) हिमाचल प्रदेश

102. निम्नलिखित में से कौन-सी मध्य प्रदेश की एक नकदी फसल है?
(a) बाजरा (b) मूँगफली
(c) मक्का (d) ज्वार

103. मध्य प्रदेश के कौन-से जिले में अफीम की खेती की जाती है?
(a) मन्दसौर (b) शिवपुरी
(c) सागर (d) बिलासपुर

104. मध्य प्रदेश के किस जिले में अफीम की फसल नहीं होती है?
(a) मन्दसौर (b) नीमच
(c) रतलाम (d) सागर

105. मध्य प्रदेश में पौधारोपण को प्रोत्साहित करने के लिए कौन-सी योजना चल रही है?
(a) किसान लक्ष्मी योजना (b) बलराम ताल योजना
(c) पौधा विकास योजना (d) उपरोक्त सभी

106. देश में जैविक खेती को प्रोत्साहित करने वाला पहला राज्य कौन सा है?
(a) राजस्थान (b) महाराष्ट्र
(c) मध्य प्रदेश (d) छतीसगढ़

107. दिए गए विकल्पों में से मध्य प्रदेश भारत में किसका बड़ा उत्पादक नहीं है?
(a) सोयाबीन (b) दाल
(c) अफीम (d) सीमेन्ट

108. जवाहरलाल नेहरू कृषि विश्वविद्यालय कहाँ स्थित है?
(a) इन्दौर में (b) भोपाल में
(c) जबलपुर में (d) सागर में

109. निम्न में से कृषि विश्वविद्यालय कहाँ स्थित है?
(a) इन्दौर (b) भोपाल
(c) जबलपुर (d) सागर

110. मध्य प्रदेश में कितने पशु प्रजनन केन्द्र हैं?
(a) 6 (b) 7 (c) 8 (d) 9

111. राज्य में सर्वाधिक संख्या में पाया जाने वाला पशु कौन-सा है?
(a) गाय (b) भेड़ (c) बकरी (d) भैंस

112. राज्य में 'पशु चिकित्सा एवं पशुपालन कॉलेज' की स्थापना कब हुई थी?
(a) वर्ष 1940 . (b) वर्ष 1948 .
(c) वर्ष 1950 . (d) वर्ष 1955 .

113. नानाजी देशमुख विश्वविद्यालय का सम्बन्ध किससे है?
(a) कृषि विकास (b) शिशु चिकित्सा
(c) अरहर शोध केन्द्र (d) पशु चिकित्सा

114. 'जमुनापरी' किसकी देशी नस्ल है?
(a) बकरी (b) गाय (c) भैंस (d) ऊँट

115. मध्य प्रदेश के ग्वालियर तथा भिण्ड में भैंस की कौन-सी नस्ल पाई जाती है?
(a) गिरधारी (b) बन्धवारी
(c) मुंगर (d) बेकतारी

116. ऑपरेशन फ्लड का सम्बन्ध किससे है?
(a) मछली उत्पादन (b) तेल उत्पादन
(c) पटसन उत्पादन (d) दुग्ध उत्पादन

117. भारत में मध्य प्रदेश का खनिज उत्पादन में कौन-सा स्थान है?
(a) द्वितीय (b) तृतीय (c) प्रथम (d) चतुर्थ

118. निम्न में से मध्य प्रदेश के अधिक महत्त्वपूर्ण खनिज कौन-से हैं?
(a) जस्ता और मैंगनीज (b) अभ्रक और कोयला
(c) चाँदी और ताँबा (d) कोयला और लौह

119. मध्य प्रदेश में कौन-सा जिला अधिकतम मैंगनीज का उत्पादन करता है?
(a) बालाघाट (b) जबलपुर
(c) सतना (d) उपरोक्त में से कोई नहीं

120. मध्य प्रदेश में मैंगनीज का सबसे बड़ा स्रोत कहाँ है?
(a) छिन्दवाड़ा (b) बालाघाट (c) मण्डला (d) सतना

121. मध्य प्रदेश में मैंगनीज निम्न में से किन जिलों में पाया जाता है?
(a) मुरैना व रीवा (b) बालाघाट व छिन्दवाड़ा
(c) दुर्ग व बस्तर (d) उज्जैन व कालुमार

122. मलाजखण्ड में ताँबे की खदानें किस जिले में हैं?
(a) बालाघाट (b) झाबुआ (c) सिवनी (d) बैतूल

123. निम्न स्थानों में ताँबा कहाँ पाया जाता है?
(a) केसली (मण्डला) (b) दल्ली राजहरा (दुर्ग)
(c) बैलाडिला (बस्तर) (d) मलाजखण्ड (बालाघाट)

124. मलाजखण्ड परियोजना किस अयस्क के लिए है?
(a) चाँदी (b) यूरेनियम (c) मैंगनीज (d) ताँबा

125. मध्य प्रदेश भारत में ...... का सबसे बड़ा भण्डार घर है।
(a) ताँबा (b) सोना (c) कोयला (d) लौह-अयस्क

126. बॉक्साइट किस धातु का अयस्क है?
(a) लोहा (b) ताँबा (c) चाँदी (d) एल्युमीनियम

127. मध्य प्रदेश में कौन-सा क्षेत्र बॉक्साइट, कॉपर और डोलोमाइट के लिए प्रसिद्ध है?
(a) बालाघाट (b) जवाद (c) भैरोगढ़ (d) सतना

128. बॉक्साइट एल्युमीनियम एक अयस्क है, यह प्रचुर मात्रा में किस खदान में पाया जाता है?
(a) पन्ना (b) कटनी (c) दुर्ग (d) बस्तर

129. निम्नलिखित में कौन-सा चूना-पत्थर स्रोत है और भारत के कुल सीमेण्ट उत्पादन में 10% से भी अधिक का योगदान देता है?
(a) भोपाल (b) सतना (c) इन्दौर (d) जबलपुर

130. मध्य प्रदेश में डोलोमाइट के भण्डार कहाँ पाए जाते हैं?
(a) बालाघाट (b) छतरपुर
(c) कटनी (d) ये सभी

131. मध्य प्रदेश का पन्ना शहर किस कारण प्रसिद्ध है?
(a) सिल्क के लिए (b) हीरे की खदानों के लिए
(c) खूबसूरत महलों के लिए (d) कागज की मिल के लिए

132. देश में मध्य प्रदेश निम्न खनिजों का सबसे बड़ा उत्पादक है
(a) कोयला एवं हीरा (b) ताँबा एवं लोहा
(c) कोयला एवं ताँबा (d) ताँबा एवं हीरा

133. आगरगाँव किसके उत्पादन के लिए प्रसिद्ध है?
(a) एस्बेस्टॉस (b) टंगस्टन (c) कोरण्डम (d) ग्रेनाइट

134. मध्य प्रदेश के किस क्षेत्र से टंगस्टन प्राप्त होता है?
(a) ग्वालियर (b) बघेलखण्ड (c) होशंगाबाद (d) मालवा

135. चीनी मिट्टी के लिए कौन-सा नगर प्रसिद्ध है?
(a) उज्जैन (b) इन्दौर (c) जबलपुर (d) माण्डू

136. मध्य प्रदेश में कोयले की खानें मुख्यत: किस कल्प की हैं?
(a) चतुर्थ कल्प (b) गोण्डवाना कल्प
(c) तृतीय कल्प (d) विन्ध्य कल्प

137. निम्न में से कौन-से क्षेत्र विन्ध्य प्रदेश कोयला क्षेत्र का उपक्षेत्र हैं?
(a) मोहपानी (b) शाहपुर (c) कान्हन घाटी (d) उमरिया

138. मध्य प्रदेश के बैतूल में क्या प्रसिद्ध है?
(a) मैंगनीज (b) कोयला भण्डार
(c) बॉक्साइट (d) लोहा

139. कौन-सा कोयला क्षेत्र सतपुड़ा कोयला क्षेत्र में नहीं आता है?
(a) उमरिया (b) मोहपानी (c) कान्हन (d) पेंच

140. मध्य प्रदेश में कोयला कहाँ मिलता है?
(a) मन्दसौर (b) धार
(c) रायसेन (d) छिन्दवाड़ा

उत्तरमाला

1.	(c)	2.	(d)	3.	(c)	4.	(c)	5.	(c)	6.	(a)	7.	(a)	8.	(b)	9.	(a)	10.	(c)
11.	(d)	12.	(b)	13.	(a)	14.	(b)	15.	(b)	16.	(d)	17.	(c)	18.	(a)	19.	(d)	20.	(c)
21.	(c)	22.	(c)	23.	(a)	24.	(a)	25.	(c)	26.	(b)	27.	(a)	28.	(b)	29.	(d)	30.	(a)
31.	(b)	32.	(d)	33.	(c)	34.	(c)	35.	(d)	36.	(c)	37.	(b)	38.	(b)	39.	(d)	40.	(a)
41.	(b)	42.	(a)	43.	(a)	44.	(c)	45.	(c)	46.	(a)	47.	(b)	48.	(b)	49.	(b)	50.	(b)
51.	(d)	52.	(a)	53.	(c)	54.	(c)	55.	(c)	56.	(c)	57.	(d)	58.	(a)	59.	(b)	60.	(a)
61.	(b)	62.	(a)	63.	(d)	64.	(b)	65.	(d)	66.	(b)	67.	(d)	68.	(b)	69.	(b)	70.	(c)
71.	(c)	72.	(b)	73.	(c)	74.	(c)	75.	(a)	76.	(b)	77.	(b)	78.	(b)	79.	(d)	80.	(c)
81.	(a)	82.	(c)	83.	(b)	84.	(c)	85.	(d)	86.	(b)	87.	(a)	88.	(d)	89.	(a)	90.	(a)
91.	(d)	92.	(d)	93.	(a)	94.	(a)	95.	(b)	96.	(c)	97.	(c)	98.	(c)	99.	(a)	100.	(a)
101.	(a)	102.	(b)	103.	(a)	104.	(d)	105.	(a)	106.	(c)	107.	(d)	108.	(c)	109.	(c)	110.	(c)
111.	(c)	112.	(b)	113.	(d)	114.	(a)	115.	(b)	116.	(d)	117.	(d)	118.	(d)	119.	(a)	120.	(b)
121.	(b)	122.	(a)	123.	(d)	124.	(d)	125.	(a)	126.	(d)	127.	(a)	128.	(b)	129.	(b)	130.	(d)
131.	(b)	132.	(d)	133.	(b)	134.	(c)	135.	(c)	136.	(b)	137.	(d)	138.	(b)	139.	(a)	140.	(d)

अध्याय 19

मध्य प्रदेश की जनसंख्या एवं जनजातीय समुदाय

मध्य प्रदेश की जनसंख्या

- एक निश्चित समय के बाद जनसंख्या की प्रमाणित गणना ही जनगणना कहलाती है।
- राज्य की पहली जनगणना 1881 ई. में हुई थी। वर्ष 2011 की जनगणना देश व राज्य की 15वीं जनगणना तथा स्वतन्त्रता के पश्चात् 7वीं जनगणना थी।
- मध्य प्रदेश 11 मई को जनसंख्या नियन्त्रण दिवस के रूप में मनाता है।
- वर्ष 2011 की जनगणना के अनन्तिम आँकड़ों के अनुसार राज्य में कुल जनसंख्या 7,26,26,809 है, जिसमें पुरुषों की जनसंख्या 3,76,12,306 (51.79%) तथा महिलाओं की जनसंख्या 3,50,14,503 (48.21%) है। देश की कुल जनसंख्या में 5.99% हिस्सा मध्य प्रदेश का है।
- वर्ष 2011 की जनगणना के अनुसार मध्य प्रदेश जनसंख्या की दृष्टि से देश का छठा राज्य है, किन्तु वर्ष 2014 में आन्ध्र प्रदेश का विभाजन होने के पश्चात् अब यह देश का पाँचवाँ बड़ा राज्य हो गया है।
- मध्य प्रदेश का सर्वाधिक जनसंख्या वाला जिला इन्दौर तथा सबसे कम जनसंख्या वाला जिला आगर-मालवा है।

सर्वाधिक जनसंख्या वाले पाँच जिले

जिले	जनसंख्या
इन्दौर	32, 76, 697
जबलपुर	24, 63, 289
सागर	23, 78, 458
भोपाल	23, 71, 061
रीवा	23, 65, 106

न्यूनतम जनसंख्या वाले पाँच जिले

जिले	जनसंख्या
आगर-मालवा	4,80,000
हरदा	5,70,465
उमरिया	6,44,758
श्योपुर	6,87,861
डिण्डोरी	7,04,524

जनसंख्या वृद्धि दर

- वर्ष 2001 में राज्य की जनसंख्या वृद्धि दर 24.30% थी, जो वर्ष 2011 में घटकर 20.35% हो गई।
- राज्य की जनसंख्या की दशकीय वृद्धि दर 2001-2011 के मध्य 20.30% रही। इस दृष्टि से मध्य प्रदेश का देश में 14वाँ स्थान है।
- इन्दौर, मध्य प्रदेश का सर्वाधिक दशकीय जनसंख्या वृद्धि दर वाला जिला है, तो वहीं अनूपपुर न्यूनतम दशकीय जनसंख्या वृद्धि दर वाला जिला है।
- सर्वाधिक दशकीय वृद्धि दर रीवा सम्भाग में तथा न्यूनतम दशकीय वृद्धि दर शहडोल सम्भाग में दर्ज की गई है।

सर्वाधिक दशकीय वृद्धि दर वाले पाँच जिले

जिले	वृद्धि दर (प्रतिशत में)
इन्दौर	32.88
झाबुआ	30.70
भोपाल	28.72
सिंगरौली	28.05
बड़वानी	27.57

न्यूनतम दशकीय वृद्धि दर वाले पाँच जिले

जिले	वृद्धि दर (प्रतिशत में)
अनूपपुर	12.3
बैतूल	12.9
छिन्दवाड़ा	13.1
मन्दसौर	13.2
बालाघाट	13.6

जनसंख्या घनत्व

- जनगणना 2011 के अनुसार मध्य प्रदेश का जनसंख्या घनत्व 236 व्यक्ति प्रति वर्ग किमी है, जबकि पिछली जनगणना के अनुसार जनसंख्या घनत्व 196 व्यक्ति प्रति वर्ग किमी था।
- वर्ष 2011 की जनगणना में राज्य के जनसंख्या घनत्व में 40 व्यक्ति प्रति वर्ग किमी की वृद्धि हुई है। राज्य का जनसंख्या घनत्व देश के जनसंख्या घनत्व 382 की अपेक्षा 146 व्यक्ति प्रतिवर्ग किमी कम है।
- मध्य प्रदेश का सर्वाधिक जनसंख्या घनत्व वाला जिला भोपाल (855) है, जबकि सबसे कम जनसंख्या घनत्व वाला जिला डिण्डोरी (94) है।

सर्वाधिक जनघनत्व वाले पाँच जिले

जिले	जनघनत्व (प्रतिवर्ग किमी)
भोपाल	855
इन्दौर	841
जबलपुर	473
ग्वालियर	446
मुरैना	394

न्यूनतम जनघनत्व वाले पाँच जिले

जिले	जनघनत्व (प्रतिवर्ग किमी)
डिण्डोरी	94
श्योपुर	104
पन्ना	142
बैतूल/रायसेन/सिवनी	157
उमरिया	158

लिंगानुपात

- भारत में लिंगानुपात की गणना प्रति 1,000 पुरुषों पर उपलब्ध महिलाओं की संख्या से की जाती है।
- वर्ष 2011 की जनगणना के अनुसार राज्य में लिंगानुपात 931 (महिलाएँ प्रति 1,000 पुरुष) है।
- राज्य का सर्वाधिक लिंगानुपात बालाघाट (1,021) जिले में तथा सबसे कम लिंगानुपात भिण्ड (837) जिले में दर्ज किया गया है।

न्यूनतम लिंगानुपात वाले पाँच जिले

जिले	लिंगानुपात
भिण्ड	837
मुरैना	840
ग्वालियर	864
दतिया	873
शिवपुरी	877

सर्वाधिक लिंगानुपात वाले पाँच जिले

जिले	लिंगानुपात
बालाघाट	1021
अलीराजपुर	1011
मण्डला	1008
डिण्डोरी	1002
झाबुआ	990

शिशु जनसंख्या

- शिशु जनसंख्या से तात्पर्य 0-6 आयु समूह के बच्चों से होता है। वर्ष 2011 की जनगणना के अनुसार, राज्य की कुल शिशु जनसंख्या 1,08,09,395 है, जिसमें बालक (पुरुष) की जनसंख्या 56,36,172 है तथा बालिका (महिला) की जनसंख्या 51,73,223 है।
- जनगणना 2011 के अनुसार, भारत का शिशु लिंगानुपात 919 है, जबकि मध्य प्रदेश का शिशु लिंगानुपात 918 है।

न्यूनतम शिशु लिंगानुपात (0-6 वर्ष) वाले पाँच जिले

जिले	लिंगानुपात
मुरैना	829
ग्वालियर	840
भिण्ड	843
दतिया	856
रीवा	885

सर्वाधिक शिशु लिंगानुपात (0-6 वर्ष) वाले पाँच जिले

जिले	लिंगानुपात
अलीराजपुर	978
डिण्डोरी/मण्डला	970
बालाघाट	967
बैतूल	957
छिन्दवाड़ा	956

साक्षरता दर

- वर्ष 2011 की अन्तिम जनगणना के अनुसार राज्य की साक्षरता दर 69.32% हो गई है। इसमें पुरुषों की साक्षरता 78.73% तथा महिलाओं की साक्षरता 59.2% है। राज्य की साक्षरता दर वर्ष 2001 की अपेक्षा 2011 की जनगणना में 5.62% की बढ़ोतरी हुई है। पुरुषों में साक्षरता वृद्धि दर 2.6% तथा महिलाओं में साक्षरता वृद्धि दर 8.9% रही।
- कुल साक्षरता तथा महिला साक्षरता में राज्य 28वें स्थान पर है।
- राज्य का नरसिंहपुर जिला देश का एकमात्र हिन्दी भाषी पूर्ण साक्षर जिला है।

सर्वाधिक साक्षरता वाले पाँच जिले

जिले	साक्षरता (प्रतिशत में)
जबलपुर	81.1
इन्दौर	80.9
भोपाल	80.4
बालाघाट	77.1
ग्वालियर	76.7

न्यूनतम साक्षरता वाले पाँच जिले

जिले	साक्षरता (प्रतिशत में)
अलीराजपुर	36.1
झाबुआ	43.3
बड़वानी	49.1
श्योपुर	57.4
धार	59.0

राज्य की धर्म आधारित जनगणना

जनगणना 2011 के अनुसार राज्य में कुल जनसंख्या का 90.89% हिन्दू धर्म को मानने वाले लोग हैं, जिनकी संख्या राज्य में सर्वाधिक है, जबकि राज्य में सबसे कम जनसंख्या सिख धर्म (0.21%) को मानने वाले लोगों की हैं।

राज्य की धर्म आधारित जनसंख्या (जनगणना 2011 के अनुसार)

धर्म	कुल जनसंख्या	ग्रामीण जनसंख्या	शहरी जनसंख्या
हिन्दू	90.89%	94.80%	80.62%
मुस्लिम	06.57%	3.20%	15.40%
जैन	0.78%	0.21%	2.28%
बौद्ध	0.30%	0.25%	0.42%
ईसाई	0.29%	0.17%	0.62%
सिख	0.21%	0.10%	0.48%
अन्य धर्म	0.83%	1.13%	0.04%

ग्रामीण व शहरी जनसंख्या (नगरीकरण)

- वर्ष 2011 की जनगणना के अनुसार प्रदेश की जनसंख्या में 5.25 करोड़ (72.4%) जनसंख्या ग्रामीण क्षेत्र में निवास करती है, जबकि लगभग 2 करोड़ (27.6%) लोग शहरों मे निवास करते हैं।
- मध्य प्रदेश में नगरीकरण की वृद्धि दर 20.3% है।
- वर्ष 2011 की जनगणना के अनुसार ग्रामीण पुरुष 72.2% हैं तथा शहरी पुरुष 27.8% हैं, साथ ही ग्रामीण महिलाएँ 72.6% तथा शहरी महिलाएँ 27.4% हैं।
- राज्य में ग्रामीण जनसंख्या की वृद्धि दर 18.4 % रही है तथा शहरी जनसंख्या में प्रतिशत वृद्धि दर 27.6% रही है।
- राज्य की ग्रामीण साक्षरता 63.94% तथा नगरीय साक्षरता 82.85% है।
- वर्ष 2011 की जनगणना के अनुसार राज्य में ग्रामीण लिंगानुपात 936 तथा शहरी लिंगानुपात 918 है।
- राज्य में सर्वाधिक ग्रामीण जनसंख्या डिण्डोरी (95.4%) जिले में तथा सबसे कम भोपाल (19.2%) जिले में है।
- राज्य में सर्वाधिक नगरीकरण वाला जिला भोपाल (80.9%) तथा न्यूनतम नगरीकरण वाला जिला डिण्डोरी (4.6%) है।
- राज्य में सर्वाधिक ग्रामीण लिंगानुपात वाला जिला बालाघाट (1024) तथा न्यूनतम ग्रामीण लिंगानुपात वाला जिला भिण्ड (828) है।
- राज्य में सर्वाधिक शहरी लिंगानुपात वाला जिला बालाघाट (1000) तथा न्यूनतम शहरी लिंगानुपात वाला जिला मुरैना (858) है।
- राज्य में सर्वाधिक ग्रामीण साक्षरता वाला जिला बालाघाट (75.5%) तथा न्यूनतम ग्रामीण साक्षरता वाला जिला अलीराजपुर (32.1%) है।
- राज्य में सर्वाधिक शहरी साक्षरता वाला जिला सिवनी (88.9%) तथा न्यूनतम शहरी साक्षरता वाला जिला श्योपवुर (72.9%) है।

मध्य प्रदेश का जिलेवार जनांकिकीय विवरण (2011 के अनन्तिम जनांकिकीय आँकड़े)

जिले	कुल आबादी	पुरुष	महिला	लिंगानुपात	जन घनत्व	शिशु लिंगानुपात (0-6 वर्ष)	साक्षरता (% में)
मध्य प्रदेश	72626809	37612306	35014503	931	236	918	69.3
श्योपुर	687861	361784	326077	901	104	897	57.4
मुरैना	1965970	1068417	897553	840	394	829	71.0
भिण्ड	1703005	926843	776162	837	382	843	75.3
ग्वालियर	2032036	1090327	941709	864	446	840	76.7
दतिया	786754	420157	366597	873	271	856	72.6
शिवपुरी	1726050	919795	806255	877	171	893	62.5
टीकमगढ़	1445166	760355	684811	901	286	892	61.4
छतरपुर	1762375	936121	826254	883	203	900	63.7
पन्ना	1016520	533480	483040	905	142	914	64.8
सागर	2378458	1256257	1122201	893	232	925	76.5
दमोह	1264219	661873	602346	910	173	928	69.7
सतना	2228935	1157495	1071440	926	297	910	72.3
रीवा	2365106	1225100	1140006	931	375	885	71.6
उमरिया	644758	330674	314084	950	158	943	65.9
नीमच	826067	422653	403414	954	194	927	70.8
मन्दसौर	1340411	682851	657560	963	242	927	71.8
रतलाम	1455069	738241	716828	971	299	939	66.8
उज्जैन	1986864	1016289	970575	955	326	930	72.3
शाजापुर	1512681	780520	732161	938	244	920	69.1
देवास	1563715	805359	758356	942	223	918	69.3
धार	2185793	1112725	1073068	964	268	928	59.0
इन्दौर	3276697	1699627	1577070	928	841	901	80.9
खरगौन	1873046	953121	919925	965	233	938	62.7
बड़वानी	1385881	699340	686541	982	255	984	49.1
राजगढ़	1545814	790212	755602	956	251	920	61.2
विदिशा	1458875	769568	689307	896	198	926	70.5
भोपाल	2371061	1236130	1134931	918	855	920	80.4
सीहोर	1311332	683743	627589	918	199	912	70.1
रायसेन	1331597	700358	631239	901	157	932	73.0
बैतूल	1575362	799236	776126	971	157	957	68.9
हरदा	570465	294838	275627	935	171	928	72.5
होशंगाबाद	1241350	648725	592625	914	185	919	75.3
कटनी	1292042	662013	630029	952	261	939	72.0
जबलपुर	2463289	1277278	1186011	929	473	923	81.1
नरसिंहपुर	1091854	568810	523044	920	213	911	75.7
डिण्डोरी	704524	351913	352611	1002	94	970	63.9

जिले	कुल आबादी	पुरुष	महिला	लिंगानुपात	जन घनत्व	शिशु लिंगानुपात (0-6 वर्ष)	साक्षरता (% में)
मण्डला	1054905	525272	529633	1008	182	970	66.9
छिन्दवाड़ा	2090922	1064468	1026454	964	177	956	71.2
सिवनी	1379131	695879	683252	982	157	953	72.1
बालाघाट	1701698	842178	859520	1021	184	967	77.1
गुना	1241519	649362	592157	912	194	910	63.2
अशोकनगर	845071	443837	401234	904	181	921	66.4
शहडोल	1066063	540021	526042	974	172	950	66.7
अनूपपुर	749237	379114	370123	976	200	950	67.9
सीधी	1127033	575912	551121	957	232	914	64.4
सिंगरौली	1178273	613637	564636	920	208	923	60.4
झाबुआ	1025048	515023	510025	990	285	943	43.3
अलीराजपुर	728999	362542	366457	1011	229	978	36.1
खण्डवा	1310061	674329	635732	943	178	932	66.4
बुरहानपुर	757847	388504	369343	951	221	924	64.4

मध्य प्रदेश की अनुसूचित जातियाँ

- संविधान के अनुच्छेद 341 में सूचीबद्ध जातियाँ अनुसूचित जातियाँ कहलाती हैं। सामाजिक न्याय और अधिकारिता मन्त्रालय की राज्यवार अनुसूचित जातियों की सूची के आधार पर राज्य में लगभग 48 अनुसूचित जातियाँ पाई जाती हैं, जिसमें चर्मकार जाति मध्य प्रदेश की सबसे बड़ी अनुसूचित जाति है। बलाई, बेड़िया, लखारा, बसोड़ आदि प्रमुख अनुसूचित जातियाँ हैं।
- वर्ष 2011 की जनगणना के अनुसार प्रदेश में अनुसूचित जाति की जनसंख्या 1,13,42,320 (राज्य की जनसंख्या का 15.6%) है, जिसमें पुरुष 59,08,638 तथा महिला 54,33,682 हैं।
- मध्य प्रदेश के सर्वाधिक अनुसूचित जाति जनसंख्या वाले पाँच जिले क्रमशः इन्दौर (5,45,239), उज्जैन (5,23,869), सागर (5,01,630), मुरैना (4,21,519) तथा छतरपुर (4,05,313) हैं।
- मध्य प्रदेश के न्यूनतम अनुसूचित जाति जनसंख्या वाले पाँच जिले क्रमशः झाबुआ (17,427), अलीराजपुर (26,877), डिण्डोरी (39,782), मण्डला (48,425) तथा उमरिया (58,147) हैं।
- मध्य प्रदेश में अनुसूचित जाति की साक्षरता दर 58.6% है, जिसमें सर्वाधिक साक्षर जिला बालाघाट है। वर्ष 2011 के अनुसार मध्य प्रदेश में अनुसूचित जाति का लिंगानुपात 920 पाया जाता है।

मध्य प्रदेश की अनुसूचित जनजातियाँ

- संविधान के अनुच्छेद 342 (I) में सूचीबद्ध आदिम जातियाँ अनुसूचित जनजातियाँ कहलाती हैं। प्रदेश में सर्वाधिक जनजातियों की जनसंख्या तथा प्रकार पाए जाते हैं।
- मध्य प्रदेश के आदिम जाति कल्याण विभाग के अनुसार, राज्य में अनुसूचित जातियों तथा उप-जातियों की संख्या लगभग 46 है। वर्ष 2011 की जनगणना के अनुसार, प्रदेश में अनुसूचित जनजाति की कुल जनसंख्या 1,53,16,784 (राज्य की जनसंख्या का 21.1%) है, जिसमें पुरुष 77,19,404 तथा महिला 75,97,380 हैं।
- मध्य प्रदेश में अनुसूचित जनजाति के सर्वाधिक जनसंख्या वाले पाँच जिले क्रमशः धार (12,22,814), बड़वानी (9,62,145), झाबुआ (8,91,818), छिन्दवाड़ा (7,69,778) तथा खरगौन (7,30,169) हैं।
- मध्य प्रदेश में अनुसूचित जनजाति के न्यूनतम जनसंख्या वाले पाँच जिलें क्रमशः भिण्ड (6,131), दलिया (15,061), मुरैना (17,030), मन्दसौर (33,092) तथा शाजापुर (37,836) हैं।
- मध्य प्रदेश में झाबुआ से सतपुड़ा पर्वत तथा मैकाल पर्वत से बघेलखण्ड तक अनुसूचित जनजातियों का अधिक संकेन्द्रण पाया जाता है, जिसमें राज्य के धार, झाबुआ, मण्डला, बड़वानी, डिण्डोरी तथा अलीराजपुर जिलों में 50% से अधिक आबादी अनुसूचित जनजातियों की है।

मध्य प्रदेश की प्रमुख जनजातियाँ

मध्य प्रदेश की कुछ प्रमुख जनजातियाँ निम्न हैं

गोण्ड जनजाति

- गोण्ड जनजाति जनसंख्या की दृष्टि से भारत की सबसे बड़ी जनजाति है, जबकि मध्य प्रदेश की दूसरी सबसे बड़ी जनजाति है।
- यह मुख्य रूप से मध्य प्रदेश के मध्य जिलों में केन्द्रित है।
- यह जनजाति नर्मदा के दोनों ओर विन्ध्य और सतपुड़ा के पहाड़ी क्षेत्रों में पाई जाती है।
- यह जनजाति द्रविड़ियन मूल (प्रोटो आस्ट्रेलॉयड) की है।
- कथाओं में गोण्डों की उत्पत्ति बोरादेव अर्थात् महादेव से हुई बताई गई है।
- शारीरिक बनावट इनकी त्वचा का रंग काला, केश काले, नासिका भारी तथा बड़ी, गोलाकार सिर, सुगठित शरीर तथा मुँह चौड़ा होता है।

सामाजिक जीवन

- गोण्ड जनजाति पितृसत्तात्मक है।
- गोण्डों में समगोत्रिय विवाह नहीं होते हैं। इनमें विवाह सहमति के आधार पर होते हैं।
- गोण्डों द्वारा मण्डप में किए जाने वाले विवाह को मण्डवातरी विवाह कहा जाता है, जो तीन प्रकार के होते हैं। पठौनी विवाह, चढ़ विवाह इसके अतिरिक्त इनमें पलायन विवाह जिसको ये लोग अपनी भाषा में लामझना कहते हैं, भी पाया जाता है। गोण्ड जनजाति में वधू मूल्य का प्रचलन अत्यधिक है।
- गोण्डों में मामा-बुआ की लड़की से विवाह करना सर्वश्रेष्ठ होता है और ऐसे विवाह को दूध लौटावा कहा जाता है।
- गोण्ड में अविवाहित युवती व युवक के लिए घोटुल नामक एक संस्था होती है।
- गोण्ड और उसकी उपजातियों का सांस्कृतिक मेला मड़ई कहलाता है।
- गोण्ड में दो प्रकार के वर्ग होते हैं—राजगोण्ड (जमींदार या भूमिपति वर्ग) तथा धुरगोण्ड (निम्न वर्ग)।

सांस्कृतिक जीवन

- गोण्ड जनजाति के लोग वस्त्रों का कम उपयोग करते हैं। यहाँ की महिलाएँ गोदना गुदवाती हैं और आभूषण प्रिय होती हैं।
- बिदरी, मड़ई, हरढ़िली, छेरता, नवाखानी, बकपन्थी, जवारा गोण्डों के प्रमुख पर्व हैं।
- सैला, करमा, भड़ौनी, बिरहा, कहरवा, सजनी, सुआ एवं दीवानी गोण्डों के प्रमुख नृत्य हैं।

आर्थिक जीवन

- गोण्ड स्वावलम्बी आदिवासी हैं, इनका मुख्य व्यवसाय कृषि और मजदूरी है।
- यह जनजाति प्रमुख रूप से 'बारी' नामक खेती करती है। यहाँ सरसों, साग-सब्जी व तम्बाकू के साथ-साथ कोडन और कुठकी नामक धान की खेती भी मुख्य रूप से की जाती है।
- पेज (मोटे अनाज तथा नमक का घोल) इनका मुख्य भोजन है।

धार्मिक जीवन

- गोण्ड जनजाति आत्मवाद को मानती है।
- 'दूल्हा देव' गोण्डों के प्रमुख देवता हैं। इसके अतिरिक्त गोण्ड जाति के लोग बूढ़ादेव, नागदेव, बड़ादेव आदि की पूजा भी करते हैं।
- गोण्ड अपने कृषि औजारों की पूजा भी करते हैं।
- यह जादू में विश्वास करते हैं। इनका महत्त्वपूर्ण वृक्ष महुआ है।

भील जनजाति

- जनसंख्या की दृष्टि से भील जनजाति मध्य प्रदेश की सबसे बड़ी जनजाति है, जबकि भारत की तीसरी बड़ी जनजाति है।
- यह जनजाति मध्य प्रदेश के पश्चिमी भाग धार, झाबुआ, रतलाम एवं निमाड़ जिलों में निवास करती है। भीलों के निवास स्थान को फाल्या कहा जाता है।
- भील शब्द 'बील' (द्रविड़ भाषा) से बना है, जिसका शाब्दिक अर्थ होता है- 'धनुष'।
- यह जनजाति धनुर्विद्या में निपुण होती है। इसलिए इसे भील कहा गया है।
- शारीरिक बनावट भील प्रोटो ऑस्ट्रेलॉयड प्रजाति के अन्तर्गत आते हैं। इनका कद नाटा होता है। शरीर का रंग काला, गहरे काले तथा घुँघराले केश, चपटी नाक आदि इस जनजाति की प्रमुख शारीरिक विशेषताएँ हैं।

सामाजिक जीवन

- भील जनजाति पितृसत्तात्मक होती है। यहाँ संयुक्त परिवार की प्रथा प्रचलित है।
- भिलाला, पटलिया, इतियास, बारेला आदि भील जनजाति की उपजातियाँ हैं। भिलाला जनजाति की स्थिति सबसे श्रेष्ठ मानी जाती है।
- भीलों के मुस्लिम वर्ग को 'तड़वी भील' कहा जाता है।
- भील जाति गोत्रों में विभाजित है तथा इस जाति में सहगोत्र विवाह नहीं होते हैं।
- इनमें गन्धर्व विवाह एवं अपहरण विवाह अत्यधिक प्रचलित हैं। इसके अतिरिक्त भीलों में गोल गधेड़ों, मंगनी, घर जमाई, नातरा अपहरण आदि विवाह भी प्रचलित हैं।
- भील जनजाति में वधू मूल्य की प्रथा पाई जाती है, लेकिन सुरमादास और गोविन्द गिरी आन्दोलन के कारण यह प्रथा काफी सीमा तक कम हो गई है।
- भीलों में विधवा विवाह भी प्रचलित है।

सांस्कृतिक जीवन

- अंगरखा भीलों की स्त्रियों का प्रमुख वस्त्र है।
- भील स्त्रियाँ शरीर पर गुदना गुदवाती हैं। गुदना कलाकार को गोधारिन कहा जाता है। ये महिलाएँ पैरों में गिलट, लोहे, चाँदी आदि के आभूषण धारण करती हैं।
- भील जनजाति को विश्व की सर्वाधिक गहना प्रिय जनजाति माना जाता है।
- पिथौरा भीलों की विश्व प्रसिद्ध चित्रकला है और इसके प्रमुख कलाकार पेमा फाल्या (झाबुआ) है। इन्हें वर्ष 2014 में इनकी श्रेष्ठ पिथौरा कला के लिए राष्ट्रीय तुलसी पुरस्कार भी दिया गया है।
- भील मांसाहारी होते हैं और मदिरापान करते हैं। ये ताड़ी नामक मद्य पेय पदार्थ का सेवन भी करते हैं।
- भील दशहरा, दीपावली आदि त्यौहार बड़े उत्साह से मनाते हैं। भीलों के पारम्परिक पर्व जातरा, गल, भगोरिया तथा नबई हैं।
- भगोरिया भीलों का प्रमुख पर्व है और यह होली का ही प्रमुख रूप है।
- यह मध्य प्रदेश के धार, झाबुआ, खरगौन आदि क्षेत्रों में धूमधाम से मनाया जाता है। इन क्षेत्रों में लगने वाले हाट-बाजार भगोरिया उत्सव पर मेलों में परिवर्तित हो जाते हैं।
- होली के अवसर पर गोल गधेड़ों (विवाह का एक प्रकार) लोकनृत्य के रूप में आयोजित किया जाता है।

आर्थिक जीवन

- भीलों की आजीविका का मुख्य साधन कृषि है। यह जनजाति वनोपज संग्रह एवं शहरी मजदूरी भी करती है।
- ये वनों को काटकर कृषि भूमि बनाते हैं, जिसे चिमाता कहा जाता है।

धार्मिक जीवन

- भील जनजाति के लोग पूर्वजों की आत्माओं में विश्वास रखते हैं। ये आत्मवाद में विश्वास करते हैं।
- भीलों में जादू-टोनों का महत्त्वपूर्ण स्थान होता है। भीलों में पशु बलि प्रथा का भी प्रचलन पाया जाता है।

बैगा जनजाति

- बैगा मध्य प्रदेश के दक्षिणी क्षेत्र में निवास करने वाली जनजाति है।
- इस जनजाति के लोग मण्डला, बालाघाट, डिण्डोरी, शहडोल एवं सीधी आदि जिलों में निवास करते हैं। यह गोण्डों की उपजाति ही मानी जाती है।
- बैगा मूलतः द्रविड़ प्रजाति की आदिम जाति मानी जाती है।
- बैगा का शाब्दिक अर्थ होता है 'पुरोहित', इन्हें 'पण्डा' भी कहा जाता है।
- शारीरिक बनावट इनका रंग काला एवं त्वचा शुष्क और रूखी होती है। इनके बाल लम्बे होते हैं। इनका कद अन्य जनजातियों की अपेक्षा लम्बा होता है।

सामाजिक जीवन

- बैगा समाज में संयुक्त परिवार की प्रथा प्रचलित होती है।
- बैगा पितृसत्तात्मक होते हैं। इनकी बसाहट 'पुरवा' कहलाती है।
- बैगा पंचायत के पाँच पंचों में मुकद्दम, दीवान, समरथ, कोटवार तथा दवार शामिल होते हैं। पंचायत के इस पाँच पंचों के शासन को 'पंचमुकद्दम' कहते हैं।
- भरोतिया, नरोतिया, रैमेना, नाहर एवं कथमैना बैगा जनजाति की उपजातियाँ हैं।
- इस जनजाति में विधवा विवाह तथा वधू मूल्य प्रचलन में हैं, परन्तु यहाँ बाल विवाह नहीं होते हैं। समगोत्रीय विवाह भी बैगा समाज में वर्जित है।
- इनका सुबह का भोजन बासी होता है अर्थात् पिछले दिन के बचे खाने को ही ये अगली सुबह खाते हैं।
- दोपहर में पेज (मोटे अनाज व नमक का घोल) नामक खाद्य पदार्थ इनमें विशेष रूप से प्रचलित है।
- इनके शाम का मुख्य भोजन बियारी है। यह चावल व सब्जी का मिश्रण होता है।

सांस्कृतिक जीवन

- बैगा पुरुष हाथ में कड़े पहनते हैं, वहीं स्त्रियों का आभूषण के प्रति अधिक आकर्षण होता है।
- बैगा जनजाति संसार की सबसे गुदना प्रिय जनजाति है।
- बैगा जनजाति की महिलाएँ धोती पहनती हैं तथा उसमें अपने बच्चों को बाँधे रखती हैं।
- इनके प्रमुख नृत्य करमा, सैला, परधौनी तथा फाग हैं।

आर्थिक जीवन

- बैगाओं की अर्थव्यवस्था का मुख्य आधार कृषि और झूम कृषि है, जिसे क्षेत्रीय भाषा में बेवार या पोण्डू भी कहा जाता है।
- यह बाँस की वस्तुएँ तथा अन्य वन उत्पाद को बेचकर अन्य वस्तुएँ खरीदते हैं।
- मध्य प्रदेश सरकार ने इन्हें बेगाचक (डिण्डोरी-मण्डला) नामक क्षेत्र कृषि के लिए आवण्टित किया हुआ है।
- केन्द्र सरकार ने इन्हें विशेष पिछड़ी जनजाति घोषित किया है।

धार्मिक जीवन

- यह जनजाति धर्म तथा जादू-टोनों में विश्वास रखती है। साल वृक्ष इनका पवित्र वृक्ष तथा इस पर रहने वाले बूढ़ा देव इनके प्रमुख देवता हैं।
- ग्राम की भूमि के देवता ठाकुर देव हैं।
- बीमारियों से सुरक्षा के लिए यहाँ बूढ़ा देव तथा सर्प की पूजा की जाती है।

कोरकू जनजाति

- कोरकू जनजाति सतपुड़ा के वनीय अंचलों मुख्यतः छिन्दवाड़ा, बैतूल, हरदा तथा पूर्वी निमाड़ जिलों में पाई जाती है। कोरकू का शाब्दिक अर्थ 'मनुष्य का समूह' है। यह कोलेरियन परिवार की जनजाति है।
- इनकी चार उपजातियाँ पठारिया, रूम, दुलारया तथा बोवई हैं।
- शारीरिक बनावट इनका रंग काला, आँखें काली, नाक चपटी, होंठ मोटे तथा चेहरा गोल होता है।

सामाजिक जीवन

- कोरकुओं का पहनावा बहुत ही साधारण है। पुरुष शरीर के ऊपरी भाग पर सूती बण्डी और कुर्ता तथा कमर में घुटनों तक सफेद धोती पहनते हैं। सिर पर अंगोछा या पगड़ी बाँधते हैं।
- वे गले में चाँदी या काँसे अथवा ताँबे का छोटा ताबीज़ भी पहनते हैं।
- कोरकू स्त्रियाँ रंग-बिरंगे, नीले-हरे, लाल और गुलाबी रंग के लूगड़े ओढ़ना अधिक पसन्द करती हैं।
- इनमें समगोत्रिय विवाह नहीं होते, लेकिन वधू मूल्य का प्रचलन है।
- इस जनजाति में घर दामाद, लमझना विवाह, चिथौड़ा प्रथा, राजी-बाजी प्रथा, हठविवाह और विधवा विवाह आदि विवाह प्रथाएँ प्रचलित हैं।
- लमझना प्रथा के अन्तर्गत दामाद को ससुर के घर पर उसकी शर्तों के अनुसार रहना पड़ता है।
- इनके समाज में पाडियार तथा भूमका अति सम्मानित व्यक्ति होते हैं।

सांस्कृतिक जीवन

- 'खम्बस्वांग' इनका प्रसिद्ध नृत्य प्रधान नाटक है। चटकोरा कोरकू का प्रमुख नृत्य है।

आर्थिक जीवन

- कोरकू मुख्य रूप से स्थानान्तरित कृषि (झूम खेती) करते हैं।
- इनका मुख्य भोजन कृषिकृत पदार्थ जंगली फल-फूल और मांस है।
- कोरकू जनजाति के लोग बाजरा, कुटकी, मक्का जैसे मोटे अनाज खाना पसन्द करते हैं। यह अपने घरों को बाँस की लकड़ी की बाड़ से घेरते हैं। भू-स्वामी कृषकों को 'राज कोरकू' कहा जाता है।

धार्मिक जीवन

- कोरकू स्वयं को हिन्दू मानते हैं। यह चन्द्रमा एवं महादेव की पूजा करते हैं। गाँव के देवता, डोंगर देव तथा मेघनाद आदि इनके प्रमुख देवी-देवता हैं।

सहरिया जनजाति

- यह जनजाति प्रदेश के उत्तर-पश्चिम क्षेत्र विशेषकर गुना, ग्वालियर, शिवपुरी, श्योपुर, भिण्ड, मुरैना, विदिशा, रायसेन और बुन्देलखण्ड में निवास करती है। इनका मूल स्थान शाहबाद का जंगल है।
- सहरिया कोलरियन परिवार की जनजाति है।
- सहरिया शब्द की उत्पत्ति सह + हरिया से हुई है, जिसका अर्थ शेर के साथ होना है।
- शारीरिक बनावट सहरिया जनजाति के लोगों का कद मध्यम ऊँचा तथा रंग साँवला होता है। इनके पहनावे पर राजस्थानी वेशभूषा का प्रभाव स्पष्ट रूप से देखा जा सकता है।
- केन्द्र सरकार द्वारा इस जनजाति को विशेष पिछड़ी जनजाति घोषित किया गया है।

सामाजिक जीवन

- सहरिया में पारिवारिक इकाई 'कुटुम्ब' होती है। यह पितृसत्तात्मक होते हैं।
- सहरिया समतल मैदानों पर समूह में रहते हैं।
- इनकी बसावट विशेष प्रकार की होती है, जिसे सहराना कहा जाता है। इसका मुखिया पटेल होता है।
- इनके मकानों के मध्य में 'बंगला' नामक स्थान होता है, जो एक प्रकार की धर्मशाला अथवा सामूहिक भवन होता है।
- समाज और पटेल द्वारा आदेशित नियमों और परम्पराओं को निष्ठापूर्वक निर्वहन करने वाले को 'प्रधान' कहते हैं।
- यह एक आलसी जनजाति है। यह जनजाति स्वयं को भीलों का छोटा भाई मानती है।

सांस्कृतिक जीवन

- सहरियों में गीत, कथाएँ, पहेलियाँ एवं कहावतें प्रचलित हैं।
- दुलदुल, घोड़ी तथा लहंगी सहरिया के मुख्य नृत्य हैं।
- गोठलीला, रामजन्म, जानकी विवाह, पाण्डवों की कथा, रामायणी आदि कथात्मक पहेलियाँ सहरियों में प्रचलित हैं।

आर्थिक जीवन

- सहरिया जनजाति की अर्थव्यवस्था का मुख्य आधार कृषि, कृषि मजदूरी तथा वनोत्पाद का संग्रह है।
- सहरियों का परम्परागत कार्य जड़ी-बूटियों का संग्रहण है।
- यह जड़ी-बूटियों की पहचान में सिद्धहस्त होते हैं। इसलिए यह हाट-बाजारों में इनकी बिक्री करते हैं।

धार्मिक जीवन

- यह जनजाति हिन्दू धर्म से प्रभावित है, इसलिए इनमें हिन्दू देवी-देवताओं की पूजा-अर्चना व्यापक रूप से होती है।
- यह जनजाति जादू-टोने में विश्वास करती है।
- हिन्दू पर्व व त्यौहार दशहरा, दीपावली, होली आदि सहरिया लोगों द्वारा मनाए जाने वाले प्रमुख त्यौहार हैं।

कोल जनजाति

- कोल मध्य प्रदेश के विन्ध्य-कैमूर श्रेणियों के मूल निवासी हैं। कोल रीवा, सीधी, सतना, शहडोल एवं जबलपुर में निवास करते हैं।
- यह जनजाति मुण्डारी अथवा कोल वर्ग (ऑस्ट्रिक) की प्रमुख जनजाति है।
- रौतिया और रौतले कोल जनजाति के उपवर्ग हैं।

सामाजिक जीवन

- कोल जनजाति में मंगनी विवाह, राजी-बाजी विवाह, विधवा विवाह व बहुविवाह प्रथा का प्रचलन है, लेकिन पर्दा प्रथा और वधू मूल्य प्रथा का प्रचलन नहीं है।
- कोलों के गाँव की पंचायत को गोहिया कहा जाता है। इसका मुखिया चौधरी होता है।
- इस जनजाति के लोग मुख्यत: गाँव के समीप टोली बनाकर रहते हैं, जिसे कोल्हन टोला कहा जाता है।

सांस्कृतिक जीवन

- कोल अपने दहका नृत्य के लिए प्रसिद्ध हैं।
- कोल जनजाति के लोग मुण्डी तथा बघेली भाषा बोलते हैं।
- इस जनजाति के लोग मुख्यतः हिन्दु त्यौहार जैसे—होली, रामनवमी, दशहरा आदि मनाते हैं।

आर्थिक जीवन

- कोल कृषि मजदूर और उद्योगों में मजदूरी करके अपना जीवन-यापन करते हैं। यह पशुपालन भी करते हैं और वर्तमान में शासकीय सेवा में भी संलग्न हैं।

धार्मिक जीवन

- सूर्य, चन्द्र, इन्द्र, पवन,गंगा, यमुना आदि हिन्दू देवताओं के साथ ठाकुर देव, शारदा माता, भैरव बाबा, संन्यासी देव आदि इनके प्रमुख देवता हैं।

अगरिया जनजाति

- यह गोण्ड जनजाति की उपजाति है। यह मण्डला, शहडोल, छत्तीसगढ़ के दण्डकारण्य में निवास करती है।
- विश्व में सर्वप्रथम लोहा खोजने तथा उससे उपयोगी वस्तुएँ बनाने का श्रेय अगरिया जनजाति को ही जाता है।
- अगरिया लोगों के प्रमुख देवता लोहासुर हैं। इनके अतिरिक्त दूल्हा देव, बूढ़ा देव, ठाकुर देव मरहीमाता की भी पूजा की जाती है।
- इनका मुख्य व्यवसाय लोहा गलाकर औजार बनाना है।
- इनका प्रिय भोज्य पदार्थ सूअर का माँस है।

पारधी जनजाति

- अनुसूचित जनजातियों की शासकीय सूची में पारधी जनजाति के अन्तर्गत बहेलियों को सम्मिलित किया गया है। यह बहेलिया श्रेणी की जनजाति है।
- यह जनजाति भोपाल, रायसेन, गुना, सीहोर आदि जिलों में निवास करती है। यह जनजाति विशेष रूप से वन्य प्राणियों के शिकार के लिए जानी जाती है।
- इनकी कारगर उपशाखा काले रंग के पक्षियों का ही शिकार करती है।
- यह जनजाति पारधी देवी की पूजा करती है पारधी के सभी गोत्र राजपूतों से मिलते हैं; जैसे— सोलंकी, चौहान, राठी आदि।

पनिका (परिका) जनजाति

- यह मुख्यत: सीधी, शहडोल, छत्तरपुर और उमरिया आदि जिलों में निवास करते हैं। यह द्रविड़ प्रजाति की जनजाति है।
- इस जनजाति के लोग कबीर पन्थी और साकत में विभक्त हैं। कबीर पन्थी पनिका निर्गुण विचारधारा के उपासक हैं।
- यह स्वयं को कबीरहा भी कहते हैं और मांस-मदिरा का सेवन नहीं करते हैं।
- पनिका की आजीविका कृषि पर आधारित है।
- पनिकाओं में लमसेना, घुसपैठिया विवाह, पुनर्विवाह एवं देवर-भाभी विवाह का प्रचलन है।
- पनिका जनजाति की एक पंचायत होती है, जो गाँव के सभी विवादों को निपटाती है।
- पनिका जनजाति के लोग सूर्य, इन्द्र, दूल्हादेव, बूढ़ीमाता, मरहीमाता आदि की पूजा करते हैं।

भारिया जनजाति

- भारिया जनजाति छिन्दवाड़ा, सिवनी, मण्डला, जबलपुर, बालाघाट एवं शहडोल आदि जिलों में पाई जाती है। इन जनजाति के क्षेत्रों को पातालकोट कहा जाता है। यह द्रविड़ परिवार की जनजाति है और इनकी बोली भरनोती है।
- रूढ़िगत भारिया समाज का मुखिया पटेल होता है। भारिया समाज में स्त्री-पुरुष को समान दर्जा प्राप्त होता है।
- भारिया जनजाति में चूड़ी प्रथा पाई जाती है। इनका मुख्य भोजन पेज है।
- स्थायी कृषि व स्थानांतरित कृषि इनकी जीविका का आधार है।
- भस्म, सैतम, करमा, सैला, भारिया के प्रमुख नृत्य हैं। दीवाली, होली, बिदरी पूजा, नवाखानी, जवारा इनके प्रमुख एवं प्रिय त्योहार हैं।
- इनके प्रमुख देवता बूढ़ादेव, दूल्हादेव, बरुआ हैं तथा बड़ादेव, बछोवर, मुठवा एवं भीमसेन इनके जातीय देवता हैं।
- केन्द्र सरकार ने इन्हें विशेष पिछड़ी जनजाति घोषित किया है।

खैरवार जनजाति

- खैरवार मुण्डा जनजाति समूह की प्रमुख जनजाति है। यह उमरिया, सीधी, अनूपपुर, शहडोल जिलों में पाए जाते हैं।
- खैरवार अपना मूल निवास खरियागढ़ (कैमूर पहाड़ियाँ) मानते हैं।
- खैरवार जनजाति को कथवार भी कहा जाता है।इस जनजाति के लोग खैर वृक्ष से कत्था निकालने के कारण खैखार कहलाने लगी। सूरजवंशी, पटबन्दी, दौलतबन्दी, खेरी, राउत, मौगति, मोझयाली, गोजूँ, आर्मिया इसकी प्रमुख उप-जातियाँ हैं।
- खैरवार जनजाति बनसन्ती, दुल्हादेव, धमसान, गोरइपा, बघउस, शिव, दुर्गा, हनुमान, सेलम, पीपल एवं नीम की पूजा करती हैं।
- पर्व-त्योहारों पर खैरवार करमा नृत्य का आयोजन करते हैं।
- कुछ खैरवार स्वयं को अभिजात्य वर्ग का मानते हैं और जनेऊ धारण करते हैं।

बंजारा जनजाति

- बंजारा भारत की बहुत पुरानी यायावर जनजाति है। यह घुमन्तू जनजाति है।
- निमाड़, मालवा एवं मण्डला में यह जनजाति अब स्थायी रूप से रहने लगी है। इनके मकानों को टाण्डा कहा जाता है।
- विश्व में कंघी का पहला प्रयोग बंजारा जनजाति ने ही किया था।
- बंजारा जनजाति दीपावली, दशहरा एवं होली आदि त्यौहार मनाते हैं तथा यह राम, कृष्ण एवं दुर्गा आदि की पूजा करते हैं।

उराँव जनजाति

- उराँव जनजाति मुख्यत: भोपाल, अनूपपुर, जबलपुर, बड़वानी, नरसिंहपुर, इन्दौर एवं सिंगरौली में निवास करती है।
- यह जनजाति द्रविड़ वर्ग की मानी जाती है। उराँव स्वयं को 'कुरुख' कहते हैं।
- उराँव जनजाति में बुन्दे विवाह, बन्दवा, ढूंकू विवाह प्रचलित है। इनके युवागृह 'धुमकोरिया' कहलाते हैं।
- उराँव के गाँव के मुखिया को 'महतो' और पुरोहित को 'बैगा' कहा जाता है।
- उराँव जनजाति के प्रमुख पर्व सरना पूजा, करमा पूजा तथा कुल देव पूजा हैं। इस जनजाति के प्रमुख नृत्य घुड़िया, करमा तथा सरहुल हैं।

बिंझावर जनजाति

- यह विन्ध्याचल पर्वत के मूल निवासी हैं। यह जनजाति मुख्यत: बालाघाट और सिवनी में रहती है। यह द्रविड़ परिवार के हैं। इनकी पंचायत का मुखिया पटेल अथवा गोटिया कहलाता है।

अनुसूचित जाति एवं जनजाति (अत्याचार निरोधक) अधिनियम, 1989

- अनुसूचित जाति एवं जनजाति के व्यक्तियों को सम्मान दिलाने तथा उनके उत्पीड़न को रोकने के लिए भारतीय संसद ने अनुसूचित जाति एवं जनजाति (अत्याचार निरोधक) अधिनियम 16 अगस्त, 1989 को पारित किया था, जिसे 30 जनवरी, 1990 से सम्पूर्ण भारत में लागू किया गया।
- यह अधिनियम उस प्रत्येक व्यक्ति पर लागू होता है, जो अनुसूचित जाति एवं जनजाति का सदस्य नहीं है तथा वह व्यक्ति इस वर्ग के सदस्यों का उत्पीड़न करता है।
- इस अधिनियम के तहत जिला स्तर पर विशेष अदालतें संचालित हैं।

अनुसूचित जाति एवं जनजातियों के विकास हेतु राज्य सरकार की प्रमुख योजनाएँ

योजना	सम्बन्धित तथ्य/उद्देश्य/विशेषताएँ
जबालि योजना	वेश्यावृत्ति में उलझी अनुसूचित जातियो को ऊपर उठाना।
अरुणिमा योजना	जनजातियों को स्वास्थ्य के प्रति जागरूक करना।
प्रतिष्ठा योजना	सिर पर मैला ढोने वाले लोगों को उनकी कुप्रथा से मुक्त कराना।
राज्य अन्नपूर्णा योजना	अनुसूचित जाति/जनजाति को खेती के लिए बीजों को उपलब्ध कराना।
शंखनाद योजना	आदिवासी क्षेत्रों को विकास में भागीदार बनाना।
जीवन ज्योति योजना	जनजातीय क्षेत्रों में निःशुल्क चिकित्सा सुविधा उपलब्ध कराना।
अन्त्योदय योजना	इसके तहत 13 योजनाएँ संचालित हैं, जिसमें नवजीवन, वसुन्धरा, जल-जीवन, स्वावलम्बन, मधुबन आदि प्रमुख योजनाएँ सम्मिलित हैं।

अभ्यास प्रश्न

1. मध्य प्रदेश की प्रथम जनगणना हुई थी

(a) 1880 ई. में (b) 1881 ई. में
(c) 1882 ई. में (d) 1883 ई. में

2. वर्ष 2011 में मध्य प्रदेश की जनसंख्या लगभग कितनी थी?

(a) 5 करोड़ (b) 6 करोड़
(c) 7 करोड़ (d) 8 करोड़

3. जनसंख्या के दृष्टिकोण से मध्य प्रदेश भारत का .... राज्य (आन्ध्र प्रदेश के विभाजन के पश्चात्) है।

(a) दूसरा सबसे बड़ा (b) सबसे बड़ा
(c) तीसरा सबसे बड़ा (d) पाँचवाँ सबसे बड़ा

4. जनसंख्या के दृष्टिकोण से वर्तमान में मध्य प्रदेश का सबसे बड़ा और सबसे छोटा जिला कौन-सा है?

(a) इन्दौर एवं हरदा (b) इन्दौर एवं अनूपपुर
(c) इन्दौर एवं बुरहानपुर (d) इन्दौर एवं आगर-मालवा

5. 2011 की जनगणना के अनुसार मध्य प्रदेश में सर्वाधिक जनसंख्या वाला जिला है?

(a) जबलपुर (b) सागर
(c) इन्दौर (d) भोपाल

6. निम्नलिखित में से कौन-सा अधिकतम जनसंख्या वाला जिला है?

(a) भोपाल (b) जबलपुर
(c) सागर (d) रीवा

7. 2011 की जनगणना के अनुसार (आगर-मालवा जिले के गठन से पूर्व) निम्नलिखित में से कौन जनसंख्या की दृष्टि से मध्य प्रदेश का सबसे छोटा जिला है?

(a) श्योपुर (b) रायसेन
(c) दतिया (d) हरदा

8. जनगणना 2011 के अनन्तिम आँकड़ों के अनुसार 2001-2011 के मध्य कितने प्रतिशत दशकीय वृद्धि दर रही है?

(a) 17.6% (b) 20.30%
(c) 21.9% (d) 24.7%

9. मध्य प्रदेश के किस जिले की जनसंख्या वृद्धि दर (जनगणना 2011 के अनुसार) अधिकतम है?

(a) इन्दौर (b) झाबुआ
(c) भोपाल (d) बड़वानी

10. जनगणना 2011 के अनुसार, मध्य प्रदेश के किस जिले में जनसंख्या वृद्धि दर सबसे कम दर्ज की गई?

(a) बैतूल (b) छिन्दवाड़ा
(c) मन्दसौर (d) अनूपपुर

11. मध्य प्रदेश का जनसंख्या घनत्व (प्रति वर्ग किमी) है।

(a) 382 (b) 282
(c) 336 (d) 236

12. वर्ष 2011 की जनगणना के अनुसार किस जिले का जनसंख्या घनत्व सर्वाधिक है?

(a) भोपाल (b) इन्दौर
(c) ग्वालियर (d) जबलपुर

13. निम्न में से किस जिले में जनसंख्या का घनत्व सबसे कम है?
(a) झाबुआ (b) डिण्डोरी
(c) मण्डला (d) शहडोल

14. मध्य प्रदेश का लिंगानुपात (2011में) कितना है?
(a) 910 (b) 911
(c) 930 (d) 931

15. निम्न जिलों में से किस जिले में स्त्री-पुरुष लिंगानुपात सबसे अधिक है?
(a) शहडोल (b) मण्डला
(c) डिण्डोरी (d) बालाघाट

16. जनगणना 2011 के अनुसार मध्य प्रदेश का न्यूनतम लिंगानुपात वाला जिला है
(a) दतिया (b) ग्वालियर
(c) मुरैना (d) भिण्ड

17. जनगणना 2011 के अनुसार मध्य प्रदेश में सबसे कम लिंगानुपात वाले पाँच जिले हैं
(a) भिण्ड, मुरैना, ग्वालियर,दतिया एवं शिवपुरी
(b) भिण्ड, मुरैना, ग्वालियर, दतिया एवं झाबुआ
(c) भिण्ड, मुरैना, ग्वालियर, दतिया एवं गुना
(d) उपरोक्त में से कोई नहीं

18. वर्ष 2011 की जनगणना के अनुसार मध्य प्रदेश का शिशु लिंगानुपात कितना है?
(a) 919 (b) 920
(c) 918 (d) 917

19. वर्ष 2011 में मध्य प्रदेश की साक्षरता दर है?
(a) 70.60% (b) 69.32%
(c) 73.80% (d) 79.10%

20. वर्ष 2011 की जनगणना के अनुसार मध्य प्रदेश में महिला साक्षरता दर लगभग कितनी है?
(a) 59.2% (b) 65%
(c) 55% (d) 70%

21. 2001 से 2011 तक महिला साक्षरता दर में कितनी वृद्धि हुई है?
(a) 5% (b) 20%
(c) 8.9 % (d) 15%

22. निम्न में से मध्य प्रदेश का ही नहीं अपितु देश का भी एकमात्र हिन्दी भाषी पूर्ण साक्षर जिला कौन-सा है?
(a) जबलपुर (b) इन्दौर
(c) होशंगाबाद (d) नरसिंहपुर

23. जनगणना 2011 के अनुसार मध्य प्रदेश के सर्वाधिक साक्षर तीन जिले हैं
(a) इन्दौर, भोपाल, ग्वालियर (b) इन्दौर, जबलपुर, ग्वालियर
(c) जबलपुर, इन्दौर, भोपाल (d) उज्जैन, इन्दौर, ग्वालियर

24. 2011 के अनुसार, मध्य प्रदेश में सर्वाधिक नगरीकृत जिला है
(a) भोपाल (b) इन्दौर
(c) जबलपुर (d) ग्वालियर

25. मुरैना जिले का जनसंख्या घनत्व प्रति वर्ग किमी कितना है?
(a) 385 (b) 394
(c) 485 (d) 550

26. मन्दसौर जिले की साक्षरता दर कितनी है?
(a) 71.8% (b) 72.5%
(c) 75.6% (d) 80.2%

27. वर्ष 2011 के अनुसार, मण्डला जिले में लिंगानुपात कितना है?
(a) 943 (b) 934
(c) 1005 (d) 1008

28. मध्य प्रदेश के किस जिले में अनुसूचित जातियों की संख्या सर्वाधिक है?
(a) इन्दौर (b) मण्डला
(c) बड़वानी (d) उमरिया

29. निम्नलिखित में से सबसे कम अनुसूचित जाति वाला जिला कौन-सा है?
(a) रायसेन (b) भिण्ड
(c) जबलपुर (d) झाबुआ

30. मध्य प्रदेश के किस जिले में सर्वाधिक अनुसूचित जनजातियाँ पाई जाती हैं?
(a) खरगौन (b) शहडोल
(c) अलीराजपुर (d) झाबुआ

31. गोण्ड जनजाति में 'दूध लौटाना' प्रथा सम्बन्धित है
(a) जन्म से (b) मृत्यु से
(c) विवाह से (d) तान्त्रिक क्रिया से

32. 'घोटुल प्रथा' किस जनजाति में पाई जाती है?
(a) भील (b) कमार
(c) गोण्ड (d) बैगा

33. गोण्ड जनजाति के प्रमुख देवता हैं
(a) बूढ़ा देव (b) ठाकुर देव
(c) दूल्हा देव (d) ये सभी

34. जनसंख्या की दृष्टि से मध्य प्रदेश की सबसे बड़ी जनजाति कौन-सी है?
(a) भील (b) कोल
(c) गोण्ड (d) भारिया

35. कौन-सी जनजाति आत्मवाद में विश्वास करती है?
(a) गोण्ड
(b) कोरकू
(c) भील
(d) उपरोक्त में से कोई नहीं

उत्तरमाला

1.	(b)	2.	(c)	3.	(d)	4.	(d)	5.	(c)	6.	(b)	7.	(d)	8.	(b)	9.	(a)	10.	(d)
11.	(d)	12.	(a)	13.	(b)	14.	(d)	15.	(d)	16.	(d)	17.	(a)	18.	(c)	19.	(b)	20.	(a)
21.	(c)	22.	(d)	23.	(c)	24.	(a)	25.	(b)	26.	(a)	27.	(d)	28.	(a)	29.	(d)	30.	(d)
31.	(c)	32.	(c)	33.	(c)	34.	(a)	35.	(c)										

अध्याय 20

प्रायोगिक भूगोल

मापक

- मानचित्र पर दो बिन्दुओं के बीच की दूरी तथा पृथ्वी पर उन्हीं दो बिन्दुओं के बीच वास्तविक दूरी के अनुपात को मापनी कहते हैं। मानचित्र पर प्रदर्शित पृथ्वी के चित्र का सही होने के लिए मानचित्र का आकार पृथ्वी पर पाए जाने वाले लक्षणों के आकार के बराबर हो, लेकिन यह तभी सम्भव होगा, जब हमें पृथ्वी के आकार के बराबर आकार वाला कागज प्राप्त होगा, जो सम्भव नहीं है।
- इसी समस्या के समाधान के लिए मानचित्र बनाने के लिए मापनी का प्रयोग करते हैं। मापनी मानचित्र पर प्रदर्शित दूरी तथा भूमि पर वास्तविक दूरी का अनुपात होता है।

$$\text{मापनी} = \frac{\text{दो बिन्दुओं के बीच की मानचित्र पर दूरी}}{\text{उन्हीं बिन्दुओं के बीच की धरातल पर दूरी}}$$

- अगर किसी मानचित्र पर कोई दो बिन्दु A तथा B की बीच की दूरी 1 सेन्टीमीटर तथा भूमि पर 1 किलोमीटर है, तो उस मानचित्र की मापनी 1 सेण्टीमीटर, 1 किलोमीटर है।

मापक को प्रदर्शित करने की विधि

मानचित्र पर मापनी को प्रदर्शित करने की विधियों को तीन भागों में विभाजित करते हैं

1. **कथनात्मक मापनी** कथनात्मक मापनी विधि में किसी मानचित्र पर उसकी मापनी को शब्दों में लिखा जाता है। इसलिए इसे मापनी कथन या विवरणात्मक मापनी भी कहते हैं। इसमें किसी मानचित्र की मापनी बताई जाती है; जैसे—1 सेमी = 1 किमी अथवा 1 इंच = 1मील आदि। भारत में ग्रामों के भू-सम्पत्ति मानचित्रों तथा व्यक्तिगत भवनों आदि के प्लानों में कथनात्मक विधि से मापनी को प्रदर्शित किया जाता है।
2. **निरूपक भिन्न विधि** मानचित्र एवं धरातल पर दो बिन्दुओं के बीच की दूरियों के अनुपात को प्रदर्शित करने वाले भिन्न को निरूपक भिन्न (Representative Fraction-RF) कहते हैं। इस भिन्न का अंश एवं हर किसी माप प्रणाली की समान इकाइयों में अंश मानचित्र पर मापी गई दूरी तथा हर धरातल पर मापी गई दूरी को प्रकट करते हैं। इस भिन्न के अंश का मान हमेशा 1 होता है।
   निरूपक भिन्न (RF)
   $$= \frac{\text{मानचित्र में किसी रैखिक माप की इकाई की दूरी}}{\text{उस रैखिक माप की उन्हीं इकाइयों में धरातल पर मापी गई दूरी}}$$
3. **आलेखी विधि** आलेखी विधि में निरूपक भिन्न के अनुसार ज्ञात की गई लम्बाई के बराबर मानचित्र पर एक सीधी रेखा को प्राथमिक एवं गौण भागों में विभाजित कर देते हैं तथा इन उपविभागों पर उनके द्वारा प्रदर्शित वास्तविक दूरियों का मान लिख देते हैं। मूल आकार से भिन्न आकारों में चित्रित या प्रदर्शित किए जाने वाले मानचित्रों पर केवल आलेखी विधि के द्वारा मापनी प्रदर्शित की जाती है।

मानचित्र

- सम्पूर्ण पृथ्वी अथवा इसके किसी भाग का एक निश्चित मापक और प्रक्षेप पर विभिन्न संकेतों द्वारा प्रदर्शन ही मानचित्र है। मैप अर्थात् मानचित्र शब्द की उत्पत्ति लैटिन भाषा के शब्द मापा से हुई है, जिसका अर्थ है कपड़े का मेजपोश। इरविन रेज ने मानचित्रकार को 50% गणितज्ञ तथा 10% अन्य विषयों का ज्ञाता कहा है।
- **फिन्च** एवं **ट्रिवार्था** के अनुसार, ''मानचित्र धरातल के आलेखी निरूपण होते हैं।''
- **मॉकहाउस** के अनुसार, ''मानचित्रकला में धरातल के वास्तविक सर्वेक्षण से मानचित्र मुद्रण तक मानचित्र के प्रक्रमों की सम्पूर्ण श्रृंखला सम्मिलित होती है।''

मानचित्रों के वर्गीकरण

मानचित्रों का वर्गीकरण मापक के आधार पर मानचित्र को दो भागों में बाँटा जा सकता है

1. **वृहत मापनी** के मानचित्र में छोटे क्षेत्रों को अपेक्षाकृत वृहत मापनी के द्वारा दिखाया जाता है।
2. **लघुमान मानचित्र** का उपयोग वृहत क्षेत्रों को दर्शाने के लिए किया जाता है। **उदाहरण** के लिए, एटलस मानचित्र तथा भित्ति मानचित्र आदि।

भू-सम्पत्ति मानचित्र

- वृहत मापनी पर बनाए गए नगरों के प्लान, जिनमें मार्ग व नागरिकों के भवनों की सीमाएँ अंकित हों अथवा किसी ग्राम का मानचित्र, जिसमें खेतों की सीमाएँ, मार्ग, जलाशय, कुएँ, पूजागृह, सार्वजनिक स्थान एवं व्यक्तिगत भूमि-क्षेत्रों को प्रदर्शित किया गया हो, भू-सम्पत्ति मानचित्र कहे जाते हैं।

- भूमि, भवन कर एवं लगान आदि वसूल करने के लिए अथवा नागरिकों के भूमि सम्बन्धी विवादों को हल करने के लिए लगभग प्रत्येक देश की सरकार के द्वारा इस प्रकार के मानचित्र बनवाए जाते हैं।

स्थलाकृतिक मानचित्र

- भारतीय सर्वेक्षण विभाग के अनुसार, पर्याप्त मात्रा में वृहत मापनी पर बना कोई मानचित्र, जिसमें अंकित प्रत्येक लक्षण की आकृति एवं स्थिति को देखकर उसे धरातल पर पहचाना जा सके, स्थलाकृतिक मानचित्र कहलाता है।
- इसके विपरीत भौगोलिक मानचित्र इतनी लघु मापनी पर बना होता है कि उसमें व्यक्तिगत लक्षणों का धरातल पर पहचान हेतु निरूपण करना असम्भव होता है। सामान्यतया 1/4 इंच शीट अथवा 1 : 2,50,000 और इससे वृहत मापनियों पर बने मानचित्रों को स्थलाकृतिक मानचित्र कहते हैं तथा 1 इंच बराबर 4 मील (अर्थात् 1/4 इंच शीट) अथवा 1 : 2,50,000 निरूपक भिन्न से छोटी मापनी वाले मानचित्रों को भौगोलिक मानचित्र कहा जाता है।
- भू-सम्पत्ति मानचित्र भी वृहत मापनी पर बने होते हैं, परन्तु उन्हें स्थलाकृतिक मानचित्रों की संज्ञा नहीं दी जा सकती। इसका कारण यह है कि भू-सम्पत्ति मानचित्रों में व्यक्तिगत क्षेत्रों एवं भवनों की सीमाएँ अंकित होती हैं, जबकि स्थलाकृतिक मानचित्र में व्यक्तिगत क्षेत्रों अथवा भवनों को दिखलाने की बजाय प्रमुख स्थलाकृतिक लक्षणों उच्चावच, प्रवाह प्रणाली, जलाशयों, वनों, दलदलों, नगरों, ग्रामों एवं परिवहन मार्गों को प्रदर्शित किया जाता है।

दीवारी मानचित्र

- दीवारी मानचित्रों की मापनी एटलस मानचित्रों की मापनी से बड़ी, परन्तु स्थलाकृतिक मानचित्रों की तुलना में छोटी होती है। स्कूल एवं कॉलेज आदि में दीवारों पर लटकाए जाने के कारण इन्हें दीवारी मानचित्र या **वाल मैप** कहा जाता है।
- वस्तुत: ये **भौगोलिक** मानचित्र होते हैं, जिनमें समस्त पृथ्वी अथवा किसी महाद्वीप या देश अथवा उसके किसी छोटे भाग; जैसे—राज्य, जनपद व तहसील आदि को प्रदर्शित किया जाता है। इन मानचित्रों के द्वारा सम्बन्धित क्षेत्र के स्थल रूपों जलवायु की दशाओं, मिट्टियों के प्रकार, खनिजों के वितरण, वनस्पति के प्रकार, जनसंख्या का वितरण, परिवहन साधनों एवं आर्थिक, सामाजिक, सांस्कृतिक व राजनीतिक प्रतिरूपों को दिखलाया जाता है।

मौसम के तत्त्व तथा मौसम मानचित्र की व्याख्या

- किसी निश्चित स्थान पर किसी विशेष समय पर प्रेक्षित वायुमण्डलीय दशाओं को उस स्थान का मौसम कहते हैं। जहाँ का मौसम अस्थायी या अल्पकालिक होता है। अत: किसी स्थान पर एक ही दिन में कई प्रकार के मौसम देखे जा सकते हैं।
- तापमान, वर्षण, वायुमण्डलीय दाब, पवन-दिशा एवं वेग, मेघावरण, धूप, आर्द्रता, हिमावरण तथा वाष्पीकरण आदि मौसम के तत्त्व हैं। इसे यन्त्रों के द्वारा सीधा मापा जा सकता है।
- मौसम मानचित्र, वे मानचित्र हैं, जो संसार या इसके किसी भाग के किसी समय विशेष का तापमान, वायुदाब की दशाओं, वायु की गति और दिशा, आर्द्रता, बादल, अन्तर्दृश्यता, दैनिक वर्षा की मात्रा और स्वरूप को संख्या तथा सांकेतिक चिह्नों की सहायता से प्रकट करते हैं। सर्वप्रथम मौसम मानचित्र की आवश्यकता नाविकों को अनुभव हुई।
- वर्ष 1688 में एण्डमण्ड हैली ने 30° उत्तरी तथा 30° दक्षिणी अक्षांशों का एक मानचित्र प्रकाशित किया, जिसमें व्यापारिक वायु तथा प्रचलित मानसून की दिशाओं को प्रदर्शित किया गया था।
- मौसम मानचित्र प्रस्तुत करने के लिए, जिसमें विभिन्न स्थानों पर समय विशेष में सभी मौसम तत्त्वों को दिखाया गया हो तथा जिसमें एक शीघ्रगामी सूचक प्रणाली की आवश्यकता होती है। भारत में सर्वप्रथम तत्कालीन सरकार के सम्मुख मौसम सम्बन्धी सेवा सरकार ने वर्ष 1864 में प्रारम्भ की तथा इसके लिए शिमला में कार्यालय बनाया गया। इसके बाद प्रधान केन्द्रीय कार्यालय को पूना में स्थापित किया गया।

वितरण मानचित्र

- निश्चित सांख्यिकीय आँकड़ों पर आधारित किसी तत्त्व के वितरण का प्रदर्शन करने वाले मानचित्रों को वितरण मानचित्र कहते हैं। अन्य शब्दों में, प्राकृतिक अथवा सांस्कृतिक वातावरण के किसी तत्त्व का वितरण प्रदर्शित करने वाले मानचित्र को वितरण मानचित्र कहा जाता है। इस दृष्टि से सभी मानचित्रों को वितरण मानचित्र कहा जा सकता है, क्योंकि प्रत्येक मानचित्र किसी-न-किसी वस्तु का वितरण दिखाता है, परन्तु सभी मानचित्रों को वितरण मानचित्र नहीं कहा जा सकता।
- केवल उन्हीं मानचित्रों को वितरण मानचित्र कहा जाता है जिन पर किसी विशिष्ट मानचित्रण विधि की सहायता से एक या एक से अधिक तत्त्वों के क्षेत्रीय वितरण को प्रदर्शित किया गया हो। वितरण मानचित्रों में क्षेत्र व वितरित तत्त्व का सम्बन्ध स्थापित होना आवश्यक है। उदाहरणार्थ, स्थलाकृति मॉडल ऐतिहासिक व पुरातत्त्व मानचित्र भी लक्षणों के वितरण को ही दर्शाते हैं, परन्तु इस दृष्टि से इन्हें वितरण मानचित्र की श्रेणी में नहीं रखा जाता।

वितरण मानचित्र बनाने की विधियाँ

वितरण मानचित्र बनाने की विधियों को दो मुख्य वर्गों में रखा जाता है। इन *विधियों के अनुसार बनाए गए मानचित्र निम्नलिखित हैं*

1. गुणात्मक मानचित्र 2. मात्रात्मक मानचित्र

वितरण मानचित्र बनाने की विधियों का विस्तृत वर्गीकरण निम्नलिखित है

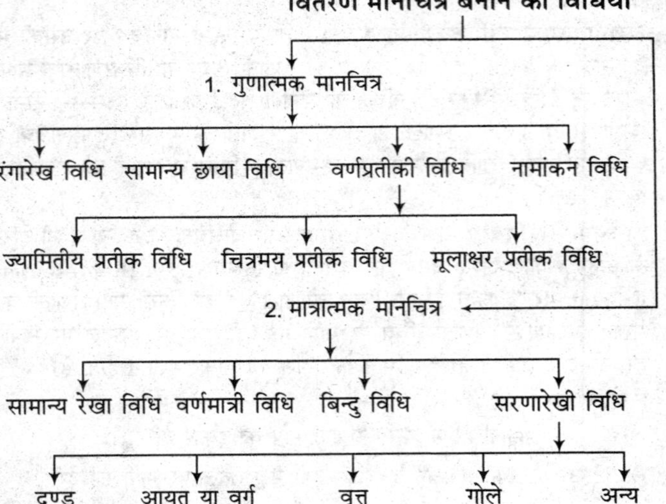

एटलस मानचित्र

- मानचित्रों के संग्रह को मानचित्रावली या एटलस कहते हैं। मानचित्रावली में विश्व की भौगोलिक और राजनैतिक सूचनाएँ होती हैं, किन्तु विश्व के विभिन्न भागों की सामाजिक, धार्मिक और आर्थिक, भाषायी जानकारियों वाले एटलस भी बनाए जाते हैं।
- मानचित्रावलियों के मानचित्र प्रायः 1 : 20,00,000 से छोटी मापनी पर बनाए जाते हैं। मानचित्रावलियाँ भिन्न-भिन्न आकारों में मुद्रित की जाती हैं अतः उनके मानचित्रों की निरूपक भिन्नों में पर्याप्त अन्तर मिलता है। **उदाहरणार्थ,** ऑक्सफोर्ड एटलस में संसार के मानचित्रों को 1 : 110 मिलियन पर : महाद्वीपों के मानचित्र 1 : 16 से 1 : 32 मिलियन तक पर; भारत तथा मध्य पूर्व के मानचित्रों को 1 : 10 मिलियन पर, तथा यूरोप के विभिन्न भागों के मानचित्रों को 1 : 2 मिलियन से 1 : 8 मिलियन तक की मापनियों पर बनाया गया है। इसी प्रकार भारत की राष्ट्रीय मानचित्रावली का अंग्रेजी संस्करण 1 :10,00,000 मापनी पर तैयार हुआ है।

रूढ़ चिह्न एवं रंगों का मानचित्र में उपयोग

- मानचित्र में प्रदर्शित विभिन्न स्थलाकृतियों की विशेषताओं एवं प्रकारों को रूढ़ चिह्नों एवं रंगों द्वारा स्पष्ट किया जाता है। रूढ़ चिह्न रेखा, बिन्दु वृत्त, वर्ग, त्रिभुज आदि विभिन्न ज्यामितीय आकृतियाँ या प्रतीकात्मक अक्षरों द्वारा प्रदर्शित किया जाता है। रूढ़ चिह्न का अन्तर्राष्ट्रीय स्तर पर परम्परागत सर्वमान्यता प्राप्त है तथा तथ्य विशेष के लिए विशेष चिह्न का प्रयोग किया जाता है। उदाहरणस्वरूप पक्की सड़क के लिए प्रत्येक देश के धरातलीय मानचित्र पर दो समान्तर रेखाओं द्वारा तथा कच्ची सड़क को दो समान्तर टूटी रेखाओं द्वारा प्रदर्शित करते हैं।
- मानचित्र पर रूढ़ चिह्नों के साथ-साथ रंगों का भी प्रयोग किया जाता है जिससे मानचित्र अधिक ग्राह्य एवं स्पष्ट हो जाता है। साधारण रंगीन मानचित्र में नीले रंग द्वारा नदियों तथा जलाशय को भूरे रंग द्वारा ऊँचाई को, लाल रंग द्वारा सड़क एवं भवनों को, काले रंग द्वारा रेलमार्ग को, हरे रंग द्वारा वन एवं वनस्पतियों को तथा पीले रंग द्वारा कृषिक्षेत्र को प्रदर्शित किया जाता है।

मानचित्र रुढ संकेत एवं उनके चिह

संकेत	चिह्न
सड़कें, पक्कीः महत्त्वानुसार, मील पत्थर	20
सड़कें, कच्चीः महत्त्वापनुसार, पुल	
रास्ता, लद्दू का, दर्रे सहित, पगडण्डी, पुल सहित	
नाले तल में मार्ग सहित, अनिश्चित, नहर	
बाँधः चिना हुआ अथवा पत्थरों से पटा, मिट्टी से पटा, बंधिका	
नदीः सूखी, धारा सहित, द्वीप और चट्टान सहित; ज्वारीय नदी	
दलदलः नद	
कूपः पक्का, कच्चा। सोता। तालाबः बारहमासी; अन्य	
पुश्तेः सड़क अथवा रेल की पटरी के	
रेल की पटरीः चौड़ी लाइन दोहरी; इकहरी स्टेशन सहित, निर्माणाधीन	RS
रेल की पटरीः अन्य लाइनें, दोहरी; इकहरी मील-पत्थर सहित, निर्माणाधीन	8
हल्की रेलवे या ट्रामवे। तार। कटान सुरंग सहित	
समोच्च-रेखाएँ, भृगु	
बालू के आकार 1. सपाट, 2. बालू के टिब्बे (पक्के), 3. बालू के टिब्बे (कच्चे)	
नगर अथवा गाँवः आबाद, उजाड़, गढ़	
झोपड़ियाँ : स्थायी, अस्थायी। मीनार। पुरातन अवशेष	
मन्दिर, छतरी, गिरजाघर, मस्जिद, ईदगाह, मकबरा, कब्रें	
प्रकाश स्तम्भ। प्रकाशपोत। बोयाः प्रकाशित, अप्रकाशित, लंगरगाह	
खान, बेल, जाली पर चढ़ी, घास, झाड़	
पनई ताड़, अन्य ताड़, शंकु जाति, बाँस, अन्य पेड़	
सीमाः अन्तर्राष्ट्रीय	
सीमा राज्यः सीमांकित, असीमांकित	
सीमा-जिलाः परगना, तहसील या ताल्लुक, वन	
सीमा-स्तम्भ : सर्वेक्षित, अनुपलब्ध, गाँवों का त्रिसीमास्तम्भ	
ऊँचाईः त्रिकोणीय, चांदे की बिन्दु सन्निकट	Δ200 •200 •200
तल चिह्न, ज्योडीय, तरशियरी, नहर, अन्यं	BM 63.3, DM 63.3
डाकघर, थाना	PO, PS
डाक या यात्री बंगला, निरीक्षण भवन, विश्राम गृह	DB, IB(Canal), RH(Forest)
सर्किट हाउस, पड़ाव	CH, CG
वनः आरक्षित, संरक्षित	RF, PF

उच्चावच का प्रदर्शन एवं समोच्च रेखाएँ

- धरातल का वास्तविक विन्यास या संरूपण (Configuration) उच्चावच कहलाता है। किसी क्षेत्र के धरातल का संरूपण या उच्चावच उस क्षेत्र के स्थलरूपों (Landforms) के आकार-प्रकार पर निर्भर करता है।

- स्थल रूप अनेक प्रकार के हो सकते हैं; जैसे—पर्वत, पठार, मैदान, महासागर, बेसिन, कटकें (Ridges), पर्वत स्कन्ध (Spur), पर्वत शिखर (Mountain peak), कगार (Escarpment), घाटियाँ (Valleys), गॉर्ज (Gorge) व भृगु (Cliff) आदि।
- उच्चावच-निरूपण का अभिप्राय मानचित्रण की उन विधियों से है जिनके द्वारा धरातल की त्रिविम आकृति को कपड़ा, कागज़ या किसी अन्य समतल सतह पर बनाए गए। मानचित्र में प्रदर्शित किया जा सकता है।

उच्चावच निरूपण/प्रदर्शन की विभिन्न विधियाँ

- *इसे तीन वर्गों में विभाजित किया जा सकता है इसका विवरण अग्रलिखित है*

1. चित्रमय विधियाँ

- *इसमें निम्नलिखित प्रणाली व विधियाँ शामिल है*

हैश्यूर प्रणाली

- महीन एवं पास-पास खींची गई खण्डित रेखाओं की सहायता से पर्वतीय छायाकरण (Hill shading) करके, मानचित्र में उच्चावच प्रदर्शित करने की विधि हैश्यूर प्रणाली कहलाती है। हैश्यूर बनाने के मूल नियमों को लेहमान (Lehmann) नामक एक ऑस्ट्रियन सैन्य अधिकारी ने अठारहवीं शताब्दी के अन्तिम दिनों में प्रतिपादन किया था।
- हैश्यूर प्रणाली में दो रेखाओं के बीच का रिक्त स्थान ढाल के कोण के अनुपात में होता है। इन रेखाओं की मोटाई को गणितीय विधि के द्वारा निश्चित किया जा सकता है।

पर्वतीय छायाकरण

- पर्वतीय छायाकरण के द्वारा उच्चावच दिखलाने के लिए धरातल पर भू-आकृतियों पर ऊपर से अथवा उत्तरी-पश्चिमी कोने की ओर से प्रकाश पड़ने की कल्पना की जाती है।

ट्रौकोग्राफीय विधि

- ट्रैकोग्राफीय विधि से मानचित्र में औसत ढाल (Average slope) तथा आपेक्षिक उच्चावच (Relative relief) दोनों का चित्रमय निरूपण किया जा सकता है।

आकृतिक विधि

- उच्चावच लक्षणों (Relief features) से मिलते-जुलते प्रतीकों के द्वारा मानचित्र में भौतिक दृश्यभूमि (Physical landscape) के प्रदर्शन की विधि को आकृतिक विधि कहते हैं। इस विधि को सर्वप्रथम वर्ष 1921 में ए. के. लोबैक (A. K. Lobeck) ने प्रयोग किया था।

2. गणितीय विधियाँ

इसमें निम्नलिखित प्रणाली व विधियों को शामिल किया जाता है

स्थानिक ऊँचाइयाँ

- मानचित्र में किसी स्थान विशेष की स्थिति एवं समुद्र तल से ऊँचाई प्रदर्शित करने वाले बिन्दु को स्थानिक ऊँचाई (Spot height) की संज्ञा दी जाती है। इस विधि में बिन्दुओं के द्वारा मानचित्र में विभिन्न स्थानों की स्थितियाँ प्रदर्शित की जाती हैं।

तल चिह्न

- भवनों की दीवारों, नदियों एवं नहरों के पूलों तथा लोहे के खम्भों आदि पर वास्तविक सर्वेक्षण के अनुसार अंकित समुद्र तल से ऊँचाई प्रदर्शित करने वाले चिन्हों को तल चिह्न नाम से सम्बोधित किया जाता है।
- मानचित्र में किसी तल चिह्न की स्थिति को B.M. अक्षरों द्वारा प्रदर्शित करते हैं तथा इन अक्षरों के समीप उस चिह्न की समुद्र तल से फीट या मीटर में ऊँचाई लिख दी जाती है।

त्रिकोणमितीय स्टेशन

- त्रिकोणमितीय स्टेशन का तात्पर्य मानचित्र पर अंकित उन स्थानों से हैं जहाँ त्रिभुजन विधि (Triangulation method) के द्वारा सर्वेक्षण करते समय कोण मापे गए थे। त्रिभुजन विधि में किसी क्षेत्र को त्रिभुजों में विभाजित करके सर्वेक्षण किया जाता है।

आकृति रेखाएँ

- मानचित्र में समोच्च रेखाओं (Contour Lines) के मध्य खींची गई अनुमानित समोच्च रेखाएँ (Approximate contours) आकृति रेखाएँ कहलाती हैं।
- समोच्च रेखाओं तथा आकृति रेखाओं में मुख्य अन्तर यह है कि समोच्च रेखाओं का अन्तर्वेशन सर्वेक्षण के द्वारा निर्धारित स्थानिक ऊँचाइयों के अनुसार किया जाता है। जबकि आकृति रेखाओं को किसी स्थलाकृतिक लक्षण के क्षेत्र में देखे गए रूप के अनुसार अन्तर्वेशित करते हैं।

3. समोच्च रेखाएँ

- समोच्च रेखाओं की सहायता से मानचित्र में उच्चावच प्रदर्शित करने की विधि को सर्वश्रेष्ठ माना जाता है। यह उच्चावच के निरूपण की एक मानक (Standard) विधि है जिस पर उच्चावच-निरूपण की कई अन्य महत्त्वपूर्ण विधियाँ आधारित हैं।
- समोच्च रेखाएँ मानचित्र में सर्वेक्षण द्वारा निर्धारित स्थानिक ऊँचाइयों (Spot heights) अन्तर्वेशन (Interpolation) से बनाई जाती हैं। अत: समोच्च रेखाओं के द्वारा मानचित्र में समुद्र तल से धरातल के समान ऊँचाई वाले स्थानों का प्रदर्शन होता है।
- सरल शब्दों में, धरातल पर समुद्र तल से समान ऊँचाई वाले समीपस्थ बिन्दुओं को जोड़ने वाली कल्पित रेखाएँ समोच्च रेखाएँ कहलाती हैं।
- समोच्च रेखी मानचित्र में किन्हीं दो उत्तरोत्तर समोच्च रेखाओं के मानों का अन्तर समोच्च रेखान्तराल कहलाता है। मानचित्र में साधारणतया समान समोच्च रेखान्तराल पर समोच्च रेखाएँ खींची जाती हैं, परन्तु कभी-कभी परिवर्तनशील समोच्च रेखान्तराल का भी प्रयोग किया जाता है।
- समोच्च रेखी मानचित्र को देखकर प्रवणता (ढाल) का सहज अनुमान हो जाता है। चूँकि समोच्च रेखाएँ समुद्र तल से विभिन्न ऊँचाई वाले स्थानों को प्रदर्शित करती हैं। अत: स्पष्ट है कि मानचित्र में जहाँ समोच्च रेखाएँ पास-पास होंगी वहाँ ढाल की मात्रा अधिक होगी। इसके विपरीत कम प्रवणता वाले भागों में समोच्च रेखाओं के बीच की दूरी अपेक्षाकृत अधिक होगी।

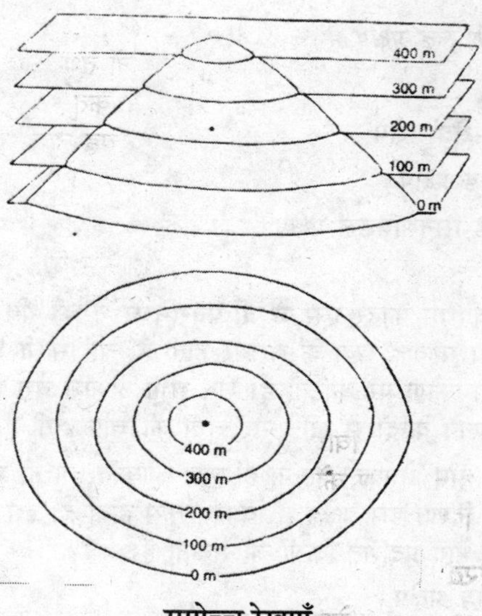

समोच्च रेखाएँ

मिश्रित विधियाँ

इनमें निम्नलिखित विधियाँ को शामिल किया जाता है

- समोच्च रेखाएँ तथा हैश्यूर
- समोच्च रेखाएँ स्थानिक ऊँचाइयाँ तथा हैश्यूर
- समोच्च रेखाएँ, आकृति रेखाएँ तथा स्थानिक ऊँचाइयाँ
- समोच्च रेखाएँ तथा पर्वतीय छायाकरण
- समोच्च रेखाएँ तथा स्तर आभाएँ

मानचित्रकला की तकनीक

- मानचित्रों के निर्माण की प्रक्रिया में विभिन्न तकनीकों एवं उपकरणों का प्रयोग किया जाता है, इसलिए मानचित्रण एवं मानचित्र-पुनरुत्पादन के लिए कुछ तकनीकी एवं उपकरणों का ज्ञान होना आवश्यक है।
- *मानचित्र बनाने का कार्य छः चरणों में पूर्ण होता है*

1. प्रक्षेप का चयन
2. मापनी का चयन
3. मानचित्र संकलन
4. मानचित्र संघटन
5. अक्षर लेखन
6. आरेखन

1. प्रक्षेप का चयन

- गोलाकार पृथ्वी का किसी समतल सतह पर मानचित्र बनाने के लिए प्रक्षेप की आवश्यकता होती है। प्रक्षेप अनेक प्रकार के होते हैं तथा प्रत्येक प्रक्षेप के अपने विशिष्ट गुण व दोष होते हैं। उदाहरणार्थ, ध्रुवीय प्रदेशों के मानचित्रों के लिए खमध्य प्रक्षेप (Zenithal projection), मध्य अक्षांशों के लिए शंक्वाकार प्रक्षेप तथा उष्णकटिबन्धीय क्षेत्रों के लिए बेलनाकार प्रक्षेप काम में लाए जाते हैं।

2. मापनी का चयन

- प्रत्येक मानचित्र सदैव किसी पूर्व निश्चित मापनी के अनुसार बनाया जाता है, जिससे उसमें प्रदर्शित स्थानों के बीच की वास्तविक दूरियों (धरातल पर) का सही-सही बोध हो सके।
- *मानचित्र पर मापनी प्रदर्शित करने की तीन विधियाँ होती हैं*

(i) कथन द्वारा
(ii) प्रदर्शक या निरूपक भिन्न के द्वारा तथा
(iii) आलेखी विधि के द्वारा।

3. मानचित्र संकलन

- मापनी एवं प्रक्षेप निश्चित करने के पश्चात् मानचित्र का सावधानीपूर्वक संकलन किया जाना चाहिए। मानचित्र संकलन से हमारा तात्पर्य किसी क्षेत्र का रूपरेखा मानचित्र (Outling map) बनाकर उसमें आधार आँकड़ों व इच्छित आँकड़ों के प्रदर्शन से है। *मानचित्र संकलन में निम्न कार्य किए जाते हैं*

(i) मानचित्र की रूपरेखा की रचना
(ii) आधार आँकड़ों का चयन
(iii) इच्छित आँकड़ों का प्रदर्शन

4. मानचित्र संघटन

- मानचित्रों में प्रदर्शित क्षेत्रों की आकृति प्राय: टेढ़ी-मेढ़ी होती है जिससे क्षेत्र की बाहरी सीमा व मानचित्र के चौखटे के मध्य कागज़ का कुछ भाग रिक्त रह जाता है। मानचित्र संघटन के अन्तर्गत इस रिक्त स्थान में मानचित्र का शीर्षक, संकेत, मापनी, अक्षांश-देशान्तर व आन्तरचित्र आदि देकर मानचित्र को बोधगम्य एवं सन्तुलित बनाया जाता है।

5. अक्षर लेखन

- मानचित्रण में अक्षर-लेखन का बहुत महत्त्वपूर्ण स्थान होता है। अत: मानचित्र में अक्षर लिखने से पूर्व उनके आकार (Size), प्रकार (Form), शैली (Style), लेखन विधि (Method of lettering) तथा स्थान पर भली प्रकार से विचार कर लेना चाहिए।

6. आरेखन

- मानचित्र बनाने की वास्तविक क्रिया मानचित्र आरेखन कहलाती है। *यह निम्न दो अवस्थाओं में पूर्ण होती है*

(i) पैंसिल आरेखन
(ii) स्याही आरेखन

मानचित्र प्रक्षेप

- प्रक्षेप का शाब्दिक अर्थ किसी पारदर्शी कागज या फिल्म पर अंकित चित्र को प्रकाश की सहायता से किसी दीवार या परदे पर प्रक्षेपित करना है; जैसे—सिनेमाघर में परदे पर जो चित्र देखते हैं वह किसी फिल्म पर अंकित चित्र का एक प्रक्षेप होता है। यदि पृथ्वी का मानचित्र बनाना हो, तो इसके लिए प्रक्षेप की सहायता लेते हैं, इसके अन्तर्गत गोलाकार धरातल को समतल कागज पर बनाने के लिए कागज पर अक्षांश तथा देशान्तर की सहायता से धरातल का जो मानचित्र बनता है, उसे प्रक्षेप कहते हैं।

- एक मानचित्र में चार भूमण्डलीय गुण क्षेत्रफल, आकृति, दिशा तथा दूरी की शुद्धता को संरक्षित रखा जाता है, लेकिन किसी भी प्रक्षेप में ये सभी गुण एक साथ नहीं मिल सकते। इसलिए आवश्यकतानुसार प्रक्षेपों को इस प्रकार खींचा जा सकता है कि उनमें इच्छित गुण बने रहें।
- इस प्रकार भूमण्डलीय गुणों के आधार पर प्रक्षेपों को समक्षेत्र प्रक्षेप, यथा कृतिक प्रक्षेप, समदूरस्थ प्रक्षेप में वर्गीकृत किया जाता है। समक्षेत्र प्रक्षेप को होमोलोग्राफिक प्रक्षेप भी कहते हैं। यह वह प्रक्षेप है, जिसमें पृथ्वी के विभिन्न भागों को सही दर्शाया जाता है।
- यथाकृतिक प्रक्षेप वह है, जिसमें विभिन्न क्षेत्रों की आकृति को सही दर्शाया जाता है। इसमें क्षेत्रफल की शुद्धता को ध्यान में रखे बिना आकृति को यथावत बनाए रखा जाता है।
- दिगंशीय प्रक्षेप वह है, जिसमें केन्द्र से सभी बिन्दुओं की दिशाओं को सही-सही दिखाया जाता है, समदूरस्थ प्रक्षेप वह है, जिसमें दूरी या मापनी की शुद्धता को बनाए रखा जाता है, किन्तु ऐसा कोई भी प्रक्षेप नहीं है जोकि मापनी की शुद्धता को हमेशा बनाए रखता हो। आवश्यकतानुसार कुछ चुने हुए समान्तरों एवं याम्योत्तरों के साथ इसकी शुद्धता को बनाए रखा जा सकता है।
- देशान्तर रेखाओं के बीच की दूरी भूमध्य रेखा पर अधिकतम होती है तथा ध्रुवों की ओर जाने पर कम होती है। दो देशान्तर रेखाओं के बीच का क्षेत्र गौर कहलाता है।

मानचित्र प्रक्षेपों का वर्गीकरण

मानचित्र प्रक्षेपों को निम्न आधारों पर वर्गीकृत कर सकते हैं

प्रकाश के प्रयोग के अनुसार वर्गीकरण

प्रकाश के प्रयोग के अनुसार मानचित्र प्रक्षेपों का वर्गीकरण निम्न हैं

सन्दर्भ मानचित्र प्रक्षेप

- प्रकाश की सहायता से बनाए गए मानचित्र प्रक्षेपों को सन्दर्भ प्रक्षेप कहते हैं। इस क्रिया में प्रकाश की स्थिति तीन स्थानों पर हो सकती है। जब प्रकाश स्रोत की स्थिति ग्लोब के केन्द्र पर मानी जाती है तो इसे नोमोनिक कहते हैं। जब प्रकाश की स्थिति ग्लोब को स्पर्श करने वाले तल के ठीक विपरीत होती है तो इसे प्रिविम प्रक्षेप कहते हैं। जब प्रकाश स्रोत की स्थिति अनन्त मानी जाए, तो ऐसे प्रक्षेप को लम्बकोणीय कहते हैं।

असन्दर्भ मानचित्र प्रक्षेप

- इसके अन्तर्गत अक्षांश एवं देशान्तर रेखाओं को गणितीय विधियों की सहायता से संशोधन करके बनाया जाता है।

रचना विधि के अनुसार वर्गीकरण

रचना विधि के अनुसार मानचित्र प्रक्षेपों का वर्गीकरण निम्न है

रूढ़ प्रक्षेप

- किसी विशेष प्रयोजन हेतु स्वतन्त्र रूप से बनाए गए प्रक्षेपों को रूढ़ प्रक्षेपों की संज्ञा दी जाती है। रूढ़ प्रक्षेपों की रचना पूर्णत: गणितीय नियमों के आधार पर होती है।

कुछ प्रमुख प्रकार के रूढ़ प्रक्षेप हैं

- गोलाकार प्रक्षेप
- मॉलवीड का समक्षेत्र प्रक्षेप
- विच्छिन्न मॉलवीड प्रक्षेप
- सैन्सन फ्लैम्स्टीड सिनुसॉयडल प्रक्षेप

गोलाकार प्रक्षेप

- इसकी रचना सर्वप्रथम फादर **एस जे जी फॉरनियर** ने की थी। इसमें भूमध्य रेखा तथा केन्द्रीय मध्याह्न रेखा के बराबर होती है, यह सीधी रेखा होती है, एक-दूसरे को समकोण पर काटती हैं। शेष सभी अक्षांश वृत्त एवं देशान्तर रेखाएँ अलग-अलग केन्द्रों से खींचे गए वृत्तों की चाप होती हैं।
- यह प्रक्षेप ना ही सम क्षेत्रफल है, ना ही शुद्ध आकृति, ना ही शुद्ध मापनी तथा ना ही शुद्ध दिशा। इस प्रक्षेप में विकृति कम होती है। इस प्रक्षेप पर ग्लोब का आधा भाग प्रदर्शित किया जा सकता है।

मॉलवीड का समक्षेत्र प्रक्षेप

- इसमें 90° पूर्वी व 90° पश्चिमी देशान्तर रेखाओं को एक वृत्त के द्वारा दिखलाया जाता है, जिसका अर्द्धव्यास $\pi\sqrt{2}R$ के बराबर होता है। इसमें भूमध्य रेखा केन्द्रीय मध्याह्न रेखा की तुलना में दोगुनी लम्बाई की होती है। यह एक समक्षेत्र प्रक्षेप है। भूमध्य रेखा की लम्बाई $4\times\pi\sqrt{2}R$ होती है।
- सभी अक्षांश वृत्त सरल व समान्तर रेखाओं की तरह होते हैं तथा इनके बीच की दूरी भूमध्य रेखा से ध्रुवों की ओर कम होती जाती है। केन्द्रीय मध्याह्न रेखा सरल होती है। 90° पूर्वी तथा 90° पश्चिमी देशान्तर रेखाएँ एक ही वृत्त के दो भाग होती हैं तथा शेष देशान्तर रेखाएँ दीर्घवृत्ताकार होती हैं।
- केन्द्रीय मध्याह्न रेखा ही अक्षांश वृत्तों को समकोण पर काटती हैं, शेष देशान्तर रेखाएँ अक्षांश वृत्तों को तिरछा काटती हैं। संसार के वितरण मानचित्र बनाने के लिए मॉलवीड प्रक्षेप काफी उपयोगी होता है।

विच्छिन्न मॉलवीड प्रक्षेप

- इसे सर्वप्रथम जे पॉल गुडी नामक व्यक्ति ने बनाया था। इसे गुडी का समक्षेत्र प्रक्षेप भी कहा जाता है। यह मॉलवीड प्रक्षेप से दो बातों में भिन्न है पहला कि मॉलवीड प्रक्षेप में केवल केन्द्रीय मध्याह्न रेखा ही अक्षांश वृत्तों को समकोण पर काटती है, जबकि विच्छिन्न मॉलवीड प्रक्षेप में प्रत्येक महाद्वीपीय भूखण्ड की सबसे मध्यवर्ती देशान्तर रेखा को ही अक्षांश मध्यवर्ती देशान्तर रेखा मानकर उसे भूमध्य रेखा के लम्बवत् बनाया जाता है।
- दूसरे इस प्रक्षेप को महासागरों के ऊपर विच्छिन्न कर दिया जाता है। ऐसा करने से मॉलवीड प्रक्षेप में दोष विच्छिन्न मॉलवीड में कम हो जाता है।

सैन्सन फ्लैम्स्टीड या सिनुसॉयडल प्रक्षेप

- यह एक समक्षेत्र प्रक्षेप होता है। यह बोन प्रक्षेप का ही एक संशोधित रूप है। प्रक्षेप की रचना में ज्या वक्रों का प्रयोग होने के कारण इसे ज्यावक्रीय या सिनुसॉयडल प्रक्षेप कहा जाता है। इस प्रक्षेप में भूमध्य रेखा की लम्बाई मापनी के अनुसार शुद्ध होती है तथा $2\pi R$ होती है।
- केन्द्रीय मध्याह्न रेखा की लम्बाई भूमध्य रेखा की आधी अर्थात् πR होती है। केन्द्रीय मध्याह्न रेखा के अतिरिक्त अन्य सभी देशान्तर रेखाएँ मिश्रित वक्र होती हैं। किसी अक्षांश वृत्त पर देशान्तर रेखाओं के बीच की दूरी परस्पर समान होती है।

- केवल केन्द्रीय मध्याह्न रेखा ही अक्षांश वृत्तों को समकोण पर तिरछा काटती है। भूमध्य रेखा सहित प्रत्येक अक्षांश पर मापनी शुद्ध होती है। केवल केन्द्रीय मध्याह्न रेखा पर मापनी शुद्ध होती है।
- सीमावर्ती भागों में स्थलखण्डों की आकृति वृहत अधिक विकृत हो जाती है। भूमध्य रेखा के दोनों ओर स्थित ऐसे स्थल खण्ड जिनका पूर्व-पश्चिम विस्तार अपेक्षाकृत कम हो; जैसे—अफ्रीका, दक्षिण अमेरिका आदि के समक्षेत्र मानचित्र बनाने में सिनुसॉयडल प्रक्षेप बहुत उपयोगी होता है।

बोन प्रक्षेप

- यह सरल शंकु प्रक्षेप का एक संशोधित रूप है। समस्त अक्षांश वृत्त शंकु के शीर्ष को केन्द्र मानकर खींचे गए संकेन्द्र वृत्तों के चाप हैं तथा इनके बीच की दूरी समान होती है।
- केवल मानक अक्षांश समस्त देशान्तर रेखाओं को तथा केन्द्रीय मध्याह्न रेखा समस्त अक्षांशों को समकोण पर काटती है। इस कारण केन्द्रीय मध्याह्न रेखा तथा मानक अक्षांश रेखा से दूरी बढ़ने पर आवृत्ति विवृत्त होने लगती है।
- केन्द्रीय मध्याह्न रेखा तथा समस्त अक्षांश रेखाओं पर स्केल शुद्ध होती है। यह केवल एक स्यूडोकोनिक प्रक्षेप है। केवल केन्द्रीय मध्याह्न रेखा सरल रेखा होती है तथा बाकी अन्य देशान्तर रेखाओं की आकृति वक्राकार होती है। इस प्रक्षेप पर बनाया गया विश्व का मानचित्र हृदय की आकृति होता है।
- सिनुसॉयडल प्रक्षेप बोन प्रक्षेप का ही एक विशेष प्रकार है, जिसमें भूमध्य रेखा को मानक अक्षांश मान लिया जाता है। ध्रुव एक बिन्दु के द्वारा प्रदर्शित होता है न कि चाप के रूप में।

बहु शंकु प्रक्षेप

- यह एक संशोधित शंकु प्रक्षेप है, जिसमें प्रत्येक अक्षांश वृत्त एक मानक अक्षांश होता है। अक्षांश वृत्त संकेन्द्री वृत्तों के चाप नहीं होते। देशान्तर रेखाएँ अक्षांश वृत्तों को समकोण पर नहीं काटतीं केवल केन्द्रीय मध्याह्न रेखा काटती है। समस्त अक्षांश वृत्तों एवं केन्द्रीय मध्याह्न रेखा पर मापनी शुद्ध होती है।
- यह प्रक्षेप न तो सम क्षेत्रफल है न ही यथाकृतिक। आवृत्ति एवं क्षेत्रफल शुद्ध प्रदर्शित न होने के कारण यह प्रक्षेप बड़े-बड़े क्षेत्रों के मानचित्र बनाने के लिए अनुपयुक्त होता है। छोटे-छोटे क्षेत्रों, जिनका पूर्व-पश्चिम विस्तार कम हो, के मानचित्र बनाने के लिए यह प्रक्षेप विशेष रूप से उपयोगी है।
- संयुक्त राज्य अमेरिका में इस प्रक्षेप पर विभिन्न प्रकार के स्थलाकृतिक मानचित्र बनाए जाते हैं। एटलस मानचित्रों के लिए उपयुक्त नहीं है। वर्नर प्रक्षेप बोन प्रक्षेप का एक विशेष प्रकार है, जिसमें मानक अक्षांश 90° अक्षांश रेखा को चुनते हैं।

अन्तर्राष्ट्रीय प्रक्षेप

- यह एक संशोधित बहु शंकु प्रक्षेप है, जिस पर 1:10,00,000 की मापनी पर संसार के **स्थलाकृतिक अंश चित्र** बनाए जाते हैं।
- बहु शंकु प्रक्षेप के स्थान पर स्थलाकृतिक अंश चित्रों के लिए अन्तर्राष्ट्रीय प्रक्षेप के प्रयोग का सुझाव जर्मन भूगोल वेत्ता **ए पैंक** ने दिया था, क्योंकि अन्तर्राष्ट्रीय प्रक्षेप पर बनाए गए संलग्न क्षेत्रों के स्थलाकृतिक अंश चित्रों की सीमाएँ परस्पर सट जाती हैं।
- बहु शंकु प्रक्षेप की भाँति इस प्रक्षेप में भी अक्षांश वृत्त अंशकेन्द्री होते हैं। देशान्तर रेखाएँ सरल होती हैं तथा अक्षांश वृत्त वक्राकार होते हैं।

बेलनाकार प्रक्षेप

- बेलनाकार प्रक्षेपों में भूमध्य रेखा सहित समस्त अक्षांश वृत्तों की लम्बाई एक समान होती है। यथार्थ अथवा सन्दर्श बेलनाकार प्रक्षेप में प्रत्येक अक्षांश वृत्त सरल एवं समान्तर रेखा के रूप में भूमध्य रेखा के बराबर लम्बाई वाला होता है।
- अक्षांश रेखाएँ अक्षांश वृत्तों को समकोण पर काटती हैं। ग्लोब के केन्द्र पर प्रकाश स्रोत स्थित होने के कारण बेलन की सतह पर ध्रुवों की छाया नहीं पड़ती। अत: इस प्रक्षेप में ध्रुवों को प्रदर्शित नहीं किया जा सकता।
- केवल भूमध्य रेखा पर ही मापनी शुद्ध होती है। अशुद्धता की मात्रा भूमध्य रेखा से ध्रुवों की ओर बढ़ने लगती है। यह प्रक्षेप निम्न प्रकार के होते हैं।

सामान्य अथवा समदूरस्थ बेलनाकार प्रक्षेप

- इसे **प्लेट कैरी प्रक्षेप** भी कहते हैं। इस प्रक्षेप में अक्षांश वृत्त एवं देशान्तर रेखाएँ परस्पर समान दूरी के अन्तर पर बनाई जाती हैं। प्रत्येक अक्षांश वृत्त की लम्बाई भूमध्य रेखा के बराबर होती है। समस्त अक्षांश वृत्त सरल एवं समान्तर रेखाओं की तरह होते हैं। देशान्तर रेखाएँ अक्षांश वृत्तों को समकोण पर काटती हैं। प्रत्येक देशान्तर रेखा की लम्बाई भूमध्य रेखा की आधी होती है।
- भूमध्य रेखा को छोड़कर शेष सभी अक्षांश वृत्त अपनी वास्तविक लम्बाई से बड़े होते हैं। अत: उन पर मापनी अशुद्ध होती है तथा यह अशुद्धता ध्रुवों की ओर बढ़ती है। ध्रुवों को भूमध्य रेखा के बराबर लम्बी रेखाओं के द्वारा प्रदर्शित किया जाता है। यह प्रक्षेप न तो यथाकृतिक है न ही इसमें समक्षेत्र का गुण है। केवल भूमध्य रेखा के नजदीक के क्षेत्रों को बनाने के लिए इसका प्रयोग किया जाता है, यह उच्च अक्षांशों के लिए उपयुक्त नहीं।

बेलनाकार समक्षेत्र प्रक्षेप

- इसे **ओम्बर्ट** का समक्षेत्र प्रक्षेप भी कहते हैं। इसमें शुद्ध क्षेत्रफल प्रदर्शन का गुण होता है। इस प्रक्षेप की रचना प्रकाश स्रोत को अनन्त दूरी पर मानकर की जाती है। अक्षांश वृत्त सरल, समान्तर रेखाएँ एवं प्रत्येक अक्षांश वृत्त की लम्बाई भूमध्य रेखा के बराबर होती है। अक्षांश वृत्तों के बीच की दूरी भूमध्य रेखा से ध्रुवों की ओर कम होती जाती है।
- देशान्तर रेखाएँ भी सरल व समानान्तर होती हैं, परन्तु इनके बीच की दूरी एक समान होती है। अक्षांश वृत्त तथा देशान्तर रेखाएँ एक-दूसरे को समकोण पर काटते हैं। ध्रुव भूमध्य रेखा के बराबर लम्बी सरल रेखा के द्वारा प्रदर्शित होता है। भूमध्य रेखा अपनी वास्तविक लम्बाई के बराबर होती है। अत: भूमध्य रेखा पर मापनी शुद्ध होती है।
- अन्य अक्षांश वृत्त अपनी वास्तविक लम्बाई से बड़े होते हैं। अत: उन पर मापनी शुद्ध नहीं होती। चूँकि देशान्तर रेखाएँ इस प्रक्षेप में पृथ्वी के लघुकृत गोलों के ध्रुवीय व्यास के बराबर बनाई जाती हैं। अत: वे अपनी वास्तविक लम्बाई से छोटी होती हैं। इसके फलस्वरूप देशान्तर रेखाओं पर मापनी अशुद्ध हो जाती है।

- यह एक समक्षेत्र प्रक्षेप है, परन्तु भूमध्य रेखा से परे आकृति बहुत विकृत होती जाती है। इसका प्रमुख प्रयोग भूमध्य रेखा के समीप के क्षेत्रों में वितरण मानचित्रों के लिए किया जाता है; जैसे—चावल, चाय, कॉफी, गन्ना, रबड़ आदि पैदा करने वाले क्षेत्रों को दर्शाने हेतु अधिक उपयुक्त है।

मर्केटर प्रक्षेप

- इसे सर्वप्रथम 1559 ई. में **गिरारडस मर्केटर** ने बनाया। यह एक यथाकृतिक प्रक्षेप है, जिसका नौसंचालन चार्टों की रचना में सर्वाधिक प्रयोग होता है। संसार के मानचित्र बनाने में भी इसका प्रयोग होता है। इसमें अक्षांश वृत्त सरल, परस्पर बराबर एवं समान्तर रेखाओं की तरह होते हैं। देशान्तर रेखाएँ भी सरल, परस्पर बराबर एवं समान्तर होती हैं।
- अक्षांश वृत्त तथा देशान्तर रेखाएँ एक-दूसरे को समकोण पर काटती हैं। देशान्तर रेखाएँ समान दूरी के अन्तर पर बनी होती हैं, किन्तु अक्षांश वृत्तों के बीच की दूरी भूमध्य रेखा से ध्रुवों की ओर बढ़ती जाती है। भूमध्य रेखा पर मापनी शुद्ध तथा अन्य अक्षांशों पर अशुद्ध होती है।
- अन्य अक्षांशों की लम्बाई भी भूमध्य रेखा के बराबर होती है। यह एक **यथाकृतिक प्रक्षेप** है। जिस अनुपात में भूमध्य रेखा से ध्रुवों की ओर को अक्षांश वृत्तों के सहारे पूर्व-पश्चिम दिशा में मापनी में वृद्धि होती है ठीक उसी अनुपात में ध्रुवों की ओर को देशान्तर रेखाओं के सहारे उत्तर-दक्षिण दिशा में मापनी बढ़ती है।
- अक्षांश वृत्त तथा देशान्तर रेखाएँ एक-दूसरे को समकोण पर काटती हैं। **मर्केटर चार्ट** पर दो स्थानों को मिलाने वाली सरल रेखा जो समस्त अक्षांश वृत्तों को एक नियत कोण पर काटती है, को एक दिशा **नौपथ रेखा** कहते हैं।
- इस प्रक्षेप में शुद्ध दिशा का गुण होता है। ध्रुवों की ओर जाने पर क्षेत्रफल में बहुत तीव्र गति से वृद्धि होती है। इसलिए ग्रीनलैण्ड का क्षेत्रफल दक्षिण अमेरिका के क्षेत्रफल का लगभग 1/10 भाग है, परन्तु इस प्रक्षेप पर दक्षिण अमेरिका की तुलना में ग्रीनलैण्ड का आकार बहुत बड़ा दिखलाई पड़ता है।
- प्रक्षेप नौसंचालन के अतिरिक्त पवनों की दिशा अथवा महासागरीय धाराओं को प्रदर्शित करने के लिए भी इस प्रक्षेप का उपयोग होता है। भूमध्य रेखीय भागों के वितरण मानचित्र बनाने के लिए भी इसका प्रयोग हो सकता है। यूरोप के कुछ देशों के राजनीतिक मानचित्र बनाने के लिए भी इसका प्रयोग होता है।

गॉल का त्रिविम प्रक्षेप

- यह एक संशोधित **बेलनाकार प्रक्षेप** है। अक्षांश वृत्त पर समान लम्बाई वाली सरल व समान्तर रेखाएँ होती हैं। प्रत्येक अक्षांश वृत्त की लम्बाई 45° अक्षांश वृत्त की लम्बाई के बराबर होती है। देशान्तर रेखाओं के बीच की दूरी समान होती है। अक्षांश वृत्तों के बीच की दूरी भूमध्य रेखा से ध्रुवों की ओर बढ़ती जाती है।
- अक्षांश वृत्त देशान्तर रेखाओं को समकोण पर काटते हैं। केवल 45° उत्तरी व दक्षिणी अक्षांश वृत्तों पर मापनी शुद्ध होती है। इन अक्षांश वृत्तों से भूमध्य रेखा की ओर मापनी घटती जाती है, क्योंकि भूमध्य रेखा की ओर को अक्षांश वृत्त अपनी वास्तविक लम्बाई से छोटे होते हैं।
- भूमध्य रेखा भी अपनी वास्तविक लम्बाई से छोटी होती है। 45° अक्षांश वृत्तों से ध्रुवों की ओर जाने पर अक्षांश वृत्त अपनी वास्तविक लम्बाई से बड़े होते जाते हैं। ध्रुवों को भी अन्य अक्षांश वृत्तों के बराबर लम्बाई की रेखाओं द्वारा दर्शाया जाता है। अक्षांश वृत्तों के बीच दूरी बढ़ने के कारण भूमध्य रेखा से ध्रुवों की ओर को देशान्तर रेखाओं की मापनी में लगातार वृद्धि होती है। 45° अक्षांश वृत्तों से ध्रुवों की ओर मापनी बहुत बढ़ी हुई होती है तथा भूमध्य रेखा की ओर मापनी घटी हुई होती है।
- प्रक्षेप यथाकृतिक नहीं है इस पर क्षेत्रफल तथा दिशा का भी शुद्ध प्रदर्शन नहीं होता, परन्तु दो मानक अक्षांश चुनने के कारण आकृति तथा क्षेत्रफल में विकृति मर्केटर प्रक्षेप की तुलना में कम होती है। इसका प्रयोग संसार के सामान्य मानचित्रों को बनाने के लिए होता है।

शंक्वाकार प्रक्षेप

शंकु प्रक्षेप की रचना ग्लोब के किसी एक अक्षांश रेखा को स्पर्श करते हुए एक विकासनीय शंकु पर याम्योत्तर एवं अक्षांश रेखाओं के जाल की छाया को प्रक्षेपित करके की जाती है। *इसके गुण निम्नलिखित हैं*

- सभी अक्षांशों के समान्तर वृत्तों के चाप होते हैं तथा उनके बीच की दूरी बराबर होती है।
- सभी याम्योत्तर रेखाएँ सीधी होती हैं, जो ध्रुवों पर मिल जाती हैं।
- देशान्तर रेखाएँ अक्षांश रेखाओं को समकोण पर काटती हैं।
- सभी याम्योत्तरों की मापनी सही होती है अर्थात् याम्योत्तरों पर सारी दूरियाँ सही होती हैं।
- एक वृत्त का चाप ध्रुव को दर्शाता है।
- मानक अक्षांश पर मापनी शुद्ध होती है लेकिन इससे दूर यह विकृत हो जाती है।
- देशान्तर रेखाएँ ध्रुवों के निकट जाते हुए एक-दूसरे के निकट आ जाती हैं।
- यह प्रक्षेप न तो समक्षेत्र है न ही यथाकृतिक।
- यह विश्व मानचित्र के लिए उपयोगी नहीं है।

सामान्यत: इस प्रक्षेप का उपयोग मध्य अक्षांश क्षेत्रों के सीमित अक्षांशीय तथा बड़े देशान्तरीय विस्तार के मानचित्रण के लिए किया जाता है।

यह प्रक्षेप *कनैडियन प्रशान्त रेल लाइन, ट्रान्स साइबेरियन रेल लाइन, कनाडा तथा यू एस ए* के मध्य अन्तर्राष्ट्रीय सीमा तथा नर्मदा घाटी को प्रदर्शित करने के लिए सर्वाधिक उपयुक्त है।

सर्वेक्षण

- उपकरणों की सहायता से धरातल पर मापी गई ऊँचाइयों, कोणों एवं दूरियों को किसी रूढ़ विधि के अनुसार लघुकृत मापने पर मानचित्र के रूप में प्रदर्शन को सर्वेक्षण कहते हैं। सर्वेक्षण में तीन कार्य-क्षेत्र अध्ययन, मानचित्रण एवं अभिकलन को शामिल किया जाता है।

सर्वेक्षण के प्रकार

सर्वेक्षण को कई प्रकारों में वर्गीकृत किया जा सकता है, जिनका विवरण निम्नलिखित है

भूगणितीय सर्वेक्षण

- पृथ्वी की गोलाभ आकृति के अनुसार किए गए सर्वेक्षण को भूगणितीय या त्रिकोणमितीय सर्वेक्षण कहते है। किसी बड़े क्षेत्र में दिए गए बिन्दुओं की पृथ्वी पर शुद्ध स्थितियाँ को ज्ञात करने के लिए भूगणितीय सर्वेक्षण किया जाता है। इस प्रकार का सर्वेक्षण केवल सरकार द्वारा कराया जाता है। भारत में इस प्रकार का सर्वेक्षण **सर्वे ऑफ इण्डिया** द्वारा किया जाता है।

समतल सर्वेक्षण

- पृथ्वी की आकृति को गोलाभ न मानकर समतल मानकर किए गए सर्वेक्षण को समतल सर्वेक्षण कहते हैं। इस प्रकार का सर्वेक्षण बी.ए. तथा एम.ए. भूगोल की विद्यार्थियों द्वारा विभिन्न उपकरणों की सहायता से किया जाता है। यह सर्वेक्षण भूगणितीय सर्वेक्षण के समान शुद्ध नहीं होता है। यह अपेक्षाकृत छोटे-छोटे क्षेत्रों के लिए उपयुक्त होती है, क्योंकि किसी छोटे क्षेत्र में मापी गई दूरियों पर पृथ्वी का वक्रता का नगण्य प्रभाव होता है।
- इस विधि का प्रयोग नगरों एवं ग्रामों की सीमा निर्धारण तथा सड़कों, रेलमार्गों एवं नहरों के निर्माण में प्रयोग किया जाता है।

त्रिभुजन सर्वेक्षण

- किसी क्षेत्र को त्रिभुजों में विभाजित करके तथा एक भुजा एवं समस्त कोणों के ज्ञात किए गए मानों के आधार पर त्रिकोणमिति की सहायता से शेष भुजाओं की लम्बाइयों को निश्चित करने तथा उनसे मानचित्र बनाने की प्रक्रिया को त्रिभुजन सर्वेक्षण कहते हैं। इस विधि द्वारा छोटे से छोटे तथा बड़े से बड़े सभी प्रकार के क्षेत्रों का सर्वेक्षण किया जाता है। धरातलीय बांधाओं वाले क्षेत्रों के लिए यह सर्वेक्षण सर्वोत्तम होता है।

सर्वेक्षण के उपकरण

सर्वेक्षण करने के लिए निम्नलिखित उपकरणों की आवश्यकता पड़ती है

जरीब

- जरीब दूरी मापने का उपकरण है, जो लोहे या इस्पात के तार की बनी होती है तथा इसके दोनों सिरों पर पीतल के हत्थे लगे होते हैं। प्रत्येक जरीब में 100 कड़ियाँ होती है।

फीता

- फीता दूरी मापने का उपकरण है, जो भिन्न-भिन्न लम्बाई वाले होते हैं। सर्वेक्षण कार्य में 100 फीट या 30 मीटर लम्बाई वाले फीते का अधिक प्रयोग किया जाता है। इसका निर्माण सूती कपड़े, लिनन, धात्विक, कृत्रिम रेशे, पॉलिथीन, इस्पाती एवं इन्वार आदि से किया जाता है।

सर्वेक्षण दण्ड

- सर्वेक्षण दण्ड को झंडी, अस्तर दण्ड या ध्वज दण्ड भी कहते हैं। यह लगभग 5 सेंटीमीटर या 2 इंच व्यास का गोल अथवा अष्टफलकी अनुप्रस्थ काट वाला 2 से 3 मीटर या 8 से 10 फीट तक लम्बा लकड़ी अथवा लोहे के पाइप का सीधा दण्ड होता है।

साधारण गुनिया

- साधारण गुनिया पीतल, लोहे या एल्युमीनियम का बना एक साधारण उपकरण है जिसे नुकीले, 'आयरन भू' वाले लकड़ी के दण्ड के दूसरे सिरे पर लगाकर प्रयोग किया जाता है।

ट्रफ कम्पास

- जरीब एवं फीता सर्वेक्षण में चुम्बकीय उत्तर निश्चित करने के लिए ट्रफ कम्पास का उपयोग किया जाता है। यह पीतल, एल्युमीनियम अथवा किसी अन्य अलौह धातु से निर्मित आयत रूप बक्से की तरह होता है, जिसके ऊपर काँच का ढक्कन लगा होता है।

सर्वेक्षण की विधियाँ

सर्वेक्षण की दो मुख्य विधि हैं जिनका विवरण निम्नलिखित है

त्रिभुजन विधि

- सर्वेक्षण की यह विधि इस नियम पर आधारित है कि किसी त्रिभुज में एक भुजा की लम्बाई तथा किन्हीं दो कोणों के मान ज्ञात होने पर त्रिकोणमितीय गणना के द्वारा उस त्रिभुज की शेष भुजाओं की लम्बाइयाँ निश्चित की जा सकती है।

चंक्रमण विधि

- सर्वेक्षण की इस विधि में किसी सर्वेक्षण मार्ग में पूर्व निर्धारित बिन्दुओं के अनुक्रम को जोड़ने वाली सरल रेखाओं के अनुक्रम को चंक्रमण रेखा कहते हैं। इसमें चंक्रमण रेखा को बनाने वाली समस्त घटक रेखाओं को मापा जाता है तथा प्रत्येक चंक्रमण-केन्द्र पर दो सरल रेखाओं के बीच का कोण ज्ञात किया जाता है। इस विधि का प्रयोग सामान्यत: समतल क्षेत्रों में किया जाता है।

सर्वेक्षण का महत्त्व

सर्वेक्षण का निम्नलिखित महत्त्व है

- सर्वेक्षण विज्ञान एवं कला का मिश्रण है।
- पृथ्वी पर शुद्ध स्थितियों को सर्वेक्षण द्वारा ज्ञात किया जाता है।
- सर्वेक्षण द्वारा नगरों एवं ग्रामों की सीमा निर्धारण की जाती है।
- सड़कों, रेलमार्गों एवं नगरों आदि के निर्माण में सर्वेक्षण का प्रयोग किया जाता है।
- सर्वेक्षण धरातलीय बाधाओं के क्षेत्र में स्थितियों की जानकारी देता है।

वायुफोटो एवं फोटोग्राफी

वायुफोटो

- वायुफोटोग्राफी एक ऐसी विज्ञान तकनीक है जिसके अन्तर्गत पृथ्वी के धरातल का अध्ययन करने के लिए वायुफोटोचित्रों को प्राप्त किया जाता है। वायुफोटोचित्र सुदूर संवेदन का मूल रूप है, जिसका विस्तृत उपयोग धरातलीय मानचित्रण, इन्जीनियरिंग, खनिज संसाधन सर्वेक्षण, विभिन्न संवेदन तथा पर्यावरणीय अध्ययनों में किया जाता है।

- वायुफोटोचित्रों को प्राप्त करने के लिए प्लेटफार्म की आवश्यकता होती है। वायुफोटोचित्रों का प्रमुख प्लेटफार्म होता है।
- प्रारम्भिक समय में वायुफोटोचित्रों को गुब्बारों की सहायता से भी प्राप्त किया जाता था। लेकिन वायुयान के आविष्कार के बाद इसका उपयोग वायुफोटोचित्रों में किया जाने लगा, जिससे इस तकनीक में क्रान्ति आ गई तथा उपयोगिता में पर्याप्त वृद्धि हुई है।
- प्रथम विश्वयुद्ध के दौरान सामरिक गतिविधियों के सर्वेक्षण में वायुफोटोग्राफी तकनीक का व्यापक पैमाने पर उपयोग हुआ था।
- आधुनिक विकास क्रम में सर्वेक्षण एवं मानचित्रण का कार्य अधिक आधुनिक तकनीक पर आधारित होता चला गया। इसमें व्यक्तिगत सर्वेक्षण, विभिन्न यन्त्रों द्वारा सर्वेक्षण तथा उपयुक्त मापकों पर मानचित्रों के निर्माण की प्रक्रिया प्रारम्भ हुई। जिससे विस्तृत क्षेत्रों के संसाधनों की जानकारी प्राप्त हो सकी तथा समकालीन दौर में इसके विविध उपयोग किए जा रहे हैं।

फोटोग्राफी

- फोटोग्राममिति एक ऐसी तकनीक है, जो वायु फोटोचित्रों के माध्यम से धरातल की सूचनाओं को विभिन्न रूपों में प्राप्त कर उसकी व्याख्या करती है।
- जब ये फोटो भूमि से लिए जाते हैं, तो उन्हें **धरातलीय** या **भौमिकीय** फोटोग्राफ कहते हैं तथा जब ये वायु या आकाश से लिए जाते हैं, तो इन्हें **वायुफोटोचित्र** कहा जाता है।
- वायुफोटोचित्रों से धरातलीय एवं अन्य सूचनाओं के मापन और चित्रण की मानचित्र कला और विज्ञान (तकनीक) को वायु फोटोग्राममिति या वायुछाया चित्रमिति (Photogrametry) कहते हैं।

वायु आधारित प्लेटफार्म एवं वायुफोटोचित्र तकनीक के निम्न लाभ हैं

- उच्च विभेदन (High resolution) का होना। वायुयान आधारित सर्वेक्षण में प्राप्त विभेदन उपग्रहों से प्राप्त विभेदन की तुलना में अधिक होता है। धरातलीय विभेदन (Spatial resolution) को उच्चस्तरीय फोटोचित्रों से प्राप्त करते हैं।
- सूक्ष्म सर्वेक्षण के लिए अत्यन्त उपयोगी है। उच्च विभेदन तथा बड़ी मापनी (Large scale) पर बने वायुफोटोचित्रों का सूक्ष्म तथा सामरिक सर्वेक्षणों में उपयोग किया जाता है। स्टीरियों मॉडल में देखने पर इनकी उपयोगिता और बढ़ जाती है। वृहत् मापने पर बने इस फोटोग्राफ का उपयोग क्षेत्रीय योजना, क्षेत्रीय समस्या के समाधान के लिए बहुत उपयोगी है।
- कम लागत, कम श्रम, कम समय, सरलतापूर्वक क्षेत्र सर्वेक्षण आवश्यकतानुसार फोटोग्राफी।
- विभिन्न मापनियों के बिम्ब प्राप्त किए जा सकते हैं। वायुयान की उड़ान ऊँचाई के अनुसार अलग-अलग मापनियों पर आधारित वायुफोटोचित्रों को प्राप्त किया जा सकता है तथा विभिन्न उपयोग किए जा सकते हैं।
- पुनरावृत्ति उड़ानों के द्वारा धरातलीय क्षेत्र के अल्पकालिक परिवर्तनों को भी समझा जा सकता है।
- दुर्गम पर्वतीय, वनीय, मरुस्थलीय, बर्फीले भागों का भी सर्वेक्षण सरलतापूर्वक हो सकता है।

वायु फोटोग्राफी सम्बन्धी समस्या निम्न हैं

- वायुफोटोग्राफी में सर्वेक्षण के लिए बार-बार धन खर्च करना पड़ता है। साथ ही मौसमी बाधाओं के कारण समय पर फोटोग्राफ लेना भी सम्भव नहीं हो पाता है, जिससे व्यय बढ़ जाता है।
- कई क्षेत्र जो सामरिक दृष्टि से महत्त्वपूर्ण है, वहाँ फोटोग्राफी की अनुमति नहीं होती है।
- वायुफोटोचित्रों के लिए स्वच्छ मौसम आवश्यक है। खराब मौसम की स्थिति में वायुफोटोचित्र लेना सम्भव नहीं है, विशेषकर वर्षा ऋतु में यह पूर्णतः अनुपयोगी हो जाता है। बादलों की स्थिति में फोटोग्राफी करना सम्भव नहीं होता है।
- वायु सर्वेक्षण एवं फोटो चित्रों के विश्लेषण के लिए अत्यन्त दक्ष और अनुभवी विशेषज्ञों की आवश्यकता होती है। अतः सर्वेक्षण योजना में सावधानी आवश्यक है।
- वायुफोटोचित्र के लिए कैमरे में फिल्म रील लगाना होता है, जिसकी लम्बाई सीमित होती है, अतः सीमित छाया चित्र ही खींचे जा सकते हैं। डिजिटल आकड़ों के संग्रह में ऐसी समस्या नहीं होती है।

वायुफोटोग्राफी की दो विधियाँ है

1. **पिन प्वाइन्ट फोटोग्राफी (Pin Point Photography)** जब वायुयान से धरातल के किसी लघु क्षेत्र या वस्तु विशेष का फोटो लिया जाता है, तो इसे पिन प्वाइन्ट फोटोग्राफी कहते हैं। जैसे रेलवे स्टेशन, किसी भवन, पुल अथवा सैनिक जमाव का फोटो खींचना।
2. **ब्लॉक फोटोग्राफी (Block Photography)** जब वायुयान द्वारा धरातल के वृहत् भाग का फोटो लिया जाता है, तो ब्लॉक फोटोग्राफी कहते हैं।

   ब्लॉक फोटोग्राफी के लिए सम्पूर्ण क्षेत्र को अलग-अलग ब्लॉक या खण्डों में विभाजित किया जाता है। इसके बाद प्रत्येक खण्ड को समान्तर पट्टियों में बाँटा जाता है।

वायुफोटोचित्र तकनीक तथा उपकरण

- वायुफोटोचित्रों को खींचने के लिए वायुमण्डल आधारित प्लेटफार्म का प्रयोग किया जाता है। वायुमण्डलीय प्लेटफार्म का कार्य वायुयान और वायुयान में लगे उच्चकोटि के कैमरे करते हैं।
- वायुयान के कैमरों से धरातल के भू-दृश्यों छायाचित्र (Photograph) प्राप्त किए जाते हैं। जिसके विश्लेषण से निष्कर्ष निकाले जाते हैं। वायुयानों में क्रमवीक्षक या स्कैनर (Scanner) लगे रहते हैं, जिससे धरातलीय बिम्बों (Images) को प्राप्त किया जाता है। वायुफोटोग्राफी में दो उपकरण होते हैं।

1. वायुयान 2. कैमरा

फोटो चित्रों के उपयोग निम्न हैं

- मानचित्रण करना
- सूचनाओं एवं तथ्यों के आधार पर विश्लेषण एवं व्याख्या करना।
- भूआकृति विज्ञान, वानिकी, परिस्थिति, मृदा, नगरीय क्षेत्र, बस्ती क्षेत्र, इत्यादि सर्वेक्षण में अति उपयोगी है।
- सुदूर संवेदन तकनीक की विभिन्न सूचनाओं के साथ मिलाकर कई महत्त्वपूर्ण क्षेत्रों में उपयोग तथा तथ्यों का विश्लेषण किया जा सकता है।

केन्द्रीय प्रवृत्ति की माप

- केन्द्रीय प्रवृत्ति की माप से तात्पर्य समंक श्रेणियों के **सांख्यिकीय माध्यों** से हैं। सांख्यिकीय माध्य वह मूल्य है जो एक ओर किसी श्रेणी का प्रतिनिधित्व करता है तथा दूसरी ओर इस श्रेणी की केन्द्रीय प्रवृत्ति को सारांश में बतलाता है। सांख्यिकीय माध्य को समंक श्रेणी का प्रतिरूपी मूल्य, सारांश अंक या उपस्थिति माप भी कहते हैं।

सांख्यिकीय माध्यों के प्रमुख प्रकार

गणितीय माध्य निम्नलिखित प्रकार के होते हैं

- समान्तर माध्य
- गुणोत्तर माध्य
- हरात्मक माध्य

इन गणितीय माध्यों का प्रयोग अलग-अलग परिस्थितियों में किया जाता है। उदाहरण के लिए, यदि किसी समंक श्रेणी में दिए गए मूल्य सामान्य प्रकार के हैं तो समान्तर माध्य निकालना अधिक उपयुक्त होता है। इसके विपरीत यदि समंक श्रेणी के मूल्यों में अधिक अन्तर होता है तो गुणोत्तर माध्य निकालना सही रहता है।

समान्तर माध्य

गणितीय माध्यों में समान्तर माध्य सबसे अधिक महत्त्वपूर्ण होता है। साधारण बोलचाल की भाषा में समान्तर माध्य का अर्थ औसत से है। *समान्तर माध्य ज्ञात करने की दो विधियाँ हैं*

1. **प्रथम विधि** इस विधि का प्रयोग उस दशा में उपयोगी होता है जब दी हुई समंक श्रेणी में चर मूल्यों के मान दशमलव में न हों तथा उनकी संख्या भी कम हो।
2. **लघु विधि** यदि समंक श्रेणी में पद मूल्य अधिक है तथा उनके मानों में भी अधिक अन्तर नहीं हो तो लघु विधि द्वारा समान्तर माध्य ज्ञात करते हैं। इस विधि में सर्वप्रथम कई कल्पित माध्य चुन लेते हैं इसके पश्चात् इस कल्पित माध्य से विभिन्न पद मूल्यों के (+) अथवा (–) में जैसी भी परिस्थिति हो विचलन ज्ञात करते हैं। तत्पश्चात् प्रत्यक्ष विधि के अनुसार इन विचलनों का समान्तर माध्य निकालकर उसमें पूर्व कल्पित माध्य के मान को जोड़ देते हैं।

समान्तर माध्य की गणना के सूत्र

समंक माला का प्रकार	सांख्यिकीय सूत्र	
	प्रत्यक्ष विधि	लघु विधि
व्यक्तिगत श्रेणी	$\bar{x} = \frac{\Sigma x}{N}$	$\bar{x} = A + \frac{\Sigma dx}{N}$
खण्डित श्रेणी	$\bar{x} = \frac{\Sigma fx}{N}$	$\bar{x} = A + \frac{\Sigma fdx}{N}$
अखण्डित श्रेणी	$\bar{x} = \frac{\Sigma fx}{N}$	$\bar{x} = A + \frac{\Sigma fdx}{N}$

जहाँ $\bar{x}$ = समान्तर माध्य

Σ = योग

N = पदों की संख्या

A = कल्पित माध्य

समान्तर माध्य के गुण निम्न हैं

(i) इसकी गणना विधि सरल है। यह सदैव निश्चयात्मक होता है।

(ii) माध्यिक बहुलक के विपरीत यह माध्य श्रेणी के सभी मूल्यों पर आधारित होता है। अपने विशिष्ट बीजगणितीय गुणों के कारण सांख्यिकीय विश्लेषण की अनेक विधियों; जैसे—अपकिरण, विषमता व सह-सम्बन्ध आदि में उसका काफी उपयोग किया गया है।

समान्तर माध्य के दोष निम्न है

(i) समान्तर माध्य श्रेणी के सभी मूल्यों पर आधारित होता है। यदि किसी श्रेणी में कोई एक मूल्य अन्य मूल्यों की तुलना में बहुत अधिक या बहुत कम है तो समान्तर माध्य कुछ अवास्तविक हो जाता है।

(ii) समान्तर माध्य पूर्णांक तथा दशमलव दोनों रूपों में प्राप्त हो सकता है। कभी-कभी समान्तर माध्य का दशमलव में प्राप्त मान (जैसे—मानवों की गणना) हास्यप्रद बन जाता है।

(iii) समान्तर माध्य में श्रेणी की बनावट का ज्ञान नहीं होता। समान्तर माध्य केवल निरपेक्ष मूल्यों का औसत निकालने में उपयोगी है। अनुपात व प्रतिशत के अध्ययन में यह माध्य सर्वथा अनुपयुक्त है।

गुणोत्तर माध्य

- किसी समंक श्रेणी का गुणोत्तर माध्य उसके सभी मूल्यों के गुणनफल का वह मूल होता है जितनी उस श्रेणी में इकाइयों की कुल संख्या है।

$$\text{गुणोत्तर माध्य} = \sqrt[n]{x_1 \times x_2 \times x_3 \ldots x_n}$$

- यहाँ n किसी श्रेणी में इकाइयों की कुल संख्या हैं।

हरात्मक माध्य

- किसी समंक श्रेणी में दिए मूल्यों के व्युत्क्रमों के समान्तर माध्य का व्युत्क्रम उस श्रेणी का हरात्मक माध्य कहलाता है।

$$\text{हरात्मक माध्य (HM)} = \frac{\frac{1}{x_1} + \frac{1}{x_2} + \ldots + \frac{1}{x_n}}{n}$$

- यहाँ n किसी श्रेणी में इकाइयों की कुल संख्या है।

बहुलक

- बहुलक या मोड़ का सांख्यिकी में प्रयोग अधिकतम आवृत्ति वाले मूल्य के लिए किया जाता है।

उदाहरणार्थ 2, 4, 5, 4, 6, 5, 4, 3, 1

- पद मूल्यों वाली किसी समंक श्रेणी में 4 की आवृत्ति सबसे अधिक बार हुई है अत: 4 इस श्रेणी का बहुलक कहलाएगा।
- बहुलक को समंक श्रेणी का ऐसा प्रति रूपी मूल्य माना जाता है, जिसके निकट श्रेणी की अधिक-से-अधिक इकाइयाँ केन्द्रित होती हैं।

अविच्छिन्न श्रेणी में बहुलक की गणना

- सूत्र $Z = l + \frac{f_2}{f_0 + f_2} \times i$
- जहाँ Z = बहुलक
- l = बहुलक वर्गान्तर की निचली सीमा

- f_0 = बहुलक वर्गान्तर से पहले के वर्गान्तर की आवृत्ति
- f_2= बहुलक वर्गान्तर से तुरन्त बाद वाले वर्गान्तर की आवृत्ति
- i = बहुलक वर्गान्तर का विस्तार

माध्यिका

- किसी समंक श्रेणी के मूल्यों को आरोही अथवा अवरोही क्रम में व्यवस्थित करने के पश्चात् जो मूल्य श्रेणी के मध्य में स्थित होता है उसे श्रेणी का माध्यिका मूल्य कहते हैं। उदाहरण के लिए, यदि 5, 7, 9, 11, 13, 15, 17 किसी समंक श्रेणी के सात मूल्य हैं तो इस श्रेणी का चतुर्थ मूल्य अर्थात् 11 माध्यिका मूल्य होगा, क्योंकि यह मूल्य श्रेणी के मध्य में स्थित है।

व्यक्तिगत श्रेणी के लिए माध्यिका निर्धारण का सूत्र

$M = \frac{N+1}{2}$ वाँ पद; यहाँ M = माध्यिका

N = श्रेणी के पदों की कुल संख्या

- खण्डित श्रेणी में माध्यिका निर्धारण यदि श्रेणी खण्डित है अर्थात् मूल्यों की आवृत्तियाँ दी हुई हैं, तो माध्यिका ज्ञात करने के लिए सर्वप्रथम श्रेणी के मूल्यों को आरोही अथवा अवरोही क्रम में रखकर उनकी संचयी आवृत्ति निकालते हैं और उसके पश्चात्

$M = \frac{N+1}{2}$ का प्रयोग करके माध्यिका

- मूल्य की क्रम संख्या ज्ञात की जाती है।
- **अविच्छिन्न श्रेणी में माध्यिका निर्धारण का सूत्र**

$$M = l + \frac{i}{f}(m - c)$$

जहाँ M = माध्यिका मूल्य

l_1 = माध्यिका वर्गान्तर की निचली सीमा

i = माध्यिका वर्गान्तर का विस्तार

f = माध्यिका वर्गान्तर की आवृत्ति

m = माध्यिका वर्गान्तर का क्रमांक

C = माध्यिका वर्गान्तर से पहले वर्गान्तर की संचयी आवृत्ति

- **समान्तर माध्य, बहुलक एवं माध्यिका में सम्बन्ध**

समान्तर माध्य, बहुलक एवं माध्यिका का अन्तर्सम्बन्ध का सूत्र

$$M = \frac{2\bar{x} + z}{3}$$

भौगोलिक विश्लेषण

- **भौगोलिक विश्लेषण** (Spatial Analysis) भौगोलिक की क्रियाएँ भौगोलिक सूचना तन्त्र को अन्य सूचना तन्त्रों से अलग करती हैं। विश्लेषण क्रियाएँ वास्तविक विश्व से सम्बन्धित प्रश्नों के उत्तर देने के लिए सूचना तन्त्र में स्थानिक और गैर-स्थानिक गुणों का प्रयोग करती हैं। *भौगोलिक सूचना तन्त्र का प्रयोग करते हुए स्थानिक विश्लेषण निम्नलिखित रूपों का प्रयोग किया जाता है*

1. **अधिचित्रण** (Overlay) भौगोलिक सूचना तन्त्र का प्रमाण चिह्न अधिचित्रण है। अधिचित्रण का प्रयोग करके मानचित्रों के बहुगुणों का समन्वय किया जाता है। इसका प्रयोग कर समय के दो भिन्न कालों में भूमि उपयोग एवं भूमि आवरण में परिवर्तन के अध्ययन और भूमि के रूपान्तरण का विश्लेषण किया जाता है।
2. **बफर** (Buffer) बफर भौगोलिक सूचना तन्त्र का एक महत्त्वपूर्ण स्थानिक विश्लेषण क्रिया है। इसके द्वारा किसी भी बिन्दु, रेखा एवं क्षेत्र लक्षण के साथ किसी निश्चित दूरी की रचना कर विश्लेषण किया जाता है।
   इसका प्रयोग अस्पताल, दवा स्टोर, पक्की सड़क, क्षेत्रीय पार्कों इत्यादि सुविधाओं और सेवाओं से वंचित जनसंख्या की स्थिति निर्धारण में किया जाता है।
3. **सामीप्य विश्लेषण** (Proximity Analysis) बफर वायु, ध्वनि और जल प्रदूषण के स्थानिक स्रोतों के मानव स्वास्थ्य पर पड़ने वाले प्रभाव तथा प्रभावित जनसंख्या के अध्ययन का विश्लेषण करता है। इस प्रकार के विश्लेषण को सामीप्य विश्लेषण कहते हैं।

अभ्यास प्रश्न

1. 'मापा' शब्द निम्न में से किस एक भाषा से सम्बन्धित है?
(a) लैटिन (b) फ्रेंच
(c) जर्मन (d) रोमन

2. मानचित्रकार मुख्य रूप से किस एक विषय से ज्यादा जुड़ा होता है?
(a) इतिहास (b) भूगोल
(c) गणित (d) विज्ञान

3. मापक के आधार पर मानचित्रों को कितने वर्गों में विभाजित किया जा सकता है?
(a) एक (b) दो
(c) तीन (d) चार

4. भौगोलिक मानचित्रण प्रणाली की एक विशेषता नहीं है।
(a) व्यक्तिगत लक्षणों की पहचान (b) महादेश का विवरण
(c) राज्यों का विवरण (d) जनपदों का विवरण

5. संसार की चावल की कृषि को दर्शाने के लिए सबसे अधिक उपयुक्त मानचित्र प्रक्षेप कौन है?
(a) बोन प्रक्षेप (b) बेलनाकार समक्षेत्र प्रक्षेप
(c) मॉलवीड प्रक्षेप (d) साधारण बेलनाकार प्रक्षेप

6. निम्नांकित में से कौन-सा कथन ज्यावक्रीय प्रक्षेप हेतु सत्य नहीं है?
(a) यह समक्षेप प्रक्षेप है
(b) सभी अक्षांशों पर मापक सही होता है
(c) सभी देशान्तरों पर मापक सही होता है
(d) केन्द्रीय देशान्तर से दूर वाले क्षेत्रों की आकृति विकृत होती है

7. मानचित्र कला में 'धरातल के वास्तविक सर्वेक्षण से मानचित्र मुद्रण तक मानचित्र के प्रक्रमों की सम्पूर्ण श्रृंखला सम्मिलित है।'' यह परिभाषा दी गई है
(a) रॉबिन्सन द्वारा (b) रेज द्वारा
(c) मॉकहाउस द्वारा (d) केलावे द्वारा

8. यदि एक मानचित्र पर 1 सेमी 2 किमी को प्रदर्शित करता है, तो उसका प्रतिशत भिन्न है
(a) 1/20000 (b) 1/40000
(c) 1/80000 (d) 1/200000

9. भारत के धरातलीय पत्रकों के लिए उपयोग में लाए जाने वाले प्रक्षेप के लिए सही उत्तर का चयन निम्नलिखित में से कीजिए
(a) अन्तर्राष्ट्रीय प्रक्षेप (b) परिवर्तित बहुशंक्वाकार प्रक्षेप
(c) बहुशंक्वाकार प्रक्षेप (d) बॉन प्रक्षेप

10. निम्नलिखित मानचित्र प्रक्षेपों में से कौन-सा विश्व में गेहूँ की कृषि को दर्शाने हेतु सबसे उपयुक्त है?
(a) समक्षेप बेलनाकार (b) मॉलवीड
(c) साइनुसॉइडल (d) मर्केटर

11. निम्नलिखित में से कौन-सा कथन द्विमानक शंकु प्रक्षेप के लिए सत्य है?
(a) यह एक समक्षेत्र प्रक्षेप है
(b) इस प्रक्षेप पर ध्रुव एक बिन्दु के रूप में प्रदर्शित किया जाता है
(c) दोनों प्रामाणिक अक्षांशों के मध्यवर्ती क्षेत्र में मापक में घटाव देखा जाता है
(d) यह विश्व मानचित्र हेतु प्रयोग में लाया जा सकता है

12. निम्नलिखित मानचित्र प्रक्षेपों में से कौन-सा एक किसी दूसरे मानचित्र प्रक्षेप का संशोधित रूप नहीं है?
(a) बहुशंकु (b) अन्तर्राष्ट्रीय
(c) नमनरेखी वक्र (d) साइनुसॉइडल

13. निम्नलिखित में से कौन-सा कथन ज्यावक्रीय प्रक्षेप के बारे में सत्य नहीं है?
(a) यह सम-क्षेत्र प्रक्षेप है
(b) सभी याम्योत्तरों पर मापक सही होता है
(c) सभी अक्षांशों पर मापक सही होता है
(d) केन्द्रीय याम्योत्तर से दूर आकृति विकृत हो जाती है

14. केप-काहिरा रेलमार्ग को दर्शाने के लिए मानचित्र हेतु किस प्रक्षेप का उपयोग करते हैं?
(a) मर्केटर
(b) बेलनाकार समक्षेत्रफल
(c) साइनुसॉइडल
(d) अन्तर्राष्ट्रीय

15. यदि एक मानचित्र पर 5 मिलीमीटर, भूसतह पर 5 किमी की दूरी प्रदर्शित करता है तो उस मानचित्र का मापक होगा
(a) 1 : 1,00,000 (b) 1 : 8,00,000
(c) 1 : 10,00,000 (d) 1 : 20,00,000

16. एक नाविक के लिए निम्नलिखित में से कौन-सा एक अधिक उपयोगी है?
(a) मर्केटर प्रक्षेप (b) नोमॉनिक प्रक्षेप
(c) ज्यावक्रीय प्रक्षेप (d) मॉलवीड प्रक्षेप

17. सभी पार्श्वों पर समंजन वाले लघु क्षेत्रफल के दीर्घ मानचित्रों के लिए निम्नलिखित प्रक्षेपों में से कौन-सा एक उपयुक्त है?
(a) ज्यावक्रीय प्रक्षेप
(b) अपरिवर्तित (मॉडिफाइड) बहुशंकुक प्रक्षेप
(c) एक मानक अक्षांश वाला शांकव प्रक्षेप
(d) लैम्बर्ट प्रक्षेप

18. निम्नलिखित में से कौन-सा एक बोन प्रक्षेप का विशेष उदाहरण है?
(a) खमध्य ध्रुवी समदूरस्थ प्रक्षेप
(b) बेलनाकार समदूरस्थ प्रक्षेप
(c) शांकव समदूरस्थ प्रक्षेप
(d) ज्यावक्रीय प्रक्षेप

19. निम्नलिखित में से कौन-सा कथन द्विमानक शंकु प्रक्षेप के लिए सत्य है?
(a) एक समक्षेत्र प्रक्षेप है
(b) दोनों प्रामाणिक अक्षांशों के मध्यवर्ती क्षेत्र में मापक में घटान होता है
(c) ध्रुव इस प्रक्षेप पर बिन्दु के रूप में प्रदर्शित किया जाता है
(d) विश्व मानचित्र हेतु प्रयोग में लाया जा सकता है

20. मौसमी दशाएँ, शुद्ध क्षेत्रफल, शस्यकाल आदि एक साथ दर्शाए जा सकते हैं
(a) हीदरग्राफ पर (b) इर्ग्रोग्राफ पर
(c) क्लाइमोग्राफ पर (d) बैण्डग्राफ पर

21. निम्नांकित में से कौन-सा कथन ज्यावक्रीय प्रक्षेप के बारे में सत्य नहीं है?
(a) यह एक समक्षेत्र प्रक्षेप है
(b) सभी अक्षांशों पर मापक सही होता है
(c) सभी याम्योत्तरों पर मापक सही होता है
(d) केन्द्रीय याम्योत्तर से दूर आकृति विकृत हो जाती है

22. निम्नलिखित प्रक्षेपों में से कौन-सा एक असन्दर्भ प्रक्षेप है?
(a) खमध्य केन्द्र रेखीय (b) खमध्य सान्द्र रेखीय
(c) खमध्य सम दूरा (d) खमध्य अनन्त रेखीय

23. नोमॉनिक प्रक्षेप पर बनाए हुए मानचित्र पर दो बिन्दुओं के मध्य में वृहत वृत्त मार्ग अंकित होता है
(a) एक साइन वक्र से (b) एक सीधी रेखा से
(c) एक परवलय से (d) एक वृत्त के चाप से

24. मौसम मानचित्र में वायु वेग की क्षेत्रीय भिन्नता को किसका वितरण दर्शाते हुए सर्वाधिक सही रूप से स्पष्ट किया जा सकता है?
(a) वायुदाब प्रवणता
(b) चक्रवात तथा अवदाब
(c) वाताग्र तथा वायु राशियाँ
(d) उच्च दाब तथा निम्न दाब

25. निम्नलिखित प्रतिबन्धों में से किन में एक दिया गया आकाशीय फोटो युग्म त्रिविमयुग्म के रूप में समझा नहीं जाएगा?
I. बिना अतिव्यापन II. 25% अतिव्यापन
III. 60% अतिव्यापन IV. 100% अतिव्यापन
नीचे दिए गए कूट का प्रयोग कर सही उत्तर चुनिए
(a) I और II (b) I और III
(c) I और IV (d) II और IV

26. निम्नलिखित कथनों पर विचार कीजिए
I. आल्बर्स समक्षेत्र प्रक्षेप में विकृति क्षेत्र को मानक रेखाओं के समानान्तर विन्यासित किया जाता है।
II. आल्बर्स समक्षेत्र प्रक्षेप ऐसे मध्य-अक्षांश क्षेत्र के लिए उपयुक्त है, जिसका उत्तर-दक्षिण की तुलना में पूर्व-पश्चिम विस्तार अधिक है।
उपरोक्त कथनों में से कौन-सा/से सही है/हैं?
(a) केवल I (b) केवल II
(c) I और II दोनों (d) न तो I और न ही II

27. सुमेलित कीजिए

सूची I (विवरण)	**सूची II** (प्रक्षेप)
A. प्रत्येक समानान्तर मानक समानान्तर के रूप में प्रक्षिप्त होता है	1. बहुशंकुक प्रक्षेप
B. ज्यावक्रों का प्रयोग याम्योत्तरों के रूप में किया जाता है	2. ज्यावक्रीय प्रक्षेप
C. 90°N या S अक्षांश नहीं दिखाया जाता	3. मर्केटर प्रक्षेप
D. उत्तरी एवं दक्षिणी ध्रुव रेखाओं में दिखाए गए हैं	4. गॉल का त्रिविम बेलनाकार प्रक्षेप

कूट

	A	B	C	D
(a)	4	3	2	1
(b)	1	2	3	4
(c)	4	2	3	1
(d)	1	3	2	4

28. निम्न कथनों पर विचार करें
I. शंकु के आकार की पहाड़ी को समान दूरी के अन्तराल पर खींची गई संकेन्द्रीय समोच्च रेखाओं के द्वारा प्रदर्शित किया जाता है।
II. कटक को दीर्घवृत्ताकार समोच्च रेखाओं के द्वारा प्रदर्शित किया जाता है।
उपरोक्त कथनों में से कौन-सा/से सही है/हैं?
(a) केवल I (b) केवल II
(c) I और II दोनों (d) न तो I और न ही II

29. प्रादेशिक अर्थव्यवस्था के विभिन्न लक्षणों के स्थानिक साहचर्य के मापन के लिए निम्नलिखित में से कौन-सी मानचित्रीय प्रविधि उपयुक्त है?
(a) बिन्दु विधि (b) वृत्तारेख
(c) दण्ड-आरेख (d) वर्णमात्री विधि

30. 50 छात्रों के प्राप्तांकों का माध्य 44 अंक था, लेकिन बाद में पता चला कि अंक 40 के स्थान पर गलती से 60 ले लिया गया था। सही माध्य कौन-सा होगा?
(a) 43.6 (b) 44.2
(c) 42.8 (d) 43.4

31. निम्नलिखित में से कौन-सी विशेषताएँ शंक्वाकार मानचित्र प्रक्षेप से सम्बन्धित हैं?
I. देशान्तरों के मध्य की दूरी ध्रुव की ओर कम होती जाती है।
II. मानक अक्षांश, मापक अनुसार सही होता है।
III. अक्षांशों के मध्य की दूरी ध्रुव की ओर कम होती जाती है।
IV. केन्द्रीय याम्योत्तर एक सरल रेखा होती है।
नीचे दिए गए कूट का प्रयोग कर सही उत्तर चुनिए
(a) I और IV (b) II और III
(c) I, II और III (d) I, II और IV

32. तुलनात्मक मापक के बारे में निम्नलिखित कथनों का अध्ययन कीजिए तथा कूट से सही उत्तर चुनिए
I. यह दो साधारण मापकों का सम्मिश्रण है।
II. दोनों साधारण मापक समान लम्बाई के होते हैं।
III. दोनों साधारण मापक की विभिन्न इकाइयाँ प्रदर्शित करते हैं।
IV. दोनों साधारण मापक मापन एक ही प्रदर्शक भिन्न पर निर्मित किए जाते हैं।
कूट
(a) I, II और III (b) II, III और IV
(c) I, III और IV (d) I, II और IV

33. निम्न कथनों पर विचार कीजिए
I. हैश्यूर प्रणाली में उच्चावच का प्रदर्शन किया जाता है।
II. हैश्यूर बनाने के मूल नियमों का प्रतिपादन लेहमान द्वारा किया गया था।
उपरोक्त कथनों में से कौन-सा/से सही है/हैं?
(a) केवल I (b) केवल II
(c) I और II दोनों (d) इनमें से कोई नहीं

34. निम्न कथनों पर विचार कीजिए
I. त्रिकोणाकार आरेख समबाहु त्रिभुज के आकार का होता है।
II. इसमें मृदा की संरचना के अनुपात को प्रदर्शित किया जाता है।
III. इसको त्रिकोणाकार ग्राफ भी कहा जाता है।

उपरोक्त कथनों में से कौन-सा सही कथन है/हैं?

(a) I और II (b) II और III
(c) I और III (d) I, II और III

35. निम्न कथनों में से कौन-सा कथन सही नहीं है?

(a) दो मानक अक्षांशों वाले शंक्वाकार प्रक्षेप में दोनों अक्षांशों पर मापनी शुद्ध रहती है
(b) मर्केटर प्रक्षेप में अक्षांशों के बीच की दूरी ध्रुवों की ओर घटती जाती है
(c) एक मानक अक्षांश वाले शंक्वाकार प्रक्षेप में केवल एक अक्षांश पर ही मापनी शुद्ध रहती है
(d) एक मानक अक्षांश वाले शंक्वाकार प्रक्षेप के द्वारा कनाडा और यू एस ए के मध्य सीमा रेखा का प्रदर्शन शुद्ध रूप से किया जा सकता है

36. सुमेलित कीजिए

सूची I	सूची II
A. बॉन प्रक्षेप	1. शुद्ध क्षेत्रफल
B. बहुशंकु प्रक्षेप	2. सही आकृति
C. ध्रुवीय नोमॉनिक	3. न शुद्ध क्षेत्रफल न ही आकृति
D. मर्केटर प्रक्षेप	4. सही दिशा

कूट

	A	B	C	D		A	B	C	D
(a)	1	2	3	4	(b)	1	3	4	2
(c)	2	3	4	1	(d)	4	3	2	1

37. निम्न कथनों पर विचार कीजिए

I. ट्रान्स साइबेरियन रेलवे को प्रदर्शित करने के लिए द्विमानक अक्षांश युक्त साधारण शंकु प्रक्षेप उपयुक्त है।
II. अन्तर्राष्ट्रीय प्रक्षेप एक परिवर्द्धित प्रक्षेप है।

उपरोक्त कथनों में से कौन-सा/से सही है/हैं?

(a) केवल I (b) केवल II
(c) I और II दोनों (d) उपरोक्त में से कोई नहीं

38. सुमेलित कीजिए

सूची I	सूची II
A. हीदरग्राफ	1. तापक्रम
B. क्लाइमोग्राफ	2. सापेक्षिक आर्द्रता
C. बैरोमीटर	3. दाब
D. तारा चित्र	4. दिशा

कूट

	A	B	C	D		A	B	C	D
(a)	1	2	3	4	(b)	1	3	2	4
(c)	4	3	2	1	(d)	4	2	3	1

39. निम्न कथनों पर विचार कीजिए

I. बंजर भूमि को मृतक भूमि भी कहते हैं।
II. लोक्सोड्रोम का सम्बन्ध एक दिशा नौ पथ रेखा से है।
III. मर्केटर प्रक्षेप में लोक्सोड्रोम का प्रयोग किया जाता है।

उपरोक्त कथनों में से कौन-सा सही कथन है/हैं?

(a) I और II (b) II और III
(c) I और III (d) I, II और III

40. सुमेलित कीजिए

सूची I	सूची II
A. अन्तर्राष्ट्रीय	1. सम क्षेत्रफल
B. मॉलवीड	2. सही दिशा
C. मर्केटर	3. सही मापक
D. गॉल	4. कोई नहीं

कूट

	A	B	C	D		A	B	C	D
(a)	3	1	4	2	(b)	1	3	4	2
(c)	1	3	2	4	(d)	3	1	2	4

41. मॉलवीड प्रक्षेप के सन्दर्भ में निम्न में से कौन-सा कथन सत्य नहीं है?

(a) 90° देशान्तर रेखा अर्द्ध-वृत्त
(b) सभी देशान्तर रेखाएँ अर्द्ध-वृत्त
(c) केन्द्रीय देशान्तर रेखा विषुवत् रेखा की आधी
(d) यह एक समक्षेत्र प्रक्षेप है

42. सुमेलित कीजिए

सूची I (विवरण)	सूची II (प्रक्षेप)
A. प्रत्येक अक्षांश मानक अक्षांश	1. बहु शंकुक प्रक्षेप
B. ज्यावक्रों का प्रयोग याम्योत्तरों के रूप में	2. ज्यावक्रीय प्रक्षेप
C. 90° N या S अक्षांश नहीं दिखाया जा सकता	3. मर्केटर
D. उत्तरी तथा दक्षिणी ध्रुव रेखाओं में दिखाए जाते हैं	4. गॉल का बेलनाकार प्रक्षेप

कूट

	A	B	C	D		A	B	C	D
(a)	4	3	2	1	(b)	1	4	2	3
(c)	4	2	3	1	(d)	1	3	2	4

43. निम्नलिखित में से कौन-सा एक, बोन प्रक्षेप का विशेष उदाहरण है?

(a) खमध्य ध्रुवीय समदूरस्थ प्रक्षेप
(b) बेलनाकार समदूरस्थ प्रक्षेप
(c) शांकव समदूरस्थ प्रक्षेप
(d) ज्यावक्रीय प्रक्षेप

44. निम्नलिखित में से कौन-सी विशेषताएँ शंक्वाकार मानचित्र प्रक्षेप से सम्बन्धित हैं?

I. देशान्तरों के मध्य की दूरी ध्रुव की ओर कम होती जाती है।
II. मानक अक्षांश मापक अनुसार सही होता है।
III. अक्षांशों के मध्य की दूरी ध्रुवों की ओर होती है।
IV. केन्द्रीय याम्योत्तर एक सरल रेखा होती है।

उपरोक्त कथनों में से कौन-से कथन सही हैं?

(a) I और IV (b) II और III
(c) I, II और III (d) I, II और IV

45. निम्नलिखित तीन मानचित्र के प्रकारों में सबसे बड़े मानचित्र मापक से प्रारम्भ करते हुए मापक के आधार पर सही अवरोही क्रम है

(a) एटलस मानचित्र, स्थलाकृतिक मानचित्र, भू-सम्पत्ति मानचित्र
(b) भू-सम्पत्ति मानचित्र, एटलस मानचित्र, स्थलाकृतिक मानचित्र
(c) भू-सम्पत्ति मानचित्र, स्थलाकृतिक मानचित्र, एटलस मानचित्र
(d) स्थलाकृतिक मानचित्र, एटलस मानचित्र, भू-सम्पत्ति मानचित्र

46. निम्नलिखित में से किस एक प्रक्षेप में मानक 45° अक्षांश पर सही होता है?
(a) समक्षेत्र बेलनाकार प्रक्षेप (b) गॉल प्रक्षेप
(c) मर्केटर प्रक्षेप (d) मॉलवीड प्रक्षेप

47. सुमेलित कीजिए

सूची I (प्रक्षेप)	सूची II (उपयोग)
A. बॉन	1. ट्रांस साइबेरियन रेलवे
B. बेलनाकार समक्षेत्र	2. यूएसए तथा कनाडा की सीमा
C. एक मानक शंकु आकार प्रक्षेप	3. यूरोप महाद्वीप
D. द्विमानक शंकु आकार प्रक्षेप	4. विश्व में रबर तथा मसालों का उत्पादन

कूट

	A	B	C	D		A	B	C	D
(a)	4	3	1	2	(b)	4	3	2	1
(c)	3	4	1	2	(d)	3	4	2	1

48. सुमेलित कीजिए

सूची I (लक्षण)	सूची II (मानचित्र प्रकार)
A. अक्षांश विसंकेन्द्रीय वृत्तों के चाप हैं	1. ध्रुवीय केन्द्रक खमध्य
B. ध्रुवों की ओर अक्षांशों के मध्य दूरी तीव्रता से बढ़ती जाती थी	2. बहुशंक्वाकार प्रक्षेप
C. विषुवत् रेखा की ओर अक्षांशों के मध्य की दूरी बढ़ती थी।	3. एक मानक अक्षांश युक्त साधारण शंक्वाकार प्रक्षेप
D. एक वृत्त के चाप द्वारा ध्रुव प्रदर्शित किया जाता था।	4. मर्केटर प्रक्षेप

कूट

	A	B	C	D
(a)	2	4	1	3
(b)	4	2	1	3
(c)	2	4	3	1
(d)	2	1	4	3

49. निम्नलिखित मानचित्र प्रक्षेपों में से कौन एक काफी दूरी या ऊँचाई से लिया गया पृथ्वी जाल का छायाचित्र जैसा दिखता है?
(a) नोमॉनिक (b) यथाकृतिक
(c) त्रिविम (d) लम्बकोणीय

50. विषुवत् रेखा और देशान्तर रेखा की मानचित्र दूरियों का अनुपात किस प्रक्षेप में होता है?
(a) मर्केटर प्रक्षेप में
(b) ज्यावक्रीय प्रक्षेप में
(c) बेलनाकार समक्षेत्र प्रक्षेप में
(d) एक मानक अक्षांश लेखा वाले साधारण शंक्वाकार प्रक्षेप में

51. निम्नांकित में से कौन-सा ट्रांस साइबेरियन रेलमार्ग को प्रदर्शित करने हेतु सर्वाधिक उपयुक्त प्रक्षेप है?
(a) सम क्षेत्रफल बेलनाकार प्रक्षेप
(b) मर्केटर प्रक्षेप
(c) एक मानक अक्षांश वाला शंकु प्रक्षेप
(d) बहुशंकुक प्रक्षेप

52. जब स्थानिक वितरण दर्शाते हुए अमात्रात्मक छायित मानचित्रों पर बिन्दु प्रतीक निर्दिष्ट किए जाते हैं तो मानचित्र है
(a) कोरोक्रोमेटिक (b) वर्णप्रतीकी
(c) वर्णमात्री (d) कोरोग्राफिक

53. जो सर्वेक्षण विशेषतया भू-सम्पत्ति से सम्बन्धित है, कहा जाता है
(a) कैडेस्ट्रल सर्वेक्षण (b) भू-गणितीय सर्वेक्षण
(c) थिमैटिक सर्वेक्षण (d) त्रिभुजन सर्वेक्षण

54. नोमॉनिक प्रक्षेप पर बनाए हुए मानचित्र पर दो बिन्दुओं के मध्य में वृहत वृत्त मार्ग अंकित होता है
(a) एक साइन वक्र से (b) एक सीधी रेखा से
(c) एक परवलय से (d) एक वृत्त के चाप से

55. सुमेलित कीजिए

सूची I (यन्त्र)	सूची II (कार्य)
A. प्लैनी मीटर	1. भूतल पर कोण तथा ढाल मापता है।
B. पेण्टोग्राफ	2. मानचित्रों पर क्षेत्र मापता है।
C. पैरेलेक्स	3. मानचित्रों का विवर्द्धन और लघुकरण करता है।
D. क्लाइनो मीटर	4. फोटोग्राफ के आधार पर ऊँचाई मापता है।

कूट

	A	B	C	D		A	B	C	D
(a)	4	2	3	1	(b)	2	1	3	4
(c)	2	3	4	1	(d)	1	3	4	2

56. निम्नलिखित में से कौन-सा रूढ़ प्रक्षेप नहीं है?
(a)विच्छिन्न साइनुसॉइडल प्रक्षेप
(b) मॉलवीड प्रक्षेप
(c) साइनुसॉइडल प्रक्षेप
(d) गॉल का स्टीरियोग्राफिक प्रक्षेप

57. विश्व का मानचित्र बनाने के लिए टॉलमी ने ऊपरी तौर पर निम्नलिखित प्रक्षेप के एक परिवर्तित रूप का उपयोग किया था
(a) शंक्वाकार प्रक्षेप
(b) दिगंशीय सम दूरस्थ प्रक्षेप
(c) मर्केटर प्रक्षेप
(d) बेलनाकार सम क्षेत्रफल प्रक्षेप

58. निम्न में से कौन-सा बेलनाकार समक्षेत्रफल तथा मॉलवीड के मानचित्र प्रक्षेप दोनों में मिलने वाली विशेषता नहीं है?
(a) अक्षांश रेखाएँ ध्रुवों की ओर समीप होती जाती हैं
(b) अक्षांश रेखाएँ सीधी रेखाएँ हैं
(c) मध्याह्न रेखाएँ वक्राकार हैं
(d) क्षेत्रफल शुद्ध रूप में दिखाया जाता है

59. केप-काहिरा रेलमार्ग को दर्शाने के लिए मानचित्र हेतु किस प्रक्षेप का उपयोग करते हैं?
(a) मर्केटर (b) बेलनाकार समक्षेत्रफल
(c) साइनुसॉइडल (d) अन्तर्राष्ट्रीय

60. निम्नलिखित मानचित्र प्रक्षेपों में से कौन-सा एक किसी दूसरे मानचित्र प्रक्षेप का संशोधित रूप नहीं है?
(a) बहु शंकु (b) अन्तर्राष्ट्रीय
(c) साधारण बेलनाकार (d) साइनुसॉइडल

61. सुमेलित कीजिए

सूची I	सूची II
A. शंक्वाकार प्रक्षेप	1. बॉन
B. बेलनाकार प्रक्षेप	2. नोमॉनिक
C. रूढ़	3. मर्केटर
D. खमध्य	4. मॉलवीड

कूट

	A	B	C	D		A	B	C	D
(a)	1	2	3	4	(b)	3	1	4	2
(c)	1	3	4	2	(d)	4	3	2	1

62. अन्तर्राष्ट्रीय मानचित्र प्रक्षेप संशोधित रूप है

(a) बॉन प्रक्षेप का (b) बहु शंकु प्रक्षेप का
(c) साधारण शंकु प्रक्षेप का (d) साइनुसॉइडल प्रक्षेप का

63. निम्न में से किस प्रक्षेप पर विषुवत् रेखा की लम्बाई सही नहीं होती?

(a) बेलनाकार समक्षेत्र (b) मर्केटर
(c) मॉलवीड (d) साइनुसॉइडल

64. विश्व में रबड़ उत्पादक देशों को प्रदर्शित करने के लिए किस प्रक्षेप का उपयोग होता है?

(a) बेलनाकार समक्षेत्रफल (b) बेलनाकार समदूरी
(c) मर्केटर (d) गॉल का त्रिविम

65. निम्न में से किस प्रक्षेप में उत्तरी तथा दक्षिणी ध्रुव एक बिन्दु की तरह प्रक्षिप्त होते हैं?

(a) बॉन
(b) एक मानक अक्षांश वाला साधारण शंकु प्रक्षेप
(c) बहु शंक्वाकार
(d) दो मानक अक्षांश वाला साधारण शंक्वाकार

66. निम्नलिखित में से कौन-सा भारत के मौसम मानचित्र पर नहीं दर्शाया जाता है?

(a) वायुदाब (b) मेघाच्छादन
(c) तटवर्ती सागर की दशा (d) तापमान

67. निम्नलिखित में से कौन-सा बोन प्रक्षेप के सन्दर्भ में सही है?

I. यह समक्षेत्र प्रक्षेप है।
II. इसके अक्षांश संकेन्द्रीय वक्र होते हैं।
III. केवल मध्य देशान्तर ही सीधी रेखा होती है।

कूट

(a) I और II (b) I और III
(c) II और III (d) I, II और III

68. निम्नलिखित में से कौन-सा कथन सही नहीं है?

(a) बाल्टिक क्षेत्र एवं फ्रांस के लिए शंक्वाकार दो मानक अक्षांश प्रक्षेप सर्वाधिक उपयुक्त है
(b) ट्रांस साइबेरियन रेलवे लाइन को शंक्वाकार एक मानक अक्षांश प्रक्षेप पर अच्छे तरीके से दिखाया जा सकता है
(c) अन्तर्राष्ट्रीय मानचित्र प्रक्षेप परिवर्तन बोन प्रक्षेप है
(d) बोन प्रक्षेप परिवर्तन शंक्वाकार प्रक्षेप है

69. प्रक्षेप, जोकि मध्य अक्षांशों में स्थित देशों के मानचित्रों के निर्माण के लिए सर्वाधिक उपयुक्त होता है

(a) शिरोबिन्दु (b) शंक्वाकार
(c) मर्केटर्स (d) बेलनाकार

70. सुमेलित कीजिए

सूची I (प्रक्षेप)	सूची II (विशेषताएँ)
A. बॉन प्रक्षेप	1. भूमध्य रेखा की लम्बाई $2\pi r$ है
B. गॉल्स प्रक्षेप	2. ध्रुव रेखा सीधी है
C. बेलनाकार प्रक्षेप	3. सभी अक्षांश मानक अक्षांश
D. मर्केटर प्रक्षेप	4. अक्षांश एवं देशान्तर के सहारे एक बिन्दु पर मापक समान है

कूट

	A	B	C	D		A	B	C	D
(a)	3	2	4	1	(b)	3	1	2	4
(c)	1	3	4	2	(d)	1	3	2	4

71. स्थल रूप जो तीन तरफ से घेरने वाली समोच्च रेखाओं द्वारा प्रदर्शित किया गया है तथा समोच्च रेखाओं का मूल्य बाहर की ओर घट रहा है

(a) नदी घाटी (b) हिमानी घाटी
(c) पर्वत घाटी (d) कटक

72. निम्नलिखित प्रक्षेपों में से किस एक में उत्तर-दक्षिण का मापक सर्वत्र शुद्ध होता है?

(a) बहु शांक्वीय प्रक्षेप (b) बेलनाकार समक्षेत्र प्रक्षेप
(c) मॉलवीड प्रक्षेप (d) बॉन प्रक्षेप

73. संसार का मानचित्र बनाने के लिए निम्नलिखित में से कौन-सा प्रक्षेप सबसे उपयुक्त होगा?

(a) साइनुसॉइडल (b) मॉलवीड
(c) मर्केटर (d) बोन

74. निम्नलिखित में से किसकी मापनी सबसे वृहद् होती है?

(a) स्थलाकृतिक मानचित्र (b) भू-सम्पत्ति मानचित्र
(c) एटलस मानचित्र (d) दीवार मानचित्र

75. भारतीय सर्वेक्षण विभाग का कार्यालय स्थित है

(a) कोलकाता (b) बंगलुरु
(c) देहरादून (d) आबू

76. निम्नलिखित में से कौन-सी वितरण मानचित्र बनाने की मात्रात्मक विधि के अन्तर्गत आती है?

(a) कोरोक्रोमेटिक विधि
(b) कोरोस्किमेटिक विधि
(c) ज्यामितीय प्रतीक विधि
(d) वर्णमात्री विधि

77. बहुस्पेक्ट्रमी क्रम वीक्षण पृथ्वी की सतह पर मानव आँख द्वारा ग्रहण किए जाने वाले विद्युत चुम्बकीय स्पेक्ट्रम से परे भी तरंगों के रूप में आँकड़ों के संग्रहण का कार्य करता है। यदि वनस्पतियों पर सूखे के प्रभाव का अध्ययन करना हो तो विद्युत चुम्बकीय स्पेक्ट्रम का कौन-सा भाग स्थिति की सही जानकारी देगा?

(a) थर्मल इन्फ्रारेड (b) मध्य इन्फ्रारेड
(c) नजदीकी इन्फ्रारेड (d) नीला स्पेक्ट्रम

78. मर्केटर प्रक्षेप पर ध्रुव

(a) वक्राकार रेखा के रूप में प्रदर्शित होते हैं
(b) सीधी रेखा के रूप में प्रदर्शित होते हैं
(c) बिन्दु रूप होते हैं
(d) दिखाए नहीं जा सकते

79. ध्रुवीय प्रदेशों के वायु यातायात चार्ट बनाने हेतु कौन-सा जेनियला प्रक्षेप विशेष उपयोगी माना जाता है?
(a) लम्बकोणीय (b) समक्षेत्रफल
(c) समदूरस्थ (d) नोमॉनिक

80. संसार में चावल की खेती को दर्शाने के लिए सबसे अधिक उपयुक्त मानचित्र कौन-सा है?
(a) मर्केटर प्रक्षेप (b) बेलनाकार समक्षेत्र प्रक्षेप
(c) मॉलवीड प्रक्षेप (d) साधारण बेलनाकार प्रक्षेप

81. नोमॉनिक प्रक्षेप में प्रकाश की स्थिति रहती है
(a) विपरीत ध्रुव पर (b) ग्लोब के केन्द्र पर
(c) अनन्त पर (d) भूमध्य रेखा पर

82. हरी वनस्पति मानक त्रियक रंगी मिश्रण में किस रंग की प्रतीत होती है?
(a) सफेद (b) काली
(c) नीली (d) लाल

83. सर्वेक्षण में प्रयोग होने वाला 8 से 10 फीट तक लम्बा लकड़ी या लोहे के पाइप को क्या कहा जाता है?
(a) गुनिया (b) फीता
(c) तीर (d) सर्वेक्षण दण्ड

84. जब फोटो भूमि के लिए जाते हैं तो वह क्या कहलाते है?
(a) वायु फोटोग्राफ (b) भौमिकीय फोटोग्राफ
(c) वायु छाया फोटोग्राफ (d) a और c दोनों

85. फोटो ग्राममिति की उत्पत्ति किस भाषा से हुई है?
(a) ग्रीक (b) रोमन
(c) फोनेशियन (d) अरब

86. किसका वायु फोटोग्राफ नहीं लिया जा सकता है?
(a) दुर्गम पर्वतीय क्षेत्र (b) वनीय क्षेत्र
(c) बर्फीले भागों (d) इनमें से कोई नहीं

87. कब वायुफोटोग्राफ लेने में समस्या आएगी?
(a) शीत ऋतु (b) ग्रीष्म ऋतु
(c) शरद ऋतु (d) वर्षा ऋतु

88. फोटोग्राफी की कौन-सी विधियाँ प्रचलित है?
(a) पिन प्वाइन्ट फोटोग्राफी (b) ब्लॉक फोटोग्राफी
(c) a और b दोनों (d) इनमें से कोई नहीं

89. निम्नलिखित में से केन्द्रीय प्रवृत्ति का सामान्यत: उपयोग में आने वाला मापन कौन-सा है?
(a) माध्य (b) माध्यिका
(c) बहुलक (d) हरात्मक माध्य

90. निम्नलिखित आँकड़ों की माध्यिका क्या होगी?

वर्गान्तराल	10-20	20-30	30-40	40-50	50-60	60-70	70-80	80-90
आवृत्ति	4	12	40	41	27	13	9	4

(a) 43.65 (b) 44.63
(c) 42.25 (d) 45.25

91. निम्नलिखित स्थितियों में किसके लिए समान्तर माध्य उपयुक्त होगा?
(a) एक कक्षा में छात्रों की बौद्धिक प्रतिभा
(b) एक कम्पनी में मजदूरी
(c) एक कम्पनी के प्रति पाली उत्पादन
(d) जब चरों की मात्रा अनुपात में हो

92. निम्नलिखित आँकड़ों का बहुलक क्या होगा?

मजदूरी से कम	10	20	30	40	50	60	70
मजदूरों की संख्या	2	13	33	63	89	99	100

(a) 38.28 (b) 36.85
(c) 37.14 (d) 35.25

93. बहुलक ज्ञात करने का सूत्र है
(a) $l_1 + \frac{2t_1 - f_0}{f} \times i$
(b) $l_1 + \frac{l_2 - l_1}{f} \times i$
(c) $l_1 + \frac{\frac{N}{2} - Cf}{f} \times i$
(d) $l_1 + \frac{f_1 - f_0}{2f_1 - f_0 - f_2} \times i$

94. संख्या 20, 25, 0, 7, 14, 36, 22, 18, 30, 32 का समान्तर माध्य क्या होगा?
(a) 20.4 (b) 19.9
(c) 21.1 (d) 22.2

उत्तरमाला

1.	(a)	2.	(c)	3.	(b)	4.	(a)	5.	(b)	6.	(c)	7.	(c)	8.	(d)	9.	(a)	10.	(b)
11.	(c)	12.	(c)	13.	(d)	14.	(c)	15.	(c)	16.	(a)	17.	(b)	18.	(d)	19.	(b)	20.	(b)
21.	(c)	22.	(c)	23.	(b)	24.	(a)	25.	(a)	26.	(c)	27.	(b)	28.	(c)	29.	(b)	30.	(a)
31.	(c)	32.	(d)	33.	(c)	34.	(d)	35.	(b)	36.	(a)	37.	(c)	38.	(a)	39.	(a)	40.	(d)
41.	(b)	42.	(b)	43.	(d)	44.	(d)	45.	(c)	46.	(b)	47.	(c)	48.	(a)	49.	(d)	50.	(b)
51.	(c)	52.	(d)	53.	(a)	54.	(b)	55.	(c)	56.	(d)	57.	(a)	58.	(c)	59.	(c)	60.	(c)
61.	(c)	62.	(b)	63.	(c)	64.	(a)	65.	(a)	66.	(b)	67.	(d)	68.	(c)	69.	(b)	70.	(a)
71.	(d)	72.	(d)	73.	(b)	74.	(c)	75.	(c)	76.	(d)	77.	(c)	78.	(d)	79.	(d)	80.	(b)
81.	(b)	82.	(d)	83.	(d)	84.	(b)	85.	(a)	86.	(d)	87.	(d)	88.	(c)	89.	(c)	90.	(b)
91.	(a)	92.	(c)	93.	(d)	94.	(a)												

मध्य प्रदेश
उच्च माध्यमिक शिक्षक पात्रता परीक्षा (भाग-ब)

प्रैक्टिस पेपर 1

निर्देश

इस प्रश्न-पत्र में कुल 120 वस्तुनिष्ठ प्रकार के प्रश्न हैं तथा प्रत्येक प्रश्न के लिए एक अंक निर्धारित है।

1. लैटेराइट मृदा से सम्बन्धित निम्नलिखित कथनों पर विचार कीजिए
1. ये मृदाएँ शीतोष्ण जलवायु प्रदेशों में पाई जाती हैं।
2. ये मृदा क्षारीय होती हैं।
3. इनमे सिलिका अत्यधिक मात्रा में पाई जाती है।

उपरोक्त कथनों में से कौन-सा/से कथन सही है/हैं?

(a) केवल 1 (b) केवल 2 (c) 1 और 3 (d) केवल 3

2. निम्नलिखित कथनों पर विचार कीजिए
1. पृथ्वी की बाह्य सतह से नीचे गहराई में जाने पर तापमान में 32 मी की गहराई पर 1°C की कमी होती है।
2. पृथ्वी के अन्दर गहराई के साथ तापमान में वृद्धि की दर तीव्र होती जाती है।
3. इसका मुख्य कारण रेडियो सक्रिय पदार्थों का पृथ्वी की गहराई वाले भागों में संकेन्द्रण है।

उपरोक्त कथनों में से कौन-सा/से कथन सही है/हैं?

(a) केवल 1 (b) केवल 2 (c) 1 और 3 (d) ये सभी

3. निम्नलिखित कथनों पर विचार कीजिए
1. रासायनिक संगठन के आधार पर पृथ्वी के आन्तरिक भाग को तीन भागों में विभाजित किया गया है।
2. यह विभाजन एडवर्ड स्वेस के द्वारा किया गया है।
3. इनमें सियाल मध्यवर्ती परत है।

उपरोक्त कथनों में से कौन-सा/से कथन सही है/हैं?

(a) केवल 1 (b) केवल 2 (c) 1 और 2 (d) केवल 3

4. निम्न तत्त्वों में से कौन-से भू-पर्पटी में क्रमश: अधिकतम और निम्नतम मात्रा में पाए जाते हैं?

(a) ऑक्सीजन और सिलिकॉन (b) कैल्सियम और सोडियम
(c) सोडियम और मैग्नीशियम (d) ऑक्सीजन और मैग्नीशियम

5. रूपान्तरित चट्टानों की उत्पत्ति किन चट्टानों से होती है?

(a) आग्नेय (b) तलछटी
(c) आग्नेय तथा तलछटी दोनों (d) इनमें से कोई नहीं

6. वह रचना जहाँ पदार्थ का उत्खनन होता है उस क्षेत्र में जलधारा काफी तेजी से निकट जलधारा से जल ग्रहण करती है एवं कुछ समय बाद अलग भूदृश्य बनाती है

(a) पोखर (b) गोखुर झील
(c) 'a' और 'b' दोनों (d) इनमें से कोई नहीं

7. चट्टानों में विरूपण या विकृति निम्नलिखित परिस्थितियों में होती है
1. चट्टानों में दाब तथा ताप के कारण विकसित या विकृत होने का गुण होना चाहिए।
2. चट्टानों का ताप जितना अधिक होगा यह उतना ही ज्यादा प्लास्टिक होगा।
3. दाब चट्टानों के अन्दरूनी शक्ति से ज्यादा नहीं होना चाहिए अन्यथा यह टूट जाएगा।
4. विकृति धीरे-धीरे होनी चाहिए।

उपरोक्त कथन में सत्य कथन की पहचान करें

(a) 1 और 2 (b) 2, 3 और 4
(c) 1, 2 और 3 (d) ये सभी

8. चट्टानों के बारी-बारी से सूखने एवं गीली होने की प्रक्रिया जानी जाती है

(a) चट्टानों की ढीली होने की प्रक्रिया
(b) अपक्षरण का एक प्रमुख घटक
(c) चट्टानी सतह के बीच जल के अणु का क्रमिक जमाव
(d) उपरोक्त सभी

9. खनिजों का सबसे बड़ा समूह है। रासायनिक तौर पर इसमें सिलिकॉन एवं ऑक्सीजन की भिन्न मात्रा पाई जाती है। इसमें समूह को अन्य खनिज समूह से विभेद करना आसान है परन्तु इस समूह के किसी एक खनिज की पहचान करना कठिन है। कोई भी खनिज पूर्णत: अपारदर्शक नहीं है। अधिकांश का भार हल्का है। उपरोक्त कथन किस खनिज के लिए है?

(a) सल्फेट (b) फॉस्फेट (c) सिलिकेट (d) ऑर्गेनिक

10. निम्न कथनों का अध्ययन करें
1. ओजोन ऑक्सीजन के 3 अणुओं (O_3)से निर्मित गैस है। सर्वप्रथम इसकी खोज 1913 में फ्रेंच भौतिक विज्ञानी चार्ल्स फैब्री एवं हेनरी बुइसॉन ने की थी।
2. लगभग 16 से 50 किमी ऊँचाई के मध्य स्थित वायुमण्डल के सबसे निचले स्तर क्षोभमण्डल के ऊपर समतापमण्डल (Stratosphere) में ही ओजोन गैस का 50% हिस्सा पाया जाता है।

कूट

(a) केवल 1 सही है
(b) केवल 2 सही है
(c) 1 और 2 दोनों सही हैं
(d) 1 और 2 दोनों गलत हैं

11. निम्नलिखित में से कौन-सा एक, दक्षिणी गोलार्द्ध में पवन का अपनी बाईं और विक्षेपित होने का कारण है?

(a) उत्तरी ओर दक्षिणी गोलार्द्ध की जल मात्राओं मे भिन्नता
(b) ताप और दाब विभिन्नताएँ
(c) पृथ्वी का आनत अक्ष
(d) पृथ्वी का घूर्णन

12. किसी चक्रवात-अक्षि पर क्या होता है?

(a) अप्रसामान्य उच्च ताप और निम्नतम दाब
(b) अप्रसामान्य निम्न ताप और दाब
(c) निर्मल आकाश और न्यूनतम ताप
(d) घना मेघ-आच्छादन और निम्न दाब

13. तड़ित-झंझा के दौरान, आकाश में तड़ित किसके/किनके द्वारा उत्पन्न होती है/हैं?

1. आकाश में कपासी-वर्षी मेघों के मिलने से।
2. तड़ित से, जो वर्षा मेघों को पृथक् करती है।
3. हवा और जल कणों के ऊपर की ओर तीव्र चलन से।

कूट

(a) केवल 1
(b) 2 और 3
(c) 1 और 3
(d) इनमें से कोई नहीं

14. विशिष्ट वायु संहतियों के गुणधर्मों के निम्न युग्मों में से कौन-सा सही है?

	वायु संहति	**स्रोत क्षेत्र**
(a)	समुद्री विषुवतीय	विषुवतीय जोन में कोष्ण महासागर
(b)	समुद्री ध्रुवीय	उष्णकटिबन्धीय जोन में कोष्ण महासागर
(c)	महाद्वीपीय उष्णकटिबन्धीय	उष्णकटिबन्धीय जोन में न्यून कोष्ण महासागर
(d)	महाद्वीपीय ध्रुवीय	ध्रुवीय जोन में नम महासागर

15. संचार उपग्रह वायुमण्डल के किस स्तर में अवस्थित किए जाते हैं?

(a) समतापमण्डल में
(b) क्षोभमण्डल में
(c) बहिर्मण्डल में
(d) आयनमण्डल में

16. सुमेलित करें

सूची I (स्थलाकृतिक का प्रकार)	**सूची II** (अवस्थिति)
A. टेलीग्राफ पठार	1. हिन्द महासागर
B. सुण्डा गर्त	2. उत्तरी अटलाण्टिक महासागर
C. चैलेंजर कटक	3. प्रशान्त महासागर
D. हवाई उभार	4. दक्षिणी अटलाण्टिक महासागर

कूट

	A	B	C	D
(a)	2	1	4	3
(b)	2	1	3	4
(c)	1	2	4	3
(d)	1	2	3	4

17. जब एल-नीनो आती है तो वह किस महासागरीय धारा को विस्थापित करती है?

(a) हम्बोल्ट
(b) पूर्वी ऑस्ट्रेलियन
(c) बेंगुएला
(d) मानसूनी अपवाह

18. निम्न कथनों पर विचार करें

1. जहाँ पर वलित पर्वत समुद्र तट के समानान्तर तथा सन्निकट होते हैं, महाद्वीपीय शेल्फ संकरे अथवा नगण्य होते हैं।
2. महाद्वीपीय सेल्फ की औसत गहराई 100 मी होती है।
3. अन्तःसागरीय गम्भीर खड्ड (कैनियन) अधिकतर महाद्वीपीय ढाल पर पाए जाते हैं।
4. अन्तःसागरीय सपाट शीर्ष पर्वत निमग्न द्वीप (गॉयट) कहलाते हैं।

उपरोक्त कथनों में कौन सही हैं?

(a) 1, 2 और 3
(b) 1, 2 और 4
(c) 1, 3 और 4
(d) 1, 2, 3 और 4

19. पृथ्वी ग्रह पर, अधिकांश अलवण-जल, बर्फ छत्रक और हिमनद के रूप में रहता है। शेष अलवण जल का सबसे अधिक भाग

(a) वायुमण्डल में आर्द्रता और बादलों के रूप में पाया जाता है
(b) अलवण-जल झीलों और नदियों में पाया जाता है
(c) भूमिगत जल के रूप में
(d) मृदा आर्द्रता के रूप में

20. निम्नलिखित कथनों पर विचार कीजिए

1. महासागरीय धाराएँ महासागर में जल का मन्द-भू-पृष्ठ संचलन होती हैं।
2. महासागरीय धाराएँ पृथ्वी का ताप सन्तुलन बनाए रखने में सहायक होती हैं।
3. महासागरीय धाराएँ मुख्यतः सनातन पवनों द्वारा चलायमान होती हैं।
4. महासागरीय धाराएँ महासागर संरूपण द्वारा प्रभावित होती हैं।

इनमें से कौन से वक्तव्य सही हैं?

(a) 1 और 2
(b) 2, 3 और 4
(c) 1, 3 और 4
(d) 1, 2, 3 और 4

21. सामान्य रूप में आहार शृंखला में कितनी कड़ियाँ होती हैं?

(a) दो
(b) तीन
(c) चार
(d) पाँच

22. पारिस्थितिकी निकेत (निक) की संकल्पना को प्रतिपादित किया था

(a) ग्रीनेल्स ने
(b) डार्विन ने
(c) ई पी ओडम ने
(d) सी सी पार्क ने

23. दो पारिस्थितिक तन्त्रों के मध्य के संक्रमण क्षेत्र को कहते हैं

(a) बायोम
(b) बायोटोप
(c) ईकोटोन
(d) सिअर

24. प्रकृति में ऊर्जा का मुख्य स्रोत है

(a) उत्पादक
(b) प्राथमिक उपभोक्ता
(c) द्वितीयक उपभोक्ता
(d) सूर्य

25. निम्नलिखित में से किसका पारिस्थितिकी सन्तुलन से सम्बन्ध नहीं है?

(a) जल प्रबन्धन
(b) वन रोपण
(c) औद्योगिक प्रबन्धन
(d) वन्य जीव सुरक्षा

26. जापान में मत्स्य व्यवसाय के सम्बन्ध में निम्नलिखित वक्तव्यों पर ध्यान दीजिए और निम्न कूट से सही उत्तर चुनिए

1. जापान एक विस्तृत देश है जहाँ मछलियाँ बहुत होती हैं।
2. जापान द्वीपों का देश है जहाँ कटी-फटी तट रेखा पर बन्दरगाह है।
3. जापान में बड़ी संख्या में नदियों में मछली पकड़ी जाती हैं।
4. जापान में केवल 12% कृषि योग्य भूमि है और भोजन की कमी रहती है।

कूट

(a) 1 और 2
(b) 2 और 3
(c) 2 और 4
(d) 1 और 4

27. सुमेलित करें

सूची I (स्थानान्तरित कृषि का नाम)		सूची II (देश का नाम)	
A.	लडांग	1.	जायरे नदी घाटी
B.	मिल्पा	2.	वेनेजुएला
C.	कोनुको	3.	जावा, मलेशिया
D.	मसोले	4.	मध्य अमेरिका

कूट

	A	B	C	D		A	B	C	D
(a)	4	3	2	1	(b)	3	4	2	1
(c)	2	1	3	4	(d)	1	2	3	4

28. निम्न देशों को उनके गेहूँ उत्पादन के अवरोही क्रम में व्यवस्थित करें तथा नीचे दिए कूट से सही उत्तर चुनिए

1. चीन 2. भारत
3. रूस 4. संयुक्त राज्य अमेरिका

कूट
(a) 1, 2, 3, और 4 (b) 1, 2, 4, और 3
(c) 2, 3, 4, और 1 (d) 4, 1, 2, और 3

29. विश्व में सबसे अधिक कपास का उत्पादन कहाँ होता है?
(a) भारत (b) मिस्र (c) अमेरिका (d) रूस

30. कौन-सा देश तम्बाकू उत्पादन में विश्व में प्रथम है?
(a) चीन (b) भारत (c) पाकिस्तान (d) बांग्लादेश

31. निम्नलिखित में कौन-से कथन सही हैं?
1. बुशमैन कालाहारी मरुस्थल में पाए जाते हैं।
2. बुशमैन तथा हॉटेण्टॉट के बाल छल्लेदार हैं।
3. बुशमैन तथा हॉटेण्टॉट दोनों में ही भारी मितव्ययिता है।
4. बुशमैन तथा हॉटेण्टॉट दोनों के शारीरिक बाल बेहद कम होते हैं।

कूट
(a) 1 और 2 (b) 3 और 4 (c) 2 और 3 (d) ये सभी

32. सुमेलित करें

सूची I		सूची II	
A.	बुशमैन	1	भारत
B.	पिग्मी	2.	अलास्का
C.	एस्किमो	3.	जायरे
D.	गोण्ड	4.	नामीबिया

कूट

	A	B	C	D		A	B	C	D
(a)	4	3	2	1	(b)	3	4	2	1
(c)	4	2	3	1	(d)	2	4	3	1

33. निम्नलिखित कथनों में से कौन-से कथन एशिया-पैसिफिक संघ के सदस्यों के सम्बन्ध में सही हैं?
1. उनकी जनसंख्या विश्व जनसंख्या का 45% है।
2. वे विश्व की 48% ऊर्जा का उपयोग करते हैं।
3. वे विश्व की 48% हरितगृह गैसों के निस्सारण के लिए उत्तरदायी हैं।
4. वे क्योटो प्रोटोकॉल को समर्थन देना चाहते हैं।

कूट
(a) 1 और 2 (b) 1, 2 और 3 (c) 2, 3 और 4 (d) ये सभी

34. निम्न में कौन विश्व में सघन घनत्व वाले क्षेत्र हैं।
1. पूर्वी एशिया 2. पश्चिमी यूरोप
3. पूर्वी उत्तर अमेरिका के तटीय क्षेत्र

कूट
(a) केवल 1 (b) 2 और 3 (c) 1 और 3 (d) ये सभी

35. एशिया के निम्नलिखित में से किस देश में प्रति वर्ष जन्म की अपेक्षा मृत्यु की संख्या अधिक देखी जा रही है?
(a) बहरीन (b) इजराइल (c) जापान (d) सिंगापुर

36. जहाँ पूर्वी घाट और पश्चिमी घाट मिलते हैं, वहाँ निम्नलिखित में से कौन-सी पहाड़ियाँ अवस्थित हैं?
(a) अन्नामलाई पहाड़ियाँ (b) कर्डमान पहाड़ियाँ
(c) नीलगिरि पहाड़ियाँ (d) शेवराय पहाड़ियाँ

37. उत्तर से शुरू कर दक्षिण की ओर नीचे दी गई पहाड़ियों का सही अनुक्रम कौन-सा है?
(a) नल्लामलाई पहाड़ियाँ, नीलगिरि पहाड़ियाँ, जवादी पहाड़ियाँ, अन्नामलाई पहाड़ियाँ
(b) अन्नामलाई पहाड़ियाँ, जवादी पहाड़ियाँ, नीलगिरि पहाड़ियाँ, अनल्लामलाई पहाड़ियाँ
(c) नल्लामलाई पहाड़ियाँ, जवादी पहाड़ियाँ, नीलगिरि पहाड़ियाँ
(d) अन्नामलाई पहाड़ियाँ, नीलगिरि पहाड़ियाँ, जवादी पहाड़ियाँ, नल्लामलाई पहाड़ियाँ

38. भू-गार्भिक दृष्टि से कौन-सी क्रम की चट्टानें प्राचीनतम परतदार चट्टानें हैं?
(a) कुड़प्पा क्रम (b) विंध्यन क्रम (c) धारवाड़ क्रम (d) गोण्डवाना क्रम

39. निम्नलिखित युग्मों पर विचार कीजिए

पहाड़ियाँ		क्षेत्र
1. कार्डमन पहाड़ियाँ	—	कोरोमण्डल तट
2. कैमूर पहाड़ियाँ	—	कोंकण तट
3. महादेव पहाड़ियाँ	—	मध्य भारत
4. मिकिर पहाड़ियाँ	—	पूर्वोत्तर भारत

उपरोक्त युग्मों में से कौन-से युग्म सही सुम्मेलित हैं?
(a) 1 और 2 (b) 2 और 3 (c) 3 और 4 (d) 2 और 4

40. निम्नलिखित कथनों पर विचार कीजिए
1. चेरापूंजी और मासिनराम भारत के सर्वाधिक वर्षा प्राप्त करने वाले स्थान हैं।
2. चेरापूंजी नग्न चट्टानों से ढका स्थल है, जहाँ प्राकृतिक वनस्पति लगभग नहीं के बराबर पाए जाती है।

उपरोक्त कथनों में से कौन-सा/से कथन सही है/हैं?
(a) केवल 1 (b) केवल 2
(c) 1 और 2 (d) इनमें से कोई नहीं

41. निम्नलिखित राज्यों में से किसमें भारत की सबसे बड़ी अन्तर्देशीय लवणीय आर्द्र भूमि है?
(a) गुजरात (b) हरियाणा
(c) मध्य प्रदेश (d) राजस्थान

42. किस मृदा को कम सिंचाई की आवश्यकता होती है, क्योंकि वह मृदा नमी को रोके रखती है?
(a) जलोढ़ मृदा (b) काली मृदा
(c) लाल मृदा (d) लैटेराइट मृदा

43. भारत की लैटेराइट मिट्टियों के बारे में निम्नलिखित में से कौन से कथन सही हैं?

1. ये साधारणत: लाल रंग की होती हैं।
2. ये नाइट्रोजन और पोटाश से समूह होती हैं।
3. इनका राजस्थान तथा उत्तर प्रदेश में अच्छा विकास हुआ है।
4. इन मिट्टियों में टैपियोका और काजू की अच्छी उपज होती है।

कूट

(a) 1, 2 और 3 (b) 2, 3 और 4 (c) 1 और 4 (d) 2 और 3

44. निम्न को सुमेलित करें

सूची I	सूची II
A. काँप मिट्टी	1. उत्तर प्रदेश
B. काली मिट्टी	2. महाराष्ट्र
C. लाल और पीली मिट्टी	3. तमिलनाडु
D. लैटेराइट मिट्टी	4. केरल

कूट

	A	B	C	D		A	B	C	D
(a)	1	2	3	4	(b)	1	3	2	4
(c)	4	3	2	1	(d)	4	2	3	1

45. गुजरात प्रदेश अधिकांशत: आच्छादित है

(a) काली मिट्टी से (b) लैटेराइट मिट्टी से
(c) लाल मिट्टी से (d) मरुस्थलीय मिट्टी से

46. कृषि के लिए उपलब्ध भूमि को कितने भागों में बाँटा गया है?

(a) दो (b) तीन (c) चार (d) पाँच

47. वर्षण से भारत में कितना जल प्राप्त होता है?

(a) 2000 घन किमी (b) 3000 घन किमी
(c) 4000 घन किमी (d) 5000 घन किमी

48. भारत में कुल जल का कितना धरातलीय है?

(a) 590 अरब घन मी (b) 690 अरब घन मी
(c) 790 अरब घन मी (d) 890 अरब घन मी

49. भारत के कुल जल को कितने भागों में बाँटा गया है?

(a) दो (b) तीन (c) चार (d) पाँच

50. भारत के कुल जल का कितने प्रतिशत उपयोग सिंचाई में होता है?

(a) 51% (b) 65% (c) 71% (d) 78%

51. निम्नांकित को सुमेलित कीजिए

सूची I	सूची II
A. पलामू	1. ताँबा
B. हजारीबाग	2. मैंगनीज
C. खेतड़ी	3. अभ्रक
D. क्योंझर	4. बॉक्साइट

कूट

	A	B	C	D		A	B	C	D
(a)	4	3	2	1	(b)	2	4	1	3
(c)	3	2	4	1	(d)	3	4	1	2

52. भारत के सर्वाधिक कोयला भण्डार पाए जाते हैं

(a) छत्तीसगढ़ में (b) झारखण्ड में
(c) मध्य प्रदेश में (d) ओडिशा में

53. 14 एन ई एम पी ब्लॉक्स, I जे वी ब्लॉक्स, 2 नोमिनेशन ब्लॉक्स एवं 4 सी बी एम ब्लॉक्स सम्बन्धित हैं

(a) जिप्सम पट्टी में (b) स्वर्ण पट्टी में
(c) पेट्रोलियम अन्वेषण से (d) लिग्नाइट पट्टी में

54. तपोवन और विष्णुगढ़ जल विद्युत परियोजनाएँ कहाँ अवस्थित हैं?

(a) मध्य प्रदेश (b) उत्तर प्रदेश (c) उत्तराखण्ड (d) राजस्थान

55. निम्नलिखित राज्यों में से किस एक में नामचिक-नामफुक कोयला-क्षेत्र अवस्थित है?

(a) अरुणाचल प्रदेश (b) मेघालय
(c) मणिपुर (d) मिजोरम

56. भारत में सुनहरी क्रान्ति (Golden revolution) किससे सम्बन्धित है?

(a) ऊन उत्पादन से (b) तिलहन उत्पादन से
(c) पर्यटन विकास से (d) बागवानी कृषि से

57. निम्नलिखित फसलों में सर्वाधिक सिंचित क्षेत्र किस फसल के अन्तर्गत है?

(a) गेहूँ (b) चावल (c) जौ (d) गन्ना

58. कौन-सा भारतीय राज्य अपने उपभोग से अधिक चावल उत्पन्न करता है?

(a) असोम (b) पश्चिम बंगाल (c) पंजाब (d) तमिलनाडु

59. देश में मात्रा की दृष्टि से सबसे अधिक उत्पादन किस फसल का होता है?

(a) गेहूँ (b) चावल (c) चाय (d) तिलहन

60. निम्नलिखित बाँधों में से कौन एक सिंचाई के लिए नहीं है?

(a) भवानी सागर (b) शिवसमुद्रम
(c) कृष्णाराज सागर (d) भाखड़ा नांगल

61. चलवासी पशुपालन के क्षेत्र कौन-कौन से हैं?

1. सवाना
2. पम्पास
3. सेल्वास
4. लोनाजस

कूट

(a) 1 और 2 (b) 2 और 4 (c) 1, 2 और 4 (d) ये सभी

62. सिल्पा कृषि है एक

(a) स्थायी कृषि (b) व्यापारिक कृषि
(c) सामुदायिक कृषि (d) स्थानान्तरण कृषि

63. अफ्रीका की नील नदी घाटी में निवास करने वाले कृषकों को निम्न में से क्या कहा जाता है?

(a) हाउसा (b) भल्ला (c) फेल्लाह (d) गाउचो

64. किस कृषि क्षेत्र में छोटे क्षेत्रों में अधिक मानव श्रम की आवश्यकता होती है?

(a) भूमध्यसागरीय कृषि (b) प्राच्य खेती
(c) व्यापारिक खेती (d) व्यापारिक बागवानी

65. संसार के सर्वाधिक महत्त्वपूर्ण मत्स्यन क्षेत्र उन क्षेत्रों में पाए जाते हैं, जहाँ

(a) कोष्ण तथा शीत वायुमण्डलीय धाराएँ मिलती हैं
(b) नदियाँ सागरों में प्रचुर मात्रा में ताजा जल प्रवाहित करती हैं
(c) कोष्ण तथा शीत सागरीय धाराएँ मिलती हैं
(d) महाद्वीपीय शेल्फ तरंगित है

66. नेपानगर किस उद्योग के लिए जाना जाता है?

(a) सीमेण्ट (b) उर्वरक
(c) हथकरघा (d) अखबारी कागज

67. भारत का सबसे पुराना समन्वित इस्पात संयन्त्र है

(a) बी एस एल (b) टिस्को
(c) एच एस एल (d) इस्को

68. रेशम मार्ग विश्व के सुदूर हिस्सों के बीच जीवन्त पूर्व-आधुनिक व्यापार एवं सांस्कृतिक कड़ियों के अच्छे उदाहरण हैं। निम्नलिखित में से कौन-सा एक, रेशम मार्गों के बारे में सत्य नहीं है?
(a) इतिहासज्ञों ने स्थल पर और समुद्र से होकर अनेक रेशम मार्गों को पहचाना है।
(b) रेशम मार्गों ने एशिया को यूरोप और उत्तरी अफ्रीका से जोड़ा है।
(c) रेशम मार्ग ईस्वी से पूर्व अस्तित्व में थे और वे लगभग पन्द्रहवीं शताब्दी तक फले-फूले।
(d) रेशम मार्गीय व्यापार के कारण स्वर्ण और चाँदी जैसी मूल्यवान धातुएँ एशिया से यूरोप तक फैलीं।

69. सुमेलित कीजिए

सूची I (सीमेण्ट उत्पादन केन्द्र)	सूची II (राज्य)
A. सिक्का	1. कर्नाटक
B. भद्रावती	2. झारखण्ड
C. राँची	3. गुजरात
D. कुरनूल	4. आन्ध्र प्रदेश

कूट

	A	B	C	D		A	B	C	D
(a)	3	1	2	4	(b)	3	2	1	4
(c)	4	1	2	3	(d)	4	2	1	3

70. निम्न को सुमेलित करें

सूची I	सूची II
A. सीसा उद्योग	1. लुधियाना
B. औषधि उद्योग	2. शिकोहाबाद
C. साइकिल उद्योग	3. हैदराबाद
D. कागज उद्योग	4. बरौनी

कूट

	A	B	C	D		A	B	C	D
(a)	3	4	2	1	(b)	2	1	4	3
(c)	2	4	1	3	(d)	2	3	1	4

71. निम्न में से कौन-सा कथन सही नहीं है?
(a) भारत की सड़कों की लम्बाई विश्व में सबसे अधिक है
(b) भारत में राजमार्गों तथा एक्सप्रेस मार्गों की लम्बाई 70 हजार किमी है
(c) भारत में कच्ची सड़कों की लम्बाई पक्की सड़कों की लम्बाई से अधिक है
(d) राजमार्गों का निर्माण तथा उनकी देखभाल का काम केन्द्रीय सरकार का है

72. भारत का सबसे बड़ा रेलवे प्लेटफॉर्म कहाँ पर स्थित है?
(a) गोरखपुर (b) सोनपुर (c) वाराणसी (d) मुगलसराय

73. भारत में रेलमार्गों के सबसे बड़े जाल वाला राज्य है
(a) उत्तर प्रदेश (b) पश्चिम बंगाल
(c) महाराष्ट्र (d) आन्ध्र प्रदेश

74. दिल्ली-मुम्बई औद्योगिक गलियारा भारत की राजनीतिक और व्यापारिक राजधानी को जोड़ता है। राज्यों को उनमें से होकर गुजरने वाले गलियारे की लम्बाई के आधार पर उच्चतम से न्यूनतम की ओर के क्रम में व्यवस्थित कीजिए।
(a) महाराष्ट्र-गुजरात-राजस्थान-दिल्ली NCR
(b) दिल्ली NCR-उत्तर प्रदेश-राजस्थान- महाराष्ट्र
(c) राजस्थान-गुजरात-महाराष्ट्र-दिल्ली NCR
(d) महाराष्ट्र-राजस्थान-उत्तर प्रदेश-दिल्ली NCR

75. निम्नलिखित बन्दरगाहों में से कौन-सा एक मुक्त व्यापार क्षेत्र है?
(a) कोच्चि (b) तूतीकोरिन (c) काण्डला (d) पारादीप

76. भारत में सर्वाधिक निरक्षरता वाला राज्य है
(a) राजस्थान (b) ओडिशा (c) सिक्किम (d) बिहार

77. वर्ष 1991-2001 में जनसंख्या में सर्वाधिक दशकीय वृद्धि वाला केन्द्रशासित प्रदेश है
(a) दमन दीव (b) दादरा एवं नगर हवेली
(c) लक्षद्वीप (d) चण्डीगढ़

78. नार्डिक प्रजाति के लोग भारत में अधिकांशतः मिलते हैं
(a) उत्तर-पश्चिमी भारत में (b) कर्नाटक और आन्ध्र प्रदेश में
(c) उत्तर-पूर्वी भारत में (d) प्रायद्वीपीय भारत में

79. भारत के कितने राज्यों में हिन्दी राजभाषा है?
(a) 9 (b) 18 (c) 5 (d) 8

80. टोडा जनजाति के लोगों का निवास-स्थल है
(a) अरावली (b) विन्ध्याचल
(c) नीलगिरि (d) गारो, खासी एवं जयन्तिया

81. निम्नलिखित कथनों पर विचार कीजिए
1. भारत के उत्तरी पर्वतीय भू-भाग में आने वाले भूकम्पों के लिए भारतीय प्लेट के नीचे यूरेशियम प्लेट का क्षेपन जिम्मेदार है।
2. प्रायद्वीपीय पठारी भाग में आने वाले भूकम्पों के लिए हिन्द महासागर के मध्य क्षेत्र में आने वाली सुनामी जिम्मेदार है।

उपरोक्त कथनों में से कौन-सा/से कथन सही है/हैं?
(a) केवल 1 (b) केवल 2
(c) 1 और 2 (d) न तो 1 और न ही 2

82. ज्वालामुखियों के सन्दर्भ में निम्नलिखित कथनों में कौन-से कथन सही हैं?
1. भू-पर्पटी से एक नली भू-गर्भ मैण्टल से जुड़ी होती है, जिसके माध्यम से मैग्मा बाहर आता है।
2. ज्वालामुखी नली या मुख के चारों ओर पर्वतीय भाग का विस्तार हो जाता है।
3. ज्वालामुखी सक्रियता के आधार पर तीन प्रकार के होते हैं जाग्रत, शान्त तथा मृत।

कूट
(a) 1 और 2 (b) 2 और 3 (c) 1 और 3 (d) ये सभी

83. निम्नलिखित कथनों पर विचार कीजिए
1. बायोगैस गैसीकरण का तात्पर्य बायोमास के अधूरे दहन से है।
2. इसके अन्तर्गत कार्बन, मोनोक्साइड, हाइड्रोजन तथा मीथेन गैसें उत्पन्न होती हैं। इन्हें ही प्रोड्यूसर गैस कहा जाता है।
3. प्रोड्यूसर गैस का उपयोग इंजनों को चलाने एवं मेथेनॉल को उत्पन्न करने के लिए किया जाता है।

उपरोक्त कथनों में से कौन-सा/से कथन सही है/हैं?
(a) केवल 1 (b) 1 और 2 (c) 2 और 3 (d) ये सभी

84. बायो-रिमेडिएशन निम्नलिखित कथनों पर विचार कीजिए।
1. पर्यावरणीय प्रदूषकों को कम करने के लिए जीवित सूक्ष्म जीवों का प्रयोग बायो-रिमेडिएशन कहलाता है।
2. इसके अन्तर्गत प्रदूषित स्थलों को उनके पूर्व रूप में लाया जाता है तथा भविष्य में होने वाले प्रदूषण की रोकथाम की जाती है।

उपरोक्त कथनों में से कौन-सा/से कथन असत्य नहीं है/हैं?

(a) केवल 1 (b) केवल 2
(c) 1 और 2 (d) न तो 1 और न ही 2

85. निम्नलिखित कथनों पर विचार कीजिए

1. आपदा के समय बचाव, राहत और पुनर्वास उपाय करने की प्राथमिक जिम्मेदारी सम्बन्धित राज्य सरकारों की है।
2. केन्द्र सरकार आपदा की गम्भीर घटनाओं में वित्तीय और सम्भारिकी सहायता प्रदान करके राज्य सरकारों के प्रयासों में मदद करती है।

उपरोक्त कथनों में से कौन-सा/से कथन सही है/हैं?

(a) केवल 1 (b) केवल 2
(c) 1 और 2 (d) न तो 1 और न ही 2

86. निम्न में से किसमें 'जबेरा का गुम्बद' स्थित है?

(a) कगार भूमि (b) बुन्देलखण्ड पठार
(c) मालवा का पठार (d) मध्य भारत का पठार

87. महादेव पहाड़ियाँ किस राज्य में स्थित हैं?

(a) मध्य प्रदेश (b) असोम
(c) ओडिशा (d) हिमाचल प्रदेश

88. कौन-सी श्रेणी यमुना और सोन के मध्य जलद्विभाजक का कार्य करती है?

(a) भाण्डेर (b) कैमूर (c) मैकाल (d) मुकुन्दवारा

89. चम्बल, बेतवा और केन नदियाँ किस श्रेणी से निकलती हैं?

(a) विन्ध्याचल श्रेणी (b) महादेव श्रेणी
(c) कैमूर श्रेणी (d) मैकाल श्रेणी

90. विन्ध्याचल श्रेणी में चूना पत्थर कहाँ से प्राप्त होता है?

(a) पठार (b) रीवा (c) सतना (d) भोपाल

91. निम्नलिखित में से कौन-सा अधिकतम जनसंख्या वाला जिला है?

(a) भोपाल (b) जबलपुर (c) सागर (d) रीवा

92. 2011 की जनगणना के अनुसार (आगर-मालवा जिले के गठन से पूर्व) निम्नलिखित में से कौन जनसंख्या की दृष्टि से मध्य प्रदेश का सबसे छोटा जिला है?

(a) श्योपुर (b) रायसेन (c) दतिया (d) हरदा

93. जनगणना 2011 के अनन्तिम आँकड़ों के अनुसार 2001-2011 के मध्य कितने प्रतिशत दशकीय वृद्धि दर रही है?

(a) 17.6% (b) 20.30% (c) 21.9% (d) 24.7%

94. मध्य प्रदेश के किस जिले की जनसंख्या वृद्धि दर (जनगणना 2011 के अनुसार) अधिकतम है?

(a) इन्दौर (b) झाबुआ
(c) भोपाल (d) बड़वानी

95. जनगणना 2011 के अनुसार, मध्य प्रदेश के किस जिले में जनसंख्या वृद्धि दर सबसे कम दर्ज की गई?

(a) बैतूल (b) छिन्दवाड़ा
(c) मन्दसौर (d) अनूपपुर

96. प्लेट विवर्तनिकी अध्ययन से सम्बन्धित सत्य कथन को पहचानिए

(a) पृथ्वी पर 6 बड़ी तथा 60 छोटी प्लेटें ज्ञात हैं।
(b) कटकों का निर्माण अपसारी क्रिया से नहीं संरक्षी क्रिया से होती है।
(c) हिमालय की उत्पत्ति महाद्वीपीय महासागरीय प्लेटों के अभिसरण से हुई है।
(d) प्लेट विवर्तनिकी के वैज्ञानिक व्याख्या का श्रेय मॉर्गन को है।

97. अवसादी चट्टानों के सम्बन्ध में निम्नलिखित में से कौन-सा कथन सत्य है?

(a) इनमें परतें होती हैं जिनमें जीवाश्म मिलते हैं
(b) ये मूल चट्टानें हैं जिनसे अन्य चट्टानों का निर्माण हुआ है
(c) इनमें रवे होते हैं
(d) इनमें बहुमूल्य खनिजों के भण्डार मिलते हैं

98. उपोष्ण कटिबन्धीय क्षेत्र में मरुस्थल पाए जाने का कारण है

1. ठण्डी होने के बाद ये वायु पुनः उपोष्ण कटिबन्ध क्षेत्र में 25° से 40° अक्षांशों के बीच नीचे लौट जाती है।
2. ठण्डी नीचे उतरने वाली वायु वायुमण्डल को सन्तुलित करती है तथा अत्यधिक बादलों के निर्माण एवं वर्षा को बाधित करती है।

कूट

(a) केवल 1 (b) 1 और 2 दोनों
(c) केवल 2 (d) न तो 1 और न ही 2

99. किसी एक भौगोलिक क्षेत्र की सुस्पष्ट विशेषताएँ निम्नलिखित हैं?

1. कोष्ण और शुष्क जलवायु
2. सुहावना और आर्द्र शीतकाल
3. सदाबहार ओक वृक्ष

कूट

(a) भूमध्यसागरीय क्षेत्र
(b) पूर्वी चीन
(c) मध्य एशिया
(d) उत्तरी अमेरिका का अटलाण्टिक तट

100. निम्नलिखित कथनों का अध्ययन कीजिए।

1. एल-नीनो 'क्राइस्ट चाइल्ड' का स्पेनिश नाम है।
2. यह प्रशान्त महासागर में विषुवतरेखीय दक्षिणी अमेरिका के तट पर यदा-कदा विकसित होने वाला गर्म सतही जल है।
3. एल-नीना प्रायः 2 से 7 वर्षों के अन्तराल पर विकसित होती है, प्रायः क्रिसमस के समय एवं प्रायः कुछ सप्ताह एवं महीनों तक चलता है।

उपरोक्त कथनों में सत्य कथन की पहचान कीजिए।

(a) 1 और 2 (b) 1 और 3
(c) 2 और 3 (d) 1, 2, और 3

101. निम्नलिखित में कौन युग्म सुमेलित नहीं है?

1. उत्तरी अटलाण्टिक — पोर्टोरिको गर्त महासागर
2. विषुवत् रेखीय — रोमांच गर्त अटलाण्टिक महासागर
3. दक्षिण अटलाण्टिक — दक्षिण सैण्डविच गर्त महासागर

कूट

(a) केवल 1
(b) केवल 2
(c) केवल 3
(d) उपरोक्त में से कोई नहीं

102. घासस्थलों में वृक्ष पारिस्थितिक अनुक्रमण के अंश के रूप में किस कारण घासों को प्रतिस्थापित नहीं करते हैं?

(a) कीटों एवं कारकों के कारण
(b) सीमित सूर्य के प्रकाश एवं पोषक तत्त्वों की कमी के कारण
(c) जल की सीमाओं एवं आग के कारण
(d) उपरोक्त में से कोई नहीं

103. निम्नलिखित कथनों पर विचार कीजिए
1. पर्यावरण की कार्यप्रणाली प्राकृतिक नियमों से संचालित होती हैं।
2. पर्यावरण के तत्त्वों में पार्थिव एकता विद्यमान है।
3. पर्यावरण भौतिक संसाधनों का भण्डार है, लेकिन जैविक संसाधनों का नहीं।
4. पर्यावरणीय व्यवस्था में स्वयं संवर्द्धन क्षमता विद्यमान होती है।

उपरोक्त कथनों में से कौन-सा/से कथन सहीं है?
(a) 1, 2 और 3 (b) 1, 2 और 4
(c) 3 और 4 (d) ये सभी

104. रोपण कृषि के सम्बन्ध में कौन-सा कथन सही नहीं है?
(a) यह यूरोपीय एवं उत्तर अमेरिका के निवासियों द्वारा उष्ण एवं शीतोष्ण में उगाई जाती है
(b) यह कृषि बड़े-बड़े बागानों में की जाती है जिसमें अनेकों फसलें बोई जाती हैं
(c) इसे शुरू करने के लिए पर्याप्त धनराशि की आवश्यकता होती है
(d) फसलें व्यापारिक होती हैं जिन्हें बेचकर धन कमाया जाता है

105. निम्नलिखित कथनों पर विचार करें एवं कथनों में असत्य कथन की पहचान करें
(a) संयुक्त राज्य अमेरिका के वृहत झील क्षेत्र में लौह-इस्पात उद्योग का विकास विकसित जलमार्गों के कारण हुआ है
(b) जर्मनी का लौह-इस्पात उद्योग रूर बेसिन के कोयला एवं आयातित लोहे पर निर्भर करता है
(c) याकोहामा जापान का प्राचीनतम लौह इस्पात केन्द्र है
(d) फ्रांस का लॉरेन्स क्षेत्र लौह-इस्पात उद्योग के लिए विख्यात है

106. यूरोप की अधिकतम जनसंख्या संकेन्द्रण 50° अक्षांश उत्तरी अक्षांश के साथ-साथ है जिसे यूरोपीय जनसंख्या की धुरी कहा जाता है। इस सम्बन्ध में निम्नलिखित में कौन-सा कथन सही नहीं है?
(a) यहाँ जलवायु मानव निवास के अनुकूल है
(b) मिट्टी उपजाऊ है और कृषि उन्नत अवस्था में है
(c) प्रचुर मात्रा में पेट्रोलियम मिलता है जिससे उद्योगों को प्रोत्साहन मिलता है
(d) रेल, सड़क एवं जल यातायात उन्नत अवस्था में हैं

107. सुमेलित करें

	सूची I (जनजाति)		सूची II (प्रदेश/देश)
A.	हॉटेण्टॉट	1.	साइबेरिया
B.	इन्यूट	2.	लीबिया
C.	बर्बर	3.	कनाडा
D.	याकूत	4.	दक्षिण अफ्रीका

कूट

	A	B	C	D
(a)	4	3	1	2
(b)	4	3	2	1
(c)	3	4	2	1
(d)	3	4	1	2

108. तमिलनाडु में शरदकालीन वर्षा अधिकांशत: जिन कारणों से होती है, वे हैं
(a) पश्चिमी विक्षोभ (b) दक्षिणी-पश्चिमी मानसून
(c) उत्तरी-पूर्वी मानसून (d) दक्षिणी-पूर्वी मानसून

109. निम्नलिखित में से किस एक स्थान से भारत की दो महत्त्वपूर्ण नदियों का उद्गम होता है, जिनमें एक उत्तर की तरफ प्रवाहित होकर बंगाल की खाड़ी की तरफ प्रवाहित होने वाली दूसरी महत्त्वपूर्ण नदी में मिलती है और दूसरी अरब सागर की ओर प्रवाहित होती है?
(a) अमरकण्टक (b) बद्रीनाथ
(c) महाबलेश्वर (d) नासिक

110. निम्नलिखित में से कौन-सा/से राजस्थान के पश्चिमी भाग में पाई जाने वाली बाढ़ चादर का/के सर्वाधिक सम्भव कारण हो सकता है/सकते हैं?
1. विरल वर्षा
2. आकस्मिक उच्च तीव्रता वाली वर्षा
3. ढीली बलुआ मृदा के साथ विरल वनस्पति

कूट
(a) केवल 1 (b) 1 और 2
(c) 2 और 3 (d) ये सभी

111. निम्नांकित में से कौन-सा/से युग्म सही सुमेलित है/हैं?
1. कोरबा कोयला खदान — ओडिशा
2. खेतड़ी ताँबा खदान — राजस्थान
3. कोडरमा अभ्रक खदान — मध्य प्रदेश

कूट
(a) 1 और 3 (b) 2 और 3
(c) केवल 2 (d) ये सभी

112. निम्नांकित कथनों पर विचार कीजिए
आन्ध्र प्रदेश चावल के अग्रणी उत्पादकों में से एक है, क्योंकि
1. इसके पास तटीय मैदान में उपजाऊ जलोढ़ मिट्टी है।
2. यह तटीय क्षेत्र में लगभग 125 सेमी की वार्षिक वर्षा पाता है।
3. यहाँ तटीय मैदान में तालाबों द्वारा सिंचाई बहुत होती है।

कूट
(a) 1, 2 और 3 (b) 1 और 2
(c) 2 और 3 (d) 1 और 3

113. भारत के जिन राज्यों में सूती वस्त्र उद्योग स्थापित नहीं हैं वे हैं
1. जम्मू-कश्मीर
2. गोवा
3. अरुणाचल प्रदेश
4. पंजाब

कूट
(a) 1, 2 और 3 (b) 3 और 4 (c) 2 और 3 (d) 1 और 3

114. कोंकण रेलमार्ग के सम्बन्ध में निम्न कथनों पर विचार कीजिए
I. यह अरब सागर के सम्मुख पश्चिमी तट के अत्यन्त ही ऊबड़-खाबड़ एवं पहाड़ी क्षेत्र से गुजरता है।
II. विश्व बैंक ने इसके लिए आर्थिक सहायता दी है।

उपरोक्त कथनों में से कौन-सा/से सही कथन है/हैं?
(a) केवल I (b) केवल II
(c) I और II दोनों (d) इनमें से कोई नहीं

115. विश्व व्यापार संगठन के सम्बन्ध में निम्न कथनों पर विचार कीजिए
I. यह विश्व में शान्ति तथा सम्पन्नता स्थापित करने का प्रयास करता है।
II. स्वतन्त्र व्यापार से घरेलू आय में वृद्धि तथा निर्वाह खर्च में कमी आती है।

III. अभिशासन से आर्थिक उन्नति में वृद्धि होती है।

उपरोक्त कथनों में से कौन-सा/से सही कथन हैं?

(a) I और II
(b) II और III
(c) I और III दोनों
(d) उपरोक्त सभी

116. निम्नांकित में से कौन-सा कथन ज्यावक्रीय प्रक्षेप हेतु सत्य नहीं है?

(a) यह समक्षेप प्रक्षेप है
(b) सभी अक्षांशों पर मापक सही होता है
(c) सभी देशान्तरों पर मापक सही होता है
(d) केन्द्रीय देशान्तर से दूर वाले क्षेत्रों की आकृति विकृत होती है

117. मानचित्र कला में 'धरातल के वास्तविक सर्वेक्षण से मानचित्र मुद्रण तक मानचित्र के प्रक्रमों की सम्पूर्ण श्रृंखला सम्मिलित है।'' यह परिभाषा दी गई है

(a) रॉबिन्सन द्वारा
(b) रेज द्वारा
(c) मॉकहाउस द्वारा
(d) केलावे द्वारा

118. यदि एक मानचित्र पर 1 सेमी 2 किमी को प्रदर्शित करता है, तो उसका प्रतिशत भिन्न है

(a) 1/20000
(b) 1/40000
(c) 1/80000
(d) 1/200000

119. भारत के धरातलीय पत्रकों के लिए उपयोग में लाए जाने वाले प्रक्षेप के लिए सही उत्तर का चयन निम्नलिखित में से कीजिए

(a) अन्तर्राष्ट्रीय प्रक्षेप
(b) परिवर्तित बहुशंक्वाकार प्रक्षेप
(c) बहुशंक्वाकार प्रक्षेप
(d) बॉन प्रक्षेप

120. निम्नलिखित मानचित्र प्रक्षेपों में से कौन-सा विश्व में गेहूँ की कृषि को दर्शाने हेतु सबसे उपयुक्त है?

(a) समक्षेप बेलनाकार
(b) मॉलवीड
(c) साइनुसॉइडल
(d) मर्केटर

उत्तरमाला

1.	(d)	2.	(d)	3.	(c)	4.	(a)	5.	(a)	6.	(c)	7.	(d)	8.	(d)	9.	(c)	10.	(c)
11.	(d)	12.	(c)	13.	(c)	14.	(c)	15.	(c)	16.	(a)	17.	(a)	18.	(c)	19.	(c)	20.	(d)
21.	(b)	22.	(c)	23.	(c)	24.	(d)	25.	(d)	26.	(c)	27.	(b)	28.	(b)	29.	(c)	30.	(a)
31.	(d)	32.	(a)	33.	(d)	34.	(d)	35.	(c)	36.	(c)	37.	(c)	38.	(c)	39.	(c)	40.	(c)
41.	(a)	42.	(b)	43.	(c)	44.	(a)	45.	(a)	46.	(a)	47.	(c)	48.	(b)	49.	(a)	50.	(d)
51.	(d)	52.	(b)	53.	(c)	54.	(c)	55.	(a)	56.	(d)	57.	(d)	58.	(c)	59.	(b)	60.	(b)
61.	(d)	62.	(d)	63.	(c)	64.	(d)	65.	(c)	66.	(d)	67.	(b)	68.	(a)	69.	(a)	70.	(d)
71.	(a)	72.	(a)	73.	(b)	74.	(c)	75.	(c)	76.	(d)	77.	(b)	78.	(a)	79.	(a)	80.	(c)
81.	(a)	82.	(d)	83.	(d)	84.	(d)	85.	(c)	86.	(a)	87.	(a)	88.	(b)	89.	(a)	90.	(c)
91.	(b)	92.	(d)	93.	(b)	94.	(a)	95.	(d)	96.	(d)	97.	(a)	98.	(a)	99.	(a)	100.	(d)
101.	(d)	102.	(d)	103.	(b)	104.	(b)	105.	(c)	106.	(c)	107.	(a)	108.	(c)	109.	(a)	110.	(c)
111.	(c)	112.	(b)	113.	(a)	114.	(c)	115.	(d)	116.	(c)	117.	(c)	118.	(b)	119.	(a)	120.	(b)

मध्य प्रदेश
उच्च माध्यमिक शिक्षक पात्रता परीक्षा (भाग-ब)

प्रैक्टिस पेपर 2

निर्देश

इस प्रश्न-पत्र में कुल 120 वस्तुनिष्ठ प्रकार के प्रश्न हैं तथा प्रत्येक प्रश्न के लिए एक अंक निर्धारित है।

1. पृथ्वी की आन्तरिक संरचना की स्पष्ट जानकारी मिलती है।
(a) ज्वालामुखी घटना
(b) भूकम्पीय तरंगों से
(c) तापमान के अध्ययन से
(d) आन्तरिक घनत्व के अध्ययन से

2. पृथ्वी की आन्तरिक संरचना (रासायनिक संगठन) सम्बन्धी कथनों पर विचार करें।
1. सियाल की परत में क्षारीय अंशों की प्रधानता होती है।
2. सीमा परत ग्रेनाइट शैल से निर्मित है।
3. सीमा की परत में Si तथा Ni (निकेल) की प्रधानता होती है।
4. महासागरों का निर्माण सियाल से ही हुआ है।

उपरोक्त में सत्य कथन कौन-कौन हैं?
(a) 1 और 4
(b) 2, 3 और 4
(c) इनमें से कोई नहीं
(d) ये सभी

3. प्लेट विवर्तनिकी अध्ययन से सम्बन्धित सत्य कथन को पहचानिए
(a) पृथ्वी पर 6 बड़ी तथा 60 छोटी प्लेटें ज्ञात हैं।
(b) कटकों का निर्माण अपसारी क्रिया से नहीं संरक्षी क्रिया से होती है।
(c) हिमालय की उत्पत्ति महाद्वीपीय महासागरीय प्लेटों के अभिसरण से हुई है।
(d) प्लेट विवर्तनिकी के वैज्ञानिक व्याख्या का श्रेय मार्गन को है।

4. भू-वैज्ञानिकों के अनुसार, पृथ्वी का आकार
(a) वर्तुल है
(b) गोलाकार है
(c) गोलाकार के निकट है
(d) एक लघ्वक्ष दीर्घवृत्तज है

5. निम्न कथनों का अध्ययन करें
1. जब पृथ्वी के पटल का भार पर्वत निर्माण या हिमनदीकरण के कारण बढ़ जाता है तो इसका स्वरूप बदल जाता है तथा यह मैण्टल में ज्यादा गहराई तक डूब जाता है।
2. यदि भार कम हो जाता है तो यह ज्यादा उत्प्लावक हो जाता है तथा मैण्टल में अधिक ऊँचाई पर तैरता है।
3. यह प्रक्रिया पूर्वी एवं उत्तरी कनाडा तथा स्कैण्डिनेविया के तटीय क्षेत्रों में समुद्र तल की ऊँचाई में हुए आधुनिक परिवर्तन का वर्णन करती है।
4. विश्व के इन क्षेत्रों में कुछ स्थानों पर पिछले सौ साल में समुद्री सतह में लगभग एक मीटर की बढ़ोतरी हुई है।

उपरोक्त कथनों में सही कथन की पुष्टि करें
(a) 1 और 2 (b) 1, 2 और 4 (c) 2 और 3 (d) ये सभी

6. अवसादी चट्टानों के सम्बन्ध में निम्नलिखित में से कौन-सा कथन सत्य है?
(a) इनमें परतें होती हैं जिनमें जीवाश्म मिलते हैं
(b) ये मूल चट्टानें हैं जिनसे अन्य चट्टानों का निर्माण हुआ है
(c) इनमें रवे होते हैं
(d) इनमें बहुमूल्य खनिजों के भण्डार मिलते हैं

7. निम्न में से कौन-सा रूपान्तरित चट्टानों का उदाहरण नहीं है?
(a) संगमरमर
(b) क्वार्ट्जाइट
(c) स्लेट
(d) ग्रेनाइट

8. अवसादी चट्टानों के सम्बन्ध में निम्नलिखित में से कौन-सा कथन असत्य है?
(a) इनमें परतें होती हैं
(b) परतों के बीच जीवाश्म पाए जाते हैं
(c) इनमें मौलिक गुण बने रहते हैं
(d) इनमें बहुमूल्य खनिजों के भण्डार मिलते हैं

9. वैश्विक तापन के लिए उत्तरदायी गैसें हैं
(a) कार्बन डाइ-ऑक्साइड तथा मीथेन
(b) अमोनिया तथा ब्यूटेन
(c) रेडान तथा नाइट्रोजन
(d) ओजोन तथा हाइड्रोजन क्लोराइड

10. कॉस्मिक प्रकाश का कितना प्रतिशत भाग प्रोटॉन है?
(a) 50% (b) 40% (c) 87% (d) 70%

11. निम्न कथनों का अध्ययन करें
1. ओजोन क्षय का प्रमुख कारक CFC (क्लोरोफ्लोरो कार्बन) है जो ऐरोसॉल, रेफ्रीजरेशन, प्लास्टिक निर्माण तथा क्लीनिंग-फ्लुइड में प्रयुक्त होता है।
2. 1989 में 93 देशों ने CFC उत्पादन में विभिन्न चरणों में कटौती की सहमति प्रदान की तथा गरीब देशों में तकनीक सुधार पर भी स्वीकृति दी।

कूट
(a) केवल 1 सही है
(b) 1 और 2 दोनों सही हैं
(c) केवल 2 सही है
(d) 1 और 2 दोनों गलत हैं

12. भूमध्यसागरीय और मानसून जलवायु के सम्बन्ध में निम्नलिखित कथनों में से कौन-सा सही हैं/हैं?

1. भूमध्यसागरीय जलवायु में वर्षण शीतकाल में होता है, जबकि मानसून जलवायु में यह अधिकतर ग्रीष्मकारल में होता है।
2. भूमध्यसागरीय जलवायु में, मानसून जलवायु की अपेक्षा, तापमान का वार्षिक परिसर अधिक होता है।
3. दोनों ही जलवायुओं में वर्षा ऋतु और शष्क ऋतु होती है।

नीचे दिए गए कूट का प्रयोग कर सही उत्तर चुनिए:

(a) केवल 1 (b) 2 और 3 (c) 1 और 3 (d) 1, 2 और 3

13. निम्नलिखित कथनों पर विचार कीजिए

1. भूमध्य रेखीय क्षेत्रों में, वर्ष चार मुख्य ऋतुओं में विभाजित होता है।
2. भूमध्य सागरीय क्षेत्र में, गर्मियों में अधिक वर्षा होती है।
3. चीन की तरह की जलवायु में पूरे वर्ष, वर्षा होती है।
4. उष्णकटिबन्धीय उच्च भूमियाँ विभिन्न जलवायुओं के ऊर्ध्वाधर अनुक्षेत्र वर्गीकरण को प्रदर्शित करती हैं।

इनमें से कौन से कथन सही हैं?

(a) 1 और 2 (b) 1, 2 और 3
(c) 2 और 3 (d) 3 और 4

14. निम्न कथनों का अध्ययन करें एवं असत्य की पहचान करें

1. शीत कटिबन्ध में सर्वाधिक ठण्डी जलवायु पाई जाती है।
2. उष्णकटिबन्ध में सर्वाधिक गर्म जलवायु पाई जाती है।
3. शीतोष्ण कटिबन्धीय क्षेत्र न तो अधिक गर्म होता है न ही अधिक ठण्डा।

कूट

(a) केवल 1 (b) केवल 3
(c) केवल 2 (d) इनमें से कोई नहीं

15. अलग-अलग ऋतुओं में दिन-समय और रात्रि समय के विस्तार में विभिन्नता किस कारण से होती है?

(a) पृथ्वी का अपने अक्ष पर घूर्णन
(b) पृथ्वी का, सूर्य के चारों ओर दीर्घवृत्तीय रीति से परिक्रमण
(c) स्थान की अक्षांशीय स्थिति
(d) पृथ्वी का नत अक्ष पर परिक्रमण

16. 64,000 किमी लम्बाई एवं 2,000 से 2,400 किमी चौड़ाई वाला एक कटक उत्तरी एवं दक्षिणी अटलाण्टिक महासागरीय द्रोणियों के मध्य से गुजरता हुआ हिन्द महासागरीय द्रोणी और फिर ऑस्ट्रेलिया तथा अण्टार्कटिका के बीच में दक्षिणी प्रशान्त महासागरीय द्रोणी में प्रवेश करता है। यह कटक है

(a) सोकोत्रा, लक्षद्वीप–चैगोस कटक
(b) प्रशान्त–अण्टार्कटिक कटक
(c) डॉल्फिन–चैलेंजर कटक
(d) मध्य–महासागरीय कटक

17. 'अल्फाल्फा' है

(a) एक प्रकार की घास (b) एक जनजाति
(c) एक पशु (d) एक नगर

18. निम्नलिखित में से कौन-सा एक महासागर में जल के प्रसार के लिए उत्तरदायी है?

(a) कार्बन डाइऑक्साइड (b) नाइट्रोजन डाइऑक्साइड
(c) कार्बन मोनोऑक्साइड (d) सल्फर डाइऑक्साइड

19. क्यूरोशिवो एक कोष्ण जलधारा है जो

(a) फिलीपीन्स से जापान की ओर प्रवाहित है
(b) इण्डोनेशिया से फिलीपीन्स की ओर प्रवाहित होती है
(c) जापान से चीन की ओर प्रवाहित होती है
(d) श्रीलंका से इण्डोनेशिया को प्रवाहित होती है

20. निम्न कथनों का अध्ययन करें

1. अटलाण्टिक महासागर में सागरीय मैदान के अपेक्षाकृत कम विस्तार का प्रमुख कारण महाद्वीपीय मग्न तट का अधिक विस्तार है।
2. गहन सागरीय मैदान (Deep sea plains) सम्पूर्ण महासागरीय भाग का 60% भाग है।

उपरोक्त कथनों में सत्य कथन की पहचान करें

(a) केवल 1 (b) केवल 2
(c) 1 और 2 दोनों (d) न तो 1 और न ही 2

21. वह प्रजाति जिसका प्रभाव पारिस्थितिकी तन्त्र या समुदाय पर क्रान्तिकारी व प्रभावकारी होता है, उसे कहते हैं

(a) स्थानिक प्रजाति (Endemic species)
(b) की-स्टोन प्रजाति (Key-stone species)
(c) सर्वदेशीय प्रजाति (Cosmopolitan species)
(d) प्रभावी प्रजाति (Dominant species)

22. निम्नलिखित कथनों पर विचार कीजिए

1. आहार शृंखला में क्रमिक उच्च पोषण स्तरों में प्रजातियों की संख्या, सकल बायोमास तथा ऊर्जा की सुलभता में ह्रास होता है।
2. आहार शृंखला एवं आहार जाल की प्रकृति वहाँ के प्राकृतिक पारितन्त्र की जैव-विविधता की समृद्धि या निर्धनता पर निर्भर करती है।

उपरोक्त कथनों में से कौन-सा/से कथन सही है/हैं?

(a) केवल 1 (b) केवल 2
(c) 1 और 2 (d) न तो 1 और न ही 2

23. निम्नलिखित में कौन-सा एक पद, केवल जीव द्वारा ग्रहण किए गए दिक्स्थान का ही नहीं, बल्कि जीवों के समुदाय में उसकी कार्यात्मक भूमिका का भी वर्णन करता है?

(a) संक्रमिका (b) पारिस्थितिक कर्मता
(c) आवास (d) आवास क्षेत्र

24. पारितन्त्र में खाद्य शृंखलाओं के सन्दर्भ में निम्नलिखित में से किस प्रकार का/के जीव अपघटक जीव कहलाता है/कहलाते हैं?

1. विषाणु 2. कवक 3. जीवाणु

कूट

(a) केवल 1 (b) 2 और 3 (c) 1 और 3 (d) ये सभी

25. निम्नलिखित में से कौन-से भारत के कुछ भागों में पीने के जल में प्रदूषक के रूप में पाए जाते हैं?

1. आर्सेनिक 2. सारविटॉल 3. फ्लुओराइड
4. फार्मेल्डिहाइड 5. यूरेनियम

कूट

(a) 1 और 3 (b) 2, 4 और 5
(c) 1, 3 और 5 (d) ये सभी

26. कनाडा के प्रेयरी प्रदेश में गेहूँ की कृषि की जाती है

(a) ग्रीष्म काल में (b) बसन्त काल में
(c) शीत काल में
(d) ग्रीष्म काल और शीतकाल दोनों में

27. निम्नलिखित देशों में से किन्हें 'स्वर्णिम अर्द्धचन्द्र' में सम्मिलित किया जाता है?

1. अफगानिस्तान
2. ईरान
3. इराक
4. पाकिस्तान

कूट

(a) 1 और 2 (b) 3 और 4 (c) 1, 2 और 3 (d) 1, 2 और 4

28. सैक्रामेन्टो-सॉन जुवाक्विन घाटी, जो अमेरिका में अंगूर एवं सिट्रस (नीबू-वंश) फलों के उत्पादन के लिए विख्यात है, अवस्थित है

(a) कैलिफोर्निया राज्य में (b) अलास्का में
(c) मेक्सिको में (d) कोलम्बिया में

29. दक्षिण अफ्रीका का प्रमुख स्वर्ण उद्योग लगभग पूर्णतया केन्द्रित है

(a) हाई वेल्ड में (b) कालाहारी में (c) बुश वेल्ड में (d) जोहान्सबर्ग

30. आबादान तेलशोध केन्द्र किस देश में अवस्थित है?

(a) ईरान (b) सऊदी अरब (c) इराक (d) कुवैत

31. विश्व की नगरीय जनसंख्या उसकी ग्रामीण जनसंख्या से बढ़ गई वर्ष

(a) 2001 में (b) 2004 में (c) 2008 में (d) 2010 में

32. निम्नलिखित देशों में किस में प्रजनन दर उच्चतम है?

(a) अफगानिस्तान (b) बांग्लादेश
(c) भारत (d) पाकिस्तान

33. मानव उत्पत्ति से सम्बन्धित निम्न कथनों का अध्ययन करें।

1. मानव उत्पत्ति का महाद्वीप के रूप में अफ्रीका महाद्वीप को माना जाता है।
2. प्राथमिक कपि को 'प्राइमेट' कहा जाता था जिनमें गोरिल्ला, चिम्पैंजी औरंग उटान का नाम आता है, जो मानव समान के कपि थे।
3. आज के होमोसेपियन्स का विकास निएण्डर थल मानव से हुआ है।
4. प्राचीन मानव का जीवाश्म भारत में शिवालिक श्रेणी से 'रामापिथेकस' का मिला था।

निम्न में कौन सत्य है?

कूट

(a) 1 और 3 (b) 2 और 3
(c) 1, 2 और 4 (d) ये सभी

34. निम्न कथनों का अध्ययन करें एवं सऊदी अरब से सम्बद्ध विकल्पों का चयन करें

1. नगरी जनसंख्या का उच्च भाग
2. विस्तृत कृषि प्रतिरूप
3. चारागाह के अन्तर्गत यथेष्ट भूमि की अधिक मात्रा

कूट

(a) 1 और 2 (b) 1, 2 और 3
(c) 1 और 3 (d) 2 और 3

35. निम्नलिखित कथनों में कौन-सा एक सही नहीं है?

(a) यूरोपीय लोगों ने सघन जनसंख्या वाले उष्ण कटिबन्धीय तथा अर्द्ध-उष्ण कटिबन्धीय तटीय क्षेत्रों पर उत्प्रवास किया
(b) 1900 के मध्य में आयरलैण्ड से भारी संख्या में निष्क्रमण आलू की फसल के खराब होने के कारण हुआ
(c) मलेशिया के आर्थिक विकास में चीन अप्रवासियों का महत्त्वपूर्ण योगदान है
(d) वर्तमान समय में उत्तर-पूर्वी अमेरिका के नगर प्रवासी हानियों का अनुभव कर रहे हैं

36. निम्नलिखित नदियों में से कौन-सी एक यमुना की सहायक नदी नहीं है?

(a) बेतवा (b) चम्बल (c) केन (d) रामगंगा

37. निम्नलिखित नदियों में से किसका सर्वाधिक बड़ा जलग्रहण क्षेत्र है?

(a) नर्मदा (b) महानदी (c) गोदावरी (d) कृष्णा

38. गंगा नदी की एक मात्र सहायक नदी जिसका उद्गम मैदान में है, को चिह्नित कीजिए

(a) सोन (b) शारदा अथवा सरयू
(c) गोमती (d) रामगंगा

39. अमरकण्टक से कौन-सी नदी का उद्गम होता है?

(a) दामोदर (b) महानदी (c) नर्मदा (d) ताप्ती

40. टिहरी पनबिलती परियोजना निम्नलिखित में से किस एक नदी पर अवस्थित है?

(a) अल्कनन्दा (b) भागीरथी (c) धोलीगंगा (d) मन्दाकिनी

41. मालवा पठार की प्रमुख मिट्टी है

(a) काली (b) जलोढ़ (c) लाल (d) लैटेराइट

42. भारत में किस मिट्टी का विस्तार सर्वाधिक क्षेत्रफल पर है?

(a) काली (b) लाल (c) लैटेराइट (d) जलोढ़

43. भारत के निम्नलिखित क्षेत्रों में से किस एक में मैंग्रोव वन, सदापर्णी वन और पर्णपाती वनों का संयोजन है?.

(a) उत्तर तटीय आन्ध्र प्रदेश (b) दक्षिण-पश्चिम बंगाल
(c) दक्षिण सौराष्ट्र (d) अण्डमान-निकोबार द्वीप समूह

44. भारतीय मिट्टी में प्राय: किन दो तत्त्वों की कमी पाई जाती है, जिससे प्रति हेक्टेयर उत्पादन कम हो जाता है?

(a) नाइट्रोजन (b) फॉस्फोरस और नाइट्रोजन
(c) पोटेशियम और सल्फर (d) एल्युमीनियम और लोहा

45. इस मृदा को सिंचाई की कम आवश्यकता होती है, क्योंकि वह नमी रोक कर रखती है, वह कौन-सी है?

(a) लाल (b) काली (c) लैटेराइट (d) जलोढ़

46. कुल धरातलीय जल का लगभग 60% भाग भारत की तीन नदियों से होकर बहता है, वे तीन नदियाँ कौन-कौन हैं?

1. सिन्धु
2. गंगा
3. यमुना
4. ब्रह्मपुत्र

कूट

(a) 1, 2 और 3 (b) 1, 2 और 4
(c) 2, 3 और 4 (d) 1, 3 और 4

47. वर्षाहीन क्षेत्रों हेतु राष्ट्रीय जल विभाजन विकास परियोजना कब प्रारम्भ की गई थी?

(a) वर्ष 1990 – 91 (b) वर्ष 1995 – 96
(c) वर्ष 2000 – 01 (d) वर्ष 2005 – 06

48. राष्ट्रीय जल विभाजन विकास परियोजना के उद्देश्य क्या थे?

1. बायोमास का संवहनीय उत्पादन
2. विस्तृत व वर्षाहीन क्षेत्रों में परिस्थितिक सन्तुलन को कायम रखना।
3. रेनवाटर हारवैस्टिंग की तकनीक को लोकप्रिय बनाना।

कूट

(a) केवल 1 (b) 1 और 2 (c) 2 और 3 (d) ये सभी

49. जल क्रान्ति अभियान किस वर्ष प्रारम्भ किया गया था?

(a) वर्ष 1973 (b) वर्ष 1991 (c) वर्ष 2000 (d) वर्ष 2015

50. राष्ट्रीय जल नीति, 1987 का मुख्य उद्देश्य क्या था?
(a) जल का राष्ट्रीय हित में प्रबन्धन करना
(b) सूचना व्यवस्था
(c) सबके लिए पेय जल की व्यवस्था
(d) उपरोक्त सभी

51. मंगला-भाग्यम्, शक्ति एवं ऐश्वर्या
(a) अनुसूचित जाति की बालिकाओं के उत्थान के लिए तीन योजनाएँ हैं
(b) बाड़मेर-साँचौर बेसिन में खोजे गए तेल क्षेत्र हैं
(c) तीन निजी क्षेत्र में स्थापित विश्वविद्यालय हैं
(d) रामगढ़ पावर प्लाण्ट को आपूर्ति करने के लिए, जैसलमेर बेसिन से प्राकृतिक गैस का उत्पादन करना है

52. नूनमाटी का तेलशोधक कारखाना अवस्थित है
(a) असम राज्य में (b) बिहार राज्य में
(c) गुजरात राज्य में (d) पश्चिम बंगाल में

53. निम्नांकित में से किस देश के सहयोग से ओबरा ताप विद्युत केन्द्र की स्थापना की गई थी?
(a)अमेरिका (b) जर्मनी (c) जापान (d) रूस

54. निम्नलिखित कथनों पर विचार कीजिए
1. भारत में थोरियम के निक्षेप नहीं हैं।
2. केरल की मोनाजाइट बालुका में यूरेनियम होता है।
उपरोक्त कथनों में से कौन-सा/से सही है/हैं?
(a) केवल 1 (b) केवल 2
(c) 1 और 2 दोनों (d) न तो 1 और न ही 2

55. राजस्थान के बाड़मेर-सांचोर द्रोणी में तेल के अन्वेषण तथा वाणिज्यिक उत्पादन से निम्नलिखित कम्पनियों में से कौन-सी एक सम्बद्ध है?
(a) केयर्न एनर्जी (b) यूनोकल कॉर्पोरेशन
(c) रिलायन्स एनर्जी वेन्चर्स (d) ONGC

56. निम्नलिखित में से किसे 'चमत्कारिक फसल' (Miracle crop) के रूप में जाना जाता है?
(a) तम्बाकू (b) मक्का (c) सोयाबीन (d) सूर्यमुखी

57. भारत में सर्वप्रथम काजू उगाने का कार्य पुर्तगालियों ने किया। किस राज्य में काजू का सर्वाधिक उत्पादन होता है?
(a) तमिलनाडु (b) कर्नाटक (c) केरल (d) महाराष्ट्र

58. भारत में हरित क्रान्ति किस फसल की उत्पादकता वृद्धि में सफल हुई है?
(a) गेहूँ तथा चावल की (b) गन्ना तथा आलू की
(c) तिलहन तथा दलहन की (d) चाय तथा कहवा की

59. देश के कुल कृषि योग्य क्षेत्र के सर्वाधिक भाग पर किस फसल की कृषि की जाती है?
(a) गेहूँ (b) चावल (c) बाजरा (d) कपास

60. भारत में गेहूँ के तीन अधिकतम उत्पादक राज्यों का अवरोही क्रम है
(a) पंजाब, हरियाणा, उत्तर प्रदेश
(b) पंजाब, उत्तर प्रदेश, मध्य प्रदेश
(c) उत्तर प्रदेश, पंजाब, मध्य प्रदेश
(d) उत्तर प्रदेश, पंजाब, हरियाणा

61. विश्व का सबसे बड़ा मत्स्यन क्षेत्र कौन-सा है?
(a) जार्जेज बैंक (b) सेंट पियरी बैंक
(c) ग्रैंक बैंक (d) संबिल द्वीप बैंक

62. मानव की प्राथमिक आवश्यकताओं की पूर्ति हेतु किस व्यवसाय को प्राथमिक उद्योग कहा जाता है?
(a) कृषि (b) आखेट (c) पशुपालन (d) व्यापार

63. गेहूँ की वाणिज्यिक कृषि के मैदान कहाँ पाए जाते हैं?
(a) उष्णकटिबंधीय क्षेत्र में (b) उपोष्ण क्षेत्र में
(c) शीतोष्ण क्षेत्र में (d) मरुस्थलीय क्षेत्र में

64. यान्त्रिक विधियों द्वारा अधिक मात्रा में उपजाई जाने वाली फसलों को क्या कहा जाता है?
(a) वाणिज्यिक कृषि (b) गहन कृषि
(c) मिश्रित कृषि (d) बगानी कृषि

65. ओलेरीकल्चर किस फसल से संबंधित है?
(a) अंगूर से (b) फूलों से (c) सब्जी से (d) फल से

66. मैसूर क्यों प्रसिद्ध है?
(a) सिल्क उद्योग के लिए
(b) जूट उद्योग के लिए
(c) अंगूरों की भारी पैदावार के लिए
(d) जिंक उद्योग के लिए

67. महाराष्ट्र में स्थित पिम्परी सम्बन्धित है
(a) घड़ी बनाने से (b) कागज उद्योग से
(c) एण्टीबायोटिक कारखाने से (d) थर्मल पावर से

68. सार्वजनिक क्षेत्र का निम्नलिखित में से कौन-सा उद्यम नवरत्न है?
(a) हिन्दुस्तान एयरोनॉटिक्स लि.
(b) कण्टेनर कॉर्पोरेशन ऑफ इण्डिया लि.
(c) महानगर टेलीफोन निगम लि.
(d) इंजीनियर्स इण्डिया लि.

69. निम्नलिखित में से किस राज्य में पेट्रो रसायन उद्योग के लिए आदर्श दशाएँ पाई जाती हैं?
(a) गुजरात (b) तमिलनाडु
(c) महाराष्ट्र (d) उत्तर प्रदेश

70. निम्नलिखित में से किस उद्योग में सर्वाधिक संख्या में महिलाएँ कार्यरत हैं?
(a) चाय उद्योग (b) जूट उद्योग
(c) वस्त्र उद्योग (d) रबड़ उद्योग

71. कन्याकुमारी-श्रीनगर राजमार्ग एवं पोरबन्दर-सिलचर राजमार्ग, जो राष्ट्रीय कॉरिडोर राजमार्ग विकास परियोजना के अन्तर्गत निर्मित हो रहे हैं, एक-दूसरे से मिलेंगे
(a) भोपाल में (b) ग्वालियर में (c) झाँसी में (d) नागपुर में

72. संसार की सबसे ऊँची सड़क कहाँ पर स्थित है?
(a) लद्दाख में (b) अरुणाचल प्रदेश में
(c) रॉकी पर्वत में (d) आल्पस पर्वतमाला में

73. निम्नलिखित में से कौन-सी एक, पारादीप पत्तन से होने वाले निर्यात की प्रमुख मद है?
(a) चावल (b) चाय (c) मछली (d) लौह-अयस्क

74. भारत के पूर्वी तट पर स्थित पत्तन
(a) काण्डला एवं हल्दिया (b) हल्दिया एवं कोच्चि
(c) पारादीप एवं काण्डला (d) पारादीप एवं हल्दिया

75. जवाहर सुरंग किस राज्य में है?
(a) जम्मू-कश्मीर (b) हिमाचल प्रदेश
(c) उत्तराखण्ड (d) गोवा

76. जम्मू-कश्मीर में रहने वाले इण्डो-आर्यन लोगों को जिस नाम से जाना जाता है, वह है
(a) पठान (b) ठाकुर (c) डोगरा (d) महाराणा

77. निम्नलिखित में से कितने नगरों की जनसंख्या वर्ष 1991 की जनगणना के अनुसार 10 लाख तक थी?
(a) 21 नगरों की (b) 23 नगरों की
(c) 25 नगरों की (d) 27 नगरों की

78. भारत में वर्ष 2001 की मृत्य-दर क्या थी?
(a) 8.7 प्रति हजार (b) 9 प्रति हजार
(c) 9.5 प्रति हजार (d) 10 प्रति हजार

79. वर्ष 2001 की जनगणना के अनुसार अनुसूचित जातियों की सर्वाधिक जनसंख्या पाई जाती है
(a) उत्तर प्रदेश में (b) बिहार में
(c) राजस्थान में (d) पश्चिमी बंग में

80. जनसंख्या की दृष्टि से सबसे छोटा केन्द्रशासित प्रदेश है
(a) दमन एवं दीव
(b) अण्डमान और निकोबार द्वीप समूह
(c) लक्षद्वीप
(d) दादरा व नगर हवेली

81. निम्नलिखित कथनों पर विचार कीजिए
1. इण्डियन सुनामी अर्ली वार्निंग सेण्टर (ITEWC) की स्थापना वर्ष 2007 में हैदराबाद में की गई थी।
2. इण्डियन सुनामी अर्ली वार्निंग सेण्टर (ITEWC) इण्डियन नेशनल सेण्टर फॉर ओशियन सर्विसेज का एक भाग है।

उपरोक्त कथनों में से कौन-सा/से कथन सही है/हैं?
(a) केवल 1 (b) केवल 2
(c) 1 और 2 (d) न तो 1 और न ही 2

82. निम्नलिखित कथनों पर विचार कीजिए
1. आपदा प्रबन्धन का तात्पर्य प्राकृतिक आपदाओं द्वारा मानव पर पड़ने वाले प्रभावों का न्यूनीकरण करना है।
2. प्राकृतिक आपदाओं को रोका जा सकता है।

उपरोक्त कथनों में से कौन-सा/से कथन सही है/हैं?
(a) केवल 1 (b) केवल 2
(c) 1 और 2 (d) न तो 1 और न ही 2

83. निम्नलिखित कथनों पर विचार कीजिए
1. राष्ट्रीय आपदा प्रबन्धन प्राधिकरण (NDMA) के अध्यक्ष भारत के प्रधानमन्त्री हैं, जबकि राष्ट्रीय कार्यकारी समिति के अध्यक्ष गृह सचिव भारत सरकार है।
2. राज्य आपदा प्रबन्ध प्राधिकरण (SDMA) के अध्यक्ष राज्य के मुख्यमन्त्री तथा जिला आपदा प्रबन्धन प्राधिकरण (DDMA) के अध्यक्ष जिला पंचायत अध्यक्ष होते हैं।

उपरोक्त कथनों में से कौन-सा/से कथन सही है/हैं?
(a) केवल 1 (b) केवल 2
(c) 1 और 2 (d) न तो 1 और न ही 2

84. निम्नलिखित कथनों पर विचार कीजिए
1. वैसे क्षेत्र जहाँ वर्षा 75 सेमी से कम तथा वर्षा की विचलनशीलता 25% होती है, तो उसे सूखा-प्रवण क्षेत्र कहा जाता है।
2. चिरकालिक सूखाग्रस्त क्षेत्र के अन्तर्गत वर्षा 50 सेमी से कम तथा वर्षा की विचलनशीलता 25-40% पाई जाती है।
3. पश्चिमी राजस्थान, सौराष्ट्र तथा कच्छ के क्षेत्र चिरकालिक सूखाग्रस्त क्षेत्र में आते हैं।

उपरोक्त कथनों में से कौन-सा/से कथन सही है/हैं?
(a) केवल 1 (b) 2 और 3 (c) केवल 3 (d) ये सभी

85. निम्नलिखित कथनों पर विचार कीजिए
1. **आपदा पूर्व चरण** आपदा से प्रभावित हो सकने वाले लोगों को समय रहते सूचना देना तथा लोगों को आपदा से निपटने के लिए तैयार करना।
2. **आपदा पश्चात् चरण** जल एवं बिजली आपूर्ति को पुनः बहाल करना तथा आपदा प्रभावित लोगों का पुनर्वास।

उपरोक्त कथनों में से कौन-सा/से कथन सही है/हैं?
(a) केवल 1 (b) केवल 2
(c) 1 और 2 (d) न तो 1 और न ही 2

86. नर्मदा सोन घाटी की औसत ऊँचाई कितनी है?
(a) 350 मी (b) 320 मी (c) 310 मी (d) 300 मी

87. मुकरता नामक गार्ज का निर्माण किस नदी द्वारा होता है?
(a) ताप्ती (b) नर्मदा (c) बेतवा (d) सोन

88. मालवा पठार क्षेत्र में वर्षा किसके मानसून से होती है?
(a) अरब सागर (b) हिन्द महासागर
(c) बंगाल की खाड़ी (d) कच्छ की खाड़ी

89. नर्मदा घाटी क्षेत्र अत्यधिक गर्म क्यों होता है?
(a) विषुवत् रेखा पर होने के कारण
(b) कर्क रेखा के समीप होने के कारण
(c) मकर रेखा के समीप होने के कारण
(d) उपरोक्त में से कोई नहीं

90. मध्य प्रदेश में कितने प्रकार की ऋतुएँ पाई जाती हैं?
(a) चार (b) तीन
(c) दो (d) इनमें से कोई नहीं

91. मध्य प्रदेश का जनसंख्या घनत्व (प्रति वर्ग किमी) है।
(a) 382 (b) 282 (c) 336 (d) 236

92. वर्ष 2011 की जनगणना के अनुसार किस जिले का जनसंख्या घनत्व सर्वाधिक है?
(a) भोपाल (b) इन्दौर (c) ग्वालियर (d) जबलपुर

93. निम्न में से किस जिले में जनसंख्या का घनत्व सबसे कम है?
(a) झाबुआ (b) डिण्डोरी (c) मण्डला (d) शहडोल

94. मध्य प्रदेश का लिंगानुपात (2011में) कितना है?
(a) 910 (b) 911 (c) 930 (d) 931

95. निम्न जिलों में से किस जिले में स्त्री-पुरुष लिंगानुपात सबसे अधिक है?
(a) शहडोल (b) मण्डला (c) डिण्डोरी (d) बालाघाट

96. निम्न में कौन सा कथन असत्य है?
(a) अपक्षय एक स्थैतिक क्रिया है।
(b) अपरदन गत्यात्मक क्रिया है।
(c) अनाच्छादन में स्थैतिक एवं गत्यात्मक दोनों क्रिया शामिल होती हैं।
(d) उपरोक्त में से कोई नहीं।

97. महाद्वीपों के अन्त:स्थों का वार्षिक ताप-परिसर तटीय क्षेत्रों की अपेक्षा अधिक होता है। इसका/इसके क्या कारण है/हैं?

1. भूमि और जल के बीच तापीय अन्तर।
2. महाद्वीपों और महासागरों के बीच तुंगता में अन्तर।
3. अन्त:स्थों में तेज पवनों की विद्यमानता।
4. तटों की अपेक्षा अन्त:स्थों में होने वाली भारी वर्षा।

कूट

(a) केवल 1 (b) 1 और 2
(c) 2 और 3 (d) 1, 2, 3 और 4

98. अण्टार्कटिक क्षेत्र में ओजोन छिद्र का बनना चिंता का विषय है। इस छिद्र के बनने का सम्भावित कारण क्या है?

(a) विशिष्ट क्षोभमण्डलीय विक्षोभ की उपस्थिति तथा क्लोरो-फ्लोरो कार्बन का अन्तर्वाह
(b) विशिष्ट ध्रुवीय वाताग्र तथा समतापमण्डलीय बादलों की उपस्थिति तथा क्लोरो-फ्लोरो का अन्तर्वाह
(c) ध्रुवीय वाताग्र तथा समतापमण्डलीय बादलों की अनुपस्थिति तथा मीथेन और क्लोरो-फ्लोरो कार्बन का अन्तर्वाह
(d) वैश्विक तापन से ध्रुवीय प्रदेश में हुई तापमान वृद्धि

99. निम्नलिखित में से कौन-सा एक, प्रशान्त महासागर की पूर्वी और पश्चिमी सीमाओं द्वारा बारम्बार भूकम्प झेलने के कारण को सबसे अच्छे तरीके से स्पष्ट करता है?

(a) इन सीमान्तों के किनारे गहरी महासागरीय खाइयाँ हैं
(b) इस महासागर के सन्निकट महाद्वीपीय सीमान्तों के साथ उच्च पर्वतीय फैलाव है
(c) विशाल प्रशान्त महासागर की धाराएँ महाद्वीपीय सीमान्तों से निरन्तर टकराती रहती हैं
(d) ये सीमान्त प्लेट सीमान्तों के सम्पाती होते हैं

100. पारितन्त्रों की घटती उत्पादकता के क्रम में उनका निम्नलिखित में से कौन-सा अनुक्रम सही है?

(a) महासागर, झील, घासस्थल, मैंग्रोव
(b) मैंग्रोव, महासागर, घासस्थल, झील
(c) मैंग्रोव, घासस्थल, झील, महासागर
(d) महासागर, मैंग्रोव, झील, घासस्थल

101. निम्नलिखित कथनों पर विचार कीजिए

1. पर्यावरण के अजैविक/भौतिक संघटकों के अन्तर्गत समस्त जीवमण्डल या उसके किसी भाग के भौतिक पर्यावरण को शामिल किया जाता है।
2. अजैविक संघटक, जैविक संघटकों के विकास के लिए अनिवार्य होते हैं।

उपरोक्त कथनों में से कौन सा/से कथन असत्य हैं?

(a) केवल 1 (b) केवल 2
(c) 1 और 2 दोनों (d) न तो 1 और न ही 2

102. सुमेलित करें

सूची I (खनिज)		सूची II (उत्पादक देश)	
A.	कोयला	1.	मेसाबी
B.	लौह-अयस्क	2.	पेचोरा झील
C.	खनिज तेल	3.	किरकुक
D.	ताँबा	4.	खेतड़ी

कूट

	A	B	C	D
(a)	2	1	3	4
(b)	2	4	3	1
(c)	2	3	4	1
(d)	4	3	1	2

103. पेट्रोलियम के सम्बन्ध में निम्न में से कौन-सा सही है?

1. मध्य-पूर्व में संसार के पेट्रोल के लगभग 60% भण्डार पाए जाते हैं।
2. अलास्का में टेक्सास के समतुल्य पेट्रोलियम भण्डार प्रमाणित हैं।
3. संयुक्त राज्य अमेरिका पेट्रोलियम का प्रमुख उत्पादक एवं प्रमुख आयातक दोनों ही है।

नीचे दिए गए कूट से सही उत्तर चुनिए

(a) 1 और 2 (b) 2 और 3
(c) 1 और 3 (d) सभी सही हैं

104. **कथन** (A) जननांकीय संक्रमण में जनसंख्या प्रथम तथा अन्तिम अवस्था में धीरे-धीरे बढ़ती है हालाँकि यह बिल्कुल एक-दूसरे के विपरीत अवस्थाओं का परिणाम है।

कारण (R) जनसंख्या की धीमी वृद्धि उच्च उत्पादकता तथा उच्च मार्त्यता के कारण है।

कूट

(a) A और R दोनों सही हैं तथा R, A की सही व्याख्या है
(b) A और R दोनों सही हैं, परन्तु R, A की सही व्याख्या नहीं है
(c) A सही है, किन्तु R गलत है
(d) A गलत है, किन्तु R सही है

105. भारत के सन्दर्भ में, निम्नलिखित में से कौन-सा कथन सही नहीं है?

(a) देश के लगभग एक-तिहाई क्षेत्र में वर्ष भर में 750 मिमी से अधिक वर्षा होती है
(b) देश में सिंचाई का प्रमुख स्रोत कुएँ हैं
(c) कछारी मृदा देश के उत्तरी मैदानों की प्रमुख कठोर प्रकार की मृदा है
(d) पर्वतीय क्षेत्र देश के पृष्ठीय क्षेत्रफल का लगभग 30% बैठता है

106. निम्न कथनों पर विचार करें

1. भारत में सर्वाधिक वर्षा दक्षिण-पूर्व मानसून से होती है।
2. लेह भारत में सबसे कम वर्षा वाला स्थान है।

उपरोक्त में सही है/हैं

(a) केवल 1 (b) केवल 2
(c) 1 और 2 दोनों (d) इनमें से कोई नहीं

107. जलोढ़ मिट्टी के सम्बन्ध में निम्नांकित कथनों पर विचार करें

1. इनका निक्षेपण नदियों के द्वारा होता है।
2. यह सर्वाधिक उपजाऊ मिट्टी होती है।
3. यह सामान्यत: पठारी भागों में पाई जाती है।

उपरोक्त में सही कथन हैं

(a) 1 और 2 (b) 2 और 3
(c) 1 और 3 (d) ये सभी

108. राष्ट्रीय जल विभाजन विकास परियोजना के उद्देश्य क्या थे?

1. बायोमास का संवहनीय उत्पादन
2. विस्तृत व वर्षाहीन क्षेत्रों में पारिस्थितिक सन्तुलन को कायम रखना।
3. रेनवाटर हार्वेस्टिंग की तकनीक को लोकप्रिय बनाना।

कूट

(a) केवल 1 (b) 1 और 2
(c) 2 और 3 (d) ये सभी

109. केरल के कई भागों की समुद्र तटीय बालू में निम्नलिखित पदार्थों में से कौन-से पाए जाते हैं?

1. इल्मेनाइट 2. जिरकॉन 3. सिल्मेनाइट 4. टंग्स्टन

नीचे दिए गए कूट का उपयोग कर सही उत्तर चुनिए

(a) 1, 3 और 4 (b) 1, 2 और 3 (c) 3 और 4 (d) 1 और 2

110. **कथन** (A) भारत में पश्चिमी तट की तुलना में पूर्वी तट में धान का उत्पादन अधिक होता है।

कारण (R) भारत के पूर्वी तट पर पश्चिमी तट की तुलना में अधिक वर्षा होती है।

कूट

(a) A और R दोनों सही हैं तथा R, A की सही व्याख्या है
(b) A और R दोनों सही हैं, परन्तु R, A की सही व्याख्या नहीं है
(c) A सही है, किन्तु R गलत है
(d) A गलत है, किन्तु R सही है

111. एक पर्यटक बोकारो, भिलाई और राउरकेला के इस्पात के कारखाने उसी क्रम से देखना चाहता है, उसे अपने यात्रा क्रम में किन-किन प्रदेशों को रखना होगा?

(a) झारखण्ड, छत्तीसगढ़ और ओडिशा
(b) ओडिशा, पश्चिम बंगाल, झारखण्ड
(c) मध्य प्रदेश, झारखण्ड और पश्चिम बंगाल
(d) पश्चिम बंगाल, झारखण्ड और मध्य प्रदेश

112. निम्नलिखित कथनों पर विचार कीजिए

I. भारत में दो गलियारे हैं, जिनमें से एक श्रीनगर को कन्याकुमारी से तथा दूसरा सिल्चर से पोरबन्दर को जोड़कर बनाया गया है।
II. ये दोनों गलियारे झाँसी में एक-दूसरे से मिलते हैं।
III. इन दोनों की कुल लम्बाई 7300 किमी है।
IV. स्वर्णिम चतुर्भुज तथा गलियारों को 10 प्रमुख पत्तनों से जोड़ा जा रहा है।

उपरोक्त कथनों में से कौन-सा सही कथन है/हैं?

(a) I, II और III (b) II, III और IV (c) I, III और IV (d) ये सभी

113. निम्नलिखित कथनों पर विचार कीजिए

1. सामान्यत: अधिकांश चक्रवातीय क्षति तेज पवनों, मूसलाधार वर्षा तथा ज्वारीय लहरों के कारण होती है।
2. पवनों की तुलना में चक्रवातीय वर्षा के कारण आई बाढ़ अधिक विनाशकारी होती है।
3. तटीय क्षेत्रों में वृक्षारोपण से चक्रवातों के प्रभाव को कम करने में मदद मिलती है।

उपरोक्त कथनों में से कौन-सा/से कथन सही है/हैं?

(a) केवल 1 (b) 2 और 3 (c) केवल 3 (d) ये सभी

114. निम्नलिखित में से कौन-सा बन्दरगाह पोर्ट ऑफ कोल की सुविधा उपलब्ध कराता है?

(a) पोर्ट ब्लेयर (b) तूतीकोरिन
(c) पारादीप (d) विशाखापत्तनम

115. जनसंख्या की दृष्टि से भारतीय संघ के तीन सबसे छोटे राज्यों का उचित क्रम है

(a) अरुणाचल प्रदेश, मिजोरम, सिक्किम
(b) सिक्किम, मिजोरम, अरुणाचल प्रदेश
(c) अरुणाचल प्रदेश, सिक्किम, मिजोरम
(d) मिजोरम, सिक्किम, अरुणाचल प्रदेश

116. निम्नलिखित मानचित्र प्रक्षेपों में से कौन-सा एक किसी दूसरे मानचित्र प्रक्षेप का संशोधित रूप नहीं है?

(a) बहुशंकु (b) अन्तर्राष्ट्रीय
(c) नमनरेखी वक्र (d) साइनुसॉइडल

117. निम्नलिखित में से कौन-सा कथन ज्यावक्रीय प्रक्षेप के बारे में सत्य नहीं है?

(a) यह सम-क्षेत्र प्रक्षेप है
(b) सभी याम्योत्तरों पर मापक सही होता है
(c) सभी अक्षांशों पर मापक सही होता है
(d) केन्द्रीय याम्योत्तर से दूर आकृति विकृत हो जाती है

118. केप-काहिरा रेलमार्ग को दर्शाने के लिए मानचित्र हेतु किस प्रक्षेप का उपयोग करते हैं?

(a) मर्केटर (b) बेलनाकार समक्षेत्रफल
(c) साइनुसॉइडल (d) अन्तर्राष्ट्रीय

119. यदि एक मानचित्र पर 5 मिलीमीटर, भूसतह पर 5 किमी की दूरी प्रदर्शित करता है तो उस मानचित्र का मापक होगा

(a) 1 : 1,00,000 (b) 1 : 8,00,000
(c) 1 : 10,00,000 (d) 1 : 20,00,000

120. एक नाविक के लिए निम्नलिखित में से कौन-सा एक अधिक उपयोगी है?

(a) मर्केटर प्रक्षेप (b) नोमॉनिक प्रक्षेप
(c) ज्यावक्रीय प्रक्षेप (d) मॉलवीड प्रक्षेप

उत्तरमाला

1.	(b)	2.	(c)	3.	(d)	4.	(d)	5.	(d)	6.	(a)	7.	(d)	8.	(d)	9.	(a)	10.	(c)
11.	(a)	12.	(c)	13.	(d)	14.	(d)	15.	(d)	16.	(d)	17.	(a)	18.	(a)	19.	(a)	20.	(a)
21.	(b)	22.	(a)	23.	(b)	24.	(c)	25.	(c)	26.	(d)	27.	(d)	28.	(a)	29.	(d)	30.	(a)
31.	(c)	32.	(a)	33.	(d)	34.	(c)	35.	(a)	36.	(d)	37.	(c)	38.	(c)	39.	(a)	40.	(b)
41.	(a)	42.	(d)	43.	(d)	44.	(b)	45.	(b)	46.	(b)	47.	(a)	48.	(b)	49.	(d)	50.	(a)
51.	(b)	52.	(a)	53.	(d)	54.	(d)	55.	(a)	56.	(c)	57.	(c)	58.	(a)	59.	(b)	60.	(d)
61.	(c)	62.	(a)	63.	(c)	64.	(b)	65.	(c)	66.	(a)	67.	(c)	68.	(a)	69.	(a)	70.	(c)
71.	(c)	72.	(a)	73.	(d)	74.	(d)	75.	(a)	76.	(c)	77.	(b)	78.	(a)	79.	(a)	80.	(c)
81.	(c)	82.	(a)	83.	(a)	84.	(d)	85.	(c)	86.	(d)	87.	(b)	88.	(a)	89.	(b)	90.	(b)
91.	(d)	92.	(a)	93.	(b)	94.	(d)	95.	(d)	96.	(d)	97.	(a)	98.	(b)	99.	(b)	100.	(b)
101.	(d)	102.	(a)	103.	(c)	104.	(b)	105.	(a)	106.	(b)	107.	(c)	108.	(b)	109.	(b)	110.	(c)
111.	(a)	112.	(d)	113.	(d)	114.	(a)	115.	(b)	116.	(c)	117.	(d)	118.	(c)	119.	(c)	120.	(a)

मध्य प्रदेश
उच्च माध्यमिक शिक्षक पात्रता परीक्षा (भाग-ब)

प्रैक्टिस पेपर 3

निर्देश

इस प्रश्न-पत्र में कुल 120 वस्तुनिष्ठ प्रकार के प्रश्न हैं तथा प्रत्येक प्रश्न के लिए एक अंक निर्धारित है।

1. मैण्टल में संवहन धारा प्रवाहित होती है तो
(a) मैण्टल में मैग्मा के उठने के कारण पदार्थ मध्य कटक के अन्दर चला जाता है और नई भू-पट्टी का निर्माण करता है
(b) समुद्र तल प्रसार
(c) हवाई द्वीप में ज्वालामुखियों का समूह
(d) उपरोक्त सभी

2. महाद्वीपीय विस्थापन सिद्धान्त समर्थित करता है
1. दक्षिण अमेरिका और अफ्रीका की तटरेखा एक समान।
2. मध्य अफ्रीका दक्षिण भारत, ब्राजील और ऑस्ट्रेलिया में चट्टान एक समान।
3. जीवाश्म का अवशेष।
4. ऑस्ट्रेलिया के ग्रासेपिलस।

कूट
(a) 1 और 2
(b) 1, 2 और 3
(c) 1, 2 और 4
(d) 1, 2, 3 और 4

3. आधुनिक प्लेट विवर्तनिक सिद्धान्त है
(a) महासागरीय भू-पर्पटी का निर्माण और महाद्वीप की ओर झुकाव
(b) संवहन धारा पृथ्वी मेण्टल के कारण नये महासागरीय भू-पर्पटी का निर्माण जो मध्य महासागरीय कटक है
(c) महासागरीय भू-पर्पटी में ध्वस्त हो जाती है और भू-पर्पटी नीचे की ओर हल्की महाद्वीपीय भू-पर्पटी के साथ नीचे की ओर जाती है।
(d) उपरोक्त सभी

4. निम्न कथनों का अध्ययन करें एवं असत्य कथन की पहचान करें
(a) पृथ्वी एक ठोस की भाँति व्यवहार करती है
(b) अधिकतम तापमान पृथ्वी के क्रोड की बाह्य सीमा पर पाया जाता है
(c) पृथ्वी की अधिकांश चट्टानें ताप की उत्तम संचालक नहीं हैं जिस कारण भू-गर्भ में उत्पन्न हुई अधिकांश ऊष्मा ऊपर नहीं आ सकती है। फलतः उनका क्षय नहीं होता है
(d) जब पृथ्वी के ऊपर के भागों में दबाव बढ़ता है तो निचला पदार्थ द्रव्य के रूप में परिवर्तित हो जाता है। ज्वालामुखी का पिघला हुआ लावा इस बात का प्रमाण है

5. नए निर्मित चट्टान पुराने समुद्री पटल को भ्रंश क्षेत्र से दूर धकेलते हैं इस प्रक्रिया के कारण
(a) समुद्री पटल महाद्वीपीय पटल से टकराता है
(b) समुद्री पटल पृथ्वी के मेण्टल में पहुँच जाते हैं तथा वहाँ पिघलने के बाद मैग्मा का निर्माण करते हैं
(c) भ्रंश क्षेत्र से दूर समुद्री पटल की आयु बढ़ती जाती है
(d) समुद्री पटल महाद्वीपीय पटल के ऊपर चढ़ जाती है तथा ब्लॉक पर्वत का निर्माण करती है

6. ग्लोबल वार्मिंग की स्थिति वातावरण में किस गैस की गहनता से पैदा होती है?
(a) ऑक्सीजन
(b) कार्बन डाइऑक्साइड
(c) हाइड्रोजन
(d) नाइट्रोजन

7. वायुमण्डल से गुजरने वाले सूर्यातप का कितना प्रतिशत पृथ्वी की सतह पर प्राप्त होता है?
(a) 51%
(b) 49%
(c) 61%
(d) 100%

8. आकार की दृष्टि से ये छोटे किन्तु प्रभाव के दृष्टिकोण से प्रलयंकारी एवं प्रचण्ड होते हैं। इनका आकार कीप या छलनी के समान होता है, जिसका पतला भाग धरातल से सम्बन्धित रहता है।
उपरोक्त कथन कहा गया है
(a) शीतोष्ण चक्रवात
(b) टारनेडो
(c) विली विली
(d) टाइफून

9. निम्न कथनों का अध्ययन करें
1. विषुवत् रेखा की ओर 5° से 30° उत्तरी एवं दक्षिण अक्षांशों के मध्य प्रवाहित होता है।
2. क्योंकि वाष्प-इंजन काल से पूर्व मालवाहक व्यापारिक समुद्री जहाज इन पवनों पर निर्भर करता था।
3. यह उत्तर-पूर्व तथा दक्षिण-पूर्व की दिशा से विषुवत् रेखा की ओर निरन्तर चलने वाली पवन है।

उपरोक्त कथन किस वायु तन्त्र के या वायु प्रणाली के सम्बन्ध में कहा गया है?
(a) डोलड्रम
(b) व्यापारिक पवन
(c) पछुआ पवन
(d) अश्व पवन

10. उष्णकटिबन्धीय (ट्रॉपिकल) अक्षांशों में दक्षिणी अटलाण्टिक और दक्षिण-पूर्वी प्रशान्त क्षेत्रों में चक्रवात उत्पन्न नहीं होता। इसका क्या कारण है?
(a) समुद्री पृष्ठों के ताप निम्न होते हैं
(b) अन्तः उष्णकटिबन्धीय अभिसारी क्षेत्र (इण्टरट्रॉपिकल कन्वर्जेंस जोन) बिरले ही होता है
(c) कॉरिऑलस बल अत्यन्त दुर्बल होता है
(d) उन क्षेत्रों में भूमि मौजूद नहीं होती

11. निम्नलिखित कथनों पर विचार करें
1. फ्लोरिडा धारा मैक्सिको की खाड़ी में प्रवेश के पूर्व यूकाटन चैनल से होकर गुजरती है।
2. फ्लोरिडा धारा में विषुवतरेखीय जलराशि की विशेषताएँ पाई जाती हैं।

उपरोक्त कथनों में से कौन-सा कथन सही है/हैं?
(a) केवल 1 (b) केवल 2
(c) 1 और 2 दोनों (d) न तो 1 और नही 2

12. निम्न कथनों पर विचार करें
1. ताप एवं लवण भिन्नताएँ, जो गहरे सागर के थर्मोहेलाइन परिसंचरण को प्रारम्भ करती हैं, निम्न अक्षांशीय पवन पट्टियों में महासागरीय सतह पर पैदा होती हैं।
2. हिन्द महासागर की गहरे समुद्र की जलधाराएँ अण्टार्कटिका को घेरने वाले सागर में उत्पन्न होती हैं।

उपरोक्त कथनों में से कौन-सा/से सही हैं/हैं?
(a) केवल 1 (b) केवल 2
(c) 1 और 2 (d) न तो 1 और न ही 2

13. निम्नलिखित में से कौन-से महासागरीय जल में पादपप्लवकों की मात्रा को निर्धारित करते हैं?
1. महासागरीय धाराएँ 2. तापमान एवं लवणता
3. महासागरीय जल की गहराई 4. दिन एवं रात की लम्बाई

कूट
(a) 1, 2 और 3 (b) 1 और 3
(c) 2 और 4 (d) 1, 2, 3 और 4

14. निम्नलिखित कथनों पर विचार कीजिए
1. बेंगुएला जलधारा का प्रभाव कालाहारी मरुस्थल के निर्माण में था।
2. अगुल्हास धारा का प्रभाव थार मरुस्थल के निर्माण में था।
3. उत्तरी हिन्द महासागर की धाराएँ वर्ष में दो बार अपने बहाव का मार्ग बदलती हैं।

उपरोक्त कथनों में से कौन सही है/हैं?
(a) केवल 1 (b) 1 और 3
(c) 2 और 3 (d) 1, 2 और 3

15. दक्षिण-पश्चिमी एशिया का निम्नलिखित में से कौन-सा एक देश भूमध्यसागर तक नहीं फैला है?
(a) सीरिया (b) जॉर्डन
(c) लेबनान (d) इजरायल

16. जैविक ऑक्सीजन माँग (BOD) के सन्दर्भ में जल प्रदूषण से सम्बन्धित स्थितियों पर विचार कीजिए
1. जैविक ऑक्सीजन माँग ऑक्सीजन की वह मात्रा है, जो सामान्य ताप पर किसी जल के एक लीटर भाग को 5 दिन में सूक्ष्म जीवों के उपापचयी क्रिया के लिए आवश्यक होती है।
2. इसके तहत जल जितना अधिक प्रदूषित होगा, प्रदूषित पदार्थों के विघटन के लिए उसी अनुपात में कम ऑक्सीजन की माँग होगी।
3. बी ओ डी जल प्रदूषण के मानक निर्धारण का महत्त्वपूर्ण चरण है।

उपरोक्त कथनों में से कौन-सा/से कथन सही है/हैं?
(a) केवल 1 (b) केवल 2
(c) 1 और 2 (d) 1 और 3

17. निम्न कथनों पर विचार कीजिए।
1. ग्रीन मफलर (Green Muffler) एक तकनीकी है, जो वायु प्रदूषण कम करती है तथा जो हमारे मेट्रो शहरों में वायु प्रदूषण को कम करने में महत्त्वपूर्ण सहायता दे सकती है।
2. लोगों को ध्वनि प्रदूषण से बचाने हेतु मेट्रो शहरों में उचित क्षेत्रीकरण के साथ हरित पट्टी के निर्माण में सहायक हो सकती है।

उपरोक्त कथनों में से कौन-सा/से कथन सही है/हैं?
(a) केवल 1 (b) केवल 2
(c) 1 और 2 (d) न तो 1 और न ही 2

18. निम्नलिखित कथनों पर विचार कीजिए
1. पर्यावरण की कार्यप्रणाली प्राकृतिक नियमों से संचालित होती हैं।
2. पर्यावरण के तत्त्वों में पार्थिव एकता विद्यमान है।
3. पर्यावरण भौतिक संसाधनों का भण्डार है, लेकिन जैविक संसाधनों का नहीं।
4. पर्यावरणीय व्यवस्था में स्वयं संवर्द्धन क्षमता विद्यमान होती है।

उपरोक्त कथनों में से कौन-सा/से कथन सहीं है?
(a) 1, 2 और 3 (b) 1, 2 और 4
(c) 3 और 4 (d) ये सभी

19. निम्नलिखित कथनों पर विचार कीजिए
1. पर्यावरण के अवयव परस्पर एक-दूसरे पर आश्रित रहते हैं।
2. वर्तमान में पर्यावरण का प्रबन्धन धारणीय विकास की अनिवार्य आवश्यकता बन गई है।

उपरोक्त कथनों में से कौन-सा/से कथन सहीं है?
(a) केवल 1 (b) केवल 2
(c) 1 और 2 दोनों (d) न तो 1 और न ही 2

20. निम्नलिखित कथनों पर विचार कीजिए
1. पर्यावरण के अजैविक/भौतिक संघटकों के अन्तर्गत समस्त जीवमण्डल या उसके किसी भाग के भौतिक पर्यावरण को शामिल किया जाता है।
2. अजैविक संघटक, जैविक संघटकों के विकास के लिए अनिवार्य होते हैं।

उपरोक्त कथनों में से कौन सा/से कथन असत्य हैं?
(a) केवल 1
(b) केवल 2
(c) 1 और 2 दोनों
(d) न तो 1 और न ही 2

21. रोपण कृषि के सम्बन्ध में कौन-सा कथन सही नहीं है?
(a) यह यूरोपीय एवं उत्तर अमेरिका के निवासियों द्वारा उष्ण एवं शीतोष्ण में उगाई जाती है
(b) यह कृषि बड़े-बड़े बागानों में की जाती है जिसमें अनेकों फसलें बोई जाती हैं
(c) इसे शुरू करने के लिए पर्याप्त धनराशि की आवश्यकता होती है
(d) फसलें व्यापारिक होती हैं जिन्हें बेचकर धन कमाया जाता है

22. निम्नलिखित देश नारियल के उत्पादन में अग्रणी हैं इन्हें उत्पादन के दृष्टिकोण से घटते हुए क्रम में सजाएँ
1. इण्डोनेशिया 2. फिलीपीन्स 3. भारत
4. ब्राजील 5. श्रीलंका
कूट
(a) 1, 2, 4, 5, और 3 (b) 1, 2, 3, 4, और 5
(c) 2, 1, 3, 4, और 5 (d) 3, 2, 1, 5, और 4

23. निम्नलिखित देश गन्ना उत्पादन में अग्रणी हैं इन्हें उत्पादन के दृष्टिकोण से घटते हुए क्रम में सजाएँ
1. ब्राजील 2. भारत 3. चीन
4. थाइलैण्ड 5. पाकिस्तान
कूट
(a) 1, 2, 3, 4, 5 (b) 2, 1, 3, 4, 5
(c) 2, 1, 4, 3, 5 (d) 2, 1, 5, 4, 3

24. श्रीलंका में कॉफी की कृषि किस रोग के कारण बन्द कर दी गई?
(a) पर्ण शीणता (b) पर्ण चित्ती
(c) पर्ण किट्ट (d) विगलन

25. विश्व में कहवा के दो अग्रगण्य उत्पादक देश हैं
(a) ब्राजील तथा कोलम्बिया
(b) ब्राजील तथा वियतनाम
(c) मैक्सिको तथा भारत
(d) इथोपिया तथा मैक्सिको

26. सबसे अधिक चाय का निर्यात कौन-सा देश करता है?
(a) श्रीलंका (b) चीन
(c) केन्या (d) भारत

27. जनसंख्या के आधार पर निम्न में कौन सबसे बड़ा इस्लामिक देश है?
(a) पाकिस्तान (b) बांग्लादेश
(c) इण्डोनेशिया (d) मिस्र

28. एस्पेरान्टो (Esperanto) है
(a) लैटिन अमेरिका का सर्वोच्च पर्वत
(b) स्पेन का बन्दरगाह नगर
(c) एक खेल का नाम
(d) विश्व भाषा के रूप में कार्य करने के लिए बनाई गई एक कृत्रिम भाषा

29. यूरोप की अधिकतम जनसंख्या संकेन्द्रण 50° अक्षांश उत्तरी अक्षांश के साथ-साथ है जिसे यूरोपीय जनसंख्या की धुरी कहा जाता है। इस सम्बन्ध में निम्नलिखित में कौन-सा कथन सही नहीं है?
(a) यहाँ जलवायु मानव निवास के अनुकूल है
(b) मिट्टी उपजाऊ है और कृषि उन्नत अवस्था में है
(c) प्रचुर मात्रा में पेट्रोलियम मिलता है जिससे उद्योगों को प्रोत्साहन मिलता है
(d) रेल, सड़क एवं जल यातायात उन्नत अवस्था में हैं

30. जापान की जनसंख्या के सम्बन्ध में कौन-सा कथन सही नहीं है?
(a) अधिकांश जनसंख्या होंशू द्वीप में रहती है
(b) जनसंख्या की वृद्धि दर बहुत कम है
(c) जनसंख्या में वृद्धों की जनसंख्या बहुत कम है
(d) तीन-चौथाई से अधिक जनसंख्या नगरों में निवास करती है

31. निम्नलिखित देशों में किसकी जनसंख्या सर्वाधिक है?
(a) ब्राजील (b) बांग्लादेश
(c) इण्डोनेशिया (d) पाकिस्तान

32. निम्नलिखित दक्षिण एशियाई देशों में किसका जनसंख्या घनत्व सर्वाधिक है?
(a) श्रीलंका (b) भारत
(c) नेपाल (d) पाकिस्तान

33. अफ्रीका की मूलभूत जनजाति 'पिग्मी' किस नदी घाटी में पायी जाती है?
(a) नाइजर (b) कांगो
(c) नील (d) जाम्बेजी

34. पश्चिम की ओर (Westward) प्रवाहित होने वाली नदियाँ (Rivers) हैं।
1. नर्मदा 2. ताप्ती 3. रावी
कूट
(a) 1 और 2 (b) 2 और 3
(c) 1 और 3 (d) ये सभी

35. निम्नलिखित में से किस नदी का उद्गम स्थल भारत में नहीं है?
(a) व्यास (b) चेनाब
(c) रावी (d) सतलज

36. हिमालय प्रदेश से होकर बहने वाली नदियाँ कौन-सी हैं
(a) व्यास और चेनाब
(b) व्यास और रावी
(c) चेनाब, रावी और सतलज
(d) व्यास, चेनाब, रावी, सतलज और यमुना

37. निम्नलिखित नदियों पर विचार कीजिए
1. वंश धारा 2. इन्द्रवली
3. प्राणहिता 4. पेन्नार
उपरोक्त में से कौन-सी गोदावरी की सहायक नदियाँ हैं?
(a) 1, 2 और 3 (b) 2, 3 और 4
(c) 1, 2 और 4 (d) 2 और 3

38. निम्नलिखित नदियों पर विचार कीजिए
1. बराक
2. लोहित
3. सुबनसिरी
उपरोक्त में से कौन-सी गोदावरी की सहायक नदियाँ हैं?
(a) केवल 1 (b) केवल 2
(c) 1 और 3 (d) ये सभी

39. तमिलनाडु में मानसून के सामान्य महीने कौन-से हैं?
(a) मार्च-अप्रैल (b) जून-जुलाई
(c) सितम्बर-अक्टूबर (d) नवम्बर-दिसम्बर

40. उत्तरी-पूर्वी मानसून से सबसे अधिक वर्षा प्राप्त करने वाला राज्य है
(a) असम (b) पश्चिम बंगाल
(c) तमिलनाडु (d) ओडिशा

41. निम्नलिखित में से किस प्रकार की मृदा की जल-धारण क्षमता सबसे कम होती है?
(a) बलुई दोमट (b) दोमट बालू
(c) मटियार दोमट (d) दोमट

42. भारत में सर्वाधिक क्षारीय क्षेत्र पाया जाता है?
(a) गुजरात राज्य में (b) हरियाणा राज्य में
(c) पंजाब राज्य में (d) उत्तर प्रदेश राज्य में

43. निम्नलिखित में से वह फसल कौन-सी है जो जलोढ़ मिट्टी में उगती है और जिसके लिए प्रचुर मात्रा में पानी की आवश्यकता होती है?
(a) चाय (b) गेहूँ
(c) चावल (d) मूँगफली

44. कौन-सा तरीका मिट्टी की उर्वरता को बेहतर करने का नहीं है?
(a) फसल चक्र (b) मिश्रित खेती
(c) बीज संशोधन (d) बहुफसलीय खेती

45. निम्नलिखित में भारत का कौन-सा क्षेत्र मृदा अपरदन (इरोजन) से अत्यधिक प्रभावित है?
(a) मालवा पठार (b) तराई
(c) आन्ध्र तटीय क्षेत्र (d) चम्बल घाटी

46. केन्द्रीय जल आयोग का गठन किस वर्ष हुआ था?
(a) वर्ष 1982 (b) वर्ष 1970
(c) वर्ष 1945 (d) वर्ष 1990

47. राष्ट्रीय जल नीति ने अबतक कितनी नीतियाँ अपनाई हैं?
(a) दो (b) तीन
(c) चार (d) पाँच

48. गैर-परम्परागत तरीकों और माँग के प्रबन्धन को महत्त्वपूर्ण तत्त्व के रूप में किस राष्ट्रीय जल नीति में अपनाया गया था?
(a) वर्ष 1987 (b) वर्ष 1995
(c) वर्ष 2002 (d) वर्ष 2012

49. राष्ट्रीय जन नीति-2012 की प्रमुख विशेषता है
1. जलीय स्रोतों के पुनर्नवीकरण
2. जलवायु परिवर्तन के प्रति अनुकूलन
3. भू-जल के उपयोग पर प्रयोक्ता शुल्क लगाने के लिए एक तर्क संगत प्रणाली का विकास

कूट
(a) केवल 1 (b) 1 और 2
(c) 1 और 3 (d) 1, 2 और 3

50. तीसरी राष्ट्रीय जल नीति कब अपनाई गई?
(a) वर्ष 2002 (b) वर्ष 2007
(c) वर्ष 2012 (d) वर्ष 2016

51. भारत में पहले बायोडीजल संयन्त्र की स्थापना कहाँ की गई है?
(a) काकीनाडा (आन्ध्र प्रदेश) (b) माण्डवी (गुजरात)
(c) भोपाल (मध्य प्रदेश) (d) अमृतसर (पंजाब)

52. निम्नलिखित में से कौन-सा/से भारतीय कोयले के अभिलक्षण है/हैं?
1. उच्च भस्म अंश
2. निम्न सल्फर अंश
3. निम्न भस्म संगलन तापमान

कूट
(a) 1 और 2 (b) केवल 2
(c) 1 और 3 (d) ये सभी

53. राजस्थान में किसका सर्वाधिक उत्पादक है?
(a) ग्रेनाइट (b) कपास
(c) ऊन (d) मसाले

54. भारत विश्व में अग्रणी उत्पादक है
(a) हीरे का (b) लौह-अयस्क का
(c) अभ्रक का (d) टंग्स्टन का

55. राजस्थान की नाथरा-की-पाल क्षेत्र में कौन-सा खनिज पाया जाता है?
(a) लौह-अयस्क (b) ताँबा
(c) सीसा व जस्ता (d) मैंगनीज

56. भारत में कॉफी के अन्तर्गत सम्पूर्ण क्षेत्र में उगाई जाने वाली कॉफी की किस्में हैं
(a) रोबस्टा (b) अरेबिका
(c) लाइबेरिया (d) 'a' और 'b' दोनों

57. भारत में वृहद पैमाने पर जूट की खेती किस नदी के घाटी क्षेत्र में की जाती है?
(a) दामोदर (b) हुगली
(c) गंगा (d) सिन्धु

58. निम्न में से किसे 'हरित क्रान्ति' का जन्मदाता माना जाता है?
(a) नार्मन ई. बोरलॉग (b) एम एस स्वामीनाथन
(c) ए. वाक्समैन (d) एस एन विनोग्रेडस्कोई

59. असम में शीतकालीन चावल (धान) की फसल किस नाम से जानी जाती है?
(a) आडू (b) साली
(c) बोडो (d) अमन

60. निम्नलिखित में से कौन खरीफ की फसल नहीं है?
(a) मक्का एवं बाजरा (b) ज्वार एवं धान
(c) गन्ना एवं मूँगफली (d) जौ एवं सरसों

61. निम्नलिखित में से कौन-सी रोपण फसल नहीं है?
(a) कॉफी (b) गन्ना
(c) गेहूँ (d) रबड़

62. निम्न देशों में से किस देश में सहकारी कृषि का सफल परीक्षण किया गया है?
(a) रूस (b) डेनमार्क
(c) भारत (d) नीदरलैंड

63. फूलों की कृषि कहलाती है
(a) ट्रक फार्मिंग (b) कारखाना कृषि
(c) मिश्रित कृषि (d) फ्लोरीकल्चर

64. निम्न में से कौन-सी कृषि के प्रकार का विकास यूरोपीय औपनिवेशिक समूहों द्वारा किया गया?
(a) कोलखहोज (b) अंगूरोत्पादन
(c) मिश्रित कृषि (d) रोपण कृषि

65. निम्न में से किस प्रकार की कृषि में खट्टे रसदार फलों की कृषि की जाती है?
(a) बाजारीय सब्जी कृषि (b) भूमध्यसागरीय कृषि
(c) रोपण कृषि (d) सहकारी कृषि

66. निम्नलिखित राज्य समूहों में वह कौन-सा है, जहाँ यात्री रेल डिब्बों का बड़ी मात्रा में निर्माण होता है?
(a) पंजाब और तमिलनाडु (b) ओडिशा और पश्चिम बंगाल
(c) तमिलनाडु और बंगाल (d) पश्चिम बंगाल और पंजाब

67. औद्योगिक विकास की दृष्टि से उत्तर प्रदेश का कौन-सा क्षेत्र सर्वाधिक विकसित हुआ है?
(a) पश्चिमी (b) पूर्वी
(c) बुन्देलखण्ड (d) मध्य

68. कौन-सा प्रमुख उद्योग मुरी में स्थापित है?
(a) एल्युमीनियम उद्योग (b) ताँबा उद्योग
(c) इस्पात उद्योग (d) रसायन उद्योग

69. इलेक्ट्रिक लोकोमोटिव का निर्माण किया जाता है
(a) जमशेदपुर में (b) वाराणसी में
(c) चितरंजन में (d) गोरखपुर में

70. विभाजन के कारण भारत का कौन-सा उद्योग बुरी तरह प्रभावित हुआ?
(a) वस्त्र तथा शक्कर उद्योग
(b) कागज तथा लौह उद्योग
(c) इंजीनियरिंग तथा सीमेण्ट उद्योग
(d) जूट तथा वस्त्र उद्योग

71. निम्नलिखित युग्मों में से कौन-सा एक सही सुमेलित नहीं है?
(a) दिल्ली-कोलकाता-NH-2
(b) दुर्गापुर-कोलकाता-द्रुत (एक्सप्रेस) जलमार्ग
(c) दक्षिण रेलवे-सिकन्दराबाद
(d) हल्दिया-इलाहाबाद-राष्ट्रीय राजमार्ग

72. भारत के रेल मन्त्रालय की बुलेट ट्रेन चलाने की योजना है, इनके मध्य
(a) मुम्बई – अहमदाबाद
(b) मुम्बई – हैदराबाद
(c) मुम्बई – दिल्ली
(d) मुम्बई – पुणे

73. भारत के सबसे दक्षिण में रेलवे स्टेशन है
(a) कोरण्डम (b) कन्याकुमारी
(c) अर्नाकुलम (d) चेन्नई

74. निम्न में से किस बन्दरगाह को भारत का प्रवेश द्वार कहा जाता है?
(a) मुम्बई (b) कोलकाता
(c) कोच्चि (d) काण्डला

75. निम्नांकित में से कौन-सा कथन असत्य है?
(a) लम्बाई की दृष्टि से सबसे छोटा रेल क्षेत्र उत्तर-पूर्वी सीमान्त है
(b) सर्वाधिक राज्यों में फैला रेलवे क्षेत्र उत्तरी क्षेत्र है
(c) सबसे कम राज्यों में फैला रेलवे क्षेत्र उत्तर-पूर्वी है
(d) मध्य प्रदेश एवं उत्तर प्रदेश राज्य 6 रेलवे क्षेत्र के अन्तर्गत आते हैं

76. निम्नलिखित में से किस राज्य में कुकी जनजाति मुख्यत: निवास करती है?
(a) मणिपुर (b) बिहार
(c) नागालैण्ड (d) तमिलनाडु

77. भारत में सर्वाधिक प्रतिशत जनसंख्या वृद्धि वाला राज्य है
(a) उत्तर प्रदेश (b) बिहार
(c) नागालैण्ड (d) मध्य प्रदेश

78. भारत के किस राज्य में बौद्ध धर्म के अनुयायी सबसे अधिक पाए जाते हैं?
(a) नागालैण्ड (b) सिक्किम
(c) महाराष्ट्र (d) हिमाचल प्रदेश

79. नवीनतम जनगणना के अनुसार भारत में जनसंख्या की औसत वार्षिक वृद्धि दर
(a) घट रही है (b) बढ़ रही है
(c) तीव्र गति से बढ़ रही है (d) स्थिर हो गई है

80. जनसंख्या की दृष्टि से भारतीय संघ के तीन सबसे छोटे राज्यों का उचित क्रम है
(a) अरुणाचल प्रदेश, मिजोरम, सिक्किम
(b) सिक्किम, मिजोरम, अरुणाचल प्रदेश
(c) अरुणाचल प्रदेश, सिक्किम, मिजोरम
(d) मिजोरम, सिक्किम, अरुणाचल प्रदेश

81. निम्नलिखित कथनों पर विचार कीजिए
1. प्राकृतिक आपदाएँ प्राय: अनापेक्षित घटनाएँ होती हैं।
2. भूकम्प, ज्वालामुखी प्रस्फोट, सुनामी तथा चक्रवात एवं बाढ़ प्रमुख प्राकृतिक आपदाएँ हैं।
3. इसका प्रादुर्भाव केवल प्राकृतिक कारकों द्वारा ही होता है।

उपरोक्त कथनों में से कौन-सा/से कथन सही है/हैं?
(a) केवल 1 (b) केवल 2
(c) 1 और 2 (d) 2 और 3

82. निम्नलिखित कथनों पर विचार कीजिए
1. कुछ आपदाएँ प्राकृतिक शक्तियों का परिणाम होती हैं, जबकि कुछ आपदाएँ मानव के अवांछनीय क्रियाकलापों से पर्यावरण के निम्नीकरण एवं प्रदूषण से भी उत्पन्न होती हैं।
2. भूकम्प, ज्वालामुखी का उद्‌भेदन आदि प्राकृतिक आपदाएँ हैं, जिससे आम जनजीवन बुरी तरह प्रभावित होता है।
3. वायु में जहरीली गैसों का उत्सर्जन मानवीय आपदा के अन्तर्गत आता है, क्योंकि मानव के अवांछनीय क्रियाकलापों के दुष्परिणाम से इन आपदाओं का उद्‌भव होता है।

उपरोक्त कथनों में से कौन-सा/से कथन सही है/हैं?
(a) 1 और 2 (b) 2 और 3
(c) 1 और 3 (d) ये सभी

83. निम्नलिखित कथनों पर विचार कीजिए
1. सभी भूकम्पों से सुनामी पैदा नहीं होती, बल्कि केवल वहीं होती है, जहाँ भ्रंश के सहारे, भू-गर्भ की प्लेटें, ऊर्ध्वाधर गति करती हैं।
2. सुनामी पैदा करने वाले भूकम्प उन क्षेत्रों में ज्यादा आते हैं, जहाँ भू-गर्भ की दो प्लेटें आमने-सामने टकराती हैं।

उपरोक्त कथनों में से कौन-सा/से कथन सही है/हैं?
(a) केवल 1 (b) केवल 2
(c) 1 और 2 (d) न तो 1 और न ही 2

84. निम्नलिखित कथनों पर विचार कीजिए
1. सुनामी तरंगों की गति जल की गहराई पर निर्भर करती है। इसकी गति उथले समुद्र में कम और गहरे समुद्र में ज्यादा होती है।
2. सुनामी की स्थिति में महासागरों के अन्दरूनी भाग इससे कम प्रभावित होते हैं, जबकि तटीय क्षेत्रों में ये तरंगें ज्यादा प्रभावी होती हैं।

उपरोक्त कथनों में से कौन-सा/से कथन सही है/हैं?
(a) केवल 1 (b) केवल 2
(c) 1 और 2 (d) न तो 1 और न ही 2

85. निम्नलिखित कथनों पर विचार कीजिए
1. सामान्यतः अधिकांश चक्रवातीय क्षति तेज पवनों, मूसलाधार वर्षा तथा ज्वारीय लहरों के कारण होती है।
2. पवनों की तुलना में चक्रवातीय वर्षा के कारण आई बाढ़ अधिक विनाशकारी होती है।
3. तटीय क्षेत्रों में वृक्षारोपण से चक्रवातों के प्रभाव को कम करने में मदद मिलती है।

उपरोक्त कथनों में से कौन-सा/से कथन सही है/हैं?

(a) केवल 1 (b) 2 और 3
(c) केवल 3 (d) ये सभी

86. मध्य प्रदेश में न्यूनतम वर्षा कहाँ होती है?
(a) मन्दसौर (b) रायसेन
(c) भिण्ड (गोहद) (d) इनमें से कोई नहीं

87. मध्य प्रदेश में शीत ऋतु का समय है
(a) जुलाई से अक्टूबर (b) मार्च से जून
(c) नवम्बर से फरवरी (d) इनमें से कोई नहीं

88. स्थानीय भाषा में शीत ऋतु को क्या कहते हैं?
(a) सियाला (b) पिंपरा
(c) श्योरा (d) मुर्खी

89. मध्य प्रदेश में न्यूनतम तापमान कहाँ दर्ज किया जाता है?
(a) शिवपुरी (b) खजुराहो
(c) भोपाल (d) भिण्ड

90. राज्य में 'ऋतु वेधशाला' किस स्थान पर स्थित है?
(a) उज्जैन (b) भोपाल
(c) इन्दौर (d) जबलपुर

91. 2001 से 2011 तक महिला साक्षरता दर में कितनी वृद्धि हुई है?
(a) 5% (b) 20%
(c) 8.9 % (d) 15%

92. निम्न में से मध्य प्रदेश का ही नहीं अपितु देश का भी एकमात्र हिन्दी भाषी पूर्ण साक्षर जिला कौन-सा है?
(a) जबलपुर (b) इन्दौर
(c) होशंगाबाद (d) नरसिंहपुर

93. जनगणना 2011 के अनुसार मध्य प्रदेश के सर्वाधिक साक्षर तीन जिले हैं
(a) इन्दौर, भोपाल, ग्वालियर
(b) इन्दौर, जबलपुर, ग्वालियर
(c) जबलपुर, इन्दौर, भोपाल
(d) उज्जैन, इन्दौर, ग्वालियर

94. 2011 के अनुसार, मध्य प्रदेश में सर्वाधिक नगरीकृत जिला है
(a) भोपाल (b) इन्दौर
(c) जबलपुर (d) ग्वालियर

95. मुरैना जिले का जनसंख्या घनत्व प्रति वर्ग किमी कितना है?
(a) 385 (b) 394 (c) 485 (d) 550

96. निम्नलिखित कथनों पर विचार कीजिए
1. रासायनिक संगठन के आधार पर पृथ्वी के आन्तरिक भाग को तीन भागों में विभाजित किया गया है।
2. यह विभाजन एडवर्ड स्वेस के द्वारा किया गया है।
3. इनमें सियाल मध्यवर्ती परत है।

उपरोक्त कथनों में से कौन-सा/से कथन सही है/हैं?

(a) केवल 1 (b) केवल 2
(c) 1 और 2 (d) केवल 3

97. निम्नलिखित में से कौन-सा एक, दक्षिणी गोलार्द्ध में पवन का अपनी बाईं और विक्षेपित होने का कारण है?
(a) उत्तरी ओर दक्षिणी गोलार्द्ध की जल मात्राओं मे भिन्नता
(b) ताप और दाब विभिन्नताएँ
(c) पृथ्वी का आनत अक्ष
(d) पृथ्वी का घूर्णन

98. निम्नलिखित कथनों पर विचार कीजिए
1. सागरों के ऊपर लगभग 30° से 35° उत्तर-दक्षिण अक्षांश पर विद्यमान दो कटिबन्धों में से प्रत्येक हार्स अक्षांश कहलाता है।
2. हॉर्स अक्षांश निम्न दाब कटिबन्ध हैं।

उपरोक्त कथनों में असत्य की पहचान कीजिए

(a) केवल 1 (b) 1 और 2 दोनों
(c) केवल 2 (d) इनमें से कोई नहीं

99. जायरे से नीदरलैण्ड जाते समय निम्नलिखित में से जलवायु प्रदेशों का कौन-सा सही क्रम है?
1. भूमध्यरेखीय जलवायु 2. भूमध्यसागरीय जलवायु
3. उष्णमरुस्थलीय जलवायु 4. पश्चिमी यूरोपीय जलवायु

कूट
(a) 1,3,2,4 (b) 1,4,2,3
(c) 2,3,4,1 (d) 3,2,1,4

100. महासागरीय जलीय तापमान का वितरण किन/किस दिशाओं/दिशा में परिवर्तित होता रहता है?
(a) ऊर्ध्वाधर
(b) क्षैतिज
(c) 'a' व 'b' दोनों
(d) उपरोक्त में से कोई नहीं

101. सुमेलित कीजिए।

सूची I (जल सन्धि)	सूची II (स्थिति)
A. यूकाटन जलसन्धि	1. मैक्सिको-क्यूबा
B. डेविस जलसन्धि	2. ग्रीनलैण्ड-कनाडा
C. हडसन जलसन्धि	3. कनाडा
D. जिब्राल्टर जलसन्धि	4. स्पेन-मोरक्को

कूट

	A	B	C	D		A	B	C	D
(a)	1	2	3	4	(b)	4	3	2	1
(c)	3	2	1	4	(d)	1	2	4	3

102. निम्नलिखित में से कौन-सा एक, प्रशान्त महासागर की पूर्वी और पश्चिमी सीमाओं द्वारा बारम्बार भूकम्प झेलने के कारण को सबसे अच्छे तरीके से स्पष्ट करता है?
(a) इन सीमान्तों के किनारे गहरी महासागरीय खाइयाँ हैं
(b) इस महासागर के सन्निकट महाद्वीपीय सीमान्तों के साथ उच्च पर्वतीय फैलाव है
(c) विशाल प्रशान्त महासागर की धाराएँ महाद्वीपीय सीमान्तों से निरन्तर टकराती रहती हैं
(d) ये सीमान्त प्लेट सीमान्तों के सम्पाती होते हैं

103. जीवमण्डल (बायोस्फेयर) के संगठन के विभिन्न स्तरों के बारे में निम्नलिखित में से कौन-सा एक सही अनुक्रम है?
(a) पारिस्थितिक तन्त्र-जीवमण्डल-समुदाय-जनसंख्या
(b) जनसंख्या-जीव-पारिस्थितिक तन्त्र-जीवमण्डल
(c) जीव-समुदाय-जनसंख्या-जीवमण्डल
(d) जीव-जनसंख्या-पारिस्थितिक तन्त्र-जीवमण्डल

104. संसार के सर्वाधिक महत्त्वपूर्ण मत्स्यन क्षेत्र उन क्षेत्रों में पाए जाते हैं, जहाँ
(a) कोष्ण तथा शीत वायुमण्डलीय धाराएँ मिलती हैं
(b) नदियाँ सागरों में प्रचुर मात्रा में ताजा जल प्रवाहित करती हैं
(c) गर्म तथा शीत सागरीय धाराएँ मिलती हैं
(d) महाद्वीपीय शेल्फ तरंगित हैं

105. **कथन** (A) यूरोप के भूमध्यसागरीय क्षेत्र में व्यापारिक अंगूर की खेती विशिष्ट है।
कारण (R) उसका 85% अंगूर शराब बनाने के काम में आता है।
कूट
(a) A और R दोनों सही हैं तथा R, A की सही व्याख्या है
(b) A तथा R दोनों सही हैं, परन्तु R, A की सही व्याख्या नहीं है
(c) A सही है, किन्तु R गलत है
(d) A गलत है, किन्तु R सही है

106. निम्नलिखित में से असत्य कथन की पहचान करें जो प्रकीर्ण बस्तियों के विषय में कहा गया है
1. प्रकीर्ण बस्तियाँ पर्वतीय या उच्च भूमि एवं शुष्क तथा अर्द्ध-शुष्क मरुस्थलों में पाई जाती हैं।
2. यहाँ पशुपालन तथा लकड़ी काटना मुख्य व्यवसाय है।
3. इन बस्तियों में मकान एक-दूसरे से दूर तथा खुले होते हैं, जिनमें रहने का स्थान अधिक होता है।

कूट
(a) केवल 1 (b) केवल 2
(c) केवल 3 (d) इनमें से कोई नहीं

107. भारतीय मानसून ऋतु के दौरान
(a) भारतीय क्षेत्र में पश्चिमी जेट प्रवाह अकेले विद्यमान होता है
(b) भारतीय क्षेत्र में पूर्वी जेट प्रवाह अकेले विद्यमान होता है
(c) भारतीय क्षेत्र में पश्चिमी व पूर्वी दोनों जेट प्रवाह विद्यमान होते हैं
(d) पश्चिमी और पूर्वी दोनों जेट प्रवाह लुप्त होते हैं

108. निम्नलिखित राज्यों के समुच्चयों में से कौन-सा एक, जून से सितम्बर माह के दौरान दक्षिण-पश्चिम मानसून से अपनी अधिकांश वर्षा प्राप्त नहीं करता?
(a) अरुणाचल प्रदेश और गुजरात
(b) असोम और कर्नाटक
(c) हिमाचल प्रदेश और राजस्थान
(d) तमिलनाडु और जम्मू-कश्मीर

109. भारत में पाई जाने वाली काली मिट्टी के सम्बन्ध में निम्न कथनों पर विचार करें
1. ये मैग्नीशियम व कैल्सियम की दृष्टि से अच्छी होती है।
2. ये जब सूखती है तो दरारें बनाती है।
3. ये देखने में काली होती है।
उपरोक्त में सही कथन है/हैं
(a) 1 और 2 (b) केवल 3
(c) 2 और 3 (d) ये सभी

110. निम्न कथनों पर विचार करें
1. नेवेली तमिलनाडु में लिग्नाइट के सबसे बड़े भण्डार हैं।
2. सिंगरौली कोयला क्षेत्र मध्य प्रदेश में स्थित है।
उपरोक्त में सही कथन है/हैं
(a) केवल 1 (b) केवल 2
(c) 1 और 2 दोनों (d) न तो 1 और न ही 2

111. निम्नलिखित में से कौन-सा कथन असत्य है?
(a) जम्मू-कश्मीर राज्य में बंजर भूमि का क्षेत्रफल सर्वाधिक है
(b) मोटे अनाजों की कृषि के लिए उच्च तापमान एवं औसत सामान्य वर्षा उपयुक्त है
(c) कृषि प्रबन्धन और भण्डारण की अपर्याप्त व्यवस्था के कारण हरित क्रान्ति का लाभ भारत के कुछ ही क्षेत्रों को प्राप्त हो सका है
(d) भारत में मक्का की कृषि शुष्क खेती के अन्तर्गत की जाती है

112. भारत सरकार 'सी बकथोर्न' की खेती को प्रोत्साहित कर रही है। इस पादप का क्या महत्त्व है?
1. यह मृदा-क्षरण के नियन्त्रण में सहायक है और मरुस्थलीकरण को रोकता है।
2. यह बायोडीजल का एक समृद्ध स्रोत है।
3. इसमें पोषकीय मान होता है और यह उच्च तुंगता वाले ठण्डे क्षेत्रों में जीवित रहने के लिए भली-भाँति अनुकूलित होता है।
4. इसकी इमारती लकड़ी का उच्च वाणिज्यिक मूल्य है।
उपरोक्त में से कौन-सा/से कथन सही है/हैं?
(a) केवल 1 (b) 2, 3 और 4
(c) 1 और 3 (d) 1, 2, 3 और 4

113. सिंचाई की सृजित क्षमता के अनुसार राज्यों का सही अवरोही क्रम है
(a) पंजाब, हरियाणा, उत्तर प्रदेश, मध्य प्रदेश
(b) उत्तर प्रदेश, मध्य प्रदेश, बिहार, पंजाब
(c) पंजाब, उत्तर प्रदेश, बिहार, मध्य प्रदेश
(d) उत्तर प्रदेश, बिहार, आन्ध्र प्रदेश, पंजाब

114. निम्नलिखित में कौन-सा विनिर्माण उद्योग सर्वाधिक रोजगार प्रदान करता है?
(a) लौह-इस्पात उद्योग (b) सूती वस्त्र उद्योग
(c) चीनी उद्योग (d) सीमेण्ट उद्योग

115. भारतीय रेल से सम्बन्धित निम्नलिखित कथनों पर विचार कीजिए
I. उत्तर-पश्चिम रेलवे का मुख्यालय जोधपुर में स्थित है।
II. इण्डरेल-पास एक इच्छानुसार यात्रा टिकट है, जो विशेषतः स्वतन्त्रता सेनानी तथा भारत का किसी खेल में प्रतिनिधित्व करने वाले खिलाड़ियों के लिए उपलब्ध है।
III. फेयरी क्वीन विश्व के सबसे पुराने चालू इंजन को प्रयोग करने वाली गाड़ी है तथा भारतीय रेलवे इसके द्वारा वन्य जीव तथा विरासत स्थलों की यात्रा आयोजित करती है।
उपरोक्त कथनों में से कौन-सा/से सही कथन है/हैं?
(a) केवल II (b) केवल III
(c) I और II (d) इनमें से कोई नहीं

116. निम्नांकित में से कौन-सा कथन ज्यावक्रीय प्रक्षेप के बारे में सत्य नहीं है?
(a) यह एक समक्षेत्र प्रक्षेप है
(b) सभी अक्षांशों पर मापक सही होता है
(c) सभी याम्योत्तरों पर मापक सही होता है
(d) केन्द्रीय याम्योत्तर से दूर आकृति विकृत हो जाती है

117. निम्नलिखित प्रक्षेपों में से कौन-सा एक असन्दर्भ प्रक्षेप है?
(a) खमध्य केन्द्र रेखीय
(b) खमध्य सान्द्र रेखीय
(c) खमध्य सम दूरा
(d) खमध्य अनन्त रेखीय

118. **नोमॉनिक प्रक्षेप पर बनाए हुए मानचित्र पर दो बिन्दुओं के मध्य में वृहत वृत्त मार्ग अंकित होता है**
(a) एक साइन वक्र से
(b) एक सीधी रेखा से
(c) एक परवलय से
(d) एक वृत्त के चाप से

119. **मौसम मानचित्र में वायु वेग की क्षेत्रीय भिन्नता को किसका वितरण दर्शाते हुए सर्वाधिक सही रूप से स्पष्ट किया जा सकता है?**
(a) वायुदाब प्रवणता
(b) चक्रवात तथा अवदाब
(c) वाताग्र तथा वायु राशियाँ
(d) उच्च दाब तथा निम्न दाब

120. सुमेलित कीजिए

सूची I (विवरण)	सूची II (प्रक्षेप)
A. प्रत्येक समानान्तर मानक समानान्तर के रूप में प्रक्षिप्त होता है	1. बहुशंकुक प्रक्षेप
B. ज्यावक्रों का प्रयोग याम्योत्तरों के रूप में किया जाता है	2. ज्यावक्रीय प्रक्षेप
C. 90°N या S अक्षांश नहीं दिखाया जाता	3. मर्केटर प्रक्षेप
D. उत्तरी एवं दक्षिणी ध्रुव रेखाओं में दिखाए गए हैं	4. गॉल का त्रिविम बेलनाकार प्रक्षेप

कूट

	A	B	C	D		A	B	C	D
(a)	4	3	2	1	(b)	1	2	3	4
(c)	4	2	3	1	(d)	1	3	2	4

उत्तरमाला

1.	(a)	2.	(d)	3.	(d)	4.	(d)	5.	(c)	6.	(b)	7.	(a)	8.	(b)	9.	(b)	10.	(b)
11.	(c)	12.	(a)	13.	(d)	14.	(b)	15.	(b)	16.	(d)	17.	(b)	18.	(b)	19.	(c)	20.	(d)
21.	(b)	22.	(c)	23.	(a)	24.	(c)	25.	(a)	26.	(c)	27.	(c)	28.	(d)	29.	(c)	30.	(a)
31.	(c)	32.	(b)	33.	(b)	34.	(a)	35.	(d)	36.	(d)	37.	(d)	38.	(b)	39.	(d)	40.	(c)
41.	(a)	42.	(a)	43.	(c)	44.	(c)	45.	(d)	46.	(c)	47.	(b)	48.	(c)	49.	(d)	50.	(c)
51.	(a)	52.	(a)	53.	(a)	54.	(c)	55.	(a)	56.	(d)	57.	(b)	58.	(a)	59.	(b)	60.	(d)
61.	(c)	62.	(b)	63.	(d)	64.	(d)	65.	(d)	66.	(a)	67.	(a)	68.	(a)	69.	(c)	70.	(d)
71.	(c)	72.	(a)	73.	(a)	74.	(a)	75.	(d)	76.	(c)	77.	(c)	78.	(c)	79.	(a)	80.	(b)
81.	(c)	82.	(d)	83.	(c)	84.	(b)	85.	(d)	86.	(c)	87.	(c)	88.	(a)	89.	(a)	90.	(c)
91.	(c)	92.	(d)	93.	(c)	94.	(a)	95.	(b)	96.	(c)	97.	(d)	98.	(a)	99.	(a)	100.	(c)
101.	(a)	102.	(b)	103.	(c)	104.	(c)	105.	(b)	106.	(d)	107.	(b)	108.	(d)	109.	(d)	110.	(c)
111.	(d)	112.	(c)	113.	(a)	114.	(b)	115.	(b)	116.	(c)	117.	(c)	118.	(b)	119.	(a)	120.	(b)

मध्य प्रदेश
उच्च माध्यमिक शिक्षक पात्रता परीक्षा (भाग-ब)

प्रैक्टिस पेपर 4

निर्देश

इस प्रश्न-पत्र में कुल 120 वस्तुनिष्ठ प्रकार के प्रश्न हैं तथा प्रत्येक प्रश्न के लिए एक अंक निर्धारित है।

1. निम्नलिखित में से कौन-सा एक सुमेलित नहीं है?

	केन्द्रशासित राज्य	साक्षरता दर (%) 2011
(a)	लक्षद्वीप	92.28
(b)	दमन एवं दीव	87.07
(c)	पुदुचेरी	86.55
(d)	चण्डीगढ़	88.78

2. 'सिलेरु' ऊर्जा संयन्त्र सम्बन्धित है
(a) प्राकृतिक गैस से (b) आण्विक शक्ति से
(c) जल विद्युत शक्ति से (d) ताप विद्युत शक्ति से

3. प्रसिद्ध पुस्तक ''मेन स्प्रिंग्स ऑफ सिविलाइजेशन'' किसने लिखी है?
(a) कार्ल-ओ-सेवर (b) ग्रिफिथ टेलर
(c) जेम्स और मार्टिन (d) हण्टिंगटन

4. 'द पीपल ऑफ इण्डिया' के लेखक कौन हैं?
(a) बी. एस. गुहा (b) सर हरबर्ट रिस्ले
(c) जे. एच. हट्टन (d) डी. एन. मजूमदार

5. 'द्राक्षाकृषि' क्या है?
(a) वनों का संरक्षण (b) अंगूरों का उत्पादन
(c) कृषि का आदिम प्रकार (d) गन्ने का उत्पादन

6. निम्नलिखित में से कौन-सा एक कथन सत्य है?
(a) विशिष्ट आर्थिक मण्डल एक भौगोलिक प्रदेश है तथा इसकी आर्थिक विधियाँ (नियम) हैं
(b) विशिष्ट आर्थिक मण्डल एक प्राकृतिक प्रदेश है तथा इसकी प्राकृतिक विधियाँ (नियम) हैं
(c) विशिष्ट आर्थिक मण्डल का मुख्य उद्देश्य स्थानीय व्यापार को प्रोत्साहित करना है
(d) विशिष्ट आर्थिक मण्डल का ध्येय कृषि उत्पादन को गति प्रदान करना है

7. 'कॉसमॉस' किसने लिखा था?
(a) रिटर (b) हम्बोल्ट
(c) रेटजेल (d) हण्टिंगटन

8. 'पारिस्थितिकी तन्त्र' शब्दावली का प्रयोग किसके द्वारा प्रस्तावित किया गया?
(a) क्रिस्टमैन (b) टॉन्सले
(c) एल्टन (d) ओडम

9. निम्नलिखित में से किसने उद्योगों की स्थापना का सिद्धान्त प्रस्तुत किया?
(a) वॉन थूनेन (b) अल्फ्रेड वेबर
(c) डब्ल्यू. क्रिस्टलर (d) ए. लॉश

10. चीन की 90% मिट्टी है
(a) लोयस (b) जलोढ़
(c) पेडाल्फर (d) लोयस एवं जलोढ़

11. 'भूगोल एक क्षेत्रवर्णनी विज्ञान है' यह कथन है
(a) रिटर (b) हण्टिंगटन
(c) हेटनर (d) ब्रून्श

12. सूची-I को सूची-II के साथ सुमेलित करें तथा नीचे दिए गए कूट में से सही उत्तर का चयन करें

सूची I (भूगोलविद्)	सूची II (भूगोल का सम्प्रदाय)
A. ए. डिमांजिया	1. जर्मन भूगोल सम्प्रदाय
B. एफ. रैटजेल	2. अमेरिकन भूगोल सम्प्रदाय
C. एच. जे. मैकिण्डर	3. फ्रांसीसी भूगोल सम्प्रदाय
D. आई. बोमैन	4. ब्रिटिश भूगोल सम्प्रदाय

कूट

	A	B	C	D		A	B	C	D
(a)	4	2	3	1	(b)	2	1	4	3
(c)	3	1	4	2	(d)	1	3	2	4

13. निम्नलिखित में से कौन शाकाहारी घटक है?
(a) शेर (b) हिरन
(c) बाघ (d) मेंढक

14. विश्व में ऊर्जा संकट का समाधान क्या है?
(a) वैकल्पिक ऊर्जा (b) ऊर्जा कटौती
(c) पेट्रोलियम (d) कोयला

15. प्रमुख नगर की अवधारणा किसने प्रतिपादित की है?
(a) जिफ (b) जेफरसन्
(c) ममफोर्ड (d) स्जोबर्ग

16. भारतवर्ष में सर्वाधिक वर्षा होती है
(a) पश्चिमी घाट, हिमालय क्षेत्र, मेघालय
(b) मध्य प्रदेश, बिहार
(c) उत्तर प्रदेश, हरियाणा, पंजाब
(d) आन्ध्र प्रदेश, विदर्भ

17. 'क्षेत्रीय विभेदन' की संकल्पना को ……… भी कहा जाता है।
(a) अपवादवाद (b) जीव भूविस्तार
(c) क्रमबद्ध भूगोल (d) प्रादेशिकतावाद

18. किन वनों को 'पृथ्वी का फेफड़ा' कहा जाता है?
(a) ऊष्ण कटिबन्धीय वर्षा वाले वन
(b) भूमध्यसागरीय
(c) मानसूनी
(d) कोणधारी

19. महाद्वीपीय विस्थापन सिद्धान्त प्रतिपादित किया था
(a) डेली ने (b) जॉली ने
(c) वेगनर ने (d) होम्स ने

20. सूची-I को सूची-II से सुमेलित कीजिए तथा नीचे दिए गए कूट का प्रयोग करके सही उत्तर का चयन कीजिए

सूची I (महासागरीय निक्षेप)	सूची II (उत्पत्ति)
A. तट तलवासी पदार्थ	1. प्लवक मोलस्क जीव के कोश
B. अगाध सागरस्थ	2. मृत्तिका अंशयुक्त अत्यन्त सूक्ष्म पौधों के अवशेष
C. टेरापॉड ऊज	3. सागरीय जीव-जन्तुओं तथा पादपों के मृत अस्थिपंजर
D. डायटम ऊज	4. शैवाल प्रकार

कूट

	A	B	C	D		A	B	C	D
(a)	3	4	1	2	(b)	1	3	2	4
(c)	3	1	4	2	(d)	2	4	3	1

21. 'कुजबास' क्षेत्र ……… के लिए प्रसिद्ध है।
(a) लौह अयस्क (b) ताम्र अयस्क
(c) सोना (d) कोयला

22. डब्ल्यू वी. लेबिस द्वारा प्रस्तुत घूर्णन फिसलन परिकल्पना ……… निर्माण से सम्बन्धित है।
(a) भ्रंश (b) हिमगह्वर
(c) पेडीमेंट (d) सौर परिवार

23. किस नगर को 'भारत का मैनचेस्टर' कहते हैं?
(a) कानपुर (b) मुम्बई
(c) बड़ौदा (d) अहमदाबाद

24. इनमें से किसे 'भूगोल का जनक' कहते हैं?
(a) टॉलमी (b) इरेटास्थनीज
(c) हेरोडोटस (d) अरस्तू

25. 'मेटोरोलॉजिका' नामक पुस्तक किसने लिखी है?
(a) अरस्तू (b) पोसीडोनिअस
(c) प्लैटो (d) एरॉटोस्थनीज

26. उष्मा का हस्तान्तरण को कहा जाता है
(a) संचालन
(b) संवहन
(c) ऊर्जा विकिरण
(d) विद्युत चुम्बकीय हस्तान्तरण

27. नीचे दो कथन दिए गए हैं एक को अभिकथन (A) तथा दूसरे को कारण (R) के रूप में दिया गया है। नीचे दिए गए कूट से सही उत्तर का चयन कीजिए।

अभिकथन (A) तिब्बत पठार के ऊपर क्षोभ मण्डल के मध्य भाग पर 500 मिली बार स्तर पर तापीय प्रति चक्रवातीय दशाएँ ग्रीष्म कालीन मानसून के समय उत्पन्न होती हैं।

कारण (R) तिब्बत पठार उच्च तलीय ऊष्मा स्रोत के रूप में कार्य करता है।

कूट
(a) A और R दोनों सही हैं तथा R, A की सही व्याख्या है
(b) A और R दोनों सही हैं तथा R, A की सही व्याख्या नहीं है
(c) A सही है, परन्तु R गलत है
(d) A गलत है, किन्तु R सही है

28. टेहरी बाँध संगम पर स्थित है
(a) अलकनन्दा तथा भागीरथी
(b) भागीरथी तथा भिलंगना
(c) अलकनन्दा तथा मन्दाकिनी
(d) भागीरथी तथा मन्दाकिनी

29. निम्नलिखित कथनों की जाँच कीजिए तथा नीचे दिए गए कूट का प्रयोग करके सही उत्तर का चयन कीजिए।
1. दक्षिणी दोलन का वाकर परिचालन से घनिष्ठ सम्बन्ध है।
2. गिल्बर्ट वाकर भारतीय मौसम विज्ञान सेवा के अध्यक्ष थे।
3. दक्षिणी दोलन का सकारात्मक सूचकांक निर्बल व्यापारिक पवनों का सूचक है।
4. दक्षिणी दोलन का नकारात्मक सूचकांक हिन्द महासागर में उच्च दाब एवं पूर्वी प्रशान्त महासागर में निम्न दाब इंगित करता है।

कूट
(a) 1, 2 और 3 (b) 2, 3 और 4
(c) 1, 2 और 4 (d) 1, 2, 3 और 4

30. महासागरों का औसत वार्षिक तापमान कितना होता है?
(a) 63° फारेनहाइट (b) 74° फारेनहाइट
(c) 35° फारेनहाइट (d) 60° फारेनहाइट

31. 'हरित क्रान्ति' शब्दावली का प्रयोग सर्वप्रथम किसने किया?
(a) डॉ. विलियम गौड (b) डॉ. नॉरमन बोरलॉग
(c) डॉ. स्वरूप सिंह (d) डॉ. रिचर्ड बैडफील्ड

32. 'पर्यावरण संरक्षण अधिनियम' भारत में किस वर्ष लागू किया गया?
(a) वर्ष 1986 (b) वर्ष 1998 (c) वर्ष 1981 (d) वर्ष 197·

33. निम्नलिखित भाषाओं में 'सुनामी' शब्द किस भाषा से सम्बन्धित है?
(a) लैटिन (b) चाइनीज
(c) जापानी (d) हिब्रू

34. 'कालगूरली' विख्यात है
(a) स्वर्ण उत्पादन के लिए (b) उत्तम जलवायु के लिए
(c) शिक्षा के लिए (d) मुर्गी पालन के लिए

35. सर हरबर्ट रिस्ले द्वारा भारतीय प्रजातियों को कितने वर्गों में वर्गीकृत किया गया था?
(a) 8 (b) 6 (c) 7 (d) 9

36. .... अक्षांश को तापीय भूमध्यरेखा कहा जाता है।
(a) 20° दक्षिणी (b) 15° दक्षिणी
(c) 15° उत्तरी (d) 20° उत्तरी

37. "भौगोलिक चक्र समय की वह अवधि है, जिसके अन्तर्गत एक उत्थित भूखण्ड अपरदन के प्रक्रम द्वारा एक आकृतिविहीन समतल मैदान में परिवर्तित हो जाता है", यह कथन किसका है?
(a) पॉवेल (b) गिल्बर्ट
(c) डेविस (d) सैण्डर्स

38. शेवराय पहाड़ियाँ स्थित हैं
(a) कर्नाटक में (b) केरल में
(c) महाराष्ट्र में (d) तमिलनाडु में

39. 'गरजने वाला चालीसा' किस प्रकार के पवन से सम्बन्धित है?
(a) व्यापारिक पवन
(b) उत्तरी गोलार्द्ध की पछुआ पवन
(c) दक्षिणी गोलार्द्ध की पछुआ पवन
(d) ध्रुवीय हवाएँ

40. मध्य प्रदेश में चम्बल नदी घाटी एक उदाहरण है
(a) उत्खात भूमि (b) मरु भूमि
(c) पठारी भूमि (d) समतल भूमि

41. पेट्रोलाजी किसका विज्ञान है?
(a) शैलों का (b) पशुओं का
(c) वनस्पतियों का (d) मौसम का

42. निम्नलिखित में से कौन सी नदी डेल्टा का निर्माण नहीं करती है?
(a) गंगा (b) यमुना
(c) कावेरी (d) नर्मदा

43. कोकोस-कीलिंग बेसिन कहाँ स्थित है?
(a) हिन्द महासागर (b) प्रशान्त महासागर
(c) आर्कटिक महासागर (d) इनमें से कोई नहीं

44. "इनफ्लुएन्सेस ऑफ जियोग्राफिक एन्वायर्नमेंट" नामक पुस्तक किसने लिखी है?
(a) ब्रोमेन (b) ई. सी. सेम्पल
(c) हण्टिंगटन (d) ग्रिफिथ टेलर

45. यह किसका कथन है कि 'मानव ने अपने सामंजस्य में प्रकृति के द्वारा निर्धारित की गई सीमाओं को एक पद और आगे बढ़ा दिया है'?
(a) जी. टेलर (b) सी. ओ. सावर
(c) एल. फेब्रे (d) आई. बौमेन

46. भूगोल में अपवादवाद के जनक कौन कहे जाते हैं?
(a) ए. वॉन हम्बोल्ट (b) ई. काण्ट
(c) कार्ल रिटर (d) आर. हार्टशार्न

47. डिनारिक प्रजाति कहाँ निवास करती है?
(a) स्विट्जरलैण्ड
(b) उत्तरी स्कैण्डिनेविया
(c) पुर्तगाल
(d) पोलैण्ड

48. डेल्टा केम परिणाम है
(a) हिमनद निक्षेपण (b) वायु निक्षेपण
(c) नदीय निक्षेपण (d) हिमनद अपरदन

49. निम्नलिखित में से कौन-सा एक मानव भूगोल का उपागम है?
(a) मात्रात्मक क्रांति (b) क्षेत्रीय विभिन्नता
(c) स्थानिक संगठन (d) अन्वेशन तथा वर्णन

50. वर्षास्तरी .... का एक उदाहरण है।
(a) उच्च मेघ (b) मध्य मेघ
(c) निम्न मेघ (d) कोई नहीं

51. 'प्लेट' शब्द का सर्वप्रथम प्रयोग किया
(a) डीज (b) मैसन
(c) ब्लैकिट (d) टुजो विल्सन

52. जापान देश के अन्तर्गत सबसे बड़ा द्वीप कौन है?
(a) होकैडो (b) होन्शू
(c) क्यूशू (d) शिकोकू

53. संयुक्त राष्ट्र विकास कार्यक्रम प्रतिवेदन (2015) के अनुसार 188 देशों के मानव विकास सूचकांक में भारत .... कोटि पर है?
(a) 131 (b) 119
(c) 139 (d) 147

54. गंगा के मैदान एवं दक्कन का पठार के मध्य निम्न में से कौन पर्वत आपस में बाँटने का काम करता है?
(a) अरावली पर्वत (b) विन्ध्य पर्वत
(c) सतपुड़ा पर्वत (d) अजन्ता पर्वत

55. पश्चिमी-घाट को इस नाम से भी पुकारा जाता है
(a) शिवालिक श्रेणी (b) विंध्याचल श्रेणी
(c) अजन्ता श्रेणी (d) सह्याद्रि श्रेणी

56. "थ्योरी ऑफ दी अर्थ विद प्रूफ एण्ड इल्यूस्ट्रेशन" का लेखक कौन है?
(a) डब्ल्यू. एम. डेविस (b) जेम्स हट्टन
(c) एस. डब्ल्यू. बुलरिज (d) एच. आर. मिल

57. भू अभिनति को चारों ओर से घेरने वाले दृढ़-भूखण्ड को कोबर द्वारा .... नाम दिया गया।
(a) ओरोजेन
(b) प्राइमारम्फ
(c) स्विशेनगिबर्गे (अन्तः पर्वतीय भूखण्ड)
(d) क्रेटोजेन

58. सम्पोषित विकास की अवधारणा किस वर्ष में प्रकाश में आयी?
(a) 1992 (b) 1991 (c) 1990 (d) 2005

59. 'बिग इंच' पेट्रोलियम पाइपलाइन किस देश में संचालित होती है?
(a) यू.ए.ई. (b) यू.एस.ए.
(c) रूस (d) वेनेजुएला

60. पैनप्लेन की संकल्पना .... द्वारा प्रस्तुत की गई।
(a) एल. सी. किंग (b) ए. के. लाबेक
(c) ए. होम्स (d) सी. एच. क्रिकमे

61. ऊष्णकटिबन्धीय सदाबहार वन का कौन-सा क्षेत्र है?
(a) पूर्वी घाट (b) मध्य प्रदेश
(c) पश्चिमी घाट (d) पश्चिमी हिमालय

62. भारत में राष्ट्रीय जल नीति कब प्रारम्भ की गई?
(a) वर्ष 2014 (b) वर्ष 2012
(c) वर्ष 2018 (d) वर्ष 2016

63. इण्डोनेशिया में निम्न में से कौन-सी जलवायु पाई जाती है?
(a) मानसूनी जलवायु
(b) विषवतीय जलवायु
(c) ऊष्ण जलवायु
(d) ऊष्ण-आर्द्र जलवायु

64. ''भूदृश्य के परिमार्जन में मनुष्य अन्तिम कारक है'' उक्त कथन दिया गया है
(a) ब्लॉश द्वारा (b) डिमांजियाँ द्वारा
(c) सावर द्वारा (d) ब्रून्श द्वारा

65. 'शैल सरिता' शब्दावली ……… से सम्बन्धित है।
(a) नदी (b) भूमिगत जल
(c) परिहिमानी (d) जल प्रपात

66. 'जैवविविधता हॉटस्पॉट' शब्दावली का प्रयोग सर्वप्रथम निम्न में से किसके द्वारा किया गया?
(a) नॉर्मन मायर (b) डी. आर. बाटिश
(c) सी. जे. बैरो (d) डी. कैस्ट्री

67. 'झूम' क्या है?
(a) एक लोक नृत्य
(b) एक नदी घाटी का नाम
(c) एक जनजाति
(d) खेती की पद्धति

68. सूची-I को सूची-II के सुमेलित कीजिए तथा नीचे दिए गए कूट का प्रयोग करके सही उत्तर का चयन कीजिए।

सूची I (खनिज तेल उत्पादक क्षेत्र)	सूची II (अन्वेषण वर्ष)
A. मंगला	1. 1889
B. नहरकटिया	2. 1953
C. बदरपुर	3. 2004
D. डिगबोई	4. 1954

कूट

	A	B	C	D
(a)	4	3	1	2
(b)	2	4	3	1
(c)	3	2	4	1
(d)	3	1	2	4

69. निम्न में से कौन-सी अवधि सबसे लम्बी है?
(a) इओन (b) महाकल्प
(c) कल्प (d) युग

70. आधुनिक समुद्रविज्ञान के प्रणेता कौन हैं?
(a) जॉन मरे (b) थॉमसन
(c) लुइस आगासीज (d) एडवर्ड फोर्ब्स

71. निम्नलिखित में से कौन-सा एक आरोही क्रम में सागरीय जल में विद्यमान लवण के प्रतिशत को सही प्रदर्शित करता है?
(a) मैग्नीशियम क्लोराइड, सोडियम क्लोराइड, कैल्सियम सल्फेट, मैग्नीशियम सल्फेट
(b) कैल्सियम सल्फेट, मैग्नीशियम सल्फेट, मैग्नीशियम क्लोराइड, सोडियम क्लोराइड
(c) सोडियम क्लोराइड, मैग्नीशियम क्लोराइड, कैल्सियम सल्फेट, मैग्नीशियम सल्फेट
(d) मैग्नेशियम सल्फेट, मैग्नीशियम क्लोराइड, कैल्सियम सल्फेट, सोडियम क्लोराइड

72. पृथ्वी पर कौन-सा कारक सूर्यताप के वितरण को प्रभावित नहीं करता?
(a) सूर्य की किरणों की कोणात्मक स्थिति
(b) दिन की लम्बाई
(c) पृथ्वी एवं सूर्य के मध्य की दूरी
(d) भूमिगत जल

73. इनमें से कौन भूगोलवेत्ता ब्रिटिश भूगोलवेता हैं?
(a) ब्लॉश (b) हैगेट
(c) हैटनर (d) रैटजेल

74. निम्नलिखित में से कौन-सा राज्य भारत में कॉफी का शीर्ष उत्पादक राज्य है?
(a) केरल (b) कर्नाटक
(c) तमिलनाडु (d) महाराष्ट्र

75. कार्स्ट मैदान उदाहरण है
(a) यूगोस्लाविया का मैदान (b) पूर्वी इंग्लैण्ड का मैदान
(c) डेन्यूब का मैदान (d) फिनलैण्ड का मैदान

76. निम्नलिखित में से किस राज्य की सबसे लम्बी तट रेखा है?
(a) तमिलनाडु (b) महाराष्ट्र
(c) केरल (d) गुजरात

77. पृथ्वी के आन्तरिक भाग में ऊष्मा जनन का मुख्य कारण क्या है?
(a) रेडियो सक्रिय पदार्थों तथा गुरुत्व बल के तापीय ऊर्जा में परिवर्तन से
(b) ग्रहीय संवर्धन से
(c) रुद्धोष्म सम्पीडन से
(d) सूर्यातप

78. 'नीली क्रान्ति' से आशय है
(a) मछली पालन (b) मुर्गी पालन
(c) मधुमक्खी पालन (d) सुअर पालन

79. हेरोडोटस् निवासी था
(a) मिस्त्र का (b) टर्की का
(c) यूनान का (d) फ्रांस का

80. डिमांजिया ने मकानों का वर्गीकरण किस आधार पर दिया है?
(a) कार्यों के आधार पर
(b) निर्माण सामग्री के आधार पर
(c) पारस्परिक दूरी के आधार पर
(d) आकार के आधार पर

81. निम्नलिखित में से कौन-सा एक कथन सत्य है?
(a) बेंगुला प्रशान्त महासागर की एक ठण्डी धारा है
(b) कर्क एवं मकर रेखाओं के मध्य अधिकतम महासागरीय लवणता पाई जाती है
(c) सूर्य, चन्द्रमा और पृथ्वी एक सीध में हों तो लघु ज्वार आता है
(d) उच्च सागरीय ज्वार 12 घण्टे 20 मिनट के अन्तराल पर आता है

82. समुद्र में डूबे महाद्वीप के भाग को कहते हैं
(a) महाद्वीपीय मग्नढाल
(b) महाद्वीपीय मग्नतट
(c) महाद्वीपीय तट
(d) महासागरीय कटक

83. रिफ्ट घाटी परिणाम है
(a) संवलन का (b) भ्रंशन का
(c) नाप्पे का (d) वलन का

84. किसी भी सेवा के लिए जनसंख्या सीमा (देहरी) की सही व्याख्या निम्नलिखित में से कौन-सा कथन करता है?
(a) अधिकतम दूरी जो लोगों को सेवा का उपयोग करने के लिए तय करनी पड़ती है
(b) सेवा को प्रारम्भ करने के लिए न्यूनतम दूरी
(c) सेवा के लिए आवश्यक अधिकतम जनसंख्या
(d) सेवा के लिए आवश्यक अधिकतम जनसंख्या

85. शीतोष्ण चक्रवात किन अक्षांशों के मध्य उत्पन्न होते हैं?
(a) 35° से 65° उत्तर व दक्षिण
(b) 40° से 70° उत्तर व दक्षिण
(c) 30° से 60° उत्तर व दक्षिण
(d) 60° से 75° उत्तर व दक्षिण

86. ओजोन परत अवस्थित है
(a) क्षोभमण्डल में (b) क्षोभ सीमा में
(c) प्रकाशमण्डल में (d) समतापमण्डल में

87. वितलीय मैदान ……… में पाए जाते हैं।
(a) निम्न नदी घाटियों
(b) महासागरीय खाइयों
(c) अन्त: महासागरीय कन्दराओं
(d) गहरे सागरीय मैदानों

88. अत्यधिक विस्तार में भूमिज निक्षेप ……… में पाए जाते हैं।
(a) आर्कटिक तट
(b) पूर्वी अफ्रीका तट
(c) पूर्वी द्वीप समूह के समीप
(d) उत्तरी अफ्रीका तट

89. सागर द्वीप (गंगा सागर) ……… पर स्थित है।
(a) बंगाल की खाड़ी के महाद्वीपीय मग्न तट
(b) गंगा-ब्रह्मपुत्र मैदान
(c) बंगाल की खाड़ी के महाद्वीपीय मग्न ढाल
(d) मध्य गंगा मैदान

90. वायुमण्डल की परतों में निचली परत कौन सी है?
(a) समतापमण्डल (b) परिवर्तनमण्डल
(c) ओजोनमण्डल (d) बहिर्मण्डल

91. एन्थ्रेसाइट है
(a) कोयला (b) तेल (c) ताँबा (d) निकेल

92. सूची-I को सूची-II से सुमेलित कीजिए तथा नीचे दिए गए कूट से सही उत्तर का चयन कीजिए।

सूची I (भारत में क्रान्तियाँ)	सूची II (सम्बद्ध है)
A. काली (श्याम) क्रान्ति	1. मधुमक्खी पालन
B. पीत क्रान्ति	2. आलू
C. बादामी क्रान्ति	3. तिलहन
D. वर्तुल क्रान्ति	4. पेट्रोलियम उत्पादन

कूट

	A	B	C	D
(a)	3	4	2	1
(b)	2	1	3	4
(c)	4	3	1	2
(d)	1	2	4	3

93. ट्रक फॉर्मिंग किससे सम्बन्धित है?
(a) साग-सब्जी (b) दूध
(c) अनाज (d) मुर्गीपालन

94. विली-विली क्या है?
(a) उष्ण कटिबन्धीय चक्रवात (b) शीतोष्ण कटिबन्धीय चक्रवात
(c) ऊष्ण वाताग्र (d) शीत वाताग्र

95. विश्व में निम्न में से किस देश में सर्वाधिक यौन अनुपात पाया जाता है?
(a) जापान (b) संयुक्त राज्य अमेरिका
(c) ब्राजील (d) सोवियत रूस

96. 'युर्त' घर है
(a) एस्किमो का (b) खिरगीज का
(c) पिग्मी का (d) बुशमैन का

97. भारत के लौह-स्पात संयन्त्रों के उत्तर से दक्षिण के निम्नलिखित क्रमों में से कौन-सा क्रम सही है?
(a) बोकारो-बर्नपुर-जमशेदपुर-राउरकेला
(b) बोकारो-जमशेदपुर-बर्नपुर-राउरकेला
(c) बर्नपुर-बोकारो-जमशेदपुर-राउरकेला
(d) जमशेदपुर-राउरकेला-बर्नपुर-बोकारो

98. इनमें से कौन-सी तरंगें चट्टानों में संकुचन व फैलाव लाती हैं?
(a) 'S' तरंगें (b) 'P' तरंगें
(c) धरातलीय तरंगें (d) इनमें से कोई नहीं

99. विश्व में सबसे, प्राचीन नगरीकरण का प्रमाण कहाँ मिलता है?
(a) मेसोपोटामिया (b) सिन्धु
(c) हड़प्पा (d) मिस्र

100. कोप्पेन की स्कीम के अनुसार Bhwh प्रकार की जलवायु कहाँ पाई जाती है?
(a) राजस्थान (b) जम्मू-कश्मीर
(c) गुजरात (d) ओड़िशा

101. "रुको-और-जाओ-निश्चयवाद" प्रतिपादन किसने किया?
(a) मैकिण्डर (b) ब्लॉश
(c) स्ट्रैबो (d) टेलर

102. सही कूट का चयन करें

संकल्पना	प्रतिपादक
A. एकरूपतावाद	1. पॉवेल
B. आधार तल	2. हट्टन
C. प्रवणित सरिता	3. क्रिक्मे
D. पैनप्लेन	4. गिल्बर्ट

कूट

	A	B	C	D
(a)	2	1	4	3
(b)	2	4	1	3
(c)	1	3	4	2
(d)	2	4	3	1

103. निम्नलिखित में से कौन-सा एक कथन असत्य है?
(a) भारत के महानगरों एवं संनगरों की जनसंख्या में तीव्र गति से वृद्धि हो रही है
(b) चार महानगरों (मुम्बई, कोलकाता, चेन्नई, दिल्ली) में देश के 85% से अधिक सम्पन्न लोग निवास करते हैं
(c) सन्नगरों में निर्धनता, बेरोजगारी, असुरक्षा तथा अपराध की दर उच्च है
(d) महानगरों एवं सन्नगरों में नगरीय सुविधाओं तथा आधारभूत सुविधाओं की पर्याप्तता है, फलत: जीवन आनन्ददायक है

104. 'बुशमैन होटेण्टाट' प्रजाति सम्बन्धित है
(a) नीग्राइड प्रजाति से (b) काकेसाइड प्रजाति से
(c) मंगोलाइड प्रजाति से (d) ऑस्ट्रेलॉइड प्रजाति से

105. मत्स्य उत्पादन का प्रमुख क्षेत्र है
(a) उत्तरी अमेरिका का उत्तरी-पूर्वी तट क्षेत्र
(b) ऑस्ट्रेलिया का दक्षिणी-पश्चिमी तट क्षेत्र
(c) दक्षिणी अमेरिका का दक्षिणी तट क्षेत्र
(d) सोवियत रूस का उत्तरी तट क्षेत्र

106. कहाँ स्थानान्तरण कृषि को 'मिलपा' कहा जाता है?
(a) मध्य अमेरिका (b) गैबन
(c) फिलीपीन्स (d) गुआटेमाला

107. ओडिशा के सुपर साइक्लोन (चक्रवात) (1999) के पश्चात् .... चक्रवात में अधिकतम पवन गति (वेग) मापी गई है।
(a) हुदहुद (2014) (b) नीलोफर (2014)
(c) थाणे (2011) (d) फालिन (2013)

108. अत्यधिक गहराई परत में जमने वाली मैगामा को कहते हैं
(a) लैकोलिथ (b) सिल
(c) डाइक (d) बैथोलिथ

109. संयुक्त राज्य अमेरिका के मिसीसिपी में लोयस के निक्षेप को क्या कहते हैं?
(a) एडोब (b) लिमन
(c) प्लाया (d) सीफ

110. विश्व का प्रमुख व्यापारिक समुद्री जलमार्ग नहीं है?
(a) संयुक्त राज्य अमेरिका-पश्चिमी यूरोप समुद्री मार्ग
(b) पश्चिमी यूरोप-भूमध्यसागर, हिन्द महासागर मार्ग
(c) उत्तमाशा अन्तरीप जलमार्ग
(d) पनामा नहर-न्यूजीलैण्ड महासागर मार्ग

111. निम्नलिखित में से भारत की किन जिलों में सबसे बड़ी 'अभ्रक मेखला' पाई जाती है?
(a) बालाघाट तथा छिन्दवाड़ा
(b) उदयपुर, अजमेर और अलवर
(c) सलेम और धमरपुरी
(d) हजारीबाग, गया तथा मुंगेर

112. एक प्लेट का दूसरी प्लेट के नीचे खिसकने की प्रक्रिया को .... कहा जाता है।
(a) अभिवहन (b) अवनयन
(c) अभिसरण (d) संवहन

113. 'सारगासो सागर' किस महासागर का हिस्सा है?
(a) उ. अटलाण्टिक महासागर
(b) द. अटलाण्टिक महासागर
(c) प्रशान्त महासागर
(d) उत्तरी आर्कटिक महासागर

114. निम्नलिखित में से कौन-सा एक सीमेण्ट कारखाना सुमेलित नहीं है?
(a) महाराष्ट्र – चन्दरपुर
(b) छत्तीसगढ़ – मोदीग्राम
(c) झारखण्ड – बंजारी
(d) मध्य प्रदेश – विक्रमनगर

115. निम्नलिखित में से कौन-सा एक कथन असत्य है?
(a) उत्तरी गोलार्द्ध की औसत लवणता दक्षिणी गोलार्द्ध से कम है
(b) गल्फ स्ट्रीम यूरोप के उत्तरी-पश्चिमी तट पर लवणता बढ़ा देती है
(c) प्रति चक्रवातीय दशाएँ लवणता को घटा देती हैं
(d) भूमध्य सागर के पूर्वी भाग में पश्चिमी भाग की तुलना में अधिक लवणता पाई जाती है

116. 'वातावरण-नियतिवाद की विचारधारा' का जन्म किस देश में हुआ था?
(a) जर्मनी (b) फ्रांस
(c) ब्रिटेन (d) भारत

117. 'गल्फ-स्ट्रीम' है
(a) खाड़ी में एक नदी
(b) एक महासागरीय धारा
(c) 'जेड' स्ट्रीम का दूसरा नाम
(d) एक धरातलीय पवन

118. संयुक्त राज्य अमेरिका में टारनेडो को क्या कहते हैं?
(a) ट्विस्टर (b) जल स्तम्भ
(c) चुस्त भ्रमिल (d) ढाल पवनें

119. भूगोल में 'अंधेरा युग' की अवधि क्या है?
(a) पहली सदी से नवीं सदी
(b) दूसरी सदी से दसवीं सदी
(c) तीसरी सदी से बारहवीं सदी
(d) चौथी सदी से बारहवीं सदी

120. उत्तरी अमेरिका में प्रथम वास्तविक भूआकृति विज्ञान वेत्ता किसे कहा जाता है?
(a) जी. के. गिल्बर्ट (b) जे. डब्ल्यू. पावेल
(c) डब्ल्यू. एम. डेविस (d) सी. ई. डटन

उत्तरमाला

1.	(d)	2.	(c)	3.	(d)	4.	(b)	5.	(b)	6.	(a)	7.	(b)	8.	(b)	9.	(b)	10.	(d)
11.	(c)	12.	(c)	13.	(b)	14.	(a)	15.	(b)	16.	(a)	17.	(b)	18.	(a)	19.	(c)	20.	(a)
21.	(d)	22.	(b)	23.	(d)	24.	(b)	25.	(a)	26.	(a)	27.	(a)	28.	(b)	29.	(c)	30.	(a)
31.	(a)	32.	(a)	33.	(c)	34.	(a)	35.	(c)	36.	(d)	37.	(c)	38.	(d)	39.	(c)	40.	(a)
41.	(a)	42.	(d)	43.	(a)	44.	(b)	45.	(a)	46.	(b)	47.	(a)	48.	(a)	49.	(a)	50.	(c)
51.	(d)	52.	(b)	53.	(a)	54.	(b)	55.	(d)	56.	(b)	57.	(d)	58.	(a)	59.	(b)	60.	(d)
61.	(c)	62.	(b)	63.	(b)	64.	(c)	65.	(c)	66.	(a)	67.	(d)	68.	(c)	69.	(a)	70.	(a)
71.	(b)	72.	(d)	73.	(b)	74.	(b)	75.	(a)	76.	(d)	77.	(a)	78.	(a)	79.	(c)	80.	(a)
81.	(b)	82.	(b)	83.	(b)	84.	(c)	85.	(a)	86.	(d)	87.	(d)	88.	(c)	89.	(a)	90.	(b)
91.	(a)	92.	(c)	93.	(a)	94.	(a)	95.	(d)	96.	(b)	97.	(a)	98.	(b)	99.	(a)	100.	(*)
101.	(a)	102.	(a)	103.	(d)	104.	(a)	105.	(a)	106.	(a)	107.	(d)	108.	(d)	109.	(a)	110.	(d)
111.	(d)	112.	(b)	113.	(a)	114.	(c)	115.	(c)	116.	(a)	117.	(b)	118.	(a)	119.	(c)	120.	(a)

मध्य प्रदेश
उच्च माध्यमिक शिक्षक पात्रता परीक्षा (भाग-ब)

प्रैक्टिस पेपर 5

निर्देश

इस प्रश्न-पत्र में कुल 120 वस्तुनिष्ठ प्रकार के प्रश्न हैं तथा प्रत्येक प्रश्न के लिए एक अंक निर्धारित है।

1. निम्नलिखित कथनों की जाँच कीजिए और नीचे दिए गए कोड का इस्तेमाल करके सही उत्तर का चयन कीजिए।

1. सूर्य की सतह पर मौजूद काले धब्बों को सनस्पॉट कहा जाता है।
2. सनस्पॉट अन्धेरे क्षेत्रों के रूप में दिखाई देते हैं, क्योंकि वे अपने आस-पास के वर्णमण्डल से लगभग 1500°C ठण्डे होते हैं।
3. एक अकेला सनस्पॉट कुछ दिनों से कुछ महीनों तक रह सकता है।
4. दिखाई देने वाले सनस्पॉटों की संख्या 11 साल के चक्र में घटती-बढ़ती है।

कोड

(a) 1, 2 और 3 सही हैं (b) 2, 3 और 4 सही हैं
(c) 1, 3 और 4 सही हैं (d) 1, 2, 3 और 4 सही हैं

2. यूरिया-अमोनिया उत्पादक KRIBHCO संयन्त्र आधारित है

(a) ताप ऊर्जा पर (b) जल विद्युत ऊर्जा पर
(c) पवन ऊर्जा पर (d) गैस ऊर्जा पर

3. यह किसका कथन है, "मुझे पदार्थ दो और मैं इसकी पूरी दुनिया का निर्माण कर दूँगा"?

(a) चैम्बर्लिन (b) जेम्स और जेफ़री
(c) इमैनुएल काण्ट (d) लाप्लास

4. निम्नलिखित में से कौन पृथ्वी परत का एक प्रमुख तत्त्व है?

(a) एल्युमीनियम (b) लोहा
(c) ऑक्सीजन (d) सिलिकॉन

5. निम्नलिखित में से कौन-सा मिलान सही नहीं है?

(a) स्लेट-बलुआ पत्थर (b) शीस्ट-शेल
(c) संगमरमर-चूना पत्थर (d) क्वार्टजाइट-बलुआ पत्थर

6. निम्नलिखित में से कौन-सा कोयला खनन करने में मुश्किल है?

(a) एन्थ्रेसाइट (b) बिटुमिनस
(c) लिग्नाइट (d) पीट

7. निम्नलिखित ग्रहों में से किस पर सबसे छोटा दिन होता है?

(a) पृथ्वी (b) मंगल
(c) बुध (d) शुक्र

8. अपरदन के सामान्य चक्र की अवधारणा की संकल्पना किसने दी थी?

(a) डेविस डब्ल्यू. एम. (b) पेंक डब्ल्यू.
(c) स्ट्राहलर ए. (d) थॉर्नबरी डब्ल्यू. डी.

9. निम्नलिखित में से कौन-सा कथन सत्य नहीं है?

(a) नदी का अधिकतम दबाव एक स्थगन में चलता है
(b) नदी अपने लम्बवत् तट को सीधे तट की अपेक्षा अधिक काटती है
(c) नदी पर भार बढ़ने पर अपरदन क्षमता कम होती है
(d) जब वेग अधिक होता है, तो नदी अधिक भार लेकर चलती है

10. विश्व में सबसे अधिक संख्या में झीलें कहाँ पाई जाती हैं?

(a) कैनेडियन शील्ड (b) पूर्वी अफ़्रीकी क्षेत्र
(c) स्कैंडिनेवियाई क्षेत्र (d) साइबेरियाई क्षेत्र

11. निम्नलिखित में से कौन एक नदी के कार्य से सम्बन्धित नहीं है?

(a) नदी विसर्प (b) प्राकृतिक बाँध
(c) सन्दुर (d) याजू

12. निम्नलिखित कथनों की जाँच कीजिए और नीचे लिखे कोड का उपयोग कर सही उत्तर का चयन कीजिए

1. लोयस एक जर्मन शब्द है, जो राइन घाटी के बारीक दानेदार मिट्‌टी के लिए उपयोग किया जाता है।
2. लोयस सिंचाई वाले क्षेत्रों में बहुत उपजाऊ मिट्‌टी है।
3. लोयस का सबसे बड़ा जमाव हुआंग हो घाटी में पाया जाता है।
4. लोयस मिसिसिपी घाटी, पेटागोनिया और न्यूजीलैण्ड में पाई जाती है।

कोड

(a) 1, 2 और 3 सही हैं (b) 1, 3 और 4 सही हैं
(c) 2, 3 और 4 सही हैं (d) 1, 2, 3 और 4 सही हैं

13. निम्नलिखित में से कौन-सा कथन सत्य नहीं है?
(a) पृथ्वी का अधिकांश भाग मैण्टिल है
(b) पृथ्वी की परत सियाल से बनी है
(c) सागर तल सिमा से बना है
(d) सिमा सियाल के ऊपर तैरता है

14. कोल शब्द सम्बन्धित है
(a) ग्लेशियरों से
(b) नदियों से
(c) भूमिगत जल से
(d) समुद्र की लहरों से

15. निम्नलिखित कथनों का परीक्षण कीजिए और नीचे दिए गए कोड का उपयोग करके सही उत्तर का चयन कीजिए।
1. बहता हुआ जल अपरदन का अब तक का सबसे महत्त्वपूर्ण कारण रहा है।
2. अपरदन के अन्य कारक; जैसे—ग्लेशियर, पवन और भूमिगत जल स्थानीय रूप से प्रभावी होते हैं।

कोड
(a) केवल 1 सही है
(b) केवल 2 सही है
(c) 1 और 2 दोनों सही हैं
(d) 1 और 2 दोनों सही नहीं हैं

16. उष्णकटिबन्धीय चक्रवातों की उत्पत्ति के लिए आदर्श स्थितियाँ पाई जाती हैं
(a) भूमध्यरेखीय महासागरों में
(b) उष्णकटिबन्धीय महासागरों के पश्चिमी तटों पर
(c) उष्णकटिबन्धीय महासागरों के पूर्वी तटों पर
(d) शान्त पवन पेटी में

17. निम्नलिखित में से कौन-सा देश भूमिबद्ध (भू-भाग से घिरा) है?
(a) बुल्गारिया (b) जॉर्जिया
(c) हंगरी (d) रोमानिया

18. यदि भूमध्य रेखा पर सौर्यिक ऊर्जा 100% है, तो ध्रुवों में यह होगा
(a) 40% (b) 43%
(c) 20% (d) 42%

19. जेट स्ट्रीम के बारे में निम्नलिखित में से कौन-सा सही नहीं है?
(a) वह समताप मण्डल में गति करता है
(b) यह पश्चिम से पूर्व की ओर गति करता है
(c) यह घुमावदार मोड़ों में गति करता है
(d) यह लगभग 300 किमी प्रति घण्टे की रफ्तार से गति करता है

20. पृथ्वी पर अधिकतम तापमान इनमें से किसके आस-पास दर्ज किया गया है?
(a) भू-मध्य रेखा
(b) कर्क रेखा
(c) मकर रेखा
(d) अन्तः उष्णकटिबन्धीय अभिसरण क्षेत्र

21. निम्नलिखित में से किसे ग्रहीय पवनों के लिए एक अवरोध माना गया है?
(a) अश्व अक्षांश (b) मानसून पवनें
(c) गरजता चालीसा (d) चीखता साठा

22. समुद्र में खारेपन का मुख्य कारण है
(a) भूमि (b) समुद्री जीवन
(c) उल्का पिण्ड (d) ज्वालामुखी

23. निम्नलिखित में से कौन-सा सत्य नहीं है?
(a) बास जलडमरूमध्य ऑस्ट्रेलिया और तस्मानिया के मध्य स्थित है
(b) टोरेस जलडमरूमध्य ऑस्ट्रेलिया और न्यू गिनी के बीच स्थित है
(c) कुक जलडमरूमध्य न्यूजीलैण्ड के दो प्रमुख द्वीपों को अलग करता है
(d) ग्रेट बैरियर द्वीप न्यूजीलैण्ड के पश्चिम में स्थित है

24. निम्नलिखित पारिस्थितिक तन्त्रों में से सबसे ज्यादा प्राथमिक उत्पादन किसका है?
(a) शैवाल तल और भित्तियों का
(b) महाद्वीपीय मग्नतटों का
(c) खुले महासागरों का
(d) ज्वारीय नदीमुख का

25. निम्नलिखित समुद्री स्तनधारियों में से कौन-सा जीव शाकाहारी है?
(a) समुद्री गाय (b) सील मछली
(c) समुद्री शेर (d) दरियाई घोड़ा

26. निम्नलिखित में से कौन-सा कथन सत्य नहीं है?
(a) महासागरों में घुले हुए नमक को लवणता कहा जाता है
(b) महासागरों की औसत लवणता 35 प्रति एक हजार होती है
(c) भूमध्य रेखा के आस-पास उच्चतम लवणता पाई जाती है
(d) आर्कटिक महासागर में सबसे कम लवणता पाई जाती है

27. जर्मनी में हिमगह्वर (circque) को कहा जाता है
(a) हिमटोपिया (b) नुनाटक
(c) हिम श्रृंग (d) कार

28. भारत की निम्नलिखित फसलों पर विचार कीजिए
1. चना 2. गेहूँ 3. बाजरा
उपरोक्त में से कौन-कौन-सी वर्षा-सिंचित फसलें है/हैं?
(a) 1 और 2 दोनों (b) केवल 2
(c) केवल 3 (d) 1, 2 और 3

29. निम्नलिखित में से कौन-सा देश यूरेनियम का सबसे बड़ा उत्पादक है?
(a) ऑस्ट्रेलिया (b) कज़ाखस्तान
(c) कनाडा (d) नाइजर

30. निम्नलिखित देशों में से कौन-सा पेट्रोलियम के भण्डारण में समृद्ध नहीं है?
(a) अल्जीरिया (b) मिस्र
(c) लीबिया (d) मोरक्को

31. निम्नलिखित कथनों पर विचार कीजिए
1. प्राचीन शिकारी पशु संसाधनों की आपूर्ति और पैदावार के बीच सन्तुलन बनाए रखते हैं।
2. आधुनिक शिकारियों ने पर्यावरण को गम्भीर रूप से नुकसान पहुँचाया है।
3. एस्किमोस तेजी से शिकार करना छोड़ रहे हैं।

उपरोक्त में से कौन-से कथन सत्य हैं?
(a) 1 और 2 (b) 1, 2 और 3
(c) 1 और 3 (d) 2 और 3

32. निम्नलिखित में से कौन-सा बाँध ठीक से मेल नहीं खाता है?
(a) अक्सम्बो घाना
(b) हूवर बाँध USA
(c) कुरोबेगावा बाँध जापान
(d) वार्रगेम्बा दक्षिण अफ्रीका

33. किलिमंजारो पर्वत स्थित है
(a) केन्या में (b) सोमालिया में
(c) तंजानिया में (d) मोज़ाम्बिक में

34. इनमें से कौन-सी एक सेमेटिक जनजाति नहीं है?
(a) अरबी (b) मिस्रवासी (c) ईरानी (d) यहूदी

35. मानव विकास सूचकांक में भारत का कौन-सा राज्य सबसे अधिक विकसित है?
(a) हरियाणा (b) केरल (c) महाराष्ट्र (d) पंजाब

36. निम्नलिखित कथनों पर विचार कीजिए
1. उच्चावच, भूदृश्य में लम्बवत ऊँचाई के अन्तर को व्यक्त करता है।
2. पृथ्वी की सतह का ऊँचा-नीचा स्वरूप स्थलाकृति कहा जाता है।
3. उच्चतादर्शी वक्र क्षेत्रफल और ऊँचाई के द्वारा पृथ्वी की सतह के विस्तार को प्रदर्शित किया जाता है।

उपरोक्त में से कौन-से कथन सत्य हैं?
(a) 1 और 2 सही हैं (b) 2 और 3 सही हैं
(c) 1 और 3 सही हैं (d) 1, 2 और 3 सही हैं

37. निम्नलिखित कथनों पर विचार कीजिए
1. संयुक्त राष्ट्र ने वर्ष 2010 को जैव विविधता का अन्तर्राष्ट्रीय वर्ष घोषित किया।
2. भारत में परियोजना टाइगर 1973 में प्रवर्तित की गई।
3. बाघ परियोजना को बाघों और उनके शिकार से सुरक्षा के लिए शुरू किया गया था।

उपरोक्त में से कौन-सा/से कथन सत्य है/हैं?
(a) केवल 1 (b) 2 और 3
(c) 1 और 3 (d) 1, 2 और 3

38. निम्नलिखित में से कौन-सा आरक्षित जीवमण्डल सबसे अधिक ऊँचाई पर स्थित है?
(a) शीत मरुस्थल (b) देहांग देबांग
(c) खण्डचेण्ड जोंगा (d) नन्दा देवी

39. निम्नलिखित में से कौन-सी फसल सबसे अधिक देशों में उगाई जाती है?
(a) मक्का (b) बाजरा
(c) चावल (d) गेहूँ

40. विली-विली है
(a) समशीतोष्ण क्षेत्रों में उगाए जाने वाला एक प्रकार का वृक्ष
(b) एक हवा जो एक रेगिस्तान में बहती है
(c) उत्तर पश्चिम ऑस्ट्रेलिया का एक उष्णकटिबन्धीय चक्रवात
(d) लक्षद्वीप द्वीप समूह के पास पाई जाने वाली एक तरह की आम मछली

41. निम्नलिखित में से कौन-सी फसल अन्तर्राष्ट्रीय व्यापार में कुल उत्पादन की दृष्टि से कम है?
(a) चावल (b) कॉफी
(c) रबर (d) गेहूँ

42. डायमण्ड रिंग की घटना देखी गई है
(a) पूर्ण सौर ग्रहण की शुरुआत में
(b) पूर्ण सौर ग्रहण के अन्त में
(c) केवल परिधीय क्षेत्रों के समग्रता निशान के साथ
(d) केवल केन्द्रीय क्षेत्र के समग्रता निशान के साथ

43. भारत के निम्नलिखित क्षेत्रों में से किस क्षेत्र को 'पारिस्थितिकीय गर्म क्षेत्र' के रूप में मान्यता दी गई है?
(a) पश्चिमी हिमालय (b) पूर्वी हिमालय
(c) पश्चिमी घाट (d) पूर्वी घाट

44. यदि पृथ्वी की घूर्णन की दिशा उलट दी जाती है, तो अन्तर्राष्ट्रीय तिथि रेखा पर जब दोपहर होगी, IST पर क्या होगा?
(a) 06.30 बजे (b) 05.30 बजे
(c) 18.30 बजे (d) 17.30 बजे

45. निम्नलिखित में से कौन-सा जोड़ा सही है?
(a) टीक-जम्मू और कश्मीर
(b) देवदार-मध्य प्रदेश
(c) चन्दन-केरल
(d) सुन्दरी-पश्चिम बंगाल

46. जीन्स और जेफरीज द्वारा प्रतिपादित किए गए सिद्धान्त को कौन-सा नाम दिया गया?
(a) हिट एण्ड रन सिद्धान्त
(b) ज्वारीय परिकल्पना
(c) प्लेट टेक्टोनिक्स सिद्धान्त
(d) गैसीय परिकल्पना

47. भूकम्प की कौन-सी तरंगें तरल माध्यम से गुजरने के दौरान अपवर्तित हो जाती हैं?
(a) P तरंगें (b) S तरंगें
(c) P और S तरंगें दोनों (d) L तरंगें

48. आयनमण्डल के बारे में क्या सत्य नहीं है?
(a) यह रेडियो तरंगों को परावर्तित करता है
(b) यहाँ गैसें आयनिक रूप में होती हैं
(c) यह वातावरण की ठण्डी परत है
(d) यह मध्यमण्डल और तापमण्डल के मध्य अध्यारोपित होता है

49. राजस्थान में बहुत कम वर्षा होती है, क्योंकि
(a) यहाँ बहुत गर्मी होती है
(b) यहाँ पानी उपलब्ध नहीं है और इसलिए हवाएँ शुष्क रहती हैं
(c) मानसून इस क्षेत्र तक पहुँचने में असफल रहता है
(d) हवाएँ किसी भी प्रकार की बाधाओं के सम्पर्क में नहीं आती हैं, जिस कारण से उन्हें ठण्डा होने के लिए आवश्यक ऊँचाई प्राप्त नहीं हो पाती हैं

50. 'अक्टूबर की गर्मी' का मुख्य कारण क्या है?
(a) उच्च आर्द्रता से सम्बन्धित उच्च तापमान
(b) शुष्क मौसम
(c) पवनों का बहुत कम वेग
(d) सिन्धु-गंगा के मैदानों पर कम दबाव प्रणाली

51. भारत में किस क्षेत्र में ग्रीष्मकालीन मानसून सबसे पहले आता है?
(a) हिमालय (b) पूर्वी घाट
(c) पश्चिमी घाट (d) सिन्धु-गंगा मैदान

52. केरल में कौन-सा वन्यजीव रिजर्व हाथियों के लिए जाना जाता है?
(a) पराकल (b) पेरियार
(c) चन्द्रप्रभा (d) कान्हा

53. भारत का धरातल पत्रक कौन तैयार करता है?
(a) जिओलॉजिकल सर्वे ऑफ इण्डिया
(b) सर्वे ऑफ इण्डिया
(c) रक्षा मन्त्रालय
(d) जिओग्राफिकल सर्वे ऑफ इण्डिया

54. हिन्दुस्तान मशीन टूल्स लिमिटेड का एक प्रमुख संयन्त्र है
(a) भोपाल में (b) विशाखापट्टनम में
(c) पिंजोर में (d) कोलकाता में

55. भारत की 2011 की जनगणना के अनुसार देश में सबसे कम लिंग अनुपात किस राज्य में हैं?
(a) अण्डमान और निकोबार द्वीप समूह
(b) हरियाणा
(c) नागालैण्ड
(d) अरुणाचल प्रदेश

56. एक दिन सूर्य पृथ्वी के सबसे निकट होता है, तब पृथ्वी के लिए कहा जाता है
(a) अपसौर (अफेलियन) (b) उपसौर (पेरिहेलियन)
(c) अपभू (d) उपभू

57. निम्नलिखित में से गहन खेती की प्रमुख विशेषताएँ हैं
1. श्रम का अधिक उपयोग
2. आबादी का उच्च घनत्व
3. स्वामित्व का छोटा आकार
4. मशीनरी पर जोर

कूट
(a) 1 और 3 (b) 1, 2 और 4
(c) 2, 3 और 4 (d) 1, 2 और 3

58. 'ऑपरेशन फ्लड' किससे सम्बन्धित था?
(a) बाढ़ नियन्त्रण
(b) सिंचाई सुविधाओं का प्रावधान
(c) अन्तर्देशीय जलमार्गों का विकास
(d) शहरों में दूध की उपलब्धता में सुधार

59. निम्नलिखित में से कौन-सा कथन सत्य है?
(a) कपास केवल काली मिट्टी पर उगाई जा सकता है
(b) राजस्थान का पूर्वी भाग पश्चिमी भाग की तुलना में अधिक आर्द्र है
(c) तमिलनाडु की जलवायु पश्चिमी विक्षोभ के प्रभाव को दर्शाती है
(d) राजस्थान का पूरा रेगिस्तान रेतीला है

60. तेल उत्पादन के लिए प्रसिद्ध स्थान/क्षेत्र की जोड़ी है
(a) घवार एवं मस्जिद-ए-सुलेमान
(b) पेशावर और रावलपिण्डी
(c) कालगूर्ली और कूलगार्डी
(d) रानीगंज और झरिया

61. स्वेज नहर ने किन दो स्थलों या महाद्वीप के मध्य की दूरी को कम किया है?
(a) यूरोप और दक्षिण एशिया
(b) दक्षिण अमेरिका और अफ्रीका
(c) यूरोप और उत्तरी अमेरिका
(d) ऑस्ट्रेलिया और दक्षिण एशिया

62. निम्नलिखित कथनों की जाँच कीजिए और नीचे दिए गए कोड का इस्तेमाल करके सही उत्तर का चयन कीजिए
1. सफेद ड्वार्फ्स बहुत छोटे सितारे होते हैं।
2. सफेद ड्वार्फ्स का घनत्व किसी भी ज्ञात स्थलीय पदार्थ से अधिक होता है।
3. उनका घनत्व पानी का दस लाख गुना हो सकता है।
4. ड्वार्फ्स के एक चम्मच पदार्थ का भार दस क्विन्टल हो सकता है।

कोड
(a) 1, 2, 3 और 4 सहीं हैं
(b) 1, 3 और 4 सही हैं
(c) 2, 3 और 4 सही हैं
(d) 1, 2 और 3 सही हैं

63. निम्नलिखित में से कौन ग्रह सूर्य से सबसे अधिक दूरी पर है?
(a) वरुण (नेपच्यून) (b) अरुण (यूरेनस)
(c) शनि (d) पृथ्वी

64. सूची-I का सूची-II के साथ मिलान कीजिए और नीचे दिए गए कोड का उपयोग करके सही उत्तर का चयन कीजिए

	सूची I (उपनाम)		सूची II (ग्रह)
A.	हरा ग्रह	1.	शुक्र
B.	छल्लेदार ग्रह	2.	मंगल
C.	लाल ग्रह	3.	अरुण
D.	प्रातः सांध्य तारा	4.	शनि

कोड

	A	B	C	D		A	B	C	D
(a)	1	2	3	4	(b)	4	3	2	1
(c)	3	4	2	1	(d)	3	4	1	2

65. दो पूर्णिमाओं के बीच अन्तराल होता है, लगभग
(a) 26.5 दिन (b) 27.5 दिन
(c) 28.5 दिन (d) 29.5 दिन

66. मार्मारा सागर जोड़ता है
(a) AZOV के साथ काला सागर को
(b) एजियन सागर के साथ काला सागर को
(c) एड्रियाटिक सागर के साथ भूमध्य सागर को
(d) बाल्टिक के साथ उत्तरी सागर को

67. निम्नलिखित कथनों पर विचार कीजिए और नीचे दिए गए कोड का उपयोग करके सही उत्तर का चयन कीजिए
1. रूपान्तरित चट्टानें कठोर या नरम हो सकती हैं।
2. रूपान्तरित चट्टानें जीवाश्म नहीं होती हैं।
3. रूपान्तरित चट्टानों की खनिज संरचना बदल जाती है।
4. रूपान्तरित चट्टानों में धारियाँ होती हैं।

कोड
(a) 1, 2 और 3 सही हैं (b) 1, 3 और 4 सही हैं
(c) 2, 3 और 4 सही हैं (d) 1, 2, 3 और 4 सही हैं

68. निम्नलिखित में से कौन-सा ज्वालामुखी से सम्बद्ध नहीं है?
(a) क्रेटर (b) कालडेरा
(c) अर्ग (d) प्यूमिस

69. अल्लाह बाँध का निर्माण हुआ है
(a) भूकम्प द्वारा (b) ज्वालामुखी द्वारा
(c) हिमानी क्रिया द्वारा (d) इनमें से कोई नहीं

70. इन्सेलबर्ग शब्द जुड़ा हुआ है
(a) ग्लेशियर से (b) बहता हुए पानी से
(c) भूमिगत पानी से (d) पवन सम्बन्धी कार्यों से

71. निम्नलिखित नदियों में से कौन-सी नदी ज्वारनद मुख बनाती है?
(a) गोदावरी (b) महानदी
(c) सुवर्ण रेखा (d) तापी

72. निम्नलिखित में से कौन-सी प्राचीन नदी नहीं है?
(a) सिन्धु (b) गोमती
(c) काली (d) सतलज

73. गुटेनबर्ग असम्बद्धता किन्हें अलग करती है?
(a) ऊपरी क्रस्ट और निचला क्रस्ट
(b) बाह्य अन्तरतम और मैण्टिल
(c) आन्तरिक अन्तरतम और बाह्य अन्तरतम
(d) निचला क्रस्ट और मैण्टिल

74. पदार्थों के निक्षेपण के कारण निर्मित भूमि सतह की सामान्य रचना को कहा जाता है
(a) अधिवृद्धि (b) जलोढ़कण (c) अनाच्छादन (d) निक्षेपण

75. किर्लोस्कर समूह जो भारी एवं हल्के मशीन उपकरणों का उत्पादन करता है
(a) जर्मनी की कम्पनी है (b) ग्रेट ब्रिटेन की कम्पनी है
(c) फ्रांस की कम्पनी है (d) भारत की कम्पनी है

76. निम्नलिखित में से कौन रासायनिक अपक्षय की प्रक्रिया नही है?
(a) कार्बोनेशन (b) अपपर्णन
(c) ऑक्सीकरण (d) विलयन

77. निम्नलिखित में से कौन-सा कथन सत्य नहीं है?
(a) ग्लेशियर एक बहने वाली बर्फ की बन्द प्रणाली है
(b) घाटी ग्लेशियर और महाद्वीपीय ग्लेशियर दो मुख्य प्रकार के हिमनदी हैं
(c) हिमयुग भूमि के समस्थितिक समायोजन को प्रभावित करती है
(d) हिमनदी अपक्षेप मैदान, घाटी ग्लेशियर से सम्बन्धित है

78. औरोरा बोरेलिस होता है
(a) बहिर्मण्डल में (b) आयनमण्डल में
(c) ओजोनमण्डल में (d) समतापमण्डल में

79. उष्णकटिबन्धीय चक्रवात में सबसे तेज पवनें सामान्यतया अंकित की जाती हैं
(a) सम्मुख दाहिने वृत्त चतुर्थांश में
(b) सम्मुख बाएँ वृत्त चतुर्थांश में
(c) पृष्ठ दाहिने वृत्त चतुर्थांश में
(d) पृष्ठ बाएँ वृत्त चतुर्थांश में

80. निम्न सतहों में से किसकी अल्बेडो दर (सतह की प्रतिबिम्बित गुणवत्ता) सबसे अधिक है?
(a) झील (b) बर्फ की चादर
(c) चावल के खेत (d) गेहूँ के खेत

81. निम्नलिखित में से कौन-सा कथन सत्य नहीं है?
(a) उत्तरी गोलार्द्ध की तुलना में दक्षिणी गोलार्द्ध में अधिक वर्षा अंकित की गई है
(b) अधिकतम वर्षा भूमध्य रेखा के समीप लगभग 10 से 20 डिग्री चौड़ाई वाले क्षेत्र में होती है
(c) उत्तर और दक्षिण में 20° से 30° के मध्य कम वर्षा अंकित की गई है
(d) अक्षांश 0° से 10° दक्षिण में अक्षांश 0° से 10° उत्तर की अपेक्षा अधिक वर्षा होती है

82. उष्णकटिबन्धीय चक्रवातों के बारे में निम्नलिखित में से कौन-सा कथन सही नहीं है?
(a) उष्णकटिबन्धीय चक्रवात मूसलाधार बारिश देते हैं
(b) उन्हें फिलिपीन्स में ताइफू के नाम से जाना जाता है
(c) वे 8° उत्तरी व दक्षिणी अक्षांश में उद्‌गमित होते हैं
(d) वे दक्षिणी अटलाण्टिक महासागर में नहीं पाए जाते हैं

83. तमिलनाडु के पूर्वी तट में अधिक वर्षा होती है
(a) दक्षिणी-पश्चिमी मानसून द्वारा
(b) पश्चिमी विक्षोभों द्वारा
(c) पछुवा पवनों द्वारा
(d) उत्तरी-पूर्वी मानसून द्वारा

84. विस्तृत महाद्वीपीय मग्नतट पाया जाता है
(a) आर्कटिक महासागर में (b) अटलाण्टिक महासागर में
(c) हिन्द महासागर में (d) प्रशान्त महासागर में

85. सबसे गहरी नदी घाटी पाई जाती है
(a) भागीरथी एवं अलकनन्दा में
(b) मन्दाकिनी एवं अलकनन्दा में
(c) नर्मदा एवं ताप्ती में
(d) यमुना एवं चम्बल में

86. निम्नलिखित में से कौन-सा कथन सत्य नहीं है?
(a) महाद्वीपीय मग्नतट महाद्वीप का डूबा हुआ विस्तार है
(b) महाद्वीपीय मग्नतट ग्रेनाइट से निर्मित हैं
(c) महाद्वीपीय मग्न ढाल महाद्वीप का एक भाग है
(d) सबसे अधिक विस्तृत महाद्वीपीय मग्नतट अटलाण्टिक महासागर में स्थित है

87. निम्नलिखित में से कौन-सा कथन सत्य नहीं है?
(a) टर्बिडिटी धाराएँ जल के अन्दर तीव्रगति से गिरते अपघर्षित निक्षेप हैं
(b) टर्बिडिटी धाराएँ अन्तःसमुद्री गहरे खड्डों का निर्माण करती हैं
(c) टर्बिडाइट की उत्पत्ति ब्रह्माण्डीय है
(d) टर्बिडाइट सागरतट समीपी उत्पत्ति की खुरदरी परतें हैं

88. आई. टी.सी. के बारे में क्या सही है?
(a) यह उच्च दाब कटिबन्ध है
(b) यह अश्व अक्षांश के रूप से जाना जाता है
(c) यह वायु व्यापार का रूपान्तरण क्षेत्र है
(d) यह पछुवा पवनों के अभिसरण के क्षेत्र हैं

89. निम्नलिखित में कौन ठण्डी जलधारा है?
(a) अगुलहास (b) एन्टील्स
(c) हम्बोल्ट (d) कुरो-सिवो

90. परिहिमानी प्रक्रियाओं द्वारा निर्मित गुम्बदाकार लघु प्रकीर्ण पहाड़ियाँ पिन्गो पाई जाती हैं
(a) अलास्का में (b) जर्मनी में
(c) मैक्सिको में (d) चीन में

91. निम्नलिखित में से किस कोयले का उपयोग मुख्य रूप से लौह अयस्क को पिघलाने के लिए किया जाता है?
(a) एन्थ्रेसाइट (b) बिटुमिनस (c) लिग्नाइट (d) पीट

92. निम्नलिखित लौह अयस्क उत्पादकों को अवरोही क्रम में व्यवस्थित कीजिए
1. ऑस्ट्रेलिया 2. ब्राजील
3. चीन 4. भारत

कोड
(a) 3, 2, 1 और 4 (b) 3, 2, 4 और 1
(c) 2, 3, 4 और 1 (d) 2, 3, 1 और 4

93. मुख्य शिकार वाले जानवर हैं
(a) मछली और समुद्री-शेर
(b) रेण्डियर और व्हेल
(c) मछली और कैरिबू
(d) कैरिबू और कस्तूरी लोमड़ी

94. निम्नलिखित में से कौन-सा सबसे छोटा शहर है?
(a) मनीला (b) जकार्ता
(c) कुआलालम्पुर (d) ओसाका

95. इनमें से कौन-सा ठण्डा रेगिस्तान नहीं है?
(a) दाश्त-ए-लट (b) गोबी
(c) लद्दाख (d) कराकुम

96. "क्षेत्र की जलवायु चरम है, वर्षा कम है और लोग खानाबदोश चरवाहे हुआ करते हैं।" उपरोक्त कथन निम्नलिखित क्षेत्रों में से किसका सबसे अच्छा वर्णन करता है?
(a) अफ्रीकी सवाना
(b) मध्य एशियाई स्टेप्स
(c) उत्तरी अमेरिकी घास के मैदान
(d) ऑस्ट्रेलियाई घास के मैदान

97. निम्नलिखित में से कौन-सा युग्म सही नहीं है?
(a) बट्वा जनजाति–कांगो बेसिन
(b) इनुइट-मध्य एशिया
(c) रुवाल जनजाति-सऊदी अरब
(d) सेमांग-मलेशिया

98. केम की संरचना होती है
(a) पंक से
(b) गोलाश्म से
(c) बजरी से
(d) उपरोक्त में से कोई नहीं

99. हाल ही में ऑस्ट्रेलिया में आई बाढ़ का सन्देहात्मक कारण ला-निना को माना गया है। ला-निना किस प्रकार इल-निनो से अलग है?
1. ला-निना का वर्णन विषुवत्तीय प्रशान्त महासागर में असामान्य गर्म सागर तापमान से किया गया है।
2. एल-निनो का भारत के दक्षिण-पश्चिमी मानसून पर प्रतिकूल प्रभाव है, परन्तु ला-निना का मानसून जलवायु पर प्रभाव नहीं पड़ता है।

उपरोक्त में से कौन-सा/से कथन सत्य है/हैं?
(a) केवल 1 (b) केवल 2
(c) 1 व 2 दोनों (d) न तो 1 और न ही 2

100. कोरी क्रीक (Creek) स्थित है
(a) बंगाल की खाड़ी में (b) पाक जलसन्धि में
(c) कच्छ के रन में (d) लाल सागर में

101. भारतीय सौर मिशन के बारे में निम्नलिखित कथनों पर विचार कीजिए
1. भारत सौर ऊर्जा में तेजी से बढ़ रहा है।
2. भारत देश के सभी हिस्सों में सौर ऊर्जा विस्तारित करने की योजना बना रहा है।
3. दक्षिण और पश्चिम भारत को अधिक धूप और सौर ऊर्जा मिलती है।

उपरोक्त में से कौन-सा/-से कथन सही है/हैं?
(a) केवल 1 (b) 1 और 2
(c) 1 और 3 (d) 1, 2 और 3

102. भारतीय मानक रेखा (82° 30') निम्नलिखित में से किस राज्य से होकर नहीं गुजरती है?
(a) आन्ध्र प्रदेश (b) छत्तीसगढ़
(c) मध्य प्रदेश (d) तमिलनाडु

103. हिन्द (भारतीय) लोगों के सन्दर्भ में हिन्दू शब्द का इस्तेमाल सबसे पहले किया था
(a) यूनानी (b) रोमन (c) चाइनीज (d) अरब

104. निम्नलिखित में से कौन-सा अभी तक स्थापित आरक्षित जीवमण्डल से सम्बन्धित नहीं है?
(a) ग्रेट निकोबार (b) सुन्दरबन
(c) नन्दा देवी (d) कच्छ की खाड़ी

105. निम्नलिखित परिस्थितियों में से गेहूँ की अच्छी खेती के लिए कौन-सा युग्म आवश्यक है?
(a) मध्यम तापमान और मध्यम वर्षा
(b) उच्च तापमान और भारी वर्षा
(c) उच्च तापमान और मध्यम वर्षा
(d) कम तापमान और कम वर्षा

106. विश्व की लगभग 50% जनसंख्या किस अक्षांश के बीच केन्द्रित है?
(a) 5° N और 20° N (b) 20° N और 40° N
(c) 40° और 60° N (d) 20° S और 40° S

107. बॉम्बे से कहाँ जाने के लिए स्वेज नहर से होकर नहीं गुजरना पड़ेगा?
(a) अलेक्जेण्ड्रिया (b) स्वेज
(c) पोर्ट सैड (d) बेंगाजी

108. निम्नलिखित में से कौन-सा स्थान पेपर विनिर्माण उद्योग के लिए जाना जाता है?
1. यमुनानगर 2. बल्लारपुर
3. रायागडा 4. सतना

कोड
(a) 1, 2 और 3 (b) 1, 2 और 4
(c) 1, 3 और 4 (d) 2, 3 और 4

109. करेवा अच्छी तरह से जाने जाते हैं
(a) सेब की कृषि के लिए
(b) केला की कृषि के लिए
(c) अंगूर की कृषि के लिए
(d) केसर की कृषि के लिए

110. पृथ्वी की सतह पर मौसम परिवर्तन के लिए उत्तरदायी कारकों की पहचान कीजिए
1. पृथ्वी का घूर्णन
2. पृथ्वी का परिक्रमण
3. पृथ्वी का अपनी धुरी पर झुकाव
4. सूर्य का घूर्णन

कोड
(a) 1 और 3 (b) 2 और 3
(c) 1 और 2 (d) 1, 2 और 4

111. सागर तल पर वातावरण द्वारा कितना दबाव डाला जाता है?
(a) 1013.25 मिलीबार (b) 1012.75 मिलीबार
(c) 1010.25 मिलीबार (d) 1021.50 मिलीबार

112. निम्नलिखित में से कौन-सा दक्षिण-पश्चिम मानसून की शुरुआत करता है?
(a) एल-निनो
(b) उपोष्ण कटिबन्धीय पश्चिमी धाराएँ
(c) ध्रुवीय अग्र
(d) उष्णकटिबन्धीय पूर्वी धाराएँ

113. चन्दन सामान्यत: कहाँ पाया जाता है?
(a) उष्णकटिबन्धीय सदाबहार वन
(b) उच्च पर्वतीय वन
(c) उष्णकटिबन्धीय काँटेदार वन
(d) उष्णकटिबन्धीय आर्द्र पर्णपाती वन

114. **फसल के लिए उपयुक्त बनाने के लिए किस प्रकार की मिट्टी का उपचार जिप्सम से किया जाता है?**
(a) क्षारीय (b) अम्लीय
(c) जलाक्रान्त (d) अतिरिक्त मृदा के साथ मिट्टी

115. **कौन-सा लौह और इस्पात संयन्त्र जर्मन सहयोग से स्थापित किया गया है?**
(a) TISCO, जमशेदपुर (b) HSL, राउरकेला
(c) HSL, भिलाई (d) HSL, दुर्गापुर

116. **भारत में किस राज्य में सबसे बड़ा सिंचाई क्षेत्र है?**
(a) पंजाब (b) तमिलनाडु
(c) उत्तर प्रदेश (d) हरियाणा

117. कौन-सा राज्य थोरियम का सबसे बड़ा उत्पादक है?
(a) केरल (b) बिहार (c) ओडिशा (d) मध्य प्रदेश

118. **निम्नलिखित कथनों पर विचार कीजिए**
1. वर्ष 2001-2011 के दशक में केरल की आबादी में महिलाओं का अनुपात बढ़ा।
2. उसी दशक के दौरान 6 साल और उससे कम आयु वर्ग के लिंग अनुपात में इस राज्य में गिरावट देखी गई

उपरोक्त में से कौन-सा-से कथन सत्य है/हैं?
(a) केवल 1 (b) केवल 2
(c) 1 और 2 (d) न तो 1 और न ही 2

119. **डूरण्ड रेखा कौन-से देशों को अलग करती है?**
(a) भारत और पाकिस्तान (b) भारत और अफगानिस्तान
(c) भारत और चीन (d) चीन और रूस

120. किस फसल की खेती के लिए जल-जमाव की आवश्यकता होती है?
(a) चाय (b) कॉफी (c) धान (d) सरसों

उत्तरमाला

1.	(d)	2.	(d)	3.	(c)	4.	(c)	5.	(a)	6.	(a)	7.	(a)	8.	(a)	9.	(c)	10.	(c)
11.	(c)	12.	(d)	13.	(d)	14.	(a)	15.	(c)	16.	(b)	17.	(c)	18.	(d)	19.	(a)	20.	(b)
21.	(b)	22.	(a)	23.	(d)	24.	(a)	25.	(a)	26.	(c)	27.	(d)	28.	(c)	29.	(b)	30.	(d)
31.	(b)	32.	(d)	33.	(c)	34.	(c)	35.	(b)	36.	(d)	37.	(d)	38.	(c)	39.	(a)	40.	(c)
41.	(a)	42.	(c)	43.	(c)	44.	(a)	45.	(d)	46.	(b)	47.	(a)	48.	(c)	49.	(d)	50.	(a)
51.	(c)	52.	(b)	53.	(b)	54.	(c)	55.	(b)	56.	(b)	57.	(d)	58.	(d)	59.	(b)	60.	(a)
61.	(a)	62.	(a)	63.	(a)	64.	(c)	65.	(d)	66.	(b)	67.	(d)	68.	(c)	69.	(a)	70.	(d)
71.	(d)	72.	(b)	73.	(b)	74.	(a)	75.	(d)	76.	(b)	77.	(a)	78.	(b)	79.	(a)	80.	(b)
81.	(d)	82.	(b)	83.	(d)	84.	(a)	85.	(a)	86.	(d)	87.	(c)	88.	(c)	89.	(c)	90.	(a)
91.	(b)	92.	(a)	93.	(c)	94.	(a)	95.	(a)	96.	(b)	97.	(b)	98.	(d)	99.	(d)	100.	(c)
101.	(c)	102.	(d)	103.	(d)	104.	(d)	105.	(a)	106.	(b)	107.	(b)	108.	(a)	109.	(d)	110.	(b)
111.	(a)	112.	(d)	113.	(d)	114.	(a)	115.	(b)	116.	(c)	117.	(a)	118.	(c)	119.	(b)	120.	(c)